KB175800

데이비드 흄(1711~1776)

흄의 조각상　알렉산더 스토드다트. 에든버러, 로열마일

애덤 스미스(1723~1790)　1748년 흄, 제임스 와트, 제임스 보즈웰(전기작가) 등이 소속된 에든버러 학파의 일원이 된 스코틀랜드 경제학자이자 철학자로, 흄과는 가장 가까운 친구였다.

흄과 애덤 스미스의 조각상　데이비드 왓슨 스티븐슨. 에든버러, 스코틀랜드 국립초상화 미술관

에든버러 대학교　흄은 1723년 12세에 입학하여 3년 과정을 마친다.

흄의 묘　로버트 아담 설계, 옛 갈
톤 묘지

A
TREATISE
OF
Human Nature :
BEING

An ATTEMPT to introduce the ex-
perimental Method of Reasoning

INTO

MORAL SUBJECTS.

*Rara temporum felicitas, ubi sentire, quæ velis ; & quæ
sentias, dicere licet.* TACIT.

VOL. I.

OF THE
UNDERSTANDING.

LONDON:
Printed for JOHN NOON, at the *White-Hart,* near
Mercer's-Chapel, in *Cheapside.*

MDCCXXXIX.

《인간이란 무엇인가(인성론)》(초판, 1739~40) 속표지

세계사상전집063
David Hume
A TREATISE OF HUMAN NATURE

인간이란 무엇인가
오성·정념·도덕

데이비드 흄/김성숙 옮김

동서문화사

인간이란 무엇인가
오성·정념·도덕
차례

제1편 오성

제2편 정념

제1편

오성*

〈표제 주〉

* '오성(悟性)'의 원어는 'understanding'이다. 이 말은 감각이나 상상 등과 구별되는 이지적 사고 기능이라는 좁은 의미로 쓰일 때도 있지만, 여기서처럼 정신 활동의 지적 방면을 뭉뚱그리는 매우 넓은 의미로 쓰일 때도 있다. 이 경우 오성은 정념(passion)과 함께 인성(人性)의 두 가지 커다란 분야를 구성한다. 로크도 'understanding'을 이렇게 넓은 의미로 사용했으며, 그의《인간 오성론(An Essay concerning Human understanding)》을 라틴어로 번역한 버리지가 'intellectus'란 말을 썼듯이, 그것은 넓은 의미의 'intellect' 또는 'intelligence'와 거의 비슷한 뜻이다. 이러한 'understanding'은 '감성' 및 '이성'과 구별되는 칸트식 '오성(Verstand)'이 아니다. 감성, 즉 정신의 감각적인 활동 측면은 여기에서 말하는 'understanding'의 밑바탕 또는 핵심을 이루는 것이다.

머리글

    철학을 비롯 여러 학문의 세계에서 새로운 발견을 했다고 자부하는 사람들에게 흔히 있는 일은, 이제까지의 모든 체계를 비난하고 자신들 체계를 칭찬하는 것이다. 솔직히 말해 이러한 사람들이, 이성이 다룰 가장 중요한 문제에서마저 여태껏 벗어나지 못하는 무지를 한탄하는 데에 만족하고 있었다면, 학문에 어느 정도 식견이 있는 사람들 거의 그들 말에 즉각 찬성했을 것이다. 나름대로 판단력과 학식을 갖춘 사람이라면 이미 절대적인 신뢰를 얻어, 엄밀하고 심오한 연구라고까지 하면서 최대한으로 과장하는 체계조차도 그 취약한 바닥을 쉽게 알아차린다. 믿을 수 없는 원리,[1] 그 원리에서 연역되어 이르는 미덥지 않은 결론, 부분적으로는 정합(整合)의, 전체적으로는 확증의 결여, 이것들은 가장 뛰어난 철학자의 체계에서조차 여러 곳에서 발견되는 것으로, 오늘날 철학의 불명예를 가져왔다고 할 수 있다.

    아니, 학문의 불완전한 현재 상태를 발견하는 데 이런 심오한 지식은 필요 없다. 문밖에 있는 구경꾼들조차도 자신들이 듣는 야단법석과 아우성으로 미루어 그 안에서 어떤 일이 잘 진행되지 않고 있다는 것을 판단할 수 있다. 토론의 주제거리가 아닌 것이 없고, 학자들 사이에서 반대설이 없는 것이 없다. 아무리 하찮은 문제도 논쟁을 피할 수 없고, 제아무리 중요한 문제도 확실한 해결은 조금도 얻을 수가 없다. 모든 논의는 한결같이 불확실한 것 같은데도 모두가 확실한 것인 양 뜨겁게 이루어진다. 이런 소란 속에서 찬사를 얻는 것은 이성이 아니라 웅변이다. 그렇다면 제아무리 상식을 벗어난 가설이라도 그것을 그럴듯하게 꾸미는 요령을 아는 자는 그 가설에 찬동하는 사람들을 끌어모으는 데 조금도 절망할 필요가 없다. 승리는 창칼을 쓰는 군인이 아니라, 군대의 나팔수, 북 치는 사람, 군악대에 의해 거둘 수 있다.

    내 생각으로는 바로 이 때문에, 모든 종류의 형이상학적[2] 연구에서 일반적으로 볼 수 있는 편견이 학자를 자처하는 사람들, 또 다른 모든 학문의 영역에서 올바른 평가를 하는 사람들 사이에서조차 일어나는 것이다. 이러한 사람들이 이해하는 형이상학적 연구란 (형이상학이라고 하는) 어떤 특정한 분과 학문에 관한 연구가 아니라, 어딘지 난해하여 다소나마 주의하지 않으면 알 수 없는 모든 종류의 논의를 가리키는 것이다. 우리는 지금까지 그러한 탐구에 너무 많은 노력을 낭비해 왔다. 따라서 지금은 망설이지 않고 물리칠 수 있다. 또 만일 우리가 영원히 착오와 헤맴의 희생물이 되는 것을 피할 수 없다면 하다못해 이 착오와 헤맴을 자연스럽고 유쾌한 것으로 받아들이자고 결의하는 것이다. 그러나 솔직히 말하자면 이 형이상학에 대한 혐오를 정당화할 수 있는 것은 철저한 회의론과 지독한 태만뿐이다. 왜냐하면 진리가 완전히 인간 능력이 미치는 범위 안에 있다고 해도, 분명히 깊고 난해한 곳에 있는 것은 틀림없기 때문이다. 따라서 위대한 천재들도 더할 수 없는 고통을 겪으며 실패했는데, 우리 같은 사람들이 고생하지 않고 진리에 이를 수 있기를 바라는 것은 확실히 분수에 넘치는 일이라 하지 않을 수 없다. 앞으로 내가 펼칠 철학에 이 같은 (진리에 손쉽게 이르는) 이점이 있다고는 말하지 않겠다. 만약 나의 철학이 매우 쉽고 뚜렷하다면 나는 이 이점을, (오히려 참으로는 진리에 이를 수 없는 증거로 삼고 따라서) 나의 철학에 대해 매우 불리하게 작용하는 것으로 여길 것이다.

　모든 학문은 많건 적건 인성(人性)과 관련되어 있고, 또 인성과 거리가 먼 것처럼 보이는 학문도 이린저린 경로를 거쳐 인성으로 돌아오는 법이나. 심지어 수학과 자연학[3] 그리고 자연종교[4]조차 어느 정도까지는 '인간'학[5]에 의존한다. 왜냐하면 그러한 학문이 인간 관리 아래 있으며, 또 인간의 능력이나 기능을 통해 그 진위가 가려지기 때문이다. 우리가 인간 지성의 범위와 역량을 완전히 이해하고, 추론에 사용되는 관념이나 그때 동원되는 작용의 본성을 밝혀낼 수 있다면, 이들 학문이 얼마나 변화하고 진보할지는 이루 표현할 수 없을 정도다. 그리고 그와 같은 진보는 자연종교에서 특히 기대될 것이다. 왜냐하면 자연종교는 신의 본성을 우리에게 가르치는 데 그치지 않고, 고찰의 시야를 더욱 넓혀서 우리에 대한 신의 뜻과 신에 대한 우리의 의무까지 미치게 하고, 따라서 우리 자신은 연구자일 뿐만 아니라 연구되는 대상[6]의 하나이기 때문이다.

　이와 같이 수학, 자연학, 자연종교가 인간에 관한 지식에 이토록 깊이 의존하고 있다면, 인간 본성과 더욱더 긴밀하고 밀접한 관계를 가진 다른 여러 학문에서 우리는 과연 어떠한 기대를 품을 수 있는가? 우선 논리학[7]의 유일한 목적은 우리 인간에게 갖추어진 추리 기능의 원리와 작용, 그리고 우리가 갖고 있는 관념의 본성에 대한 해명에 있다. 또 도덕학과 문예비평은 우리의 기호와 정서에 관여한다. 더 나아가서 정치학은 사회를 이루어 서로 의존하는 인간을 탐구한다. 그런데 이 네 가지 학문, 즉 논리학, 도덕학, 문예비평, 정치학은 그 어떤 점에서 우리가 모르고는 지나칠 수 없는 것, 또는 인간 마음의 진보에 이바지하거나 마음의 장식에 도움이 되는 것을 거의 모두 담고 있다.

그렇다면 여기에, 철학적 탐구에 사용해서 성공을 바랄 수 있는 유일한 방법이 있다. 그것은 곧 이제까지의 산만하고 장황한 방법을 버리고, 눈치만 살피다가 이따금 변방의 성이나 마을을 공략하는 대신에 이들 학문의 본거지 및 중심지를 향해, 즉 인간 본성 그 자체를 향해 곧장 나아가는 것이다. 일단 여기가 우리 손에 들어오면 우리는 어디서나 손쉬운 승리를 기대할 수 있을 것이다. 이 지점을 근거지 삼아 우리는 인간의 삶에 비교적 밀접하게 관여하는 모든 학문을 정복해 갈 수 있을 것이며, 더 나아가 오직 호기심의 대상이 되는 학문까지 여유를 가지고 더욱 충분히 밝힐 수 있게 될 것이다. 즉 어떤 중요한 문제도 그 해결은 인간학 안에 포함되어 있어서, 우리가 인간학에 통달하기 전에 조금이라도 확실한 해결을 주는 문제는 하나도 없다. 따라서 우리는 인간 본성에 대한 원리를 밝혀내려고 할 때, 결국은 거의 전적으로 새로운 바탕 위에, 그것도 여러 학문이 튼튼해지기 위해서는 절대로 없어서는 안 될 유일한 바탕 위에 구축된 학문의 완전무결한 체계를 목표로 하고 있는 것이다.[8]

인간학이 다른 모든 학문을 위한 유일하고 굳건한 바탕인 것처럼, 이 인간학 자체에 제공될 수 있는 유일하고 굳건한 바탕은 경험과 관찰에 있어야 한다. 그런데 실험 본위의 철학은 자연계 주제에 적용된 이래 1세기 이상이 지나 가까스로 정신적 주제에도 적용되게 되었는데, 이것은 결코 놀라운 일이 아니다. 왜냐하면 우리가 실제로 볼 수 있듯이 물질[物]과 정신[心] 두 학문의 기원 사이에도 거의 같은 틈이 있기 때문이다. 탈레스[9]에서 소크라테스[10]에 이르는 시기를 헤아려 보면 그 시간 간격은 베이컨(F. Bacon, 1561~1626)에서, 인간학을 새로운 위치에 세우고 처음으로 사람들의 주목을 끌어 대중의 호기심을 불러일으킨 최근 영국 철학자[11]에 이르기까지의 세월과 거의 같다. 이것을 보아도 진실로, 다른 나라가 시에 있어서 우리와 맞서고, 또 다른 오락적인 예술에 있어서 우리를 뛰어넘는다 할지라도, 철학 연구의 진보는 (우리 나라처럼) 오직 자유와 관용의 땅에서만 비로소 가능한 것이다.

또한 우리는 인간학에서 이성과 철학의 진보가 자연학의 진보에 비해 우리 조국에 명예가 되지 않을 것이라고 생각해서는 안 된다. 인간학이 그러한 개혁에 두고 있는 필연성과 함께 그 커다란 중요성 때문에, 오히려 인간학에서 이성과 철학의 진보가 훨씬 더 명예롭게 평가되어야 한다. 나는 분명히 외부 물체의 본질과 마찬가지로 정신의 본질도 알 수 없다고 여긴다. 그러므로 외부 물체의 경우처럼, 신중하고 정확한 실험, 그리고 서로 다른 여건과 상황에서 일어나는 개별 결과에 대한 관찰 등을 제외한 다른 방식으로는 정신의 능력과 성질[12]에 관한 어떤 개념[13]도 이룰 수 없다고 나는 생각한다. 단, (경험의 범위에 있어서 특히) 끝까지 실험하여 지극히 단순한 극소수의 원인에서 모든 결과를 밝혀냄으로써, 할 수 있는 한 우리의 원리가 보편적으로 타당한 것이 되도록 노력해야 한다 할지라도, 여전히 우리는 분명히 경험을 넘어설 수 없다. 따라서 인간 본성의 가장 근원적이고 궁극적인 성질을 발견했다고 주장하는 가설들은 주제넘고 터무니없는 것으로 처음부터 거부되어야 한다.

생각건대 경험을 뛰어넘으면서까지 영혼의 궁극적 원리를 밝혀내려고 매우 열성직으로 전념하는 철학자는, 오히려 자신이 밝혀내려고 하는 인성학 그 자체의 대가라고는 볼 수 없다. 바꿔 말하면 인간 정신을 자연스럽게 만족시키는 것에 대해 잘 알고 있는 것으로는 보이지 않는 것이다. 왜냐하면 무엇보다 확실한 사실이지만, 절망이나 희망이나 정신에 미치는 영향은 거의 같으며 따라서 어떠한 욕망도 충분히 채울 수 없다는 걸 안 순간, 그 욕망 자체가 사라져 버린다는 것이다. 우리는 인간 지식의 극한에 이르렀음을 깨닫는 순간 거기에 만족하고 주저앉아 버린다. 다만 이 경우 우리는 (궁극을 바라는 욕망이 충족됐을 때와는 달리) 자신의 무지를 완전히 알고 있으며, 또한 (인간 지식이 미치기 힘든) 가장 일반적이고 세련된 원리에 우리가 제공할 수 있는 이유란 오직 그 원리의 실재를 경험하는 것뿐임을 알고 있다. 그리고 (사실은) 이 경험이야말로 학문을 모르는 일반인이 꼽는 이유이며, 가장 독특하고 가장 기이한 현상에 대해서도 처음부터 아무런 연구도 없이 우리가 발견하게 되는 이유이다. (어떤 글에서 저자의 연구가) 더 이상 전진하지 못할 때는, 위의 설명으로 독자들을 만족시킬 수 있다. 그런데 저자 역시 자기의 무지를 거짓 없이 고백한 점과, 아류의 추측과 가설을 더없이 확실한 원리로서 세상에 강요하는, 앞사람들이 빠지기 쉬웠던 과오를 용의주도하게 피한 점, 이 두 가지에서 독자보다 더욱 미묘한 이해를 얻을 수 있다. 이렇게 가르치는 자와 배우는 자가 서로 만족하고 이해한다면 더 이상 인간이 하는 철학에서 추구할 것이 있다고는 생각되지 않는다.[14]

탈레스(BC 624~546)

　그러나 만일 궁극 원리들에 대한 해명이 이처럼 불가능하다는 것을 인간학의 결함으로 보는 사람이 있다면, 그 결함은 철학자들의 강단에서 길러졌건 아니면 가장 미천한 장인들의 일터에서 이루어졌건 가릴 것 없이, 우리가 가질 수 있는 모든 학문과 기예가 공통적으로 지니는 결함임을 나는 주저하지 않고 말할 수 있다. 다만, 그 학문과 방법들 가운데 경험을 넘어설 수 있는 것은 전혀 없으며, 또 경험이라는 전거에 기초를 두지 않고 원리를 정립할 수 있는 것도 전혀 없다. 실제로 도덕철학은 자연철학에서 찾아볼 수 없는 특유의 약점이 있다. 도덕철학은 여러 가지 실험을 수집하더라도 미리 계획을 세우고 의도적으로 실험할 수 없으며, 또 있을 수 있는 모든 난제에 대하여 스스로 만족할 만한 방식으로 실험할 수도 없다. (자연철학에서는) 이를테면 내가 어떤 상황에서 하나의 물체가 다른 물체에 미치는 결과를 알기 원한다면, 그 물체들을 문제의 위치에 두고 거기서 어떤 결과가 일어나는가를 관찰하면 된다. 그런데 나 자신의 마음을 내가 살피려는 경우와 같은 상황에 처하게 하는 방식으로 도덕철학의 의문을 해결하려고 한다면, 이런 성찰과 예상은 정신의 자연적 원리 작용을 명백하게 방해하여 그러한 현상에서 어떤 정당한 결론도 내릴 수 없도록 만들 것이다.

따라서 우리는 이러한 학문에서는 인간의 삶을 신중하게 관찰하고 실험을 해야만 한다. 또 그때, 사교와 일 그리고 쾌락 등 각 방면에서 나타나는 인간 행동을 보고 세상의 일상적인 추세에 드러나는 대로 실험을 해야 한다. 이러한 종류의 실험을 사려 깊게 행하고 비교할 때, 우리는 비로소 그것을 토대로 하나의 학문을 정립하는 희망을 가질 수 있을 것이다. 물론 이 학문은 인간이 이해할 수 있는 범위 안의 어떠한 학문과 비교해도 확실성에서 뒤떨어지지 않고 훨씬 쓸모가 있을 것이다.

〈주〉

1 '원리'의 원어 'principle'은 립스에 의하면 보편적 기초 법칙을 의미하는 것만이 아니라, 그러한 법칙의 실질 또는 내용을 의미하는 경우가 있다. 하지만 이 책에서는 일관되게 '원리'라고 번역했다. 또한, 이 글에서 모든 주석은 옮긴이의 것이며, 작가의 각주에 대해서만 따로 〔원주〕라고 표기하였다.

2 '형이상학(metaphysics)'이나 '형이상학적(metaphysical)'이라는 말을 흄은 '무언가 난해한' 이론의 동의어로서 나쁜 의미로 사용한다. 그것은 스콜라적 사변에 대한 당시의 공통된 감정이다. 때로는 원리학이나 승의(勝義) 철학의 좋은 의미로 사용되는 일도 있고, 이것에 대해 'philosophy'는 학문이라는 넓은 의미로 사용된다. 그러나 이 책에서는 'metaphysics'나 'metaphysical'은 항상 '형이상학' 및 '형이상학적'으로 번역하고, 'philosophy'도 단독으로 사용될 때는 항상 '철학'으로 번역했다. 마찬가지로 'philosopher'도 '학자'로 번역하는 쪽이 좋은 경우에도 '철학자'로 했다.

3 '자연학(natural philosophy)'을 립스는 'Naturwissenschaft'라고 번역한다. 바로 그렇듯이 여기서 말하는 'natural philosophy'는 중세풍 자연철학이 아니라, 근대적인 자연과학을 가리킨다. 그렇지만 그 당시에는 과학과 철학과의 구분은 명확하지 않았고, 'natural philosophy'는 자연에 관한 학문 연구의 총괄 개념이었다. 그것이 '자연학'이란 말을 고른 이유이다.

4 '자연종교(natural religion)'는 종파적 성립종교의 예배와 그 밖의 여러 부가물을 빼고, 모든 사람에게 공통적인 인간 본성의 자연성에만 근거한 종교, 또는 종교 본질을 그러한 점에 국한하여 종교를 해명하고자 하는 시도이다. 그리고 흄이 생각한 것은 오늘날 과학적 종교학에 가까운 실증적 종교 연구였다.

5 《인간이란 무엇인가》가 뜻하는 바는, 새로운 원리에 근거한 '인간학(the science of Man)' 건설이고, 이것을 토대로 한 모든 학문의 광범위한 재조직이다. 이러한 대규모 기획은 로크에게서는 찾아볼 수 없고, 대륙 철학자를 빼고는 오직 홉스만이 어느 정도까지는 실현했다. 게다가 사물에서 사람에게 향하는 홉스의 경우와 반대로, 이것은 인간을 출발점으로 하는 독창적인 사고이다.

6 '대상'의 원어 'object'는 이 책에서 두 가지 의미로 사용되어 하나는 인식론 의미에서 인식 대상을 이르고, 다른 하나는 존재론 의미에서 인식에 관련되지 않고 존재하는 사물을 나타낸다. 후자에서는 '사물'이라 번역했다. 버클리 용어법도 이것에 가깝다.

7 논리학(logic)은 레이드에 의하면 '인식론'에 가까운 의미로 사용되고 있다.

8 《인간이란 무엇인가》의 거창한 구상은 여기서 전모를 밝히고 있다. 우선 머리글 전반부는 이것으로 끝나고, 경험론의 성격을 말하는 후반부가 계속해서 이어진다.

9 탈레스(Thales, BC 624~546)는 철학의 아버지로서 학문적으로 자연현상을 연구해서 세계 '만물의 근원'을 물이라 했다. 바꿔 말하면 철학은 자연학적 영역에서 출발했다.

10 소크라테스(Sokrates, BC 469−470~399)와 같은 시대 사람들에게 있어, 철학은 자연에서 인간으로 시선을 돌렸다.

11 로크(J. Locke), 샤프츠버리(A. Shaftesbury), 맨더빌(B. Mandeville), 허치슨(F. Hutcheson), 버틀러(J. Butler) 등이 그들이다. [원주]

12 '성질(quality)'은 로크에 의하면, 어떤 관념을 우리 마음속에 생기게 하는 힘을 말한다. 이 힘을 그것이 속한 물체의 성질이라 부른다. 거의 물리학적 개념이지만, 흄에게는 그러한 의미가 아니다.

13 '개념(notion)'은 립스도 주의하는 것처럼 결코 논리적인 '개념'은 아니다. 그러한 것을 인정하지 않는 것이 좋든 나쁘든 흄 철학의 장점이다. 따라서 보통 'conception'을 '개념'이라고 번역하지만, 이 책에서는 '상념(想念)'이라고 번역했다.

14 경험론 입장을 엄밀히 지킬 때 인간 힘의 한계에서 저절로 생기는 겸허한 자각을 나타낸다. 그러나 그것은 반드시 비굴함을 의미하지는 않는다. 오히려 인간의 힘에 대한 신뢰와, 한계 내에서의 진리 파악의 확신을 의미한다.

1부
관념과 그 기원, 구성·연관·추상

1 관념의 기원에 대하여[1]

인간 정신에 나타나는 모든 지각[2]은 결국 서로 다른 두 종류로 되돌아갈 수 있다. 나는 그것을 '인상'[3]과 '관념'이라고 부를 것이다. 이 둘의 차이는 지각이 정신을 자극하며 사상 또는 의식에 들어오는 힘과 생동성의 정도에 있다.[4] 최고의 힘과 생동성을 가지고 들어오는 지각에 우리는 '인상'이라는 이름을 붙일 수 있다. 그때 감각,[5] 정념 그리고 정감[6] 등이 우리의 영혼에 처음으로 나타나는데, 여기선 이것들을 모두 인상이라는 이름에 포함시킨다. 또한 나는 '관념'이라는 말로, 사고 및 추리에 쓰이는 이들 감각·정념·정감의 흐릿한 반영을 나타내고자 한다. 예컨대 그것은 이 논고를 통해 불러 일으키는 지각 가운데 시각 및 촉각에서 비롯되는 약간의 것을 제외하고, 또 직접 야기되는 쾌감이니 불쾌감이니 하는 것이 있다면 그것을 제외한, 나머지 모든 지각을 뜻한다. 나는 인상과 관념의 이런 구별을 설명하기 위해 많은 말이 필요하다고는 생각하지 않는다. 누구든 저마다 느끼는 것과 생각하는 것의 차이를 즉시 파악할 테니까. 인상과 관념이 매우 비슷할 수도 있는 특별한 경우가 아닌 일반적인 경우에는 그 둘을 쉽게 구별할 수 있다. 이를테면 잠잘 때, 열이 날 때, 착란을 일으켰을 때, 영혼의 정서가 아주 거센 상태일 때는, 관념은 인상과 비슷할 수도 있다. 또 반대로 인상이 관념과 구별할 수 없을 만큼 어렴풋하고 약한 경우도 때로는 있다. 그러나 드물게 이처럼 서로 비슷한 것을 볼 수 있지만, 일반적으로 인상과 관념은 매우 다르다. 그러므로 그 둘을 각각 다른 항목으로 분류하고, 그 차이를 드러내는 고유의 이름을 붙여 주는 데 망설일 사람은 아무도 없을 것이다.[7]

지각에 대한 또 하나의 구분이 있다. 이것은 설명해 두는 편이 좋겠다. 이 구분은 인상과 관념 모두에 적용된다. 그것은 바로 단순한 것과 복잡한 것이다.[8] 단순 지각 즉 단순한 인상과 단순한 관념은 구별과 분리를 허용하지 않는다. 그 반대로 복잡한 것은 부분으로 구별할 수 있다. 이를테면 여기에 사과가 있다고 하자. 그때 그 색과 맛과 향기는 모두 사과에 합일되어 있는 성질이다. 그러나 그 성질들이 같지 않고 적어도 서로 구별할 수 있다는 것은 쉽게 알 수 있다.

이런 구분에 따라 대상(인 지각)을 정리하여 배열을 마쳤다. 그래서 지금은 대상의 성질과 관계를 더욱 엄밀하게 살펴보는 데 전념할 수 있을 것이다. 이때 눈에 띄는 최초의 여건은, 지각의 힘과 생동성의 정도를 제외한 다른 모든 점들에서 나타나는 관념과 인상 사이의 커다란 유사성이다. 어떤 의미에서 관념은 말하자면 인상의 반영이라고 생각할 수 있다. 따라서 정신에 나타나는 지각은 모두 이중적이며, 그것은 인상으로도 관념으로도 나타난다. 내가 눈을 감고 내 방을 생각할 때, 내가 만드는 모든 관념은 내가 느낀 인상의 정확한 재현이다. 아무리 미세하더라도 한쪽에는 있는데 다른 쪽에서는 발견할 수 없는 것은 아무것도 없다. 그 밖의 다른 지각을 살펴볼 때도 나는 여전히 같은 유사성과 재현을 발견한다. 관념과 인상은 항상 서로 대응하는 것으로 나타난다. 나에게 이것은 주목할 만한 것으로 생각되며 잠시나마 나의 주의를 끈다.

더욱 엄밀히 살펴보면 나는 내가 처음에 받은 인상에 지나치게 사로잡혀 있었다는 것을 깨닫는다. 또 모든 관념과 인상은 비슷하다는 이 일반적 판결의 한계를 규정하기 위해, 지각을 단순 지각과 복합 지각으로 나누는 구별을 이용해야 함을 깨닫는다. 대부분의 복합 관념이 그 대응 인상을 가지고 있지 않으며, 또 대부분의 복합 인상이 관념에 정확히 모사되지 않는다. 나는 마음속으로 새 예루살렘과 같은 도시를 상상할 수 있다. 도로가 황금이며 성벽은 루비라고 상상할 수 있다. 그러나 나는 그런 도시를 본 적도 없다. 한편 나는 파리를 본 적이 있다. 하지만 그렇다고 내가 모든 거리와 건축물을 실제적이고도 정확한 비율로 완전히 재현하는 그 도시의 관념을 만들 수 있다고 단언할 수 있겠는가?

따라서 나는 일반적으로 복합 인상과 복합 관념 사이에 엄청난 유사성이 있다고 하더라도, 그 인상과 관념이 서로 정확하게 모사한다는 규칙은 보편적인 진리가 아니라고 생각한다. 그러면 이제 단순 지각을 살펴보자. 능력이 닿는 대로 가장 엄밀하게 검토한 다음 내가 주저 없이 잘라 말할 수 있는 것은, 모든 단순 관념은 제각기 그 관념의 단순 인상을 가지며 단순 인상은 모두 그 대응 관념을 갖는다는 규칙이, 여기서는 어떤 예외도 없이 적용된다는 것이다. 어둠 속에서 만들어진 붉은 관념과 햇빛 속에서 우리의 눈을 자극하는 붉은 인상은 오직 정도의 차이만 있을 뿐이며, 그 본성은 다르지 않다. 이 경우는 모든 단순 인상과 단순 관념이 마찬가지이지만, 하나하나 그 사례를 들어 증명할 수는 없다. 사람들은 저마다 자신이 원하는 만큼 사례들을 개괄해 봄으로써 이 점을 스스로 알아차릴 수 있을 것이다. 그런데 만일에 이 보편적 유사성을 부인하는 사람이 있다면, 대응 관념을 전혀 갖지 않는 단순 인상 또는 대응 인상을 전혀 갖지 않는 단순 관념을 보여 달라고 그에게 요청하는 것을 빼버리고는 그를 이해시킬 만한 방법을 나는 전혀 모른다. 하지만 그는 확실히 이 요구에 대답하지 못할 것이다. 그렇다면 우리는 반대자의 침묵과 우리 자신의 관찰로부터 결론을 내놓을 수 있을 것이다.[9]

이리하여 우리는 단순 관념과 단순 인상이 서로 비슷하다는 것을 깨닫는다. 그리고 복합 관념과 복합 인상도 단순 관념과 단순 인상으로부터 이루어지는 것이므로, 우리는 관념과 인상이라는 이 두 종류의 지각이 정확히 대응한다는 것을 대체로 긍정해도 좋을 것이다. 다른 어떤 검토도 필요하지 않은 이 관계를 발견했으므로, 이제 나는 지각들의 다른 성질들을 알고 싶다. 그런 인상과 관념이 자신들의 존재와 어떻게 관계하고 있는지, 그리고 인상과 관념 가운데 어떤 것이 원인이고 어떤 것이 결과인지를 살펴보기로 하자.

이 물음에 대한 충분한 검토가 바로 이 탐구의 주제이다. 그러므로 여기서는 하나의 일반적인 명제, 즉 처음 출현하는 단순 관념들은 모두 단순 인상들로부터 유래하는데, 이 단순 인상들은 단순 관념들에게 대응하며, 단순 관념들은 단순 인상들을 정확하게 재현한다는 명제를 확정하는 데 만족할 것이다.[10]

이 명제를 증명하기 위해 현상들을 살펴보면서 나는 두 종류의 현상만을 발견했다. 그런데 그 현상들은 각 종류마다 뚜렷하고 수가 많으며 결정적이다. 나는 이미 주장했던 바를 새삼스럽게 되돌아봄으로써 비로소 모든 단순 인상은

관념은 인상의 반영 정신이나 물체의 인상들에는 언제나 그 인상들과 비슷한 관념이 뒤따른다. 니콜라 푸생의 《오르페우스와 에우리디케가 있는 풍경》(1651).

대응 관념이 뒤따르며, 모든 단순 관념은 대응 인상이 뒤따른다는 것을 확신하게 된다. 비슷한 지각들의 이러한 항상적 결부[11]로부터 나는 곧, 대응하는 인상과 관념 사이에 중요한 연관[12]이 있으며, 인상의 존재와 관념의 존재는 상호간에 꽤 대단한 영향을 끼칠 수 있다는 결론에 이른다. 수많은 사례들에서 그러한 항상적 결부는 결코 우연히 생기지 않고, 그와 같은 결부는 인상이 관념에 의존하거나 관념이 인상에 의존한다는 것을 틀림없이 증명한다. 다음으로 나는 이 인상과 관념이 먼저 나타나는 순서를 깊이 생각해 봄으로써 이 의존 상태를 알 수 있을 것이다.

그리고 나는 끊임없는 경험을 통하여 단순 인상이 언제나 그 대응 관념에 앞서며, 결코 그 거꾸로 된 순서로 나타나지 않는다는 것을 깨닫는다. 어떤 아이에게 주홍이나 오렌지 색깔 또는 단맛이나 쓴맛의 관념을 제공하려면, 나는 그에게 대상을 직접 보여 준다. 곧 그 색깔 또는 맛의 인상을 전하지, 먼저 관념을 불러일으킴으로써 인상을 만들어 내려고 애쓰는 것처럼 어리석게 행동하지는 않는다. 관념이 나타났다고 하여 그것이 그 대응 인상을 만들어 내지는 않는다. 우리가 그런 관념들을 단지 생각한다고 해서 어떤 색을 알 수 있고 어떤 감각을 느끼는 것은 아니다. 반대로 정신이나 물체의 인상들에는 언제나 그 인상들과 비슷한 관념이 뒤따른다. 동시에 이 관념은 힘이나 생동성 정도에서만 인상과 다를 뿐이라는 것을 우리는 알게 된다. 비슷한 지각들의 항상적 결부는, 인상과 관념 둘 중 하나가 다른 하나의 원인이라는 것을 알아차릴 수 있는 증거이다. 그리고 방금 살펴본 인상의 선행은, 관념이 인상의 원인이 아니라 인상이 관념의 원인이라는 것에 대한 증거이다.[13]

이것을 확인하기 위하여 알기 쉽고 설득력 있는 다른 현상을 살펴보겠다. 어떤 사람이 눈이 보이지 않거나 귀가 들리지 않게 태어났을 때처럼 우연히 어떤 인상을 일으키는 기능들이 완전히 장애를 받는다면, 인상들을 잃어버릴 뿐만 아니라 그 대응 관념도 잃어버리게 된다. 따라서 정신에는 인상과 관념 중 어느 것이나 가장 적은 흔적조차 나타나지 않는다. 이것은 감관(感官)이 완전히 파괴되었을 때만이 아니라, 감관이 특정한 인상을 만들어 내는 작용을 한 번도 해보지 않은 경우에도 역시 똑같다. 예컨대 실제로 파인애플의 맛을 보지 않고서는 그 맛에 대한 정확한 관념을 가질 수 없다.[14]

그러나 관념이 그 대응 인상보다 앞서는 것이 아주 불가능하지는 않다는 것을 증명해 줄 수도 있는 모순된 현상이 있다. 예를 들어 비슷하지만 실제로는 서로 다른 색들의 여러 독립적 관념들이 눈을 통해 들어오거나, 그런 소리의 관념들이 청각을 통해 전해질 경우, 이 관념들은 서로 비슷할지언정 실제로는 다르다. 이 사실은 거리낌 없이 인정될 것이다. 그런데 이것이 서로 다른 색들의 경우에 참이라면, 같은 색의 서로 다른 색조들에 대해서도, 각 색조들은 다른 색조와는 관계없는 다른 것의 관념을 낳는다고 할 수 있다. 이것이 부정된다면, 색조들의 연속된 단계를 이용하여 어떤 색조를 감쪽같이 그것과는 가장 동떨어진 색조가 되게 할 수 있기 때문이다.

그리고 만일 그 사이에 놓여 있는 색조들이 서로 다르다는 것을 인정하지 않으면, 불합리하게도 그 색조의 양극이 같은 색조라는 것을 당신은 부정할 수 없다. 그러면 30년간 건강한 시력을 지켜왔으며, 그가 접할 기회가 전혀 없었던 색, 예를 들어 푸른색의 특정 색조 하나를 빼고 모든 종류의 색을 잘 알고 있는 사람을 생각해 보자. 그 색에서 단 한 가지를 뺀 나머지 다른 색조들을 가장 짙은 것으로부터 가장 옅은 것 차례로 단계적으로 그의 앞에 모두 늘어놓아 보자. 그는 특정 색조가 빠져 있는 빈 자리를 알아낼 것이며, 이웃한 색들 사이에서 그 자리가 다른 자리보다 거리가 훨씬 멀리 떨어져 있음을 확실히 알아낼 것이다.

그러면 다음과 같이 물어보자. 특정 색조가 그의 감각을 통해 자신에게 전해진 적이 결코 없음에도, 그는 빠져 있는 색조를 자신의 상상력[15]으로 채우고, 그 색조 관념을 마음속에 떠올릴 수 있겠는가? 대체로 누구나 가능하다고 대답할 것이다. 이것은 비록 그 사례가 특수할 뿐 아니라 하나뿐이어서 우리가 살펴볼 가치도 거의 없고, 또 오직 그것 때문에 우리의 일반 공리를 바꿀 필요까지는 없지만, 단순 관념이 언제나 대응 인상으로부터 얻어지지는 않는다는 증거이다.

이 예외를 인정하면 지금 다루는 항목과 관련해, 인상이 관념보다 앞선다는 원리는 다른 제약을 받는다고 우리는 이해해야 할 것이다. 즉 관념은 인상의 반영이므로 바로 앞의 추론에서 나타나는 바와 같이 1차 관념의 반영인 2차 관념을 이룰 수 있는 셈이다. 정확히 말하자면, 이것은 규칙에 대한 예외라기보다는 규칙에 대한 설명이다. 관념은 그것 자체의 반영을 새로운 관념으로 낳는다. 그러나 최초의 관념이 인상에서 비롯한다고 생각하는 한, 단순 관념은 모두 직접적으로 또는 간접적으로 그 대응 인상으로부터 비롯한다는 것은 여전히 진리이다.

그러므로 이것은 인성학에서 내가 확립한 제1원리[16]이며, 그 생김새가 단순하다고 해서 이 원리를 무시해서는 안 된다. 왜냐하면 인상과 관념 중 무엇이 앞서느냐에 관한 이 물음은, 본유관념이 있는가 또는 모든 관념이 감각과 반성에서 비롯하는가에 대해 우리가 논쟁하면서 다른 술어로 법석을 떨었던 그 물음과 같다는 점이 눈여겨볼 만하기 때문이다. 생각건대 연장이나 색의 관념들이 본래부터 있는 것이 아니라는 것을 증명하기 위해, 철학자들은 그 관념들이 감관을 통해 전해진다는 것을 보여 줄 수밖에 없을 것이다. 정념과 욕망 등의 관념들이 본래부터 있는 것이 아니라는 사실을 증명하기 위하여 철학자들은 우리가 우리 자신 안에 이 감정들에 대한 선행 경험을 가지고 있다고 주장한다. 이제 이 논의들을 주의 깊게 살펴 보면 우리가 발견할 수 있는 것은, 철학자들이 더욱 생생한 다른 지각이 관념에 앞서며 관념은 그 지각으로부터 이끌어 내고 그 지각을 다시 나타낸다는 것만 증명하고 있다는 것이다. 나는 여기서 그 문제를 분명하게 밝히는 것이 본유관념에 대한 모든 논쟁을 없애버리고, 우리들 추론이 세웠던 원리를 철학 문제에 대한 탐구에서 지금까지 생각보다 훨씬 쓸모 있게 하리라고 믿는다.

〈주〉

1 야콥은 이 절을 모두 버리고 《인간지성 연구》 제2절 같은 제목의 절을 번역한다.

2 '지각(perception)'은 마음속 전부를 포함한 가장 광범위하고 기본적인 말로 로크의 '관념 (idea)'과 같다. 또한, 립스도 주의하듯이 원어는 '지각 내용'만이 아니라 '지각 작용'을 나타내는 경우가 있다. 이것은 기억(memory)이나 상상(imagination) 외에도 다른 예가 많다. 그러나 이 책에선 특별히 구별하지는 않는다.

3 '인상(impression)'이라는 말에 당시의 일반 용례와 다른 새로운 의미를 준 것은 흄 자신이 주의하는 대로이다. 같은 주의는 《인간지성 연구》에도 《인성론 적요》에도 보인다. 하지만 때때로 '외부 물체의 정신에 대한 인각'이라는 오래된 용어법도 보인다.

4 인상과 관념의 차이는 '힘(force)'이나 '생기(liveliness)'나 또는 활기(vivacity)의 현상적 특징에 우선 요구되고, 다음으로 '정도의 차이'라는 양적 관계로 돌아간다. 그것은 대상 관찰과 수직적 파악이라는 근대 자연과학의 태도와 방법을 정신의 해명에 적용하는 것이다. 하지만 그것이 소박함을 잃기 때문에, 특히 대상 관찰이 의식 내용의 내관이라는 형태로 나타나 결국 '신념(belief)'의 해명에 있어서 파탄을 가져오게 된다.

5 '감각(sensation)'은 '외적 대상에 따라 일어난 이미지'라는 지각의 어떤 종류를 의미한다. 단 '감각 인상(impression of sensation)'이라고 할 때는 작용 또는 과정을 의미한다.

6 '정감(emotion)'은 특정 술어적 의미 한정을 갖지 않는다. 마음의 정적인 면을 수사적으로 나타낼 뿐이다.

7 나는 여기서 인상과 관념이라는 술어를 일상적 의미와는 다르게 사용하고 있는데, 나에게 이런 자유가 허용되기 바란다. 로크가 관념이라는 낱말을 모든 지각을 대표하는 것으로 만들어 그 의미를 그릇되게 했는데, 나는 오히려 그 본래 의미를 원래대로 되돌린다. 나는 인상이라는 술어를, 생생한 지각이 영혼에 나타나게 되는 방식을 표현하는 것으로 이해하지 않고, 단지 지각 자체로 이해한다. 내가 알기로는 영어나 다른 어떤 언어에도 지각 자체에 대한 특별한 이름이 없다.〔원주〕

8 '단순(simple)'과 '복잡(complex)'에 대해 로크는 이렇게 말한다. "우리의 감관을 느끼게 하는 모든 성질은 사물 그 자체 속에서는 상호간에 조금의 분리도 거리도 없을 정도로 잘 결합하여 혼합돼 있지만, 이러한 성질이 마음속에 낳는 관념은 감관을 통해 단순히 순

수하게 들어오는 것은 분명하다. 또 단순 관념은 여러 결합에 이어져 존재하는 것이 인정되기 때문에, 마음은 하나의 관념으로서 결합된 몇 개의 여러 관념을 탐구하는 능력을 가지고 있다. …… 이렇게 몇 개의 단순 관념이 결합되어 생긴 관념을 나는 복잡한 것이라 부른다." 흄이 이 사상을 계승한 것은 말할 것도 없다. 단 무엇이 단순한지, 예를 들면 양적인지 질적인지 하는 것에서는 의문이 드는 경우도 많다.

9 '반대자의 침묵과 우리 자신의 관찰로부터' 결론에 이를 수 있는 것은 경험론의 정당한 방법으로 이 책에서 되풀이된다.

10 이렇게 모든 관념은 단순 관념으로, 단순 관념은 모두 단순 인상으로 되돌아간다. 이 사상은 메츠의 이른바 '근본 명제'로 흄 자신도 '인성학의 제1원리'라 부른다.

11 '항상적 결부(constant conjunction)'는 흄의 인과 비평에 쓰이는 중심 개념 중 하나이다. 즉 사상의 객관적 필연성을 갖지 않은 경험적 계기를 말한다.

12 '연관'은 'connexion'를 번역한 것인데, 원어는 인과 비평의 가장 핵심적인 개념으로서, 엄밀한 인과 관계에 있다고 논리적으로 생각할 수 있는 인과의 필연적인 연결을 의미한다. 제1편에서는 이 술어 용법일 때는 '결합'으로 번역하고, 통속 용법일 때는 '연관'으로 번역해서 구별했다.

13 여기서 인상이 관념 원인이라고 할 때, 그 원인은 아리스토텔레스·스콜라 철학의 작용인뿐만 아니라 질료인도 포함한다. 관념이 소재적으로 인상을 근원으로 삼는 것이 후자의 원인성을 결론짓기 때문이다. 그러나 나중에 제1편 제3부에서 다루는 원인은 작용인으로의 원인이다. 이러한 차이는 메츠도 지적한다.

14 논리학 이론으로의 귀납법은 밀에 의해 만들어진다. 그러나 실제로는 개개의 경우에 사용되어 왔다. 이 탐구도 이른바 일치차이법에 해당한다. 나중에 흄 자신도 소박한 형태로 귀납법 법칙을 설명한다.

15 '상상(imagination)'은 나중에 흄 자신이 주장하는 대로(제1편 제3부 제9절 참조) 두 개의 의미를 가진다. 하나는 비실재적 내지 비타당적 이미지 또는 그러한 이미지를 생각하는 작용으로 '공상(fancy)' 또는 '허상(fiction)'과 동의어이고, 또 하나는 직접 지각 즉 인상과 그 재현인 기억을 뺀 모든 이미지 또는 그것을 생각하는 작용이다. 후자는 오히려 '구상'이라고 번역해야겠지만, 이 의미의 '상상'이 흄 철학에서 매우 중요한 구실을 한다는 것은 헨델이 말하는 대로이다. 정신의 거의 모든 작용은 추리와 판단까지도 상상의 구상에 의해 이루어지기 때문이다.

16 인상의 근원적·궁극적 성격은 이렇게 인성학의 '제1원리'라는 높은 지위를 얻는다. 그러나 이 인상주의는 어느 범위에서 어느 정도로까지 주장될까? 만일 존재 또는 실재 문제로까지 적용된다고 하면 심리주의적 현상론 또는 내재론이 만들어지고, 정신 틀에 멈추면 심적 세계와 별개인 독립한 사물 세계를 허락하게 되어 실재론이 된다. 많은 사람들은 흄처럼 전자의 입장을 취한다. 그러나 후자도 그런대로 혼재하고 있는 것은 분명하다.

2 주제의 구분

단순 인상은 그 대응 관념에 앞서며, 예외는 매우 드물다. 따라서 관념을 살펴보기에 앞서 인상을 검토할 필요가 있을 것 같다. 인상은 감각의 인상[1]과 반성[2]의 인상이라는 두 종류로 구분된다. 첫 번째 종류는 알려지지 않은 원인들로부터 근본적으로 영혼 안에 일어난다.[3] 두 번째 종류는 대개 다음 순서에 따라 관념에서 원인되어 일어난다. 즉, 인상은 처음에 감관을 자극해서 우리가 뜨거움, 차가움, 목마름, 배고픔, 기쁨, 고통 등을 깨닫도록 한다. 정신은 이 인상을 모사하는데, 이러한 인상의 모사는 인상이 사라진 뒤에도 남아 있다. 우리는 이것을 관념이라고 부른다. 그런데 이 기쁨 또는 고통의 관념이 영혼에 되돌아왔을 때, 그 관념들은 욕구와 혐오, 희망과 공포 등의 새로운 인상을 만들어낸다. 그 인상은 반성으로부터 비롯하므로, 그 인상을 반성의 인상이라고 하는 것이 알맞을 것 같다. 반성의 인상들은 다시 상상력과 기억을 통해 모사되어 관념이 되는데, 이 관념 또한 관념이라서 아마 다른 인상과 관념을 불러일으킬 것이다.

따라서 반성의 인상은 그 대응 관념에 반드시 앞서지만, 감각의 인상보다는 뒤에 서고, 감각의 인상으로부터 비롯한다. 우리 감각을 탐구하는 일은 도덕철학자보다는 해부학자 또는 자연철학자의 것[4]이므로 여기서는 다루지 않는다. 그리고 우리들의 주의를 집중하게 하는 정념, 욕구 그리고 감정 등과 같은 반성의 인상은 주로 관념에서 일어난다. 그러므로 언뜻 보기에 가장 자연스럽게 여겨지는, 인상부터 먼저 다루려는 시각을 바꿀 필요가 있다. 즉 인간 정신의 본성과 원리를 밝혀내기 위하여 우리는 인상을 탐구하기에 앞서 관념을 상세히 설명할 필요가 있다. 이러한 이유로 해서 여기서는 관념부터 다루고자 한다.

〈주〉

1 '감각의 인상(impression of sensation)'에 대해 로크는 말한다. "우선 개개의 감각 대상에 관계하는 우리의 감관이, 이 대상들이 감관에 영향을 주는 여러 방법에 따라 사물의 여러 별개의 지각을 정신에 넣는다. ……우리가 가진 대부분 관념의 위대한 기원은 모두 우리 감관에 따라 있고, 감관에 따라 오성을 가져온 것이기 때문에 우리는 이것을 감각이라 부른다. 또 이 감각은 오성 가운데 어떤 지각을 만드는, 신체의 어떤 부분에 일어나는

인상 및 운동이다." 여기서 인상의 용어법은 분명하게 다르지만, 감각 의미는 흄과 같다.

2 '반성(reflexion)'에 대해 로크는 말한다. "경험이 그것에 따라 오성에 관념을 주는 또 하나의 기원은, 오성이 그 얻은 관념에 관해 작용하는 경우 우리 안에서 이루어지는 우리 자신의 정신 작용의 지각이다. ……이 기원이 주는 관념은, 정신이 스스로의 안에서 그 자신의 작용을 반성하는 것에 따라 얻는 관념만이기 때문에 ……나는 이것을 반성이라 부른다." 그러나 이 절에서 흄이 말하는 'reflexion'은 감각의 인상 또는 관념이 '마음에 돌아온다'는 것에 의해 생기는 이차적인 지각의 유래 내지 과정을 의미한다. 따라서 로크의 의미와는 다르다. 'impression of reflexion'을 '반응의 인상'이라고 번역해야 한다는 말이 나오는 이유이다. 그렇지만 《인간지성 연구》 제7절 제1부에서는 '우리 자신의 심적 작용을 반성(reflexion)한다'는 것에서 생기는 관념을 'idea of reflexion'이라 부르고 있고, 립스도 'Selbstwahrnehmung'라고 번역하고 있다. 로크의 경우에는 반성에 의해 심적 작용의 지각이 얻어지고, 흄의 경우에는 주로 심적 작용이 낳는 지각이 얻어진다. 여기서도 조금의 차이가 있다.

3 인상이 '알려지지 않은 원인들로부터 근원적으로 영혼 안에 발생한다'라는 주장은 인상의 절대적 근원성을 설명하여 내재론적 인상주의를 내세우는 것이라고 보통 설명되지만, '알려지지 않은 원인'을 가지고 '외적 사물이 마음에 이미지를 낳는 과정의 불명'을 의미한다고 하면 다른 견해가 성립한다.

4 '감각을 탐구하는 일은…… 해부학자나 자연철학자의 것이다'라고 하는 점에서 정신현상의 내관적(內觀的) 연구를 주장하는 로크의 전통을 볼 수 있다. 또 이 말은 자연학자나 해부학자와 관계된 세계가 정신 세계 밖에 있다는 것을 일러준다.

3 기억 관념과 상상 관념에 대하여

우리는 어떤 인상이 정신에 나타났을 때, 그 인상이 다시 관념으로서 정신에 현상하는 것을 경험적으로 발견한다. 여기서 그 인상은 서로 다른 두 가지 방식으로 나타난다. 첫째, 그 인상이 새로 현상할 때 맨 처음 생동성을 꽤 대단하게 유지하는 경우로, 그것은 인상과 관념 사이의 어떤 중간자이다. 둘째, 그 인상이 생동성을 오롯이 잃어버릴 경우로, 그것은 완전 관념이다. 우리가 인상을 첫째와 같이 되풀이하는 기능을 기억이라고 하며, 둘째와 같이 되풀이하는 기능을 상상이라고 한다. 기억 관념이 상상 관념보다 훨씬 생기 있고 세차며, 기억 기능은 상상 기능이 그리는 그 어떤 것보다도 훨씬 확실한 색으로 대상을 그려 낸다는 것은 첫눈에도 분명하다.[1] 예를 들면 지난날 어떤 사건을 되돌아볼 때, 그 사건의 관념은 힘차게 정신 내에서 흐른다. 반대로 상상 속에서는 지각들은 생생하지 못하고 어렴풋하여, 꽤 많은 시간 동안 변하지 않고 한결같이 유지되기 어렵다. 그렇다면 기억이라는 관념과 상상이라는 다른 종류의 관념들 사이에서 알 수 있는 차이가 바로 여기에 있다 할 수 있다. 그렇지만 이에 대해서는 나중에 충분히 설명하기로 한다.[2]

이 두 관념들 사이에는 또한 매한가지로 차이가 분명하다. 다시 말하면 기억 관념이든 상상 관념이든, 생생한 관념이든 어렴풋한 관념이든 간에 그 대응 인상이 그 관념들을 위한 길을 미리 마련해 주지 않으면 그 관념들은 결코 정신에 나타날 수 없지만, 그런데도 상상은 근본적 인상과 같은 질서 및 형태에 거리끼지 않는다. 반대로 기억은 관념들의 질서와 형태를 바꿀 능력도 전혀 없이, 근본적 인상과 같은 질서 및 형태에 어느 정도 구애된다.

기억은 그 대상이 나타났던 때의 원형을 지키며, 우리가 무엇을 상기할 때 그 대상을 벗어나게 되는 것은 모두 기억이라는 기능의 단점 또는 불완전함에서 원인이 되는 것임에 확실하다. 아마 역사가는 좀더 편리하게 해설하기 위하여 실제로는 뒤에 발생한 사건을 어떤 사건 앞에 관련시켜 설명할 수 있을 것이다. 그러나 그가 정확한 사람이라면 이 뒤섞임에 주의해서 그 관념을 다시 제자리에 환원할 것이다. 우리가 이미 잘 알고 있는 장소나 사람을 생각할 때에도 이와 비슷하다. 기억의 주된 일은 단순 관념들의 보존이 아니라, 관념들의 질서와 자리를 보존하는 것이다. 요컨대 이 원리는, 우리가 그것을 논증하기 위하여 더 이상 고민할 필요도 없을 정도로 예사롭고 널리 알려진 수많은 현상들에 의해 옹호된다.

관념을 변형시키고 그 질서를 뒤집는 상상의 자유에 관한 우리의 제2원리도 마찬가지로 확실히 증명된다. 우리가 시나 소설을 통해 접했던 터무니없는 이야기들은 이것을 전혀 문제 삼지 않는다. 거기서 자연은 전체적으로 뒤섞여 있으며, 날개 달린 말, 불 뿜는 용, 괴물 같은 거인 등이 잔뜩 등장한다. 관념은 모두 인상으로부터 베껴져, 완전히 분리될 수 없는 두 인상은 결코 없다는 점을 고려하면, 이 공상[3]의 자유도 이상하게 보이지 않을 것이다. 물론 이것은 관념을 단순한 것과 복합적인 것으로 구분한 분명한 결과이다. 상상은 관념들 사이의 차이를 깨닫는 모든 경우에 그 관념들을 쉽게 분리할 수 있다.[4]

1 기억과 상상에 대해서는 제1편 제3부 제5절에서 한 번 더 다룬다. 그러나 두 개 사이에
는 입론에 커다란 차이가 있다. 이 절에서 기억과 상상의 차이는 전자의 강한 생기와 후
자의 관념 구성의 자유에서 나온다. 그런데 나중에는 그 차이가 오로지 생기의 정도에
서 구해진다. 이 입론의 차이는 두 개의 절이 놓이는 자리에 따른다. 다만 지금은 다음
절의 연합원리를 이끌어 내는 것에 따라 상상의 구성 기능이 중요시되고, 나중에는 신
념의 탐구와 관련하여 기억의 생기가 다루어지는 것이다. 후자에서는 의식 내재론의 입
장이 강하다는 것도 지나칠 수 없다.

2 제1편 제3부 제5절 참조.〔원주〕

3 '공상(fancy)'은 '상상'과 같은 의미이다. 이것은 제1편에서 오늘날 우리가 이 언어에 부여
하는 '허상(fiction)'과 같은 의미로 많이 사용되지만, 제2편부터는 관념 또는 이미지를 구
상하는 의미에서의 '상상'과 같은 의미로 사용되는 경우가 많다. 그때는 '이미지'라고 번
역했다.

4 이 책에서 이용되는 논리 가운데 '다른 것은 구별할 수 있고, 구별할 수 있는 것은 분리
할 수 있다'라는 것이 있다. 그 완전한 형태는 제1편 제1부 제7절에 처음으로 나오는데,
거기서 저자 자신이 주의하는 것처럼 그 시초가 되는 표현이 지금 여기에 보인다.

4 관념들의 연관[1] 또는 그 연합[2]에 대하여

앞에서 말했듯이 단순 관념들은 모두 상상에 의해 나뉘고 상상이 바라는
형태로 다시 하나될 수 있다. 그러므로 모든 시간과 장소에서 상상이 어느 정
도 같도록 해 주는 어떤 보편 원리에 상상이 따르지 않는다면, 상상이라는 구
실보다 설명하기 어려운 것은 없을 것 같다. 관념들이 완전히 흩어져 끊어졌다
면 우연만이 그 관념들을 하나로 묶을 것이다. 그리고 또 단순 관념들 사이에
하나되는 결합력이 없거나, 어떤 관념이 자연스럽게 다른 관념을 소개하는 어
떤 연결하는 성질이 없다면, 일반적인 경우처럼 늘 몇몇 단순 관념들이 규칙적
으로 복합 관념을 이루는 일은 불가능해진다. 관념들 사이의 하나되는 원리가
나눌 수 없는 관계로 여겨져선 안 된다. 그런 관계는 이미 상상에서 제외되었기
때문이다. 또한 그 원리 없이는 정신이 두 관념을 얽어맬 수 없다는 결론을 내
릴 수도 없다. 왜냐하면 상상의 기능만큼 자유로운 것은 없기 때문이다. 오히려
우리는 이 원리를 은근한 힘으로 여기고자 할 뿐이다. 복합 관념으로 합치기에
가장 알맞는 단순 관념을 자연이 모든 사람에게 어느 정도 가리켜 주므로, 이
힘은 일상적으로 널리 퍼져 있으며, 무엇보다도 각 나라마다 언어들이 서로 아

주 엇비슷하게 대응하는 원인[3]이기도 하다. 이러한 연합을 일으키고, 또 정신이 이러한 방식으로 하나의 관념에서 다른 관념으로 나아가게 하는 성질에는 세 종류가 있다. 바로 비슷함, 시간이나 장소의 이웃함, 원인과 결과[4]이다.

나는 이 성질들이 관념들 사이에 합치는 것을, 바꿔 말하면 하나의 관념이 나타났을 때 자연스레 다른 관념을 소개한다는 사실을 반드시 입증할 필요는 없을 것이라는 사실이다. 분명한 것은 사유 과정이나 관념들의 끊임없는 변화에 있어서 상상이 어떤 관념으로부터 그 관념과 비슷한 다른 관념으로 쉽게 나아가며, 이 성질 하나만도 공상의 충분한 결합력이자 연합력이라는 것이다. 또한 감관들이 대상을 바꿀 때 필연적으로 그 변화에 맞추어 바꾸고 그 대상들을 서로 인접해 있는 것으로 받아들이듯이, 상상도 오랜 습관[5]에 의하여 그와 같은 사유 방식을 얻어 그 대상을 생각할 때 공간과 시간의 요소들을 따르는 것임에 틀림없다. 인과 관계에 의해 성립되는 연관에 대해서 우리는 다음에 근본적으로 검토할 기회를 갖기로 하고, 여기서는 그 연관에 대하여 언급하지 않겠다. 대상들 사이의 인과 관계를 빼면, 더할 수 없이 강한 연관을 공상에 만들어 내고 하나의 관념에서 다른 관념을 쉽게 생각해 내도록 하는 점이 없다는 것을 아는 것으로 충분하다.[6]

우리가 이 관계들의 전체 작용 영역을 알아내려면, 두 대상들 가운데 하나가 직접 다른 것과 비슷하거나 이웃해 있거나 또는 다른 것의 원인일 때뿐만 아니라, 그 대상들 모두에 대해 이 관계들 가운데 어떤 관계에 있는 제삼의 대상이 그 사이에 관여할 때에도 그 두 대상이 상상 속에서 함께 연관된다는 것을 우리는 살펴보아야만 한다. 비록 그 대상들 사이에 있는 각 단계가 관계를 대단히 약화시키는 것을 우리가 주의 깊게 살펴볼 수 있겠지만, 이것은 아주 길게 이어질 수도 있다. 예를 들자면 10촌 형제는 인과에 의해 연관되어 있다고 할 수 있으나 친형제처럼 서로 가깝지 않으며 부모와 자식보다는 훨씬 관계가 약하다. 일반적으로 우리는 모든 혈연관계가 인과에 의존하며, 사람들 사이에 끼어들어 서로를 연관 짓는 원인의 수에 따라 가깝다거나 멀다고 말해도 좋을 것이다.

앞에서 말한 세 관계 가운데 인과 관계의 작용 범위가 가장 넓다. 어떤 존재가 다른 존재의 원인인 것은 말할 것도 없고, 그 존재가 다른 존재의 어떤 작용

외계에 관한 지식 로크는 현실 세계에 대한 지식을 지각에 의해 얻을 수 있다고 생각했다. 즉 사람은 감각기관을 통해 물체의 관념을 얻는다는 것이다. B.E. 무리요의 《새와 함께 있는 성가족》(1650).

이나 운동의 원인인 것도, 그 두 대상은 인과 관계에 있는 것으로 여길 수 있다. 어떤 측면에서는 작용이나 운동이 대상 그 자체와 다를 바 없다는 점에서, 그리고 그 대상이 서로 다른 모든 상황에 똑같이 계속된다는 점에서, 대상들이 서로에게 끼치는 이런 영향이 상상 속에서 그 대상들을 어떻게 연결할 수 있는가를 우리는 쉽게 생각할 수 있기 때문이다.

더 나아가 두 대상 가운데 하나가 또 다른 하나에게 운동이나 작용을 만들어낼 때뿐만 아니라, 하나가 또 다른 하나에게 운동이나 작용을 만들어 내는 능력을 그저 가지고만 있을 적에도 또한 그 대상들은 인과 관계에 의해 연관되어 있다고 할 수 있다. 그리고 우리는 이것이 모든 권리와 의무 관계의 근원이라는 것을 알 수 있다. 이 관계에 의해 사람들은 사회에서 서로 영향을 끼치고 있으며, 지배와 복종의 굴레에 놓여 있다. 예컨대 주인은 힘이나 동의에서 나오는 자신의 위치에 따라서, 우리가 하인이라고 이르는 타인의 행위를 하나하나 가리킬 수 있는 능력을 지닌 사람이다. 또 재판관은 분쟁이 있을 때마다 자기 의견에 따라 그 사회 구성원들 사이의 재산 소유를 판결할 수 있는 사람이다. 어떤 사람이 어떤 능력을 지녔다면, 그 능력을 행동으로 바꾸는 데 필요한 것은 의지의 발현뿐이다. 이것은 모든 경우에 할 수 있는 것으로 대체로는 그럴듯한 것으로 생각된다. 아랫사람의 복종이 윗사람의 기쁨이자 이익일 경우, 즉 권위의 경우에는 특히 그러하다.

따라서 이것들은 단순 관념들 사이의 합일 또는 총집의 원리들[7]이며, 우리 기억에서 단순 관념들을 하나로 합치는 불가분적인 연관과 같은 작용을 상상 속에서 수행한다. 여기에 하나의 인력[8]이 있는데, 우리는 이 인력이 자연계에서와 마찬가지로 정신계에서도 뜻밖의 결과를 가져오며, 여러 가지 다양한 모양으로 드러난다는 것을 알게 될 것이다. 그 인력 결과는 어디서나 분명하다. 그러나 인력 원인들에 대해서는 대개 밝혀져 있지 않기 때문에 그 원인들은 인간 본성의 근원적 성질들로 되돌아가야 하지만, 나는 그 성질들을 함부로 설명하지 않는다. 진정한 철학자에게 가장 요구되는 것은 원인에 대하여 탐구하려는 지나친 욕망을 스스로 억누르는 일, 또한 충분한 실험에 의해 어떤 이론을 세우고 나서 더 이상의 연구가 그를 아리송하고 불분명한 사변에 빠지게 할 수 있다는 것을 알았을 때 그 수준에서 만족하는 것 등이다. 이런 경우에는 아마도 그가 자기 원리의 원인보다는 그 결론을 다시 살펴보는 데 열중하는 것이 훨씬 나을 것이다.[9]

이러한 관념들을 하나로 만들거나 합하는 결과들 가운데 가장 눈여겨볼 만한 것은 사유와 추리의 일상적 주제들인 복합 관념, 즉 일반적으로 단순 관념들 사이의 어떤 합일 원리에서 발생하는 복합 관념이다. 이 복합 관념들은 관계, 양태, 그리고 실체[10]로 나누어질 수 있다. 내 철학의 기초로 여길 수도 있는 지금의 주제를 떠나기에 앞서 우리는 이 세 가지 복합 관념들을 차례대로 하나하나 간략하게 살펴볼 것이며, 아울러 일반 관념과 개별 관념[11]에 관한 몇 가지 탐구를 추가하고자 한다.

〈주〉

1 '연관(connexion)'을 술어적으로 사용한 최초의 경우. 단 여기서의 필연성은 심리적 필연성이다.

2 '연합(association)'은 로크도 다루었다. 그렇지만 그에게 이것은 부정한 심적 작용이었다. 흄은 여기에 적극적이고 건설적인 의미를 주어 정신의 가장 중요한 원리 중 하나로 했다. 연상심리학은 이 맥락을 따라 발달했다.

3 '각 나라마다 언어가 서로 아주 엇비슷하게 대응하는' 현상은 《인간오성 연구》에서도 연합 원리를 입증하는 근거로 쓰인다.

4 '비슷함(resemblance)', '시간이나 장소의 이웃함(contiguity in time or place)', '원인과 결과(cause and effect)' 이 세 가지가 흄의 연합 원리이다. 아리스토텔레스가 시작한 연합 원리는 흄 이후의 연상심리학을 낳았다.

5 '습관(custom)'은 흄 철학에서 가장 잘 알려진 말 중 하나이다. 제1편 제3부 제8절에 그 정의가 있다. 동의어로 '관습(habit)'이 있다.

6 인과 관계는 제1편 제3부의 주제이다.

7 '합일 또는 총집의 원리들(principles of union or cohesion)'의 '합일'은 많이 사용되지만, '총집'은 예외적인 표현이다.

8 정신계에서 연합이 맡는 역할을 자연계 인력(attraction)에 비유하는 것은 정신철학 분야의 뉴턴을 목표로 하던 흄에게 어울리지만, 아무래도 좀 지나친 시도였다. 왜냐하면 인력만큼의 절대성은 부정되기 때문이다.

9 여기에서도 저자는 실증적 경험론에 바탕을 둔 연구자세를 강하게 주장하고 있다.

10 '관계(relation)'는 다음 절에서, '양태(mode)'와 '실체(substance)'는 그 다음 절에서, 그리고 실체는 다시 제1편 제4부 제3절에서 논의한다.

11 '일반 관념(general idea)'과 '개별 관념(particular idea)'은 제1편 제1부 제7절의 주제이다.

5 관계들에 대하여

항상 관계라는 말은 아주 다른 두 가지 뜻으로 사용한다. 우선 앞서 설명했듯이, 관계는 두 관념을 상상 속에서 연결하고 한 관념에서 다른 관념을 자연스럽게 끌어내는 성질[1]을 뜻한다. 그리고 또 하나는 공상에서 두 관념이 자의적으로 하나로 합치는 경우라 해도 우리가 그 관념들을 비교하기에 알맞다고 생각하는 개별적 여건[2]을 뜻한다. 일상 언어에서는 관계라는 말이 늘 전자의 뜻으로 쓰인다. 그리고 연관 짓는 원리 없이 우리가 그 말을, 비교라는 특정 주제를 뜻하는 것으로 확대하는 것은 오직 철학에서뿐이다. 이를테면 대상들을 비교함으로써 우리가 거리라는 관념을 얻기 때문에, 철학자들은 거리를 진정한 관계로 인정할 것이다. 그러나 우리는 항상 마치 거리와 관계가 맞설 수 없는 것처럼, 이러저러한 것들보다 서로 거리가 더 먼 것도 있을 수 없고, 관계가 더 약할 수도 없다고 한다.

대상들을 견줄 수 있도록 하여 철학적 관계의 관념들을 생기게 하는 그 모든 성질을 하나하나 들어서 말하는 것은 끝없는 작업으로 평가될지도 모른다. 그러나 우리가 그런 관념들을 열심히 살펴본다면, 우리는 그 관념들이 별 어려움 없이 7가지 주요 항목에 들어간다는 것을 알 수 있게 된다. 따라서 이 항목들은 모든 철학적 관계의 근원으로 생각해도 좋다.

1. 첫째는 서로 비슷한 성질이다. 그리고 비슷함이 없는 철학적 관계는 있을 수 없다. 어느 정도 비슷함을 지니지 않으면 어떤 대상도 견줄 수 없기 때문이다. 그러나 이 비슷한 성질이 모든 철학적 관계에 필수적이라고 하더라도, 비슷함이 언제나 관념의 연관이나 연합을 낳는다고는 할 수 없다. 어떤 성질이 아주 일반화되어 대부분의 개별자들에게 공통적일 때, 그 성질은 정신을 그 개별자들 중의 어떤 것으로 직접 안내하는 것이 아니다. 이때 비슷함은 오히려 지나치게 큰 선택 범위를 한꺼번에 제시함으로써 상상이 하나의 대상에 몰두하는 것을 방해한다.

2. 두 번째 철학적 관계는 동일성[3]이라 생각할 수 있다. 나중에 설명할 인격 동일성의 본성과 기초에 관한 탐구를 빼고, 나는 여기서 이 관계를 가장 세밀한 의미에서 항구적이고 변하지 않는 대상에 적용되는 것으로 여긴다. 동일성 관계는 어느 정도 계속적으로 존재하는 모든 것에 두루 통하는 관계이므로, 모든 관계 가운데 가장 보편적인 관계이다.

3. 동일성 다음으로 가장 보편적이며 포괄적인 관계는 시공의 관계이다. 이 시공 관계는 멀다·가깝다·위·아래·앞·뒤 따위와 같이 수많은 비교의 근원이다.

4. 양이나 수를 허용하는 대상들은 모두 그 양이나 수에서 견줄 수 있다. 이 것도 많은 관계를 낳는 또 다른 풍부한 근원이다.

5. 어떤 두 대상이 똑같은 성질을 두루 가지고 있을 때, 그 대상들이 지닌 성질 정도가 다섯 번째 종류의 관계를 이룬다. 예컨대 무거운 두 대상 중에서는 하나가 다른 것보다 더 무거울 수 있고, 덜 무거울 수도 있다. 같은 종류의 두 색은 서로 다른 색조일 수 있으며, 이런 면에서 그 색들은 견줄 수 있다.

6. 반대 곧 상반성의 관계는 언뜻 보아서, 어느 정도 비슷한 성질이 없으면

어떤 종류의 관계도 이어질 수 없다는 규칙의 예외처럼 보일지도 모른다. 하지만 아래의 경우를 생각해 보자. 존재와 비존재의 관념을 빼면, 어떤 두 관념도 그 자체가 반대인 것은 아니다. 비존재 관념은 그 대상이 존재하지 않는다고 생각되는 모든 시간과 장소에서 대상을 물리치지만, 존재와 비존재 관념은 모두 그 대상에 관한 하나의 관념이 들어 있기 때문에 확실히 비슷하다.

7. 물·불, 뜨거움·차가움 따위와 같은 다른 대상들은, 경험상 그 대상들의 인과 관계에서 반대로 나타날 뿐이다. 이 인과 관계는 자연 관계일 뿐만 아니라 일곱 번째 철학적 관계이다. 이 관계에 포함된 유사성은 나중(제1편 제3부 제6절)에 다룬다.

내가 위의 관계들에 차이라는 것을 연관시킬 거라고 자연스럽게 생각될지도 모른다. 그렇지만 나는 차이를 실재적이거나 긍정적인 어떤 것이라기보다는 반대로 관계 부정으로 생각한다. 차이는 동일성에 반대되거나 유사성에 반대되는 두 종류로 나뉜다. 전자를 수 차이, 후자를 종류 차이라고 부른다.

〈주〉
1 이러한 관계는 '자연적 관계(natural relation)'라고 이른다. 인간 본성의 작용에 의한 것이기 때문이다.
2 이러한 관계는 '철학적 관계(philosophical relation)'라고 이른다. 자연적 연합에 의해서가 아닌 모든 관계이다.
3 '동일성(identity)'은 립스가 지적하듯이 사물의 자기 동일성이 아니라 지속에 있어서 동일성이다. 인격 동일성에 대해서는 제1편 제4부 제6절 참조.

6 양태[1]와 실체[2]에 대하여

자기 추론의 대부분을 실체와 우성(偶性)[3]의 구분에 기초 짓고, 우리가 그 실체와 우성인 것들 각각에 대해 뚜렷한 관념을 갖는다고 상상하는 철학자들에게, (제1절에서 제1원리로서 말했듯이 모든 관념의 근원은 인상에 있으므로, 만약 실체 관념이 있다면) 나는 실체 관념이 감각 인상으로부터 비롯하는지 또는 반성의 인상으로부터 비롯하는지를 묻지 않을 수 없다. 만일 실체 관념이 감관으로 인해 우리에게 전해진다면, 나는 어떤 감관으로 인해 어떤 방식으로 전해지는

지를 묻겠다. 실체 관념이 눈을 통해서 인지하면 그 실체는 색이 틀림없고, 귀를 통해서 전해진다면 소리이며, 혀를 통해서 전해진다면 맛이며, 다른 감관으로 인해 전해진다면 그 감관에 들어맞는 감각이다. 그러나 나는 실체가 색이나 소리 또는 맛이라고 보는 사람은 한 사람도 없다고 믿는다. 따라서 실체가 실제로 존재한다면, 실체 관념은 반성의 인상[4]으로부터 비롯하는 것이 틀림없다. 그러나 반성의 인상은 정념과 정서로 되돌아간다. 아마 이 정념과 정서들 가운데 어떤 것도 실체를 결코 나타낼 수 없을 것이다. 따라서 우리는 개별 성질들의 집합 관념과 갈라놓는 실체 관념을 가지고 있지 않으며, 실체에 관해 언급하거나 추리할 때 어떤 다른 뜻도 지니지 않는다.

양태 관념과 마찬가지로 실체 관념은 단순 관념들의 집합에 다름 아니다. 이 단순 관념들의 집합은 상상으로 하나되며, 그 관념들에게 부여된 하나의 이름을 지닌다. 우리는 이 이름으로 그 집합을 생각하게 하거나 다른 사람에게 생각하도록 할 수 있다.[5] 그러나 실체를 이루는 개별 성질들은 항상 그 성질들이 본래부터 지니는 것으로 가정되는 알려지지 않은 어떤 것과 관련되거나, 또는 이러한 허구가 일어나지 않는다고 하더라도 적어도 이웃하거나 인과 관계를 통해 그 성질들이 밀접하고 불가분적으로 관련되어 있다고 생각된다. 여기서 실체 관념과 양태 관념의 차이점이 존재한다. 그리고 이렇게 실체 관념을 생각한 결과, 우리가 이미 아는 성질들과 똑같은 관련을 갖는 것으로 발견한 새로운 단순 성질이 비록 실체를 최초로 표상하는 것과 아무 관련이 없다고 해도, 우리는 이미 아는 성질들에 그 새로운 단순 성질을 곧장 포함시킨다.

예를 들면 황금에 대한 관념도 처음에는 노랑, 무게, 전성, 용해성일 것이다. 그런데 왕수(王水)에서 금이 녹는 것을 발견함에 따라 우리는 그 용해성을 다른 성질들에다 결합시키고, 용해성의 관념이 마치 처음부터 복합적인 것의 부분을 이루었던 것처럼 실체에 딸린 것으로 가정한다. 복합 관념의 주된 요소로 생각되는 합일 원리는 나중에 나타나는 모든 성질에 이르는 통로를 주며, 이 성질들도 먼저 나타났던 다른 성질들과 마찬가지로 합일원리에 의해 복합 관념에 들어간다.

이런 일이 양태에서 발생할 수 없다는 것은 양태 본성을 살펴보면 확실하다. 양태를 이루는 단순 관념이 나타내는 성질들은, 이웃하거나 인과에 의해 하나로 합치지 않고 서로 다른 대상들에게 흩어져 있는 것들이다. 또는 혹시 그 단순 관념들이 모두 합쳐져 있다 해도, 합일 원리가 복합 관념의 기초로 생각되지 않는다. 이를테면 춤의 관념은 첫째 종류의 양태 사례이며, 미의 관념은 둘째 종류의 양태 사례이다. 그 양태를 구별해 주는 이름을 바꾸지 않는 한, 그와 같은 복합 관념들이 왜 새로운 관념을 전혀 받아들일 수 없는지 이유는 분명하다.

<주>

1 '양태(mode)'는 사물 또는 실체의 비본질적 성질을 말한다. 스콜라 철학으로 시작해서 데카르트가 말하고, 대륙의 합리론 형이상학이 일반적으로 계승한 개념이다. 이것에 대해 '속성(attribute)'을 생각할 수 있지만, 흄은 이것을 말하지 않았다.

2 '실체(substance)'는 변혁하는 현상의 기초로서, 다양한 현상은 그 변이라고 생각되는 항상적이고 자기 동일적인 것을 말한다. 이런 뜻의 실체는 스콜라 철학에서 시작하여 데카르트 및 그 이후 대륙철학에서 사용되었다.

3 '우성(accident)'은 어떤 사물을 생각하는 데 없어도 되는 성질. 양태를 비본질성 측면에서 규정하면 우성이 된다.

4 '반성의 인상' 원문은 옥스퍼드판에서는 'impression or reflexion'이지만, 여기서는 분명 'impression of reflexion'이어야 한다. 여기서 흄이 행하는, 인상의 근원성에 따른 연구 방법은 그가 즐겨 썼던 것이다.

5 여기서 실체에 대한 흄의 정의가 나타난다. 실체 문제는 제1편 제4부 주요 과제의 하나로 외적 실체에 대해서는 제2절과 제3절에서, 심적 실체에 대해서는 제5절과 제6절에서 논의된다.

7 추상 관념[1]들에 대하여

끝으로 추상 관념들에 대하여 살펴보자. 정신이 추상 관념들을 표상할 때 과연 그 관념들이 일반적인가 아니면 개별적인가 하는 것은, 추상 관념들이나 일반 관념들에 대하여 제기해 온 아주 중요한 과제이다. 한 위대한 철학자[2]는 바로 이것에 대하여 일반적으로 인정된 의견을 반박하고, 모든 일반 관념은 어떤 명사에 뒤따른 개별 관념들일 뿐이며 명사는 그 관념들에 더욱 폭넓은 의미를 지니도록 하여 때에 따라 그 관념들이 자신들과 닮은 다른 개별 관념들을 생각해 내도록 한다고 주장했다.[3] 나는 이것을 최근 몇 년 동안 학계에서 이루어진 가장 위대하고 값진 발견으로 보기 때문에, 여기에서는 어떤 의혹이나 논쟁도 없으리라 기대되는 몇 가지 논변을 통하여 이 발견을 확정하기 위해 노력하겠다.

모두 그런 것은 아니지만 대부분의 일반 관념들은 그것을 이룰 때 질과 양의 개별적인 정도들로부터 추상한다는 것은 확실하다. 그런데 또 사물은 연장과 지속 그리고 다른 속성들의 하찮은 변화가 있을 때마다 그 변화들 때문에 더 이상 어떤 특정한 종류에 속하지 않게 되는 것도 아님이 확실하다. 그리하여 철학자들에게 아주 많은 사변을 안겨 주었던 추상 관념의 본성을 정하는 분명한 딜레마가 여기에 있다고 생각할 수 있을 것이다. 예를 들면 인간에 대한 추상 관념은 모든 체형과 성질의 사람들을 다시 나타낸다. 이때 모든 가능적 체형과 성질을 동시에 함께 나타낸다든가 아니면 개별적인 것을 전혀 나타내지 않는 경우에만, 그 추상 관념이 모든 체형과 성질의 인간들을 나타낼 수 있다는 결론에 이를 수 있다. 그런데 정신이 한없는 역량을 갖게 되는 앞의 주장을 옹호하는 것이 불합리하다고 판단한다면, 이 판단은 대개 두 번째 입장에서 추론된 것이며 추상 관념이 질과 양의 개별 정도를 전혀 나타내지 않는다고 가정한다.

그러나 나는 다음과 같은 것을 통해 이 가정이 틀렸다는 것을 밝히려고 애쓰고자 한다. 첫째, 질이나 양의 정도에 대한 정확한 관념을 이루지 않고, 어떤 질이나 양을 생각하는 것이 궁극적으로 불가능하다는 것을 증명하고자 한다. 둘째, 정신 역량이 한계가 있다 할지라도 우리는 질과 양의 가능한 모든 정도에 대한 관념을 동시에 이룰 수 있고, 또 이 관념을 적어도 불완전하나마 모든 반성과 대화의 목적에 사용할 수 있다는 것을 보여 주겠다.

먼저 우리는, 정신이 질과 양 각각의 정도에 대한 정확한 관념을 이루지 않고서는, 질과 양에 대하여 어떤 관념도 이룰 수 없다는 첫 번째 명제를 다음의 세 논리적 진술로 증명할 수 있을 것이다. 첫째, 앞서 살펴봤듯이 서로 다른 대상들은 모두 구별할 수 있으며, 구별할 수 있는 대상들은 모두 사유나 상상에 의해서 나눌 수 있다. 그런데 여기에다 우리는 다음과 같이 덧붙일 수 있다. 즉 이 명제는 그 역에서도 마찬가지로 진리이다. 말하자면 나눌 수 있는 모든 대상은 역시 구별할 수 있으며 또한 구별할 수 있는 모든 대상은 서로 다르다. 우리가 구별할 수 없는 대상들을 어떻게 나눌 수 있으며, 서로 다르지 않은 대상들을 어떻게 구분할 수 있겠는가. 따라서 추상이 분리를 포함하는지 여부를 알기 위해, 우리는 단지 이 측면에서 다음의 것을 살피고 논의하면 된다. 즉 일반 관념들로부터 우리가 추상하는 모든 여건들이 우리가 그 관념들의 본질 부분으로 보존하는 것들과 구별하며 서로 다른가? 그런데 어떤 선분의 정확한 길이는 선분 자체와 다르지도 구별되지도 않으며, 어떤 성질의 정확한 정도 또한 성질 자체와 다르지도 구별되지도 않는다는 것은 확실하다. 따라서 이 관념들은 서로 구별될 수도 없고 차이가 나지도 않는 것과 마찬가지로 나눌 수도 없다. 따라서 그 관념들은 사유에서 서로 결합된다. 우리의 모든 추상과 꼼꼼한 사유에도 불구하고 선분의 일반 관념이 서로 다른 질과 양의 정도를 갖는 다른 선분 관념들을 다시 나타낼 수도 있겠지만, 그 일반 관념은 정신에 현상할 때에는 질과 양의 정확한 정도를 갖는다.

둘째, 질과 양의 한계 없이는 어떤 대상도 감관에 나타날 수 없다. 곧, 질과 양의 정도가 모두 결정되지 않고는 어떤 인상도 정신에 나타날 수 없다는 것은 분명한 사실이다. 때때로 인상이 포함된 혼돈이 있는데, 이 혼돈은 단지 그 인상의 어렴풋함과 불안정함으로부터 비롯하는 것이며, 개별 정도나 비율을 전혀 갖지 않고 실재하는 어떤 인상을 받아들이는 정신의 특수한 역량으로부터 비롯하지는 않는다. 개별 정도나 비율을 갖지 않고 실재한다는 것은 명사 모순[4]이다. 즉 같은 것이 존재하면서 동시에 존재하지 않을 가능성까지 포함한, 가장 명확한 모순이다.

그런데 모든 관념은 인상으로부터 비롯하며 인상의 모사(模寫) 또는 재현일 뿐이므로, 관념에 적용되는 것은 인상에도 적용되어야 한다. 인상과 관념은 오직 그 강렬함과 생동성에서 차이가 있다. 앞의 결론은 생동성의 어떤 개별적 정도에 기초를 두고 있지 않다. 따라서 그 결론은 생동성 정도의 어떤 변화에도 결코 영향받지 않는다. 관념은 하나의 약한 인상이다. 그리고 강한 인상은 반드시 확정된 질과 양을 가져야 한다. 그러므로 그 인상을 모사한 것 또는 재현[5]한 것도 그와 똑같아야 한다.

셋째, 자연에서 만물은 개별적이다. 예를 들어 정확한 비율의 변(邊)과 각이 없는 삼각형이 존재한다고 가정하는 일이 참으로 불합리하다는 것 등은 철학에서 일반적으로 받아들이는 원리이다. 따라서 만일 그러한 것이 사실상 그리고 실재상 불합리하다면, 그것은 또한 관념에서도 불합리해야 한다. 우리가 무엇인가에 대해 똑똑하고 판명한 관념을 이룰 수 있는 경우는 불합리·불가능한 것이 아니기 때문이다. 그런데 어떤 대상에 관념을 관련시키는 것은 관념에서 볼 때 대상이 그 자체 안에 갖고 있지 않은 징표 또는 특성을 외부에서 이름지어 붙이는 것이므로, 어떤 대상의 관념을 이루는 것과 단순히 어떤 관념만을 이루는 것은 똑같은 것이다. 질과 양은 갖지만 그것의 정확도는 전혀 갖지 않는 대상에 대한 관념을 이룰 수는 없으므로, 일정한 질과 양에 얽매이지도 한정되지도 않는 어떤 관념을 이루는 일도 역시 불가능하다. 따라서 추상 관념들은 다른 것을 대표한다는 점에서는 일반적이 될 수 있다고 하더라도, 그 자체로는 모두가 개별적이다. 우리가 추론할 때 정신에 있는 심상(이미지)을 마치 보편적인 것처럼 사용한다 하더라도, 그 심상은 어떤 개별 대상의 심상일 뿐이다.

이런 관념들이 그 본성을 넘어서 사용되는 것은 내가 설명하기로 한 두 번째 명제인, 질과 양의 온갖 가능한 정도들에 대한 관념들을 우리가 삶의 목적에 쓸 수 있는 불완전한 방식으로 모으는 데 그 원인이 있다. 우리 앞에 자주 나타나는 여러 대상들 사이에서 어떤 유사성[6]을 발견했을 때, 그 대상들의 질과 양의 정도에서 우리가 어떤 차이를 살필 수 있거나 그 대상들 사이에 다른 차이가 나타나더라도, 우리는 모든 대상에 대하여 똑같은 이름을 쓴다. 이런 종류의 습관을 얻은 다음부터 우리는 그 이름을 들으면 그 대상들 가운데 하나의 관념을 다시 나타내며, 상상은 그 대상의 모든 개별 여건들과 비율로서 그 대상을 표상하게 된다. 그런데 마음에 직접적으로 나타나는 관념과 여러 측면에서 서로 다른 개별자들에게 이러한 똑같은 단어가 자주 쓰이는 것으로 가정된다. 하지만 그 단어는 모든 개별자들의 관념을 다시 나타내는 것이 아니라 영혼을 자극할 뿐이다. 따라서 이렇게 말할 수 있을지 모르지만, 그 단어는 우리가 개별자들을 살펴봄으로써 얻는 습관을 되살아나게 할 뿐이다. 즉 그 개별자들은 실제로 정신에 나타나는 것은 아니며, 다만 나타날 능력을 품고 있을 뿐이다. 우리가 상상에서 그 개별자들을 모두 하나하나 나타낼 수는 없다. 다만 우리는 현재의 의도나 필요에 이끌리게 되었을 때, 그 개별자들 가운데 어떤 것을 쉽게 둘러볼 수는 있다. 그 말은 어떤 습관과 함께 개별 관념을 떠올리며, 그 습관은 우리가 필요로 하는 다른 어떤 개별 관념을 낳는다. 그러나 이름이 적용될 수 있는 모든 관념을 만들어내는 것은 대개 불가능하다. 따라서 우리는 부분 탐구로써 그 작업을 줄이는데, 우리가 미루어 생각할 때 그런 단축 때문에 겪어야 하는 불편은 거의 발견되지 않는다.[7]

우리가 생각하는 개별 관념을 정신이 만든 다음에 우리가 우연히 어떤 개별 관념과 일치하지 않는 추리를 한다면, 일반 명사 또는 추상 명사에 의해 다시 생기는 부대 습관은 그 다른 어떤 개별 관념을 즉석에서 그 자리에서 넌지시 알린다. 현재의 관심사에서 이것은 아주 색다른 경우 가운데 하나이다. 예를 들면 우리가 삼각형이라는 단어를 말하고 그 단어에 마주하는 개별적 등변삼각형의 관념을 이룬 다음에 삼각형의 세 각들은 서로 같다고 내세운다면, 이 명제는 물론 우리가 앞서 이루었던 관념과의 관계에서는 참이겠지만 우리가 처음에 그냥 지나쳤던 서로 다른 부등변삼각형과 이등변삼각형 등이 바로 우리 정신에 몰려오고 우리는 이런 삼각형들로 미루어 이 명제가 거짓이라는 것을 알 수 있다. 언제나 정신이 때를 맞추어서 그러한 관념을 암시하지 않는다면, 이것은 정신 기능의 어떤 불완전함에 그 원인이 있는 것이며, 때때로 잘못된 추론과 궤변의 근원이 되기도 한다. 그러나 대개 이런 것들은 어렵고 복합적인 관념의 경우에 들어맞는다. 다른 경우에 습관은 보다 오롯하며, 우리는 대개 그런 잘못을 저지르지 않는다.[8]

아니, 아주 그런 잘못을 저지를 위험 없이 똑같은 관념이 서로 다른 여러 단어와 결합되고 서로 다른 추론에 쓰일 수 있을 정도로 이 습관은 완벽하다. 이를테면 직선도형, 등각등변도형, 삼각형, 등변삼각형 등을 이룰 때, 우리는 한 변이 1인치인 등변삼각형의 관념을 쓸 수 있을 것이다.

그러므로 이 경우에 이 단어들은 모두 똑같은 관념이 뒤따른다. 그렇지만 그 단어들은 늘 여러 범위에서 적용되기 때문에 저마다 자신들의 특정한 습관을 불러온다. 그렇게 함으로써 일상적으로 그런 단어에 포함되는 어떤 관념에 반대되는 결과는 절대로 이루어지지 않게끔, 정신에 준비를 시켜 둔다.

이런 습관이 전체적으로 온전해지기 전에는 아마도 정신이 단 하나의 개별자에 대한 관념을 만드는 데 만족할 수 없으리라. 정신은 일반 명사로써 나타내고자 하는 집단의 영역과 정신 고유의 의미를 스스로 이해하기 위하여 여러 개별자를 간추려 볼 것이다. 우리는 도형이라는 단어의 의미를 확정하기 위해 크기와 비율이 서로 다른 원, 삼각형, 평행사변형 등의 관념을 마음속으로 생각해 본다. 다시 말해 하나의 이미지, 즉 관념만 가지고는 만족하지 않는다. 그런데 그렇다 할지라도 우리는 어떤 일반 명사를 쓸 때마다 개별자들의 관념을 이루지만 이 모든 개별자들을 하나하나 드러내는 것은 거의, 또는 전혀 불가능하다. 그 관념이 당장 요구될 때마다 그 개별자들을 우리에게 상기시켜 주는 습관에 의해 나머지 개별자들이 표상될 뿐이라는 것은 아마도 분명한 것 같다. 그렇다면 이것이 곧 추상 관념과 일반 명사의 본성이다. 이런 식으로 우리는 어떤 관념들이 그 본성에서는 개별적이지만, 다른 것을 대표한다는 점에서는 일반적이라는 역설에 관하여 밝혀낸다. 개별 관념은 일반 명사와 함께 함으로써 일반적인 것으로 된다. 다시 말해 개별 관념은 습관적 결부로부터 많은 다른 개별 관념들과 관계하며, 또 상상 속에서 다른 개별 관념들을 쉽게 상기시키는 하나의 명사와 함께함으로써 일반화된다.

여기에 남게 되는 유일한 어려움은 확실히 습관과 관련된다. 우리에게 요구되는 모든 개별 관념, 우리가 항상 그 개별 관념과 함께하는 어떤 단어나 소리에 의해 떠오르는 모든 개별 관념을 아주 쉽게 생각해 내는 것은 습관이다. 그런데 내 생각에는, 정신의 이러한 작용에 대해 만족스러운 해명을 할 수 있는 가장 알맞은 방법이란, 비슷한 다른 사례와 그 작용의 실행을 재촉하는 다른 원리를 만들어 보는 것이다. 심적 작용의 궁극적 원인은 설명할 수 없다. 따라서 경험과 유추에서 그 작용들을 어느 정도 만족스럽게 설명할 수 있다면 그것으로 충분하다.

이제 다음을 살펴보기로 하자. 첫째, 우리가 1000과 같은 큰 수를 논의할 때 정신은 일반적으로 그 수의 완전한 관념을 가질 수 없으며, 다만 1000이라는 수가 이해될 수 있는 십진법에 대한 완전한 관념을 통해 그러한 관념을 만들어 내는 능력만 갖고 있을 뿐이다. 그러나 추론에서는 관념의 이와 같은 불완전함을 절대로 느낄 수 없다. 이것은 보편 관념이 갖는 바로 그 불완전함과 같은 실례로 간주된다.

둘째, 우리는 단 하나의 단어에 의해 되살아날 수 있는 습관 실례를 몇 가지 알고 있다. 예컨대 일정 시간의 이야기나 몇 편의 운문을 외우고 있는 사람이, 그 이야기나 운문들의 첫 단어나 표현을 통해 전체를 기억해 내는 것과 같다.

셋째, 추론할 때 자기 정신 상황을 탐구해 본 사람이면 누구나 다음과 같은 점에서 나와 일치하리라고 생각한다. 우리는 우리가 쓰는 명사 하나하나에 별개의 완전한 관념들을 덧붙이지는 않으며, 또 정부·교회·협상·정복 따위에 대해 말할 때 이런 복합 관념을 이루는 단순 관념들을 모두 정신에 펼쳐 놓지는 않는다. 그러나 이처럼 완전하지 못한 상태임에도 우리는 이 대상들에 대하여 헛소리를 하지 않을 수도 있고, 마치 우리가 그것들을 온전히 이해하는 것처럼 그 관념들이 상호 일치하지 않는 것을 알게 된다. 그리하여 우리가 "전쟁에서 약자는 언제나 협상에 호소한다"고 말하는 대신 "약자는 언제나 정복에 호소한다"고 말한다면, 우리가 어떤 관계들을 관념에 속하는 것으로 여김으로써 얻은 습관은 항상 그 단어를 따라다니며, 우리는 그 습관에 의해 그 주장이 불합리하다는 것을 곧 알 수 있다. 이것은 어떤 개별 관념이, 몇 가지 여건들에서 그것과 서로 다른 관념들에 관해 우리가 추론할 때 도움이 되는 것과 마찬가지이다.

넷째, 개별자들은 자신들이 공유하는 비슷한 성질 때문에 하나의 일반 명사 아래 가지런히 모인다. 따라서 이 관계는 개별자들이 상상에 나타나는 것을 재촉함에 틀림없고, 때때로 개별자들을 더욱 쉽게 암시해 준다. 그뿐만 아니라 반성이나 대화에서 사유의 일반적인 진행 과정을 생각해 본다면, 우리는 우리가 바로 이 점에 만족하게 되는 중요한 원인을 알게 될 것이다. 가장 놀라운 것은 관념들이 요구되거나 쓸모있게 된 바로 그 순간에 관념들을 내비치고 내어 놓는 상상의 신속함이다. 공상은 어떤 주제에 속하는 관념들을 끌어모으면서 우주를 구석구석 누빈다. 어떤 사람은 우리가 관념들의 지성계 전체를 모두 한꺼번에 훑어보며, 그중에서 우리 목적에 가장 알맞은 것을 골라낼 뿐이라고 생각할 수도 있다. 그렇지만 영혼에 있는 하나의 마술 기능에 의해 모인 바로 그 관념들을 빼면 어떤 관념도 있을 수 없다. 그 기능은 훌륭한 자질 중에서도 언제나 가장 온전하며 천성이라고 이르는 것이 알맞겠지만, 그 기능은 인간 오성의 마지막 노력에 의해서도 설명될 수 없다.

아마 이 네 가지 반성은 추상 관념에 대한, 그리고 이제까지 철학에서 두루 쓰였던 가설들과는 서로 반대되는, 내 가설의 모든 어려움을 없애는 데 도움이 될 것이다. 그러나 사실은 일반 관념을 설명하는 공통 방법을 따를 경우 일반 관념이 불가능해진다는 점을 밝힌 이전의 증명 쪽을 나는 더욱 확신한다. 우리가 이 항목에서 새로운 체계를 찾지 않을 수 없다는 것은 분명하다. 또한 내가 제안했던 체계를 빼면 아무런 체계도 있을 수 없다는 것은 누가 봐도 확실하다. 만약 관념들이 그 본성에서 개별적이며 동시에 수적으로 한계가 있다면, 관념들은 오직 습관을 통해 다른 것들을 대표함으로써 일반적이 될 수 있고 다른 관념을 한없이 담게 된다.

이 주제를 끝마치기 전에, 강단에서 아주 많이 이야기되면서도 거의 이해되지 않고 있는 이성의 구별[9]을 밝히기 위해 지금까지 이야기한 원리들을 사용하고자 한다. 이를테면 형태와 형태를 갖는 물체 사이에, 또 운동과 운동하는 물체 사이에 이런 종류의 구별이 있다. 이 구별을 설명할 때 어려움은, 위에서 이야기했던 모든 관념은 서로 다르며 각각 나눌 수 있다는 원리에서 생긴다. 여기서 형태가 물체와 다르면 그 관념들은 나뉠 수 있는 것과 마찬가지로 구별될 수 있어야 한다. 또 그것들이 서로 다르지 않다면 그 관념들도 나뉘거나 구별될 수 없다. 그런데 이성 구별이 차이도 분리도 들어 있지 않는다면, 이성 구별은 무엇을 뜻하겠는가?

이 같은 어려움을 풀어버리기 위해 우리는 추상 관념에 대한 앞의 설명에 호소할 수밖에 없다. 실제로 형태와 형태를 갖는 물체는 서로 다르지 않고 분리할 수도 구별할 수도 없다. 따라서 이런 단순성에도 서로 다른 비슷함과 관계들이 많이 들어 있다는 것을 정신이 관찰하지 못한다면, 정신이 그 물체로부터 형태를 갈라놓을 생각조차 할 수 없다는 것은 분명하다. 예컨대 흰 대리석 공이 있을 때 우리는 어떤 형태로 배열된 흰색의 인상만을 받아들일 뿐이며, 그 형태로부터 색을 분리하거나 구별할 수는 없다. 그러나 그 뒤에 검은 대리석 공과 흰 대리석 입방체를 관찰하기 시작하면서 이 대상들을 흰 대리석 공과 견주어 보면 우리는 나뉜 두 유사성을 깨달을 수 있다. 이 유사성들은 앞에서는 완전히 나눌 수 없는 것으로 생각되었으며 실제로도 완전히 나눌 수 없는 것이었는데 말이다. 조금더 이와 같은 훈련을 거친 다음, 우리는 이성의 구별에 의하여 색으로부터 형태를 갈라놓기 시작한다. 다시 말한다면, 결론적으로 색과 형태는 똑같으며 나눌 수 없으므로 우리는 색과 형태를 함께 고려하게 된다. 그렇지만 그 색과 형태가 허용하는 유사성에 따라 각각을 서로 다른 측면에서 바라본다. 흰 대리석 공의 형태만을 살펴본다면 우리는 사실 형태와 색 모두의 관념을 이루겠지만, 우리는 잠자코 검은 대리석 공과 흰 대리석 공의 비슷한 성질에 주목하게 된다. 그리고 이러한 방식으로 흰 대리석 공의 색만 생각할 때에는, 우리는 흰 대리석 정육면체와 그 공의 유사성을 눈여겨볼 것이다. 이러한 방법으로 우리는 관념에 반성을 덧붙이는데, 대개 습관은 우리가 그런 반성을 인지할 수 없도록 한다. 흰 대리석 공의 색을 생각하지 않고 그 공의 형태만 생각하기를 요구하는 사람은 불가능한 것을 요구하고 있는 셈이다. 그렇지만 그 의미는 우리가 색과 형태를 함께 생각하면서도, 검은 대리석 공 또는 다른 어떤 색이나 물질로 된 공과 흰 대리석 공의 유사성을 눈여겨 봐야만 한다는 것이다.

〈주〉

1 '추상 관념(abstract idea)' 또는 '일반 관념(general idea)'에 대한 논의는 로크가 제기하여 버클리가 계승한 17·8세기 영국 경험론의 역사적 과제이다. 그것은 중세 이후 다투던 유명론(唯名論)과 실념론(實念論)과의 논리학적 형이상학적 논의에 관계한다. 로크도 버클리도 오컴 이래 전통을 따라 유명론에 힘을 보탠다. 흄은 이것을 보다 더 철저히 했다.

2 버클리를 가리킨다.〔원주〕

3 버클리의 추상 관념론은 《인지원리론(人知原理論 ; A Treatise Concerning the Principles of Human Knowledge)》의 서문에 있다. 거기서 논하는 것은 유명론 흐름에 따르지만, 흄이 말하는 만큼 철저하지는 않다. 특히 제2판에서는 개별적이고 구체적인 개별 관념 외에 'notion'을 분명하게 인정하여 개념론에 가까워지고 있다.

4 '모순(contradiction)'은 흄도 부정 원리로서 선택한다. 모순되는 것은 생각할 수 없다. 그런데 생각할 수 없는 것은 있을 수도 없다. 이것도 사유와 존재와의 일치라는 합리적 형이상학의 사상으로, 흄은 이것에 따른다. 단 흄 철학에서는 경험론의 근본사상에 따라, 생각한다는 것은 구상적 개별적 이미지를 마음에 갖는 것이다. 따라서 그렇게 생각할 수 없는 것은 존재할 수 없게 된다. 여기서 모순 원리나 사유와 존재와의 일치와 같은 합리론 원리가 경험론을 변호하는 무기로 바뀐다. 흄은 교묘하게 이것을 사용한다. 그 최초의 사례가 여기서 전개되는, 추상 관념의 사유 불가능성에서 존재 불가능성으로 이어지는 추론이다.

5 '재현'의 원어는 'representative'이다. 여기서만 한정되어 쓰인 특이한 표현이다.

6 서로 다른 단순 관념들조차도 서로 비슷함(similarity) 또는 유사성(resemblance)을 가질 수 있다는 것은 확실하다. 반드시 유사점 또는 유사성의 여건이 그 단순 관념들의 차이와 별개이거나 또는 분리될 수 있다는 것도 아니다. 예컨대 푸름과 초록은 서로 차이가 있

는 단순 관념들이지만, 푸름과 주홍보다는 더 비슷하다. 그 관념들의 완전한 단순성은 분리와 구별의 가능성을 모두 물리치지만 말이다. 이것은 개별적인 소리·맛·냄새에서도 마찬가지이다. 똑같은 어떤 공통적 여건 없이도 소리·맛·냄새 따위는 일반적 현상 및 비교에서 끝없는 유사성을 가질 수 있다. 게다가 단순 관념이라는 실제로 추상적인 명사들에서조차도 우리는 아마 이것을 확신할 수 있을 것이다. 이 명사들은 모든 단순 관념을 포함한다. 이 단순 관념들은 단순하다는 점에서 서로 비슷하다. 그러나 모든 혼합들을 물리치는 단순 관념들의 실제 본성 때문에 그 단순 관념들이 비슷한 것이 되는 이 여건은 다른 나머지 것들과 구별될 수도 분리될 수도 없다. 이것은 어떤 성질의 모든 정도에서도 마찬가지이다. 그 정도들은 모두 비슷하지만, 개별적인 경우에 그 성질은 그 정도와 별개이지 않다.

7 흄의 유명론은 여기서 단적으로 분명하게 나타나고 있다. 이 유명론은 영국 철학의 전통에 있어서 가장 철저한 것이면서, 동시에 습관적 연합을 원리로서 설명하는 점에서 흄의 구성 이론의 첫 본보기이다.

8 여기서 분명해지듯이 각각이 추상 일반 관념을 가진다는 생각은 허상이다. 그러나 이 허상은 비슷함과 습관에 의하여 일어나고, 그런 한 자연의 허상이다. 이 이해 방법은 앞으로도 진공과 실체의 이해 따위에서 나타난다.

9 '이성의 구별(distinction of reason)'은 데카르트도 말한다. Adam et Tannery판 전집 제3권 421페이지, 제4권 349페이지 참조. 레이드에 따르면 이것은 포르·루아얄(Port-Royal) 논리학에서도 설명된다. 《사유의 방법(L'art de penser)》 제1부 제5장 참조. 흄은 이러한 합리적 사고 작용을 통틀어 부정하지 않고 자신의 철학 테두리 안에서 밝혀낸다. 흄에게 이러한 면이 있다는 것을 지나쳐서는 안 된다.

2부
시간과 공간 관념

1 시간과 공간 관념의 끝없는 분할 가능성[1]에 대하여

철학자들은 통속적인 생각과 거리가 먼 생각을 발견하려고 하면 발견할 수 있는 자기 학문의 우월성을 보여 주기 위해, 때때로 인류의 일차적이고 가장 편견 없는 생각과도 반대되어 역설적 분위기까지 갖는 것조차도 망설임 없이 받아들인다. 그런 한편 놀라움과 감탄을 자아내는 어떤 의견이 우리에게 주어지면 정신은 쾌적한 정서에 취해 그 기쁨이 전혀 근거 없다는 것을 믿으려 들지 않을 정도로 그 의견에 만족스러워한다.

철학자들과 그의 제자들 서로 간의 자기 만족은 그들의 이런 기질에서 비롯된다. 철학자는 괴상하고 설명할 수 없는 주장을 한없이 내놓으며, 제자들은 그 주장들을 아주 기쁘게 받아들인다. 끝없는 분할 가능성의 이론에서 나는 그들의 이런 자기 만족에 대한 가장 분명한 실례를 내놓을 수 있다. 따라서 나는 시간 관념과 공간 관념이라는 이번 주제를 끝없는 분할 가능성 이론을 탐구하는 것으로부터 시작한다.

정신 역량은 제한되어 있으므로 무한성에 대해 결코 완전한 생각에 이르기 어렵다는 것은 널리 인정되고 있다. 설령 그와 같은 것이 인정되지 않고 있다 하더라도, 아주 확실한 관찰과 경험으로 미루어 보아 그것은 분명하다. 그리고 끝없이 나눌 수 있는 것은 무엇이든 수많은 수의 부분으로 이루어져야만 한다. 즉 부분의 수가 한정되면 분할에도 한계가 주어진다는 것 또한 틀림없다. 따라서 어떤 한정된 성질에 대하여 이루어진 관념은 끝없이 분할될 수 없으며, 우리는 타당한 구별과 분리에 의하여 그 관념이 분할될 수 없는 오롯이 단순한 더욱 작은 관념에 이르도록 할 수 있다는 결론은, 위의 두 가지 사실에서 자연스럽게 나온다. 정신 능력이 끝없다는 것을 부정하면서 우리는 정신이 그 관념 분할의 막바지에 이를 수 있을 것이라고 가정한다. 그리고 이 결론의 명증성을 피할 수 있는 방법은 없다.

그리하여 상상은 가장 작은 것에 이르러서, 더 이상 잘게 나누는 것을 생각할 수도 없고 오롯이 사라지지 않는 한 더 줄일 수도 없는 종류의 관념을 스스로 일으킬 수 있다. 예를 들어 당신이 내게 모래 한 알의 1천분의 일과 1만분의 일을 이야기할 때, 나는 그 수들과 그 서로 다른 크기에 관하여 서로 다른 관념을 가진다. 그러나 내가 사물들 자체를 재현하기 위하여 나의 정신에 이루어진 이미지들은 서로 다를 바 없으며, 그들보다 훨씬 크다고 생각되는 모래알 자체를 재현한 이미지보다 작지도 않다.[2] 부분으로 이루어진 것은 부분으로 구별할 수 있으며, 구별할 수 있는 것은 분리될 수 있다. 그러나 우리가 사물에 대하여 상상할 수 있는 것이 무엇이든 간에, 모래 한 알의 관념은 20개로 구별되거나 분리될 수 없으며, 더욱이 그 관념이 천, 만 또는 한없이 큰 서로 다른 관념으로 구별되거나 분리할 수는 없다.

감관의 인상도 상상의 관념과 똑같다. 종이 위에 잉크로 점을 하나 찍고 당신의 시선을 그 점에 고정시킨 다음, 마침내 당신이 그 점을 볼 수 없을 정도의 거리로 물러나 보아라. 그 점이 없어지기 직전 이미지, 즉 인상이 절대로 나눌 수 없는 것은 분명하다. 멀리 떨어진 물체의 가장 작은 부분들이 우리에게 인지될 만한 인상을 전혀 전하지 않는 것은, 우리 눈을 자극하는 광선의 부족함 때문이 아니라, 그 물체의 인상이 가장 작은 것으로 줄어들어 더 이상 작아질 수 없을 정도의 거리를 넘어서 그 물체가 멀어졌기 때문이다. 그런 물체를 볼 수 있게 해 주는 현미경이나 망원경은 어떤 새로운 빛을 만들어내는 것이 아니라 물체가 항상 흩어져 내보내는 빛을 널리 퍼지게 할 뿐이다. 그 현미경과 망원경을 통해 우리는 육안에 단순하고 비복합적으로 나타나는 인상에 부분들을 부여하고, 그 전에는 깨달을 수 없었던 가장 작은 것으로 나아간다.

정신 역량은 최대와 최소라는 두 측면에서 제한되고, 상상은 최대와 최소의 일정한 정도를 넘어서는 것에 대하여 완전한 관념을 이룰 수 없다는 상식의 오류를 우리는 여기서 발견할 수 있을 것이다. 우리가 공상적으로 이루는 어떤 관념보다 그리고 감관들에 나타나는 이미지보다 작은 것은 있을 수 없다. 완전히 단순하고 나눌 수 없는 관념과 이미지가 존재하기 때문이다. 감관들의 유일한 결점은 오히려, 감관들이 사물과 일치하지 않는 이미지를 우리에게 제공하여, 실제로는 크고 많은 부분으로 구성된 것을 가장 작은 그리고 비복합적인 것으로 다시 드러나게 한다는 점이다.

우리는 이 잘못을 깨닫지 못하고 도리어 가장 작은 대상들의 인상이 그 대상과 오롯이 또는 거의 같게 감관에 나타나는 것으로 받아들이면서, 그리고 추리에 의하여 아주 작은 다른 대상이 있다는 것을 이지적으로 발견하고,[3] 그 대상들이 감관의 인상이나 상상의 관념보다 작은 것이라고 너무 급하게 결론 내린다. 우리는 진드기의 1천분의 일도 채 되지 않는 벌레가 지닌 생기[4]의 가장 작은 원자보다 크지 않은 관념을 확실하게 만들 수 있다. 우리는 오히려 진드기나 진드기의 1천분의 일도 채 못 되는 벌레에 대한 정확한 관념을 이룰 만큼 우리의 표상 작용(conception)을 넓히는 데 어려움이 있다고 결론 내려야 한다. 이 동물에 대한 정확한 관념을 이루기 위해 우리는 그것의 각 부분들을 모두 재현할 수 있는 별개의 관념을 가져야 하기 때문이다. 끝없는 분할 가능성의 체계에 따르면 각 부분들을 모두 재현하는 별개의 관념은 절대로 이룰 수 없으며, 나눌 수 없는 부분 즉 원자의 존재를 인정하는 체계에 따르면 이 부분들이 막대하고 끝이 없으므로 그러한 관념을 이루는 것은 대단히 어렵다.

〈주〉
1 제1절 표제는 '시간과 공간 관념의 끝없는 분할 가능성에 대하여'이고, 제2절은 '시간과 공간의 끝없는 분할 가능성에 대하여'이다. 즉 시간 관념과 공간 관념의 탐구에서 공간과 시간의 검토로 진행되는 순서에 주의해야만 한다.
2 레이드에 의하면 '모래 한 알'이라는 예는 포르-루아얄(Port-Royal)파의 논리학 책인 《사유의 방법》에서 볼 수 있다. 제4부 제1장 참조. 버클리도 끝없는 분할 가능성을 부정하고, 감각적 극소(minimum sensibile)를 설명한다. 《인지원리론》 제132절 참조.
3 감관에 나타나는 대상보다 아주 작은 사물의 존재를 '이지적으로 발견하는' 것은 흄으로선 주장할 수 없는 것이라고 생각될지도 모른다. 그러나 흄이 어떤 경우에서 시인한 '이지(理知)'는 상상의 자연적 규칙적인 관념 구상의 과정이다. 그리고 상상은 일정 조건 아래에서 경험을 뛰어넘어 관념을 구상할 수 있다. 흄의 '이지'에 있어서 이러한 의미가 있다는 것은 주의해야 한다. 또 상상이 일정 조건 아래에서 경험을 넘어 작용할 수 있는 점은 나중에 매우 중요한 원리로서 인간 정신의 미세한 작용을 이해할 때 자주 이용된

다. 또한 정신 역량이 제한되고 있다고 생각한 사람은 로크이다. 흄은 이 '상식의 오류'를 발견할 수 있다고 말하지만, 이대로는 믿기 어렵다. 레이드에 따르면, 유한한 정신이 무한성에 대하여 알 수 없는 것은 포르·루아얄 논리학의 공리적 주장이었다.

4 '동물이 지닌 생기(animal spirits)'는 데카르트도 말한 당시 생리학적 심리학의 개념인데, 보통 혈액보다 미세하고 경쾌한 고열의 물질분자로 생리적 신경 작용을 일으키는 것이라 생각되었다. 흄은 단순히 '생기(spirits)'라고 부른다. 또 진드기의 예는 말브랑슈(Malebranche, Recherche de la verité, I, vi)와 버클리(Berkely, New Theory of Vision, sect. 80)에게서도 볼 수 있다.

2 시간과 공간의 끝없는 분할 가능성에 대하여

관념이 대상을 정확하게 다시 나타낸 경우에는 관념의 관계, 모순, 일치 따위는 모두 대상에게도 적용된다.[1] 우리는 대체로 이것이 모든 인간의 절대적 지식[2]의 기초라고 볼 수 있다. 그런데 어떤 관념은 연장의 가장 작은 부분에 대한 온전한 재현으로서 분할과 세분을 수없이 거듭하여 이 부분들에 이르게 된다고 해도, 그 부분들이 우리가 이루는 어떤 관념보다 작게 될 수는 없다. 바꿔 말하면 관념에 있어서 온전한 재현을 갖지 않게 될 수는 없다는 것이다. 따라서 관념 비교에서 불가능하고 모순으로 보이는 것은 모두, 어떤 변명이나 핑계의 여지 없이 실제로도 불가능하며 모순이어야 한다는 것은 확실한 결론이다.

한없이 나눌 수 있는 것은 모두 끝없는 수의 부분을 포함한다. 그렇지 않으면, 우리가 나눌 수 없는 부분들에 이르게 되는 경우 곧 그 부분들에 의하여 분할은 그치게 될 것이다. 따라서 유한한 연장이 한없이 나눌 수 있다면, 유한한 연장이 끝없는 수의 부분을 포함한다고 가정하는 것은 모순일 수 없다. 하지만 그 반대로 끝이 있는 연장이 끝없는 수의 부분을 포함한다고 가정하는 것이 모순이라면, 한없이 나눌 수 있는 유한한 연장은 있을 수 없다. 그렇지만 나는 마음속의 똑똑한 관념들을 깊이 생각해 봄으로써 이 후자(끝없는 수의 부분으로 된 유한한 연장)의 가정이 불합리하다는 것을 쉽게 확신한다. 나는 우선 연장의 한 부분에 대하여 내가 이룰 수 있는 가장 작은 관념을 다루어 보고, 이 관념보다 더 작은 관념이 없는 것은 확실하므로, 이 관념을 통해 내가 탐구한 모든 것이 연장의 실제 성질이 틀림없다는 결과에 이른다. 그리고 이 관념이, 똑같은 관념을 되풀이하는 것에 비례하여 상당한 양으로 모아질 때까지

시간과 공간 공간의 한없는 분할 가능성은 시간의 분할 가능성을 포함한다.

한 번, 두 번, 세 번 계속 되풀이되고, 그런 반복에서 일어나는 연장의 복합 관념이 언제나 커지며 2배, 3배, 4배 따위로 되는 것을 나는 깨닫게 되었다. 그러나 이때 내가 부분을 덧붙이는 것을 그치면 연장 관념도 더 커지지 않는다. 따라서 만약 내가 계속하여 부분을 한없이 덧붙인다면, 나는 분명히 연장 관념 또한 한없이 커진다는 것을 알 수 있다. 요컨대 내가 내리는 결론은, 끝없는 수의 부분에 대한 관념은 한없는 연장 관념과 개별적으로 똑같은 관념이며 끝없는 수의 부분을 포함하는 유한한 연장은 없으므로, 결과적으로 한없이 나뉠 수 있는 유한한 연장은 결코 없다는 것이다.[3]

저명한 학자[4]가 이 문제에 관해 내놓은 또 하나의 주장이 아주 설득력 있고 확실하게 인정받을 만하므로, 나는 이 주장을 여기에 덧붙이고 싶다. 존재 그 자체는 분명히 단일성에 속할 뿐이며, 수가 단위로 이루어지지 않는다면 결코 존재가 수에 적용될 수 없다는 것은 분명하다. 예를 들어 스무 명의 사람이 존재한다고 우리는 말할 수 있다. 그러나 그것은 오직 하나, 둘, 셋 등이 존재하기 때문이다. 만일 당신이 후자의 존재를 부정한다면 전자의 존재도 물론 없어진다. 따라서 어떤 수가 존재한다고 가정하면서 단위 존재를 부정하는 것은 정말로 이치에 어긋난다. 그런데 형이상학자들의 공통된 견해에 따르면 연장은 언제나 얼마쯤의 수이며 연장 자체가 어떤 단위나 불가분의 양으로 되돌릴 수 없으므로, 연장은 결코 존재할 수 없다는 결론에 이른다. 이에 대해 연장의 일정 양이 하나의 단위이지만, 그 단위란 끝없는 수의 작은 조각들이 있을 수 있어서 한없이 재분할될 수 있다고 반론하는 것은 무의미하다. 만약 이 반론을 긍정한다면 똑같은 규칙에 따라서 스무 명의 사람은 하나의 단위로 여길 수 있을 것이다. 지구라는 구 전체는, 아니 온 우주는 하나의 단위로 여길 수 있을 것이다. 그러나 이때 '하나'라는 말은 정신이 자신이 끌어모은 대상들의 어떤 양에 쓰는 허구의 명칭인 것이다.

그와 같은 단일성은 얼마의 수와 마찬가지로 혼자서는 존재할 수 없다. 결국 그 단일성도 실제로는 얼마쯤의 수이기 때문이다. 그러나 반대로 혼자 존재할 수 있고 자기 존재가 모든 수의 존재에 필수적인 단일성은 애초에 종류가 다르며 완전히 불가분적이어야 하고, 더 작은 어떤 단일성으로도 되돌아갈 수 없어야 한다.

눈여겨볼 만한 이차적 주장에 따르면, 공간에 관한 이러한 추론이 시간에 대하여도 모두 이루어진다. 시간의 각 부분들이 이어져 어느 정도 이웃해 있음에도 불구하고 공존할 수 없다는 것은 시간에서 나눌 수 없는 속성이며, 이 속성이 이른바 시간의 본질을 이룬다. 1737년은 1738년인 올해와 한 시기일 수 없다는 것과 같은 이유에서 순간마다 서로 독립적이며, 다른 어떤 순간보다 뒤이거나 앞이다. 따라서 시간은 자신이 존재하는 한 불가분적 순간들로 이루어져야 한다는 것은 분명하다. 시간에서 우리가 궁극적인 분할에 이를 수 없다면, 바꿔 말해 각 순간들이 서로 이어지는데도 불구하고 완전히 단일적이지 않고 불가분적이지도 않다면, 터무니없는 모순으로 간주되리라 생각되는 한없는 공존적 순간 또는 시간의 부분이 있을 수 있기 때문이다.

게다가 운동 본성으로 미루어 확실하듯이 공간의 한없는 분할 가능성은 시간의 끝없는 분할 가능성을 포함한다. 따라서 시간이 끝없이 나뉠 수 없다면, 공간 또한 그럴 수 없어야 한다.

끝없는 분할 가능성에 대한 이런 논증이 논란거리이고 이에 대해 아주 뚜렷하고 만족할 만한 어떤 해답도 내놓을 수 없다는 것은, 그 주장의 절대적 옹호자들도 거리낌 없이 인정하려 드는 것이다. 이 점은 나도 의심하지 않는다. 그러나 여기서 결정적인 논증을 논란이라고 부름으로써 논증의 설득력과 명증성을 피하려는 관행보다 이치에 어긋난 것은 없다. 개연성(蓋然性, probability)에서처럼 논증에서는 그런 논란이 일어날 수 없고, 하나의 논증이 다른 논증과 평형을 이루며 맞설 수도 없으며, 그 권위를 깎아내릴 수도 없다. 만일 하나의 논증이 정당하다면 그 논증은 자신에 대해 적대적인 논란을 전혀 인정하지 않을 것이다. 그렇지 않다면 그 논증은 단순한 억지 주장일 뿐만 아니라 결과적으로 논란일 수도 없다. 논증은 아예 반박할 수 없거나 전혀 설득력이 없거나 이 둘 중의 하나이다. 그러므로 이와 같은 문제에서 반박하거나 대꾸하면서 주장의 균형을 잡으려는 것은, 인간의 논구가 말장난에 지나지 않는다는 것이나, 그와 같은 말을 하는 사람 자신이 그러한 주제에 걸맞는 능력을 갖지 못했다는 것 가운데 하나를 고백하는 것이다. 논증은 주제의 추상성 때문에 이해하기 어려운 점도 있을 것이다. 그러나 일단 사람들이 이해했다면 그 권위를 약화시킬 어떤 논란도 있을 수 없다.

수학자들은 이 문제의 다른 측면에서도 서로 비슷한 설득력을 갖는 주장들이 있으며, 나눌 수 없는 점에 관한 이론도 반론의 여지없는 반박을 벗어날 수 없다고 말하는 버릇이 있다. 나는 이 논리적 주장과 반박들을 자세하게 살펴보기에 앞서 여기서 그 논리적 주장과 반박들을 전반적으로 다룰 것이며, 간단하고 결정적인 이유를 들어 그것들이 어떤 올바른 기초도 가질 수 없다는 것을 단번에 입증할 생각이다.

정신이 똑똑하게 생각하는 것은 무엇이든 가능적 존재의 관념을 포함한다.[5] 바꾸어 말하면 우리가 상상하는 그 무엇도 절대적으로 불가능하지는 않다는 것이 형이상학에서 확립한 근본원칙이다. 우리는 황금 산의 관념을 이룰 수 있다. 따라서 그와 같은 산이 실제로 있을 수도 있다는 결론을 내린다. 우리는 골짜기 없는 산의 관념은 이룩할 수 없으므로, 그러한 것은 불가능하다고 본다.

그런데 우리가 연장 관념을 가지고 있는 것은 분명하다. 그렇지 않다면 우리가 도대체 어떻게 연장에 관해 말하고 논구하겠는가? 마찬가지로 상상이 여기는 연장 관념은 부분이나 더 작은 관념으로 나눌 수 있음에도 불구하고 한없이 나눌 수 없으며, 수많은 수의 부분으로 이루어져 있지 않다는 것은 분명하다. 그 관념이 끝없이 나누어질 수 있다는 것은 제한된 우리의 이해력을 넘어서기 때문이다. 그렇다면 여기에 도무지 나눌 수 없는 부분들 즉 하위 관념들로 이루어진 연장 관념이 있다. 따라서 이 관념은 모순을 함축하지 않는다. 결론적으로 연장은 실제로 그 관념에 들어맞게 존재할 수 있으며, 수학적 점[6]의 가능성을 반박하기 위해 사용된 논리적 주장들은 모두 현학적 변명일 뿐이어서, 우리가 관심을 가질 가치도 없다.

우리는 이와 같은 논리에서 한걸음 더 나아가, 연장의 끝없는 분할 가능성을 논증했다고 스스로 이르는 것들은 모두 하나같이 억지 주장이라고 결론 내린다. 수학적 점의 불가능성을 입증하지 않고는 이 논증들이 정당화될 수 없다는 것은 분명하며, 수학적 점의 불가능성을 증명했다고 거짓으로 꾸미는 것은 분명히 이치에 어긋나기 때문이다.

〈주〉

1 '관념의 관계, 모순, 일치 따위는 모두 대상에게 적용된다'라는 언뜻 보기에 이론주의적인 명제도, 사유와 관념 작용과의 동일시에 의해 심리주의 명제로 전환한다.

2 '절대적 지식'의 원어는 'knowledge'로 확실하고 보편타당한 지식을 뜻한다. 이 용어법은 로크도 마찬가지로 사용했다. 이것에 대해서는 '개연적 지식'이 있다. 이러한 절대적 지식을 흄이 인정하고 있다는 점에 주의해야 한다. 제1편 제3부 제1절 참조.

3 끝없는 분할 가능성은 수많은 약수들(aliquot parts)이 아니라 수많은 비례수들(proportional parts)을 가정하며, 비례수들이 한없이 많은 것은 수많은 연장을 이루지 않는다는 점을 들어서 나에게 반대하는 사람도 있다. 그러나 이 구별은 아주 하찮은 것이다. 이 부분들이 약수든 비례수든, 그 부분들은 우리가 생각할 수 있는 가장 작은 부분들보다 작을 수 없으므로, 그 부분들의 결합에 의해서 더 작은 연장을 이룰 수 없다.〔원주〕

4 말러쥬(M. de Malezieu)를 말한다.〔원주〕

5 '정신이 똑똑하게 생각하는 것은 가능적 존재의 관념을 포함한다'는 가능성과 존재 가능성과의 일치를 주장하는 명제는 지금 여기서 '형이상학의 근본원칙'으로서 권위를 얻었다. 여기서 '형이상학'은 좋은 의미에서 '승의(勝義) 철학'을 의미한다.

6 '수학적 점(mathematical point)'을 메츠는 '물리적 점'이라 부른다. 흄 자신은 제1편 제2부 제4절에서 '물리적 점'의 사상을 불합리하다고 말한다. 하지만 《인간지성 연구》에서는 오히려 '물리적 점'을 긍정한다.

3 시간 관념과 공간 관념의 다른 성질들에 대하여

관념에 대한 모든 논쟁을 해결함에 있어서 이미 설명한 바 있는, 인상은 언제나 관념보다 앞서며 상상에 주어진 모든 관념들은 그 대응 인상들에서 맨 처음 현상한다는 점을 발견한 것이 가장 다행스럽게 여겨진다. 많은 관념들은 그 관념을 이루는 정신조차도 관념의 본성과 구성을 정확하게 말할 수 없을 정도로 애매하지만, 인상이라는 인지는 모두 어떠한 논쟁도 허용하지 않을 만큼 확실하고 분명하다. 시간과 공간에 관한 관념 본성을 더 자세히 밝히기 위하여 이 원리를 사용하고자 한다.

내가 눈을 떠서 주변 대상들을 둘러볼 때, 볼 수 있는 많은 물체들을 깨닫게 된다. 그리고 내가 다시 눈을 감고 이 물체들 사이의 거리를 상상할 때, 연장 관념을 얻게 된다. 모든 관념들이 저마다 자신과 정확하게 닮은 어떤 인상에서 비롯되므로, 이 연장 관념과 비슷한 인상은 시각 능력에서 비롯되는 어떤 감각이거나 또는 그 감각에서 비롯되는 어떤 내적 인상이어야 한다.

내적 인상은 정념, 정서, 욕망, 혐오 따위다. 나는 이 인상들 가운데 어떤 것도 공간 관념이 유래하는 원형이라고 주장하는 사람은 없을 것이라고 믿는다. 따라서 공간 관념의 근본적 인상을 우리에게 전해 줄 수 있는 것은 감관들뿐이다. 그러면 여기서 감관은 도대체 어떤 인상을 우리에게 전달하게 되는가? 이것은 가장 중요한 물음이며, 공간 관념의 본성에 최종 판결을 내려 준다.

예를 들어 내 앞의 탁자는 그것이 보이는 것만으로도 내게 연장 관념을 제공한다. 이 관념은 그 순간 감관에 나타나는 인상을 표절하여 다시 나타낸다. 그러나 내 감관은, 일정한 방식으로 늘어놓은 색깔 있는 점들의 인상만을 나에게 전한다. 만약 눈이 다른 것을 더 깨달을 수 있다면, 내게 부디 그것을 보여 주길 바란다.[1] 그러나 다른 것을 더 보여 줄 수 없다면, 우리는 연장 관념이 이러한 빛깔 있는 점들의 모사이자 그 점들이 나타나는 방식의 모사일 뿐이라고 분명히 결론 지을 수 있을 것이다.[2]

우리는 처음에 연장 관념을, 연장을 갖는 대상이나 빛깔 있는 점들로 이루어진 것에서 받아들이는데, 여기서 그 점들이 자주색이라고 가정해 보자. 그러면 그 관념들을 반복할 때마다 우리는 그 점들을 서로 같은 질서로 늘어놓을 뿐만 아니라 오직 우리에게 낯익은 정확한 색인 자주색만을 그 점들에게 부여할 것이다. 그러나 다음에 우리 정신은 자주색, 초록색, 빨간색, 흰색, 검은색 따위와 같이 그 색과는 다른 색들과 그 여러 색들이 합성된 것들을 체험한다. 또 정신은 합쳐진 색들을 이루는 빛깔 있는 점들의 배열에서 유사성을 발견함으로써, 되도록 색의 특수성을 물리치고 오직 그 색들이 일치하게 되는 현상 방식이나 점들의 배열에서 공간에 관한 추상 관념의 토대를 마련한다.[3] 그뿐만 아니라 유사성이 한 감관의 대상을 넘어설 때에도, 예를 들면 대상 부분들의 배열에서 촉각 인상이 시각 인상과 비슷하다는 것을 알게 될 때에도, 감관 차이는 인상들의 유사성 때문에 추상 관념이 그 인상들 모두를 다시 나타내는 것을 방해 놓지 않는다. 사실 어떤 면에서 보면 추상 관념은 모두 개별적일 뿐이다. 그러나 추상 관념은 일반 명사들과 연관시키면 아주 다양한 종류를 다시 나타낼 수 있으며, 또 어떤 면에서는 비슷하지만 다른 면에서는 아주 서로 동떨어진 대상을 포함할 수도 있다.

다음으로 인상과 관념, 반성의 인상과 감각의 인상 따위와 같이 모든 종류의 지각이 잇따라 일어나는 데서 비롯하는 시간 관념은 우리에게 추상 관념의 사례를 제공해 준다. 이 시간 관념은 공간 관념보다 더욱 큰 다양성을 포함하면서도 늘 일정한 질과 양을 갖는 어떤 특정한 개별 관념에 의해 공상 안에 다시 나타난다.

볼 수 있고 만질 수 있는 대상들의 배열에서 공간 관념을 받아들이듯이, 우리는 관념들과 인상들이 잇따라 일어나는 데서 시간 관념을 이룬다. 그러므로 시간이 혼자서 나타날 수도 없고, 정신이 시간만 알 수도 없다. 깊은 잠에 들거나 어떤 생각에 열중한 사람은 시간을 깨달을 수 없다. 그의 지각들이 서로 빠르거나 느린 속도로 연달아 일어남에 따라, 바로 그 일어남과 똑같은 지속 기간이 그의 상상 속에 길게 또는 짧게 나타난다. 어떤 위대한 철학자[4]의 주장에 따르면, 우리의 지각은 속도 면에서 정신의 근원적 본성과 구성에 따라 정해지는 한계를 갖는다. 그리고 감관에 대한 외부 대상의 영향력은 결코 이 한계를 넘어서까지 지각적 사고[5]를 촉진하거나 지체시킬 수는 없다고 한다. 예를 들어 활활 타오르는 석탄을 빠른 속도로 빙빙 돌린다면, 그것은 당신에게 불로 된 원 이미지를 줄 것이며 그 회전에는 어떤 시간 간격도 없는 것처럼 여겨질 것이다. 그 이유는 오직 외부 대상의 운동 속도와 똑같은 빠르기로 우리 지각이 잇따라 일어날 수 없기 때문이다. 이처럼 우리가 연달아 일어남으로 지각할 수 없는 모든 경우에는, 대상이 실제로 연달아 일어나더라도 우리는 시간을 짐작조차 할 수 없다. 이 현상 및 그 밖의 많은 현상에서 우리가 내릴 수 있는 결론은, 시간은 혼자서 또는 고정 불변의 대상에 뒤따라 정신에 나타날 수 없으며, 언제나 변할 수 있는 대상들의 지각 가능한 계기에 의해 발견된다는 것이다.

이것을 확인하기 위해, 나는 완전히 결정적이고 설득력 있게 생각되는 다음의 논증을 추가하고자 한다. 시간 또는 지속 기간이 서로 다른 부분들로 구성된다는 것은 분명하다. 그렇지 않으면 우리가 길거나 짧은 시간을 생각할 수 없기 때문이다. 이 부분들이 공존하지 않는다는 것 또한 확실하다. 부분들의 공존성은 연장에 속하며, 그 성질이 연장을 지속 기간으로부터 갈라놓기 때문이다. 따라서 시간은 공존하지 않는 부분들로 이루어져 있다. 그런데 오직 공존하는 인상만 만들어낼 수 있는 불변적 대상은 바로 그 이유 때문에 우리에게 시간 관념을 제공할 수 있는 어떤 것도 만들어내지 않는다. 결론적으로 시간 관념은 변할 수 있는 대상들의 계기에서 기인하는 것이 확실하며, 처음으로 나타날 때부터 시간은 결코 그러한 계기와 분리될 수 없다.

따라서 시간이 처음 정신에 나타날 때에는 바뀌는 대상들의 계기와 언제나 결합되어 있고, 또 그렇지 않으면 우리의 주목을 끌 수 없다는 것을 알았다. 따라서 우리는 이제 우리가 대상들의 계기를 상징하지 않고도 시간을 상징할 수 있는지 그리고 시간만으로도 상상 속에 또다른 관념을 이룰 수 있는지 여부를 검토해야 한다.

인상 안에서 결합된 어떤 대상들이 관념에서 나뉠 수 있는지를 알려면, 각 대상들이 서로 다른지 깊이 생각해 보기만 하면 된다.[6] 앞의 제1부 제7절에서 설명한 근본원리에 따르면 서로 다른 것들은 모두 구별될 수 있고, 구별될 수 있는 것은 모두 나눌 수 있다. 그러나 반대로 대상들이 다르지 않다면 그것들은 구별될 수 없고, 구별될 수 없다면 나눌 수 없다. 그런데 이 두 번째 근본원리를 우리에게 잇따라 일어나는 지각과 비교해 보면 이 근본원리는 시간의 경우와 정확하게 일치한다. 다른 인상들과 뒤섞여 있으면서도 그것들과 분명히 구별될 수 있는 개별 인상에서 시간 관념이 비롯하는 것이 아니라, 여러 인상들이 그 수에 대한 인상을 만들지 않고 정신에 나타나는 방식에서 시간 관념이 일어난다. 예를 들어 플루트로 연주한 다섯 음은 우리에게 시간의 인상과 관념을 제공한다. 하지만 시간은 청각이나 다른 감각기관에 나타나는 여섯 번째 인상은 아니다. 이 점은 확실하다. 또한 시간은 정신이 뉘우침으로써 그 자신 안에서 발견하는 여섯 번째 인상도 아니다. 이런 방식으로 나타나는 이 다섯 음들은 정신에 어떤 정서도 불러일으키지 않으며 어떤 종류의 감동도 일으키지 않는다. 다시 말하자면 관찰을 통해 정신에 새로운 관념을 불러올 만한 감정을 전혀 일으키지 않는다. 왜 그런가 하면, 그런 감정은 정신이 새로운 반성 관념을 일으키는 데 필수적이기 때문이다. 정신이 언제나 감각에서 비롯하는 관념들을 몇 천 번씩 응시하는 데서 발생하는 어떤 새로운 근본적 인상을 느끼도록 자연이 정신 기능을 짜맞추지 않았다면, 정신은 온갖 감각의 관념들을 아무리 두루 둘러본다 해도 그 관념들로부터 어떤 새로운 근본적 관념을 결코 뽑아낼 수 없다. 그런데 여기서 정신은 서로 다른 소리들이 나타나는 방식에 주목할 뿐이다. 그리고 나서 정신은 이 개별 소리들을 염두에 두지 않고 그 방식을 깊이 생각할 수 있을 것이며, 또 그 방식을 어떤 다른 대상들과 결합시킬 수도 있을 것이다. 정신이 어떤 대상의 관념을 가져야 한다는 것은 분명하며, 정신은 결코 이러한 관념 없이 시간을 상징할 수 없다. 그런데 시간은 원초적인 별도의 인상으로 나타나지 않는다. 따라서 시간 관념이란 서로 잇따라 일어나는 일정한 방식으로 늘어놓은 서로 다른 관념이나 인상 또는 대상에서 비롯하는 것임에 틀림없다.

내가 아는 어떤 학자들은 지속 기간의 관념이 전혀 변하지 않는 대상에 정확한 의미로 쓰일 수 있다고 주장한다. 나는 이 주장이 일반인들뿐만 아니라 철학자들 사이에서 두루 통하는 견해라고 생각한다. 그러나 이 주장이 틀렸다는 것을 확인하는 데는 앞의 결론, 곧 지속 기간의 관념이 언제나 변하는 대상들의 계기에서 비롯하며, 고정 불변의 사물은 정신에게 그 관념을 전달해 주지 않는다는 것을 되새겨 보기만 하면 충분하다. 여기서 우리가 반드시 이르게 되는 결론은, 지속 기간의 관념은 고정 불변의 대상으로부터 비롯할 수 없는 한 결코 그 대상에 정확하고 타당하게 쓰일 수 없으며, 따라서 어떤 불변적 사물도 지속 기간을 갖는다고 할 수는 없다는 것이다. 관념은 언제나 자신이 비롯하는 인상들이나 대상들을 다시 나타내며, 꾸밈없이는 다른 어떤 것을 다시 나타낼 수 없고 또 그것에 적용될 수도 없다. 그런데 우리는 어떤 꾸밈에 의하여 시간 관념을 변하지 않는 대상에까지 적용하며 대개 지속 기간을 운동과 정지의 기준이라고 가정한다. 이것에 대해서는 다음에 자세히 살펴 볼 것이다.[7]

아주 결정적인 또 다른 논증이 있다. 이 논증은 공간 관념과 시간 관념에 대한 현재의 학설을 세웠으며, 공간 관념과 시간 관념은 나눌 수 없는 부분들로 조합되어 있다는 단조로운 원리에 토대하고 있다. 아마 이 논증은 탐구해 볼 가치가 있을 것이다.

앞에서 살펴본 것처럼 구별할 수 있는 모든 관념들은 분리될 수 있다. 따라서 연장이라는 복합 관념을 이루는 나눌 수 없는 단순 관념들 가운데 하나를 선택하여, 그 단순 관념을 다른 모든 것으로부터 분리시켜 따로 살펴봄으로써 그 단순 관념의 본성과 모든 성질에 대해 알아보려 한다.

나눌 수 없는 단순 관념이 연장 관념이 아니라는 것은 확실하다. 연장 관념은 부분들로 이루어져 있기 때문이다. 가정에 따르면 이 관념은 아주 단조로우며 나눌 수 없다. 그렇다면 이 관념은 무(無)인가? 그것은 절대로 무가 아니다. 왜냐하면 실재하는 연장의 복합 관념은 이런 관념들로 짜여져 있기 때문이다. 따라서 그 관념들이 아주 많은 비실재들이라면 비실재로 짜여진 실재가 있을 수 있다는 것인데, 이것은 도리에 맞지 않는다. 그리하여 나는 여기서 단순하고 나눌 수 없는 점들에 대한 우리의 관념은 무엇인가라고 묻는다. 물음 자체가 지금까지 거의 고려되지 않았으므로, 내 대답이 좀 낯설다고 놀랄 일은 아니다. 우리는 수학적 점의 본성에 관해 논쟁하는 데는 익숙하지만, 그 관념의 본성에 대해서는 거의 논쟁하지 않았다.[8]

공간 관념은 시각과 촉각이라는 두 감각기관에 의해 정신에 전해진다. 바꿔 말해 볼 수도 만질 수도 없는 것은 결코 연장을 가진 것으로 나타날 수 없다. 연장을 다시 나타내는 이러한 복합 인상은 그보다 작은 여러 인상들로 이루어지는데, 이 작은 인상들은 눈이나 촉각에 대하여 나누려 해도 나눌 수 없는 것이다. 우리는 이것들을 원자 인상 또는 알갱이 인상이라고 불러도 되며, 이러한 인상들은 색과 견실성을 가지고 있다. 그렇지만 이것으로 충족하지 않다. 우리의 감각기관이 이 원자들을 발견하기 위하여, 그 원자들이 빛깔을 띠거나 만질 수 있어야 한다는 것만 요구되는 것은 아니다. 더 나아가 우리의 상상을 통하여 그 원자들을 알아내기 위해서는, 그 원자들의 빛깔이나 감촉 가능성에 관한 관념을 우리가 보관하는 것도 요구된다. 정신이 원자를 상징할 수 있도록 하는 것은 그 원자의 빛깔이나 감촉 가능성의 관념뿐이다. 이처럼 감지할 수 있는 성질들의 관념을 없애버린다면 그 원자는 사고나 상상 속에서 완전히 사라진다.[9]

부분이 위와 같다면 그 전체도 마찬가지이다. 어떤 점이 색깔을 띤 것이거나 만질 수 있는 것으로 여겨지지 않는다면, 그 점은 우리에게 어떤 관념도 전달할 수 없다. 따라서 이러한 점들의 관념들로 짜여진 연장 관념은 아마도 절대로 존재할 수 없을 것이다. 그러나 우리가 연장 관념이 실제로 존재하는 것으로 의식하는 것처럼 그 관념이 사실로 존재할 수 있다면, 그 부분들 또한 반드시 존재해야 한다. 그러기 위하여 그 부분들은 색깔이 있거나 만질 수 있는 것으로 생각되어야 한다. 그러므로 공간 관념 즉 연장 관념을 시각이나 촉각의 대상으로 생각하지 않는다면, 우리는 그러한 관념을 가질 수 없다.

시간을 더 이상 나눌 수 없는 순간들은 잇따라 일어나는 실재적 대상이나 존재로 채워져 있으며, 그 계기가 지속 기간을 이루고 그것을 정신에 의하여 상징할 수 있도록 해 준다는 것도 바로 이 추론이 증명할 것이다.

〈주〉

1 '내게 부디 그것을 보여 주길 바란다'는 인상의 근원성을 논거로 하는 흄의 자신만만한 도전이다.

2 연장 관념은 '빛깔 있는 점들 및 그들이 나타내는 방식의 모사'라는 것이 흄의 결론이다.

3 이러한 연장의 추상 관념이 이성의 구별에 의해 얻어진다. 추상 관념에 대해서는 제1편 제1부 제7절 참조, 이성의 구별에 대해서도 같은 절 참조.

4 로크를 가리킨다.〔원주〕

5 '사고(thought)'는 원래 '개념적 사고'가 아니다.

6 여기서도 '다른 것은 구별될 수 있다'는 원리가 적용되고 있다. 제1편 제1부 제7절 참조.

7 제1편 제2부 제5절 참조.〔원주〕

8 수학적 점이 아니라 그 관념을 탐구하는 것은, 가능성과 가능성과의 일치에 의해 관념의 탐구가 사물의 탐구로 바로 이동되기 때문이다.

9 버클리도 연장은 한없이 분할할 수 없고, '시각적 극소(minimum visibile)' 또는 '촉각적 극소(minimum tangibile)'가 있다고 말한다.

4 반론들에 대한 이해

시간과 공간에 대한 우리의 체계는 아주 가까운 관계인 두 부분으로 이루어져 있다. 첫째 부분은 다음과 같은 연쇄 추론에 따른다. 정신 능력은 한계가 있다. 따라서 연장이나 지속 기간의 관념을 이루는 부분들 즉 하위 관념들은 끝없이 많은 것이 아니라, 그 수가 유한하고 단순하며 나눌 수 없다. 그러므로 시간과 공간은 이 관념과 똑같이 존재할 수 있다. 그리고 이와 같은 것이 가능하다면 시간과 공간은 실제로도 그 관념에 꼭 들어맞게 존재한다. 왜냐하면 시간과 공간의 한없는 분할 가능성은 궁극적으로 불가능하고 모순이기 때문이다.

우리 체계의 나머지 부분은 다음의 추론 결과이다. 즉, 시간과 공간이 나뉘어진 많은 부분들은 마침내 쪼갤 수 없게 된다. 이 쪼갤 수 없는 부분들은 그 자체로는 무이므로, 실재적이고 존재하는 것으로 채워지지 않는다면 우리 정신에 의해 생각될 수도 없다. 따라서 시간 관념과 공간 관념은 분리된 관념 또는 독립된 관념이 아니라, 대상들이 존재하는 방식 또는 그 질서에 대한 관념이다. 바꾸어 말하면 물질 없는 연장 즉 진공을 생각하는 것은 불가능하며, 실재하는 존재의 계기나 변화가 없을 때 시간을 생각하는 것도 불가능하다. 우리 체계의 이 두 부분들 사이에는 이처럼 밀접한 연관이 있다. 그러므로 우리는 다음과 같은 반론들을 통틀어 살펴볼 것이다. 이 반론들은 우리 체계 전체에 반대되는 주장을 펴고 있는데, 먼저 연장의 유한 분할 가능성에 대한 반론부터 시작한다.(이것이 제4절의 주제이다)

1. 내가 처음으로 눈여겨보는 반론은, 우리 체계의 어느 한 부분을 논의하는 것보다는, 오히려 한 부분이 다른 부분과 관련되며 각 부분들이 서로 의존하고 있다는 것을 입증하는데 더 알맞다. 즉 강단에서의 흔한 주장에 따르면, 수학적 점들의 체계는 불합리하므로 연장은 끝없이 나뉠 수 있어야만 한다. 수학적 점들은 비실재이고, 따라서 수학적 점이 다른 점들과 연결되어 어떤 실재적 연장을 절대로 이룰 수 없으므로 그 체계는 도리에 어긋난다. 물질의 끝없는 분할 가능성과 수학적 점들의 비실재성 사이에 중간적인 것이 없다면, 이 주장은 아마 완전히 결정적일 것이다. 그런데 이 점들에게 색깔이나 견실성을 지니게 하는 중간 체계가 있다는 것은 분명하다. 물질의 끝없는 분할 가능성과 수

학적 점들의 비실재성이라는 두 극단적 체계의 불합리성은, 바로 이 중간 체계의 진리성과 실재성을 입증해 준다. 또 다른 중간 체계인 물리적 점[1]들의 체계는 반박할 필요조차 없을 만큼 도리에 어긋난다. 그 체계에서 물리적 점이라고 가상한 어떤 실재적 연장은 서로 다른 부분들 없이는 절대로 존재할 수 없다. 그런데 서로 다른 대상들은 언제나 상상에 의해 구별되고 분리될 수 있다.

2. 연장이 수학적 점들로 형성된다고 하면 침투도 있어야 한다는 필연성에서 두 번째 반박이 비롯된다. 이 이론에서 다른 원자와 접해 있는 단순하고 더 쪼갤 수 없는 원자는 필연적으로 다른 원자에 침투해야만 한다. 왜냐하면 부분들을 완전히 물리치는 원자의 완전한 단순성을 가상함으로써, 하나의 원자가 자신의 바깥 부분으로 다른 원자와 접한다는 것은 불가능하기 때문이다. 따라서 두 원자는 매우 가깝게, 또 그 본질에서, 즉 그 자체에서 그리고 전체적으로[2] 이웃해 있어야만 한다. 이것이 침투에 대한 정의이다. 그러나 침투는 불가능하고, 결과적으로 수학적 점도 마찬가지로 불가능하다.

나는 침투에 대하여 더욱더 정확한 관념을 사용함으로써 이 반박에 답하려 한다. 그 주변에 어떤 공간을 조금도 포함하지 않고 서로 접해 있는 두 물체를 생각해 보자. 그리고 또 그 물체들이 하나로 합쳐진 결과로 나타난 물체가 그 둘 가운데 어느 하나보다 크지 않은 방법으로, 그 두 물체가 합쳐진다고 한번 생각해 보자. 우리가 침투에 대해 말할 때 그것은 이러한 것을 뜻한다. 그러나 우리가 보존된 것과 없어진 것을 저마다 따로 구별할 수 없는 이 침투는 그 두 물체들 가운데 하나의 사라짐이며 다른 것의 보존일 뿐이다. 우리는 두 물체들이 접하기 전에는 두 물체에 대한 관념을 저마다 따로 가지지만, 접하고 난 뒤에는 단 하나의 관념을 갖는다. 똑같은 시간에 똑같은 장소에 존재하는 똑같은 본성을 지닌 두 물체들 사이의 차이에 대한 견해를 정신이 유지하는 것은 있을 수 없다.

따라서 침투를 이러한 의미로 이해하여, 즉 하나의 물체가 다른 것에 접함으로써 없어진 것으로 보고 나는 다음과 같이 질문한다. 당신은 색깔이 있고 만질 수 있는 한 점이 또 하나의 그러한 점에 접함으로써 사라져야 하는 필연성을 경험했는가? 반대로 복합적이고 쪼갤 수 있는 대상, 하나의 점이 다른 점과 이웃해 있음에도 불구하고 서로 독립적이며 분리된 그 존재를 각각 보존하는 두 부분으로 나눌 수도 있는 대상이, 그 점들이 하나로 합친 결과로 나타난 다는 것을 누구라도 지각할 수 없다는 것은 분명한가? 이 점들을 하나로 보거나 혼동하는 것을 막기에 좋도록, 그 점들이 서로 다른 색깔이라고 생각함으로써 그의 공상을 북돋워 주자. 예를 들면 붉은 점과 푸른 점이 어떤 침투나 사라짐 없이 이웃할 수 있다는 것은 분명하다. 그 점들이 그렇게 놓일 수 없다면, 그 점들로부터 어떤 것이 나타날 수 있을까? 붉은색과 푸른색 가운데 어느 것이 없어질까? 그렇지 않고 이 두 색이 하나로 합쳐진다면, 어떤 새로운 색이 만들어질까?

이러한 반론들에서 주로 일어나며 동시에 그 반론에 만족스런 대답을 하기 어렵도록 하는 것은, 우리의 감각기관이나 상상이 그처럼 작은 대상에 쓰일 때에는 모두가 원래 불확실하고 불안정하다는 사실이다. 종이 위에 잉크 한 방울을 떨어뜨리고, 그 잉크 점이 거의 보이지 않을 정도로 물러섰다가, 다시 가까이 다가가면 그 점이 조금씩 보이게 된다. 그 다음에는 언제나 점을 볼 수 있게 된다. 그 다음에는 잉크 점을 크게 하지 않고, 그 점에 색깔을 칠하면서 새로운 효과를 얻는다. 그리고 그 다음에는 마침내 크기가 커지면서 정말로 연장을 지니게 된다. 하지만 그렇다 해도 상상이 그 점을 그 구성 부분들로 나누는 것은 어렵다. 왜냐하면 단일한 점과 같은 가장 작은 대상을 상징하면서 상상이 그 구성 부분을 발견하기란 쉽지 않기 때문이다. 상상 및 감관의 이런 결점은 지금의 주제에 대한 우리 추론 대부분에 영향을 미치며, 이 주제에 관해 내놓을 수 있는 많은 물음들에 대하여 뚜렷한 방식으로 또 알맞은 표현으로 대답할 수 없도록 만든다.

3. 얼핏 보기에는 비록 수학(즉 기하학[3])이라는 학문이 현재의 이론에 오히려 동조적인 것으로 여겨지는데도, 연장의 부분들이 나눌 수 없다고 하는 것에 대하여 수학은 많은 반박을 내놓았다. 그런데 수학 논증이 우리 이론과 반대된다 해도, 그 정의는 완전히 일치한다. 그렇다면 지금 내가 할 일은 정의에 편들고 논증을 반박하는 것이어야만 한다.

기하학에서 면적은 깊이 없는 길이와 너비라고 정의한다. 선분은 너비와 깊이가 없는 길이라고 정의한다. 점은 길이·너비·깊이를 갖지 않는 것이라고 정의된다. 하지만 나눌 수 없는 점, 즉 원자로 합성된 연장을 가정하지 않는다면, 이 정의는 어떤 가정에 의해서도 전혀 이해될 수 없다는 것은 확실하다. 나눌 수 없는 점이 부정되는 한, 길이·너비·깊이 따위가 없이 도대체 어떤 것이 존재할 수 있겠는가?

이 논증에 대하여 서로 다른 두 종류 대답이 있었다는 것을 알고 있지만, 내 생각으로는 어느 쪽도 흡족할 만한 것이 못 된다. 첫 번째 대답은 이렇다. 무릇 기하학은 면과 선분 그리고 점 등의 비율과 위치를 탐구하는데, 이런 기하학 대상은 정신에 있는 관념일 뿐이다. 그 대상들은 자연에서는 지금까지 존재한 적도 없거니와 존재할 수도 없다. 아무도 사실상 정의에 들어맞는 선분을 그리거나 면을 만들 수 없으므로, 기하학 대상들은 결코 존재하지 않는다. 또 우리는 점이나 선분이나 면을 만드는 것이 불가능하다는 것을 밝히는 논증을 바로 그 관념들로부터 제시할 수도 있으므로, 기하학 대상들은 결코 존재할 수 없다.

그러나 이 대답보다 더 불합리하고 모순된 추리를 상상이나 할 수 있을까? 우리가 명석 판명한 관념으로 상징할 수 있는 것은 모두 존재 가능성을 필연적으로 함축한다. 명석한 관념에서 비롯하는 어떤 논증으로 무엇인가가 존재할 수 없다는 것을 증명한다고 자부하는 사람은, 사실상 우리가 명석하게 상징할 수 있는 것의 명석한 관념을 가지고 있으므로 명석한 관념을 전혀 갖지 않는다고 내세우는 것이나 마찬가지이다. 정신이 분명히 상징하는 어떤 것에서 모순을 찾으려는 것은 쓸데없는 짓이다. 만약 정신이 분명히 상징하는 것이 어떤 모순을 포함하고 있다면, 그와 같은 것이 상징한다는 것조차 있을 수 없다.

따라서 나눌 수 없는 점들의 가능성만은 최소한 허용하는 것과, 그 점의 관념을 완전히 부인하는 것 사이에 어떤 중간의 것은 있을 수 없다. 앞의 논증에 대한 두 번째 대답은 이 원리에 토대하고 있다. 한번은 다음과 같은 주장이 있었다. 즉 너비 없는 길이를 생각할 수도 없지만, 그럼에도 불구하고 우리는 너비와 길이를 분리하지 않고도 추상에 의하여 너비를 생각하지 않고 길이를 생각할 수 있다는 것이다.[4] 이것은 우리가 두 도시 사이의 도로 길이를 생각하면서 그 너비를 간과할 수 있는 것과 같은 방식이다. 길이는 자연과 우리 정신 모두에서 너비와 분리될 수 없다. 그러나 이것은 앞의 제1부 제7절에서 밝혔던 부분적 고려 즉 이성의 구별을 배제하지 않는다.

나는 이러한 대답을 반박하면서 내가 이미 충분히 다루었던 다음의 논증, 즉 정신이 그 관념들의 최소에 이르는 것이 불가능하다면 정신이 갖는 어떤 연장의 관념도 한없는 수의 부분으로 이루어지게 되므로 이 부분을 파악하기 위하여 정신 역량은 끝이 없어야 한다는 논증을, 새삼 되풀이하려는 것은 아니다. 나는 이제 이 추론에 있는 또 다른 불합리성을 찾고자 애쓸 것이다.

기하학이 설명하는 바로는 면은 입체를 한정하고, 선분은 면을 한정하며, 점은 선분을 한정한다. 그러나 나는 점이나 선분, 면 따위 관념들이 나눌 수 없는 것이 아니라면 우리가 그와 같이 한정되는 것을 생각할 수 없다고 주장한다. 이 관념들을 끝없이 나눌 수 있는 것으로 가정해 보자. 그리고 그 한계가 되는 면이나 선분, 점의 관념을 공상이 응시하도록 노력해 보자. 그러면 공상은 곧 이 관념이 또 다른 부분들로 분해되는 것을 발견한다. 그리고 이 부분들의 한계인 것을 공상이 알아차리자마자 그것은 또 나뉘어져 공상의 손아귀에서 빠져나가는데, 공상이 마지막 관념에 이를 수 있는 가능성도 전혀 없이 이런 과정은 끝없이 계속된다. 다수의 분할된 조각들이 공상을, 공상이 이룬 최초 관념보다 마지막 분할에 더 가깝게 해 주는 것은 결코 아니다. 우리가 잔 알갱이들을 눈여겨 보려 할 때, 그 알갱이들은 모두 마치 수은처럼 또 새로운 분열에 의해 빠져나가 버린다. (끝없는 분열을 가정하면 그 결과는 이렇게 된다) 그러나 실제로 모든 유한한 양의 관념을 한계짓는 무엇이 있다는 것은 확실하며 또 이렇게 한계짓는 관념 그 자체는 부분이나 하위 관념으로 이루어질 수 없다. 반대로 이것을 부정하면 그 한계짓는 관념의 마지막 부분이 전체 관념을 완결하는 맨 마지막인 것일 테고, 따라서 이런 상황이 무한히 반복될 것이다. 이것은 깊이가 있는 면과 폭 및 깊이가 있는 선분 그리고 어떤 차원의 점 따위와 같이, 면과 선분, 점 따위 관념이 결코 나눌 수 없다는 것에 대한 확실한 증거이다.

학자인 체하는 사람들[5]은 이 논증의 위력을 잘 알고 있었다. 그 결과 그들 가운데 어떤 사람들은, 자연이 물체들의 한계를 제시하기 위해 끝없이 나눌 수 있는 질료적 알갱이들 사이에 몇몇 수학적 점들을 뒤섞었다고 주장했다. 또 다른 사람들은 여러 가지 아리송한 트집과 구별로 이 추론의 위력을 피했다. 이와 같은 반론을 내놓은 사람들은 어느 쪽이건 모두 승리를 포기했다. 도망가

숨어버린 사람은 자신의 무기를 깨끗이 버리는 사람과 마찬가지로 적에게 승복한 셈이다.

이처럼 수학의 모든 정의는 수학의 허위 논증을 파괴한다. 만일 우리가 정의에 들어맞는 분할할 수 없는 점과 선분, 면의 관념을 갖는다면 그와 같은 것들의 존재 가능성은 분명하다. 그렇지만 이런 관념이 없다면 우리는 어떤 도형의 한계도 결코 상징할 수 없으며, 이러한 한계를 상징하지 않고는 기하학적 논증도 전혀 있을 수 없다.

그러나 나는 한걸음 더 나아가서, 이 논증들 가운데 어떤 것도 끝없이 나눌 수 있는 가능성의 원리처럼 하나의 원리를 세울 만큼 충분한 비중을 갖지는 못한다고 주장한다. 가장 작은 대상 측면에서 기하학의 논증은, 정확하지 못한 관념과 엄밀한 의미에서 참이 아닌 근본원칙 따위를 토대로 하고 있으므로 타당한 논증이 아니기 때문이다. 기하학이 양의 비율에 관한 무엇을 결정한다면, 우리는 최고의 엄밀성과 정확성을 기대해서는 안 된다. 기하학의 증거들[6] 가운데 그처럼 적용될 수 있는 것은 전혀 없다. 기하학 증명은 도형의 차원과 비율을 타당하면서도 개괄적으로 그리고 어느 정도 자유롭게 다룬다. 기하학의 잘못은 눈여겨볼 만한 것이 아니다. 즉 최대로 정밀한 절대적 완전성을 열망하지만 않는다면, 그 논증은 결코 잘못을 범하지 않는다.[7]

나는 먼저 수학자들에게 그들이 어떤 의미에서 하나의 선분이나 면이 다른 것과 서로 비슷하거나 그보다 크거나 작다고 말하는가를 묻는다. 그들이 어떤 학파에 속하는지, 그리고 연장은 나눌 수 없는 점들로 구성되었다고 주장하는지 아니면 끝없이 나눌 수 있는 양으로 이루어졌다고 주장하는지를 막론하고, 그들에게 대답하게 해 보자. 그러나 이 물음은 그들 모두를 어리둥절하게 만들 것이다.

나누려 해도 나눌 수 없는 점들의 가설을 옹호하는 수학자는 거의 없거나 전혀 없다. 그러나 이런 수학자들은 위 물음에 대하여 가장 명쾌하면서도 정확한 해답을 가지고 있다. 그들은 선분이나 면의 점들의 수가 서로 같을 때만 비슷하며, 그 수의 비율이 변하면 선분과 면의 비율 또한 변한다고 대답하기만 하면 된다. 그러나 이 대답이 명쾌하면서도 타당하다고 하더라도, 나는 이러한 서로 비슷한 기준이 전혀 쓸모없으며 이러한 비교를 통해 우리가 대상들이 서로 같거나 같지 않다는 것을 결정할 수는 없다고 단언한다. 어떤 선분이나 면을 이루는 점은 시각이나 촉각 중 어떤 것을 통하여 깨닫게 되든 간에 정신이 그 수를 헤아릴 수 없을 정도로 아주 작고 서로 혼돈되어 있으므로, 그와 같은 헤아림은 우리가 비율을 판정할 수 있는 기준을 결코 마련해 줄 수 없기 때문이다. 1인치(2.54㎝)는 1피트(30.48㎝)보다 점을 적게 갖는다든가 1피트는 1엘(ell, 45인치)이나 그보다 큰 단위보다 점을 적게 갖는다는 것을 확실하게 하나하나 헤아려 결정할 수 있는 사람은 결코 없을 것이다. 이러한 이유 때문에 우리는 그 점들의 수를 서로 같음이나 같지 않음의 기준으로 거의 보지 않거나, 결코 그렇게 볼 수 없다.

연장을 끝없이 나눌 수 있다고 상상하는 사람들은 이러한 대답을 할 수 없다. 즉 그들은 연장의 구성 부분을 하나하나 헤아려 봄으로써 어떤 선분이나 면의 서로 비슷함을 결정할 수 없다. 이들 가설에 따르면 최대의 도형과 마찬가지로 최소의 도형도 끝없는 수의 부분을 포함하기 때문이다. 정확하게 말하자면 끝없는 수는 서로 같을 수도 서로 같지 않을 수도 없기 때문이다. 따라서 공간의 어떤 부분들의 서로 같음이나 같지 않음은 그 부분들의 수 비율에 의존하는 것이 아니다. 다음과 같은 것은 참이라고 말해도 좋을 것이다. 1엘(114.3㎝)과 1야드(91.44㎝)의 부등성은 그것들을 이루는 피트의 서로 다른 수에 있으며, 1피트와 1야드의 부등성은 인치 수에 있다고 말할 수 있다. 그러나 우리가 전자에서 인치라고 부르는 양이 후자에서 인치라고 부르는 것과 서로 비슷한 것으로 가정되므로, 그리고 또 정신이 좀더 적은 양을 말하는 절차를 한없이 진행시킴으로써 이 대등성을 발견한다는 것은 불가능하므로, 마침내 우리는 부분들을 하나하나 헤아리는 것과는 다른 어떤 비슷한 기준을 결정해야만 한다.

서로 비슷함은 일치에 의해 가장 훌륭히 정의된다. 즉 어떤 도형을 다른 도형에 맞추어 보아 그 도형들의 부분들이 모두 서로 대응하며 접할 때 그 두 도형은 서로 비슷하다고 주장하는 사람들도 있다.[8] 이 정의의 옳고 그름을 판정하기 위해 다음을 생각해 보자. 애초에 대등성은 하나의 관계이다. 따라서 엄밀히 말해 대등성은 도형들 자체의 특성은 아니며, 정신이 도형들을 비교하는 데서 나타나는 것에 불과하다. 따라서 대등성이 부분들의 이러한 가상 적용과 서로의 접촉에 있다면, 적어도 우리는 그 부분들에 대한 독립 개념을 가져야 하고 그것들의 접촉을 상징해야 한다. 이제 다음의 사실은 분명하다. 이러한 표상 작용에서 우리는 그 부분들을 생각할 수 있는 한 가장 작은 것으로 줄일 수 있다. 큰 부분들의 접촉은 도형들을 서로 비슷하게 나타내지 않기 때문이다. 그런데 우리가 생각할 수 있는 가장 작은 부분은 수학적 점이다. 결론적으로 이 대등의 기준은 점들 수의 서로 비슷함에서 비롯되는 기준과 마찬가지인데 우리는 이미 이것을 정확하지만 쓸모없는 기준이라고 결정했다. 따라서 우리는 눈앞에 닥친 문제 해결을 위해 다른 영역을 찾아보아야 한다.

대등 기준을 정하는 데 반대하면서, 이 대등 비율에 대한 정확한 개념을 제공하기 위해 서로 비슷한 두 대상을 제시하면 충분하다고 주장하는 철학자들도 많다. 그들의 주장에 따르면 대상에 대한 지각이 없다면 모든 정의들은 힘이 없다. 그리고 우리가 그 대상들을 깨닫는 경우 우리에겐 더 이상 어떤 정의도 필요 없다. 나는 이 추론에 모두 다 동의하며, 대등이나 부등 따위의 쓸모있는 개념은 전체적으로 하나로 합쳐진 현상과 개별 대상들의 비교에서 비롯된다고 주장한다. 이것은 관찰 따위로도 분명하기 때문이다.

눈 또는 정신은 이따금 순식간에 물체들의 비율을 결정할 수 있고, 그 물체들의 가장 작은 부분들 수를 살펴보거나 비교하지 않고도 그 물체들이 서로 대응하는지 아니면 한쪽이 크거나 작다는 것을 한눈에 가릴 수 있다. 그러한 판별은 일상적인 것일 뿐 아니라, 많은 경우에 분명하고 확실한 것이다. 이를테면 1야드와 1피트로 각각 단위가 제시되었을 때, 정신은 가장 똑똑하고 분명한 원리를 의심하지 못하는 것처럼 1야드 단위가 1피트 단위보다 길다는 것을 의심할 수는 없다.

그러므로 정신은 그 대상들의 일반 현상[9] 가운데서 세 가지 비율을 구별하여 더 크다, 더 작다, 서로 비슷하다 등과 같은 말로 부른다. 그러나 이 비율들에 관련된 정신 결정이 이따금 불가오류적이라고 할지라도, 그 결정이 항상 불가오류적인 것은 아니다. 즉 이러한 종류의 판단도 다른 주제를 놓고 판단할 때와 마찬가지로 의심이나 잘못을 피할 수는 없다. 우리는 자주 첫 의견을 돌이켜보거나 뉘우침으로써 그 결정을 고친다. 우리는 처음에 서로 같지 않다고 평가했던 대상들이 서로 같다고 진술하며, 조금 전에는 다른 것보다 크게 보였던 어떤 대상을 작은 것으로 여기기도 한다. 그런데 이것은 우리 감관의 이러한 판단이 겪어야 하는 유일한 수정은 아니다. 우리는 이따금 그 대상들을 가지런히 놓아 봄으로써 우리의 잘못을 발견한다. 또는 그렇게 할 수 없는 경우에도, 그 대상들 각각에 효과적으로 활용될 수 있으며 우리에게 그 대상들의 서로 다른 비율을 알려 주는 어떤 공통적이고 불변적인 단위를 사용함으로써 우리의 잘못을 발견한다. 게다가 우리가 물체를 가늠하는 데 쓰는 도구 본성에 의해, 그리고 우리가 그 대상들을 비교하면서 기울이는 주의력에 의해, 그와 같은 수정에서조차도 새로운 수정이 있을 수 있고 그 정확성 정도 또한 다를 수 있다.

그러므로 정신이 이러한 감관의 판단과 그 판단 수정에 익숙해져서, 두 도형의 어떤 비율이 그것들을 우리 눈에 이른바 비슷하게 나타나도록 하고 또한 서로 대응하도록 하며 그 도형들이 비교되는 공동 기준에 대응하도록 한다는 것을 발견했을 때, 우리는 더 엉성한 비교 방식과 더 정밀한 비교 방식 모두에서 비롯되는 대등에 관해 뒤섞인 의견을 이룬다. 그러나 우리는 여기서 만족할 수 없다. 건전한 추리는 우리에게, 우리 감관에 나타나는 물체들보다 훨씬 작은 물체들도 있다는 것을 확신시켜 준다. 한편 거짓 추리는 끝없이 작은 물체들이 있다고 우리를 설득할 것이다. 따라서 우리는, 우리가 모든 잘못과 불확실성으로부터 우리 자신을 지켜 줄 어떤 측정 도구나 측정 기술도 가지고 있지 않다는 것을 알게 된다. 우리는 이 가장 작은 부분들 중 하나를 더하거나 빼는 것이 그 현상이나 측정에서 분간될 수 없다는 것을 깨닫는다. 그리고 우리는 지난날에는 서로 비슷했던 두 도형이 이처럼 부분들의 더함과 덜함이 있는 다음에는 서로 비슷할 수 없다고 생각함으로써 대등의 가상 기준을 가정한다. 이 기준에 의해 현상이나 측정은 정확하게 고쳐지며 도형들은 완전히 그 비율로 되돌아간다. 다만 이 기준은 확실히 가상적이다. 대등 관념은 실제로 가지런히 놓아 보거나 공통 단위에 따라서 고쳐질 수 있는 특수 현상의 관념이다. 따라서 대등함의 관념을 고치는 데 필요한 도구나 기술을 넘어서는 어떤 수정 개념도 정신의 허구일 뿐이며 이해될 수도 없거니와 쓸모도 없다. 그러나 이 기준이 단지 가상적일 뿐이라고 하더라도 이 허구는 아주 자연스럽다.

처음에 정신 작용을 나타냈던 이유가 사라진 다음이라고 하더라도 정신이 이러한 방법에 따라 지속해서 작용하는 것은, 매우 일상적인 현상이다. 이것은 시간에 대하여 더욱 분명하게 나타난다. 시간에서 부분들의 비율을 정하는 정확한 방법이 없고, 연장(延長)에서만큼 정확하지는 않겠지만 측정의 다양한 수정 및 그 온갖 정확도가 완전한 실재적인 대등에 관해 어렴풋하면서도 암시적인 관념을 우리에게 제공하였다. 이것은 다른 여러 주제들에서도 똑같다. 자신의 귀가 날마다 섬세해지는 것을 깨닫고, 반성하고 주의를 기울임으로써 자기 자신을 바꾸는 음악가는 자기 능력 밖의 영역에서조차 정신의 똑같은 작용을 계속하고, 자신이 자신의 잣대를 어디에 두고 있는지를 말할 수 없으면서도 완전어울림 3음(4·5·8도)이나 8음 개념을 생각한다. 화가는 색상에 대하여 똑같은 허구를 이룬다. 기계공은 운동에 관하여 마찬가지의 허구를 이룬다. 전자는 빛과 그림자를, 후자는 빠르고 느림을 각각 감관이 판단할 수 있는 것 이상으로 정확한 비교와 대등이 가능한 것으로 상상한다.

우리는 곡선과 직선에 대해서도 같은 추리를 적용할 수 있을 것이다. 감관에서 곡선과 직선의 구별보다 분명한 것은 없으며, 우리가 이 대상들의 관념보다 쉽게 이룰 수 있는 것도 없다. 그러나 우리가 이 관념들을 쉽게 이룰 수 있다고 할지라도, 그런 관념들에 대해 엄밀한 한계를 분명하게 정하는 정의를 만들수는 없다. 우리가 종이나 어떤 연속면에 선분을 그을 때, 그 선분이 한 점에서 다른 점으로 이어지는 어떤 질서가 있다. 이 질서가 바로 곡선이나 직선에 대한 어떤 완전한 인상을 갖게 된다. 그러나 이 질서는 전혀 알려지지 않으며, 눈에 보이는 것은 하나로 합쳐진 현상뿐이다. 따라서 나눌 수 없는 점들의 체계에 따른다고 할지라도, 우리는 이들 대상에 대하여 알 수 없는 어떤 기준에 관한 어렴풋한 관념을 이룰 수 있을 뿐이다. 한없이 나눌 수 있는 가능성 체계에 따르면 우리는 이렇게조차도 할 수 없고, 결국 그 기준은 우리가 어떤 선분이 곡선인지 직선인지를 결정하는 규칙과 같은 일반 현상으로 되돌아간다. 이처럼 우리는 이들 선분에 대하여 완전한 정의를 제시할 수 없고 또 곡선과 직선을 구분하는 아주 정확한 방법을 만들어낼 수 없다. 그러나 우리가 좀더 신중하게 사고함으로써 그리고 되풀이된 시험 결과 우리가 그 정당성을 더욱 확신하게 된 어떤 규칙들과 비교함으로써, 우리는 처음의 현상을 수정할 수 있다. 이와 같은 수정으로부터, 즉 정신이 그 이유를 잃어버린 뒤에도 바로 이런 작용을 계속함으로써, 우리는 이 도형들의 완전한 기준을 설명하거나 파악하지 않고도 그와 같은 기준에 관해 어렴풋한 관념을 이룬다.

단, 수학자들이 직선은 두 점 사이의 가장 짧은 거리라고 말하면서 자신들이 직선에 대한 정확한 정의를 제시한 척하는 것은 사실이다. 그러나 무엇보다도 내가 보기에 그 정의는, 직선에 대한 정확한 정의라기보다는 직선의 특성들 가운데 하나를 발견한 결과라고 하는 것이 오히려 더 알맞을 것 같다. 아무에게나 한번 물어보자. 직선에 대해 말했을 때 우리는 곧장 그와 같은 개별 현상에 관해 생각하지 않는가. 그리고 우리가 이 두 점 사이의 가장 짧은 거리라는 특성을 고려하는 것은 우연이 아닌가. 직선은 그 자체만으로 파악될 수 있다. 그러나 우리가 훨씬 더 폭넓게 생각하는 다른 선들과 비교하지 않는다면 위 정의는 밝혀질 수 없다. 일상 생활에서 가장 곧은 거리가 언제나 가장 짧다는 것은 근본원칙으로 자리잡고 있는데, 직선에 대한 우리 관념이 두 점 사이의 가장 짧은 거리에 대한 관념과 다르지 않다면 그 근본원칙은 가장 짧은 거리가 언제나 가장 짧다고 말하는 것처럼 이치에 어긋날 수 있다.

둘째, 우리는 직선이나 곡선 등의 관념과 마찬가지로 대등과 부등 및 길고 짧음 등의 엄밀한 관념을 가질 수 없으므로, 결론적으로 길이 관념이 우리에게 직선 관념에 대한 온전한 기준을 제시할 수 없다고 내가 이미 확정했던 것을 여기서 되풀이한다. 정확한 관념은 어렴풋하거나 확정되지 않은 관념에 근거할 수 없다.

마지막으로 평면 관념도 직선 관념과 똑같이 엄밀한 기준은 가질 수 없다. 즉 면의 일반 현상을 제외한다면 우리는 결코 그와 같은 면을 갈라놓을 수 없다. 수학자들이 평면을 직선 이동에 의해 생겨난 것이라고 설명하는 것도 의미가 없다. 그 설명은 곧 다음과 같이 반박당할 것이다. 첫째로 타원 관념이 원뿔을 이루는 방법과 관계없는 것처럼 평면 관념은 평면을 이루는 이러한 방법과 관계가 없다. 그리고 직선 관념도 평면 관념처럼 엄밀하지 않다. 또한 직선은 불규칙한 것으로 이동할 수도 있으며 이러한 방법으로 평면과 전혀 다른 어떤 도형을 이룰 수도 있다. 따라서 우리는 하나의 직선이 똑같은 평면상에서 서로 평행하는 두 직선을 따라 이동한다고 가정해야만 한다. 이리하여 수학자들의 견해는 어떤 사물을 그 자체에 의해 설명하는 순환 논증에 빠진다.

따라서 대등과 부등 및 직선과 평면 따위의 관념을 상징하는 우리 일상적 방법에 따르면, 기하학에서 가장 본질적인 그런 관념들은 정확하고 뚜렷하다고 보기는 어렵다. 사례가 어느 정도 의심스럽겠지만 어떤 경우에 특정 도형이 서로 비슷한지, 어떤 경우에 특정 선이 직선인지, 그리고 어떤 경우에 특정 면이 평면인지 따위를 우리는 말할 수 없을 뿐만 아니라, 그 비율이나 도형들에 대하여 확실한 불변적 관념을 이룰 수도 없다. 우리는 늘 약하고 틀리기 쉬운 판단에 하소연하는데, 우리는 대상들 현상으로부터 이 판단을 이루고 어떤 컴퍼스 또는 공통 기준 따위에 의해 그 판단을 바꾼다. 그리고 만일 우리가 더 이상 수정을 가정한다면, 그 수정은 쓸모없거나 허구적이다. 헛되게도 우리는 일상적 이야깃거리에 의존하면서 신을 가정하는 데 몸바쳐야만 했다. 신의 한없는 힘은 완전한 기하학적 도형을 이루고 굴절이나 곡선이 전혀 없는 직선을 그릴 수 있다는 것이다. 그러나 이들 도형의 마지막 기준은 감관이나 상상을 뺀 어떤 것으로부터도 비롯될 수 없으므로, 감관이나 상상의 기능이 판단할 수 있는 범위를 넘어선 완전성에 대하여 말하는 것은 불합리하다. 어떤 것의 진정한 완전성은 그것이 그 기준과 일치하는 데 있기 때문이다.

이처럼 이 관념들은 아주 애매하고 확실하지 않으므로 나는 수학자들 중 어떤 사람에게 다음과 같이 묻고 싶다. 수학의 가장 복잡하고 애매한 명제들은 그렇다 치고 수학의 가장 일반적이면서 뚜렷한 원리에 대해서도 그는 의심의 여지없는 확증을 갖고 있는가? 예컨대 수학자는 나에게 두 직선은 하나의 공통 선분을 가질 수 없다는 것이나, 두 점 사이에는 하나 이상의 직선을 그릴 수 없다는 것을 어떻게 증명할 수 있는가? 이 견해들은 확실히 이치에 어긋나고 우리들의 똑똑한 관념과 일치하지 않는다고 그가 나에게 말한다면, 나는 대답하겠다. 두 직선이 감지할 수 있는 각으로 서로 가까워지는 경우에는 그 직선들이 공통 선분을 갖는다고 상상하는 것은 물론 이치에 어긋난다. 그러나 이 두 직선이 20리그(1 league≒4.8㎞)에 1인치 비율로 근접한다고 가정했을 때, 그 직선들이 만나면 하나로 된다고 주장하는 것이 불합리하다고 생각하는 것은 절대로 아니다. 내가 당신에게 묻고 싶은 것은 다음과 같은 것이기 때문이다. 내가 가정한 두 직선이 아주 작은 각을 두고 공접(공통 접선)할 경우에 그 두 직선과 똑같은 선분을 만들 수 없다고 당신이 주장한다면, 당신은 어떤 기준이나 규칙에 따라 판단하는가? 확실히 당신은 이 선분과 일치하지 않는 직선에 대한 어떤 관념을 가져야 한다. 그렇다면 당신은 그 선분이 직선 고유의 본질 규칙에 따라서, 또는 그와 같은 똑같은 질서에 따라서 그 점들을 정돈하지 않는다고 말할 셈인가? 만일 그렇다면 내가 당신에게 일깨워 주지 않을 수 없는 것은, 당신이 이렇게 점을 잣대로 판단한다면 그러한 규칙이나 배열 외에도 당신은 연장이 나뉠 수 없는 점들(아마 이것은 당신이 뜻한 바를 넘어선 것이다)로 이루어져 있다는 것을 인정해야 할 것이다. 또 그 밖에도 내가 당신에게 일깨워 주지 않을 수 없는 것은, 점의 질서는 우리가 직선 관념을 이루는 기준도 아니며, 설령 그렇다 해도 감관이나 상상에는 어떤 경우에 이런 질서가 파괴되거나 보존되는가를 정할 수 있는 확고함이 아주 없다는 것이다. 직선에 대한 근원적 기준은 실제로 어떤 일반 현상일 뿐이다. 이 기준은 실제로나 가상으로나 바뀌는데, 이것이 직선들을 서로 공접시키고 그 기준에 대응시키는 일은 분명 가능하다.

(요컨대) 수학자들은 어떤 측면에 하소연하더라도 여전히 이런 궁지에 빠진다. 그들이 대등 또는 다른 비율을 정확하고 엄밀한 기준으로 판단한다면, 곧 자세한 불가분적 부분들을 낱낱이 들어 말함으로써 판단한다면, 수학자들은 모두 실제로 쓸모없는 기준을 쓰는 것이며 또 연장의 불가분성을 지금 확정하는 것이다. 또는 일상적이지만 수학자들이 대상들의 비교에서 비롯되는 기준 즉 대상들의 일반 현상에 따라 재어 보거나 가지런히 놓아 봄으로써 교정되는 부정확한 기준을 쓰면, 그들의 제일 원리들은 확실하고 분명한 것인데도 그들이 일상적으로 그 원리들로부터 이끌어 내고자 하는 자세한 추론을 제공해 주기에는 너무 부족하다. 제일 원리들은 상상과 감관에 토대를 두고 있다. 따라서 결론은 이 기능들을 넘어설 수 없으며, 그 기능들과 모순될 수도 없다.

이상의 고찰은 우리 눈을 조금 뜨게 할 수도 있다. 그리하여 연장을 끝없이 나눌 수 있는 성질에 대한 기하학 논증이, 아주 웅장한 가식으로 지탱되는 모든 논증들이 당연히 갖는 설득력을 전혀 갖지 못한다는 것을 우리는 깨닫는다. 동시에 우리는 기하학의 다른 모든 추론이 우리의 가장 완전한 동의와 동조를 얻는데도, 기하학이 이처럼 끝없이 나눌 수 있는 성질을 증명하는 데는 유독 실패하는 이유도 알 수 있다. 그런데 실제로 그와 같은 예외를 두고, 끝없이 나뉘는 가능성에 대한 모든 수학적 논증을 완전히 궤변적인 것으로 여겨야 한다는 실상을 보여 주는 것보다는, 이 예외에 대한 이유를 제시하는 것이 더 필요한 것 같다. 왜냐하면 양에 대한 어떤 관념도 한없이 나뉠 수 없는 한, 양 그 자체가 그와 같은 분할을 허용한다는 것을 증명하기 위해서, 그리고 양 자체와 직접 마주하는 관념에 의해 이것을 증명하기 위해서 노력하는 것보다 더 확실하게 불합리한 것은 상상할 수조차도 없기 때문이다. 그리고 이 불합리는 그 자체로도 아주 확실하므로, 이것에 기초를 두면서도 어떤 새로운 불합리가 뒤따르지 않거나 분명한 모순을 포함하지 않는 논증은 전혀 있을 수 없다.

나는 끝없이 나뉘는 가능성을 옹호하는 논증을 그런 실례로 제시할 수 있는데, 이 논증은 접점에서 비롯된다. 내가 알기에 어떠한 수학자도 자신이 종이 위에 그린 도형들에 의해 판단되는 것을 거부하지 않을 수 없다. 수학자가 우리에게 말하듯이 그 도형은 엉성한 무늬이며, 모든 추론의 참된 밑바탕인 어떤 관념들을 더욱 수월하게 전달하는 데만 이바지할 뿐이다. 나는 수학자의 이런 주장에 충심으로 탄복하여, 기꺼이 논의를 오직 이 관념들에 한정시키도록 하겠다. 따라서 나는 먼저 우리 수학자들이 되도록 정확하게 원과 직선의 관념을 이루어 주었으면 한다. 그 뒤에 나는 묻는다. 원과 직선이 만난다는 것을 상징할 때 수학자는 그 원과 직선을 수학적 점에서 만나는 것으로 생각할 수 있는가, 또는 반드시 그것들이 어떤 공간에서만 합치하는 것으로 상상해야 하는가? 어느 쪽을 선택하든지 수학자는 곤란하다. 수학자가 자신의 상상 속에 이 도형들을 비추면서 그 도형들이 한 점에서만 만나는 것으로 상상할 수 있다고 믿는다면, 그는 그런 점이라는 관념의 가능성, 나아가서 점 자체의 가능성을 인정한다. 또 그가 이 선분들이 만나는 것을 상징할 때 그것들이 어떤 공간에서만 합치하지 않을 수 없다고 한다면, 기하학적 논증이 최소의 정도를 넘어섰을 때 기하학 논증의 잘못을 그는 시인한다. 그는 분명히 원과 직선이 서로 일치한다는 것을 반대하는 논증을 하고 있기 때문이다. 즉, 그는 일치 관념이 다른 두 관념 즉 원과 직선의 관념과 양립할 수 없다는 것을 증명할 수 있지만, 동시에 이 관념들이 분리될 수 없다는 것을 승인하게 된다.

<주>

1 여기서 물리적 점이 불합리하게 되는 것은 이러한 점이 연장을 하고, 연장을 하는 것은 분할될 수 있으므로 궁극의 불가분의 점이라고 말할 수 없기 때문이다. 흄의 수학적 점은 색깔이 있고 만질 수 있는 구상적 점인데, 그 자체에는 연장을 갖지 않고 단순불가분이며, 그 배열이 우리에게 연장 관념을 준다. 또한 레이드에 의하면 물리적 점을 받아들이지 않는 태도를 흄은 벨에게 배웠다. Cf. Bayle, Dictionaire, Art. Zenon, Rem. G. I.

2 '자체에서 그리고 전체적으로(secundum se, tota, et totaliter)'는 스콜라 철학의 사상 및 표현이다.

3 '수학(mathematics)'은 립스도 지적하듯이 오로지 '기하학'을 의미한다.

4 《사유 방법(L'art de penser)》 참조. A. Arnauld, *La logique ou l'art de penser*(1662)를 가리키는 것으로 짐작된다.〔원주〕

5 레이드에 따르면, 여기서 말하는 '학자인 체하는 사람들'의 주장을 흄은 벨에게 배웠다. Cf. Bayle, Dictionaire, Art. Zenon, Conclusion de Rem. G. Sect. IV.

6 '증거(proof)'는 여기서는 용어적 의미는 없지만, '논증'과 대립적으로 사용될 때는 전자의 절대적 확실성에 미치지 않는 불확실한 경험적 추론 또는 증명을 의미한다.

7 《인간이란 무엇인가》에서 흄의 기하학에 대한 평가는 여기서 요약된다. 이 평가와 《인간 지성 연구》에서 내린 평가와의 사이에 모순이 있다고 일반적으로 이야기되지만, 꼭 그렇게 생각하지 않아도 된다.

8 배로(I. Barrow) 박사의 《수학강의》를 살펴보라.〔원주〕

9 '일반 현상(general appearance)'은 기하학 명제의 첫 근거이고, 궁극적인 근거이다.

5 이어지는 같은 주제

연장 또는 공간 관념은 일정한 배열로 분포되어 볼 수 있거나 만질 수 있는 점들의 관념일 뿐이라고 하지만, 이것이 진실이라면 우리는 진공 관념 즉 볼 수 있거나 만질 수 있는 것이 전혀 없는 공간 관념을 이룰 수 없다.[1] 이것은 세 가지 반론을 불러일으킨다. 그런데 이 반론들 가운데 한 가지에 대해서 제시할 대답은 내가 다른 반론들에 대해 쓰게 될 대답의 결론이기 때문에, 이 세 가지 반론을 함께 검토해 보겠다.

첫째, 사람들은 오랜 기간 동안 진공과 가득 찬 공간에 관해 논쟁을 벌였지만, 그 문제를 완전히 해결할 수는 없었다. 현재도 그다지 달라진 것이 없지만 철학자들은 그들 스스로 자신들의 환상이 이끄는 대로 어느 측면으로든 자유롭게 파벌을 이룰 수 있다고 생각한다. 그러나 무엇을 기초로 해서 사물들 자체에 관한 논쟁을 벌이건 간에, 바로 그 논쟁이 (진공) 관념(의 존재)에 대하여 결정하는 것이라고 할 수 있다. 바꿔 말하면 사람들은 자신들이 무엇을 반박하거나 옹호하는지 알지도 못하면서 진공에 대하여 그토록 길게 추리할 수는 없었을 것이고 또한 그 진공을 반박하거나 옹호할 수도 없었을 것이다.

둘째, 이 논증이 의문스럽게 여겨진다면, 진공이라는 관념의 실재성 또는 적어도 그 가능성은 다음 추론에서 증명할 수 있다. 즉, 가능한 관념의 필연적이면서 불가오류적 결과인 관념들은 모두 가능하다. 우리가 비록 세계를 지금 가득한 공간으로 인정한다고 하더라도, 우리는 세계가 운동하지 않는 경우를 쉽게 생각할 수 있을 것이다. 따라서 이런 관념 즉 운동이 없는 세계 관념이 가능하리라고 인정될 것은 분명하다. 신의 끝없는 힘에 의하여 물질의 어떤 부분이 없어지는 반면에 다른 부분은 그대로 남아 있을 수 있다는 것 또한 인정되어야 한다. 서로 구별되는 관념들은 모두 상상에 의하여 나눌 수 있고 상상에 의해 나눌 수 있는 관념들은 모두 따로따로 존재한다고 생각할 수 있듯이, 어떤 물체에 있는 한 사각형이 모든 물체에 있는 사각형을 함축하지 않는 것과 마찬가지로 어떤 물질 알갱이의 존재는 다른 알갱이의 존재를 함축하지 않는다는 것이 명확하기 때문이다.

이제 나는 다음과 같이 묻겠다. 남아 있음과 없어짐이라는 두 가능적 관념들이 함께 만나면 어떤 결론을 이끌어 내겠는가? 예를 들어 어떤 방의 벽이 전혀 움직이거나 변하지 않고 그대로 남아 있다고 가정할 때, 그 방 안의 공기와 자잘한 물질들이 모두 없어지면 어떤 결과가 나타나겠는가?[2] (말할 것도 없이 우리는 진공 상태를 생각해야만 할 것이다.) 형이상학자들 가운데 어떤 사람들은, 물질과 연장이 똑같기 때문에 물질의 없어짐은 필연적으로 연장의 없어짐을 함축하며, 바로 내 앞의 종이에 내 손이 닿는 것처럼 벽과 벽 사이에 거리가 없으므로 벽들은 맞닿는다고 대답한다. 그러나 이런 대답이 아주 일상적임에도 불구하고, 그들은 자신들의 가설에 따라 생각해 보라는 도전을 받게 된다. 즉 방의 네 벽을 그대로 남겨 두고, 마루와 천장이 닿은 채로 둘 다 가만히 남아 있어 똑같은 자리를 지킨다고 생각해 보라는 것이다.(그것은 불가능한 일이다) 동에서 서로 움직이는 두 벽의 끝이 맞닿는데, 어떻게 남에서 북으로 움직이는 두 벽이 맞닿을 수 있는가? 반대되는 자리에 있는 네 벽에 의해 나뉜 마루와 천장이 도대체 어떻게 하나로 합칠 수 있는가? 당신이 만약 그것들의 자리를 바꾸면, 당신은 운동을 가정하고 있는 것이다. 당신이 벽들 사이의 어떤 것을 생각한다면, 당신은 어떤 새로운 것의 창조를 가정하고 있는 것이다. 그러나 남아 있음과 없어짐이라는 두 관념만 엄격하게 두고 볼 때, 이들로부터 비롯되는 관념은 부분들의 접촉이라는 관념이 아닌 다른 그 무엇의 관념임에 확실하다. 이것을 진공 관념이라고 결론지을 수 있다.

세 번째 반론은 문제를 더 넓혀서, 진공 관념이 실재하며 가능하다고 주장할 뿐만 아니라 필연적이며 불가피하다고까지 주장한다. 이 주장은 우리가 물체에서 관찰하는 운동에 토대를 두고 있는데, 진공 없이는 운동이 불가능하며 생각조차 할 수 없고 하나의 물체는 다른 물체에게 자리를 만들어 주기 위하여 이 진공으로 옮겨간다는 주장이다.[3] 나는 이 반론을 자세히 설명하지는 않겠다. 왜냐하면 이 반대론은 대개 지금 우리 영역 밖에 있는 자연학에 속하기 때문이다.

우리가 이 반론들에 대답하려면, 논쟁 주제를 완전히 이해하지도 못하고 논란을 벌이지 않도록, 문제를 아주 깊이 다루면서 여러 관념들의 본성과 근원에 대하여 살펴보아야 한다. 먼저 암흑 관념은 적극적 관념이 아니라 그저 빛의 부정[4]이다. 더 정확하게 말하자면 색이 있고 눈에 보이는 대상들의 부정이다. 평소에 시각을 충분히 누리는 사람이 빛이 전혀 없을 때 자신의 눈을 사방으로 굴리면서 얻는 지각은, 맹인으로 태어난 사람의 지각이나 다를 것이 없다. 그리고 선천적인 맹인이 빛과 어둠의 관념을 갖지 못한다는 것은 분명하다. 이에 대한 결론은, 우리가 물질 없이 연장의 인상을 받아들이는 것은 단순히 볼 수 있는 대상을 없애버리는 데서 비롯되는 것이 아니라는 것이다. 따라서 완전한 어둠 관념은 진공 관념과 절대로 같을 수 없다.

또 공중에 떠 있으면서 보이지 않는 어떤 힘에 의해 앞으로 살며시 밀려가는 한 남자를 생각해 보자. 그가 이 일정한 운동에서 어떤 것도 감지할 수 없으며 연장 관념도 받아들일 수 없다는 것은 분명하다. 아니, 사실은 (연장 관념뿐만 아니라) 다른 관념도 마찬가지이다. 비록 그가 손발을 이리저리 움직인다고 할지라도, 그는 그 운동으로부터 연장 관념을 전달받을 수 없다. 물론 이 경우에 그는 어떤 감각이나 인상을 느낀다. 이 감각이나 인상의 각 부분들은 서로 잇따라 일어나는 것이며, 그에게 시간 관념을 줄 수 있을 것이다. 그러나 공간 즉 연장 관념을 필연적으로 전달하는 것과 같은 방법으로 그 부분들이 배열되는 것은 아니다.

그렇다면 볼 수 있고 만질 수 있는 것들을 모두 없애버린 암흑과 운동은 우리에게 물질 없는 연장, 즉 진공 관념을 절대로 제공해 줄 수 없다. 따라서 이어지는 의문은, 그런 암흑이나 운동이 볼 수 있고 만질 수 있는 어떤 것과 뒤섞여 있을 때 진공 관념을 전할 수 있는지의 여부이다.

눈에 띄는 모든 물체는 마치 평면 위에 그려진 것처럼 형상으로 나타나며, 그 물체들이 우리 자신으로부터 얼마나 멀리 떨어져 있는가는 감관이 아니라 주로 이성에 의하여 발견된다는 것은 철학자들이 공통적으로 인정하는 것이다. 예를 들어 내가 손을 앞으로 뻗어 손가락들을 폈을 때, 내가 손가락들 사이에 둘 수도 있는 어떤 볼 수 있는 대상에 의해 그 손가락들이 나뉜 경우와, 그 손가락들이 하늘의 푸른색에 의해 완전히 나뉜 경우의 완전함은 서로 다르지 않다. 그러므로 우리는 시각이 진공의 인상과 관념을 전달할 수 있는지 없는지를 알기 위해, 완전한 암흑 가운데서 발광체들이 우리 앞에 나타났을 때, 그 물체들의 빛은 주변 대상들의 인상을 우리에게 제공하는 것이 아니라 그 물체들 자신만 밝혀 줄 뿐이라는 것을 가정해야만 한다.

우리는 느낌(촉각)의 대상에 대하여도 같은 가정을 해 보아야 한다. 만질 수 있는 모든 대상을 완전히 없앤다고 가정하는 것은 옳지 못하다. 우리는 어떤 것이 느낌(촉각)을 통하여 지각된다는 것을 받아들여야 한다. 그리고 손이나 다른 감관의 정지와 작용에 따라 감관이 접하는 다른 대상과 만나게 되며, 또 감관이 그 대상을 떠나 다른 대상을 만나는 등 우리가 원할 때마다 느낌(촉각)을 통하여 어떤 것을 깨닫는 것을 받아들여야 한다. 그래서 문제는 이 촉각의 정지들이 우리에게 물체 없는 연장 관념을 제공해 주는지의 여부가 된다.

먼저 첫 번째 경우를 보자. 오직 두 개의 발광체만 눈에 띄었을 때, 분명히 우리는 그 물체들이 결합되었는지 나누어졌는지 그리고 그 물체들이 어느 정도 거리로 나누어 있는지를 깨달을 수 있다. 또 이 거리가 변할 때, 우리는 그 물체들 운동에 따라 거리가 멀어지고 가까워지는 것도 느낄 수 있다. 그러나 이 경우에 거리는 색을 갖거나 눈에 보이는 어떤 사물이 아니므로, 정신에 이해될 수 있을 뿐만 아니라 순수한 감관에 대해서도 분명한 진공 또는 순수 연장이 여기에 있다고 생각할 수도 있을 것이다.

이것이 자연적이면서도 가장 친숙한 우리의 사고 방식이다. 그러나 조금만 뉘우쳐 보면 우리는 그러한 사고 방식을 고쳐야 한다는 것을 알게 된다. 완전한 암흑 속에서 두 물체가 나타났을 때 우리가 발견할 수 있는 변화는 두 대상의 출현이며, 그 대상들 출현 이외의 것들은 모두 전과 같이 빛의 부정, 즉 색을 갖거나 눈에 보이는 대상의 부정으로 지속된다는 것을 우리는 깨달을 수 있다. 이런 사정은 이 두 물체들로부터 떨어져 있다고 할 수 있는 것들에 대해서뿐만 아니라, 그 물체들 사이에 개입된 바로 그 거리에 대해서도 틀림없다. 그것은 암흑 또는 빛의 부재일 뿐이며, 부분도 없고 배열도 없고, 변할 수도 나눌 수도 없다. 그리고 맹인이 자신의 눈으로 받아들이는 것이나 또는 칠흑 같은 밤에 우리에게 전해지는 것과는 다른 어떤 지각을, 이 거리가 인과적으로 일어날 수는 없으므로, 이 거리는 (암흑이나 맹인의 경우와) 똑같은 속성들을 함께 가지는 것이 틀림없다. 눈먼 것과 암흑이 우리에게 연장 관념을 제공하지 않는 한, 두 물체 사이의 캄캄하고 가려내기 어려운 거리는 결코 연장 관념을 만들어낼 수 없다.

이미 말했듯이 둘 이상 빛을 내는 대상들의 출현과 절대 암흑 간의 오직 하나뿐인 차이점은, 대상들 자체에 있거나 대상들이 우리의 감각기관을 자극하는 방식에 있다. 그 대상들로부터 흘러나온 빛, 눈이 한 대상에서 다른 대상으로 이동할 때 필요한 운동, 각 대상들이 미치는 기관 부분의 차이 등, 이런 것들이 우리로 하여금 거리를 판단할 수 있게 하는 유일한 기초적 지각을 낳는다. 그런데 이 지각들은 그 각각으로는 단순하고 나눌 수 없기 때문에, 절대로 우리에게 연장 관념, 나아가서는 진공 관념을 줄 수 없다.

또 촉각 기관을 살펴봄으로써, 즉 만질 수 있거나 견실한 대상들 사이에 있는 허구적 거리나 간격을 살펴봄으로써 우리는 위 사실을 설명할 수 있을 것 같다. 나는 다음의 두 경우를 가정한다. 어떤 사람은 허공에 떠 있으면서 만질 수 있는 어떤 것과도 조금도 마주치지 못하고 자신의 팔다리를 휘젓는다. 그리고 만질 수 있는 어떤 것을 느낀 사람은 그것을 버리고, 그가 깨달을 수 있는 운동을 한 다음에 만질 수 있는 다른 대상을 지각한다. 여기서 나는 묻는다. 두 경우 차이는 어디에 있을까? 그 차이가 단순히 대상을 지각하는 데 있을 뿐이며, 그 운동에서 발생하는 감각은 두 경우에 모두 똑같다는 것을 긍정하는 데 조금이라도 망설일 사람은 아무도 없을 것이다. 다른 어떤 지각이 뒤따르지 않았을 때 이 운동의 감각이 우리에게 연장 관념을 전해 줄 능력이 없듯이, 만질 수 있는 대상들의 인상이 뒤섞여 있을 때에도 이 감각은 연장 관념을 우리에게 전해 줄 수 없다. 이런 혼합은 운동 감각에 어떤 변화도 가져올 수 없기 때문이다.

그러나 운동과 암흑이 그 자체만으로 또는 만질 수 있거나 볼 수 있는 대상이 뒤따라 물질 없는 연장 관념을 전할 수 없다고 할지라도, 운동과 암흑은 우리가 그런 진공 관념을 이룰 수 있다고 잘못 상상할 수 있는 원인이다. 볼 수 있고 만질 수 있는 대상들의 구성 즉 실재적 연장과, 운동 및 암흑 사이에 아주 가까운 관계가 있기 때문이다.

첫째로, 우리는 다음의 사실을 발견할 수 있다. 완전한 어둠 속에 나타나 볼 수 있는 두 대상들은, 마치 그 대상들 간의 거리가 우리에게 진정한 연장 관념을 주는 볼 수 있는 대상으로 채워졌을 때처럼 우리 감관을 자극한다. 두 대상들로부터 흘러나와 눈에서 만나는 빛들은 그와 같은 각을 이룬다. 이처럼 우리가 질서 있게 배치된 여러 부분으로 이루어진 복합체를 느낄 때의 운동 감각은, 두 물체 사이에 만질 수 있는 대상이 전혀 끼어들지 않는 경우와 똑같다.

둘째로, 우리는 경험적으로 다음과 같은 사실을 알 수 있다. 중간에 아무것도 없는 두 물체가 그 배치된 방식에 따라, 어떤 넓이를 가진 눈에 보이는 사물을 중간에 둔 다른 두 물체와 똑같이 감관에 작용할 때, 전자도 후자와 같은 넓이를 중간에 받아들일 수 있다. 이때 우리가 눈치챌 만한 충도도 침투도 전혀 발생하지 않으며, 또한 그것이 감관에 나타날 때의 각도에도 변화가 일어나지 않는다. 또 우리가 어떤 대상을 만지고는 간격을 좀 두고서, 손이나 그 밖의 감관에 운동 감각을 깨달았을 때에야 비로소 만질 수 있는 하나의 대상이 있다고 하자. 이 경우 경험이 우리에게 알려 주듯이, 이 나중의 대상은 맨 처음 대상을 만졌을 때와 같은 운동 감각을 제공하며, 튼튼하고 만질 수 있는 대상의 인상이 차례대로 끼어들어 이 운동 감각에 뒤따를 경우에도 똑같이 만져질 수 있다. 즉 볼 수도 없고 만질 수도 없는 거리는, 그 거리로 떨어져 있는 대상들을 조금도 변화시키지 않고 볼 수도 있고 만질 수도 있는 것으로 바꿀 수 있다는 것이다.

셋째로, 우리는 이러한 두 종류 거리 사이에 있는 또 다른 관계로서, 그 거리들이 모든 자연현상에서 거의 똑같은 결과를 가져온다는 것을 관찰할 수도 있다. 뜨거움, 차가움, 밝음, 인력 등과 같은 모든 성질들은 거리에 비례하여 줄어드는데, 이때 거리가 복합적이고 깨달을 수 있는 대상들에 의하여 나타나 있든지, 아니면 떨어져 있는 대상들이 감관을 자극하는 방식에 의해서만 알려지고 있든지 간에 눈에 띄는 차이는 거의 없다.

그렇다면 여기에 세 가지 관계들이 연장 관념을 전해 주는 거리와, 색깔을 띠거나 튼튼한 어떤 대상들로도 채워지지 않는 다른 거리 사이에 있다. 이것을 다시 말하면, 첫 번째로 거리가 있는 대상들은 그 대상들이 전자의 거리에 의해서 나누어지든지 아니면 후자의 거리에 의해서 나누어지든지 간에 똑같은 방법으로 감관을 건드린다. 다음에 둘째 종류 거리는 첫째 종류 거리를 받아들일 수 있는 것으로 여겨지며, 마지막으로 이들은 모두 똑같이 모든 자연 성질들의 힘을 줄어들게 한다.

두 종류 거리 사이에 있는 위의 세 가지 관계들은, 우리가 자주 한 종류 거리를 다른 종류 거리로 여기고, 또 시각이나 느낌 대상에 대한 관념이 전혀 없이도 우리가 연장 관념을 가질 수 있으리라고 상상하는 것에 대하여, 쉬운 이유를 우리에게 줄 것이다. 왜냐하면 두 관념 사이에 아주 가까운 관계가 있는 모든 경우에, 모든 담화와 추론에서 정신은 그 관념들을 오해하고 그 가운데 한 관념을 다른 관념으로 쓰는 경향이 아주 짙기 때문이다. 이것을 우리는 인간 본성학의 일반 원칙으로 세울 수 있다. 이런 현상은 아주 많은 경우에 나타나며 매우 중요하다. 그러므로 나는 그 원인을 살피는 데 그칠 수밖에 없다. 나는 현상 자체와 내가 현상에 대해 부여할 원인들을 우리가 엄격하게 구별해야 한다는 것과, 우리가 원인의 불확실성으로부터 현상 또한 불확실하다고 생각하지는 말아야 한다는 것 등을 전제할 뿐이다. 내 설명이 근거 없다 할지라도 현상은 실재할 수 있다. 원인에 대한 내 설명이 거짓이라고 해서 그 현상이 거짓인 것은 아니다. 아울러 우리는 우리가 그와 같은 결론에 이르는 것이 아주 자연스럽다는 점을 깨달을 수도 있다. 이것은 내가 설명하기 위해 애쓰는 바로 그 원리의 확실한 실례이다.[5]

제1부 제4절에서 내가 그 원인을 검토해 보지도 않고 유사, 인접, 인과 등의 관계를 관념들 사이의 통일 원리로 받아들였을 때, 그것은 내가 이 주제 위에 늘어 놓을 수 있는 허울 좋고 그럴싸한 그 무엇이 없어서 그랬다기보다는, 우리가 결국 경험에 만족하는 데 그쳐야 한다는 나의 첫 원칙에 따랐기 때문이다. 이를테면 나는 두뇌를 가상적으로 해부한 다음, 우리가 어떤 관념을 상상할 때 생기가 이웃한 기록들로 들어가서 그 관념과 관련된 다른 관념들을 불러일으키는 이유를 쉽게 보여 줄 수 있었을 것이다. 그때 나는 관념의 관계를 설명하면서 (두뇌 해부라는) 이 논제에서 얻을 수 있는 어떤 장점을 도외시했으나, 그 관계에서 일어나는 오해를 설명하기 위해 여기서 내가 그 장점에 따르지 않을 수 없다는 것이 아쉽다. 따라서 나는 다음을 살펴보려 한다. 정신은 자신이 원하는 어떤 관념을 불러일으키는 힘을 타고났다. 따라서 원하는 관념이 자리잡고 있는 두뇌 영역에 정신이 기운(spirits)을 급히 불어넣을 때마다 이 기운은 정확하게 들어맞는 기록으로 흘러 들어가 그 관념에 속하는 세포를 모조리 뒤져서 언제나 그 관념을 불러일으킨다. 그러나 그 운동은 거의 곧장 나아가지 않고 자연히 어느 한쪽으로 기울기 마련이므로, 이 때문에 이웃한 기록으로 들어간 생기는 정신이 처음에 찾아보고자 했던 관념 대신 그 관념과 관련이 있는 다른 관념을 내세운다. 그런데 우리가 이러한 변화를 언제나 깨달을 수 있는 것은 아니다. 그러므로 정신은 이러한 사유 절차를 끊임없이 계속하면서 우리에게 내세운 비슷한 관념을 쓰고, 우리 추론에서도 그 관념을 마치 우리가 바랐던 것처럼 쓴다. 이런 혼동은 철학에서 많은 오해와 억지 주장의 원인이 되고 있는데, 사실이 그렇다는 것은 누구에게나 자연스럽게 짐작될 것이며 기회가 있다면 그렇다는 것을 내가 쉽게 보여 줄 수도 있을 것이다. 유사성 및 인과성의 경우도 마찬가지로 설명될 것이다.[6]

　앞서 말한 세 가지 관계들 가운데 유사 관계는 가장 많은 잘못이 생기는 근원이 되고 있다. 실제로 추리 과정에서 나타나는 거의 모든 잘못들은 이에서 비롯한다. 단순히 비슷한 관념들이 서로 연관될 뿐만 아니라, 그 관념들을 주의 깊게 살펴볼 때 쓰이는 정신 작용들도 우리가 그 작용들을 구별할 수 없을 정도로 거의 차이가 없다. 바로 이 사실이 매우 중요하다. 어떤 두 관념을 이루는 정신 작용들이 똑같거나 비슷한 모든 경우에, 우리는 일반적으로 이 관념들을 혼동하여 그 하나를 다른 것으로 여기는 경향이 짙다는 것을 발견할 수 있을 것이다. 이 글의 진행 과정에서 우리는 이것에 대하여 많은 실례를 살펴보게 될 것이다.[7] 그러나 유사가 관념들 사이에서 가장 손쉽게 오해를 낳는다 할지라도, 인과와 인접 등 다른 관계도 역시 그와 같은 오해를 낳는 데 함께 도울 수 있다. 우리는 여기에 대한 충분한 증거로 시인과 웅변가의 표현들을 제시할 수도 있을 것이다. 다만 이것은 형이상학 주제들에서 우리의 논증을 그러한 영역으로부터 이끌어 내는 것이 일상적이고 알맞게 여겨질 경우에 그렇다.

사람들은 일상적으로 관념을 언어로 대신해 사용하고 추론의 사고 작용을 언어 행위로 대신 사용하는데, 형이상학자들이 이 증거들의 권위를 깎아내리지 않도록 하기 위해서 나는 그들 자신의 담화 대부분을 살펴봄으로써 증거를 찾아내겠다. 우리는 관념을 언어로 대신 사용한다. 대개 정신이 오해하기 쉬울 정도로 관념과 언어는 밀접하게 연관되어 있기 때문이다. 또한 이것은 일정한 방식으로 늘어놓은, 볼 수 있거나 만질 수 있는 점들의 합성에 불과한 연장을, 우리가 볼 수 있거나 만질 수 있는 것으로 여겨지지 않는 거리 관념으로 대신하는 이유이기도 하다. 이와 같은 오해를 불러일으키는 데는 인과와 유사의 두 관계가 함께 돕고 있다. 첫째 종류의 거리가 둘째 종류의 거리로 바꿀 수 있는 것으로 알려져 있는 한, 이러한 점에서 첫째 종류의 거리는 하나의 원인이다. 또, 두 종류 거리가 감관을 자극하고 모든 성질들을 줄어들게 하는 방식의 비슷함이 유사 관계를 이룬다.

나는 내가 주장한 원리들에 대하여 이처럼 연이어서 추리하고 설명했다. 따라서 형이상학에서 비롯되었든 역학에서 비롯되었든 간에 지금까지 제기된 모든 반론들에 대하여 나는 대답할 준비가 되어 있다. 우선 첫 번째 반대론부터 시작하면, 진공 또는 물질 없는 연장에 관한 잦은 논쟁은 그 논쟁이 의존하는 관념의 실재성을 증명하지 못한다. 이 점에서 사람들은 가장 일반적인 잘못에 빠져 있기 때문이다. 특히 오해의 우연적 원인일 수 있는 다른 관념이 지금처럼 밀접한 관계로 정신 속에 나타나 있을 때에는 더욱 잘못 보기 쉽다.

남아 있음과 없어짐의 관념을 연결짓는 데서 비롯하는 두 번째 반론에 대해서도 우리는 거의 같은 대답을 할 수 있을 것이다. 방에 있는 모든 것이 없어지고 방을 이루는 벽들은 미미한 움직임도 없이 그대로 있을 때든, 지금처럼 방안에 가득한 공기가 감관 대상이 아닐 때든, 방은 지금과 거의 같은 종류로 생각되어야 한다. 이러한 없어짐은 눈에 시각적인 허위 거리를 남기는데, 이 거리는 자극을 받는 감관의 서로 다른 부분들에 의해서 그리고 빛과 그림자 정도에 의해서 발견된다. 또 그 없어짐은 손이나 다른 신체 부위에서의 운동 감각 속에 있는 허위 거리를 느낌에 남긴다. 그런데 이 이상은 무엇을 찾으려 해도 소용없다. 우리가 이 주제를 여러 가지로 둘러보았을 때, 이 거리들은 가상적 없어짐에 따라 대상이 생겨날 수 있는 인상들일 뿐이라는 것을 알게 될 것이다. 그리고 인상이 자신과 비슷하지 않은 어떤 관념도 불러일으킬 수 없다는 것도 이미 논의되었다.

마지막으로 세 번째 반론에 대해 대답해 보자. 위에서 말했듯이, 다른 두 물체들 사이에 끼어 있는 물체는 자신과 접해 있는 것들에게 전혀 변화를 일으키지 않고도 없어진 것으로 가정될 수 있다. 따라서 우리는 그 없어진 물체가 새롭게 창조되면서도 거의 변화를 일으키지 않는 방식을 쉽게 생각할 수 있다. 그렇다면 물체 운동과 물체 창조는 결과적으로 같다. 멀리 있는 물체들은 그 사이에서 물체가 새로 창조되든, 아니면 다른 장소에서 온 어떤 물체가 운동을 통해 그 사이에 끼어들든 간에 영향을 받지 않는다. 이런 탐구는 상상을 만족시키고 그러한 운동에 전혀 모순이 없다는 것을 증명하기에 충분하다. 그 다음에 앞에서 살펴본 방식의 상태로 있는 두 물체가 실제로 그것들 사이의 물체를 받아들이는 능력도 갖고 있다는 것과, 볼 수도 만질 수도 없는 거리를 볼 수 있고 만질 수 있는 어떤 것으로 전환하는 데 걸림돌이 없다는 것을 믿게 만드는 경험을 우리는 하게 된다. 그 전환이 자연스럽게 여겨질지라도, 우리는 그 전환을 경험하기 전에는 그것이 실행될 수 있다고 확신할 수 없다.

비록 극히 적은 수의 사람들만 이러한 이해에 만족하고 나머지 대부분은 즉시 새로운 반론과 이의를 제기하리라는 것을 이미 알고 있지만, 앞에서 살펴본 세 가지 반론들에 대해서는 밝혀진 것으로 생각된다. 어쩌면 그들은 내 추론이 닥쳐온 문제의 핵심에 전혀 접근하지 않았으며, 내가 대상이 감관을 자극하는 방식만 설명하고 그 대상들의 실제 본성이나 작용에 대해서는 논의하려는 노력조차 없었다고 할 수도 있을 것이다. 우리가 경험에 의해서 이해할 수 있는 것은, 두 물체 사이에 볼 수 있거나 만질 수 있는 것이 전혀 끼어 있지 않다고 할지라도, 그 두 물체들이 시각에 대하여 놓여 있는 방식이나 우리가 그것들을 만질 때 한쪽에서 다른 쪽으로 움직이는 데 필요한 손의 운동은, 볼 수 있고 만질 수 있는 어떤 것이 그 물체들 사이를 갈라놓고 있는 경우와 같을 수 있다는 것이다. 이 볼 수도 만질 수도 없는 거리는 물체를 받아들이는 능력, 즉 볼 수 있고 만질 수 있게 되는 능력을 갖추고 있다는 것을 우리는 경험에 의하여 알게 된다. 여기에 온전한 내 체계가 있다. 게다가 이 방식에 따라 물체들을 나누고, 어떤 충돌이나 침투 없이도 그 물체들 사이에 다른 것을 받아들이는 능력을 그 물체들에게 부여하는 원인에 대해, 나는 이 체계의 어떤 부분에서도 설명하려고 하지 않았다.

나는 내 의도가 물체 본성을 이해하거나 또는 그 작용의 신비한 원인을 설명하는 것이 아니었음을 고백하고, 잘못을 인정함으로써 이 반론에 대해 밝히려 한다.[8] 이것은 지금 내 목적에 속하지 않을 뿐만 아니라, 안타깝게도 그러한 모험이 인간 오성의 범위를 벗어나며 감관에 나타나는 물체의 외부 속성에 따르지 않고는 인간이 어떤 방식으로도 물체를 이해한다고 내세울 수 없다고 나는 생각하기 때문이다. 그 이상의 어떤 것을 시도하는 사람들이 적어도 어느 한 사례에서라도 성공했다는 것을 알 때까지, 나는 그들의 야망에 맞장구칠 수 없다. 그러나 현재 경험이 우리에게 알려 주는 한계 안에서 나는 대상이 우리 감관을 자극하는 방식과, 그 대상들 서로 간의 관련을 완전히 안다는 것에 스스로 만족한다. 이것은 생활을 이끌기에 충분하며, 또 오직 지각, 즉 인상과 관념[9]의 본성과 원인을 설명하려는 나의 철학에도 충분하다.

이제 연장에 관한 이 주제를, 지금껏 추론에서 쉽게 설명될 수 있는 역설로 결론지어 보자. 볼 수 없고 만질 수 없는 거리, 곧 볼 수 있고 만질 수 있는 거리가 될 수용력에 당신이 진공이라는 이름을 붙인다면, 연장과 물질은 같지만 그럼에도 불구하고 진공은 있다는 것, 이것은 역설이다. 만일 당신이 그러한 것에 진공이라는 이름을 주지 않겠다면, 충만한 공간 안에서 한없는 충돌과 하나의 순환적 복귀 그리고 침투 등이 전혀 없다 하더라도 운동이 있을 수 있다. 그러나 표현이야 어떻든 간에, 깨달을 수 있는 대상들로 연장을 메우지 않고, 또 연장의 부분들을 볼 수 있거나 만질 수 있는 것으로 생각하지 않는다면, 우리는 실재적인 연장에 대하여 어떤 관념도 가질 수 없다.

시간은 어떤 실재 대상들이 존재하는 방식일 뿐이라는 이론에 대해, 우리는 그 이론이 하마터면 연장에서의 이와 비슷한 이론과 같은 반론에 부딪치기 쉽다고 볼 수 있다. 우리가 진공에 대하여 논의하고 추리한다는 바로 그 사실이 우리가 진공 관념을 갖는다는 데 대한 충분한 증거라면, 똑같은 이유에서 우리는 변하는 존재 없이도 시간 관념을 가져야 한다. 시간만큼이나 아주 흔하고 일상적인 논쟁 주제가 없기 때문이다. 그러나 우리가 사실상 그런 관념을 갖지 않는다는 것은 분명하다. 시간 관념은 어디서 비롯되는가? 시간 관념은 감각 인상에서 일어나는가, 그렇지 않으면 반성의 인상에서 일어나는가? 시간의 본성과 속성들을 알 수 있게끔 이런 것들을 우리에게 확실히 지적해 보라. 그러나 당신이 그와 같은 인상을 전혀 지적할 수 없다면, 당신이 그런 관념을 갖는다고 상상할 때 아마도 당신은 자신이 틀렸다는 것을 굳게 믿을 것이다.

그러나 가변적 존재 없이 생겨나는 시간 관념에 비롯되는 인상을 보여 주는 것은 불가능할지라도, 우리는 우리가 이런 시간 관념을 갖는다는 환상을 품도록 하는 그 현상들을 쉽게 지적할 수 있다. 우리 정신 속에 지각들의 연속적 계기가 있으며, 그러므로 시간 관념이 우리 눈앞에 영원히 나타난다는 것을 우리는 쉽게 깨달을 수 있다. 5시에 내가 흔들림 없는 대상을 응시하고 6시에 똑같은 대상을 보았을 때, 마치 각 순간들마다 그 대상의 서로 다른 자리나 변화에 의해 구별되는 것과 같은 방식으로 우리는 그 대상에 시간 관념을 적용시키기 쉽다. 정신 속 지각들의 계기와 비교됨으로써, 그 대상의 첫 번째 현상과 두 번째 현상은 그 대상이 실제로 변한 것처럼 옮겨 가는 것으로 여겨진다. 그리고 변화 없는 그 대상이 두 현상들 사이에, 실제로 변할 경우와 같은 수의 변화를 허용하고 있다는 것과, 불변적 지속 기간 또는 오히려 허구적 지속 기간도 역시 모든 성질들에게, 감관에 뚜렷이 나타나는 계기와 똑같은 영향을 미친다는 것을 우리는 경험을 통해서 덧붙일 수 있다. 이 세 관계들로부터 우리는 관념들을 혼동하기 쉽고, 변화나 계기가 전혀 없이도 시간과 지속 기간의 관념을 이룰 수 있다고 상상하기 쉽다.

〈주〉
1 진공의 실재 여부는 예전부터 문제였지만, 근세에 들어 데카르트가 이것을 부정해서 새

로이 문제가 되었다.

2 신에 의한 세계의 남아 있음과 없어짐의 가능적 상정(想定)에서 진공 관념을 이끌어 내는 증명도 로크에게서 볼 수 있다.

3 운동의 가능성 근거로서 진공 관념의 필연성을 주장하는 것은 로크도 그렇다. 단 여기서 흄은 이것을 자연학 주장으로 내건다. 그래서 '자연학은 이 책 범위 밖에 있다'고 한다.

4 로크에 의하면 암흑 관념의 원인은 빛의 결여임에도 정신 관념으로서는 적극적이다.

5 현상과 그 원인이 되는 것 사이에는 인과 관계가 성립하기 때문에 한쪽의 거짓은 다른 쪽 거짓으로 착각할 수 있다. 따라서 '내가 설명하기 위해 애쓰는 원리'의 실례가 된다.

6 인접 관계만을 여기서 들었지만, 다른 원리도 마찬가지로 설명할 수 있다고 흄은 생각했을 것이다. 아니면 그것이 곤란했기 때문에 과감히 하지 않았을지도 모른다. 어쨌든 이러한 이해 방법은 흄에게는 드물다.

7 두 개 관념을 이룰 때의 정신 활동이 같거나 비슷하면 둘 다 바로 혼동된다. 그 실례는 예컨대 제1편 제4부 제2절을 참조하시오.

8 경험론자로서의 자각이 흄에게 이 '반론에 대해 해명한다'라는 대답을 준다.

9 대상들의 실재 본성과 작용에 관한 연구 없이 감관에 나타나는 대상들에 탐구를 한정하는 한, 우리는 모든 어려움에서 벗어나며 결코 어떤 문제에도 만나지 않을 것이다. 따라서 두 대상들 사이에 놓인, 볼 수도 만질 수도 없는 거리가 어떤 것인지 아니면 무(無)인지를 묻는다면, 어떤 것이라고 대답하는 일, 즉 특정한 방식으로 감관에 영향을 미치는 대상들의 한 속성이라고 대답하는 일은 어렵지 않다. 거리를 두고 있는 두 대상들이 접해 있는지 아닌지를 묻는다면, 그것은 '접하다'라는 말의 정의에 달려 있다고 대답할 수 있을 것이다. 그 대상들 사이에 감지할 수 있도록 놓인 것이 있을 때 그 대상들이 접해 있다고 한다면, 이 대상들은 접해 있다. 그 이미지들이 눈에 이웃한 부분들을 자극할 때, 또는 손이 어떤 운동도 개입되지 않은 두 대상을 모두 연이어 일어나는 것으로 느낄 때 그 대상들이 접해 있다고 한다면, 두 대상들은 접해 있지 않다. 우리 감관에 대상들은 늘 지속적으로 나타나며, 오직 우리가 사용하는 술어들의 애매함에서 문제가 발생한다.

우리가 감관에 나타난 대상들의 지금 상태를 넘어서 탐구해 가면, 나는 우리 결론이 대부분 회의주의와 불확실성으로 가득 찰까봐 두렵다. 따라서 볼 수도 만질 수도 없는 거리가 언제나 물체로 채워져 있는지, 또는 우리 감관을 개선함으로써 볼 수 있고 만질 수 있게 되는 어떤 것으로 가득한지 그 여부를 묻는다면, 나는 다음과 같은 사실을 고백하지 않을 수 없다.

즉 나는 통속적이고 널리 알려진 생각들에 더욱 알맞은 반대 의견에 가깝지만, 어느 쪽에서도 참으로 결정적인 논증을 발견할 수는 없다. 만약 우리가 뉴턴주의 철학을 제대로 이해한다면, 그것이 다른 어떤 것을 의미하지는 않는다는 점을 알게 될 것이다. 뉴턴주의 철학은 진공이 있다고 주장한다. 즉 물체들은 충돌이나 침투 없이 그 자신들 사이에 물체를 받아들일 수 있는 방식에 따라 놓여 있다고 한다. 우리는 물체들의 이런 위상의 실재 본성은 알 수 없다. 우리는 감관에 끼치는 그 위상 결과와, 물체를 받아들이는 그 위상 능력에 친숙해 있을 뿐이다. 어느 정도 온건한 회의론보다, 그리고 인간의 모든 역량을 넘어서는 주제들에 대해서 무지를 정정당당하게 고백하는 것보다 이 철학에 알맞은 것은 없다.

6 존재와 외부 존재의 관념에 대하여

공간과 시간의 관념이라는 주제를 끝내기 전에 공간과 시간의 관념들과 마찬가지로 어려운 문제들을 가진, 존재와 외부 존재의 관념들을 살펴보는 것이 무리는 아닐 듯하다. 우리가 추론에서 쓸 수 있는 이런 개별 관념들을 완전히 밝혀낼 때, 우리는 제1편 제3부 주제인 절대적 지식과 개연성에 대하여 논의할 준비를 더욱 잘 할 수 있을 것이다.

우리가 의식하거나 기억하는 어떤 종류의 관념이나 인상도 존재하는 것으로 생각되지 않는 것은 없다. 그러므로 존재에 관한 가장 완전한 관념과 확실한 증거가 이 의식에서 비롯된다는 것은 분명하다. 우리는 여기서 상상이 가능한 가장 뚜렷하고 결정적인 하나의 딜레마를 접할 수 있다. 즉 우리는 관념이나 인상에 존재를 귀속시키지 않고는 그 관념이나 인상을 결코 기억할 수 없기 때문에, 존재 관념은 모든 지각이나 사유 대상과 결합된 독립적 인상에서 비롯되거나 아니면 지각 관념이나 대상 관념과 똑같은 동일한 것이 틀림없다.

이 딜레마는 모든 관념이 비슷한 인상에서 발생한다는 원리의 분명한 결론이며, 이 딜레마의 명제들 사이에서 우리가 결정해야 하는 것도 의심의 여지가 없다. 나는 모든 인상들과 관념들마다 어떤 독립된 인상이 뒤따른다는 것은 제쳐 두더라도, 분리될 수 없게 결합된 독립된 두 인상이 있다고 생각하지 않는다. 어떤 감각들은 한때 하나로 합쳐져 있다 하더라도, 우리는 곧이어 그 감각이 분리의 여지가 있으며 또 따로따로 나타날 수도 있다는 것을 발견한다. 따라서 우리가 기억하고 있는 모든 인상과 관념을 존재하는 것으로 여기더라도, 존재 관념이 어떤 개별 인상에서 비롯되지는 않는다.

그런데 존재 관념은 우리가 존재한다고 생각하는 것의 관념과 완전히 똑같다. 우리가 단순히 어떤 것에 대해 반성하는 것과, 존재하는 그것에 대해 반성하는 것은 서로 일치한다. 존재 관념은 어떤 대상 관념과 결합된다 해도 그 대상 관념에 어떤 것도 추가하지 않는다. 우리는 우리가 생각하는 것은 무엇이든 간에 존재한다고 생각한다. 우리가 이루고자 하는 모든 관념은 존재 관념이다.

그리고 존재 관념은 우리가 이루고자 하는 모든 관념이다.

여기에 반대하는 사람은 누구든지 실재 관념이 비롯되는 독립된 인상을 반드시 가리켜야만 하고, 이 인상은 우리가 존재한다고 믿는 모든 지각으로부터 나눌 수 없다는 것을 증명해야 한다. 우리는 거리낌 없이 이것이 불가능하다는 결론을 내릴 수 있다.

우리는 앞에서 실재적 차이가 전혀 없는 관념들의 구별에 대해 추론했는데, 이것이 여기서도 하나같이 우리에게 도움이 되는 것은 아니다. 그러한 종류의 구별(즉 이성 구별)은 서로 다른 관념들이 서로 다른 점에서 어느 단순 관념에 대해 가질 수 있는 비슷함에 기초를 두고 있다.[2] 그러나 존재한다는 측면에서 어떤 대상들과는 비슷하면서도, 바로 그 측면에서 다른 대상들과는 서로 다르게 나타날 수 있는 대상은 절대 없다. 정신에 나타난 모든 대상은 반드시 존재해야 하기 때문이다.

외부 존재 관념도 비슷한 추론으로 밝혀낼 수 있다. 우리가 알 수 있는 것은 다음과 같다. 즉 지각 또는 인상과 관념에 의해서가 아니면 어떤 것도 결코 사실상 정신에 나타날 수 없으며, 외부 대상들은 그 자신들이 우리 정신에 일으킨 지각을 통해서만 우리에게 알려진다는 점은 보편적으로 철학자들에게 인정되고 있다는 것, 더욱이 그러한 점은 아주 분명하다는 것이다. 미워하는 것, 사랑하는 것, 생각하는 것, 느끼는 것, 보는 것 따위 이것은 모두 지각하는 것일 뿐이다.[3]

이처럼 정신에 나타나는 것은 언제나 지각일 뿐이고 모든 관념은 그보다 먼저 정신에 나타나는 어떤 것에서 비롯된다. 결론적으로 관념 및 인상들과 뚜렷하게 다른 어떤 것의 관념을 우리가 생각하거나 이루는 것은 불가능하다. 되도록 우리 주의를 우리 자신의 외부에 맞추어 보자. 우리 상상을 하늘이나 우주 끝까지 펼쳐 보자. 그래도 우리는 실제로 우리 자신을 단 한 걸음도 뛰어넘지 못하며, 좁은 영역에 나타난 지각들을 빼면 어떤 종류의 존재도 상징할 수 없다. 이것은 상상의 우주이며, 우리는 거기서 생겨난 것 이외의 어떤 관념도 갖지 않는다.

외부 대상들이 우리 지각과 뚜렷이 다른 것이라고 가정될 때 우리가 이런 외부 대상들을 생각하면서 가장 멀리 나아갈 수 있는 것은, 관련 대상들을 이해하는 체하는 것이 아니라 그 대상들과 관련된 관념을 이루는 것이다. 일반적으로 우리는 외부 대상들이 명확히 다르다고 가정하는 것이 아니라, 단순 지각과는 다른 관계들과 연관 그리고 지속 기간 등이 그 대상들에게 속한다고 생각할 뿐이다. 그러나 여기에 대해서는 나중에 더욱더 충분히 살펴 보기로 한다.[4]

〈주〉

1 제1편 제1부 제7절 참조.〔원주〕

2 이성 구별은 예를 들어 하얀 개와 흰말이 서로 다르면서도 색은 같고, 하얀 개와 검은 개도 모습은 비슷하다고 말할 때, 바꿔 말하면 흰말과 비슷한 하얀 개의 흰색은 검은 개에게는 없다고 말할 때 이루어진다. 그러나 존재에 대해서는 그러한 것은 없다.

3 이것은 내재론의 유명한 문구로서 자주 인용된다. 또한 'to feel'은 'to touch'의 의미로 해석했다.

4 제4부 제2절 참조.〔원주〕

3부
지식과 개연성

1 지식에 대하여

철학적 관계에는 서로 다른 일곱 가지 종류가 있다. 즉 유사, 동일, 시간과 장소의 관계, 양이나 수의 비례, 어떤 성질의 정도, 반대, 인과성 따위이다.[1] 그런데 이 관계들은, 우리가 관련시켜 비교하는 관념들에 온전히 의존하는 관계[2]와 그 관념들에게 어떤 변화가 없어도 변할 수 있는 관계[3] 따위의 두 가지 부류로 나뉠 수도 있다. 예를 들면 우리는 삼각형 관념에서 세 각의 합이 두 직각과 대등 관계를 갖는다는 것을 알게 된다. 이 관계는 우리 관념이 똑같이 남아 있는 한 바뀌지 않는다. 거꾸로 두 대상들 사이가 가깝다, 멀다 따위와 같은 관계는 대상 자체 또는 그 대상 관념들이 전혀 바뀌지 않더라도 대상 장소만 바뀌면 변한다. 게다가 그 장소는 정신이 미리 알 수 없는 서로 다른 한없는 우연들에 의해 좌우된다. 이것은 똑같거나 인과적인 경우도 마찬가지이다. 두 대상들이 서로 아주 닮았어도, 다른 시각에 나타난다면, 설령 같은 장소에 나타난다고 할지라도 그 대상들은 수적으로 다르다고 할 수 있다.[4] 또한 한 대상이 다른 대상을 생겨나게 하는 능력[5]은 오직 그 대상들의 관념만 가지고는 결코 발견될 수 없으므로, 원인과 결과는 우리가 추상적 추론이나 반성으로부터가 아니라 경험으로부터 알게 되는 관계라는 것은 분명하다. 대상들이 우리들에게 나타났을 때, 가장 단순한 현상조차도 그 대상들 자체의 성질들로부터 설명될 수 없으며, 우리는 기억이나 경험의 도움 없이 그 현상을 미리 알 수 없다.

따라서 일곱 가지 철학적 관계들 가운데 오직 관념에만 의존함으로써 지식이나 확실성의 대상이 될 수 있는 관계는 네 가지로 제한된다. 이 네 가지 관계가 유사, 반대, 성질 정도, 양 또는 수의 비례이다. 이 관계들 가운데 세 가지는 첫눈에 발견할 수 있으며, 논증보다는 직관 영역에 포함시키는 것이 더 알맞을 것이다. 어떤 대상들이 서로 비슷할 때, 그 유사성은 바로 눈을 자극하거나 오히려 정신을 더 자극할 것이다. 그리고 이와 같은 유사성은 더 이상 살펴볼 필요가 없다. 이것은 반대와 어떤 성질 정도 따위의 경우에서도 마찬가지이다. 존재와 비존재가 서로 뒤섞일 수 없으며, 완전히 양립할 수 없고, 서로 반대라는 것을 단 한 번이라도 의심할 수 있는 사람은 아무도 없다. 그리고 색, 맛, 뜨거움, 차가움 따위와 같은 성질 정도들에 아주 작은 차이만 날 때는 그 성질 정도에 대하여 정확하게 정할 수 없겠지만, 그 정도 차이가 상당할 때는 그중 어떤 것이 다른 것보다 우세하다거나 열세하다는 것을 정하기 쉽다. 그리고 우리는 다른 어떤 탐구나 추론 없이도 늘 첫눈에 이런 결정을 내린다.

우리는 양이나 수 비율을 같은 방식으로 분명하게 정할 수 있다. 특히 그 차이가 아주 뚜렷한 경우에는 어떤 수나 도형들 사이의 크고 작음을 한눈에 알아볼 수 있다. 그런데 아주 작은 수 또는 연장의 매우 작은 부분과 같은 경우는 예외로 하더라도, 서로 같거나 어떤 정확한 비율에 대해서 우리는, 오직 한 번의 사유만으로는 그 관계들을 다만 엉터리 추측할 뿐이다. 단, 아주 작은 수나 연장의 매우 작은 부분은 단숨에 파악되는데, 이 경우에 우리는 우리 자신이 엄청난 잘못에 빠지지 않을 수 있음을 깨닫게 된다. 그러나 다른 모든 경우에 우리는 어느 정도 오차를 각오하고 비율을 정해야 하거나 또는 더욱 인위적인 방법으로 해결해야 한다.

이미 제1편 제2부 제4절에서 살펴보았듯이, 우리가 도형 비율을 결정하는 기술이나 기하학 따위는 보편성과 엄밀성 모두에서 감관이나 상상의 허술한 판단을 훨씬 뛰어넘지만, 결코 완전한 엄밀성과 정확성을 얻지는 못한다. 우리는 기하학 제1원리들도 역시 대상들의 일반 현상으로부터 이끌어 냈다. 그리고 자연이 허용하는 형언할 수 없을 정도로 작은 것을 우리가 탐구할 때, 그 현상은 우리에게 결코 어떤 담보도 제공할 수 없다. 예를 들어 우리의 기하학 관념은, 공통 선분을 가질 수 있는 두 직선은 전혀 없다는 것을 완전히 확증해 주는 듯 보인다. 그러나 우리가 이 관념들을 잘 생각해 본다면 다음의 사실을 이해할 것이다. 즉 그 관념은 두 선분의 눈에 띄는 기울기를 늘 가정하고 있으며, 또 그 선분들이 이루는 각이 너무 작은 경우에 우리는 이 명제의 진리성을 우리에게

과학 법칙 이해하기 흄은 어떻게 정신이 지식이라고 하는 것을 획득하는가를 설명하기 위해 뉴턴의 과학적 방법을 사용해서, 경험을 넘어서는 것에 대한 지식은 없다고 결론 내렸다. 조지프 라이트의 《태양계에 관해 강의하는 철학자》(1766).

보증해 줄 만큼 엄밀한 직선의 기준을 전혀 갖지 못한다. 기하학 주요 원리들도 대부분 이것과 마찬가지이다.

따라서 대수와 산수는 우리가 어느 정도 복잡하게 연이어서 추리를 해도 완전한 정확성과 확실성을 유지하는 하나뿐인 학문으로 남는다. 이 두 학문에서 우리는 수들의 서로 비슷함과 비율에 관해 판단할 수 있는 자세한 기준을 갖고 있으며, 수가 이 기준에 대응하는지 대응하지 않는지에 따라 전혀 잘못을 범하지 않고 그 수들의 관계를 결정한다. 예를 들어 두 개 수를 집성하는 모든 단위가 저마다 항상 일치할 때, 우리는 그 수들이 서로 비슷하다고 잘라 말한다. 그런데 연장에는 그와 같은 서로 비슷한 기준이 없으므로 기하학은 완전하고 불가오류적인 학문으로 여겨질 수 없다.

요컨대 기하학은 산수나 대수학 고유의 완전한 엄밀성과 확실성에는 이르지 못하지만 감관이나 상상의 불완전한 판단보다는 뛰어나다는 것이 내 주장이다. 그런데 이런 주장에서 일어날 수도 있는 논쟁을 여기서 미리 막는 것이 괜찮을 것 같다. 내가 기하학이 어떤 결점을 갖는다고 하는 이유는 기하학의 근원적이고 기초적인 원리들이 오직 현상들에서 비롯된다는 것이다. 아마 이 결점이 언제나 기하학에 따라다니는 것은 틀림없고, 따라서 대상들이나 관념들을 비교할 때, 기하학은 우리 눈이나 상상만으로 얻을 수 있는 것보다 더 나은 정확성에 결코 이르지 못한다고 상상할 수도 있겠다. 나는 이 결함이 언제나 완전한 확실성을 바라는 기하학을 방해할 정도로 기하학에 따라다닌다는 것을 인정한다. 그러나 기하학의 기초 원리들이 가장 쉬우면서 누구도 거의 속이지 않는 현상들에 의존하므로, 그 원리들은 그 낱낱의 결론만으로는 가질 수 없는 어느 정도의 정확성을 그 결론들에 부여한다. 예를 들어 1000각형 각의 총합은 1996 직각과 서로 비슷하다고 결정하거나 또는 그 비율에 가까운 추측을 한다는 것은 눈으로는 할 수 없다. 그러나 직선들은 한 곳에서 나란히 겹칠 수 없다는 것과 우리가 임의의 두 점 사이에 오직 하나의 직선만 그릴 수 있다는 것을 눈이 결정할 때, 그 잘못은 크게 중요하지 않다. 이처럼 그 단순성 때문에 우리가 어떤 중요한 잘못에 빠지는 것을 막아 주는 현상들을 다루도록 하는 것이 기하학의 본성과 효용이다.[6]

그러면 이 기회에 논증적 추리에서 수학이라는 같은 주제가 암시하는 제2의 관찰을 살펴보자. 흔히 수학자들은 자신들의 대상인 관념들이 그 본성상 아주 정밀하고 정신적이므로, 그 관념들은 공상이 결코 아니며 영혼의 탁월한 기능만이 할 수 있는 순수하고 지성적인 조망에 의해 파악되는 것이 확실하다고 내세운다. 철학 영역 대부분에도 이와 같은 주장이 스며들어 있고, 이 주장은 우리의 추상 관념을 설명하기 위해 주로 쓰인다. 예를 들면 그 주장은 이등변삼각형도 아니고 부등변삼각형도 아니며, 세 변의 개별 길이나 비율이 정해진 것도 아닌 삼각형 관념을 우리가 어떻게 이룰 수 있는지를 설명하는 데 쓰인다. 그런데 수학자들이 정신적이고 아주 교묘한 몇몇 지각들에 대한 이런 주장을 그처럼 좋아하는 이유를 우리는 쉽게 알 수 있다. 그러한 방법으로 그들은 자신들의 많은 불합리를 감출 수 있고, 또 애매하면서 확실하지 않은 관념에 하소연함으로써 똑똑한 관념의 판결에 복종하기를 거절할 수도 있기 때문이다. 그러나 이러한 방법을 부수기 위해 우리는 여러 차례 되풀이하여 강조되었던 원리, 즉 관념은 모두 인상을 모사한 것이라는 원리를 깊이깊이 생각해 보기만 하면 된다. 이 원리에서 우리가 바로 이룰 수 있는 결론은, 모든 인상이 똑똑하고 명확하므로 그 인상을 모사한 관념도 그 본성은 반드시 같아야 하며, 우리의 잘못 때문이 아니라면 관념은 어렴풋하고 뒤죽박죽된 어떤 것도 절대로 포함할 수 없다는 것이다. 관념은 본래 인상보다 약하고 어렴풋하다. 그러나 관념은 다른 모든 측면에서 인상과 같으며, 아주 심한 애매성을 결코 포함할 수 없다. 만일 관념이 약하기 때문에 애매해진다면, 가능한 한 관념을 확고하고 엄밀하게 유지함으로써 그 결점을 고치는 것이 우리의 일이다. 우리가 그렇게 할 때까지는 철학적으로 추론한다고 자부해 봤자 허사이다.

〈주〉

1 제1편 제1부 제5절 참조.〔원주〕
2 '비교하는 관념들에 온전히 의존하는 관계'는 지식의 기초이다. 이것은 일반적으로 경험에서 따로 떨어져 정신 속에 존재할 뿐인 관념을 우리가 그것으로서 고찰할 때 발견되므로, 경험 변화에 좌우되지 않기 때문이다. 모든 것을 경험에 기초하는 흄에게도 이러한 지식 영역이 있다. 또한 흄은 이러한 관계의 실례로서 삼각형 내각의 합이 두 직각과 대등 관계를 갖는 것을 든다. 이것은 흄이 기하학 명제의 확실성을 인정하지 않는 것도 아니었음을 보여 주는 하나의 실례이다.
3 '관념들에게 어떤 변화가 없어도 변할 수 있는 관계'는 개연성을 낳는다. 경험적 변화에 의해 제약되어 보편타당성을 갖지 않기 때문이다.
4 사물이 시간 경과를 통해 어떻게 똑같은 성질을 얻는지, 이 문제는 제1편 제4부 제2절에서 다루어진다.
5 '능력(power)'은 이 책에서 용어적 의미로, 진정한 원인에 본질적으로 있다고 생각되는 '결과를 필연적으로 낳는 능력'을 의미한다. 인과 비평에서 중심을 이루는 개념의 하나이다.
6 기하학의 학문적 가치 및 성격은 여기에 다 있다. 이미 제1편 제2부 제4절에서 알 수 있듯이 기하학은 경험적인 현 상태를 최초의 출발점으로 하고 마지막 근거로 한다. 그리고 기하학적 정확성은 상상 기준에 근거하는 것뿐이다. 그러한 그것은 경험에 좌우되지 않고 관념 사이의 비교에만 근거한 대수학의 엄밀성에 미치지 못한다. 그렇지만 기하학이 의거하는 '상상 기준'은 상상의 규칙적 자연적인 작용에 의해 얻어진다. 그것은 이성 산물로 엉성한 일상경험을 초월한 정확성을 가진다. 그리고 한번 상상 기준이 확립되어 전제된다면, 그 뒤에는 이 기준상에 기하학적 모든 명제가 순수 관념으로 만들어진다. 이런 경우에 한해 이 명제들은 확실하다.

2 개연성 및 인과의 관념에 대하여

학문[1]의 기초인 네 가지 관계들에 대해 내가 눈여겨볼 필요가 있다고 생각하는 것은 앞에서 모두 설명했다. 그러나 다른 세 가지 관계들, 즉 관념에 의존하지 않으며, 관념이 그대로 남아 있는 동안에도 앞에 나타날 수도 있고 그렇지 않을 수도 있는 관계들은 더 자세히 설명하는 것이 좋을 것이다. 이 세 가지 관계들은 동일성, 시간과 공간의 관계 그리고 인과성이다.

모든 종류 추론은 비교에 지나지 않는다. 바꿔 말하면, 서로 관련된 둘 이상의 대상들이 갖는 계속적이거나 일시적인 관계들을 오로지 발견하는 것일 뿐이다. 대상들이 모두 감관에 나타날 때, 또는 그 대상들 가운데 어느 것도 감관에 나타나지 않거나 단 하나만 감관에 나타날 때, 우리는 언제든 이를 견줄 수 있다. 그런데 비교 대상들이 관계와 더불어 감관에 나타날 때, 우리는 이것을 추론이라기보다는 지각[2]이라고 한다. 이 경우에 사고의 실행 또는 정신 작용은 조금도 없다. 정신은 감각기관을 통해 인상을 오직 수동적으로 받아들일 뿐이다. 이런 사고 방식에 따르면 우리가 동일, 시간과 공간의 관계 따위에 관해 관찰할 수 있는 것들 가운데 어떤 것도 절대로 추론이라고 생각될 수 없다. 이런 관찰들 가운데 어떤 것에서도, 정신은 감각기관에 직접 나타난 것을 넘어서 대상들의 실재 존재나 관계를 발견할 수 없기 때문이다. 다른 대상의 존재나 운동에 잇따르거나 그 대상에 앞서는 어떤 대상의 존재나 운동에서, 우리에게 확증을 주는 관련이 생겨나는 것은 오직 인과성뿐이다. 다른 두 관계는 인과성과 영향을 주고받는 경우를 빼면 절대로 추론에 쓰일 수 없다.

예를 들어 시간과 공간 관계에서 어떤 대상들이 언제나 동떨어져 있거나 맞닿아 있다는 것을 우리에게 납득시킬 수 있는 것이 그 대상들 안에는 조금도 없다. 그리고 경험이나 관찰을 통해서 그 대상들의 바로 이런 관계가 바뀌지 않는다는 것을 발견한다면, 우리는 언제나 그 두 대상을 분리하거나 하나로 합치는 어떤 은밀한 원인이 있다고 결론짓는다. 이 추론은 동일성에도 적용된다. 어떤 대상이 감각기관에 여러 번 나타났다가 사라진다 하더라도 우리는 그 대상이 독립하여 계속 똑같다고 쉽게 가정한다. 다시 말해 우리가 우리 눈길이나 손을 언제나 그 대상에 둔다면 그 대상이 변하지 않고 지속적인 지각을 전달해 준다고 추리할 때, 우리는 언제든지 그 지각이 단절됨에도 불구하고 그 대상이 동일성을 갖는다고 생각하기 쉽다. 그러나 감각기관들의 인상을 넘어서는 이 결과는 오직 원인과 결과의 관계에만 그 토대를 둘 수 있다. 새로운 대상이 먼저 감각기관에 나타났던 대상과 아무리 비슷하다고 할지라도, 우리에게 보이는 그 대상이 변하지 않았다는 것을 우리는 원인과 결과의 관계 이외의 다른 근거로는 조금도 보증받을 수 없다. 우리는 완전한 유사성을 발견할 때마다, 그 유사성이 그 종류의 대상들에 대해 공통된 것인지 아닌지, 또 어떤 원인이 그 변화와 유사성을 낳는 작용을 할 수 있는지 없는지를 검토해 보아야 한다. 우리가 이렇게 인과에 대해 결정하는 것에 의하여 우리는 대상의 동일성에 대한 판단을 이룰 수 있다.

그렇다면 여기서 관념들에만 의존하지 않는[3] 세 가지 관계들 가운데 오직 하나뿐인 감관을 뛰어넘어 우리가 볼 수도 느낄 수도 없는 존재들과 대상들을 우리에게 알려 주는 것은 오직 인과성뿐이라는 사실이 분명해진다. 따라서 오성이라는 주제를 마치기에 앞서 우리는 이 관계를 완전히 설명하고자 한다.

차례대로 하면, 먼저 인과 관념을 살펴보아야 하며, 그 관념이 비롯된 기원에 관하여 알아보아야 한다. 단, 우리는 우리가 추리하는 관념을 완전히 이해하지 않고는 마땅하게 추리할 수가 없다. 그리고 관념을 그 기원에까지 추적해서 그것이 일어나는 맨 처음 인상을 살펴보지 않고서는, 어떤 관념도 제대로 이해할 수가 없다. 인상을 검토하는 것은 관념을 뚜렷하게 해 주고, 관념을 검토하는 것은 모든 우리 추론을 분명하게 해 준다.

그러면 이토록 중요한 인과 관념을 낳는 인상을 찾기 위해, 우리가 원인과 결과라고 일컫는 두 대상들로 눈을 돌려 그것들을 하나하나 살펴보자. 이때 나는 대상들의 개별 성질들 가운데 어떤 것에서 그 인상을 찾아서는 안 된다는 것을 단숨에 알아차린다. 내가 이 성질들 가운데 어떤 것을 택하더라도, 그 성질을 갖지 않으면서도 원인이나 결과라는 명칭에 해당되는 어떤 대상을 발견하게 되기 때문이다. 그리고 일반적으로 모든 존재자들에게 속하면서 그 존재자들에게 인과라는 이름에 알맞은 자격을 부여하는 어떤 성질이 없다는 것은 확실하다. 그러나 그럼에도 불구하고 실제로 외부적으로든 내부적으로든 간에 원인이나 결과로 여겨지지 않는 것은 전혀 존재하지 않는다.

그러면 인과 관념은 대상들 사이의 어떤 관계에서 비롯해야 하며, 우리는 이

제 그 관계를 발견하기 위해 애써야 한다. 먼저 내가 알 수 있는 것은, 원인이나 결과라고 여겨지는 대상들은 그 대상들이 무엇이든 간에 모두 이웃해 있다는 점이다. 바꿔 말하면, 그 대상들이 존재하는 시간이나 공간에서 조금이라도 거리가 먼 시간이나 장소에서 작용할 수 있는 것은 절대로 없다는 것이다. 이따금 동떨어진 대상들이 서로를 산출하는 것처럼 여겨질 수도 있지만, 검토해 봤을 때 우리가 발견할 수 있는 것은 그 동떨어진 대상들이 대체로 그 대상들 사이의 이웃한 수많은 연쇄적 원인들에 의해서 연결된다는 것이다. 어떤 특수한 실례에서는 우리가 이 연관을 발견할 수 없을지라도, 우리는 여전히 그와 같은 원인들의 잇따른 관계가 존재하는 것으로 짐작한다. 그러므로 우리는 인과 관계에서 인접성이라는 관계가 본질적이라고 생각할 수 있을 것이다. 적어도 어떤 대상의 병치 및 결합이 가능한지 불가능한지를 우리가 살펴봄으로써 이 문제를 해결하기에 더 알맞은 기회[4]를 얻을 때까지는, 일반적인 의견을 따라서 그렇게 가정해도 좋다.

그러나 내가 살펴볼 두 번째 관계는 인과의 본질적인 관계로서 일반적으로 인정되지 않고, 오히려 논쟁거리가 될 수 있다. 그 관계는 결과에 대한 원인의 시간적 우선 관계이다. 어떤 사람은 원인이 그 결과보다 앞서는 것이 반드시 필연적인 것은 아니며, 어떤 대상이나 작용은 존재하게 되는 맨 처음 순간에 이미 자신의 생산적 성질을 발휘하여 자신과 완전히 동시적인 다른 대상이나 작용을 낳을 수도 있다고 주장한다. 그러나 대개의 실례에서 우리가 경험하는 것이 이 견해와 모순으로 여겨지는 점은 제쳐 두더라도, 우리는 하나의 추정이나 추론에 의해 원인의 우선 관계를 세울 수 있을 것이다. 아무리 짧은 시간 동안이라도 다른 대상을 생산하지 않고 온전히 존재하는 대상은 다른 대상의 독자적 원인이 아니며, 그 대상을 그것의 정적 상태에서 밀어내서 그 대상이 은밀하게 지니고 있던 힘을 발휘하도록 하는 다른 어떤 원리의 도움을 받는다는 것은, 자연철학과 도덕철학 모두에서 확립된 근본원리이다. 그런데 어떤 원인이 그 결과와 완전히 동시에 존재할 수 있다면, 이 근본원리에 따라서 그 원인은 모두 결과와 동시적이어야 한다. 왜냐하면 어떤 원인으로 인해 단 한순간이라도 그 작용이 늦어져서 그것이 작용해야 할 바로 그 순간에 작용하지 않는다면, 그러한 것은 참된 원인이 아니기 때문이다. 이런 논리 결과는 우리가 세계에서 관찰하는 원인들의 계기를 파괴하는 것과 다를 바 없으며, 또한 실제로 시간의 완전한 사라짐일 것이다. 어떤 원인이 결과와 동시적이며 이 결과는 결과의 결과와 동시적이라는 것이 계속된다면, 잇따라 일어나는 것은 전혀 있을 수 없으며 모든 대상이 공존해야 할 것이기 때문이다.

이 논증이 만족스럽게 여겨졌으면 좋겠다. 만일 만족스럽지 않다면, 나는 앞에서 그랬듯이 원인을 그렇게 가정할 수 있는 자유를 독자가 허락해 주기 바란다. 독자는 그런 일이 대수롭지 않다는 것을 알 것이기 때문이다.

인과에 있어서 본질적인 것인 인접과 계기라는 두 관계를 이처럼 발견하거나 가정한다면, 나는 내가 인과의 단 하나의 실례를 탐구하는 데서 멈추고 더 이상 탐구할 수도 없다는 것을 깨닫는다. 이를테면 어떤 물체 운동은 다른 물체에 충격을 주었을 때 그 물체의 운동 원인으로 여겨진다. 그런데 주의력을 최대한 집중하여 이 대상들을 탐구해 보면 우리가 발견할 수 있는 것은, 하나의 물체가 다른 물체에 접근하며, 그 물체 운동은 다른 물체 운동에 대해 감지할 수 있는 간격도 없이 앞선다는 것뿐이다. 이 주제에 대하여 더 이상 생각하느라고 노력해 보아도 아무 소용없다. 우리는 이 개별 실례를 더 이상 계속해서 생각할 수 없다.

어떤 사람이 이 실례를 그냥 둔 채 원인은 다른 것을 생산하는 무엇[5]이라고 말함으로써 원인을 정의했다면, 그것은 분명 빈말이다. 그가 말하는 생산은 무슨 의미일까? 그는 생산에 대하여 인과의 정의와는 다른 어떤 정의를 내세울 수 있을까? 만일 그가 그런 정의를 내세울 수 있다면, 나도 부디 그것을 보고 싶다. 그가 그런 정의를 내세울 수 없다면, 그는 여기서 순환 논증에 빠져 정의 대신 동의어를 제시하고 있는 것이다.

이제 우리는 인접과 계기라는 이 두 관계가 인과성의 완전한 관념을 내세운다는 이론으로 만족하고 말 것인가? 절대로 그럴 수는 없다. 어떤 대상은 원인으로 여기지 않고도 다른 대상에 이웃해 있으면서 그보다 앞설 수 있을 것이다. 우리는 필연적 연관[6]이라고 하는 것을 살펴 보아야 하는데, 이 관계는 앞에서 다루었던 다른 어떤 것보다 훨씬 중요하다.

이 필연적 연관의 본성을 찾고 그 연관 관념이 비롯되는 인상 또는 인상들을 발견하기 위해 나는 여기서 그 대상을 하나하나 살펴볼 것이다. 그런데 내가 대상들의 알려진 성질들에다 시선을 두었을 때, 나는 곧 원인과 결과라는 관계가 그 성질들에 조금도 의존하지 않는다는 것을 이해하게 된다. 그 성질들의 관계를 살펴 보면 오직 인접과 계기라는 관계들밖에 발견할 수 없는데, 나는 이미 그 관계들이 불완전하며 불충분하다고 했다. 그렇다면 성공할 가능성이 없으므로 이 관념에 대해선, 나는 그저 어떤 비슷한 인상이 앞서지 않는 관념을 갖는다고 주장해도 되는 것일까? 이것은 내가 가볍고 변덕스럽다는 것에 대한 아주 커다란 근거일 것이다. 적어도 우리가 이 어려운 문제를 더욱더 충분히 검토할 때까지는 이미 그 반대 원리가 더 이상 의심의 여지가 없을 정도로 확실히 마련되었기 때문이다.

따라서 자신들에 대하여 은폐되어 있어서 자신들이 기대하는 곳에서 발견할 수 없는 것을 찾으면서, 사람들은 마침내 행운의 신이 그들을 자신들이 찾고자 하는 것으로 안내할 것이라는 희망을 품고 어떤 분명한 안목이나 계획도 없이 그 주변을 모두 뒤집고 다닌다. 그런데 우리도 이 사람들처럼 탐구를 진행할 수밖에 없다. 우리는 원인과 결과라는 관념 요소를 이루는 필연적 연관의 본성에 관한 이 문제를 직접 살펴보려는 것을 그만둘 수밖에 없다. 또한 이 어려운 문제를 해결하는 데 도움이 될 만한 암시를 줄 수 있는 다른 문제들을 찾아 탐구하려고 힘써야 할 것이다. 이 의문들 가운데 내가 살펴보려는 것은 다음 두 가지이다.

첫째, 우리는 어떤 이유에서 존재의 발단을 갖는 모든 것들이 필연적으로 각각 하나의 원인을 갖는다고 선언하는가?[7]

둘째, 우리는 왜 개별 원인이 필연적으로 개별 결과를 가져야 한다고 결론짓는가?[8] 그리고 우리가 원인으로부터 결과를 이끌어 내는 추정의 본성은 무엇이며, 또 이 추정에서 우리가 의지하는 신념의 본성은 무엇인가?[9]

논의를 더 진행하기에 앞서 한마디 해 두겠다. 원인과 결과의 관념은 감각의 인상에서 비롯될 뿐만 아니라 반성의 인상에서도 비롯된다. 다만, 내가 원인과 결과의 관념에 대해 말하는 것은 모두 반성의 인상에도 확대되기를 원하지만, 여기서는 편의상 대체로 감각의 인상만을 원인과 결과라는 관념의 기원으로 들겠다. 외부 물체들이 서로 필연적으로 연관되어 있을 때에는 마찬가지로 정념도 그 대상과 연관되며, 또 정념들끼리도 함께 연관[10]되어 있다. 그러므로 어느 하나에 속하는 원인과 결과의 관계는 그 대상 및 정념들 모두에 대해서도 공통적이어야만 한다.

〈주〉
1 '학문(science)'은 여기서는 가장 엄밀한 의미에서 지식에만 관계된 것이다.
2 '지각(perception)'은 앞에서 '직관'이라고 부르는 것에 해당한다.
3 '관념들에만 의존하지 않는(depend not upon the mere ideas)'다는 것은 '경험의 변화에 의해 변화하고, 따라서 관념의 비교만으로는 얻을 수 없는'이라는 의미이다.
4 제1편 제4부 제5절 참조.[원주]
5 원인을 '다른 것을 생산하는 무엇'이라고 하는 철학자는 로크이다. 그는 '단순하거나 복잡한 관념을 만드는 것을 우리들은 원인이라는 일반 명사에 의해 지시한다'고 말한다.
6 여기서 흄은 처음으로 '필연적 연관(necessary connexion)'이라는 말에 용어적 의미를 부여해서 인과 비평의 중심 개념의 임무를 지웠다.
7 존재의 발단에서 나오는 원인의 필연성에 관계된 물음은 다음 절에서 살펴볼 것이다.
8 인과적 필연성은 제1편 제3부의 주된 과제인데, 특히 제6절과 제14절에서 논해진다.
9 인과적 필연성은 제1편 제3부 제6절에서, 그것에 따른 신념은 제7절부터 제10절까지에서 다루어진다.
10 정념과 그 대상과의, 또 그 정념들끼리의 인과적 연관은 제2편 제1부에서 자부심(pride)을 살펴볼 때 다룰 것이다.

3 어째서 원인은 항상 필연적일까

앞 절에서 든 의문 가운데 원인의 필연성에 관한 첫 번째 물음부터 시작한다면, 존재하기 시작한 것은 그것이 무엇이든 존재 원인을 가져야 한다는 것이 철학의 일반적 근본원리다. 이 근본원리는 어떤 증거를 제시하거나 요구되지 않고도 대체로 모든 추론에서 승인된다. 또, 이 원리는 입으로는 부정될 수 있을지라도 실제로 우리가 마음속으로는 의심할 수 없는 근본원리들 가운데 하나이다. 그러나 우리가 앞에서 다루었던 지식 관념에 따라 탐구해 보면, 우리는 그 근본원리에서 그와 같은 직관적 확실성의 징표 하나조차 발견할 수 없고 오히려 그것이 그런 종류의 확신[1]과는 전혀 다른 본성을 갖고 있다는 것을 알게 된다.

제1편 제3부 제1절에서 다루었던 것처럼 확실성은 관념들의 비교에서 나온다. 즉 관념들이 똑같이 지속되는 한 바뀌지 않는 관계의 발견에서 확실성이

나온다. 이러한 관계들은 유사, 수량 비율, 어떤 성질의 정도 그리고 반대 따위며, 이 관계들 가운데 어떤 것도 "시작이 있는 것은 무엇이든 존재 원인도 갖는다"는 명제에 포함되지 않는다. 그러므로 그 명제는 직관적으로 확실한 것이 아니다. 그 명제가 직관적으로 확실하다고 내세우는 사람은 적어도 이 관계들만이 전혀 잘못을 저지를 수 없다는 것을 부정해야 하며, 이러한 종류의 다른 어떤 관계가 그 명제에 포함된다는 것을 발견해 내야만 한다. 나중에 이것을 충분히 다룰 기회가 있을 것이다.

그런데 여기에 앞의 명제가 직관적으로 분명하지 않으면서 논증적으로도 분명하지 않다는 것을 증명하는 논변이 있다. 어떤 생산적 원인 없이도 언제든지 존재하기 시작할 수 있는 것은 없다는 점을 보여 주지 않는다면, 이와 마찬가지로 우리는 모든 새로운 존재들마다 혹은 존재의 모든 새로운 변모마다 가지는 원인의 필연성을 절대로 논증할 수 없다. 앞의 명제가 증명될 수 없는 경우, 우리는 뒤의 것을 언젠가 증명할 수 있으리라는 희망을 버릴 수밖에 없다. 그런데 우리는 다음의 탐구를 통해 우리는 앞의 명제가 전혀 논리적으로 증명될 수 없다는 것을 확인할 수 있을 것이다. 즉 독립 관념들은 모두 분리될 수 있고 인과의 관념들은 분명히 독립적이므로, 원인이나 생산의 원리 등과 같은 독립 관념을 지금은 존재하지 않으나 다음에 존재할 어떤 대상에 결합시키지 않고도 우리는 그 관념을 쉽게 상징할 수 있다.

그러므로 상상력은 확실히 존재의 발단에 관한 관념에서 원인의 관념을 나눌 수 있다. 결국 이 대상들의 현실적 분리는 얼마든지 가능하며 어떤 모순이나 불합리도 포함하지 않는다. 따라서 오직 관념들로부터의 추론[2]에 의해서는 그러한 분리는 반박될 수 없으며, 이런 상황에서 원인의 필연성을 논증한다는 것은 불가능하다.

이렇게 검토해 봄으로써 나는 원인의 필연성을 옹호하기 위해 내세운 과거의 모든 논증들이 잘못을 저질렀고 억지 주장이라는 것을 알게 되었다. 어떤 철학자들[3]은 우리가 어떤 대상이 존재하기 시작하는 것으로 가정하는 시간과 장소의 점들이 모두 그 자체에서는 서로 같다고 주장한다. 따라서, 어떤 시간과 장소 고유의 것이면서 또 그 시간과 장소의 특이성에 따라 존재를 한정하고 확정하는 어떤 원인이 없다면 그 대상은 영원히 확정되지 않은 채로 남아 있어야 한다. 대상이 존재하는 실마리를 결정할 만한 그 무엇이 없으면 그 대상은 절대로 존재를 시작할 수 없다. 그러나 나는 다음과 같이 묻는다. 원인도 없이 확정된 시간과 장소를 가정하는 것은, 같은 방법으로 즉 원인 없이 결정된 존재를 가정하는 것보다 더 어려운가? 이 주제에서 제기되는 맨 처음 물음은 대상이 존재할 수 있는가 없는가이며, 그 다음 물음은 그 대상이 언제, 어디서 존재를 시작하는가이다. 전자가 원인을 없애는 것이 직관적으로 불합리하다면 후자도 직관적으로 불합리해야 한다. 전자가 그 불합리성이 증거가 없어서 뚜렷하지 않다면 마찬가지로 후자도 그 불합리성은 증거를 요구할 것이다. 그렇다면 전자를 가정하는 것의 불합리성이 결코 후자를 가정하는 것의 불합리성에 대한 증거일 수는 없다. 이 물음들은 모두 같은 지반 위에 있으며 같은 추론에 의해 성패가 결정되기 때문이다.

내가 이 항목에서 쓰인 것으로 알고 있는 두 번째 논증[4]도 같은 어려움으로 곤욕을 치르고 있다. 그 논증에 따르면 모든 것은 반드시 원인을 가져야만 한다. 원인이 없는 것이 있다면 그것은 그 자체를 생산한 것이다. 즉 그것은 존재하기 전부터 존재하는 셈인데 이는 불가능하다. 그런데 이 추론은 확실히 꺼림칙하다. 이에 따르면 우리는 원인을 부정하면서도, 우리가 분명히 부정하는 것, 즉 대상 자체로 여기는 원인이 있다는 것을 인정하기 때문이다. 이것은 의심할 나위 없이 분명한 모순이다. 그런데 어떤 것이 원인 없이 생겨나는 것, 곧 내 나름대로 보다 분명하게 말하자면 원인 없이 존재하게 되는 것은, 그것 자체가 곧 그것 고유의 원인이라는 것을 긍정하는 것도 아니다. 이에 반해 외부 원인들을 모두 물리치는 경우에 이와 같은 것은 원인으로서 창조된 사물 자체까지도 더 강하게 물리친다. 어떤 원인도 없이 절대적으로 존재하는 대상이 그 대상의 자기 원인이 아니라는 것은 분명하다. 그리고 당신이 어떤 것은 다른 것의 결과라고 내세운다면 당신은 바로 이 의문점을 상정하고 있는 것이다. 다시 말해 원인 없이 어떤 것이 존재하게 된다는 것은 절대로 불가능하며, 어떤 생산적 원리를 물리친다면 우리는 여전히 다른 원리에 하소연할 수밖에 없다는 것을 당신은 처음부터 받아들이고 있는 것이다.

더 나아가 이것은 원인의 필연성을 논증하기 위해서 사용되어 온 세 번째 논증[5]의 경우와 똑같다. 어떤 원인도 없이 생겨난 것은 모두 무(無)에 의해서 생겨났다. 곧 어떤 원인도 없이 생겨난 것의 원인은 무이다. 그런데 무가 어떤 것일 수도 없고 두 직각과 서로 같을 수도 없는 것처럼, 무는 원인일 수 없다. 우리는 무가 두 직각과 서로 같지 않고 또 어떤 것도 아니라는 것을 깨달을 때와 똑같은 직관에 의하여, 무가 원인일 수 없다는 것을 깨닫고 마침내 모든 대상들이 저마다 그 존재의 실재적 원인을 갖는다는 것을 깨달아야만 한다.

앞에서 충분히 이야기했으므로 나는 이 논증의 취약함을 보여 주기 위해 많은 말이 필요 없을 것이라고 믿는다. 이 논증들은 모두 똑같은 잘못에 기초를 두고 있으며, 사고의 똑같은 성향에서 비롯된다. 따라서 여기서는 우리가 모든 원인들을 빼버렸을 때, 우리는 실제로 그 원인들을 빼놓으며 무나 대상 자체도 존재 원인으로 가정하지 않는다는 것을 살펴보는 것만으로도 충분하다. 그 결과 이 가정들의 불합리성에서는 그와 같이 원인을 빼버리는 것이 불합리하다는 것을 증명하는 어떤 논증도 이끌어 낼 수 없다. 만물이 원인을 가져야 한다고 가정하면, 우리는 다른 원인을 빼버렸을 때 대상 자체나 무를 원인으로 받아들여야만 한다는 결론이 나온다. 그런데 모든 사물이 저마다 원인을 가져야만 하는가 그렇지 않은가가 바로 문제의 핵심이다. 그러므로 전적으로 타당한 추론에 의하면, 모든 사물이 각각 원인을 가져야만 한다는 것은 절대로 받아들일 수 없다.

마지막으로 원인이 결과라는 바로 그 관념에 포함되어 있기 때문에 모든 결과는 저마다 하나의 원인을 가져야 한다고 말하는 사람들은 훨씬 더 어리석다. 물론 모든 결과는 저마다 필연적으로 하나의 원인을 전제한다. 결과는 원인이 상관하는 관계항이기 때문이다. 그러나 이와 같은 것이, 모든 존재에는 반드시 원인이 앞선다는 것을 증명하지는 않는다. 모든 남편들에게 아내가 있어야 한다고 해서 모든 남성은 반드시 결혼해야 한다는 결론이 나올 순 없는 것과 마찬가지 원리다. 문제 실상은 존재하기 시작하는 모든 대상들이 항상 원인에 의해서 존재하는가 하는 것이다. 나는 이것이 직관적이든 논증적이든 간에 확실하지 않다고 주장하며, 이것은 지금까지 논증으로 충분히 확인되었으리라고 생각한다.

모든 새로운 생산에는 각각 하나의 원인이 필요하다는 주장은, 지식이나 어떤 학문적 추론에서 이끌어 낸 것이 아니므로 항상 경험이나 관찰에서 비롯된다. 그러면 다음 문제는 당연히 경험이 어떻게 그런 원리의 근원이 되는가 하는 점이다. 그러나 나는 이 문제에 대하여, 왜 우리는 개별 원인이 반드시 개별 결과를 갖는다고 결론짓는가 그리고 왜 우리는 어떤 것에서 다른 것을 추정하는가 하는 물음에 이를 포함시키는 것이 더 편리하다는 것을 깨달았으므로, 후자의 물음을 앞으로 우리가 살펴봐야 할 주제로 삼겠다. 아마 우리는 결국 이 두 물음 모두에 대해서 같은 대답을 할 수 있다는 것을 알게 될 것이다.[6]

〈주〉
1 '확신(conviction)'은 여기서 지식도 포함하지만, 보통은 그 정도에 미치지 않는 낮은 확실성을 의미한다. '신빙성(assurance)'이나 '신념(persuasion)' 등과 동의어이다.
2 '관념들로부터의 추론'은 '경험에 따르지 않고 관념만의 비교에 의한 추론'이라는 뜻이다. 이러한 추론은 논증적 절대적 확실성을 가진다.
3 홉스(Thomas Hobbes, 1588~1679, 영국의 철학자·사상가)도 그 가운데 한 사람이다.[원주]
4 클라크(Samuel Clarke, 1675~1729, 영국의 철학자·신학자·도덕사상가) 박사와 다른 사람들이 주장했던 논증을 말한다.[원주]
5 로크가 주장했던 논증을 말한다.[원주]
6 나중에 제1편 제3부 제14절에서 밝혀지듯이 인과적 필연성 관념은 인과적 추론에 의한 심적 필연성에서 얻어진다. 따라서 후자의 검토가 전자의 이해에 도움이 되는 것이다. 제1편 제3부 제14절 참조.

4 인과에 관한 추론의 구성 요소에 대하여

원인이나 결과로부터 추리하는 정신의 시야는 정신이 실제로 보거나 기억하는 대상들을 넘어서지만, 정신은 그 대상들에 대한 시각을 절대 완전히 버릴 수 없다. 즉 정신은 그 자신의 관념을 인상이나 또는 최소한 인상과 비슷한 기억 관념[1]과 혼합하지 않고 오직 정신 관념만으로 추리할 수는 없다. 그 이유는 다음과 같다.

예를 들어 원인으로부터 결과를 추리할 때, 우리는 먼저 원인 존재를 확립해야만 한다. 원인의 존재를 확립하는 방식은 둘뿐이다. 곧 우리는 기억 또는 감관의 직접적 지각에 따르거나, 다른 원인들로부터 추리하여 원인 존재를 확립한다. 그런데 우리는 같은 방식으로 다른 원인을, 앞에 나타나는 인상을 통하여 다시 확인하든가 아니면 그 다른 원인의 원인 추리를 통해 확인해야 한다.

카이사르의 죽음

그리고 후자의 경우, 우리는 우리가 보거나 기억하는 어떤 대상에 이를 때까지 그 작업을 계속해야 한다. 우리가 이 추리를 끝없이 계속하는 것은 불가능하다. 이 추리를 멈출 수 있는 것은 오직 기억의 인상이나 감관의 인상뿐인데, 그 인상 너머에는 의심하거나 탐구할 여지가 없다.

  이것에 대한 실례를 제시하기 위해, 우리는 역사적인 한 사건을 선택해서 우리가 그 사건을 믿거나 부정하는 이유가 무엇인지를 살펴볼 수 있다. 우리는 카이사르[2]가 3월 보름날 원로원에서 살해당하였다고 믿고 있다. 왜냐하면 그 사건의 정확한 시간과 장소를 정하는 데 동의하는 모든 역사가들의 같은 증언에 의해 그 사실은 확립되었기 때문이다. 이때 먼저 어떤 활자들이나 문자들이 우리 기억이나 감관에 나타나는데, 우리는 그것이 어떤 관념을 관행적으로 나타내는 데 쓰여 왔음을 기억한다. 이 관념들은 그 행위에 직접 참여하여 그 체험으로부터 직접 그 관념을 받아들인 사람의 정신에 생겨나거나, 또는 그 사건 현장의 목격자나 방관자에 이르기까지 분명한 단계에 따라 많은 사람들의 증언으로부터 비롯된다. 이 같은 연쇄적 추론이나 인과의 연쇄적 관련은 처음에 실제로 관찰된 것 또는 기억된 활자나 문자에 바탕하고 있다. 또한 우리 추론이 기억이나 감관 어느 한쪽에도 근거를 두지 않는다면, 그 추론 전체가 망상이며 근거가 없다는 것은 확실하다. 이 경우에도 잇따른 결합의 모든 고리는 각각 다른 것과 연결돼 있다. 그러나 그 추론의 한쪽 끝에는 전체를 지탱할 수 있는 어떤 것은 확정되어 있지 않을 것이다. 따라서 믿음이나 확증도 있을 수 없다. 실제로 이것은 모든 가설적 논증 또는 가정에 의존하는 추론의 실례라고 할 수 있다. 왜냐하면 이러한 논증이나 추론에는, 실재적 존재가 나타나는 인상도 없고 믿음도 없기 때문이다.

지난날의 결론이나 원리들이 처음 일어났던 인상들에 의존하지 않고도 우리가 그 결론이나 원리들에 따라 추리할 수 있다는 것은, 지금 말한 이론에 대한 마땅한 반론이 아니다. 이 점은 따로 말할 필요도 없을 것이다. 이 인상들이 기억에서 완전히 사라졌다고 가정하더라도 그 인상들이 만들어 낸 확신은 여전히 남아 있을 수도 있기 때문이다. 그리고 또 원인과 결과에 관한 모든 추론은 근본적으로 어떤 인상에서 비롯되며, 마찬가지로 논증에 대한 보증[3]은 언제나 관념들의 비교에서 나타나고 그 비교가 잊혀졌더라도 그 보증은 계속되기 때문이다.

〈주〉

1 인상과 '비슷한(equivalent)' 기억 관념이라는 표현에 유의해야만 한다. 이 사상은 '기억 인상'이라는 표현으로 발전한다.

2 '카이사르'는 로마 최대의 정치가이자 장군 Gaius Julius Caesar(BC 100~44)이다.

3 '논증에 대한 보증(the assurance of a demonstration)'은 엄밀하지 않은 용어법으로 'assurance'는 보통 개연적인 경험적 지식 또는 추론에 쓰인다.

5 감관 인상과 기억 인상에 대하여

그런데 앞에서 말한 바에 따르면, 인과성에서 비롯되는 이런 종류의 추론에서 우리가 쓰는 자료들의 본성은 뒤섞이고 이질적이므로, 비록 관련되어 있다고 하더라도 본질적으로는 서로 다르다. 원인과 결과에 관한 논증을 이루는 것은 모두 기억 인상 또는 감관 인상과, 그 인상의 대상을 만들어 내거나 그 인상에 의해 생겨난 존재 관념이다. 따라서 여기서 설명해야 할 것은 첫째로 근원적 인상, 둘째로 근원적 인상에서 그와 관련된 원인의 관념이나 결과의 관념으로의 전이,[1] 셋째로 그 원인 또는 결과 관념의 본성과 성질 따위의 세 가지이다.(여기서는 첫 번째 근원적 인상을 생각해 보자)

생각건대 감관에서 비롯되는 인상들의 마지막 원인은 인간 이성으로는 완전히 밝혀낼 수 없으며,[2] 그 인상이 대상으로부터 직접 비롯되는지 또는 정신의 창조력에 의해 생겨나는지 또는 우리의 조물주로부터 비롯되는지를 확실하게 결정하는 일은 영원히 불가능할 것이다. 게다가 지금 우리 목적에 비춰 볼 때 그런 물음은 조금도 중요하지 않다. 지각들이 참인가 거짓인가, 다시 말해 그 지각들이 자연의 정확한 재현인가 아니면 감관의 눈속임일 뿐인가라는 것 따위에 대하여 우리는 지각들의 정합성에서 추리할 수 있을 것이다.

우선 기억을 상상과 구별해 주는 특성을 살펴보면, 우리는 곧 기억이 우리에게 제시하는 단순 관념에는 그러한 특성이 있을 수 없다는 것을 알 수 있다. 그 두 기능들은 모두 자신들의 단순 관념을 인상으로부터 빌려 오며, 인상이라는 근원적 지각을 절대 넘어설 수 없기 때문이다. 또한 이 기능들의 복합 관념들의 배열을 통해서도 이 기능들은 서로 구별되기 어렵다. 그 이유는 다음과 같다. 확실히 기억 나름의 속성은 그 관념 본연의 근원적 질서와 위치를 보존하는 것이며, 반대로 상상은 그 관념들 본연의 질서와 위치를 마음대로 바꾼다. 그러나 이런 차이는 그 두 기능들의 그 작용을 구별하기에는 충분하지 않다. 바꿔 말하면, 그것은 우리가 기억과 상상을 알아볼 수 있도록 하는 데에는 충분하지 않다. 현재 관념과 과거 인상들을 비교해서 그 배열이 정확하게 비슷한가를 살펴보기 위해, 과거 인상들을 되돌아본다는 것 자체가 불가능하기 때문이다.[3] 그렇다면 기억이 가진 복합 관념들의 질서나 단순 관념들의 본성에 의해 우리가 기억을 알 수 있는 것은 아니다. 따라서 기억과 상상의 차이는 기억이 갖는 뛰어난 힘이나 생동성에 있다고 결론 지을 수 있다. 어떤 사람은 지난날의 어떤 모험 장면을 가상하는 공상에 빠질 수도 있다. 상상의 관념이 기억의 관념보다 더 어렴풋하고 애매하지 않다면, 아마 비슷한 종류의 기억과 이러한 공상을 구별할 수 있는 가능성은 전혀 없는 것 같다. 몇몇 예를 더 들어 이점을 확인해 보자.

흔한 일이지만 두 사람이 어떤 연극 공연을 보았을 때, 한 사람이 다른 사람보다 그 공연을 잘 기억하고 동료에게 그 공연을 상기시키느라고 어려움을 겪는 일이 이따금 있다. 그때 그는 여러 상황들을 간략하게 말해 주지만 헛일이되고 만다. 결국 그의 친구가 모든 것들에 대해 완전히 기억하고 전체를 상기할 수 있게 되는 조금은 다행스러운 상황을 마침내 그가 볼 때까지, 그는 언제

어디서 무슨 대사가 있었고 무슨 일이 일어났는지를 자세히 설명할 것이다. 이 때 잊어버리고 있던 사람은 비록 그런 것을 상상의 꾸며냄으로 여기겠지만, 다른 사람과의 담화에서 처음으로 때와 장소 등과 함께 모든 관념을 받아들인다. 그러나 기억을 자극하는 상황이 이야기되자마자 바로 그 관념이 이제 새롭게 나타나며, 먼저와는 어느 정도 다른 느낌을 갖는다. 느낌의 변화를 빼면 어떤 다른 변화 없이도 그 관념들은 곧 기억의 관념이 되어 받아들인다.

이렇게 상상은 기억이 우리에게 제공할 수 있는 것과 똑같은 대상을 나타낼 수 있다. 또 상상과 기억이라는 기능은 오직 자신들이 제시하는 관념들의 서로 다른 느낌으로 구별될 수 있으므로, 이 느낌의 본성이 무엇인지 살펴보는 것이 타당할 듯하다. 그리고 여기서 나는 기억의 관념들이 공상의 관념들보다 더 강하고 생생하다고 하는 나의 말에 사람들이 기쁘게 동의하리라 믿는다.

예를 들어 어떤 종류의 정념이나 정서를 다시 나타내려고 하는 화가는, 자신의 관념들을 일깨워 그 관념들에게, 상상의 꾸며냄일 뿐인 관념에서 발견되는 것보다 더 강한 힘과 생동성을 불어넣기 위해, 그와 비슷한 정서로 행동하는 사람 모습을 붙잡으려고 애쓸 것이다. 기억이 최근 것일수록 그 관념도 더욱 뚜렷하다. 오랜 시간이 지난 뒤 그가 자신이 보았던 대상을 다시 응시했을 때, 언제나 그는 그 관념이 완전히 지워지진 않았어도 아주 아득해졌다는 것을 발견하게 된다. 우리는 가끔 아주 약해진 기억의 관념에 회의를 품으며, 어떤 이미지가 기억이라는 기능을 특징지을 정도로 생생한 색상으로 나타나지 않으면 그 이미지가 공상에서 비롯되는지 기억에서 비롯되는지를 결정하지 못하고 쩔쩔맨다. 어떤 사람은 자신이 어떤 사건을 기억하지만 분명하지는 않다고 생각한다. 오랜 시간으로 그 사건이 기억에서 거의 지워져 버려, 그것이 순수한 공상의 결과인지 아닌지조차도 분명히 믿을 수 없게 됐다는 것이다.

기억 관념은 그 힘과 생동성을 잃어버림으로써 상상 관념으로 여겨질 정도로 쇠퇴하게 될 수도 있다. 거꾸로 상상 관념이 힘과 생동성을 얻음으로써 기억 관념으로 여겨져서, 신념과 판단에 그 영향을 헛되게 미칠 수도 있다. 거짓말쟁이의 경우에 이것은 눈여겨볼 만하다. 거짓말을 자주 하는 사람은 마침내 자신의 거짓말을 사실인 것으로 믿고 기억하게 된다. 다른 경우도 마찬가지이지만 이 경우에 습관과 버릇은 정신에 대해 기억과 같은 인성의 자연과 똑같은 영향을 미치며, 관념에 자연과 비슷한 힘과 활기[4]를 불어넣는다.

따라서 기억과 감관들의 인상에 언제나 따라다니는 신념과 동의[5]는 기억과 감관이 나타내는 지각들이 지니는 생동성일 뿐이라는 것은 분명하며, 오직 생동성만이 기억 및 감관을 상상과 구별해 줄 수 있다. 이 경우에 믿는다는 것은 감관의 직접 인상을 느끼는 것이거나, 또는 기억에 있는 인상의 반복을 느끼는 것이다. 지각의 힘과 생동성만이 판단 작용의 주된 성질이며, 우리가 원인과 결과의 관계를 밝히고자 할 때 그 힘과 생동성은 지각을 기초로 하는 추론의 토대를 마련한다.

〈주〉

1 '전이(transition)'는 인과적 추론에 의한 심리적 경과를 나타나기 위해 가장 많이 사용되는 말이다.

2 '감관(感官)에서 비롯되는 인상들의 마지막 원인은 인간 이성으로 완전히 밝혀낼 수 없으며'라는 것을 어떻게 해석할까? 이것은 인식론 영역에서 존재의 불가지론일까, 존재론적 내재론 또는 인상주의일까, 아니면 반대로 실재론적(實在論的) 전제를 바탕으로 한 인상주의일까? 그것들에 따라 외부 세계 인식의 타당성에 관계된 다음 말도 구성론 입장에 있는지 아니면 모사론(模寫論)을 전제로 하는지 견해가 달라질 것이다. 지각의 정합성이 외부 사물의 인식에 있어서 중요한 역할을 가진다는 점은 제1편 제4부 제2절 참조.

3 기억과 상상의 차이에 대해서는 제1편 제1부 제3절 참조.

4 '활기(vigour)'는 '힘(force)'과 '생기(liveliness)' 등과 마찬가지로 인상의 주관적 심리적 특징을 나타내는 말이다.

5 '동의(assent)'는 '소신(opinion)'과 마찬가지로 '신념(belief)'의 동의어이다.

6 인상에서 관념을 추론하는 것에 대하여

인과의 관계를 살펴보면서 우리가 원인에서 결과를 추론해 가는 것은, 바로 이런 대상들을 조사하는 것만으로는 얻을 수 없다. 원인이 결과에 의존하고 있다는 것을 발견하는 수도 있듯이 그 대상의 본질을 꿰뚫어 보는 것으로부터 비롯되는 것도 아니라는 것을 쉽게 살펴볼 수 있다. 이 대상들을 본질적으로 살펴보면서 우리가 이 대상들에 관해 이룬 관념들 밖으로는 결코 눈을 돌리지 않는다면, 어떤 다른 대상의 존재를 포함하는 것은 전혀 없을 것이다. 그와 같은 추론은 절대적 지식에 해당될 수도 있고, 그 관념이 다른 어떤 것을 나타내는 것은 절대적으로 모순이며 불가능하다는 것을 간직할 수도 있다. 그러나 모든 독립된 관념들은 나눌 수 있으므로 그런 종류의 불가능성이 있을 수 없다는 것은 확실하다. 우리가 현재 인상에서 어떤 대상의 관념으로 옮겨갈 때, 우리는 그 관념을 인상과 나눌 수 있을 것이고, 또 그 밖의 다른 관념과 바꿔 넣을 수도 있을 것이다.[1]

그러므로 오직 경험에 의해서만 우리는 어떤 대상 존재로부터 다른 대상 존재를 추론할 수 있다. 그리고 경험의 본성은 다음과 같다. 우선 우리는 어떤 종류의 대상들이 과거에 존재했던 실례들을 자주 경험했다는 것을 기억하고 있고, 또 다른 종류의 대상들 하나하나가 언제나 지난날 대상에 따라다니며 그 대상들에 대해 인접과 계기의 차례로 존재했다는 사실도 기억하고 있다. 예를 들면 우리는 우리가 불꽃이라고 이르는 종류의 대상을 보았던 것과 우리가 뜨거움이라고 말하는 종류의 감각을 느꼈던 것을 기억하고 있다. 마찬가지로 우리는 지난날 모든 실례들 가운데서 그와 같은 대상과 감각의 항상적 결부를 정신에 불러온다. 그때 우리는 더 이상 거리낌 없이 불꽃을 원인이라 부르고, 뜨거움을 결과라고 부르며, 불꽃 존재에서 뜨거움 존재를 추리한다. (이때 주의해야만 하는 것으로는) 우리가 개별 원인과 결과의 결합을 알게 되는 과거의 실례들에서 원인과 결과는 모두 감관을 통해서 지각되고 기억된다. 그러나 우리가 인과에 관해 추리하는 경우에는 지각되고 기억되는 것은 하나뿐이며, 다른 것은 지난날 경험과 일치하는 데서 주어진다.

따라서 우리는 인과 관계를 전혀 기대하지 않았을 때에도 원인과 결과의 새로운 관계를 무심결에 발견했다. 이 관계란 원인과 결과의 항상적 결부이다. 앞에서 든 인접과 계기라는 두 관계가 여러 실례들에서 유지된다는 것을 우리가 발견했을 때, 비로소 그 관계들은 우리가 어떤 두 대상이 원인과 결과라고 단정하기에 충분할 수 있다. 이제 우리는 인과라는 관계의 본질 부분을 이루는 필연적 관련의 본성을 발견하기 위해, 이 관계에 대한 직접 검토를 포기하는 것에서 오히려 이로운 점을 알 수 있을 것이다. 실제로 새로 발견된 항상적 결부 관계가 우리 탐구에 별다른 도움이 안 되는 것 같지만, 이러한 방법에 의해서 마침내 우리가 뜻했던 목적에 이룰 수 있다는 희망이 있다. 그 관계는 비슷한 대상이 비슷한 인접과 계기의 관계로 배열되어 있다는 것을 함축할 뿐이며, 첫눈에도 분명한 것은 이러한 방법을 통하여 우리는 어떤 새로운 관념도 발견할 수 없다는 것이다. 오직 정신이 관계할 수 있는 대상들을 중복시킬 수 있을 뿐이지 그 대상들 범위를 확장할 수는 없기 때문이다.

우리가 하나의 대상에서 배울 수 없는 것은, 그 대상과 똑같은 종류이면서 모든 여건이 완전히 비슷한 몇 백 개 대상들에서도 배울 수 없을 것이다. 우리 감관은 하나의 실례에서 인접과 계기의 관계에 있는 물체나 운동 또는 성질을 두 개씩 보여 준다. 따라서 우리 기억은 실례들의 중복을 나타내는데, 우리는 그 실례들에서 언제나 비슷한 관계에 있는 비슷한 물체와 운동 그리고 성질을 발견한다. 어떤 과거의 인상을 단순히 되풀이하는 것에서, 또 끝없이 반복하는 것에서조차도 필연적 관련과 같이 새로운 근원적 관념은 결코 생겨나지 않을 것이다. 이 경우에 수많은 인상들은 우리가 단 하나의 인상에만 몰두했을 때보다 더 큰 영향력을 갖지는 않는다. 그러나 비록 이 추론이 정당하고 분명하게 여겨지더라도 너무 조급하게 단념하는 것은 어리석을 것 같으므로, 논의의 맥을 이어 보기로 하자. 즉 우리는 어떤 대상들이 항상적으로 결부되어 있다는 것을 발견한 다음에 언제나 하나의 대상에서 다른 대상을 추리하는 것을 알았으므로, 이제는 그 추리 본성을 살펴보고 인상에서 관념으로 옮겨가는 것의 본성을 살펴보겠다. 아마도 마지막에는[2] 이 추리가 필연적 관련에 의존하는 것이 아니라, 오히려 필연적 관련이 추리에 의존한다는 것이 분명하게 될 것이다.

지금까지 살펴본 바에 따르면, 기억이나 감관에 나타난 인상에서 우리가 흔히 원인이나 결과라고 부르는 대상의 관념으로 옮겨가는 것은 과거의 경험을 근거로 한다. 바꿔 말하면, 그 인상과 관념들의 항상적 결부를 우리가 기억하고 있다는 것에 토대를 두는 것이다. 따라서 닥쳐 온 문제는 다음과 같은 것이다. 오성과 상상력 가운데 어느 것을 통하여 경험이 관념을 만들어 내는가? 우리는 이성에 의하여 그와 같은 전이를 결정하게 되는가, 아니면 지각의 연합과 그 관계에 의하여 그 전이를 결정하게 되는가? 이성적으로 따져 본다면 그 전이는 다음 원리에 따라 진행될 것이다. 즉 우리가 아직 경험하지 못한 실례들도 우리가 경험한 실례들과 비슷해야만 한다. 바꿔 말하면, 자연 흐름은 언제나 한결같이 이어진다. 이 문제를 해결하기 위해 우리는 그와 같은 명제들이 기초를 두고 있는 것으로 가정될 수 있는 논증들을 모두 자세히 살펴 보기로 하자. 이 논증들은 절대적 지식이나 개연적 지식 가운데 어느 하나에서 출발해야 하므로, 지식과 개연성의 명증성 정도를 각각 살펴보고, 그 논증들이 이러한 명증성[3]을 갖는 어떤 정확한 결론을 제공할 수 있는가를 알아보자.

앞에서 우리가 추론했던 방식으로 미루어, 우리는 우리가 경험하지 못한 실례들도 우리가 경험한 실례들과 비슷하다는 것을 증명하는 논증적 논변이 전혀 없다는 것은 쉽게 확신할 수 있을 것이다. 우리는 자연 흐름에서 최소한 어떤 변화를 생각할 수 있기 때문이다. 이 점은 그러한 변화가 전혀 불가능하지 않다는 것을 증명하기에는 충분하다. 어떤 것에 대하여 똑똑한 관념을 이루는 것은 바로 그 어떤 것의 존재 가능성에 대해 거리낌 없이 동의하는 것이며, 어떤 것에 대하여 똑똑한 관념을 이루는 것만으로도 그 어떤 것의 가능성을 부정하는 거짓 논증들을 깨트릴 수 있다.

단독으로 살펴본 관념들의 관계를 밝힐 수 없고 오직 대상들의 관계만 밝힐 수 있는 것으로 여겨지는 개연적 지식은 어떤 측면에서는 기억과 감관의 인상들에 기초를 두고, 다른 측면에서는 관념을 기초로 해야만 한다. 개연적 추론에 인상이 전혀 혼합되지 않는다면 그 결론은 완전히 공상적일 것이다. 그리고 그 추론에 관념이 전혀 뒤섞이지 않는다면 그 관계를 살피는 정신 활동은 정확히 말하여 추론이 아니라 감각일 것이다. 그러므로 모든 개연적 추론에는 필연적으로 정신에 나타나는 그 무엇이 있어야 하며, 그와 같은 것은 보이는 것이거나 기억된 것이어야 한다. 그리고 우리는 이 무엇에서 이것과 관련된 보이지도 않고 기억되지도 않는 어떤 것을 추론한다.

대상들의 관련이나 관계에서 정신이 기억이나 감관의 직접적 인상을 넘어서게 할 수 있는 유일한 것은 인과 관련 또는 그 관계이다. 우리는 오직 이 관련 또는 관계를 기초로 삼아야 하나의 대상에서 다른 대상을 미루어 알 수 있기 때문이다. 인과 관념은 경험에서 비롯하는데, 이 경험을 통해서 우리는 모든 지난날 실례들 가운데 특정 대상들이 서로 언제나 연결되어 있다는 것을 알게 된다. 그리고 그 대상들 가운데 하나와 닮은 어떤 대상이 그 대상의 인상에 즉각 나타나는 것으로 가정되므로, 우리는 그 대상에 일상적으로 뒤따르는 대상과 비슷한 (다른) 어떤 대상이 존재한다고 짐작한다. 나는 사물을 이렇게 설명하는 것이 모든 점에서 나무랄 데 없다고 생각한다. 이런 입장에 따르면 개연적 지식은 우리가 경험한 대상과 아직 경험하지 못한 대상들 사이의 유사성을 어렴풋이 기대(presumption)하는 데 기초를 두고 있다. 그러므로 이 어렴풋한 기대가 개연적 지식에서 발생하는 것은 불가능하다. 똑같은 원리가 다른 원리의 원인이면서 결과일 수는 없다. 아마 이것이 인과 관계에 관해서 직관적으로 또는 논증적으로 분명하고 유일한 명제일 것이다. 그리하여 절대적 지식도 개연적 지식도, 인상에서 관념으로 옮겨 가는 것을 기초로 삼을 수 없다.

어떤 사람은 이 논증을 교묘히 피하려 들 것이다. 그는 인과관계라는 주제에 대한 우리 추론이 논증적 지식에서 비롯하는지 아니면 개연적 지식에서 비롯하는지를 정하지 않은 채, 원인과 결과에서 나온 결론은 모두 확실한 추론 위에서 이루어진다고 주장할지도 모른다. 그러나 나는 이 추론이 우리가 검토할 수 있도록 제시되기를 바랄 뿐이다. 어떤 대상들의 항상적 결부를 경험한 다음, 우리는 다음과 같이 추리한다고 말할 수도 있을 것이다. 그런 대상은 언제나 다른 것을 생겨나게 하는 것으로 밝혀지게 된다. 그러나 그 대상이 산출 능력을 지니고 있지 않다면, 그 대상이 이런 결과를 갖는다는 것은 불가능하다. 능력은 필연적으로 결과를 포함한다. 따라서 한 대상의 존재로부터 그 대상이 언제나 뒤따르는 것의 존재를 이끌어 내는 데는 마땅한 근거가 있다. 지난날의 산출은 어떤 능력을 담으며, 그 능력은 새로운 산출을 담는다. 그리고 새로운 산출은 우리가 그 능력과 지난날의 산출로부터 추정하는 그 무엇이다.

그런데 이미 말했듯이[4] 제1편 제3부 제2절에서 산출 관념은 인과성 관념과 똑같으며, 다른 어떤 대상에 있는 능력을 확실하고도 논증적으로 함축하는 존재는 없다. 그런데 내가 이 입장을 이용해도 좋다면, 또는 우리가 이루는 능력과 효력의 관념에 관해 내가 다음에 논의할 기회를 갖고자 하는 것을 미리 살펴보아도 괜찮다면, 이 추론의 취약점을 쉽게 보여 줄 수 있을 것이다. 그러나 그와 같은 진행 방법은 체계의 한 부분의 기초를 같은 체계의 다른 부분에 의존하게 함으로써 내 체계를 취약하게 하거나, 아니면 내 추론에 혼란을 일으킬 수도 있으므로 나는 그러한 것의 도움을 받지 않고 지금 내 주장을 지키기 위해 노력하겠다.

그러므로 어떤 한 실례에서 다른 대상에 의해 하나의 대상을 만들어 내는 것이 능력을 함축하고 있다는 것과 또 이 능력이 결과와 연관된다는 것을 잠시 묵인하기 바란다. 그러나 이 능력은 원인을 감지할 수 있는 성질에 있지 않다는 것이 이미[5] 제1편 제3부 제2절에서 증명되었고, 정신에 나타나는 것은 오직 감지할 수 있는 성질들뿐이므로, 나는 다음과 같이 묻는다. 당신이 단지 이러한 성질들이 나타났다는 것만으로 같은 능력이 다른 실례들에서도 역시 존재할 것이라고 짐작하는 이유는 무엇인가? 말할 필요도 없이 어떤 이유도 없을 것이다. 이 경우에는 당신이 과거의 경험에 하소연하더라도 해결될 수 있는 것은 전혀 없으며, 마지막으로 다른 어떤 것을 생겨나게 하는 바로 그 대상이 바로 그 순간에 그러한 능력을 지니고 있다는 것을 증명할 수 있을 뿐이다. 그러나 그 대상이나 또는 감지할 수 있는 성질의 집합[6] 안에 바로 그 능력이 계속되어야 한다는 것을 증명할 수는 없다. 더욱이 비슷한 능력이 감지할 수 있는 비슷한 성질들과 언제나 결합되어 있다는 것을 증명할 수는 없다. 만일 이때, 똑같은 능력이 똑같은 대상과 결합되어 존속한다는 것과 비슷한 대상들은 비슷한 힘을 본래부터 가지고 있다는 것을 우리가 경험한다고 한다면, 나는 왜 우리가 경험했던 지난날 실례를 넘어서는 어떤 결론을 이 경험으로부터 이루는가 하고 물을 것이다. 만약 당신이 이 물음에 대해 이제까지와 같은 방식으로 대답한다면 당신 대답은 같은 종류의 새로운 물음을 끝없이 발생시킨다. 그리고 이것은 앞의 능력 관념을 토대로 하는 추론들이 정당한 근거를 전혀 가지고 있지 못하다는 것을 뚜렷이 입증한다.

따라서 이성은 그 자체로 원인과 결과의 궁극적 연관[7]을 발견하는데 실패할 뿐만이 아니다. 경험이 우리에게 원인과 결과의 항상적 결부를 일깨워 준 다음에도 지금까지 관찰된 개별 실례들의 영역 밖에까지 경험을 넓히는 이유를 이성을 통해서 납득한다는 것은 불가능하다. 우리는 우리가 경험한 대상들과 우리가 발견할 수 있는 범위 밖에 있는 대상들 사이에 반드시 어떤 유사성이 있다는 것을 가정한다. 그렇지만 이러한 유사의 필연성을 증명할 수는 없다. 그렇다면 다음 문제는 이러한 이성적으로 증명할 수 없는 가정이 일어나는 이유를 분명히 할 것이다.

제1편 제1부 제4절에서 우리는 정신이 아무 이유도 없이 어떤 대상에서 다른 대상으로 옮겨 가도록 하는 관계들에 대해 살펴보았다. 그리고 우리는 이러

한 관계를 다음과 같은 일반 규칙으로 세울 수도 있을 것이다. 어떤 이유도 없이 정신이 항상적이고 계속적으로 옮겨 가는 모든 경우에 정신은 이 관계들의 영향을 받는다. 바로 이것이 부딪친 문제이다. 과거의 모든 실례들에서 두 대상들의 항상적 결부를 관찰하고 경험한 것의 도움을 받는다고 하더라도, 이성은 결코 어떤 대상과 다른 대상의 연관을 우리에게 보여 줄 수는 없다. 그러므로 정신이 어떤 대상의 관념이나 인상에서 다른 대상의 관념이나 신념으로 옮겨 갈 때, 정신이 그렇게 옮겨 가는 것은 이성에 의해 정해지는 것이 아니라 상상력 안에서 이 대상들의 관념들을 함께 연합하고 하나로 합치는 원리들에 의해서 결정된다. 대상들이 오성에 의해 합치될 수 없다고 여겨지는 것처럼 대상이 공상에서 합치되지 않는다면, 우리는 결코 원인에서 결과를 짐작할 수 없으며 어떤 사실 문제에도 믿음을 가질 수 없다. 그러므로 인과적 추정은 오직 관념들의 합일에 의존한다.

나는 제1편 제1부 제4절에서 관념들 사이의 합일원리들을 세 가지 일반 원리로 되돌아가게 했으며, 어떤 대상의 관념이나 인상은 자신과 비슷하거나 이웃해 있거나 인과적으로 연관되어 있는 다른 어떤 대상의 관념을 자연스럽게 도입한다고 주장했다. 나는 이 원리들이 관념들을 하나로 합치는 불가오류적 원인도 아니며 유일무이한 원인도 아니라는 것을 인정한다. 그 원리들은 불가오류적 원인들이 아니다. 사람은 잠시 동안 다른 것은 전혀 보지 않고 어떤 한 대상에만 자신의 주의력을 고정시킬 수 있기 때문이다. 또, 그 원리들은 유일무이한 원인들이 아니다. 사유가 자신의 대상을 따라갈 때 아주 불규칙한 운동을 하는 것은 확실하며, 일정한 방법이나 차례도 없이 하늘에서 땅으로 뛸 수도 있고, 우주의 한 끝에서 다른 끝으로 뛸 수도 있기 때문이다. 그러나 내가 비록 유사, 인접, 인과 따위 이 세 관계들의 이런 결점을 인정하고 또 상상력의 이러한 불규칙성을 인정하더라도, 나는 관념들을 연합하는 일반 원리들은 오직 유사, 인접, 인과 따위 이 세 원리들뿐이라고 잘라 말한다.

사실, 관념들 사이에 합일원리이면서 얼핏 보기에는 이 세 원리들 가운데 어떤 것과 다르게 여겨질 수도 있는 원리가 있다. 그러나 우리는 이윽고 그 원리가 근본적으로 같은 뿌리에 의존하고 있다는 것을 알게 될 것이다. 그 원리는 바로 항상적 결부이다. 즉, 어떤 종류의 대상들에 속하는 모든 개별자들이 다른 종류에 속하는 모든 개별자와 항상적으로 결부되어 있다는 것을 경험을 통해서 알게 되었을 때, 그 대상들 가운데 어느 한 종류에 속하는 새로운 개별자의 등장은 자연히 사고를 그 개별자가 일상적으로 수반하는 것으로 옮겨 가게 한다. 예를 들어 개별적 관념은 대개 개별 단어에 따르므로, 대응 관념을 만들어 내는 데는 그 단어를 듣는 것으로도 충분하다. 그리고 정신이 아무리 애를 써도 그러한 전이를 막기는 어렵다. 이 경우에 우리가 어떤 소리를 듣자마자 지난날의 경험을 돌이켜 보고, 일상적으로 어떤 관념이 그 소리와 관련되어 있는가를 살펴보는 것이 반드시 필요하지는 않다. 상상력은 스스로 이러한 반성의 여지를 마련하며 단어에서 관념으로 옮겨가는 데 아주 익숙해 있으므로, 단어를 듣고나서 관념을 나타내는 것 사이에 단 한 순간의 지체도 용납하지 않는다.

나는 이와 같은 것이 관념들 사이의 참된 연합원리라는 것을 인정하지만, 그 원리가 원인과 결과라는 관념들 사이의 연합원리와 전혀 다를 바 없으며 이 관계에서 비롯되는 모든 추론의 본질적 부분이라고 주장한다. 언제나 함께 결합되어 있으면서 과거의 모든 실례들에서 분리될 수 없는 것으로 알려진 어떤 대상들을 빼면, 우리는 원인과 결과에 대하여 전혀 알 수 없다. 우리는 그와 같은 결부의 이유를 꿰뚫어 볼 수 없다. 우리는 사물 자체를 관찰할 뿐이며, 언제나 항상적 결부로부터 상상력 안에서 대상들이 하나로 합친다는 것을 발견한다. 어떤 대상의 인상이 우리에게 나타나면, 정신은 곧 그 인상을 항상 따르는 대상에 대한 관념을 이룬다. 따라서 우리는 이것을 앞에 나타나는 인상과 관계되거나 연합된 관념이라는 의견이나 신념에 대한 정의의 일부로 수립할 수 있을 것이다.[8]

이처럼 인과성은 인접, 계기 그리고 항상적 결부를 포함하는 것으로서는 철학적 관계이다. 그렇지만 오직 인과가 자연적 관계이고 관념들 사이의 합일을 만들어 내는 한에 있어서만, 우리는 인과에 따라 추리할 수 있고 인과로부터 어떤 것을 짐작할 수 있다.[9]

〈주〉
1 절대적 지식에 대해서는 제1편 제3부 제1절 참조. '모든 독립된 관념들은 나눌 수 있다'

는 것에 대해서는 제1편 제1부 제7절 참조. 또한 다음에 나타나는 '항상적 결부'라는 말은 이 말이 용어적 의미에 있어서 인과 비평의 중심 개념으로 사용된 최초의 경우이다.

2 '마지막에는'이라는 것은 제1편 제3부 제14절을 가리킨다.

3 '명증성(evidence)'은 립스도 말했듯이 지식의 확실성 여러 단계를 절대적 지식에서 개연적 지식까지 포함하고 있다.

4 산출 관념과 인과성 관념이 같다는 것은 제1편 제3부 제2절 참조. 또 능력과 효력의 관념에 대해서는 제1편 제3부 제14절 참조.

5 인과의 본질을 이룬다고 생각되고, 결과를 낳고, 능력이 원인이라고 말하는 사물의 감지할 수 있는 성질 가운데 없다는 점, 그 점에 대해서는 제1편 제3부 제1절과 제2절 참조.

6 사물 즉 '감지할 수 있는 성질의 집합'이라는 생각은 제1편 제4부에서 상세하게 나온다. 예를 들면 제1편 제4부 제3절 또는 같은 절 주석 3 참조.

7 '궁극적 연관(the ultimate connexion)'은 '필연적 연관'이다. 또한 다음에 '하나의 사물에서 다른 사물로 옮기듯 마음을 한정하는 어떤 이유도 없는데도 이러한 추이를 시키는' 관계에 대해서 말하지만, 그러한 관계는 자연적 연합 관계이고, 그것에 대해서는 제1편 제1부 제4절 참조. 또 여기서 '지성'을 '이지'와 같은 의미로 사용하는 것에 주의할 필요가 있다.

8 신념의 엄밀한 정의는 다음 절 참조.

9 철학적 관계와 자연적 관계에 대해서는 제1편 제1부 제5절 참조. 이렇게 인과 관계가 철학적 관계와 자연적 관계 두 개로 나타나는 것에 대응하여 원인도 두 개로 정의된다.

7 관념 또는 신념[1]의 본성에 대하여

어떤 대상의 관념은 그 대상의 신념의 본질적 부분이지만, 전체는 아니다. 우리는 믿지 않는 많은 것들을 생각한다. 그러므로 신념의 본성 또는 우리가 동의하는 관념들의 모든 성질들을 좀더 완전히 살펴보기 위해 다음과 같은 항목들에 주의를 기울여 보자.

원인과 결과에서 비롯되는 모든 추론들이 사실[2] 문제에 관한 결론, 다시 말하자면 대상들 성질이나 그 존재에 관한 결론에 이른다는 것은 분명하다. 또한 존재 관념은 어떤 대상 관념과 전혀 다를 바 없으며, 어떤 사물을 단순히 나타낸 다음에 그 대상을 존재하는 것으로 나타냈을 때 사실상 우리가 맨 처음의 관념에 아무것도 덧붙이지 않고 변형하지도 않는다는 것도 확실하다. 예를 들어 신은 존재한다고 단정할 때 우리는 단지 우리에게 나타난 그 존재 관념을 이룰 뿐이다. 우리가 신의 속성으로 보는 존재는, 우리가 신의 다른 성질들의 관념에 결합시키고 다시 그 관념들에서 분리하여 구별할 수 있는 개별 관념에 의해 생각되는 것은 아니다. 그러나 나는 어떤 대상의 존재를 나타내는 것은 단순히 그 대상을 나타내는 것에 아무것도 덧붙이지 않는다고 주장하는 데 만족지 않고, 더 나아가서 존재에 대한 신념이 그 대상의 관념을 구성하는 관념에 어떤 새로운 관념도 결합시키지 않는다고 부르짖는다. 예를 들면 내가 신을 나타낼 때, 신이 존재한다고 나타낼 때, 신이 존재한다고 믿을 때, 신에 대한 나의 관념은 증가하지도 않고 감소하지도 않는다. 그러나 어떤 대상의 존재를 단순히 나타내는 것과 그 대상의 존재에 대한 신념 사이에는 분명 큰 차이가 있다. 또 이 차이는 지금 말한 것처럼 정신이 나타내는 관념의 부분들 또는 그 합성에 있지 않으므로, 우리가 관념을 나타내는 방식에 있어야만 한다.

예를 들어, 나와 함께 있는 사람이 카이사르는 제명에 죽었다, 은은 납보다 녹기 쉽다, 수은은 금보다 무겁다—같은 명제들을 제의했고 나는 이 명제들에 동의하지 않는다고 가정해 보자. 나는 그의 뜻을 분명하게 이해하고, 또 그가 이루었던 것과 똑같은 관념을 모두 이룩한다. 나의 상상력은 그의 것과 똑같은 능력을 본래부터 가지고 있다. 내가 생각할 수 없는 관념을 그가 생각한다는 것은 불가능하다. 따라서 나는 어떤 명제를 믿는 것과 믿지 않는 것의 차이가 도대체 어디에 있는지를 묻는다. 직관이나 논증에 의해 증명되는 명제들에 관해서는 쉽게 대답할 수 있다. 이 경우에 동의하는 사람은 그 명제에 따라 관념들을 생각할 뿐만 아니라, 직접적이든 아니면 다른 관념을 개입시켜서든 바로 그 명제 방식으로 그 관념들을 생각할 수밖에 없도록 결정되어 있다. 불합리한 것은 전혀 생각될 수 없다. 상상력이 논증에 서로 어긋나는 어떤 것을 생각하는 것 역시 불가능하다. 그러나 인과성에서 비롯되는 추론에서 그리고 사실 문제에 관한 추론에서 이 절대적 필연성은 생길 수 없다. 상상력은 문제의 양측면을 자유롭게 생각할 수 있으므로, 나는 여전히 회의와 신념의 차이는 어디에 있는가를 묻는다. 회의하는 경우와 신념을 갖는 경우 어느 쪽에서도 관념을 생각하는 것은 가능하며, 또 필요하기 때문이다.

당신이 제안한 명제에 동의하지 않는 사람이 먼저 당신과 같은 방식으로 어떤 대상을 생각한 다음 곧 그 대상을 다른 방식으로 생각하고, 그 대상에 대해 다른 관념을 갖는다고 말하는 것은 만족스러운 대답일 수 없을 것이다. 이 대답이 거짓을 담고 있어서가 아니라 진리를 모두 찾아내지 않았기 때문이다. 우리는 어떤 사람과 일치하지 않는 모든 문제에서 문제의 두 측면을 모두 생각하지만, 그 가운데 오직 하나만 믿을 수 있으므로, 결론적으로 신념은 우리가 동의하는 생각과 동의하지 않는 생각 사이의 어떤 차이를 나타낼 수밖에 없다는 것은 인정된다. 우리는 관념들을 서로 다른 몇 백 가지 방식으로 뒤섞고 결합하며 분리하고 합쳐서 바꿀 수 있다. 그러나 서로 다른 그 상황들 가운데 하나를 결정하는 어떤 원리가 나타날 때까지 우리는 사실 어떤 의견도 가질 수 없다. 이 원리가 먼저 있던 관념들에 어떤 것도 추가하지 않는다는 것은 확실하므로, 이 원리는 우리가 그 관념들을 생각하는 방식을 바꿀 수 있을 뿐이다.

정신에 나타나는 지각은 인상과 관념이라는 두 종류이다. 이 지각들은 힘과 활기의 정도가 다르다는 점에서만 서로 구별된다.[3] 관념은 인상으로부터 모사되었으며 인상의 모든 부분을 다시 나타낸다. 따라서 어떤 대상의 관념을 조금이라도 바꾸려면, 그 관념의 힘과 활기를 키우거나 줄일 수 있을 뿐이다. 만일 당신이 그 관념에 다른 어떤 변화를 준다면, 관념은 다른 대상을 다시 나타낼 것이다. 이것은 색상의 경우에도 마찬가지이다. 어떤 색상의 색조는 다른 변화가 전혀 없어도 새로운 정도의 생생함과 밝기를 얻을 수 있다. 그러나 당신이 이것 외의 어떤 변화를 일으켰을 때, 그것은 더 이상 같은 색조도 같은 색상도 아니다. 이처럼 신념은 오직 우리가 어떤 대상을 생각하는 방식을 바꿀 뿐이므로 우리 관념에 힘과 활기를 보탤 수 있을 뿐이다. 그러므로 의견이나 신념을 가장 정확하게 정의하자면, 그것은 현전하는 인상과 관계되거나 연합된 생동적 관념이다.[4]

이러한 결론에 이르게 된 논증들의 몇 가지 핵심이 여기에 있다. 그 하나는 이미 말한 인과적 추리이다. 우리가 한 대상의 존재를 다른 대상으로부터 추론할 때, 정신은 한없이 추정할 수 없으므로, 그 대상은 언제나 기억이나 감관에 나타나야만 한다. 어떠한 대상의 존재가 다른 대상의 존재를 언제나 함축하고 있다는 것을 이성이 우리에게 납득시킬 수는 없다. 그래서 우리가 한 대상의 인상에서 다른 대상의 관념 또는 신념[5]으로 옮겨 갈 때, 우리는 이성에 의해 결정하는 것이 아니라 습관이나 연합원리에 따라서 결정하게 된다. 그러나 신념은 단순한 관념 이상의 그 무엇이다. 신념은 관념을 이루는 특수한 방식이다.

더구나 똑같은 관념은 자신의 힘과 활기가 변하는 정도에 따라 바뀔 뿐이다. 따라서 앞의 정의에 따르면 대체로 신념은 현재 인상과의 관계에 따라 생겨난 생동적 관념이라는 결론에 이른다.

또 신념에 관한 이 정의는 모든 사람의 느낌과 경험에 완전히 일치한다는 사실을 알 수 있다. 우리가 동의하는 관념이 공상가들의 아득한 몽상보다 훨씬 튼튼하고 확실하며 생생하다는 것은 무엇보다 분명하다. 예를 들어, 한 사람은 앉아서 어떤 책을 소설로 읽고 있으며 다른 사람은 그 책을 사실의 역사로 읽는다고 할 때, 그들은 분명히 똑같은 관념을 똑같은 순서로 받아들인다. 그 책을 소설로 읽는 사람의 회의나 사실의 역사로 읽는 사람의 신념 때문에 두 사람이 그 지은이에 대해 똑같은 느낌을 갖지 못하는 것은 아니다. 비록 지은이의 증언이 그들에게 똑같은 영향을 끼치는 것은 아니지만, 지은이의 말은 그 두 사람에게 똑같은 관념을 불러일으킨다. 그 책을 현실의 역사로 읽는 사람은 모든 사건들을 좀더 생생하게 표상한다. 그는 인물들의 관심사들에 보다 깊이 있게 다가가서 인물들의 행동과 성격, 우정과 반목을 마음속으로 그려 본다. 나아가 그는 인물의 용모와 태도, 인격에 대한 의견까지 이룬다. 반대로 지은이의 증언을 전혀 믿지 않는 사람은 이러한 것들을 모두 아득하고 무덤덤하게 생각할 뿐이며, 작품의 문체 및 기교에 대한 평가를 제외하고는 거의 흥미를 느낄 수 없을 것이다.

〈주〉

1 이 절의 표제인 '관념 또는 신념'의 원문은 'idea or belief'이다. 그것은 립스가 지적하듯이 '신념의 관념' 즉 'idea of belief'의 착오라고 생각된다. 그렇지만 그렇지 않다는 것은 나중에도 같은 표현이 반복되는 것에서 알 수 있다. 여기서 '관념'은 '본래의 관념', '진실의 관념', '동의된 관념'의 의미로 '신념'의 동의어이다.

2 인과적 추리를 '사실(matter of fact)'에 관한 추리라고 부르는 것은 《인간지성 연구》에서는 많이 보이지만, 이 책에서는 드물다.

3 정신의 지각이 인상과 관념의 두 종류이고, 둘의 차이가 힘과 활기의 정도에 있는 것, 그것에 대해서는 제1편 제1부 제1절 참조. 그러나 이렇게 인상과 관념 차이를 힘과 활기 따위의 주관적 심리적 특징으로 찾으면 믿음의 이해에도 같은 원리를 적용해야만 한다. 그러나 흄은 이 주관주의를 철저히 하지 못하고 스스로 그 파탄을 승인한다.

4 여기서 우리는 아주 중요한 오류를 발견할 기회를 갖게 되었다. 강단에서는 이 오류를 자주 가르침으로써 이 오류가 하나의 확정된 근본원리가 되었으며, 모든 논리학자들도 이 오류를 인정하는 것이 보편적이다. 오성의 작용을 통속적으로 개념 작용(흄에게는 표상 작용)과 판단 그리고 추론으로 구분하는 것과, 우리가 이것들에 대해 정의하는 데에 이런 오류가 인다. 개념 작용은 하나 또는 그 이상의 관념들에 대한 단순한 조망(simple survey)이라고 정의되고, 판단은 서로 다른 관념들을 나누거나 결합하는 것이라고 정의되며, 추론은 서로 다른 관념들을 그 관념들과 서로 관계를 갖는 다른 관념들을 개입시켜 나누고 결합하는 것이라고 정의된다. 그러나 이러한 구분이나 정의는 아주 중요한 부분에 결점이 있다. 그 이유는 이러하다. 첫째, 우리가 이루는 모든 판단에서 서로 다른 두 관념이 결합한다는 것은 결코 사실이 아니다. 신은 존재한다는 명제 또는 존재에 관한 다른 명제에서도 존재 관념은 우리가 대상의 관념에 결합시킬 수 있는 독립된 관념이 아니며, 또 그 관념은 결합을 통해 복합 관념이 생겨날 수 있는 독립된 관념이 아니다. 둘째, 우리는 이렇게 단 하나의 관념만 가지는 명제를 이룰 수 있으므로, 관념을 둘 이상 사용하지 않고도, 즉 그 관념들 사이의 매개 역할을 하는 제3의 관념에 의지하지 않고도 우리의 추리력을 발휘할 수 있다. 예를 들면 우리는 결과에서 원인을 직접 짐작한다. 그리고 이 짐작은 참된 종류의 추론일 뿐만 아니라 다른 어떤 추론보다도 튼튼하며, 우리가 두 극단적 관념을 관련짓기 위해 다른 관념을 끼워 넣을 때보다 더 신빙성이 있다. 우리가 일반적으로 오성의 이러한 세 작용에 관해 단정할 수 있는 것은, 우리가 그 작용들을 고유의 의미로 이해한다면 그 작용들은 맨 처음의 것으로 되돌아가며, 우리 대상들을 나타내는 특정한 방식에 지나지 않는다는 것이다. 우리가 오직 한 대상만을 조망하든 아니면 여러 대상을 조망하든, 이 대상들에 머물든 아니면 다른 대상들로 옮겨 가든, 그리고 이 대상들을 어떤 형식이나 질서로 조망하든 간에, 정신의 이러한 작용은 단순한 표상 작용을 넘어설 수 없다. 이 경우에 생길 수 있는 분명한 차이는 오직 우리가 이 표상 작용에 신념을 결합시켜 우리가 생각하는 것이 참이라고 믿을 때이다. 지금까지 어떤 철학자도 이러한 정신 작용을 이야기한 바가 없다. 따라서 나는 이 작용에 대한 내 가설을 거리낌 없이 내어 놓고자 한다. 곧 정신 작용은 어떤 관념을 강력하고 확고하게 나타내는 것이며, 어느 정도 직접적 인상에 버금가는 것이다.〔원주〕

5 'idea or belief'라는 표현이 여기서 반복되고 있다. 앞의 주석 1 참조.

8 신념의 모든 원인들에 대하여

지금까지 신념의 본성을 설명하고, 신념은 현재 인상과 관련된 생생한 관념에 있다는 것을 살펴 보았다. 여기서는 신념이 어떤 원리에서 비롯되는지, 즉 신념으로 보이는 활기를 관념에 부여하는 것은 무엇인지 살펴보기로 한다.

어떤 인상이 나타난다면 그 인상은 자기와의 관계를 나타내는 관념으로 마음이 움직일 뿐만 아니라 힘과 활기의 일부를 쪼개서 이와 관계 있는 관념으로 전달한다. 내게 만일 허락된다면 인성학의 일반적 근본 원리를 세우고 싶다. 아마도 정신 작용은 그것을 영위할 때의 정신의 성향에 크게 좌우될 것이다. 따라서 기운을 북돋고 주의력이 집중되는 정도에 따라서 정신 작용도 늘 어느 정도의 활력과 생동성을 갖는다. 그러므로 사고를 고양시키고 생기를 불어넣는 어떤 대상이 나타날 때, 각성이 계속되는 한, 모든 활동은 그렇지 않을 때보다 강한 활기를 띠고 전념하는 것이다. 그런데 그 성향의 지속은 정신이 다루는 대상들에게 전적으로 의존한다는 것은 분명하다. 그리고 어떤 새로운 대상들은 자연히 새로운 방향을 생기에 불어넣어 그 성향을 바꾸지만, 반대로 정신이 끊임없이 똑같은 대상에 열중해 있거나 맨 처음 대상과 자연적인 관계의 대상에 따라 깨닫지 못하는 사이에 쉽게 옮겨 간다면, 그 성향은 더욱더 오래도록 지속된다. 따라서 정신이 현재 인상에 의해 한번 생기가 감돌게 되면 관련된 대상들에 대해 더욱더 생생한 관념을 이루어 가는데, 이것은 현재 인상에서 다른 대상으로 자연스럽게 옮아가는 성향 때문이다. 그리고 이러한 변화는 매우 쉽고 또 거의 깨닫지 못하는 사이에 현재 인상에서 얻은 모든 힘과 활기를 가지고 관련된 관념을 표상하는 데 열중한다.

관계의 본성과 그 본성에 본질적인 전이의 수월성을 살펴보면서 우리가 이 현상의 실재성에 관해 납득할 수 있다면 다행이다. 그러나 나는 주로 어떤 원리를 매우 실질적으로 증명해 주는 경험을 믿고 있다는 것을 인정할 수밖에 없다. 따라서 이제 우리는 우리 목적에 대한 첫 번째 실험으로 다음과 같은 사실을 검토해 볼 수 있을 것이다. 지금 곁에 없는 친구를 그린 그림을 보면 분명히 그에 대한 관념은 유사성에 의해서 생생해지며, 그 그림이 일으키는 정념은 기쁨이든 슬픔이든 간에 각각 새로운 힘과 활력을 얻게 된다. 이 결과를 얻는 데는 어떤 관계와 현재 인상이 협력한다. 그림이 친구를 조금도 닮지 않은 경우, 또는 친구의 그림이라고 판단되지 않는 경우, 그림을 통해 친구에 대한 생각이 생생해지기는커녕 친구를 생각조차 해낼 수 없다. 또 친구도 그림도 없는 경우에는 정신이 그림을 생각하는 것에서 그 친구를 생각하는 것으로 옮겨 갈 수 있다고 할지라도 정신은 그 전이에 의해 생생해지기보다는 오히려 흐릿해진 관념을 느낄 것이다. 친구의 그림이 우리 앞에 있을 때 우리는 그 그림을 보면서 기쁨을 느낄 것이지만, 그것이 치워졌을 때에는 어렴풋하고 아련한 이미지에 비춰 보는 것보다는 오히려 그를 직접 응시하는 것을 택할 것이다.

로마 가톨릭교회의 모든 의식(儀式)들도 마찬가지로 신념의 본성에 대한 실험으로 여길 수 있다. 이 야릇한 미신[1]의 광신도들은 여러 가지로 어처구니없는 의식 때문에 비난받는데, 그들은 항상 이것을 변명하느라 다음의 이유를 주장한다. 즉 그들은 자신들의 외형적 행동과 태도가 열렬한 신앙에 활기를 불어넣고 또 열정을 불태우는 좋은 결과를 낳는다고 느끼고 만일 의식 없이 열렬한 신앙과 열정을 아득한 비물질적 대상으로 향하게 된다면 열렬한 신앙도 열정도 사라질 거라고 생각한다. 그들에 의하면 우리는 감지할 수 있는 상징이나 이미지에 신앙 대상을 비춰 보는데, 오직 지성적 관조와 묵상만으로 할 수 있는 것보다는 이러한 상징을 직접 드러냄으로써 그 대상들을 우리에게 더 잘 나타낼 수 있다는 것이다. 감지할 수 있는 대상들은 언제나 다른 무엇보다도 공상에 커다란 영향을 미친다. 그 대상들은 자신들과 관련이 있고 비슷한 관념들에 바로 영향을 준다. 나는 이러한 가톨릭교회의 예배 의식과 이 추론에서 관념에 생기를 불어넣는 유사성의 결과가 매우 일상적이라는 것을 단지 짐작할 뿐이다. 게다가 모든 경우에 유사성과 현재 인상은 협력하지 않으면 안 되므로, 지금까지 설명했던 원리의 실재성을 충분한 실험을 통해서 증명하게 될 것이다.

또 우리는 유사성과 마찬가지로 접근 효과를 고찰하고 다른 종류의 실험들을 통해서 지금까지의 실험들을 더욱더 설득력 있게 할 수 있다. 거리는 명백하게 모든 관념들의 힘을 감소시키며, 우리가 어떤 대상을 다룰 때 그 대상 자체가 감관에 나타나는 것은 아니지만, 그 대상은 정신에 대해서 직접 인상과 거의 같은 영향을 미친다는 것은 확실하다.[2]

대체로, 어떤 대상에 대해 생각하는 것은 곧 정신을 그 대상과 이웃한 어떤 것으로 옮아가도록 만들지만 뛰어난 생동성을 지니고 정신이 옮아가도록 만드는 것은 오직 그 대상의 실재적 현전일 뿐이다. 비록 집에서 200리그(1리그는 약 3마일, 1마일은 약 1.6㎞)의 거리를 두고 있으면서 내 친구들과 가족 주변을 되새겨 보는 것도 자연히 그들에 대한 관념을 만들어낸다. 그러나 내가 집에서 200리그 떨어져 있을 때보다는 몇 마일 떨어져 있을 때, 집과 관련된 것은 무엇이든 친근하게 느껴진다. 그러나 200리그나 떨어져 있는 경우에 정신의 대상들은

모두 관념이기 때문에, 그 관념들 사이
에는 거침없는 전이가 있는데도 직접 인
상이 없으므로 그 전이만으로는 그 어
떤 관념들에게도 뛰어난 생동성을 제공
할 수 없다.

키케로(BC 106~43)

인과의 영향력이 유사와 접근이라는
두 관계와 같다는 것은 누구도 의심할
수 없다. 예를 들어 미신에 빠진 사람들
은 성인과 성인의 유품을 무조건 믿는
다. 그 이유는 사람들이 상징 및 형상을
추구하는 것과 같다. 즉 자신들의 맹목
적인 믿음을 북돋우고 자신들이 본받고
자 하는 귀감이 되는 삶에 관한 더욱 친밀하고 강렬한 생각을 하기 위함이다.
그렇다면 광신도가 손에 넣을 수 있는 유품 중 가장 좋은 것은 성인의 손때 묻
은 물건들이라는 것은 확실하다. 그러나 성인의 옷이나 세간을 이런 관점에서
고려해야 한다면, 그 이유는 광신도가 그 세간이나 옷을 자신의 뜻대로 쓰고
처분하며 꾸미기 때문이다. 이런 쪽에서 그 유품들은 우리가 성인이라는 존재
의 실재성을 알 수 있는 것보다는 불충분한 연쇄적 결론들에 의해 성인과 관
련되는 만큼 그 유품들은 불완전한 결과로 여겨진다. 이런 현상이 명쾌하게 증
명하는 것은 인과 관계를 갖는 현재 인상이 어떤 관념을 생생하게 할 수 있으
며, 결과적으로 앞서 신념을 정의한 바에 의하면 그 인상이 신념이나 동의를
생겨나게 한다는 것이다.

그런데 우리가 원인과 결과로부터 추론하는 데 대한 바로 이 실례만으로도
공상과 관계하거나 그 공상을 옮아가게 하는 현재 인상이 어떤 관념을 생생
하게 할 수도 있다는 것을 증명하기에 충분하다면, 그와 같은 증명을 위해 다
른 논증들을 살펴보아야 할 이유가 있을까? 우리가 믿는 모든 사실 문제들 각
각에 대해 우리가 관념들을 하나씩 가지고 있어야 한다는 것은 확실하다. 오직
현재 인상과의 관계에서만 이 관념이 발생한다는 것은 분명하다. 신념은 관념
에 아무것도 추가하지 않으며, 관념을 생각하는 방식을 변화시킬 뿐이고 관념

을 더욱 강력하고 생생하게 한다. 관계의 영향에 관한 지금의 결론은 이 모든 단계들의 직접적 결과이고, 그리고 나에게는 이 모든 단계들이 절대 확실하고 오류가 없다고 여겨진다. 왜냐하면 여기서 설명한 심적 작용에는, 현재 인상과 생생한 관념과 공상에 있어서 이러한 인상과 관념과의 사이에 관계 즉 연합 외에는 아무것도 들어가지 않는다. 그러므로 오류의 여지도 전혀 없다.

이 관심사 전체를 좀더 충분히 살펴보기 위해 그것을 자연철학[3]의 문제로 즉, 경험과 관찰에 따라 결정해야만 하는 문제로서 생각해 보자. 우선 나는 다음과 같이 가정한다. 곧 하나의 대상이 나타나서 나는 그 대상으로부터 결론을 내린 나 자신이 믿거나 동의한다고 말할 수 있는 관념을 만든다고 가정한다. 여기서 확실한 것은 나의 감관에 나타나는 대상과 추리에 의해 내가 그 존재를 추측하는 다른 대상이 자신들의 개별 성질이나 능력에 따라 어느 정도 서로 영향을 미친다고 생각할 수도 있다. 하지만 이러한 능력과 성질이 신념을 만드는 데 조금도 관여할 수 없는 것이다. 왜냐하면 지금 여기에서 검토 중인 신념이라는 현상은 그저 단순히 마음속의 사건이며, 능력과 성질은 전혀 모르는 대상(즉 마음속에 없는 것)이기 때문이다. 대체로 관념과, 인상을 수반하는 신념이 거짓 없는 진정한 원인이라고 생각해야 하는 것은 현재 인상이다. 따라서 우리는 전혀 의외의 결과를 만드는 능력이 있는 이 특수한 성질을 실험을 통해서 발견하도록 힘써야만 한다.

그러면 내가 먼저 주목하는 것은, 현재 인상은 고유의 능력 및 효력에 의해, 다시 말하면 오직 하나의 지각을 현재 순간에 제한하여 관찰하면 현재 인상이 단독으로 이러한 신념을 낳는 효과를 가지는 것은 아니다. 인상이 처음 나타났을 때는 그 인상에서 어떤 결론도 이끌어 내지 못하며, 그 인상의 일상적 결과를 경험했을 때에야 비로소 그 인상이 신념의 근거가 될 수 있다. 우리는 모든 경우에 지난날 실례들 가운데서 똑같은 인상을 관찰해야 하며, 그 인상이 언제나 다른 어떤 인상과 결합되어 있다는 것을 찾아야만 한다. 이것은 가장 작은 의심도 허용하지 않을 만큼 실험을 거듭함으로써 확인된다.

두 번째 관찰에서 나는 신념이 현재 인상에 뒤따르며, 지난날 수많은 인상들과 인상 간의 관련에 의해 생겨난다는 결론을 내린다. 거듭 말하자면 이 신념은 이성이나 상상력의 새로운 작용도 없이 직접 발생한다는 것이다. 나는 이 같은 작용의 근거가 될 수 있는 주장에서 어떤 작용도 의식할 수가 없고, 이러한 작용의 근거가 될 만한 그 어떤 것도 발견할 수가 없기 때문에 이 결론을 확인할 수가 있었다. 이제 우리는 모든 것을 단순히 과거의 반복에서 나타나는 습관[4]이라고 부른다. 따라서 새로운 추론이나 결론 없이도 현재 인상에 따라 나타나는 신념은 모두 오직 습관이라는 기원에서만 비롯된다는 것을 분명한 진리로 확정지을 수 있다. 우리가 서로 결합된 두 인상을 보는 데 익숙해져 있을 때, 한 인상의 출현 또는 그 인상의 관념은 우리를 다른 인상의 관념으로 직접 데려다 준다.

이 항목이 충분히 납득되었으므로 이어서 나는 이러한 신념이라는 현상이 생겨나는 데 습관적 추이를 제외하고 또 무엇이 필요한가를 알기 위해 연이어 세 번째 실험을 실행한다. 따라서 나는 맨 처음 인상을 관념으로 바꾸고, 상관 관념을 향한 습관적 추이가 여전히 남아 있는데도 실제로 신념이나 확신은 없다는 것을 눈여겨 본다. 그렇다면 현재 인상이 이 모든 작용에 절대 필수적이다. 그리고 내가 인상을 관념과 비교하여, 인상과 관념의 유일한 차이는 힘과 활기의 서로 다른 정도에 있다는 사실을 깨달았을 때, 대개 나는 신념이 현재 인상과 관계를 갖는 데서 나타나는 어떤 관념을 더욱 생생하고 강렬하게 나타내는 것이라고 결론을 짓는다.

이렇게 해서 모든 개연적 추론은 하나의 감각[5]일 뿐이다. 시나 음악에서뿐만 아니라 철학에서도 마찬가지로 우리는 우리 취향과 정서에 따를 수밖에 없다. 내가 어떤 원리를 확신할 때, 그 원리는 나를 더욱 강력하게 자극하는 관념일 뿐이다. 내가 어떤 연이은 논증을 다른 것보다 선호할 때, 그 논증의 영향력이 갖는 탁월성은 나의 느낌을 통해서 결정될 수밖에 없다. 대상들은 발견할 수 있는 필연적 결합은 전혀 없다. 우리가 한 대상의 출현에서 다른 대상의 존재를 추정할 수 있는 그 관련은 상상력에 작용하는 습관 외의 어떤 원리에서도 비롯되지 않는다.

여기서 우리가 눈여겨볼 가치가 있는 것은 인과에 관한 모든 판단이 의존하는 지난날 경험은 전혀 간파될 수 없을 만큼 감지할 수 없는 방식으로 정신에 작용하며, 또한 그 작용을 우리가 전혀 알 수 없다는 것이다. 여행 도중에 강을 만나 잠깐 동안 멈추어 섰을 때, 여행자는 앞으로 자신이 가야 할 미래 결과를 예측한다. 이 결과에 대한 그의 지식은 확실히 그에게 인과의 결부를 알려 주는 지난날 경험을 통해서 전달된다. 그러나 이 경우에 동물 신체에 물이 미치는 영향을 알기 위해 그는 지난날 어떤 경험을 반성하고 자신이 보거나 들은 실례를 생각해 낸다고 할 수 있을까? 절대로 아니다. 이것은 그가 추론을 진행하는 방식이 아니다. 정신이 기억의 도움 없이도 옮겨 갈 수 있을 정도로 침몰 관념은 물 관념과 아주 밀접하게 관련되어 있으며, 질식 관념은 침몰 관념과 관련되어 있다. 습관은 우리가 뉘우칠 여유를 갖기도 전에 작용하고 만다. 우리가 한 대상에서 다른 대상으로 옮겨 가는 것을 단 한 순간도 늦출 수 없을 정도로 대상들은 분리될 수 없는 것으로 여겨진다. 그러나 이 전이는 경험에서 비롯되며 관념들 사이의 근원적 관련에서 비롯되는 것이 아니다. 따라서 그 작용에 대해 우리가 생각할 겨를도 없이 경험이 은밀한 작용에 의해 원인과 결과에 대한 판단과 신념이 생겨날 수 있다는 것을 우리는 반드시 인정해야만 한다. 이것은 모든 핑계를 없애며, 그래도 남는 것이 있다면 우리가 경험하지 못한 실례들은 필연적으로 우리가 경험한 실례들과 비슷할 수밖에 없다는 이 원리에 따라서 추론함으로써 정신이 확신한다고 주장하기 때문이다. 여기서 우리가 발견할 수 있는 것은, 오성이나 상상력이 지난날 경험을 뉘우치지 않고서도, 더욱이 그 경험에 관해 원리를 이루지 않거나 그 원리에 따라 추론하지 않고도, 지난날 경험에서 결론을 추정할 수 있다는 점이다.

일반적으로 우리는 다음의 사실을 살펴볼 수 있다. 비록 아주 희귀하고 비일상적인 대상들의 다른 연합에서 정신은 반성을 통해 관념들의 습관과 추이를 도울 수도 있지만, 중력이나 충격 그리고 견고성 따위와 같이 가장 확정적이고 한결같은 인과의 모든 결합에서는, 정신은 결코 지난날 경험을 깊이 생각하는 데까지 그 시야를 빠르게 옮길 수 없다. 오히려 어떤 경우에는 습관 없이 반성이 신념을 만들어내는 것, 또는 정확히 말하자면 반성이 간접적이고 인위적인 방식[6]으로 습관을 만드는 것을 우리는 볼 수 있다.

여기서 내 입장을 털어놓겠다. 철학에서뿐만 아니라 일상 생활에서도 마찬가지이지만, 한 번의 실험에서 판단만 된다면 무관하고 필요 없는 여건들을 조심스럽게 없앤 다음 우리는 그 한 번의 실험만으로도 개별 원인에 대한 지식을 얻을 수 있다는 것은 확실하다. 이런 종류의 실험을 한 번 한 다음부터 정신은 그 원인이나 결과 가운데 하나가 나타나면 그 원인이나 결과와 상관하는 것의 존재를 추정할 수 있다. 그리고 하나의 사건만으로는 습관을 얻을 수 없기 때문에, 이 경우에 신념은 습관의 결과로 평가될 수 없다.

그러나 다음의 것을 살펴본다면 이 문제는 해결될 것이다. 우리는 여기서 개별 결과에 대해 단 한 번의 실험을 했다고 가정할 수 있음에도 불구하고 비슷한 상황에 놓인 비슷한 대상은 언제나 비슷한 결과를 낳는다는 원리를 우리가 확신할 수 있도록 하는 실례는 한없이 많고 이 원리가 충분한 습관에 의해 확립되고 있다. 따라서 이 원리는 적용될 수 있는 어떤 견해에 명증성과 확고함을 부여한다. 실험을 한 번 했다고 하여 관념들의 연관이 습관적인 것은 아니다. 그렇지만, 이 연관은 우리를 우리의 가설로 되돌아가게 하는 습관적인 다른 원리에 포함된다. 눈에 띄든 암묵적이든, 직접적이든 간접적이든 간에 우리는 모든 경우에 우리 경험을 우리가 경험하지 못한 실례들로 옮겨가고 그 차이는 공공연하게 옮길지 암묵적으로 옮길지 단적으로 할 것인가, 완곡하게 할 것인가, 그것뿐이다.

또한, 나는 이 주제를 마무리하기 전에 정신의 모든 작용에 대해 제대로 언급해야만 한다. 왜냐하면 지금까지 사용해온 일상 언어는 정신 작용들을 아주 자세하게 구별해 주는 경우가 드물며 똑같은 용어로 서로 거의 비슷한 것들을 모두 가리키기 때문에, 정신 작용들에 대해 완전히 타당하고 정확하게 말하는 것은 쉬운 일이 아니다. 이것은 저자가 애매함과 혼돈을 거의 피할 수 없게 되는 원천이므로, 다시금 독자들에게 회의와 반박을 불러일으킬 것이다. 만일 그렇지 않았더라면 독자들은 회의와 반박을 꿈도 꾸지 못했을 것이다. 말하자면 소신이나 신념은 자신과 관련된 현재 인상으로부터 비롯하는 아주 강하고 생생한 관념일 뿐이라고 주장하는 나의 주요 논지는 '강하고 생생한'이라는 단어에 있는 하찮은 모호성 때문에 자칫하면 다음과 같은 반대에 부딪칠 수도 있다. 특히 관념은 모두 대응 인상으로부터 비롯된다는 나의 원리에 따르자면, 아마 인상만 추론을 불러일으키는 것이 아니라 관념도 역시 같은 영향력을 가질 수 있다고 할 것이다. 지금 내가 대응 인상을 잊어버린 어떤 관념을 이룬다고 가정하면, 나는 이 관념에서 한때 그 관념의 대응 인상이 존재했다는 결론을 내릴 수 있기 때문이다. 이 결론은 신념이 뒤따르기 때문에, 이 신념을 이루는 힘이나 활기라는 성질은 도대체 어디서 비롯되는가 하고 물을 수 있다. 이 물음에 대해 나는 '현재의 관념으로부터'라고 아주 쉽게 대답할 수 있다. 여기서 관념은 어떠한 없는 대상을 다시 나타내는 것으로 여기는 것이 아니라, 우리가 내면적으로 의식하는 정신의 실재적 지각으로 여기게 되므로, 관념은 관념과 관련된 모든 것에게 확고함, 견고함, 힘, 활기라고 하는 똑같은 성질을 부여할 수 있어야 한다. 그래야만 정신은 이러한 성질을 가지고 관념을 반성하고 관념이 현재 존재함을 확신하게 된다. 이 경우 관념은 인상 역할을 대신하며, 지금 우리의 문제와 관계되는 한 관념은 인상과 전적으로 똑같다.

똑같은 원리에 근거하여 때로는 관념의 기억, 다시 말하면 어떤 관념의 관념, 상상력의 어렴풋한 표상들보다 우월한 관념의 힘과 활기 따위와 같은 말을 듣고 놀랄 필요가 없다. 지난날 생각을 떠올릴 때 우리는 우리가 생각했던 대상을 그려낼 수 있을 뿐만 아니라, 사색에 잠기는 정신 활동도 즉 어떠한 정의도 기술도 불가능하겠지만 모든 사람이 충분히 이해하고 있는 알 수 없는 그 무엇과 같이 명상 중인 정신 작용도 나타낼 수 있다. 기억이 이 정신 작용에 대한 관념을 제시하고 그 관념을 과거로 다시 나타낼 때, 우리는 기억할 수 없는 지난날 생각을 떠올릴 때보다 그 관념이 어떻게 해서 훨씬 더 생생함과 확고함을 가질 수 있는지 쉽게 알 수 있다.

이 점이 명확해지면 어떻게 인상에 대한 관념과 관념에 대한 관념을 이루는지, 그리고 우리가 어떻게 인상 존재와 관념 존재를 믿을 수 있는지 따위에 대하여 누구든지 이해할 수 있을 것이다.

〈주〉

1 흄은 평생 동안 기존의 종교 및 종교적 정열에 반감을 가졌다.

2 '기억에 남을 위대한 인물들이 많은 것을 쏟았던 그 장소를 눈으로 봄으로써 우리는 그 인물들의 행적을 전해 듣거나 그들의 글을 읽을 때보다도 한결 감격이 솟구치는데, 그것은 자연 본성에서인가요 아니면 착각에서인가요? 저도 바로 그런 감정입니다. 지금 내게는 플라톤이 떠오릅니다.

그분이 이곳에서 최초로 토론했었다는 것은 우리 모두가 인정하는 사실입니다. 주변에 있는 정원들이 그분에 대한 추억만 일깨우는 것이 아니라 그분 모습을 바로 눈앞에서 보는 듯한 느낌을 갖게 합니다. 스페우시포스(Speusippos)는 바로 이곳에, 여기에는 크세노크라테스(Xenokratēs)가, 그리고 우리 눈으로 보는 바로 이 좌석에는 그의 학생 폴레

몬(Polemon)이 자리잡았을 것입니다. 나로서는 원로원 회관(즉, 호스틸리아 회관입니다. 다만, 지금의 새 건물이 아니고, 확장이 된 다음이니까 내가 보기에는 더 작은 건물이었을 것입니다)을 볼 적에도 그때마다 스키피오(Scipio)와 카토(Cato), 라일리우스(Laelius), 특히 누구보다도 저의 조부님을 연상하곤 했었습니다. 정말 이런 장소에는 대단한 설득력이 깃들어 있습니다. 그러니 이처럼 이름난 장소에서 기억을 다듬는 훈련이 이루어진다는 것도 까닭 없는 것은 아닙니다.'(키케로(Marcus Tullius Cicero, BC 106~43, 로마의 대정치가·철학자))

3 《인간이란 무엇인가》의 과제를 '자연철학 문제'로 하는 것은 자연학적 방법에 근거하여 '경험과 관찰에 의해 해결해야만 하기' 때문이다. 흄의 방법이 여기서 나타난다.

4 '습관(custom)'이라는 흄의 철학에서 통속적으로도 가장 이름난 개념의 정의가 여기에 있다.

5 '하나의 감각'의 원어는 'a species of sensation'이다. 이 'sensation'은 '외부 감각'이 아니라 정신이 내적으로 느끼는 어떠한 심정이다. '감각'이라고 번역했다.

6 '간접적이고 인위적인 방식(an oblique and artifical manner)'의 뜻은 다음에 설명하는 부분부터 알 수 있다.

9 인과 관계 외의 다른 관계와 다른 습관의 결과에 대하여

지금까지의 논변들이 아무리 믿을 만한 것처럼 여겨진다 하더라도 우리는 여전히 그 논증에 만족한 채로 머무를 수는 없다. 아주 특이하면서도 근본적인 원리들을 설명하고 확인할 수 있는 새로운 관점들을 찾아보기 위해서는 주제를 모든 측면에서 살펴보지 않으면 안 된다. 어떤 새로운 가설을 받아들이는 데 신중하게 망설이는 것은 철학자들에게 있는 훌륭한 성향이며, 진리를 검토하는 데 필수적이다. 그와 같은 망설임은 동의할 만한 가치가 있으며, 철학자들이 만족할 수 있는 모든 논변들을 산출하고, 그들의 추론을 중단시킬 수도 있는 모든 반박들을 제거할 필요가 있다.

우리는 지금까지 원인과 결과를 제외하고도 유사와 인접이라고 하는 두 관계가 사유의 원리들을 연합하며, 상상력을 하나의 관념으로부터 다른 관념으로 옮겨 주는 능력이 있는 것으로 간주된다고 말해 왔다. 또한 내가 살펴본 바로는 이 관례들 가운데 어느 것에 의해 연관된 두 대상들 가운데 하나가 기억이나 감관에 직접 나타날 때, 연합하는 원리에 의해 정신은 그 대상과 상관하는 것으로 옮겨 갈 뿐만 아니라 마찬가지로 연합원리와 현전하는 인상이 합일된 작용에 의해 추가적인 힘과 생생함으로 그 대상과 상관하는 것을 표상한다. 원인과 결과에 관한 우리의 판단에 관한 나의 설명이 타당하다는 것을 유추하여 확증하기 위해, 나는 지금까지 이러한 것을 모두 살펴보았다. 그러나 바로 이 논변은 내 가설의 타당성을 입증하는 대신 아마 나의 의도와는 반대로 내 가설에 대한 반박이 될지도 모른다. 이 세 종류의 관계가 모두 동일한 원리에서 유래하며, 우리의 관념에 힘과 생동성을 불어넣는 데 있어서 그 관계들의 결과는 동일하고, 신념은 어떤 관념을 더욱 힘차고 생동적으로 생각하는 것일 뿐이라는 것 등의 가설들이 각각 모두 참이라면, 정신의 작용은 원인과 결과의 관계에서 유래할 뿐만 아니라 인접과 유사의 관계에서도 유래한다는 결론이 나올 수 있기 때문이다. 그러나 신념은 오직 인과에서만 발생하며 대상들이 인과 관계에 의해 결합되어 있지 않다면 하나의 대상에서 다른 대상을 추정할 수 없다는 것을 경험적으로 알고 있다. 따라서 우리는 그 추론에 우리를 이러한 어려움에 빠뜨리는 어떤 오류가 있다고 결론을 내릴 것이다.

이상이 그 반대론이다. 이제 그 해답을 고찰해 보자. 기억에 나타나는 것은 어느 것이든 직접인상과 유사한 활기를 띠고 정신을 자극한다. 그리고 그 기억에 나타나는 것은 확실히 모든 정신적 작용에 있어서 몹시 중요한 요소가 된다. 그것은 상상력의 허구일 뿐인 것과는 달리 쉽게 구분될 수 있어야 한다. 우리는 이러한 인상이나 기억의 관념에 대한 일종의 체계를 형성하며, 이 체계는 우리가 내부 지각이나 감관에 나타났던 것으로 기억하는 것을 모두 포괄한다. 현재의 인상과 결부된 이 체계의 각 부분들을 우리는 주저 없이 실재라고 부른다.[1] 그러나 정신은 여기서 멈추지 않는다. 틀림없이 정신은 이러한 지각의 체계와 나란히 습관에 의해 결합된 다른 체계가 존재한다는 것을 발견하고 이러한 습관적 또는 인과적 결합을 이루는 관념의 고찰이 계속된다. 그리고 정신은 이 개별적 관념들을 일정한 방식으로 조망하도록 필연적으로 결정되어 있다. 또한 그 방식을 결정하는 습관이나 관계는 결코 어떤 변화도 허용하지 않는다는 것 등을 느꼈을 때 정신은 그 관념들을 실재들이라는 칭호를 부여하는 새로운 하나의 체계를 형성하기 때문이다. 이 체계들의 첫째는 기억과 감관의 대상이며, 그 둘째는 인과적 경험적 판단의 대상이다.

우리는 이 후자의 원리 즉 인과적 결합의 체계로 세상을 살고 있으며, 그 원리에 의해 시간과 공간을 벗어나 감관과 기억을 초월해 있는 존재들을 알게 된다. 이 원리야말로 우주를 상상 속에 그려 보고, 내가 원하는 대로 우주의 어느 부분에라도 주의를 기울이게 할 수 있다. 나는 로마의 관념을 형성한다. 나는 로마를 가 보지도 못했고 기억도 없지만, 그 관념은 내가 여행가들과 역사가들과의 대화와 책으로부터 받았다고 기억하고 있는 인상들과 결합되어 있다. 나는 내가 지구라고 부르는 대상의 관념 위에 특정 상황에 있는 로마의 관념을 배열한다. 나는 이 관념에 개별적 정부, 종교, 풍속 등을 결합시킨다. 나는 로마라는 관념의 근본적 토대들 즉 몇 차례의 혁명, 번영, 재난 등을 돌아보며 깊은 생각에 잠긴다. 이 모든 것과 내가 믿는 그 밖의 것들은, 습관이나 인과관계에서 발생한 그와 같은 것들의 힘과 확정된 질서 때문에 상상력의 소산일 뿐인 다른 관념들과 확연히 구별될 수 있는데도 로마라는 근본적 토대뿐만 아니라, 내가 믿는 것들은 모두 관념에 지나지 않는다.

우리는 유사와 인접의 영향에 관해 다음과 같은 사실을 살펴볼 수 있을 것이다. 인접해 있으면서 유사한 대상이 실재들에 관한 이 체계에 포함된다면, 의심할 것도 없이 이러한 둘의 관계는 인과관계를 뒷받침하여 관련된 관계를 더욱더 기세 좋게 상상에 명기시키는 것이 가능할 것이다. 이 점은 이제 본문 중에 상세히 서술해 보겠다. 내가 나의 이 연구를 한 걸음 더 확장하는 동안, 나는 관련된 대상들이 허구적일 뿐인 경우에도 그 관계는 관념에 생기를 더할 수 있으며 그 영향을 증가시킬 수 있다고 주장할 것이다. 시인은 아름다운 초원이나 정원을 보고 상상력을 불러일으켜 낙원의 뜰[2]을 더욱 훌륭히 묘사해 낼 수 있다. 마찬가지로 가상적 인접에 의해 그의 상상력을 복돋우는 이 전설적 세계의 한가운데 자신이 있다는 공상을 할 수도 있다는 것은 의심의 여지가 없다.

이렇게 해서 나는 유사와 인접 이 둘의 관계가 공상에 작용하는 것을 완전히 배제할 수는 없다. 그 관계들이 고립되어 있을 때 그 영향은 극히 약하고 불확실하다는 것은 주목할 만하다. 원인과 결과의 관계는 우리가 실재적 존재를 확신하는 데 필수적인 것처럼, 이 실재적 존재에 대한 확신은 유사와 인접이라는 다른 관계들에 힘을 불어넣는 데에도 반드시 필요하다. 하나의 인상의 출현에 따라 우리는 다른 대상을 상상할 뿐만 아니라, 우리의 순수한 선의지나 쾌락이 나타났을 때에도 그 대상에게 인상과의 어떤 특수한 관계를 자의적으로 부여한다. 이것은 정신에 미미한 영향을 미칠 뿐이다. 따라서 같은 인상이 다시 나타났을 때, 우리가 동일한 대상을 그 인상과 동일한 관계에 놓아 두도록 결정해야 할 이유는 전혀 없다. 정신이 비슷하고 인접한 대상을 가상해야 할 필연성도 결코 없다. 그리고 정신이 만약 그런 대상을 가상할 수 있다고 하더라도, 정신이 어떤 변화나 차이도 없는 동일한 것에 그 자신을 언제나 한정할 수 있는 필연성은 동일하게 없다. 그리고 사실을 말하자면 이러한 허구의 기초를 이루는 이유는 거의 없으므로, 정신이 그러한 것을 형성하도록 결정할 수 있는 것은 오직 순수한 변덕뿐이다. 그리고 그 원리가 갈피를 잡지 못할 뿐만 아니라 확실하지도 않으므로, 정신이 결코 주목할 만한 정도의 힘이나 항상성을 갖추고 작용할 수도 없다. 정신은 변화를 예견하고 기대하며, 그 첫 순간에서조차도 정신이 대상들을 이해하는 것을 방해하는 자기 활동의 산만함과 우유부단함을 느낀다. 이 불완전함은 모든 각각의 사례들에 대해서 아주 눈에 띄게 두드러지지만 더욱더 경험과 관찰에 의해 점점 늘어간다. 즉 우리가 기억하는 수많은 사례를 비교하고 공상적인 유사와 인접으로부터 생겨난 순간적인 허상에 확신을 부여하는 것에 반대되는 일반 규칙을 마련해 본다면, 그 불완전성은 경험과 관찰에 의하여 더욱더 늘어 간다.

원인과 결과의 관계는 이것과 대립하는 장점을 모두 갖추고 있다. 인과 관계가 나타내는 대상들은 고정적이고 변하지 않는다. 기억의 인상들은 결코 상당한 정도로 변할 수 없으며, 각각의 인상은 그 인상과 일치하는 정확한 관념을 그려낸다. 상상력에 자리잡고 있는 관념을 견고하고 실재적이며 확실하고 불변적인 그 무엇으로 그려낸다. 사유는 언제나 인상에서 관념으로 옮겨 가도록 결정되어 있으며, 어떤 선택이나 망설임이 여지없이 개별적 인상에서 개별적 관념으로 옮겨 가도록 한정되어 있다.

그러나 이 반대론을 제거하는 데 만족하지 않고, 나는 그 반박에서 내 학설의 증거를 도출해 내고자 한다. 인접성과 유사성은 인과성보다 효과가 훨씬 못하지만, 그래도 어느 정도의 효과를 지니고 있으며, 어떤 견해에 대한 확신과 어떤 상념의 생동성을 증대시킨다. 이미 우리가 살펴본 것들을 제외한 새로운 여러 사례들에서 이와 같은 점이 증명된다면, 신념이 현전하는 인상과 관련된 생생한 관념에 지나지 않는다는 것이 쓸데없는 논변은 아니라는 것도 인정될 것이다.

먼저 인접성부터 시작하자면, 그리스도 교도와 마찬가지로 이슬람 교도들 사이에서도 메카 또는 성지를 방문했던 순례자들은 언제나 그와 같은 장점을 얻지 못한 사람들보다 훨씬 신앙심이 깊고 열광적인 신도들이다. 홍해와 사막, 예루살렘 그리고 갈릴리 등에 대한 생생한 이미지를 기억하고 있는 사람은 모세나 신약 복음서의 저자와 관련된 어떤 기적적인 사건들에 대해서도 전혀 의심할 수 없다. 거침없는 전이에 따라, 장소들에 대한 생생한 관념은 인접성에 의해 그 장소들과 관련된 것으로 가정되는 사실들로 옮겨 가며, 표상 작용의 생동성이 증대됨에 따라 신념도 늘어 간다. 그 들판과 강들을 돌이켜 생각하는 것은 동일한 원인들에서 유래하는 새로운 논변과 동일한 영향을 일상인들에게 미친다.

우리는 유사성에 관해서도 동일한 관찰을 할 수 있다. 우리가 현전하는 대상으로부터 현전하지 않는 그 원인이나 결과에 대해 이끌어 낸 결론은, 그 자체로 고려되는 대상에서 우리가 관찰할 수 있는 어떤 성질들에 기초하고 있는 것이 아니다. 바꾸어 말하면 어떤 현상으로부터 어떤 결과가 나타날지 또는 그 현상이 무엇으로부터 발생했는지에 대하여 경험 이외의 방식으로 결정하는 것은 불가능하다. 그러나 이것이 어떤 증명도 필요 없는 것처럼 여겨질 만큼 그 자체로 명백하다고 할지라도, 어떤 철학자들[3]의 가정에 따르면 모든 운동의 전달에 대해서도 명시적 원인이 있으며, 이성적인 사람은 과거의 관찰에 전혀 의지하지 않고도 다른 어떤 물체의 충돌에서 한 물체의 운동을 직접 추론할 수 있다고 한다. 그렇지만 이 견해가 거짓이라는 것은 간단히 증명될 것이다. 단지 물체, 운동, 충돌 따위의 관념으로부터 그와 같은 추정이 이루어질 수 있다면 그러한 추정은 결국 일종의 논증과 다를 바 없으며, 상반되는 어떤 가정도 절대로 있을 수 없다는 것을 함축해야 하기 때문이다. 그렇다면 운동의 전달을 제외한 모든 결과는 각각 형식적 모순을 함축해야 한다. 그리고 그와 같은 결과가 존재할 수 있다는 것뿐만 아니라, 그 결과가 표상될 수 있다는 것도 불가능하다. 그러나 어떤 물체가 다른 물체 때문에 운동하고, 그 두 물체가 접촉하자마자 그 물체가 곧 정지한다든지 또는 같은 길을 되돌아간다든지 또는 소멸한다든지 또는 원운동이나 타원운동을 한다든지 하는, 간단히 말해서 그 물체가 겪으리라고 가정되는 무수한 변화에 대해 명석하고 항상적인 관념을 형성함으로써 우리는 곧 그 반대임을 확인할 수 있을 것이다.

여기서 예로 든 모든 가정들은 항상적이고 자연적이다. 우리가 그 가정들뿐 아니라 다른 어떤 자연적 결과와 비교하면 운동의 전달이 더욱더 항상적이고 자연적이라고 상상하는 이유는 원인과 결과들 사이의 유사라는 관계에 기초를 두고 있다. 이 유사의 관계는 여기서 경험에 따라 합일되며, 우리가 그 대상들은 절대 분리될 수 없다고 상상할 정도로 그 대상들을 가장 가깝고 밀접한 방식으로 연결한다. 그렇다면 유사성은 경험과 동일하거나 또는 경험에 필적할 만한 영향을 갖는다. 그리고 경험의 유일한 직접적 결과는 관념들을 모아서 연합하는 것이므로, 나의 가설처럼 모든 신념은 관념들의 연합에서 생긴다.

다른 예를 들면, 눈은 항상 같은 수의 물리적 점들을 보며, 산꼭대기에 있는 사람은 그의 감관에 현전하는 심상도 극히 협소한 뜰이나 방에 갇혀 있을 때보다 더 크게 가질 수 없다는 것을 광학자들은 보통 인정한다. 그는 오직 경험에 따라서 그 심상 고유의 어떤 성질로부터 대상의 크기를 추정하며, 다른 경우에서나 마찬가지로 판단을 이렇게 끌어내는 것을 감각과 혼동한다. 이제 명백한 것은 판단을 이렇게 끌어내는 것은 우리의 일상적 추론들에서 흔히 보는 것보다 훨씬 더 생생하다는 것이다. 또한 어떤 사람이 단지 파도 소리만 듣는 것보다는 산꼭대기에 서서 광활한 대양의 심상을 눈으로 받아들임으로써 그 대양을 한층 더 생생하게 표상할 수 있다는 것이다. 그는 대양의 장엄함 앞에서 아주 뚜렷한 만족감을 느낀다. 그것이 바로 그와 같은 더욱 생생한 관념에 대한 커다란 증거이다. 그리고 그는 그의 판단을 감각과 혼동한다. 이것은 더욱 생생한 관념에 대한 또 다른 증거이다. 그러나 그 추정이 두 경우에 대등하게 확실하고 직접적이지만, 습관적 결부와 함께 시각에서 어떤 추정적 결론을 이끌어 낼 때는, 심상과 우리가 추정하는 대상 사이에도 역시 유사성이 있다는 이 경우로부터만 표상 작용의 우세한 생동성이 유래한다. 이 유사성은 그 관계를 강화하며 관계된 관념에 인상의 생동성을 더욱 유유자적한 움직임으로 전달하기 때문이다.

또, 인성의 가장 보편적인 약점은 통상 경신(輕信, credulity)이라고 부르는 것이다. 즉, 다른 사람의 증언을 너무 쉽게 신뢰하는 것이다. 이 나약함이 유사성의 영향이라는 것은 아주 자연스럽게 설명될 수 있다. 우리가 사실 문제를 다른 사람의 증언에 따라 받아들일 때 우리의 신뢰는 우리가 원인으로부터 결과를 추정하고 결과로부터 원인을 추정할 때와 동일한 기원에서 발생한다. 바꿔 말하면 거기에서 우리에게 인간의 진실성을 보증해 줄 수 있는 것은 인간의 본성을 지배하는 원리들인 우리의 경험뿐이다. 그러나 경험이 다른 모든 판단에서와 마찬가지로 인간의 진실성에 대한 참된 기준이라고 할지라도, 우리가 완전히 경험에 따라 스스로를 규제하는 것은 매우 드물어서 오히려 일상적 경험이나 관찰과 반대된다고 하더라도 유령과 마법 그리고 불가사의한 조짐과 같은 것조차도 일단 들은 것은 무엇이든지 믿는 놀라운 성향[4]을 우리는 가지고 있다. 다른 사람의 말이나 강연은 그들의 정신 안에 있는 어떤 관념과 밀접한 연관을 갖는다. 그리고 이 관념들도 역시 그가 재현하고자 하는 사실이나 대상과 밀접하게 결합되어 있다. 관념과 사실 사이의 유사성에서만 발생할 수 있는 이 두 번째의 연관은 대체로 아주 과대평가되어, 우리의 동의나 경험이 정당화할 수 있는 것을 넘어서도록 한다. 다른 결과들은 간접적 방식으로 그것의 원인만을 지적할 뿐이지만, 사람들의 증언은 그 원인을 직접적으로 지적하며 결과와 마찬가지로 심상으로 간주되는 것이다. 따라서 우리가 다른 사람의 증언에 근거해 결론을 끌어내는 것은 지나치게 성급한 것이다. 우리가 그 증언에 대해 판단하는 경우에는 다른 어떤 대상에 대해 판단할 때보다 경험에 제약을 덜 받는다고 하더라도 놀랄 것은 없다.

유사성이 인과성과 결합되면 추론들을 강화해 주지만, 그렇게 유사성이 아주 심할 정도로 결여되어 있으면 추론들도 거의 완전히 파괴될 수 있다. 여기서 주목할 만한 사례는 미래의 상태에 대하여 전적으로 무관심하고 아둔한 사람들에게서 찾아볼 수 있다. 그들은 다른 경우에는 맹목적으로 믿고 따르지만 다가오는 미래의 상태에 대해서는 병적일 정도로 의심을 품는다. 실제로 학구적인 사람을 가장 놀라게 만들고 경건한 사람이 가장 유감스럽게 생각하도록 만드는 것은 대부분의 사람들이 다가오는 상황들에 대해서는 무관심하다는 사실을 관찰하는 것이다. 그리고 세상 사람들에게는 공식적으로는 이단의 원리가 없는데도, 실제로 그 자신들의 가슴속은 이단자들이며, 그들에게는 이른바 영혼의 영생에 대한 신념과 같은 것이 전혀 없다는 것을 수많은 유명 신학자들이 주저 없이 긍정하는 데는 이유가 있다.

그러면 영원을 강조하는 설교에 어떤 신념이 나타나는지를 살펴보기로 하자. 동시에 우리가 비록 수사학적 문제에서는 다소 과장된 변명을 늘어놓을 수밖에 없겠지만, 가장 설득력 있는 표현조차 이 주제에서는 아주 조악하다는 것도 인정해야 한다는 것을 되새겨 보자. 이어서 또 다른 측면에서 그처럼 불가사의한 인간의 수호자에게 시야를 돌려 보자. 이 사람들이 자신들에게 교시된 그 무엇을 실제로 믿으며, 자신들이 긍정한다는 그 무엇을 실제로 믿는지 물어 보자. 그 대답은 분명히 부정적이다. 신념은 습관에서 발생하는 정신 작용이므로 유사성의 결여는 습관이 확정한 것을 전복시키며, 유사성의 원리가 관념의 힘을 증대시켰던 것만큼 유사성의 결여는 관념의 힘을 감소시킨다는 것이 전혀 생소하지 않다. 미래의 상태는 우리가 이해하기에는 너무 거리가 있으므로, 또 신체가 사라진 뒤 우리가 존재할 방식에 대한 관념은 너무 어렴풋하므로, 우리가 고안해 낼 수 있는 모든 추리들이 아무리 설득력 있고 또 교육의 도움을 아무리 받는다고 해도, 무기력한 상상력으로는 이 어려움을 결코 극복할 수 없다. 또한 그 관념에 충분한 권위와 힘을 부여할 수도 없다. 그래서 나는 우리의 미래 상황에 대해 우리가 형성한 어렴풋한 관념이 막연하다는 것에서 병적인 회의가 유래한다기보다는 오히려 현재의 삶에 대해 유사성의 결여로 인한 어렴풋한 관념에서 우리의 병적인 회의가 나타난다고 본다. 내가 살펴보건대 어디서든 사람들은 자신이 죽은 뒤에 일어날 사건이 이 세상과 관련이 있다는 전제 아래 그 사건에 관심을 기울이며, 그에게 있어서 그의 이름, 가족, 친구 그리고 고향 등이 일정 시간 동안 전혀 변하지 않는 경우는 거의 없기 때문이다.

실제로 이 경우에 유사성의 결여는 신념을 거의 파괴한다. 따라서 이 주제의 중요성을 냉정하게 돌이켜 보고, 거듭 성찰하여 미래 상태에 대한 논변을 조심스럽게 자신의 정신에 각인하는 극소수의 사람을 제외하면, 여행자들과 역사가들의 증언에서 나오는 참되고 확정적인 판단에 의해 영혼의 불멸성을 믿는 사람은 거의 없다. 사람들이 이승에서의 기쁨과 고통, 그리고 보상과 형벌 등을 저승에서의 그것들과 비교해 볼 기회가 있으면 어디서든, 비록 이 경우는 자신과 무관하며 자신의 판단을 혼란에 빠뜨릴 만큼 격렬한 정념이 없겠지만, 이 점은 아주 분명히 드러날 것이다. 예를 들면 로마 가톨릭은 그리스도교 세계에서 가장 독실하다. 그런데도 그 교단에서 제법 분별 있는 사람들 가운데 서도 화약 음모 사건[5]과 성 바르톨로메오 대학살[6]을, 비록 이 사건들이 자신들이 서슴지 않고 영원하고 끝없는 형벌을 선고했던 사람들에 대해 계획되고 집행된 것이라고 해도 잔혹하고 야만적인 행위라고 비난하는 사람들은 극히 드물다는 것을 당신은 알 것이다. 우리가 이러한 표리부동함에 대해 변명삼아 할 수 있는 말은 그들은 자신들이 긍정하는 미래 상태라는 것을 실제로는 믿지 않고 있다는 것이 전부이다. 여기에 대한 증거로 바로 이런 표리부동보다 더 좋은 증거는 없다.

한마디 덧붙이면, 공포의 상태에 처해 있는 사람은 종교적인 것에서 쾌락을 얻는다. 따라서 가장 참담하고 암울한 정념을 들뜨게 할 수 있는 사람보다 인기 있는 설교자는 없다. 우리가 일상적 대상의 구체적인 실재성을 느끼며 바로 이러한 실재성을 통해 살아가는 일상사에서 두려움과 공포보다 더 불쾌한 것은 없다. 그러한 정념들은 오직 희극의 공연이나 종교적인 설교에서만 항상 쾌감을 제공한다. 후자의 경우에 상상력은 게으르게도 관념 위에서 잠들어 있다. 대상에 대한 신념이 결여됨으로써 나약하게 된 정념이 갖는 호의적인 결과는 정신에 생기를 불어넣어 주고, 주의력을 속박하는 것뿐이다.

우리가 다른 관계의 결과들과 마찬가지로 다른 종류의 습관의 결과들에 대해서도 살펴볼 수 있다면 이 가설은 추가적으로 확증될 것이다. 이것을 이해하기 위해 먼저 우리는 모든 신념과 추론의 원천인 습관이 인과 관계 이외의 서로 다른 두 가지 방식에 따라 관념에 생기를 북돋우면서 정신에 영향을 미칠 수도 있다는 것을 고려해야 한다. 과거의 모든 경험에서 우리는 언제나 함께 결합되어 있는 두 대상을 발견한다고 가정한다면, 이 대상들 가운데 하나가 인상으로 출현했을 때 우리는 습관에 의하여 일상적으로 그 대상을 수반하는 관념으로 쉽게 전이할 수밖에 없다는 것은 분명하다. 그리고 현전하는 인상과 거침없는 전이에 의하여 우리는 산만하게 떠도는 공상의 심상을 생각할 때보다 훨씬 강력하고 생생한 방식으로 그 관념을 생각해야만 한다. 그러나 이제 그처럼 면밀하고 거의 인위적인 준비를 전혀 하지 않고, 어떤 순수한 관념 하나가 정신에 자주 나타난다고 가정해 보자. 이 관념은 차츰 수월성과 힘을 얻게 된다. 그 관념은 확고히 보존될 수 있다는 것과 쉽게 도입될 수 있다는 것 때문에 새롭고 비일상적인 관념과 구별된다. 이것은 유일하게 이 두 종류의 습관이 일치할 수 있는 특별한 경우이다. 따라서 판단에 대한 이 두 습관의 결과가 서로 동일하고 균형을 이룰 수 있는 것으로 보인다면 우리가 그 기능에 대해 이미 설명했던 것이 만족스럽다고 결론 내려도 좋다는 것은 확실하다. 그러나 우리가 교육의 본성과 효과를 고려해 볼 때, 그 습관들이 판단에 미치는 영향이 이처럼 일치한다는 것을 과연 의심할 수 있을까?

우리가 어릴 때부터 익숙해진 것들에 대한 의견과 견해들은 뿌리가 너무 깊다. 따라서 우리가 이성과 경험의 능력들을 모두 쏟아붓는다 해도 그 뿌리를 뽑는다는 것은 거의 불가능하다. 이 버릇은 경험의 영향에 버금갈 뿐만 아니라, 여러 경우에는 원인과 결과의 항상적이고 불가분적인 결합에서 발생한 것을 능가하기도 한다. 여기서 우리는 관념의 생동성이 신념을 산출한다고 말하는 것만으로 안주해서는 안 되며, 나아가 그 생동성과 신념은 불가분적으로 동일한 것이라고 반드시 단언해야 한다.[7] 어떤 관념을 자주 되풀이하는 것은 그 관념을 상상력에 새겨 넣지만, 그 정신의 작용이 비록 우리 본성의 근원적 구성에 따라서 오직 관념들을 추론하고 비교하는 것에만 수반된다고 하더라도 그 반복 자체에서는 신념을 산출할 수 없다. 습관은 우리가 관념들을 잘못 비교하도록 유도할지도 모른다. 이것이 우리가 생각할 수 있는 습관의 가장 극단적인 결과이다. 그러나 습관은 그와 같은 비교의 장을 제공할 수 없으며, 다시 말해 비교의 원리에 당연히 속하는 어떤 정신의 작용도 산출할 수 없다는 것은 확실하다.

이렇게 신념은 단순한 반복으로도 생길 수 있는데, 그 실례를 두세 개 들어 보자. 절단 수술로 팔다리를 잃은 사람은 그 뒤로도 오랫동안 자신이 잃은 팔다리를 쓰려고 애쓴다. 또 어떤 사람이 죽은 뒤에도, 일부 하인들을 특별히 제외한다면 그의 가족들은 보통 그가 죽었다는 사실을 거의 믿을 수 없어서 자신들이 자주 만났던 장소나 아니면 그의 방에 그가 있으리라고 상상한다. 어떤 사람이 대화 가운데서 무엇으로든 유명한 사람에 대해 이야기한 다음에 그 사람과 전혀 안면이 없으면서 나는 그 사람을 본 적이 없지만, 그 사람을 만난 적이 있다는 공상에 잠길 정도로 그 사람에 대한 이야기를 자주 들었다고 말하는 것을 종종 들을 수 있다. 이것들은 모두 비슷한 사례들이다.

만약 우리가 교육(education)으로부터 비롯되는 이 논변을 적절한 관점에서 고려해 본다면, 그 논변에는 믿음이 간다. 그리고 그 논변은 우리가 어디서나 부딪치는 가장 평범한 현상에 기초를 두고 있다는 점에서 더욱 믿음이 간다. 조사해 보면 우리는 인류에게 널리 퍼져 있는 의견들 가운데 절반 이상이 교육에서 유래한다는 것을 알게 될 것이다. 이처럼 무의식적으로 마음속에 새겨진 원리들은 추상적 추론이나 경험에서 유래하는 원리들보다 더 큰 비중을 차지한다는 것을 나는 확신한다. 거짓말쟁이가 거짓말을 자주 반복함으로써 마침내 그 거짓말들을 기억하게 되는 것과 마찬가지로 바로 이 반복에 의해서 판단력 또는 오히려 상상력이 감관, 기억, 이성 등이 우리에게 제시하는 관념들과 동일한 방식으로 정신에 작용할 수 있을 만큼 자신에게 강력하게 각인된 관념들을 가질 수 있다. 또 그 관념들을 완전한 양상으로 표상할 수도 있다. 실제로 교육은 우리가 원인과 결과로부터 추론하는 것과 마찬가지로 습관과 반복이라는 동일한 기초 위에 확립되지만, 그것은 인위적 원인이지 자연적 원인은 아니다. 또 교육의 여러 근본원칙들은 자주 이성과 상반되며 더욱이 때와 장소가 다르면 그 근본원칙들 자체와도 상반되므로, 바로 이 점 때문에 철학자들은 교육을 인정하지 않는다.[8]

〈주〉

1 현전하는 인상 즉 직접 경험과 그 기억에서 재현은 제1차적인 실재의 세계이다.

2 '낙원의 뜰(the Elysian Fields)'은 호메로스의 오디세이아에서 나오며, 그 후 시민들도 그린 이상 낙원이다.

3 운동 전달에 원인을 생각하는 '어떤 철학자들(some philosophers)'은 데카르트처럼 제2의 원인을 생각하는 사람들까지 포함하면 버클리를 뺀 거의 모든 철학자들과 자연학자들이다. 또한 인과적 추론이 경험에 의한 이외의 것으로 얻을 수 없는 것에 대해서는 제1편 제3부 제6절 참조.

4 '성벽(propensity)'은 일정 조건 아래 마음이 가진 어떤 방향에 대한 강제적 작용 경향. 동의어로 '편견(bias)' 등을 사용할 수 있다. 그래서 마음이 어떤 한쪽으로 치우친 것은 '한정(determination)'이라 부른다.

5 '화약 음모 사건(the Gunpowder–treason)'은 1605년 11월 5일, 의회 개원식에 국왕이 있는 의사당 지하실에 화약을 묻어 놓고 죽이려 했지만 미수로 그친 사건이다. 가이 포크스 등을 주모자로 하여 로마 가톨릭 교도들이 가담했다.

6 '성 바르톨로메오 대학살(the massacre of St. Bartholomew)'은 1572년 8월 24일 파리에서 발

발하여 프랑스 각지에 모인 가톨릭 교도들의 위그노들에 대한 학살 사건이다.

7 여기서부터 관념의 활기와 신념이 같다는 것을 근거로 하기 위해 말한 점은 너무 간단해서 이해하기 어렵다. 많은 설명을 덧붙인 이유이다.

8 모든 개연적 추론들에 대한 동의는 관념들의 생동성을 기초로 하기 때문에, 상상력의 소산이라는 모멸적 특성 때문에 거부되는 별난 생각이나 선입견들 가운데 우리들의 동의와 유사한 것들이 많다는 것을 우리는 일반적으로 관찰할 수 있을 것이다. 이러한 표현에 따르면 상상력이라는 단어는 대개 서로 다른 두 가지 의미로 사용된다. 바로 이러한 모호성이야말로 참된 철학이 결코 용납할 수 없는 것인데도, 나는 다음과 같은 추론들에서 때때로 그 모호성에 빠지지 않을 수 없었다. 내가 상상력을 기억력과 대비시킨다고 말할 때 상상은 다소 흐릿한 관념을 형성하는 기능을 의미한다. 또한 나는 상상력을 이성과 대비시킬 때, 우리의 논증적 추론과 개연적 추론만 제외한다면 상상력과 이성이 동일한 기능이라고 본다. 내가 이것을 어떤 것과도 대비시키지 않을 때, 상상력은 다소 제한된 의미로 파악되어도 무방하며 적어도 문맥이 그 의미를 충분히 설명해 줄 것이다.(원주)

10 신념의 영향에 대하여

철학이 교육을 어떤 의견에 대하여 잘못된 동의를 유발하는 근거가 된다고 하여 이를 기각하더라도 교육은 세간에 널리 행해지고 있으며, 모든 학문의 체계들이 처음에는 어렵고 낯설다며 거부되기 쉬운 까닭도 교육에 있다. 아마 이것은 내가 여기서 신념에 관해 일구어 낸 것들의 사명일 것이다. 비록 내가 제시했던 증거들이 나에게는 완전히 결정적이라고 하더라도, 나는 많은 사람들이 나의 견해로 전향하기를 바라지는 않는다. 그처럼 중요한 결과가 얼핏 보기에는 아주 하찮은 원리들에서 얻어진다는 것은, 바꿔 말하면 우리의 모든 활동 및 정념과 함께 거의 대부분의 추론들이 버릇과 습관에서 유래될 수 있다는 것이다. 그러나 이것을 사람들은 언제나 거의 납득하려 들지 않을 것이다. 이 반박을 해소하기 위해 앞으로 정념과 심미안[1]을 다룰 때 고찰하게 되겠지만 여기서 미리 조금 살펴보겠다.

모든 정신 작용들을 발원시키고 움직이는 주된 원리는 무엇일까. 고통과 쾌락의 지각이다. 그 두 가지가 인간 정신에 뿌리내리고 있다. 그러나 고통과 쾌락은 두 가지 방식으로 정신에 나타난다. 그 두 가지 방식의 결과들은 서로 확연히 다르다. 즉 첫 번째로 그 지각들은 실제로 느낄 때의 인상으로 나타날 수 있다. 또 두 번째는 지금 내가 그 지각을 언급할 때처럼 오직 관념으로 나타날 수도 있다. 그런데 고통과 쾌락의 지각이 우리의 활동에 미치는 영향이 전혀 같지 않다는 것은 확실하다. 인상은 언제나 영혼을 가장 왕성하게 기동시킨다. 그러나 모든 관념이 각각 동일한 결과를 갖는 것은 아니다. 자연은 이 경우에 움직임에 신중을 기하고, 양극단의 폐단을 조심스럽게 피해 가는 것으로 여겨진다. 오직 인상만이 의지에 영향을 미친다면, 우리가 재난이 다가오는 것을 예견했다고 할지라도, 우리는 그 재난을 피하도록 우리를 자극할 수 있는 어떤 행동 원리를 태어날 때부터 갖추고 있지 않으므로, 살아가면서 매순간마다 아주 엄청난 재난에 휩싸였을 것이다. 반면에 모든 관념이 각각 우리의 행동에 영향을 미친다고 하더라도 우리의 상황이 크게 개선되는 것은 아니다. 그러한 것은 사유의 불안정성과 활동성 때문일 터이지만, 만물의 심상 특히 선과 악²의 심상은 언제나 정신에서 방황하고 있다. 그리고 정신이 이런 종류의 허황된 사유에 의해 움직인다면, 정신은 단 한순간의 평화와 고요도 누릴 수 없게 될 것이다.

그러므로 자연은 중간을 택하여 모든 선과 악의 관념에 의지를 움직이는 능력을 부여하지 않았으며, 그러한 관념을 이러한 영향에서 완전히 배제하지도 않았다. 근거 없는 허구는 효력이 없다고 할지라도, 우리는 경험적으로 다음과 같은 사실을 안다. 우리가 존재하거나 존재하리라고 믿는 대상들의 관념은 감관이나 지각에 직접 현전하는 인상과 동일한 결과를 다소 낮은 정도로 산출한다. 그렇다면 신념의 효력은 단순 관념을 우리의 인상과 대등하게 끌어올리는 것이며, 정념에 이와 유사한 영향을 미치는 것처럼 관념에게도 영향을 미친다. 신념은 관념을 힘과 생동성에서 인상과 엇비슷하도록 만듦으로써 가질 수 있을 뿐이다. 힘의 서로 다른 정도가 곧 인상과 관념의 근원적 차이이므로 그 차이는 결과적으로 지각들의 결과가 갖는 차이의 원천이며, 전체적이든 부분적이든 간에 차이가 제거되면 인상과 관념은 모든 새로운 유사성들의 원인을 획득한다. 우리가 힘과 생동성에서 관념을 인상들과 엇비슷하게 할 수 있는 모든 경우에 관념도 마찬가지로 정신에 미치는 영향에서 인상들을 모방한다. 그 반대도 마찬가지이다. 지금의 경우처럼 관념이 영향력의 측면에서 인상을 모방한다면 이것 또한 힘과 영향력에서 관념이 인상과 엇비슷해지는 데에서 비롯되는 것이다.

따라서 신념은 관념이 인상의 효력을 많도록 하는 원인이므로 신념은 관념이 이러한 성질들에서 인상을 담도록 해야 하며, 신념은 어떤 관념에 대한 더욱 생생하고 강렬한 상념일 뿐이다. 그러므로 이것은 학문의 체계를 위한 부차적 논란으로 쓰일 수도 있으며, 또 우리가 인과적으로 추론한 것이 의지와 정념들에 작용할 수 있는 방식에 대해서도 짐작할 수 있도록 해 줄 것이다. 신념은 정념을 불러일으키는 데 거의 절대적으로 필요하므로 정념은 때가 되면 신념과 매우 흡사하게 된다. 유쾌한 정서를 전달할 뿐만 아니라 아주 흔한 일이지만 고통을 주기도 한다. 이러한 사실들로 미루어 볼 때 정념은 더욱 쉽게 신앙과 의견의 대상이 된다. 쉽게 두려움을 느끼는 겁쟁이는 자신이 마주쳤던 위험의 요인들에 모두 쉽게 동의한다. 쓸쓸하고 우울한 기질을 가진 사람은 자신을 지배하고 있는 정념을 조장하는 것이면 무엇이든 너무 쉽게 믿는다. 어떤 애처로운 대상이 나타났을 때, 그 대상은 특히 본래 그 정념에 예민한 사람에게 (말하자면) 신호를 보내며 곧 그것 고유의 정념을 일정한 정도로 불러일으킨다. 앞의 체계에 따르면 이 정서는 거침없는 전이에 의해 상상력으로 옮겨 가며 애처로운 대상의 관념에 스스로 스며들어, 우리로 하여금 아주 강한 힘과 생동성을 가진 관념을 형성하도록 하여 마침내 그 관념에 동조하도록 한다. 감탄이나 놀라움도 다른 정념과 같은 효과가 있다.

　따라서 우리는 허풍쟁이나 유령회사 발기인들이 중용을 지킬 때보다는 엄청나게 과장을 해댈 때 일상인들 사이에서 더욱 쉽게 신뢰받는다는 것을 주목할 수 있을 것이다. 불가사의한 그들의 관계에 자연스럽게 수반되는 최초의 놀라움은 영혼 전체에 스며들어 관념을 활발하고 생생하게 한다. 그런데 이 관념은 우리가 경험에서 추정하는 것들과 흡사하다. 이것은 일종의 불가사의이다. 우리는 이미 이것을 조금 접해 보았으며, 이 논고의 진행 과정에서 다른 기회에 이것을 다루도록 하겠다.

　우리는 신념이 정념들에 미치는 영향을 이렇게 설명한 다음, 정념이 아무리 의외로 나타난다 하더라도 신념이 상상력에 미치는 효력을 설명하는 데 어려움이 덜하다는 것을 알 것이다. 예를 들어, 어떤 담화에서든 공상에 나타난 어떤 심상들에 대해 우리의 판단력이 동의할 수 없는 경우, 그 담화에서 우리가 쾌락을 느낄 수 없다는 것은 분명하다. 하찮은 사실들에 대해서조차도 거짓말하는 버릇이 있는 사람들의 대화는 우리에게 전혀 만족을 줄 수 없다. 그런 사람들이 추리에게 제시한 관념은 신념을 수반할 수 없으며 정신에 어떤 인상도 새겨 넣을 수 없기 때문이다. 시인들이 비록 직업적인 거짓말쟁이라고 할지라도 그들은 자신들의 허구를 진실처럼 보이기 위해 노력한다. 그러한 노력이 완전히 무시되는 경우에, 시인들의 말솜씨는 아무리 교묘하더라도 결코 커다란 쾌락을 제공할 수는 없을 것이다. 간단히 말해서 우리가 관찰할 수 있는 것은, 관념이

제우스상

의지와 정념에 전혀 영향을 미치지 않을 때조차도 진리와 실재는 그 관념들을 상상력에 집어넣기 위하여 여전히 요구된다는 것이다.

그러나 이 항목에서 나타난 모든 현상들을 함께 비교해 본다면 모든 천성의 활동에는 진리가 담겨 있는 것처럼 여겨질 수 있다는 것이 불가피하다고 할지라도, 진리는 관념들을 거리낌 없이 수용하도록 하며 정신이 관념들을 만족스럽게 또는 적어도 묵묵히 받아들이도록 하는 등의 효력을 지닐 뿐이다. 나의 체계에 따르면 이것은 인과 추론에 의해 확정된 관념들이 수반하는 견실성과 힘에서 유래하는 것으로 쉽게 상정될 수 있는 효과이다. 따라서 공상에 미치는 신념의 영향은 모두 그 체계에 의하여 설명될 수 있을 것이다. 따라서 우리는 다음과 같은 사실을 알 수 있다. 진리나 실재를 제외한 다른 어떤 원리에서라도 그 영향이 발생하는 곳이면 어디서든 그 원리들은 신념에게 자리를 마련해 주며, 상상력을 마찬가지로 환대한다는 것이다. 시인들은 이른바 사물들의 시적 체계라는 것을 구성했는데, 그 체계는 그들 자신이나 독자들도 아무도 믿지 않는 것이지만 어떤 허구에 대한 충분한 기초로 평가되는 것이 공통적이다. 마르스,[3] 주피터,[4] 비너스[5] 등의 이름은 우리에게 아주 친숙하다. 교육이 어떤 견해를 주입시키는 것과 같은 방식으로 이 관념들을 지속적으로 반복하는 것은 그 관념들이 쉽게 정신에 들어오도록 하며 판단에 영향을 미치지 않고도 공상에 효력을 나타낸다. 마찬가지로 비극 작가들은 어느 정도 알려진 역사적 사건

들에서 우화나 적어도 그 주인공들의 이름을 빌려 온다. 작가들은 진리가 어떤 상황에서는 불가침의 것으로 여겨지지 않는다는 것을 솔직히 고백하므로, 그들의 행위는 관객을 속이기 위한 것이라기보다는 자신들이 재현하는 의외의 사건들을 상상력이 좀더 쉽게 받아들이도록 하기 위한 것이다. 그러나 희극 작가들에 대해서는 이러한 점을 주의할 필요가 없다. 희극 작가들이 그려 내는 인물이나 사건들은 비극 작가의 경우보다 훨씬 친근감이 있다. 그것은 설령 그 인물이나 사건들이 첫눈에 허구적이며 순수한 공상의 소산이라는 것이 알려지더라도 쉽게 표상될 수 있고 그와 같은 형식에 구애될 것 없이 받아들여질 수 있기 때문이다.

비극 시인들의 우화에 이처럼 진리와 허위가 더해진 것은, 어떤 절대적 신념과 확증 없이도 상상력이 만족될 수 있다는 것을 보여 줌으로써 당면한 우리의 목적에 이바지할 뿐만 아니라 다른 측면에서는 이 체계의 아주 강력한 증거로 간주할 수 있다. 시인들이 그 작품 전체에 대하여 좀더 쉬운 동의를 이끌어 내고 공상과 감정에 더욱 깊은 인상을 남기도록 하기 위해 등장 인물의 이름과 주요 사건을 역사에서 빌려 오는 기법을 사용하는 것은 분명하다. 몇 개의 단편적인 부대 사건들은 한 편의 시나 공연에서 합쳐져 일종의 관계를 갖게 된다. 이 부대 사건들 가운데 어떤 것이 신념의 대상이라면, 이 사건은 자신과 관계를 맺은 다른 부대 사건들에 힘과 생동성을 부여한다. 최초의 상념이 주는 생동감은 그 관계를 따라 확산되며, 아주 많은 경로나 통로에 의해 전해지듯 주요 관념과 교류하는 모든 관념들에게 전해진다. 실제로 생동감이 이와 같이 전해진다는 것을 결코 완전히 확신할 수 없다. 관념들 사이의 합일은 어느 정도 우연적이기 때문이다. 그런데도 그 생동성은 우리가 그 관념들이 동일한 기원에서 유래했다고 믿을 만큼 그 영향력에서 엇비슷해진다. 신념은 자신에게 수반되는 힘과 생동성으로 상상력을 충족시켜야 한다. 힘과 생동성을 갖는 모든 관념들은 각각 상상력이라는 직능에 적합한 것으로 밝혀졌기 때문이다.

이것을 확인하기 위해 우리는 판단과 정념뿐만 아니라 판단과 공상 사이의 상호 협력을 주목할 수 있다. 그리고 신념이 상상력에 생기를 불어 넣기도 하고 또 생기 있고 강한 상상력은 모든 재능 가운데서도 신념과 권위를 낳기에 가장 적합하다. 예를 들면, 웅변으로 완전히 윤색된 것에 대해 동의를 유보하기는 쉽지 않다. 많은 경우에 공상에 의해 산출된 생동성은 습관과 경험으로 생긴 생동성보다 훨씬 크다. 우리는 우리의 저자나 동료의 생생한 상상력 때문에 서둘러 자리를 뜨게 된다. 그리고 그 자신조차도 자신의 열정과 재능에 희생되기도 한다. 다음과 같은 사실을 주목해 보는 것도 잘못은 아닐 듯하다. 아주 흔하지만 생생한 상상력은 광기와 아둔함으로 전락하며 그 작용에서 많은 유사성을 포함하고 있다. 그러므로 광기와 아둔함은 같은 방식으로 판단에 영향을 끼치며 실제로 동일한 원리에 따라 신념을 산출한다. 혈기와 생기가 터무니없이 동요하는 데서 상상력이 그 능력과 기능을 모두 혼란에 빠뜨리는 생동성을 획득했을 때는 진리와 허위를 구분할 방법이 없어진다. 그렇지만 기억의 인상이나 판단의 결론과 동일한 영향력을 갖는 어렴풋한 허구나 관념은 각각 같은 토대 위에서 수용되어, 인상이나 판단의 결론들과 대등한 힘으로 정념에 작용한다. 우리의 관념에 생기를 불어넣는 데는 현전하는 인상과 습관적 전이는 이제 더 이상 필요 없게 된다. 두뇌의 모든 망상은, 우리가 앞에서 사실 문제에 관한 결론이라는 명칭을 부여했던 추정적 결론 가운데 어떤 것들처럼 생동적이고 강렬하며 때로는 감관에 지금 나타난 인상처럼 생동적이고 강렬하기도 하다.[6]

우리는 시심(詩心)의 바로 이러한 결과를 좀 낮은 정도로 살펴볼 수 있다. 이것은 시심뿐만 아니라 광기 모두에 대해서도 마찬가지다. 시심과 광기들이 자신의 관념들에게 부여하는 생동성은 이 관념들의 대상들의 개별적 상황이나 연관에서 유래하는 것이 아니라, 사람의 당시 기질과 성향에서 유래하는 것이다. 그러나 이 생동성이 일어나는 한계가 아무리 크다고 하더라도, 시에서의 생동성은 가장 낮은 종류의 개연성에서조차도 우리가 추리할 때 정신 안에서 일어나는 생동성과 동일한 느낌은 아니다. 정신은 전자와 후자를 쉽게 구별할 수 있다. 시적 열정이 영혼에 불어넣을 수 있는 정서가 무엇이든, 그 정서는 여전히 신념이나 확신의 허깨비일 뿐이다. 이것은 관념과 동일하며, 그 관념이 유발시킨 정념과 마찬가지이다. 우선 정서에 관해 말하면 시에서 발생할 수 있는 것과는 다른 인간 정신의 정념은 결코 없다. 동시에 정념의 느낌들은 시적 허구에 의해 야기되었을 때와 신념이나 실재에서 일어났을 때와는 아주 다르다. 실제 생활에서는 전혀 내키지 않던 정념이 비극이나 서사시에서는 최고의 위안을 줄 수도 있다. 후자의 경우에는 그 정념이 우리에게 영향을 미치지 않는다. 그 정념은 확고하지도 견고하지도 않다. 따라서 영혼을 흥분시키고 주의를 환기시키는 호의적 결과를 나타낸다. 정념들 간의 차이는 그 정념들이 유래하는 관념들이 유사한 차이를 갖는다는 것에 대한 명백한 증거이다. 현전하는 인상과 습관적으로 맺어짐으로써 그 생동성이 유래하는 경우에 표면적으로 보기에는 상상력이 그처럼 동요되지 않을 수도 있지만, 상상력의 작용에는 언제나 시와 웅변 등의 열광보다 더욱 강력하고 실재적인 무엇이 있다. 오직 이 경우에 심리 작용의 힘은 정신의 가시적 동요로 짐작해 볼 수 없다.

시적 묘사는 역사적 해설보다 공상에 더욱 두드러진 결과를 나타낼 수 있다. 또 완벽한 심상 또는 실상을 구성하는 여건보다 많은 것을 모을 수도 있다. 그 시적 묘사는 대상을 더욱더 생생한 색상으로 우리에게 제시하는 것처럼 여겨진다. 그런데도 그 시적 묘사가 제시한 관념들은 기억과 판단 등에서 발생하는 관념과 비교해 볼 때 느낌이 다르다. 시의 허구를 수반하는 사유와 감수성 등의 열정이라고 여겨지는 모든 것에는 불완전하고 희미한 그 무엇이 있다.

다음에[7] 우리는 시적 열정과 진지한 확신 사이에 존재하는 유사점과 차이점을 모두 살펴볼 것이다. 그동안 나는 그 느낌들의 차이가 반성과 일반 규칙들에서 유래한다는 것을 주목하지 않을 수 없었다. 우리는 허구가 시와 웅변에서 받아들이는 표상 작용의 활기가, 모든 관념들마다 똑같이 받아들일 수 있는 단지 우연한 여건일 뿐이라는 것, 그런 허구는 실제로는 없는 것과 연관되어 있다는 것 따위를 살펴보았다. 이런 관찰은 우리가 이른바 허구에 진력하도록 할 뿐이지만, 기억과 습관에 기초를 두고 불변적으로 확정된 확신과는 아주 다른 허구적 관념을 낳는다. 허구와 확신은 동일한 종류의 어떤 것이지만, 그 원인과 결과에서 허구는 기억과 습관에 기초를 둔 확신에 비해 아주 열등한 것이다.

인과의 일반 규칙들에 대해서도 이와 같이 반성해 보면, 우리 관념들의 힘과 생동성이 증대됨에 따라 우리가 신념을 증대시키는 것을 막을 수 있다. 어떤 의견이 어떤 의심이나 반대의 개연성을 허용하지 않는 경우에, 비록 유사성과 인접성의 결여는 그 의견이 다른 의견들보다 힘이 약하도록 할 수 있을지라도 우리는 그 의견에 완전한 확신을 부여한다. 따라서 감관들의 현상들을 교정하는 것은 오성이며, 오성에 의해 우리는 실제로는 20피트(1피트=12인치=30,48 ㎝) 거리에 있는 어떤 대상을 눈으로 볼 때 10피트 거리에 있는 것과 같은 크기로 상상한다.[8]

우리가 오직 이러한 차이점을 가지고 조금만 반성하면 시심의 환상을 없앨 수 있으며, 대상들을 그 고유의 형태로 조명하는 다소 낮은 정도의 시심의 결과를 관찰할 수 있다. 시적 열정이 고양되었을 때 시인은 거짓 신념을 가지며, 심지어 그의 대상들에 대해 일종의 환영을 갖기도 한다. 이 신념을 지지해 주는 논변의 자취라도 있다면, 독자들에게도 마찬가지겠지만 시인 자신에게도 영향을 끼치는 시적 상징과 그 심상의 번득임만이 시인의 가슴 벅찬 확신에 기여할 것이다.

〈주〉
1 '정념(passion)'은 제2편의 주제이자 제3편을 통해 고찰된다. '심미안(sense of beauty)'은 그 사이에 예를 들어 제2편 제1부 제8절에서 주제로서 다루어진다.
2 '선과 악(good and evil)'은 말할 것도 없이 제3편의 주제이다.
3 '마르스(Mars)'는 그리스의 신화로 '아레스(Ares)'라고도 불리는 전쟁의 신이다.
4 '주피터(Jupiter)'는 고대 이탈리아의 라틴 민족의 최고신으로서 '승리의 신'이라 숭배하고, 그리스 문화가 로마세계에 유입되고부터는 '제우스(Zeus)'에 해당한다.
5 '비너스(Venus)'는 그리스 신화에서 '아프로디테(Aphrodite)'라고 불리는 사랑과 미(美)의 여신이다.
6 신념의 주관주의적 해명은 여기서 절정에 달한다. 동시에 스스로를 무너뜨린다.
7 '다음에'는 어디를 가리키는지 분명하지 않다.
8 이렇게 감관적 직접 경험과 반대가 되는 지성적 관념도 믿게 된다. 이것은 신념의 특징을 심상의 강한 활기 내지 생기에서 구하는 입장에서는 말할 수 없다.

11 우연들의 개연성에 대하여

지금까지 나는 인과적 추론과 신념에 관해 하나의 새로운 체계를 주장해왔다. 그런데 이 체계에 충분한 힘과 명증성을 제공하기 위하여, 우리는 잠시 이 체계의 결과에 눈을 돌려 보고, 동일한 기원에서 유래하는 다른 종류의 추론

을 동일한 원리에 따라 해명해야 한다.[1]

인간의 인식을 지식과 개연성으로 나누고 지식을 관념의 비교에서 발생하는 명증성이라고 정의하는 철학자들은, 당연히 원인이나 결과에서 유래하는 논변들을 모두 개연성이라는 일반 술어로 파악한다. 그런데 모든 사람이 자신의 용어를 자신이 원하는 의미로 자유롭게 쓰며 이에 따라 이 논고의 앞부분에서 내가 이 표현 방식을 따랐다고 할지라도, 일상 논문에서 우리는 확실히 인과성에서 비롯되는 많은 논변들이 개연성을 넘어서고 있으며 명증성의 탁월한 종류로 받아들여진다는 것을 바로 긍정한다. 예를 들면, '내일 태양이 뜰 것이다. 또는 모든 사람은 반드시 죽는다' 따위의 사실에 대해 우리는 경험이 우리에게 제공하는 것 이상의 어떤 다른 확증도 갖지 못하고 있지만, 그러한 것들이 개연적일 뿐이라고 말하는 사람을 어리석게 여길 것이다. 바로 이 때문에 단어의 일상적 의미를 동시에 보존하며 명증성의 여러 정도를 구획하기 위해서는 인간의 인식을 지식과 실증 그리고 개연성에서 유래하는 세 종류로 즉 지식, 실증, 개연성으로 구별해 두는 것이 훨씬 편리할 것 같다. 내가 지식이라고 말할 때 그 지식은 관념들의 비교에서 발생하는 확증을 가리킨다. 실증은 원인과 결과의 관계로부터 유래하면서 의심이나 불확실성이 전혀 없는 논변이다. 개연성은 여전히 불확실성을 수반하는 명증성이다. 내가 앞으로 검토할 것은 마지막 종류의 추론이다.

개연성 또는 추측에 근거한 추론은 우연에 기초를 두는 것과 원인에서 발생하는 것,[2] 이 두 종류로 구분할 수 있을 것이다. 우리는 이것들을 순서대로 하나씩 살펴볼 것이다.

원인과 결과의 관념은 경험이다. 즉 우리에게 항상적으로 서로 결합되어 있는 어떤 대상들을 제시한다. 원인과 결과의 관념은 그 대상들을 인과 관계에서 바라보는 습관을 산출하므로, 현저한 왜곡이 없다면 우리가 그 대상들을 다른 관계에서 바라볼 수는 없다. 그 반면에 우연은 그 자체로는 아무것도 실재하지 않으므로, 정확히 말하자면 어떤 원인을 부정하는 것이므로, 우연이 정신에 미치는 영향은 인과성과 반대인 것이다. 다시 말해 우연의 본질적인 점은, 우발적으로 보이는 사물의 존재·비존재를 고찰할 때 상상이 어느 한쪽으로 치우치는 일이 전혀 없도록 붙잡아 두는 것이다. 원인은 사유를 위한 방향을 투사하며, 우리가 개별적 대상을 개별적 방식으로 바라보도록 어느 정도 강요한다. 우연은 이와 같은 사유의 결정을 파괴할 뿐이며, 정신을 무차별이라는 원래의 상태로 방치한다. 원인이 없어지면 정신은 곧 무차별로 복귀하게 된다.

따라서 완전한 무차별이 우연의 본질적 속성이므로, 좀더 많은 수의 대등한 우연이 결합된 형태를 제외하면 다른 것보다 우세한 우연은 있을 수 없다.[3] 하나의 우연이 다른 어떤 방식에 따라 다른 우연보다 우세할 수도 있다는 것을 우리가 긍정한다면, 동시에 우연에 우세함을 부여하고 다른 측면보다는 바로 그 측면에서 사건을 결정하는 무엇이 있다는 것도 긍정해야 한다. 바꾸어 말하자면 우리는 원인을 인정해야 하며 우리가 앞서 확정했던 우연의 가정을 파괴해야 한다. 완전하고 전체적인 무차별은 우연에 대하여 본질적이며, 전체적인 무차별이 그 자체에서 다른 것보다 우세하거나 열세일 수 없다. 이 진리는 나의 체계에 특이한 것이 아니라 우연을 산정하는 체계마다 모두 인정하고 있다.

여기서 주목할 것은 비록 우연과 인과는 전혀 상반되지만, 우연들 사이에 혼합되어 있는 원인들과 어떤 개별적인 것들에게 결합된 필연성을 가정하지 않고는, 다른 것들의 전체적인 무차별성 때문에 한 주사위놀이가 다른 주사위놀이보다 우세하다는 것을 제시하는 데 필수적인 우연들의 조합을 우리가 생각하는 것은 불가능하다는 것이다. 우연을 제한하는 것이 없다면, 가장 터무니없는 공상이 형성할 수 있는 견해들도 저마다 대등한 지반 위에 있다. 또 하나의 주사위놀이가 다른 주사위놀이보다 유리하다는 것을 제시해 줄 수 있는 어떤 여건도 있을 수 없다. 그러므로 주사위를 떨어뜨리고, 주사위가 떨어질 때 그 형태를 유지해 주며, 주사위가 어느 면으로 놓일 것인가를 결정해 주는 등의 원인들이 있다는 것을 우리가 인정하지 않는다면, 우리는 주사위놀이의 법칙들에 관해 전혀 산정할 수 없다. 그러나 이 원인들이 작용한다고 가정하고 마찬가지로 나머지 것들도 모두 무차별적으로 우연들에 의해 결정된다고 가정하면, 우연의 우세한 조합이라는 의견에 쉽게 도달한다. 예를 들어 네 면이 일정한 수의 눈으로 표시되고 두 면은 다르게 표시된 주사위는 우리에게 우세함에 관해 분명하고 쉬운 사례를 제공해 준다. 여기서 정신은 원인에 의하여 사건들의 정확한 수와 성질에 한정되며, 동시에 어떤 특정 사건을 선택하도록 결정되지는 않는다.

지금까지 추론들을 세 단계로 진행했다. 즉 우연은 원인의 부정일 뿐이며 정신에 전체적인 무차별을 낳고, 어떤 원인의 부정이나 전체적인 무차별은 다른 부정이나 무차별보다 우세할 수도 열세일 수도 없으며, 또 어떤 추론의 기초가 되려면 우연들 사이에는 원인의 혼합물이 언제나 있어야 한다. 다음으로 우리는 우연의 우세한 조합이 정신에 미치는 영향과 그 조합이 우리의 판단과 의견에 영향을 미치는 방식에 관해 살펴볼 것이다. 여기서 원인에서 생겨나는 신념에 관해 조사하면서 활용했던 논의를 모두 되풀이해도 좋겠고, 또 마찬가지로 수적으로 우세한 우연들이 논증이나 개연성에 의하지 않고 우리의 동의를 이끌어 낸다는 것을 증명할 수도 있겠다. 실제로 우리가 단순히 관념들만을 비교한다면 결코 이 사실들에서 중요한 발견을 할 수 없다는 것은 분명하다. 바꿔 말하면, 어떤 사건이 수적으로 우세한 우연 쪽으로 기울 수밖에 없다는 것을 확실하게 증명하는 것도 불가능하다. 이 경우에 어떤 확실성을 가정하는 것은 우연들의 대립 그리고 우연들의 완전한 대등성과 무차별성에 관해 우리가 확립했던 것을 뒤집게 된다.

우연들이 대립할 때, 그 사건이 기우는 쪽을 확실하게 결정할 수 없더라도, 그 사건이 수적으로 열세인 우연들이 있는 쪽보다는 우세한 우연들이 있는 쪽에 있으리라는 것이 더 가망성이 있고 개연적이라고 우리는 확실하게 단언할 수 있다. 또 이렇게 말해도 된다면 여기서 가망성과 개연성[4]은 무엇을 뜻하는지 물어 보아야 하겠다. 우연의 가망성과 개연성은 대등한 우연들의 수적인 우세이며, 결과적으로 우리가 그 사건은 열세인 쪽보다는 우세인 쪽으로 기울 것 같다고 말할 때 우연의 수적 우세가 있는 곳에 실제로 우세가 있으며 우연의 수적 열세가 있는 곳에 실제로 열세가 있다는 것 등을 우리는 긍정할 수밖에 없다. 이 둘은 동일한 명제들이며 전혀 대수로울 것이 없다. 문제는 대등한 우연의 수적 우세가 어떻게 정신에 작용하며 신념이나 동의를 산출하는가 하는 것이다. 논증이나 재연성에서 비롯되는 어떤 논변에 의해서도 그렇게 되지 않는다고 여겨지기 때문이다.

이러한 어려움을 없애기 위하여 어떤 사람이 주사위 한 개를 가지고 있다고 가정해 보자. 이 주사위의 형태는 네 면이 하나의 숫자 또는 같은 수의 눈으로 표시되고 두 면은 다르게 표시되어 있다. 또 그가 그 주사위를 던져 넣기로 되어 있는 상자 안에 그것을 집어넣었다고 가정해 보자. 분명히 그는 전자의 수가 후자의 수보다 더 개연적이라고 결론을 내려야 하며, 면의 수가 가장 많은 쪽에 쓰인 수를 선택할 것이다. 그는 상반되는 우연들의 수에 비례하여 망설이고 의심을 품으면서도 이것이 최선의 상태라고 어느 정도 믿고 있다. 상반되는 이 우연들이 감소하고 우세함이 다른 면에서 증대됨에 따라 그의 신념도 새로운 정도의 견실성과 확증을 획득한다. 이 신념은 우리 앞의 단순하고 한정된 대상에 대한 정신의 작용에서 발생한다. 그러므로 이 신념의 본성은 더욱 쉽게 발견되고 설명될 것이다. (이때, 신념이란) 지성의 아주 기묘한 작용들 가운데 하나를 파악하기 위해 단지 우리는 관찰할 수 있는 주사위 하나만 있으면 된다.

이 주사위는 앞에서와 같은 형태인데, 우리의 주의를 끌 만한 세 가지 여건을 포함하고 있다. 첫째, 무게·견실성·육면체의 형태 등과 같은 일정한 원인을 포함하고 있는데, 이것들은 주사위가 떨어지는 것을 결정하며 떨어지는 중에도 그 형태를 유지해 주고, 그 면들 가운데 한 면이 위쪽으로 향하게 놓이도록 결정한다. 둘째, 일정한 수의 면들로서 그 면들은 무차별적인 것으로 가정되었다. 셋째, 각각의 면에 새겨진 일정한 숫자이다. 이렇게 개별적인 세 가지는 지금 우리의 목적에 관련되는 한 주사위의 전체 본성을 형성하며, 결과적으로 주사위를 던진 결과에 대하여 정신이 판단할 때 정신이 주시하는 것은 이 세 가지 여건들뿐이다. 그러면 이 여건들이 사유와 상상력에 미치는 영향력이 무엇인가를 차근차근 조심스럽게 살펴보기로 하자.

첫째, 이미 (제3부 제7절 및 제8절에서) 살펴보았듯이 정신은 습관에 의해 어떤 원인에서 결과를 옮겨 가도록 한정되어 있다. 따라서 원인이 나타났을 때 정신이 결과의 관념을 형성하지 않는다는 것은 거의 불가능하다. 과거 사례들에서 그 두 관념들의 항상적 결부는, 정신으로 하여금 언제나 원인과 결과의 관념들을 사유에서 결부시키도록 할뿐더러 그 하나의 존재를 바로 이 존재가 언제나 수반되었던 것의 존재로부터 추정하도록 하는 습관을 정신 안에 산출한다. 정신이, 이 상자가 그 주사위를 더는 지지하지 않는 것으로 생각할 때, 정신은 격정에 휩싸이지 않고는 그 주사위를 허공에 떠 있는 것으로 여길 수 없다. 정신은 당연히 그 주사위를 탁자 위에 두고, 주사위가 한 면을 위로 하여 놓인 것으로 본다. 이것은 우리가 우연에 관해 산정할 때 없어서는 안 되는 혼합된 원인들의 결과이다.

둘째, 가정에 따르면 주사위가 떨어지고 주사위 면들 가운데 하나는 위로 향하게 되어 있다고 할지라도, 특정한 면을 확정하는 것은 전혀 없으며 이것은 전적으로 우연에 의해 결정된다. 바로 이와 같은 우연의 본성과 본질이 원인의 부정이며, 우연적인 것으로 가정되는 이러한 사건들 사이에 정신이 완전히 어느 한쪽으로 기울지 않도록 버려 두는 것이다. 따라서 주사위가 떨어져서 원인에 의해 위로 향하도록 놓이는 한 면이 결정될 때, 우연은 이 모든 면들을 대등하게 나타내며, 우리가 그 면들을 번갈아 가며 개연적이고 가능한 것으로 생각하도록 한다.

상상력은 주사위를 던지는 것이라는 원인에서 여섯 면 가운데 한 면이 위로 향하게 놓이는 결과로 옮겨 가면서, 도중에 멈추어 서거나 다른 어떤 관념을 형성하는 것 등에 대해 일종의 불가능성을 느낀다. 그러나 이 여섯 면들은 모두 양립할 수 없으므로 주사위가 둘 이상의 면을 동시에 윗면으로 나타낼 수는 없다. 이 원리가 지시하는 바는 우리가 그 여섯 면이 동시에 윗면으로 나타난다고 생각할 수 없다는 것이다. 우리는 그와 같은 것이 불가능하다고 본다. 또 그 원리가 온 힘을 다해 우리에게 특정한 면을 지시하는 것도 아니다. 이 경우에 그 면은 확실하고 필연적인 것으로 간주될 것이기 때문이다. 그 원리는 그 여섯 면들에 대해 힘을 대등하게 분할하는 방식으로 우리에게 주사위의 여섯 면 모두를 지시한다. 우리는 대체로 다음과 같은 결론을 내린다. 주사위의 면들 가운데 어떤 면이 윗면으로 나타나는 것은 그 주사위를 던졌기 때문에 일어난 결과임은 틀림없다. 우리는 정신을 통하여 주사위의 면들을 모두 일별한다. 사유의 결정은 모든 면들에 대해 공통적이다. 나머지 면들과 적합한 비율을 갖는 것보다 더 많은 몫이 특정한 면의 몫으로 떨어질 만큼 큰 힘은 없다. 혼합된 우연들에 의해 근원적 충격과 마침내는 원인에서 발생한 사유의 생동성까지도 이런 방식으로 조각조각 나누어져 분열된다.

우리는 이미 주사위의 주요 성질 두 가지, 즉 원인 그리고 면들의 수와 무차별성에 대해 살펴보았으며, 그 성질들이 어떻게 사유에 충격을 주는지, 그 충격이 면들의 수에 있는 단위들만큼 여러 부분들로 나누어지는지 등에 대해 알아보았다. 이제 우리는 세 번째 결과들 즉, 각 면마다 새겨진 숫자들을 살펴보아야 한다. 각 면들에 같은 숫자가 새겨져 있을 때, 각 면들이 정신에 미치는 영향력은 공조해야 하며 분할된 충격들을 숫자의 심상 또는 관념으로 합일해야 한다. 단지 어떤 면이 위로 나타나는지가 문제라면, 각 면들은 완전히 대등하며 어떤 면도 결코 다른 면보다 유리한 점을 가질 수 없다. 그러나 문제가 숫자에 관한 것이므로, 또 같은 숫자가 하나 이상의 면에서 나타나므로, 모든 면들에 속하는 그 충격은 하나의 숫자로 다시 합쳐지며 그에 의해 더 강력하고 힘차게 된다.

현재의 경우에 네 면에 같은 숫자가 새겨져 있고 나머지 두 면에는 다른 숫자가 새겨져 있다고 가정해 보자. 전자의 충격은 후자보다 우세하다. 그러나 그 사건들은 상반된 것이므로, 그 두 수가 동시에 나올 수 있다는 것은 불가능하다. 마찬가지로 그 충격도 상반된 것이 되고, 열세인 충격의 힘이 작용하는 한 그것은 우세한 충격을 무력화시킨다. 이 관념의 생동성은 항상 전이하려는 충격 또는 그 성향의 정도에 비례한다. 그리고 앞서 이야기한 학설에 따르면, 신념은 관념의 생동성과 같다.

〈주〉

1 인과적 추리와 '동일한 기원에서 유래하는 다른 종류의 추론을 동일한 원리에 따라 해명'하는 것 그것이 제3부 제11절부터 제13절까지의 과제이다.
2 '원인에서 발생하는 것'의 원문은 'that which arises from causes'로 다음 절에서 해명되듯이 반대의 결과를 만드는 몇 개의 원인의 병존 내지 동시작용에서 오는 개연성이다.
3 여기서의 원문은 의미를 명확하게 하기가 어렵다. 많은 설명과 보충을 덧붙였다.
4 '가망성과 개연성'의 원어는 'likelihood or probability'로, 여기서의 'probability'는 이 책에서의 '개연성'은 아니다.

12 원인들의 개연성에 대하여

우연들의 개연성에 관해 내가 이야기한 것은 원인들의 개연성을 설명하는 것 이외의 어떤 목적에도 도움이 될 수 없다. 철학자들은 대개 사람들이 우연이라고 일컫는 것이 비밀스럽고 숨겨진 원인[1]일 뿐이라고 생각한다. 그러므로 개연성의 종류도 우리가 주로 검토해 보아야만 한다.

원인들의 개연성에는 여러 종류가 있다. 그 개연성들은 모두 어떤 인상에 대한 관념들의 연합이라는 동일한 기원에서 유래한다. 연합을 산출하는 습관이 대상들의 잦은 결합에서 발생하므로, 그 습관은 분명히 점차적으로 그 완전성에 도달해야 한다. 즉 우리가 관찰할 수 있는 여러 사례들로부터 새로운 힘을 얻을 수밖에 없다. 첫 번째 사례는 힘이 거의 없거나 전혀 없다. 두 번째 사례는 그 힘에 힘을 조금 덧붙인다. 세 번째 사례는 아주 현저해진다. 이렇게 완만한 단계를 거쳐 판단은 충분한 확증에 이른다. 그러나 우리의 판단이 이 정도의 완전함을 손에 넣기에 앞서 그 판단은 여러 열등한 정도를 거치며, 열등한 모든 단계들에서 막연한 추측이나 개연성으로 평가될 뿐이다. 그러므로 많은 경우에 개연성으로부터 증거에 이르기까지를 차등화하는 것은 감지하기 어렵다. 이 두 종류의 명증성 사이에 있는 차이는 가까이 있거나 인접해 있는 정도들보다는 거리가 먼 정도들에서 더욱 쉽게 알 수 있다.

그렇지만 이 경우에 다음과 같은 것은 주목할 만한 가치가 있다. 여기서 해명되는 개연성의 종류는 순서상 앞에 있으며, 어떤 온전한 증거가 존재할 수 있기 전에 나타나는 것은 당연하다고 하더라도 나이가 차 성년이 된 사람은 누구라도 더 이상 개연성에 정통할 수 없다. 최첨단의 지식을 갖춘 사람들이 다수의 개별적 사건들에 대해 불완전한 경험만을 획득한다는 것이 실로 가장 공통된 점이다. 그 불완전한 경험은 자연히 불완전한 습관과 불완전한 전이만 낳을 뿐이다. 그런데 우리는 다음과 같은 사실을 생각해 보아야 한다. 즉 원인과 결과의 연관에 대하여 또 다르게 관찰한 정신은 그 관찰로부터 자신의 추론에 새로운 힘을 불어넣는다. 그리고 하나의 단일 실험이 충분히 준비되고 검토되었을 때 정신은 그 추론에 의해 그 실험에 입각하여 논변을 확정한다.[2] (다시 말하면) 우리는 일단 우리가 어떤 대상에 계기하는 것으로 발견한 것이 언제나 그 대상에 따라 일어날 것이라고 결론을 내린다. 그리고 이 원칙이 언제나 확실한 것으로 확정되지 않는다면 그 이유는 실험 (즉, 실지 경험) 횟수가 부족함이 아니라, 우리가 그 원칙과 상반되는 사례와 자주 부딪쳤기 때문이다. 이와 같은 사실 때문에 우리는 개연성의 두 번째 종류를 살펴보게 된다. 바로 이런 종류의 개연성에 우리 경험과 관찰의 상반성이 있다.

동일한 대상들이 언제나 함께 결부되어 있다면 사람들은 자신들의 삶과 행위 지침 등에서 매우 다행스러울 것이다. 그리고 우리가 자연의 불확실성을 파악할 어떤 이유도 없으므로 우리는 우리의 판단이 오류를 범하는 경우를 제외하면 두려워할 것도 없다. 그러나 자주 볼 수 있는 것처럼 어떤 관찰이 또 다른 관찰과 상반되며, 원인과 결과는 우리가 이미 경험한 순서대로 계기하는 것도 아니므로, 우리는 어쩔 수 없이 이 불확실성 때문에 우리의 추론을 변경해야 하고 사건들의 상반성을 고려해야 한다. 이 항목에서 나타나는 최초의 물음은 상반성의 본성과 원인에 관한 것이다.

사물들을 자신들의 맨 처음 현상에 따라 파악하는 일상인들은 사건들의 불확실성이 그 원인들의 불확실성 때문이라고 한다. 원인들이 작용하는 데 아무런 장애나 방해가 없는데도 때때로 원인이 확실치 않은 성질을 갖는 까닭은, 원인들이 그것들의 일상적 영향력에 못 미치기 때문이다. 그러나 철학자들은, 자연의 각 부분들에는 대부분 너무 작거나 멀리 떨어져 있으므로 숨겨져 있는 원천들과 원리들이 아주 다양하게 포함되어 있다는 것을 간파했다. 그들은 사건들의 상반성이 그 원인의 우연성에서 유래하는 것이 아니라, 적어도 상반되는 원인들의 비밀스러운 작용에서 유래할 수 있을 것이라고 생각했다. 결과의 상반성은 언제나 원인의 상반성을 은연중에 드러내며 또 원인들이 서로 엇갈리고 상반되는 데서 유래한다는 것 등을 철학자들이 주목했을 때, 좀더 살펴보면 이 가능성은 확실성으로 바뀐다. 탁상 시계나 손목 시계가 멈춰버렸을 때 농부는 보통 '시계가 제대로 움직이지 않는다'고 할 뿐, 더 그럴듯한 까닭을 내놓지 못한다. 그러나 태엽이나 진자의 똑같은 힘은 언제나 톱니바퀴에 똑같은 영향을 미치지만, 아마 먼지 알갱이가 전체 운동을 멈추게 하여 그 힘의 일상적 결과를 나타내지 못한다는 것을 기술자는 쉽게 알아차린다. 비슷한 여러 사례를 살펴본 바에 의하면, 철학자들은 모든 원인들과 결과들의 연관은 어느 것 할 것 없이 필연적이며, 그 연관이 어떤 사례에서 불확실하게 보이는 것은 상반되는 원인의 은밀한 대립에서 유래한다는 근본원칙을 만든다.

그런데 사건들의 상반성에 관해 철학자와 일상인들이 아무리 다른 설명을 할지라도, 그 설명에서 그들이 추정하는 것은 같은 종류이며 같은 원리에 기초를 두고 있다. 과거 사건들의 상반성은 미래에 대한 우리의 신념을 서로 다른 두 갈래 방식으로 망설이도록 할 수도 있다.

첫째로 눈앞에 나타난 인상으로부터 그 인상과 관련된 관념으로 넘어가는 불완전한 습관과 전이를 산출함에 의해서 그렇게 된다. 어떤 두 대상이 언제나 그런 것은 아니지만 자주 결부될 때, 정신은 하나의 대상으로부터 다른 대상으로 옮겨 가도록 한정된다. 그러나 그 결속이 지속적인 경우나 우리가 언제나 만나는 그 사례들이 한결같고 일치될 경우처럼 완전한 습관으로 되지는 않는다. 비록 힘의 정도가 열세인 습관은 우리가 지닌 행위 지침의 안정성과 한결같음의 열세인 정도에 비례하지만, 우리는 추론과 마찬가지로 행위에서도 삶의 여정에 항상 보존된 것은 미래에도 지속되는 강한 성향과 경향을 낳는다는 것을 일상 경험을 통해서 안다. 그러나 때때로 이 원리가 나타나서 우리가 상반되는 현상으로부터 추정한 것을 산출하기도 한다는 것은 의심할 여지가 없다. 그러나 확신하건대, 그것이 이러한 종류의 추론에서 정신에게 가장 일상적인 영향을 미치는 원리라는 것을 우리는 알지 못할 것이다. 단지 정신의 습관적 결정에만 따른다면, 우리는 전혀 반성하지 않고도 전이하며 한 대상에 대한 시각과 이 시각에 수반되는 것으로 자주 발견되는 대상에 대한 신념 사이에 한순간의 망설임도 없이 끼어든다. 습관은 깊은 생각에 의존하지 않으므로, 반성할 여지도 없이 곧장 작용한다. 그러나 개연적 추론에서 이러한 진행 방법의 사례는 얼마 되지 않는다. 더욱이 대상들의 끊임없는 결부에서 발생하는 개연적 추론에서보다는 더욱 적다. 앞 종류의 추론에서 우리는 대개 의도적으로 과거 사실들의 상반성을 고려하며, 상반된 것들의 서로 다른 측면들을 비교하고, 또 우리가 여러 측면마다 행했던 실험들을 신중하게 비교하고 검토한다. 그리하여 우리의 결론은 다음과 같다. 이러한 우리의 추론은 습관에서 직접적으로 발생하는 것이 아니라 우리가 이제부터 설명하기 위해 노력해야 할 간접적 방식으로 발생한다.

둘째로 명백한 사실인데, 어떤 대상이 상반되는 결과들을 수반할 때 우리는 오직 과거의 경험에 의해서만 그 결과를 판단하며, 우리가 그 대상에 잇따르는 것으로 관찰했던 결과들을 가능한 것으로 생각한다. 그리고 과거의 경험은 이 결과들의 가능성[3]에 관한 판단을 규제하므로, 그 경험은 곧 그 결과들의 개연성에 관한 우리의 판단을 규제한다. 바꿔 말하면, 우리는 가장 공통적이었던 결과를 언제나 가장 가능성이 있는 것으로 평가한다.

그런데 여기서 두 가지를 고려해야 한다. 하나는 우리가 과거를 미래에 대한 기준으로 삼을 수 있도록 결정해 주는 이유들이고, 다른 하나는 우리가 과거 사건들의 상반성에서 하나의 판단을 끄집어내는 방법이다.

첫째, 미래는 과거와 유사하다는 가정이 어떤 논변들에 기초를 둔 것이 아니며, 전적으로 습관으로부터 유래한다는 것을 우리는 살펴볼 수 있다. 습관에 의하여 우리는 지금까지 익숙해진 대상들의 동일한 과정을 미래에도 기대하도록 결정되어 있다. 과거를 미래로 옮겨 가는 이런 습관이나 결정은 완전하다. 따라서 이런 종류의 추론에서 상상력의 최초 충동은 바로 이런 성질들을 타고났다.

그러나 둘째로 과거의 실험들을 고찰하면서 우리가 그 실험들에서 상반되는 본성을 발견했을 때, 이 결정은 그 자체에서는 충분하고 완전하다고 할지라도 우리에게 확고한 대상을 제시하지 않으며, 어떤 질서나 비율에서 일치하지 않는 심상들을 수없이 제시한다. 그러므로 여기서 맨 처음 충동은 조각조각 흩어지며, 그 충동으로부터 나온 힘과 생동성을 대등한 비율로 각각 나누어 갖는 그 심상들 모두에 스며든다. 과거의 사건들 가운데 어떤 것은 다시 일어날 수도 있다. 그리고 그 사건들이 다시 일어났을 때, 우리는 그 사건들이 과거와 같은 비율로 혼합될 것이라고 판단한다.

그러므로 미래의 수많은 사례들 가운데 상반되는 사건들의 비율을 고찰하는 것이 우리의 의도라면, 우리의 과거 경험에 의해 현전하는 심상들은 최초 형식으로 남아 있어야 하고 그 최초의 비율들도 보존해야 한다. 예를 들어 내가 오랫동안 관찰한 결과, 바다로 나간 배 20척 가운데 19척만 돌아오는 것을 발견했다고 가정하자. 그리고 지금 내가 항구를 떠나는 배 20척을 본다고 가정하자. 나는 나의 과거 경험을 미래로 가져가, 지금 출항하는 배들 가운데 19척만 안전하게 돌아오고 1척은 사라진다고 생각한다. 여기에 대해서는 전혀 어려울 것이 없다. 그러나 미래의 불확실한 단일 사건을 판단하기 위해, 과거 사건들의 여러 관념들을 곧잘 훑어보는 것처럼, 이러한 고찰은 반드시 관념의 최초 형식을 변경시키고 경험에 의해 현전하게 된 분리된 심상들을 함께 이끌어 낼 수밖에 없다. 추리의 대상인 개별적 사건은 경험을 참조로 결정되기 때문이다. 이 심상들 가운데 많은 것이 동시에 나타난다고 추측되며, 수적으로 우세한 것이 한쪽에 모인다. 이 일치하는 심상들이 하나로 합쳐지며 관념을, 상상의 순수한 허구나 그보다 더 적은 횟수의 실험(실지 경험)으로 지탱되는 어떤 관념보다 더욱 강하고 생생하게 만들어준다. 각각의 새로운 실험들은 그림을 늘리거나 확대하지 않고도 색채에 추가로 생동성을 부여하는 붓의 새로운 획과 같다. 이런 정신 작용은 우연의 개연성을 다룰 때, 이미 충분히 설명했다. 그러므로 여기서 다시 이해하기 쉽도록 애쓸 필요는 없다. 모든 과거의 실험들은 때로는 일종의 우연으로 간주된다. 미래의 대상이 과거의 어떤 실험에 적합하도록 존재하는지 여부는 불확실하기 때문이다. 이러한 이유로 하나의 주제로 언급된 것들은 모두 양쪽에 적용될 수 있다.

따라서 대체로 상반되는 실험(실지 경험)들은 인과적 습관을 허약하게 만들어 불완전한 신념을 나타내거나, 예의 완전한 습관을 서로 다른 부분들로 분리했다가 다시 결속함으로써 불완전한 신념을 나타낸다. 완전한 습관 때문에 우리는 경험하지 못한 사례가 경험했던 것과 필연적으로 비슷할 수밖에 없다는 일반적 결론을 내리게 된다.

두 번째 종류의 개연성, 즉 과거 경험의 상반성에서 비롯되는 지식이나 반성으로 추리하는 개연성에 대하여 위의 설명을 더욱 정당화하기 위하여 다음의 고찰을 제시한다. 다만 그 고찰은 다소 파악하기 어려운 점이 있어 독자를 화나게 할지도 모르지만, 나는 전혀 개의치 않는다. 아무리 파악하기 어려워도 정당한 추론은 더욱 그 힘을 유지해야 한다. 이는 마치 물질이 크고 감지할 수 있는 형태에서와 마찬가지로 작고 눈에 띄지 않는 공기, 불, 생기 등에서도 그 견실성이 유지되는 것과 마찬가지이다.

첫째, 상반되는 가능성을 인정하지 않을 정도로 큰 개연성은 없다고 할 수 있다. 왜냐하면 만약 그런 개연성이 있다면 그것은 더 이상 개연성이 아니라 확실성이 되기 때문이다. 지금 우리가 검토하고 있는 가장 광범위한 원인들의 개연성은 실험(실지 경험)들의 상반성에 의존한다. 분명히 과거의 실험은 적어도 미래에 대한 가능성을 입증한다.

둘째, 이 가능성과 그것과 대립하는 개연성이 복합된 부분들은 모두 같은 본성을 가지며, 오직 수에서만 차이가 있을 뿐 질적으로는 다르지 않다. 이미 말했듯이 하나하나의 조직적인 우연들은 모두 대등하며, 어떤 우연적 사건에 우월성을 부여할 수 있는 유일한 여건은 우연들의 수적인 우세뿐이다. 마찬가지로 상반되는 사건들에 대한 시각을 우리에게 제공해 주는 경험에 의해 원인의 불확실성이 발견된다. 그러므로 과거를 미래로, 그리고 알려진 것을 알려지지 않은 것으로 옮길 때, 과거의 실험은 각각 같은 비중을 가지며, 그 균형을 한쪽으로 기울게 할 수 있는 것은 실험들의 수적 우세뿐이다. 따라서 이런 종류의 모든 추론에 들어 있는 가능성은 부분들로 구성되어 있다. 이 부분들은 그 자체에서나 상반되는 개연성을 구성할 때와 같은 본성으로 구성되어 있다.

셋째, 자연 현상에서뿐만 아니라 모든 정신 현상에서도 어떤 원인이 많은 수의 부분으로 이루어지고, 그 수의 변화에 따라 결과도 증가하거나 감소할 때는 언제나, 정확히 말하자면 결과는 하나의 복합된 결과이며 원인의 각 부분들에서 유래하는 여러 결과들의 합일에서 발생한다는 것을 분명한 근본원칙으로 확립할 수 있다. 예를 들어 물체의 중력은 부분의 증감에 따라 증가하거나 감소한다. 따라서 각 부분들마다 중력이라는 성질을 담고 있으며 전체 중력의 원인이 된다는 결론을 내릴 수 있다. 원인의 한 부분이 있고 없음은 결과에서 상응하는 부분의 있고 없음을 수반한다. 이 연관 또는 항상적 결부는 한 부분이 다른 부분의 원인임을 입증하기에 충분하다. 어떤 사건에 대한 우리의 신념은 우연이나 과거 실험의 수에 따라 증가하거나 감소하므로 그 신념은 혼합된 결과이며, 이 혼합된 결과의 각 부분들은 상응하는 수의 우연들이나 실험들에서 발생한다.

이제 이 세 가지의 관찰을 연결시키고, 어떤 결론을 내릴 수 있는지 살펴보자. 모든 개연성에는 각각 반대의 가능성이 있다. 이 가능성은 개연성의 부분들과 완전히 같은 부분들로 구성되어 있으며, 결과적으로 정신과 지성에 같은 영향을 미친다. 개연성에 수반되는 신념은 혼합된 결과이며, 개연성의 각 부분에서 나타나는 여러 결과를 모두 합침으로써 이루어진다. 따라서 개연성의 각 부분들은 신념을 산출하는 데 기여하는 한, 가능성의 각 부분들도 동일한 본성을 지니므로, 개연성과 대립하는 측면에 동일한 영향을 미친다. 가능성에 수반되는 상반된 신념이 이것과 대립하는 시각을 함축하는 것과 마찬가지로 개연성은 어떤 대상에 대해 하나의 시각을 갖는다. 이 경우에 신념의 두 정도는 모두 비슷하다. 한쪽에 있는 비슷한 구성 부분들의 수적 우세가 영향력을 뻗어 다른 측면의 수적 열세를 압도하는 유일한 방식은 그 대상에 대해 좀더 강력하고 생생한 시각을 산출하는 것뿐이다. 개연성의 모든 부분들은 각각 개별적 시각을 산출하지만 이 모든 시각들은 합쳐져 하나의 일반적 시각을 산출하는데, 이 시각이 유래하게 되는 원인이나 원리의 수가 많기 때문에 더욱 충분하고 뚜렷한 시각을 산출한다.

그 본성이 서로 비슷한 개연성과 가능성의 구성 부분들이 반드시 비슷한 결과를 산출하며, 그 비슷한 결과들은 각 부분이 어느 하나의 대상에 관한 어떤 시각을 제공한다는 데 있다. 그러나 이 부분들의 본성이 서로 비슷하더라도, 수나 양에서 큰 차이가 있다. 그리고 유사와 마찬가지로 이 차이는 결과에도 나타난다. 그러면 부분이 제시한 시각이 두 경우 모두 충분하고 완전하며, 대상을 모든 부분에서 파악하므로 이런 경우에는 어떤 차이도 있을 수 없다. 또 개연성에는 오직 우세한 생동성만이 있을 뿐이다. 이 생동성은 두 결과를 구별할 수 있는 수적으로 우세한 시각의 통합에서 발생한다.

여기서 거의 동일한 논변이 서로 다른 양상을 보인다. 원인들의 개연성에 관한 추론은 모두 과거에서 미래로 옮겨 가는 것에 기초를 둔다. 그러나 그 실험이 단일하든 아니면 같은 종류의 다른 실험들과 결합되든, 또 완전하든 아니면 상반되는 종류의 실험과 대립하든 간에, 어떤 과거의 실험도 미래로 옮겨 가면 우리에게 대상에 대한 시각을 충분히 제공한다. 어떤 실험이 결합과 대립이라는 두 가지 성질들을 동시에 습득한다고 가정해도, 이 가정에 따라 실험은 대상에 대한 시각을 제시하는 처음의 효력을 잃게 되는 것은 아니며, 비슷한 영향력을 갖는 다른 실험과 통합되거나 대립할 뿐이다. 여기서 통합과 대립의 방식에 관해서 의문이 일어날 수 있다. 먼저 통합에 대해 살펴보면, 다음과 같은 두 가설 가운데에서만 선택의 여지가 있다.

첫째, 과거 실험 각각의 전이를 통해서 생겨난 대상에 관한 시각은 그 자체를 온전히 유지하면서 시각들의 수를 늘려갈 뿐이다. 또는 둘째, 대상의 시각이 비슷하고 상응하는 다른 시각과 만나서 그 시각들에게 우세한 정도의 힘과 생동성을 부여한다.

그러나 첫 번째 가설은 틀렸다. 경험을 통해서 알 수 있듯이 어떤 추론에 수반되는 신념도 하나의 결론에 있는 것이지, 정신을 혼란시키거나 대부분의 경우 유한한 능력으로는 명확히 파악할 수 없을 정도로 많고 비슷한 결론들에 있지는 않다는 것이다. 그러므로 단 하나의 어떤 시각에서 발생하는 것보다 강력하고 명석한 시각을 산출하기 위해, 이 유사한 시각들이 만나서 힘을 하나로 합친다는 것이 단 하나뿐인 타당한 의견으로 남는다. 이것은 과거의 많은 실험이 미래의 어떤 사건으로 옮겨 갈 때 공조하는 방식이다. 이어서 실험들의 대립 방식에 관해서 말한다면 상반되는 시각들은 양립할 수 없으므로 대상이 상반되는 시각들 모두에 동시에 적합하게 존재하기란 불가능하다. 따라서 상반되는 시각의 영향력은 서로 파괴하게 되고, 열세인 것을 배제한 다음에 남는 오직 우세한 힘에 따라 정신이 결정하게 된다.

정신의 지성적 기능에 대해 깊이 반성하는 데 익숙하지 않은 독자들은, 일상적으로 널리 인정되는 견해와 철학의 가장 쉽고 분명한 원리들에 부합하지 않는 것은 모두 망상이라고 기각하기 쉽다. 그리고 나는 이런 대부분의 독자들에게 이 추론 전체가 아주 난해하게 여겨질 수밖에 없다는 것을 감지하고 있다. 이 논변에 참여하는 데 어느 정도의 노력이 필요하다는 것은 의심할 여지가 없다. 이 주제에 대한 보통 생활인들의 가설이 얼마나 불완전한지, 아주 장대하고 기묘한 사변 가운데서 철학이 우리에게 제공할 수 있는 빛이 얼마나 작은지를 파악하는 데는 아주 약간의 노력만 있으면 충분하다. 다음과 같은 두 원리[4]를 사람들이 완전히 납득하도록 해 보자.

그 자체로 고려하면 어떤 대상에도 자기를 넘어서는 결론을 이끌어 내는 이유를 제공할 수 있는 것은 전혀 없다. 설령 대상들의 잦은 또는 항상적인 결부를 관찰한 다음이라도, 이미 경험했던 것을 넘어서는 어떤 대상들에 대해 추정할 수 있는 이유를 가지고 있지 않다. 만약 사람들이 이 두 원리를 완전히 확신하면 그들은 모든 일상적 학문 체계에서 완전히 벗어나 가장 해괴하게 여겨질 수도 있는 것을 받아들이는 데 전혀 불평하지 않을 것이다. 가장 확실한 인과 추론에 관해서도, 우리는 이 두 원리들이 충분히 납득할 만하다는 것을 깨닫는다. 단언하건대, 추측에 불과하거나 개연적인 추론에 관해서도 이 원리들이 새로운 명증성을 여전히 획득할 것이다.

첫째, 이런 종류의 추론에서 우리가 다른 어떤 대상이나 사건에 관해 결론을 내릴 수 있는 이유를 제공해 주는 것은 우리에게 현전하는, 그 자체로 고려되는 대상이 아니라는 것은 분명하다. 왜냐하면 이 결론 내려야 하는 대상은 불확실한 것이다. 또 그 불확실성은 이미 정신에 나타난 대상이 지니고 있는 원인들의 은폐된 상반성에서 유래하므로, 원인들 중에서 어떤 것이 그 대상의 알려진 성질들 안에 있다면 원인은 더 이상 은폐될 수 없고 결론 또한 불확실하지 않게 될 것이다.

그러나 둘째로, 이러한 종류의 추론에서도 역시 마찬가지이다. 만약 과거에서 미래로 전이하는 것이 오직 지성의 결론만을 기초로 한다면, 어떤 신념이나 확증의 원인도 결코 될 수 없다. 상반되는 실험을 미래로 전이할 때, 우리는 그 실험들의 개별적 비율로 상반된 실험들을 되풀이할 수밖에 없다. 그런데 이 반복만으로는 어떤 사건을 추측하든 단일 사건에 관한 확증을 얻을 수 없다. 확증을 얻으려면, 공상이 함께 나타난 심상을 하나로 융합하여 그 심상들로부터 단일 관념이나 단일 심상을 추출해 내야 한다. 그 관념이나 심상은 자신이 유래하는 실험의 수, 다시 말하면 대립하는 실험에 우세한 정도에 비례하여 강렬하고 생생하다. 과거의 경험이 결정된 대상을 제시하는 일은 결코 없다. 신념이 아무리 흐릿할지라도 결정된 대상에 스스로를 고착시키므로, 분명히 신념은 과거에서 미래로 옮겨 가는 것만으로는 발생하지 않고, 이 전이와 결부된 공상의 작용에서 발생한다. 이것으로 미루어 우리는 이 공상이라는 기능이 모든 추론에 개입하는 방식을 파악하게 된다.

우리가 주의를 기울일 만한 두 가지를 성찰하면서 이 주제를 마무리짓기로 한다. 첫 번째 성찰은 이렇게 해명할 수 있다. 즉, 오직 개연적일 뿐인 사실 문제에 관해 정신이 추론을 형성할 때, 정신은 우선 과거 경험으로 눈을 돌려 과거 경험을 미래로 옮김으로써 대상에 대해 상반된 시각을 나타내게 된다. 이 시각에서 같은 종류는 하나로 합쳐지고 정신의 작용에 합류하여 정신 작용을 강화하고 북돋는다. 그러나 대상의 그러한 시각이나 일별[5] 등의 중복이 경험에서 유래하지 않고, 상상력의 의도적 작용에서 유래한다고 가정해 보자. 이 결과는 나타나지 않거나, 적어도 같은 정도로 나타나지는 않는다. 습관이나 교육은 경험에서 유래하지 않는 반복에 의해서 신념을 산출한다. 이것은 매우 빈번하고 비의도적 반복과 오랜 시간을 요구한다. 일반적으로 단언하자면, 어떤 관념을 자신의 정신 안에서 의도적으로 되풀이하는 사람은, 비록 과거에 경험한 적이 있고 그것에 의존한다고 해도, 관념의 대상을 한번 조망하는 것으로 만족하는 것과 마찬가지로 그 대상의 존재를 믿으려고 하지 않는다. 의도적인 결과와 아울러 분리된 독립적인 정신의 각 작용들은 각각의 영향력을 가지며, 그 힘을 다른 정신 작용의 힘과 결합시키지 않는다. 여기서는 어떤 공통 대상에 의해 그 작용들이 합쳐지지 않는다. 작용들은 서로 무관하며 결과적으로 힘을 옮길 수도 합칠 수도 없다. 다음에[6] 우리는 이 현상을 더 잘 이해할 것이다.

나의 두 번째 성찰의 기초는 정신이 판단할 수 있는 두 가지 큰 개연성과 그 사이에서 정신이 관찰할 수 있는 근소한 차이이다. 한 쪽에서 우연과 실험이 모두 1000번이고 다른 쪽에서는 1001번일 때, 판단은 수적인 우세에 따라 1001번 쪽을 선호한다. 그러나 차이가 아주 근소한 경우 정신이 모든 개별적 시각을 일일이 훑어 보고 수적인 우세에서 발생하는 심상의 우세한 생동성을 구별하기란 불가능하다. 우리는 감정에서도 유사한 사례를 알고 있다. 앞서 언급했던 원리들에 따르면 한 대상이 우리에게 어떤 정념을 산출할 때, 정념이 그 대상의 양적 차이에 따라 변한다는 것은 분명하다. 내 말은 이 정념이 단순 정서가 아니라, 대상의 각 부분들에 대한 시각에서 유래하는 희미한 정념이 무수히 복합된 것이 분명하다는 것이다. 그렇지 않다면 대상의 부분들이 증가해도 정념은 증가할 수 없기 때문이다. 그러므로 1천 파운드를 간절히 원하는 사람은 실제로는 1천 또는 그 이상의 욕망을 가지고 있으며, 단지 그러한 욕망이 합쳐져 단 하나의 정념을 이루는 것처럼 보일 뿐이다. 그러나 겨우 한 단위가 우세하더라도 그 사람은 수가 큰 쪽을 선택한다. 따라서 대상은 계속 변경되고 그때마다 복합체가 분명히 드러난다. 정념들 사이에서 아주 근소한 차이는 식별될 수 없으며, 근소한 차이로 정념을 서로 구별할 수 없다는 것보다 확실한 것은 없다. 그러므로 좀더 큰 수를 선호하는 행동의 차이는 정념에 의존하는 것이 아니라, 습관과 일반 규칙들에 의존한다. 이미 많은 사례를 통해 수가 정확하고 그 차이가 분명한 경우, 총합의 수가 증가하는 것은 그 정념을 증대시킨다는 것을 발견했다. 정신은 3기니가 2기니보다 더 큰 정념을 낳는다는 것을 직접적인 느낌으로 알 수 있다. 그리고 정신은 유사성 때문에 더 큰 수로 옮겨가며, 일반 규칙에 따라 999기니보다 1000기니에 더 강력한 정념을 할당한다. 이 일반 규칙들에 대해서는 제15절에서 설명할 것이다.

그러나 불완전한 경험과 상반되는 원인들로부터 유래하는 두 종류의 개연성과 함께 '유비(類比)'에서 발생하는[7] 제3의 개연성이 있는데, 이것은 어떤 중대한 여건에서 앞의 두 종류와 구별된다. 앞서 설명한 가설에 따르면 원인이나 결과로부터의 추론은 모든 종류가 다음 두 요소를 토대로 하고 있다. 하나는 과거의 모든 경험 가운데에서 어떤 두 대상의 항상적 결부이고, 다른 하나는 그 대상들 가운데 하나와 현전하는 대상의 유사성이다. 이들 두 요소의 효력 가운데서 하나는 현전하는 대상이 상상력을 북돋워 생생함을 불어넣고, 또 다른 하나는 항상적 합일에 따라 유사성이 관계된 관념에 그 힘과 생동성을 전달한다. 이리하여 우리는 관계된 관념을 믿거나 동의한다고 말한다. 만약 대상의 합일이나 유사성을 약화시키면 전이의 원리를 약화시키고, 나아가 그 원리에서 발생하는 신념을 약화시키게 된다. 대상들의 결합이 지속적이지 않은 경우에, 또는 현전하는 인상이 우리가 늘 합일된 것으로 관찰했던 그 대상들의 어떤 것과도 완전히 유사하지 않은 경우에, 맨 처음 인상의 생동성은 관계된 관념에 충분히 전달되지 않는다. 앞에서 설명한 우연과 원인에서 유래하는 개연성에서는 그 합일의 항상성이 줄어든다. 그리고 유비에서 비롯되는 개연성에서는 그 유사성만이 방해를 받는다. 합일과 마찬가지로 어느 정도의 유사성이 없다면 어떤 추론도 있을 수 없다. 그러나 이 유사성은 다양한 정도의 차이를 허용하므로, 추론도 유사의 정도에 비례하여 견고함과 확실성이 증감된다. 실험(실지 경험)이 엄격히 유사하지 않은 어떤 사례로 옮겨질 때 힘을 잃는다. 그렇지만 어떤 유사성이 남아 있는 한, 한 실험이 개연성의 기초가 될 수 있을 정도의 힘은 계속 유지될 수 있다는 것은 명백하다.

〈주〉

1 '비밀스럽고 숨겨진 원인(secret and conceal'd causes)'은 경험론의 입장에서 인정될까? 확실히 일단은 부정된다. 그렇지만 흄에게는 현실 경험을 기초로 하여 출발한 인과적이고 법칙적인 세계가 상상에 의해 구상된다. 그리고 그때 현실 경험의 현상적인 비법칙적 복합성이 '비밀스럽고 숨겨진 원인'을 인정한다.

2 경험에 근거하여 수립된 인과적 법칙성은 한 번 수립되면 그 성립 조건을 넘어 '단 한 번의 실험'으로도 법칙화의 작용을 하게 된다. 제3부 제8절 참조. 또한, 앞으로 계속 나오게 될 '실험'이라는 말은 특히 '실지 관찰 또는 실지 경험'의 넓은 의미이다.

3 '가능성(possibility)'은 '개연성'과 구별하여 사용될 때, 실현될 가능성이 별로 없는 쪽을 가리킨다. 또한 다음에 '미래가 과거에 의존한다'라는 자연제일성의 흄의 해명이 나오는

데 그것은 제3부 제6절 참조.
4 두 원리에 대해서는 제3부 제6절 참조.
5 '일별(glimpse)'은 '시각'과 같은 의미의 예외적 표현이다. 립스는 'Vorstellung(표상)'이라고 번역했다.
6 '교육'에 대해서는 제3부 제9절 참조. 정신 작용이 공통 대상을 가질 때 서로 합일하고 강화되는 현상은 제4부 제6절 참조.
7 '유비(analogy)'에서 발생하는 개연성이 여기서 덧붙여져 연속적인 논증적 지식과 귀납적인 경험적 지식과 함께 형식논리학을 다루는 세 개의 커다란 부문이 일단은 거론된다.

13 비철학적 개연성에 대하여

철학자들은 이와 같은 종류의 개연성을 모두 인정하고 있으며, 신념과 의견의 합당한 근거로 받아들이고 있다. 그러나 이 외에도 동일한 원리들에서 유래하지만 이제껏 그와 같이 인정받는 행운을 누리지 못한 것이 있다. 여기에 속하는 첫 번째 개연성은 다음과 같이 설명할 수 있다.

합일이나 유사성의 감소는 전이의 수월성을 감소시키고, 그렇게 함으로써 명증성을 약화시킨다. 나아가서 인상이 감소함에 따라 증거도 감소하게 되며, 인상이 감관이나 기억에 나타날 때 그 색이 흐려짐에 따라 명증성도 같이 감소한다고 할 수 있다. 우리가 기억해 낸 어떤 사실 문제를 바탕으로 하는 논변은, 그 사실이 최근의 일인지 먼 옛날의 일인지에 따라 설득력이 커지거나 줄어든다. 그러나 이 명증성의 정도 차이는 철학에서 확실하고 정당한 것으로 인정받지 못한다. 왜냐하면 이것을 인정하면 하나의 논변이 한 달 뒤에는 지금과 서로 확실히 다른 설득력을 가질 것이 틀림없기 때문이다. 그렇지만 철학과의 대립에도 불구하고 확실히 이 여건은 지성에 상당한 영향력을 미치며, 논변이 제시된 서로 다른 때에 따라 동일한 논변의 권위를 은근히 변화시킨다. 인상의 힘과 생동성이 크면 관계된 관념에도 자연히 큰 힘과 생동성을 전할 수 있다. 앞에서 설명한 체계에 따르면 신념은 힘과 생동성의 정도에 따라 좌우된다.

두 번째 차이는 신념이나 신뢰의 정도에서 곧잘 발견할 수 있는 점이다. 비록 철학자들은 부정하지만 그 차이가 생기지 않을 수는 없다. 기억에 생생한 최근 실험(실지 경험)은 어느 정도 어렴풋한 실험보다도 우리에게 훨씬 큰 영향을 미친다. 그런 실험은 정념뿐만 아니라 판단력에도 우세한 영향을 미친다. 게다가 생생한 인상은 희미한 인상보다 더 큰 확증을 산출한다. 왜냐하면 생생한 인상은 관계된 관념에 전달하는 훨씬 근원적인 힘을 갖고 있으며 관계된 관념은 이 인상을 통해서 더 큰 힘과 생동성을 얻기 때문이다. 최근의 관찰도 비슷한 효력을 갖는다. 이 경우 습관과 전이는 더욱 온전하며, 관념의 전달에 있어서도 더 나은 근원적 힘을 유지하기 때문이다. 따라서 술을 너무 과하게 마신 탓에 죽은 친구를 본 술고래는 그 일로 충격을 받고 얼마간은 자신에게도 유사한 사건이 일어나지 않을까 염려한다. 그러나 그 기억이 점점 희미해짐에 따라, 사건 발생 전의 방심이 되살아나면서 그가 느끼는 위험은 흐릿해지고 덜 실재적인 것으로 여겨진다.[1]

이어서 다음과 같은 내용을 세 번째 사례로 덧붙인다. 증거와 개연성에서 비롯되는 추론이 서로 매우 다르더라도, 증거에서 비롯되는 추론의 종류는 연관된 논변들의 중복을 통해서 어느새 종종 개연성에서 나오는 추론의 종류로 퇴보한다. 연관된 논변들의 긴 연결 고리마다 틀릴 수는 없다고 하더라도, 상상력이 이 연쇄적 논변을 통과할 때보다 이어주는 원인이나 결과가 전혀 없이 한 대상으로부터 곧장 추정할 때 확신은 더욱 강하고 훨씬 더 설득력도 있다. 상상력의 습관적 전이에 따라서 모든 관념의 생동성이 근원적 인상으로부터 나온다. 분명히 이 생동성은 추론의 길이에 비례하여 점차 쇠퇴하고, 옮겨 갈 때마다 무엇인가를 잃을 수밖에 없다. 가끔 이 길이는 상반되는 실험들보다 더 큰 영향력을 갖는다. 부분들마다 옳고 틀림없다고 하더라도, 아주 긴 연쇄적 결론에서보다는 가깝고 인접한 개연적 추론에서 더욱 생생한 확신을 얻을 수도 있다. 오히려 그 긴 연쇄적 추론이 어떤 확신을 이끌어내는 경우는 드물다. 그리고 아주 많은 단계를 거치는 경우에는 명증성을 끝까지 유지하기 위해 아주 강하고 확고한 상상력을 가져야만 한다.

그러나 여기서 이 주제가 암시하는 아주 이상한 현상에 대해 한마디 하는 것도 나쁘지 않을 것 같다. 수백만 가지의 원인과 결과를 지나 거의 가늠할 수 없을 정도로 긴 연쇄적 논변을 거치지 않고, 어떤 확증을 가질 수 있는 고대사의 쟁점은 분명히 없다. 애초에 사실에 대한 지식이 최초의 역사가에게 이르려면 먼저 그 사실이 많은 입을 거쳐서 전해져야 한다. 그리고 문자로 기록된 뒤에도 새롭게 만들어진 기록(copy)은 각각 추론의 새로운 대상이며, 새로운 기록과 그 앞의 것의 연관은 오직 경험과 관찰에 의해서만 알려질 뿐이다. 그래서 앞의 논의를 통해 고대사의 모든 명증성은 이제 대부분 상실되었거나, 적어도 원인들의 연쇄가 증가되어 더욱 길어지면 사라진다고 결론 내릴 수 있다. 한편, 학계와 인쇄 기술이 현재와 같은 상태로 계속된다면, 천년이 지난 뒤에도 후손들이 율리우스 카이사르 같은 사람이 있었는지조차 의심할 수 있다고 생각하는 것은 상식에 어긋나는 관념이다. 이것은 현재의 학문 체계에 대한 반박으로 여겨질 것이다. 신념이 오직 근원적 인상에서 전달된 어떤 생동성에만 존재한다면 그 신념은 전이의 길이에 따라 흐려지게 될 것이고, 마침내 아주 사라져버리게 될 것이다. 반대로 어떤 경우의 신념이 그처럼 사라질 수 없다고 한다면 신념은 이 생동성과는 다른 그 무엇이어야 한다.

이 반대론에 답하기 전에 한 마디 하자면 그리스도교에 반하는, 이런 주제에서 빌려 온 매우 유명한 논변[2]이 있었다. 단, 인간의 증언에서 나온 연쇄적 고리 사이의 결합은 개연성을 넘어설 수 없으며, 어느 정도의 회의와 불확실성을 피할 수 없다고 가정되었다는 차이를 두겠다. 그 주제(그러나 이것은 올바른 주제가 아니다)를 이런 방식으로 고찰할 때, 결국 모든 힘과 생동성을 상실하는 역사나 전통은 결코 없다는 것을 실로 인정해야만 한다. 새로운 개연성이 추가될 때마다 본래의 확신은 줄어들게 되며, 그 신념이 아무리 크다고 가정하더라도 거듭 줄어들면 그 신념의 존속은 불가능하다. 지성에 관한 이 주제에서 아주 중요하고 유명한 예외가 하나 있다는 것을 나중에 발견할지라도,[3] 이 점은 일반적으로 틀림없다.

역사적 명증성이 처음에는 완전한 증거에 해당한다고 가정하고 앞서의 반론들을 해명해 보자. 그리고 신념의 기초인 근원적 사실과 현전하는 인상을 연관 짓는 고리는 비록 헤아릴 수 없지만 모두 같은 종류이며 인쇄공들과 기록자들의 성실성에 의존하고 있다는 것을 고려해 보자. 간행되는 책은 초교에서 재교로 넘어가고, 재교는 3교로 넘어가기를 거듭한 끝에 현재 우리가 읽고 있는 책으로 나온다. 그러나 각 단계는 조금도 변화가 없다. 하나를 알면 전체를 알게 되고, 하나를 만든 다음에는 나머지에 대하여 조금도 주저할 필요가 없다. 이것이야말로 역사의 명증성을 유지하는 유일한 것이며, 현 세대의 기억을 마지막의 후손들에게까지 물려주는 연결 고리이다. 어떤 과거의 사건을 어떤 역사책과 연관 지우는 원인과 결과의 긴 연쇄가 모두 서로 다른 부분들로 구성되어 있고 정신이 그 부분들을 따로따로 파악한다면, 어떤 신념이나 명증성도 끝까지 보존하는 것은 불가능하다. 역사에 나타나는 이 증거들은 대부분 아주 유사하다. 정신은 그 증거들을 따라 달리며, 한 부분에서 다른 부분으로 수월하게 뛰어넘어 각 연결 고리의 구분 없이 일반적인 견해만 형성하게 된다. 따라서 긴 연쇄적 논변도 근원적 생동성을 감소시키는 데 아주 짧은 논변이 미치는 정도의 사소한 영향밖에 미치지 못한다.

네 번째 비철학적 개연성은 (경험적 추리에 관해) 경솔하게 마음속에 그리며, 이른바 '선입견'이라고 일컫는 것들의 원천을 이루는 일반 규칙들로부터 비롯된 개연성이다. 아일랜드 사람의 이야기가 아주 유쾌하고 프랑스 사람의 이야기는 분별이 있는 사례를 접할 때도 아일랜드 사람은 재치가 없고 프랑스 사람은 신뢰성이 없다고 한다. 우리는 그들의 분별력과 이성에도 불구하고 그들이 우둔하거나 허풍쟁이임에 틀림없다고 선입견을 품고 있다. 인간 본성은 이런 종류의 오류를 범하기 쉬우며, 다른 민족도 그렇겠지만 우리 민족도 그럴 것이다.

왜 사람은 일반 규칙을 형성하여 현재의 관찰과 경험에 상반되는데도 그것이 판단력에 영향을 끼치도록 두는지 묻는다면, 나는 이에 대해 다음과 같이 대답하겠다. 내 생각으로는 원인과 결과에 관한 모든 판단이 의존하는 바로 그 원리들에서 그 규칙이 나왔다. 원인과 결과에 관한 모든 판단은 습관과 경험에서 나온다. 우리가 다른 대상과 합일된 어떤 대상을 보는 데 익숙하다면, 상상력은 자연적 전이에 의해 그 대상에서 다른 대상으로 옮겨 가며, 반성은 전이를 막을 수 없다. 습관은 그 본성으로서 익숙한 대상과 정확히 동일한 어떤 대상이 주어질 때 전력을 다해 작용한다. 그뿐만 아니라 유사한 대상을 발견했을 때도 정도는 낮지만 역시 작용한다. 비록 차이가 날 때마다 그 힘을 조금씩 잃기는 하지만, 상당한 여건이 동일하게 남아 있는 한 신념이 완전히 소멸되는 일은 거의 없다. 예를 들면, 배와 복숭아를 주로 먹으며 과일을 먹는 습관에 길든 남자는 자신이 좋아하는 과일을 찾을 수 없으면 멜론으로도 만족할 것이다. 적포도주로 술고래가 된 사람은 백포도주를 보고도 같은 충동을 느낄 것이다. 나는 유비에서 비롯된 종류의 개연성을 이 원리들을 근거로 설명했다. 유비의 경우에 우리는 과거 사례들에서의 경험과 유사하지만 똑같지는 않은 대상으로 옮겨간다. 유사성이 쇠퇴하는 정도에 비례하여 개연성도 작아진다. 그러나 유사성의 자취가 조금이라도 남아 있는 동안은 개연성도 여전히 어느 정도의 힘을 갖는다.

우리는 이런 사실을 계속하여 더 살펴볼 수 있다. 그리고 다음과 같은 사실을 주목해 볼 수 있다. 습관은 모든 판단의 기초지만, 때로는 판단력과 상반되는 결과를 상상력에 끼치며 동일한 대상에 관한 의견에 상반되는 점을 낳기도 한다. 이 점을 더욱 설명하기로 한다. 거의 모든 종류의 원인에는 본질적인 것과 여분의 여건들이 다양하게 얽혀 있다. 어떤 것은 결과를 낳는 데 꼭 필요하지만, 다른 것은 본질적인 여건과 우연히 연결되어 있을 뿐이다. 이 여분의 여건들이 많고 뚜렷하며 본질적인 여건들에 자주 딸려 있을 때, 우리는 그 여분의 여건들이 상상력에 상당한 영향력을 미친다는 것을 관찰할 수 있다. 더욱이 본질적인 여건이 없는 경우에도 우리가 일상적 결과를 생각하도록 하며, 이 생각이 공상의 순수 허구보다 우세할 수 있는 힘과 생동성을 부여한다. 이런 성향은 그 여건들의 본성에 대한 반성을 통해 바로잡을 수 있다. 그러나 습관이 먼저 작용하여 상상력에 편견을 낳는다는 점은 확실하다.

이것을 친근한 사례로 설명하기 위해 다음과 같은 경우를 고찰해 보자. 철구조물의 높은 꼭대기에 있는 사람은 자신을 떠받치고 있는 철의 견고성에 대한 경험을 통해 자신이 추락할 위험이 없다는 것을 알고 있고, 또 한편 추락하여 죽는다는 관념이 단지 습관과 경험에서 나온다는 것을 아는데도, 그는 여전히 두려움을 버릴 수 없다. 바로 이 습관이 그것이 유래되고 또 그것과 완전히 대응하는 사례를 뛰어넘어, 어떤 측면에서 유사하지만 엄밀하게는 동일한 규칙으로 분류되지 않는 대상의 관념에까지 영향을 미치기 때문이다. 깊이와 추락이라는 여건은 그 사람을 아주 강하게 자극한다. 그 영향력은 그에게 완전한 안전성을 보장해 주는 지지와 견고성이라는 상반되는 여건에 의해 손상될 수 없다. 그의 상상력은 대상을 둘러보고 그 대상에 상응하는 정념을 불러일으킨다. 그 정념은 상상력으로 되돌아와서 관념에 생기를 불어넣는다. 이 생생한 관념은 정념에 또다시 새로운 영향으로 작용하고, 이번에는 그 힘과 강렬함을 증대시킨다. 이리하여 공상과 감정은 서로 떠받치면서 전체로서 그에게 아주 커다란 영향력을 미치게 된다.

습관의 이런 결과에서 발생하는 판단력과 상상력의 대립에서 (비)철학적 개연성[4]이라는 지금의 주제가 매우 분명한 사례를 제공해 주는데도 다른 사례를 찾아볼 이유가 있을까? 나의 학문 체계에 따르면 모든 (인과적) 추론은 습관의 결과일 뿐이다. 습관은 상상력을 복돋우고 어떤 대상에 관한 생각에 몰두하도록 하는 것 말고는 영향력이 전무하다.

그러므로 판단력과 상상력은 결코 상반될 수 없다. 그뿐 아니라 이 두 기능에 대한 습관의 작용은 결코 두 기능을 대립시킬 수 없다고 결론을 내릴 수 있다. 이 어려움은 일반 규칙들의 영향을 가정하는 것 이외에는 어떤 방식으로도 떨쳐 낼 수 없다. 나중에[5] 우리는 몇 가지 일반 규칙에 주목할 것이다. 이 규칙에 따라 원인과 결과에 대한 판단을 규제해야 한다. 이 규칙들은 지성적 본성과, 또 대상에 관해 형성된 판단들에서 지성의 작용을 경험함으로써 형성된다. 이 규칙들에 따라서 우리는 유효한 원인과 우연적 여건을 구별할 수 있다. 어떤 개별적 여건의 도움 없이도 하나의 결과가 산출될 수 있다는 것을 발견할 때, 우리는 그 여건들이 유효한 원인에 아무리 결합되더라도 그 여건이 유효한 원인의 일부를 이루지 않는다고 결론을 내린다. 그러나 이처럼 잦은 결부는 일반 규칙에서 나오는 대립적인 결론에도 불구하고, 필연적으로 그런 여건이 상상력에 어떤 결과를 낳도록 한다. 이들 두 원리의 대립은 사유에 상반성을 불러일으키고 우리로 하여금 어떤 추정적 결론을 판단력[6]에서 유래하는 것으로, 다른 것은 상상력에서 유래하는 것으로 보게 한다. 즉, 일반 규칙은 더욱 포괄적이고 항상적인 판단력에 귀속되며, 그 예외는 더욱 변덕스럽고 불확실한 상상력에 귀속된다.

따라서 일반 규칙은 어느 정도 서로 대립하게 된다. 꽤 많은 여건들에서 어떤 원인을 닮은 대상이 나타날 때, 가장 실질적이고 유효한 여건들에서 그 대상이 원인과 다를지라도 상상력은 자연스럽게 그 일상적 결과에 관해 우리가 생생하게 표상하도록 한다. 여기에 일반 규칙의 첫 번째 영향력이 있다. 그러나 우리가 정신의 이런 작용을 되돌아보고 지성의 더욱 일반적이며 신뢰할 만한 작용들과 비교해 볼 때, 그 정신 작용은 변칙적 본성을 지니며 가장 확정적인 추론 원리를 모조리 파괴함을 깨닫는다. 이것이 그 정신 작용을 거부하는 원인이다. 이 점은 일반 규칙들의 두 번째 영향력이며, 전자를 비난하는 이유를 포함하고 있다. 사람의 기질이나 성격에 따라 때로는 전자가, 때로는 후자가 우세하다. 일반인들은 대개 첫 번째 영향력을 따르지만, 현인들은 두 번째 영향력을 따른다. 회의론자들은 이성에서 새롭고 주목할 만한 모순을 발견하는 쾌감, 즉 인간 본성의 한 원리에 의해 모든 철학이 쉽게 전복될 듯하다가 그 원리의 새로운 방향에 따라 다시 구조되는 것을 보는 기쁨을 누릴 수 있다. 일반 규칙들을 따르는 것은 바로 비철학적 종류의 개연성이며, 오직 일반 규칙을 따름으로써 이 개연성뿐 아니라 다른 모든 비철학적 개연성을 바로잡을 수 있다.

이처럼 일반규칙이 판단력에 상반되면서까지 상상력에 작용하는 사례가 있는 한, 그 규칙들이 판단력이라는 기능과 결부되어 그 효과가 증대되는 것을 보아도 전혀 놀랍지 않다. 다시 말하면 그 규칙들이 우리에게 나타낸 관념에 다른 것에 수반되는 것보다 우세한 힘을 제공하고 있다는 것을 관찰해도 놀랄 필요는 없다. 다른 사람에 대한 뻔한 아첨이나 힐난보다 훨씬 덜 충격적인 칭찬과 질책을 은근히 내보이는 간접적인 방법이 있다는 것을 누구나 알고 있다. 아무리 그가 자신의 감정을 은근한 암시를 통해 전달할 수 있고 또 그 감정을 그대로 드러낼 때처럼 확실하게 알릴 수 있다고 하더라도, 영향력이 대등하게 강하고 효과적이지는 않다는 것은 확실하다. 은근한 풍자로 나를 몰아세우는 사람은, 내가 그 말의 의미를 그가 단호히 말할 때와 마찬가지로 분명하게 이해할지라도, 그가 나를 바라보고 아둔한 허풍쟁이라고 단호히 말할 때처럼 나를 분노하게 하지 않는다. 이 차이는 바로 일반 규칙의 영향 때문이다.

어떤 사람이 나를 공개적으로 비난하든 경멸의 뜻을 넌지시 비치든 간에, 나는 그 어느 경우에도 그의 생각이나 의견을 직접 지각하지 않는다. 단지 기호, 즉 의견이나 생각의 결과에 의하여 감지할 뿐이다. 그렇다면 이 두 경우의 유일한 차이는, 그가 자신의 생각을 그대로 드러낼 때는 일반적이고 보편적인 기호를 쓰고, 넌지시 비출 때는 기묘하고 보기 드문 기호를 쓴다는 점이다. 이 여건의 결과로서 상상력은 현전하는 인상에서 부재 관념으로 이동할 때 그 연관이 드물고 특수한 경우보다는 일상적이고 보편적인 경우에 훨씬 수월하게 전이하기 때문에 더욱 과감히 대상을 상상한다. 의견들을 넌지시 비치는 것은 그 의견을 숨기는 것이라고 할 수 있으므로, 소감을 공개적으로 밝히는 것은 그 가면을 벗는다고 할 수 있다. 일반적 연관에 의해서 산출된 관념과 개별적 연관에서 발생한 관념의 차이는 이제 인상과 관념의 차이와 비교된다. 상상력에서 이 차이는 정념에 상응하는 영향을 미친다. 이 영향은 다른 여건에 의하여 커진다. 분노나 경멸을 넌지시 내비치는 것은 우리가 그래도 그 사람의 인격을 어느 정도 고려하며, 그를 직접 비난하는 것을 회피하고 있다는 증거다. 이것은 은근한 풍자를 좀 덜 불쾌하게 만든다. 그러나 이것도 역시 같은 원리에 의존한다. 어떤 관념이 암시되기만 했을 때, 그 관념이 희미하지 않다면 다른 방법보다 이 방법으로 나타내는 것이 결코 상대를 존중하는 표시로 평가될 수는 없을 것이다.

때로는 욕설이 미묘한 풍자보다 덜 불쾌할 수 있다. 왜냐하면 욕설은 우리를 욕한 사람을 비난하고 경멸할 수 있는 정당한 이유를 제공하므로 즉시 어느 정도 설욕할 수 있기 때문이다. 이 현상도 마찬가지로 같은 원리에 의존한다. 그 이유는 다음과 같다. 우리가 모욕적인 언어를 비난하는 것은 그것이 선한 교양이나 인간성과 상반되는 것으로 간주되기 때문이 아닌가? 그러한 언어가 어떤 미묘한 풍자보다 더 자극적이라는 점 때문에 선한 교양과 인간성에 상반되는 것이 아닌가? 선한 교양의 규칙들은 우리와 대화하는 사람에게 현저한 고통과 당혹감을 주는 공공연한 무례에 대해서는 그것이 무엇이든 간에 유죄로 판결내린다. 그 규칙이 한 번 확정되면 그 다음부터 욕설은 보편적으로 비난받게 되며, 그것을 사용하는 사람은 비열하고 무례한 사람으로 천시받는다. 비열하고 무례하기 때문에 욕설은 오히려 고통을 덜 준다. (바꿔 말하면) 욕설이 덜 불쾌한 것은 단지 그것이 근본적으로 더 불쾌하기 때문이다. 욕설이 더 불쾌한 것은, 그것이 뚜렷하고 부정할 수 없는 일반적이고 공통적인 규칙들에 의해 추정되기 때문이다.

분명한 아첨이나 풍자와 은근한 그것의 차이에 대한 이 설명에 나는 유사한 다른 현상에 관한 고찰을 덧붙이겠다. 남성과 여성 모두 뚜렷하고 공공연하게 예절을 훼손하면 세상은 결코 용서하지 않지만, 체면치레를 하거나 허물을 숨겨 감추면 세상은 그냥 지나치기 쉽다. 두 경우 똑같이 과오를 범했음을 확실히 알고 있는 사람들조차도, 증거가 어느 정도 간접적이고 모호할 때에는 직접적이고 부정할 수 없을 때보다 쉽게 그 허물을 용서한다. 두 경우도 모두 동일한 관념이 제시되었다. 판단력에 의하면 그 관념은 두 경우에 대등하게 일치한다. 그렇지만 그 영향력은 관념이 나타내는 서로 다른 방식 때문에 판이하다.

이처럼 예의범절에 공공연히 저촉되는 경우와 은근히 저촉되는 경우를 비교해 보면, 그 차이가 다음과 같은 데 있음을 알게 된다. 즉, 공공연한 훼손의 경우에는 비난할 만한 행동을 추정하는 기호가 단 하나이며, 그 기호만으로도 추론과 판단의 기초로 충분하다. 반면에 은근한 훼손에서는 그 기호가 많으며, 거의 지각할 수 없는 사소한 여건들을 많이 수반하지 않으면 그 기호로는 거의 또는 전혀 판단할 수 없다. 어떤 추론이 단일하고 통일적이며, 추론의 각 부분들을 수집하고 수집된 각 부분들로부터 결론을 형성하는 상관 관념으로 나아갈 때 상상력의 작용이 적으면 적을수록 언제나 그 추론이 신빙성을 더해 간다는 것은 확실하다. 곧 살펴보겠지만,[7] 사유의 노력은 감정의 정상적 진행을 교란시킨다. 관념은 감정과 같은 생동성으로 우리를 자극하지 않으며, 결과적으로 정념과 상상력에 그런 영향을 미치지 않는다.

같은 원리에서 레츠 추기경[8]의 말도 설명이 가능하다. 레츠 추기경은 세상에는 사람들이 현혹당하고 싶어하는 것이 많고, 세상은 어떤 사람이 자신의 직업과 인격에 상반되는 말을 할 때는 용서하지 않지만 그런 행동을 할 때는 좀더 쉽게 용서한다고 말한다. 말의 흠은 행동의 흠보다 훨씬 숨김없고 뚜렷하다. 행동의 흠은 변명거리를 많이 허용하고 행위자의 의도와 시각에 관해 아주 명석한 결정을 내리지 못하기 때문이다.

대체로 지식에 이르지 못하는 모든 의견이나 판단은 전적으로 지각의 힘과 생동성에서 유래한다. 또 정신에서 이 성질들은 어떤 대상의 존재에 대한 이른바 '신념'을 구성한다. 이 힘과 생동성은 기억에서 가장 두드러진 특징이므로 이 기능의 정확성에 대한 신뢰는 상상할 수 있는 한 최대이며, 여러 측면에서 논증의 확증과 대등하다.[9] 이 성질들의 정도가 큰 것은 원인과 결과의 관계로부터 유래하는 경우이다. 특히 그 결부가 경험에 의해 완전히 항상적인 것으로 밝혀질 때, 또 정신에 현전하는 대상이 경험했던 대상들과 정확히 닮을 때, 그 정도 또한 아주 크다. 이 외에 이런 정도의 명증성에 미치지 못하는 것들이 많이 있으며, 그런 것들은 자신들이 관념에 전달하는 힘과 생동성의 정도에 비례하여 정념과 상상력에 영향을 미친다. 우리는 습관에 의하여 원인에서 결과로 옮겨 가며, 상관 관념에 유포하는 생동성은 어떤 현전하는 인상에서 빌려 온다. 그렇지만 굳은 습관을 낳는 사례들을 충분히 관찰하지 않았을 때,[10] 이 사례들이 상반될 때, 유사성이 정확하지 않을 때, 현전하는 인상이 희미하고 모호할 때, 경험이 기억에서 어느 정도 지워졌을 때, 결부가 대상들의 긴 연쇄에 의존할 때, 일반 규칙에서 유래하는 추정적 결론이 일반 규칙에 적합하지 않을 때 관념의 힘과 강렬함이 감소함에 따라 명증성도 감소한다. 이것이 그 판단과 개연성[11]의 본성이다.

이 체계에 주로 권위를 제공해 주는 것은, 각 부분들의 기초를 이루는 의심할 나위 없는 논변 외에 각 부분들의 일치, 그리고 한 부분이 필연적으로 다른 부분을 해명하는 점이다. 기억을 수반하는 신념은 판단에서 유래하는 신념과 성질이 같다. 원인과 결과의 지속적인 연관에서 유래하는 판단과, 단속적이고 불확실한 연관에 의존하는 판단 사이에는 조금도 차이가 없다. 실제로 상반되는 실험들로부터 내리는 모든 결정에서 정신은 먼저 그 내부에서 분열되어 있으며, 관찰하여 지금도 기억하고 있는 실험의 수에 비례하여 어느 쪽으로도 기우는 성향이 있다. 이 겨루기는 마침내 관찰된 실험의 횟수가 많은 쪽이 승리한다. 이때 명증성은 대립하는 실험 횟수에 따라 감소한다. 개연성을 이루는 가능성들마다 상상력에 따로따로 작용하며, 더 큰 가능성의 집합이 그 우세함에 비례하는 힘으로 승리한다. 이 모든 현상이 곧 위에서 언급한 학문 체계로 통한다. 다른 어떤 원리에 의해서도 이 현상들에 대해 만족스럽고 일관적인 해명을 할 수 없을 것이다. 이와 같은 판단을 상상력에 대한 습관의 영향으로 간주하지 않는다면, 우리는 끊임없는 모순과 어리석음에서 방황할 것이다.

〈주〉

1 여기서 말하는 개연성과 앞의 개연성은 거의 다르지 않아 보인다. 단 이 절 말미에서 지금까지의 고찰을 요약할 때 두 개는 따로 구분되어 있다.

2 '매우 유명한 논변'에 대해 립스는 원주의 형태로 존 크레이그의 《그리스도교의 수학적 원리》(Theologiae christianae principia mathematica, By John Craig, 1699)를 들었다. 이러한 주석은 원저에는 없지만, 그린 그로우스 판 편집자도 각주에서 이 책을 들고 있다. 또 흄이 염두에 두었던 것은 이 책이라고 레이드도 말한다.

3 제1편 제4부 제1절 참조.(원주)

4 '(비)철학적 개연성'의 원문은 'philosophical probabilities'이지만 실수이다. 옥스퍼드 판 편집자는 각주에서 'unphilosophical?'이라고 주의하고 있다. 단 립스는 원문대로 번역한다. 그린 그로우스 판도 원문 그대로이다.

5 제1편 제3부 제15절 참조.〔원주〕

6 '판단력'은 경험적 인과적 판단을 뜻한다. 그러나 이러한 판단력은 여기서는 지성의 작
용에 의해 얻을 수 있다. 흄의 '지성'에 이러한 의미가 있다는 것 그리고 그것과 상상의
관계에 대해 주의해야 한다. 그 점에서 이 단락과 다음 단락은 매우 흥미롭다.

7 제1편 제4부 제1절 참조.〔원주〕

8 '레츠 추기경(Cardinal de Retz)'은 17세기 프랑스의 정치계와 종교계에서 활약한 Jean
François Paul de Gondi(1614~1679)이다.

9 기억의 확증은 지금까지 몇 번이나 설명했지만, 여기서는 '논증의 확증과 대등하다'고 까
지 말해지는 점에 주의해야 한다.

10 '현전하는 인상이 희미하고 모호할 때'와 '경험이 기억에서 어느 정도 지워졌을 때'와의
차이는 앞의 주석 1 참조.

11 '판단과 개연성'의 원문은 'the judgement and probability'이다.

14 필연적 연관의 관념에 대하여

지금까지 직접 경험을 넘어 추리하고, 또 개별적 원인들은 개별적 결과들을
갖는다고 결론 내리는 방식에 관해 설명했다. 이제 처음으로 나타나서[1] 중간
에 버렸던 문제, 즉 두 대상이 필연적으로 연관된다고 할 때의 필연성에 관한
관념은 무엇인가라는 문제를 검토하기 위해 발걸음을 돌려야 한다. 이 항목에
대해서 나는 이제까지 자주 언급해 왔던 것을 여기서도 되풀이하겠다. 인상에
서 유래하지 않는 관념은 없으므로, 필연성의 관념이 참이라고 주장하려면 그
관념을 일으키는 인상을 찾아내야 한다. 이를 위해 나는 먼저 필연성이 있다
고 가정되는 대상이 무엇인가를 생각한다. 그리고 필연성이 언제나 원인과 결
과에서 기인한다는 것을 발견했을 때, 이 관계에 있다고 생각되는 두 대상으
로 눈길을 돌려서 대상들에게 영향을 미칠 수 있는 모든 상황을 샅샅이 검토
한다. 이때 나는 그 두 대상이 시간과 장소에서 아주 가까이 있고, 이른바 원인
이라는 대상은 결과라는 대상보다 앞선다는 것을 곧바로 알아차린다. 그러나
더 살펴볼 수 있는 사례는 전혀 없으며, 두 대상들 사이에서 어떤 제3의 관계
를 발견할 수 없다. 그러므로 나는 가까운 거리와 계기라는 유사한 관계로 언
제나 존재하는 유사한 대상을 발견하는 곳에서 여러 사례들을 파악하기 위해
시야를 확장한다. 얼핏 보기에 이것은 나의 목적에 거의 도움이 될 것 같지 않
다. 여러 사례들에 대한 성찰은 동일한 대상들을 되풀이할 뿐이며, 따라서 결

코 새로운 관념을 생성하지 못한다. 그러나 좀더 탐구해 보면, 이 되풀이는 모든 점에서 동일하지 않으며, 오히려 새로운 인상을 산출함으로써 내가 지금 검토하고자 하는 관념을 산출한다는 것을 알 수 있다. 자주 되풀이된 뒤에 내가 발견한 것은 대상들 가운데 하나가 나타날 때 정신은 습관에 의하여 그 대상의 일상적 수반물을 고려하도록, 또 최초 대상과 그 수반물의 관계 때문에 대상을 좀더 자세히 고찰하도록 결정되어 있다는 것이다. 그렇다면 이 인상, 즉 결정이야말로 나에게 필연성의 관념을 제공한다.

이 결론은 이미 확정되어 있고 때때로 추론에서 사용해온 원리들로부터 이끌어낸 뚜렷한 연역이다. 따라서 나는 이 원리가 아무 어려움 없이 첫눈에 받아들여지리라는 점을 의심하지 않는다. 제1원리와 연역의 이러한 명증성은 우리가 성급하게 결론을 내리도록 유혹할 수도 있다. 또한 우리로 하여금 그 결론이 터무니없는 것을 포함하고 있지 않으며 호기심을 가질 가치도 없다고 추측하게 한다. 그러나 그런 부주의는 이 추론을 수용하도록 조장할 수 있을지라도, 그만큼 더욱 쉽게 잊혀지도록 할 것이다. 이 때문에 나는 지금 검토한 것이야말로 철학에서 매우 중요한 문제 가운데 하나이며, 모든 학문이 지대한 관심을 갖는 것으로 여겨지는 원인의 능력과 효력에 관한 문제라고 경고하는 것이 적절하다고 생각한다. 이러한 경고는 자연히 독자의 주의를 환기시킬 것이다. 게다가 독자로 하여금 나의 학설과 그 기초를 이루는 논변들에 관해 좀더 충분한 설명을 요구하도록 할 것이다. 이 요구는 내가 거절할 수 없을 정도로 정당한 것이다. 특히 나는 이 원리들을 검토할수록 보다 큰 힘과 명증성을 획득할 것이라고 기대하기 때문에 더욱 거절할 수 없다.

원인의 효력에 관한 문제, 즉 원인이 결과보다 선행하게 하는 성질에 관한 문제는 어려운 데다 중요하므로, 고대와 근대 철학자 사이에서 이것보다 더 치열한 논쟁을 불러일으켰던 문제는 없다. 그들이 이러한 논쟁에 나서기 앞서, 논란의 주제인 효력에 대해 어떤 관념이 있는지를 검토해 보는 것도 바람직하다고 생각한다. 내가 발견한 바로는 이것이 그들의 추론에서 주로 결여되어 있으며, 내가 여기서 보충하고자 노력한 점이다.

먼저 나는 효력, 작용, 능력, 힘, 원동력, 필연성, 연관 그리고 산출적 성질 따위의 술어들이 모두 거의 같은 뜻이라는 점을 주목하는 것으로 시작하겠다.

그러므로 이들 가운데 어떤 것을 써서 다른 것을 정의하는 것은 불합리하다. 이렇게 말함으로써 우리는 철학자들이 능력과 효력에 대해 이제껏 제시해온 통속적 정의를 모두 거부한다. 이 정의에서 관념을 찾는 대신, 그 관념이 유래하는 원초적 인상에서 찾아야 한다. 만약 그 관념이 복합 관념이라면 복합 인상에서 발생해야 하고, 단순 관념이라면 단순 인상에서 발생해야 한다.

데카르트(1596~1650)

나는 이 문제에 대한 가장 일반적이고 통속적인 설명은 다음과 같다고 믿는다.[2] 물질에는 물체의 운동이나 변화와 같은 여러 가지 새로운 산출이 있다는 것을 경험적으로 발견하고, 그러한 것을 산출할 수 있는 능력이 어디엔가 있어야만 한다고 결론을 내린다. 우리는 이 추론에 의해서 마침내 능력과 효력이라는 관념에 도달한다. 그러나 이 설명은 철학적이라기보다는 오히려 통속적이다. 이 점을 깨닫는 데는 아주 명료한 두 원리를 반성해 보기만 하면 된다. 첫째, 이성만으로는 결코 근원적 관념을 불러일으킬 수 없다.[3] 둘째, 경험과 구별된 이성은 원인 즉 산출적 성질이 모든 존재의 시작에 절대적으로 필요하다는 결론을 내릴 수 없다.[4] 이 두 고찰은 이미 충분히 설명했으므로 여기서는 더 이상 언급하지 않아도 무방하다.

나는 그 두 원리로부터 다음과 같은 사실을 추정할 뿐이다. 이성이 효력의 관념을 결코 불러일으킬 수 없다면 그 관념은 경험으로부터 유래되어야 한다. 다시 말하면 감각 또는 반성이라는 일반적인 통로를 거쳐 정신으로 침투하여 이 효력을 나타내는 개별적 사례들로부터 유래되어야 한다. 관념은 언제나 그 대상 곧 인상을 재현한다. 또, 반대로 모든 관념들을 불러일으키려면 어떤 대상이 필요하다. 그러므로 이 효력에 대한 정확한 관념을 갖는다고 주장하려면, 그 효력이 분명히 정신에 드러나고 의식이나 감각에 거리낌 없이 작용하는 어떤 사례를 반드시 제시해야 한다. 이것을 거부하면, 그 관념이 불가능하거나 가상적이라고 시인하는 것이다. 우리를 이 딜레마로부터 구원할 수 있는 유일한 원리인 본유 관념의 원리는 (제1부 제1절에서) 이미 반박되었으며, 이제는 학계에서도 거의 광범위하게 거부되고 있기 때문이다.

지금 우리가 할 일은, 원인의 작용과 효력이 전혀 오해나 애매성의 위험 없이 정신에 의해 분명히 파악되고 이해될 수 있는 어떤 자연적 산출을 찾아야 한다.

이러한 탐색에서 원인의 은밀한 힘과 원동력을 해명할 수 있다고 자부해온 철학자들의 의견에서 발견되는 엄청난 다양성 때문에 우리는 거의 용기를 얻을 수 없다.[5] 어떤 철학자는 물체가 그것의 실체적 형상[6]에 의해 작용한다고 주장하는가 하면, 다른 사람은 물체의 우성(偶性 : 어떤 사물을 생각하는 데 없어도 되는 성질)이나 성질에 의해 작용한다고 주장한다. 몇 사람은 물체의 질료와 형상[7]에 의해, 또 어떤 사람은 물체의 형상과 우성에 의해, 다른 사람들은 이 모든 것과 구분되는 어떤 효능과 기능에 의해 물체가 작용한다고 주장한다. 이 모든 소감은 다시 수천 가지의 서로 다른 방식으로 섞이고 바뀌어서 강력한 가정(假定)을 형성한다. 이 가정에 대해 확실성이나 증거를 갖고 있는 사람은 아무도 없으며, 알려져 있는 물질의 성질들 가운데 어떤 것에서 효력을 추정하는 것도 근거가 없다. 실체적 형상, 우성, 기능 등의 원리는 실제로는 물체의 알려진 속성들 가운데 어떤 것이 아니라 전혀 알 수 없고 설명할 수 없는 것이다. 이를 고려할 때, 우리들에게는 당연히 이 가정들이 더욱 세력을 떨친다. 왜냐하면 철학자들이 명석하고 이해할 수 있는 것들에 대해서 다소 만족할 수 있었다면, 특히 감관의 대상은 아니지만 가장 단순한 오성의 대상이 틀림없는 사태들에서 어떤 만족을 얻을 수 있었더라면, 그들은 분명히 그처럼 모호하고 불확실한 원리들에 절대 의존하지 않았을 것이다. 요컨대 우리는 다음과 같이 결론을 내릴 수 있다.

어떤 사례에서도 원인의 힘과 작용이 자리잡고 있는 원리를 보여 주는 것은 불가능하고, 가장 세련된 지성과 가장 통속적인 지성도 이 점에서는 똑같이 불안정하다는 것이다. 어떤 사람이 이 주장을 반박하는 것이 옳다고 생각한다면, 그는 고생하며 긴 추론을 고안해 낼 필요가 전혀 없다. 단지 능력, 즉 작용하는 원리를 발견한 원인의 사례를 당장 우리에게 보이기만 하면 된다. 이런 논박은 철학에서 부정을 입증하는 거의 유일한 수단이므로, 자주 쓰일 수밖에

없다.[8]

이 능력을 확정하는 모든 시도들에서 이제껏 이렇다 할 성공을 얻지 못하자, 철학자들은 마침내 다음과 같이 결론을 내릴 수밖에 없었다. 자연의 궁극적 힘과 효력은 우리에게 완전히 알려지지 않았으며, 따라서 물질의 알려진 성질 속에서 이를 찾으려는 것은 허사라고 결론지었다. 이런 의견에 철학자들은 거의 만장일치로 동의하며, 오직 그 의견으로부터 추정하는 것에서만 자신들의 소감에 있어서 어떤 차이점이 나타난다. 그들 가운데 어떤 사람들, 특히 데카르트주의자들[9]은 물질의 본질을 숙지하고 있다는 것을 하나의 원리로 확정한다. 그들은 물질이 본래 어떤 효력도 부여받지 못했으므로 물질 스스로 운동을 전달한다든가 물질에서 기인하는 어떤 결과들을 산출하는 것은 불가능하고 매우 자연스럽게 추정해 냈다. 물질의 본질은 연장에 있다.[10] 연장은 실제 운동이 아니라 운동 가능성만 포함하므로 데카르트주의자들은 운동을 산출하는 원동력은 연장에 있을 수 없다고 말한다.[11]

이 결론은 데카르트주의자들이 완전히 회피할 수 없다고 보았던 또 다른 문제로 그들을 이끈다. 그들의 말에 따르면 물질은 그 자체로는 전혀 비활동적이며, 운동을 산출하고 지속시키며 전달하는 어떤 능력도 부여받지 못했다. 그러나 이 운동의 결과들은 우리의 감관에 대하여 명백하며, 그 결과를 낳는 능력도 어디엔가 자리잡고 있어야 한다. 따라서 그 능력은 '신', 즉 그 본성에 모든 탁월성과 완전성을 포함하는 신적 존재에게 있어야 한다.[12] 그러므로 신이야말로 우주를 처음으로 움직이고, 처음으로 물질을 창조했으며, 물질에 최초로 충격을 주었을 뿐 아니라 전능한 힘을 끊임없이 발휘하여 물질의 존재를 지탱하며, 물질에 처음 부여했던 모든 운동과 형태와 성질을 계속해서 제공한다.

확실히 이 견해는 아주 진기하며 우리의 주의를 끌 만하다. 그러나 이 견해에 주목하면서 현재 목적을 단 한순간만이라도 되뇌어 본다면, 여기서 이것을 검토할 필요는 없다고 여겨질 것이다. 모든 관념은 인상, 즉 그 자신보다 앞서는 지각에서 유래한다. 여기서 말하는 능력의 발동이 지각되는 어떤 사례를 제시하지 않으면 우리는 능력과 효력에 관한 어떤 관념도 가질 수 없다. 이것은 이미 확정된 원리이다. 그러한 사례들은 물체 안에서 결코 찾을 수 없으므로, 본유 관념에 관한 자신들의 원리에 따라 논의를 전개했던 데카르트주의자들은 우주에서 유일한 능동적 존재이고, 물질에 있어서 모든 변화의 직접적 원인으로 간주하는 최고 정신 즉 신에게 의존하게 된다. 그러나 본유 관념의 원리가 거짓으로 인정되었으므로,[13] 결과적으로 감관에 나타났거나 자신의 정신에 내면적으로 의식된 대상들 모두에서 헛되이 찾았던 작용이라는 관념을 설명함에 있어서 신의 가정은 전혀 도움이 될 수 없다. 모든 관념이 인상에서 유래한다면, 신의 관념도 동일한 기원에서 나타나야 한다. 따라서 감각 인상이든 반성 인상이든 힘과 효력을 조금도 포함하고 있지 않다면, 신 안에서 능동적 원리를 결코 발견할 수 없을뿐더러 상상조차 불가능하다.

데카르트주의자들은 물질 안에서 효력 있는 원리를 발견하지 못했으므로 물질은 그런 원리를 조금도 부여받을 수 없다고 결론을 내렸다. 따라서 동일한 추론 과정에 따라 그들은 지고의 존재로부터도 효력 있는 원리를 반드시 배제시켜야 한다. 또는 실제로도 그렇듯이 데카르트주의자들이 그 의견을 불합리하고 불경스럽게 생각한다면, 나는 그들에게 그러한 의견을 피할 수 있는 방법을 이야기해 주겠다. 즉 처음부터 이렇게 결론 내리면 된다. 영혼과 물체에서도 그리고 우세한 자연이나 열세한 자연 모두에서도 능력과 효력에 대한 단 하나의 사례도 발견할 수 없으므로, 그러한 관념은 어떤 대상 속에서도 존재하지 않는다고 말이다.

이 결론은 제2원인[14]의 효력을 주장하면서 파생적이지만 실제적인 능력과 원동력이 물질에 속한다고 주장하는 사람들의 가설을 따를 때도 피하기 어렵다. 데카르트주의자들이 이 원동력은 물질의 알려진 성질들 가운데 어디에도 없다고 인정하는 만큼, 원동력이라는 관념의 기원에 관한 어려움은 여전히 남아 있기 때문이다. 능력이라는 관념이 실제로 있다면, 우리는 능력을 알려지지 않은 어떤 성질에 귀속시킬 수 있다. 그러나 능력이 그와 같은 미지의 성질에서 유래하기란 불가능하다. 또한 알려진 성질에는 그 관념을 산출할 수 있는 것이 없으므로, 결과적으로 우리가 이 종류의 관념을 일상적으로 이해하는 방식에 따라 소유할 수 있다고 상상한다면 그것은 스스로를 기만하는 것이다. 모든 관념은 인상에서 유래하며 인상을 재현한다. 그러나 우리는 능력이나 효력을 담고 있는 어떤 인상도 전혀 가질 수 없다. 그러므로 우리는 능력에 관해 어떤 관념도 결코 가질 수 없다.

어떤 이들[15]의 주장에 따르면 우리는 원동력이나 능력을 우리 자신의 정신 안에서 느낀다. 이런 방식으로 능력의 관념을 한 번 얻으면 그 성질을 직접 발견할 수 없는 물질에도 그 성질을 전이한다. 신체의 운동이나 정신의 사상과 소감들은 (그들 말로는) 의지에 따르고, 우리는 그 밖에 다른 힘 또는 능력에 관한 정당한 관념을 더 이상 찾지 않는다. 그러나 이 추론이 얼마나 믿을 수 없는지를 확인하려면, 어떤 물질적 원인과 그 고유한 결과 사이에서와 마찬가지로 여기서 원인으로 간주되는 의지와 결과 사이에는 발견 가능한 어떠한 연관도 없다는 점만 숙고해 보면 된다. 의도의 작용과 신체 운동 사이에서 연관이 발견되기는커녕 오히려 사유와 물질의 능력과 본질로 설명할 수 없다는 점에서 (이 이른바 신체적 결과보다) 더 나은 결과는 없다. 또한 정신에 대한 의지의 통치도 이에 못지않게 이해할 수 없다. 거기서 결과는 원인과 구별되고 분리될 수 있으므로, 원인과 결과의 항상적 결부 없이는 결과를 예측할 수 없다.

우리는 정신을 어느 정도 지배하지만, 그 정도를 넘어서면 정신에 대한 모든 지배력을 잃는다. 우리가 경험의 도움을 받지 않는다면 정신에 대한 권위의 영역을 정확히 한정하기란 분명히 불가능하다. 간단히 말하면 이런 측면에서 정신 작용은 물질 작용과 동일하다. 우리는 물질과 정신작용의 항상적 결부만 지각할 뿐이며, 그 이상은 추론할 수 없다. 외부 대상들이 갖는 것보다 더 뚜렷한 원동력을 갖는 내부 인상은 없다. 그러므로 철학자들이 물질의 작용은 알려지지 않은 힘으로 조작된다고 인정하는 한, 우리가 자기 정신의 도움을 얻어 힘의 관념을 얻기를 희망하는 것은 헛된 일이다.[16]

이미 확실한 원리로 확정되었듯이, 일반 관념이나 추상 관념은 일정한 측면에서 파악된 개별 관념에 지나지 않는다. 따라서 어떤 대상을 반성할 때 양과 질의 세세한 모든 정도를 사물의 실제 본성에서 배제할 수 없는 것처럼 사유에서도 배제할 수 없다. 그러므로 우리가 능력 일반에 관한 어떤 관념을 소유한다면, 우리는 그 관념의 개별적 종류들도 역시 표상할 수 있어야 한다. 그런데 능력은 단독으로 존속할 수 없으며, 언제나 어떤 존재의 속성으로 간주된다. 따라서 우리는 이 능력을 어떤 개별적 존재에서 생각해 낼 수 있어야 하며, 그 존재가 실재적 힘과 원동력을 타고난 것으로 파악해야 한다. 그 실재적 힘과 원동력을 통하여 그 성질의 작용으로부터 개별적 결과가 필연적으로 생긴다. 우리는 원인과 결과 사이의 연관을 뚜렷하고 자세하게 파악하고, 그 원인을 꾸밈 없이 살펴봄으로써 원인이 결과보다 앞서거나 결과에 이어 나타난다고 단언할 수 있어야 한다. 이것이 개별적 물체에서 개별적 능력을 파악하는 참된 방식이다. 개별 관념 없이는 일반 관념도 있을 수 없으므로, 개별 관념이 불가능할 때는 일반 관념도 결코 존재할 수 없다. 이제 두 대상 사이의 연관을 표상하거나 그 대상들을 합일하는 능력 또는 효력을 명료하게 파악하는 관념을 인간의 정신이 형성할 수 없다는 것은 무엇보다도 명백하다. 그와 같은 연관이 있다면 그것은 논증의 영역에 이를 것이다. 따라서 한 대상이 다른 대상을 뒤따르게 하지 않거나 뒤따르지 않는다고 생각하는 것은 절대 불가능하다는 것을 함축하고 있다.

이런 종류의 관계는 이미 모든 경우에 반박되었다. 어떤 사람이 이것과 상반되는 생각을 품고 어떤 개별적 대상에서 능력의 개념을 획득했다고 생각한다면, 나는 그가 그 대상을 알려 주길 바란다. 나는 그런 대상을 눈앞에서 보기 전까지는 어떤 개별적 능력이 개별적 대상에 깃들 수 있다고는 결코 생각할 수 없다. 따라서 능력의 일반 관념을 형성할 수 있다고 상상할 때 우리는 스스로를 기만한다고 결론 내릴 수밖에 없다.

따라서 우리는 대체로 다음과 같이 추정할 수 있을 것이다. 그 본성이 우세하거나 열세인 것과 상관없이 모든 사물에서 어떤 결과에 비례하여 능력이나 힘을 부여받은 어떤 존재에 관해 말할 때, 즉 대상들 사이의 필연적 연관에 관해 언급하며 이 연관이 대상들 가운데 어떤 것이 부여받은 효력이나 원동력에 의존한다고 가정할 때, 이런 모든 표현들을 그대로 쓰면 우리는 실제로 판명한 의미를 갖고 있지 않으며 명석하고 확정적인 관념 없이 일상적 단어들만 쓸 뿐이다. 그러나 이런 표현들이 어떤 의미도 갖지 않는다기보다는 잘못 쓰임으로써 참된 의미를 잃어버린 것이다. 그러므로 우리가 우리 자신이 그 대상들에 덧붙인 관념의 본성과 기원을 발견할 수 있는지를 살펴보기 위해서는, 이 주제를 다르게 고찰하는 것이 적절하다.

하나는 원인이고 하나는 결과인 두 대상이 정신에 나타났다고 가정해 보자. 당연하지만, 그 대상들 가운데 하나 또는 둘 모두를 단지 관찰하는 것만으로는 두 대상을 합일하는 매듭을 지각할 수 없으며, 그 대상들 사이에 연관이 있다고 확실하게 단언할 수도 없다. 그러므로 하나의 사례에서는 원인과 결과의 연관, 능력, 힘, 원동력, 효력의 관념에 도달할 수 없다. 서로 전혀 다른 대상들의 개별적 결부를 제외하고는 아무것도 볼 수 없다면 우리는 결코 그와 같은 관념들을 형성할 수 없다.

그런데 다시 같은 두 대상이 언제나 함께 결합되어 있는 여러 사례를 관찰한다고 가정해 보자. 그때(제1편 제3부 제16절에서 말했듯이) 우리는 곧 그 대상들 사이의 연관을 생각하고 그 가운데 하나에서 다른 것을 추정하기 시작한다. 그러므로 유사한 사례들의 이러한 중복이야말로 능력이나 연관의 실제 본질을 구성하며, 그런 관념이 발생하는 원천이다. 그렇다면 우리는 능력이라는 관념을 이해하기 위해서 이 중복을 고찰해야 한다. 나는 우리를 아주 오랫동안 혼란에 빠뜨렸던 어려움을 해결하기 위해 더 이상 묻지 않겠다. 다음과 같이 추리할 수 있기 때문이다. 비슷한 사례들의 되풀이만으로는 어떤 개별적 사례에서도 발견되는 것과는 다른 근원적 관념을 일으킬 수 없다. 이 점은 이미 살펴본 대로이며, 또 모든 관념은 인상으로부터 모사된다는 우리의 근본원리에 비추어 분명히 귀결된다. 따라서 능력 관념은 한 사례에서는 발견할 수 없지만 여러 사례들의 되풀이에서는 발생하는 새로운 근원적 관념이므로, 되풀이만으로 그 결과를 산출하지는 않지만 관념의 원천인 새로운 무엇을 산출하든가 나타내는 것은 틀림없다. 되풀이가 새로운 어떤 것을 나타낼 수도 산출할 수도 없다면, 관념이 되풀이됨으로써 중복될 뿐 단 하나의 사례를 관찰했을 때 나타난 관념 이상으로 확장되지는 않을 것이다. 따라서 (능력 또는 연관의 관념처럼) 유사한 사례의 중복에서 발생하는 모든 확장은 중복의 어떤 결과를 모사한 것이며, 이 결과를 이해하면 확장도 완전히 이해될 것이다. 우리는 되풀이를 통하여 발견되거나 산출된 새로운 어떤 것을 발견하는 때에는 언제든지 거기서 능력을 생각해 내야 하며, 다른 대상에서 능력을 찾아서는 안 된다.

우선 계기와 인접이라는 유사한 관계에 있는 유사한 대상의 되풀이는 그 대상 가운데 어떤 것에서도 새로운 것을 전혀 드러내지 않는다. 이미 증명되었듯이[17] 되풀이에서는 아무것도 추정할 수 없으며, 되풀이를 논증적이거나 개연적인 추론의 주제로 삼을 수 없기 때문이다. 아니 가령 어떤 것을 추정할 수 있다고 해도, 이 경우에는 별 의미가 없다. 어떤 종류의 추론도 능력의 관념과 같은 새로운 관념을 불러일으킬 수 없으며, 오히려 추리하는 모든 경우에 우리는 먼저 추론의 주제가 되는 명석한 관념을 미리 가지고 있어야 하기 때문이다. 표상 작용은 언제나 (관념을) 이해하는 데 선행한다. 표상 작용이 모호한 경우에는 관념도 불확실하다. 표상 작용이 없으면 관념도 없다.

둘째, 유사한 상황에서 일어나는 유사한 대상의 되풀이는 그 대상 또는 어떤 외부 물체에 새로운 것을 전혀 산출하지 않는다. 일반적으로 인정되고 있지만 비슷한 원인과 결과의 결부에 관하여 우리가 알고 있는 사례들은 본래 완전히 독립적이다. 예를 들어 지금 두 당구공의 충돌 결과에서 내가 보는 운동의 전달은 내가 20개월 전에 같은 충돌에서 보았던 것과 전혀 다르다. 이 충돌들은 서로 전혀 영향을 미치지 않으며, 시간과 장소로 인해 완전히 분리되어 있다. 비록 스무 달 전의 충돌이 존재하지 않더라도, 지금의 충돌은 있을 수 있고 운동을 전달할 수 있다.

그렇다면 대상의 항상적 결부는, 즉 계기와 인접 관계의 부단한 유사성은 어떤 대상에서도 새로운 것을 나타내거나 산출할 수 없다. 그러나 필연성, 능력, 효력 등의 관념은 이 유사성에서 비롯된다. 그러므로 이 관념은 언제나 결합되어 있는 대상에 속하거나 또는 속할 수 있는 어떤 것도 재현하지 않는다. 우리가 검토할 수 있는 모든 관점에서도 전혀 항변할 수 없다는 것을 알게 될 논변이 이것이다. 유사한 사례들은 여전히 능력이나 필연성 관념의 제1원천이다. 그러나 동시에 그 사례들은 유사하다는 것 때문에 서로 간에는 물론이고 어떤 외부 대상에도 영향을 미치지 않는다. 그러므로 우리는 능력과 필연성 관념의 기원을 살펴보기 위해 다른 영역으로 방향을 틀어야 한다.

능력이라는 관념을 불러일으키는 유사한 여러 사례들은 서로 영향을 미치지 않으며 그 관념의 원형일 수도 있는 어떤 새로운 성질도 대상 속에 산출할 수 없는데도, 이 유사성에 대한 관찰은 정신에 능력 관념의 실제 원형인 새로운 인상을 산출한다. 우리는 충분한 수의 사례에서 유사성을 관찰한 다음에는, 정신이 하나의 대상에서 평소 그 대상을 수반하는 것으로 옮겨 가고 그 관계에 따라 정신이 유사성을 좀더 뚜렷한 형태로 표상하기로 결정하는 것을 곧장 느낄 수 있기 때문이다. 이 결정이 유사성의 유일한 효과이다. 그렇다면 이 결정은 틀림없이 능력이나 효력과 같은 것이며, 능력이나 효력의 관념은 이 유사성에서 유래한다. 유사한 결부에 관한 여러 사례들은 능력이나 필연성에 대한 견해로 정신을 인도한다. 이 사례들은 그것 자체로는 서로 완전히 분리되어 있으며 정신 이외의 어디서도 합일되지 않는다. 정신이 그 사례들을 관찰하고 그 관념들을 집합시킨다. 그렇다면 필연성은 이 관찰의 결과이며, 다름 아닌 정신의 내부 인상이다. 다시 말하면 사유가 하나의 대상으로부터 다른 대상으로 옮겨 가도록 하는 결정이다. 필연성을 이런 시각에서 고찰하지 않으면 우리는 필연성에 관한 아주 막연한 개념에도 결코 이를 수 없다. 즉 필연성을 외부 대상이나 내부 대상, 영혼이나 물체, 원인이나 결과 등 어느 것에도 귀속시킬 수 없다.

원인과 결과 사이의 필연적 연관은 원인에서 결과를 추정하거나 결과에서 원인을 추정하는 기초이다. 추정의 기초는 대상의 습관적 합일에서 발생하는 (한 대상에서 다른 대상으로의) 전이이다. 그러므로 이 필연적 연관과 습관적 전이는 동일한 것이다.

필연성 관념은 어떤 인상에서 발생한다. 감관으로 전달되는 인상은 이 관념을 일으킬 수 없다. 그러므로 필연성의 관념은 어떤 내부 인상이나 반성 인상에서 유래해야 한다. 어떤 대상에서 그 대상에 언제나 수반되는 것의 관념으로 옮겨 가는 성향은 습관이 산출한다. 그런데 이 성향을 제외하고는 현재 우리의 관심사와 어떤 관련이 있는 내부 인상은 없다. 그러므로 이 성향이 필연성의 본질이다. 요컨대 필연성은 대상이 아니라 정신에 존재하는 어떤 것이다. 우리는 물체에 있는 성질로 간주되는 필연성에 관해 가장 어렴풋한 관념조차 형성할 수 없다. 필연성 관념을 전혀 갖지 못하거나, 아니면 이제까지 경험한 원인과 결과의 합일에 따라 원인에서 결과로 또는 결과에서 원인으로 사유가 옮겨 가도록 결정할 뿐이다.

따라서 2×2를 4가 되도록 하는 필연성 또는 삼각형의 세 각이 두 직각과 같도록 하는 필연성[18]은 이 관념을 고찰하고 비교하는 지성의 작용에만 있다. (관념의 비교에 근거한 절대적 필연성과) 마찬가지로 원인과 결과를 합일하는 필연성 또는 능력도 원인으로부터 결과로 옮겨 가도록 하는 정신의 결정에 있다. 원인의 효력이나 원동력은 원인 자체에 있는 것이 아니며, 신에게 있는 것도 아니다.

또한 이들 두 원리의 공조에 있는 것도 아니다. 원인의 효력이나 원동력은 전적으로 영혼에 속하며, 영혼이 과거의 모든 사례에서 둘 이상인 대상의 합일을 주시한다. 원인의 연관 및 필연성과 함께 원인의 실제 능력이 바로 이 영혼에 있다.

이미 말했거나 이 글을 진행하는 과정에서 나중에 언급할 기회가 있는 모든 역설들 가운데 지금의 것이 가장 극단적이고, 견실한 증거와 추론이 뒷받침되어야만 용인될 수 있고, 인류의 뿌리 깊은 선입견을 극복할 수 있다는 희망을 간신히 가질 수 있다는 것을 나는 알고 있다. 어떤 두 대상이나 작용이 비록 관련되어 있다고 할지라도, 단순히 살펴보는 것만으로는 그 대상이나 작용들 사이의 연관이나 능력에 관한 어떤 관념을 줄 수 없다.

이 관념은 대상이나 작용의 합일이 되풀이되는 데서 발생한다. 되풀이는 대상에게는 아무것도 나타낼 수 없고 생겨나게 할 수도 없으며, 단지 그 되풀이가 산출하는 습관적 전이를 통해 정신에 영향을 끼칠 뿐이다. 따라서 이 습관적 전이는 능력 및 필연성과 동일하다. 이 능력과 필연성은 대상의 성질이 아니라 지각의 성질로, 영혼을 통해 내부적으로 느껴지며, 물체로부터 외부적으로 지각되지 않는다. 우리가 이 학설을 받아들이기 전에 위와 같은 것을 얼마나 자주 되풀이해야 할까? 대개 기이한 것들에는 보통 놀라움이 따른다. 주제에 찬성하는가 반대하는가에 따라서 이 놀라움은 곧장 최고의 평가로 바뀌든가 아니면 경멸로 이어진다. 앞의 추론들이 나에게는 생각할 수 있는 가장 간결하고 분명한 것으로 여겨지지만, 대다수의 독자들은 정신의 편견에 압도되어 이 학설과 상반되는 선입견을 품을 것이다. 나는 그것이 가장 두렵다.

그러나 이 상반되는 편견은 쉽게 설명될 수 있다. 정신은 외부 대상으로 나아가서 내부 인상들과 외부 대상들을 결부시키는 커다란 성향을 갖춘다는 것이 공통적 견해이다. 외부 대상이 내부 인상을 일으키며 내부 인상은 외부 대상이 감관에 나타날 때 언제나 동시에 출현한다. 예를 들어 어떤 소리와 향기가 볼 수 있는 어떤 대상들에 수반되는 것을 언제나 발견할 때, 그것이 대상과 결부될 수 있는 성질이 아니며 실제로는 어디에도 없음에도 우리는 대상과 성질의 장소적 결부까지도 자연스럽게 상상한다. 그러나 이 문제는 다음에[19] 충분히 다루겠다. 지금은 그동안 우리가 필연성과 능력이 대상을 생각하는 정신이 아니라 정신이 생각하는 대상에 있다고 추정했던 이유가 다름 아닌 이러한 성향 때문이라고만 해두면 충분하다. 그런데도 필연성과 능력이라는 성질이 어떤 대상에서 이 대상을 일상적으로 수반하는 것의 관념으로 옮겨 가는 정신의 결정으로 받아들이지 않으면, 우리는 그 성질에 대한 어렴풋한 관념조차 형성할 수 없다.

그러나 이것이 필연성에 관해 제시할 수 있는 유일하게 합리적인 설명이라고 하더라도, 앞서 언급한 원리들 때문에 상반된 견해가 정신에 너무 깊게 뿌리내리고 있어서 많은 사람들이 나의 소감을 엉뚱하고 어리석은 것으로 취급할 것이다. (그들은 이렇게 말할 것이다) '정말! 원인의 효력은 정신의 결정에 있다!' 마치 원인이 정신에서 완전히 독립하면 작용하지 않고, 원인을 응시하거나 원인에 관해 추리하는 정신이 없으면 원인이 작용을 지속시킬 수 없는 것처럼. 사유는 그 작용에서 원인에 의존하겠지만 원인은 사유에 의존하지 않는다. 이것은 자연의 질서를 뒤엎고, 실제로는 본질적인 것을 2차적으로 만드는 것이다. 모든 작용에는 그것에 비례하는 능력이 있다. 이 능력은 작용하는 물체에 있어야 한다. 우리가 만약 어떤 원인에서 그 능력을 제거한다면, 그 능력은 다른 원인에 속한다고 보아야 한다. 그러나 모든 원인으로부터 능력을 제거하여, 원인과 결과로써 지각하는 점에서는 원인 및 결과에 전혀 관여하지 않는 존재에 능력을 부여하는 것은 엄청나게 불합리하며, 인간 이성의 가장 확실한 원리들과 상반된다.

나는 이 모든 논변들에 대해 단지 다음과 같이 대답할 수 있다. 이러한 논변은 마치 맹인이, 진홍색은 트럼펫 소리와 다르며 빛은 견실성과 다르다는 가정에서 불합리성을 발견할 수 있다고 주장하는 것과 같다. 어떤 대상에도 능력이나 효력의 관념이 정말 없다면, 또는 원인과 결과 사이에 실재적 연관에 대한 관념이 전혀 없다면, 하나의 효력이 모든 작용에 필수적이라는 것을 증명하려는 시도는 아무 도움도 되지 않을 것이다. 우리는 효력의 필연성을 말할 때 자신이 의미하는 바를 이해하지 못하며, 무모하게도 완전히 별개인 관념들을 서로 뒤섞는다. 그러나 물질적이거나 비물질적 대상에 우리가 전혀 경험하지 못한 여러 성질들이 있을 수 있다는 것을 나는 기꺼이 인정한다. 그리고 이 성질들을 능력 또는 효력이라고 부르고자 하여도, 그것은 이 세상에서 별 의미가 없다. 그러나 능력과 효력이라는 술어들로써 알려지지 않은 성질들을 의미하는 대신에 우리가 명석한 관념을 갖고 있는 어떤 것 그리고 그 관념이 적용되는 대상들과 전혀 다른 어떤 것을 나타내도록 한다면, 이때 모호함과 오류가 일어나기 시작하며 우리는 거짓 철학 때문에 헤매게 된다. 그리고 바로 이것이 사유의 결정을 외부 대상에게 전가하고 그 대상들 사이에 실제로 알 수 있는 어떤 연관을 가정하는 경우이다. 그 연관은 외적 대상들을 고찰하는 정신에만 속할 수 있는 성질이기 때문이다.

(앞의 반대론 중에서) 자연의 작용은 사유나 추론과 무관하다는 것을 나 역시 인정한다. 따라서 대상들은 서로 인접과 계기 관계에 있고, 여러 사례들에서 유사한 대상들이 유사한 관계를 갖는 것을 관찰할 수 있다. 그리고 이 모든 것이 지성의 작용과는 무관하며 그것에 앞선다는 것을 살펴보았다. 그러나 좀더 나아가서 능력이나 필연적 연관이 이 대상에 속한다고 생각한다면, 이것은 그 대상들 안에서 결코 관찰할 수 없다. 오히려 대상들을 응시함으로써 내면적으로 느끼는 것에서 능력이나 필연적 연관의 관념을 이끌어 내야 한다. 나는 이 점을 강조하여 정교하여 파악하기 어렵지 않을 사례로 현재 추론을 전환할 수 있을 정도로 이것을 진전시켰다.

어떤 대상이 나타나면 그 대상은 곧 언제나 그 대상을 수반하는 것으로 알려진 대상의 생생한 관념을 곧바로 정신에 전달한다. 그리고 정신의 이러한 결정이 대상의 필연적 연관을 형성한다. 그러나 대상에서 지각으로 관점을 바꾸면, 인상이 원인이고 생생한 관념은 결과로 생각해야 한다. 그리고 원인과 결과 사이의 필연적 연관은 전자의 관념에서 다른 관념으로 옮겨 간다고 느끼는 새로운 정신적 결정이다. 이 내부 지각들 사이의 합일원리는 외부 대상 사이의 합일원리와 마찬가지로 이해할 수 없으며, 오직 경험으로만 알 수 있다. 그런데 경험의 본성과 결과들은 이미 충분히 검토되고 설명되었다. 경험은 우리에게 대상들의 내부 구조나 작용 원리를 절대 알려주지 않는다. 다만 정신이 어떤 대상에서 다른 대상으로 옮겨 가는 것을 숙달시킬 뿐이다.(따라서 인과적 추론을 하는 심적 과정을 고찰할 때, 필연적 결합의 근거는 대상으로서의 지각에 없고 습관적 전이를 하는 정신에 있음을 알 수 있다.)

이제 이 추론들의 서로 다른 부분을 모두 모으고 함께 연결함으로써, 현재 탐구하는 주제를 이루는 원인과 결과의 관계에 대해 정확한 정의를 내릴 차례이다. 만약 다른 방식으로 진행할 수 있다면, 원인과 결과의 관계 자체를 설명하기에 앞서 그 관계로부터 추정하는 것을 먼저 검토해 보는 이 방법은 용납될 수 없을 것이다. 그러나 그 관계의 본성은 대부분 추정의 본성에 의존하므로 지금까지는 앞뒤가 바뀐 것 같은 방식으로 진행할 수밖에 없었다. 또 우리가 술어들을 정확히 정의하고 의미를 확정하기도 전에 그 술어들을 사용할 수밖에 없다. 이제 우리는 원인과 결과에 대해 엄밀한 정의를 제시함으로써 이 잘못을 바로잡을 것이다.

인과 관계의 정의는 두 가지를 들 수 있다. 그러나 그 정의들은 동일한 대상에 서로 다른 시각을 제시하여 철학적 관계나 자연적 관계로 고려하게 함으로써, 즉 두 관념의 비교 아니면 연합으로 고려하게 함으로써 다를 뿐이다. 먼저 원인은 (철학적 관계로서) '어떤 대상에 선행하고 그 대상과 인접한 하나의 대상이며, 여기서 후자와 유사한 대상은 모두 전자와 유사한 대상에 선행 및 인접과 유사한 관계로 놓여 있다'[20]고 정의할 수 있다. 그러나 이 정의가 원인과 무관한 대상에서 도출되었으므로 결함이 있다고 평가된다면, 다음과 같은 다른 정의로 대체할 수 있다. 즉 '원인은 어떤 대상에 앞서서 그 대상과 인접하는 대상이며, 전자와 깊이 합일되어 있기 때문에, 한 대상의 관념이 다른 대상의 관념을, 그리고 한 대상의 인상이 다른 대상의 생생한 관념을 형성하게 결정하도록 정신을 결정한다.'[21] 이 (자연적 관계로서의) 정의까지 같은 이유로 거부된다면, 나로서는 그처럼 까다롭게 구는 사람으로 하여금 좀더 타당한 정의로 나의 정의를 마주하도록 이끄는 구제책을 쓸 수밖에 없다. 나는 그런 일을 떠맡기에는 능력이 부족하다는 것을 마땅히 인정한다. 대개 원인과 결과라고 일컬어지는 대상들을 아주 정확하게 검토해 볼 때, 나는 단 하나의 사례를 고찰해 보면 한 대상이 다른 대상에 앞서며 인접해 있는 것을 발견한다. 시야를 넓혀 여러 사례를 고찰해 보아도 유사한 대상이 언제나 계기와 인접이라는 유사한 관계에 놓여 있음을 발견한다. 또한 이 항상적인 결부의 영향을 고찰할 때, 나는 추론의 대상일 수도 없고 정신에 작용할 수도 없는 그러한 관계가 결정하는 것—상상력을 습관에 따라 한 대상의 관념으로부터 그 대상을 늘 수반하는 것의 관념으로, 한 대상의 인상으로부터 다른 대상의 좀더 생생한 관념으로 전이하도록 결정하는 것 등—을 지각할 수 있다. 이 의견이 아무리 생소하게 여겨진다고 해도 이 주제에 대해 더 이상 탐구하거나 추론하려고 애쓰는 것은 무익하다고 본다. 나는 확립된 근본원칙에 나의 기초를 닦겠다.

이 주제를 떠나기 전에, 철학에 아주 많이 퍼져 있는 여러 선입견과 통속적 오류들을 제거할 수 있는 보조 정리를 이 주제에서 이끌어 내는 것이 가장 타당할 것이다. 첫째, 우리는 지금까지의 학설에서 모든 원인은 같은 종류라는 것을 알 수 있다. 특히 동력인과 필수인을 구별하는 것, 또는 동력인과 형상인, 질료인, 모형인, 목적인[22]을 때때로 구분하는 것이 전혀 근거 없음을 알 수 있다. 왜냐하면 효력의 관념은 두 대상들의 항상적 결부에서 유래하므로, 이런 결부가 발견되면 원인은 언제나 효력을 가지며, 항상적 결부가 없는 경우에는 어떤 종류의 원인도 있을 수 없다. 같은 이유로 원인과 우인(偶因)[23]도 본질적으로 서로 다른 것을 나타낸다고 가정되면 거부해야 한다. 우인이라고 일컫는 것에 항상적 결부가 포함되어 있다면, 그 우인이 곧 실재적 원인이다. 포함되어 있지 않다면 그 우인은 전혀 인과적 관계가 아니며 어떤 논변이나 추론도 불러일으킬 수 없다.

둘째, 동일한 추론에 따라 우리는 다음과 같이 결론을 내릴 것이다. 단 한 종류의 원인이 있듯이 필연성도 한 종류만 있으며, 따라서 도덕적 필연성과 자연적 필연성[24] 사이의 일상적 구별은 사실상 아무 근거가 없다. 이 점은 필연성에 대하여 앞서 해명했던 것에서 명백하게 드러난다. 정신의 결정과 대상들의 항상적 결부가 자연적 필연성을 이루므로, 이것을 제거하는 것은 우연과 같은 것이다. 대상은 반드시 연결되거나 그렇지 않으며, 또한 정신은 반드시 한 대상에서 다른 대상으로 옮겨 가도록 결정되거나 그렇지 않으므로, 우연과 절대적 필연성 사이에 어떤 중간적인 것을 용인하는 것은 불가능하다. 이러한 결부와 결정이 약해진다고 하더라도 필연성의 본성은 바뀌지 않는다. 물체의 작용에서조차도 그 물체들은 필연성의 관계와 다른 종류를 산출하지 않고 다른 정도의 항상성과 힘을 갖기 때문이다.

가끔 우리는 능력과 능력의 실행을 구분하는데, 이 구분도 마찬가지로 근거가 없다.[25]

셋째, 우리는 이제 모든 반감들을 충분히 극복할 수 있을 것 같다. 이 반감은,

우리가 존재의 모든 시초들 각각에 대한 원인의 필연성이 논증적이든 직관적이든 간에 어떤 논변에도 기초를 두고 있지 않다는 것을 증명하기 위해 노력했던 앞의 추론들에 대해 자연스럽게 품게 되는 것이다. 원인에 대한 앞의 두 가지 정의에 따르면 그와 같은 의견이 아주 낯설게 여겨지지는 않을 것이다. 만약 원인을 다른 것에 선행하고 그것에 인접한 하나의 대상이며, 여기서 후자와 유사한 대상은 모두 전자와 유사한 대상에 대해 선행과 인접이라는 비슷한 관계로 놓인다고 정의한다면, 존재의 시초는 그런 대상을 수반해야 한다는 절대적이거나 형이상학적인 필연성[26]은 없다는 것을 쉽게 생각할 수 있다. 또한 원인을 어떤 대상에 앞서서 인접하는 대상이며, 전자와 상상력에서 합일되어 있기 때문에 한 대상의 관념이 다른 대상의 관념을 형성하고, 한 대상의 인상은 다른 대상의 좀더 생생한 관념을 형성하도록 정신을 결정한다고 정의한다면, 이 의견에 동의하는 데 어려움이 훨씬 덜할 것이다. 정신에 미치는 이러한 영향은 그 자체로는 완전히 놀랍고 이해할 수 없으며, 경험과 관찰을 통하지 않고는 그 실재를 결코 확인할 수 없다.

나는 다음을 네 번째 보조 정리로 덧붙이겠다. 어떤 대상이든 그 관념을 형성할 수 없을 때, 어떤 대상이 존재한다고 믿을 이유는 결코 있을 수 없다. 존재에 관한 추론은 모두 인과성에서 유래한다. 그리고 인과성에 관한 추론은 모두 경험된 대상들의 결부에서 유래하며, 어떤 추론이나 반성에서 유래하지는 않는다. 그러므로 바로 이 경험이 존재하는 대상의 개념을 제공해 주며 대상에 관한 결론들에서 모든 신비를 제거한다는 것은 틀림없다. 다음에 논의할 물질과 실체에 관한 추론을 반대함으로써 생길 수 있는 종류의 반박을 제거할 의도가 아니라면, 이 보조 정리는 우리가 크게 주의를 기울일 만한 것이 아니다. 대상에 관한 완전한 지식이 요구되는 것이 아니라, 존재한다고 믿는 대상의 성질에 관한 지식이 요구된다는 것은 내가 굳이 말할 필요가 있을까.

〈주〉

1 제3부 제2절 참조.〔원주〕

2 J. Locke, *An Essay Concerning Human Understanding*, 제2부 제21절(Power) 참조.〔원주〕

3 '이성만으로는 결코 근원적 관념을 불러일으킬 수 없다'는 것은 제1부 제1절에서 확립된 인상의 근원성으로 알 수 있다.

4 모든 사물의 기원에 원인이 없으면 안 된다고 이지적으로 논증할 수 없는 점에 대해서
  는 제1편 제3부 제3절 참조. 또 다음에 이어지는 '본유 관념의 원리'에 대해서는 제1편
  제1부 제1절 참조.

5 말브랑슈 신부, 제4권 제2부 3장과 그것에 대한 해설 참조.(말브랑슈의 《De indirenda
  veritate》라는 저서에 대한 서지 사항으로 생각된다)(원주)

6 '실체적 형상(substantial forms)'은 스콜라학의 용어로 실체를 실체처럼 한 형상을 말한다.
  바꿔 말하면 질료에 규정성을 주어 이것을 실체로서 구성하는 형상이다.

7 '질료와 형상(matter and form)'은 알려진 대로 아리스토텔레스로부터 시작된 개념이다.

8 '이 논박'은 경험론자로서의 흄이 자랑하는 전술이다.

9 '데카르트주의자들(the Cartesians)'은 네덜란드에서 생겨 마침내 프랑스에서도 포르루아
  얄(Port-Royal)을 중심으로 나타나 17세기 후반부터 18세기에 걸쳐 커다란 세력을 형성
  했다.

10 데카르트에 따르면 '길이, 넓이 및 깊이에 있어서 넓이는 물질적 실체의 본성'을 가리킨
  다. 《철학원리》 제2부 제1절 참조.

11 데카르트에 따르면 운동은 '물질의 어떤 부분, 즉 어떤 물질에 이것에 직접 인접하거나
  정지한 것으로 보이는 물질의 근처에서 다른 물체로 이동하는 것'이다. 《철학원리》 제2
  부 제26절 참조.

12 데카르트에게 신은 운동의 일반 원인이다. 신은 물질의 어떤 부분을 운동의 상태로 다
  른 부분을 정지된 상태로 창조했다.

13 본유 관념에 대해서는 제1편 제1부 제1절 참조.

14 '제2원인(second causes)'은 궁극적이지 않고 이의(二儀)적이라고 생각되는 원인이다. 데카
  르트에게 운동의 궁극 원인은 신이며 자연법칙은 제2원인이다.

15 '어떤 이들'은 예를 들면 로크이다.

16 신에 대한 우리의 관념에도 마찬가지로 결함이 따르지만, 이것이 종교나 도덕에 어떤
  영향을 끼칠 수는 없다. 우주의 질서는 전능한 정신, 즉 모든 존재와 피조물의 복종을
  늘 수반하는 의지를 지닌 정신을 증명한다. 종교의 모든 영역에 기초를 제공하기 위해
  이 이상 어떤 것도 필요 없으며, 우리는 지고의 존재가 갖는 힘과 원동력에 대하여 별
  개의 관념을 형성할 필요도 없다.

17 제3부 6절 참조.(원주)

18 기하학의 명제를 대수학과 같이 확실하다고 보는 것과 그 의미에 대해서는 제1편 제3
  부 제1절 주석 6 참조.

19 제1편 제4부 제5절 참조.(원주)

20 철학적 관계로서의 원인의 정의 원문은 다음과 같다. 'an object precedent and contiguous
  to another, and where all the objects resembling the former are plac'd in like relations of
  precedency and contiguity to those objects, that resemble the latter.'

21 자연적 관계로서의 원인의 정의 원문은 다음과 같다. 'a cause in an object precedent and
  contiguous to another, and so united with it, that the idea of the one determines the mind to

form the idea of the other, and the impression of the one to form a more lively idea of the other.'

22 주지하는 바와 같이 아리스토텔레스는 원인을 동력인(動力因, efficient causes), 질료인(質料因, material causes), 형상인(形相因, formal causes), 목적인(目的因, final causes)이라는 네 종류로 구별했다. 스콜라학은 다시 이것들을 세분한다. 필수인(必須因, causes sine qua non)과 모형인(模型因, exemplary causes)이 그것이다.

23 '우인(occasion)'은 데카르트 후계자들이 물질과 정신의 관계에 관한 어려움을 해결하기 위해 거론한 것으로 유명해졌다.

24 '도덕적 필연성과 자연적 필연성(moral and physical necessity)'은 스콜라학과 그 흐름을 이어받은 사람들에 따른 필연성의 구별. 라이프니츠도 '형이상학적 필연성(metaphysical necessity)'과 물리적 필연성으로 나눈다. 단 형이상학적 필연성은 최고의 논리적 필연성으로 여기서 말하는 도덕적 필연성과는 다르다. 후자는 오히려 물리적 필연성보다 뒤떨어진다. 흄에게 이러한 구별은 거의 무의미하다.

25 밀접한 경험론의 입장에서 보면 능력의 발견 및 행사와 그 존재는 같아진다. 그렇지만 통속적으로는 현실에 행사되지 않는 능력의 잠재적 내지 가능적 존재가 거론되고, 그것을 상상의 상상을 통해 설명하는 것도 흄의 입장에서 가능하다. 제1편 제1부 제4절에서는 그러한 힘의 능력에 대해 말하고 있다.

26 '형이상학적 필연성'에 대해서는 앞의 주석 24 참조. 또한 존재의 시초에서 원인의 필연성을 부정하는 모든 증명에 대해서는 제1편 제3부 제3절 참조.

15 원인과 결과를 판단하는 규칙

앞의 이론에 따르면 어떤 대상을 경험의 도움 없이 그냥 바라봄으로써 우리가 그 대상을 다른 어떤 것의 원인이라고 결정할 수 있는 것은 결코 없으며, 같은 방식으로 그건 원인이 아니라고 확실하게 결정할 수 있는 대상도 전혀 없다. 어떤 것은 또 다른 어떤 것을 산출할 수 있다. 창조, 소멸, 운동, 이성, 지식, 의욕 등은 서로 서로 발생할 수 있으며, 또는 우리가 상상할 수 있는 다른 어떤 대상에서도 발생할 수 있다. 우리가 앞에서 설명했듯이 대상들의 항상적 결부는 그 대상들의 인과를 결정한다는 원리, 즉 적절히 표현하자면 존재와 비존재를 제외한 서로 상반된 대상은 없다는 두 원리[1]를 비교해 본다면, 이것이 이상하게 보이지는 않을 것이다. 대상들이 상반되지 않을 때, 원인과 결과의 관계가 전적으로 서로 의존하는 항상적 결부를 그 대상들이 취하는 데 방해하는 것은 전혀 없다.

그렇다면 모든 대상들은 서로 원인이나 결과가 될 수 있으므로, 이 대상들이 실제로 그러한 때를 우리가 알 수 있는 일반 규칙을 몇 개 마련하는 것이 좋겠다.

1. 원인과 결과는 반드시 공간과 시간에 인접해 있다.[2]
2. 원인은 반드시 결과보다 앞선다.[3]
3. 원인과 결과 사이에는 반드시 항상적 합일이 있다.[4] 주로 인과관계를 구성하는 성질이다.
4. 동일한 원인은 언제나 동일한 결과를 낳고,[5] 동일한 결과는 동일한 원인을 제외한 어디에서도 발생하지 않는다. 이 원리는 우리가 경험에서 이끌어 냈으며, 철학적 추론들 대부분의 원천이다. 명석한 실험(실지 경험)을 통해 어떤 현상의 원인이나 결과를 발견했을 때, 우리는 이 관계의 최초 관념이 유래하는 항상적 반복을 기다릴 것도 없이 바로 같은 종류의 모든 현상들에 대해 우리의 관찰을 확장한다.
5. 앞서 말한 원리에 딸린 다른 원리가 여기 있다. 즉 서로 다른 여러 대상들이 동일한 결과를 낳을 때, 이것은 틀림없이 우리가 그 대상들 사이에서 공통적으로 발견하는 어떤 성질 때문이다.[6] 유사한 결과는 유사한 원인을 포함하므로 인과성은 항상 유사하게 발견된 사정으로 회귀하는 것이다.
6. 다음의 원리도 동일한 이유에 기초를 두고 있다. 유사한 두 대상의 결과들 사이의 차이는 그 대상들의 서로 다른 차이에서 기인한다.[7] 비슷한 원인들이 늘 비슷한 결과를 산출하듯이 어떤 사례에서 기대가 어긋나는 것을 깨달았을 때, 우리는 이 불규칙성이 원인들에 있는 어떤 차이에서 비롯된다고 결론을 내릴 수밖에 없다.
7. 어떤 대상이 그 원인의 증감에 따라 함께 증감할 때, 이것은 원인의 서로 다른 여러 부분에서 발생한 서로 다른 여러 결과들의 합일에서 유래하는 하나의 복합적 결과로 간주해야 한다.[8] 여기서 원인의 한 부분의 존재유무는 언제나 그 부분에 상응하는 결과의 존재유무를 수반하는 것으로 가정된다. 이러한 항상적 결부는 원인의 한 부분이 결과에서 원인의 그 부분에 상응하는 부분의 원인이라는 것을 증명하기에 충분하다. 그렇지만 우리는 단 몇 번의 실험에서 그런 결론을 이끌어 내지 않도록 조심해야 한다. 예를 들면, 어느 정도의 열은

쾌감을 준다. 당신이 만약 그 열을 낮추면 그 쾌감도 줄어든다. 그러나 당신이 열을 일정한 정도 이상으로 올렸을 때, 마찬가지로 쾌감도 커질 것이라는 결론에 이르지는 않는다. 왜냐하면 우리는 그 쾌락이 고통으로 전락한다는 사실을 알기 때문이다.

8. 내가 주목하는 여덟 번째이자 마지막 규칙은 다음과 같다. 일정 시간 동안 어떤 결과도 없이 온전히 존재하는 하나의 대상은 그 결과의 유일한 원인이 아니며, 그 영향력과 작용을 발현시킬 수도 있는 다른 어떤 원리의 도움이 필요하다. 인접한 시간과 장소에서 비슷한 결과는 필연적으로 비슷한 원인에 잇따르므로, 잠시 동안 그 원인과 결과들이 분리되는 것은 이 원인들이 완전한 것이 아님을 보여 준다.

여기에 내가 나의 추론에서 받아들이는 것이 타당하다고 생각하는 논리학의 모든 것이 있다. 그리고 아마 이 모든 것이 반드시 필연적이지는 않다고 해도, 지성의 자연적 원리들로써 보충될 수 있을 것이다.[9] (단 지성의 자연적 원리는 지성 및 재능에 뛰어나다. 그래서) 철학에서 강단의 지식인들과 논리학자들은 규칙들의 긴 체계를 강의하면서, 그들을 본받고 싶은 우리의 성향을 자아내고 우리의 판단력을 지도해 줄 지침을 제시할 수 있을 정도로 단순한 일상인들을 능가하는 이성과 역량의 우월성을 보여 주지는 않는다. 이런 특성을 갖는 모든 규칙들은 만들 때는 아주 쉽지만 활용할 때는 아주 어렵다. 무엇보다도 자연스럽고 간명하게 보이는 실험주의 철학조차 인간 판단력을 극도로 긴장시킨다. 최초 실험의 모든 개별적 여건들이 문제 현상에 본질적이라면 우리가 결정적인 조목에 도달하기 위해서는 모든 군더더기를 조심스럽게 분리해야 하고 새로운 실험들을 통해 탐구해야 한다. 자연 현상은 매우 다양한 여건들로 인해 혼합되고 변형되어 있기 때문이다. 이 새로운 실험도 같은 종류의 논의를 피할 수 없다. 따라서 우리가 우리의 탐구를 유지하는 데에는 최대의 항상성, 즉 극도의 견고한 절제가 요구되며 많이 나타난 방법들 가운데 타당한 방법을 선택할 수 있는 최대의 지혜가 필요하다. 이것은 비단 자연철학에 국한된 이야기가 아니다. 도덕철학에서도 여건들이 아주 번잡하며, 정신의 작용에 본질적인 시각과 소감들이 때로는 아무리 주의를 기울여도 파악할 수 없을 만큼 암시적이고 모호하여 그 원인을 설명할 수도 없을뿐더러 그 존재조차 알 수 없다. 나는 탐구 과정에서 내가 거둔 조그만 성공이 이 관찰을 자랑보다는 오히려 변명으로 보이게 하지나 않을까 매우 두렵다.

만약 이런 것이 나를 안심시킬 수 있다면, 그것은 내 실험(실지 경험)들의 영역을 가능한 한 확장하는 일이 될 것이다. 따라서 여기에서는 인간이라는 피조물과 야수들의 추론 기능을 검토하는 것이 타당하리라.

〈주〉
1 제1편 제1부 5절 참조.(원주)
2 원인과 결과의 인접이라는 규칙에 대해서는 제1편 제3부 제2절 참조.
3 원인이 앞선다는 규칙에 대해서는 제1편 제3부 제2절 참조.
4 항상적 합일의 규칙에 대해서는 제1편 제3부 제6절 참조.
5 '동일한 원인은 동일한 결과를 낳는다'는 이른바 자연제일성의 원리로 제1편 제3부 제6절 참조.
6 제5의 법칙은 밀의 귀납법에서 말하는 일치법의 원형이라 할 수 있는 규칙이다.
7 제6의 법칙은 밀의 차이법을 생각나게 한다.
8 제7의 규칙은 밀의 공변법에 가깝다. 이 규칙은 제1편 제3부 제12절에서 이미 설명되었다.
9 여기서 자연적 원리의 궁극적 우월함이 드러나며, 흄의 자연주의가 엿보인다.

16 동물의 이성에 대하여

명백한 진리를 부정하는 우스꽝스러움에 버금가는 어리석음은 그 진리를 변론하느라고 지나친 고통을 겪는 것이다. 나에게 가장 명증적 진리로 여겨지는 것은 야수들도 인류와 마찬가지로 사유와 이성을 타고났다는 것이다.[1] 이 경우의 증명은 아주 분명하므로 가장 어리석고 무지한 사람들도 결코 놓치는 일이 없다.

우리가 알기로는 수단을 목적에 적합하도록 만들 때, 우리 자신이 이성과 의도에 따라 인도되는 것을 의식하고, 쾌락을 얻고 고통을 피하며, 우리가 자제하면서 활동하는 것이 무의식적이거나 우발적이지는 않다. 그러므로 수백만 가지의 사례들 가운데 다른 피조물들이 유사한 작용을 하면서 그 작용들이 유사한 목적을 지향하는 것을 보았을 때, 우리는 추리와 개연성에 관한 모든 원리들 때문에 어쩔 수 없이 유사한 원인의 존재를 믿게 된다. 내 생각으로는 개별적인 것을 일일이 들면서 이 논변을 예증할 필요는 없다. 우리가 조금만 주의를 기울이면 필요 이상의 것을 얻을 수 있다. 동물들의 동작과 인간의 활동 사이의 유사성은 완벽하므로 우리가 임의로 결정한 첫 번째 야수의 주요 활동이 현재의 이론에 대해 이론의 여지가 없는 논변을 제공해 줄 것이다.

분명한 만큼 유용하기도 한 이 이론은 우리에게 (심적 활동에 관한) 철학의 모든 체계를 검토해 볼 수 있는 일종의 시금석을 제공해 준다. 동물의 외부 활동이 우리 자신이 행하는 것과 유사한 데서, 우리는 동물의 내부 작용이 우리의 내부 작용과 유사하다고 판단한다. 그리고 같은 추론 원리를 바탕으로 한 걸음 더 나아가서 우리는 우리의 내부 작용들이 서로 유사하므로, 그런 작용이 유래하는 원인들 또한 유사해야 한다고 결론을 내리게 될 것이다. 따라서 인간과 야수에게 공통적인 심리 작용을 해명하기 위해 어떤 가설이 제시되었다면, 바로 그 가설을 인간과 동물 모두에게 적용해 보아야 한다. 모든 참된 가설들은 이런 시험을 견뎌내야 하므로, 나는 이런 시험을 언제까지나 견딜 수 있는 거짓 가설은 없다고 감히 단언할 수 있다. 철학자들이 심적 활동을 설명하기 위해 이용했던 그들 체계의 공통적 결점은, 사유의 섬세함과 정교함이 단순한 동물의 능력을 능가할 뿐만 아니라, 심지어 인류의 아이들이나 또는 우리와 같은 종족인 평범한 사람들의 역량까지도 능가한다고 가정한 점이다. 그러나 이러한 가정에도 동물이나 아이들이나 평범한 사람들 모두 가장 탁월한 창의력과 지성을 지닌 사람과 똑같은 정서와 감정을 민감하게 느낄 수 있다.[2] 이 섬세함은 그들의 체계가 참이라는 것과는 상반되는 명백한 증거이므로, 곧 그들의 체계가 모두 거짓이라는 것에 대한 증거이기도 하다.

그렇다면 지성의 본성에 관한 우리의 이 체계를 이처럼 단호히 시험해 보고, 이 체계가 야수의 추론을 인간이라는 종족의 추론과 대등하게 설명할 수 있는가를 살펴보기로 하자.

이제 우리는 그 본성이 일상적이고 동물들의 공통적 역량과 대등한 수준이라고 여겨지는 동물들의 활동과, 동물들이 자기 보존과 종족 번식 등에서 때때로 보여 주는 총명함의 별난 사례들을 구별해야 한다. 예를 들어, 낭떠러지를 피하며 낯선 사람을 멀리하고 주인에게 재롱을 피우는 개는 우리에게 첫 번째 종류의 사례를 제공해 준다. 한편 아주 섬세하며 조심스럽고 정확하게 둥지를 틀 자리와 재료를 선택하고 알맞은 계절에 적당한 시간 동안 알을 품는 새는 마치 화학자들이 아주 정밀한 연구에서 하는 것처럼 모든 주의력을 기울인다. 이것은 두 번째 종류의 생생한 사례를 제공해 준다.

첫 번째 종류의 활동에 관해서 나는 이 활동들이 인간의 본성에 나타나는 다른 원리들에 기초를 두지 않을뿐더러 그 원리와 본질적으로 다른 어떤 추론에 기인한다고 단언한다. 첫째, 동물들의 판단의 기초가 있기 위해서는 필연적으로 동물들의 기억이나 감관에 직접적으로 나타나는 어떤 인상이 있어야 한다. 개는 목소리톤으로 주인의 노여움을 짐작하고 자신이 벌받을 것을 예견한다. 또한 자신의 후각을 자극하는 어떤 감각에서 자신의 사냥감이 가까이에 있음을 감지한다.

둘째, 개가 현재의 인상에서 실행하는 추론은 경험에 의존하고 있다. 자세히 말하면, 과거 사례들에서 나타나는 대상들의 결부에 관한 자신의 관찰 등에 의존하고 있다. 따라서 당신이 이 경험을 변화시킬 수 있듯이 개도 그의 추론을 변화시킬 수 있다. 한동안은 어떤 신호나 동작에 따라 훈련시키고 뒤에는 그것과는 다른 신호나 동작에 따라 새롭게 훈련시키면 개는 최근의 자기 경험에 따라 계속해서 다른 결론을 이끌어 낼 것이다.[3]

그러면 어떤 철학자에게 우리가 신념이라고 일컫는 정신 작용을 시험하고 설명하도록 해 볼까. 상상력에 미치는 습관의 영향과는 무관하지만 신념이 유래하는 원리들을 해명하도록 할까. 그들의 가설을 인간이라는 종족과 대등하게 야수에게도 적용해 보도록 하자. 만약 그가 이 모든 것을 멋지게 해낸다면, 나는 그의 의견을 기꺼이 받들겠노라 약속한다. 동시에 나의 체계가 이 모든 점을 해결할 수 있는 유일한 것이라면, 나의 체계가 완전히 만족스럽고 신뢰할 수 있는 것으로 받아들여질 수 있다는 것도 정당한 조건으로 요구한다. 그리고 나의 체계가 유일한 체계라는 것은 추론의 여지없이 거의 명증적이다. 야수들이 대상들 사이의 실재적 연관을 결코 지각할 수 없는 것은 확실하다. 그러므로 야수들은 경험을 통하여 한 대상을 다른 대상으로부터 추정한다. 야수들은 자신들이 경험하지 못한 대상들이 경험한 대상과 유사하다는 일반적 결론을 어떤 논변을 통하여 구성하는 것이 결코 아니다. 오직 습관에 따른 경험이 야수들에게 작용할 뿐이다. 이것은 모두 인간의 측면에서도 충분히 명증적이다.

홉스의 《리바이어던》 표지(2009)

그렇지만 야수들의 측면에서는 오해의 여지가 조금도 있을 수 없으며, 이런 점은 확증, 아니, 내 체계의 확고한 증거로 인정되어야 한다. 우리에게 어떤 현상을 납득시켜 주는 데 있어서 습관의 힘을 다음보다 더 잘 보여 주는 것은 없다. 즉 사람들은 인간 고유의 이성 작용을 놀라워하지 않지만 동시에 동물들의 직감에 찬탄하며, 단지 그 직감이 바로 이성과 동일한 원리들로 환원될 수 없으므로 그 직감을 설명하는 데 어려움이 있음을 깨닫는다. 문제를 제대로 고찰한다면 이성[4]은 우리 영혼에 있는 놀랍고도 이해할 수 없는 직감이며, 이 직감은 우리가 일련의 관념들을 따라가게 하고 그 관념들의 개별적 상황과 관계에 따라 그 관념들에게 개별적 성질을 부여한다. 이 직감이 과거의 관찰과 경험에서 발생한다는 것은 사실이다. 하지만 과거의 경험과 관찰이 직감이라는 결과를 낳는 이유에 대해, 자연만이 그런 결과를 낳을 것이라는 것 이외의 어떤 궁극적인 이유를 제시할 수 있는 사람이 있을까? 버릇에서 발생할 수 있는 것은 무엇이든 자연이 산출한다는 것은 거의 확실하다. 그뿐 아니라 버릇은 자연의 원리들 가운데 하나에 지나지 않으며,[5] 버릇의 힘은 모두 자연이라는 그 기원에서 유래한다.

〈주〉

1 아리스토텔레스는 동물에게 정신이 있다고 본 반면, 데카르트는 동물을 자동기계에 비유했다. 흄의 실증적인 논구는 과학적인 비교심리학의 선구라고도 할 수 있다.

2 인류와 다른 생물과의 종족의 격차가 설명되었던 시대라는 것을 생각하면 동물이 '가장 탁월한 창의력과 지성을 지닌 사람'과 똑같은 정서를 가졌다고 생각하는 것은 각별한 의의를 지닌다. 사람과 동물을 비교하는 것은 당시 철학자가 다룬 주제 중 하나였다. 로크도 《인간오성론》에서 실행하였고, 또한 레이드에 따르면 흄은 벨(Dictionaire, Art. 'Rorarius' et 'Pereira')에게서 배웠다.

3 홉스도 '개는 습관으로 자신의 주인이 부르는 것이나 비위 맞추는 것을 안다'《리바이어던 Leviathan》 제2장)고 말한다. 또 라이프니츠도 개가 몽둥이로 맞는 예를 든다. Cf. Monadologie, § 26. Principes de la Nature et de la Grace, fondés en raison § 5.

4 여기에 '이성(reason)'에 대한 흄의 해명이 하나 있다. 흄이 승인하는 이성이 어떠한 것인지를 이해하는 데 매우 중요한 요소이다.

5 습관 내지 버릇은 '자연의 원리들 가운데 하나에 지나지 않는다.' 흄의 자연주의를 말하는 사람이 있는 이유이다. 이 사상은 제1편 맨 끝에 해당하는 제4부 제7절에 자세히 나온다.

4부
회의적 철학 체계와 그 밖의 철학 체계

1 이성[1]에 관한 회의론에 대하여

모든 논증적 학문[2]들에서 규칙들은 분명하며 오류가 없다. 그러나 우리가 그 규칙들을 사용할 때, 오류를 범하기 쉽고 불분명한 우리의 기능들은 매우 쉽게 규칙들을 벗어나 오류에 빠진다. 그러므로 우리는 모든 추론에서 최초 판단이나 신념에 대해 대조하고 검증하듯이 새로운 판단을 이루어야 한다. 즉, 지금까지 오성이 우리를 기만했던 사례와 오성의 증언이 정당하고 참인 사례를 비교하여 기만했던 모든 사례들에 대한 내력을 파악하도록 우리의 시야를 넓혀야 한다. 이성은 하나의 원인으로 여겨져야 하는데, 진리는 이성이라는 원인의 자연적 결과이다. 그러나 이 결과는 다른 원인의 개입과, 우리의 정신 능력이 불안정한 까닭에 나타나지 않을 수도 있다. 이 때문에 모든 절대적 지식은 개연적 지식[3]으로 후퇴한다. 그리고 우리가 오성[4]의 정확성과 기만성을 경험함에 따라서, 또 문제의 단순성과 복잡성에 따라서 이 개연성이 증감된다.

자신의 학문에 정통한 대수학자나 수학자라 하더라도 어떤 진리를 발견하자마자 곧 그 진리를 완전히 믿거나, 그 진리를 단순한 개연적 지식 이외의 다른 어떤 것으로 여기지는 않는다. 그의 확신은, 그가 자신의 증거들을 훑어볼 때마다 커지며, 친구의 동조에 따라 더욱 커지고, 학계의 보편적 동의와 찬사를 받음으로써 가장 완전한 수준으로 올라간다. 확신이 이처럼 점진적으로 커지는 것은 새로운 개연성을 더하는 것에 지나지 않는다. 그리고 그 증가는 지난날 경험과 관찰에 따른 원인과 결과의 항상적 합일[5]에서 비롯되는 것이 분명하다.

다소 길고 중요한 회계에서 상인들은 인위적인 계산 구조를 통해서 (계산하고 고쳐서) 회계원의 기술과 경험에서 나오는 것 이상의 개연성을 낳고는 있지만, 자신들이 안심할 정도로 숫자가 틀림없다고 믿기는 어렵다. 회계원 경험과 회계 길이의 정도에 따라 불확실하고 가변적이기도 하지만, 회계 자체가 본래 하나의 개연성이기 때문이다. 이를 통해 알 수 있듯이, 아주 긴 계산에서 우리 확신이 개연성을 뛰어넘는다고 주장할 사람은 아무도 없을 것이다. 그러므로 나는 수에 관한 명제들 가운데 우리가 충분히 안심할 수 있는 것은 없다고 확실히 주장할 수 있다. 아주 긴 덧셈은 단계적으로 수를 줄여 감으로써 오직 두 수의 덧셈으로 정식화될 수 있는 가장 간단한 문제로 쉽게 바꿀 수 있다. 이처럼 가정했을 때 우리가 깨달을 수 있는 것은 절대 지식과 개연적 지식의 엄밀한 경계를 실제로 보여 주거나, 절대 지식이 끝나고 개연적 지식이 시작되는 특정한 분기점을 발견하기란 실제로 어렵다는 것이다. 그렇지만 절대 지식과 개연적 지식은 그 본성이 서로 반대되고 서로 다른 것이어서 분간할 수 없을 정도로 뒤섞일 수는 없다. 절대 지식은 어디까지나 절대 지식이고 개연적 지식은 어디까지나 개연적 지식이며, 둘 다 분기점이 없을 것이므로 온전히 나타나든가 아니면 전혀 나타나지 않아야 하기 때문이다. 더욱이 전체가 그 부분들 모두와 다를 수 없는 한, 하나의 덧셈이 확실하다면 모든 덧셈이 확실할 것이고 결과적으로 그 전체나 총계도 모두 확실할 것이다.[6] 하마터면 나는 이것이 확실하다고 말할 뻔했다.[7] 그러나 나는 다른 모든 추론들과 마찬가지로 이것도 틀림없이 그 자체가 바뀌어 절대 지식에서 개연적 지식으로 전락한다는 것을 되새겨 본다.

따라서 모든 절대 지식은 개연적 지식으로 바뀌고 우리가 일상 생활에서 쓰는 명증성과 똑같은 성질을 지니게 된다. 그렇다면 우리는 이제 개연적 지식 종류의 추론을 검토해 보고 그 명증성이 성립하는 토대가 무엇인지를 살펴 보아야 한다.

절대 지식에 관해서도 마찬가지이지만 우리가 개연적 지식에 관해 이룰 수 있는 모든 판단에서 우리는 대상 본성에서 비롯되는 최초 판단을 오성 본성에서 비롯되는 하나의 판단을 통해 수정해야 한다. 확고한 감관과 오랜 경험을 지닌 사람은 어리석고 무지한 사람보다 자기 의견에 대해 더욱더 자신감을 가져야 하고 또 보통 자신감을 갖고 있다. 심지어 우리 자신들조차도 이성과 경험 정도에 비례하여 소감이 갖는 권위 정도가 다른 것은 분명하다. 가장 뛰어난 감관과 가장 오랜 경험의 소유자에게도 이 권위는 결코 완전할 수 없다. 그런 사람조차 틀림없이 과거의 많은 잘못을 의식하고 있으며, 미래에도 같은 잘못을 저지를까 봐 두려워하고 있기 때문이다. 그렇기 때문에 여기서 최초의 개연적 지식을 바로잡고 규제하며 정확한 기준과 비율을 확정하는 새로운 종류의 개연성이 생긴다. 논증이 개연성의 지배를 받듯이 개연성은 정신의 반성 작용에 따라 새롭게 바로잡을 수밖에 없고, 최초 개연성으로부터 비롯되는 추론과 오성 따위의 본성은 정신적인 반성 작용[8]을 통해 새롭게 바로잡는다.

지구의 종말 철학으로서의 회의주의는 알렉산더 대왕 시대부터 시작되어 철학사에 상당한 영향력을 끼친다. 당시 대왕의 제국은 마치 전선에 둘러싸인 것과 같은 형태를 띠었으며, 문명을 깨친 자들이 사는 곳까지를 그 경계로 삼았다. 이 제국은 몇백 년 동안 지속되었으며, 헬레니즘 문화를 꽃피웠다.

따라서 온갖 개연적 지식에서 대상의 본성에 본래부터 내재하는 (제1의) 근원적 불확실성 외에 판단 기능이 약한 데서 나오는 (제2의) 새로운 불확실성을 발견했을 때, 그리고 이 두 불확실성들을 함께 조정할 때, 우리는 이성을 통하여 우리 기능들의 정확성과 성실성을 평가하면서 오류 가능성에서 비롯되는 새로운 (제3의) 의심을 더할 수밖에 없다. 이것은 우리 마음에 직접 나타나는 의심이며, 우리가 이성을 철저히 따른다면 의심하지 않을 수 없다. 우리가 단지 개연성에 기초를 두고 판단을 내린다면 이런 결정은 유리하겠지만, 이것은 틀림없이 최초의 명증성을 더욱 약화시킬 것이다. 또 같은 종류의 네 번째 의심 때문에 결정 자체도 약화될 것이 분명하다. 개연성이 아무리 크고 또 새로운 불확실성마다 개연성이 아무리 작게 줄어든다고 가정하더라도 근원적 개연성이 전혀 남지 않을 때까지 그 명증성은 한없이 약화된다. 끝없이 거듭되는 감소에도 불구하고 남아 있는 유한한 대상은 결코 없다. 인간이 상상할 수 있는 최대의 양조차도 이런 방식으로는 무(無)로 변화될 수밖에 없다. 최초 신념[9]이 아무리 강하더라도 그것은 그 힘과 활기를 조금씩 감소시키는 새로운 검토를 많이 거치게 되면 반드시 없어지게 된다. 내 판단력의 자연적 오류 가능성을 반성해 볼 때, 추리하는 대상들만을 깊이 생각할 때보다 나의 견해에 대한 신뢰도는 낮아진다. 그리고 나의 기능들에 대해 내가 잇따라 수행했던 것들마다 그런 성찰이 이루어지면서 논리학의 모든 규칙들이 계속적으로 줄어들고, 결국 신념과 명증성도 필연적으로 완전히 사라진다.

거듭해서 설득하려고 힘쓰는 듯한 이 논변에 내가 진실로 동의하는지, 다시 말해 내가 모든 것이 불확실하며 어떤 것에서도 참과 거짓을 판단할 만한 아무런 기준이 없다고 주장하는 회의론자인지 하는 질문을 받는다면, 나는 다음과 같이 대답하겠다. 이것은 전혀 필요 없는 물음이며, 나도 그렇지만 어떤 사람도 진실로 계속 그런 의견을 고수했던 적이 없다. 자연은 절대적이고 불가항력적인 필연성으로 우리가 숨쉬고 느끼는 것과 마찬가지로 판단하도록 제한되어 있다. 우리가 깨어 있는 한 생각하지 않을 수 없고, 밝은 햇빛 속에서 주변 대상으로 눈길을 돌리면서 그 대상들을 보지 않을 수 없듯이, 어떤 대상들의 현재 인상과 습관적 관련을 맺는다면 그로 인해 더욱더 강력하고 충분한 빛 속에서 그 대상들을 볼 수밖에 없다.[10] 이 전체적 회의론의 트집을 잡아 반박하려고 애쓰는 사람은 누구든지 사실상, 상대도 없는 논란을 벌인 것이며, 자연이 미리 정신에 심어 두어 피할 수 없는 기능을 논변을 통해 확정하고자 힘쓴 것이다.

따라서 내가 환상 학파의 논변들을 아주 조심스럽게 펼쳐 보이는 의도는, 독자들이 다음과 같은 내 가설의 진리성을 깨달을 수 있게 하려는 것뿐이다. 즉 원인과 결과에 관한 추론은 모두 습관에서만 나오며, 신념은 우리 본성에서 인식 부분 활동이라기보다는 오히려 감정 부분 활동이라고 하는 편이 더욱 마땅할 것이다. 내가 여기서 증명한 것은 바로 이 원리들을 통해 우리는 어떤 사실에 대해 결정하고, 그리고 또 우리가 이런 대상을 검토할 때 우리의 지성과 능력, 정신 상태 등에 관해 깊이 생각해봄으로써 그 결정을 고친다는 것이다. 곧 내가 여기서 증명한 것은 바로 이 원리들이 더 나아가서 새로운 반성적 판단에 적용되었을 때, 끊임없이 본래의 명증성을 줄임으로써 마침내 이 명증성을 없애버리고 모든 신념과 의견을 반드시 뒤집어야 한다는 것이다. 그러므로 신념이 단순한 사고의 활동에 지나지 않는다면, 표상 작용이라는 특정 방식 또는 힘이나 활기가 덧붙여지지 않고는 그 신념은 스스로 없어질 수밖에 없고, 모든 경우에 절대적인 판단 보류로 귀결될 수밖에 없다. 그러나 자신이 지금까지의 논증에서 어떤 오류도 발견하지 못했음에도 불구하고 늘 믿고 사유하며 추리하기를 그치지 않으려고 노력할 가치가 있다고 생각하는 사람에게는 경험이 충분한 확신을 준다. 따라서 그가 자신있게 결론을 내릴 수 있는 것은 그의 추론과 신념은 단순한 관념과 반성만으로는 없애버릴 수 없는 어떤 감각[11] 또는 특정 방식의 표상 작용이라는 것이다.

그러나 여기서 나의 가설에 대한 반론으로 다음과 같은 질문을 받을 수 있다. 앞서 살펴본 논변들이 어떻게 전체적으로 판단 중지가 되지 않으며, 정신이 어떤 대상에 대해 일정한 확신을 어떤 방식으로 유지할 수 있는가? 그 이유는 다음과 같이 설명할 수 있다. 반복을 할 때마다 그 본래의 명증성을 끊임없이 줄어들게 하는 새로운 개연성들은 똑같은 원리에 기초를 두고 있다. 따라서 최초의 판단이 사고의 것이든 감각의 것이든 간에 새로운 개연성은 그 판단을 반드시 뒤집는 것으로 여겨지며, 또 사고에 상반되든 아니면 감각에 상반되든 간에 그 대립구도에 의하여 정신은 완전한 불확실성으로 되돌아가는 것이다. 이것은 좀처럼 피하기 어렵다고 생각된다. 어떤 물음이 나에게 던져졌다고 가정해 보자. 내 기억과 감관들의 인상[12]을 둘러본 다음 사고를 이 인상과 일상적으로 결부된 대상들로 옮겨 가면, 나는 다른 사물보다는 이 사물에서 좀더 강렬하고 설득력 있는 표상 작용을 느낀다. 이 강한 표상 작용이 나의 최초 결정을 이룬다. 다음으로 나의 판단 자체를 검토해 본 다음 그 판단이 때로는 마땅하고 때로는 마땅하지 않다는 것을 경험을 통해 발견했다고 가정하자. 그리고 그 때문에, 나는 그 판단이 반대되는 원리들이나 또는 반대되는 원인들의 지배를 받는다고 여긴다. 이 반대되는 원리나 원인들 가운데 어떤 것은 우리를 진리로 이끌고 어떤 것은 오류로 이끈다. 그리고 이 반대되는 원인들이 균형을 이룰 때, 새로운 개연적 지식이 만들어지고, 이 개연적 지식을 통해 나는 최초 결정에 대한 확신이 줄어든다. 이 새로운 개연적 지식도 앞의 개연적 지식과 같이 줄어들 수밖에 없으며, 이것은 끝없이 되풀이된다. 그러므로 결국 우리는 철학에서나 일상 생활에서 우리 목적에 충분할 정도의 신념을 어떻게 유지할 수 있는가라는 질문을 받게 된다.

이에 대해 나는 다음과 같이 대답하겠다. 최초의 결정과 두 번째 결정 다음에는 정신의 작용은 억압받고 부자연스럽게 되며, 관념이 아련하고 애매해진다. 비록 판단의 원리 및 반대되는 원인들의 균형이 처음과 같다고 하더라도 상상[13]에 미치는 관념들의 영향과 관념들이 사유에 더하거나 줄이는 활기는 결코 서로 비슷하지 않다. 정신이 거침없이 수월하게 대상들에 이르지 못하는 경우에, 원리들은 관념들을 더욱더 자연스럽게 표상할 때와는 똑같은 결과를 갖지 않는다. 그리고 상상력은 자신의 일상적 판단과 의견에서 발생하는 감각과 비슷한 감각을 느끼지 않는다. 주의력은 긴장되어 있고 정신 자세는 불안정하다. 그리고 자연적 흐름을 벗어난 기운[14]은 평소와 똑같은 법칙에 따라 움직이지 않는다. 적어도 그 기운들이 자신들의 일상적 통로를 따라 흐를 때와 같을 수는 없다.

우리가 비슷한 사례들을 원한다면, 그 사례들을 찾아보는 일은 그리 어렵지 않을 것이다. 형이상학의 이런 주제들이 우리에게 그 사례를 풍부하게 제공해 줄 것이다. 역사와 정치학에 관한 추론에서 신빙성이 있다고 평가된 논변은 비록 그것이 완전히 이해되었다고 할지라도 이처럼 어려운 철학 주제들에는 거의 영향을 미치지 못하든가 아니면 전혀 영향을 미치지 못한다. 그 논변을 이해하기 위해서는 연구와 사고의 노력이 필요하고, 사고의 노력은 신념이 의존하는 소감들의 작용을 방해하기 때문이다. 이것은 다른 주제들에서도 마찬가지이다. 상상력의 긴장은 언제나 정념들과 소감들의 규칙적인 흐름을 방해한다. 만약 비극 시인이 자기 작품의 주인공을 불행 속에서도 아주 재능 있고 재치 있는 사람으로 그려낸다면 독자들은 결코 그런 정념을 접하지 못할 것이다. 영혼의 정서는 모든 자세한 추론과 성찰을 방해하듯, 추론과 반성이라는 정신 작용도 정서에 대해서 해롭다. 신체와 마찬가지로 정신도 정밀한 한도의 힘과 활동력을 부여받은 것으로 여겨진다. 따라서 이 힘을 활동에 쓰려면 나머지 것을 모두 희생시켜야만 한다. 이 점은 활동들이 서로 완전히 다른 본성일 경우에 더욱더 분명하다. 왜냐하면 이 경우에 정신의 힘이 물리쳐질 뿐만 아니라 그 성향마저 변하여, 하나의 활동에서 다른 활동으로 갑작스레 옮겨 가거나 두 활동을 동시에 수행하는 것은 불가능해진다. 더구나 상상력이 자세한 추론에 끼어들어 그 추론의 모든 부분들을 표상하려는 노력에 비례하여, 그 추론에서 발생한 확신은 당연히 줄어든다. 생생한 표상 작용인 신념이 자연스럽고 쉬운 어떤 것에 기초를 두고 있지 않을 때 그 신념은 절대로 완벽할 수 없다.

나는 이것이 문제의 참모습이라고 본다. 어떤 사람들은 회의론자들과 함께 자신들의 모든 논변들을 탐구하거나 검토하지 않고 즉각 거부하기 위하여 성급한 방식을 취하기도 하는데, 나는 이런 방식에 동조할 수 없다. 그들의 말에 따르면 만일 회의적 추론들이 강력하다면, 그것은 바로 이성이 어떤 힘과 권위를 가질 수 있다는 증거라고 한다. 또 그들은 만일 그 추론이 약하다면, 그것이 오성의 결론들을 모두 무효화하기에는 결코 충분하지 않다고 한다. 이 논변은 정당하지 않다. 회의적 추론이 존재할 수 있고, 또 그 추론이 그 자체의 정교함 때문에 무력화되지 않는다면, 정신 변화에 따라서 그 추론은 번갈아 가며 강하기도 하고 약하기도 할 것이기 때문이다. 대부분 이성은 처음에 절대적 지배력과 권위로서 입법하고 공리를 부과할 수 있는 왕좌를 차지하는 것으로 나타난다. 그러므로 이성의 적은 이성에게 신세를 지며 피난처를 마련할 수밖에 없으며, 이성의 불합리성과 어리석음을 증명하기 위해 이성적 논변을 써서 일정한 방식으로 이성의 서명 날인이 된 특허를 제시한다.[15] 이 특허는 처음에는 자신이 비롯된 이성의 즉각적이고 직집적인 권위에 비례하는 권위를 갖는다. 그러나 그 특허는 이성에 모순된다. 그것은 이성이 갖는 지배 능력의 힘을 점점 줄어들게 할 뿐만 아니라 그 자신의 힘도 줄어든다. 규칙적이고 공정한 감소에 의해 마침내 그 두 힘은 완전히 없어지게 된다. 회의적 이성과 독단적 이성은 그 작용과 경향이 서로 반대가 된다 해도 같은 종류이다. 그러므로 독단적 이성이 강력한 경우, 독단적 이성은 자신에게 맞서 버티는 회의적 이성 가운데에서 서로 비슷한 힘을 지닌 것을 적으로 맞는다. 그 이성들의 힘은 처음에는 서로 비슷하므로, 그 이성들 가운데 어느 한쪽이 계속되는 한, 그 이성의 힘들 또한 서로 비슷하게 계속된다. 그 이성들 가운데 어느 것도 그 싸움에서 상대편 힘을 줄이지 않으면 자신의 힘을 전혀 잃지 않는다. 그러므로 다행스럽게 자연은 모든 회의적 논변들의 힘을 시간이 흐름에 따라 약화시키며, 그 논변들이 오성에게 뚜렷한 영향을 미칠 수 없도록 한다. 그러나 우리가 그 논변들이 스스로 없어진다는 것을 온전히 믿는다면, 그 논변들이 먼저 모든 확신을 뒤집어 버리고 인간 이성을 전체적으로 파괴시키지 않는 한, 그와 같은 논변들 자체가 없어지는 일은 있을 수 없다.

〈주〉

1 흄에게 있어서 '이성(理性, reason)'이라는 말이 갖는 의의와 역할에 대해서는 제1편 옮긴이 주 '표제' 주석 4 참조.

2 '논증적 학문(demonstrative science)'은 관념의 비교에만 기반을 둔 절대적 지식의 학문이다. 이러한 학문에 관해서는 제1편 제3부 제1절 참조.

3 '절대적 지식(knowledge)'에 관해서는 제1편 제2부 제2절 주석 2를, '개연적 지식 (probability)'에 관해서는 제1편 제2부 제2절 및 제3부 제2절 참조.

4 '오성(悟性, understanding)'에 관해서는 제1편 '표제' 주석 참조.

5 원인과 결과의 항상적 합일에 관해서는 제1편 제3부 제6절 이하 참조.

6 이 부근의 원문은 너무 간략해서 해석이 어렵다. 여기서 '전체가 그 부분들 모두와 다를 수 없는 한'이라고 단순히 전제하는 논리는 형식논리학에서 말하는 '합성의 오류'를 범하고 있다.

7 수적 계산의 학문, 즉 산수학에 관해서는 제3부 제1절 참조.

8 '반성 작용'의 어원은 'a reflex act'이지만 드문 표현이다.

9 '신념(belief)'에 대해서는 제1편 제3부 제7절 참조.

10 우리는 '자연의 절대적이고 불가항력적인 필연성으로' 전적으로 회의론을 물리친다. 여기서 흄의 자연주의를 볼 수 있으며 이른바 그의 회의론의 성격을 엿볼 수 있다. 제4부 제7절 참조.

11 '감각(sensation)'이라는 단어는 제1편 제3부 제8절 주석 6 참조.

12 '기억 인상(impression of memory)'에 대해서는 제1편 제3부 제4절 주석 1 참조.

13 '상상(imagination)'에 대해서는 제1편 제1부 제1절 주석 15 참조.

14 '기운(spirits)'에 대해서는 제1편 제2부 제5절 참조.

15 '이성의 적' 즉 회의는 '이성의 불합리성과 어리석음을 증명하기 위해 이성적 논변을 쓴다.' 흄의 회의적 비판이 극히 이지적이고 논리적인 이유이다.

2 감관들에 관련된 회의론에 대하여

앞에서 말한 것처럼 회의론자는 이성으로써 자신의 이성을 옹호할 수 없다고 주장하면서도, 여전히 계속하여 추리하고 믿는다. 또 회의론자는 어떤 철학적 논변으로도 물체의 존재에 관한 원리가 참이라고 주장할 수 없음에도 불구하고, 바로 이 규칙을 통하여 물체의 존재에 관한 원리에 동의해야 한다. 본래 자연은 이것을 회의론자가 선택하도록 하지 않았다. 분명히 물체의 존재에 대한 원리는 우리의 불확실한 추론과 사변으로 믿기에는 지나치게 중요한 일이기 때문이다. 우리는 우리로 하여금 물체의 존재를 믿도록 하는 원인이 무엇인지는 물을 수 있을 것이다. 그러나 물체가 있는지 없는지를 묻는 것은 쓸데없는 짓이다. 물체의 존재는 우리가 모든 추론에서 처음부터 당연한 것으로 받아들이지 않을 수 없는 점이다.[1]

그렇다면 우리가 지금 탐구할 주제는, 우리에게 물체의 존재를 믿도록 하는 원인들에 관한 것이다. 나는 이 절에서 문제를 구분하여 추론을 하겠다. 이 구분은 얼핏 보기에 쓸데없는 것으로 여겨질 수 있겠지만, 앞으로 말할 추론을 완전히 이해하는 데 엄청나게 기여할 것이다. 우리는 대개 함께 뒤섞여 있는 다음과 같은 두 문제를 분리하여 검토해야 한다. 즉 우리는 대상이 감관에 나타나지 않을 때도, 왜 지속적인 존재가 그 대상들에게 속하는 것으로 여기는가? 또 우리는 왜 그 대상들이 정신과 지각[2]에서 독립된 어떤 존재를 갖는다고 가정하는가? 나는 이 두 번째 문항에서 그 대상들의 관계와 상황을, 그리고 대상들의 존재와 작용의 독립성과 함께 외부 위치를 파악한다. 물체의 지속적이고 독립적인 존재[3]에 관한 이 두 물음은 서로 밀접하게 연관되어 있다. 만일 감관의 대상이 지각되지 않을 때에도 계속 존재한다면, 그 대상의 존재가 지각으로부터 독립되어 지각과 구분된다는 것은 의심할 나위가 없기 때문이다. 반대로 그 대상의 존재가 지각으로부터 독립적이며 지각과는 구분된다면, 그 대상들은 지각되지 않더라도 계속 존재하는 것에 틀림없다. 그런데 한 가지 물음을 해결하면 다른 물음도 해결되겠지만 그런 해결에서 발생하는 인간 본성의 원리들을 좀더 쉽게 발견할 수 있도록, 우리는 이 구분을 따라가며 지속적이거나 독립적인 존재에 관한 의견을 낳는 것이 감관인지 이성인지 아니면 상상력인지를 깊이 탐구해 보자. 이것은 우리가 지금 주제에서 이해할 수 있는 유일한 물음이다. 우리의 지각과는 종류를 달리하는 어떤 것이라고 여기는 외부 존재라는 견해에 관해서는 이미 그 견해의 불합리성을 보여 주었기 때문이다.[4]

우선 감관부터 시작해 보자. 대상들이 감관에 더 이상 나타나지 않게 되면, 감관이라는 직능이 그 대상들의 지속적인 존재에 관한 생각을 불러일으킬 수 없다는 것은 분명하다. 그것은 이율배반이며, 감관이 모든 방식의 작용을 중단한 뒤에도 계속 작용함을 가정하고 있기 때문이다. 따라서 감관이라는 기능들이 이런 경우에 어떤 영향력을 갖는다면, 그 기능은 반드시 독립적인 존재에 관한 의견을 낳는 것이지 지속적 존재에 관한 의견을 낳지는 않는다. 그러기 위해서 그 기능은 그 인상을 심상과 재현으로 나타내든가 아니면 실제로 독립적이며 외부적인 대상으로 나타내야 한다.

우리의 감관이 인상을 구별하거나 독립적이고 외부적인 어떤 것의 심상으로 나타내지 않는다는 것은 분명하다. 감관은 우리에게 단일 지각만 전달할 뿐이며, 지각 이상의 어떤 것에 대한 최소한의 암시조차 제공하지 않기 때문이다. 단 하나의 지각은 이성이나 상상력의 어떤 추정에서 비롯되지 않고는 이중 존재의 관념이 결코 생겨날 수 없다. 정신이 자신에게 직접 나타난 것 이상을 보려고 할 때 품는 결단은 결코 감관에게 책임을 물을 수 없다. 정신이 단 하나의 지각에서 이중 존재를 추정하고 두 개의 존재 사이의 유사와 인과 등의 관계를 가정한다면, 정신은 확실히 감관에 나타난 것 이상을 본다.

따라서 감관들이 독립적인 존재의 관념을 암시한다면, 그 감관들은 하나의 오류와 환영을 통하여 인상을 정신과는 별개의 존재로서 전달해야 한다. 이 항목에서 우리는 다음과 같이 말할 수 있을 것이다. 모든 감각은 정신을 통해 그것들이 실재하는 대로 느껴진다. 따라서 감각이 독립적 대상으로 나타나는지 아니면 단순히 인상들로 나타나는지가 의심스럽다면, 문제는 그 감각들의 본성이 아니라 감각들의 관계와 상황에 관한 것이다. 그런데 감관이 인상들을 우리 자신에 대하여 외부적이고 독립적인 것으로 나타냈다면 그 대상과 우리 자신도 감관과 대면하고 있어야 하며, 그렇지 않으면 이것들은 감관들이라는 기능들에 의해 비교될 수 없다. 그렇다면 문제는 우리 자신이 어디까지 우리 감관들의 대상일 수 있는가 하는 것이다.

인격을 이루는 합일 원리의 본성과 동일성에 관한 문제가 철학에서 최고의 난제라는 것은 확실하다.[5] 감관만으로 이 문제를 단정할 수는 없으므로, 여기에 답하기 위해 우리는 가장 심오한 형이상학에 호소할 수밖에 없다. 그리고 일상 생활에서 자아와 인격 등의 관념이 실제로 확정될 수도 한정될 수도 없는 것은 분명하다. 따라서 감관이 우리 자신과 외부 대상들을 구별할 수 있으리라고 상상하는 것은 불합리하다.

여기다 다음과 같은 것을 덧붙인다. 모든 인상들은, 즉 외부적이든 내부적이든 간에 정념, 감정, 감각, 고통과 쾌락 등의 인상은 근원적으로 똑같은 지반 위에 있다. 또 우리가 그 인상들 사이에서 관찰할 수 있는 다른 차이가 무엇이든 간에 그 참된 모습에 있어서 전부 인상이 아닌 지각으로 현상한다. 실제로 우리가 문제를 정확히 살펴본다면, 각 인상들이 똑같은 지반 위에 있지 않을 수도 있다는 것은 거의 불가능하며, 감관이 인상들의 본성보다는 인상들의 상황과 관계에서 우리를 더 잘 기만할 수 있으리라고는 생각조차 할 수 없다. 정신의 활동과 그 감각은 모두 의식을 통하여 우리에게 알려지므로, 그 정신 활동과 감각들은 필연적으로 모든 점에서 자신들이 존재하는 대로 나타내야 하며, 나타나는 대로 존재해야 한다. 정신에 들어가는 모든 것들이 실제로는 지각이므로,[6] 그와 같은 것이 다르게 나타난다고 느끼기란 불가능하다. 이것은 우리가 가장 가까이 의식하는 경우에 있어서도, 우리가 오류에 빠질 수 있다는 것을 가정하는 것이다.

감관들이 우리를 속이고, 지각을 우리 자신과 구별되는 것, 즉 우리 자신에 대하여 외부적이며 독립적인 것으로 나타낼 수 있는가를 검토해 보는 데 시간을 낭비하지 않기 위해, 감관들이 실제로 그렇게 하는지, 다시 말해 이 오류가 직접적 감각에서 비롯되는지 아니면 다른 어떤 원인들에서 비롯되는지를 살펴보기로 하자.

외부 존재에 관한 문제부터 시작하자면, 사유하는 실체[7]의 동일성에 관한 형이상학적 문제는 내버려 두더라도, 우리 자신의 신체는 분명히 우리에게 속한다. 그런데 몇몇 인상들은 신체의 외부에 나타나므로, 우리는 그 인상들을 우리 자신의 외부에 있다고 가정한다. 내가 지금 글을 쓰고 있는 종이는 내 손 밖에 있다. 탁자는 종이 밖에 있다. 방의 벽은 탁자 밖에 있다. 그리고 눈길을 창 쪽으로 돌려보면, 나는 내 방 밖의 넓은 뜰과 건물들을 지각한다. 이것에서 우리는 물체의 외부 존재를 확신하는 데 감관 이외의 어떤 기능도 필요 없다는 것을 추정할 수 있다. 그렇지만 이런 추정을 방지하기 위하여 우리는 다음 세 가지 탐구 가치를 비교해 볼 필요가 있다. 첫째, 우리가 손발이나 신체 부위를 응시할 때 지각하는 것은 정확히 말하면 신체가 아니라 감관을 통해 들어온 인상이다. 그러므로 실재적이고 신체적인 존재를 인상이나 대상에 기인하는 것으로 보는 것은 지금 검토 중인 작용과 마찬가지로 설명하기 어려운 정신의 활동이다. 둘째, 소리, 맛, 향기 등은 대개 정신에 의해 독립적인 성질들을 유지하는 것으로 여기지만 연장 안에 존재를 갖지 않는 것으로 나타나며, 결과적으로 감관이 신체의 외부에 놓여 있는 것으로는 나타날 수 없다. 그 성질들이 장소에 속한다고 보는 이유는 다음에 살펴 볼 것이다.[8] 셋째, 우리의 시각조차도 우리에게 거리나 (말하자면) 외재성[9] 등을 어떤 추리나 경험 없이 직접적으로 알려 주지는 않으며, 이 점은 매우 분별력이 뛰어난 철학자들[10]도 인정한다.

다음으로, 우리의 지각들이 우리 자신에 대해 독립성을 갖는다는 측면에서, 지각의 독립성은 감관들의 대상이 될 수 없다. 그렇지만 이것에 관해 우리가 이룬 의견은 관찰과 경험에서 비롯해야 한다. 우리는 다음[11]에 경험을 통해 결론 내린 것이 지각의 독립성이라는 학설에 유리하지 않다는 것을 알게 되겠지만 그것은 다음으로 미루자. 그동안 우리는 다음과 같은 것을 관찰할 수 있었다. 즉 실재하는 독립적인 존재에 관해 말할 때, 우리는 대개 그 존재들이 장소에서 외부적 위치에 있다는 것보다 그 존재들의 독립성을 마음속으로 그리며, 어떤 대상의 존재가 중단되지 않고 우리가 우리 내면에서 의식하는 끊임없는 변혁으로부터 그 존재가 독립적일 때 우리는 그 대상이 충분한 실재성을 갖는다고 생각할 수 있다.

그리하여 내가 감관들에 대해 말했던 내용은 다음과 같이 요약할 수 있다. 감관은 자신이 실제로 작용하는 영역 이상으로는 작용할 수 없다. 왜냐하면 감관이 우리에게 지속적인 존재의 견해를 제공할 수 없기 때문이다. 감관은 독립적인 존재에 대한 의견도 거의 산출하지 않는다. 감관은 재현된 것이든 근원적인 것이든 간에 독립적 존재를 정신에게 제공할 수 없기 때문이다. 인상에 의해 재현된 것으로 독립적 존재를 정신에 제시하기 위해 감관은 대상과 심상을 모두 나타내야 한다. 또 독립적 존재를 근원적인 것으로 나타내기 위해 감관은 거짓을 전달할 수밖에 없으며, 이 거짓은 틀림없이 인상 내지 대상의 모든 관계와 지위로서 존재해야만 한다. 독립적 존재를 근원적으로 나타내기 위하여 감관들은 그 대상을 우리 자신과 비교할 수 있어야 하며(이는 불가능하다), 비교가 가능하다면 감관은 우리를 속이지 않으며 속일 수도 없다. 따라서 우리가 확신을 가지고 내릴 수 있는 결론은 지속적인 존재와 독립적인 존재라는 의견은 결코 감관에서 발생하지 않는다는 것이다.

이것을 입증하기 위해 우리는 감관에 전달되는 인상에는 세 종류가 있다는 점을 들 수 있다. 첫째는 물체의 형태, 크기, 운동 그리고 견실성 등의 인상이다.[12] 둘째는 색, 맛, 향기, 소리, 뜨거움 그리고 차가움 등의 인상이다.[13] 셋째는 칼로 피부를 절개하는 것 따위와 같이 우리 신체에 대상을 접촉시킴으로써 발생하는 고통과 쾌락 등이다. 철학자들이나 일반 대중이나 모두 이 가운데 첫째 종류의 인상이 독립적이고 지속적인 존재를 갖는다고 가정한다. 일반인들은 둘째 종류가 같은 토대 위에 있다고 여길 뿐이다. 또 철학자들이나 일반인들 모두 셋째 종류는 단지 지각일 뿐이며 결국 중단되고 마는 의존적인 것으로 본다.

그런데 우리의 철학적 의견이 무엇이든 간에 색, 소리, 뜨거움, 차가움 등은 감관에 나타나는 한, 모두 운동이나 견실성 등과 똑같은 방식에 따라 엄연히 존재한다.[14] 이런 점에서 보면 우리가 그 감관에 나타나는 것들에 차이를 둘 때 이 차이는 단지 지각에서만 발생하지는 않는다. 첫째 종류의 성질들이 독립적이고 지속적인 존재라는 데 대한 편견은 매우 강해서 근대 철학자들[15]이 반대 의견을 제시했을 때도, 사람들이 상상하기에는 자신들의 느낌과 경험으로써 철학자들의 의견을 거의 반박할 수 있었고 그들의 감관지각 자체가 이 철학과 모순이었다. 역시 분명한 일인데, 색과 소리 등은 칼에 베이는 고통이나 난롯불로 따뜻해지는 쾌락과 근본적으로 같은 지반 위에 있다. 그리고 그들 사이의 차이는 지각이나 이성이 아니라 상상력을 기반으로 하는 것도 분명하다. 그런데 도대체 그 차이가 어디에 있을 수 있단 말인가? 그것들은 모두 물체 각 부분의 특수한 형상과 운동에서 일어나는 지각일 뿐이라는 점이 인정된다.[16] 그렇다면 요컨대 우리는 감관이 재판관인 한, 모든 지각은 그것들의 존재 방식에서 똑같다고 결론을 내릴 수 있다.

또한 우리가 색과 소리 등의 사례에서 관찰할 수 있는 것은 이성의 도움을 전혀 받지 않고, 즉 철학적 원리들을 통해 우리의 의견을 비교해 보지 않고도, 독립적으로 지속되는 존재를 대상에 속하는 것으로 여길 수 있다는 것이다. 실제로 철학자들이 생각해 낸 신빙성 있는 논변들은 모두 정신으로부터 독립된 대상에 관한 신념을 확립해 낼 수 있지만, 이 논변을 아는 사람은 극소수이다. 또 아이와 농부 그리고 대부분의 사람들로 하여금 대상을 어떤 인상에 속하는 것으로 여기게 하고 다른 인상에 대해서는 대상을 부정하도록 유도하는 것은 아니다. 그러므로 우리는 이 항목에서 사람들이 형성하는 결론이 모두 철학자들이 입증하는 결론과 직접적으로 반대된다는 것을 알 수 있다. 철학은 우리에게 정신에 나타나는 것은 모두 지각일 뿐이며 단절되어 있고 정신에 의존한다는 것을 일깨워 주지만, 반면에 사람들은 지각과 대상들을 혼동하고, 독립적으로 지속되는 존재를 자신들이 보고 느끼는 바로 그것에 속하는 것으로 여기기 때문이다. 그렇다면 이 소감은 전혀 불합리하므로 오성 이외의 다른 어떤 기능에서 유래하는 것이 틀림없다. 우리는 여기에 다음과 같은 것을 덧붙일 수 있다. 즉 지각과 대상을 똑같은 것으로 여기는 한, 우리는 지각의 존재에서 대상의 존재를 추정할 수도 없고, 사실 문제에 관해 우리에게 보증해 주는 유일한 관계인 원인과 결과의 관계로부터 어떤 논변도 구성할 수 없다. 우리가 대상들로부터 지각을 구별한 다음이라고 하더라도 우리가 여전히 그 하나의 존재로부터 다른 것의 존재를 추론할 수 없다는 점[17]이 곧 드러날 것이다. 그러므로 요컨대 우리의 이성은 그런 구별을 할 수도 없을뿐더러 어떤 가정에 입각하여 우리에게 물체의 지속적이고 독립적인 존재에 관한 확증도 제공해 줄 수 없다. 그런 의견은 전적으로 상상력에 기인하는 것이 틀림없고, 따라서 상상력이 이제 우리가 탐구해야 할 주제이다.

모든 인상들은 내적이고 소멸하는 존재들이며 그렇게 현상하므로, 인상들의 지속적이고 독립적인 존재에 관한 견해도 그 인상들의 성질들과 상상력의 성질들이 통합되는 데서 발생한다. 그리고 이 견해는 그 인상들 모두에 대해 적용되지 않으므로, 반드시 어떤 인상들 고유의 성질들에서 발생해야 한다. 따라서 우리가 독립적이고 지속적인 존재를 그 속성으로 여기는 인상들과, 내적이고 소멸한다고 간주하는 인상들을 비교할 때 이 성질들은 쉽게 밝힐 수 있을 것이다.

즉 우리는 사람들이 일상적으로 생각하듯이 어떤 인상들의 비의도성[18] 때문에, 또 그 인상들의 우세한 힘이나 격렬함 때문에, 우리가 의도적이거나 희미한 다른 것들에 대해서는 인정하지 않았던 실재성과 지속적 존재를 인상의 속성

주시하는 사람의 눈 로크는 대상과 관찰하는 주체 간의 상호작용에서 일어나는 성질은 주관적(제2의 성질)이고, 지각되지 않을 수 없다고 주장했다.

으로 추정하고 있다는 것을 살펴볼 수 있다. 지각을 넘어서 존재하리라고 우리가 결코 가정할 수 없는 고통과 쾌락 그리고 정념과 감정이 더욱 격렬하게 작용하며, 그것들은 우리가 영원한 존재라고 가정하는 형상, 연장, 색, 소리 등의 인상들과 대등하게 비의도적이다. 불에서 한걸음 물러나더라도 그 열은 불에 존재한다고 가정된다. 그러나 불에 다가갔을 때 그 열이 일으키는 고통은 단지 지각 안에서만 존재하는 것으로 여겨진다.

그런데 이 통속적 견해들이 승인되지 않는다면 우리는 다른 가설들을 모색해야 한다. 이 가설들을 통해 우리는 앞에서 이야기한 고유의 성질들을 인상들 안에서 발견할 수 있으며, 또 그 인상들에 독립적이고 지속적인 존재를 귀속시킬 수 있을 것이다.[19]

조금만 검토해 보면 우리는, 우리가 지속적 존재를 그 속성으로 여기는 대상들이 모두 고유의 항상성을 갖는다는 것을 발견하게 된다. 이 항상성은 그 존재가 우리 지각에 의존하는 인상과 대상들을 구별해 준다. 지금 내 눈 아래 펼쳐진 산과 집 그리고 나무 등은 언제나 동일한 순서로 나에게 현상한다. 내가 눈을 감거나 고개를 돌림으로써 그것들을 보지 않을 때도, 잠시 후 그것들이 조금도 변하지 않은 채로 다시 나에게 현상하는 것을 나는 알 수 있다. 내 침대와 탁자, 책과 종이 등은 한결같이 동일한 방식으로 현상하며, 내가 그것을 보거나 지각하는 것을 중단한다고 해서 바뀌지는 않는다. 이것은 그 대상이 외부에 존재한다고 가정되는 모든 인상들에게 해당되지만, 은근하든 격렬하든 또는 의도적이든 비의도적이든 간에 그 밖의 다른 어떤 인상들에게는 해당되지 않는다.

그러나 이 항상성은 그다지 완전한 것이 아니므로 아주 현저한 예외를 인정한다. 물체들은 이따금 그 위치와 성질을 바꾸며, 잠시 동안 사라지거나 가려져도 거의 알 수 없게 된다. 그러나 여기서 주목할 만한 것은 이러한 변화에도 불구하고 물체들은 정합성을 유지하며,[20] 인과성으로부터 일종의 추론을 하는 기초이자 그 물체들의 지속적 존재에 대한 의견을 낳는 규칙적인 상호 의존 관계를 갖는다는 사실이다. 내가 방을 한 시간 비운 다음에 돌아왔을 때, 나는 방을 떠나기 전과 동일한 상황에서 난롯불을 발견할 수 없다. 그러나 한편으로 내가 방에 있거나 외출했거나, 또 멀리 있거나 가까이 있거나 간에, 나는 다른 사례들에서 유사한 시간 동안 일어난 유사한 변화들을 보는 데 익숙하다. 그러므로 물체들의 변화에서 이 정합성은 그 물체들의 항상성과 마찬가지로 외부 존재들의 특성들 가운데 하나이다.

물체의 지속적 존재에 대한 의견이 어떤 인상들의 정합성과 항상성에 의존한다는 사실을 알았으므로, 이제는 계속하여 이 성질들이 어떤 방식으로 그처럼 뜻밖의 의견을 낳는지 검토하겠다. 먼저 정합성부터 시작하자. 우리가 유동적이며 소멸한다고 여겼던 내부 인상들 또한 그 인상들의 현상들에서는 어떤 정합성 없는 규칙성을 갖는다고 하더라도, 그 본성은 우리가 물체에서 발견했던 것과는 어느 정도 다르다. 경험으로 미루어 보건대 우리의 정념은 서로 의존하며, 상호 연관을 갖는다. 그러나 그 정념이 지각되지 않았을 때, 우리가 이미 경험한 것과 동일한 의존과 결합을 유지하기 위해 정념들이 존재하며 작용한다고 필연적으로 가정해야 할 경우는 결코 없다. 정념들의 경우는 외부 대상들의 관계와 다르다. 외부 대상들은 지속적 존재를 요구하거나, 그렇지 않으면 대개 그 작용의 규칙성을 상실한다. 나는 지금 내 방에서 불을 마주하고 앉아 있으며, 내 감관을 자극하는 모든 대상들은 내 주변 몇 야드 안에 있다. 기억은 나에게 많은 대상들의 존재를 알려 주지만, 기억이 알려 주는 것은 대상들의 과거 존재에 지나지 않으며, 내 감관이나 기억은 대상들이 지속적으로 존재한다는 것을 가정하지는 않는다. 내가 이렇게 앉아서 이런 생각에 골몰할 때나는 갑자기 돌쩌귀에 매달린 문이 열리는 것 같은 소리를 듣고, 잠시 뒤에 나에게로 오는 집배원을 본다. 이것은 많은 반성과 추론의 기회를 부여한다. 먼저문의 움직임을 제외하면 나는 그런 소리를 낼 수 있는 어떤 것도 관찰한 적이없다. 따라서 내가 기억하는 그 방의 반대편에 달린 문이 여전히 그대로 존재하지 않는 한, 나는 현전하는 현상이 모든 과거 경험과 모순이 된다고 결론 내린다. 나는 중력이라는 성질 때문에 사람의 몸은 공중에 뜨지 않게 되어 있다는 것을 늘 발견한다. 그리하여 내가 기억하는 계단이 내가 없는 사이에 없어지지 않고 존재하는 한, 집배원이 공중에 떠서 내 방에 도착하는 일은 없을 것이다. (그러므로 계단도 존재해야 한다) 그러나 이것이 전부는 아니다. 나는 편지를받고 그 봉투를 열었을 때, 필적과 서명으로 미루어 200리그나 떨어져 있는 친구에게서 편지가 왔다는 것을 지각한다. 내 기억과 관찰에 따라 우리 사이에있는 바다와 육지를 마음속으로 펼쳐 보지 않고, 또 우체국과 연락선의 여러가지 효과와 지속적 존재를 가정하지 않고서는, 내가 이 현상을 다른 사례들에서의 경험과 일치하도록 설명할 수 없는 것은 분명하다. 집배원과 편지라는이 현상을 숙고해 보면, 어떤 측면에서 그것들은 일상 경험과 모순이며, 우리가원인과 결과의 연관에 관해 형성했던 공리들에 대한 반박으로 여겨질 수도 있을 것이다. 우리는 소리 및 운동하는 대상을 동시에 듣고 보는 데 익숙하다. 나는 지금까지 고찰해 온 특수한 사례에서는 이 두 지각을 한꺼번에 받아들이지는 않았다. 문이 그대로 존재하는 것과 내가 지각하지도 않았는데 문이 열려 있는 것 등을 가정하지 않는다면, 종래의 관찰과 이 관찰들은 상반된다. 처음에는 완전히 인위적이고 가설적이던 이 가정은,[21] 그것이 우리가 앞에서 이야기한 모순들을 해결할 수 있는 유일한 것이므로 힘과 명증성을 얻는다. 경험을통해 내가 각 대상들의 본성과 상황들에 대해 적합하다고 발견한 것처럼, 과거와 현재의 대상들의 현상들을 연관시키며 또 그 현상들을 서로 하나로 합치기위해 살아가면서 대상들의 지속적 존재를 내가 가정하지 않았던 경우는 없으며, 또 내가 비슷한 사례들을 만나지 못하는 순간은 거의 없었다. 그렇다면 나는 당연히 세계를 실재적이고 지속적인 그 무엇으로, 내 지각에 전혀 현전하지 않더라도 그 존재를 유지하는 그 무엇으로 여기게 된다.

그러나 현상들의 정합성에서 비롯되는 이 결론은 습관에서 나오고 과거 경험에 의해 규제되므로, 원인과 결과의 추론과 똑같은 본성이라고 여길 수도 있을 것이다. 그렇지만 이를 다시 검토해 보면 우리는 이 결론과 인과 추론은 근본적으로 아주 다르며 오성과 습관에서 간접적이고 우회적인 방식으로 이루어진다는 것을 알게 된다.[22] 실제로 정신이 갖는 지각들을 제외하면 정신에 나타나는 것은 전혀 없으므로, 이 지각들의 규칙적인 계기 이외의 방식으로는 어떤 습관도 얻을 수 없을 뿐만 아니라 그 규칙성의 정도를 능가하는 습관도 있을 수 없다는 것은 쉽게 생각할 수 있기 때문이다. 그러므로 지각들에서 보이는 규칙성의 정도는 지각되지 않은 대상의 보다 높은 정도의 규칙성을 추정하는 토대일 수 없다. 이것은 일종의 모순, 즉 정신에 전혀 나타나지 않은 어떤 것에 의해 획득된 습관을 가정하기 때문이다. 그러나 우리가 감관 대상들의 정합성과 잦은 합일에서 그 지속적 존재를 추정할 때마다, 단순한 우리의 지각으로 관찰한 것보다 더 큰 규칙성을 그 대상에 부여하려는 것이 목적임은 분명하다. 과거에 감관에 나타난 두 대상들 사이의 연관을 인정하지만, 이 연관이 완전히 항상적이라는 것을 관찰할 수 없다. 우리가 고개를 돌리거나 눈을 감으면 그 연관이 단절될 수 있기 때문이다. 그렇다면 표면적인 명백한 단절에도 불구하고 여전히 이 대상들이 자신들의 일상적 연관을 지속하며, 우리가 감지할 수 없는 어떤 것을 통해 그 대상들의 불규칙적 현상들이 결합된다는 점을 제외하면 우리는 이 경우에 무엇을 가정할 수 있을까? 그러나 사실 문제에 관한 모든 추론은 오직 습관에서 발생하며, 습관은 반복된 지각들의 결과로서만 존재할 수 있을 뿐이다. 그러므로 앞에서 서술한 바와 같이 습관과 추론을 지각들을 넘어서 확장하는 것은 항상적 반복과 결합의 직접적이고 자연스러운 결과일 수 없으며, 따라서 다른 어떤 원리들과 협력하는 데에서 발생해야만 한다.

나는 예전에 수학(또는 기하학)의 토대를 검토하면서 다음과 같이 서술했다.[23] 노(櫓)로 움직이는 갤리선이 새로운 추진력이 전혀 없어도 계속 나아가듯이, 상상력은 연쇄적 사고 과정을 따라 작용할 때는 그 대상이 없어지더라도 계속 작용하는 경향이 있다. 나는 이것이 우리가 대등함에 대한 몇 가지 어렴풋한 기준들을 숙고하여 서로 바로잡은 뒤, 오류나 편차가 전혀 없을 정도로 바르고 정확한 대등함이라는 관계의 기준들을 상상해 가는 이유라고 했다. 우리는 바로 이 원리에 근거하여 물체의 지속적 존재라는 앞에서 말한 의견을 쉽게 품을 수 있다. 대상들은 감관에 나타날 때에도 일정한 정합성을 지니지만, 우리가 대상들이 지속적 존재를 갖는다고 가정한다면 이 정합성은 더욱 크고 한결같아진다. 정신이 한번 대상들 사이의 제일성(齊一性)을 연쇄적으로 관찰하기 시작하면, 정신은 자연스럽게 그 관찰을 계속하고 마침내 제일성이 미치는 한 완전무결해진다. 이를 위해서는 단지 대상들의 지속적 존재를 가정하는 것만으로도 충분하다. 다시 말해서 이 가정은 우리가 감관으로 지각한 것 이상을 보지 못할 때 대상들이 갖는 규칙성에 비하여 대상들 사이에 훨씬 더 큰 규칙성에 대한 견해를 제공한다.

그러나 이 원리에 속한다고 할 수 있는 힘이 어느 정도이건 내가 두려워하는 것은 모든 외부 물체들의 지속적 존재에 대한 원리같이 광범위한 체계를 지탱하기에 그 힘만으로는 너무 미약하다는 점이다. 또한 나는 우리가 이 견해를 만족스럽게 설명하기 위해 앞에서 설명했던 정합성에다 대상들이 현상할 때의 항상성을 결합시켜야 한다는 것이 망설여진다. 그러나 이것을 해명함으로써 아주 심오한 추론의 중요한 영역에 이를 수 있으므로, 나는 내 체계를 요약하거나 발췌한 다음, 전 영역에서 각 부분들을 모두 이끌어 내어 혼란을 피하는 것이 적절하리라고 생각한다. 지각들의 항상성에서 추정하는 것도 그 지각들의 정합성에서 추정하는 것과 마찬가지로 물체의 지속적 존재라는 의견을 불러일으키는데, 이 지속적 존재는 물체의 독립적 존재보다 앞서며, 독립적 존재의 원리[24]를 낳는다.

우리가 어떤 인상들에서 항상성을 관찰하는 데 익숙해질 때, 예를 들어 해나 바다의 지각이 잠시 사라진 뒤에 그것들이 처음 현상했을 때와 동일한 부분들과 순서로 우리에게 되돌아온다면, 이 중단된 지각들은 서로 다르다고 보기 어렵고(실제로 그 지각들은 다르다), 반대로 그 지각들의 유사성 때문에 그 지각들이 동일하다고 생각하기 쉽다. 그러나 인상이 이렇게 끊어졌다 이어졌다 하는 것은 그 인상의 완전한 동일성과 상반되고, 또 우리로 하여금 첫 번째 인상이 소멸되고 두 번째 인상이 새로 생겼다고 여기게 한다. 그래서 정신은 다소 당황하여 일종의 모순에 빠져든다. 이 곤경에서 벗어나기 위해 우리는 우리가 감지할 수 없는 실재적 존재에 의해 이 끊어졌다 이어졌다 하는 지각들이 연관되어 있다고 가정함으로써, 가능한 한 그 중단을 숨기거나 오히려 완전히 배제한다. 이 가정 또는 지속적 존재의 관념은 끊어졌다 이어지는 이 인상들에 대한 기억과, 그 인상들이 정신에 불러일으켜 자신들을 동일하게 가정하도록 하는 성향 등에서 힘과 생동성을 얻는다. 그리고 앞의 추론에 따르면[25] 신념의 본질은 표상 작용의 힘과 생동성에 있다.

이 체계를 정당화하기 위해서는 다음과 같은 네 가지 설명이 필요하다. 첫째는 개체화의 원리[26] 즉 동일성의 원리를 해명하는 것이고, 둘째는 단속적으로 이어지는 단절된 지각들의 유사성이 우리를 내세워 그 지각들에 동일성을 귀속시키는 이유를 제시하는 것이며, 셋째는 지속적 존재를 통해 단속적으로 이어지는 이 현상들을 합일하는 성향은 환각에서 비롯되는데, 이 성향을 평가하는 것이다. 그리고 넷째는 그 성향에서 발생하는 표상 작용의 힘과 생동성에 대해 설명하는 것이다.

먼저 개체화 원리에 대해 살펴보면, 우리가 한 대상을 바라보는 것은 동일성의 관념을 전달하기에 충분하지 못하다고 할 수 있다. 어떤 대상이 그 자체와 동일하다는 명제에서, 대상이라는 단어로 표현되는 관념이 그 자체가 의미하는 것과 구별될 수 없다면 실제로는 전혀 무의미하다. 다시 말해 이 긍정문에는 주어와 술어가 포함되어 있다고 하더라도 그 명제는 결코 주어와 술어를 가지고 있지 않다. 하나의 단일 대상은 단일성[27]의 관념을 전하는 것이지 동일성의 관념을 전하는 것은 아니다.

반면에 대상들의 다수성은 그 대상들이 아무리 유사하더라도 결코 동일성의 관념을 전할 수 없다. 정신은 늘 하나의 대상이 다른 대상은 아니라고 선언하며, 그것들을 두셋 또는 일정한 수의 대상들로 보는데, 그 대상들의 존재들은 완전히 독립적이며 무관하다.

그렇다면 약간의 수와 단일성 모두 동일성의 관계와 양립할 수 없으므로, 동일성은 수와 단일성 가운데 어느 것도 아닌 다른 어떤 것에 있어야 한다. 그러나 사실대로 말하자면 이것은 언뜻 보아도 전혀 불가능하다고 여겨진다. 단일성과 수 사이에는 중간적인 것이 있을 수 없으며 이는 존재와 비존재 사이도 마찬가지이다. 어떤 대상이 존재한다고 가정된 다음 우리는 수의 관념을 가질 수 있는 경우에 다른 대상도 존재한다고 가정하거나, 아니면 최초 대상이 단일하게 남아 있는 경우에 다른 대상은 존재하지 않는다고 가정해야 한다.

이 어려움을 제거하기 위해 시간이나 지속 기간의 관념에 호소해 보자. 내가 이미 살펴보았듯이[28] 엄밀한 의미에서 시간은 계기를 함축한다. 그리고 우리가 시간 관념을 불변적 대상에 적용하는 것은, 오직 상상력의 허구에 따른다. 즉 불변적 대상은 공존적 대상들이 갖는 변화에, 특히 지각들의 변화에 관여한다고 가정된다. 상상력의 이러한 허구는 거의 보편적으로 발생한다. 우리가 어떤 단속이나 변화를 발견할 수 없어도 일정 시간 동안 보이는 우리 앞의 단일 대상이 우리에게 동일성의 견해를 제공하는 근원일 수 있는 것도 상상력의 허구 때문이다. 우리가 이 시간의 임의적인 두 시점을 숙고해 보면, 그 시점들을 다른 견지에서 볼 수도 있다. 즉 우리는 그 두 시점을 정말 똑같은 순간에 볼 수도 있으니, 이 경우에 그 시점들은 그 자체를 통해서 그리고 대상을 통해서 우리에게 수의 관념을 부여한다. 그리고 그 대상들이 동시에 표상되기 위해서는 다른 두 시점에 존재하는 것으로서 중복되어야 한다. 또는 이와 반대로 우리는 관념들의 비슷한 계기를 통해서 시간의 계기를 추적할 수 있으며, 먼저 한 순간을 당시 존재했던 대상과 함께 표상함으로써 대상의 변화나 단속 없이도 다음 시간에서 변화를 상상할 수 있다. 이 경우에 그와 같이 표상하는 것은 우리에게 단일성의 관념을 제공한다. 그렇다면 여기에 단일성과 수의 중간인 관념, 더 정확히 말하면 관점에 따라 단일성과 수 가운데 어느 한쪽일 수도 있다는 관념이 있다. 우리는 이 관념을 동일성의 관념이라고 일컫는다. 말하자면 우리가 어떤 시간에 존재하는 대상이 다른 시간에 존재하는 그것 자체와 똑같다고 생각하지 않는 한, 우리는 그 대상이 그것 자체와 똑같다고 말해서는 안 된다. 이렇게 해서 처음으로 대상이라는 말을 의미하는 관념과 그 자체라는 말이 의미하는 관념 사이에 차이가 발생하게 되며, 수에까지 도달하지 못함과 동시에 엄격하고 절대적인 단일에도 도달하지 못하게 된다.

이처럼 개별화의 원리는 가정된 시간의 변동을 통한 어떤 대상의 불변성과 부단성일 뿐이다. 그리고 정신은 시간의 가상적 변화를 통하여 조금도 한눈팔지 않고, 또 수가 많다는 것이나 수의 관념을 형성하는 데 매달리지 않고도 그 대상이 존재하는 서로 다른 기간들에서 그 대상의 자취를 따라갈 수 있다.

나는 계속해서 내 체계의 두 번째 부분을 설명하려 한다. 지각은 아주 긴 간격을 두고 나타나며 동일성의 본질적 성질들 가운데 오직 하나, 즉 불변성만 가질 뿐인데도, 왜 지각의 항상성은 완전한 수적 동일성이 지각들에 속한다고 여기게 하는지를 살펴보자. 나는 이 항목에서 모든 애매성과 혼돈을 피하기 위해, 여기서 물체들의 존재에 관한 일반인들의 신념과 의견을 설명하고, 그들의 사고 방식과 표현 방식에 완전히 따른다는 것을 밝혀 둔다. 그런데 이미 살펴보았듯이[29] 철학자들이 공존하며 비슷하다고 가정하는 감관의 대상들과 지각들을 아무리 구별하더라도 이것은, 오직 하나의 존재만을 지각하므로 이중 존재와 재현이라는 견해에 동의할 수 없는, 인류의 대부분은 납득할 수 없는 구별이다. 그들에게는 눈이나 귀를 통해 들어오는 바로 그 감각들이 참된 대상들이며, 직접적으로 지각된 펜이나 종이가 그 지각과 비슷하지만 다른 어떤 것을 재현한다고 생각하는 것은 불가능하기 때문이다. 그러므로 나의 견해를 그들의 견해와 조절하기 위해, 나는 먼저 오직 단일한 존재만 있다고 가정하고 그 존재를 무차별적으로 대상 또는 지각이라고 부르겠다. 그렇게 하는 것이 내 목적에 가장 알맞을 것이라 여겨지며, 일반인들이 모자, 신발, 돌 또는 자신들의 감관을 통해 그들에게 전해진 인상 등에 근거하여 의미하는 바를 대상이나 지각이라는 것으로 이해하기 때문이다. 내가 더욱 철학적인 방식으로 말하고 사고할 때에는 반드시 그 의미를 알려 주겠다.[30]

그러므로 동일성과 관련된 오류와 속임수의 원천이라는 문제를 다루면서 비슷한 지각들이 끊어짐과 이어짐의 연속임에도 불구하고 동일성을 귀속시키고 있다고 생각할 때, 나는 이미 증명하고 설명했던 견해[31]를 여기서 다시 피력할 수밖에 없다. 상상력에서 함께 연합된 관념들의 관계처럼 우리가 어떤 관념을 다른 관념으로 오인하도록 하기 쉬운 것은 없으며, 그 관계는 상상력이 한 관념에서 다른 관념으로 쉽게 옮겨 가도록 한다. 이런 측면에서는 모든 관계들 가운데 유사 관계가 가장 효력이 있다. 왜냐하면 유사 관계는 관념들의 연합을 일으킬 뿐만 아니라 그 배열들의 연합도 일으키며, 우리가 다른 관념을 표상하도록 하는 것과 유사한 어떤 관념을 정신의 활동 또는 작용을 통해 표상하도록 하기 때문이다. 나는 이 여건이 대단히 중요하다는 것을 살펴보았다. 그리고 우리는 정신을 동일하거나 비슷하게 배열하는 모든 관념들은 그 관념이 무엇이든 간에 아주 혼동을 일으키기 쉽다는 것을 일반 규칙으로 확정할 수 있을 것이다.[32] 정신은 하나의 관념에서 다른 관념으로 재빨리 옮겨 가며, 흔히 말하듯이 대체로 불가능할 정도로 엄밀한 주의 없이는 그 변화를 지각할 수 없다.

이 일반적 공리를 적용하기 위해 우리는 완전한 동일성을 유지하는 모든 대상을 볼 때의 정신의 성향을 검토하고, 유사한 성향을 불러일으킴으로써 그 대상과 혼동되는 다른 대상을 찾아내야 한다. 우리가 어떤 대상에 몰두하여 그 대상이 일정 시간 동안 동일하게 지속된다고 가정할 때, 분명한 것은 우리에게 있어서 변화는 오직 시간에 있을 뿐이지 대상에 대한 새로운 어떤 심상이나 관념을 산출하려고 애쓰는 것은 아니라고 가정한다는 것이다. 정신의 직능들은 어느 정도 안정되어 있으며, 우리가 이미 가지고 있고 또 변화나 중단 없이 남아 있는 관념을 지속하는 데 필요한 것 이상으로 작용하지는 않는다. 다른 지각이나 관념으로써 한 순간에서 다른 순간으로 전이하는 것을 거의 느낄 수 없으며, 그 전이가 뚜렷이 드러나지도 않는다. 그 전이를 표상하기 위해서는 마음의 다른 방향이 요구될 수도 있지만, 이러한 경우는 다른 지각 내지 관념을 통해 구별되지는 않는다.

그렇다면 정신이 다른 대상들을 고려할 때, 정신을 동일한 성향에 배열할 수 있고 또 상상력이 한 관념에서 다른 관념으로 그처럼 부단히 옮겨 가도록 할 수 있는 것은 동일한 대상들 이외의 다른 어떤 대상들일까? 이 물음은 아주 중요하다. 만일 그런 대상을 발견할 수 있다면, 우리가 앞의 원리로부터 확실하게 결론 내릴 수 있는 것은 다음과 같다. 그 대상들은 아주 자연스럽게 동일한 대상들과 혼동되며, 대부분의 추론들에서 동일한 대상으로 여겨지리란 것이다. 이 물음은 매우 중요하지만 아주 어렵거나 애매한 것은 아니다. 나는 즉시 다음과 같이 대답할 수 있다. 즉 관계된 대상들의 계기가 정신을 이와 같이 배열하며 그 계기는 바로 그 불변적 대상에 대한 시각을 수반하는 상상력의 원활하고 부단한 진행으로 여겨진다는 것이다. 관계의 본성과 본질은 관념을 서로 결부하는 것이며, 한 관념이 나타났을 때 그 관념과 관계 있는 관념으로 전이를 촉진하는 것이다. 따라서 관련된 관념들 사이의 이행은 정신에 거의 변화를 일으키지 않을 정도로 원활하고 수월하며, 동일한 작용의 지속처럼 여겨진다. 동일한 작용의 지속은 동일한 대상에 대한 지속적인 시각의 결과이므로, 바로 이런 이유 때문에 우리는 관련된 대상들의 계기마다 동일함[33]이 있다고 생각한다. 사유는 오직 하나의 대상만 고려할 때와 마찬가지로 이 계기와 함께 수월하게 이행하므로 계기와 동일성을 혼동하게 된다.

우리가 앞으로[34] 살펴볼 것은 하나의 동일성이 서로 다른 대상들에게 속하는 것으로 생각하도록 하는 관계의 이런 경향에 관한 수많은 사례들이다. 그러나 여기서는 현재의 주제에 한정하기로 한다. 우리는 경험을 통하여 거의 모든 감관의 인상들에 항상성이 있다는 것을 발견한다. 항상성 덕분에 인상들의 중단은 인상들을 조금도 변화시키지 않으며, 또 그 중단이 인상이 처음 존재할 때와 동일한 현상과 상황으로 되돌아가는 것을 방해하지 않는 것이다. 예를 들어 나는 내 방의 가구들을 둘러본다. 그리고 눈을 감았다가 잠시 뒤에 다시 눈을 뜬다. 그러고 나서 이전에 나의 감관을 자극했던 지각과 완전히 닮은 새로운 지각을 발견한다. 수많은 사례들에서 관찰되는 이 유사성은 가장 강력한 관계를 통해 이 단속적(斷續的)인 지각들에 대한 우리의 관념을 자연스럽게 함께 연관짓고, 정신을 하나의 관념에서 다른 관념으로 손쉽게 옮겨 가도록 한다. 이처럼 서로 다르고도 단속적인 지각들의 관념들을 따르는 상상력의 이행 또는 전이는 항상적이고 부단한 하나의 지각을 고찰하는 정신의 성향과 거의 동일하다. 그러므로 우리가 이 지각을 다른 지각으로 오해하는 것도 매우 당연하다.[35]

유사한 지각들의 동일성에 관한 의견이 이러한 사람들은 대체로 생각이 얕고 비철학적인 부류(즉 시대를 막론하고 우리 모두)[36]로, 따라서 자신의 지각을 자신들의 유일한 대상으로 가정하는 사람들이다. 그들은 이중 존재가 내부적이면서도 외부적이고, 또 재현하면서도 결코 재현된다고는 생각하지 않는다. 우리에게는 감관에 나타난 바로 그 심상이 실재적 물체이다. 따라서 우리는 완전한 동일성이 이 단속적 심상들에 속한다고 생각한다. 그러나 현상의 중단은 동일성과 상반된다고 여겨지며 우리가 이 유사한 지각들을 서로 다른 것으로 간주하게 한다. 여기서 우리는 그처럼 상반되는 의견들을 어떻게 조화시켜야 할지 몰라 쩔쩔매는 우리 자신을 발견하게 된다. 유사한 지각들의 관념을 따라 상상력이 원활하게 옮겨 가는 것 때문에 우리는 완전한 동일성이 그 관념들에 속한다고 생각하게 된다. 관념의 단속적인 현상방식 때문에 우리는 그 관념들을 유사하지만 여전히 일정한 간격 뒤에 출현하는 독립적인 것들로 간주한다. 이 모순에서 발생하는 당혹감은 지속적 존재라는 허구를 통해 이처럼 단속적인 현상들을 합일하는 편향을 낳는다. 이것이 내가 설명하려고 한 가설의 셋째 부분이다.

소감이나 정념에 대한 모순이 외부에서 유래하든 내부에서 유래하든, 즉 외부 대상들의 대립에서 유래하든 아니면 내부 원리들의 갈등에서 유래하든, 그 모순은 큰 불안감을 안겨 준다. 그런가 하면, 자연적 성향들과 부합하는 것은 무엇이든, 그것이 정념이나 소감을 외적으로 만족시키든 정념이나 소감의 취향과 내적으로 일치하든 간에 크나큰 쾌락을 주는 것은 확실하다. 여기에는 유사한 지각들의 동일성에 대한 생각과 지각들의 현상에 있어서의 중단 사이에 대립이 있으므로, 정신은 그런 상황에서 불안할 수밖에 없고 자연히 그런 불안으로부터 구원받고자 애쓸 것이다. 이 불안은 상반되는 두 원리의 대립에서 발생하므로, 하나의 원리를 다른 원리에 대한 제물로 바침으로써 구원을 찾아야 한다. 우리는 사유가 유사한 지각들을 따라 원활하게 옮겨 가는 것을 통해 동일성을 유사한 지각들에 속하는 것으로 생각하므로, 그러한 의견을 기꺼이 포기할 수는 없다. 따라서 우리는 다른 측면으로 돌아서서 지각들은 더 이상 단속적인 것이 아니라 불변적 존재와 마찬가지로 지속적 존재를 유지하며, 그럼으로써 온전히 동일한 것이라고 가정해야 한다. 그러나 여기서 이 지각들이 현상할 때의 단절은 매우 길고 잦으므로 간과할 수 없다. 그리고 지각이 정신에 현상하는 것과 지각의 존재는 언뜻 온전히 동일한 것처럼 보이므로, 적어도 우리가 그 명백한 모순에 동의할 수 있는지, 또 지각은 정신에 현전하지 않고도 존재한다고 가정할 수 있는지 등은 의문이다. 이 문제를 해결하기 위해, 그리고 지각의 현상의 중단이 필연적으로 그 존재의 중단을 함축하지 않는가를 알기 위해 몇 가지 원리에 접근해 보는 것이 타당할 것이다. 우리는 다음 기회에 이 원리들을 좀더 충분히 설명할 것이다.[37]

이 경우의 어려움은 사실 문제에 관한 것이 아니다. 다시 말해 정신이 그 지각들의 지속적 존재에 관해 그러한 결론을 형성하는지 여부에 관한 것이 아니라, 그 결론이 형성되는 방식과 그 결론이 유래하는 원리들에 관한 것이라는 점 등을 살펴보는 데서부터 시작할 수 있다. 확실히 인류의 대부분과 심지어 철학자들 자신조차도 생애의 대부분에 걸쳐 자신들의 지각을 유일한 대상[38]으로 여기며, 정신에 직접적으로 현전하는 지각만이 실재적 물체 또는 물질적 존재라고 가정한다. 마찬가지로 확실하게 바로 이 지각 또는 대상 자체는 지속적이고 부단한 존재를 갖는 것이며, 우리가 없더라도 소멸될 수 없는 것이고, 또 우리가 존재한다고 해서 존재하게 되는 것은 아니라고 가정한다. 그 대상으로부터 떨어져 있을 때, 우리는 그 대상을 느끼지 않고 보지 않을 뿐이지 여전히 그 대상이 존재한다고 말한다. 우리가 그 자리에 있을 때에는 우리가 그 대상을 느끼고 본다고 한다. 그러면 여기서 다음과 같은 두 가지 물음이 제기될 수 있을 것이다. 첫째, 어떻게 우리는 지각이 소멸되지 않고도 정신에 나타나지 않는다고 가정할 수 있는가? 둘째, 어떤 방식에 따라 우리는 지각이나 심상을 새로 창조하지 않고도 어떤 대상이 정신에 현전하게 된다고 생각하며, 또 우리가 말하는 본다, 느낀다, 지각한다 등이 의미하는 것은 무엇인가?

첫 번째 물음에 대하여 우리가 말할 수 있는 바는 이른바 정신이란 서로 다른 지각들의 더미 또는 집합일 뿐으로,[39] 이 지각들은 일정한 관계를 통해 하나로 합치며 비록 거짓이라고 할지라도 완전한 단순성과 동일성을 부여받은 것으로 가정된다는 것이다. 그러나 모든 지각들은 각각 다른 것과 구별될 수 있다. 따라서 분리되어 존재하는 것으로 간주될 수 있으므로,[40] 정신에서 개별적 지각을 분리하는 것은 불합리하지 않다는 결론이 나오는 것은 명백하다. 즉 사유하는 존재를 구성하는 지각들의 연관된 덩어리와 함께 정신의 관계들을 모두 해체하는 것은 불합리하지 않다는 결론이 된다.

바로 이 추론이 우리에게 두 번째 물음에 대한 답을 제공해 준다. 지각이라는 이름이 이처럼 정신에서 지각을 분리하는 것을 불합리하고 모순되게 하지 않는다면, 실제로 그 사물을 뜻하는 대상이라는 이름이 바로 그 대상과 정신의 결부를 불가능하게 할 수는 없다. 외부 대상은 보이고 느껴지며 정신에 현전한다. 다시 말하자면 그 외부 대상들은 지각들의 연관된 더미에 대해 어떤 관계를 획득한다. 이 관계는 현재의 반성과 정념을 낳아 지각들의 수를 증대시키고 기억에 관념을 축적시켜 지각들에 상당한 영향을 미친다. 그러므로 동일하게 지속되고 부단하게 존재하는 것은 존재하는 것 자체에 실재적이거나 본질적 변화가 전혀 없더라도 때로는 정신에 현전하며 때로는 현전하지 않는다. 감관에 단속적으로 현상하는 것이 존재의 중단을 필연적으로 함축하지 않는다. 감지할 수 있는 대상들이나 지각들의 지속적 존재라는 가정은 전혀 모순을 포함하지 않는다. 우리는 그 가정에 쉽게 빠져드는 경향이 있다. 지각들의 정확한 유사성 때문에 우리가 동일성을 지각들에 속하는 것으로 생각할 때, 어떤 지속적 존재를 가상함으로써 외견상의 중단을 제거할 수 있다. 이때 가상된 지속적 존재가 단속적인 지각들 사이의 틈을 메워 지각들의 완전하고 전체적인 동일성을 유지한다.

그러나 여기서 우리는 이 지속적 존재를 가상할 뿐만 아니라 믿고 있으므로, 문제는 그와 같은 신념이 어디서 발생하는가 하는 것이다. 이 물음은 이 체계의 네 번째 부분으로 우리를 안내한다. 신념 일반은 관념의 생동성을 제외하면 어디에도 없다는 것과, 관념이 현전하는 어떤 인상과 관계함으로써 생동성을 얻는다는 것 등은 이미 증명되었다. 물론 인상들은 정신의 가장 생생한 지각이며 이 생생한 성질은 관계에 의해 연관된 모든 관념들을 향해 부분적으로 전달된다. 이 관계는 인상으로부터 관념으로 매끄러운 이행을 유발하며, 그런 이행에 일종의 성향까지도 제공한다.[41] 정신은 한 지각에서 다른 지각으로 아주 쉽게 전이되므로 그 변화를 거의 지각할 수 없지만, 두 번째 지각에서도 첫 번째 지각의 생동성을 상당 부분 보유한다. 생생한 인상이 정신을 불러일으키고 이 생동성은 관련된 관념에게 전달되는데, 상상력의 매끄러운 전이와 성향 때문에 그 생동성이 이행 도중에 크게 감소하지도 않는다.

그러나 이 성향이 관계의 원리 이외에 다른 어떤 원리에서 발생한다고 가정해 보자. 그 성향은 분명히 동일한 결과를 낼 것이고, 생동성은 인상에서 관념으로 전달될 것이다. 이것이 정확히 현재의 경우이다. 기억은 우리에게 서로 완전히 유사한 지각들에 관한 광범위한 사례들을 제공해 주는데, 이 지각들은 상당한 단절 뒤에 서로 다른 시간적 간격을 두고 정신으로 되돌아온다. 이 유사성은 우리에게 단속적인 지각들을 동일한 것으로 간주하는 성향을 제공한다. 또 그 유사성은 이 동일성을 정당화하고 모순을 피하기 위해 우리가 지각들의 단속적 출현 때문에 필연적으로 몰두하게 되는 지속적 존재에 의해 그 지각들을 연관짓는 성향도 제공해 준다. 그렇다면 여기에 우리는 감지할 수 있는 모든 대상들의 지속적 존재를 가상하는 정신의 성향이 있다. 그리고 이 성향은 기억의 어떤 생생한 인상들에서 발생하므로 허구에 생동성을 부여한다. 즉 바꾸어 말하자면 그 성향은 우리로 하여금 물체의 지속적 존재를 믿도록 한다. 만약 우리가 때때로 그 항상성과 정합성을 경험하지 못한 새로운 대상들에게 지속적 존재의 원인을 돌린다면, 이는 그 대상들이 감관에 나타나게 되는 방식이 항상적이고 정합적인 대상들의 방식과 유사하기 때문이다. 이 유사성은 비유적 추론의 원천[42]이며, 우리가 동일한 성질을 비슷한 대상들에게 귀속시키도록 한다.

내가 믿기로는 분별 있는 독자들이라면 이 체계를 충분하고 분명하게 파악한다기보다는 여기에 동의하는 데 어려움을 덜 느낄 것이며, 조금만 반성하면 체계의 각 부분들이 자기 고유의 증거를 간직하고 있다는 것을 인정할 것이다. 일반 사람들은 자신들의 지각을 자신들의 유일한 대상으로 가정하고 동시에 물질의 지속적 존재를 믿으므로, 우리가 그 가정에 따라 신념의 기원을 해명해야 한다는 것은 실로 명백하다. 그런데 이러한 가정에 따르면 대상들이나 지각들 가운데 어떤 것이 단속적임에도 불구하고 동일성에 있어 마찬가지라는 것은 거짓된 의견이다. 따라서 일반인들의 동일성은 결코 이성에서 발생할 수 없으며 상상력에서 발생해야 한다. 상상력은 단지 어떤 지각들의 유사성을 통해서만 그와 같은 의견에 유혹되는데, 그것은 우리가 그 지각들만이 유사한 지각들이라는 것을 발견하기 때문이다. 우리는 유사한 지각들을 동일한 것으로 가정하는 성향이 있다. 유사한 지각들에게 동일성을 부여하는 이 성향은 지속적 존재라는 허상을 낳는다. 동일성과 마찬가지로 지속적 존재라는 허상 역시 모든 철학자들이 인정하듯이 실제로는 거짓이며 지각들의 중단을 구제하는 효과만 있을 뿐인데, 이 단속은 지각들의 동일성과 상반되는 유일한 여건이다. 마지막으로 이 성향은 기억에 나타나는 인상을 통해 신념을 일으키는 원인이다. 누구나 알듯이 예전의 감각들을 기억하지 않고는 우리가 물체의 지속적 존재에 관해 어떤 신념도 가질 수 없는 것은 분명하기 때문이다. 따라서 이 모든 부분들을 검토하면서 우리가 발견하는 것은 그 부분들이 각각 가장 강력한 증거들로 지탱되고 있다는 것과 이 부분들이 모두 함께 완전히 신뢰할 만한 일관된 체계를 이룬다는 것이다. 나타나는 인상이 전혀 없어도 강력한 성향이나 경향은 때때로 신념이나 의견을 일으키는[43] 원인이 되기도 하다. 언제면 그 여건의 도움을 더욱 많이 받을 수 있을까?

이렇게 우리는 상상력의 자연적 성향에 따라, 지각이나 대상이 단속적으로 나타나는 가운데, 그 지각 또는 대상들 상호간의 유사성을 발견하게 되면 감지할 수 있는 지각들이나 대상들에게 이 지속적 존재가 속하는 것으로 생각한다. 그러나 아주 작은 반성과 철학[44]만으로도 우리는 그런 의견의 오류를 충분히 지각할 수 있다. 내가 이미 살펴본 바[45]로는 지속적 존재와 독자적이거나 독립적인 존재의 두 원리 사이에는 밀접한 연관이 있으며, 우리가 어떤 원리를 확정하면 필연적 귀결인 듯 다른 원리가 곧 잇따른다. 정신이 자신의 가장 자연스러운 근원적 성향을 따를 때 언제나 처음으로 발생하는 것은 지속적 존재에 관한 의견이며, 이 의견은 많은 연구나 반성 없이도 다른 의견들을 이끌어 낸다. 그러나 우리가 그 실험[46]들을 비교하고 조금만 추리하면, 우리는 감지할 수 있는 지각들의 독립적인 존재에 관한 학설은 가장 뚜렷한 경험과 상반된다는 것을 곧 지각할 수 있다. 그와 같은 상반성을 지각함으로써 우리는 지속적 존재를 지각에 귀속시킬 때의 오류를 지각하게 되며, 그와 같은 상반성을 지각하는 것이 우리가 여기서 해명하려고 애쓰는 아주 기묘한 여러 의견들의 원천이다.

먼저 몇 가지 실험들을 관찰하는 것이 타당할 것 같다. 우리는 지각들이 독립적 존재를 소유하지 않는다는 것을 이 실험들에서 확신한다. 손가락으로 한쪽 눈두덩을 눌렀을 때 우리는 곧 그 대상들이 모두 이중이 되는 것을 지각한다. 또 그 대상들의 절반은 일상적이고 자연적인 위치에서 밀려나는 것을 지각한다. 그러나 우리는 지속적 존재가 이 두 지각 어느 쪽에도 속하지 않는다고 생각한다. 그리고 그 지각들은 모두 동일한 본성이므로, 우리가 뚜렷하게 지각할 수 있는 것은 모든 지각이 감관들 및 신경과 생기[47]들의 배열에 종속된다는 것이다. 이 의견은 대상들의 거리에 따라 그 대상들이 외견상 증대되거나 감소되는 것으로 여겨진다는 데에서 확인된다. 형태에 있어서도 외적으로 뚜렷하게 변화한다. 우리가 병을 앓거나 언짢을 때 대상들의 색과 그 밖의 성질들도 변한다. 우리는 같은 종류의 무수한 다른 실험들을 통하여, 감지할 수 있는 지각들은 어떤 독자적이고 독립적인 존재를 소유하지 않는다는 것을 깨닫는다.

이 추론은 당연히 다음과 같이 귀결될 것이다. 지각들은 독립적 존재를 갖지 않는 것처럼 지속적 존재도 갖지 않는다. 그리고 실제로 철학자들은 지나칠 만큼 이 의견에 집착하여 자신들의 체계를 변경했으며, (우리가 다음에 할 것처럼) 지각과 대상을 구별하였다. 여기서 지각은 단속적이고 소멸하며 정신으로 되돌아올 때마다 서로 다른 것으로 가정되고, 대상은 부단하며 지속적 존재와 동일성을 유지하는 것으로 가정된다. 그러나 이 새로운 체계가 아무리 철학적이라는 평가를 얻더라도, 내 생각으로 그 체계는 미봉책일 뿐이며, 다른 난점들과 아울러 통속적 체계 고유의 난점들을 모두 간직하고 있다. 우리가 직접적으로 지각과 대상이라는 이중 존재의 의견을 받아들이도록 인도해 주는 오성의 원리나 공상의 원리는 전혀 없다. 단속적인 지각들의 지속과 동일성 등에 대한 일상적 가설을 거치지 않고는 결코 이중 존재의 의견에 도달할 수도 없다. 지각이 우리의 유일한 대상이며 감관에 현상하지 않을 때에도 지속적으로 존재한다는 것을 우리가 먼저 납득하지 않는다면, 우리는 지각과 대상은 다르며 대상만이 지속적 존재를 유지한다는 생각에 결코 도달할 수 없다. 이중 존재의 가설은 이성이나 상상력 어느 쪽에 대해서도 근본적[48]으로 받아들일 수 없지만, 오히려 통속적 체계의 가설로부터 상상력에 미치는 영향력을 모두 얻는다. 이 명제는 두 부분들을 포함하는데, 우리는 아무리 어려운 주제라도 해결할 수 있을 정도로 이것을 판명하고 명석하게 증명하려고 애쓸 것이다.

이 철학적 가설은 이성이나 상상력 어느 쪽에 대해서도 근본적으로 받아들여질 수 없다는 명제의 첫 번째 부분에 대해, 우리는 다음과 같은 성찰을 통하여 이성에 관해서는 곧 만족할 수 있을 것이다. 우리가 확신하는 유일한 존재는 지각들이다. 이 지각들은 의식을 통해서 우리에게 직접적으로 현전하므로, 우리의 가장 강력한 동의를 요구하고 또 모든 결론들의 최초 근거가 된다. 게다가 우리가 어떤 것의 존재에서 다른 것의 존재를 이끌어 낼 수 있는 유일한 결정은 원인과 결과의 관계에 의존한다. 이 관계는 그 존재들 사이에 연관이 있다는 것을 보여 주며, 또 어떤 것의 존재는 다른 것의 존재에 종속된다는 것을 보여 준다. 이 인과 관계의 관념은 과거 경험에서 유래하는데, 우리가 과거 경험을 통해 알 수 있는 것은 두 존재가 지속적으로 함께 결부되어 있으며 그 존재들이 언제나 정신에 동시에 나타난다는 것이다. 그러나 지각들을 제외한 어떤 존재들도 정신에 결코 영원히 나타날 수 없으므로, 우리는 서로 다른 지각들 사이에서는 원인과 결과의 관계 또는 결부를 관찰할 수 있지만 지각과 대상 사이에서는 결코 그 관계나 결부를 관찰할 수 없다. 그러므로 우리는 결코 지각의 성질들 가운데 어떤 것이나 또는 그 존재로부터 대상의 존재에 관한 어떤 결론을 이룰 수 없으며, 특히 이 경우에는 이성을 만족시킬 수 없다.

마찬가지로 확실한 것은 이 철학적 체계가 상상력에 대해서도 근본적으로 받아들여질 수 없다는 것과, 상상력이라는 직능은 단독으로는, 즉 근본적 경향만 가지고서는 그와 같은 원리와 결코 마주치지 않는다는 것이다. 나는 이 점을 독자들이 충분히 만족할 수 있도록 증명하는 데에는 다소 어려움이 있다는 것을 시인한다. 대부분의 경우에 그와 같은 증명은 긍정적인 증거를 전혀 용인하지 않는 부정을 함축하기 때문이다. 어떤 사람이 고심하여 이 문제를 검토하고 상상력에서 유래하는 이중존재설의 직접적 기원에 관해 해명할 수 있는 체계를 고안할 수 있다면, 우리는 그 체계를 검토함으로써 이 주제에 대해 확실한 판단을 내릴 수 있을 것이다. 우리의 지각은 띄엄띄엄 이어지며, 아무리 닮았다고 해도 서로 다르다는 것을 당연한 것으로 인정하자. 그리고 누구든 이 가정에 따라 공상이 이들 지각과는 달리 지각과 유사한 성질이면서 지속적이고 부단하며 동일한 존재임을 단적으로, 직접적으로 믿게 되는 이유를 설명해 보자. 내가 만족할 만큼 그가 그 이유를 설명한다면, 나는 현재 나의 의견을 단념하겠다고 약속한다. 그렇지만 그때까지는 첫 번째 가정의 추상성과 난해함 때문에 그 가정은 공상이 작용하기에는 부적합한 주제라고 결론 내리지 않을 수 없다. 물체의 지속적이고 독립적인 존재에 관한 일상적 의견의 기원에 관해 설명할 수 있는 사람은 누구든 자기 자신이 정신을 일상적인 상황에서 파악해야 한다. 다시 말해 지각들은 유일한 대상들이며 지각되지 않을 때에도 계속 존재한다는 가정에 따라 설명을 진행해야 할 것이다. 이 의견은 비록 거짓이지만 어느 것보다도 자연스러우며, 공상에 대해서는 오직 이 견해만이 근본적 장점을 지닐 수 있다.

철학적 체계는 상상력에 미치는 그 영향력을 모두 통속적 체계에서 획득한다는 명제의 두 번째 부분에 대해, 우리는 철학적 체계는 이성이나 상상력에 대해 근본적으로 받아들여질 수 없다는 앞의 결론에 자연적으로 피할 수 없이 귀결된다고 말할 수 있을 것이다. 대중의 정신을 지배하는, 특히 이 주제에 대해 거의 반성을 하지 않는 사람들 모두의 정신을 지배하는 경험을 통하여 철학적 체계가 알려지듯이, 철학적 체계의 모든 권위도 틀림없이 통속적 체계에서 유래한다. 철학적 체계는 그것 고유의 근원적[49] 근거가 없기 때문이다. 철학적 체계와 통속적 체계가 아주 상반됨에도 불구하고 서로 연관되는 모습은 다음과 같이 설명될 수 있을 것이다.

상상력은 자연스럽게 다음과 같은 연쇄적인 사유 작용에 이른다. 지각들은 우리의 유일한 대상들이다. 유사한 지각들은 그 현상이 단속적이든 부단하든 간에 동일한 것이다. 이렇게 현상하는 단속은 동일성과 상반된다. 결과적으로 단속은 그 현상을 넘어설 수 없으며, 지각 또는 대상은 우리에게 현전하지 않을 때라고 할지라도 사실 지속적으로 존재한다. 그러므로 감지할 수 있는 지각들은 지속적이고 부단한 존재를 갖는다. 그러나 조금만 반성해 보면 지각들이 지속적 존재를 갖는다는 결론은 그 지각이 종속적 존재를 갖는다는 것을 보여 줌으로써 무너지게 된다. 따라서 더 이상 감관들에 나타나지 않을 때에도 지속적 존재가 유지되는 어떤 것이 자연에 있다는 견해를 완전히 기각해야 한다는 것은 당연히 예견될 수 있을 것이다. 그러나 사실은 다르다. 철학자들은 감지할 수 있는 지각들의 독립성과 지속성에 관한 의견은 기각하지만 결코 지속적 존재에 관한 의견을 기각하지는 않는다. 앞의 발상에는 모든 학파가 일치하지만, 뒤의 발상은 어떤 측면에서 보면 앞의 발상의 필연적 귀결인데도 불구하고 소수의 급진 회의론자들 특유의 소유물이 되었다. 무엇보다도 회의론자들은 이 의견을 말로만 주장했을 뿐이며, 그 자신들조차 그것을 진심으로 믿을 수는 없었다.

우리가 침착하고 깊이 있게 성찰한 다음에 형성하는 의견들과, 정신에 적합하고 일치되므로 일종의 본능이나 자연적 충동에 따라 받아들이는 의견들 사이에는 큰 차이가 있다. 이 두 의견들이 상반되는 것이라면, 그 의견들 가운데 무엇이 우세할 것인가를 예견하기란 어렵지 않다. 우리가 주제에 대해 주의를 기울이는 동안은 철학적이고 학문적인 원리가 우세할 테지만, 우리가 생각을 이완시키는 순간 자연은 본색을 드러내고 우리를 예전의 의견으로 되돌아가게 할 것이다.[50] 아니 때로는 가장 깊이 반성하는 중에도 사유의 진행을 막고 그것이 아무리 철학적인 의견이라 해도 그 모든 결론을 멈추게 할 수 있을 만큼 자연은 강한 영향력을 갖는다. 그러므로 우리는 지각들의 종속과 단속을 뚜렷하게 지각하더라도, 사유의 진행을 갑자기 멈추고 독립적이고 지속적인 존재에 대한 견해를 내버리는 일은 결코 없다. 그 의견은 결코 잘라 낼 수 없도록 상상력에 아주 깊이 뿌리내리고 있어서, 지각들의 종속에 관한 어떤 강렬한 형이상학적 확신도 그것을 뿌리뽑기에는 충분할 수 없을 것이다.

그러나 자연적이고 명백한 원리들이 여기서 우리의 학구적 반성들을 압도하더라도, 그 반성이 어느 정도의 힘과 생동성을 유지하는 한 어떤 갈등과 대립이 있을 것은 확실하다. 특히 여기서 우리 자신들을 안심시키기 위해, 우리는 이성의 원리와 상상력의 원리를 모두 포괄하는 것으로 보이는 새로운 가설을 고안한다. 이것은 지각과 대상이라는 이중 존재에 관한 철학적 가설이다. 종속적인 우리의 지각들이 단속적이며 서로 다르다는 것을 인정할 때 이 가설은 이성을 만족시키며, 동시에 이른바 대상이라는 것에 지속적 존재를 귀속시킬 때 그 가설은 상상력에 매우 잘 부합될 수 있다. 그러므로 이 철학적 체계는 두 원리의 기괴한 산물이며, 이 두 원리는 상반되면서도 정신을 통해 동시에 수용되며 서로를 무력화시킬 수 없다. 상상력은 유사한 지각들이 지속적이고 부단한 존재를 가지며, 나타나지 않아도 없어지지 않는다는 것을 말해 준다. 반성이 우리에게 일깨워 주는 것은, 유사한 지각들이라고 해도 그 존재의 측면에서는 단속적이며, 서로 다르다는 점이다. 우리는 반성과 공상 모두의 가설에 적합한 새로운 허구를 통해 이 의견들 사이의 모순을 피할 수 있는데, 이 가설은 상반되는 성질이 서로 다른 존재들에게 속하는 것으로, 즉 단속은 지각들에 그리고 지속은 대상들에 속한다고 본다. 자연은 완강하여, 이성의 공격이 아무리 강해도 물러서지 않을 것이다. 그러나 동시에 이성도 자연을 기만할 가능성이 없다는 점은 명백하다. 이 두 적들을 화해시킬 수 있는 것은 없으므로 가능한 한 우리는 스스로를 안심시키기 위해 적들이 요구하는 것은 무엇이든 계속해서 들어주고 이중 존재를 꾸며 낸다. 여기서 이성과 상상력은 각각 그들이 원하는 모든 조건을 갖춘 어떤 것을 발견할 수 있을 것이다. 만약 우리가 유사한 지각들은 지속적이고 동일하며 독립적이라는 것을 완전히 확신한다면, 이중 존재라는 의견에 빠져들지 않을 것이다. 우리는 첫 번째 가정에 만족하며, 그 이상은 찾지 않을 것이기 때문이다. 또 우리가 지각들은 종속적이고 단속적이며 서로 다르다는 것을 완전히 확신한다면, 우리는 이중 존재라는 의견을 거의 받아들이려고 하지 않을 것이다. 이 경우에 우리는 지속적 존재라는 최초의 가정에서 오류를 명료하게 지각할 테고, 그와 같은 존재에 대해 더 이상 주목하지는 않을 것이기 때문이다. 그러므로 이 의견은 정신의 중간적 상황에서 발생하며, 또 우리가 앞에서 말한 상반되는 원리를 모두 수용하는 것을 정당화해 줄 핑계를 찾을 정도로 그 원리들에 집착하는 데서 발생한다. 그리고 다행스럽게도 그 핑곗거리는 이중 존재의 체계에서 발견된다.

이 철학적 체계의 또 다른 이점은 통속적 체계와의 유사성이다. 이성이 힘에 부치고 염려스러울 때, 우리는 이 유사성으로 이성에게 잠시 동안 위안을 줄 수 있다. 그러나 작은 부주의와 무관심만으로도 우리는 통속적이고 자연적인 견해로 쉽게 복귀할 수 있다. 따라서 우리가 알 수 있는 것은 철학자들은 이 이점을 무시하지 않는다는 것이다. 그들은 자신들의 서재를 벗어나자마자 다른 사람들과 어울려 서재[51]에서 자기가 논파한 의견을 믿고, 지각은 유일한 대상이며 단속적인 현상 전체를 통해 동일성의 의미에 있어 부단하게 동일함을 지속한다고 생각할 수 있다.

이 체계의 다른 세부적인 것들에서 우리는 이 체계가 아주 특이한 방식으로 공상에 의존하고 있다고 볼 수 있을 것이다. 나는 이 가운데 다음과 같은 두 가지를 살펴보겠다. 첫째, 우리는 외부 대상들이 내부 대상들과 닮았다고 가정한다. 내가 이미 밝혔듯이, 원인과 결과의 관계[52]는 우리가 지각들의 존재나 성질들로부터 외부의 지속적 대상들의 존재로 나아가는 데 정당한 결론을 내리도록 해 줄 수 없다. 그리고 나는 다음과 같은 사실을 덧붙이겠다. 비록 원인과 결과의 관계가 정당한 결론을 제공해 줄 수 있다고 하더라도, 대상들이 지각들과 유사하다고 추정할 이유는 전혀 없다. 앞에서 설명한 공상은 자신의 모든 관념을 선행하는 지각에서 빌려 온다는 성질[53] 이상의 것이 아니다. 우리는 지각을 제외한 어떤 것도 표상할 수 없으므로, 만물을 지각과 유사하도록 만들 수밖에 없다.

둘째, 우리는 대상들이 대체로 지각들과 닮았다고 가정하는 것과 마찬가지로 모든 개별적 대상은 그 자신이 원인이 되어 나타난 지각과 닮았다는 것을 당연한 것으로 인정한다. 원인과 결과의 관계가 있을 때 우리는 유사라는 다른 관계를 덧붙이도록 한정되는 것이다.[54] 원인과 결과의 관계에 의해 공상에서 이미 함께 합일된 이 존재들의 관념들을 완전히 합일하도록 우리는 자연스럽게 유사라는 관계를 덧붙인다. 곧 살펴볼 기회가 있겠지만,[55] 우리는 어떤 관념들 사이에서든 이미 관찰했던 관계들에다 새로운 관계를 결합함으로써 모든 합일을 완성하려는 성향이 강하다.

이리하여 통속적이든 철학적이든 간에 외부 존재들에 관한 모든 체계를 밝혔기 때문에 여기서 나는 그 체계들을 재고함으로써 갖게 된 어떤 소감을 밝히지 않을 수 없다. 우리가 자신의 감관을 무조건 신뢰해야 한다는 것을 전제로 하여 나는 이 주제를 설명하기 시작했으며, 그것은 나의 추론 전체로부터 내가 이끌어 내고자 하는 결론이다. 그러나 솔직히 나는 지금 전혀 상반되는 소감을 가지고 있으며, 즉 나의 감관이나 상상력을 무조건 신뢰하고 싶은 생각이 전혀 없다. 그릇된 가정들의 지배를 받는 공상의 아주 일상적인 성질들이 도대체 어떻게 탄탄하고 합리적인 체계로 인도될 수 있는지 나는 생각할 수 없다. 그러한 지각의 성질들이 바로 지각들의 정합성과 항상성인데, 지각의 성질들은 지속적 존재와 지각할 수 있는 연관을 전혀 갖지 않음에도 불구하고 지속적 존재에 관한 의견을 낳는다. 특히 지각들의 항상성은 가장 주목할 만한 효과를 지니고 또한 가장 큰 어려움을 수반한다. 유사한 지각들이 수적으로 동일하다고 가정하는 것은 엄청난 착각이다. 이 착각은 지각이 감관에 나타나지 않았을 때에도 그 지각은 부단하며 여전히 존재한다는 의견으로 우리를 인도한다. 이것은 통속적 체계의 경우이다. 그리고 철학적 체계에 대하여 말한다면 이 체계도 동일한 어려움에 부딪쳐 있으며, 그 밖에도 통속적 가정을 부정함과 동시에 확정해야 한다는 불합리함을 안고 있다. 철학자들은 유사한 지각들이 정확하게 동일하다는 것과 단속적이지 않다는 것을 부정한다. 그러나 그들은 그 지각들이 정확하게 동일하며 단속적이지 않다고 믿는 성향이 아주 강해서, 이러한 성질들이 속한다고 생각하는 새로운 종류의 지각[56]들을 자의적으로 꾸며 내기도 한다. 내가 새로운 종류의 지각들이라고 한 것은, 대상들이 그 본성에서 지각과 정확히 동일한 것이 아닌 그 무엇이라는 것을 일반적으로 가정할 수는 있지만 분명히 파악할 수는 없기 때문이다. 그러면 근거도 없는 이러한 기이한 의견들의 혼돈에서 우리는 오류와 거짓 외에 무엇을 기대할 수 있는가? 그리고 우리가 그런 의견을 조금이라도 신뢰한다는 것을 어떻게 정당화할 수 있는가?

오성과 감관 모두의 측면에서 이 회의적 의심은 결코 근본적으로 치유될 수 없는 병이며, 비록 우리가 이 의심을 떨쳐 버릴 수 있고 또 때로는 그 의심에서 완전히 해방된 것처럼 보인다고 하더라도 그 의심은 틀림없이 매순간마다 우리에게 되돌아온다. 어떤 체계에 따라서든 오성이나 감관 어느 하나를 옹호하는 것은 불가능하다. 우리가 그와 같은 방식으로 오성과 감관을 정당화하려고 애쓸 때, 우리는 그 오성과 감관을 더욱더 웃음거리로 만들 뿐이다. 회의적 의심은 이러한 주제들에 대한 깊고도 진지한 반성에서 자연히 발생한다.[57] 그 의심에 동조적이든 대립적이든 간에 우리가 반성을 계속할수록 그 의심도 언제나 증대된다. 부주의와 무관심[58]만이 우리를 치료해 준다. 나는 이런 이유로 부주의와 무관심에 완전히 의지한다. 그리고 독자가 이 순간 무엇을 생각하고 있든지 간에, 지금부터 1시간 후에는 외부 세계와 내부 세계가 모두 있다고 확신하게 되리란 점도 나는 당연하게 생각한다. 나는 계속해서 인상들에 관해 더 자세히 탐구하기에 앞서 내부 세계와 외부 세계가 있다고 하는 가정에 따라 고대와 현대의 일반적 체계들을 몇 가지 검토하고,[59] 각각의 인상에 관하여 더욱 특수한 연구를 진행하려 한다.[60] 결국 이와 같은 검토가 현재 우리의 목적과 무관하지 않음을 알게 될 것이다.

〈주〉

1 이 단락은 흄 철학의 실재론이 아닌 자연주의의 성격을 나타내는 흥미로운 부분으로, 이 문제를 취급하는 사람들에게 자주 인용된다.

2 '지각(perception)'에 대해서는 제1편 제1부 제1절의 주석 2 참조.

3 물체의 '지속적 존재'와 '독립적 존재'의 관계에 대해서는 제1편 제4부 제2절 주석 19, 24, 45 참조.

4 제1편 제2부 제6절 참조.〔원주〕

5 인격의 동일성은 제1편 제4부 제6절의 주제이다.

6 '실제로는 지각이므로'라는 번역문은 옥스퍼드판에 따른 것이다. 이 원문은 'being in reality as the perception'이다. 그러나 옥스퍼드판은 후에 '부록'에서 'as the perception'은 'a

perception'의 잘못이라고 정정한다. 이 책 '부록' 주석 참조. 그린 그로스판은 여기서 이미 정정된 문장을 싣고 있다.

7 '사유하는 실체(a thinking substance)'는 말할 것도 없이 정신 내지 인격이다.

8 제1편 제4부 제5절 참조.〔원주〕

9 '외재성'의 어원은 'outness'로, 예외적인 표현이다.

10 시각이 거리를 직접적으로 말해 주지 않는 것을 말한 철학자는 버클리이다. '꽤나 떨어진 거리에 대해 행해지는 평가는 감관의 작용이라기보다 오히려 경험에 기반을 둔 판단의 작용이다.'(《시각신설론》 제3절)

11 경험이 지각에 호의적이지 않은 점은 제1편 제4부 제2절 참조.

12 이른바 로크의 제1성질. '물체가 어떤 상태에 있든지 간에 물체로부터 결코 분리할 수 없는 것이 있다. ……예를 들어 밀알 하나를 둘로 나눈다 해도 그 각 부분은 여전히 고체성, 연장, 형태 및 가동성을 지닌다. 이것을 다시 분할해도 성질은 역시 동일하다. 이처럼 분할을 통해서 그 부분을 감지할 수 없게 되어도 역시 그 각 부분은 이들 성질을 보유하고 있음에 틀림없다. 나는 이것을 물체의 본원적 또는 제1성질이라고 부른다.'(《인간오성론》 제8장 제9절)

13 이른바 로크의 제2성질. '대상 자체에서는, 예를 들어 색, 소리, 맛 등 여러 가지 감각을 대상의 제1성질, 즉 그 감지할 수 없는 부분의 크기, 형태, 조직 및 운동에 따라 우리 안에 발생하는 힘에 지나지 않는 성질'(《인간오성론》 제8장 제10절)이다.

14 '감관에 나타나는 한' 제1성질도, 제2성질도 같다는 것을 근세에 명확히 설명한 최초의 철학자는 버클리이다. 《인지원리론》 제9~10절 참조.

15 제1성질과 제2성질을 구별한 가장 저명한 '근대 철학자'는 로크이다.

16 색이나 소리, 고통이나 쾌락도 모두 '물체 각 부분의 특수한 형상과 운동에서 일어나는 지각일 뿐'이라는 점이 인정된다. 이러한 해명 방법은 로크에게서 배운 것이다. 《인간오성론》 제8장 제16절.

17 지각과 대상을 구별한 뒤에도 '하나의 존재로부터 다른 것의 존재를 추론할 수 없다'는 것에 대해서는 제1편 제4부 제2절 참조.

18 '어떤 인상들의 비의도성 때문에' 여기에 외적 실재성을 부여하는 철학자는 버클리이다.(《인지원리론》 제29절 참조)

19 지속적 존재와 독립적 존재와의 관계는 제1편 제4부 제2절 주석 3, 24, 45 참조.

20 지금까지 이야기한 '항상성'이 시간 경과에서 동일성 내지 무변화성을 의미하는 것과 대조적으로, 지금부터 이야기할 '정합성'은 시간 경과에서 변화의 항상성을 의미한다.

21 외적 사물의 연속적 존재는 단순한 경험의 반복에서 직접적으로 생각할 수 있는 것이 아니다. 이 생각을 할 수 있으려면 직접 경험을 넘어선 영역으로 우리의 구상적 상상이 나아가야만 한다. '자의적이고 가설적(arbitrary and hypothetical)'이라는 이유에서이다. 그리고 앞에서 서술한 마음의 구상적 상상은 지성의 작용일 뿐이므로, 흄은 이런 종류의 사고가 계속해서 지성에서 일어난다고 한다. 제1편 제4부 제2절 주석 22 참조.

22 이 문장의 원문은 'this inference arises from the understanding, and from custom in an

indirect and oblique manner.'이다. 여기서 'in an indirect and oblique manner'가 'from custom'에만 관계되고 'from the understanding'에는 관계되지 않는 것은 전후의 문맥으로 보건대 명확하다. 그러나 립스는 '……, daß der Schluß, um den es sich hier handelt, nur in indirekter und mittelbarer Weise durch den Verstand und die Gewohnheit bedingt ist.'로 번역하고 있다. 이것이 오역이라는 것은 메츠도 지적한 바 있다. 그러므로 정합성에 기반을 둔 외적 사물의 지속성을 추론하는 경과가 인과적 추론과 반드시 완전히 같은 것이 아니라는 것은 분명하다. 그리고 인과적 추론은 분명 경험적 습관에 기반하고 있다.

23 제1편 제2부 제4절 참조.〔원주〕

24 지속적 존재와 독립적 존재의 관계는 제1편 제4부 제2절 주석 3, 24, 45 참조.

25 원리 내지 본성의 신념은 제1편 제3부 제7절 참조.

26 '개체화의 원리(principium individuationis)'는 스콜라 철학에서 빌려 온 용어이지만, 흄 나름으로 취급하고 있음은 말할 나위도 없다.

27 '단일성(unity)'은 논리적으로는 자기동일성이다. 여기서 문제가 되는 동일성(identity)은 '지속에서의 동일'이다. 흄은 종합적으로 동일성을 이 의미로 해석한다. 그리고 흄은 이하에서 보이는 것처럼 단일성과 동일성에 '수'의 개념을 더하고, 이것들을 교묘하게 구사해서 문제를 해결해 나간다.

28 제1편 제2부 제5절 참조.〔원주〕

29 외적 사물에 관한 '인류 대부분'의 사고방식에 대해서는 제1편 제4부 제2절 참조.

30 '철학적인 방식으로 말하고 사고할 때'에 관해서는 제1편 제4부 제2절 참조.

31 제1편 제2부 제5절 참조.

32 유사함이 관념 간의 착각을 가장 잘 발생시키는 점은 제1편 제2부 제5절 참조.

33 '동일함(sameness)'은 예외적인 표현이다. 또한 이 부근의 '관계'는 분명히 '자연적 연합 관계'의 의미이다.

34 자연적 관계를 통해 다른 대상에 동일성이 속하는 사례는 제1편 제4부 제6절 참조.

35 이 추론이 이해하기에 다소 어렵다는 것은 물론 인정해야 한다. 그러나 바로 이 어려움이 그 추론에 대한 증거로 바뀔 수도 있다는 것은 주목할 만하다. 두 관계가 있을 때, 우리는 그 두 관계 모두 단속적인 지각들의 계기를 똑같은 대상으로 오해하도록 하는 데 기여한다고 할 수 있다. 첫째는 지각들의 유사성이며, 둘째는 유사한 대상들의 계기를 응시하는 정신 작용과 똑같은 대상을 응시하는 정신 작용 사이에 있는 유사성이다. 그런데 우리는 이 유사성들을 혼동하기 쉽다. 그리고 바로 이 추론에 따르면, 우리가 그렇게 하는 것은 자연스럽다. 그러나 우리가 이 유사성들을 구별해 본다면 앞의 논증을 파악하는 데 전혀 어려움이 없을 것이다.〔원주〕

36 '시대를 막론하고 우리 모두'는 '생각이 얕고 비철학적인 부류의 사람들'이다. 철학자는 언제나 철학하는 자가 아니다. 무엇보다도 그는 먼저 인간이고, 인성의 자연스러움에 따라 생활한다. 이 인간적 자연주의는 제1편 제4부의 제7절의 생생한 서술에서 발견할 수 있다.

37 제1편 제4부 제6절 참조.(원주)

38 '철학자들 자신조차도 생애의 대부분에 걸쳐 자신들의 지각을 유일한 대상으로 여긴다'에 대해선 주석 36 참조.

39 흄의 마음에 대한 정의로서 제1편 제4부 제6절에 보이는 '지각의 구속(a bundle of perceptions)'이라는 말이 가장 잘 알려져 있다. 그러나 여기에서의 규정은 한층 더 자세하다고 한다. 제1편 제4부 제2절 및 제6절 주석 3 참조.

40 제1부 이래 위력을 휘둘러 온 '다른 것과 구별되고 분리되는 것'이라는 원리의 적용으로, 이 원리에 대해서는 제1편 제3부 제7절 참조.

41 이 부분의 '관계'는 분명히 '자연적 연합 관계'를 의미한다.

42 '비유적 추론'의 원문은 'reasoning and analogy'이다. 이 종류의 추론에 대해서는 제1편 제3부 제12절 참조.

43 현전하는 인상이 전혀 없어도 강력한 성향이 신념을 불러일으키는 경우에 대해서는 제1편 제3부 제9절 참조.

44 '반성과 철학'의 원어는 'reflexion and philosophy'이다.

45 지속적 존재와 독립적 존재와의 관계는 제1편 제4부 제2절 주석 3, 19, 24 참조.

46 '실험(experiment)'의 의미에 대해서는 머리글 참조.

47 '생기(animal spirits)'에 관해서는 제1편 제2부 제1절의 주석 4 참조.

48 '근본적'의 원어는 'primary'이다.

49 '근원적'의 원어는 'original'이다.

50 여기에서 보이는 자연주의적 사상에 관해서는 앞의 주석 36 참조.

51 여기에서도 자연주의적 사상이 보인다. 앞의 주석 50 참조.

52 원인과 결과의 관계가 외부의 지속적 대상들의 존재에 대해 정당한 결론을 내릴 수 없는 점에 관해서는 본절 전반부 참조.

53 공상 내지 상상에 대해서는 제1편 제1부 제3절 참조.

54 인과 관계에 유사 관계를 덧붙이는 심리적 경향은 제1편 제3부 제9절 참조.

55 제1편 제4부 제5절 참조.(원주)

56 외적 사물 내지 대상을 '새로운 지각(a new set of perceptions)'이라고 하는 것은 주관주의적 내재론의 입장이다. 그리고 이 입장을 관철할 때 불가지론적 회의론이 전개된다. 지금까지 흄은 이러한 입장으로 잘 알려져 있다.

57 여기서 설명하듯이 회의도 자연스러운 것이다. 인생의 사실을 소박하게 믿는 것도 자연스러움이라면 거기에 회의적 반성을 덧붙이는 것도 지성적인 인간의 자연스러운 행동이다. 흄의 자연주의는 회의론과 단순히 대립하는 것만은 아니다. 후자와 마찬가지로 평면에 있는 것을 부정하는 것은 아니다. 회의론의 기초에서 이것을 성립시킴과 동시에 이것을 포함하여 인생을 긍정하게 만든다. 자연주의의 이러한 역할은 제1편 제4부 제7절에 상세히 나와 있다.

58 '부주의와 무관심(carelessness and inattention)'은 흄이 잘 쓰는 표현으로, 제1편 제4부 제7절에서 역설된다.

3 고대 철학[1]에 대하여

어떤 도덕론자들은 자신의 마음과 덕의 함양을 알게 되는 훌륭한 방법으로 이런 것을 추천한다. 자신의 가장 진지하고 신중한 행동을 검토할 때와 마찬가지로 아침에 전날 밤 꿈을 떠올려서 엄격하게 분석하라는 것이다. 그들의 말에 따르면 인간의 성격은 모든 점에서 똑같으며, 술수와 공포, 계략 등이 끼어들 여지가 없는 곳에서 가장 잘 나타난다. 또한 그런 곳에서 사람은 그 자신에 대해서나 남들에 대해서 위선적일 수 없다. 꿈에서는 기질의 고결과 비열, 유순과 잔혹, 용기와 비겁 등은 끝없이 자유롭게 상상력의 허구에 영향을 미치며 눈부실 정도로 적나라한 모습으로 자신을 드러낸다. 마찬가지로 내가 확신하는 것은 실체, 실체적 형상, 우연히 지니게 된 특성 그리고 신비적 성질[2] 등과 같은 고대 철학의 허구에 대한 비판에서 몇 가지 쓸모있는 발견들이 있을 수 있다는 것이다. 이 허구들은 아무리 자의적이고 불합리하다 하더라도 인간 본성의 원리들과 매우 밀접한 연관이 있다.

아주 명민한 철학자들이 고백하는 바에 따르면, 물체들에 관한 관념들은 감지할 수 있는 별개의 여러 성질들의 관념들로부터 정신이 형성한 집합들일 뿐이며,[3] 대상은 이 성질들로 합성되고 우리는 이 성질들이 언제나 서로 하나로 합쳐져 있다는 것을 발견한다. 그러나 이 성질들이 그 자체로는 온전히 독립적이라고 할지라도, 일상적으로 우리는 확실히 그 성질들이 형성한 복합체를 하나인 것으로 간주하며, 또 매우 큰 변화에도 동일함을 지속한다고 여긴다. 이때 인정된 구성은 가정된 단순성과 분명히 상반되며, 변화는 동일성과 상반된다. 그러므로 우리가 그처럼 분명한 모순들을 은폐하려고 애쓸 때의 수단뿐만 아니라 거의 보편적으로 그런 모순에 우리가 빠져들도록 하는 원인도 살펴 볼 가치가 있을 것이다.

대상들이 잇따라 일어나는 여러 독립적 성질들에 관한 관념들은 아주 밀접한 관계를 통해 하나로 합쳐져 있다. 그러므로 정신은 연이어 일어남을 따라 주시할 때 거침없는 전이에 의해 그 계기의 한 부분에서 다른 부분으로 옮겨 갈 수밖에 없다. 따라서 정신은 변화가 없는 동일한 대상을 응시할 때와 같이 변화를 지각할 수 없는 것이다. 이 거침없는 전이야말로 관계의 결과, 아니 오히려 그 본질인 것이다. 잇따라 일어나는 성질들이 정신에 미치는 영향이 비슷한 경우에 상상력은 하나의 관념을 쉽게 다른 관념으로 잘못 이해한다. 그러므로 관계된 성질들의 그와 같은 일어남은 어떤 변화도 없이 존재하는 하나의 지속적 대상으로 쉽게 간주될 수 있다. 두

아리스토텔레스(BC 384~322)

경우 모두 비슷하여, 사유의 매끄럽고 부단한 진행은 정신을 손쉽게 기만하며, 우리가 연관된 성질들의 가변적 계기에 동일성을 귀속시키도록 한다.

그러나 잇따라 일어나는 시점들을 통해 계기를 점차적으로 추적하는 대신 우리의 탐구 방법을 바꾸어, 계기가 지속되는 별개의 두 기간을 동시에 조망하며 잇따라 일어나는 성질들의 서로 다른 조건들을 비교할 때, 계기들이 차례로 발생했을 때에는 감지할 수 없었던 변이들이 이제는 현저하게 드러나며 동일성을 완전히 없애버리는 것으로 여겨진다. 이렇게 해서 우리가 대상을 조망하는 상이한 관점으로부터, 또 우리가 함께 비교하는 시점들의 원근으로부터 우리의 사고 방식에 하나의 상반성이 발생한다. 대상의 계기적 변화에서 우리가 그 대상을 점차적으로 따른다면, 사유의 매끄러운 진행 때문에 우리는 이 동일성을 계기에 속하는 것으로 여기게 된다. 우리는 정신의 비슷한 작용에 따라서 불변적 대상을 살펴보기 때문이다. 상당한 변화 뒤에 우리가 그 대상의 상황을 비교하면, 사유의 진행은 중단되고 따라서 우리에게 다양성의 관념이 나타난다. 상상력은 이 모순을 조정하기 위해 알 수도 볼 수도 없는 어떤 것을 꾸며 내기 쉬우며, 이렇게 꾸며 낸 것이 어떤 변화에도 동일하게 지속된다고 가정한다. 그리고 이 이해할 수 없는 것을 실체 또는 근원적인 최초의 물질[4]이라고 일컫는다.

우리는 실체들의 단순성에 대하여도 이와 비슷한 견해를 품는데, 그 원인들도 이와 비슷하다. 동시에 존재하는 부분들이 강력한 관계에 의해 결합된 대

상과 아울러, 완전히 단순하고 분리할 수 없는 어떤 대상이 나타난다고 가정해 보자. 이 두 대상을 살펴볼 때 정신 활동이 크게 다르지 않다는 것은 분명하다. 상상력은 사유의 노력만으로 변화나 변형 없이 단순 대상을 한 번에 쉽게 생각한다. 복합적인 대상에서 부분들의 연관은 대부분 동일한 효과를 가지며, 한 부분에서 다른 부분으로 옮겨 가는 데서 공상이 그 이행을 느낄 수 없도록 그 결합 안에서 하나로 합쳐져 있다. 그러므로 복숭아나 멜론 안에 결합된 색, 맛, 형태, 견실성 그리고 그 밖의 성질들이 하나의 대상을 형성하는 것으로 나타난다. 그리고 그 밀접한 관계 때문에 그 성질들은 전혀 혼합되지 않은 것과 같은 방식으로 사유에 작용하게 된다. 그러나 정신은 여기서 멈추지 않는다. 정신은 다른 관점에서 그 대상을 관찰할 때마다 이 성질들이 모두 서로 다르며 구별되고 분리될 수 있다는 것을 깨닫는다. 사물들에 대한 이러한 견해는 정신의 원초적이고 한층 자연스러운 견해들에 대해 파괴적이므로, 상상력은 알려지지 않은 무엇 또는 근원적 실체와 물질 등을 꾸며 내지 않을 수 없다. 이것들은 성질들 사이에 있는 합일 또는 응집의 원리로서, 혼합된 대상들의 다양성과 구성에도 불구하고 그 혼합된 대상에게 하나의 대상으로 불릴 수 있는 권리를 부여한다.

예를 들어, 소요학파 철학[5]은 근원적 물질이 모든 물체에서 완전히 동질적이라고 주장하며, 물, 불, 땅, 공기 등은 서서히 서로 다른 것으로 변혁되고 변화되므로 모두 완전히 같은 실체에 속하는 것으로 간주했다. 동시에 그와 같은 종류의 대상들 저마다에게 별개의 실체적 형상을 부여하고, 이 실체적 형상을 그 대상들이 소유하는 서로 다른 모든 성질들의 원천이자 개별적 종류들 각각에 대한 단순성과 동일성의 새로운 기초로 가정했다. 모든 것은 대상을 보는 방식에 달려 있다. 우리 눈길이 물체들의 감지할 수 없는 변화를 따라갈 때, 우리는 그 변화들이 모두 동일한 실체 또는 본질이라고 가정한다. 반대로 지각의 뚜렷한 차이를 고려할 때, 우리는 실체적이고 본질적인 차이가 지각들 각각에 속한다고 생각한다. 대상을 고찰하는 이 두 방식들 모두를 만족시키기 위해서는 모든 물체는 실체와 실체적 형상을 동시에 갖는다고 가정한다.

특히 우유성(偶有性 : 우연히 갖추게된 특성)에 대한 견해는 실체와 실체적 형상에 관한 이 같은 사유 방식의 불가피한 귀결이다. 우리는 물체들의 색, 소리,

맛, 형태 및 그 밖의 속성들이 분리되어 존속할 수 없지만, 그 속성들을 유지하고 확인해 줄 본유적 주체를 요구하는 존재라고 간주할 수밖에 없다. 앞서 언급된 이유로, 실체가 존재한다고 공상하지 않는 경우에는 앞에서와 마찬가지로 감지할 수 있는 성질 가운데 어떤 것도 발견해 낼 수 없기 때문이다. 따라서 우리가 원인과 결과 사이의 연관을 추정하도록 하는 습관과 마찬가지로, 여기서는 모든 성질들을 알려지지 않은 실체에 종속하는 것으로 추정하자. 종속을 상상하는 습관은 종속을 관찰하는 습관과 동일한 효과가 있다. 그렇지만 이런 발상은 앞에서 서술한 그 어떤 것보다도 불합리하다. 왜냐하면 서로 구별되는 것인 모든 성질들은, 다른 모든 성질들뿐만 아니라 실체라는 이해할 수 없는 망상과도 분리되어 존재하는 것으로 생각할 수 있으며, 실제로 분리되어 존재할 수도 있기 때문이다.

그러나 이 철학자들은 자신들의 허구를 신비적 성질에 관한 그들의 소감에까지 적용한다. 그 허구와 소감은 자신들이 이해할 수 없는 실체는 지지하는 것으로, 자신들이 불완전하게 관념을 갖는 우유성은 지지되는 것으로 가정했다. 따라서 모든 체계는 온전히 이해될 수 없지만, 앞에서 설명된 것들과 마찬가지로 자연스러운 원리들에서 유래한다.

이 주제를 고찰하면서 우리는 세 가지 의견의 단계를 관찰할 수 있다. 새로운 정도의 이성적 논거와 지식[6]을 얻은 사람이 형성한 의견들은 이전의 의견들보다 돋보이게 된다. 이 의견들은 일반인들의 의견, 사이비 철학의 의견, 참된 철학의 의견이다. 탐구해 보면 참된 철학은 잘못된 지식의 소감보다는 일반인들의 의견에 더 가까운 것을 알 수 있다. 우선 사람들이 자신의 일상적이고 경솔한 사고 방식 속에서 항상 함께 하나로 합쳐진 것으로 보았던 대상들 사이에서 자신들이 어떤 연관을 지각한다고 상상하는 것은 자연스럽다. 습관은 그 관념들을 분리시키기 어렵게 하므로 사람들은 분리가 본질적으로 불가능하며 어림도 없다는 공상을 하기 쉽다. 그러나 대상의 관념을 습관의 결과로부터 추상하여 비교하는 철학자들은 통속적 소감의 거짓을 곧 지각하고, 대상들 사이에는 알려진 연관이 없다는 것을 발견한다. 철학자들에게는 서로 다른 대상들이 모두 온전히 독립적이고 분리된 것으로 보인다. 따라서 그들은 우리가 대상의 본성과 성질을 관찰함으로써 어떤 것에서 다른 것을 추정하는 것이 아니라,

오직 여러 사례들에서 항상적으로 연결된 관념을 관찰했을 때 그와 같이 추정한다는 사실을 알아차린다. 그렇지만 이 철학자들은 이 관찰에서 올바르게 추정하는 대신, 즉 정신에서 분리되어 원인들에 속하는 능력이나 작용인의 관념을 우리가 갖지 않는다고 결론 내리는 대신, 다시 말해 이런 결론을 이끌어 내는 대신, 이러한 작용인이 존재하는 성질을 자주 찾게 된다. 더구나 철학자들은 자신들의 이성이 이 작용인을 설명하기 위해 제시한 모든 체계를 불만스럽게 생각하고 있다. 철학자들은 물질의 감지할 수 있는 여러 성질과 작용들 사이에 자연스럽고 지각할 수 있는 결합이 있다는 통속적 오류에서 벗어나기에 충분한 지력을 갖추었다. 그러나 그들의 지력은 그들이 다시 이런 오류에 빠지지 않도록 물질이나 원인 자체의 이런 연관을 탐색할 수 있게 하기에는 충분하지 못하다. 그들은 타당한 결론에 도달하더라도, 일반인들의 입장으로 되돌아가서 이 모든 탐구를 무관심하고 망연하게 바라볼 것이다. 현재의 철학자들은 매우 애처로운 상태, 즉 시인들이 시지푸스[7]와 탄탈로스[8]의 형벌을 그리는 가운데 우리로 하여금 어렴풋하게 짐작할 수 있도록 해 준 그런 상태에 처해 있는 것 같다. 끊임없이 우리를 피해 달아나는 것이 무엇인지 열심히 탐구하는 것, 그리고 결코 존재할 수 없는 곳에서 그것을 찾으려고 애쓰는 것, 이보다 더 고통스러운 일이 무엇인지를 상상할 수 있겠는가?

자연 만물은 일종의 정의[9]와 보상 작용을 유지하고 있는 것으로 여겨진다. 따라서 자연이 다른 피조물보다 철학자들에게 더 냉담한 것은 아니었다. 자연은 그들의 모든 고난과 실망 한가운데에도 위안을 마련해 두었다. 이 위안은 주로 철학자들이 직능과 신비적 성질이라는 단어를 고안한 데 있다. 실제로 의미 있고 이해할 수 있는 술어들을 자주 쓴 다음에는, 그 용어로써 표현하려던 본래 관념은 빠뜨리고 우리가 마음 내킬 때 그 관념을 상기하던 습관만 유지하는 것이 일상적이기 때문이다.[10] 따라서 무의미하고 이해할 수 없는 용어를 자주 쓴 다음에, 이 앞의 용어들과 똑같으며, 또 반성함으로써 발견할 수 있는 은밀한 의미를 갖는다고 우리가 공상하는 것은 당연한 일이다. 이 두 용어들의 외관상의 유사성은 흔히 정신을 기만하여, 완전한 유사성과의 일치를 상상하도록 만든다. 이런 방법으로 인해 철학자들은 안심하게 되고, 마침내 일종의 착각 탓에, 사람들은 어리석음 탓에 빠지고 참된 철학자들은 자신들의 온건한 회의론 탓에 빠진 바로 그 무관심[11]의 경지에 이르게 된다. 철학자들은 자신들을 곤경에 빠뜨린 어떤 현상들이 기능 또는 신비한 성질에서 발생하였다고 말할 뿐이며, 이로써 물질에 관한 모든 논쟁과 탐구는 끝난다.

그러나 소요학파 사람들이 상상력의 하잘것없는 성향에 이끌려 다니는 것을 보여 준 모든 사례들 가운데에서도 공감과 반감 그리고 진공에 대한 두려움보다 주목할 만한 것은 없다.[12] 인간의 본성에는 매우 주목할 만한 경향이 있다. 그 중 한 가지는 인간 본성이 자신 안에서 발견하는 것과 동일한 정서를 외부 대상들에게 부여하는 것이며, 또 한 가지는 자신에게 가장 직접적으로 나타나는 그와 같은 정서의 관념들을 어디서나 발견해 내는 것이다. 사실 조금만 반성하면 이 경향은 가라앉으며, 아이와 시인 그리고 고대의 철학자들에게서만 나타날 뿐이다. 아이들의 경우에는 상처의 원인인 돌을 때려 주고 싶어하는 욕망에서 이런 경향이 나타나고, 시인들의 경우에는 만물을 의인화하려는 마음가짐에서 이런 경향이 나타나며, 고대 철학자들의 경우에는 공감과 반감이라고 하는 허구에서 이런 경향이 나타난다. 그러나 아이들은 어린 나이 때문에 너그럽게 봐 줄 수밖에 없고, 또 시인들은 자신들 스스로 공상이 암시하는 것을 무조건 따른다고 고백하므로 너그러이 봐 줄 수밖에 없다. 그러나 그처럼 뚜렷한 어리석음에 빠져 있는 철학자들을 두둔하기 위해 어떤 구실을 찾을 수 있겠는가?

〈주〉

1 여기서 말하는 '고대 철학(the ancient philosophy)'은 오늘날의 철학사적 상식으로서의 고대 그리스 철학이 아닌, 아리스토텔레스 스콜라 철학을 일컫는다.

2 '신비적 성질(occult qualities)'은 스콜라 철학의 용어로, 사물 속에 잠재된 성질이다. 실체와 우유성에 대해서는 제1편 제1부 제6절 참조, 실체적 형상에 대해서는 제1편 제3부 제4절 참조.

3 물체 내지 사물의 관념에 대한 가장 완전한 흄적 정의를 여기서 볼 수 있다.

4 '근원적인 최초의 물질(original and first matter)'은 스콜라 철학의 용어이다.

5 '소요학파의 철학(the peripatetic philosophy)'은 아리스토텔레스 학파를 계승하고 있지만, 여기서는 전적으로 스콜라학을 가리킨다.

6 '지식'의 원어인 'knowledge'는 여기서는 '절대적 지식'이라는 엄밀한 의미가 아니라 통속적인 의미로 사용되고 있다.

7 '시지푸스(Sisyphus)'는 그리스 신화의 인물. 아이올로스의 아들이자 코린트의 왕으로서 기지와 재기로 이름이 높았다. 제우스를 속인 죄로 지옥에 떨어져 커다란 바위를 산 위로 올리는 형벌을 받았는데, 바위는 꼭대기에 올려놓는 순간 굴러 떨어졌기 때문에, 끝없이 똑같은 일을 반복해야만 했다.

8 '탄탈로스(Tantalus)'는 그리스 신화에 나오는 부유한 왕으로 자신이 범한 죄 때문에 영원한 기갈의 형벌을 받았다.

9 플라톤은 '정의(justice)'를 모든 덕의 조화 안에서 실현되는 덕으로, 아리스토텔레스는 넓은 의미에서는 국법에 따르는 것이며 좁은 의미에서는 분배 및 보상의 공정함으로 보았다.

10 언어의 그 관념과 관계, 그 사이 행동 습관의 역할에 대해서는 제1편 제1부 제7절 참조.

11 '무관심(indifference)'이라는 말은 그리스 말기 회의론에서 보이는 아타락시아(ataraxia)를 연상시킨다. 전체적으로 피론적 회의론과 흄의 회의론은 일치하는 부분이 적지 않다. 레잉처럼 섹스투스 엠피리쿠스의 서가 18세기 초에 근대어로 해석된 것을 흄 회의론의 역사적 성립과 관계짓는 사람이 있을 정도이다.

12 '공감과 반감 그리고 진공에 대한 두려움(sympathies, antipathies, and horrors of a vacuum)'은 아리스토텔레스 스콜라 자연철학에 사용된 말이다. 특히 '진공에 대한 두려움'은 유명하며, 이것을 둘러싸고 데카르트나 토리첼리의 실험이 행해져, 근대 물리학의 발전을 촉진하는 기연이 되었다.

4 근대 철학[1]에 대하여

그러나 나 자신이 이미 상상력은 모든 철학 체계들에 대한 궁극적 재판관이라고 인정하고 있다. 따라서 고대 철학자들이 상상력이라는 직능을 쓰고 또 그들의 추론에서도 전적으로 그 직능에 따르는 것을 내가 비난하는 것은 부당하다고 반박할지도 모른다. 이에 대해 나 자신을 변호하기 위해 나는 영원하며 불가항력적이고 보편적인 원리[2]들, 즉 원인에서 결과로 또는 결과에서 원인으로 옮겨가는 습관적 전이와 같은 원리와, 가변적이고 취약하며 불규칙적인 원리들, 예를 들면 내가 이제 막 간파한 원리들을 상상력에서 알아 내고자 한다. 앞의 원리는 모든 사유와 활동의 기초이므로, 그 원리들을 제거하면 인간의 본성은 곧 사라져야 한다. 그렇지만 뒤의 원리는 인류에게 불가피하지도 않을뿐더러 필연적이지도 않고 생활 지침에서조차 유용하지 않다. 오히려 관찰의 결과에 따르면, 그 가변적이고 취약하며 불규칙적인 원리들은 나약한 정신에서 발생하는 것으로 여겨진다. 따라서 습관과 추론의 다른 원리들과 상반되므로, 타당한 대조와 반대를 통해 쉽게 전복될 수 있을 것이다. 이러한 이유 때문에 철학은 앞의 원리를 수용하고 뒤의 원리를 기각한다. 어둠 속에서 분명한 말소리를 듣고 근처에 누군가가 있다고 결론 내리는 사람은 올바르고 자연스럽게 추리하고 있는 것이다. 비록 그 사람이 인간이라는 피조물의 관념을 현재의 인상과 늘 결부시키면서 새겨 두고 생생하게 하는 습관 이외에 어디에서도 그 결론이 비롯되는 것은 아니지만 말이다. 어둠 속에서 이유 없이 유령을 두려워하면서 고민하는 사람도 아마 추리한다고 할 수 있을 것이다. 게다가 또한 자연스럽게 추리한다고 할 수 있을 것이다. 그러나 이때의 의의는 질병이 인간의 가장 쾌적하고 자연스러운 상황인 건강과 합치되지는 않지만, 자연적 원인들에서 발생하므로 자연적이라는 의의와 같아야 한다.

고대 철학자들의 다양한 의견들 즉 실체와 우유성이라는 허구, 실체적 형상과 신비적 성질에 관한 추론은 어둠 속의 유령과 같다. 그것들은 인간의 본성에서 일반적으로 볼 수 있지만 보편적이지도 불가피하지도 않은 원리에서 유래된다. 그러나 근대 철학은 짐짓 이런 결함에서 완전히 벗어나서 상상력이 갖는 견실하고 영원하며 항상적인 원리들에서 발생한 척한다. 이 가식이 기초를 두고 있는 근거들이 이제 우리가 탐구할 주제이다.

근세 철학의 근본 원리는 색, 소리, 맛, 향기, 뜨거움, 차가움 등에 관한 의견이다.[3] 이것들은 근대 철학이 주장하는 바에 따르면 정신적인 인상들에 지나지 않는 것으로, 외부 대상들의 성질들과 어떤 유사성도 없이 그 대상들의 작용에서 유래한다는 것이다. 이 주장을 검토하며 내가 발견한 것은 이 의견들을 위해 제시되는 이유 중에서 만족할 수 있는 것은 단 하나, 즉 아무리 보아도 외부 대상이 동일하게 지속되는 동안에도 인상들은 변한다는 것뿐이다. 이 인상들의 변화는 여러 여건들에 달려 있다. 예를 들어 건강 상태가 다를 때, 병을 앓는 사람은 그 전에는 가장 즐겼던 고기맛을 불쾌하게 느낀다. 인간의 서로 다른 체질이나 신체조직 때문에 어떤 사람에게는 쓰게 여겨지는 것이 다른 사람에게는 달게 느껴지기도 한다. 또한 인간의 외적 상황과 위치 차이에도 의존한다. 구름에 반사된 빛은 구름들의 거리에 따라, 즉 구름이 발광체와 눈 사이에 형성하는 각도에 따라 변한다. 마찬가지로 불은 어떤 거리에서는 쾌감을 전달하지만, 다른 거리에서는 고통을 전달한다. 이런 종류의 사례는 수없이 발견된다.

이 사례들에서 나온 결론 역시 상상할 수 있는 한 가장 납득할 만한 것이다. 어떤 대상에서 동일한 감관의 서로 다른 인상들이 발생할 때, 이 인상들 하나하나는 그 대상에 존재하는 유사한 성질을 갖지 않는다는 것이 확실하다. 왜냐하면 동일한 대상은 동일한 감관에 서로 다른 성질들을 동시에 부여할 수 없기 때문이다. 또한 동일한 성질은 서로 아주 다른 인상들과 유사할 수 없다. 그 때문에 많은 인상들이 외부적 모형 또는 원형[4]을 갖지 않는다는 것은 분명해진다. 그러므로 우리는 비슷한 결과들에서 비슷한 원인들을 추정한다. 색, 소리 등의 인상들 가운데 많은 것이 단순한 내부 존재들일 뿐이며, 그 인상들과 전혀 유사하지 않은 원인들에서 발생한다는 것은 지극히 명백하다. 그러므로 우리는 색, 소리 등의 인상들이 모두 하나의 비슷한 기원에서 유래한다고 결론을 내릴 수 있다.

한때는 이 원리가 인정되었고, 근대철학의 다른 모든 학설들은 쉽게 결론 나는 것처럼 여겨졌다. 소리, 색, 뜨거움, 차가움 그 밖의 우리가 느낄 수 있는 성질들을 지속적이고 독립적인 존재의 계열에서 제거했을 때, 우리는 완전한 관념을 갖게 되는 유일한 실재적 성질인 제1성질로 옮겨 간다. 이 제1성질은 연장, 견실성, 성질들의 서로 다른 혼합과 변형인 형태, 운동, 중력 그리고 응집력 등이다.[5] 동식물의 발생과 증식, 쇠퇴와 부패 등은 형태와 운동의 변화일 뿐이다. 모든 물체들의 상호 작용 및 빛, 물, 공기, 흙 그리고 자연의 모든 원소와 능력들의 작용도 형태와 운동의 변화일 뿐이다. 하나의 형태와 운동은 다른 형태와 운동을 낳는다. 능동적 원리든 수동적 원리든 간에 물질계에는 우리가 매우 아득한 관념을 이룰 수 있는 다른 어떤 원리도 있을 수 없다.

나는 이 체계에 대해 많은 반박이 가능하리라고 믿는다. 그러나 나는 우선 매우 결정적이라고 생각하는 반대론 하나에만 국한할 것이다. 그와 같은 방법으로 외부 대상들의 작용을 설명하는 대신, 나는 이 모든 대상들을 완전히 제거하고 그 대상들에 관한 가장 엉뚱한 회의론으로 옮겨 가야 한다고 주장한다. 색, 소리, 맛, 향기 등이 단지 지각일 뿐이라면, 우리가 생각할 수 있는 것 가운데 실재적이고 지속적인 독립적 존재를 갖는 것은 전혀 없다. 심지어 주로 역설된 제1성질들인 운동, 연장 그리고 견실성조차 가질 수 없다.[6]

우선 운동부터 검토해 보자. 운동은 다른 어떤 대상과의 관련 없이 그것 단독으로는 전혀 생각할 수 없는 성질이다. 운동의 관념은 움직이는 물체의 관념을 필연적으로 가정한다. 그렇다면 운동을 이해하기 위해 반드시 필요한 운동하는 물체라는 관념은 무엇인가? 그 관념은 연장 관념 또는 견실성 관념으로 결론지어야 한다. 따라서 운동의 실재성은 다른 성질들의 실재성에 따른다.

나는 이미 운동에 관해 보편적으로 인정되는 이 의견이 연장의 측면에서는 참이라는 것을 증명했으며,[7] 색이나 견실성을 갖는 부분들로 구성되지 않은 연장은 생각할 수 없다는 것을 보여 주었다. 연장의 관념은 복합 관념이다. 그러나 연장 관념은 끝없는 수의 부분들 또는 하위 관념들로 복합되지 않는다. 따라서 연장 관념은 결국 완전히 단순하고 분할될 수 없는 부분 또는 관념들로 분해되어야 한다. 이 단순하고 불가분적인 부분들은 연장 관념이 아니므로, 그 부분들은 색을 띠거나 견실한 것으로 생각되지 않는 한 비실재인 것이 틀림없다. 색은 실재적 존재에서 제외된다. 그러므로 연장이라는 관념의 실재성은 견실성이라는 관념의 실재성에 의존하며, 견실성이라는 관념의 실재성이 망상인 이상, 연장이라는 관념의 실재성 또한 타당할 수 없다. 그렇다면 견실성의 관념을 검토하는 데 우리의 주의를 기울여 보자.

견실성의 관념이란 최대한의 힘을 가해도 서로 침투할 수 없고, 여전히 분리된 각각의 존재를 유지하는 두 대상들의 관념이다.[8] 따라서 견실성은 그 자체만 가지고는, 다시 말해 이처럼 분리된 각각의 존재를 유지하는 견실한 어떤 물체들을 생각하지 않고서는 완전히 파악될 수 없다. 그러면 우리는 이 물체들에 대해 어떤 관념을 갖는가? 색, 소리 그 밖의 제2성질들의 관념들은 배제된다. 또한 운동 관념은 연장 관념에 의존하며 연장 관념은 견실성 관념에 따른다. 그러므로 견실성 관념은 운동이나 연장 관념들 가운데 어느 것에도 따를 수 없다. 견실성 관념이 다른 관념들에 따르는 한, 그와 같은 의존 관계는 순환 논법에 빠져 하나의 관념이 다른 관념에 따르도록 하기 때문이다. 따라서 근대 철학은 우리에게 정당하거나 만족할 만한 견실성의 관념을 전혀 부여하지 않는다. 물질에 대해서도 마찬가지이다.

이 논증을 이해한 사람들은 모두 이것을 완전히 단정적이라고 여길 것이다. 그러나 대부분의 독자들에게는 그 논증이 어렵고 복잡하게 여겨질지도 모르므로, 내가 표현을 조금 바꿔 그 논증을 더 분명히 하려고 노력하는 것을 이해해 주리라 믿는다. 견실성의 관념을 이루기 위해 우리는 서로 힘을 가하면서도 전혀 침투하지 않는 두 물체를 생각해야 한다. 더욱이 다른 어떤 것을 생각하지 않고 어떤 대상 하나에만 국한한다면, 이 관념에 도달하기란 불가능하다. 비실재들은 각자의 장소에서 다른 것들을 서로 밀쳐 낼 수 없다. 비실재들은 어떤 장소도 차지하지 않으며 어떤 성질도 가질 수 없기 때문이다. 그렇다면 다음과 같은 질문을 해보겠다. 견실성이 속한다고 가정된 이러한 물체 또는 대상들에 관해 우리는 어떤 관념을 이루는가? 우리가 그 물체나 대상을 다만 고체로 생각한다고 말하는 것은 밑도 끝도 없는 이야기이다. 우리가 물체나 대상을 연장적인 것으로 그려 낼 수 있다고 단정하는 것은, 모든 것을 하나의 허위 관념으로 결론짓는 것이거나 아니면 순환 논법에 빠지는 것이다. 연장은 필연적으로 색이 있는 것으로 간주되든가 아니면 고체로 간주되어야 한다. 그런데 여기서 첫 번째 경우는 허위 관념이며 두 번째 경우는 최초의 물음으로 되돌아간다. 우리는 운동 가능성과 형태에 관해서도 이처럼 관찰할 수 있지만, 대체로 다음과 같은 결론을 내릴 수밖에 없다. 외부 존재들의 계열에서 색, 소리, 뜨거움, 차가움 등을 물리치면 우리에게 물체에 관해 타당하고 항상적인 관념을 제공할 수 있는 것은 아무것도 남지 않는다.

이미 살펴보았듯이,[9] 견실성 또는 침투 불가능성은 소멸 불가능성일 뿐이라는 것을 여기에다 덧붙인다. 그 이유에 따라 우리는 사라질 수 없다고 가정하는 대상의 독립적 관념을 이루는 것이 필요하다. 소멸 불가능성은 그것만으로는 존재할 수도 없고, 존재한다고 생각될 수도 없으며, 그것이 속할 수 있는 어떤 대상 또는 실재적 존재를 필연적으로 요구한다. 그렇다면 2차적이고 감지할 수 있는 성질들에 호소하지 않은 채 어떻게 이러한 대상 또는 존재의 관념을 이루는가 하는 어려움은 여전히 남는다.

이 경우에 우리는 익숙한 방법, 즉 관념들이 유래하는 인상들을 숙고함으로써 그 관념들을 검토하는 방법[10]을 빠뜨릴 수 없다. 근대 철학은 시각과 청각 그리고 후각과 미각이 제공하는 인상에 대응하는 유사한 대상은 전혀 없다고 단언한다. 그런데 견실성의 관념은 실재하는 것으로 가정되었으므로 이 감관들 가운데 어떤 것에서도 결코 유래할 수 없다. 그러므로 견실성 관념의 근원적인 인상을 전달할 수 있는 감관으로서는 오직 촉각[11]이 남을 뿐이다. 사실 우리가 견실성의 관념을 느끼고 이 성질을 지각하기 위해 어떤 대상과 접촉하기만 하면 된다고 상상하는 것은 당연하다. 그러나 다음과 같은 성찰들에서 잘 드러나듯이 이런 사유 방식은 철학적이라기보다는 오히려 통속적이다.

첫째, 물체들은 그 견실성을 통해 느껴지는데, 그 느낌이 견실성과 아주 다른 어떤 것임은 쉽게 관찰할 수 있다. 그리고 그 느낌과 견실성은 서로 조금도 유사하지 않다는 것도 쉽게 알아볼 수 있다. 한 손이 마비된 사람은 다른 손으로 탁자를 느낄 때와 같이 마비된 손이 탁자로 떠받쳐져 있다는 것을 발견했을 때, 완전한 침투 불가능성의 관념을 갖는다. 우리 신체의 한 부분을 압박하는 대상은 저항을 받는다. 운동에 의해 신경과 생기에 주어진 저항은 일종의 감각을 정신에게 전달한다. 그러나 그 감각, 운동 그리고 저항 등은 어떤 방식으로든 조금도 유사하지는 않다.

둘째, 촉각의 인상들은 단순 인상이다. 다만 그 연장에 관하여 고찰해 보면 단순 인상이라고는 할 수 없지만,[12] 이것은 당면한 문제와는 관계없다. 나는 이 단순성에서 그 인상들이 견실성을 재현할 수도 없고 어떤 실재적 대상을 재현할 수도 없다고 추정한다. 사람이 돌이나 어떤 단단한 물체를 손으로 누르고 있는 경우와, 두 개의 돌이 서로 힘을 가하고 있는 경우를 살펴보자. 그러면 즉시 이 두 경우는 모든 측면에서 다르며, 사람의 경우에는 느낌이나 감각과 결부된 견실성이 있지만 두 개의 돌과 같은 경우에는 그런 느낌이 나타나지 않는다는 점이 인정될 것이다. 그러므로 이 두 경우를 같도록 하자면 그 사람이 손이나 다른 감관으로 느끼는 인상의 어떤 부분을 제거하는 것이 필수적이다. 그런데 하나의 단순 인상에서는 그 인상의 부분을 제거하기가 불가능하다. 그리하여 우리는 어쩔 수 없이 전체를 제거하여 이 전체 인상이 그 원형 또는 모형을 전혀 외부 대상들에 두고 있지 않다는 것을 증명할 수밖에 없다. 여기에다 우리는 견실성은 인접 및 충돌과 함께 두 물체를 필연적으로 가정한다는 것을 덧붙여 말할 수 있을 것이다. 견실성은 복합 대상이므로, 하나의 단순 인상을 통해 재현될 수 없다. 또한 견실성은 언제나 불변적으로 동일하게 지속되지만 우리에게 있어서 촉각의 인상은 매순간마다 바뀌고, 따라서 촉각의 인상이 견실성의 재현은 아니라는 것은 명백하게 입증된다.

이처럼 인간의 이성과 감관들 사이에는, 또는 더 정확히 말하여 우리가 원인과 결과로부터 형성하는 결론과 물체의 지속적이고 독립적인 존재를 확신하는 것 사이에는 직접적이고 전체적인 대립[13]이 있다. 원인과 결과로부터 추리할 때 우리는 색, 소리, 맛 그리고 향기 가운데 어느 것도 지속적이고 독립적인 존재를 갖지 않는다고 결론을 내린다. 그러나 우리가 이 감지할 수 있는 성질들을 배제한다면 우주에는 지속적이고 독립적인 존재를 갖는 것은 전혀 남지 않을 것이다.

〈주〉

1 여기서 다루는 '근대 철학(the modern philosophy)'은 오로지 로크 및 그 계보의 철학이다.

2 '상상'에는 두 종류가 있으며, 오성적 추론도 상상의 작용이라는 것이 여기서 다시 명확해졌다. 이것은 흄 철학의 이해에 있어 극히 중요하다. 제1편 제3부 제9절 참조.

3 색이나 소리 등 이른바 제2성질에 대해서는 제1편 제4부 제2절의 주석 13 참조. 이 주관성에선 로크의 설이 가장 잘 알려져 있다. 《인간오성론》 제8장 제5절 참조.

4 '외부적 모형 또는 원형(model or archetype)'은 예외적이고 드문 표현이다.

5 제1성질에 대해서는 제1편 제4부 제2절 주석 12 참조.

6 제2성질의 주관성으로부터 제1성질의 주관성을 논한 가장 유명한 철학자는 버클리이다. 《인지원리론》 제19절 참조. 제1편 제4부 제2절 주석 14 참조.

7 연장 관념의 본성에 대해서는 제1편 제2부 제3절 참조.

8 '견실성(solidity)'은 로크에 따르면 '촉각을 통해 받아들여진다. 그리고 그 관념은 물체가 그 점하는 장소를 떠날 때까지는 그 장소에 어떤 다른 물체가 들어오는 것도 거부한다는, 물체에서 발견되는 저항을 통해 발생한다.'(《인간오성론》 제4장 제1절 참조)

9 제1편 제2부 4절 참조.

10 인상의 근원성은 흄 철학의 제1원리이다. 제1편 제1부 제1절 주석 16 참조. 관념의 검토에 이 원리를 이용하는 것은 실체 관념의 경우를 비롯하여 여러 군데에서 발견된다. 그 예는 제1편 제1부 제6절 참조.

11 '촉각'의 원어는 'feeling'이다. 마찬가지로 '느끼다'는 'feel'이다.

12 인상이나 관념의 '단순성'에 대해서는 제1편 제1부 제1절 주석 8 참조.

13 여기의 '이성'은 원인과 결과 관계에 대한 추론의 의미이다. 흄의 이성에 이러한 경우가 있는 것은 주의할 만하다. 본절 주석 2 참조. 또는 '이성'의 원어인 'reason'이 여기서는 '추론(reasoning)'의 의미로 쓰였다고도 생각할 수 있다. 이러한 용어의 예는 로크에게서도 나타난다. 또 이성적 원인과 결과 관계의 추론과 감관이 대립하는 점에 대해서는 제1편 제4부 제2절 참조.

5 영혼의 불멸성[1]에 대하여

우리는 매우 명료하고 확고한 것으로 공상하는 물질의 관념과 외부 대상들에 관한 각각의 체계들에 담긴 모순과 어려움을 살펴보았다. 그런데 내부 지각들과 매우 어렴풋하고 불확실하다고 상상하기 쉬운 정신의 본성 등에 관한 모든 가설들에서 우리는 더 큰 어려움과 모순을 예견하게 된다. 그러나 이 예견은 착각이다. 지성계는 끝없는 모호함에 싸여 있을지라도 우리가 자연계에서 발견했던 것과 같은 모순들 때문에 곤혹스러워하지는 않는다. 우리는 지성계에 관해 알려진 것은 그 자체와 일치한다는 것으로, 알려지지 않은 것은 모르는 대로 방치해 두는 것으로 만족해야 한다.

영혼에 관한 우리의 무지를 덜어 주겠다고 장담하는 철학자들[2]에게 우리가 귀를 기울일 것은 확실하다. 그러나 내가 두려워하는 것은 이 주제 자신이 면제받고 있는 모순에 빠질 위험이다. 이 철학자들은 우리의 지각이 본래 그 실체에 속한다고 가정해서 그 실체가 물질적인지 비물질적인지에 대한 기묘한 논구를 행하는 사람들이다. 두 측면에서 벌어지는 끝없는 트집잡기를 막는 데 내가 알고 있는 가장 좋은 방법은, 이 철학자들에게 몇 마디 말로 그들이 의미하는 실체와 본유적인 것이 무엇인가라고 물어 보는 것이다. 그들이 이 물음에 대답한 다음에서야 진지하게 논쟁을 시작하는 것이 현명할 것이고, 대답할 때까지는 그러한 논쟁은 부조리하다.

우리는 이미 물질과 물체의 측면에서 이 문제를 대답하기가 불가능함을 알고 있다.[3] 그러나 정신의 경우에는 동일한 어려움들 때문에 대답하기 곤혹스러운 데다가 그 주제 고유의 부차적인 어려움들이 가득하다. 관념들마다 모두 앞서는 인상에서 비롯되므로, 우리가 만약 정신이라는 실체 관념을 갖는다면 우리는 또한 그 선행 인상도 가져야 한다. 이것은 불가능하게 여겨지지는 않더라도 아주 어렵게 여겨진다. 인상이 실체와 비슷하지 않은 다른 어떤 방식으로 실체를 다시 나타낼 수 있는가? 더구나 하나의 인상이 어떻게 또 다른 하나의 실체와 비슷할 수 있는가? 이 철학에 따르면 인상은 실체가 아니며 또 실체 고유의 성질이나 특성 가운데 어느 것도 지니지 않는다. 그럼에도 불구하고 어떻게 인상이 실체와 비슷할 수 있겠는가?

그러나 무엇이 있을 수도 있고 그렇지 않을 수도 있는가라는 물음은 접어 두고 무엇이 실제로 있는가 하는 물음에 대답해 보자. 나는 정신이라는 실체의 관념을 갖는다고 짐짓 주장하는 철학자들이 그 관념을 낳는 인상을 지적해 주고, 또 그 인상이 작용하는 방식과 그 인상이 비롯되는 대상 등을 이야기해 주기를 바란다.[4] 그 인상은 감각의 인상인가 아니면 반성의 인상인가? 그 인상은 유쾌한가 아니면 고통스러운가 아니면 아무렇지도 않은가? 그 인상은 언제나 정신에 수반하는가 아니면 이따금 나타나는가? 이따금 나타난다면 주로 언제 나타나며 그 인상이 생겨나는 것은 어떤 원인들인가?

어떤 사람이 이 물음들에 답하는 대신 실체를 그것 자체에 의해 존재할 수 있는 어떤 것[5]이라고 정의하면서 이 정의는 틀림없이 우리를 만족시킬 것이라며 질문을 회피하려 한다면, 나는 다음과 같이 말할 것이다. 이 정의는 표상될 수 있는 모든 것과 일치하며, 실체와 우유성(偶有性) 또는 영혼과 영혼의 지각을 구별하는 데 결코 기여할 수 없다는 것이다. 왜냐하면 나는 다음과 같이 추리하기 때문이다. 명석하게 표상되는 것은 무엇이든 존재할 수 있으며,[6] 어떤 방식에 따라 명석하게 표상되는 것은 무엇이든 동일한 방식으로 존재할 수 있다. 이것은 이미 용인된 원리이다. 그리고 또 서로 다른 모든 것들은 구별될 수 있으며, 구별될 수 있는 모든 것들은 상상력을 통해 분리될 수 있다.[7] 이것은 또 다른 원리이다. 이 두 원리들로부터 나는 다음과 같이 결론을 내릴 수 있다. 모든 정신적 지각들은 서로 다르며 우주의 어떤 것과도 다르므로, 정신적 지각들은 독립적이고 분리될 수 있을뿐더러 분리되어 존재하는 것으로 간주될 수 있다. 그러므로 분리되어 존재할 수 있고 지각들의 존재를 지지해 줄 어떤 것도 필요 없다. 그러므로 이 정의가 실체를 설명하는 한, 지각들은 실체들이다.

이처럼 관념들의 최초 기원에 대한 고찰을 통하여 또는 정의에 의해서 우리가 실체에 관한 만족스러운 견해에 도달할 수 있는 것은 결코 아니다. 이것은 내가 앞에서 쓴 영혼의 물질성과 비물질성에 관한 논쟁을 완전히 단념하기에 충분한 이유인 것으로 여겨질 뿐만 아니라 물음 자체를 무조건 폐기하도록 만드는 듯하다. 우리는 지각 이외의 어떤 것에 관해서도 완전한 관념을 전혀 갖지 않는다. 그런데 실체는 지각과 전혀 다르다. 그러므로 우리는 실체에 관한 관념을 결코 갖지 않는다. 어떤 것의 본유적인 것은 지각들의 존재를 떠받쳐 주기 위해 필요하다고 가정된다. 그러나 지각의 존재를 지지하기 위해 필요한 것은 아무것도 없다. 그러므로 우리는 본유적인 것의 관념을 전혀 갖지 않는다. 우리가 지각들은 본래 물질적 실체에 속하는가 아니면 비물질적 실체에 속하는가 하는 물음의 의미조차 이해하지 못한다면, 어떻게 이 물음에 대답할 수 있겠는가?

스피노자(1632~1677)

영혼의 비물질성에 대해 흔히 쓰이는 논변이 하나 있는데, 나는 이것을 주목할 만한 것이라고 여긴다. 연장을 갖는 것은 무엇이든 부분들로 이루어지며, 부분으로 이루어진 것은 무엇이든 실제로 분할될 수 없더라도 적어도 상상력 안에서는 분할될 수 있다.[8] 그러나 분할될 수 있는 모든 것은 하나의 사유 또는 지각에 결합될 수는 없다. 하나의 지각이나 사유는 거의 구별되거나 분할될 수 없는 것이기 때문이다. 그와 같은 결부를 가정한다면, 분할될 수 없는 사유는 연장되고 분할될 수 있는 물체의 오른쪽에 존재하겠는가 아니면 왼쪽에 존재하겠는가? 표면에 존재하겠는가 아니면 내면에 존재하겠는가? 앞면에 존재하겠는가 아니면 뒷면에 존재하겠는가? 만약 그 사유가 연장과 결합한다면, 그 사유는 연장의 차원 어딘가에 존재해야 한다. 만약 사유가 연장의 차원 안에 존재한다면 어떤 특정 부분에 존재해야 하고, 따라서 그 부분들은 불가분적이며, 지각은 연장과 연결되는 것이 아니라 불가분적인 부분과 연결된다. 또는 사유가 모든 부분들마다 존재한다면, 사유는 물체와 마찬가지로 연장되어 구별될 수 있고 분할될 수 있어야 한다. 그러나 이것은 완전히 불합리하고 모순적이다. 길이가 1야드, 폭이 1피트, 깊이가 1인치인 정념을 누가 생각할 수 있겠는가? 그러므로 사유와 연장은 전혀 양립할 수 없는 성질들이며 하나의 대상으로 합쳐질 수도 없다.

이 논변은 영혼의 실체에 관한 문제에 영향을 미치지 않는다. 영혼과 물질의 공간적 결부[9]에 관한 문제에만 영향을 미칠 뿐이다. 그러므로 어떤 대상이 공간적 결부를 허용하는지 여부를 일반적으로 고려하는 것은 부적절하지 않을 것이다. 이것은 관심을 끄는 문제이며, 우리가 상당히 중요한 것을 발견하도록 안내해 줄 것이다.

공간이나 연장에 관한 최초의 관념은 시각과 촉각 등의 감관들에서만 유래한다.[10] 다시 말하여 색이 있거나 만질 수 있는 것을 제외하면, 관념을 전달하는 것과 동일한 방식으로 배열된 부분을 갖는 것은 아무것도 없다. 우리가 향기를 줄이거나 더하는 것은 볼 수 있는 대상을 줄이거나 크게 하는 것과는 다르다. 여러 소리가 동시에 청각을 자극할 때 우리는 오직 습관과 반성을 통해서만 그 소리들이 유래하는 물체들의 멀고 가까운 정도에 관한 관념을 형성한다. 그와 같은 관념이 존재하는 장소를 나타내는 것은 연장을 갖는 것이거나 부분과 혼합이 없는 수학적 점[11]일 수밖에 없다. 연장을 갖는 것은 사각형, 원, 삼각형 등과 같이 특정 형태를 가져야 하며, 이것들 가운데 어느 것도 욕망(과 같은 내적 인상)과 일치하지 않을 것이다. 또한 앞서 언급한 두 감관을 제외한 어떤 감관의 인상이나 관념과도 결코 일치하지 않을 것이다. 욕망은 분할될 수 없다고 할지라도 결코 수학적 점으로 간주해서는 안 된다. 수학적 점일 경우는 다른 욕망을 더함으로써 둘, 셋, 넷의 욕망을 만들 수 있을 것이므로, 설령 일정한 길이, 폭, 두께 등을 갖는 방식으로 배열되고 놓여 있을 수 있다고 해도, 이것은 분명히 불합리하다.

이제 여러 형이상학자들이 폐기했고 또 인간 이성의 가장 확실한 원리와 상반되는 것으로 평가된 공리를 얘기한다 해도 새삼스럽지는 않을 것이다. 이 공리는 대상은 어딘가에 있지 않아도 존재할 수 있다는 것이다. 나는 이것이 가능할 뿐만 아니라 대부분의 존재자들이 이 방식에 따라 존재하며, 존재해야 한다고 주장한다. 어떤 대상의 부분들이 어떤 형태나 양을 형성하도록 서로 관계하며 놓여 있지 않을 때, 또 다른 물체들에 관하여 대상 전체가 인접과 원격이라는 거리의 관념과 일치할 수 있는 상태가 아닐 때, 그 대상은 어디에도 없다고 할 수 있을 것이다. 그런데 시각과 촉각 등의 지각이나 대상을 제외한다면 이것은 분명히 우리의 모든 지각 및 대상에 해당된다. 도덕적 반성[12]은 정념의 오른쪽이나 왼쪽에 놓일 수 없으며, 향기나 소리는 원형일 수도 사각형일 수도 없다. 특정 장소가 필요 없는 이러한 대상과 지각들은 그런 장소와 절대 양립할 수 없으며, 상상력조차도 장소를 그와 같은 것들에 귀속시킬 수 없다. 그리고 그런 지각이 어디에도 없다고 가정하는 것의 불합리성에 대하여 우리는 다음과 같이 살펴 볼 수 있다. 정념이나 감정이 특정 장소를 갖는 지각으로 여겨진다면, 연장의 관념도 시각이나 촉각과 마찬가지로 정념이나 감정에서 비롯될 수도 있을 것이다. 그러나 이것은 우리가 이미[13] 확정했던 것과 상반된다. 그 지각들이 특정 장소를 갖지 않고 나타난다면, 아마 그 지각들은 같은 방식으로 존재할 수 있을 것이다. 우리가 표상하는 것은 무엇이든 가능한 것이기 때문이다.

단순하며 어디에도 존재하지 않는 지각들이, 연장되어 분할될 수 있는 물질 또는 물체와 장소에서 전혀 결부될 수 없다는 것을 여기서 다시 증명할 필요는 없을 것이다. 앞에서도 이야기했듯이[14] 관계는 어떤 공통적 성질을 기초로 삼지 않는 한 불가능하다. 아마 다음과 같은 것을 주목하면 더욱 보람이 있을 것 같다. 즉 대상들의 공간적 결부에 관한 문제는 영혼의 본성에 관한 형이상학적 논쟁에서 발생할 뿐만 아니라, 일상 생활에서도 매순간마다 검토해 볼 기회가 있을 것이다. 예를 들어, 탁자 한쪽 끝의 무화과와 다른 쪽 끝의 올리브를 살펴 본다고 가정해 보자. 그러면 이 실체[15]들에 관한 복합 관념을 이룸에 있어서 가장 뚜렷한 관념은 무화과와 올리브의 서로 다른 풍미의 관념이라는 것은 분명해진다. 우리가 이 성질들을 색이 있고 만질 수 있는 성질들과 합하여 연결시킨다는 점은 분명하다. 둘 중 하나의 쓴맛과 다른 하나의 단맛은 실제로 볼 수 있는 그 물체 속에 존재하고 있으며, 탁자의 전체 길이가 분리시킨 것으로 가정된다. 이것은 아주 뚜렷하고 자연스러운 환각이어서 그 가정이 비롯되는 원리들을 살펴보는 것이 타당할 것 같다.

연장(延長)을 갖는 대상은 장소나 연장을 전혀 갖지 않고 존재하는 다른 것과는 장소적으로 결부될 수 없다. 그렇지만 그 대상들은 다른 많은 관계들을 허용하고 있다. 예를 들어 어떤 과일의 맛과 향기는, 색과 만질 수 있다는 것 등 과일의 다른 성질들과 분리될 수 없다. 그 성질들 가운데 어떤 것이 원인 또는 결과라고 하더라도, 그 성질들이 언제나 공존하는 것은 확실하다. 그 성질들은 일반적으로 공존적일 뿐만 아니라, 정신에 현상할 때도 동시적이다. 연장된 물체를 감관들에 접촉시켰을 때 우리는 그 물체 특유의 맛과 향기를 지각한다. 그러면 연장을 갖는 대상과 특정 장소 없이 존재하는 성질 사이에서 그 대상과 장소 없이 존재하는 성질들이 현상하는 시간의 인접과 인과 등의 관계는 정신에 큰 영향을 미칠 것이다. 이는 그 대상이 정신에 나타나자마자 자신에 대한 사유를 장소 없이 존재하는 성질을 표상하는 작용으로 바꾸는 것과 동일한 결과를 갖는다. 이것이 전부가 아니다. 우리는 그와 같은 대상과 성질의 관계 때문에 사유를 대상에서 성질로 전환할 뿐만 아니라, 그 대상과 성질에 새로운 관계 즉 장소적인 결부 관계를 부여하고자 노력한다. 이 새로운 관계는 우리가 더욱 수월하고 자연스럽게 전이하도록 할 수 있는 관계이다. 그 관계는 일종의 성질이며, 대상들이 어떤 관계를 통해 합일되어 있을 때 우리는 그 합일을 완성하기 위하여 대상들에게 새로운 관계를 더하는 강한 성향이 있다. 나는 이 성질을 인간의 본성에 비추어 조영할 기회를 자주 마련할 것이며 적절한 때 더 충분히 설명하겠다.[16] 어찌 되었든 우리가 물체들을 배열할 때, 그 물체들 상호간의 인접성에서 또는 적어도 상응하는 관점에서 유사하게 배치하는 것을 결코 소홀히 할 수 없다. 왜냐하면 우리는 인접 관계를 유사 관계와, 그리고 위치[17]들의 유사성을 성질들의 유사성과 결부시키는 데서 만족을 느낄 수 없기 때문이다. 개별적 인상과 그 인상들의 외부 원인들 사이에서 우리가 주저 없이 가정하는 유사성을 통하여 이미 이 성향의 결과들을 살펴보았다.[18] 그러나 우리가 발견할 수 있는 가장 명백한 효과는 대상들 사이의 인과 관계와 시간적 인접의 관계에서 그 연관을 강화하기 위해 장소적 결부의 관계도 꾸며낼 수 있다는 것이다.

이처럼 우리는 무화과라는 연장된 물체와 무화과의 특별한 맛 사이의 장소적 합일에 관하여 모호한 견해를 형성할 수 있다. 그러나 반성해 보면 이 합일에서 전혀 이해할 수 없는 모순적인 무언가를 알아차릴 것이 확실하다. 우리가 뻔한 물음에 말려들게 된다면, 즉 우리가 그 물체의 여건에 포함된 것으로 표상하는 맛이 그 물체의 각 부분마다 있는지 아니면 단 한 부분에 있는지 하는 물음을 받게 된다면, 우리는 곧 당황하는 자신을 발견하게 되고 결코 만족스러운 대답을 할 수 없다는 사실을 지각할 것이 틀림없다. 우리는 그 맛이 단 한 부분에만 있다고 대답할 수 없다. 경험적으로 우리는 모든 부분이 같은 풍미를 낸다고 확신하기 때문이다. 또한 우리는 모든 부분마다 그 맛이 있다고 대답할 수도 없다. 그러기 위해서는 그 맛을 형태가 있고 연장된 것으로 가정해야만 하기 때문이다. 이것은 불합리하며 이해할 수 없는 것이다. 그렇다면 여기서 우리는 직접적으로 상반되는 두 원리에 영향을 받는다. 그 하나는 우리가 하는 공상의 성향인데, 우리는 이 성향을 통해 그 맛을 연장된 대상과 합일하도록 한정한다. 다른 하나는 이성인데, 이성은 우리에게 그와 같은 합일이 불가능하다는 것을 보여 준다. 그리하여 정신은 이 대립적 원리들 사이에서 분리된다. 그러나 정신은 그 어느 것도 단념하지 않고 우리가 더 이상 그런 대립을 지각할 수도 없는 혼동과 모호함 속에 주제를 집어넣어 버린다. 우리는 다음과 같이 가정한다. 맛은 물체의 여건 내부에 존재하며 연장 없이 전체에 가득 차서, 분리 없이 각 부분들마다 온전히 존재한다. 간단히 말하여 우리는 그대로 받아들여질 때 매우 충격적인 것처럼 여겨지는 스콜라적 원리, 즉 '전체는 전체에 있으며 각 부분들마다 예외 없이 있다'[19]는 원리를 가장 친숙한 사고 방식으로 쓰고 있다. 이 원리는 마치 하나의 사물이 특정 장소에 있다 하더라도 그곳에 없다고 하는 것과 완전히 같다.

장소를 전혀 제공할 수 없는 것에 우리가 장소를 부여하려고 노력하는 데에서 이 모든 불합리가 발생한다. 또 장소적 결부가 대상들에게 속하는 것으로 여김으로써, 시간적인 인접과 인과에 기초를 둔 합일을 완성하려는 정신적인 성향에서 그러한 노력이 일어난다. 그러나 이성이 선입견을 극복하기에 충분한 힘이 있다고 할지라도, 현재의 경우에는 선입견이 압도적이라는 것은 확실하다. 우리에게 남겨진 유일한 선택은 어떤 것들이 장소 없이 존재한다고 가정하든가, 아니면 그 장소 없이 존재하는 것들이 형태와 연장을 지닌다고 가정하든가, 아니면 그 장소 없이 존재하는 것들이 연장을 지닌 대상과 통합되었을 때 전체는 전체에 있으며 전체는 각 부분마다 있다고 가정하는 것뿐이기 때문이다. 끝의 두 가정들이 불합리하다는 것이 첫 번째 가정의 정당성을 충분히 증명한다. 이들 외에 제4의 의견은 있을 수 없다. 장소 없이도 존재할 수 있는 어떤 것들이 수학적 점[20]들의 방식으로 존재한다고 가정한다면 그 가정은 두 번째 의견이 된다. 예를 들면, 몇몇 정념은 일종의 원의 형태로 놓여질 수도 있고 또 일정한 수의 소리와 결부된 일정한 수의 향기는 12세제곱 인치의 물체를 만들 수도 있다고 가정되기 때문이다. 이런 견해는 그 말만으로도 우스꽝스럽게 여겨질 것이다.

사물을 이렇게 볼 때 우리는 모든 사유를 연장과 연결시키는 유물론자들에 대한 비난을 멈출 수 없다. 그러나 조금만 반성해 보면, 모든 사유를 단순하고 분할될 수 없는 실체와 결합시키는 유물론 반대자들을 비난하는 것에도 대등한 이유가 있음을 알게 된다. 가장 통속적인 철학[21]은 우리에게 어떤 외부 대상도 지각이나 심상의 개입 없이 직접적으로 정신에게 알려질 수 없다는 것을 알려 준다. 내가 지금 보는 저 탁자는 단지 지각일 뿐이며, 그 탁자의 성질들은 모두 지각의 성질들이다. 그런데 그 탁자의 모든 성질들 가운데 가장 뚜렷한 것은 연장이다. 탁자의 지각은 많은 부분들로 이루어져 있다. 이 부분들은 거리와 인접 그리고 길이, 폭, 두께 등의 표상을 우리에게 제공하도록 놓여 있다. 우리는 이 3차원의 한정을 형태라고 일컫는다. 이 형태는 움직일 수 있고 분리될 수 있으며 분할될 수 있다. 운동 가능성과 분리 가능성은 연장을 갖는 대상들의 식별할 수 있는 속성들이다. 그리고 모든 논쟁을 제쳐두고 연장이라는 바로 그 관념은 인상 이외의 어떤 것에서도 모사될 수 없으며,[22] 따라서 그 인상과 완전히 일치해야 한다. 연장의 관념이 어떤 것과 일치한다고 말하는 것은 그 어떤 것이 연장을 갖는다고 말하는 것이다.

이제는 자유 사상가[23]가 승리할 차례이다. 그들은 실제로 연장을 갖는 관념과 인상들이 있다는 것을 발견하고, 반대자들에게 다음과 같이 질문할 수 있을 것이다. 반대자들은 어떻게 단순하고 분할될 수 없는 주체를 연장을 갖는 지각과 통합할 수 있겠는가? (정신의 물질성을 공격하는) 신학자들의 논변들은 모두 그들 자신에게 반박될 것이다. 불가분적인 주체 또는 당신이 달리 부르고자 한다면 비물질적 실체는 지각의 왼쪽에 있는가 오른쪽에 있는가? 실체는 바로 여기에만 있는 것일까 아니면 저기? 혹은 모든 곳에 있는 것일까? 그 실체는 연장 없이도 각 부분들마다 있는가 아니면 나머지 부분을 벗어나지 않고도 어떤 한 부분에서 온전히 있는가? 이 물음에 대하여 이것들은 모두 불합리하며, 불가분적인 지각들과 연장을 갖는 실체의 합일에 대해 설명하는 것 이외의 어떤 대답도 할 수 없다.

여기서 나는 영혼의 실체에 관한 문제를 새롭게 고찰할 수 있는 기회를 얻는다. 비록 앞서 그 물음을 알 수 없는 것이라고 비난했음에도 불구하고, 나는 영혼이라는 실체에 관해 더 이상의 성찰을 계획하지 않을 수 없다. 내 주장은 사유하는 실체의 비물질성, 단순성, 불가분성 등에 관한 학설이 실제로 무신론이며, 따라서 그 학설은 널리 악평이 자자한 스피노자[24]의 사상을 모두 정당화하는 데 기여할 수 있다는 것이다. 이 주제에서 나는 적어도 하나의 이점을 거두기를 바란다. 즉 나의 논적들이 자신들의 주장이 쉽게 반박될 수 있다는 것을 알았을 때 그들의 열변으로 이 학설을 혐오스럽게 만들 핑곗거리를 완전히 잃기를 바라는 것이다.

스피노자의 무신론이 지니는 기본 원리는 우주의 단순성 및 실체의 단일성에 관한 학설이다. 그리고 스피노자는 이 실체에 사유와 물질 모두가 내재한다고 가정했다. 그의 말에 따르면 세상에는 단 하나의 실체만 있다고 한다. 그 실체는 완전히 단순하고 분할될 수 없으며 국지적으로 현전하지 않고 모든 곳에 존재한다. 우리가 감각을 통해 외부적으로 발견하는 것이 무엇이든 간에, 그리고 반성을 통해 내부적으로 느끼는 것이 무엇이든 간에 이 모든 것들은 하나의 단순하며 필연적으로 존재하는 것의 변용일 뿐이다. 그것들은 분리되거나 독립적인 어떤 존재도 갖지 않는다. 영혼의 모든 정념(또는 수동)[25]과 물질의 모든 형상들은 아무리 서로 다르고 다양하다고 할지라도, 동일한 실체에 내재하며, 본래부터 내재하는 그 주체와 특성을 공유하지 않고도 그것들의 독립적 특성을 그 자체 안에 보존한다. 만약 동일한 기체라고 부를 수 있다면, 동일한 기체는 그 자체에서는 서로 전혀 다른 것이 없지만, 완전히 서로 다른 변용들을 지지하며 어떤 변화 없이도 변용들을 변화시킨다. 시간과 장소 및 자연의 다양성은 기체의 완전한 단순성과 동일성에 어떤 혼합물이나 변화도 산출할 수 없다.

나는 저 유명한 무신론자의 원리들을 간단히 제시하는 것만으로도 현재의 목적에 충분할 것이라고 믿는다. 그리고 더 이상 이 암울하고 모호한 영역으로 들어가지 않고도 이 무시무시한 가설이 대중화된 영혼의 비물질성에 관한 가설과 거의 동일하다는 것을 보여 줄 수 있으리라 믿는다. 이것을 분명히 하기 위해 다음과 같은 것을 회상해 보자.[26] 모든 관념은 선행하는 인상에서 유래하므로, 지각의 관념과 대상 또는 외부 존재의 관념이 종류적으로 서로 다른 무엇을 재현하기란 불가능하다. 우리가 가정할 수 있는 지각과 대상의 관념들 사이의 차이가 무엇이든 간에 그 차이를 파악할 수는 없다. 우리는 어쩔 수 없이 외부 대상을 상관물이 없는 관계로만 표상하든가, 아니면 그 대상을 지각 또는 인상과 동일한 것으로 만들어야 한다.

　내가 여기서 이끌어 낼 수 있는 결론은 얼핏 보기에 단순한 궤변으로 여겨질 수도 있겠지만, 조금만 검토해 보면 확고하고 만족스럽게 여겨질 것이다. 대상과 인상 사이의 종류적 차이를 가정할 수는 있지만 표상할 수는 없기 때문이다. 따라서 인상들 사이의 연관과 불일치에 관해 우리가 형성할 수 있는 모든 결론을 대상들에게 적용할 수 있는지도 확실하게 알 수는 없다. 반면에 대상들에 관해 우리가 형성하는 동일한 종류의 결론은 모두 인상에 가장 확실하게 적용될 것이다. 그 이유를 아는 것은 어렵지 않다. 대상은 인상과 다르다고 가정되므로, 우리가 인상에 의거하여 추론하는 경우, 추론의 기초를 이루는 여건이 인상과 대상 모두에 대해 공통적이라는 것을 확신할 수 없다. 그런데 그와 같은 경우에도 대상은 여전히 인상과 다를 수 있기 때문이다. 그러나 반대로 우리가 처음에 그 대상에 관해 추론을 한다면, 동일한 추론이 인상에까지 확장되어야 한다는 것은 의심할 여지가 없다. 논변의 기초인 그 대상의 성질은 적어도 정신을 통해 표상되어야 하기 때문이다. 그런데 그와 같은 성질이 인상과 공통적이지 않는 한 그 성질은 정신을 통해 표상될 수 없다. 우리는 그 기원에서 유래하는 관념만 가질 수 있기 때문이다. 그러므로 우리는 다음과 같은 것을 확실한 공리로 확정할 수 있을 것이다. 인상들이 갖는, 발견할 수 있는 관계들은 모두 대상들에 공통적이라는 반대 명제가 참이 아니라고 할지라도, 경험에서 비롯되는 비규칙적 종류의 추론[27]을 제외한 어떤 원리로도 우리는 인상까지 확장되지 않는 대상들 사이의 연관과 불일치를 결코 발견할 수 없다.

　이것을 현재의 경우에 적용해 보자. 현전하는 존재자들에 대해 서로 다른 두 체계가 있다. 그리고 실체 또는 본유(本有)의 근거에 속하는 필연성 아래서 나는 나 자신을 그러한 체계로 상정한다. 나는 먼저 대상들 또는 물체들의 세계, 즉 해, 달, 별, 땅, 바다, 식물, 동물, 사람, 배, 집 그리고 그 밖의 인위적이거나 자연적인 산물 등을 관찰한다. 그때 스피노자가 나타나서 이것들은 단지 변용일 뿐이며, 그 대상들이 본래 내재하는 주체는 단순하고 비복합적이며 분할될 수 없다고 말한다. 다음으로 나는 존재자들에 관한 다른 체계, 즉 사유의 세계 또는 나의 인상과 관념을 고찰한다. 나는 거기서 또 다른 해, 달, 별 그리고 식물과 동물이 흩어져 살고 있는 땅과 바다, 마을, 집, 산, 강 등 간단히 말하자면 내가 첫 번째 체계에서 발견하거나 표상할 수 있는 만물을 모두 발견할 수 있다. 내가 이 사유의 세계들에 관해 탐구할 때, 신학자들이 나타나서 나에게 이것들도 역시 변용들이며, 단순하고 비복합적이며 분할될 수 없는 실체의 변용들이라고 말한다. 첫 번째 가설(스피노자의 가설)을 혐오하며 비난하고, 두 번째 가설(신학자의 가설)에 동의하며 경의를 나타내는 온갖 목소리에 나는 곧 귀머거리가 된다. 그처럼 심한 편애의 이유가 무엇인지 살펴보기 위해 나는 이 가설들에 주의를 기울인다. 그러나 그 가설들은 이해될 수 없다는 동일한 결함을 지니고 있어서, 우리가 이해할 수 있는 한 그 가설들은 아주 흡사하며 그 가설들 모두에 공통적이지 않은 불합리성을 한쪽 가설에서 발견한다는 것은 불가능하다. 한 대상의 어떤 성질이 인상과 일치하지 않으며 그 성질을 인상으로 재현할 수도 없다고 할 때, 우리는 그 대상에 있는 어떤 성질의 관념도 가질 수 없다. 그러므로 우리의 관념은 모두 인상에서 유래한다. 그렇다면 변용으로서 연장을 갖는 대상과 그 변용의 실체로서 단순하고 비복합적인 본질 사이의 불일치가, 연장을 갖는 대상의 지각 또는 인상과 비복합적 본질 사이에서 대등하게 발생하지 않는 한, 우리는 결코 그 불일치를 발견할 수 없다. 대상의 성질에 관한 관념은 모두 인상을 거친다. 따라서 연관이든 불일치든 간에 지각할 수 있는 모든 관계는 대상들과 인상들 모두에 대해 공통적이어야 한다.

일반적으로 고찰하면 이 논변은 모든 의심과 모순을 벗어나 명증적인 것처럼 여겨진다. 그러나 그 논변을 좀더 더 뚜렷이 감지할 수 있는 것으로 만들기 위해 자세히 살펴보기로 하자. 그리고 스피노자의 체계에서 발견된 모든 불합리가 신학자들[28]의 체계들에서도 발견될 수는 없는지 여부를 살펴보기로 하자.

첫째, 스피노자는 지금까지 그 사유 방식보다 오히려 스콜라적 말투 때문에 비난을 받았다. 그 비난에 따르면 양태는 결코 독립되거나 분리된 존재가 아니다. 그러므로 양태는 그것의 실체와 완전히 동일해야 한다. 따라서 우주의 연장과 우주가 본래 속하는 것으로 가정되는 단순하고 비복합적인 본질은 일정한 방식으로 일체가 된다. 그러나 이 주장이 그럴 듯하게 여겨지더라도, 분할될 수 없는 실체가 연장에 대응하도록 스스로를 확장하지 않는 한, 또는 연장이 분할될 수 없는 실체와 일치하도록 그 자체를 수축시키지 않는 한, 이 주장은 궁극적으로 불가능하며 생각할 수도 없다. 하지만 생각해 보면 우리가 이해할 수 있는 한, 이 (스피노자를 비난한) 논변은 타당한 것으로 여겨진다. 그러나 동시에 이와 동일한 논의를 연장을 갖는 지각들과 단순한 영혼의 본질에 바로 적용하는 데에는 (신학자 자신들을 향하여) 술어들을 바꾸는 것 이외에 어떤 것도 요구되지 않는다. 왜냐하면 모든 측면에서 동일한 대상의 관념들과 지각들은 알려지지 않고 알 수도 없는 차이에 대한 가정에 그칠 뿐이기 때문이다.

둘째, 우리는 물질에 적용될 수 없는 실체의 관념을 가질 수 없으며, 물질의 독립적인 부분들마다 적용될 수 없는 독립적인 실체의 관념을 전혀 가질 수 없다. 그렇다면 물질은 양태가 아니라 실체이며, 물질의 각 부분들은 독립적 양태가 아니라 독립적 실체이다. 내가 이미 (제1편 제4부 제5절 첫 부분[29]에서) 증명했듯이 우리는 실체에 대해 완전한 관념을 가질 수 없지만, 실체를 그 자체로 존재할 수 있는 어떤 것으로 간주한다면 모든 지각은 실체이며, 지각의 독립적인 각 부분들이 모두 독립적인 실체라는 것은 명백하다. 따라서 이런 측면에서 앞의 가설과 뒤의 가설은 동일한 어려움들 때문에 괴로워하고 있다.

셋째, (스피노자처럼) 우주에는 하나의 단순 실체가 있다고 하는 체계에 대해 지금까지 다음처럼 반박해 왔다. 그에 따르면 만물의 지지자이자 기초인 실체는 완전히 같은 순간에 여러 가지 형태로 변용해야만 한다. 그러나 그 형태는 상반되거나 양립할 수 없는 형상이다. 예를 들어 원형과 사각형은 동일한 실체에서 동시에 양립할 수 없다. 그렇다면 동일한 실체가 네모 탁자와 둥근 탁자로 동시에 변용되는 것이 어떻게 가능한가? 나는 이 탁자들의 인상들에 관해 동일한 물음을 제기하고, 다른 경우와 마찬가지로 그 대답은 어느 경우에도 만족스럽지 못함을 깨닫는다.

우리가 어느 쪽으로 기울든 간에 마찬가지 어려움이 우리 뒤를 좇아다닌다. 우리는 위험하면서도 돌이킬 수 없는 무신론을 향한 길을 마련하지 않고 영혼의 단순성과 비물질성을 확정하는 데 있어서 단 한 걸음도 나아갈 수 없을 것 같다. 사유를 영혼의 변용이라고 일컫는 대신, 더욱 오래됐으면서도 더욱 근대적인 이름인 작용[30]으로 불러도 마찬가지이다. 작용이라고 하는 것의 의미는 일상적으로 추상적 양태[31]라고 일컫는 것과 거의 같다. 즉 정확히 말하여 작용은 실체로부터 분리될 수도 구별될 수도 없는 것이며, 이성의 구별[32] 또는 추상을 통해서만 생각될 수 있는 것이다. 그러나 이처럼 변용이라는 술어를 작용이라는 술어로 바꾼다고 하더라도 우리가 얻을 수 있는 것은 없다. 또 다음과 같은 두 가지 성찰에서도 알 수 있겠지만, 우리는 그런 방식으로는 단 한 가지 어려움에서도 벗어날 수 없다.

첫째, 작용이라는 단어를 이렇게 해석함에 따라, 나는 그 단어가 사유하는 실체 또는 정신에서 유래하는 어떤 지각에도 결코 타당하게 적용될 수 없다는 것에 주목한다. 모든 지각은 실제로 서로 전혀 다르며 완전히 분리되고 구별될 수 있고, 우리가 상상할 수 있는 그 밖의 어떤 것과도 다르며 분리되고 구별될 수 있다. 그러므로 지각이 어떻게 어떤 실체의 작용 또는 추상적 양태일 수 있는가를 생각하는 것은 불가능하다. 작용으로서의 지각이 그 실체에 어떤 방식으로 종속되는가를 보여 주기 위해 흔히 이용되는 운동의 사례는 우리에게 무언가를 가르쳐 준다기보다는 오히려 혼동을 일으킨다. 모든 현상에 따르는 운동은 물체에 실재적이고 본질적인 변화를 일으키지는 않는다. 운동은 단지 다른 대상들에 대한 그 물체의 관계만을 변화시킬 뿐이다. 가까운 동료들과 아침에 뜰을 산책하는 사람이 오후에는 지하 감옥에 갇혀 분노와 절망과 공포로 가득 차 있다면 이 둘 사이에는 근본적 차이가 있는 것으로 여겨진다. 즉 이 차이는 물체의 위상 변화에 따라 신체에 일어난 차이와는 전혀 다른 종류이다. 우리는 그 관념들의 구별 및 분리 가능성으로부터 외부 대상들은 서로 분리된 존재를 갖는다고 결론을 내린다. 이 관념들 자체를 우리의 대상으로 삼는다면[33] 우리는 앞에서 살펴본 바에 따라 이 관념들에 관해서도 동일한 결론을 이끌어 내어야 한다. 적어도 다음과 같은 사실은 인정되어야 한다. 영혼이라는 실체에 관해 어떤 관념도 가질 수 없다면, 근본적 변화 없는 지각들 사이의 그와 같은 차이들이나 심지어 상반성들을 용인할 수 있는 방법에 대해 말할 수도 없다. 결과적으로 우리는 지각이 영혼적인 실체의 활동이라고 하는 것이 무슨 의미인지 결코 말할 수 없다. 그러므로 어떤 의미도 수반하지 않는 작용이라는 단어를 변용이라는 단어 대신 쓰는 것은 우리의 지식에 아무런 도움도 주지 않으며, 영혼의 비물질성에 관한 학설에도 조금도 유리하지 않다.

둘째로 나는 작용이라는 술어를 대용하는 것이 신학자들이 주장하는 바의 근거에 장점을 더해 준다면, 그것은 틀림없이 무신론의 근거에도 같은 것을 더해 준다는 점을 덧붙인다. 신학자들이 감히 작용이라는 단어를 독점하려 들 수 있을까? 무신론자들도 마찬가지로 그것을 소유하고, 식물, 동물, 사람 등은 맹목적이고 절대적인 필연성으로부터 스스로를 발현하는 하나의 단순한 우주적 실체의 개별적 작용에 지나지 않는다고 단언해서는 안 되지 않을까? 당신은 이것은 완전히 불합리하다고 할 것이다. 나도 이것이 이해하기 어려움을 인정한다. 그러나 동시에 이제까지 설명된 원리들에 따라 내가 주장하는 것은, 자연의 다양한 대상들을 모두 하나의 단순 실체의 작용이라고 (무신론자들이) 가정하는 데에서 발견할 수 있는 모든 불합리성은 그대로 인상과 관념에 관한 (신학자들의) 유사한 가정에 적용될 수 있다는 것이다.

실체 및 지각들의 공간적 결부에 관한 이 가설들로부터 우리는 실체에 관한 가설보다 더 알기 쉽고 공간적 결부에 관한 가설보다 더 중요한 다른 가설, 즉 지각들의 원인에 관한 가설로 옮겨 간다. 강단에서는 흔히 다음과 같이 말한다. 즉 물질과 운동은 아무리 모양이 변화해도 여전히 물질과 운동일 뿐이며, 대상들의 위치와 상태에 차이를 산출할 뿐이다. 물체를 당신이 원하는 만큼 몇 번이고 분할해 보라. 그래도 물체는 여전히 물체이다. 그것을 어떤 형태로 배열해 보라. 형태 또는 부분들의 관계 이외의 어떤 결과도 나타나지 않는다. 그 물체를 어떤 방식으로 움직여 보라. 당신은 여전히 운동 또는 관계의 변화를 발견한다. 예를 들어 원 운동은 원 운동일 뿐인데, 타원 운동과 같은 다른 방향의 운동을 정념 또는 도덕적 반성[34]이라고 상상하는 것은 불합리하다. 즉 두 구형 입자의 충돌은 고통의 감각이 되고 두 삼각형 입자의 합류는 쾌락을 제공하리라고 상상하는 것은 불합리하다. 서로 다른 충돌과 변동 그리고 혼합만이 물질에서 가능한 변화이다. 그리고 그 변화들은 우리에게 사유의 관념 또는 지각을 결코 제공해 주지 않으므로, 언제나 물질이 사유의 원인일 수 있다고 결론을 내릴 수는 없다.

이 논변의 외견상의 명증성을 반박할 수 있는 사람은 거의 없었다. 그러나 그 논변을 논박하는 것보다 더 쉬운 일은 이 세상에 없다. 원인과 결과 사이의 필연적 결합을 우리가 전혀 지각할 수 없다는 것[35]과, 오직 항상적 결부를 경험함으로써만 우리는 이 관계에 대한 어떤 지식에 이를 수 있다는 것[36] 등이 자세히 증명되었는지를 반성해 보기만 하면 된다. 본래 상반되지 않는 대상들은 모두 항상적 결부를 허용한다. 그리고 어떤 실재적 대상들도 서로 상반될 수 없으므로, 이 원리들로부터 내가 추정할 수 있는 것은 문제를 선험적으로 고려하면 어떤 것이 어떤 것에 의해서 산출될 수도 있다는 것과, 대상들 사이의 유사성이 아무리 크거나 작다고 할지라도 어떤 대상이 다른 대상의 원인일 수도 있고 아닐 수도 있는 이유를 우리는 결코 발견할 수 없다는 것 등이다.[37] 이것은 분명히 지각이나 사유의 원인에 관한 앞의 추론을 파괴한다. 왜냐하면 사유 또는 운동 사이의 연관이 어떤 방식으로도 나타나지 않는다고 하더라도, 이 점은 모든 다른 원인이나 결과와 동일하기 때문이다. 지렛대의 한쪽 끝에 1파운드 무게의 어떤 물체를 두고, 다른 쪽 끝에 같은 무게의 다른 물체를 두자. 당신은 그 물체들에서 사유나 지각의 원리를 발견할 수 없을뿐더러 그 물체들과 중심 사이의 거리에 종속되는 어떤 운동 원리도 발견할 수 없을 것이다. 그러므로 당신이 선험적으로 증명하려고 하더라도, 물체들의 그와 같은 위치가 결코 사유의 원인일 수는 없다. 당신이 원하는 방식으로 그 위치를 바꾸어도 그것은 물체들의 위치일 뿐이기 때문이다. 동일한 추론 과정을 통해서 당신은 결코 물체들의 위치가 운동을 산출할 수 없다는 결론을 내려야 한다. 후자의 경우와 마찬가지로 전자의 경우에도 뚜렷한 연관은 없기 때문이다. 그러나 이 결론은 명백히 경험과 상반된다. 게다가 우리는 정신의 작용에서도 유사한 경험을 할 수 있고 또 사유와 운동의 항상적 결부를 지각할 수도 있다. 따라서 단순히 그 관념들을 고찰한 것만으로 운동은 사유를 결코 산출할 수 없다거나 또는 부분들의 서로 다른 위치가 서로 다른 정념과 반성을 불러일으킬 수 없다는 등의 결론을 내리는 것은 지나치게 성급한 추리이다. 운동이 사상의 원인이 되는 것은 가능할 뿐만 아니라 확실한 경험이다. 모든 사람들은 자기 신체의 상태가 다르면 자신의 사유와 소감을 변화된다는 것을 지각할 수 있기 때문이다. 누군가 이것이 영혼과 신체의 합일에 의존하는 것이라고 말한다면, 나는 다음과 같이 대답할 것이다. 우리는 정신이라는 실체에 관한 물음과 정신이 사유하는 원인이라는 것에 관한 물음을 분리해야만 한다. 또 그 사유의 원인에 관한 물음에 국한한다면 우리가 알 수 있는 것은 사유의 관념과 운동의 관념들을 비교함으로써 사유와 운동이 서로 다르다는 것과, 또 경험을 바탕으로 사유와 운동이 항상적으로 합일되어 있다는 것이다. 그런데 원인과 결과의 관념을 물질에 적용시킬 때 원인과 결과의 관념을 이루는 여건들은 모두 이것과 대등하다. 그러므로 (물질적) 운동은 사유 및 지각의 원인이 될 수 있고 또한 현재의 원인이다라고 확실히 결론을 내릴 수 있다.

따라서 이 경우에 우리에게 남은 것처럼 보이는 유일한 딜레마는 다음과 같다. 즉 정신이 대상들에 대한 자신의 관념 안에서 그 연관을 지각할 수 있는 경우를 제외하면 다른 것의 원인일 수 있는 것은 아무것도 없다고 주장하거나, 또는 우리가 항상 결합된 것으로 발견하는 대상들은 모두 그 이유 때문에 원인과 결과로 간주되어야 한다고 주장하는 것이다. 우리가 이 딜레마의 첫 번째 조건을 선택한다면 그 결론은 다음과 같다. 첫째로 우리가 실제로 긍정하는 것은, 우주에는 원인 또는 생산적 원리 같은 것이 전혀 없으며, 심지어 신도 없다는 것이다. 최고 존재의 관념은 개별적 인상들에서 유래되는데,[38] 이 인상들 가운데 어떤 효력을 갖는 것은 전혀 없고, 또 다른 어떤 존재라도 그것과 어떤 연관을 갖는 것으로 여겨지지 않기 때문이다. 무한한 능력을 가진 존재의 관념과, 그 존재가 원하는 어떤 결과의 관념 사이에는 연관이 필연적이고 불가피하다고 말할 수 있을지도 모른다. 그러나 나는 다음과 같이 대답한다. 우리는 무한한 능력을 타고난 존재자라는 관념을 갖지 않으며,[39] 더욱이 무한한 능력을 타고난 존재자의 관념을 갖지 않는다. 그뿐만 아니라 표현을 바꾼다면, 우리는 연관을 통해서 능력을 규정할 수 있을 뿐이다.[40] 그렇다면 무한한 능력을 가진 존재의 관념이 그 존재가 원하는 모든 결과의 관념과 연관된다고 할 때 우리는 실제로 자신의 의지가 모든 결과와 연관된 존재는 모든 결과와 연관된다고 주장할 뿐이다. 그런데 이것은 동일한 명제이며 문제가 되고 있는 능력 또는 연관의 본성에 관한 통찰력을 주는 것이 아니다. 그러나 둘째로 신을 모든 원인의 결함을 보충하는 거대하고 효력 있는 원리라고 가정하더라도, 이것은 우리를 엄청난 불경과 불합리로 유인한다. 그 이유는 다음과 같다. 즉 우리는 자연의 작용들 안에 있는 신에게 호소하고, 물질은 스스로 운동을 전달하거나 사유를 산출할 수 없다고 주장한다. 그렇지만 바로 그와 같은 이유에서 이 대상들 사이에는 뚜렷한 연관이 없으므로 나는 신이 우리의 의도와 지각 모두의 창조주라는 것을 인정하지 않을 수 없다고 말한다. 그 의도와 지각들은 서로 간에도, 또는 영혼이라는 알려지지 않은 가정되기만 한 실체와도 뚜렷한 연관을 갖지 않기 때문이다. 우리가 아는 것처럼 의도를 제외한 또는 의도의 사소한 부분을 제외한 모든 정신 활동에 관여하는 여러 철학자들이 최고 존재의 이러한 작용인을 주장했다.[41] 이 예외가 이론의 위험한 귀결을 회피하기 위한 단순한 구실일 뿐이라는 것을 지각하기란 쉽다. 뚜렷이 드러나는 능력을 가진 것 이외에 활동적인 것이 있을 수 없다면, 사유는 어떤 경우에도 물질보다 활동적일 수 없다. 이 비활동성 때문에 우리가 필연적으로 신에 의존해야 한다면, 선할 뿐만 아니라 악한, 또는 고결할 뿐만 아니라 사악한 모든 행위의 참된 원인은 지고의 존재이다.

따라서 우리는 필연적으로 딜레마의 다른 측면으로 옮겨 가게 된다. 즉 항상적으로 연결된 것으로 알려진 대상들은 그 때문에 모두 원인과 결과로 간주될 뿐이다. 그렇다면 상반되지 않은 대상들은 모두 항상적 결부를 허용할 수 있다. 또 어떤 실제 대상들도 서로 상반되지 않으므로, 우리는 단지 관념들을 통해 어떤 것이 어떤 것의 원인일 수도 있고 결과일 수도 있다고 결정할 수 있다. 이것은 분명히 유물론자들을 그들의 논적보다 우세하게 만들어 준다.

그렇다면 대체로 다음과 같이 단언할 수 있다. 영혼이라는 실체에 관한 물음은 절대로 알 수 없다. 모든 정신적 지각들은 연장을 갖는 것이든 연장을 갖지 않는 것이든 어떤 것과도 장소적 합일을 할 수 없다. 어떤 것은 연장을 갖는 종류의 지각이고, 어떤 것은 연장을 갖지 않는 종류의 지각이기 때문이다. 끝으로, 대상들의 항상적 결부는 원인과 결과의 참된 본질을 이루므로, 우리가 그 관계에 대해 어느 정도 아는 한 물질과 운동은 때때로 사유의 원인으로 간주될 수 있을 것이다.

어디서나 당연히 최고의 권위를 인정받는 철학이 그 결론에 대해 일일이 변명하도록 하는 것과, 철학 때문에 피해를 입을 수도 있는 모든 개별적 방법과 학문에 대해 스스로를 정당화하도록 하는 것 등은 철학에 대한 일종의 모욕이다. 이것은 자기 신하에 대한 반역죄로 피소된 왕을 떠올리게 한다. 그러나 철학이 자신을 정당화하는 것이 필요하고 또 명예롭다고 여겨질 때가 단 한번 있는데, 그것은 종교가 조금이라도 피해를 입었다고 여겨질 때이다. 종교의 권리들은 철학에 있어서 철학 고유의 권리와 마찬가지로 귀한 것이며 실제로 동일한 것이다. 그러므로 앞의 논변들이 어떤 방식으로든 종교에 위험하다고 상상하는 사람이 있다면, 나는 다음과 같은 변명이 그의 불안을 해소시켜 줄 것이라고 믿는다.

인간의 정신이 표상 작용을 형성할 수 있는 어떤 대상의 작용이나 그것의 지속에 관한 선험적 결론에는 근거가 없다. 우리는 어떤 대상이 완전히 작용을 중지하게 되거나 또는 순식간에 소멸될 것으로 상상할 수도 있다. 그리고 우리가 상상할 수 있는 것은 무엇이든 가능하다는 것[42]은 명백한 원리이다. 그런데 이것은 정신에 대해서와 마찬가지로 물체에 대해서도, 즉 단순하고 연장이 없는 실체에 대해서와 마찬가지로 연장을 갖는 복합적 실체에 대해서도 진실이다. 이 두 경우 모두 영혼의 불멸성에 관한 형이상학적 논변들은 똑같이 확정적이지 못하다. 그리고 그 두 경우에 모두 도덕적 논변[43]과 자연의 유비에서 유래하는 논변은 똑같이 강력하며 설득력이 있다. 그러므로 나의 철학이 종교를 옹호하는 논변들에 아무것도 덧붙이지 않더라도, 적어도 나는 종교를 옹호하는 논변들에서 아무것도 덜어내지 않았으므로 모든 것이 예전과 다름없다고 생각하는 것으로 만족하겠다.[44]

〈주〉

1 이 절과 다음 절에서는 정신 또는 심적 실체의 문제를 다룬다. 이것은 무신론이나 도덕적 회의론을 이야기하는 것처럼 받아들여져서, 원인과 결과에 대한 비판과 더불어 낭시 사람들을 놀라게 했다. 《인간지성 연구》에서는 이 문제나 제1편 제4부 제2절의 주제인 외적 실체의 검토를 반성하고, 제1편의 제4부를 거의 제외하고 있다.

2 우리의 무지를 덜어 주겠다고 장담하는 '철학자'는 당시의 신학자나 형이상학자 대다수를 가리킨다.

3 물체의 실체에 대해서는 제1편 제1부 제6절 및 제1편 제4부 제3절 참조.

4 인상의 근원성에 의거하는 흄의 상투적 논법이다. 제1편 제4부 제4절 주석 10 참조.

5 실체를 '그것 자체에 의해 존재할 수 있는 어떤 것'으로 정의한 대표적인 철학자는 데카르트와 스피노자이다. 제1편 제1부 제6절 주석 2 참조.

6 '명석(明晳)하게 표상되는 것은 무엇이든 존재할 수 있다'는 원리에 대해서는 제1편 제1부 제7절 참조.

7 '서로 다른 모든 것들은 구별될 수 있으며, 구별될 수 있는 모든 것들은 상상력에 의해 분리될 수 있다'는 원리에 대해서는 제1편 제1부 제7절 참조.

8 사유나 비연장에서 가장 유명한 철학가는 데카르트이지만, 이것은 신학자들의 전통적인 사고이기도 하다.

9 '공간적 결부'의 원어는 'local conjunction'이다. 'conjunction'은 원인과 결과의 비평에 있어서 특수한 용어로서 'constant conjunction'이라고 쓰일 때에는 '불변적 결합'이라는 말로

번역된다. 제1편 제1부 제1절 주석 11 참조.

10 공간 관념의 유래에 대해서는 제1편 제2부 제3절 참조.

11 '수학적 점'(mathematical point)에 대해서는 제1편 제2부 제3절 주석 8 참조.

12 '도덕적 반성'의 원어는 'moral reflexion'이다.

13 연장 관념이 정념 등에서 얻을 수 없는 점은 제1편 제2부 제3절 참조.

14 제1편 제1부 제5절 참조.〔원주〕

15 '실체'의 원어는 'substance'이다.

16 제1편 제1부, 특히 '유사성' 항목 참조.

17 '접근 관계'를 '위치의 유사성'으로 바꿔 말하는 것은 연합원리에 관한 흄의 새로운 또는 발전한 사고를 나타내는 것으로서 주의해야 한다.

18 제1편 제4부 2절부터 끝까지.〔원주〕

19 토마스 아퀴나스의 저서에서 유사한 구절이 발견된다. Cf. Thomas Aquinas, Summa Theologica, I, Quest. 8, Art. 2, Ad 3.

20 수학적인 점에 관해서는 앞의 주석 11 참조.

21 '가장 통속적인 철학(the most vulgar philosophy)'은 흄 자신이 속해 있는 로크 이래의 심리주의 경험론의 철학이다.

22 연장의 관념이 '어떤 인상의 모사'인 점은 제1편 제2부 제3절 참조.

23 '자유사상가(free thinker)'란 17, 8세기 그리스도교 신학의 도그마를 벗어나 자유롭게 사색하려 한 사람들을 가리킨다. 주로 이신론자(理神論者)들이 이 이름으로 불렸다.

24 '스피노자'는 누구나 아는 근세 초기 대륙합리론의 대철학자 Baruch Spinoza(1632~1677)를 가리킨다. '신에 취한 사람'이라고도 불린 그 역시, '신 즉 자연(deus sive natura)'의 범신론적 사상이나 종교의 자유를 논했기 때문에 신학자들 사이에서는 무신론자라고 비난받았다. 흄도 동일한 견해로 보고 있다.

25 '정념'의 원어는 'passion'이다. 스피노자는 이 말을 그 원뜻인 '수동'이라는 의미로, 또는 그것을 포함해서 쓰는 경우가 많다.

26 제1편 제3부 제6절 참조.〔원주〕

27 제1편 제4부 제2절의 지각들의 정합성에서 비롯된 추론과 같다.〔원주〕

28 P. Balye, Dictionaire Historigue et Critique, 스피노자 항 참조.(프랑스 계몽 시대의 철학자. 흄이 스피노자를 직접 배웠다는 증거는 명확하지 않지만, 벨을 통해서 알게 되었다는 것은 여기서 분명해진다)〔원주〕

29 실체 관념에 관해서는 제1편 제4부 제5절 참조.

30 '작용'의 원어인 'action'은 스콜라 철학에서 썼고, 근세 스피노자나 라이프니츠도 썼다.

31 '추상적 양태(abstract mode)'는 스콜라 철학의 용어이다.

32 '이성의 구별'에 관해서는 제1절 제1부 제7절 주석 9 참조.

33 사물과 그 관념의 일치에 대해서는 제1편 제1부 제7절 및 같은 절 주석 4 참조.

34 '도덕적 반성'의 원어는 'moral reflexion'이다. 립스는 'sittliche Überlegung'이라고 번역한다. 같은 절 주석 12 참조.

35 원인과 결과 사이의 필연적 결합을 지각할 수 없는 것은 제1편 제3부 제2절 참조.

36 원인과 결과 관계의 지식이 원인과 결과의 항상적 결부의 경험에 의해서만 얻을 수 있는 것은 제1편 제3부 제6절 참조.

37 제1편 제3부 제15절 참조.(원주)

38 최고 존재의 관념의 유래를 인간의 개별적 인상에서 찾았던 이는 로크이다. 제1편 제3부 제14절 주석 16 참조.

39 무한한 능력을 타고난 존재자의 관념을 갖지 않는 것은 제1편 제3부 제14절 참조.

40 능력과 필연적 연관이 같다는 점은 제1편 제3부 제14절 참조.

41 말브랑슈 신부와 그 밖의 데카르트주의자들이 그러했다.(말브랑슈 및 데카르트주의자들에 대해서는 제1편 제2부 제6절 참조. 립스의 번역에서는 이 원주가 탈락되었다)(원주)

42 상상할 수 있는 것은 무엇이든 가능하다는 점에 관해서는 제1편 제2부 제6절 참조.

43 영혼 불멸성의 '형이상학적 논변'은 영혼의 단순성에서 나온 논변이다. '도덕적 논변'은 완전한 행복을 바라거나 또는 선의의 완전한 보답을 구하는 데에서 나온 논변이다. '자연의 유비'에서 유래하는 논변은 당시 다수의 자연학자가 인정하던 물질의 영원성과 유사한 데에서 나온 것일까.

44 흄의 종교에 대한 민감함과 경계심 등을 여기서 엿볼 수 있다. 마찬가지로 제2편에서 자유 의지를 부정할 때에도 배려에서 나온 논구를 볼 수 있다. 제2편 제3부 제2절의 주석 5 참조.

6 인격의 동일성에 대하여

어떤 철학자들[1]이 상상하는 바에 따르면, 우리는 매순간마다 이른바 자아를 가까이 의식하고 있으며, 자아의 존재와 자아가 지속적으로 존재한다는 것 등을 느끼고, 자아의 완전한 동일성과 단순성을 모두 논증의 명증성 이상으로 확실하다고 상상한다. 그들에 따르면 가장 강력한 감각과 가장 격렬한 정념도 우리를 이런 자아관에서 벗어나도록 하지 않는다. 이런 자아관에 더욱 열정적으로 매달리게 할 뿐이다. 또 그 감각과 정념에 따르는 고통이나 쾌락을 통해 감각과 정념이 자아에 끼치는 영향을 고찰하도록 한다. 이 자아라는 존재에 관한 더 이상의 증거를 모색하는 것은 그 사실의 명증성을 약화시킬 뿐이다. 우리가 그 이상 가깝게 의식하는 사실에서 유래하는 어떤 증거도 없기 때문이다. 따라서 우리가 이것을 의심하면 우리가 확신할 수 있는 것은 전혀 없다.

그러나 불행히도 이 모든 긍정적 주장들은 그 주장들을 옹호하는 실제 경험과 상반되며, 따라서 여기서 설명된 것과 같은 자아의 관념은 가질 수 없다. 그렇다면 이 관념은 어떤 인상에서 유래될 수 있는가? 명백한 모순이나 불합리

없이 이 물음에 대답하는 것은 불가능하다. 그러나 우리가 자아의 관념을 명료하게 이해할 수 있도록 변화시키려면, 그것은 반드시 대답해야 하는 물음이다. 모든 실제적 관념들마다 그 관념을 불러일으키는 어떤 하나의 인상이 있는 것은 틀림없다. 그러나 자아 또는 인격은 하나의 인상이 아니며, 우리의 여러 인상들과 관념들이 그와 같은 인상에 관계하는 것으로 가정된다. 어떤 인상이 자아의 관념을 불러일으킨다면, 그 인상은 우리 삶의 모든 과정을 통하여 동일함을 지속해야 한다. 자아는 그와 같은 방식에 따라 존재한다고 가정되기 때문이다. 그러나 항상적이고 변하지 않는 인상은 없다. 고통과 쾌락, 슬픔과 기쁨, 정념과 감각은 잇따라 일어나며 모두가 동시에 존재하지 않는다. 그러므로 이 인상들 가운데 어떤 것에서도, 또는 다른 어떤 것에서도 자아의 관념은 유래할 수 없다. 따라서 그와 같은 관념은 없다.

그런데 더 나아가서 이 가설에 따르면 우리의 개별적 지각은 모두 어떻게 되겠는가? 이 지각들은 모두 서로 다르고 구별될 수 있고, 분리될 수 있다. 따로따로 고찰될 수도 있고, 따로따로 존재할 수도 있으며, 그 지각들의 존재를 지지해 줄 어떤 것도 필요 없다.[2] 그렇다면 그 지각들은 어떤 방식에 따라 자아에 속하는가? 그리고 그것들이 어떻게 자아와 연관되는가? 나로 말할 것 같으면, 내가 이른바 나 자신이라는 것의 심층에 들어갔을 때, 나는 언제나 어떤 특수한 지각들, 즉 뜨거움 또는 차가움, 빛 또는 그림자, 사랑 또는 증오, 고통 또는 쾌락 등과 만나게 된다. 나는 지각 없이는 나 자신을 잠시도 포착할 수 없다. 지각 없이는 어떤 것도 관찰할 수 없다. 깊은 잠에 빠졌을 때처럼 내 지각들이 한동안 사라진다면, 그동안만큼은 나 자신을 감지할 수 없다. 따라서 나 자신은 존재하지 않는다고 할 수도 있을 것이다. 내가 죽어서 나의 지각이 모두 없어진다면, 나의 신체가 죽은 뒤 생각할 수도, 볼 수도, 느낄 수도, 사랑할 수도, 미워할 수도 없다면, 나는 완전히 사라질 것이다. 나를 완전한 비실재로 만드는 데 무엇이 더 필요한지도 생각할 수 없다. 그렇지만 만약 진지하고 편견 없이 반성하는 사람이 자기 자신에 대해 다른 관념을 갖는다고 생각하면, 나는 더 이상 그를 설득하지 못함을 인정할 수밖에 없다. 내가 그에게 허용할 수 있는 것은 그도 나와 마찬가지로 타당할 수 있다는 것이다. 우리는 이 점에서 본질적으로 서로 다르다는 것뿐이다. 나는 나에게 나 자신이라는 원리가 없다는 것을 확신하지만, 그는 아마 그가 자기 자신이라고 일컫는 단순하고 지속적인 어떤 것을 지각할 수도 있을 것이다.

그러나 이런 종류의 형이상학자들은 제쳐놓더라도, 나는 그 밖의 다른 사람들에 대해 감히 다음과 같이 단언한다. 인간이란 서로 다른 지각들의 다발 또는 집합[3]일 뿐이다. 이 지각들은 상상도 할 수 없는 속도로 잇달아 계기하며 영원히 흐르고 운동한다. 우리 눈이 눈구멍에서 운동하면 지각의 모양은 변화하지 않을 수 없다. 그러나 사유는 시각보다 더 가변적이다. 그리고 다른 모든 감관과 직능은 이 변화에 기여한다. 그러므로 정신에 어떠한 능력이 있다 한들 단 한순간이라도 변화하지 않고 동일하게 남아 있는 것이란 있을 수 없다. 정신은 일종의 극장이다. 거기서는 여러 지각들이 계속하여 나타나고, 지나가며, 다시 날아가고 미끄러지듯 사라지며 무한히 다양한 자태와 상황을 만들어낸다. 우리는 정신의 단순성과 동일성을 상상하는 자연적 성향을 지닐 수도 있지만, 아마 정신에는 단 한순간도 단순성이 없을 것이며 서로 다른 순간에는 동일성[4]이 없을 것이다. 그뿐 아니라 극장의 비교에 현혹되어서는 안 된다. 그 지각들은 정신을 구성하는 유일한 계기적 지각들이다. 우리는 이 지각들의 전경이 재현되는 장소 또는 그 장소를 구성하는 소재에 대해서는 아주 막연한 견해조차 가질 수 없을 것이다.

그렇다면 동일성이 이 계기적 지각들에 속한다 생각하고, 우리 삶의 모든 과정을 통해 불변적이고 영속되는 존재를 우리가 소유하는 것으로 가정할 만큼 엄청난 성향은 무엇으로 인해 우리에게 부여되었을까? 이 물음에 대답하기 위해서는 사유 또는 상상력에 관한 인격의 동일성과, 우리가 우리 자신에게 느끼는 관심[5]이나 정념 등에 관한 인격의 동일성을 구별해야 한다. 현재 우리의 주제는 첫 번째 경우의 인격의 동일성이다. 이것을 완전히 설명하려면 문제를 매우 깊이 고찰해야 하며, 우리가 동물과 식물에 속한다고 하는 동일성에 대해서도 설명해야 한다.[6] 그 동일성과 자아 또는 인격의 동일성 사이는 매우 가깝기 때문이다.

(제1편 제4부 제2절에서 서술했다시피[7]) 우리는 어떤 대상에 대한 독립적 관념을 갖는다. 이것은 시간의 가상적 변화를 거치면서 불변적이고 부단하게 남아 있다. 우리는 이 관념을 동일성의 관념 또는 같음의 관념이라고 일컫는다. 또

한 우리는 계기적으로 존재하며 밀접한 관계에 따라 연관된 서로 다른 여러 대상들에 대해서도 마찬가지로 독립적 관념을 갖는다. 그리고 이 관념을 정확히 살펴보면 이것은 사물 사이에 어떠한 관계도 없었던 때와 마찬가지로 완전한 다양성의 관념을 제공해 준다. 그러나 동일성 및 관계된 대상들의 계기에 대한 두 관념이 그 자체로는 완전히 별개이며 심지어 상반된다고 하더라도, 우리의 일상적 사고 방식에서는 그 관념들이 대개 서로 혼동되고 있다는 것은 확실하다. 우리는 상상력의 활동에 따라 부단하고 불변적인 대상들을 고찰하며 또 관계된 대상들의 계기에 대해 반성한다. 그런데 이 활동들

로크의 《인간오성론》(1689)

은 거의 같다고 느껴지며 앞의 경우와 마찬가지로 뒤의 경우에서도 많은 사유의 노력이 필요한 것은 아니다. 관계는 한 대상에서 다른 대상으로 옮겨 가는 것을 촉진하며, 정신이 마치 지속적인 하나의 대상이라도 보고 있는 듯이 거침없이 옮겨 가도록 해 준다. 이 유사성은 혼동과 오해의 원인이며, 우리가 동일성이라는 관념을 관계된 대상들에 대한 관념에 대체하도록 한다. 우리는 관계된 계기들을 어떤 순간에는 가변적이며 단속적인 것으로 간주할 수도 있겠지만, 그 다음에 그 계기에 완전히 동일성을 귀속시키고 그 계기를 불변적이고 부단한 것으로 간주한다는 것은 확실하다. 이런 오해의 성향은 앞에서 언급했던 유사성을 통해 매우 왕성해져서 우리는 미처 알아차리기도 전에 그 오해에 빠질 정도이다. 우리가 끊임없는 반성으로 스스로를 교정하여 엄밀한 사고 방식으로 되돌아가더라도, 우리는 우리 철학[8]을 오래 유지할 수 없거나 또는 상상력에서 이 편견을 제거할 수 없다. 우리에게 남은 마지막 방책은 상상력에 굴복하여, 서로 다른 관계된 대상들이 단속적이며 가변적이라고 하더라도 사실은 동일하다고 과감하게 주장하는 것이다. 우리는 이 불합리를 스스로 정당화하기 위해, 이따금 대상들을 함께 연관짓고 그 대상들의 단속과 변화를 막아 줄

새롭고 난해한 원리를 꾸며 낸다. 이리하여 우리는 감관의 지각들이 갖는 단속을 제거하기 위해 그 지각들의 지속적 존재를 꾸며 내고, 그 변화를 감추기 위해 영혼, 자아 그리고 실체 등과 같은 관념에 빠져든다. 나아가서 우리는 다음과 같은 점을 알 수 있을 것이다. 즉 우리가 그런 허구를 불러일으키지 않는 경우에 동일성을 관계와 혼동하는 성향은 매우 왕성하여, 우리는 부분들의 관계를 떠나서 그 부분들을 연관짓는 신비적이고 알지 못하는 어떤 것을 가정하기 쉽다.[9] 나는 이것이 우리가 묘목이나 채소에 속하는 것으로 생각하는 동일성과 관련되는 경우라고 간주한다. 그리고 이것이 나타나지 않은 경우에도, 또 우리가 그 경우에 완전히 만족할 수 없을뿐더러 동일성에 대한 우리의 견해를 정당화해 줄 불변적이고 부단한 어떤 것을 발견하지 못했다고 할지라도, 우리는 여전히 동일성과 관계의 관념들을 혼동하는 성향을 느낀다.

그러므로 동일성에 관한 논쟁은 단순한 언어적 논란에 그치지 않는다.[10] 타당하지 못한 의미에서 우리가 동일성을 가변적이고 단속적인 대상에 속하는 것으로 생각한다면, 우리의 오류는 그 표현에 국한되지 않고 대개 허구를 수반한다. 이 허구는 불변적이고 부단한 어떤 것이거나 신비적이고 설명할 수 없는 어떤 것에 수반하는 것이기 때문이다. 또는 우리의 오류는 적어도 그와 같은 허구로 나아가는 성향을 수반하기 때문이다. 공정한 탐구자들이 모두 만족하도록 이 가설을 충분히 증명하려면 일상적 경험과 관찰에서 다음과 같은 것을 보여 주게 된다. 즉 가변적이거나 단속적이지만 동일함을 지속한다고 가정된 대상들은 유사성, 인접성 또는 인과성에 의해 연관된 부분들의 계기로 이루어진 것일 뿐이다. 왜냐하면 그와 같은 계기는 다양성에 대한 우리의 견해와 부합하므로, 우리는 오해를 통해서만 그 계기에 동일성을 귀속시킬 수 있기 때문이다. 우리를 이런 오해로 유인하는 부분들의 관계는 사실 일종의 성질일 뿐이다. 이 성질이 관념들의 연합을 산출하고 하나의 관념에서 다른 관념으로 상상력이 거침없이 전이하도록 하는 것이다. 그러므로 그 관계는 오직 유사성에서 유래할 수 있을 뿐이다. 정신의 이 활동은 유사성을 포함하는데, 유사성을 통해서 우리는 오류가 발생하는 하나의 지속적 대상을 응시한다. 그렇다면 우리가 우선 해야 할 일은, 대상들의 불변성과 그 대상들의 부단함을 볼 수 없는 데에 구애받지 않고 우리가 동일성을 귀속시켰던 모든 대상들이 관계된 대상들의 계기로 이루어진 것임을 증명하는 일이다.

이를 위해 각 부분들이 인접해 있고 연관된 어떤 물질 덩어리가 우리 앞에 놓여 있다고 가정해 보자. 아무리 우리가 이 물질 덩어리 전체나 부분들에서 운동과 장소의 변화를 발견하더라도 모든 부분들이 불변적이고 부단하게 동일함을 지속한다면, 이 덩어리에 완전한 동일성이 속한다고 생각해야 한다는 것은 분명하다. 그러나 아주 작거나 사소한 부분이 그 덩어리에 더해지거나 또는 덜어진다고 가정해 보자. 이것은 엄밀히 말하여 전체의 동일성을 절대적으로 파괴할 것이다. 하지만 우리가 그처럼 정확하게 사고하는 경우는 드물기 때문에, 사소한 변화를 발견하는 데 그친다면 주저 없이 그 물질 덩어리는 동일한 것이라고 단언한다. 변하기 전의 대상에서 변한 후의 대상으로 사유가 옮겨가는 것은 매우 원활하고 쉽다. 그 때문에 우리는 그런 전이를 거의 지각하지 못하며 그처럼 사유가 옮겨 가는 것을 동일한 대상을 지속적으로 조망하는 것일 뿐이라고 상상하는 것이다.

이 실험에는 매우 주목할 만한 여건이 수반된다. 즉 물질 덩어리에서의 상당 부분의 변화가 전체의 동일성을 파괴하더라도, 우리는 절대적으로 측정할 것이 아니라 전체에 대한 부분의 비율에 따라 그 부분의 크기를 측정해야 한다. 단 몇 인치의 변화도 어떤 물체들의 동일성을 파괴할 수 있겠지만, 산이 커지고 작아지는 것은 지구에서 동일성을 파괴하기에는 충분하지 않을 것이다. 그러므로 대상들이 정신에 작용하는 것과, 대상들이 자신들의 실제 크기에 따라서가 아니라 그 대상들 상호 간의 비율에 따라서 정신 활동들의 지속성을 파괴하거나 단절시키는 것 등에 대해 반성하지 않고는 변화 비율과 동일성의 관계를 설명하기란 불가능하다. 그러므로 이 단속이 어떤 대상이 동일한 것으로 현상하는 것을 중단시키는 한, 사유의 부단한 진행이 불완전한[11] 동일성을 구성하는 것은 틀림없다.

이것은 다른 현상에서도 확인할 수 있을 것이다. 물체의 상당 부분에서 발생한 변화는 그 물체의 동일성을 파괴한다. 그런데 그 변화가 점차적이고 감지할 수 없게 일어났을 때, 우리는 그 변화에서 동일한 결과가 기인한다고 보는 경향이 덜하다. 그 이유는 물체의 계기적 변화들을 따라가는 정신은 어떤 순간에 그것의 상태를 조망하는 데서 다른 순간에 그 상태를 조망하는 것으로 거침없이 옮겨 가는 것을 느끼며, 또 어떤 개별적 시간에서도 그 작용의 단속을 지각하지 않기 때문이라는 것 이외에는 있을 수 없다. 지각의 이러한 지속성 때문에 정신은 지속적 존재와 동일성이 그 대상에서 기인한다고 간주한다.

그러나 우리가 그 변화들을 점차적으로 수용하고 그 변화들을 전체에 비례하도록 하면서 아무리 주의를 기울인다고 하더라도, 마침내 그 변화가 현저해지는 것을 관찰하는 경우에 우리는 서로 다른 그 대상들에 동일성이 기인하는 것으로 생각하기를 망설이는 것은 확실하다. 그렇지만 상상력이 한 걸음 더 나아가도록 할 수 있는 다른 계책이 있다. 그 계책은 부분들을 서로 관련짓는 것이다. 다시 말해서 어떤 공동 목표 또는 목적에 결부시키는 것이다. 예를 들어 잦은 수선으로 상당 부분이 현저하게 변화한 배는, 그럼에도 불구하고 동일한 것으로 간주된다. 재료의 차이도 배에 동일성을 귀속하는 데 방해가 되지 못한다. 각 부분들이 협력하는 공동 목표는 그 부분들의 모든 변화에서도 동일하며, 그 공동 목표는 상상력이 물체의 한 상태에서 다른 상태로 쉽게 전이할 수 있도록 한다.

그러나 이처럼 부분의 변동에 관계없이 동일성을 부여하는 경향은 부분들의 공동 목표에 그 부분들의 공감을 더할 때,[12] 즉 부분들이 서로 그 모든 활동과 작용에서 원인과 결과의 상호 관계를 맺는다고 가정할 때 더욱 중요하다. 여러 부분들이 공통 목적에 따라 관계를 맺을 뿐만 아니라 서로 의존하며 연관을 짓는 경우는 모든 동물과 식물에도 해당된다. 동물과 식물이 모두 단 몇 년 동안 전체적 변화를 겪는다는 것은 모든 사람이 인정할 수밖에 없는 바이다. 그런데 그 동식물들의 형태, 크기 그리고 실체가 온전히 변했다고 하더라도 우리가 여전히 그 동식물들 안에 동일성이 있다고 생각하는 것은 그처럼 강력한 관계의 결과이다. 묘목에서 거목으로 자란 떡갈나무는 물질의 입자나 부분들의 형태가 동일하지 않음에도 불구하고 여전히 같은 떡갈나무이다. 어린이는 어른이 되고 때로는 뚱뚱해지기도 하고 때로는 야위기도 하지만 그의 동일성에는 어떠한 변화도 없다.

또 우리는 다음과 같이 주목할 만한 두 종류의 현상을 고찰해 볼 수도 있을 것이다. 첫째, 우리는 일상적으로 수적 동일성과 유적(類的) 동일성을 매우 정확하게 구별할 수 있다. 그러나 어떤 경우에는 이 동일성들을 혼동하여, 사유나 추론에서 수적 동일성 대신 유적 동일성을 쓴다. 예를 들어 자주 끊겼다가 다시 나타나는 어떤 소음을 듣는 사람은 그것이 여전히 같은 소음이라고 주장한다. 그러나 그 소리들은 분명히 유적 동일성 또는 유사성만 지닐 뿐이며, 그 소음을 낳는 원인을 제외하고는 수적으로 같은 것이 전혀 없다. 마찬가지로 옛날에 벽돌로 지어졌던 교회가 폐허로 되었고, 교구에서는 근대의 건축 양식에 따라 사암으로 된 동일한 교회를 재건했다고 어법에 틀리지 않게 말할 수 있을 것이다. 이 경우 형식이나 재료 어느 것도 동일하지 않으며, 교구의 신도들에 대한 두 대상들의 관계를 제외하면 그 대상들에게 공통적인 것은 전혀 없다. 그렇지만 이것만으로도 우리가 그 대상들을 같은 이름으로 부르기에 충분하다. 단지 우리가 주목해야 할 점은 이 두 사례들에서 첫 번째 대상은 두 번째 대상이 존재하기 전에 어떤 방식으로 소멸되었다는 것이다. 그러므로 우리는 어느 한 시점에서 차이나 다수성의 관념을 떠올리지는 않는다. 그리고 이 이유 때문에 그 대상들이 동일한 것이라고 주저 없이 일컫는다.

둘째, 우리가 주목할 수 있는 현상은, 관계된 대상들의 계기에서 동일성을 유지하기 위해 반드시 필요한 것은 부분들의 변화가 갑작스럽거나 온전하지 않아야 하는 것이다. 그러나 대상들이 그 본성에서 가변적이고 일정하지 않은 경우에는, 그 관계가 지속되는 경우보다는 더욱 갑작스러운 변화가 있었다는 것을 인정해야 한다. 그러므로 강의 본성이 부분들의 운동과 변화에 있다고 하더라도—이 부분들이 전체적으로 바뀌는 데는 24시간도 채 안 걸릴 것이다—이 사실은 강물이 몇 세기 동안 동일함을 지속하는 데 걸림돌이 되지 않는다. 무엇이 어떤 것에 대해 본성적이고 본질적인지는 어느 정도 예견할 수 있다. 예견된 것은 비일상적이며 특이한 것보다 희박한 인상을 만들며, 덜 중요하게 여겨진다. 실제로 상상력은 전자의 상당한 변화가 후자의 사소한 변화보다 못하다고 여긴다. 따라서 예견된 것의 변화는 사유의 지속성을 덜 파괴함으로써 동일성을 파괴하는 데 영향을 덜 미친다.

이제 계속해서 인격의 동일성의 본성을 설명하겠다. 이것은 철학에서 매우 중요한 문제로 다루어져 왔고, 각별한 열정과 성심으로 모든 심원한 학문들을 탐구하는 영국에서도 특히 최근 몇 년 동안 아주 중요한 철학적 문제가 되었다. 그리고 동식물, 배, 집 그리고 모든 복합적이고 가변적인 인공적 산물과 자연물 등의 동일성에 관해 대단히 성공적으로 설명했던 것과 동일한 추론 방식이 유지되어야 하는 것은 명백하다. 우리가 인간의 정신에 속한다고 생각하는 동일성은 허구적인 것일 뿐이며, 우리가 동물과 식물의 신체에 속한다고 생각하는 동일성과 같은 종류이다. 그러므로 인격의 동일성도 다른 기원에서 비롯될 수 없으며, 유사한 대상들에 대한 상상력의 유사한 작용에서 발생해야 한다.

이러한 논변이 내 의견으로는 완전히 결정적이지만, 독자가 납득하지 못할까 염려되어 좀더 밀접하고 직접적인 다음 추론을 숙고해 보려고 한다. 우리가 인간의 정신에 속한다고 생각하는 동일성을 아무리 완전한 것으로 상상할 수 있다고 하더라도, 그 동일성이 서로 다른 여러 지각을 하나로 만들어 그 지각들에서 본질적인 구별과 차이의 특성을 상실하게 할 수 없다는 것은 명백하다. 정신의 구성에 참여하는 모든 독립적 지각들은 언제나 독립적 존재이며, 또한 공시적이든 계기적이든 간에 다른 모든 지각들과 다르며 구별되고 분리될 수 있다. 그러나 이 구별과 분리 가능성에도 불구하고 우리는 지각의 전체 계열이 동일성을 통해 합일된다고 가정하므로, 자연히 동일성이라는 이 관계에 관해서는 다음의 물음이 발생한다. 즉, 동일성은 실제로 우리의 여러 지각을 결속하는 것인가, 아니면 단지 상상력 안에서 그 관념들을 연합하는 것인가? 즉 바꾸어 말한다면 어떤 사람의 동일성에 관해 단언할 때, 우리는 그의 지각들 사이에서 어떤 실재적 결속을 관찰하는가, 아니면 우리가 그의 지각들에 관해 형성한 관념들 사이의 어떤 결속을 느낄 뿐인가? 이미 자세히 증명된 것을 돌이켜 본다면, 이 물음은 쉽게 해결할 수 있다. 즉 오성은 대상들 사이의 실재적 연관을 결코 관찰할 수 없고,[13] 엄밀히 검토해 보면 원인과 결과의 합일조차도 관념의 습관적 연합[14]으로 환원된다. 여기서 다음과 같은 사실이 분명해진다. 동일성은 서로 다른 지각들에 속하는 것일 수 없으며 그 지각들을 함께 합일하는 것도 아니다. 동일성은 우리가 지각들에 속한다고 생각하는 성질일 뿐이다. 우리가 지각에 대해 반성할 때, 그 지각들의 관념들은 상상력 안에서 합일되기 때문이다. 그런데 관념들을 상상력 안에서 합일할 수 있는 유일한 성질들은 앞에서 말했던 세 관계들[15]뿐이다. 이 관계들은 관념의 세계에서 합일하는 원리들이다. 이 원리들이 없다면 정신은 저마다 독립적인 대상들을 분리할 수 있고 분리하여 고찰할 수 있을 것이다. 또 그 대상들은 가장 극심한 차이와 간격을 두고 떨어져 있을 때와 마찬가지로 다른 대상들과 어떤 연관도 갖지 않는 것처럼 여겨진다. 그러므로 동일성은 유사, 인접 그리고 인과 등과 같은 세 관계들 가운데 어떤 것에 의존한다. 그리고 이 세 관계의 실제 본질은 그 관계들이 관념들의 거침없는 전이를 낳는 데 있다. 앞에서 설명된 원리들에 따르면 당연히 인격의 동일성이라는 우리의 관념도 연관된 관념들의 계열을 따르는 사유의 거침없고 부단한 진행에서 유래한다.

그러므로 우리가 정신 또는 사유하는 인격의 계기적 존재를 고찰할 때 어떤 관계가 사유의 이 부단한 진행을 산출하는가 하는 것이 남아 있는 유일한 문제이다. 그리고 여기서 우리는 문제를 유사성 및 인과성에 국한시켜야 하고, 이 문제에서 거의 또는 전혀 영향력이 없는 인접성[16]은 제외시켜야 한다.

우선 유사성부터 시작하자. 당신이 다른 사람의 마음을 꿰뚫어 볼 수 있고 그의 정신 또는 사고 원리를 구성하는 지각의 계기를 관찰할 수 있다고 가정하자. 또 그는 과거 지각들의 상당 부분에 대한 기억을 언제나 유지한다고 가정해 보자. 정신의 모든 변화 가운데 있는 이 계기에 관계를 부여하는 데 이보다 더 기여할 수 있는 것은 없다. 우리는 기억을 통해 과거 지각들의 심상을 불러일으킨다. 이 기억은 그런 직능이 아니면 무엇인가? 심상은 필연적으로 그 대상과 유사하므로, 연쇄적 사유에 유사한 지각들을 자주 배열하는 것이 상상력을 하나의 연결 고리에서 다른 연결 고리로 더 쉽게 전달할 것이 틀림없고, 또 그 전체가 한 대상의 지속처럼 여겨지도록 할 것이 틀림없다. 그렇다면 바로 여기서 기억은 동일성을 발견할 뿐만 아니라, 지각들 사이의 유사라는 관계를 낳음으로써 동일성을 산출하는 데 기여한다. 이것은 우리 자신을 고찰하든 다른 사람을 고찰하든 마찬가지이다.

인과에 대하여 우리가 관찰할 수 있는 것은 인간 정신의 참된 관념은 정신을 서로 다른 지각 또는 서로 다른 존재의 한 체계[17]로 간주하는 것이라고 할 수 있다. 이 지각 또는 존재들은 원인과 결과의 관계를 통해 함께 결속되고 서로 산출하고 파괴하며 영향을 미치고 서로 변형시킨다. 인상은 그 대응 관념을 불러일으키고, 관념은 그 자신으로부터 다른 인상을 낳는다. 하나의 사유는 다른 사유를 밀어내며, 다른 사유를 본받아 제3의 사유를 그려낸다. 이 제3의 사유에 의해 첫 번째 사유는 자신의 자리에서 추방된다. 이런 측면에서 나는 영혼을 공화국 또는 그 구성원의 공동체에 비유하는 것이 가장 적절하다고 생각한다. 거기서는 여러 성원들이 지배와 예속이라는 상호간의 유대를 통해 합일되며, 부분들의 끊임없는 변화 속에서 동일한 공화국을 이어갈 다른 사람을 낳는다. 동일한 공화국이 그 구성원들을 바꿀 뿐만 아니라 법률과 체제도 바꾸듯이, 동일한 사람은 자신의 인상이나 관념 등과 함께 자신의 동일성을 상실하지 않고도 자신의 성향과 성품을 변화시킬 수 있다. 그 사람이 어떤 변화를 겪더라도, 그의 여러 자질들은 인과 관계를 통해 여전히 연관되어 있다. 이런 점에서 정서와 관련된 우리의 동일성은 우리의 막연한 지각들이 서로 영향을 미치도록 함으로써, 또 과거 또는 미래의 고통과 쾌락에 관심을 기울이게 함으로써, 상상력과 관련된 우리의 동일성을 확증하는 데 기여한다.[18]

오직 기억만이 우리에게 이러한 지각들의 계기의 지속과 그 범위를 알려 주므로, 기억은 주로 여기에 근거하여 인격의 동일성의 원천으로 간주된다. 우리에게 기억이 없다면 인과성에 대해 어떤 견해도 세울 수 없고, 결과적으로 우리의 자아 또는 인격을 이루는 원인과 결과의 연쇄에 대한 견해도 세울 수 없다. 그러나 기억을 통해서 인과성에 관한 견해를 한번 품게 되면, 우리는 원인들의 동일한 연쇄를 확장하여 마침내 우리의 기억을 넘어서 있는 인격의 동일성에까지 다다를 수 있다. 따라서 우리가 완전히 잊어버렸지만 대개 존재했던 것으로 가정되는 시간, 여건 그리고 행동 등을 포괄할 수 있다. 우리의 과거 행동 가운데 우리가 조금이라도 기억하고 있는 것은 어째서 소수인가? 예를 들어 1715년 1월 1일, 1719년 3월 11일, 1733년 8월 3일에 자신이 무슨 생각을 하고 무슨 행동을 했는지 누가 나에게 말할 수 있는가? 아니면 그는 이 날들의 사건을 깡그리 잊어버렸기 때문에 현재의 자아는 당시의 자아와 동일한 인격이 아니라고 확언할 것인가? 그리고 그와 같은 방법으로 인격의 동일성에 관한 가장 확정적인 견해들을 모두 전복시킬 것인가? 그러므로 이런 관점에서 기억은 인격의 동일성을 산출한다기보다는 서로 다른 지각들 사이에 있는 원인과 결과의 관계를 우리에게 보여 줌으로써 인격의 동일성을 드러낸다. 만약 기억이 온전하게 우리 인격의 동일성을 낳는다고 단정하는 사람이 있다면, 책임을 지고 인격의 동일성을 기억 밖에까지 확장하는 이유를 제시해야 할 것이다.

이 학설 전체는 당면한 문제에서 아주 중요한 결론으로 우리를 인도한다. 즉 인격의 동일성에 관한 아주 훌륭하고 정교한 물음은 결코 해결될 수 없을 것이며, 그것은 철학적 난제라기보다는 오히려 문법적 난제로 간주되어야 할 것이다.[19] 동일성은 관념의 관계들에 의존하며, 이 관계들이 쉬운 전이를 낳음으로써 동일성을 산출한다. 그러나 관계들 그리고 전이의 수월함 등은 감지할 수 없을 정도로 감소될 수 있으므로, 그 관계들이 동일성이라는 이름의 자격을 획득하거나 상실할 때 우리는 시간에 관한 어떤 논쟁을 해결할 수 있는 타당한 기준을 세우지 않는다. 연관된 대상들의 동일성에 관한 모든 논쟁은 단지 언어상의 논쟁에 그친다. 단 우리가 이미 살펴보았듯이[20] 부분들의 관계가 어떤 허구 또는 합일의 가상적 원리를 낳는 경우는 예외이다.

인간의 정신에 적용되는 동일성에 관한 관념의 최초 기원과 불확실성에 관해 지금까지 내가 말한 것은 거의 또는 전혀 변경할 필요 없이 단순성에 관한 관념에까지 확장될 수 있다. 서로 다르면서도 공존하는 부분들이 밀접한 관계에 따라 결속될 때, 대상은 하나의 완전히 단순하고 나뉠 수 없는 것과 거의 같은 방식으로 상상력에 작용한다. 따라서 그것을 파악하기 위해 사유를 매우 긴장시킬 필요는 없다. 작용의 이 유사성으로부터 우리는 단순성이 그 대상에 속하는 것으로 여기며, 이 단순성의 지지물로서 그리고 그 대상의 서로 다른 부분들과 성질들 모두의 핵심으로서 합일의 원리를 꾸며 낸다.

이제 정신계[21]와 자연계 모두에 관한 여러 철학 체계에 대한 우리의 검토를 마무리한다. 신변잡기적 추론 방식으로 우리는 여러 문제점에 접근할 수 있었으나, 그 추론 방식은 이 글의 앞부분들을 예증하고 확정할 것이며 우리의 다음 의견을 위한 길을 마련해 줄 것이다. 우리의 판단력과 오성의 본성을 충분히 설명했으므로, 이제 우리 주제의 더욱더 철저한 검토로 다시 돌아가서 인성에 대한 정확한 해부에 착수하도록 하자.[22]

〈주〉
1 자아의 직접의식과 자명적(自明的) 존재를 말한 가장 유명한 철학자는 잘 알려져 있듯이 데카르트이지만, 로크에게서도 같은 사고가 발견된다. 《인간오성론》 제4권 제10장 제2절 참조.

2 이 '모두 구별될 수 있고'라는 원리는 때때로 볼 수 있다. 제1편 제1부 제7절 및 제1편 제4부 제5절 주석 7 참조.

3 영혼 또는 정신에 대한 정의로 가장 유명한 이 문장의 원문은 다음과 같다. 'a bundle or collection of different perceptions, which succeed each other with an inconceivable rapidity, and are in a perpetual flux and movement.'

4 동일성과 단순성 내지 단일성의 차이에 대해서는 제1편 제4부 제2절 주석 27 참조.

5 '우리 자신에게 느끼는 관심'은 제2편의 중요한 주제이다. 제2편 제1부 참조.

6 동식물의 동일성은 로크도 고찰하고 있다. 《인간오성론》 제2권 제27장 제4, 5절 참조.

7 사물의 동일성에 대해서는 제1편 제4장 제2절 참조. 여기서 명백해지듯이 심적 실체를 생각하는 과정은 물적 실체를 생각하는 과정과 동일하다. 양자는 동일한 사상의 행위이다.

8 '철학'의 원어는 'philosophy'이다.

9 탁월한 천재들이 단순한 일상인들과 마찬가지로 얼핏 보기에 하찮게 여겨지는 이 상상력의 원리에 어떻게 영향을 받을 수 있는지를 독자들이 알고 싶다면, 독자에게 우주의 합일원리와 식물과 동물의 동일성에 관한 샤프츠버리 경의 추론을 읽도록 권하겠다. 그의 《도덕론자들(Moralists)》 또는 《철학적 광시곡(Philosophical rhapsody)》 참조. (1809년 익명으로 출판됨)[원주]

10 나중에 나오는 동일성에 관한 논쟁이 '언어적 논란'임을 가리킨다. 뒤의 주석 19 참조.

11 '불완전(imperfect)'이란 말에 대하여 옥스퍼드판은 '완전'의 오류라고 의문을 나타내며 난외에 (perfect?)라고 덧붙이고 있다. 그렇게도 생각할 수 있지만 '불완전'은 '엄밀하다거나 올바르다는 의미가 아니다'라고 해석하면 그대로 이해할 수 있다. 그리고 립스도 'die unvollkommene Identität, von der wir hier reden'이라고 번역하고 있다. 그린판에서도 'imperfect'라고 되어 있다. 또 여기서는 비교(comparison)의 영향 내지 효과가 고려되고 있지만, 이 '비교의 원리'는 후의 정서론에서 매우 중요한 원리가 된다.

12 여기서 말하는 '공감(sympathy)'의 의미는 바로 다음에서 밝혀지듯 심리학적 의미가 아닌, 자연학적 내지는 자연철학적인 의미이다. 제1편 제4부 제3절 주석 12 참조.

13 오성이 대상들 사이의 실재적 연관을 관찰하지 않는 점은 제1편 제3부 제2절 참조.

14 원인과 결과의 합일이 관념의 습관적 연합으로 환원되는 점은 제1편 제3부 제14절 참조.

15 원문은 '세 관계들(three relations)'이라고 되어 있지만 그 의미는 분명히 자연적 합일관계이다. 또한 합일관계 및 그 이외의 관계에 대해서는 제1편 제1부 제4절, 제5절 참조.

16 인접관계가 인격동일성의 구상에 영향력이 없다는 점은 단순히 명백한 것으로 되어 있을 뿐 그 증명은 보이지 않는다.

17 여기서도 정신에 대한 흄의 정의가 있다. 앞의 주석 3 참조.

18 정념과 관련된 동일성에 대해서는 동절 본문 및 앞의 주석 5 참조.

19 제1편 제4부 제6절의 서두에서 인격동일성의 문제는 '언어적 논란에 그치지 않는다'라고 한다. 앞의 주석 10 참조. 여기서 '문법적 난제로 간주되어야 할 것이다'라는 이유에

대해서는 계속해서 설명된다.

20 동일성에 관한 논쟁이 언어의 문제 이상인 경우에 대해서는 동절 참조.

21 '정신계(moral world)'는 옥스퍼드판에 따른 번역이다. 그러나 옥스퍼드판에서는 뒤쪽의 '부록'에서 이것이 '자연계(natural world)'의 실수라고 정정했다. 제1편 제4부의 '부록' 본문 끝 부분 참조. 그린 그로스판은 이 부분을 이미 교정했다.

22 '인성의 더욱 철저한 검토'란 직접적으로는 제2편에서의 정념의 검토를 가리키고, 더 나아가서 제3편에서의 도덕의 고찰을 시작으로 흄이 최초로 의도했던 인간성의 갖가지 면들에 대한 해명을 의미한다. 제1편 '머리글' 참조.

7 본편의 결론[1]

그러나 내 앞에 놓인 철학의 저 끝없는 바다에 뛰어들기에 앞서, 나는 현재 자리에 잠시 머무르며 내가 떠맡은 항해를 숙고하고 싶어하는 나 자신을 발견한다. 그 항해에서 다행스러운 결론에 이르는 데에는 고도의 기술과 근면성이 필요하다. 그러자 내가 이런 사람처럼 느껴졌다. 즉 이제까지 많은 모래톱에 좌초되고 작은 포구를 지나며 배의 난파를 가까스로 피했지만, 그럼에도 불구하고 풍파에 시달려 물이 스며드는 배를 타고 바다로 떠나는 무모한 용기를 지닌 사람, 또 이런 불리한 여건 아래에서도 지구를 일주하려고 생각할 만큼 야망을 지닌 사람. 과거의 오류와 혼란들에 대한 나의 기억은 내 미래를 자신할 수 없도록 한다. 내가 탐구하면서 반드시 써야 할 직능들의 열악한 조건과 결점 그리고 장애 등은 나의 불안을 증가시킨다. 이 직능들을 보완하거나 개선할 수 없다는 것 때문에 나는 거의 절망에 빠진다. 광활하게 펼쳐진 끝없는 대양에서 굳이 배를 저어가기보다는 오히려 현재 내가 있는 불모의 바위에서 죽고 싶은 마음이 들게 된다. 나의 위험을 보고 나는 갑자기 슬픔에 휩싸인다. 다른 무엇보다도 이러한 정념에 온통 사로잡히게 되는 것은 흔히 있는 일이다. 현재의 주제가 나에게 풍부하게 제공하는 비관적인 모든 반성과 함께 나는 절망을 삼킬 수밖에 없다.

나는 처음에, 나의 철학에서 내가 처한 암담한 고독 때문에 두렵고 난처했다. 그래서 나 자신을 사회와 동화되고 화합될 수 없어서 모든 인간적 교류에서 추방되어 완전히 버림받고 소외된 채로 남겨진 괴물이라고 생각해 보았다. 나는 가능하다면, 은신과 안락을 위해 군중 속으로 뛰어들 것이다. 그렇지만 그 볼썽사나운 모습으로 사람들과 어울리도록 나 자신을 설득할 수는 없다.

나는 따로 모임을 만들기 위해 다른 사람에게 나와 손잡자고 부탁하지만 나에게 귀 기울이는 사람은 아무도 없다. 사람들마다 거리를 두고, 사방에서 나에게 몰아치는 저 모진 비바람을 두려워한다. 나는 모든 형이상학자, 논리학자, 수학자 그리고 심지어 신학자 등과 같은 이들의 증오에 나 스스로를 드러냈다. 그렇다면 내가 그 모욕을 견뎌야 하는 것은 당연하지 않을까? 나는 그들의 체계를 부정한다고 단언해 왔다. 그렇다면 그들이 나의 체계와 나의 인격에 증오를 나타내는 것도 당연하지 않겠는가? 바깥을 둘러보면, 나는 어느 곳에서나 논쟁, 모순, 분노, 중상, 비방 등을 예견한다. 눈길을 안으로 돌리면, 의심과 무지만 발견할 뿐이다. 온 세상이 나를 반박하고 부인하는 데 힘을 모으고 있다. 더구나 나의 약함 때문에, 다른 사람들의 찬사들로 내 의견들이 지지받지 못한다면, 나는 그것들이 모두 흐트러져서 저절로 와해되리라는 것을 느낀다. 나는 걸음을 옮길 때마다 망설이며, 새로운 반성을 할 때마다 내 추론의 오류와 불합리성을 두려워하게 된다.

나 자신 고유의 숱한 결함들과 아울러 인간 본성의 공통적 결함을 그토록 발견하고도, 나는 무엇을 믿고 그처럼 대담한 모험을 감행할 수 있을까? 비록 행운의 신이 마침내는 나를 진리의 발자취를 따라 안내한다 하더라도, 나는 어떤 기준으로 진리를 구별할 수 있을까? 가장 치밀하고 엄격하게 추론한 다음에도 나는 내가 그것에 동의해야 할 이유를 제시할 수 없다. 나는 단지 대상들이 나에게 현상하는 모습으로 그 대상들을 공고하게 고려하려는 강한 성향만 느낄 뿐이다. 무릇 경험은 과거 대상들의 여러 가지 결부를 나에게 가르치는 원리[2]이다. 습관은 내가 미래에도 동일한 것을 기대하도록 결정하는 또 다른 원리[3]이다. 경험과 습관은 함께 손잡고 상상력에 작용해서 이러한 장점을 수반하지 못한 다른 것들보다 더 강렬하고 생생한 방식으로 내가 어떤 관념을 형성하도록 한다.[4] 이처럼 정신이 어떤 관념을 다른 관념보다 더 생생하도록 만드는 성질(이 성질은 아주 단조롭고 거의 이성에 기초를 두지 않은 것으로 여겨진다)이 없다면, 우리는 어떤 논변에도 동의할 수 없고 우리의 시각이 감관에 현전하는 몇 안 되는 대상을 넘어서도록 할 수도 없다. 아니 감관에 의존하는 것을 제외한다면 우리는 이 대상들에게조차도 존재를 귀속시킬 수 없다.[5] 따라서 우리는 자아 또는 인격을 구성하는 지각들의 계기에서 대상들을 완전히 파악해야 한다. 그뿐 아니라 더 나아가서 계기에 대한 관계를 통해서 우리는 의식에 직접적으로 현전하는 지각들을 받아들일 수 있을 뿐이며, 기억이 우리에게 제시하는 생생한 심상들을 과거 지각들의 참된 모상으로 받아들일 수는 없다. 그러므로 기억, 감관 그리고 오성 등은 모두 상상력 또는 관념들의 생동성에 기초를 두고 있다.[6]

그러고 보면 그 원리의 모든 변화를 따를 때, 가변적이고 틀리기 쉬운 원리가 우리를 오류로 유인할 수 있다는 것은 당연하다. 그것은 우리가 원인과 결과에서 추리하도록 하는 원리이다. 그리고 그것은 외부 대상이 감관에 현전하지 않았을 때에도 우리가 그 대상의 지속적 존재를 확신하도록 하는 바로 그 원리이다. 그런데 이 두 작용들이 정신에게는 똑같이 자연스럽고 필연적이라고 할지라도 몇 가지 여건들에서는 직접적으로 상반되며,[7] 즉 우리는 원인과 결과로부터 타당하고 규칙적으로 추리하면서 동시에 물질의 지속적 존재를 믿을 수는 없다. 그러면 우리는 그러한 원리들을 어떻게 함께 조정할 수 있을까? 우리는 그 원리들 가운데 어느 것을 선택할 것인가? 철학자들 사이에서 흔히 하듯이 우리가 그 원리들 가운데 어느 것도 선택하지 않고 그 모든 원리들을 잇따라 동의하는 경우에, 명백한 모순을 그처럼 알면서도 수용한다면 우리가 앞으로 무엇을 믿고 저 찬란한 철학자라는 칭호를 찬탈할 수 있을까?

이 모순도[8] 우리 추론의 다른 부분들에서 견실성과 만족의 정도에 따라 보완된다면, 약간은 완화될 수 있을 것이다. 그러나 사실은 전혀 반대이다. 인간의 오성(悟性)을 그것의 제1원리들에 이르기까지 추적해 볼 때, 우리는 오성이 과거의 고통과 근면을 어리석게 여기고 앞으로의 탐구에서도 용기를 낙담으로 유도하는 것 같은 느낌을 발견한다. 인간의 정신이 탐구하는 것 가운데서 모든 현상의 원인에 대한 탐구보다 흥미로운 것은 없다. 우리는 직접적 원인을 아는 데 만족하지 않고, 근원적이고 궁극적인 원리에 도달할 때까지 탐구를 계속 추진한다. 우리는 원인이 결과에 작용하는 원동력을 알기 전에는, 즉 원인과 결과를 함께 연관짓는 유대, 그리고 그 유대가 의존하는 효과적인 성질을 알기 전에는 멈출 생각이 들지 않을 것이다. 이것은 우리의 모든 연구와 성찰의 목적이다. 이 연관, 유대, 원동력 등이 단지 우리 자신에게 있으며, 습관으로 획득한 정신의 결정일뿐더러 또 우리가 어떤 대상에서 그 대상을 늘 수반하는 대상으로 옮겨 가도록 하는 원인이라는 것을 알았을 때, 왜 우리는 실망할 수밖에 없는가? 그러한 발견은 지금까지 누려 온 만족에서 모든 희망을 박탈할 뿐만 아니라 절실한 희망마저 막아버리기도 하며, 우리가 모든 외부 대상에 있는 어떤 것인 궁극적이고 작용하는 원리를 알고자 한다고 말할 때, 자기 모순에 빠지든가 아니면 무의미한 말을 한다고 여겨지기 때문이다.

관념들의 이런 결점은 일상 생활에서는 실제로 지각되지 않으며, 우리가 원인과 결과의 아주 일상적인 결부에서도 비일상적이고 특이한 결부에서와 마찬가지로 원인과 결과들을 함께 결속하는 궁극적 원리를 모르고 있다는 것을 감지할 수도 없다. 그러나 이것은 단지 상상력의 착각에서 유래하는 것일 뿐이다. 문제는 우리가 이 착각을 얼마나 따라야 하는가 하는 것이다. 이 문제는 매우 어려워서, 우리는 어떻게 대답하든 아주 위험한 딜레마에 빠진다. 우리가 공상의 사소한 암시들마다 동의한다면, 이 암시들이 서로 상반된다는 점 외에도 우리를 마침내 우리 자신의 유치함에 부끄러워할 수밖에 없는 오류와 불합리 그리고 모호성 등에 빠지게 한다. 이성(理性)에서 상상력의 비상(飛翔)보다 위험한 것은 없으며, 철학자들 사이에서도 그것보다 더한 오해의 동기는 없다. 이런 점에서 제멋대로 공상을 많이 하는 사람은 그리스도교 경전에서 자신의 눈을 자신의 날개로 가리는 것으로 묘사된 천사들과 비교될 수 있을 것이다.[9] 이것은 이미 우리가 좀더 자세히 설명하느라 온 힘을 다해 애썼던 숱한 사례들에서 분명해졌다.

그렇지만 한편으로, 이 사례들을 고찰함으로써 우리가 사소한 공상의 가정들을 모두 거부하고 오성을 신봉하기로 결심했다고, 즉 상상력의 일반적이고 더욱더 확정적인 속성들[10]을 신봉하기로 결심했다고 가정해 보자. 이 결심도 찬찬히 실천해 보면 위험할 것이고 아주 치명적인 결과를 수반할 수도 있다. 왜냐하면 내가 이미 보여 주었듯이[11] 오성이 오직 혼자서, 오성의 가장 일반적 원리들에 따라 작용한다면, 오성은 스스로를 완전히 전복시키고 철학이나 일상 생활의 진술들에 가장 낮은 명증성도 허용하지 않기 때문이다. 우리는 특이하고 겉으로는 평범해 보이는 공상의 속성을 통해서만 이 총체적 회의론을 벗어나며 어렵게나마 사물들을 막연히 바라보지만, 아주 평이하고 자연스러운 사물을 볼 때에 감지할 수 있는 인상을 그 사물들이 수반하게 할 수는 없다. 그렇다면 우리는 우리가 받아들일 수 있는 정교한 또는 상세한 추론은 없다는 것을 일반 공리로 확정할 것인가? 그와 같은 원리의 귀결을 숙고해 보자. 이런 방법으로 당신은 모든 학문 및 철학과 단절한다. 당신은 상상력의 특이한 성질에 따라 나아가며, 유추를 통해 그 원리의 귀결을 받아들여야 한다.[12] 그러나 그때 당신은 분명히 자기 모순에 빠진다. 이 공리는 틀림없이 앞의 추론들을 토대로 확립되었으며, 이 추론들은 충분히 세련되고 형이상학적이라고 인정될 것이기 때문이다. 그러면 이 난제들 가운데 우리는 어느 쪽을 택할 것인가? 이 원리를 받아들이면서 정교한 모든 추론을 비난한다면 우리는 가장 명백한 불합리에 빠진다. 우리가 추론의 편을 들어 원리를 거부한다면, 인간의 오성을 완전히 전복시키게 된다. 그러므로 우리는 거짓 추리와 전혀 추리가 아닌 것 사이에서 어느 한쪽을 선택할 수밖에 없다. 나로서는 이런 경우에 무엇을 해야 할지 모른다. 나는 오직 일상적으로 행해지는 것을 관찰할 수 있을 뿐이다. 이 난제를 생각해 내는 경우는 거의 또는 전혀 없으며, 설령 그것이 한때 정신에 나타났다 할지라도 곧 잊혀지고 미미한 인상[13]만 남는다. 매우 치밀한 반성도 우리에게는 거의 또는 전혀 영향력을 미치지 않는다. 그러나 우리는 이 반성들이 영향력을 전혀 갖지 않아야 한다는 것을 규칙으로 확립하지 않고, 확립할 수도 없다. 왜냐하면 이것이 명백한 모순을 포함하기 때문이다.

그런데 내가 여기서 매우 치밀하고 형이상학적인 반성들이 우리에게 거의 또는 전혀 영향을 미치지 않는다고 말하는 것은 무엇인가? 내 지금의 느낌과 경험으로는 이런 의견을 재조명하고 폐기할 수밖에 없다. 인간의 추리에 있는 이 다양한 모순과 불완전함의 적나라한 광경은 나를 동요시키고 내 머리를 혼란스럽게 만든다. 그 때문에 나는 모든 신념과 추론을 기꺼이 거부할 준비가 되어 있으며, 어떤 의견도 다른 의견보다 더 개연적(蓋然的)이거나 그럴 듯하게 볼 수 없다. 나는 어디 있으며 무엇인가? 나는 나의 존재를 어떤 원인에서 이끌어 내는가, 그리고 장차 어떤 상태로 돌아가는가? 나는 누구의 호의를 구하며, 누구의 분노를 두려워하는가? 나를 둘러싼 것들은 무엇들인가? 나는 누구에게 영향을 미치며, 나에게 영향을 미치는 사람은 누구인가? 나는 이 모든 질문들로 말미암아 혼란스럽다. 그리고 더없이 깊은 암흑에 휩싸여 사지와 직능의 사용이 완전히 억압된, 상상할 수 있는 한 가장 가련한 상태에 처해 있는

나 자신을 공상하기 시작한다.[14]

그러나 대단히 다행스럽게도 이성이 이 암운을 걷어 주지 못할 때 자연 그 자체가 이 목적을 충분히 달성해 준다. 자연은 정신의 이런 경향을 완화함으로써, 또는 이 모든 허깨비들을 지워 주는 감관의 생생한 인상과 감관의 어떤 부차적 직분이 됨으로써, 이 철학적 비애와 정신 착란에서 나를 치료해 준다. 나는 식사를 하고 주사위놀이를 하고 친구들과 대화하며 유쾌하게 웃는다. 이렇게 서너 시간 동안 즐기고 나서 다시 이 사변으로 돌아왔을 때, 이 사변들은 아주 냉담하며 부자연스럽고 엉뚱하게 여겨지므로, 나는 내 마음에서 더 이상 사변을 시작할 수 없다.

그런데 여기서 나는 일상사에서 다른 사람들처럼 살고 말하고 행동하도록 절대적으로 또 필연적으로 한정된 나 자신을 발견한다.[15] 이처럼 나의 자연적 성향과 생기 및 정념의 행로 때문에, 나는 세상의 일반 공리들을 믿는 나태한 신념을 갖게 된다. 그럼에도 불구하고 내 책과 논문을 모두 불 속에 기꺼이 던져 넣고 더 이상 추론과 철학을 위해 삶의 기쁨을 포기할 결심은 하지 않겠다고 할 정도로 여전히 옛날의 기질이 남아 있다고 느낀다. 확실히 이것은 지금 나를 지배하는 우울함 속에서 내가 갖는 기분이다. 나는 나의 감관과 오성에 복종함으로써 자연의 흐름을 따를 수도 있을 것이다. 아니 따를 수밖에 없다. 그리고 이 맹목적인 복종에서 나는 나의 회의적 기질과 원리들을 가장 완전하게 드러낸다. 그러나 그렇다고 나를 나태와 쾌락으로 유혹한 자연의 흐름과 맞서야만 하는가? 마음 맞는 사람들의 사회와 그들과의 교제에서 나는 어느 정도 멀어져야 하는가? 그런 고통스러운 노력의 합당함에 대해 스스로 만족하지 못하고, 또 그런 고통스러운 노력으로도 진리와 확실성에 도달할 수 있다는 그럴 듯한 전망도 할 수 없을 때, 이럴 때도 나는 난해함과 궤변으로 두뇌를 혹사해야 하는가? 그처럼 내가 시간을 허비해야 하는 것은 무슨 의무인가? 인류를 위한 봉사와 나 자신의 개인적 이익 가운데 그것은 어떤 목적에 도움이 될까? 절대 아니다. 대략 어떤 것을 추리하거나 믿는 사람들은 확실히 바보이다. 그리고 나 역시 바보가 되어야 한다고 해도, 나의 어리석음은 적어도 자연스럽고 기분 좋은 어리석음이고 싶다. 내가 나의 성향에 맞서 싸울 때, 그 저항에는 타당한 이유가 있을 것이다. 그리고 지금까지 내가 부딪쳤던 저 두려운 고

독과 험한 길에서 더 이상 방황하지는 않겠다.

이것들이 나의 낙담과 나태함에 대한 소감이다. 실제로 내가 고백해야 할 것은 철학이 이런 소감과 대립하는 것은 아무것도 갖고 있지 않다는 점이다. 또한 철학은 이성과 확신의 힘보다는, 진지하고 유쾌한 기질로 되돌아가는 데서 승리를 기대한다. 일상사에서 우리는 여전히 회의주의를 유지해야 한다. 우리가 불은 따뜻하고 물은 시원하다는 것을 믿는다면, 그 이유는 단순히 그것과 다르게 생각하기에는 우리가 치러야 할 고통이 너무 크기 때문이다. 만약 우리가 철학자라면 그것은 다만 회의적 원리에 기반을 둔 철학자여야 한다. 그리고 우리는 스스로 회의적 방식을 따르고자 하는 것을 느껴야 한다.[16] 이성이 활발하고 스스로 다른 어떤 성향과 섞이는 경우에 우리는 이성을 인정해야 한다. 그렇지 않다면 이성은 우리를 움직이게 할 어떤 자격도 없다.

그러므로 나는 놀이와 친구들에게 싫증을 느끼고 방에 틀어박히거나 강변을 홀로 거닐며 몽상에 잠길 때, 내 정신이 집중됨을 느낀다. 그리고 독서와 대화의 과정에서 부딪쳤던 그 많은 논쟁의 주제에 눈을 돌리려는 마음이 자연스럽게 생긴다. 나는 도덕적 선악의 원리, 정부의 본질과 기초, 나를 움직이고 지배하는 여러 정념과 성향의 원인 등에 정통하고 싶은 호기심을 억누를 수 없다. 내가 거북하게 생각하는 것은, 어떤 원리에 기초하는지도 모르면서 어떤 대상에는 찬동하고 다른 대상에는 반대하는 것, 어떤 것은 아름답다고 하면서 다른 것은 흉하다고 하는 것, 참과 거짓 그리고 사려 깊음과 우둔함을 결정하는 것 등이다. 나는 이 모든 것들에 대해 통탄스럽도록 무지한 학계의 상태가 걱정이다. 나는 인류의 교육에 기여하고 나의 발명과 발견으로써 명성을 얻고 싶은 야망[17]이 솟구치는 것을 느낀다. 이런 생각들은 지금 내 기질에서 자연스럽게 솟아난다. 다른 일이나 오락에 집착함으로써 그런 생각을 떨쳐 버리려고 애쓴다면, 나는 내가 즐거움을 잃어 버린 사람이라고 느끼게 될 것이다. 그리고 이것이 내 철학의 원인이다.

이 호기심과 야망 때문에 내가 일상 생활의 영역에서 벗어나 사변(思辨)에 몰두하게 되는 것은 아니지만, 내가 매우 허약하다는 것 때문에 필연적으로 그와 같은 탐구를 할 수밖에 없을 것이다. 미신이 철학보다 그 체계와 가설에서 훨씬 더 대담하다는 것은 확실하다. 철학은 볼 수 있는 세계에 출현하는 현상들에 새로운 원인과 원리를 부여하는 데 만족한다. 반면에 미신은 그것 고유의 세계를 열어젖히고 우리에게 전혀 새로운 풍경과 존재 그리고 대상들을 제시한다. 야수들의 정신처럼 인간의 정신도 일상 대화와 활동의 주제인 대상들의 좁은 테두리 안에 머무르기란 거의 불가능하므로, 우리는 심사숙고해서 가장 안전하고 호감이 가는 안내자를 선택해야 한다. 이런 점에서 나는 과감히 철학을 천거하며, 모든 종류 또는 모든 이름의 미신보다 철학에 우선권을 주는 데 주저하지 않을 것이다. 미신은 인류의 통속적 의견들로부터 자연스럽고 쉽게 발생한다. 그러므로 인간의 정신을 더욱 강하게 붙들고 있으며, 우리가 삶과 활동을 영위하고 있을 때 우리를 교란시킬 수도 있다. 그에 반해 철학은, 만약 그것이 정당하다면, 우리에게 온건하고 알맞은 소감을 제시한다. 그 철학이 만약 거짓이고 터무니없다면 그 철학의 견해는 냉담하고 일반적인 사변의 대상일 뿐이며, 따라서 정신의 자연적 성향의 흐름을 방해할 정도로 깊이 계속되기는 어렵다. 견유학파 사람들[18]은 철학자들 가운데에서도 별난 사례이다. 그들은 순수한 철학적 추론에서 출발하여 이제까지 보아 왔던 수사나 이슬람교의 승려 못지않은 아주 기이한 행동을 했다. 그렇다고 해도 일반적으로 말해서 종교에서의 오류는 위험하지만 철학에서의 오류는 익살스럽다.

나는 정신의 강함과 약함이라는 두 경우가 모든 인류에게 해당될 수는 없다는 사실을 감지한다. 특히 영국에는 정직한 신사들이 많다. 그들은 늘 자신들의 가정사에 열중하거나 일상의 오락을 즐기면서, 매일 자신들의 감관에 드러나는 대상들 외에는 거의 생각하지 않는다. 사실 나는 철학자를 그와 같은 사람들로 둔갑시키고 싶지 않다. 또 그들이 철학적 탐색에 조력하거나 그 발견을 경청하리라고 기대하지도 않는다. 그들은 아마 자신들의 현상태를 유지하려고 할 것이다. 나는 그들을 철학자들로 다듬는 대신, 체계들의 창설자들에게 이 엄청난 대지의 혼합물들 가운데 한몫을 전해 줄 수 있기 바란다. 그 창설자들에게는 공통적으로 이것이 매우 부족한 상태이며, 이것은 체계를 구성하는 격렬한 분자들을 완화시키는 데 도움이 될 수 있는 요소이기 때문이다. 감정이 풍부한 상상력은 철학에 참여하도록 허용되지만 가설이 그럴듯하고 기분 좋은 것으로만 받아들여지는 동안에는 우리는 일상적 실천과 경험에 적합한 어떤 안정된 원리나 소감도 가질 수 없다. 그러나 이 가설들이 한 번 무너지면, 비록 참이 아니라고 할지라도(아마 참이라고 기대하기에는 지나치더라도) 적어도 우리 정신을 만족시켜 줄 수 있으며 가장 비판적인 검토도 견디어 낼 수도 있는 의견들의 체계 또는 그 묶음이 수립되기를 바랄 것이다.[19] 이 목적을 달성하는 것을 단념해서는 안 된다고 할지라도 사람들 사이에는 끊임없이 발생하고 소멸하는 허깨비 같은 체계들이 많았으므로, 우리는 이 물음들이 탐구와 추론의 주제가 되었던 그 짧은 기간 동안에 관해 고찰할 것이다. 아주 긴 단절과 매우 엄청난 실망을 간직한 2천 년은 학문을 완전하게 만들기에는 짧은 기간이다. 아마 우리도 역시 마지막 후손들의 검토를 견디어 낼 수 있는 원리를 발견하기에는 지나치게 이른 시대에 있을 것이다. 개인적으로, 몇몇 측면에서 철학자들의 사변에 다른 전환점을 제공함으로써, 또 오직 철학자들만이 확증과 확신을 기대할 수 있는 모든 주제들을 그들에게 더욱 뚜렷이 지적해 줌으로써, 지식의 진보에 조금이나마 기여할 수 있었으면 하는 것이 나의 유일한 희망이다. 확실히 인간의 본성은 인간에 관한 유일한 학문이다. 더구나 인간의 본성은 여태까지 가장 무시되어 왔다. 이것을 내가 조금만 더 유행시킬 수 있다면, 나는 그것으로 만족할 것이다. 때때로 나를 억누르던 나태 속에서 나의 기질을 활기있게 하는 데, 또 그 같은 울분에서 나의 기질을 가다듬는 데에는 이런 소망이 도움이 되었다. 독자가 자신을 이처럼 느긋한 성질의 소유자라고 생각한다면, 앞으로 나의 사변(思辨)을 따라와 주길 바란다. 그렇지 않은 독자는 내가 마음의 성향에 따라 철학에 전심할 수 있는 명랑한 기분으로 돌아갈 수 있을 때까지 기다려 주길 바란다. 이처럼 태평스럽게 철학을 연구하는 사람의 행동은, 스스로 철학을 좋아한다고 느끼면서도 완전히 철학을 거부할 정도로 회의와 망설임에 압도된 사람의 행동보다도 훨씬 더 회의적이다. 참된 회의론자는 자신의 철학적 확신뿐만 아니라 철학적 회의에 대해서도 머뭇거린다. 따라서 그는 회의나 확신 때문에 스스로 나타나는 소박한 만족을 결코 뿌리치지 않을 것이다.

　회의적 원리에도 불구하고 우리의 성향이 대체로 가장 정교한 철학적 탐색에 탐닉하는 것만으로 만족해서는 안 된다. 우리가 개별적 순간에 개별적 문제들을 조망하는 시각에 따라 바로 그 개별적 문제들에서 우리에게 명확하고 확실한 기분이 들도록 하는 그 성향에 굴복해야 할 것이다. 한 대상을 엄격하고 완전하게 조망하는 데서 발생하는 확증을 경계하고 그토록 자연스러운 성향에서 우리 자신을 점검하기보다는, 오히려 모든 검토와 탐구를 억제하는 편이 쉽다. 그러한 때 우리는 회의주의를 잊기 쉬울 뿐만 아니라, 신중함까지도 망각하기 십상이다. 그리고 우리는 그것은 명증적(明證的)이다, 그것은 확실하다, 그것은 부정할 수 없다와 같은 술어를 쓰는데, 대중을 당연히 존경한다면 그런 표현에 조심해야 한다. 아마 나도 다른 사람들처럼 이런 잘못을 저질렀을 것이다. 그러나 여기서 나는 그 항목에서 제기될 수 있는 어떤 반박도 중단해 주길 요청한다. 그러한 표현들은 당면한 대상에 대한 시각들이 나에게 강요했던 것으로, 독단적 정신도 내포하지 않으며, 나 자신의 판단을 과시하는 관념도 포함하지 않았다고 단언한다. 이 표현들은 내가 감지하고 있듯이 누구에게도 어울리지 않는다. 특히 누구보다도 회의론자에게 어울리지 않는다.[20]

〈주〉

1 이번 절은 '본편의 결론'이지 '제4부의 결론'이 아니다. 다시 말하여 흄 철학의 근본적인 성격을 알려 주고 있다. 그러한 의미에서 중요시될 만하며 문제되는 부분을 많이 포함하고 있다.

2 경험과 항상적 합일과의 관계에 대해서는 제1편 제3부 제6절 참조.

3 습벽 내지 습관에 대해서는 제1편 제3부 제8절 참조.

4 관념에 대해서는 제1편 제3부 제7절 참조.

5 감관적 지각의 궁극성에 대해서는 제1편 제4부 제2절 참조.

6 이 단락은 인성(人性)에서 상상의 근원적 역할을 명시하는 부분으로서 극히 중요하다.

7 제1편 제4부 제4절 참조.〔원주〕

8 제1편 제3부 제14절 참조.〔원주〕

9 '세라핌(스랍의 복수형)들이 서 있었는데, 세라핌들은 저마다 날개를 여섯씩 가지고 있었다. 둘로는 얼굴을 가리고, 둘로는 발을 가리고, 나머지 둘로는 날고 있었다.'(이사야서 6장 2절)

10 좁은 의미에서 이성과 동의어로 사용되는 오성에 대한 흄의 생각은 여기에서 가장 명백하게 제시된다. 넓은 의미의 오성, 즉 인성의 지적 활동의 총괄개념으로서 오성에 대해서는 제1편 '표제' 주석 참조.

11 제1편 제4부 제1절 참조.〔원주〕

12 이 문장의 원문은 다음과 같다. 'You proceed upon one singular quality of the imagination, and by a parity of reason must embrace all of them.' 립스는 다음과 같이 번역하고 있다. 'Man ließe sich ganz und gar von einer einzigen Eigentümlichkeit der Einbildungskraft leiten, statt alle zu ihrem Rechte kommen zu lassen. Eine solche Ungleichheit duldet die Vernunft nicht.'

13 여기서의 '인상(印象)'은 단순히 '마음의 감명'이라는 정도의 통속적인 의미이다.

14 회의론은 이처럼 상세하고 훌륭한 문장으로 서술되어 있다. 그리고 화제가 전환되어 자연주의가 전개된다.

15 이 문장은 흄 철학의 자연주의를 표명하는 대표적인 것으로서 자주 인용된다.

16 철학적 사색을 피해 세속인의 경지에 안주하는 것이 자연이라면, 철학적 사색에 탐닉하는 것도 자연이다. 흄의 자연주의는 후자도 포함한다. 많은 이들이 이 점을 간과한다.

17 학문적 명성에 관한 야심에 대해서는 제1편 '머리글' 참조.

18 '견유학파(the Cynics)'는 소크라테스 문하의 안티스테네스에게서 시작되어 자연주의, 금욕주의를 통해 속세의 상식적인 사람들에게는 기행(奇行)으로 여겨지는 언동을 감행했다.

19 여기서 실증적 경험론자의 겸허하지만 확신에 가득 찬 희망을 보아야 할 것이다. 제1편 '머리글' 참조.

20 흄의 회의는 적당한 정도로, 그는 '독단적 정신'을 강하게 배격하고 있다. 흄적 회의를 이해하는 데 있어 이 점은 중요하다. 제1편 제4부 '부록' 참조.

부록[1]

무엇보다도 나는 나의 오류를 시인할 기회를 찾기 원한다. 이 시인을 통해 진리와 이성으로 돌아가는 것이 가장 오류가 없는 판단보다 값지다고 평가하기 때문이다. 오류를 범하지 않은 사람은 자기 오성의 정당성 말고는 자랑할 것이 없다. 그러나 자신의 오류를 교정하는 사람은 자기 오성의 정확성과 함께 자기 기질의 정직함과 순수함을 보여 준다. 앞의 1, 2권[2]에서 진술했던 추론에서 나는 단 한 항목[3]을 제외하고는 매우 중요한 오류를 발견하는 행운을 얻지 못했다. 그러나 경험을 통하여 나의 표현들 가운데 어떤 것들은 독자들의 오해를 완전히 방지할 수 있을 만큼 만족스럽지는 못함을 알고 있다. 내가 이 부록을 덧붙이는 까닭은 주로 이런 결함을 개선하기 위함이다.

신념에 대하여

원인이나 결과[4]가 우리에게 현전(現前)하지 않는 이상, 우리는 어떤 사실 문제에 관해 믿으려는 마음이 생기지 않는다. 그러나 원인과 결과의 관계에서 발생한 신념의 본성이 무엇인지 그 자체에 대해 물으려고 했던 사람은 거의 없었다. 내 생각에 이 딜레마는 피할 수 없는 것 같다. 신념은 우리가 어떤 대상의 단순한 표상 작용에 결합하는 실재나 존재의 관념처럼 새로운 관념이거나 고유의 느낌, 소감이다. 그런데 신념이 단순한 표상 작용에 덧붙여진 새로운 관념이 아니라는 것은 다음의 두 논변들에서 명백해진다. 첫째, 우리는 개별적 대상의 관념과 구분되고 분리될 수 있는 존재의 추상 관념을 갖지 않는다.[5] 따라서 존재의 추상 관념이 어떤 대상의 관념에 덧붙여질 수 있다거나, 단순한 표상 작용과 신념의 차이를 형성할 수는 없다. 둘째, 정신은 그 관념을 모두 장악하고 자신이 원하는 대로 분리, 통합, 혼합하며 변화시킨다.[6] 그러므로 신념이 그 표상 작용에 덧붙여진 새로운 관념에만 존재할 뿐이라면, 인간은 자신이 원하는 대로 믿는 능력을 얻게 될 것이다. 따라서 우리는 다음과 같은 결론을 내릴 수 있다. 신념은 어떤 느낌이나 소감에 있을 뿐이다. 다시 말하자면 의지에 종속되지 않는 어떤 것에, 즉 우리가 마음대로 할 수 없는 결정적 원인과 원리에서 발생하는 것이 틀림없는 어떤 것에 있다는 결론이다. 어떤 사실 문제에 관해 확신할 때, 우리는 상상력의 단순한 몽상에 수반되는 것과는 다른 어떤 느낌과 함께 그 사실을 표상할 뿐이다. 어떤 사실에 관해 회의를 나타낼 때, 우리가 의미하는 것은 그 사실에 대한 논변이 그 느낌을 낳지 않는다는 것이다. 신념이 단순한 표상 작용과는 다른 소감에 있지 않다면, 가장 제멋대로인 상상력을 통해 현전하는 대상은 모두 역사와 경험에 기초를 둔 가장 확실한 진리와 대등한 기반을 얻는다. 전자를 후자와 구별하는 느낌 또는 소감만 있을 뿐이다.[7]

따라서 신념은 단순한 표상 작용과는 다른 특별한 느낌일 뿐이라는 것이 의심할 수 없는 진리로 간주된다. 그에 따라 자연히 발생하는 다음 문제는 이 느낌 또는 소감의 본성은 무엇이며, 그것은 인간 정신의 다른 소감과 유사한가 하는 것이다. 이 물음은 중요하다. 그 느낌이나 소감이 다른 소감과 유사하지 않다면, 우리는 결코 그 원인을 설명할 수 없고 그 느낌이나 소감을 인간 정신의 근본적 원리로 간주해야만 하기 때문이다. 그 느낌이나 소감이 유사하다면 우리는 그 원인을 유비(類比)로부터 설명할 수 있고, 나아가서 그 느낌이나 소감을 더욱 일반적인 원리들로까지 추적해 갈 수 있다는 희망을 얻을 수 있기 때문이다. 이제 공상가들의 어렴풋하고 무기력한 몽상보다는 확신[8]과 확증의 대상인 표상들에 더욱더 큰 불변성과 견실성이 있음을 누구나 기꺼이 인정할 것이다. 그 표상들이 우리를 더욱 강한 힘으로 자극하며 현전할수록, 정신은 그런 표상들을 더욱 확고하게 간직하며 표상을 통해 작용하고 운동한다. 정신은 그 표상을 묵묵히 따르며, 어떤 의미에서는 스스로 표상을 택하여 그 표상에 머무른다. 결국 그 표상들은 직접적으로 우리에게 나타나는 인상과 가까워지며, 따라서 정신의 다른 작용들과 유사해진다.

내 생각에는, 단순한 표상 작용 외에 신념이 그 표상 작용과 구별될 수 있는 어떤 인상이나 느낌에 존재한다는 주장을 하지 않고는 이런 결론을 피할 수 있는 가능성은 전혀 없다. 신념은 그 표상 작용을 변화시키기는커녕 더욱 현실적이고 강렬하게 만든다. 즉 선과 쾌락 등의 개별적 표상들에 의지와 욕망이 덧붙여지는 것과 같은 방식으로 신념이 표상 작용에 덧붙여질 뿐이다. 그러나 다음과 같은 고찰들로 이 가설을 떨쳐 버릴 수 있었으면 좋겠다. 첫째, 이 가설은 우리의 경험 및 우리의 직접적 의식과 단적으로 상반된다. 모든 사람이 언제나 추론은 사유나 관념의 조작일 뿐이라는 것을 인정해 왔다. 그런데 이 관념들은 아무리 느낌으로 변화될 수 있다고 하더라도, 관념이나 희미한 표상 이외의 어떤 귀결도 초래하지 않는다. 예를 들어 보자. 나는 지금 친숙한 사람의 목소리를 듣는다. 그 소리는 옆방에서 들린다. 내 감관의 인상은 나의 사유를 모든 주변 대상들과 함께 곧 그 사람에게 전달되도록 한다. 나는 이전에 가졌던 것과 동일한 성질과 관계로 마치 그 대상들이 현재 존재하는 것인 양 생생하게 그려 낸다. 이 관념들은 마법의 성에 대한 관념보다 더욱더 단단히 나의 정신을 사로잡는다. 그 관념들은 느낌에 따라 다르지만, 그 관념들에 수반되는 독립적이거나 별개의 인상은 없다. 그것은 내가 여행 중에 겪은 여러 가지 사건이나 어떤 역사적 사건을 떠올릴 때도 마찬가지이다. 거기서 개별적 사실들은 모두 신념의 대상이다. 그 사실들의 관념은 몽상가들의 몽상과는 다르게 변경된다. 그러나 어떤 독립적 인상도 사실 문제의 독립적 관념이나 표상을 저마다 수반하지는 않는다. 이것은 명백한 경험의 문제이다. 이 경험이 어떤 경우에는 논박을 받을 수도 있겠지만, 이 경우는 정신이 의심이나 어려운 질문으로 동요할 때이다. 그 후로 정신은 대상을 새 관점으로 파악하거나 또는 새로운 논변을 제시받음에 따라, 정해진 어떤 결론과 신념에 정착하여 안정된다. 이 경우에는 개념과 구분되고 분리된 느낌이 있다. 의심과 동요로부터 평온과 안정으로 향하는 이행은 정신에 만족과 즐거움을 전한다. 그러나 다른 사례를 들어 보자. 내가 운동하고 있는 어떤 사람의 정강이와 허벅지를 보고 있는데, 앞에 있는 물체가 그의 몸의 나머지 부분을 가리고 있다고 가정해 보자. 여기서 상상력이 전체적인 형태를 정신에 확장시키는 것은 확실하다. 나는 그에게 머리와 어깨 그리고 가슴과 목 등의 형태를 부여한다. 그리고 그가 이런 신체 부위를 갖고 있다고 생각하며 또 믿는다. 오직 사유나 상상력만으로 이 모든 작용이 수행된다는 것보다 명백한 것은 없다. 이 경우 전이는 직접적이다. 관념들은 곧 우리를 자극한다. 현전하는 인상과 관념들의 습관적 연관은 일정한 방식으로 관념들을 변형하고 변경시킨다. 그러나 습관적 연관은 표상 작용의 이 특성과 구별되는 정신의 어떤 작용도 산출하지 않는다. 모두가 자신의 정신을 검토해 보기 바란다. 그러면 내 말이 분명히 참임을 깨달을 것이다.

둘째, 이 개별적인 인상에 관한 한 어떤 경우든 간에 정신은 허구보다는 사실 문제라고 간주하는 것을 더욱 확고하게 파악하든가 또는 그것에 대한 더욱 확고한 표상 작용을 갖는다. 그런데 왜 다르게 보거나, 필요도 없는 가정들을 거듭할까?

셋째, 우리는 확고한 표상 작용의 원인들을 설명할 수 있다. 그렇지만 인상 하나하나의 원인은 설명할 수 없다. 그뿐만 아니라 확고한 표상 작용의 원인들이 전체 주제를 망라하며, 다른 어떤 결과를 낳을 여지도 없다. 사실 문제에 관한 추론[9]은 현전하는 인상과 자주 결합되거나 연합되었던 대상의 관념일 뿐이다. 이것이 사실 문제에 관한 추론 전부이다. 각 부분들마다 더욱 확고한 표상 작용을 유비적으로 설명할 필요가 있으며, 뚜렷한 인상을 산출할 수 있는 부분은 아무것도 남아 있지 않다.

넷째, 신념이 정념과 상상력에 영향을 미칠 때 그 결과는 모두 확고한 표상 작용으로 설명될 수 있다.[10] 그러므로 다른 어떤 원리에 호소할 필요는 전혀 없다. 다른 많은 것들과 함께 앞의 책에서 낱낱이 열거된 이 논변들은 신념이 관념 또는 표상 작용을 변경시킬 뿐, 어떤 독립적 인상을 산출하지 않고도 관념을 느낌상 다르게 만드는 것을 충분히 증명한다.

따라서 주제에 대한 일반적 시각에 따라 중요한 두 문제가 있는 것처럼 보인다. 우리는 이것을 철학자들이 고찰하도록 과감히 추천할 수도 있다. 그 두 문제는 다음과 같다. 느낌이나 소감 이외에 신념을 단순한 표상 작용과 구분할 수 있는 어떤 것이 있는가? 그리고 이 느낌은 우리가 어떤 대상에 대한 확고한 표상 작용을 갖는 것 또는 그 대상을 확고하게 파악하는 것 이외의 어떤 것인가?

만일 내가 지금까지 형성한 이 결론이 공정한 탐구에 근거하여 철학자들의 동의를 받는다면, 다음으로 할 일은 신념과 그 밖의 정신 작용들 사이의 유비(類比)를 검토하고 표상 작용의 확고함과 강력함의 원인을 밝히는 것이다. 그리고 나는 이것을 어려운 일로 생각하지 않는다. 현재 인상으로부터의 전이는 모든 관념에 활기를 불어넣고 그 관념을 강화시킨다. 어떤 대상이 현전(現前)할 때, 그 대상에 일상적으로 수반되는 대상의 관념은 실재적이고 견고한 어떤 것으로 우리를 즉시 자극한다. 그 관념은 생각한다기보다는 오히려 느끼는 것이며, 그 힘과 영향력은 그 관념이 유래한 인상에 버금간다. 나는 이미 이것을 자세히 증명하였다. 내가 표시한 장소에 다음과 같은 구절을 끼워 넣었더라면 원인과 결과에 관한 이 물음 전체에 대한 추론은 더욱 설득력이 있었겠지만, 나로서는 어떤 새로운 논변을 덧붙일 수는 없었다. 나는 내가 필요하다고 생각하는 다른 측면들에 대해 몇 가지 예증을 덧붙였다.

인격의 동일성에 대하여[11]

지성계에 관한 우리의 이론은 아무리 결함이 있다고 하더라도, 인간 이성이 물질계에 대해 제시할 수 있는 모든 해명들에 수반되는 것으로 여겨지는 저 모순과 불합리로부터 벗어나 있으리라는 희망을 품고 있었다. 그러나 인격의 동일성에 관한 절을 더욱 철저히 되살펴 볼 때, 나 자신이 미궁에 빠져 있다는 것을 알았다. 그리고 그 때문에 나는 앞의 내 의견들을 어떻게 수정해야 할지도 모르겠고, 또 그 의견들을 어떻게 일관되게 만들어야 할지도 모르겠노라고 고백할 수밖에 없다. 이것이 회의주의를 입증하기에 적절한 일반적 이유일 수는 없지만, (내가 미리 충분히 보충하지 않았다면) 적어도 내가 나의 모든 결정에 대해 주저하고 망설이기에는 충분한 이유이다. 나는 자아 또는 사유하는 존재 본래의 엄밀한 동일성과 단순성을 스스로 부정하도록 했던 것들부터 시작하여, 두 측면 모두에 대한 논변을 제시할 것이다.

자아 또는 실체에 관해 말할 때, 우리는 그 술어에 동반되는 관념을 가져야 한다. 그렇지 않고서는 그 술어들을 전혀 이해할 수 없다. 모든 관념들은 각각 선행하는 인상들에서 유래한다. 그런데 우리는 단순하고 불가분적인 무엇으로서의 자아 또는 실체의 인상을 갖지 않는다. 따라서 이런 의미에서 자아 또는 실체에 대한 관념을 결코 갖지 않는다.[12]

독립적인 것은 무엇이든 구별될 수 있다. 그리고 구별될 수 있는 것은 무엇이든 사유나 상상력을 통해 분리될 수 있다. 그런데 일체의 지각들은 모두 독립적이다. 따라서 그 지각들은 구별될 수 있고, 모순이나 불합리를 범하지 않고도 분리되어 존재하는 것으로 생각될 수 있으며 또 존재할 수도 있다.

내가 이 탁자와 저 굴뚝을 볼 때, 나에게 현전하는 것은 다른 모든 지각들과 비슷한 본성의 개별적 지각들일 뿐이다.[13] 이것이 철학자들의 학설이다. 그러나 나에게 현전하는 이 탁자와 저 굴뚝은 분리되어 존재할 수 있으며, 실재로 그렇게 존재한다. 이것은 일상인들의 학설로 어떠한 모순도 내포하지 않는다. 따라서 이 학설을 모든 지각으로 바로 확장하더라도 모순이 없다.

대체로 다음과 같은 추론은 만족스러운 것 같다. 모든 관념들은 선행하는 인상들을 모방한다. 그러므로 대상들에 대한 관념들도 같은 근원에서 유래한다. 따라서 지각과 모순되거나 이해할 수 없는 관계에 있을 때, 대상들에 대해 모순이 없거나 이해할 수 있는 명제란 결코 있을 수 없다. 그러나 어떤 본유적(本有的)인 단순 실체 또는 주체가 없어도 대상들이 개별적이고 독립적으로 존재한다는 것은 이해할 수 있으며 모순이 없다. 따라서 이 명제는 지각들에 관해서는 결코 불합리할 리가 없다.

나의 자아를 되돌아볼 때, 나는 하나 이상의 지각들 없이는 결코 이 자아를 지각할 수 없으며, 지각들 이외의 어떤 것도 지각할 수 없다. 따라서 자아를 형성하는 것은 이 지각들의 묶음이다.[14]

우리는 사유하는 존재가 많거나 적은 지각들을 갖는다고 생각할 수 있다. 정신이 퇴화하여 굴(oyster)의 삶 이하로 전락한다고 가정해 보자. 그리고 정신이 단지 갈증이나 허기와 같은 지각만을 갖는다고 가정해 보자. 이런 상황에서 정신에 대해 숙고해 보자. 그때 당신은 갈증이나 허기의 지각 외에 무엇을 표상하는가? 당신은 자아나 실체 등에 대한 관념을 가질 수 있는가? 그렇지 않다면 다른 지각들을 덧붙여도 당신은 결코 그런 관념을 가질 수 없다.

어떤 사람들은 죽음의 결과로 소멸이 오고 그리고 이 소멸은 자아를 깡그리 파괴한다고 가정한다. 그런데 소멸은 사랑과 증오, 고통과 쾌락 그리고 사유와 감각 등과 같은 모든 개별적 지각들의 사라짐일 뿐이다. 따라서 자아가 사라진 뒤에 지각들이 존속할 수는 없으므로, 이러한 지각들은 자아와 같을 수밖에 없다.

자아는 실체와 동일한가? 만일 그렇다면 실체의 변화 아래에서 자아의 지속에 대한 문제가 어떻게 있을 수 있는가? 자아와 실체가 각각 별개라면, 그것들 사이의 차이점은 무엇인가? 자아와 실체가 개별적 지각들과 별개라고 여겨질 때, 나는 그것들에 대한 어떠한 관념도 표상할 수 없다.

철학자들은 개별적 성질들의 관념과는 독립적인 외부 실체의 관념은 없다는 원리에 동의하기 시작했다. 이것은 반드시 우리는 개별적 지각들과는 독립된 정신에 관한 관념을 가질 수 없다는 정신에 관한 원리에 이르는 길을 마련한다.

내가 보기에 여기까지는 충분한 명증성을 수반하는 것 같다. 모든 개별적 지각들이 이처럼 동요된다면, 나는 그 지각들을 함께 묶어 우리가 실재적 단순성과 동일성이 그 지각들에 있다고 생각하도록 하는 연관의 원리를 설명해 보려고 한다.[15] 그러나 내가 감지할 수 있는 것은 나의 설명에 큰 결함이 있다는 것과, 내가 그와 같은 설명을 할 수 있었던 것은 앞선 추론들의 겉치레뿐인 명증성 때문이라는 것 등이다. 지각들이 독립적 존재들이라면, 그 지각들은 함께 연관됨으로써만 하나의 전체를 형성한다. 그러나 인간 오성이 발견할 수 있는 독립적 존재들의 연관은 전혀 없다. 우리는 한 대상에서 다른 대상으로 나아가는 사유의 연관이나 결정을 느낄 뿐이다. 따라서 사유만이 인격의 동일성을 발견한다는 결론이 나온다. 그리고 사유는, 정신을 구성하는 일련의 과거 지각들을 반성해 보고 그 지각들의 관념들이 서로 연관되어 있으며 또 자연스럽게 서로를 도출하는 것으로 느껴질 때, 이 인격의 동일성을 발견한다는 결론이 나온다. 이 결론이 아무리 기이하게 여겨져도 놀랄 일은 아니다. 대부분의 철학자들은 인격의 동일성은 의식에서 발생하며, 의식은 반성된 사유나 지각일 뿐이라고 생각하는 경향이 있는 듯하다. 이런 측면에서 오늘날 철학은 그 전망이 밝기도 하다. 그러나 내가 사유나 의식에서 계기하는 지각들을 합일하는 원리들에 대해 설명하려 들면, 모든 기대는 물거품이 된다. 나는 이런 주제에 대해서 나를 만족시킬 수 있는 어떤 이론도 찾아볼 수 없기 때문이다.

결국 나로서는 일관성을 유지할 수 없고 어느 하나를 단념할 수도 없는 두 원리가 있다. 첫째로 독립적인 지각은 모두 독립적인 존재들이라는 것과, 둘째로 정신은 독립적인 존재들 사이에서 어떤 실재적 연관도 발견할 수 없다는 것이다. 만약 지각이 단순하고 개별적인 어떤 것에 내재한다면, 또는 정신이 지각들 사이의 어떤 실재적 연관을 지각한다면, 이 경우에는 어떤 어려움도 없을 것이다. 개인적으로는 회의론자의 특권을 방패로 삼아, 나의 오성으로 해결하기에 이 난제는 너무 어렵다는 것을 시인하지 않을 수 없다. 그렇다고 나는 그 것이 절대 해결될 수 없다고 공언하는 것은 아니다. 아마 더욱 깊이 숙고해 보면, 다른 사람들이나 나 자신이 이 모순들을 해소시킬 어떤 가설을 발견할 수 있으리라.

또한 더욱 깊이 되새겨 볼 때 나의 추론에서 드러나는 다른 사소한 오류 두 가지를 시인할 수 있는 이 기회를 놓치지 않으려 한다. 첫 번째 것은 제1편 제2부 제5절에서 찾아 볼 수 있다. 거기서 나는 무엇보다도 두 물체 사이의 거리는 각각의 물체들로부터 유출되는 광선들이 이루는 각을 통해 알 수 있다고 했다. 그러나 각은 정신에 알려질 수 없으며, 결과적으로 결코 거리를 나타낼 수 없다. 두 번째 오류는 제1편 제3부 제7절에서 발견할 수 있다. 거기서 나는 동일한 대상의 두 관념들은 그 관념들이 갖는 힘과 생동성의 정도의 차이에 따라서만 서로 다를 수 있다고 했다. 그렇지만 나는 관념들 사이에는 다른 차이들도 있다고 믿는데, 이 차이는 그와 같은 술어들로는 타당하게 파악할 수 없다. 만약 그때 동일한 대상들의 두 관념들은 그 느낌에 따라서만 다를 수 있다고 말했더라면 진리에 더 가까웠을 것이다.

오해를 낳을 수 있는 인쇄상의 오류가 두 군데 있었다. 이것은 읽는 이들이 바로잡는 것이 바람직하다. 제1편 제4부 제2절의 '그 지각으로'는 '지각'으로, 그리고 제1편 제4부 제6절의 '도덕적'은 '자연적'으로 정정한다.

〈주〉

1 '부록'은 1740년에 출판된 이 책의 제3편에 더해진 것이다.
2 '앞의 1, 2권'이란 제1편 및 제2편을 가리킨다.
3 매우 중요한 오류가 발견된 '단 한 항목'은 신념의 문제이다.
4 제1판에서는 '결과'로 쓰인 것을 흄이 뒤에 '직접적이거나 간접적인 결과'로 고쳤다.
5 존재의 추상 관념이 없는 것에 대해서는 제1편 제2부 제6절 참조.
6 정신이 '관념을 모두 장악하고 자신이 원하는 대로 분리, 통합, 혼합하며 변화시킨다'에 대해서는 제1편 제1부 제3절 참조.
7 앞의 제1편 제3부에서는 신념의 본질을 심상의 생기의 강도에서 구한다. 그리고 강한 공상은 그 생기 때문에 믿을 수 있게 되며, 신념과 허상의 구별이 사라질 위험에 처했다. 지금 이 '부록'에서는 이 위험을 단호하게 방지하려고 한다. 그것이 '부록'이 지닌 가장 큰 의의이다. 제1편 제3부 제7절 참조.

8 신념의 특성을 선명하게 하는 이 구절 이하의 문장은 립스도 번역하기 어렵다고 한탄하고 있다.

9 '사실 문제에 관한 추론(inference concerning a matter of fact)'이라는 표현은 《인간지성 연구》에서 자주 보이며, 《인간이란 무엇인가》에서는 드물게 나타난다. 제1편 제3부 제7절 참조. 이 추론, 즉 원인과 결과 추론의 본성에 대해서는 제1편 제3부 제6절 참조.

10 신념이 정념 및 상상력에 미치는 영향에 대해서는 제1편 제3부 제15절 참조.

11 '부록'은 여기서부터 후반부로 접어든다. 그리고 거기서도 전반부와 마찬가지로, 제1편 본문 중에 삽입할 것을 지정한 약간의 문장이 후반부에 첨가되어 있다. 이러한 형식으로 미루어 보아 '부록'의 전반부와 후반부는 독립되어 있으며, 양자는 별도로 집필되었거나 또는 전반부를 쓴 뒤 시간의 간격을 두고 후반부를 덧붙인 것처럼 보인다. 《인성론 적요》의 원문을 발견해서 면밀히 검토한 케인즈와 스라파는 《인성론 적요》와 '부록'의 내용을 비교하여 전반부는 《인성론 적요》가 성립된 1740년 초까지 썼고, 후반부는 그 뒤에 기록되었다고 추정한다. 이러한 추정은 타당하다고 생각된다.

12 실체의 관념을 부정하는 것에 대해서는 제1편 제1부 제6절 참조.

13 이 지각 내재론의 고찰에 대해서는 제1편 제2부 제6절 이하 참조.

14 자아가 지각들의 묶음에 지나지 않는다는 점에 대해서는 제1편 제2부 제6절 참조.

15 제1편 제4부 제6절 참조.

제2편

정념*

베르길리우스의 《아이네이스》

〈표제 주〉

* 흄은 정념(情念, passion)을 정서(affection)와 정감(emotion)이라는 두 단어와 함께 똑같은 의미로
  무차별하게 사용하고 있다. 단 'emotion'만은 어떤 특수한 의미로 한정되는 부분이 있다. 제2편
  제1부 제1절 주석 5, 제2부 제8절 주석 2, 제3부 제4절 주석 1 참조.

1부

긍지와 소심

1 주제의 구분

정신의 모든 지각을 인상과 관념으로 나눌 수 있는데,[1] 인상은 다시 근원적 인상과 2차적 인상으로 나눌 수 있다. 인상의 이러한 구분은 앞에서[2] 인상을 감각 인상과 반성[3] 인상으로 구별할 때 활용했던 분류법과 동일하다. 근원적 인상 또는 감각 인상은 선행 지각 없이 영혼에 발생하는 인상이며, 신체의 생리적 구조나 생기[4]에서 시작되거나 또는 대상이 인체의 외부 기관을 자극하여 생긴다. 2차적 인상 또는 반성 인상은 이 근원적 인상의 어떤 것에서 직접 유래하거나, 그 인상의 관념이 개입함으로써 유래한다. 근원적 인상은 감관 인상 및 신체적 고통과 쾌락이며, 반성 인상은 모든 정념[5] 및 이와 유사한 정서이다.

확실히 정신은 자신이 지각할 때 어디선가 시작되어야 한다. 인상은 그 대응 관념보다 선행하므로 어떤 종류의 인상이 있어야 하며, 아무 매개도 없이 영혼에 직접적으로 나타나야 한다.[6] 이것들은 자연적이고 물리적인 원인에 좌우되므로, 이것들을 검토하다 보면 당면한 주제에서 한참 벗어나 해부학과 자연철학에 이르게 될 수도 있다.[7] 내가 논의를 근원적 인상이나 그 관념에서 발생하는 인상처럼 2차적이고 반성적인 인상이라고 일컫는 다른 인상으로 한정하는 것도 이런 이유에서다. 정신이 신체적 고통과 쾌락[8]을 느끼고 생각할 때, 그 고통과 쾌락은 여러 정념을 낳는 원천이다. 그러나 그 고통과 쾌락은 선행하는 사유나 지각 없이 영혼이나 신체 안에서 근원적으로 발생한다. 따라서 그것이 발생하는 곳을 영혼이라고 해도, 또한 신체라고 해도 무방하다. 통풍의 발작 때문에 비애와 희망 그리고 두려움 등의 정념이 꼬리를 물고 일어나지만, 이 발작이 어떤 감정이나 관념에서 직접적으로 일어나지는 않는다.

반성 인상은 차분한 것과 강렬한 것의 두 가지로 나눌 수 있다.[9] 행동과 구성 그리고 다양한 외부 대상에게서 느끼는 아름다움·흉[10] 따위의 감각이 첫 번째 종류이다. 두 번째 종류는 사랑과 미움 및 비애와 기쁨 그리고 긍지와 소심[11] 따위의 정념이다. 하지만 이 구분이 반드시 정확한 것은 아니다. 때로는 시와 음악 등의 환희가 절정에 이른다. 반면에 다른 인상들, 정확하게 말하여 정념들은 거의 지각할 수 없을 정도로 차분한 정서로 약화되기도 한다. 그러나 대체로 정념들은 아름다움·흉에서 발생하는 정서들보다 더 격렬하므로, 이제까지 일반적으로 이 인상들을 구별해왔다. 본래 인간의 정신이라는 주제는 범위가 넓고 다양하므로, 나는 여기서 더욱더 조리 있게 논리를 전개할 수 있도록 이런 통속적이고 외면적인 구분의 이점을 활용하고자 한다. 이상으로 관념에 대해 필수적이라고 생각하는 것을 모두 말했다. 이제 나는 이 격렬한 정서 또는 정념 및 그 본성과 기원, 그 원인과 결과 등을 설명할 것이다.

정념은 다시 직접적인 것과 간접적인 것으로 구분된다.[12] 직접 정념은 선악 그리고 고통과 쾌락으로부터 직접 발생하는 것이다. 간접 정념은 같은 원리에서 유래하지만 다른 요소와 결부되어[13] 발생한다. 나는 지금으로선 이 구별을 더 이상 정당화할 수도 설명할 수도 없다. 대체로 다음과 같이 말할 수 있을 뿐이다. 즉 내가 보는 간접 정념이란 긍지·소심·야망·허영심·사랑·미움·질투·연민·심술·관용 등과 함께 이것들에 의존하는 정서를 포함한 것이다. 그리고 직접 정념에는 욕구·혐오·비탄·기쁨·희망·두려움·절망·안도 등이 있다. 먼저 간접 정념부터 살펴보도록 한다.[14]

〈주〉
1 '지각(perception)'은 마음에 나타나는 모든 내용을 총칭하는 말로써, '인상(impression)'과 '관념(idea)'은 지각의 두 가지 큰 종류이다. 이것은 흄의 기본적인 생각이다. 제1편 제1부 제1절 주석 2 참조.
2 제1편 제1부 제2절 참조.〔원주〕
3 흄의 '반성(reflexion)'이라는 단어의 사용법에 대해서는 제1편 제1부 제2절 주석 2 참조.
4 '생기(animal spirits)'에 대해서는 제1편 제2부 제1절 주석 4 참조.
5 이 책에서 제시된 정념의 갈래를 체계적으로 도식화하기는 어려울 것이다. 정념의 갈래에 대한 견해는 다양하며, 정(L.E. Loeb) 교수의 논문에 여러 견해들이 소개되어 있다. S. Tweyman (ed), *David Hume-Critical Assessment*, 제4권(London, New York : Routledge, 1995),

pp. 99~109 참조. 또 흄은 '정념'과 '감정'이라는 용어를 거의 같은 의미로 쓰고 있으며, 심지어 '정념'과 '정서'도 같은 의미로 쓸 때가 많다.

6 정신에는 근원적 인상이 있고, 관념은 전부 거기에서 유래한다고 하는 인상의 근원성은 흄의 제1원리이다. 제1편 제1부 제1절 본문 및 주석 16 참조.

7 제1편에서도 근원적 인상의 검토는 해부학이나 자연학의 주제라는 동일한 이유로, 관념의 검토로 나아간다. 제1편 제1부 제2절 본문 및 주석 4 참조.

8 신체적 고통과 쾌락이 반성의 인상이 아니라는 것은 제1편에도 설명되어 있다. 제1편 제1부 제1절 참조.

9 '차분한 것(calm passion)'과 '격렬한 것(violent passion)'은 현상적인 외관 차이에 기초한 구별이다. 흄은 이 구별을 인정하기만 할 뿐, 많은 의미를 부여하지는 않는다. 하지만 나중에 이 구별에 대해서 한 번 언급하고 있다. 제2편 제3부 제4절 주석 2 참조.

10 'deformity'를 우리말로 옮길 때 대개 '추'(醜)라고 하지만, 여기서는 '흉'(凶)이 더 어울린다고 판단하여 '흉'으로 옮겼다.

11 'pride'와 'humility'를 각각 '긍지'와 '소심'으로 옮겼는데, 이는 적절한 우리말이 없어 궁여지책으로 표현한 것이다. 이 책에서 긍지는 허영심이나 오만의 의미까지 포함하며, 소심은 비굴이나 주눅의 의미까지 포함한다.

12 '직접 정념(direct passion)'과 '간접 정념(indirect passion)'은 정서의 발생과정 차이를 기초로 하여 구별하였다. 정서를 그 원인 내지 발생 조건으로 해명하려는 흄에게 이 구분은 중요하다.

13 '결부(conjunction)'는 제1편에서 특히 원인과 결과 관계의 비평에 있어서 '결합(connexion)'과 구별되고 각각 술어적인 의미 규정이 부여되었다. 그러나 제2편에서는 이러한 의미와는 다르다. '합일(union)' 역시 마찬가지이다. 제1편 제1부 제1절의 주석 11, 12 및 제2편 제2부 제4절 주석 4 참조.

14 직접 정서는 제2편 제3부 제9절에, 즉 제2편 거의 마지막에서 비교적 간단하게 다루어진다. 발생 조건이 단순한 직접 정서에는 논구되어야 할 주제가 많지 않기 때문이다. 즉 흄은 잘 알려져 있듯이 《인간이란 무엇인가》의 각 편을 뒷날 각각 독립된 논술로 고쳐 썼다. 제2편에 해당하는 것은 1757년에 발표된 《정념소고(A Dissertation on Passion)》이다. 여기서는 레어드가 말하는 '자연의 순서'에 따라 직접 정서를 먼저 다루고 있다. 그러나 서술은 이 책과 마찬가지로, 아니 그 이상으로 간단하다.

2 긍지와 소심에 대하여:그 대상과 원인

긍지와 소심이라는 정념[1]은 단순하고 한결같은 인상이다. 그러므로 그 정념은 결코 정확하게 정의할 수 없으며, 사실 어떤 정념도 그렇게 정의할 수 없다. 우리가 할 수 있는 최선의 방법은 정념에 수반되는 여건들을 하나하나 들어서 말함으로써 정념을 기술하는 것이다. 그러나 긍지와 소심 따위의 말은 널리 쓰이고 있고, 또 정념이 나타내는 인상도 대체로 보편적이다. 따라서 누구나 어떤 오류의 위험도 없이 이런 정념의 올바른 관념을 스스로 형성할 수 있다. 이러한 이유로 나는 예비적인 설명을 위해 시간을 낭비할 필요없이 곧장 이 정념들에 대한 검토에 착수하고자 한다.

긍지와 소심이 비록 직접적으로 상반되기는 하지만 그럼에도 불구하고 그 대상은 명백하게 동일하다. 이 대상은 자아이다. 다시 말해서 우리가 생생하게 기억하고 의식하는 서로 관련된 관념들 및 인상들의 계기[2]이다. 우리가 특정한 정념에 자극을 받을 때, 그 관점은 언제나 고정되어 있다. 우리 자신에 대해 관념이 호의적인 정도에 따라서 우리는 상반된 감정들 가운데 하나를 느끼고, 긍지로 우쭐대거나 기가 죽어 소심해진다. 정신이 다른 어떤 대상을 포괄하려 해도 정신은 늘 우리 자신을 보면서 그 대상을 생각한다. 그렇지 않다면 그 대상은 우리에게 이 정념을 결코 불러일으킬 수 없고, 조금도 증감시킬 수 없다. 자아가 고려되지 않았을 때에는 긍지나 소심이 일어날 여지가 전혀 없다.

그러나 지각들이 서로 연관된 계기, 곧 자아라고 일컫는 것은 언제나 이 두 정념의 대상이지만, 자아는 이 두 정념의 '원인'일 수 없다. 다시 말해서 자아 홀로 두 정념을 불러일으키기에는 충분치 않은 것이다. 그 이유는 다음과 같다. 이 두 정념은 직접적으로 상반되며 동일한 대상을 공유한다. 그러므로 대상이 두 정념의 원인이라면, 그 대상은 두 정념들 가운데 한 정념을 어느 정도 불러일으키지 않고는 결코 다른 정념을 그와 대등한 정도로 불러일으킬 수 없다. 또한 두 정념의 이러한 대립과 상반성은 그 정념들을 모두 파괴할 수밖에 없다. 사람이 의기양양하면서 동시에 의기소침할 수는 없다. 그리고 흔한 일이지만 각각의 정념을 일으키는 서로 다른 이유가 있으면 이 정념들은 번갈아 발생하고, 그 정념들이 마주친다면 힘이 미칠 때까지 한 정념이 다른 정념을 소멸시키며, 그 결과 우세한 정념이 살아남아서 계속 정신에 작용한다. 그러나 지금 경우는 (그 대상인 자아가 두 정념 모두의 원인이라면) 그 정념 가운데 어떤 것도 우세할 수 없을 것이다. 정념을 불러일으키는 것이 오직 우리 자아의 관점이라고만 가정하기 때문이다. 두 정념 가운데 어느 쪽으로도 기울지 않은 우리 자아의 관점은 두 정념 모두를 완전히 동일한 비율로 산출해야 한다. 바꾸어 말하면 어떤 정념도 산출할 수 없다는 것이다. 어떤 정념을 불러일으킴과 동시에 그와 대립적인 정념을 대등한 정도로 나타내는 것은 유발된 정념을 즉각 원래 상태로 되돌리는 것이며, 결국 정신을 완전히 차분하고 무심한 상태로 내버려 두어야 하기 때문이다.

따라서 우리는 이 정념의 원인과 대상을 구별해야 한다. 즉, 정념이 불러일으키는 관념과, 정념이 발생했을 때 그 정념을 지향하게 만드는 관념을 구분해야 하는 것이다. 긍지와 소심은 발생하자마자 곧 우리 주의를 우리 자아에게 돌리며, 우리 자아를 정념의 궁극적이고 최종적인 대상으로 간주한다. 그러나 이 정념을 불러일으키려면 그 이상의 무언가가 필요하다. 그것은 각 정념에게 고유한 것이면서 그 두 정념을 완전히 대등하게는 산출하지 않는 그 무엇이어야 한다. 정신에 나타나는 첫 번째 관념은 원인, 즉 산출적 원리의 관념이다. 이 관념은 자신과 연관된 정념을 불러일으킨다. 그 정념이 발생했을 때 그것은 다른 어떤 관념으로, 즉 자아의 관념으로 우리의 관심을 전환한다. 여기에 정념을 산출하는 관념과 정념을 통해 산출된 관념 사이에 정념이 자리잡게 된다.[3] 따라서 정념을 산출하는 최초의 관념은 정념의 원인을 표상하고, 정념이 산출한 두 번째 관념은 정념의 대상을 표상한다.

긍지와 소심의 원인부터 이야기해 보자. 원인의 가장 뚜렷하고 주목할 만한 특징은 그 정념의 원인이라고 생각할 수 있는 주체의 폭넓은 다양성이라고 할 수 있다. 상상력·판단력·기억력·기질 등과 같은 정신의 가치 있는 성질들, 즉 재치·총명·학식·용기·공정·성실 등은 모두 긍지의 원인이다. 그리고 이와 반대되는 성질은 소심의 원인이다. 이 정념들은 결코 정신에 국한되지 않으며, 같은 방식으로 신체에까지 그 관심을 확장한다. 어떤 사람은 춤이나 승마, 검술 등에서 자신의 아름다움, 강인함, 민첩성, 훌륭한 외모, 품위 등을 자랑할 수 있고, 수작업이나 수공업에서 능란한 솜씨를 자랑할 수 있다. 그러나 이것이 전부가 아니다. 정념은 더욱 시야를 넓혀 우리와 동류이거나 조금이라도 관련이 있는 대상을 모두 포괄한다. 우리의 조국·가족·자녀·친족·재산·집·정원·말·개·옷 등 이것들 가운데 어떤 것도 긍지나 소심의 원인이 될 수 있다.

이 원인에 대한 고찰의 필연적 결과는 우리가 정념의 원인들을 새롭게 구별해야 한다는 것이다. 즉 작용하는 성질과 그 성질이 담긴 주체를 구별하는 것이다. 예를 들어 어떤 사람이 자신의 소유이거나 자신이 짓고 설계한 아름다운 집을 자랑한다고 하자.[4] 여기서 정념의 대상은 그 자신이며 원인은 아름다운 집이다. 그런데 그 원인은 다시 두 부분으로 세분된다. 바로 정념에 작용하는 성질과 그 성질에 내재하는 주체이다. 성질은 아름다움이며, 주체는 그의 재산이거나 작품인 집이다. 이 두 부분은 모두 본질적이며 그 구별이 쓸데없고 황당한 것은 아니다. 단지 그 자체로 고려될 때의 아름다움이 우리와 관련된 어떤 것에 자리를 잡지 않는 한, 아름다움은 어떤 긍지나 허영심[5]도 산출할 수 없다. 아름다움이나 그것을 대신할 것이 우리와 관련된 것 속에 있지 않다면, 가장 강력한 관계라도 저 정념에 거의 영향을 미칠 수 없다. 따라서 성질과 주체는 쉽게 분리될 수 있으며 정념을 산출하는 데는 그 부분들의 결합이 필요하다. 따라서 우리는 그 부분들을 원인의 구성적 요소로 간주하고 이 구별을 정확히 이해해야 한다.

⟨주⟩

1 관념의 연합 관계가 '비밀스럽고 온화하게' 작용하므로 그것만으로는 정념을 낳기 어렵다는 점에 대해서는 제2편 제1부 제9절 참조.

2 대상, 즉 관념의 관계만으로는 정념을 불러일으킬 수 없다는 점은 제2편 제1부 제2절 및 제2편 제2부 제1절 참조.

3 긍지의 정념의 대상이 '정념을 통해 산출된다'는 것은 후에 정념이 발생하는 과정을 인상 사이 및 관념 사이의 이중 관계로 설명할 때의 중요한 복선이 된다. 그러나 정념과 그 대상 사이에 원인과 결과 관계 내지 시간적 선후 관계가 있는 것처럼 해석되는 표현에는 의문점이 있다. 오히려 자아를 대상으로 하는 기분 좋은 감각적 기분이 바로 긍지 정념일 것이다. 그러나 《정념소고》도 같은 표현을 써서 정념과 대상과의 관계를 설명하고 있다.

4 '자랑하다'의 원어는 'is vain of'이다. 이 의미에 대해서는 주석 5 참조.

5 '허영심'의 원어는 'vanity'이다. 이 말은 대부분 자주 '긍지(pride)'와 같은 의미로서 무차별적으로 사용되고 있다. 게다가 'vanity'나 'pride'라는 단어에는, 특히 전자에 흔히 따르는 도덕적 비난의 의미는 조금도 포함되어 있지 않다. 이러한 도덕적 관심을 떠나 정념에 대한 객관적인 관점과 태도는 흄의 정념론의 특징이다. 그리고 이러한 특징은 지성의 고찰은 물론, 도덕 자체의 연구에서도 일관적으로 유지되는데 이는 흄 철학의 근본적 성격의 하나이다. 흄은 인성의 냉정한 관찰자이자 과학자이지 설교자가 아니다. 《도덕원리연구(Enquiry concerning the Principles of Morals)》에서는 'pride'라는 단어가 나쁜 의미로 사용되지 않도록 일부러 주의를 기울이고 있다. 제2편 제1부 제7절 주석 8 참조. 또 'vanity'에 다소 다른 의미를 부여한 곳도 있는데, 그것에 대해서는 제2편 제2부 제1절 주석 6 참조.

3 이 대상과 원인은 어디서 유래하는가?

지금까지 정념의 대상과 원인의 차이에 대하여 살펴보고, 정념에 작용하는 성질과 그 성질이 속한 주체를 인과적으로 구별하여 설명했다. 이제 계속해서 그것들을 각각 그것이 되도록 결정하는 것이 무엇인가, 즉 무엇이 이러저러한 개별적 대상과 성질 그리고 주체를 이 감정과 결합시키는지 검토할 것이다. 이렇게 함으로써 우리는 긍지와 소심의 기원을 충분히 이해할 수 있게 될 것이다.

먼저 긍지와 소심은 자연적 특성뿐만 아니라 근원적 특성에 의해 반드시 자아를 대상으로 삼는다는 것은 명백하다.[1] 우선 이 특성들은 그 작용이 영속적이고 불변적이므로 자연적이라는 것을 의심할 사람은 아무도 없다. 긍지와 소심의 대상은 언제나 자아이다. 그리고 정념이 그 이상을 본다고 할지라도 그것은 여전히 우리 자아를 통해서이며, 그렇지 않다면 어떤 사람이나 사물도 우리 정신에 아무 영향도 미칠 수 없다.

위의 특성이 이 정념들을 다른 것과 구별하는 전형적 특징이라는 점을 생각하면, 그 특성이 근원적 성질이나 1차적 충동[2]에서 유래한다는 점도 역시 명백해진다. 자연이 정신에게 어떤 근원적 성질을 부여하지 않았다면, 정신은 2차적인 성질도 결코 가질 수 없다. 그러한 경우에는 정신 활동의 토대가 없으므로, 정신이 발동할 수 없기 때문이다. 그런데 우리가 근원적인 것으로 고려해야 할 성질은 영혼과 거의 분리될 수 없으며, 다른 성질로 환원될 수도 없다. 그리고 이 성질이 바로 긍지와 소심의 대상을 결정하는 성질이다.

우리는 여기서 더 중요한 의문을 가질 수 있다. 즉 긍지와 소심을 산출하는 원인은 그 정념이 향하는 대상과 마찬가지로 자연적인가? 그리고 원인의 저 광범위한 다양성은 모두 변덕에서 유래하는가, 아니면 정신의 선천적 구조에서 유래하는가? 그러나 인간의 본성으로 눈길을 돌려, 동일한 대상이 모든 종족과 세대에 긍지와 소심을 불러일으킨다는 것을 생각해 보면 그러한 의심은 곧 사라질 것이다. 그리고 낯선 사람을 보았을 때조차 이런 종류의 정념을 증감시키는 것이 무엇인가를 제법 정확하게 알 수 있다. 만약 이 경우에 어떤 변이가 있다면, 그것은 사람들의 기분과 성격의 차이에서 비롯되며 이는 아주 사소한 것이다. 인간의 본성이 그대로 유지되는 동안 사람들이 자신의 권력·재산·아름다움·인격적 가치에 대해 전혀 관심이 없고, 이러한 장점들에 긍지와 허영심이 영향을 받지 않는다고 과연 상상이나 할 수 있을까?

　그러나 비록 긍지와 소심의 원인이 분명히 자연적이라고 할지라도 잘 검토해 보면 그 원인은 근원적이 아니며, 궁극적으로 그 원인들 각각은 특정 조건과 자연[3]의 1차적 구조에 의해 이 정념이 들어맞을 수 없다는 것을 알 수 있다. 그 원인들의 엄청난 수는 제쳐 두더라도, 그것들 가운데 많은 것이 인위적 결과이며, 부분적으로 산업과 변덕 그리고 인간의 행운에서 발생한다. 산업은 집과 가구, 옷가지 따위를 생산한다. 변덕은 그 생산물의 개별적인 종류와 성질을 결정한다. 그리고 행운은 종종 물체들의 서로 다른 혼합과 결합에서 비롯된 효과를 드러냄으로써 이 모든 것들에 기여한다. 그러므로 자연이 정념의 가능적 원인들을 하나하나 예견하고 준비했다고 상상하는 것은 불합리하다. 즉 긍지와 소심의 원인인 새로운 인위적 생산물이 모두 정신에게 자연스럽게 작용하는 어떤 일반적 성질을 향유함으로써 정념에 들어맞게 되는 것이 아니라, 새로운 생산 자체가 그때까지 영혼에 은폐되어 있다가 마침내 우연히 빛을 보게 된 근원적 원리의 대상이다, 이렇게 상상하는 것은 불합리하다. 예를 들어 훌륭한 사무용 가구를 고안한 최초의 장인은 그 가구를 소유한 사람에게 긍지를 느끼게 하지만, 이때의 원리는 그 소유자가 미끈한 탁자와 의자에 긍지를 느끼는 원리와는 다르다. 그렇지만 이것은 분명히 우습게 보인다. 긍지와 소심의 원인이 갖는 각각 고유의 근원적 성질 때문에 그 정념과 상응하는 것이 아니라, 모두에게 공통된 하나 이상의 다른 여건들이 있으며, 원인의 효력은 이 공통 여건들에 달려 있다는 결론을 내릴 수밖에 없다.

　이와 함께 자연의 운행 과정에서 엿볼 수 있듯이 어떤 원리에서 발생하는 결과는 다수라도 그 원리는 극소수이고 단순하다. 서로 다른 작용을 설명하기 위해 각각 서로 다른 원리에 호소하는 것은 서툰 박물학자의 특징이다.[4] 인간 정신에 대하여 이것은 얼마나 진실해야 할까? 긍지와 소심을 일으키는 각각의 개별적 원인이 특정 영역의 원리들 때문에 해당 정념과 상응 관계를 갖는다면, 인간 정신에는 그러한 정념을 불러일으키기에 필요한 엄청나게 많은 원리를 간직할 수 있는 능력이 없다고 보는 것이 옳겠다.

　그렇다면 여기서 도덕철학은 코페르니쿠스 이전의 천문학에 관한 자연철학과 동일한 상태에 있다.[5] 고대인들은 자연은 결코 공허한 것을 행하지 않는다는 공리를 감지하고 있었지만, 참된 자연철학과는 어울리지 않는 것으로 여겨지는 천체의 복잡한 체계를 고안했다. 그리고 마침내 그것은 더욱 단순하고 자연적인 체계[6]에 자리를 내주었다. 새로운 현상을 묵은 원리들에다 끼워 맞추는 대신 모든 새로운 현상들에 대해 각각 새로운 원리를 주저 없이 마련하는 것과 우리의 가설을 이 다양한 원리들로 성가시게 하는 것은, 이 원리들 가운데 어느

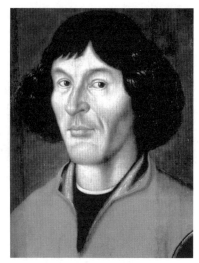

코페르니쿠스(1473~1543)

것도 정당하지 않으며, 우리가 숱한 거짓으로 진리에 관한 우리의 무지를 덮어버리기에 급급할 뿐이라는 것 등에 대한 확실한 증거이다.

〈주〉

1 '자연적(natural)'과 '근원적(original)'이라는 것은 일반적으로는 각별한 구별 없이 사용되지만, 여기서는 중대한 구별이 있는 개념으로서 사용되고 있다. 근원적인 것은 전부 자연에 있지만, 자연적인 것이 전부 근원적이라고는 할 수 없다. 이 점은 다음에 고찰되는 긍지의 원인에서 명확해진다.

2 '1차적 충동'의 원어는 'primary impulse'로, '1차적(primary)'은 '근원적(original)'과 동의어이다.

3 여기서 '자연'은 '인간의 본성'을 가리킨다.

4 자연의 '서로 다른 작용을 설명하기 위해 각각 서로 다른 원리에 호소하는' 것은 '서툰 박물학자의 특징'이다. 흄은 근대 자연과학의 기본 성격을 정확하게 간파하고 있다.

5 저자는 '도덕철학의 현황'이 '코페르니쿠스 시대 이전의 천문학'과 동일한 상태라고 한탄함과 동시에 이 현상을 혁신하여 도덕철학의 코페르니쿠스적 전환을 감행하려는 포부를 가지고 있음을 드러내고 있다. 코페르니쿠스적 전환의 자각은 반드시 칸트에게서 시작되는 것은 아니다.

6 관찰 방식을 가리킨다.

4 인상과 관념들 사이의 관계에 대하여

지금까지 긍지와 소심을 불러일으키는 원인의 다양성은 자연적 원리들로부터 유래한다는 것과, 다른 원리에 따라 각각 다른 원인들이 정념에 들어맞게 되는 것은 아니라는 두 진리를 별 탈 없이 확정했다. 그러면 이제 계속해서 우리가 이 원리들의 수를 줄여갈 수 있는 방법을 탐구해 보고, 원인들 가운데서 그 원인의 작용이 결정되는 공통적인 어떤 것을 찾아보기로 한다.

이것을 위하여 우리는 인간 본성의 어떤 속성에 대해 반성해 보아야 한다. 그 속성이 비록 오성과 정념 모두의 작용에 강력한 영향력을 미친다고 할지라도 철학자들은 이 속성을 크게 강조하지 않았다. 이 속성들 가운데 첫 번째는 내가 매우 자주 주목하고 설명했던 관념들의 연합이다.[1] 정신이 상당 기간 동안 한 관념을 불변적으로 응시하는 것은 불가능하다. 그뿐 아니라 정신은 아무리 노력해도 그와 같은 불변성에 이를 수 없다. 그러나 우리의 사유가 아무리 가변적이라고 할지라도, 그 변화에 규칙과 방법이 전혀 없는 것은 아니다. 사유가 진행하는 규칙이란, 어떤 대상에서 그것과 유사하고 인접해 있으면서 그 대상을 통해 산출된 대상으로 옮겨 가는 것이다. 어떤 관념이 상상으로 나타날 때는, 이런 관계를 통해 합일된 다른 관념이 자연스럽게 그 관념을 뒤따른다. 그리고 그 관념의 인도로 인해 정신은 다른 관념을 더욱 수월하게 수용한다.

내가 인간의 정신에서 살펴볼 두 번째 속성[2]은 인상의 유사 연합이다. 유사한 인상들은 모두 함께 연관되어 있으며, 한 인상이 발생하면 나머지 인상도 곧장 뒤따른다. 예를 들어 비탄과 실망은 분노를 불러일으키고, 분노는 질투를, 질투는 심술을, 그리고 심술은 다시 비탄을 불러일으켜 마침내 전체적인 순환이 완성될 때까지 인상들의 유사 연합은 계속된다. 마찬가지로 우리 기분이 기쁨으로 고양되었을 때에는 자연스럽게 사랑, 관대함, 동정, 용기, 긍지 외에도 이것들과 유사한 다른 감정에 빠져든다. 본래 정신이 정념에 의해 고무되었을 때 전혀 변하지 않고 그 정념에만 머물러 있기는 어렵다. 그리고 인간의 본성은 매우 자주 변하므로 그와 같은 규칙성을 용인하기 어렵다. 인간 본성은 본질적으로 가변적이다. 게다가 인간의 본성이 그 기분에 적합하고 주도적인 정념들의 종류와 일치하는 감정 또는 정서로 바뀌는 것만큼 자연스럽게 바뀔 수 있는 것이 또 있겠는가? 그렇다면 관념들 사이에서와 마찬가지로 인상들 사이에도 인력 또는 연합[3]이 있다는 것은 분명하다. 물론 여기에는 주목할 만한 차이가 있다. 즉 관념들은 유사성과 인접성 그리고 인과성을 통해 연합되지만, 인상은 오직 유사성을 통해 연합된다.[4]

세 번째로 이 두 종류의 연합은 주목할 만하다. 그 연합(연합 방식)들은 서로를 아주 크게 후원하고 고무하며, 그들이 동일한 대상에 공조할 때 어떤 지각에서 다른 지각으로의 전이는 더욱더 쉽게 이루어진다. 따라서 다른 사람에게 모욕을 당하고 몹시 기분이 상하여 예민해진 사람은, 특히 그의 최초 정념을 유발한 사람에게서 또는 그 사람 주변에서 불만과 조바심 그리고 두려움과 다른 어떤 언짢은 정념의 수백 가지 원인들을 발견하기 쉽다. 이때 관념들의 전이를 촉진하는 원리는 정념에 작용하는 원리와 공조한다. 그리고 그 원리들은 한 작용에 합일되어, 정신에 이중의 충격을 준다. 따라서 새로운 정념은 더욱더 격렬하게 발생해야 하며, 그 정념으로의 전이도 더욱더 거침없고 자연스럽게 이루어져야 한다.

이 경우에 다음과 같은 방식으로 자신을 표현하는 품위 있는 작가[5]의 권위를 인용해도 될 것 같다.

'장대하고 기묘하고 아름다운 모든 것에서 공상이 기뻐하듯이, 그리고 공상이 동일한 대상에서 이러한 성질들의 극치를 발견할수록 더욱더 만족하듯이, 공상은 다른 감관의 도움을 통해 새로운 만족을 받아들일 수 있다. 예를 들어 새들의 지저귐이나 폭포 소리처럼 지속적인 소리는 매순간마다 그 소리를 듣는 사람의 정신을 일깨우며, 눈 앞에 있는 여러 가지 아름다움에 더욱 관심을 갖도록 한다. 또한 천연 향기나 향수 냄새를 맡게 되면, 그 향내는 상상력의 쾌락을 증가시키며, 심지어 경관의 광채나 신선함을 더욱더 쾌적하게 느끼도록 만든다. 두 감관의 관념들은 서로 북돋워 주며, 그 관념들이 따로 따로 정신에 들어올 때보다 함께일 때 더욱 유쾌해진다. 이것은 그림의 서로 다른 색들이 잘 배열되어 있을 때 그 색들이 서로를 돋보이게 하며, 그로 인해 그 그림이 더 아름다워지는 것과 마찬가지이다.'

이런 현상에서 우리는 인상과 관념의 상호 조력과 함께 인상과 관념 모두의 연합도 인지할 수 있다.

〈주〉

1 '관념들의 연합(association of ideas)'에 대해서는 제1편 제1부 제4절 이하에 최초의 서술이 있다.

2 '정념에 영향을 미치는 속성'을 가리킨다.

3 '인력 또는 연합(attraction or association)'이란 표현에 대해서는 제1편 제1부 제4절 주석 8 참조.

4 인상들 사이에도 연합 관계가 존재한다는 것과 인상은 오직 유사성을 통해 연합된다는 것은 여기에서 처음으로 등장한다. 그러나 관념의 연합에 비교하면 서술이 간단하다. 특히 인상이 오직 유사성을 통해 연합된다는 점에 대해서는 충분히 입증하고 있지 않다.

5 '품위 있는 작가(an elegant writer)'란 조지프 애디슨(Joseph Addison)으로, 인용된 단락은 〈스펙테이터(The Spectator)〉 142호에 게재되었다. 애디슨(1672~1749)은 영국의 유명한 문인이다. 〈스펙테이터〉는 스틸(Steel)과의 공동 편집으로 1711년 3월 10일 첫 호가 발간되었고, 다음 해 12월 6일까지 일요일을 제외한 매일 총 555호가 발행되었다. 이 인용은 《정념소고》에도 있다.

5 이 관계들이 긍지와 소심에 미치는 영향에 대하여

이 원리는 의심의 여지없는 경험을 토대로 확정되었으므로, 이제 긍지와 소심 등의 원인을 모두 숙고함으로써 우리가 이 원리를 적용할 방식을 고찰하겠다. 여기서는 원인을 작용하는 성질로 보는 경우와, 그 성질이 자리잡고 있는 주체로 보는 경우를 모두 살펴보겠다. 먼저 작용하는 성질을 검토하면, 나는 곧 그 성질 가운데 많은 것이 고통과 쾌락의 감각[1]을 산출하는 데 공조한다는 것을 알 수 있다. 그러나 이 감각은 내가 여기서 설명하려는 감정과는 무관하다. 어떤 사람의 아름다움은 그 자체로, 그 아름다움이 드러나는 것만으로도 긍지와 함께 쾌락을 주며, 흉함은 소심과 함께 고통을 준다. 장엄한 축제는 우리를 즐겁게 하지만, 천박한 것은 우리를 불쾌하게 한다. 나는 내가 이와 같은 몇 가지 사례에서 참이라고 발견한 것을 모든 사례에서도 참이라고 가정한다. 다시 말해서 긍지의 원인들은 그것 고유의 성질에 의해 각각의 쾌락을 산출하고, 소심의 원인들은 각각의 언짢음을 산출한다는 것을 당장은 이 이상 증명하지 않고 당연한 것으로 받아들이기도 한다.

이어서 나는 이 성질들이 붙박여 있는 주체를 살펴보면서, 그 주체들이 우리 자신의 일부이거나 아니면 우리와 밀접한 관계가 있는 어떤 것이라고 새롭게 가정한다. 이 가정은 수많은 명백한 사례들에서 개연성을 보여 준다. 예를 들어 우리의 행동과 태도 등의 선한 성질과 악한 성질은 덕과 부덕을 구성하고, 우리의 인격적 특성을 결정하는데, 긍지와 소심에 이보다 더 강하게 작용하는 것도 없다. 마찬가지로 우리 인격의 아름다움이나 흠, 가옥이나 마차나 가구 따위 때문에 우리는 우쭐대거나 의기소침해진다. 그러나 이 성질도 우리와 관계 없는 주체로 옮겨 가면 그 성질은 이 감정들 중 어느 것에도 전혀 영향을 미치지 않는다.

이와 같이 긍지와 소심의 원인이 갖는 두 속성, 즉 성질이 별개인 고통과 쾌락을 산출한다는 것과 그 성질이 자리잡고 있는 주체가 자아와 관계한다는 것을 가정하였다. 계속해서 나는 정념들에서 그 원인의 가상적 속성에 대응하는 것을 발견하기 위하여 정념 그 자체를 검토하였다. 그리고 첫째로 나는 다음과 같은 것을 발견했다. 긍지와 소심이 갖는 특유의 대상은 근원적이고 자연적인 직감을 통해서 결정된다. 그리고 정신의 1차적 구조로 미루어 볼 때 이 정념이 우리가 각자 그 작용과 소감을 내면적으로 의식하는 자아 또는 개별적 인격을 넘어서는 것은 절대 불가능하다. 우리가 이 정념 가운데 어느 것에 의해 고무되었을 때, 정신의 시각은 언제나 결국 그대로 남아 있다. 즉 그 시각은 언제나 우리 자신을 향하고 있으며, 이런 정신 상황에서는 결코 이 대상에서 눈을 뗄 수 없다. 나는 여기에 대해 어떤 이유도 감히 제시할 수 없지만 사유의 특정한 방향을 정신의 근원적 성질이라고 생각한다.

내가 긍지와 소심에서 발견한 정신의 근원적 성질이라고 생각하는 두 번째 성질은, 정념이 영혼에 불러일으키며 자신의 존재와 본질을 구성하는 그 정념의 감각 또는 특유의 정서이다.[2] 예를 들면 긍지는 유쾌한 감각이며 소심은 고통스러운 감각이다. 이러한 고통과 쾌락을 제거하면 실제로 긍지나 소심은 없다. 우리는 실제 느낌으로 이것을 확신하며, 우리의 느낌을 벗어나면 추리와 논쟁이 모두 무의미해진다.

따라서 자아라는 대상과 쾌락과 고통이라는 감각이라는 정념의 확인된 두 속성을, 원인의 두 가지 가상적 속성, 즉 자아에 대한 관계 및 정념과는 독립적으로 고통이나 쾌락을 산출하는 성향과 비교해 보자. 그러면 나는 곧, 이 가정들이 타당하다면 참된 체계가 부정하기 어려운 확실성을 가지고 떠오르는 것을 발견한다. 즉 정념을 불러일으키는 원인은 그 정념에 자연스럽게 귀속되는 대상과 관계하며, 그 원인이 별도로 산출한 감각은 정념의 감각과 관계한다. 이러한 인상과 관념[3]의 이중 관계에서 정념이 유래한다.[4] 한 관념은 자신과 호응하는 관념으로 쉽게 전환되며, 한 인상은 자신과 유사하거나 대응하는 인상으로 쉽게 전환된다.[5] 그렇다면 이러한 전환이 서로 보조하고 정신이 인상과 관념 모두의 관계로부터 이중 충격을 받을 때 이 전이는 반드시 훨씬 더 수월하게 이루어져야 하지 않겠는가?

우리가 이것을 더욱더 확실히 이해하기 위해서는, 자연이 이미 인간 정신의 각 기관을 이른바 긍지라는 특정 인상 또는 정서를 산출하기에 알맞도록 배열했다고 가정해야 한다. 자연은 긍지가 반드시 산출할 수밖에 없는 어떤 관념, 즉 자아의 관념을 이 정서에 할당했다. 자연의 이러한 계책은 쉽게 파악될 수 있다. 이러한 사태의 실례는 많다. 예를 들어 코와 입의 신경은 특정 여건에서 특정한 인상을 정신에게 전달하도록 배열되어 있다. 성욕과 배고픔은 언제나 우리에게 각각의 욕구에 알맞은 특이대상의 관념을 산출한다. 긍지의 경우 이 두 여건은 합일된다. 감관은 그 정념을 산출하도록 배열되어 있으며, 정념은 산출되면 자연히 어떤 관념을 산출한다. 이 모든 것에는 증거가 전혀 필요없다. 이 정념에 적합한 정신의 배열이 없다면, 우리는 결코 그 정념을 가질 수 없었을 것이다. 그리고 마찬가지로 긍지는 언제나 명백히 시각을 우리 자신에게로 돌리며, 우리가 우리 고유의 성질이나 여건을 생각하도록 만든다.

이것에 대해 충분히 이해되었으므로 이제 다음과 같이 물을 수 있을 것이다. 자연은 자신이 직접단독으로 정념을 산출하는가, 아니면 다른 원인의 협력에 도움을 받는가? 왜냐하면 이 경우의 자연의 작용은 정념과 감각의 차이에 따라 차이가 달라지기 때문이다. 예를 들어 풍미를 산출하려면 외부 대상이 미각을 자극해야 한다. 그러나 배고픔은 외부 대상의 공조 없이 내부적으로 발생한다. 그렇지만 다른 정념 및 인상의 경우는 차치하고, 긍지는 어떤 이질적 대상의 도움을 요구한다. 다시 말해서 긍지를 산출하는 기관은 심장이나 동맥처럼 홀로 근원적이고 내부적인 운동을 통해 스스로 작용하는 것이 아니다. 그 이유는 다음과 같다. 첫째, 일상 경험으로 우리가 납득하듯이, 긍지를 일으키려면 어떤 원인이 요구된다. 예를 들어 성격과 신체적 소양 및 의복·마차·재산 따위도 뒷받침되지 않을 때 긍지도 시들해진다. 둘째, 긍지가 자연으로부터 직접 발생한다면, 그것은 분명히 영속적일 것이다. 왜냐하면 그 대상이 언제나 동일하기 때문이며, 목마름과 배고픔에는 고유한 신체의 배열이 있지만 긍지에는 이것이 없기 때문이다. 셋째, 소심도 긍지와 동일한 상황에 처해 있다. 그러므로 이렇게 가정한다면 긍지와 소심은 동일하게 영속적이거나, 아니면 상반된 정념이 나타났을 때 즉시 상반된 정념을 파괴하여 둘 다 결코 나타날 수 없어야 한다.[6] 대체로 우리는 앞의 결론, 즉 긍지는 대상과 함께 원인도 가져야 하며, 원인 없는 대상은 어떤 영향력도 가질 수 없다는 결론에 만족해야 한다.

그렇다면 문제는 이 원인을 밝히는 것이다. 다시 말해서 긍지를 처음으로 불러일으키는 것이 무엇인지 찾아보고, 도대체 무엇이 긍지라는 정념을 낳도록 자연적으로 알맞게 조정된 기관을 작동시키는지를 찾아보는 것이다. 이 문제를 해결하기 위해 경험의 협조를 구하면, 나는 곧 긍지를 낳는 수백 가지 서로 다른 원인을 발견한다. 이 원인을 검토해 보자. 처음부터 내가 생각했던 대로 그 원인이 모두 다음과 같은 두 여건에서 동시에 발생한다고 가정해 보자. 즉 원인은 스스로 그 정념과 결합된 인상을 산출하며, 정념의 대상과 결합된 주체에 자리잡고 있다는 것이다. 다음으로 내가 관계의 본성 및 정념과 관념 양쪽에 미치는 결과를 고려할 때, 이 가정에 따르면, 바로 이 관계가 긍지를 불러일으키고 기관을 작동시키는 원리라는 것을 의심할 수 없다. 자연은 이 기관이 자부를 유발하도록 배열하였으므로, 그 기관이 작용하려면 최초의 충동 또는 시동만을 필요로 한다. 유쾌한 감각을 낳으며 자아와 관계된 모든 것은 긍지라는 정념을 유발하는데, 이 정념 역시 유쾌하면서도 자아를 대상으로 삼는다.

이제까지 긍지에 관해 말한 것은 마찬가지로 소심에도 적용된다. 긍지라는 감각이 유쾌한 데 비해, 소심이라는 감각은 언짢다. 바로 이런 이유로 원인에서 1차적으로 발생한 각각의 감각도 자아에 대한 관계가 동일하게 지속되는 동안 상반될 수밖에 없다. 긍지와 소심은 비록 그 결과나 감각에서는 직접적으로 상반되지만, 그러면서도 동일한 대상을 갖는다. 따라서 관념의 관계는 조금도 필요 없이 인상의 관계만 변화시키면 된다. 그러므로 우리 자신이 소유한 아름다운 집은 긍지를 산출하지만, 바로 그 집이 우연히 흉해져서 그로 인해 긍지에 상응하는 쾌락의 감각이 소심과 관련된 고통의 감각으로 변하면 소심을 산출한다. 관념과 인상의 이중 관계는 두 경우에 모두 적용되며, 어떤 정서에서 다른 정서로 향하는 거침없는 전이를 낳는다.

한마디로 말해서 자연은 어떤 인상과 관념 사이에 일종의 인력을 부여했으며, 이 인력을 통하여 인상과 관념 중 하나가 나타나면 그것은 자연적으로 자신의 상관자를 소개한다. 그리고 인상들 사이의 인력이나 연합, 관념들 사이의 인력이나 연합 등이 모두 동일한 대상에 대해 동시에 발생한다면, 그 인력과 연합은 서로 협력하며 감정과 상상력을 아주 쉽게 거침없이 전이한다. 어떤 관념이 어떤 인상을 산출할 때, 그리고 이 인상은 다른 인상과 관련 있으며, 그 다른 인상은 가장 처음의 관념과 연관된 관념과 결합해 있을 때, 처음 관념이 산출한 인상과 그것에 관계된 인상은 거의 분리될 수 없다. 또한 어떤 경우든 한 인상이 다른 인상을 수반하지 않을 수 없다. 이와 같이 긍지와 소심의 특정 원인이 결정된다. 정념에 작용하는 성질들은 각각 정념과 유사한 인상을 산출하며, 그 성질이 담긴 주체는 정념의 대상인 자아와 관계 있다. 그렇다면 성질과 주체로 이루어진 전체 원인이 반드시 그 정념을 유발한다는 것은 당연하다.

이 가설을 예증하기 위해, 앞에서 인과 추론에 수반되는 신념을 설명했던 가설[7]과 이 가설을 비교해 보자. 우리는 이런 종류의 모든 판단에는 언제나 현전하는 인상과, 이에 관계되는 관념이 있다는 사실을 알 수 있다. 또 현전하는 인상은 공상에 활기를 불어넣고, 관계는 거침없는 전이를 통해 이 활기를 그 인상과 관계된 관념에 전달한다. 현전하는 인상이 없다면 관심의 향방은 고정되지 않으며, 기운도 북돋워지지 않는다. 또한 관계가 없다면 이 관심은 최초의 대상에 머무를 뿐 더 이상 어떤 결과도 없다. 그 가설과, 인상과 관념에 관한 지금의, 즉 인상과 관념은 그 이중 관계를 통해 또 다른 인상과 관념으로 바뀐다는 가설 사이에는 상당한 유사성이 있다. 우리는 이 유비가 두 가설에 대해 결코 경시할 수 없는 주장이라는 것을 인정해야 한다.

〈주〉

1 '감각'의 원어는 'sensation'이다. 여기를 시작으로 본편에서 계속 사용되는 'sensation'은 외

적 감관이 전달하는 '감각'이 아니다. 정신이 내적으로 의식하는 직접적인 생생한 느낌이다. 이러한 용어법은 제1편에서도 신념(belief)을 해명할 때에 보았다. 그때에는 단순히 '기분'으로 번역했지만 본편에서는 '감각'으로 번역했다. 제1편 제3부 제8절 주석 5 참조.

2 여기서 알 수 있듯이 '그 정념의 감각 또는 특유의 정서'에서 '감각'과 '정서'는 동의어이다. 앞의 주 1 참조.

3 제2편에서는 정념의 대상이 항상 '관념'이라고 생각되고, '인상'은 항상 정념의 감각을 의미하고 있다. '인상과 관념의 이중 관계'라고 할 때에는 항상 이러한 의미로 쓰인다.

4 여기서 말하는 '인상과 관념의 이중 관계(double relations of ideas and impressions)'는 흄의 정념론에서 가장 중요한 원리이다. 흄의 정념론은 정념의 분류나 그 현상적 특성에 대한 기술을 주요한 과제로 삼지 않는다. 흄의 목표는 정념이 발생하는 과정을 해명하고 정념과 그 원인의 조건 발생적 관계를 구명하는 것이다. 그때 그가 발견한 원리가 정념과 원인 사이의 이중적인 연합 관계이다. 그러므로 이 원리는 본편을 통해 누차 반복되어 나타난다.

5 이 의미하는 바가 중대함에도 불구하고 원문은 간단하다.

6 원인이 없으면 긍지 또는 소심이 발생할 수 없다는 것에 대해서는 제2편 제1부 제2절 참조.

7 원인과 결과 추론에 수반되는 신념에 대해서는 제1편 제3부 제6절 참조.

6 이 체계의 조건에 대하여

이 주제를 더 깊이 다루고 긍지와 소심의 개별적 원인을 모두 검토하기에 앞서, 인상 연합과 관념 연합을 통해 우리의 자아와 관계된 호의적 대상은 모두 긍지를 낳고, 거북한 대상은 모두 소심을 낳는다는 일반적 체계에 어떤 조건을 붙이는 것이 좋겠다. 이 주제의 실제 본성에서는 다음과 같은 조건이 유래된다.

1. 자아와 어떤 관계에 있는 유쾌한 대상을 가정하면, 이때 처음으로 나타나는 정념은 기쁨이다. 그리고 이 정념은 긍지나 자만심보다 직접적 관계가 약할 때 드러난다. 예를 들어 우리는 잔치에 참가하여 온갖 진수성찬을 향유하면 기쁨을 느낄 수 있다. 그러나 바로 이 기쁨과 함께 자화자찬과 허영심 등 2차적 정념을 갖는 사람은 오직 잔치의 주인뿐이다. 사실 사람들은 참가만 했을 뿐인 성대한 잔치를 자랑하는 경우도 흔하며, 단지 참가했다는 그 사소한 관계 때문에 자신들의 쾌락을 긍지로 전환한다. 그러나 대체로 기쁨은 허영심보다 사소한 관계에서 발생하며, 긍지를 산출하기에는 너무 소원한 여러 가지 사물 역

시 즐거움과 쾌락을 줄 수 있다는 것은 인정해야 한다. 이 차이점의 근거를 다음과 같이 설명할 수 있다. 우리가 대상과 가까워지고 그 대상을 통해 어느 정도 만족을 얻으려면 어떤 관계가 필요한데, 이 관계가 기쁨의 필수 조건이다. 그러나 이와 함께 두 정념 모두에 공통적인 관계가 필요한데, 이 관계를 통해 정신은 한 정념에서 다른 정념으로 이행하고 만족을 허영심으로 전환할 수 있다. 이처럼 관계는 이중 과제를 수행해야 하므로, 이중의 힘과 에너지를 가져야 한다. 호의적인 대상이 우리 자신과 그다지 밀접한 관계를 갖지 않는 경우에 그 대상은 대개 다른 사람과 관계를 갖는다. 그리고 이 다른 사람과의 관계는 우리 자신과의 관계를 능가할 뿐만 아니라 그것을 축소하며 때로는 파괴하기도 한다. 이 점은 다음에 살펴볼 것이다.[1]

그렇다면 여기에 우리와 관련된 쾌락이나 고통을 산출하는 모든 것을 마찬가지로 긍지나 소심을 산출한다는 일반적 입장에 대해 부과해야 하는 최초의 조건이 있다. 여기서는 관계가 필요할 뿐만 아니라 우리와 밀접한 관계가, 게다가 기쁨을 자아내는 데 필요한 것보다 더 밀접한 관계가 요구된다.

2. 제2 조건은 다음과 같다. 호의적이거나 거북한 대상은 단순히 우리 자신과 밀접하게 관련되어 있을 뿐만 아니라, 우리 자신에게 고유한 것이어야 한다. 적어도 이 관계를 우리와 공유하는 사람은 소수여야 한다. 일반적으로 인간의 본성에는 주목할 만한 성질이 있는데, 이에 대해서는 다음에[2] 진지하게 설명하겠다. 자주 현전하며 우리와 오랫동안 함께 지낸 것들의 가치는 우리 눈에 띄지 않으며, 잠시 뒤에는 그것을 경시하고 방치한다. 마찬가지로 우리는 대상을 그것의 실제적이고 고유한 가치에 따라 판단하기보다는 비교를 통해 판단한다. 그리고 우리가 대조를 통해 가치를 증대시킬 수 없는 경우에는 그 대상에서 본질적으로 값진 것이 무엇인지조차 간과하는 경향이 있다.[3] 우리 정신의 이런 성질은 긍지는 물론 기쁨에도 영향을 미친다. 전인류에게 공통적이며 습관적으로 우리와 친숙해진 값진 것은, 희소성 때문에 우리가 값지다고 평가하는 것보다 그 자체로는 훨씬 더 가치 있다고 하더라도 우리에게 거의 만족을 주지 못한다는 점은 주목할 만하다. 그런데 이러한 여건은 긍지라는 두 정념에도 작용하지만, 허영심에 더 큰 영향을 미친다. 우리가 기뻐하는 값진 것들 중에 너무 흔하여 긍지를 전혀 가질 수 없는 것도 많다. 예를 들면 오랜 병고 끝에 건

강을 회복하면 우리는 매우 만족스러워한다. 그렇지만 그런 건강을 허영심을 유발하는 원인으로 보기는 어렵다. 그와 같은 건강을 숱한 사람들과 함께 누리고 있기 때문이다.

그러나 나는 긍지가 이런 점에서 기쁨보다 더 민감한 이유를 다음과 같이 생각한다. 긍지를 불러일으키는 데에는 언제나 두 가지 대상이 있으며 우리는 반드시 이 대상을 주시해야 한다. 쾌락을 낳는 대상인 원인과, 정념의 실제 대상인 자아가 그것이다. 그런데 기쁨은 자신의 생성에 필요한 단 하나의 대상, 즉 쾌락을 제공하는 것이 필요할 뿐이다. 그리고 비록 그 대상이 자아와 관계를 가져야 한다고 해도 그것은 단지 자아를 유쾌하게 만들기 위해서 필요할 뿐이다. 따라서 자아는 본래 기쁨이라는 정념의 대상이 아니다. 그렇다면 긍지는 정신의 관심을 향하게 하는 대상을 말하자면 두 개 갖고 있으므로, 그 대상 가운데 어느 것도 서로 구별되는 독자성을 갖지 못하는 경우에는, 바로 이런 점 때문에 단 하나의 대상을 갖는 정념보다 약해질 수밖에 없다. 우리는 늘 자신을 다른 사람과 비교하는 경향이 있는데, 이처럼 다른 사람과 비교하여 자신이 전혀 특출하지 않다는 것을 알게 된다. 또한 우리의 소유물을 다른 사람의 소유물과 비교해도 마찬가지로 이 불행한 여건을 발견한다. 그리고 아주 불리한 이 두 가지 비교 때문에 긍지라는 정념은 완전히 소멸되어야만 한다.

3. 제3 조건은 유쾌하거나 고통스러운 대상은 매우 쉽게 식별되고 뚜렷해야 한다는 것이다. 이 점은 우리 자신은 물론 다른 사람에게도 그러해야 한다. 앞의 두 조건과 마찬가지로 이 조건 역시 긍지뿐만 아니라 기쁨에도 영향을 미친다. 우리는 다른 사람에게 유덕하거나 아름답거나 행복하게 비칠 때, 자신이 더 유덕하거나 아름답거나 행복하다고 공상한다. 그렇지만 우리는 자신의 쾌락보다는 덕을 더 과시한다. 이런 사실이 유래하는 원인에 대해서는 다음에 진지하게 설명할 것이다.[4]

4. 이들 정념의 원인이 가변적인 데에서, 다시 말하면 원인이 우리 자신과 연관을 갖는 기간이 짧은 데에서 제4 조건이 도출된다. 우연적이고도 가변적인 것은 기쁨을 주는 경우가 극히 적고, 긍지도 덜 부여한다. 우리는 사물 그 자체를 통해서는 크게 만족할 수 없다. 또 바로 이런 이유 때문에 우리가 더 높은 자기 만족도를 느끼는 경향도 약하다. 우리는 상상력을 통해 사물의 변화

를 예견하고 기대한다. 이런 점 때문에 우리는 그러한 사물에 거의 만족하지 않는다. 우리는 사물보다 더 오래 존속하는 우리 자신과 그 사물을 비교한다.[5] 이 비교를 통해 그 사물의 가변성은 더욱 커진다. 그런데 우리 자신보다 더 짧게 존속하며 우리가 존속하는 기간 중 매우 잠시 동안만 우리와 함께 하는 대상에서 우리의 탁월성을 추론하는 것은 우스운 일이다. 그렇다면 이 원인이 기쁨과 긍지에 같은 힘으로 작용하지 않는 이유를 쉽게 파악할 수 있다. 즉 자아의 관념은 기쁨이라는 정념보다는 긍지라는 정념에 대해 더욱 본질적이다.

5. 제5 조건—또는 이 체계의 확장이라고 하는 것이 더 적절할 것 같은데—으로 다음과 같은 조건을 덧붙일 수 있다. 일반 규칙은 다른 정념과 마찬가지로 긍지와 소심에 지대한 영향을 미친다. 그러므로 우리는 사람들이 소유한 권력이나 재산에 따라 인간의 서로 다른 계층에 대한 개념을 형성한다. 그리고 사람은 자신의 건강이나 기질 따위의 특성 때문에 자신이 소유한 모든 것을 누릴 수 없다 하더라도, 그렇다고 해서 이런 개념을 바꾸지는 않는다. 이 현상은 오성에 대한 일반 규칙의 영향[6]을 설명했던 바로 그 원리를 통해서 해명할 수 있다. 우리는 습관 때문에 추론에서와 마찬가지로 정념에서도 정당한 한계를 넘어서기가 쉽다.

지금 기회에 다음과 같은 점을 언급해도 부당하지는 않을 것이다. 정념에 대한 일반 규칙과 공리의 영향은 우리가 이 논고의 진행 과정에서 설명할 모든 원리의 결과를 촉진하는 데 엄청나게 기여한다. 만약 완전히 성장해서 우리와 같은 본성을 지닌 어떤 사람이 갑자기 우리의 세계로 이주한다면, 그는 모든 것에 대해 아주 당혹스러워할 것이다. 그리고 매사에 사랑이나 미움, 긍지나 소심 또는 그 밖의 모든 정념을 어느 정도 사물에 귀속시켜야 할지 쉽게 알 수 없을 것이다. 정념은 매우 사소한 원리로도 변하며, 언제나 완전히 규칙적으로 작용하는 것이 아니다. 특히 처음으로 시도되는 경우에는 더욱 그렇다. 습관과 실제 경험은 이 모든 원리를 밝혀 주고, 매사의 정확한 가치를 확정한다. 이것이 그 정념을 쉽게 산출하는 데 기여함은 틀림없다. 다시 말하면, 그 결과 우리는 어떤 대상을 다른 대상보다 선호할 때 주목해야 할 비율로 우리를 인도하는 데 일반적으로 확정된 공리를 따른다는 것이다. 이런 견해는 아마 몇 가지 원인에 관해 발생할 수 있는 난점을 제거하는 데 도움이 될 것이다.[7] 나는 이제부터 그 원인이 특정한 정념에 속하는 것으로 간주할 것이지만, 그 원인은 실제로 작용하는 것처럼 보편적이고 확실하게 작용하기에는 너무 정교하다는 평을 받을 수도 있다.

이제 이 다섯 가지 조건의 결과를 되새기면서 이 주제를 마무리한다. 나는 다음과 같이 생각한다. 긍지가 가장 강한 사람, 세상 사람들이 보기에도 충분히 긍지를 가질 만한 사람이 늘 행복한 것은 아니며, 가장 소심한 사람이 가장 불쌍한 것도 아니다. 어떤 악은 그 원인이 우리와 무관하더라도 실재할 수 있다. 특이하지 않아도 실재할 수 있다. 또한 다른 사람에게 보이지 않아도 실재할 수 있으며, 지속적이지 않아도 실재할 수 있다. 악은 일반 규칙을 따르지 않고도 실재할 수 있다. 이런 악이 긍지를 감소시키는 경향은 거의 없지만, 우리를 비참하게 만들 수는 있다. 우리는 삶에서 가장 실제적이고 가장 철저한 악은 이런 본성을 가졌다는 사실을 알게 될 것이다.

〈주〉

1 제2편 제2부 제4절 참조.〔원주〕

2 습관이 익숙해진 것들의 가치를 감소시키는 것에 대해서는 제2편 제3부 제5절 참조.

3 '비교(comparison)' 또는 '대조(contrast)'는 정념의 복잡미묘한 여러 면을 해명하는 데 더없이 중요한 원리로, 이 원리에 의지할 기회는 앞으로도 자주 있다. 제2편 제2부 제8절 주석 1 참조.

4 단순한 쾌락보다 덕을 더 과시하는 원인에 대해서는 제2편 제1부 제7절 참조.

5 비교의 원리는 이미 여기서 운용되고 있다. 앞의 주석 3 참조.

6 오성에 대한 일반 규칙의 영향에 대해서는 제1편 제3부 제13절 참조.

7 일반적으로 확정된 공리가 약간 특수한 정념의 원인에 관해 발생할 수 있는 난점을 제거하는 것은, 제2편 제2부 제7절의 연민의 원인 고찰에서 발견된다. 제2편 제2부 제7절 주석 3 참조.

7 덕과 부덕에 대하여

앞 절의 여러 조건들을 염두에 두고 긍지와 소심의 원인을 검토하여, 매사에 이중 관계를 발견할 수 있는지 살펴보자. 그 원인들은 이 이중 관계를 통해서 긍지와 소심이라는 정념에 작용한다. 긍지와 소심의 온갖 원인이 모두 자아와 관련되어 있고 또 그 정념과는 별개인 쾌락이나 불쾌를 낳는다는 것을 알게 되면, 이 체계를 더 이상 의심할 수 없을 것이다. 원인이 모두 자아와 관련되어 있다는 것은 이제 어느 정도 자명하므로, 긍지나 소심과는 별개인 쾌락이나 불쾌를 산출한다는 점을 증명하기 위해 노력하겠다.

먼저 이 정념의 가장 뚜렷한 원인인 '덕'과 '부덕'부터 살펴보기로 한다. 덕과 부덕의 도덕적 구별은 자연적이고 근원적인 원리에 기초하는가 아니면 이해관계와 교육에서 발생하는가? 이 문제에 대한 논쟁[1]은 최근 몇 년 동안 뭇사람의 호기심을 끌었다. 여기서 이 논쟁을 다루는 것은 지금 나의 목적과는 거리가 멀다. 이 논쟁은 다음 편에서 따로 검토하겠다.[2] 여기서는 나의 체계가 이 두 가설 중 어떤 것에 기초를 두더라도 유지된다는 점을 밝히는 데 힘쓰겠다. 그리고 이런 사실이 내 체계의 확실성에 대해 강력한 증거이다.

자연계에는 도덕성의 기초가 없다는 사실을 인정한다면,[3] 덕과 부덕은 자기 이익이나 교육을 통한 선입견 중 어느 것에서 유래하든 관계없이 실제로 고통이나 쾌락을 낳는다고 인정해야 한다. 이 점은 이 가설을 옹호하는 사람들이 집요하게 주장하는 부분이기도 하다. 모든 정념과 버릇 또는 개성 등은 각각 우리의 이익과 손해를 야기하는 성향이 있는데, 이것들이 즐거움과 언짢음을 준다. 또 여기서 동의와 반대가 발생한다. 우리는 타인의 관대함 때문에 쉽게 무엇을 얻을 수도 있지만, 타인의 탐욕 때문에 자신이 갈망하는 것을 잃어버릴 위험도 있다. 우리는 용기를 통해 자신을 지키지만 겁 때문에 모든 공격을 감수할 수밖에 없다. 정의는 사회의 주춧돌이지만 부정을 방치하면 곧 사회의 파멸을 초래한다. 우리는 소심한 것을 보면 의기양양해지지만 긍지에 찬 것을 보면 비굴해진다.[4] 이런 이유로 소심의 성질은 덕으로 여겨지고, 긍지의 성질은 부덕으로 평가된다. 그런데 모든 종류의 장점이나 단점에 언제나 즐거움이나 언짢음이 따른다는 것을 인정하게 되므로, 이것으로 나의 목적은 충족되었다.

그러나 더 나아가서 이 도덕에 관한 가설과 나의 체계가 하나로 합치될 뿐만 아니라 이 도덕에 관한 가설이 정당하다고 인정된다면, 그 가설은 나의 체계에 대한 절대적이고 부정할 수 없는 증거이다. 우리 자신이나 다른 사람의 성격에서 귀결될지도 모르는 어떤 손익의 전망에서 고통이나 쾌락이 발생하고, 이 고통이나 쾌락이 모든 도덕성의 기초라고 가정해 보자. 그렇다면 도덕성의 모든 결과는 바로 그 고통과 쾌락에서 나와야 하며, 특히 긍지와 소심은 더욱 그러해야 한다. 이 가설에 따르면 덕의 참된 본질은 쾌락을 산출하는 것이고, 부덕은 고통을 부여한다. 그런데 긍지와 소심을 불러 일으키기 위해서는 덕 또는 악덕이 반드시 우리 성격의 일부여야 한다. 그렇다면 인상과 관념의 이중 관계에 대해 이 이상의 증거를 요구할 수 있을까?

도덕성은 실제하는 자연에 기초를 둔 그 무엇이라고 주장하는 사람[5]의 견해에서도 의심할 나위 없이 바로 이 논변을 이끌어 낼 수 있다. 덕과 부덕의 구별 및 도덕적 권리와 의무의 기원을 설명하기 위해 지금까지 제시된 가장 그럴듯한 가설은 다음과 같다. 자연의 1차적 구조 때문에 어떤 특성이나 정념은 순수한 직관과 사색을 통해 고통을 낳고, 다른 것들은 이와 같은 방식으로 쾌락을 낳는다. 만족과 언짢음은 부덕과 덕으로부터 떨어질 수 없을뿐더러, 부덕과 덕의 참된 본성과 실재를 조성한다. 어떤 성격에 찬동하는 것은 그 기질이 나타날 때 근원적 즐거움을 느끼는 것이다. 그 성격에 반대한다는 것은 언짢음을 감지하는 것이다. 이처럼 고통과 쾌락은 부덕과 덕의 1차적 원인이므로 그 밖의 모든 결과의 원인이기도 해야 한다. 따라서 그것은 이 구별에 불가피하게 따르는 긍지와 소심의 원인이기도 하다.

그러나 비록 도덕철학[6]의 이 가설이 거짓이라고 가정하더라도, 고통과 쾌락이 부덕과 덕의 원인은 아닐지라도 최소한 부덕 및 덕과 분리될 수 없다는 것은 명백하다. 예컨대 관대하고 고상한 성격은 보기만 해도 만족스럽다. 그리고 비록 시나 우화에서라도 그런 성격이 나타나면 우리는 매력과 즐거움을 느낀다. 반면 잔혹함과 변절 등은 그 본성 자체로 우리를 불쾌하게 만든다. 우리는 우리 자신 및 다른 사람들에게서 보이는 이런 속성들과 결코 화해할 수 없다. 따라서 도덕성에 관한 하나의 가설은 우리가 제시한 체계에 대한 거부할 수 없는 증거이며, 나머지 가설도 최소한 이 체계와 일치한다.

그러나 긍지와 소심은 통속적 윤리 체계에서 도덕적 의무의 일부로 포함되던 정신의 속성에서 발생하는 것만은 아니다. 쾌락이나 불쾌와 관련된 다른 모든 속성에서도 발생한다. 예를 들어 재치와 유쾌한 정취 또는 그 밖의 다른 교양을 통해 남을 기쁘게 하는 재주보다 우리의 허영심을 부추기는 것은 없다. 또한 이런 허영심으로 일을 도모하다가 실망할 때 우리는 가장 심한 좌절을 느낀다. 재치가 무엇인지 말할 수 있는 사람은 아무도 없으며, 어째서 어떤 사고 체계는 재치라는 이름으로 받아들이고, 그 밖의 다른 체계는 이 이름으로 받아들일 수 없는지에 대한 이유를 설명할 수 있는 사람도 아무도 없다. 우리는 단지 취향에 따라 결정할 뿐이며, 이런 종류의 사실을 판단할 수 있는 다른 기준은 전혀 없다. 그런데 취향은 참 재치와 거짓 재치에 존재성을 부여하며, 취향이 없다면 참 재치라거나 거짓 재치라는 이름으로 지칭할 수 있는 사고도 없다. 그렇다면 취향이란 무엇인가? 누구나 알고 있듯이 쾌락은 참 재치에서 유래하고 언짢음은 거짓 재치에서 유래하는 감각이며, 우리는 이 쾌락과 언짢음의 이유를 말할 수 없다. 따라서 이 상반된 감각들을 낳을 수 있는 능력이 곧 참 재치와 거짓 재치의 실제 본질이고, 그 재치에서 발생하는 긍지와 소심의 원인이 된다.

아마 어떤 사람은 학계와 종교계의 시류에 젖어서 항상 자신들이 처한 입장에서만 인간의 본성을 고려했으므로 내 말을 듣고 놀랄 것이다.[7] 나는 덕이 긍지를 낳고 부덕이 소심을 낳는다고 주장하지만, 그들은 지금까지 긍지를 부덕으로 보고 소심을 덕으로 간주하도록 가르쳐왔기 때문이다. 논쟁을 피하기 위해 다음과 같은 점을 밝힌다. 나는 긍지를 호의적인 인상으로 이해한다. 우리의 덕이나 아름다움 또는 재산, 권력 따위를 보고 우리가 만족할 때 정신에서 이 인상이 발생한다. 그리고 소심은 이와 대립하는 인상을 가리킨다.[8] 그렇다면 긍지라는 인상이 늘 사악한 것은 아니며, 소심이라는 인상이 늘 고결한 것도 분명히 아니다. 가장 엄격한 도덕에서도 우리는 관대한 행동을 떠올리면서 쾌락을 느낄 수 있다. 또한 과거의 악행과 비열함을 머릿속에 떠올리며 소용없는 후회를 느끼는 것을 덕이라고 평가하는 사람도 없다. 그렇다면 지금 이런 인상에 수반되는 공훈이나 비난 때문에 고민을 할 필요는 없다. 오히려 그 인상 자체를 검토해 보고 그 원인이 정신에 있는지 신체에 있는지를 살펴볼 일이다.

〈주〉
1 덕과 부덕의 기초에 관한 '최근 몇 년 동안 뭇사람의 호기심을 끈' 논쟁은 홉스(Hobbes)의 대담한 학설을 중심으로 17세기에서 18세기 전반까지 눈부시게 행해졌다. 영국이 근

대국가로 다시 태어나던 이 시기는 정치적·사회적으로 큰 논쟁이 계속되었지만 윤리사
상사 쪽에서 보아도 가장 활기로 가득 찬 시기였다. 주요 인사들만 헤아려 보아도 한쪽
에는 홉스나 맨드빌(Mandeville)이 있고, 이에 대립하는 모어(More)나 커드워스(Cudworth)
등의 케임브리지 플라톤 학파(Cambridge Platonists)나 클라크(Clarke) 및 울러스턴
(Wollaston)이 있었다. 또 샤프츠버리(Shaftesbury)나 허치슨(Hutcheson), 버틀러(Butler)가 있
다. 로크는 말할 것도 없다.

2 다음 편은 즉 제3편을 가리키며, 제3편 제1부 제1절 및 제 2절은 도덕적 구별의 기초를
묻고 있다.

3 '자연계에는 도덕성의 기초가 없다'고 주장한 쪽은 홉스와 맨드빌이다. 로크도 이 문제
에 관해서는 본유 관념을 부정했다는 점에서 이쪽 진영에 속한다.

4 '우리는 소심한 것을 보면 의기양양해지지만, 긍지에 찬 것을 보면 비굴해진다'라는 것은
어떤 의미인가. 만약 이 문장이 우리 자신에 대한 것으로 우리의 소심함이 우리를 의기
양양하게 하고, 우리의 긍지가 우리를 비굴하게 만든다는 의미라면 그것은 흄의 평소
주장과 일치하지 않는다. 제2편 제1부 제7절의 말미에 흄 자신의 견해는 이와는 반대로
'덕이 긍지를 낳고 부덕이 소심을 낳는다'라고 확실히 밝히고 있다. 립스의 번역에는 그
대로이고 보충이나 주석도 없다. 다음 주석 참조.

5 도덕성이 자연에 기초를 둔다고 주장하는 사람은, 예를 들자면 도덕 감각(moral sense)의
존재를 주장하는 사람이다. 특히 여기에 서술한 설을 주장하는 사람으로서, 흄 자신도
여기에 속한다. 제3편 제1부 제1절 및 제2절 참조.

6 '도덕철학'의 원어는 'moral philosophy'이다. 제1편에서 사용된 '정신철학'이라는 말은 여기
에서는 적당하지 않다.

7 여기에서 덕 및 부덕과 긍지 및 소심의 관계에 대해서 흄 자신의 생각이 명확히 드러나
고 있다. 앞의 주석 4 참조. 또한 이 문제는 제3편 제3부 제2절에 상세히 서술된다.

8 앞서 살펴본 바와 같이 흄은 긍지와 소심의 정념을 심리적 사실이라고 이야기하며 객관
적으로 고찰하고, 고정된 도덕적 평가를 더하지 않는다. 이 점은 여기서 더욱 명확해진
다. 제2편 제1부 제2절 주석 5 참조.

8 아름다움과 흄에 대하여

우리가 신체를 우리 자신의 일부로 생각하든, 우리 자신의 바깥에 있는 어
떤 것으로 여기는 철학자들에게 동의하든 간에, 내가 긍지와 소심의 필수 원인
이라고 주장했던 이중 관계 가운데 하나를 형성하는 데 신체는 밀접한 연관이
있다는 점은 언제나 인정되어야 한다. 따라서 우리가 인상의 다른 관계가 관념
의 이런 관계와 연관되는 것을 발견할 수 있는 경우에는 그 인상이 유쾌한지
언짢은지에 따라서 언제나 긍지나 소심을 기대할 수 있다. 그런데 모든 종류의

아름다움은 우리에게 고유의 즐거움과 만족을 안겨 준다. 마찬가지로 흉은 어떤 주체에 있건, 또 생명체나 무생명체 어디에 있건 고통을 낳는다. 그러므로 만약 우리의 신체에 아름다움이나 흉이 있다면, 쾌락이나 언짢음은 긍지나 소심으로 전환될 것이다. 이 경우에는 인상 및 관념의 완전한 전이를 낳는 데 필요한 모든 여건을 갖추고 있다. 쾌락과 언짢음이라는 상반된 감각은 상반된 정념과 관련되어 있다. 아름다움과 흉은 이 두 정념의 대상인 자아와 밀접한 관계를 갖는다. 그렇다면 우리 자신의 아름다움이 긍지의 대상이 되고 흉이 소심의 대상이 되는 것은 지극히 당연하다.

그러나 인격적이고 신체적인 성질의 이 결과는 앞에서 내가 요구했던 모든 여건 아래에서만 발생한다는 것을 보여 준다. 이는 나의 체계를 입증할 뿐만 아니라 더욱 강력하고 효과적인 논변으로 쓸 수도 있을 것이다. 아름다움과 흉의 차이를 설명하기 위해 철학이나 상식에서 나온 가설을 모두 살펴보면, 그러한 가설이 다음과 같이 귀결됨을 알 수 있다. 즉 아름다움은 부분의 질서 또는 구성이다. 우리 본성의 1차적 구조 때문이든 아니면 습관 또는 변덕 때문이든, 이 질서나 구성은 영혼에 쾌락과 만족을 주기에 적합하다. 이 점이 바로 아름다움의 뚜렷한 특성이며, 아름다움과 흉 사이의 완전한 차이점이다. 흉의 자연적 성향은 언짢음을 낳는 것이기 때문이다. 따라서 쾌락과 고통은 아름다움과 흉의 필연적 동반자일 뿐 아니라, 아름다움과 흉의 본질 자체를 조성한다. 그리고 실제로 동물이나 다른 대상들에서 우리가 찬탄하는 아름다움은 대부분 편의성과 유용성 관념에서 유래한다는 점을 고려하면,[1] 우리는 이런 견해에 망설임 없이 동의할 것이다. 어떤 동물은 강한 힘을 만드는 모습이 아름답고, 또 다른 동물은 민첩성을 상징하는 모습이 아름답다. 왕궁의 정연함과 편의성은 그 형태나 외양과 마찬가지로 그 아름다움의 본질적 속성이다. 마찬가지로 기둥의 꼭대기는 그 밑부분보다 가늘어야 한다는 것은 건축술의 규칙이다. 그런 형태를 통해 안정성 관념을 받아들이기 때문이다. 이 관념은 유쾌하다. 반면 그와 반대의 형태를 통해 우리는 위험을 느낀다. 그것은 언짢다. 이러한 실례는 얼마든지 있으며, 아름다움도 재치처럼 오직 취향이나 감각을 통하여 식별할 수 있을 뿐 정의할 수 없다는 점을 염두에 둘 때, 우리는 다음과 같이 결론 내릴 수 있다. 즉 아름다움은 쾌락을 낳는 형식일 뿐이며, 흉은 고통을 전하는 부분 구조이다. 그리고 이와 같이 고통과 쾌락을 낳는 능력은 아름다움과 흉의 본질을 구성하므로, 이런 성질을 낳는 모든 결과는 감각에서 유래되어야 한다. 그 중에서도 아름다움과 흉의 모든 결과 가운데 보편적이고 두드러진 긍지와 소심은 더욱 그러해야 한다.

나는 이 증명이 정당하며 틀림없다고 평가하지만, 이 추론의 근거를 더욱 강화하기 위하여 잠시 이 논변을 거짓으로 가정하고 그 결과를 살펴보기로 한다. 만약 쾌락과 언짢음을 낳는 힘이 아름다움과 흉의 본질을 이루지 않는다고 해도, 최소한 이 감각은 그 성질과 분리될 수 없다. 따라서 감각과 성질을 분리하여 생각하는 것조차 어렵다. 그런데 자연적 아름다움[2]과 도덕적 아름다움(이것들은 모두 긍지의 원인이다)은 쾌락을 낳는 이 힘을 서로 공유할 뿐, 결코 그 밖의 것을 공유하지 않는다. 그리고 공통 결과는 언제나 공통 원인을 가정하므로,[3] 쾌락은 자연적 아름다움이든 도덕적 아름다움이든 간에 정념의 실제적이고 유력한 원인이다. 또한 우리 신체의 아름다움과 낯선 외부 사물들의 아름다움이 근원적으로 다른 점은 오직 우리의 신체적 아름다움은 우리 자신과 밀접한 관계를 갖지만 사물들의 아름다움은 이런 관계가 없다는 것뿐이다. 따라서 이 근원적 차이는 틀림없이 그 밖의 모든 차이점의 원인이며, 긍지라는 정념에 두 종류의 아름다움이 미치는 서로 다른 영향의 원인이어야 한다. 우리 인격의 아름다움은 이 긍지라는 정념을 유발시키지만 적어도 낯선 외부 사물은 이 정념을 유발시킬 수 없다. 두 결론을 종합해 보면, 앞에서 수립된 체계가 여기서도 구성됨을 알 수 있다. 즉 긍지와 관계있거나 유사한 인상으로서의 쾌락은 자아와 관련된 대상에 있을 때 자연적 전이를 통해 긍지를 낳고 그와 반대인 고통은 소심을 낳는다. 그렇다면 우리가 모든 논변을 동원한 것은 아니지만, 경험을 통하여 이 체계를 이미 충분히 확증한 것으로 생각된다.

신체의 아름다움뿐만 아니라 신체의 강인함과 위력도 긍지를 낳는다. 강인함은 능력의 일종이다. 그러므로 아주 강한 욕구는 야망이라고 보아야 한다. 이런 이유로 지금 이야기한 사실만으로도 야심이라는 정념을 설명하기에 충분하다고 여겨진다.[4]

또한 그 밖의 모든 신체적 소양 중에서 우리에게 유용하거나 아름답거나 감탄스러운 것은 모두 긍지의 대상이며 그와 반대되는 것은 모두 소심의 대상이다. 그런데 모든 유용하고 아름답고 놀라운 것은 근원적 쾌락을 낳는다는 점에서는 일치하지만, 그 밖에는 어떤 점에서도 일치하지 않는다. 이 점은 명백하다. 그러므로 자아와 관련된 쾌락은 반드시 금지의 원인이어야 한다.

아름다움이 실재적인 것인지 또 쾌락을 낳는 능력과 다른지 어떤지는 의문이다. 그러나 감탄은 새로움에서 발생하는 쾌락일 뿐이며, 정확히 말해서 감탄은 대상의 성질이 아니라 영혼의 정념이나 인상일 뿐이라는 점에 대해서는 논란의 여지가 없다. 따라서 자연적 전이를 통해 이 인상에서 금지가 발생한다는 것은 틀림없다. 우리 내면이나 우리가 가진 것 중에서 다른 정념을 동시에 유발시키지 않으면서 감탄을 낳는 것은 아무것도 없다고 할 정도로 이 전이는 자연스럽게 일어난다. 예를 들어 우리는 자신이 겪었던 엄청난 모험과 탈출 그리고 자신이 처했던 위험 따위로 허세를 부린다. 이것이 세상 사람들이 쏟아내는 거짓말의 기원이다. 이 경우 사람들은 이익과는 무관하게 오직 허영심 때문에 기이한 사건들을 누적한다. 이 사건들은 머릿속에서 만든 허구이거나, 사실이라고 하더라도 자신들과 전혀 연관이 없다. 사람들의 풍부한 상상력은 그들에게 다양한 모험을 제공하며, 이런 재주가 없으면 자신의 허영심을 만족시키기 위해 다른 사람의 모험을 전용하기도 한다.

이런 현상에는 주목할 가치가 있는 두 가지 실험이 들어 있다. 해부학과 자연철학 및 다른 학문에서 원인과 결과를 판단할 때 쓰는 잘 알려진 규칙에 따라 이 두 실험을 비교하면, 그것은 앞서 언급한 이중 관계의 영향을 입증하는 부정할 수 없는 증거가 될 것이다. 이 두 가지 실험 중 한 가지를 통해 어떤 대상이 쾌락의 중재에 의해서만 금지를 낳는다는 것을 알 수 있다. 그 대상이 금지를 산출하는 성질은 실제로 쾌락을 낳는 힘이기 때문이다. 또 다른 실험으로는 쾌락이 서로 관련된 관념들을 따라 전이함으로써 금지를 낳는다는 것을 알 수 있다. 우리가 그 관념들의 관계를 차단하면 금지라는 정념도 곧 소멸된다. 예를 들면 우리 자신이 참가했던 놀라운 모험은 우리와 관련되어 있으며, 그 때문에 금지를 낳는다. 그러나 다른 사람의 모험은 쾌락을 유발할 수는 있겠지만, 위와 같은 관념 사이의 관계가 없으므로 금지라는 정념을 결코 유발할 수 없다. 그렇다면 이 체계를 위해 더 이상 증거가 필요하겠는가?

신체에 관한 이 체계의 반박론은 단 하나이다. 건강보다 호의적인 것이 없고 질병보다 고통스러운 것은 없다고 하더라도 대부분의 사람들은 건강을 자랑하지 않고 질병을 수치스러워하지도 않는다는 것이다. 그러나 이 반박론은 우리의 일반적 체계를 위해 제안된 제2 조건과 제4 조건을 생각해 보면 쉽게 해명될 것이다.[5] 지금까지 살펴보았듯이 대상이 우리 자신에 대해 고유한 어떤 것[6]을 갖지 않는다면, 어떤 대상도 결코 긍지나 소심을 낳을 수 없다. 마찬가지로 이 정념의 원인은 모두 어느 정도까지는 변하지 않아야 하고, 그 대상인 우리 자아의 존속 기간 동안 그 원인도 어느 정도 비례해서 지속되어야 한다. 그런데 건강과 질병은 모든 사람에게 끊임없이 교차하고 전적으로 확실하게[7] 건강하거나 아픈 사람도 전혀 없다. 따라서 이 우연적 축복과 재앙은 어떤 측면에서 우리와 분리되어 있으며, 우리의 본질 및 존재와 전혀 연관이 없는 것으로 파악된다. 다음 부분에서 이런 설명이 정당함을 알 수 있다. 회복을 전혀 기대할 수 없을 정도로 어떤 질병이 우리 신체의 생리적 구조에 깊이 뿌리내리고 있을 때는, 그 순간부터 질병은 소심의 대상이 된다.

이 점은 노인에게서 뚜렷이 나타난다. 자신의 나이와 노쇠함을 생각할 때보다 노인들을 더 의기소침하게 만드는 것은 없다. 노인은 될 수 있는 대로 자신의 어두운 눈과 귀, 카타르성 질환과 통풍을 숨기려고 애쓴다. 그리고 그런 질환을 시인할 때마다 주저하거나 언짢게 여긴다. 또한 젊은이들은 두통이나 감기를 앓을 때는 일일이 부끄러워하지 않지만, 우리 자신이 살아가는 매 순간마다 그런 질환에 노출되어 있다는 것보다 더 우리 본성을 하찮게 여기도록 만들고 인간의 긍지를 손상시키는 것도 없다. 이것은 신체적 고통이나 질병 자체가 소심의 고유 원인이라는 점을 충분히 입증한다. 만물을 그 내재적 중요성이나 가치보다 비교를 통해 평가하는 습관 때문에 우리는 이런 재앙을—우리는 이런 재앙이 누구에게나 부수적으로 발생한다는 것을 안다—간과하고, 그 재앙과 전혀 별개의 가치와 성격에 대한 관념을 형성하게 된다.

우리는 다른 사람에게 전염되어 그들을 위태롭게 하거나 거북하게 만드는 질병을 부끄러워한다. 예를 들어 간질은 모든 사람을 전율시키므로 부끄럽다. 피부병은 전염되므로 부끄럽다. 림프절 결핵은 대개 후손에게 유전되므로 부끄럽다. 사람은 스스로 자신을 판단할 때 언제나 다른 사람의 소감을 먼저 살핀다. 이런 점은 지금까지 이루어진 몇 가지 논의에서도 명백하게 드러났으며,

또 앞으로도 더욱 명백하게 드러날 것이고 끝내는 완전히 해명될 것이다.[8]

〈주〉

1 '아름다움은 대부분 편의성과 유용성의 관념에서 유래한다'라고 생각하는 부분에서 미의 공리성을 엿볼 수 있다. 이 사상은 흄이 아름다움에 대해 이야기할 때 여러 차례 반복된다. 애초에 흄은 미의 본질이 사물의 효용에만 존재한다고 생각하지 않는다. 그 점은 아름다움이 '즐거움과 만족을 낳는' 부분 구조 또는 질서임을 서술하고 있는 데에서 명백해진다.

2 신체적 아름다움을 말한다.

3 '공통 결과는 언제나 공통 원인을 가정하므로'에 대해서는 제1편 제3부 제15절 참조.

4 '야심(ambition)' 정념은 여기에서 약속했음에도 불구하고 제2편에서 이 정념을 주제로 하는 부분을 발견하기 어렵다. 다만 여기서 서술하고 있듯이 강인함이 일종의 능력(power)이고 능력에 대한 욕구가 야심에 속한다고 한다면, 권력 내지 능력에 관해서 서술하는 제2편 제1부 제10절이 야심에 대해 이야기하는 부분이라고 할 수 있다. 이러한 생각에 부합한다고 여겨지는 하나의 증거로서, 뒤의 제2편 제2부 제8절에서 '야망의 본성을 고찰하면서 살펴보았듯이'라고 서술되어 있는 점, 제1부 제10절의 논고를 언급하는 점을 들 수 있을 것이다. 제2편 제2부 제8절 주석 참조.

5 제2 조건, 제4 조건에 대해서는 제2편 제1부 제6절 참조.

6 관계를 가리킨다.

7 '전적으로 확실하게'의 원어는 'certainly'이다. 제1편 제3부 제1절 주석 6 참조.

8 '지금까지 이루어진 몇 가지 논의'란 제2편 제1부 제6절에서 제3 조건에 나타난 연구를 가리킨다. 제2편 제1부 제8절 참조.

9 외적 장단점[1]에 대하여

긍지와 소심은 정신과 신체, 즉 자아의 여러 성질을 자연적이고 직접적인 원인으로 갖지만, 경험을 통해 알 수 있듯이 그와 같은 감정을 낳는 다른 사물도 많다. 또한 1차적 원인은 이질적이고 부차적인 다양한 요인 때문에 모호해지거나 간과된다. 예컨대 우리는 인격적 가치나 교양에서와 마찬가지로 주택·정원·마차[2] 등에서도 허영심을 느낀다. 또 이 외부적 장점은 그 자체로는 사유나 인격과 거리가 너무 멀다. 그럼에도 불구하고 이 사유와 인격을 궁극 대상으로 삼는 정념에도 현저한 영향을 미친다. 이런 일은 외부 대상이 우리 자신과 특정한 관계를 형성하여 우리와 연합하거나 결합할 때 일어난다. 큰 바다의 아름다운 물고기, 사막의 동물, 우리가 소유하지도 못하고 관계도 없는 모든 사물은 그것들이 아무리 비범한 성질을 타고났고 또 아무리 자연적으로 감탄과 경이를 자아내더라도 결코 우리의 허영심에는 영향을 미칠 수 없다. 그런 것이 우리 긍지를 촉발하려면 어떤 방식으로든지 우리와 연합해야 한다. 다시 말해서 그 관념은 우리 자신의 관념과 이른바 연결되어 있어야 한다. 그리고 사물의 관념에서 우리 자신의 관념으로의 이행은 거침없고 자연스러워야 한다.

그러나 여기서 다음을 주목해야 한다. 우리가 한 관념에서 다른 관념으로 옮겨 갈 때, 유사 관계는 인접과 인과 관계와 같은 방식으로 정신에 영향을 미치며, 유사 관계가 긍지나 소심의 토대인 경우는 거의 없다.[3] 만일 어떤 사람의 성격 중 가치 있는 어떤 요소가 우리가 지닌 요소와 유사하다면, 우리 자신도 그를 닮은 성질을 자연적으로 소유하고 있을 것이다. 그리고 우리가 이 성질을 기초로 어느 정도의 허영심을 가지려면, 우리는 언제나 다른 사람에게 비친 것이 아니라 우리 자신에게서 직접 그 성질을 찾아야 한다. 따라서 때로는 유사성이 우리 자신의 더 유리한 관념을 가상함으로써 자부를 낳는다고 하더라도, 관심은 결국 우리 자신을 향해 정해지고, 그 정념은 우리 자신 안에서 궁극적이고 최종적인 원인을 발견한다.

물론 사람이 안색·형태·분위기뿐만 아니라 자신의 평판에 거의 영향을 끼치지 못할 사소한 여건에서 위인을 닮았다는 이유로 허영심을 나타내는 사례들도 있다. 그러나 이런 것은 그리 멀리 미치지 못하며 이 감정에서 아무런 중요성도 갖지 못함을 인정해야 한다. 이런 점에 대해 나는 다음과 같은 이유를 든다. 어떤 사람이 우리의 존경과 흠모를 유발할 만한 매우 눈부신 성질을 가지고 있지 않다면, 우리는 사소한 점에서 그와 닮았다는 이유로 허영심을 갖지 않는다. 그렇다면 이 눈부신 성질이 바로 우리와 관계가 있기 때문에 우리 허영심의 원인이라고 할 수 있다. 그렇다면 이 성질은 어떻게 우리 자신과 관계하는가? 그 성질은 우리가 가치 있다고 평가한 사람의 요소이므로 결과적으로 사소한 점도 그 사람과 연관되어 있다. 이 사소한 점을 그 사람의 요소로 가정하기 때문이다. 그런데 이 사소한 점은 우리의 유사한 성질과 연관된다. 그리고 우리 안에 있는 이 성질은 우리의 요소이므로 전체와 연관되어 있다. 이리하여 우리와 유사한 사람의 탁월한 성질과 우리 자신을 연결하는 여러 가지 연쇄적 결합고리가 형성된다. 그러나 이처럼 중복된 관계는 그 연관을 약화시킬 수밖에 없다. 탁월한 성질에서 사소한 성질로 옮겨 가는 정신은 두 성질을 대조[4]함으로써 사소한 성질들이 변변치 않은 것임을 더욱 잘 간파하게 될 것이다. 따라서 그런 비교와 유사성을 어느 정도 부끄럽게 여길 수밖에 없다.

그러므로 긍지와 소심을 일으키는 필수 관계는, 이러한 정념의 원인과 대상 사이에 있는 인접 관계 또는 인과 관계뿐이다. 그리고 이 관계는 상상력을 한 관념에서 다른 관념으로 옮겨 가도록 하는 성질이다. 그러면 이 관계가 정신에 어떤 결과를 낳고, 또 정념의 산출에 왜 그렇게 필요한지를 살펴보기로 하자. 관념들의 연합은 아주 은밀하게, 지각할 수 없는 방식으로 작용하는 것은 분명하다. 따라서 우리는 그 연합을 거의 감지하기 어려우며, 직접적인 느낌이나 지각이 아니라 그 결과를 보고 관념들의 연합을 발견한다. 관념들의 연합은 어떤 정서도 낳지 않고 또 어떤 종류의 새로운 인상도 유발하지 않는다.[5] 다만 정신이 이전부터 간직하고 있었으며 때에 따라 회상할 수도 있는 관념을 변경시킬 뿐이다. 의심할 수 없는 경험과 이런 추론을 통해 우리는 관념의 연합이 어떤 정념을 유발하는 데 아무리 필요하더라도 그것만으로는 충분하지 않다는 결론을 내릴 수 있다.

그런데 정신이 자기와 관련있는 대상이 나타남에 따라 긍지나 소심을 느낄 때는, 사유의 관계 또는 전이 외에, 다른 원리를 통해 산출된 어떤 정서 또는 근원적 인상이 분명히 있다. 문제는 처음으로 산출된 정서가 정념 자체인지 아니면 그 정념과 관련된 다른 인상인지 밝혀야 한다. 그렇지만 이 문제를 해결하느라고 오래 지체할 수는 없다. 이 주제와 관련된 다른 논변들도 많은데, 그 일체의 다른 논변을 더해 다음의 것을 명백히 해야만 한다. 즉, 정념의 산출은 극히 필수적인 여건으로서, 앞에서 이야기한 관념의 관계가 있는 것은 경험적으로 알 수 있다. 그러나 관념의 관계가 감정의 관계를 후원하여 어떤 인상에서 다른 인상으로의 전이를 수월하게 만들지 않는다면, 관념의 관계는 군더더기가 되고 만다. 만일 자연이 긍지나 소심을 직접 산출한다면 그 정념은 그 자체로 완전하여, 다른 감정으로부터 무엇을 더하거나 강화할 필요가 조금도 없다. 그러나 최초의 정서가 오직 긍지나 소심과 관련될 뿐이라고 가정하면, 대상들의 관계가 무엇에 기여하는가, 즉 인상과 관념이라는 서로 다른 두 종류의 연합이 힘을 모아 상대편의 작용에 어떻게 서로 조력하는지를 쉽게 파악할 수 있다. 쉽게 파악될 뿐만 아니라, 나는 이것이 우리가 이 주제를 생각할 수 있는 유일한 방식이라고 감히 단언한다. 그 자체로는 어떤 정서도 유발시킬 수 없는 관념 간의 거침없는 전이는 관념과 관련된 인상들 사이의 전이를 촉진시키는 것 외에는 정념들에게 필요도 없고 쓸모도 없다. 따라서 동일한 대상이 그 성질의 증감뿐만 아니라 관계의 원근에 비례하여 크거나 작은 정도의 긍지를 유발한다는 것은 말할 필요도 없다. 이것은 감정이 관념들 사이의 관계에 따라 전이한다는 명료한 증거이다. 관념의 관계에 변화가 일어남에 따라 정념에도 그에 상응하는 변화가 생기기 때문이다. 따라서 앞의 체계 중 관념들 사이의 관계에 대한 부분은, 인상의 관계에 대한 부분의 충분한 증거이다. 게다가 따로 증명하기 위해 애쓰는 것이 시간 낭비일 정도로 분명히 경험에 기초를 두고 있다.

이런 사실은 개별적 사례에서 더욱 분명해질 것이다. 사람들은 자기 조국과 지방 그리고 마을의 아름다움을 자랑한다. 당연히 여기서 아름다움의 관념은 쾌락을 낳는다. 이 쾌락은 긍지와 관계가 있다. 이 가정에 따르면, 이 쾌락의 대상이나 원인은 자아, 곧 대상과 관계를 갖는다. 그러므로 이 인상과 관념의 이러한 이중 관계를 통해 한 인상으로부터 다른 인상으로의 전이가 이루어지는 것이다.

또한 사람들은 자신이 태어난 곳의 기후와 기름진 땅 그리고 그 땅에서 나는 포도주와 과일, 음식 등의 뛰어남을 자랑하기도 한다. 자기 언어의 억양을 자랑 삼기도 하고, 이런 종류의 다른 여러 가지를 자랑한다. 이런 대상[6]들은 분명히 해당 감관의 쾌락과 관계를 가지며, 근본적으로 촉감과 미각 또는 청각에 호의적인 것으로 간주된다. 그렇다면 이 대상들이 앞에서 설명한 전이를 거치지 않는다면 어떻게 긍지의 대상이 될 수 있는가?

어떤 사람은 상반된 종류의 허영심을 드러낸다. 자신이 여행한 나라와 비교하면서 조국을 비난하는 것을 즐긴다. 이런 사람들은 자신의 고향에서 같은 나라 사람들에게 둘러싸여 있을 때 자신과 조국과의 강한 관계를 많은 사람들과 나누어 가지므로 그 관계를 잊고 있는 것이다. 반면에 그들이 외국에서 생활하면서 형성된 외국과의 먼 관계는 동일한 경험을 한 사람이 극소수라는 생각 때문에 강화된다. 이런 이유 때문에 그들은 항상 외국의 아름다움과 실용성 및 희소성을 자기 고향 것보다 더 높이 산다.

이처럼 우리는 자신과 관계 있는 국토와 지방 또는 생명 없는 대상을 자랑할 수 있다. 그러므로 혈연이나 우정을 통해 자신과 연관된 사람의 성질을 자랑 삼는 것도 당연하다. 따라서 우리 자신에게 긍지를 낳는 성질과 같은 성질을 우리와 관계 있는 사람에게서 발견하면 바로 그 감정을 약하게 산출한다. 예컨대 자기 가문의 아름다움·가훈·공적·명성·명예 등이 긍지를 통해 조심스럽게 드러난다. 이런 것은 허영심의 중대한 원천에 속한다.

우리는 자신의 재산을 자랑스러워하듯이[7] 허영심을 충족시키기 위해 우리와 연관 있는 사람들이 모두 재산을 똑같이 소유하기를 바라며, 친구나 친척 중에 인색하거나 가난한 사람이 있으면 부끄러워한다. 이런 이유로 우리는 가난한 사람을 될 수 있는 대로 멀리한다. 또한 우리는 먼 친척의 가난을 막을 수 없고 선조를 가장 가까운 혈연으로 받아들이므로 누구나 다 훌륭한 가문 출신인 척하고, 또 부유하고 명예로운 가풍을 오래 이어온 가문의 후손이기를 바란다.[8]

내가 자주 관찰한 바로는, 자기 가문의 유구함을 떠벌리는 사람은 자기 선조들이 몇 대에 걸쳐 같은 토지 소유권을 이어왔다는 사실을 기뻐한다. 다시 말해 자기 가족이 그 소유권을 처분하거나 다른 나라나 다른 지방으로 이주한 적도 없다는 상황을 곁들일 수 있을 때 그러하다. 또 그들이 소유한 영지가 완전히 남계 후손들을 통해서만 상속되었으며, 그 명예와 재산이 여성을 통해 이어진 적이 단 한 번도 없다는 것을 자랑할 수 있을 때, 이것 또한 허영심의 2차적 원인이 된다는 사실도 목격했다. 이런 현상을 앞의 체계를 통해 설명해 보자.

어떤 사람이 자기 가문의 고풍스러움을 떠벌릴 때 그 허영심의 원인은 단순히 선조들의 장구한 시간과 수뿐만 아니라 선조들의 재산과 명성이며, 이런 것과 자신의 관계 때문에 자신에게 영광스러운 것으로 가정하는 것이다. 그는 먼저 이런 사실을 생각하고, 호의적인 방식으로 받아들여 부자 관계를 통해 자신에게 되돌린다. 그리고 인상과 관념의 이중 관계에 따라서 긍지라는 정념을 품고 의기양양하게 된다. 따라서 긍지는 이 이중 관계에 좌우되므로 이 관계의 어느 쪽을 강화하는 것은 무엇이든 정념을 증대시킬 수밖에 없고, 관계를 약화시키는 것은 모두 정념을 감소시킬 것이다. 그런데 소유의 지속성은 혈통과 가문에서 발생한 관념들 사이의 관계를 강화하고 세대간 전이를 훨씬 수월하게 하여, 아득한 선조로부터 그 상속자이자 자식인 후손들에게 공상을 더욱 쉽게 전한다. 이 수월성 때문에 인상[9]도 더욱 온전히 전이되며, 더욱 강한 긍지와 허영심을 유발한다.

여성이 전혀 끼어들지 않은 남성들만의 승계를 통한 명예와 재산 등의 상속에서도 마찬가지이다. 우리가 다음에[10] 살펴보게 될 인간 본성의 한 가지 성질은, 상상력은 중요하고 현저한 것이라면 무엇이든지 가리지 않고 자연히 그것으로 향한다는 점이다. 큰 것과 작은 두 대상이 상상 속에 나타나면 상상력은 대개 작은 것을 버리고 큰 것에만 집중한다. 남성이 여성보다 우월권을 갖는 혼인사회에서 우리는 먼저 남편에게 관심을 둔다. 우리가 곧장 그 남편을 생각하든지 아니면 그와 관련된 사실을 거쳐서 그를 생각하게 되든지 간에, 우리 생각은 그의 아내보다는 그에게 더 만족스럽게 머무르고, 그를 훨씬 수월하게 파악한다. 이런 속성은 부자간의 관계를 강화시키고 모자간의 관계를 약화시킨다는 것을 쉽게 알 수 있다. 그러나 모든 관계는 한 관념에서 다른 관념으로 옮겨 가는 성향일 뿐이다. 따라서 이 성향을 강화시킬 수 있는 것은 모두 관계를 강화시킨다. 그런데 아이의 관념에서 어머니의 관념으로 옮겨 가는 성향보다는 아이의 관념에서 아버지의 관념으로 옮겨 가는 성향이 더욱 강하다. 따라서 부자간의 관계가 더욱 밀접하고 중요하다고 생각할 수밖에 없다. 이것이 보통 아이들이 아버지의 성을 따르며, 아버지의 가계에 따라 출생의 귀천이 평가되는 이유이다. 가끔 어머니가 아버지보다 우수한 기질과 재능을 갖기도 하지만, 이런 예외적인 경우가 있음에도 불구하고 앞서 설명한 학설대로 일반 규칙이 적용된다. 아이가 아버지의 가계보다는 오히려 어머니의 가계를 이어받을 정도로 탁월한 우월성이나 다른 근거들이 있어도, 일반 규칙은 그 관계를 약화시키고 선조의 혈통 즉 모계 혈통을 단절시킬 만큼 효력을 유지한다. 이 경우 상상력은 일반 규칙에 따라 전이하므로 아버지에서 아들로 또는 형제에서 형제로 옮겨 갈 때만큼 모계 선조들을 따라 수월하게 옮겨 가지 못하며, 모계 선조들의 명예와 신망을 같은 가문 후손에게 수월하게 전이하지 못한다.

1 '외적 장단점'의 원어는 'external advantages and disadvantages'이다.

2 레어드에 따르면 '주택·정원·마차(houses, gardens and equipages)'를 예로 든 부분은, 왕궁(palace)이나 가구(furniture)의 예와 더불어, 맨드빌도 즐겨 인용하는 부분이다.

3 긍지나 소심을 낳는 원리로서의 이중 관계에 있어서 유사 관계는 관념, 즉 대상 쪽의 원리가 될 수 없다. 제2편 제1부 제4절 주석 4 참조. 또한 세 가지 연합 관계에 대해서는 제1편 제1부 제4절 참조.

4 대조는 앞에서도 서술했다시피 정념의 해명에 중요한 원리이다. 제2편 제1부 제6절 주석 3 참조.

5 관념의 연합은 '어떤 정서도 낳지 않고 또 어떤 종류의 새로운 인상도 유발시키지 않는' 것은 지금 여기에서 처음으로 이야기되었지만, 후에 제2편 제3부에서 이지와 의지의 관계를 고찰할 때 중요한 원리가 된다. 제2편 제3부 제3절 참조.

6 '대상'의 원어는 'object'이다.

7 우리 자신의 '재산을 자랑스러워하는' 것은 제2편 제1부 제10절(다음 절) 주제이다.

8 '훌륭한 가문인 척'하는 것을 긍지의 현저한 예로 들고, 뒷부분에서 정중하게 고찰하는 점에서, 지금까지 여전히 볼 수 있는 영국 국민성을 유순히 시인하는 흄의 온건한—이른바 회의론자에게는 어울리지 않는—사상을 엿볼 수 있다.

9 '인상'의 원어는 'fancy'이다. 제1편 제1부 제3절 주석 4 참조.

10 제2편 제2부 제2절 참조.[원주]

10 소유와 재산에 대하여

소유 관계는 인간과 대상 사이의 가장 밀접한 관계로 평가되며, 다른 어떤 관계보다 긍지를 가장 많이 산출한다. 정의와 다른 도덕적 덕목을 다루기 전에는 이 관계를 충분히 설명할 수 없을 것이다.[1] 여기서는 단지 소유를 다음과 같이 표명하는 것으로 충분하다. 즉 소유 관계는 한 인간과 어떤 대상 사이에 발생하며, 그에게 정의와 도덕적 형평의 규칙을 침해하지 않으면서 그 대상을 자유롭게 쓰고 소유하는 것을 승인하고, 다른 사람에게는 이것을 금지하는 관계라고 정의할 수 있다. 그러므로 만약 정의가 인간 정신에 자연적이고 근원적인 영향을 미치는 덕이라면, 소유는 특별한 종류의 인과로 볼 수 있을 것이다. 소유 관계가 소유자에게 그 대상을 원하는 대로 다룰 수 있는 자유를 준다고 생각하든, 그 대상에서 수익을 얻을 수 있는 특전을 준다고 생각하든 상관 없다. 어떤 철학자의 체계[2]에 따라 정의를 인위적 덕목이지 자연적 덕목이 아니라고 평가하더라도 역시 마찬가지이다. 왜냐하면 이 경우에는 명예와 관습과 시민법[3]

이 자연적 양심 대신 작용하여 어느 정도 동일한 결과를 낳기 때문이다. 어쨌든 소유라고 하면 우리의 생각은 자연스럽게 소유자로 옮겨가고, 소유자에서 소유물로 옮겨가는 것은 확실하다. 이것은 관념들의 완전한 관계에 대한 증거이다. 그리고 이것이 당면한 목적에 필요한 전부이다. 앞의 체계가 탄탄하고 만족스럽다면 다음과 같이 말할 수 있다. 인상들 사이의 관계와 결부된 관념들 사이의 관계는 언제나 감정의 전이를 낳는다. 그러므로 소유 관계를 통해 우리와 연관된 대상에서 쾌락 또는 고통이 발생할 때, 우리는 언제나 관계들의 이런 결부에서 긍지나 소심이 일어난다고 확신할 수 있다. 과연 그러한지는 인생을 아주 건성으로 살펴보는 것만으로 쉽게 납득할 수도 있을 것이다.

허영기 많은 사람이 가진 것은 이 세상에서 발견된 것 중 제일 좋은 것이다. 그의 집, 마차, 가구, 옷, 말, 개 따위는 그의 자랑 속에서는 다른 모든 것을 능가한다. 그리고 이런 것들 가운데 아주 조그만 장점만 있어도 그가 긍지와 허영심의 새로운 원인을 이끌어 내는 것을 쉽게 관찰할 수 있다. 그의 말을 믿는다면, 그의 포도주는 다른 어떤 사람의 것보다도 풍미가 좋고 그의 요리는 더 맛있다. 그의 탁자는 더 잘 정돈되어 있고, 그의 하인은 더 노련하다. 그가 날마다 마시는 공기는 건강에 더욱 좋고, 그가 농사짓는 땅은 더 기름지다. 그의 과일은 더욱 일찍 수확할 수 있고 더 잘 익는다. 어떤 것은 그 새로움 때문에 돋보이고, 또 어떤 것은 고풍스러움 때문에 돋보인다. 이것은 유명한 예술가의 작품이고, 저것은 한때 제후나 위인이 소유했던 것이다. 한마디로 말해서 모든 유용한 것, 아름다운 것, 놀라운 것 또는 이와 비슷한 것, 이 모든 것이 소유를 통해서 긍지를 유발한다. 이것들은 쾌락을 낳는다는 점에서만 일치할 뿐 그 밖에 어느 측면에서도 일치하지 않는다. 이것만이 유일한 공통점이다. 따라서 이 점이 바로 그 소유물들의 공통 결과인 정념을 산출하는 성질임이 틀림없다. 새로운 사례는 모두 새로운 증거가 되며, 그런 사례들은 헤아릴 수 없이 많다. 그러므로 나는 여기서 지금까지 제안했던 체계보다 경험을 통해 완전히 증명할 수 있는 체계는 거의 없다고 감히 단언할 수 있다.

유용성이나 아름다움 또는 새로움 때문에 쾌락을 주는 대상은 이것을 소유할 때 인상과 관념의 이중 관계를 통해 긍지도 산출한다. 만약 그러하다면 이 소유를 확보하는 능력이 같은 효과를 갖는 것도 전혀 놀랄 일이 아니다. 그렇다면 재산이란 바로 자신이 원하는 것의 소유를 확보하는 능력으로 볼 수 있다. 이런 관점에서 재산은 긍지라는 정념에 영향을 미친다. 예를 들어 대부분의 경우 어음은 돈을 얻는 능력을 줄 수 있으므로 재산으로 간주된다. 그러나 돈은 견실성이나 무게, 가용성 등 어느 일정 성질을 부여받은 금속에 지나지 않으면 재산이 아니다. 돈은 삶의 쾌락과 편의성과 관계를 가질 때만 재산이다. 이것은 그 자체로 극히 자명한 것이다. 그러므로 우리는 여기서 긍지와 소심에 미치는 인상과 관념의 이중 관계의 영향을 증명하기 위해 내가 이미 사용해 온 증명 중에서 가장 유력한 것의 하나를 도출할 수 있다.

오성(悟性)을 다루면서 살펴보았듯이,[4] 우리는 때때로 능력과 실현을 구별하는데 이 구별은 정말 어리석은 것이다. 가능성이 발현되어 행동으로 옮겨지지 않는 한, 사람이든 그 밖의 다른 존재든 어떤 가능성을 소유한 것이 아니다. 그러나 정당하고 철학적인 사고 방식에서 이것이 엄밀하게 참이라고 하더라도,[5] 확실히 정념의 철학은 아니다. 그러나 많은 것들이 능력의 실제적 실현과는 무관하게 능력의 관념과 가정만으로 정념에 작용한다. 우리는 쾌락을 누릴 수 있는 능력을 얻으면 기뻐하지만, 다른 사람이 나에게 고통을 줄 수 있는 능력을 얻으면 못마땅해 한다. 이것은 경험적으로 명백하지만, 이 문제를 정확히 설명하고 이런 만족과 언짢음을 해명하려면 다음과 같은 견해들을 숙고해야 한다.

능력과 그 능력의 실현을 구별하는 오류가 전적으로 자유 의지에 관한 강단의 학설에서 유래하지는 않는다는 점은 분명하다. 실제로 이 학설이 일상 생활에 스며들 여지는 거의 없고, 통속적인 대중의 사고 방식에 거의 영향을 미치지 않는다. 강단의 학설에 따르면[6] 동기는 자유 의지를 빼앗지 않는다. 다시 말해서 우리가 어떤 행동을 실행하거나 단념하는 능력을 위축시키지 않는다. 그러나 일상적 견해에 따르면 사람은 자신과 자기 욕구의 만족 사이에 아주 강한 동기가 있고, 이 동기가 자신이 수행하고자 하는 바를 단념하도록 제한할 경우, 그 사람의 능력은 사라진다. 예를 들어 비무장 상태인 내가 거리에서 내 곁을 지나가는 무장한 적을 보았다고 가정해 보자. 나에게는 무기가 전혀 없지만 나는 내가 적의 무력에 사로잡혔다고는 생각하지 않는다. 사법관에 대한 두려움은 어떤 무기에 대한 두려움과 마찬가지로 강압적이지만, 사실 나는 마치 적이 사슬에 묶여 투옥되었을 때만큼이나 완전히 안전함을 알고 있다. 그와 반대로 어떤 사람이 나를 압도하는 권력을 획득하여, 그의 행동에 어떤 외적 장애 요인도 없고 그가 전혀 보복당할 두려움 없이 자신이 원하는 대로 나를 상벌(賞罰)할 수 있다고 가정해 보자. 그러면 나는 그에게 나에 대한 전권을 위임하며 나 자신을 그의 신하나 가신으로 생각한다.

성 토마스 아퀴나스(1225~1274)

어떤 행동을 단념할 때 이익이나 안전이 주어지는 아주 강력한 동기가 있는 사람과 그러한 심리적 속박[7]을 받지 않는 사람, 이 두 경우를 비교해 보자. 그러면 알 수 있듯이, 제1편에서 설명한 철학[8]에 따르면 이 두 사람 사이의 차이점 가운데 유일하게 알려진 것은 다음과 같다. 즉 전자는 과거 경험으로부터 그런 행동을 결코 수행하지 않고, 후자는 그런 행동을 수행할 가능성 또는 개연성[9]이 있다고 결론 내리는 것이다. 대체로 인간의 의지보다 더 유동적이고 가변적인 것은 없다. 우리가 누군가의 어떤 미래나 행동에 대해 단언할 때 절대적으로 확신할 수 있는 것은 단지 강력한 동기뿐이다. 이 동기와 무관하면, 우리는 그 사람이 행동을 수행하거나 단념하는 두 가지 가능성을 모두 상정할 수 있다. 일반적으로 사람의 행동은 동기와 원인에 의해 결정된다고 결론 내릴 수 있다. 그러나 이런 결론으로는 그 원인에 대한 우리의 판단이 여전히 불확실하며, 이 불확실성이 정념에 미치는 영향 또한 없앨 수 없다. 그러므로 우리는 어떤 행동을 단념할 아주 강력한 동기가 전혀 없는 사람은 누구나 그 행동을 수행할 능력이 있다고 보고, 그런 동기를 가진 사람은 모두 이 능력이 없다고 본다. 따라서 여기서 내릴 수 있는 정당한 결론은, 현실적이든 개연적이든 간에 능력은 언제나 그 실행과 관련되어 있다는 것이다. 다시 말해서 과거의 경험을 통해서 어떤 사람이 어떤 능력을 발휘할 개연성이 있거나 최소한 가능성이 있다는 것을 발견하면 그가 그 능력을 부여받았다고 간주한다. 그러나 사실 정념은 언제나 실재하는 대상에 관여한다. 그리고 이 실재성은 언제나 과거의 사례로 알 수 있다. 그러므로 능력이 경험에 의해 실제로 발견된 어떤 행동의 실행 가능성 또는 개연성에 있다는 것보다 자명한 것은 없다.

그런데 어떤 사람이 나를 모욕(injury)하는 것을 막을 강력한 동기가 없고, 그가 나를 모욕할지의 여부가 불확실한 상황이라고 가정해 보자. 이런 상황에서 내가 불안하지 않을 수 없고 그 모욕의 가능성이나 개연성을 각별히 유의하지 않을 수 없다는 것은 명백하다. 확실하고 틀림없는 사건만이 정념에 영향을 미치는 것은 아니다. 가능성이 있고 우연적인 사건도 정도는 낮지만 정념에 영향을 미친다. 따라서 내가 평소 실제로 위해를 전혀 느끼지 못하더라도, 곧 철학적으로 말해서 그 사람에게는 나를 해칠 능력이 전혀 없다는 것을 발견했다고 하더라도, 이런 사실만으로는 그 불확실성에서 기인하는 나의 불안을 조금도 막을 수 없다. 여기서는 호의적인 정념이 작용할 수도 있고 언짢은 정념이 작용할 수도 있다. 다른 사람이 나에게 선(善)을 제공할 가능성이나 개연성을 방해하는 강력한 동기를 제거함으로써, 선을 얻을 가능성이나 개연성이 생기고, 그로 인해 선을 얻을 수 있다고 내가 지각하면, 호의적인 정념은 나에게 쾌락을 부여한다.

그러나 나아가서 우리가 어떤 선을 향유하는 것을 방해할 아주 강력한 동기나 물리적 장애도 전혀 없이 우리 스스로의 능력으로 선택할 수 있는 방식으로 선이 우리와 가까워질 때, 만족이 증대된다. 확실히 모든 사람은 쾌락을 바란다. 그러므로, 쾌락을 낳는 데 조금도 외적 걸림돌이 없고 사람들이 자신의 의향을 따를 때 지각하는 위험도 전혀 없다면, 쾌락의 존재보다 개연성이 높은 것도 없다. 이 경우에 사람의 상상력은 쉽게 만족을 예견한다. 그리고 마치 그런 만족의 대상이 실제로 지금 존재함을 확신하는 것과 동일한 기쁨을 전한다.

그러나 이것만으로는 부에 따른 만족을 충분히 설명하지 못한다. 예를 들어 수전노는 자신이 가진 돈 때문에 즐거움을 느낀다. 즉 그는 40년 동안 자신의 재산을 전혀 쓰지 않고 간직했을 뿐이지만, 돈이 자기 삶의 모든 쾌락과 편익을 제공한다는 능력에서 즐거움을 느낀다. 따라서 어떤 종류의 추론을 통해서도 수전노는 자신의 모든 재산을 빼앗겼을 때보다 그 재산을 소유하고 있을 때 이런 쾌락이 더욱 가까이 실재한다는 결론을 내릴 수 없다. 그러나 비록 쾌락의 더욱 가까워짐에 관해 그와 같은 결론을 내릴 수는 없더라도, 온갖 쾌락과 상반되는 이익과 위험 등 더욱 강력한 동기와 함께 외적인 걸림돌을 모두 치워 버리면, 수전노는 쾌락이 가까워졌다고 상상하는 것이다. 이런 점을 더 뚜렷하게 밝히기 위해, 의지에 대한 나의 설명을 언급하지 않을 수 없다. 거기서 나는 자유의 거짓 감각을 설명할 것이다.[10] 자유의 이 거짓 감각 때문에 우리는 전혀 위험하거나 해롭지 않은 일은 무엇이든 실행할 수 있는 것처럼 상상한다. 다른 사람이 쾌락을 단념해야 이익이 되는 확고한 의무가 없을 때, 쾌락이 존재하며 그 사람은 그 쾌락을 누릴 개연성이 있다고 경험을 통해 판단한다. 그러나 우리 자신이 그런 상황에 처해 있으면, 우리는 공상의 환각[11] 때문에 그 쾌락이 여전히 더욱 가깝고 직접적이라고 판단한다. 의지는 모든 방면으로 쉽게 움직일 것처럼 보이고, 실제로는 자신의 힘이 미치지 못하는 곳으로도 자신의 그림자 또는 심상을 투사한다. 이 심상을 통해 우리는 그 쾌락의 향유와 더욱 가까워졌다고 여기며, 마치 쾌락을 향유하는 것이 확실하고 필연적인 것처럼 생생한 만족을 얻는다.

부가 오직 인상과 관념의 이중 관계를 통해서만 그 소유자에게 긍지와 허영심을 산출한다는 사실에 대해서는 전체적인 추리를 쉽게 이끌어 내고 증명할 수 있다. 부의 참된 본질은 삶의 쾌락과 편의성을 창출하는 능력에 있다. 그런데 이 능력의 실제 본질은 그 힘이 실현될 수 있는 개연성에 있다. 즉 참된 추론을 통해서든 거짓된 추론을 통해서든 그 능력은 우리가 쾌락이 실제로 존재한다는 것을 예감하도록 하는 원인이다. 쾌락을 이렇게 예감하는 것 자체가 아주 상당한 쾌락이다. 쾌락을 예감하는 원인은 우리가 누리는—그럼으로써 우리와 관계를 갖는—어떤 소유 또는 재산이다. 그러므로 여기서 우리는 지금까지 가장 정확하고도 명료하게 앞에서 서술한 체계의 모든 부분을 알 수 있다.

부는 쾌락과 긍지를 일으키고 가난은 불안과 소심을 유발한다. 바로 이런 이유에서 권력은 쾌락과 긍지 따위의 정서를 산출하고, 예속은 불안과 소심 따위의 정서를 산출한다. 다른 사람의 의지에 복종하는 예속 때문에 우리는 수천 가지의 결핍과 모욕을 감수한다. 마찬가지로, 권력, 즉 다른 사람을 압도하는 능력이나 권위를 통해 우리는 자신의 모든 욕구를 충족시킬 수 있다.

여기서 주목할 만한 것은 우리가 어떤 사람에게 지배력을 행사하거나 그의 지배력에 우리가 제압당할 경우에 권력의 허영심과 예속의 수치심은 그 사람에 대한 평가를 통해 더욱 증대된다는 점이다. 그 이유는 다음과 같다. 우선 우리의 의지에 따라 움직이고 행동하는 놀라운 구조를 지닌 물건을 만들 수 있다고 가정해 보자. 이러한 소유물은 분명히 쾌락과 긍지를 낳지만, 다감한 이성적 존재, 즉 인간에 대하여 같은 지배력을 가질 때와는 정도의 차이가 있다. 우리 자신과 다감한 이성적 존재의 처지를 비교하여 그로 인해 우리의 지배력은 더욱 유쾌하고 영예롭게 여겨진다. 모든 경우에 있어서 비교[12]는 어떤 것에 대한 우리의 평가를 증대시키는 확실한 방법이다. 예를 들어 부자는 가난뱅이와 자신의 처지를 대비시킴으로써 더욱 자신의 처지에 대한 행복감을 느낀다. 그러나 권력의 경우 우리 자신과 우리가 지배하는 사람 사이에 현저하게 나타나는 대조를 통해 권력 특유의 장점이 드러난다. 이 비교는 명백하고 자연스럽다. 상상력은 비교를 원인 자체에서 발견한다. 그리고 사유가 자신의 표상 작용으로 이행하는 것은 매끄럽고도 거침없다. 이런 여건이 비교의 영향력을 증대시키는 데 두드러진 효과를 갖는다는 것은 다음에 심술과 질투를 검토할 때 드러날 것이다.[13]

〈주〉

1 '소유(property)'의 문제는 제3편 제2부 제1절 이하에서 상세히 고찰된다.

2 '정의를 인위적인 덕목'이라고 평가한 철학자는 바로 흄 자신이다. 이 점에 관한 그의 생각은 제3편 제2부 제1절에 상세히 서술된다.

3 '시민법'의 원어는 'civil law'이다.

4 능력과 그 실현에 관해서는 제1편 제3부 제14절 참조.

5 제1편에서 오성을 다루었을 때에도 전주에 기재된 곳에는 '철학적인 사고'를 통해 능력과 그 실현의 구별은 무의미하다고 했지만, 현실적 실현을 떠난 능력에 대해서 이야기하는 부분도 있다. 제1편 제1부 제4절 참조. 그러나 거기에서는 이러한 통속적인 사고가 낳는 심리적 과정에 대해서는 이야기하지 않았다. 이 점은 여기서 자세히 고찰된다.

6 토마스 아퀴나스(Thomas Aquinas)에 따르면 의지와 자유는 두 개의 힘이 아니라 하나이다. Cf. Summa Thelogica, I. Q. 8. A. 4.

7 '심리적 속박'의 원어는 'obligation'이다.

8 '제1편에서 설명한 철학'은 말할 것도 없이 원인과 결과의 판단에 관한 흄의 이론이다.
9 '가능성 또는 개연성(possibility or probability)'이라는 표현에서 '가능성'은 비교적 작은 정
  도의 개연성을 의미한다. 제1편 제3부 제12절 주석 3 참조.
10 제2편 제3부 제2절 참조.〔원주〕
11 현실적으로 실현되지 않는 능력이나 그러한 능력이 부여하는 쾌락의 감각은 결국 '공
  상의 환각'이다. 그러나 이러한 환각은 인성의 자연적 경과에 따라 빠지는 환각이다. 이
  미 제1편에서도 이러한 이른바 자연적인 환각의 예는 진공 관념의 경우 등에서 보았다.
  제1편 제2부 제5절 참조.
12 '비교'에 대해서는 제2편 제1부 제6절 참조.
13 '심술과 질투(malice and envy)'는 제2편 제2부 제8절의 주제이다.

11 명예욕에 대하여

그런데 이러한 긍지와 소심에는 근원적 원인 외에 다른 사람의 의견에도 2차적 원인이 있다. 이 2차적 원인도 근원적 원인과 대등한 영향력을 미친다. 긍지에 대해서 우리의 평판·지위·이름 따위는 매우 중요하고 의미 심장한 고려 대상이며, 덕(德)·아름다움·부(富) 등 긍지의 다른 원인조차 다른 사람들의 의견이나 소감 따위가 뒷받침되지 않으면 긍지를 낳는 데 거의 영향력이 없다. 이런 현상을 설명하려면, 몇 가지 우회로를 택해서 먼저 공감[1]의 본성을 설명할 필요가 있다.

인간 본성의 성질 가운데 그 자체에서나 귀결에서 가장 두드러진 것은 바로 다른 사람에게 공감하는 성향이다. 즉 다른 사람들의 소감이나 의향[2]이 자기 것과 아무리 다르거나 정반대라도, 그것을 공감과 교류[3]를 통해 수용하는 것을 능가하는 것은 없다. 이런 성향은 다른 사람이 제안한 의견을 맹목적으로 받아들이는 어린아이들뿐만 아니라, 고도의 판단력과 오성을 갖춘 어른에게서도 현저하게 나타난다. 어른도 자신의 의견이 친구나 직장 동료의 의견과 대립할 때, 자신의 이성이나 의향을 따르기가 매우 어렵다는 것을 깨닫게 된다. 동일한 국가 구성원들의 정취와 사고 방식에서 특히 현저하게 나타나는 제일성도 이 원리에 속한다. 그리고 풍토나 기후의 영향보다는 공감에서 구성원 사이의 이런 유사성이 발생할 개연성이 훨씬 크다. 풍토와 기후 따위는 불변적으로 지속되지만, 한 국민의 성격까지 100년씩이나 동일하게 유지할 수는 없기

때문이다. 선량한 사람은 한순간에 동료와 동일한 기분을 느끼게 된다. 더없이 긍지가 높고 무뚝뚝한 사람조차 자신의 동료 및 친지에게 물든다. 기쁜 표정은 나의 정신에 만족과 평정을 심어 준다. 분노하거나 슬픈 표정은 나를 갑작스럽게 낙담하게 만든다. 미움·의분·부러움·사랑·용기·명랑·우울 등 이 모든 정념을 나는 자신의 자연적 기질이나 성향보다는 다른 사람과의 교류를 통해서 더 잘 느낀다. 따라서 우리는 이 두드러진 현상을 주목해야 하며 그 제1원리까지 추적해 보아야 한다.

공감을 통해서 어떤 감정이 이입될 때, 먼저 우리는 단지 결과를 통해서 알게 될 뿐이다. 다시 말해 표정과 대화 속에 나타난 외적 징표에 의해 그 감정을 알게 된다. 이 징표가 감정의 관념을 정신에 전하고 관념은 당장 인상으로 전환된다. 즉 강력한 힘과 생동성을 획득하여 정념이 되고, 근원적 감정과 대등한 정서를 산출한다. 그런데 이처럼 관념에서 인상으로 전환되는 것이 아무리 순간적이라고 하더라도, 그 변화는 지각 방식과 고려 방식에서 일어난다. 설령 본인에게는 포착되지 않을지라도 철학자의 엄격한 탐색을 벗어날 수 없을 것이다.

우리 자신의 관념, 아니 오히려 인상은 언제나 우리에게 직접적으로 나타난다. 우리의 의식은 우리 자신의 인격에 대한 표상 작용을 아주 생생하게 제공하므로, 이런 점에서 어떤 것이 우리 의식을 벗어날 수 있다고 상상하는 것은 불가능할 정도이다. 따라서 우리와 관련된 대상은 모두 위의 원리에 따라[4] 우리 자신의 인격에 대한 표상의 생동성을 갖는 것으로 파악되어야 한다. 이 관계는 인과 관계처럼 강력하지는 않지만 역시 상당한 영향력을 지닌다. 유사와 인접은 무시할 수 없는 관계[5]이다. 특히 원인과 결과로부터 추론함으로써, 즉 외적 징표를 관찰함으로써 유사하거나 인접한 대상의 실재를 인지할 때에는 결코 무시할 수 없다.

자연은 모든 인간 존재 사이에 엄청난 유사성을 유지해 왔다. 다른 사람에게서 발견할 수 있는 정념이나 원리는 우리 자신에게서도 반드시 발견할 수 있다. 이것은 신체의 유기적 구조뿐만 아니라 정신의 유기적 구조에 대해서도 마찬가지이다. 각 부분의 크기나 형태가 아무리 다르더라도 그 구조나 조성은 대체로 동일하다. 모든 다양성 가운데 유지되는 매우 주목할 만한 유사성이 있다. 우리가 다른 사람의 소감을 공유하고 그 소감을 기꺼이 수월하게 받아들이는 데에는 이 유사성이 상당히 기여하는 것이 틀림없다. 따라서 우리 본성의 일반적 유사성 말고도 우리의 태도·성격·국가·언어 가운데 각별히 닮은 점이 있으면, 이 닮은 점이 공감을 촉진한다. 우리 자신과 어떤 대상[6]의 관계가 강할수록 상상력은 쉽게 전이되고, 우리 자신의 인격에 대한 관념을 형성할 때 반드시 수반되는 표상의 생동성을 상관 관념에 수월하게 전달한다.

유사가 이런 결과를 낳는 유일한 관계는 결코 아니다. 유사는 수반 가능한 다른 관계로부터도 새로운 힘을 받아들인다. 예를 들어 다른 사람의 소감은 그가 우리와 너무 동떨어져 있으면 영향력이 거의 없다. 그 소감을 고스란히 전달하려면 인접 관계가 필요하다. 혈연 관계도 일종의 인과 관계이므로 때때로 이런 결과를 낳는 데 기여한다. 다음에[7] 좀더 살펴보겠지만, 교육이나 습관과 같은 방식으로 작용하는 친숙함 역시 마찬가지이다. 이 모든 관계가 합일되면, 우리 자신의 인격에 대한 인상 또는 의식을 다른 사람의 소감이나 정념 따위의 관념에 전달한다. 그리고 우리가 다른 사람의 소감이나 정념을 가장 강력하고 생생한 방식으로 표상하게 만든다.

이 논고를 시작하면서부터 언급했듯이,[8] 모든 관념은 인상에서 유래한다. 이 두 종류의 지각은 영혼을 자극하는 힘과 생동성의 정도에서 서로 차이가 있을 뿐이다. 관념과 인상의 구성 요소는 정확히 일치한다. 인상과 관념의 출현 방식과 순서가 일치할 수도 있다. 그러므로 둘 사이의 힘과 생동성의 정도 차이가 인상과 관념을 구별하는 유일한 차이점이다. 또 인상과 관념 사이의 관계로 인해 이 차이점이 어느 정도 줄어들 수 있다. 따라서 소감이나 정념 등의 관념이 이 수단을 통해 실제 소감이나 정념으로 될 수 있을 만큼 생생해질 수 있다는 것은 당연하다. 어떤 대상에 대한 생생한 관념은 언제나 그 인상에 버금간다. 따라서 확실히 한낱 상상력의 힘만으로도 질병과 고통을 느낄 수 있고, 그런 생각을 자주함으로써 실제로 병을 앓을 수도 있다. 그러나 이 점은 의견이나 감정에서 가장 두드러진다. 다시 말해서 의견이나 감정의 생생한 관념이 주로 인상으로 전환되는 것이다. 감정은 다른 어떤 인상보다 우리 자신에게, 정신의 내적 작용에 더 좌우된다. 이런 이유 때문에 감정은 우리가 그 감정에 대해 형성한 생생한 관념과 상상력 등에서 더욱 자연스럽게 발생한다. 바로 이것이 공감의 본성이자 원인이다. 즉 이와 같은 방식으로 우리는 다른 사람의 의견이나 감정을 접할 때마다 그 의견이나 감정에 더욱 깊이 빠져든다.

이런 사실 전체에서 가장 주목할 점은 이 현상이 제1편에서 언급했던 오성에 관한 체계뿐만 아니라 결과적으로 정념에 대한 본편의 체계까지 강력하게 입증한다는 점이다. 왜냐하면 이 두 체계가 서로 유사하기 때문이다. 실제로 우리가 다른 사람의 정념과 소감을 공감할 때, 이런 과정은 먼저 우리 정신에 단순한 관념으로만 나타날 뿐이다. 우리는 이것을 다른 어떤 사실 문제를 표상할 때처럼 다른 사람에게 속한 사실로 여긴다. 그리고 이런 다른 사람의 감정에 대한 관념은 그 관념이 재현하는 실제 인상으로 전환되며, 다른 사람의 감정에 대하여 형성한 심상과 어울리는 정념이 일어난다. 이 모든 것은 가장 분명한 경험적 사실이며 철학의 어떤 가설에도 좌우되지 않는다. 이런 현상은 너무도 자명해서 그것을 설명하는 데 이 학문[9]을 활용할 기회가 거의 없다는 것은 자인하지 않을 수 없지만, 그래도 이런 현상을 설명할 수 있는 것은 오직 이 학문뿐이다.[10] 우리가 공감하는 정념의 실재성은 원인과 결과의 관계를 통해 확신한다. 또한 우리가 공감을 완전히 느끼려면 원인과 결과의 관계 외에도 유사와 인접이라는 관계의 도움을 받지 않을 수 없다. 이 관계들이 관념을 인상으로 온전히 전환시키고 인상의 생동성을 관념에게 전혀 손상시키지 않은 상태로 완전히 전달할 수 있다. 그렇다면 우리는 오직 원인과 결과의 관계가 홀로 어떻게 관념을 강화하고 생생하게 만들 수 있는지 쉽게 생각해 볼 수 있을 것이다. 공감에는 관념에서 인상으로의 명백한 전환이 있다. 이 전환은 우리 자신에 대한 대상의 관계에서 발생한다. 또한 우리 자신은 언제나 우리에게 직접적으로 현전한다. 이 모든 여건을 비교해 볼 때 우리는 공감이 오성의 작용과 정확히 대응하며, 더욱 놀랍고 기이한 것을 간직하고 있음을 알게 된다.

이제는 공감에 대한 일반적 고찰은 접어 두고, 긍지와 소심이 상·벌과 명예·불명예에서 발생할 때 공감이 두 정념에 어떤 영향을 미치는지 살펴볼 때이다. 어떤 속성을 지닌 사람이 그 성질 때문에 실제로 자신에게 긍지를 느끼지 못하는 경우 다른 사람도 그 성질로 그를 결코 칭찬하지 않는다. 대부분의 찬사는 권력·재산·가문·덕에 관한 것이다. 그리고 이 모든 것은 허영심의 원인이다. 이 점에 대해서는 이미 지금까지 계속 설명해왔다. 그렇다면 어떤 사람이 자신의 숭배자가 보는 것과 같은 관점으로 자기 자신을 생각한다면, 앞의 체계에 따라 그는 먼저 1차적 쾌락을 느낀 다음에 긍지나 자기 만족을 느낄 것은 확실하다. 그런데 이 점에 있어서 다른 사람의 의견을 받아들이는 것보다 자연스러운 것도 없다. 즉 다른 사람의 소감을 직접적으로 우리에게 드러나도록 하는 공감과, 다른 사람의 판단을 그들이 긍정하는 바에 대한 일종의 논거로 간주하게 되는 추리의 두 측면에서 다른 사람의 의견을 받아들인다. 권위와 공감이라는 두 원리는 거의 모든 우리 의견에 영향을 미치는데, 특히 우리가 자신의 가치나 성격을 판단할 때 각별한 영향력을 미친다. 그런 판단에는 언제나 정념이 따른다.[11] 그리고 판단이 정념과 결합하면 우리의 오성을 혼란시키며 아무리 불합리한 의견에도 아주 쉽게 유혹당하게 만든다. 정념은 상상력을 장악하고, 정념에 관련된 모든 관념의 힘을 보강한다. 게다가 우리는 자기자신을 매우 편애하는 것을 의식하고 있다. 따라서 자신에 관한 좋은 의견을 입증하는 일은 기뻐하고, 이와 상반되는 모든 의견에는 진저리 치는 것이다.

이론적으로는 이 모든 것이 아주 그럴듯하게 여겨진다. 그러나 이 추론을 완전히 확증하려면 정념에 따르는 현상을 검토하고, 그 현상이 추론과 일치하는지 여부를 알아보아야 한다.

그러한 현상 가운데 다음과 같은 것은 당면한 목적에 매우 유리하다고 할 수 있다. 즉 명예는 대체로 유쾌하겠지만, 우리 자신이 미워하고 경멸하는 사람의 승인보다는 존경하고 동조하는 사람의 승인를 통해 우리는 더 큰 만족을 얻는다. 마찬가지로 주로 우리는 자신이 어떤 사람의 판단에 대해 어느 정도 가치를 인정하는 경우 그 사람의 경멸에 모욕감을 느끼지만, 다른 사람들의 의견에 대해서는 대개 무관심하다. 그러나 만약 정신이 근원적 직감에서 명예를 욕구하고 불명예를 혐오한다면, 명예와 불명예는 우리에게 똑같은 영향을 미칠 것이다. 즉 모든 의견은 그것이 호의적인지 아닌지에 따라 명예에 대한 욕구나 불명예에 대한 혐오를 평등하게 낳는다. 바보의 판단도 현인의 판단과 마찬가지로 타인의 판단이다. 다만 우리 자신의 판단력에 미치는 영향력이 열등할 뿐이다.

우리는 바보의 승인보다 현인의 승인을 더욱 기뻐한다. 그뿐 아니라 현인을 오랫동안 직접 알고 지낸 뒤에 그의 승인을 얻으면 만족은 더욱 커진다. 이것도 같은 방식으로 해명된다.

칭찬하는 사람이 우리 의견과 일치하여 우리의 특별히 탁월한 속성을 열렬히 칭찬하지 않는다면 그의 칭찬은 큰 쾌락을 줄 수 없다. 한낱 졸병은 웅변의 품격을, 샌님은 용기의 품격을, 주교는 해학의 품격을, 상인은 학식의 품격을 거의 존중하지 않는다. 추상적으로 생각하면 사람은 어떤 속성이든 매우 존경할 수 있지만, 자신이 이 속성을 갖추지 못했다고 의식하면, 바로 이 점 때문에 온 세상의 유력한 의견들도 그에게 쾌락을 거의 제공할 수 없을 것이다. 왜냐하면 개인의 의견이 세상의 의견에 결코 순응할 수 없기 때문이다.

명문 출신이지만 현재 사정이 여의치 않은 사람은 흔히 자신의 친구나 조국을 등지고, 자신의 출신이나 교육 정도를 잘 알고 있는 사람들보다는 오히려 낯선 사람들 틈에서 험한 공장일로 생계를 꾸리고자 한다. 이런 생각을 검토하면, 당면한 목적에 어울리는 아주 신뢰할 만한 논거를 얻을 수 있다.

첫째, 그들의 소감에서 우리가 추정할 수 있는 것은 다음과 같다. 즉 경멸당할 때의 언짢음은 공감에 좌우되고 공감은 우리 자신과 대상의[12] 관계에 좌우된다. 우리는 혈연 관계에 있거나 공간적으로 가까이 있는 사람에게 경멸당할 때 가장 언짢다. 따라서 이런 관계를 떨쳐 버리고 낯선 사람들과 인접하고 친족 관계와는 멀어짐으로써 이 공감과 언짢음을 감소시키고자 하는 것이다.

둘째, 다음과 같이 결론을 내릴 수 있다. 관계가 공감에 필요한 것은 사실이지만 엄밀히 관계 자체가 필요한 것이 아니다. 다른 사람의 소감에 대한 우리의 관념을 실제 소감으로 전환할 때 그 사람의 관념과 우리 자신의 관념을 연합하여 이로써 영향을 미치기 때문에 필요한 것이다. 이 경우 혈연 관계도 인접 관계도 모두 존속하고 있다. 그러나 동일한 사람에게서 합일되지 않으므로 공감에 기여하는 정도가 낮다.

셋째, 관계를 분리함으로써 공감이 줄어드는 이런 상황 자체에 주목할 가치가 있다. 내가 낯선 사람들 틈에서 가난을 겪으며 업신여김을 받고 있다고 가정해 보자. 이런 상황에서도 나는 역시 날이면 날마다 친척이나 이웃에게서 경멸당할 때보다는 지금 상황이 훨씬 수월하다고 느낀다. 그러나 이때도 나는 지금 내 곁에 없지만 나와 혈연 관계에 있는 사람들에게서, 또 주위의 낯선 사람에게서 이중으로 경멸을 느낀다. 이 이중적 경멸도 혈연과 이웃이라는 두 관계를 통해 강화된다. 그러나 이 이중 관계로 결합된 사람은 동일 인물이 아니다. 따라서 관념들의 이러한 차이점은 경멸에서 발생하는 인상들을 각각 분리하여 서로 합일되지 않도록 한다. 이웃의 비난은 일정한 영향력을 가지며 친척의 경멸 또한 마찬가지이다. 그러나 그런 비난은 서로 별개이며, 이웃이자 동시에 친척인 사람의 비난처럼 결코 합일될 수 없다. 이런 현상은 앞서 설명한 금지와 소심의 체계와 흡사한데, 일반인들의 눈에는 특이하게 여겨질 수도 있다.

넷째, 이런 여건에 놓인 사람들은 자신과 함께 살고 있는 사람들에게 자신의 출생을 숨긴다. 그리고 자신의 현재 처지와 살림살이 방식이 지금보다 훨씬 넉넉했었다는 것을 들키면 매우 불쾌해 한다. 우리는 비교를 통해 세상 만물을 판단한다.[13] 예를 들어 일반 시민에게는 엄청나게 여겨지는 재산도 제후에게는 보잘것없는 것이다. 농사꾼은 신사 계급에게 생필품을 제공하지 않는 것만으로도 스스로 행복하다고 느낄 것이다. 사치스러운 생활 방식에 젖어 있거나 출신과 자질을 통해 스스로 그런 생활을 누릴 자격이 있다고 생각할 때, 그 수준에 미치지 못하는 것은 모두 그에게 거북하고 수치스럽기까지 하다. 그리고 더 나은 운명에 대한 갈망을 은폐하기에 급급하다. 여기서 그는 자신의 불행을 잘 알고 있다. 그러나 그와 함께 생활하는 사람들은 그것을 모른다. 그는 단지 자기 혼자서 거북해 하고 고뇌하고 비교하며 다른 사람과의 공감은 전혀 고려하지 않는다. 그리고 이것은 분명히 그의 편안함과 만족에 지대하게 기여한다.

우리가 칭찬을 받고 느끼는 쾌락이 소감의 교류를 통해 발생한다는 가설에 대해 어떤 반론이 제기되든, 그것을 검토해서 정확하게 이해하면 그 반론이 이 가설을 확증하는 데 도움이 되리라는 것을 알 수 있다. 예를 들어 대중을 멸시하는 사람조차 대중의 인기를 좋아한다.[14] 왜냐하면 대중의 수가 많은 점이 무게와 권위를 더하기 때문이다. 남의 글을 표절하는 사람도 칭찬을 받으면 즐거워하지만, 동시에 자신이 칭찬받을 자격이 없다는 것도 알고 있다. 이때 즐거워하는 것은 일종의 공상이다. 상상력은 자신의 허구에 스스로 도취하여 다른 사람과의 공감을 통해 그런 허구를 확고부동하게 만들려고 애쓴다. 자존심이 강한 사람은 경멸을 당하면 결코 쉽게 수긍하지 않지만 아주 큰 충격을 받는다. 이는 자신의 자연스러운 정념과 공감을 통해 수용된 정념이 상반되기 때문이다. 마찬가지로 정열적인 연인은 당신이 자기 애인을 비난하고 모욕하면 매우 불쾌하게 여긴다. 물론 그가 당신의 생각을 받아들이지 않고 공감하지 않으면, 당신의 생각이 그에게 어떤 영향도 미칠 수 없다는 것은 명백하다. 만약 그가 당신을 멸시하거나 농담하는 것으로 지각하면, 당신이 무슨 말을 하건 그에게 아무런 영향도 미칠 수 없다.

〈주〉

1 '공감'의 원어는 'sympathy'이다. 흄의 정념론 및 도덕론에서 가장 중요한 원리 중 하나이며, 당대 및 그 뒤 영국 윤리사상사에 많은 영향을 끼쳤다는 사실은 잘 알려져 있다. 이 유명한 원리에 대한 최초의 고찰이 여기서 이루어진다.

2 '의향'의 원어는 'inclination'이다.

3 '교류'의 원어는 'communication'이다.

4 '위의 원리'의 기능이 가장 잘 나타나는 부분은, '신념'의 고찰에서이다. 제1편 제3부 제7절 참조.

5 '관계(relation)'에는 제1편의 고찰에 의하면 '철학적 관계'와 '자연적 관계' 두 종류가 있으며, 후자가 바로 합일적 관계이다. 이러한 관계의 종류가 두 가지 있음에 따라 '관계'라는 말은 넓은 의미와 좁은 의미 두 가지로 사용된다. 넓은 의미로는 철학적 관계 또는 일반적 관계를 나타내고, 좁은 의미로는 자연적 합일 관계만을 나타낸다. 제1편 제1부 제5절 참조.

6 '다른 사람'을 가리킨다.

7 제2편 제2부 4절 참조.(원주)

8 인상과 관념의 근본 성격에 대해서는 제1편 제1부 제1절 참조.

9 '인간학'을 가리킨다.

10 '그래도 이런 현상을 설명할 수 있는 것은 오직 이 학문뿐이다'라는 부분에서 철학에 대한 흄의 기본적 견해를 엿볼 수 있다.

11 제1편 제3부 10절.(원주)

12 '다른 사람'을 가리킨다.

13 '비교'의 원리가 여기서도 기능을 발휘하고 있다. 제2편 제1부 제6절 주석 3 참조.

14 흄이 '대중의 인기'에 많은 관심을 기울였던 것은, 그가 스스로 고백하듯이 그것이 비철학자적인 태도로서 물의의 씨앗이 된 것도 널리 알려져 있다. 여기서 대중의 인기에 대한 관심을 정당화시키고 있는 것은 그러한 비난에 대한 답이리라.

12 동물의 긍지와 소심에 대하여[1]

이 주제를 어떤 측면에서 고려하든 간에 우리는 다음과 같은 점을 확인할 수 있을 것이다. 즉 긍지와 소심의 원인은 우리가 주장하는 체계와 정확히 일치하며, 어떤 대상이 우리 자신과 무관하고 또 이런 정념과 무관하게 쾌락과 고통을 산출한다면 그 대상은 결코 긍지나 소심을 불러일으킬 수 없다는 것이다. 우리는 지금까지 쾌락이나 고통을 낳는 경향은 긍지와 소심의 모든 원인에 공통적일뿐 아니라, 공통적인 유일한 경향이며 따라서 원인을 통해 긍지와 소심을 작용시키는 성질이라는 것을 증명했다. 이 두 정념의 가장 중요한 원인은 사실 유쾌하거나 불쾌한 감각을 낳는 능력이다. 그리고 모든 결과 특히 긍지와 소심은 전적으로 이 기원에서 유래한다는 것도 입증하였다. 철학자들이 탄탄한 실증에 기초를 둔 이 단순하고도 자연스러운 원리를 반박하려면 내가 아직 모르는 반론을 통하지 않고서는 불가능하다.

해부학자들은 흔히 인체에 대한 실험과 관찰에 동물 실험과 관찰을 더하여, 이 실험들이 일치하는 경우 특정한 가설을 위한 특별한 논변을 이끌어 낸다. 실제로 동물들의 각 기관(part) 구조가 인체와 같고 이 기관들의 작용 또한 다르지 않다면, 우리는 동물에게서 참이라고 발견한 것은 모두 다른 종류에 대해서도 그러하리라고 주저 없이 결론 내린다. 그러므로 한낱 동물과 인간에게 있어서 체액의 혼합과 단위 기관의 구성은 다소 차이가 있으리라고 막연히 추정할 수 있고, 따라서 동물에 대한 약효 실험 결과가 늘 인간에게 적용될 수는 없다. 그러나 혈관·근육의 구조 및 심장·폐·위·간 그리고 기타 장기의 유기적 조직과 상태가 모든 동물이 동일하거나 거의 같다면, 한 종류의 근육·운동·림프액 흐름·혈액 순환 따위를 설명하는 가설은 모든 종류에 대해서 응용될 수 있어야 한다. 즉 특정 종류의 생물을 대상으로 실험한 결과들의 일치 여부에 따라 모든 종류의 생물에 대해 그 가설의 참·거짓을 실증할 수 있다.[2] 그러므로 신체에 관한 추론에서 정당하고 유용한 것으로 확인된 이런 탐구 방식을 지금 우리가 하고 있는 정신 해부에 적용해 보고, 이 방법으로 무엇을 발견할 수 있는지 살펴보기로 하자.

이를 위해 먼저 인간과 동물에게 있어서 정념이 일치하는 점을 밝히고, 이를 산출하는 원인을 비교해야 한다.

거의 모든 동물에게 그렇지만 특히 고등 동물일수록 긍지와 소심의 뚜렷한 징표가 다양하게 나타난다는 것은 누구나 알 수 있다. 예를 들어 백조나 칠면조 또는 공작의 행색과 걸음걸이는 이런 동물이 그 자신에 대해 품은 거만한 관념[3]과 자신을 제외한 모든 것에 대한 경멸을 나타낸다. 칠면조와 공작의 경우 긍지는 늘 아름다움을 수반하며, 한편 수컷에서만 나타난다는 점은 더욱 주목할 만하다. 흔히 나이팅게일의 지저귐에서 허영심과 경쟁심을 발견할 수 있다. 말은 빠르기에서, 개는 지능과 후각에서, 황소와 수탉은 힘에서 그리고 그 밖의 다른 동물들도 각자 그들 고유의 뛰어난 점에서 마찬가지로 허영심과 경쟁심을 드러낸다. 게다가 인간과 매우 가깝고 친숙한 동물은 모두 사람이 인정해 주면 명백한 긍지를 나타내고, 아무 생각 없이 그저 인간의 칭찬과 애무에 만족한다. 모든 사람의 애무가 아무런 차이 없이 이런 허영심을 낳는 것은 아니다. 주로 그 동물들이 잘 알고 따르는 사람의 애무가 허영심을 낳으며, 이 정념은 인간에게서도 같은 방식으로 발생한다. 이 모든 것은 긍지와 소심이 인간의 정념일 뿐만 아니라, 동물 전체의 정념이라는 명백한 증거이다.

이 정념의 원인 또한 인간과 동물에게 있어서 거의 같다. 다만 우리의 우월한 지식과 오성은 이것을 제대로 감안해야 한다. 동물은 덕이나 부덕에 대한 분별이 전혀 없거나 거의 없다. 동물은 혈연 관계를 빨리 잊어버리며 권리와 재산 관계를 유지할 수도 없다. 이런 이유로 동물의 긍지와 소심의 원인은 오직 신체에 있어야 하며, 결코 정신이나 외부 대상에 있을 수 없다. 그러나 신체적 측면만 보면 인간은 물론 동물도 동일한 속성이 긍지를 일으킨다. 정념은 언제나 아름다움·힘·빠름 또는 그 밖의 유용하고 호의적인 성질에 기초한다.

이렇듯 모든 동물에게 있어서 이 정념들은 동일하며 같은 원인에서 발생한다. 이제 그 원인이 작용하는 방식도 동일한지 살펴보자. 이 문제는 모든 유비 추리 규칙에 따르면 정확히 예상할 수 있어야 한다. 또 특정 종류에서 이 현상을 설명했던 것을 다른 종류에 적용할 수 없음을 실험적으로 알았다면, 그 설명은 아무리 그럴듯하더라도 실제로는 근거가 없다고 추정할 수 있다.

이 문제를 해결하기 위해 인간과 동물 모두의 정신에 관념의 동일한 관계가 명백히 존재하고, 이 관계가 동일한 원인에서 유래하는지 깊이 생각해 보자. 예를 들어 개는 뼈다귀를 숨겨둔 장소를 잊어버릴 때가 종종 있다. 그러나 우리가 개를 그 장소에 데리고 가면 그의 생각은 관념 사이에 관계를 산출하는 인접성 때문에 자신이 이전에 뼈다귀를 숨겨 둔 사실로 쉽게 옮겨 간다. 마찬가지로 어떤 특정한 장소에서 매를 흠씬 맞았다면, 지금은 그곳에 아무런 위험

조짐이 없어도 접근할 때마다 몸을 움츠릴 것이다. 유사성의 결과는 크게 두드러지지 않지만 인과 관계에서 상당히 중요한 요소이다. 모든 동물은 인과 관계에 대한 판단을 명백히 보여 주므로 유사·인접·인과의 세 관계는 인간과 동물에게 같은 방식으로 작용한다.[4]

인상의 관계에 대한 사례도 많다. 이를 통해 우리는 어떤 감정들은 우수한 종(種)은 물론 열등한 종에서도 서로 합일한다는 것, 즉 열등한 생물의 정신도 연관된 정서의 계열을 통해 빈번하게 전달된다는 것을 확신할 수 있다. 기쁨으로 고조된 개는 주인에 대해서건 동족에 대해서건 사랑과 상냥함을 자연히 품게 된다. 마찬가지로 고통과 상심에 젖은 개는 사나워져서 제정신을 잃게 된다. 그리고 처음에는 비탄 정도였던 정념이 아주 사소한 우발적 요인 때문에 분노로 전환된다.

이처럼 우리가 긍지와 소심을 느끼는 데 필요한 모든 내부 원리는 모든 동물에게 공통적이다. 그리고 이런 정념을 낳는 원인도 마찬가지로 동일하다. 따라서 이 원인들은 모든 동물에게 동일한 방식으로 작용한다는 결론을 내려도 무방할 것이다. 나의 가설은 지각 있는 모든 동물에게 활용될 수 있을 정도로 매우 단순하여 되새겨 보거나 따져 볼 필요도 거의 없다. 이 점이 바로 내 가설의 진실성에 대한 확실한 실증일 뿐만 아니라, 다른 모든 체계에 대한 반론으로 여겨지리라 확신한다.

〈주〉

1 제1편에서 오성을 취급할 때 흄이 가장 중요시한 원인과 결과 관계를 고찰한 제3부 마지막 절에서, 인간과 동물의 심리적 활동을 비교심리학적으로 고찰했다. 이러한 방법론적 태도는 제2편에서도 유지되며, 제1부에서도 제2부에서도 동물과의 비교를 독립한 절로 다루었다. 제3부에서는 독립한 절은 아니지만 언급되고 있다. 제1편 제3부 제15절 및 제2편 제2부 제12절, 제2편 제3부 제9절 참조.
2 18세기 초 의학의 상황 및 낡은 지식과 근대적 방법의 교착에 대한 흄의 지식을 엿볼 수 있다.
3 립스는 이 부분을 '고도의 자기 의식'이라고 번역했는데(D. Hume, *Ein Traktat über die menschliche Natur*, übersetzt, mit Anmerkung und Register versehen von Theodor Lipps, Mit neuer Einführung herausgegeben von Reinhard Brandt, 제2권, Hamburg : Felix Meiner Verlag, 1978, p. 58), 이 번역이 독자들의 이해에는 도움이 될 것이다. 그러나 여기서는 흄이 사용하는

'idea'라는 개념의 다양성을 살리기 위해 직역했다.

4 제1편에서 인간과 동물의 심리적 작용의 대응을 고찰했을 때, 중점은 한결같이 인과적 추론에 두었다. 합일 작용 전반에 걸친 고찰은 오히려 이쪽이 더 상세하다.

2부
사랑과 미움[1]

1 사랑과 미움(증오)의 원인과 대상

　사랑과 미움의 정념을 정의하기란 거의 불가능하다. 이런 정념은 다른 것과 혼합되거나 결합하지 않고 오직 단순 인상을 산출할 뿐이기 때문이다. 또한 그 정념의 본성·기원·원인·대상 따위에서 이끌어 낸 것을 나열하여 정념을 정의하려고 애쓸 필요도 없다. 그런 점들이 지금 우리가 탐구할 주제이고, 동시에 우리는 일상적 느낌과 경험을 통해 이런 정념을 충분히 알고 있기 때문이다. 이 점은 긍지와 소심을 살펴볼 때 이미 언급한 것으로,[2] 여기서도 사랑과 미움에 대하여 이것을 되풀이할 뿐이다. 실제로 이 두 부류의 정념 사이에는 엄청난 유사성이 있다. 따라서 긍지와 소심에 대해 추론했던 것을 일종의 요지로 삼고 사랑과 미움에 대해 설명을 시작할 수밖에 없다.[3]

　긍지와 소심의 직접적 대상은 자아, 즉 우리가 그 사유·행동·감각을 직접적으로 의식하는 인격이다. 마찬가지로 사랑과 미움의 대상은 우리가 사유와 행동 그리고 감각을 의식하지 못하는 다른 인격이다. 이 사실은 경험으로 충분히 알 수 있다. 우리의 사랑과 미움은 언제나 우리 외부의 감정적 존재를 지향한다. 우리가 자기애[4]에 대해 말할 때 그것에는 정확한 의미가 없다. 바꿔 말하면 자기애는 친구나 연인을 통해 느끼는 정겨운 정서와 공통적인 어떤 것도 산출하지 않는다. 미움도 이와 마찬가지이다. 우리는 자신의 허물이나 어리석음 때문에 기분이 상할 수도 있다. 그러나 다른 사람이 모욕을 가하지 않는다면 결코 분노와 미움을 느끼지 않는다.

　그러나 사랑과 미움의 대상이 언제나 다른 어떤 사람이라고 하더라도, 엄밀히 말해서 대상은 정념의 원인이 아니다. 즉 그 대상만으로는 이 정념을 유발시키기에 충분하지 않다. 사랑과 미움은 그 감각이 직접적으로 상반되지만 동일한 대상을 공유한다. 그러므로 만일 대상이 원인이라면 이 상반된 두 정념을 대등한 정도로 산출할 것이다. 그리고 이 두 정념은 애초부터 서로를 파괴하므로, 두 정념 가운데 어느 것도 결코 나타날 수 없다. 따라서 대상과는 다른 어떤 원인이 있어야만 한다.

사랑과 미움의 원인을 곰곰이 생각해 보면, 그 원인들은 매우 다채롭고 공통점도 그리 많지 않음을 알 수 있다. 예를 들어 사람의 덕·지식·재치·양식·총명함은 사랑과 부러움을 낳는다. 마찬가지로 이와 상반된 성질은 미움과 경멸을 낳는다. 이런 정념은 아름다움·힘·날쌤·능란함 같은 신체적 소양에서 발생하며 반대 정념은 이와 상반되는 요소에서 발생한다. 또한 가계·소유물·의상·국가·풍토 따위의 외적인 장단점에서도 이런 정념이 발생한다. 이 대상들 가운데 어떤 것이든지, 그 성질의 차이에 따라 사랑과 부러움이 산출되거나 미움과 경멸이 산출될 수 있다.

이런 원인을 살펴보면 우리는 작용하는 성질과 그 성질이 담긴 주체를 새롭게 구별할 수 있다. 예를 들어 장엄한 저택을 소유한 제후는 그 저택을 소유했다는 것 때문에 군중의 부러움을 산다. 그런 부러움은 첫째 저택의 아름다움에서 발생하고, 둘째 저택이 제후와 연관되어 있다는 소유 관계에서 나온다. 이 중 한 가지만 없어지면 정념도 사라진다. 이런 사실은 정념의 원인이 복합적임을 명백하게 실증한다.

지금까지 우리가 긍지와 소심에 대해 살펴본 것에서 사랑과 미움에 적용시킬 수 있는 것을 모두 추적하는 것은 지루한 일이다. 일반적으로 사랑과 미움의 대상은 분명히 사고하는 자아이며, 사랑의 감각은 언제나 호의적이지만 미움이라는 감각은 언짢다는 점에만 주목하면 충분하다. 또 우리는 어느 정도 개연성을 가지고 이 두 정념의 원인은 언제나 사유하는 존재와 관련되어 있으며, 사랑의 원인은 정념과는 별개의 쾌락을 낳고, 미움의 원인은 별개의 언짢음을 산출한다고 가정할 수 있다.

이 가정들 중 한 가지, 즉 사랑과 미움의 원인이 이러한 정념을 산출하려면 반드시 특정 인격이나 사유하는 존재와 관련되어야 한다는 것은 개연성이 있을 뿐 아니라 너무 명백해서 논란의 여지도 없다. 확실히 덕과 부덕이 추상적으로 파악되고, 아름다움과 흉이 무생명체에 담겨 있으며 빈곤과 풍요가 제3자의 속성일 때, 그것들과 무관한 사람에게 사랑과 미움, 부러움과 경멸 따위는 전혀 발생하지 않는다. 예를 들어 창밖을 내다보는 사람이 길거리에 서 있는 나와 내 뒤에 있는 나와 무관한 아름다운 저택을 보고 있다고 가정해 보자. 이 사람에게 내가 이 저택의 소유자라고 말했을 때 그의 시선이 변하지 않으리라고 우기는 사람은 아무도 없으리라 믿는다.

인상들의 전이에서 한 인상은 다른 인상과 완전히 혼합되어 있어서 거의 구별할 수 없게 되므로, 이런 정념에는 인상의 관계가 필수적이라는 점이 당장 뚜렷

사랑의 정념 흄은 사랑과 미움의 두 정념을 자신의 정념론에서 비중있게 다룬다. 사랑의 원인은 쾌락을 낳고, 미움의 원인은 언짢음을 낳는다. 구스타프 클림트의 《키스》.

이 드러나지는 않는다.[5] 그러나 긍지와 소심에서는 그 인상들을 쉽게 분리할 수 있었고, 그 정념들의 원인은 인상과 별개의 고통과 쾌락을 낳는다는 점도 쉽게 증명할 수 있었다. 그러므로 여기서도 사랑과 미움의 몇 가지 원인을 낱낱이 검토하면서 같은 방법을 준수하여 그와 같은 성공을 기대할 수 있을 것이다. 그러나 나는 이 체계를 충분하고 확정적으로 실증해야 하므로 사랑과 미움의 원인에 대한 검토를 잠시 뒤로 미루겠다. 그리고 지금은 의심할 나위 없는 경험에 기초한 논변을 통해 긍지와 소심에 관한 모든 논구를 당면 목적에 전환하는 데 집중할 것이다.

자신의 지위나 재능 또는 운명에 만족하고, 출세하여 인류의 사랑과 동조를 얻고 싶어하지 않는 사람은 거의 없다. 그런데 바로 이런 속성과 여건들이 긍지 또는 자존심의 원인이며, 허영심[6]이나 명예욕의 원인이라는 점은 명백하다. 요컨대 우리는 언제나 우리 자신에게서 가장 만족스러운 점을 과시하는 존재이다. 그러나 사랑과 부러움이 긍지와 동일한 속성을 통해, 그러나 이 속성이 우

리 자신에게 관계하는지 다른 사람에게 관계하는지에 따라 산출되는 것이 아니라면 위의 방식은 매우 터무니없을 것이다. 다시 말하면 자기 자신의 소감과 다른 모든 사람의 소감이 일치하리라고 기대할 수 없다. 정념에 관해 정확한 체계를 수립하여 정념의 일반적 본성과 유사성을 성찰할 수 있는 사람은 거의 없다.[7]

그러나 그와 같은 철학적 진보가 없더라도 이런 문제에서 많은 오류를 범하지는 않는다. 우리는 일종의 직감[8]과 일상 경험을 통해 충실한 안내자를 구할 수 있다. 우리는 우리 자신이 직접적으로 느끼는 바를 통해 다른 사람에게 무엇이 작용할지 알게 된다. 그렇다면 긍지나 소심을 낳는 바로 그 성질이 사랑과 미움 따위의 원인이다. 따라서 긍지나 소심을 낳는 원인이 그 정념과는 별개의 쾌락이나 고통을 낳는다는 점을 입증하기 위해 활용했던 논변은 모두 그와 대등한 명증성으로 사랑이나 미움의 원인에 대해서도 적용될 수 있을 것이다.

〈주〉

1 '사랑(love)'과 '미움(hatred)'은 긍지와 소심과 함께 흄의 정념의, 특히 간접 정념의 2대 축을 이룬다. 이것은 그의 정념론이 특색이다. 사랑이란 물론 넓은 의미로 사용되며, 흔히 생각하는 이성 간의 사랑에만 한정되지 않는다. 이에 대해서 제2편 제2부 중 하나의 절을 할애하고 있다. 제2편 제2부 제11절 참조.

2 긍지와 소심이 '일상적'인 점에 대해서는 제2편 제1부 제2절 참조.

3 긍지와 소심, 사랑과 미움에서 전자의 대상은 자아(自我)이며, 후자의 대상은 자아 이외의 타아(他我)라는 점을 제외하면 정념의 원인과 정념과의 관계, 원인이 정념을 낳는 경과의 기본적 원리는 모두 동일하다. '추론했던 것을 일종의 요지로 삼고 설명을 시작할 수밖에 없기' 때문이다.

4 흄은 '자기애(self-love)'를 원래의 의미로 사용하지 않는다. 사랑은 본래 타아를 대상으로 하기 때문이다. 그러나 흄은 자기애를 완전히 부정하는 것은 아니다. 제2편에서도 자기애에 대해서 논하는 곳이 있고, 제3편에서는 도덕적 견지에 있어서 자기애를 부정의(不正義)의 원천으로 보고 있다. 《도덕원리연구》에서는 이것을 주제로 상세한 논구가 시도된다. 단 자기애를 본래의 의미로 사용하지 않는 것은 확실히 흄의 정념론의 특색으로, 홉스 등과 차별되는 점이다. 제2편 제2부 제5절 및 제3편 제2부 제1절 참조.

5 서로 유사한 심리적 내용이 잘못 이해되는 것은 흄이 계속해서 이용하는 원리이다. 제1편 제2부 제5절 참조.

6 여기서 쓰인 '허영심(vanity)'은 계속 사용되는 긍지와 동의어이나 용어의 사용 방법에 있어서 다소 다른 의미를 포함하고 있다. 타인과의 관계가 강하게 두드러진다. 제2편 제1

부 제2절 주석 5 참조.

7 '정념에 관해 정확한 체계를 수립할 수 없는' 점은 흄이 솔직하게 인정하는 부분이며, 마 찬가지로 《정념소고》에서도 고백하고 있다. 이는 철학에 대한 흄의 겸허한 자각을 나타 내며, 나아가 영국 경험론의 성격 중 하나이다.

8 '직감'의 원어는 'presentation'이다. 직감을 인정하고 그것에 안내받는 것을 긍정하는 곳에 서 리드로서의 길을 발견할 수 있을 것이다.

2 이 체계를 확증하기 위한 실험

이 논변을 제대로 평가하면, 내가 이 논변에서 이끌어 낸 서로 관련된 인상 과 관념 사이의 전이에 대한 결론에 동의할 것이다. 특히 서로 관련된 인상과 관념 사이의 전이는 그 자체가 하나의 원리로서 매우 거침없고 자연스럽다. 그 러나 우리는 사랑과 미움 및 긍지와 소심에 대해서도 이 체계를 의심할 나위 없이 확정하고자 한다. 그러기 위해 이 정념에 대하여 앞에서 다루었던 몇 가 지 실험 결과를 회상하며 몇 가지 새로운 실험을 하는 것이 좋을 것이다.

이 실험을 위해, 내가 우정이나 적대감 따위의 소감을 가졌던 적이 없는 사 람을 나의 동반자로 가정하자. 이것으로 나는 이런 네 가지 정념 모두의 자연 적이고 궁극적인 대상을 갖는다. 나 자신은 긍지나 소심의 고유 대상이고, 다 른 사람은 사랑이나 미움의 고유 대상이다.

그러면 이 정념들의 본성과 정념 상호 간의 관계를 주의 깊게 살펴보자. 여 기서 명백한 것은 네 가지 정념이, 말하자면 일정한 거리를 두고 사각형으로 또는 규칙적인 연관으로 놓여 있다는 것이다.[1] 사랑이나 미움 정념과 다를 바 없이 긍지와 소심 정념도 각 대상의 동일성을 통해 연관되어 있다. 긍지와 소심 의 대상은 자아이며, 사랑과 미움의 경우에는 다른 인물이다. 이와 같은 교류 또는 연관이 각각 이 사각형의 두 대변을 형성한다. 또 긍지와 사랑은 유쾌한 정념이고, 소심과 미움은 언짢은 정념이다. 긍지와 사랑 사이의 감각적 상등성 (相等性) 및 소심과 미움 사이의 감각적 상등성은 새로운 연관을 형성한다. 따 라서 이 연관을 사각형의 다른 두 대변이라고 볼 수 있을 것이다. 요컨대 그 대 상이나 관념을 통해 긍지는 소심과 연관되며, 사랑은 미움과 연관된다. 그리고 감각이나 인상을 통해 긍지는 사랑과 연관되며, 소심은 미움과 연관된다.

그러면 내가 주장할 수 있는 것은 이중 관계에 포함되지 않는 것, 즉 정념의 대상에 대해서는 관념의 관계를, 정념 자체에 대해서는 감각의 관계를 갖지 않는 것은 결코 이 네 가지 정념 가운데 어떤 것도 산출할 수 없다는 것이다. 우리는 실험을 통해 이러한 사실을 입증해야 한다.

첫째 실험 조리 있게 실험을 진행하기 위해 앞에서 언급한 상황, 즉 다른 사람과 동반자 관계에 있으며, 네 가지 정념 중 어떤 것에 대해서도 인상이나 관념과 전혀 관계없는 대상이 나타났다고 가정하자. 예를 들어 평범한 돌멩이나 다른 일상적 대상을 바라보고 있다고 가정해 본다. 이 대상은 우리들 중 누구의 소유도 아니며 그 자체로는 어떤 정서도 유발시키지 않는다. 다시 말해서 독립된 고통 및 쾌락을 일으키지 않는다. 확실히 그런 대상은 이 네 가지 정념 가운데 어떤 것도 산출할 수 없다. 그러면 각 정념의 반응을 차례대로 살펴보자. 그 대상을 사랑·미움·소심·긍지에 적용해 보자. 그 어느 정념도 조금이라도 발생하리라고는 상상조차 할 수 없다. 만족스러울 때까지 몇 번이고 간에 그 대상을 바꿔 보자. 단, 우리는 인상과 관념의 두 관계와 무관한 대상을 선택해야 한다. 정신이 감응할 수 있는 모든 방식으로 이 실험을 반복해 보자. 자연의 폭넓은 다양성 속에서 이 관계들 없이는 어떤 정념도 산출할 수 없다.

둘째 실험 두 관계가 모두 결여된 대상은 어떤 정념도 산출할 수 없으므로,[2] 이 두 관계 중 한 가지만 대상에 부여하여 발생할 결과를 살펴보자. 내가 바라보는 돌멩이나 일상적인 대상이 나나 내 동료에게 속하고, 이로써 그 정념의 대상에 대한 관념의 관계를 얻는다고 가정해 보자. 이 문제를 선험적으로 고려하면, 어떤 종류의 정서도 합리적으로 예상할 수 없다. 그 이유는 관념의 관계는 은밀하고도 차분하게 정신에 작용하는데,[3] 이 외에도 그 대상이 누구의 소유인지에 따라 이 관계는 사랑과 미움 및 긍지와 소심이라는 상반된 정념 모두에게 대등한 자극을 준다. 정념들 간의 이런 상반성은 양쪽 정념을 모두 파괴하여, 어떤 감정이나 정념도 품지 않도록 만든다.[4] 이런 선험적 추리는 경험을 통해서 확인된다. 즉 정념과 별개인 고통이나 쾌락 따위를 유발하지 않는 어떤 보잘것없거나 일반적인 대상은, 우리 자신이나 다른 사람의 소유 관계를 얻어도 긍지나 소심 또는 사랑이나 미움의 감정을 결코 산출할 수 없다.

셋째 실험 따라서 관념의 관계가 그 자체만으로는 이런 감정을 불러일으킬 수 없다는 것은 분명하다. 그러면 이번에는 이 관계를 제거하고 대신 대상들을 제시함으로써, 인상의 관계로 바꾸어 결과를 살펴보자. 이때 제시된 대상은 유쾌하거나 불쾌하지만, 우리 자신이나 동료와는 아무런 관련이 없다. 먼저 이 문제를 앞의 실험과 마찬가지로 선험적으로 살펴보면, 이 대상 정념들과 약하게나마 불확실한 연관을 가질 것이라는 결론을 내릴 수 있다. 그 이유는 다음과 같다. 먼저 이 관계는 희미하거나 지각할 수 없는 것은 아니며, 관념의 관계에 있는 결함도 없다. 즉 서로 파괴하는 상반된 두 정념을 대등한 힘으로 우리에게 나타내지 않는다. 그러나 감각에서 감정으로의 전이는 관념들 사이의 전이를 산출하는 원리를 통해 산출되는 것이 아니라, 반대로 한 인상이 다른 인상과 쉽게 융합된다고 할지라도 대상의 변화는 그와 같은 전이의 원인인 모든 원리에 반한다고 상정된다는 점을 생각해 보자. 그러면 우리는 인상의 관계를 통해서만 정념과 결합하는 것은 정념의 불변적이고 지속적인 원인이 결코 아님을 추정할 수 있다. 우리는 이 논변들을 모두 공정하게 평가한 다음 유비를 통해 다음과 같은 결론을 내릴 수 있다. 즉 쾌락이나 언짢음을 산출하지만 우리 자신이나 다른 사람과 전혀 연관이 없는 대상은 정신의 성향이 자연스럽게 긍지나 사랑 또는 소심이나 미움에 젖을 만큼 영향을 미칠 수 없다. 또한 정신의 성향이 이런 정념의 기초가 될 수 있는 다른 대상을 이중 관계를 통해 찾을 수 있을 정도로 영향을 미칠 수도 없다. 그러나 이 두 관계 중 한 가지 관계만 있는 대상은 그 관계가 아무리 유리한 것[5]이라고 하더라도, 지속적이고 확정적인 정념을 낳을 수 없다.

  매우 다행스럽게도 이 모든 추론이 경험, 즉 정념의 현상과 정확히 일치함을 알 수 있다. 내가 동료와 여행을 하게 되었는데, 여행하는 지역은 두 사람 모두에게 전혀 낯선 곳이라고 가정해 보자. 만일 경치가 아름답고, 거리는 쾌적하며, 호텔 방도 널찍하다면, 분명히 나와 동료 모두에게 유쾌한 정취를 불어넣을 것이다. 그러나 가정했듯이 이 지역은 나 자신과 동료 어느 누구에게도 전혀 관계가 없다. 따라서 긍지나 사랑의 직접적 원인이 될 수 없다. 그러므로 내가 우리 가운데 어느 한 사람과 밀접한 관계를 갖는 다른 어떤 대상에 이런 정념의 기초를 마련하지 못한다면, 나의 정서는 안정된 정념이라기보다는 오히려 지나치게 고조된 감상적인[6] 성향이라고 생각해야 할 것이다. 이런 사실은 대상이 언짢음을 낳는 경우에도 마찬가지이다.

넷째 실험 이렇게 인상의 관계나 관념의 관계가 전혀 없거나 그 두 관계 가운데 단 하나의 관계만 있는 대상은 결코 긍지나 소심 및 사랑이나 미움을 낳을 수 없다는 것을 알았다. 그렇다면 우리는 더 이상 실험을 하지 않고 오직 이성만으로 이중 관계를 갖는 것은 모두 필연적으로 이런 정념을 불러일으킨 다고 인정할 수 있다. 왜냐하면 이런 정념은 반드시 원인을 갖기 때문이다. 그 러나 우리는 의심의 여지를 최소화하기 위해 새로운 실험을 하여, 이런 경우의 사건이 우리 기대에 부응할 수 있는지 여부를 살펴보자. 우선 나는 정념과 별 개의 만족을 유발하는 덕과 같은 대상을 선택하겠다. 나는 이런 대상에 자아 와의 관계를 부여한다. 그리고 이런 상황에서 어떤 정념이 곧바로 발생하는 것 을 깨닫는다. 그런데 어떤 정념일까? 바로 이 대상과 이중 관계를 갖는 긍지라 는 정념이다. 덕의 관념은 긍지의 대상인 자아의 관념과 관계 있다. 덕이 유발 한 감각은 긍지라는 정념의 감각과 유사하다. 나는 이 실험이 잘못되지 않았다 는 것을 확신하기 위하여 인상들 사이의 관계와 관념들 사이의 관계를 하나씩 차례로 제거하겠다. 한 관계를 제거할 때마다 정념이 파괴되며, 대상은 완전히 무관심하게 방치됨을 발견한다. 그러나 나는 이 실험으로 만족할 수 없다. 나 는 또 다른 실험을 한다. 관계를 제거하는 대신, 서로 다른 종류의 관계로 대 체하는 것이다. 예를 들어 나는 덕이 나 자신의 것이 아니라 동료의 것이라고 가정한다. 그리고 이처럼 변경시킨 다음에 나타나는 결과에 주목한다. 그러면 나는 곧 감정의 방향 전환을 감지할 수 있다. 그 감정들은 단 하나의 관계, 즉 인상의 관계가 있을 뿐인 긍지를 떠나 인상과 관념의 이중 관계에 이끌리는 사 랑으로 변한다. 나는 같은 실험을 거듭함으로써 관념의 관계를 새로 바꾸어 감 정을 긍지로 되돌린다. 다시 실험을 반복해서 감정을 사랑 또는 호의로 전환한 다. 이리하여 나는 이 관계의 영향력을 완전히 확신했으므로, 다른 관계의 영 향력을 살펴보기로 하겠다. 나는 덕을 부덕으로 바꿈으로써 덕에서 발생한 유 쾌한 인상을 부덕에서 발생한 거북한 인상으로 전환한다. 그 결과 역시 기대에 부응한다. 덕에서는 이중관계에 의해 사랑이 발생하지만, 부덕이 다른 인상에 있을 때는 같은 이유로 사랑 대신에 미움의 정념을 일으킨다. 나는 실험을 계 속하기 위해 다시 관념의 관계를 새로이 바꾸고 부덕이 나 자신에게 속한다고 간주한다. 어떤 결과가 나타날까? 규칙은 유효하다. 정념은 계속해서 미움에서 소심으로 변한다. 나는 이 소심을 인상의 새로운 변화에 의해 긍지로 전환한다. 이렇게 해서 알 수 있는 것은 마침내 내가 하나의 원을 완성했으며, 이런 변환을 통해 정념을 처음 발견했던 바로 그 상황으로 되돌려놓았다는 것이다.

이러한 사실을 더욱 확실히 하기 위해 나는 대상을 변경하여 아름다움과 흉, 풍요와 빈곤, 권력과 예속 따위를 검토하겠다. 이런 대상들은 전부 앞에서 말한 것과 같은 관계 변화를 통해 정념의 원을 따라 순환한다. 그리고 우리가 어떤 순서로 진행하건, 즉 긍지·사랑·미움·소심으로 진행하건 소심·미움·사랑·긍지로 진행하건 간에 이 실험 결과는 결코 달라지지 않는다. 실제로 어떤 경우에는 사랑과 미움 대신에 부러움과 경멸이 발생한다.[7] 그러나 이런 것들은 근본적으로 동일한 정념이며, 다음에 설명할 어떤 원인에 의해 달라질 뿐이다.

다섯째 실험 이 실험의 권위를 더하기 위해 사태를 될 수 있는 대로 바꾸어 보고, 정념과 대상을 가능한 모든 입장에서 고려해 보자. 앞에서 언급한 관계 외에도 나와 이 실험에 동참했던 사람이 우정이나 혈연을 통해 더욱 밀접하게 연관되어 있다고 가정한다. 예를 들어 그 사람이 나의 아들 또는 형제이거나, 오랫동안 친하게 지내며 유대 관계를 맺고 있는 사람이라고 가정하자. 다음으로 정념의 원인은 이 사람에 대해 인상과 관념의 이중 관계를 갖고 있다고 가정하자. 그리고 얽히고 설킨 이 모든 인력과 관계[8]의 결과가 무엇인지 살펴보자.

그 결과가 무엇인지 실제로 고찰하기에 앞서, 나의 가설에 알맞으려면 그것이 무엇이어야 하는지 결정하자. 먼저 인상이 유쾌한가 언짢은가에 따라 사랑이나 미움의 정념이 이 사람을 향해 발생할 수밖에 없다. 이때 이 사람은 내가 계속 중요시했던 이중 관계를 통해 그 인상의 원인과 연관되어 있다. 예를 들면 형제의 덕 때문에 나는 그를 사랑할 수밖에 없다. 반면에 그의 부덕이나 불명예로 인해 그와 반대의 감정이 발생한다. 그러나 단순히 이런 사실만으로 판단한다면, 나는 그런 감정이 끝까지 지속되어 결코 다른 인상으로 바뀌지 않으리라고 기대해서는 안 된다. 여기 있는 사람은 이중 관계 때문에 내 정념의 대상이므로, 그런 추론 때문에 그 정념이 더 지속될 것이라고 생각하게 된다. 즉 그 사람은 가정에 따라서 나 자신과 관념의 관계를 갖는다. 또한 그를 대상으로 하는 정념은 호의적이거나 언짢은 것이므로, 긍지 또는 소심과 인상의 관계를 갖는다. 그렇다면 분명히 이 정념들은 각각 사랑이나 미움에서 발생해야만 한다.

이것이 내가 나의 가설에 따라 형성한 추론이다. 그리고 이 실험을 통해 만물이 나의 기대에 정확히 부응한다는 것을 알게 되어 만족한다. 예를 들어 아들이나 형제의 덕과 부덕은 단순히 사랑이나 미움을 낳을 뿐 아니라 새로운 전이를 통해 동일한 원인으로부터 긍지와 소심을 낳는다. 대체로 혈족의 영예로운 속성이 허영심의 가장 큰 원인이다. 마찬가지로 혈족의 부덕이나 불명예보다 우리를 수치스럽게 하는 것도 없다. 이처럼 경험이 우리의 추론에 정확히 들어맞는다는 것은 우리가 추리의 근거로 삼는 가설이 견실하다는 신뢰성 있는 증거이다.

여섯째 실험 우리가 실험을 역전시킴으로써 같은 관계를 유지하되 서로 다른 정념으로 우리 가설에 대한 실험을 시작하면 명증성은 더욱 증대될 것이다. 예를 들어 아들 또는 형제의 덕이나 부덕은 먼저 사랑이나 미움을 일으켰다가 나중에는 긍지나 소심을 낳는다. 이런 덕이나 부덕 대신 선하거나 악한 성질이 우리 자신에게 있으며, 우리와 관련된 사람과는 직접적인 연관이 없다고 가정하자. 경험을 통해 알 수 있듯이 이런 상황 변화 때문에 전체적인 연결이 훼손되고, 정신은 앞의 사례에서처럼 한 정념에서 다른 정념으로 옮겨 갈 수도 없다. 덕이나 부덕이 아들이나 형제에게 있으면 우리는 아주 현저한 긍지나 소심을 느끼지만, 우리 자신에게서 발견한 덕이나 부덕 때문에 아들이나 형제를 사랑하거나 미워하는 경우는 결코 없다. 긍지나 소심으로부터 사랑이나 미움으로의 전이는 사랑이나 미움에서 긍지나 소심으로 전이되는 것만큼 자연스럽지 않다. 얼핏 보면 이런 사실은 나의 가설과 상반되는 것으로 보일 수 있다. 두 경우 모두 인상과 관념의 관계가 정확하게 일치하기 때문이다. 즉 긍지와 소심은 사랑과 미움과 관계된 인상이다. 또한 나 자신은 그 사람과 관계되어 있다. 그러므로 비슷한 원인들은 당연히 비슷한 결과들을 만들어 내며, 다른 모든 경우와 마찬가지로 완전한 전이는 이중 관계에서 발생한다고 기대할 수 있다. 그러나 다음과 같은 성찰을 통해 이 난제를 쉽게 해결할 수 있을 것이다.

우리는 언제나 우리 자신과 우리의 소감, 정념을 직접적으로 의식하고 있다. 따라서 그 관념은 다른 어떤 사람의 소감과 정념에 대한 관념보다 훨씬 생생하게 우리를 자극하는 것이 틀림없다. 우리를 생생하게 자극하며 선명하게 나타나는 것은 모두 일정한 방식으로 우리의 사유 속에 파고들며, 아주 조그만 암시나 사소한 관계라도 있으면 곧 정신에 현전(現前)한다. 같은 이유로 그런 것은 나타나자마자 곧 정신의 관심을 끈다. 이 최초의 대상은 다른 대상과 아무리 강력한 관계를 갖는다고 하더라도 관심이 다른 대상으로 흩어지는 것을 방지한다. 상상력은 어렴풋한 관념에서 생생한 관념으로 쉽게 옮겨 가지만, 생생한 관념에서 어렴풋한 관념으로 옮겨 가기는 어렵다.[9] 앞의 경우 관계는 다른 원리의 도움을 받지만, 뒤의 경우에는 오히려 훼방을 받는다.

지금까지 내가 살펴본 바로는,[10] 상상력과 정념이라는 정신의 두 직능은 그 성향이 비슷하고 동일한 대상에 작용할 때에는 서로 도우면서 작용한다. 정신은 한 정념에서 관련된 다른 정념으로 전이하는 성향이 있다. 그리고 이런 성향은 그 정념의 대상이 다른 정념의 대상과 관련되어 있을 때 조장된다. 두 충동은 서로 공조하며 전체적인 전이를 더욱 매끄럽고 수월하게 만든다. 그러나 엄밀히 말해서 관념들 사이의 관계는 동일하며 지속되지만 관계가 상상력의 전이를 유발하도록 작용하는 영향력은 더 이상 발생하지 않는다면, 정념에 미치는 관계의 영향력 또한 상상력의 전이에 의존하므로 사라지게 된다. 바로 이것이 사랑이나 미움이 긍지나 소심으로 바뀔 때처럼 긍지나 소심이 사랑이나 미움으로 쉽게 바뀔 수 없는 이유이다. 예를 들어 어떤 사람이 나의 형제라면 나 또한 그의 형제이다. 그러나 이런 관계가 비록 상호적이라고 하더라도 상상력에는 두 경우 서로 다른 영향을 미친다. 자신과 관계가 있는 사람에 대한 생각에서 우리가 늘 의식하고 있는 우리 자아로 전이하는 것은 매끄럽고 거침없다. 그런 감정이 한번 우리 자아를 향하면, 이 대상 즉 우리 자아에서 다른 사람에게로 옮겨 가는 것은 그 사람이 우리와 아주 밀접한 연관을 가지고 있다 해도 그리 쉽지 않다. 상상력의 전이는 쉽든지 어렵든지 간에 정념에 작용하며, 그 정념들의 전이를 촉진시키거나 지체시킨다. 이 현상은 정념과 상상력이라는 두 직능이 서로 연관되어 있으며, 관념의 관계가 감정에 영향을 미친다는 점을 명백히 입증하는 증거이다. 이런 사실을 직접적으로 증명할 수 있는 실험은 숱하게 많다. 게다가 우리가 여기서 알 수 있는 것은 설령 관념들 사이의 관계가 남아 있다고 하더라도, 공상이 관념의 연합이나 전이를 낳을 때 공상에 미치는 그 관계의 일상적 결과가 어떤 특수한 여건 때문에 나타나지 않는다면, 마찬가지로 정신이 한 정념에서 다른 정념으로 옮겨 갈 때 정념에 미치는 그 관계의 일상적 결과도 나타나지 않는다.

어떤 사람은 이런 현상과 공감의 현상 사이에서 모순을 발견할 수도 있을 것이다. 공감에서 정신은 우리 자아의 관념에서 우리와 관련된 다른 대상의 관념으로 쉽게 옮겨 간다. 그러나 이런 경우에 긍지와 소심 때문에 우리가 활동하는 것으로 상정되지만 공감에서 우리 자신의 인격은 어떤 정념의 대상도 아니다. 또한 우리의 주의력을 우리 자신에게 고정시키는 것도 전혀 없다는 점 등을 감안하면 이런 어려움은 해소될 것이다. 다른 모든 대상에 대한 지각에서 독립적인 우리 자아는 사실 무(無)이다. 따라서 우리는 외부 대상에게 관심을 돌리지 않을 수 없고, 우리와 가까이 있거나 유사한 것을 가장 관심 있게 생각하는 것도 자연스러운 일이다. 그러나 자아가 정념의 대상이라면 정념이 소진되지 않는 한 자아에 대한 사유가 중단하는 것은 부자연스럽다. 이 경우에는 인상과 관념의 이중 관계가 더 이상 작용할 수 없다.

일곱째 실험 이 추론 전체를 좀더 시험하기 위해 새로운 실험을 시도해 보자. 우리는 관련된 정념들과 관념들의 결과를 이미 살펴보았다. 이번에는 정념이 동일하면서 관념의 관계를 수반하는 경우를 상정해 보자. 그리고 이 새로운 상황의 결과를 살펴보기로 하자. 우리는 한 대상에서 다른 대상으로 정념이 전이하는 것을 어떤 이유도 분명히 기대할 수 있다. 왜냐하면 관념들 사이의 관계는 여전히 지속되는 것으로 가정되며, 인상의 동일성은 상상할 수 있는 가장 완전한 유사성보다 더 강력한 연관을 산출할 것이 틀림없기 때문이다. 인상과 정념의 이중관계가 한쪽에서 다른 쪽으로의 전이를 유발할 수 있다면, 인상이 같으면서 관념의 관계도 있을 때에는 훨씬 많은 전이를 유발할 수 있다. 따라서 우리가 어떤 사람을 사랑하거나 미워한다면, 그 정념은 최초의 범위, 즉 최초의 대상 안에서 지속되기는 어렵다. 이는 최초의 대상과 인접한 모든 대상으로 확장되어 사랑하거나 미워하는 사람의 친구나 혈족까지 포함한다. 또한 형제 중 한 사람에게 우정을 느끼면 다른 형제의 성격을 더 이상 검토하지 않고도 그에게 호의를 갖는다. 이것보다 더 자연스러운 것도 없다. 어떤 사람과 싸우면, 우리가 불쾌하게 여기는 그 사람과 전혀 무관함에도 불구하고 그의 가족 전체를 미워한다. 우리는 이런 종류의 사례를 어디서나 접할 수 있다.

이 실험에는 단 한 가지 어려움이 있다. 논의를 더 진행하기 전에 우선 이 어려움을 해명할 필요가 있다. 모든 정념은 어떤 대상에서 그 대상과 관련된 다른 대상으로 쉽게 옮겨 간다. 그러나 이 전이는 중요한 대상이 먼저 현전하고 덜 중요한 대상이 뒤따라 나타나는 경우가 그 순서가 뒤바뀌어 덜 중요한 대상이 먼저 나타나는 경우보다 훨씬 수월하게 이루어진다. 예를 들면 아버지 때문에 아들을 사랑하는 것이, 아들 때문에 아버지를 사랑하는 것보다 더 자연스럽다. 또한 주인 때문에 노예를 사랑하는 것이, 노예 때문에 주인을 사랑하는 것보다 더 자연스럽고, 제후 때문에 신하를 사랑하는 것이, 신하 때문에 제후를 사랑하는 것보다 자연스럽다. 마찬가지로 우리가 처음에 어떤 집안의 가장과 싸움을 벌이면, 그 아들이나 하인 등 서열이 낮은 가족을 못마땅하게 여길 때보다 훨씬 쉽게 가족 전체에 대한 미움에 휩싸인다. 한마디로 말해서 다른 것과 마찬가지로 우리의 정념은 올라가는 것보다는 내려가는 쪽이 훨씬 수월하다.

이런 현상을 설명할 때 어려움이 어디에 있는지 알기 위해 우리는 다음과 같은 점을 살펴보아야 한다. 상상력은 가까운 대상에서 먼 대상으로 옮겨 가는 것보다 먼 대상에서 가까운 대상으로 쉽게 옮겨 온다. 이와 똑같은 이유로 상상력은 큰 대상을 작은 대상으로 바꾸는 것보다는 작은 대상을 큰 대상으로 바꾸는 것이 쉽다. 대체로 가장 큰 영향력을 갖는 것이 가장 주목받는다. 그리고 가장 주목받는 것은 가장 쉽게 상상력 앞에 나타난다.[11] 우리는 자칫 어떤 대상에서 상당히 중요해 보이는 것보다 사소한 것을 간과하기 쉽다. 더구나 중요한 것이 먼저 나타나서 처음부터 우리의 관심을 끄는 경우 더욱 그러하다. 예를 들면 우연히 목성의 위성을 생각하게 되면, 우리의 공상은 자연히 그 행성의 관념을 형성하도록 결정된다. 그러나 주 행성(목성)을 가장 먼저 살펴보면, 그 위성을 간과하는 것이 자연스럽다. 또한 어떤 제국의 봉토를 이야기하면 우리 생각은 제국의 수도로 옮겨 간다. 그러나 공상이 이처럼 쉽게 봉토에 대한 생각으로 되돌아가지는 못한다. 하인에 대한 관념은 그의 주인을 떠올리게 하며, 신하에 대한 관념은 그 제후에게 관심을 기울이게 한다. 그러나 이런 관계도 다시 반대 순서로 생각할 수 있을 정도로 영향력을 미치지는 못한다. 그러므로 코넬리아가 자기 아들들에게, 너희들은 코넬리아가 그라키 형제의 어머니라기보다는 스키피오의 딸로 더 잘 알려져 있다는 점을 부끄러워해야 한다고 질책한 것도 이 사실에[12] 기초를 두고 있다. 바꾸어 말하면, 아들들이 조부처럼 훌륭하고 명예롭게 되도록 훈계한 것이다. 그렇지 않으면 코넬리아는 중간에서 손자와 조부 모두에 대해 대등한 관계를 유지하므로, 사람들의 상상력은 언제나 아들들을 떠나 더욱 현저하고 중요한 요소(즉 스키피오의 딸)를 통해 그녀를 지칭할 것이다. 남편이 아내의 성을 따르는 것이 아니라 아내가 남편의 성을 따르도록 하는 일상적 관습도 같은 원리에 기초한다. 우리가 존경하거나 관심을 갖는 사람에게 우선권을 주는 예법도 그렇다. 이 원리는 지금까지 충분히 입증되지 않았지만, 이 원리를 확증하기 위한 사례는 이외에도 많이 찾을 수 있다.

이처럼 공상이 관계가 먼 것에서 가까운 것으로 수월하게 옮겨 가듯이 작은 것에서 큰 것으로 옮겨 가는 것이 수월함을 발견했다. 그렇다면 이처럼 수월한 관념의 전이가 전자의 경우뿐 아니라 후자의 경우에도 정념의 전이를 돕지 않을 이유가 있을까? 친구나 형제의 덕은 먼저 사랑을 산출하고 그 다음에 긍지를 산출한다. 왜냐하면 이런 경우에 상상력이 그 성향에 따라 관계가 먼 것에서 가까운 것으로 옮겨 가기 때문이다. 그러나 우리 자신의 덕은 먼저 긍지를 산출하고 이어서 친구나 형제에 대한 사랑을 낳지 않는다. 이 경우에는 상상력은 그 성향과는 반대로 가까이에 있는 것에서 멀리 있는 것으로 이행할 것이기 때문이다. 그러나 상상력의 자연적 성향에도 불구하고 아랫사람에 대한 사랑과 미움은 윗사람에 대한 정념을 쉽게 유발할 수 없다. 반면 윗사람에 대한 사랑과 미움은 그 성향과는 반대로 아랫사람에 대한 정념을 쉽게 유발한다. 요컨대 전이의 수월성은 원근의 관계에서와 동일한 방식으로 우열의 관계에 작용하지는 않는다. 따라서 이 두 현상은 모순으로 여겨지며, 이를 해소하려면 다소 주의력이 필요하다.

여기서는 관념의 전이가 상상력의 자연적 성향과 상반되게 이루어진다. 따라서 상상력이라는 직능은 더욱 강력한 다른 어떤 원리에 압도되어야 한다. 또한 정신에는 인상과 관념 외에는 어떤 것도 현전하지 않으므로, 이 원리는 필연적으로 인상에 있어야 한다. 지금까지 살펴보았듯이[13] 인상 또는 정념은 오직 유사성 때문에 연관되어 있다. 바꿔 말하면, 어떤 두 정념이 정신에 동일하거나 유사한 성향을 띠게 하는 경우, 정신은 매우 자연스럽게 한 정념에서 다른 정념으로 전이한다. 반대로 그 성향에 깃든 대립은 정념의 전이에 어려움을 낳는다. 그런데 이 대립은 종류의 차이뿐만 아니라 정도의 차이에서도 발생할 수 있다.

사랑이나 미움의 어느 한 정념이 작은 정도에서 큰 정도로 전이할 때보다 작은 정도의 사랑에서 작은 정도의 미움으로 급작스럽게 전이할 때 더 큰 어려움을 경험하는 것은 아니다. 차분하거나 감정의 기복이 적절한 사람도 격렬한 정념에 휩싸여 혼란스러울 때에는 두 경우의 인격이 전혀 딴판일 정도로 사람이 바뀐다. 양 극단 사이에 상당한 시간적 간격이 없다면, 한 극단적 인격에서 다른 극단적 인격으로 옮겨 가기는 쉽지 않다.

이 어려움은 약한 정념에서 강한 정념으로 전이되는 경우도, 강한 정념에서 약한 정념으로 전이되는 경우에 비해 많지는 않지만 적지도 않다. 다만 이것은 한 정념이 현상하면서 다른 정념을 파괴하여 두 정념이 동시에 공존할 수 없을 경우이다. 그러나 두 정념이 합일되어 정신을 동시에 자극하면, 사정은 완전히 달라진다. 약한 정념이 강한 정념에 덧붙여질 때는, 강한 정념이 약한 정념에 덧붙여질 때만큼 성향에 큰 변화를 초래하지는 않는다. 바로 이런 이유로 작은 정도와 큰 정도 사이의 연관보다는, 큰 정도와 작은 정도 사이의 연관이 더욱 밀접하다.

정념의 정도는 그 대상의 본성에 좌우된다. 바꾸어 말하면 우리 눈에 돋보이는 사람을 향한 정념은, 그다지 중요하게 여기지 않는 사람을 대상으로 삼는 정념보다 정신에 충만한 경우가 훨씬 많다. 여기서 상상력의 성향과 정념의 성향 사이에 있는 모순이 드러난다. 우리의 생각을 큰 대상과 작은 대상으로 전환시키면, 상상력은 큰 대상에서 작은 대상으로 전이하는 것보다 작은 대상에서 큰 대상으로 전이하는 것이 훨씬 수월하지만, 반대로 감정은 이것을 더 어렵게 느낀다. 감정은 상상력보다 강력한 원리이다.[14] 그러므로 감정이 상상력을 지배하고 정신을 자기편으로 끌어당기는 것은 당연하다. 큰 대상의 관념에서 작은 대상의 관념으로 이행하는 것이 어려움에도 불구하고, 큰 대상과 작은 대상이 서로 관련되었을 때에는 언제나 큰 대상을 향한 정념이 작은 대상을 향한 유사한 정념을 낳는다. 하인의 관념은 우리의 사유를 아주 쉽게 주인의 관념으로 옮긴다. 그러나 주인에 대한 미움이나 사랑은 하인에 대한 노여움이나 호의를 훨씬 수월하게 산출한다. 이 경우에는 가장 강력한 정념이 우위를 차지한다. 그리고 그보다 약한 정념이 부가되어도 그 성향이 크게 변하지는 않는다. 따라서 두 정념 사이의 전이는 더욱 쉽고 자연스럽게 이루어진다.

앞의 실험으로 알 수 있듯이,[15] 관념의 관계가 특수한 여건 때문에 관념의 전이를 촉진하는 일상적 결과의 산출을 중단하면 마찬가지로 정념에 대한 작용도 중단한다. 현재의 실험에서는 바로 그와 같은 속성이 인상에도 있음을 발견한다. 동일한 정념의 서로 다른 두 정도는 틀림없이 서로 관련되어 있다. 그러나 만약 더 작은 정도가 먼저 현전한다면 그것은 더 큰 정도를 정신에 도입할 성향이 거의 또는 전혀 없다. 그 이유는 큰 정도를 작은 정도에 더하는 것이 작은 정도를 큰 정도에 더할 때보다 훨씬 현저한 기분 변화를 초래하기 때문이다. 이런 현상을 적절히 헤아려 보면, 이 가설에 대한 신뢰할 수 있는 증거임을 알 수 있다.

내가 관찰해 온 정신이 정념과 상상력의 모순을 지금과 같은 상황에서 조정하는 방식을 고찰해 보면 이 증거는 확인될 것이다. 즉 공상은 큰 정도에서 작은 정도로 옮길 때보다 작은 정도에서 큰 정도로 옮길 때 훨씬 수월하다. 하지만 반대로 약한 정념이 격렬한 정념을 산출하기보다는 격렬한 정념이 약한 정념을 산출하기가 쉽다. 이 대립에서 정념이 결국 상상력을 장악한다. 그러나 대개 정념은 대립이 발생하는 원리와 평형을 이루는 다른 성질을 찾거나 상상력을 승인하면서 장악한다. 예를 들어 우리가 어떤 가족의 아버지나 주인을 사랑할 때 그의 아이나 하인에 대해서는 거의 생각하지 않는다. 그러나 어린아이나 하인이 우리와 함께 있거나 그들을 배려할 능력이 우리에게 있다면, 이 경우에 친밀함과 인접성은 그들의 중요성을 증가시키거나, 적어도 공상과 감정의 전이가 대립되는 것은 막을 수 있다. 만약 상상력이 큰 대상에서 작은 대상으로 전이할 때 어려움을 느끼면, 동시에 먼 대상에서 가까운 대상으로 전이할 때 그와 대등한 수월성을 느낀다. 이것은 어려움과 수월함을 대등하게 만들어 한 정념에서 다른 정념으로 이행하는 길을 막지 않고 그대로 둔다.

여덟째 실험 내가 이미 살펴보았듯이, 사랑이나 미움으로부터 긍지나 소심으로 전이하는 것은 긍지나 소심에서 사랑이나 미움으로 전이하는 것보다 쉽다. 또 상상력이 가까운 대상에서 먼 대상으로 옮겨 갈 때 느끼는 어려움은 여기서 이런 감정의 전이 사례가 적은 원인이 된다. 그러나 나는 여기서 한 가지 예외를 인정하지 않을 수 없다. 즉 긍지나 소심의 참된 원인이 다른 어떤 사람에게 있는 경우이다. 이런 경우에 상상력은 반드시 그를 고려할 수밖에 없고, 관심을 우리 자신에게 국한할 수 없기 때문이다. 예컨대 어떤 사람이 우리의 행동거지와 성격을 칭찬하는 것만큼 쉽게 그 사람에 대해 호의와 애정을 산출하는 것도 없다. 한편 그의 비난이나 경멸은 우리에게 그에 대한 미움을 가장 강하게 고취시킨다. 여기서 근원적 정념은 자아를 대상으로 삼는 긍지 또는 소심이다. 또한 내가 이미 확정한 대로 상상력은 가까운 것에서 먼 것으로 전이하는 것은 어렵다는 규칙에도 불구하고, 이런 정념은 다른 사람을 그 대상으로 삼는 사랑이나 미움으로 바뀐다. 그러나 이 경우의 전이는 우리 자신과 다른 사람과의 관계만으로 이루어지는 것이 아니다. 애초에 그 사람이 최초 정념의 실제적 원인이며 결과적으로 이 정념과 직접적 연관을 갖기 때문에 발생한다. 이때 그 사람의 찬동은 긍지를 산출하며, 비난은 소심을 산출한다. 그렇다면 상상력이 사랑이나 미움과 관련된 정념을 따라 최초의 대상으로 되돌아가는 것도 당연하다. 이런 사실은 모순이 아니라 규칙의 예외이다. 게다가 이 예외는 그 규칙과 동일한 근거에서 발생한다.

따라서 이런 예외는 오히려 그 규칙을 확증하는 것이다. 또한 내가 지금까지 설명한 여덟 가지 실험을 전체적으로 살펴보면, 이 실험 전반에 동일한 원리가 나타남을 알 수 있다. 즉 인상과 관념의 이중 관계를 통해 긍지나 소심을, 사랑이나 미움을 산출한다. 어떤 관계도 없는 대상[16] 또는 단 하나의 관계만 있는 대상[17]은 이 정념 가운데 어떤 것도 산출하지 않는다. 또한 정념은 언제나 그 관계에 따라 변한다[18]는 것을 알게 되었다. 또한 어떤 특수한 여건 때문에 관계가 관념의 전이[19] 또는 인상의 전이를 낳는 일상적 결과를 가질 수 없으면 관계는 정념에도 작용하지 않으므로, 긍지와 사랑 그리고 소심과 미움 따위를 결코 불러일으킬 수 없다.[20] 이 규칙은 그와 상반된 현상에서조차 탄탄히 유지된다. 우리는 그런 관계가 어떤 결과도 갖지 못한다는 것을 자주 경험하는데, 이런 사정을 자세히 검토해 보면 전이를 방해하는 어떤 특수한 상황이 있기 때문이다. 또한 비록 이런 상황이 현전하면서도 전이를 방해하지 않는 사례에서는 그 상황과 균형을 이루는 다른 어떤 상황에서 이런 규칙이 발생함을 알 수 있다. 따라서 변이뿐만 아니라 변이의 변이조차도 결국 일반 원리로 환원된다.

〈주〉

1 켐프–스미스는 이 사각형을 다음과 같이 나타냈다. N. Kemp-Smith, *The Philosophy of David Hume*(London : Macmillan & Co., 1949), p. 187

2 제1판에서는 이 점이 부정문이 아니라 긍정문으로 되어 있지만, 흄의 수고에는 부정문으로 씌어 있다. 즉 제1판에서는 '두 관계가 모두 결여된 대상은 언제나 정념을 산출할 수 있으므로'라고 되어 있다―자구에 대한 주석.

3 관념의 합일 관계가 '은밀하고도 차분하게' 작용하므로, 그것만으로는 정념을 낳기에 부족하다는 것에 대해서는 제2편 제1부 제9절 주석 5 참조.

4 대상 즉 관념의 관계만으로는 정념이 발생하지 않는 것에 대해서는 제2편 제1부 제2절 및 제2부 제1절 참조.

5 '앞서 말했듯이 이 관계는 인상들 사이의 관계, 즉 '1차적'인 것들 사이의 유사성 또는 한 측면에서는 대상 자체에 수반된 쾌락이나 언짢음과 다른 측면에서는 유쾌하거나 언짢은 정념 사이의 유사성이다. 이런 연관은 어떤 경우에는 인상이 더욱 효과적이기 때문에 유리하고, 다른 경우에는 소감(또는 느낌)의 유사성이 특히 강렬한 결합을 나타내기 때문에 유리하다.' 이것은 립스의 주석(D. Hume, *Ein Traktat über die menschliche Natur*, übersetzt, mit Anmerkung und Register versehen von Theodor Lipps, 제2권, Hamburg, 1978, p. 67)을 그대로 소개한 것이다.

6 '감성적인'의 원어는 'humane'이다. 립스는 'freundlich'라고 번역한다.

7 '부러움과 경멸(esteem and contempt)'에 대해서는 제2편 제2부 제10절 참조.

8 '인력과 관계(attractions and relations)'에서도 알 수 있듯이 '관계'라는 표현은 '합일 관계'를 의미한다. 제2편 제1부 제11절 주석 5 참조.

9 '상상력은 어렴풋한 관념에서 생생한 관념으로 쉽게 옮겨 가지만' 그 반대는 어렵다는 원리는 제2편에서 자주 이용된다. 예를 들면 제2편 제2부 제2절의 일곱째 실험에서 나타난다.

10 상상력과 정념의 성향이 비슷할 때 서로 돕는 경향은 금지 이외의 정념이 인상 사이 및 관념 사이의 이중 관계에 의해 발생하는 과정에서 명료해진다. 제2편 제1부 제5절 참조.

11 '가장 주목받는 것은 가장 쉽게 상상력 앞에 나타난다'는 점은 앞의 주석 9 참조.

12 '코넬리아(Cornelia)'는 Scipio Africanus Maior의 딸이자 Tiberius와 Gaius의 어머니이다. 전형적인 교양 있는 로마 여성이라고 일컬어진다. 기원전 110년 무렵 사망.

13 인상의 합일이 유사성에만 한정되어 있는 점은 제2편 제1부 제4절 본문 및 주석 4 참조.

14 '감정은 상상력보다 강력한 원리이다.' 왜냐하면 정념이나 정서는 정신에 강렬하게 작용하지만 상상이나 사유는 온화하게 작용하기 때문이다. 이것은 흄의 근본적인 사상으로, 뒤에 이른바 오성과 정념의 투쟁을 고찰할 때에도 나타나는 원리이다. 제2편 제3부 제3절 참조.

15 관념의 관계가 관념의 전이를 촉진하지 않는 특수한 경우에 대해서는 제2편 제2부 제2절 참조.

16 첫째 실험 참조.〔원주〕

17 둘째·셋째 실험 참조.〔원주〕

18 넷째 실험 참조.〔원주〕

19 여섯째 실험 참조.〔원주〕

20 일곱째·여덟째 실험 참조.〔원주〕

3 해소되는 어려움

일상 생활 속의 경험과 관찰에서 부정할 수 없는 증거를 숱하게 이끌어 낸 다음에는, 사랑과 미움 따위의 원인을 모두 낱낱이 검토하는 것이 쓸데없는 짓으로 생각될 수도 있다. 따라서 첫째로는 이 정념의 개별적 요인에 관련된 몇 가지 원인을 제거하기 위해, 둘째로는 사랑과 미움이 다른 정서들과 혼합되어 발생하는 복합 감정을 검토하기 위해 나는 제2부의 귀결을 활용할 것이다.

무엇보다도 분명한 것은 우리가 어떤 사람으로부터 받는 쾌락이나 언짢음에 비례하여 그 사람은 우리의 호의나 악의를 받게 된다는 것이다. 또한 호의나 악의 따위의 정념도 자신의 어떤 변화나 변이에서는 이런 쾌락이나 언짢음 따위의 감각과 보조를 맞춘다. 그러나 누구든지 자신을 위한 봉사나 용모 또는 아첨으로 말미암아 우리에게 유용하거나 호감을 사는 사람은 틀림없이 우리 기분에 맞을 것이다. 마찬가지로 우리를 해치거나 불쾌하게 만드는 사람은 반드시 우리의 분노와 미움을 사게 된다. 우리의 조국이 다른 나라와 교전 중일 때, 우리는 잔혹하고 믿을 수 없으며 불공정하고 폭력적인 상대국의 특성 때문에 그 국가를 혐오한다. 그렇지만 우리 자신의 국가나 동맹국에 대해서는 언제나 공정하고 온건하며 친근하게 평가한다. 설령 적장이 승리하더라도, 우리가 그에 대해 보편적 인간상과 인간성을 인정하기는 어렵다. 올리버 크롬웰[1]과 룩셈부르크 공작[2]에 대한 기록처럼, 적장은 마법사이고 악마와 교신한다. 적장은 잔혹하고 살육과 파멸에서 쾌락을 얻는다. 그러나 만일 우리편이 승리한다면, 우리의 지휘관은 적장과 정반대의 성격을 모두 지녔고, 용기와 올바른 품행뿐만 아니라 덕에 있어서도 모범이 된다. 우리에 대한 그의 배신을 우리는 정치적 책략이라고 한다. 그의 잔혹함은 전쟁으로 인한 어쩔 수 없는 악이다. 간단히 말해서 우리는 아군 지휘관의 잘못은 전부 얼버무리거나, 적당한 덕의 이름으로 미화하려고 애쓴다. 마찬가지로 이런 사고 방식이 일상 생활에도 널리 퍼져 있음은 명백하다.

우리와 관련된 다른 사람에게 사랑과 미움이 발생하는 것에 대해 다른 어떤 조건을 덧붙이는 사람도 있다. 이런 사람은 우리가 사랑하거나 미워하는 그 사람에게서 발생하는 고통과 쾌락뿐만 아니라, 이런 정념이 특정한 의도와 목적을 가지고 의식적으로 발생하는 것도 필요하다고 한다. 예를 들어 우발적으로 우리를 모욕한 사람은 그 우발적 사건 때문에 우리의 적이 되는 것은 아니다. 우리 또한 마찬가지로 우발적인 방식으로 우리에게 봉사한 사람에게 감사해야 할 의무가 있는 것도 아니다. 우리는 그 행동을 그 목적에 비추어 판단하며, 목적이 좋고 나쁨에 따라 그 행동은 사랑이나 미움의 원인이 된다.

그러나 여기서 우리가 반드시 구별해야 할 것이 있다. 즉 어떤 사람의 인격과 성격에 지속적으로 내재하는 어떤 유쾌하거나 불쾌한 성질이 있다면, 이 성질은 그 의도와 무관하게 사랑이나 미움을 유발할 것이다.[3] 그러나 이와는 달리 사랑이나 미움 따위의 정념을 유발하려면, 지식과 의도도 필요하다. 예를 들어 흉이나 어리석음 때문에 거북하게 느껴지는 사람은 우리가 혐오하는 대상이다. 게다가 그가 이런 성질을 가지고 우리를 불쾌하게 만들 의도가 전혀 없다는 것도 더할 나위 없이 명백하다. 그렇지만 그 언짢음이 성질에서 비롯되는 것이 아니라 일순간에 나타났다가 사라지는 행동에서 비롯되었을 때, 그 언짢음이 어떤 관계를 산출하고 그 행동을 그 사람과 충분히 연관짓기 위해서는, 그 행동이 반드시 미리 생각한 것이나 의도에서 유래되어야 한다. 그 행동이 그 사람에게서 발생했다는 것과, 그가 그 행동의 직접적인 원인이자 모태 (author)라는 것만으로는 충분하지 않다. 오직 이런 관계만을 이 정념의 토대로

크롬웰(1599~1658)

삼기에는 그 관계가 너무 약하고 가변적이다. 일반적으로 그 행동은 그 사람의 다감하고 사유하는 부분에 기초를 두지 않는다. 말하자면 그 사람의 지속적인 어떤 요소에서 나타나지도 않고 그에게 지속적인 어떤 것을 남겨 두지도 않는다. 그 행동은 단 한순간에 스쳐 지나가며, 그러고 나면 마치 아무 일도 없었던 것 같다. 그러나 그와 반대로 목적은 일종의 성질을 드러낸다. 이 성질은 행동이 수행된 뒤에도 남아서 행동과 그 사람을 연관지으며 행동의 관념에서 사람의 관념으로 전이하는 것을 수월하게 만든다. 삶에 대한 뉘우침과 변화가 바로 이런 측면에서 변화를 일으키지 않는 한, 우리는 이런 성질을 되새겨 보지 않고는 결코 그 인물을 생각할 수조차 없다. 이런 경우에는 정념도 마찬가지로 변화된다. 그러므로 이것은 사랑이나 미움을 불러일으키는 데는 의도가 필요하다는 이유 중 하나가 된다.

그러나 우리가 더 고찰해야 할 것은 의도가 관념들 사이의 관계를 강화시킨다는 것 이상으로 인상들 사이의 관계를 산출하고 쾌락이나 언짢음을 불러일으키는 데에도 필요하다는 것이다. 그 이유는 다음과 같다. 가해의 핵심적 요소는 비난과 미움이며, 그것은 우리를 모욕하는 사람에게서 비난과 미움을 드러낸다는 점이 주목할 만하다. 그리고 우리는 이것이 결여된 상태에서는 거의 언짢음을 감지할 수 없다. 마찬가지로 시중을 잘 받는 것도 호감을 준다. 이것

은 주로 우리의 허영심을 부추기고, 우리를 시중드는 사람의 친절과 부러움 따위의 증거이기 때문이다. 그 의도를 제거하는 것은 전자의 경우에는 의기소침함을 제거하며, 후자의 경우에는 허영심을 제거한다. 따라서 의도를 제거하는 것은 틀림없이 사랑과 미움 따위의 정념을 현저히 감소시키는 원인이라는 점은 틀림없다.

의도를 제거한 결과가 인상과 관념의 각 관계를 감소시키는 효과는 완벽하지 않다. 말하자면 이런 관계의 모든 정도를 제거할 수도 없다. 이것은 나도 인정한다. 그렇다면 의도를 제거하는 것이 어째서 사랑과 미움 따위의 정념[4]을 완벽히 제거할 수 없단 말인가? 우리는 경험을 통해서 그와 반대의 사실을 알 수 있다고 나는 확신한다. 말하자면 비의도적이고 우발적이라고 할 수밖에 없는 모욕 때문에 때때로 강렬한 분노에 빠지기도 한다. 사실 이런 정서는 영원히 지속될 수 없다. 그러나 이런 정서는 언짢음과 분노 사이에 자연적 결합이 있다는 것을 나타내기에 충분하다. 또 인상들 사이의 관계는 관념들의 극히 근소한 관계에 따라 작용할 것이라는 점도 충분히 나타낸다. 그런데 인상의 격렬함이 조금 감소만 한다면, 그 관계의 결함은 더욱 잘 느껴진다. 우발적이고 비자발적인 모욕에서 가해자의 성격은 조금도 관심거리가 되지 않는다. 따라서 우리가 그와 같은 모욕 때문에 지속적으로 적개심을 품는 경우는 거의 없다.

이상의 학설을 유사한 사례를 들어 예증하기 위해서 우리는 다음처럼 말할 수도 있을 것이다. 즉 우연히 다른 사람 때문에 발생한 언짢음뿐만 아니라, 널리 알려진 필연성과 의무에서 발생한 언짢음도 우리의 정념을 불러일으킬 수 있는 힘이 거의 없다. 우리를 실제로 해치려는 의도를 가진 사람이 있고, 그 의도가 미움이나 악의에서 비롯된 것이 아니라 정의와 공정성에서 유래된 것일 때, 우리에게 어느 정도 이지가 있다면 그는 우리가 겪는 피해의 원인, 아니 스스로 알고 있는 원인임에도 불구하고 그에 대한 분노를 느끼지 않는다. 이런 현상에 대해 조금 더 검토해 보기로 하자.

먼저 이와 같은 여건은 결정적이지 않다. 말하자면 이런 여건이 정념을 감소시킬 수는 있어도 완벽하게 제거하는 것은 불가능하다. 예를 들어 자신의 죄를 의식하는 사람이라도, 자신을 고발한 사람이나 유죄 판결을 내린 재판관에게 전혀 악의를 품지 않을 범죄자는 극히 소수이다. 마찬가지로 우리는 법정에서 우리의 상대방이나 업무상의 경쟁자를 보통 적으로 간주한다. 그러나 한순간이라도 반성해 보면 그들의 동기도 우리 자신의 동기와 마찬가지로 온전히 정당화될 수 있음을 인정할 수밖에 없을 것이다.

더욱이 우리가 어떤 사람에게 상해를 입었을 때, 우리는 그를 범죄자로 상상하기 십상이고 그의 정당성이나 무죄를 인정하기는 극히 어렵다는 점도 고려해 볼 수 있다. 이런 사실은 상해나 언짢음은 부당한 행동이라는 생각과는 무관하게 우리의 미움을 자아내는 자연적 성향이 있으며, 미움이라는 정념을 정당화하고 확립할 수 있을 만한 이유를 찾는 것들의 명백한 증거이다. 여기서 모욕의 관념은 미움이라는 정념을 산출하는 것이 아니라, 그 정념에서 발생한다.

또한 미움이라는 정념이 모욕이라는 생각을 낳는다는 것도 조금도 이상하지 않다. 그렇지 않다면 그 정념은 현저히 감소할 수밖에 없는데, 이것은 모든 정념이 적극적으로 피하는 것이기 때문이다. 모욕을 제거하면 그 분노를 제거할 수 있을지도 모르지만 그것은 분노가 모욕에서 발생한다는 점을 증명할 수는 없다. 대체적으로 상해와 정의는 상반된 두 대상이며, 상해는 미움을 낳는 경향을, 정의는 사랑을 낳는 경향을 가진다. 이 두 대상의 서로 다른 정도와 우리의 사고 경향의 특수성에 따라서 두 대상 중 하나가 우세를 점하고, 그것이 그 대상에 걸맞은 정념을 불러일으킨다.

〈주〉

1 '올리버 크롬웰(Oliver Cromwell, 1599~1658)'은 누구나 알다시피 영국 공화국 호국경(Load Protector of the British Commonwealth)으로서 영국 역사에서 왕이 아닌 자로서 국가 원수가 된 유일한 인물이다. 순수한 청교도였으며, 무장으로서는 마스턴 무어(Marston-Moor) 전투 등을 시작으로 수많은 전공을 올렸다. 어려운 전쟁에서 신의 목소리를 듣고 승리할 방도를 발견했다고 전해진다.

2 '룩셈부르크 공작(Duc de Luxembourg)'은 루이 14세 시대의 프랑스의 유명한 무장으로, 노획한 적군의 군기를 노트르담 사원에 장식해 '노트르담의 장식자'로 불리던 Frangois Henri de Montmorency-Boutteville(1628~1695)를 가리킨다. 군사에 관해서는 천재적이었지만 성격적으로 결점이 있어 잔인하다고 알려졌다. 19세기 중반까지 그를 주인공으로 하는 파우스트 전설과 비슷한 전설이 네덜란드나 독일에 전해졌다.

3 긍지 및 소심에 관해서도 그 원인은 자아의 특이한 것 또는 지속적인 것이어야 한다고

요구된다. 제2편 제1부 제6절 참조.

4 제1판과 셀비–비기판 그리고 그린 & 그로스(T.H. Green & T.H. Grose)판 등에는 모두 단수로 표기되어 있으나, 니디치가 복수로 표기했다—자구에 대한 주석. (니디치처럼 정념을 복수로 표기하는 것이 영문법에 맞겠지만, 옮긴이는 우리말 표현에서 명사의 수를 반드시 밝혀야 할 필요는 없다고 보아 그냥 '정념'으로 옮겼다.)

4 혈연에 대한 사랑에 대하여[1]

지금까지 실제적인 쾌락이나 언짢음을 유발하는 여러 행동에도 불구하고 그 행위자에 대한 사랑이나 미움 따위의 정념을 전혀 불러일으킬 수 없거나 아주 조금밖에 불러일으키지 못하는 이유를 제시했다. 따라서 우리가 경험을 통해서 이런 정념을 낳는 것으로 알게 된 여러 가지 대상의 쾌락과 언짢음이 어디에 있는가를 밝힐 필요가 있다.

지금까지 서술한 체계에 따르면, 사랑이나 미움을 낳기 위해서는 원인과 결과 사이에 언제나 인상과 관념의 이중 관계[2]가 요구된다. 그러나 이런 사실이 비록 보편적인 진리라고 해도, 주목해야 할 것은 사랑이라는 정념이 서로 다른 종류의 단 한 가지 관계, 즉 우리 자신과 대상 사이의 관계를 통해서 발생할 수도 있다는 점이다. 좀더 정확히 말해서 이 관계는 언제나 다른 두 관계에 수반된다.[3] 어떤 연관을 통해 우리와 합일 관계[4]에 있는 사람은 누구든지 우리가 그의 다른 성질을 물어볼 겨를도 없이 그 관계에 비례하여 우리의 사랑을 누린다는 것은 확실하다. 예를 들어 혈연 관계는 부모가 자식에게 쏟는 사랑이란 점에서 정신은 가능한 한 가장 강력한 유대를 낳지만,[5] 그 관계가 약화되면 사랑의 정도도 약해진다. 또한 혈족만 이런 효과를 나타내는 것은 아니다. 그 밖의 모든 관계도 예외일 수는 없다. 우리는 우리 나라 사람과 이웃 사람을 비롯해서 생업이나 직업, 그리고 자신과 이름이 같은 사람까지도 사랑한다. 이런 관계들은 저마다 어떤 유대로 생각되어 우리의 애정을 누릴 자격을 부여한다.

이것과 같은 종류의 현상이 또 있다. 친숙함은 어떤 종류의 관계가 없어도 사랑과 친절을 자아낸다. 우리가 어떤 사람과 깊이 교제하고 친해지게 되면, 낯선 사람보다 그 사람을 선택하게 된다. 게다가 그에게서 각별한 가치를 전혀 발견할 수 없더라도, 훨씬 우수한 가치를 지닌 것으로 생각되는 낯선 사람보다 그를 더 좋아할 수밖에 없다. 혈연 관계 및 친숙의 효과에 관한 이 두 현상은 서로를 밝혀 줄 것이다. 양 현상은 동일한 원리로 설명될 수도 있을 것이다.

인성을 비난하며 쾌락을 맛보는 사람들이 이제까지 말해 온 대로 인간은 완전히 자립할 수 없다. 따라서 사람이 자신의 기반으로 삼는 외부 대상을 모두 상실한다면 곧 우울과 절망의 나락에 빠지게 되는 것이다. 그리고 그들의 말에 따르면, 인간은 이런 사실 때문에 도박·사냥·일 따위를 통해 끊임없이 즐거움을 추구한다는 것이다. 예를 들어 인간이 활발하고 생기 있는 정서를 통해 자신의 기운을 유지할 수 없을 때에는, 그렇게 함으로써 자신을 잊고 자신이 처한 상태에서 기운을 북돋우고자 애쓴다. 정신은 그 자신을 스스로 파악하기에는 불충분하며, 따라서 정신은 생생한 감각을 산출할 수 있고 기운을 부추길 수 있는 낯선 대상을 찾을 수밖에 없다는 점을 인정한다는 측면에서 나는 이런 사고 방식에 동의한다. 그와 같은 대상이 나타나면 정신은 이른바 꿈에서 깨어난 기지개를 켠다. 피는 새롭게 흐르고 심장은 고동친다. 그리고 한 인간이 온전히 활기를 얻는데, 그는 고독하고 평온했던 순간에는 이런 활기를 일으킬 수 없었다. 따라서 함께 한다는 것은 모든 대상 가운데 가장 생생한 것이 나타난 것처럼, 우리 자신과 같이 합리적이고 사유하는 존재가 나타난 것처럼 기쁘다. 이 합리적이고 사유하는 존재는 우리에게 자신의 모든 정신 활동을 전달한다. 그리고 자기 내심의 소감이나 감정이 발생한 바로 그 순간에 어떤 대상이 야기한 그 모든 정서를 우리가 알 수 있도록 한다. 모든 생생한 관념, 특히 정념의 관념은 호의적이다. 왜냐하면 이 관념은 일종의 정념이 되며, 다른 어떤 심상이나 표상보다도 현저하게 정신을 북돋우기 때문이다.

일단 이런 사실을 인정한다면 남은 것은 곧 쉽게 이해된다. 낯선 사람들의 교류는 잠시 동안 우리의 사유에 활기를 불어넣고, 우리에게 호감을 주지만, 우리의 혈족이나 친지들의 교류는 그 영향력이 더욱 크고 지속적이므로 각별한 호감을 준다. 우리와 관련된 것은 무엇이든지 생생한 방식으로 표상된다. 왜냐하면 우리 자신으로부터 추리와 관련된 대상으로 전이하는 것은 쉽기 때문이다. 따라서 습관 또는 친숙은 어떤 대상의 표상을 떠올리는 것을 촉진하고 강화시킨다. 습관의 경우는 인과 추론과 동일한 경우이며, 친숙의 경우는 교육⁶과 같은 종류이다. 그리고 어떤 대상에 대한 생생하고 강한 관념을 낳을 때만 인과 추론과 교육이 공조한다. 그것과 마찬가지로 이것은 혈연 관계와 친숙함에게 유일한 공통적인 상황이다. 따라서 이것은 영향력 있는 성질일 수밖에 없으며, 이 성질을 통해 혈연 관계와 친숙함은 그들에게 공통적인 효과를 산출한다. 또 사랑이나 친절은 이런 효과 가운데 하나이다. 따라서 그들 정념이 유래되는 것은 표상의 힘과 생생함에서여야 한다. 이 표상은 각별히 호의적이고, 표상이 산출하는 것이 친절과 호의의 본래의 대상인 경우 우리는 그 표상 때문에 그와 같은 모든 대상에 대해 애정 어린 마음으로 바라본다.

사람들이 자신의 특수한 기질과 성향에 따라 함께 모인다는 데에는 의심의 여지가 없다. 예를 들어 명랑한 기질을 지닌 사람은 자연히 명랑함을 좋아하고, 성실한 기질의 사람은 성실함에 대해 애착을 갖는다. 사람들이 자신과 다른 사람 사이에 이와 같은 유사성을 인지할 때에도 이런 현상이 나타나지만, 또한 성향의 자연적 흐름을 통해서도 나타난다. 그리고 일종의 공감을 통해서도 나타나는데, 이 공감은 비슷한 성격 사이에 언제나 발생한다. 즉 사람들이 이런 유사성을 인지하는 경우에, 이 유사성은 관념의 연관을 산출함으로써 관계 방식에 따라 작용한다. 그러나 사람들이 이런 유사성을 인지하지 못하는 경우에는 이 유사성이 다른 어떤 원리를 통해 작용한다. 그리고 이 원리가 앞의 원리와 비슷하다면, 이 원리는 앞에서 추론한 바를 확증하는 것으로 받아들여져야 한다.

우리 자신에 대한 관념은 언제나 우리에게 직접적으로 현전하며, 우리와 관련된 대상의 관념에 눈에 띨 정도의 생동성을 전달한다. 이 생생한 관념은 점차적으로 실제적인 인상으로 변한다. 이런 두 종류의 지각은 거의 비슷하고 힘과 생동성의 정도가 다를 뿐이기 때문이다. 그러나 이런 변화는 더욱 쉽게 일어남에 틀림없다. 우리의 자연적 기질에 따라 우리가 다른 사람에 대해 관찰한 인상을 수용하는 성향이 있다면, 세세한 경우에도 그런 성향이 발생한다. 이때 유사성은 관념을 인상으로 전환시키는데, 그 전환은 관계에 의존하여 근원적 생동성을 인상과 관련된 관념에 이입시킴으로써 이루어지는 것만이 아니다. 아주 조그만 불씨에서 불을 얻는 것과 같이 재료를 제시함으로써 이루어지기도 한다. 그리고 이 두 경우 중 어떤 것에서든 사랑이나 애정은 유사성에서 발생한다. 따라서 우리가 알 수 있는 것은 다른 사람과의 공감이 호의적인 것은 그 생기에 정서를 부여하기 때문이다. 쉬운 공감과 그에 호응하는 정서는 혈연

관계·친숙[7]·유사성 등에 공통적이기 때문이다.

우리는 사람의 긍지에 대한 성향을 이와 유사한 또 하나의 현상으로 볼 수 있을 것이다. 예를 들어 다음과 같은 일이 종종 있다. 처음에는 우리에게 어색했을지도 모를 어떤 도시에서 오랫동안 살다 보면 우리는 그 대상에 점점 익숙해지고 그 거리나 건물만이라도 친근감이 들고, 거부감은 점점 줄어들어 마침내 정반대의 정념으로 변화한다. 일반적으로 정신은 자신과 친숙한 사실을 보고 만족과 안정감을 느끼며, 그 자체로는 훨씬 값지지만 자신이 잘 알지 못하는 대상보다는 자신과 친숙한 대상을 자연스럽게 선택한다. 또한 비슷한 정신의 성질을 통해 우리는 우리 자신과 우리가 가진 모든 대상에 대해 좋은 생각에 매료된다. 이런 것들은 다른 어떤 것보다 더욱 강력하게 나타나고 더욱 호의적이므로 긍지와 소심에게는 한층 더 적절한 주제가 된다.

우리가 우리의 친지나 혈연 관계에 대해 품는 감정을 다루면서 이런 감정에 수반되는 매우 진기한 현상을 관찰하는 것도 부적절한 일은 아닐 것이다. 일상 생활에서 쉽게 인식할 수 있는 것 중에 다음과 같은 것도 있다. 어머니가 재혼을 하면 아이는 어머니와 자신의 관계가 약화되었다고 생각한다. 그리고 자신의 어머니가 과부로 지낼 때와 같은 눈길로 어머니를 보지 않는다는 점이다. 그리고 아이가 어머니의 재혼으로 불편을 느끼거나 의붓아버지가 어머니보다 훨씬 못할 때에만 이런 일이 벌어지는 것은 아니다. 이런 점들을 전혀 고려하지 않더라도 단지 자신의 어머니가 다른 가족의 일원이 되었다는 이유만으로도 그와 같은 일이 벌어질 수도 있다. 아버지의 재혼에서도 역시 같은 일이 일어난다. 다만 그 정도가 훨씬 덜할 뿐이다. 그리고 혈연은 아버지의 재혼보다는 어머니의 재혼을 통해 더 약화된다. 이 두 현상은 그 자체로도 주목할 가치가 있지만, 양자를 비교해 보면 더욱 분명하다.

두 대상들 사이의 완전한 관계를 산출하려면, 상상력이 그 대상들의 유사성·인접성·인과성에 의해 한 대상에서 다른 대상으로 전해져야 하는 것만이 필수가 아니다. 이와 마찬가지로 두 번째 대상에서 첫 번째 대상으로 쉽고 수월하게 되돌아갈 수도 있어야 한다. 얼핏 보기에 이것은 필연적이고 불가피한 귀결로 여겨질 수도 있다. 어떤 대상이 다른 대상과 유사하다면, 이 다른 대상도 반드시 원래의 대상과 유사해야 한다. 한 대상이 다른 대상의 원인이라면, 이 다른 대상은 그 원인의 결과이다. 이것은 인접성의 경우에서도 마찬가지이다. 따라서 관계는 언제나 상호적이다. 어떤 경우든 간에 상상력이 두 번째 대상에서 첫 번째 대상으로 되돌아가는 것 역시 상상력이 첫 번째 대상에서 두 번째 대상으로 이행하는 것과 마찬가지로 자연스러워야 한다.

그러나 좀더 검토해 보면 우리의 잘못은 쉽게 발견될 것이다. 그 이유는 다음과 같다.

즉 두 번째 대상이 첫 번째 대상과의 상호적 관계 외에 제3의 대상과도 강력한 관계를 갖는다고 가정해 보자. 이때 첫 번째 대상에서 두 번째 대상으로 넘어간 사유는 그 관계가 그대로 지속됨에도 불구하고 처음처럼 수월하게 되돌아갈 수 없다. 오히려 사유는 새로운 관계를 통해 세 번째 대상으로 건너가기 쉽다. 정신에 이 새로운 관계가 나타남으로써 상상력에 새로운 충동을 부여하기 때문이다. 따라서 이 새로운 관계는 첫 번째 대상과 두 번째 대상 사이의 유대를 약화시킨다. 원래 공상은 쉽게 동요하고 변덕스럽다. 그리고 두 대상 사이에 이루어지는 전이의 진행과 복귀 가운데 어느 한 가지만 쉬운 경우보다는 두 가지 모두 똑같이 쉬운 경우에 그 대상들의 관련성이 강하다. 이중 운동은 일종의 이중 유대이며, 그 대상들을 가장 긴밀하고 밀접하게 묶는다.

어머니의 재혼은 모자(母子) 관계를 단절하지 않는다. 이 관계는 나의 상상력을 나 자신으로부터 어머니에게 가장 쉽고 수월하게 전달하기에 충분하다. 그러나 상상력은 바로 이런 관점, 즉 어머니에 도달한 다음 그 대상이 다른 여러 관계에 휩싸여 있음을 깨닫는다. 이러한 관계들은 상상력의 관심을 불러일으킨다. 따라서 상상력은 어떤 관계를 선택해야 할지 모르고, 새로운 대상을 어떻게 선정해야 할지 당혹해한다. 권리와 의무 등의 유대 관계는 어머니를 다른 가족과 결합시키며, 공상이 어머니로부터 나 자신에게로 복귀하는 것을 방해한다. 그러나 공상의 복귀는 합일을 유지하는 데 필요하다. 이 경우의 사유는 자신의 의향이 완전히 자유롭게 변화를 따르도록 하는 데 필요한 왕복 운동을 더 이상 유지할 수 없다. 사유는 수월하게 진행되지만 어렵게 복귀한다. 이런 복귀의 단절 때문에 사유는 그 통로가 양 측면으로 열려 있어서 전이가 쉬울 때에 비해 관계가 약화된다는 것을 발견한다.

이제 이런 결과가 아버지의 재혼에서는 어머니의 재혼과 동일한 정도로 나타나지 않는 이유를 제시하기 위해, 우리는 이미 입증된 사실을 되새겨 볼 수도 있을 것이다.[8] 즉 상상력은 사소한 대상에서 중요한 대상으로 쉽게 관심을 옮겨 가지만, 그와 반대로 되돌아가는 것은 처음처럼 수월하지 않다. 나의 상상력이 나 자신에게서 출발하여 나의 아버지에게 도달한다면 나의 아버지에게서 의붓어머니에게로 옮겨 가는 것은 그리 쉽지 않다. 상상력은 아버지의 재혼으로 아버지가 다른 가족의 일원이 된다고 생각하는 것이 아니라 나 자신이 그 일원인 집안의 가장으로 계속 남아 있다고 생각한다. 아버지의 우월성은 나의 사유가 아버지로부터 그의 배우자에게로 전이하는 것을 방해하지만, 부자 관계를 통해 아버지로부터 나에게로 복귀하는 길을 유지한다. 아버지는 자신이 얻은 새로운 관계에 빠져들지 않는다. 따라서 부자 간에서의 사유의 이중운동 또는 왕복 운동은 여전히 쉽고 자연스럽다. 공상의 불안정성에 담긴 그 특권을 통해 아이와 그 아버지의 유대는 여전히 힘과 영향력을 빈틈없이 유지한다.

아버지의 재혼에서 어머니는 아들에 대한 자신과의 유대가 약화되었다고 생각하지 않는다. 어머니는 자신의 남편과 그 관계를 공유하기 때문이다. 아들 역시 자기 부모와 유대가 약화되었다고 생각하지 않는다. 아들도 형제와 그 유대를 공유하기 때문이다. 여기서 제3의 대상 즉 아들의 형제는 제2의 대상 즉 어머니와 아울러 제1의 대상 곧 아버지와 관련된다. 따라서 상상력은 아주 수월하게 이 모든 관계를 따라 오간다.

〈주〉
1 이 절의 표제는 'Of the love of relations'이다. 립스는 'Über die Liebe zu Verwandten'으로 번역한다. 어쨌든 'relation'은 추상적인 관계가 아니며, '친척'이라는 인간적인 혈연 관계만을 가리키는 것도 아니다. 넓은 의미로 '관계 있는 것'을 이야기한다.
2 한 번은 인상들 사이의 관계이고, 또 한 번은 관념들 사이의 관계가 있어야 한다는 것이다.
3 지금까지 여러 번 설명했다시피 흄의 철학에서는 긍지와 소심의 정념이나 사랑 또는 미움의 감정을 낳는 근본적인 원리는 인상과 관념의 이중관계의 원리이다. 그러나 인간 정신의 복잡 미묘한 작용은 각각의 상황에 있어서 이 일반적이고 기본적인 원리만으로는 설명할 수 없는 특수한 상황을 낳는다. 따라서 특수한 상황을 설명하는 특수한 원리가 필요하다. 여기서 거론한 것도 그 중 하나이며, 이러한 2차적 원리는 이 이후의 고찰이

자세해짐에 따라 점점 드러난다.

4 '합일 관계'의 원어는 'connexion'이다. 립스의 주석에서는 흄 철학에서 이 말이 보통은 인과적 필연적 결합을 의미함에도 불구하고, 여기에서는 그런 의미가 아니라고 한다. 립스의 이 주장은 그 자신에게는 옳다. 그러나 'connexion'이라는 말의 특수한 술어적 용어법을 부여한 것은 제1편이고, 제2편에서는 그러한 용어의 엄밀성은 존재하지 않는다. 그것은 이 부분에만 한정된 것이 아니다. 제1편 제1부 제1절 주석 12 참조.

5 '자식에 대한 부모의 애정은 원초적인 본능에서 나온 것이라고 생각된다.'(A Dissertation on Passions, Sect. III. 2, note.)

6 '교육(education)'이란 인위적으로 행해지는 습관적 반복이다. 제1편 제3부 제9절 주석 참조.

7 켐프–스미스는 '친숙'에 대해 '반복된 경험을 통한 습관'이라는 주석을 붙이고 있지만 (N. Kemp-Smith, *The Philosophy of David Hume*, p. 172), 여기서 흄은 '습관'과 '친숙'을 구별하고 있다.

8 중요한 대상과 사소한 대상 사이에서의 상상력의 이동에 대해서는 제2편 제2부 제2절 참조.

5 부유하고 권력 있는 사람¹에 대한 우리의 부러움에 대하여

대부분의 경우 어떤 사람의 권력이나 재산만큼 우리의 부러움을 불러일으키는 요인은 없다. 우리가 어떤 사람에게 경멸을 나타내게 만드는 가장 큰 요인은 그의 가난과 비천함이다. 부러움과 경멸은 사랑과 미움의 한 개념으로 간주된다. 그러므로 여기서 이 두 현상을 설명하는 것이 적절할 것이다.

아주 다행스럽게도 여기서 가장 큰 어려움은 이런 결과를 산출할 수 있는 하나의 원리를 발견하는 것이 아닌, 나타난 여러 원리 가운데 주요하고 유력한 원리를 선택하는 것이다. 우리가 다른 사람의 재산에서 얻는 만족과, 그 재산의 소유자에 대해 갖는 부러움, 이것들은 서로 다른 세 가지 원인에서 기인할 수 있다. 첫째, 만족과 부러움은 다른 사람들이 소유한 사물, 예를 들어 집·정원·마차² 따위에서 기인한다. 이런 사물은 그 자체가 호의적이고, 따라서 이런 것을 생각하거나 둘러보는 모든 사람에게 필연적으로 쾌락의 소감을 산출한다. 둘째, 우리는 부유한 권력가의 소유물을 공유함으로써 이익을 기대한다. 셋째, 만족과 부러움은 공감에서 기인한다. 공감을 통해 우리는 우리 주변의 모든 사람과 함께 만족을 나눈다. 이런 모든 원리가 협력해서 이런 현상을 낳는다. 문제는 우리가 이런 현상이 이 원리들 가운데 주로 어떤 것에서 기인하는 것으로 생각해야 하는가이다.

제1원리 즉 호의적 대상을 성찰하는 것은 우리가 첫눈에 쉽게 상상하는 것 이상으로 큰 영향력을 갖는다. 쾌락이나 언짢음 따위의 정서가 없다면, 우리는 무엇이 아름답거나 흉한지 또 호의적이거나 거북한지 그런 감정을 거의 갖지 않는다. 그리고 이런 감각은 우리의 무기력한 일상적 사고 방식에서는 두드러지게 나타나지 않는다. 그러나 독서나 대화에서는 쉽게 발견된다. 재치 있는 사람은 상상력이 흥미를 가질 수 있는 주제로 담화를 끌어간다. 시인은 바로 이런 종류의 사실만 제시할 뿐이다. 필립[3]은 탁월한 시의 주제로 사과주를 택했다. 맥주는 미각이나 시각에 호의적이지 않으므로 아마 그다지 어울리지 않았을 것이다. 그러나 만약 필립의 조국이 포도주처럼 호의적인 술을 제공한다면, 확실히 그는 맥주나 사과주보다도 포도주를 선택했을 것이다. 이것을 통해 우리는 감관에 호의적인 것은 모두 공상에도 어느 정도 호의적이며, 그런 대상은 실제로 신체 기관에 접촉함으로써 부여받은 만족감의 심상을 정신에 전달한다는 것을 알 수 있다.

그러나 이런 이유로 우리가 부유하고 권력을 가진 사람에 대한 존경의 여러 원인 가운데서 상상력의 섬세한 활동을 파악할 수 있다고 하더라도, 상상력의 민감성을 유일하거나 주된 원인으로 간주할 수는 없다. 쾌락의 관념들은 그 생동성에 의해서만 영향력을 가질 수 있다. 이 생동성 때문에 그 관념은 인상에 가까워진다. 가장 많은 혜택을 받은 관념, 다시 말해 강하고 생생해지는 풍요로운 자연적 성향을 갖는 관념이야말로 가장 자연스럽게 인간 존재의 정념과 감각 따위에 관한 관념과 같은 영향력을 갖는다. 모든 인간 존재는 각각 우리 자신과 유사하다. 바로 이 유사하다는 점 때문에 상상력이 작용할 때 다른 어떤 사물보다도 유리하다.

더욱이 공상이라는 직능의 본성과 모든 관계가 공상에 미치는 중요한 영향력을 고찰해 보면 쉽게 납득할 수 있다. 부자들이 즐기는 좋은 포도주와 음악 또는 정원의 관념이 제아무리 생생하고 마음에 들더라도, 공상은 이런 것들에만 국한되지 않고 관련된 대상, 특히 그것을 소유한 사람에게로 시선을 옮길 것이다. 그리고 아주 자연스럽게 유쾌한 관념 또는 심상이 그 사람에 대한 정념을 산출한다. 이것은 그 대상에 대한 그의 관계 때문이다. 따라서 그는 자신으로부터 파생된 정념의 대상이 되므로, 불가피하게 근원적 상념의 요소가 될 수밖에 없다. 그러나 그가 근원적 상념의 요소가 되어 이 호의적인 대상을 향유하는 것으로 생각된다면, 공감이야말로 곧 이 감정의 원인이라고 해야 할 것이다. 따라서 제3의 원리야말로 제1의 원리보다 더욱 강력하고 보편적이다.

덧붙여서 부(富)와 권력은 설령 활용되지 않더라도 그 자체만으로 자연히 부러움과 존경을 유발한다. 사실 돈은 그런 사물을 대표한다는 의미를 포함하는데, 이는 돈이 그런 사물을 얻을 수 있는 능력을 제공하기 때문이다. 따라서 이 정념은 아름답거나 마음에 드는 사물의 관념에서 발생하지 않는다. 이런 이유 때문에 돈은 그 정념을 유발할 수 있는 호의적인 심상을 전달하기에 적절한 것으로 간주될지도 모른다. 그러나 이러한 예견은 큰 거리가 있으므로, 우리는 가까운 대상, 즉 사물을 얻을 수 있는 능력이 주는 만족을 살펴보는 것이 더욱 자연스럽다. 재산은 그것을 사용하려는 사람의 의지를 통해서 삶의 행복을 대표한다는 점을 고려하면, 그 본성에 그 사람의 관념을 포함하고 있다. 따라서 그 사람의 감각과 향유 따위에 대한 일종의 공감이 없다면 우리는 재산을 고려할 수 없다.

우리는 반성을 통해 이런 사실을 확신할 수 있을 것이다. 그러나 어떤 사람에게는 이런 고찰이 지나치게 세밀하고 정교하게 여겨질 수도 있을 것이다. 내가 이미 살펴보았듯이, 능력은 그 실행과 구별되며[4] 전혀 의미를 갖지 못하거나 또는 현실화될 가능성 또는 개연성에 지나지 않는다. 어떤 대상은 이런 가능성이나 개연성을 통해 실재성에 가까워지며, 정신에 현저한 영향을 미친다. 또 공상의 착각을 통해 이처럼 실재성에 가까워지는 것은 어떤 능력을 다른 사람이 향유할 때보다 우리 자신이 지녔을 때 더욱 증대되는 것처럼 보인다. 바꿔 말해 우리 자신이 그 능력을 지녔을 때, 그 대상은 거의 현실적인 것처럼 여겨지며, 마치 실제로 그 대상을 소유한 것과 같은 만족을 정신에 전달한다. 이제 나는 어떤 사람을 그의 재산에 따라 평가할 경우에 우리는 소유주의 소감에 빠져들 수밖에 없다고 주장한다. 그리고 그 재산이 소유주에게 호의적인 대상의 관념을 산출할 능력을 부여한다. 만약 그와 같은 공감이 없다면 그 관념 또한 우리에게 경미한 영향밖에 끼치지 못한다. 예를 들어 수전노는 권력이 거의 없다고 하더라도 돈 때문에 존경받는다. 그러나 수전노는 능력이 거의 없다. 즉 수전노는 삶의 쾌락과 편의성 따위를 얻기 위해 돈을 쓸 개연성이나 가능성조차 없다. 이 능력이 완전무결하게 여겨지는 이는 수전노뿐이다. 그러므로 이런 향유에 대한 강력한 관념을 가질 수 있기 전에, 또는 삶의 쾌락과 편의성 따위를 근거로 그를 평가하기에 앞서 우리는 공감을 통해 그의 느낌을 수용해야만 한다.

따라서 재산이 그 대상들의 호의적인 관념을 향유하도록 한다는 제1 원리가 제3 원리로 귀결된다. 말하자면 우리가 부러워하거나 사랑하는 사람과 공감하게 되는 것이다. 우리는 이 점을 발견하고 말았다. 그러면 이익에 대한 호의적인 기대라는 제2 원리를 검토해 보고, 우리가 어떤 힘을 귀속시키면 정당할지 살펴보자.

우선, 다음과 같은 점은 분명하다. 재산과 권력[5]은 우리가 그 소유자에게 봉사할 수 있도록 하는 능력을 부여하는 것은 틀림없다. 그러나 이런 능력은 재산과 권력 등이 소유자가 스스로 즐기고 자신의 욕구를 충족시킬 수 있도록 그에게 부여하는 능력과 동등하게 생각할 수는 없다. 스스로 즐기고 자신의 욕망을 만족시키는 경우 자기애[6]는 능력과 능력의 실행을 점점 가까워지도록 만든다. 그러나 다른 사람이 자신에게 봉사하는 경우에는 우정이나 호의 따위가 부와 결부되어 있는 것으로 상정해야 한다. 이런 조건이 없다면, 다른 사람의 재산에서 우리의 이익을 기대하는 근거가 될 수 있는 것을 생각하기 어렵다. 물론 우리가 부자에게서 우리에 대한 호의적인 성향을 조금도 발견하지 못했더라도 자연히 부자를 존경하고 부러워한다.

그러나 이 사실을 좀더 살펴보면 알 수 있듯이 부유하고 권력 있는 사람이 우리를 보살필 기미를 조금도 보이지 않는 경우뿐만 아니라, 우리가 그런 사람의 활동 영역의 바깥에 있어서 그가 그런 능력을 가졌으리라고 상상조차 할 수 없는 경우에도 우리는 그런 사람을 존경한다. 예를 들어 우리는 언제나 전쟁 포로를 그 사회적 지위에 걸맞는 존경을 담아 처우한다. 그리고 재산이 사람의 신분을 결정하는 아주 큰 요인이라는 것도 확실하다. 출생과 신분이 이런 문제에서 고려된다면, 이런 사실 또한 우리에게 같은 종류의 증명을 제공한다. 몇 대에 걸친 부유하고 권력 있는 선조들의 후손도 아니고 우리의 존경을 받는 사람도 아니면, 우리는 어떤 사람을 좋은 가문의 사람이라고 일컫는가? 그러고 보면 그런 사람의 선조는 비록 죽었음에도 불구하고, 그는 그 재산 때문에 어느 정도 존경받는다.

이해 관계 없이 재산을 부러워하는 사례를 찾기 위해 전쟁 포로와 죽은 사람까지 들먹거릴 것 없이 일상 생활이나 담론에서 마주치는 현상을 조금만 주의 깊게 살펴보자. 예를 들어 넉넉한 재산이 있는 사람이 낯선 사람들과 교제할 때 비록 그가 낯선 사람들에게 이익을 요구할 수도 없고 받을 수도 없겠지만, 낯선 사람들에 대한 존경과 복종의 정도는 자연히 다를 수밖에 없다. 왜냐하면 그 사람이 낯선 사람들과의 재산과 신분의 차이를 알고 있기 때문이다. 또한 여행자는, 자신의 엄청나거나 평범한 재산을 나타내는 행렬과 마차에 비례하는 정중함으로 대접을 받고 환영을 받는다. 간단히 말해서 사람들 간의 여러 가지 계급은 대개 재산으로 규정되는 경우가 많다. 그리고 이런 사실은 그 계급의 우열이나 친소 관계에서도 마찬가지이다.

사실 이상의 증명에 대한 반론도 없지는 않다. 이 반론은 일반 규칙[7]의 영향력에서 유래되었다. 즉 다음과 같이 말하는 사람이 있을지도 모른다. 부유하고 권력 있는 사람의 구원과 보호를 기대하며, 바로 이 때문에 그들을 부러워하는 것이 습관이 되어버린다면, 우리는 바로 이런 소감을 그런 사람과 재산은 비슷하지만 우리가 어떤 이익도 기대하지 않는 사람에게도 적용한다고 주장할 수도 있을 것이다. 일반 규칙은 여기에도 퍼져 있으며, 상상력에 성향을 부여함으로써 마치 정념 고유의 대상이 실제로 존재하는 것과 마찬가지로 정념을 유발한다.

우리가 일반 규칙을 수립하고 이 규칙을 본래의 한도 이상까지 확장하려면 우리 경험에는 어떤 제일성이 필요하다. 그런데 이 규칙에 적합한 사례들이 반대 사례들보다 훨씬 우세할 필요가 있다는 점을 감안한다면, 이 규칙이 여기서 생기지 않았다는 것은 쉽게 드러날 것이다. 그러나 이번 경우는 전혀 다르다. 내가 만난 신용 있는 수많은 재산가들 가운데서, 내가 이익을 기대할 수 있는 사람은 아마 한 사람도 없을 것이다. 따라서 이 사례에서는 습관이 지배적일 수 없다.

대체로 공감의 원리를 통해서만 우리는 권력과 재산을 부러워하고, 비천함과 가난을 경멸할 수 있다. 우리는 이 공감의 원리를 통해 부와 가난 따위의 소감을 맛보며, 그 쾌락과 언짢음을 함께 체험한다. 재산은 소유자에게 만족을 준다. 그리고 이 만족은 상상력을 통해서 재산을 보는 이에게 전달된다. 상상력은 힘과 생동성에서 근원적 인상과 짧은 관념을 산출한다. 이처럼 호의적인 관념이나 인상은 호의적 정념인 사랑과 결합되어 있다. 이 정념 또는 관념은 사유하는 의식적 사람에게서 유래되며, 이 사람이 바로 사랑의 대상이다. 그리고 인상들 사이의 관계와 관념들의 동일성 따위에서 사랑이라는 정념이 나의 가설에 따라 발생한다.

우리가 이런 생각을 납득하는 최선의 방법은 넓은 우주를 일반적으로 조망하고, 모든 동물에게 공통적인 공감의 힘을, 말하자면 어떤 사유하는 존재와 다른 사유하는 존재[8] 사이에서 소감이 쉽게 전달되는 것을 관찰하는 것이다. 동족을 먹이로 삼지 않고 강렬한 정념에 휩싸이지 않는 모든 동물에게서는 동료를 만들려는 유대의 욕구가 현저히 나타난다. 그렇다고 해서 그들이 자신의 조직에서 늘 어떤 이익을 거두리라고 기대하는 것은 아니다. 이런 점은 인간에게서 보다 두드러진다. 인간은 전 우주의 생물들 가운데 사회에 대해 가장 열렬한 욕망을 가지며, 이익을 얻기 위한 점에서부터 사회에 적응한다. 우리는 사회와 무관한 희망을 결코 품을 수 없다. 아마 완전한 고립이야말로 우리가 겪을 수 있는 최대의 형벌일 것이다. 집단과 떨어져서 즐기는 모든 쾌락은 줄어들기 마련이고, 모든 고통은 더욱 참혹하고 견디기 어렵게 된다. 긍지·야망·탐욕·호기심·원한 또는 쾌락 등 그 밖의 모든 정념은 우리를 고무시킬 수 있다. 이 모든 정념에 생기를 불어넣는 원리 즉 영혼은 공감이다. 말하자면 우리가 다른 사람의 사유와 소감을 전부 도외시할 때, 이 정념은 전혀 힘을 가질 수 없다. 자연의 모든 힘과 요소가 단 한 사람을 섬기고 복종하도록 되어 있다고 가정해 보자. 태양이 그 사람의 명령에 따라 뜨고 지고, 또 바닷물과 강물은 그가 원하는 대로 흐르며, 대지는 그에게 유용하고 호의적일 수 있는 것이라면 무엇이든지 공급한다 하더라도, 자신의 행복을 공유할 수 있고 부러움과 우정을 향유하도록 할 수 있는 사람이 적어도 한 명이라도 보내지기 전까진 그는 여전히 불행할 것이다.[9]

공감의 힘이 아주 현저한 개개의 사례를 통해서도 인간의 본성에 대한 일반적인 시선에서 내린 이 결론을 증명할 수 있을 것이다. 대부분의 아름다움은 이 원리에서 유래된다. 그리고 설령 우리가 아름다움을 느끼는 최초 대상이 감각과 생명이 없는 물질 조각이라고 하더라도, 우리의 시선이 그 대상에 머무르는 경우는 거의 없다. 그보다는 감각과 이성을 지닌 존재에서 그 대상이 미치는 영향으로 옮겨 간다. 예를 들어 주택이나 공공 건물을 안내하는 사람은 무엇보다도 편리한 구조와 입지적 이익, 그리고 계단과 문간방 및 통로 따위에서 공간 절약을 강조하느라고 애쓴다. 사실 아름다움의 핵심부는 이런 데 분명히 존재한다. 편리함을 보면 쾌락을 느끼는데, 대개 편리함은 바로 아름다움이기 때문이다. 그런데 편리함이 어떻게 쾌락을 제공하는가? 우리 자신의 실속은 여기와 전혀 무관함이 확실하다. 그리고 여기서 다루는 것은 형식의 아름다움이 아니라 실속의 아름다움이다. 말하자면 우리는 주택 소유자와 교류하고 공감하는 것만으로 그 주택에서 즐거움을 얻어야 한다. 우리는 상상력의 힘을 통해 주택 소유자의 실속을 함께 느낀다. 그리고 그 대상들이 소유자에게 자연스럽게 일으키는 것과 동일한 만족을 느낀다.[10]

이런 관찰은 탁자·의자·사무용 가구·벽난로 마차·안장·쟁기 그리고 모든 기술적 산물들에까지 적용된다. 대개 이런 것 즉 모든 인공물들은 정해진 목적에 적합하고 유용하다는 점에서 그 아름다움이 유래되기 때문이다. 그러나 이것은 오직 그 소유자에게 관련된 장점이다. 보는 사람에게 실속에 대한 느낌을 자아낼 수 있는 것은 공감뿐이다.

벌판을 가장 마음에 들도록 하는 요소는 그 땅의 비옥함이다. 그 자태나 위치의 어떤 장점도 이런 아름다움에 필적하기는 어려울 것이다. 그 벌판에서 자라는 특정한 나무나 식물의 경우도 이와 마찬가지이다. 가시덤불과 꽃이 우거진 평야는 그 자체로도 포도나무나 올리브나무로 뒤덮인 언덕처럼 아름다울 수는 있다. 그러나 그 식물들 각각의 가치를 아는 사람에게는 결코 그렇게 아름답게 여겨지지는 않을 것이다. 그러나 이것은 한낱 상상력의 아름다움이며 감관에 현상하는 것에 근거를 두고 있지는 않다. 누구나가 알다시피 비옥함과 가치는 유용성과 분명히 관계가 있다. 또 재산·즐거움·풍성함과도 관계가 있다. 이런 것을 함께 누릴 희망이 없음에도 불구하고, 우리는 공상의 생동성을 통해 그 안으로 들어가서 그 소유주와 어느 정도 공유한다.

그림을 그릴 때 가장 이지적인 규칙은 형태의 균형을 잡고, 그 대상을 그것의 무게 중심에 가장 정확하게 배치하는 것이다. 정확하게 균형이 잡히지 않은 형태는 마음에 들지 않는다. 이런 형태는 그것의 붕괴·손상·고통 따위의 관념을 전하며, 이런 관념이 공감을 통해 힘과 생동성을 얻었을 때 고통스럽기 때문이다.

덧붙여서 인물의 아름다움의 주된 요소는 건강하고 활력 있는 안색, 그리고 힘과 활동성을 보증하는 팔다리의 구조이다. 우리는 오직 공감을 통해서만 아름다움에 대한 이런 관념을 설명할 수 있다.

대체로 우리는 인간의 각 정신이 서로의 거울이라고 말할 수 있다.[11] 인간의 정신이 서로의 정서를 반영해서만은 아니다. 흔히 정념과 소감 그리고 의견이라는 광선이 굴절되어 감지할 수 없을 정도로 점점 소실될 수 있기 때문이다. 예를 들어 부자가 자신의 소유물에서 얻는 쾌락은 보는 사람에게로 넘어가서 보는 사람에게 쾌락과 부러움을 유발한다. 다시 소유자가 이 소감을 지각하고 공감함에 따라 소유자의 쾌락은 증대된다. 그리고 다시 한번 반영되면 이 소감이 보는 이의 쾌락과 존경에 대한 새로운 토대가 된다. 확실히 풍부한 재산은 삶의 모든 쾌락을 향유할 수 있도록 하는 능력이 있으므로 근원적 만족을 산출한다. 이것은 부(富)의 실제 본성이자 본질이다. 따라서 이는 재산에서 발생하는 모든 정념의 제1원천임에 틀림없다. 그런데 이 정념 가운데 가장 중요한 것은 다른 사람의 사랑이나 부러움 따위의 정념이다. 그러므로 이 정념은 재산 소유자의 쾌락을 공감하는 데서 유래한다. 그러나 재산 소유자도 재산에서 사랑과 부러움을 얻음에 따라 2차적 만족을 얻는다. 이 2차적 만족은 소유자 자신에게서 발생한 근원적 쾌락을 2차적으로 반영하는 것일 뿐이다. 그리고 이 2차적 만족 또는 허영심은 재산의 주요 매력 가운데 하나가 되며, 우리가 자신의 재산을 욕구하거나 다른 사람의 재산을 부러워하는 주된 이유이다. 그렇다면 여기에 근원적 쾌락의 세 번째 반향이 있다. 그리고 나중에는 심상도 그 반영도 희미해지고 혼동되어 구별하기 어렵다.

〈주〉

1 '부유하고 권력 있는 사람'의 원문은 'the rich and powerful'이다. 제2편 제2부 제5절의 'powerful'이라든가 'power'라는 말은 '능력 있는 사람' 또는 '능력'으로 번역되는 경우가 꽤 많다.
2 '집·정원·마차'의 예는 제2편 제1부 제9절 주석 2 참조.

3 '필립'은 영국의 시인 John Philips(1676~1708)을 말한다. 사과주를 주제로 제목을 정한 'Cider'는 그의 최대의 역작으로, 두 권으로 된 교훈시이다. 1706년 출판되었다.

4 '능력은 실행과 구별되며'에 대해서는 제2편 제1부 제10절 참조.

5 여기서는 '재산과 권력(riches and authority)'이라는 표현이 '재산과 권력(riches and power)' 대신 사용되고 있다. 'power'와 'authority'는 분명히 동의어이다. 그러나 'power'는 '능력'이라고 번역하는 경우가 꽤 많다. 앞의 주석 1 참조.

6 여기서 분명히 나타나듯이 흄은 '자기애(self-love)'를 인정하지 않고 있다. 제2편 제2부 제1절 주석 4 참조.

7 '일반 규칙(general rule)'이란 경험적이고 보편적인 법칙이다. 오성의 기능에서도 '일반 규칙의 영향'이 보인다. 제1편 제3부 제13절 참조.

8 '사유하는 존재(thinking beings)'는 단순히 인간만을 의미하는 것이 아니라 동물도 포함하고 있다. 흄은 데카르트와는 달리 동물에게도 정신이 있다고 인정한다. 흄의 철학에서는 인간과 동물이 종적으로 다른 것이 아니다. 동물에게도 감각과 의식이 있고 감정을 가지며, 어느 정도의 추론 능력도 인정하고 있다. 그러므로 인간과 동물과의 비교심리학적 고찰이 가능하게 된다.

9 인간이 사회적 존재라는 것은 여기에서 최대한 강조되어 역설된다. 이러한 인간관에 주목하는 사람이 비교적 적다고는 하지만 흄을 이해하는 데에 있어서 간과할 수 없는 부분일 것이다. 흄의 정념론이 긍지나 사랑과 같은 대인적 색채가 농후한 정념을 중심으로 하고 있는 점이나, 공감과 같은 대인적 원리에 중요한 역할을 부여하고 있는 것도 이러한 인간관을 생각해 보면 수긍할 수 있다. 이 인간관은 사회적 명성에 민감했던 흄의 개인적인 성격과도 관련이 있을 것이다. 또한 근대 시민사회가 최초로 완성된 영국과 18세기라는 시대를 고려했을 때 흄이 사는 국토와 그가 살았던 시대의 특색의 영향도 받았을 것이다.

10 아름다움에 관한 흄의 생각에 대해서는 제2편 제1부 제8절 주석 1 참조.

11 인간의 정신을 거울에 비유하는 경우는 자주 있지만, 여기서는 인식에서 정신의 수동성을 나타내기 위한 비유로 사용되지는 않았다.

6 자비와 분노에 대하여

우리는 관념을 물체의 연장 및 견실성과 비교할 수 있고, 인상 특히 반성의 인상을 색·맛·냄새 또는 감지할 수 있는 다른 성질과 비교할 수 있다. 생각건대 관념은 결코 완전히 합일될 수 없다. 그러나 관념은 일종의 불가침투성을 가지고 있으므로 서로 배척한다. 따라서 혼합이 아니라 결부를 통해서 복합 관념을 형성한다. 반면에 인상과 정념은 완전히 합일되기 쉽다. 말하자면 색깔처럼 서로 완전히 섞여서 원래의 상태를 상실하여, 전체에서 발생하는 단일 형태의 인상을 변화시키는 데에만 기여할 수 있다.[1] 인간 정신의 아주 기이한 현상 가운데 몇 가지는 정념의 이런 속성에서 비롯된다.

사랑 및 미움과 합일될 수 있는 이런 요소를 검토하면서, 나는 지금까지 세상에 알려진 모든 철학 체계에 수반된 하나의 불행을 어느 정도 깨닫기 시작했다. 우리가 자연의 작용을 특정 가설을 통해 설명할 때 일상적으로 발견하는 것은, 우리가 확립하기 위해 애써야 할 원리와 정확히 일치하는 숱한 실험들 가운데에서 어떤 현상은 매우 다루기 어려워서 우리 목적에 쉽게 맞추기 어렵다는 점이다. 자연철학에서 이런 일이 발생한다고 해서 놀랄 필요는 없다. 외부 물체의 본

분노한 메디아 사랑과 미움의 정념은 언제나 자비와 분노를 수반한다. 자신을 배신한 이아손에 대한 분노로 자식을 죽이려 하는 메디아. 루브르미술관.

질이나 구성은 너무 모호하여 우리는 그런 것에 관해 추론할 때, 아니 추측할 때 필연적으로 모순과 불합리에 빠진다. 그러나 정신의 지각은 완전히 알려져 있다. 또한 나는 외부 물체의 본질과 조성에 관해 결론을 내릴 때에는 가능한 한 최대의 주의를 기울이므로, 다른 모든 체계에 수반되어온 모순을 완전히 피할 수 있기를 항상 원했다. 따라서 지금 내가 염두에 둔 난점이 나의 체계와 반대되는 것이 아니라는 것이다. 다만 지금까지 내 체계의 주된 힘이자 아름다움이었던 단순함과 약간 거리감이 있을 뿐이다.[2]

사랑과 미움의 정념은 언제나 자비와 분노를 수반한다. 아니, 오히려 서로 결부된다. 바로 이런 결부야말로 사랑 또는 미움의 정서를 긍지나 소심 따위와 구별하는 주된 것이다. 긍지와 소심은 영혼의 순수 정서이며, 어떤 욕구도 수

반하지 않고 우리의 행동을 직접 유발하지도 않는다.[3] 그러나 사랑과 미움은 그 자체로서 완성될 수 없다. 그들은 자신이 산출한 정서에 머무르는 것이 아니라 정신을 다른 어떤 것으로 보낸다. 사랑은 언제나 사랑하는 사람의 행복에 대한 욕구를 수반하고 불행에 대한 혐오를 수반한다. 미움은 미워하는 사람의 행복에 대한 혐오와 불행에 대한 욕구 따위를 산출한다.[4] 긍지와 소심, 사랑과 미움이라는 정념의 두 집합 사이에는 다른 많은 유사점이 있음에도 불구하고 상당한 차이가 있다. 이것은 우리가 주의할 만한 가치가 있다.

이런 욕구와 혐오가 사랑이나 미움과 결부되는 것을 서로 다른 두 가설을 통해 설명할 수 있을 것이다. 첫째 가설은 다음과 같다. 애초에 사랑과 미움은 쾌락과 고통을 낳는 원인을 가지며, 쾌락과 고통이 향하는 대상을 갖는다. 즉 이 대상은 인격 또는 사유하는 존재이다. 그뿐만 아니라 사랑과 미움은 자신들이 도달하고자 하는 목적도 갖는다. 이 목적은 사랑받거나 미움받는 사람의 행복 또는 불행이다. 그리고 이 모든 요소가 함께 뒤섞여 단 하나의 정념을 낳는다. 이 체계에 따르면, 사랑은 다른 사람의 행복을 욕구하는 것이며, 미움은 다른 사람의 불행을 욕구하는 것이다. 욕구와 혐오는 사랑과 미움 따위의 본성 그 자체를 이룬다. 이것들은 분리할 수 없을 뿐 아니라 동일하다.

그러나 이런 점은 경험과 명백하게 상반된다. 확실히 우리가 어떤 사람의 행복을 욕구하지 않는다면 그를 결코 사랑하지 않으며, 그의 불행을 바라지 않는다면 그를 결코 미워하지 않는다. 그렇다 하더라도 이런 욕구는 상상력에 나타난 우리 친구나 적의 행복이나 불행 따위의 관념에서만 발생한다. 게다가 이런 욕구가 사랑과 미움 따위의 절대적 본질은 아니다. 이것들은 이 감정들의 가장 분명하고 자연스러운 소감이지만, 유일한 소감은 아니다. 이 정념은 수백 가지 방식으로 표현할 수도 있고, 그 대상의 행복이나 불행을 되새겨 보지 않으면 상당 시간 동안 존속될 수도 있다. 이런 사실은 이 욕구들이 사랑 또는 미움과 동일하지 않으며, 사랑 또는 미움의 본질적인 부분도 될 수 없음을 명백하게 증명한다.

따라서 우리가 추정할 수 있듯이 자비와 분노는 사랑 또는 미움과는 다른 정념이며, 정신의 근원적 구조 때문에 사랑 또는 미움 등과 결부되어 있을 뿐이다. 물체에 어떤 욕망과 성향이 자연스럽게 부여되어 있고, 그 욕망과 성향은 물체가 액체 상태인지 고체 상태인지에 따라 증감되고 변화된다. 이것은 정신과 동일한 방식으로 자연스럽게 진행된다. 우리가 사랑이나 미움을 느낌에 따라 이 정념의 대상인 사람의 행복이나 불행에 상응하는 욕구가 정신에서 발생하고, 이 대립적인 정념들의 각 변이에 따라 변화한다. 추상적으로 생각된 사물들의 이런 질서는 필연적이지 않다. 사랑과 미움은 이런 욕구를 수반하지 않을 수도 있다. 또는 이 정념과 욕구의 개별적 결합이 완전히 반전될 수도 있다. 만약 자연이 원한다면 사랑은 미움과 동일한 효과를 가질 수 있을 것이고, 미움이 사랑과 동일한 효과를 가질 수도 있을 것이다. 내가 보기에는 불행을 산출하려는 욕구가 사랑을 수반할 수도 있고, 행복을 산출하려는 욕구가 미움을 수반할 수도 있다고 가정하는 데에는 전혀 모순이 없다. 정념의 감각과 욕구의 감각이 상반된다면, 자연은 욕구의 성향을 변화시키지 않고도 그 감각을 변화시킬 수 있을 것이다. 그리고 감각의 변화를 통해 정념과 욕구가 서로 양립할 수 있게 할 수 있을 것이다.

〈주〉

1 이러한 인상과 관념의 특수한 차이는 다른 곳에서도 현악기와 관악기의 차이로 비유되고 있다. 제2편 제3부 제9절 주석 5 참조.

2 흄이 기회가 있을 때마다 드러내는 자신의 철학에 대한 자신감 중 하나의 예이다.

3 긍지 및 소심이 '정신의 순수 정서'로 행동을 자극하는 실천적 계기를 포함하지 않는다는 것은 여기서 처음으로 이야기되지만, 후에 중요한 역할을 수행한다. 제2편 제2부 제9절 주석 2 참조.

4 '자비(benevolence)'가 '사랑하는 사람의 행복에 대한 욕구를 수반하며 불행에 대한 혐오를 수반'하고, '분노(anger)'가 '미워하는 사람의 행복에 대한 혐오와 불행에 대한 욕구 따위를 산출'한다는 점은 제2편 제2부 제9절에서 분명하게 설명된다. 제2편 제2부 제9절 주석 3 참조.

7 연민[1]에 대하여

다른 사람의 행복과 불행에 대한 욕구는 우리가 그에 대해 품은 사랑이나 미움 등에 따르는 '자의적이고 근원적인 직감으로서 우리 본성에 뿌리내리고 있다.'[2] 그러나 우리가 발견했다시피 여러 경우에 그 욕구는 위조될 수도 있다. 말하자면 2차적 원리에서 발생할 수도 있다는 것이다. 연민은 다른 사람의 불행을 걱정하는 것이며 심술은 다른 사람의 불행을 즐기는 것이다. 이때에는 우정이나 적의가 이 걱정이나 즐거움을 발생시키지 않는다. 염려나 즐거움을 유발시킬 우정이나 적의가 없는 경우에도 우리는 낯선 사람에게 연민을 느끼며, 우리와 전혀 관계없는 사람에게조차 연민을 느낀다. 우리가 입은 상해나 모욕 때문에 다른 사람에 대한 악의가 발생한다면, 그것은 정확히 말해서 심술이 아니라 원한이다. 그러나 우리가 연민과 심술 따위의 감정을 검토해 보면 이 감정들은 근원적 감정에서 발생한 2차적 감정이라는 것을 알 수 있다. 그리고 이 2차적 감정은 사유와 상상력의 개별적 변화에 따라 변한다.

연민이라는 정념은 앞에서 공감에 대해 추론했던 것으로 쉽게 설명할 수 있을 것이다. 그런데 우리는 우리와 관련된 모든 것에 대해 생생한 관념을 갖는다. 모든 인간 존재는 유사성을 통해 우리와 관련되어 있다. 따라서 그들의 인격·취미·정념·고통·쾌락 따위는 우리의 정신을 생생하게 자극하며, 근원적인 정서와 비슷한 정서를 산출한다. 왜냐하면 생생한 관념은 인상으로 쉽게 전환되기 때문이다. 이런 것이 일반적인 사실이라면, 번뇌와 슬픔 역시 마찬가지이어야 한다. 번뇌와 슬픔은 언제나 어떤 쾌락이나 즐거움보다 훨씬 강하고 영속적인 영향력을 갖는다.

비극의 관객은 시인이 등장인물 안에 나타내는 비애·두려움·의분 및 그 밖의 감정들의 긴 계열을 통과한다. 많은 비극이 행복한 결말을 짓고 운명의 역전 없이는 탁월한 비극을 구성할 수 없듯이, 관객은 이 모든 전환에 공감하며 이 허구적 즐거움을 그 밖의 모든 허구적 정념과 함께 맛본다. 따라서 모든 개별적 정념은 저마다 각각의 근원적 성질에 의해 전달된다. 또한 앞에서 설명한 공감의 일반 원리에서 유래된 것이 아니라고 주장하지 않는다면, 각각의 정념은 모두 공감의 일반 원리에서 발생한다고 인정해야 한다. 게다가 어떤 특정한 정념을 예외로 둔다는 것은 매우 불합리하게 여겨질 수밖에 없다. 이 정념들은 처음에 어떤 사람의 정신에 나타나고 그 다음에 다른 사람의 정신에 나타나듯, 처음에는 관념으로 나타나서 나중에는 인상으로 나타난다. 이 정념들의 현상 방식은 어느 경우에나 마찬가지이다. 따라서 이와 같은 전이는 반드시 동일한 원리에서 발생되어야 한다. 적어도 나는 이런 추론 방식이 자연철학이나 일상 생활에서 신뢰성을 갖는 것으로 간주된다는 점을 확신한다.

게다가 연민은 인접성에 의존하며, 심지어 그 대상을 보는 것만으로도 좌우된다. 이런 사실은 연민이 상상력에서 유래된다는 증거이다. 말할 필요도 없지만, 여자와 아이는 상상력을 가장 잘 따르므로 연민의 정을 느끼기 쉽다. 바로 이런 연약함 때문에 여자와 아이는 칼이 가장 친한 자기 친구의 손에 있더라도 칼날만 보고도 기절하며, 비탄과 번뇌에 젖은 사람을 발견했을 때에는 극도의 연민을 느끼게 된다. 운명의 무상함과, 우리가 직면한 그 불행을 면할 수 없다는 것 등에 대한 무언가 정교한 반성을 알지 못하는 자아로부터 이 정념의 유래를 설명하려는 철학자들[3]이 있다. 그러나 이런 관찰 결과가 대부분의 사람들에게 쉽게 나타나는 것과 상반된다는 것을 발견하게 될 것이다.

이제 이 정념에서 한 가지 주목해야 할 현상을 살펴보는 일만 남았다. 공감의 전달된 정념은 때때로 그 원천이 약한 데에서도 힘을 얻고, 현존하지도 않는 감정으로부터의 전이를 통해서도 발생한다. 만약 어떤 사람이 명예로운 직위를 얻거나 엄청난 재산을 상속받는다고 가정하자. 언제나 우리는 그가 자신의 행운을 덜 느끼고 그것을 향유하는 데 더 평온하고 무관심하게 보일수록 그의 행운을 더욱 기뻐한다. 마찬가지로 불운에도 낙심하지 않는 사람은 그의 인내심 때문에 더욱 슬프게 느껴진다. 만약 이런 덕이 모든 언짢은 느낌을 완전히 제거할 정도로 확장된다면, 그것은 우리의 연민을 더욱 증대시킨다. 훌륭한 사람이 우리가 통속적으로 엄청난 불운이라고 하는 일을 겪을 때, 우리는 그의 처지를 적절히 헤아린다. 그리고 우리의 공상을 그 원인의 일상적 결과로 옮겨서 처음에는 그의 슬픔에 대한 생생한 관념을 표상하고 다음에 그 슬픔에 대한 인상을 느낀다. 그때 그가 그런 정서를 극복하도록 한 정신의 위대함은 완전히 간과하거나, 그에 대한 우리의 찬양과 사랑 그리고 상냥함 따위를 증대시키는 정도로밖에 생각하지 않는다. 우리가 경험을 통해 알 수 있듯이 그와 같은 정념의 정도는 대개 상응하는 역경과 연관되어 있다. 이런 경우에는 예외가 있음에도 불구하고 상상력은 일반 규칙의 영향[4]을 받으며 그 사람이 실제로 그 역경 때문에 자극받는 것과 같은 방식으로 정념 자체를 느끼는 것과 마찬가지로 우리에게 정념에 대한 생생한 관념을 느끼게 한다. 같은 원리에서 우리는 우리 앞에서 미련하게 행동하는 사람의 행동거지에 낯을 붉힌다. 그런 사람이 스스로는 자신의 행동거지에 대해 전혀 부끄러움을 느끼지 못하고 자신의 미련함을 전혀 의식하지 못할지라도, 우리는 그의 행동거지에 낯을 붉힌다. 이 모든 것은 공감에서 발생한다. 그러나 그것은 한쪽으로 치우친 공감일 뿐이다. 즉 그 대상을 한 측면에서만 볼 뿐, 상반되는 결과를 갖는 반대의 측면을 고려하지 않고 있다. 그리고 이 반대 측면은 최초 현상에서 발생한 정서를 완전히 없앨 수도 있다.

또 역경에 대한 무관심과 감각 불가능성이 어떤 덕과 관대함에서 발생하지 않았더라도, 그것이 그 불운을 겪는 사람에 대한 우리의 관심을 증대시키는 것을 볼 수 있다. 예를 들어 살인범의 경우에도 자고 있거나 완전히 방심한 사람을 대상으로 범행을 저질렀을 때에는 가중 처벌을 받는다. 역사가는 적의 손에 사로잡힌 어린 제후[5]를 즐겨 묘사하는데, 그 제후가 자신의 불행한 처지를 깨닫지 못할수록 더욱 연민을 느낄 가치가 있다. 이런 경우에 우리 자신도 그 인물의 가엾은 처지에 익숙하다. 따라서 그런 상황은 우리에게 슬픔에 대한 생생한 관념과 감각을 유발한다. 이 슬픔은 일반적으로 그 상황이 수반하는 정념이다. 그리고 이 관념은 우리가 그 인물 자체에서 본 무방비 상태 및 무관심과 대조됨으로써 더욱 생생해지며 그 감각은 더욱 강렬해진다. 어떤 종류든 모든 대조는 상상력에 영향을 미치지 않을 수 없다.[6] 특히 그 주제가 대조를 드러낼 때에는 더욱 그러하다. 그리고 연민은 완벽히 상상력에 좌우된다.[7]

〈주〉

1 연민의 원어는 'compassion'으로, '연민(pity)'과는 완전히 동의어이다. 흄은 오히려 후자를 자주 사용한다.

2 '자의적이고 근원적인 직감으로서 우리 본성에 뿌리내리고 있다'의 원문은 'an arbitrary and original instinct implanted in our nature'이다.

3 운명의 무상함에 관련된 '무언가 정교한 반성을 알지 못하는 자아'에서 연민의 기원을 구하는 철학자로는 홉스를 들 수 있다. 그에 의하면 '타인의 재난에 대한 슬픔은 연민이며, 같은 재난이 그들 자신에게도 닥쳐올지도 모른다는 것을 상상하는 데에서 생겨난다'고 한다.

4 '일반 규칙의 영향'에 대해서는 제2편 제1부 제6절 주석 6 및 제2편 제2부 제5절 주석 7 참조.

5 '적의 손에 사로잡힌 어린 제후'는 영국 왕 에드워드 5세(Edward V, 1470~1483)와 그 남동생을 가리킨다. 에드워드 5세는 에드워드 4세의 아들로, 부왕의 뒤를 이어 12세에 왕

위에 올랐지만(재위 1483. 4~6) 숙부인 글로스터 공 리처드(Richard of Gloucester)로 인해 남동생과 함께 런던탑에 유폐되어 잠든 사이에 자객에게 시해당했다. 그리고 리처드는 왕위를 이어 리처드 3세가 된다. 영국 역사에서 가장 음산하고 애련한 부분 중 하나이다.

6 여기서도 대조의 원리가 작용하는 경우가 있다. 제2편 제1부 제6절 주석 3 참조.

7 모든 애매모호함을 미리 막기 위해 하는 말인데, 내가 상상력을 기억력과 대립시킬 때 여기서 의미하는 상상력은 대체로 희미한 관념을 나타내는 직능이다. 그 밖의 모든 경우에, 특히 상상력이 오성과 대립되는 경우에 우리는 그것을 논증적 추론과 개연적 추론만을 제외한 직능으로 파악한다.('상상 imagination'의 두 가지 의미에 대해서는 제1편에서도 각별히 주의했지만, 지금 여기서도 다시 반복되고 있다. 이에 대한 흄의 특별한 관심을 주목해야 한다. 제1편 제3부 제9절 주석 8 참조)〔원주〕

8 심술과 질투에 대하여

우리는 이제 심술이라는 정념을 설명해야 한다. 연민이 사랑의 효과를 모방하듯이 심술은 미움의 결과를 모방한다. 즉 심술은 우리를 모욕하거나 해치지 않는 다른 사람의 괴로움과 불행에서 즐거움을 느끼는 것이다.

인간의 소감이나 의견이 이성에 지배되는 경우는 매우 드물다. 따라서 사람은 언제나 대상 고유의 중요성이나 가치 따위보다는 어떤 대상을 다른 대상과 비교하여 판단한다.[1] 정신이 어느 정도 완전함을 생각하거나 완전함과 친숙하다면, 정신이 생각하는 정도의 완전함에 미치지 못하는 것은 모두 실제로 부러워할 만하더라도 결함이 있고 부실한 것과 마찬가지이다. 이것은 영혼의 근원적 성질이며 우리가 매일 몸으로 체험하는 것과 유사하다. 어떤 사람의 한쪽 손은 따뜻하게 하고, 다른 쪽 손을 차갑게 해서 두 손을 물에 담가 보자. 서로 다른 감관들의 성향에 따라서 똑같은 온도의 물이 뜨거움과 동시에 차갑게 느껴질 것이다. 어떤 성질의 작은 정도가 그 성질의 큰 정도에 이어질 때, 그 성질의 작은 정도는 마치 실제보다 덜한 것 같은 감각을 산출한다. 심지어 때로는 상반된 성질의 감각을 낳기도 한다. 예를 들어 강렬한 고통에 이어지는 은근한 고통은 전혀 느껴지지 않거나 오히려 쾌락으로 느껴진다. 반면 은근한 고통에 이어지는 격렬한 고통은 두 배로 쓰라리고 괴롭다.

이상의 내용에서 우리의 정념과 감각에 대해 의심할 수 있는 사람은 아무도 없다. 그러나 우리의 관념과 대상의 측면에서는 난점이 발생할지도 모른다. 어떤 대상을 다른 대상과 비교함으로써, 그 대상이 시각이나 상상력에 차지하는 비중이 크고 작게 증감되더라도, 그 대상의 심상과 관념은 언제나 동일하고 망막과 두뇌, 다시 말해 지각 기관에서도 동일하다. 눈은 광선을 굴절시키며, 시신경은 망막 위의 영상을 두뇌에 전달한다. 이는 선행하는 대상의 크기와 상관 없으며, 상상력조차 그 대상을 다른 대상과 비교하여 그 대상의 크기를 변경할 수 없다. 그렇다면 우리는 동일한 인상과 관념에서 동일한 대상에 대해 서로 다르게 판단하고, 어떤 때에는 그 대상의 숭고함을 찬탄하면서 다른 때에는 그 대상의 왜소함을 업신여기게 된다. 우리 판단의 이런 변이는 확실히 여느 지각의 변동에서 발생한 것이 아니다. 변이는 대상에 대한 직접적인 인상이나 관념에 있는 것이 아니다. 그렇다면 변이는 그 대상에 수반되는 다른 어떤 인상에 있을 수밖에 없다.

　이 문제를 해명하기 위해 두 가지 원리를 간단히 언급해 보자. 그 중 한 가지는 이 논고 과정에서 더욱 충분히 해명할 것이며, 다른 하나는 내가 이미 설명하였다. 내가 믿는 다음의 내용은 일반적인 기본 원칙으로서 수립할 수 있을 것이다. 감관에 현전하는 어떠한 사물도, 또 공상에서 형성되는 어떠한 심상도 자신에게 비례한 정서 즉 기운의 움직임을 수반하지 않을 수 없다. 그리고 습관 때문에 우리가 이런 감각을 감지할 수 없더라도, 또 습관 때문에 우리가 이런 감각을 그 대상이나 관념과 혼동할지라도, 조심스럽고 정확한 실험을 통해 쉽게 그 감각을 그 대상이나 관념과 분리하고 구별할 수 있을 것이다.[2] 연장과 수 따위의 경우만 사례로 들어 보자. 예를 들어 대양이나 광활한 평원, 장대한 산맥, 큰 삼림 따위처럼 부피가 매우 큰 대상이나 군대, 선단, 군중 따위처럼 대상의 수가 엄청난 집합 등과 같은 것이 출현했을 때 발생하는 감탄은 분명히 인간이 누릴 수 있는 최대로 생생한 쾌락 가운데 하나이다. 그런데 이 감탄은 그 대상의 증감에 따라 증감된다. 따라서 우리는 앞의 원리에 따라서[3] 다음과 같이 판단할 수 있을 것이다. 즉 감탄은 원인의 각 부분에서 발생한 여러 결과가 함께 결부됨에 따라 생기는 복합적 결과이다. 그리고 연장의 각 부분과 수의 각 단위는 정신이 각각 단독으로 그것을 표상할 때 각 부분과 각 단위에 수반되는 각각의 정서를 가진다. 그 별개의 정서는 늘 호의적이지는 않겠지만 다른 부분이 수반하는 정서와 결부되어서, 결부된 만큼 기운을 부추김으로써 늘 호의적인 감탄을 자아내는 데 기여한다. 연장과 수에 관해서 이런 사실을 인정할 수 있다면, 덕(德)과 부덕, 지혜와 어리석음, 부(富)와 빈곤, 행복과 불행 그리고 그 밖의 뚜렷한 정서를 항상 수반하는 다른 대상에 관해서도 아무런 이론 없이 이런 사실을 인정할 수 있다.

다음으로 내가 주목할 두 번째 원리는 우리가 일반 규칙에 의존한다는 원리이다.[4] 이 원리는 우리의 행동과 오성(悟性)에 지극히 강한 영향력을 미치며, 실제로 감관까지도 기만할 수도 있다. 즉 우리가 경험을 통해 한 대상이 다른 어떤 대상을 항상 수반하는 것을 알게 되었을 때는, 처음 대상이 출현하면 항상 실질적 여건이 바뀐다 해도 정신은 자연히 곧 두 번째 대상에게로 날아간다. 그리고 마치 오성의 가장 바르고 신뢰할 만한 추리를 통해 그 대상을 추정한 것처럼 그 대상의 관념을 생생하고 강력하게 형성한다. 우리에게 이런 기만을 깨우쳐 줄 수 있는 것은 아무것도 없다. 심지어 우리 감관조차도 이런 거짓 판단을 바로잡기보다는 오히려 이런 거짓 판단으로 인해 자주 왜곡되어 그 판단의 오류를 공인하려는 것처럼 보인다.

이 두 원리로부터 내가 도출한 결론은 앞에서 언급한 비교의 영향력에 더해져 아주 간단하고 결정적이다. 모든 대상은 자신과 비례하는 어떤 정서를 수반한다. 큰 대상은 큰 정서를, 작은 대상은 작은 정서를 수반한다. 따라서 작은 대상에 이어지는 큰 대상은 작은 정서에 큰 정서가 이어지도록 한다. 그런데 작은 정서에 이어지는 큰 정서는 더욱 커지며 일상적 크기를 넘어선다. 그러나 어떤 대상의 각 규모 모두에는 일상적으로 수반되는 정도의 정서가 있다. 따라서 이 정서가 증대되면 자연히 우리는 그 대상도 함께 증대된 것으로 상상한다. 그 결과는 정신의 시선을 그 결과의 일상적 원인에 기울이도록 한다. 그러나 정신은 정서의 대상에 있는 어떤 것이 변하지 않아도 비교를 통해 정서가 변화될 수 있다는 것을 고려하지 못한다. 광학의 형이상학적[5] 부분에 정통하며, 오성의 판단과 결론을 감관으로 옮기는 방식을 아는 사람은 이 작용 전체를 쉽게 파악할 것이다.

모든 관념에 은밀하게 수반되는 인상을 새롭게 발견했지만, 이 발견은 제쳐놓더라도 대상은 상호 비교를 통해 크거나 작게도 보인다는 원리를 조금이나 마 인정하지 않을 수 없다. 바로 이 원리 때문에 새로운 인상도 발견할 수 있었다. 이 원리에 대한 많은 사례가 있다. 따라서 이 원리의 진실성을 논박할 수 없다. 그리고 이 원리에서야말로 나는 심술과 질투 따위의 정념을 이끌어 냈다.

우리가 자신의 처지나 여건을 되새겨 보고, 그 처지나 여건이 행복하거나 불행하게 여겨지는 정도에 비례해서, 그리고 우리 자신이 소유했다고 생각되는 재산·권력·공적·평판 따위에 비례해서 크거나 작은 만족이나 언짢음을 느끼는 것은 명백하다. 그런데 우리는 대상을 내재적 가치에 따라 판단하는 경우는 거의 없고, 다른 대상과의 비교를 통해 그 대상에 대한 견해를 형성한다. 그리고 다른 사람에게서 행복이나 불행의 크고 작은 정도를 관찰함에 따라 우리 자신의 행복이나 불행을 평가하고 최종적인 고통이나 쾌락을 느낄 수밖에 없다. 다른 사람의 불행은 우리에게 우리 자신의 행복에 대한 생생한 관념을 제공하며, 그의 행복은 우리에게 우리 자신의 불행에 대한 생생한 관념을 제공한다. 따라서 다른 사람의 불행은 우리의 즐거움을 산출하고, 다른 사람의 행복은 우리의 언짢음을 산출한다.

그렇다면 이제 일종의 전도된 연민 또는 상반되는 감각이 관찰자에게 발생한다. 즉 관찰자는 자신이 바라보는 사람 때문에 그 사람과는 다른 연민이나 상반되는 감각을 느낀다. 일반적으로 말하자면 모든 종류의 비교에서 한 대상은 그 대상과 비교되는 다른 대상을 통해 이것을 직접적으로 볼 때 그 대상 자체에서 발생하는 것과는 상반된 감각을 받아들이도록 한다. 작은 대상은 큰 대상을 더욱 크게 여겨지도록 한다. 또 큰 대상은 작은 대상을 더욱 작게 여겨지도록 한다. 흉은 그 자체로서는 언짢음을 산출하지만, 아름다운 대상과 대조함으로써 아름다움은 더욱 증대되고, 우리에게는 새로운 쾌락을 느끼게 한다. 마찬가지로 그 자체에서 쾌락을 산출하는 아름다움은 못난 것과의 대조를 통해 못난 것의 흉을 증대시켜 우리가 새로운 고통을 받아들이도록 한다. 이것은 행복 및 불행과도 마찬가지일 수밖에 없다. 즉 다른 사람의 쾌락을 직접 조망하는 것은 우리에게 자연히 쾌락을 낳는다. 따라서 우리 자신의 고통과 비교되면 이는 고통을 산출한다. 또한 다른 사람의 고통 그 자체는 우리에게 고통을 준다. 그러나 우리 자신의 행복에 대한 관념을 증대시키고 쾌락을 제공한다.

또한 우리가 다른 사람의 행복이나 불행에서 전도된 감각을 느낄 수도 있다는 것은 다음의 것을 발견했을 때 전혀 이상하게 보이지 않을 것이다. 우리는 바로 이런 비교를 통해서 우리 자신에 대해 일종의 심술을 느끼며, 우리의 고통을 즐기고 쾌락을 슬퍼하게 된다는 것을 발견하기 때문이다. 예를 들어 우리가 자신의 현재 처지에 만족한다면 과거의 고통을 돌이켜보는 것도 유쾌할 것이다. 마찬가지로 우리가 과거에 누렸던 쾌락에 걸맞는 것을 현재에 누리지 못하면, 과거에 우리가 누렸던 쾌락 때문에 언짢음을 느낀다. 우리가 다른 사람의 소감을 생각할 때에도 마찬가지이다. 따라서 동일한 결과를 수반하지 않으면 안 된다.

더구나 어떤 사람은 자기 자신과 자신의 현재 운명에 대해 이런 심술을 부리며 계획적으로 고생을 자초하여 자신의 고통과 슬픔을 증대시킬 수 있다. 이런 일은 다음과 같은 두 경우에 일어날 수 있다. 첫째는 친구나 소중한 사람 등이 곤궁하거나 역경을 겪는 경우이다. 둘째는 자신이 저지른 범죄에 대해 후회를 느끼는 경우이다. 악에 대한 이 두 가지 규칙에서 벗어난 욕망은 비교 원리에서 발생한다. 자기 친구가 곤경에 처해 있을 때 어떤 쾌락에 탐닉하는 사람은 그 자신이 향유하는 근원적 쾌락과 친구의 곤경을 대조함으로써 반영된 언짢음을 자신의 친구에게서 더욱 현저하게 느낀다. 실제로 이런 대조는 현재의 쾌락도 더욱 생생하게 느끼도록 해야 한다. 그러나 여기에서는 비탄이 우세한 정념이라고 상정되어 있다. 따라서 부차적인 것은 모든 비탄을 보조하며, 이와 반대되는 감정은 그에게 전혀 영향을 미치지 않고 비탄으로 흡수된다. 사람이 자기 과거의 부도덕이나 실수를 자책하는 경우도 이와 같다. 범죄자가 자신이 감수해야 할 형벌을 생각할 때, 그 형벌의 관념은 범죄자가 지금 누리는 편안함이나 만족과 비교됨으로써 가중된다. 이것은 범죄자가 아주 못마땅한 대조를 피하기 위해 불편함을 어느 정도 감수하도록 강요한다.

이 추론은 심술의 기원 및 질투의 기원도 해명할 것이다. 다른 사람이 현재 누리는 즐거움을 우리 자신의 즐거움과 비교함에 따라 우리 자신의 즐거움에 대한 관념이 감소하게 된다. 그리고 이때 다른 사람의 즐거움으로 인해서 질투가 일어난다. 그 반대로 심술은 비교를 통해 쾌락을 얻기 위해서 타인에 대한 악을 산출하는, 특별한 이유나 까닭 없는 욕구이다. 이것이 질투와 심술 사이의 유일한 차이점이다. 다른 사람의 즐거움이 질투의 대상일 때, 이 즐거움은 우리 자신의 즐거움보다 우월한 것이 보통이다. 이 우월성은 자연히 우리 자신의 빛을 빼앗아가는 것처럼 느껴져서 못마땅한 비교를 낳는다. 그러나 다른 사람의 즐거움이 우리 자신의 즐거움보다 열등한 경우에도 우리는 자신의 즐거움에 대한 관념을 증대시키기 위해 이 열등한 것에서 더욱 거리를 두려고 한다. 이 거리가 줄어들면, 비교는 우리에게 덜 유리하게 된다. 따라서 우리의 쾌락도 줄어들며, 그런 비교가 못마땅하기까지 하다. 여기에서 이런 종류의 질투가 발생한다. 사람은 영예나 행복을 추구하면서 처음에는 자기보다 열등한 사람이 자신을 바짝 뒤쫓거나 앞서 갈 때는 이런 질투를 느낀다. 이런 질투에서 우리는 두 번씩이나 반복된 비교의 효과를 볼 수 있을 것이다. 자신을 자기보다 열등한 사람과 비교하는 사람은 비교를 통해 쾌락을 느낀다. 그리고 열등한 사람이 향상하여 열등한 정도가 줄어들면 그 사람이 이전의 상황과 비교함에 따라 쾌락도 당연히 줄어든다는 점에서 실제적인 고통이 된다.

또한 다른 사람의 우월성에서 발생하는 질투에 대해서도 살펴볼 만한 가치가 있다. 즉 질투를 낳는 이 우월성은 우리 자신과 다른 사람 사이의 현격한 불균형이 아니라, 우리와 엇비슷한[6] 사람과의 차이이다. 예를 들어 일반 병사는 자신의 장군에 대해서는 자신의 하사관이나 상급 병사 따위에 대해 느끼는 질투를 품지 않는다. 유명한 문필가는 평범한 삼류 작가에게서는 자신과 아주 엇비슷한 문필가에게서 느끼는 질투를 느끼지 않는다. 실제로 불균형이 심화될수록 비교를 통해 발생하는 불쾌감도 증대될 수밖에 없다고 생각할지도 모른다. 그러나 달리 생각해 보면, 현저한 불균형은 관계를 단절시키고, 동떨어진 것과 비교할 수 없도록 하거나 비교의 효과를 감소시킨다. 유사성과 엇비슷한 차이는 항상 관념들 사이의 관계를 산출한다. 그리고 이 관계의 결합력을 파괴하는 경우에 설령 다른 우발적 요인이 두 관념을 함께 결합시키더라도, 상상력에서 두 관념을 결합시킬 유대나 성질이 없으므로, 그 관념들은 오랫동안 합일되어 있을 수 없다. 말하자면 상호 간에 상당한 영향력을 미칠 수 없는 것이다.

앞에서 야망의 본성을 고찰하면서 살펴보았듯이,[7] 주인은 자신의 처지와 자기 노예의 처지를 비교하는 것을 통해 자신의 권위에서 이중의 쾌락을 느낀다. 그리고 이 비교는 자연스럽고 비교의 주체가 나타나므로 이중의 영향력을 갖는다. 대상들을 비교할 때, 공상이 한 대상에서 다른 대상으로 쉽게 옮겨 갈 수 없는 경우에 정신 활동은 현저하게 단절된다. 그리고 공상은 이를테면 새로운 지반에서 두 번째 대상을 생각하기 시작한다. 큰 대상이 동일한 종류의 작은 대상에 이어 나타나는 경우에도 각 대상에 수반되는 인상은 더욱 커지는 것으로 여겨지지 않는다. 이 두 인상은 별개이며, 서로 교감을 전달하지 않고 각각의 효과를 산출한다. 이 관념들의 관계가 결여되면 그 인상들 사이의 관계도 단절된다. 그리고 이런 분리 때문에 인상들 상호 간의 작용과 영향도 방해받는다.

이런 사실을 확인하기 위해 다음과 같은 점을 살펴볼 수 있을 것이다. 즉 공적의 정도가 엇비슷한 것만으로는 질투를 낳기에 충분하지 못하므로, 다른 관계의 도움이 필요할 수밖에 없다. 예를 들어 시인이 철학자를 질투하는 경우는 좀처럼 없다. 또한 종족과 국가 또는 시대 따위가 다른 시인을 질투하는 경우도 좀처럼 없다. 이 모든 차이점이 비교를 억제하거나 약화시키며, 결과적으로 질투라는 정념을 억제하고 약화시킨다.

이런 사실은 모든 대상이 오직 같은 종류의 대상들과 비교됨으로써 중요하거나 하찮게 여겨지는 이유이기도 하다. 예를 들어 산을 보아도 눈에 보이는 말의 크기를 증감시키지 않는다. 그러나 플란더스 말과 웨일스 말[8]을 따로 볼 때보다는 함께 볼 때, 플란더스 말이 커 보이고 웨일스 말이 작아 보인다.

시민 전쟁에서 언제나 한 당파는 다른 당파에게 굴복하기보다는 오히려 위험을 무릅쓰고 외국의 적을 불러들인다는 역사가의 견해를 우리는 앞의 원리에서 해명할 수 있을 것이다. 귀치아르디니(F. Guicciardini)[9]는 이런 견해를 이탈리아의 수많은 전쟁에 적용하였는데, 엄밀히 말해서 이 전쟁에서 각 국가 간의 관계는 이름과 공통 언어 그리고 이웃해 있다는 것뿐이다. 그렇지만 이런 관계들조차 다른 국가에 대한 한 국가의 우월성과 결합되면, 더욱 자연스럽게 비교함으로써 더욱 비참하게 만든다. 그리고 사람들이 다른 우월성을 찾도록 만드는데, 이 다른 우월성은 어떤 관계도 수반하지 않을 수 있으므로 상상력에 비교적 눈에 띄지 않는 영향력을 미칠 수도 있다. 정신은 곧 자신의 여러 가지 유리한 경우와 불리한 경우를 지각한다. 그리고 그 우월성이 다른 관계와 결합되는 경우에 정신은 자신의 상황이 가장 불안하다는 것을 발견한다. 여기서 정신은 우월한 것과의 관계를 분리시키고, 그처럼 자연스럽고 효과적으로 비교할 수 있도록 하는 관념의 연합을 단절한다. 정신이 그 연합을 해체할 수 없다면, 정신은 그 우월성을 제거하고 싶은 더욱 강한 욕구를 느낄 것이다. 이것은 여행가들이 대개 중국인과 페르시아인을 그토록 아낌없이 칭찬함과 동시에 조국과 적대 관계일 수 있는 이웃 나라 사람을 평가절하하는 이유이다.

역사와 일상 경험에서의 이런 사례는 풍부할 뿐 아니라 또한 호기심을 자극한다. 그러나 예술에서도 이에 못지않은 사례를 발견할 수 있을 것이다.

즉 어떤 작가가 일부분은 진지하고 심오하지만 다른 부분은 가볍고 해학적인 글을 쓴다면, 모든 사람은 매우 기묘한 조합을 비난하면서 그 작가가 예술과 비평의 모든 규칙을 무시했다고 비난할 것이다. 예술의 이런 규칙은 인간 본성의 여러 성질에 토대를 두고 있다. 그리고 모든 작품에서 일관성을 요구하는 인간 본성의 이런 성질은, 정신이 한순간에 한 정념과 성향에서 전혀 다른 정념과 성향으로 옮겨 가는 것을 불가능하게 한다. 그러나 이런 점 때문에 우리는 프라이어가 자기 작품의 주인공 알마와 솔로몬을 같은 책에 수록했다고 해서[10] 그를 책망하지는 않는다. 게다가 훌륭한 시인은 솔로몬의 우울함과 함께 알마의 쾌활함을 그려 내는 데 완전히 성공하고 있다. 독자가 이 두 시(詩)를 간격을 두지 않고 정독한다고 가정하더라도, 그는 정념을 변화시키는 데 거의 어려움을 느끼지 못하거나 전혀 느낄 수 없을 것이다. 그것은 어째서일까? 다름이 아니라 독자가 이 두 작품을 전혀 다른 것으로 생각함으로써, 이 관념상의 단절 때문에 감정의 추이가 단절되고, 결과적으로 한 감정이 다른 감정에 영향을 미치거나 다른 감정과 모순되는 것을 방지하기 때문이다.

한 점의 그림 안에 영웅적이고도 해학적인 구상이 합일되어 있다면 아마 괴상하게 보일 것이다. 그러나 어떤 거리낌이나 어려움 없이도 우리는 아주 상반된 특징의 두 그림을 한 방에 걸어 둘 수 있으며, 심지어 나란히 걸어 놓을 수도 있다.

요약하자면 어떤 관념도 비교를 통해서든 자신들이 각각 산출하는 정념에 의해서든, 서로 영향을 주는 것은 그들 관계를 통해 관념들이 합일되지 않는 한 불가능하다. 이 관계가 관념들의 쉬운 전이를 유발할 수 있다면, 결과적으로 그 관념에 수반되는 정서나 인상을 쉽게 전이시킬 수 있다. 또한 상상력이 다른 인상의 대상으로 옮겨 갈 때에도 처음 인상을 보존할 수 있다. 이 원리는 우리가 오성과 정념 모두에 관해 살펴본 것[11]과 상응하므로 아주 주목할 만하다. 내 앞에 어떤 관계에 의해서도 결합되지 않는 두 대상이 있다고 가정해 보자. 또 이 대상들은 각각 정념을 산출하며, 두 정념은 그 자체로 상반된다고 가정해 보자. 경험을 통해 알 수 있듯이 그 대상이나 관념에 관계가 결여되었다면 그 정념들 간의 자연적 상반성도 은폐될 것이다. 그리고 사고의 전이가 단절되면 그 정념들 상호 간의 영향력도 없어지고 대립도 일어나지 않는다. 이것은 비교의 경우도 마찬가지이다. 그리고 이런 두 현상으로부터 우리가 확실하게 결론 내릴 수 있는 것은, 관념들 사이의 관계는 틀림없이 인상들 사이의 관계를 촉진한다는 것이다. 왜냐하면 관념들 사이의 관계가 없어진다는 것만으로도 인상들 사이의 전이를 방지할 수 있으며, 자연히 서로 작용해야 할 것을 분리시킬 수 있기 때문이다. 어떤 대상이나 성질의 결여가 일상적이고 자연적인 어떤 결과를 제거할 때, 그런 대상이나 성질이 현존하는 것이 그 결과를 산출하는 데 기여한다는 절대적이고 확실한 결론을 내릴 수 있을 것이다.

〈주〉

1 '비교(comparison)'는 흄의 정념론에서 가장 활발하게 논의되는 이론 중 하나로 지금까지도 계속 등장했지만 여기에서 상세히 설명된다. 제2편 제1부 제6절 주석 3 참조.

2 사물의 관념은 자신에 비례해서 정서를 수반한다는 일반적 근본 원칙은 사물과 그 사물에서 기원하는 정서 사이의 양적 대응 관계가 존재한다는 원리로, 흄의 철학에서 때때로 보이는 '정신의 수량적 고찰' 중 하나로 나타난다. 또 여기서 사용되는 '정서'는 '정념'과 같은 의미임이 틀림없으며, 특히 하나의 정념의 부분을 낳는 정념을 가리킨다.

3 제1편 제3부 제5절 참조.〔원주〕

4 일반 규칙에 대해서는 본편에서도 이미 이야기되었다. 제2편 제2부 제5절 주석 7 참조.

5 '형이상학적(metaphysical)'이라는 말은 여기서는 좋은 의미로 사용되고 있다. 제1편 '머리글' 주석 4 참조.

6 '엇비슷한'의 원어는 'proximity'이다. 립스는 특히 'Vergleichbarkeit'라고 번역하고 각주에 원어를 표기했지만, 특별히 그런 식으로 단어를 바꿔 번역할 필요는 없을 것이다.

7 '야망의 본성을 고찰하면서 살펴보았듯이'라고 되어 있지만, 구성 및 비교의 효과에 대해서 이야기한 것은 제2편 제1부 제10절 '소유와 재산에 대하여'의 끝부분이다. 이것이 야심의 고찰에 상당한다고 생각되는 부분에 대해서는 앞에서 서술한 대로이다. 제2편 제1부 제10절 본문 및 제2편 제1부 제8절 주석 4 참조.

8 '플란더스의 말(Flemish horse)'은 벨기에 종마(Belgian stallion)라고도 불리는 대륙산의 유명한 중량마(重量馬)를 가리킨다. '웨일스 말(Welsh horse)'은 '웨일스의 조랑말(Welsh pony)'이

라는 단어가 있는 것에서도 알 수 있듯이 키가 작은 말의 예로 거론되고 있다. 그리고 《정념소고》에서도 동일한 예시가 보인다.

9 '귀치아르디니'는 이탈리아의 역사가로 《이탈리아사(Historia d'Italia)》의 저자인 Francesco Guicciardini(1483~1540)를 가리킨다. 이 예시 역시 《정념소고》에서 발견된다.

10 '프라이어'는 영국의 시인 Matthew Prior(1664~1721)를 가리킨다. 그는 토리당(黨)에 속해 있었으며, 앤 여왕에게 중용되어 프랑스와의 외교에서 활약했다. 《알마(Alma, or The Progress of the Mind.)》는 여왕의 사후 실각하여 옥에 갇혀 있을 때 쓴 장편의 해학시로, 그의 최고 야심작인 《솔로몬(Solomon)》과 함께 1718년에 출판되었다. 이 예시 역시 《정념소고》에서 발견된다.

11 '오성과 정념 모두에 관해 살펴본 것'이라고 하지만, 여기서 시와 회화의 예를 들어 설명한 부분 외에는 특별히 해당하는 부분을 찾기가 어렵다. 오성 및 정념의 모든 작용 조건으로서 관계 또는 합일을 생각하는 것은 흄 철학의 근본적인 사고로, 제1편에서부터 지금까지 이야기되어 왔다.

9 자비나 분노를 연민이나 심술과 혼합하는 것에 대하여

지금까지 우리는 연민과 심술을 설명하기 위해 노력했다. 이 두 감정은 상상력에서, 즉 상상력이 그 대상을 보는 관점에 따라서 발생한다. 즉 우리의 공상이 다른 사람의 소감을 직접 응시하고 그 소감에 깊이 몰입할 때, 우리는 공상이 보는 모든 정념을 비탄 또는 슬픔의 정념으로 느낄 수 있게 된다. 반면에 다른 사람의 소감을 우리 자신의 소감과 비교할 때, 우리는 근원적 감각과 직접적으로 대립되는 감각을 느낀다. 즉 우리는 다른 사람의 비탄에서 즐거움을 느끼고, 다른 사람의 즐거움에서 비탄을 느낀다. 그러나 이것들은 연민과 심술 등과 같은 감정의 최초 토대에 지나지 않는다. 보통은 시간이 지나면 이런 감정은 다른 정념들과 뒤섞인다. 그런데 연민과 혼합된 사랑이나 상냥함 그리고 심술과 혼합된 미움이나 분노 따위는 언제나 존재한다. 그런데 이런 감정의 혼합은 얼핏 보기에 나의 체계와 모순되는 것처럼 보인다. 왜냐하면 연민은 다른 사람의 불행에서 발생한 언짢음이고, 심술은 다른 사람의 불행에서 발생한 즐거움이다. 따라서 연민은 다른 모든 경우에서처럼 자연스럽게 미움을 산출해야 하고, 심술은 사랑을 산출해야 한다. 나는 다음과 같은 방식으로 이 모순을 해소하고자 한다.

정념들 사이의 전이를 유발시키려면 인상과 관념의 이중 관계가 필요하다. 그리고 한 가지 관계만으로는 이 결과를 낳기에 결코 충분하지 못하다. 그러나 이 이중 관계의 힘을 충분히 이해하기 위해 우리는 다음과 같은 점을 반드시 생각해 보아야 한다. 즉 어떤 정념의 성격은 현재의 감각이나 순간적 고통 또는 순간적 쾌락만으로 결정되는 것이 아니다. 정념이 발생되어 목적을 향하는 전체적 추세와 성향을 통해 결정되는 것이다.[1] 우리가 앞에서 지금까지 줄곧 가정했듯이 어떤 두 인상의 감각이 유사할 때뿐만 아니라, 그 인상들의 충격이나 방향이 비슷하거나 일치할 때 한 인상은 다른 인상과 관계될 수 있다. 그러나 긍지와 소심에 관해서는 이런 일이 생기지 않는다. 왜냐하면 긍지와 소심은 행동을 향한 방향이나 성향이 전혀 없는 순수 감각일 뿐이기 때문이다.[2] 따라서 인상의 이 특별한 관계에 대한 사례는 욕구나 욕망 따위를 수반하는 감정, 예를 들자면 사랑이나 미움 따위의 감정에서만 찾아내야 한다.

자비, 즉 사랑에 수반되는 욕망은 사랑하는 사람의 행복에 대한 욕구이며, 그 사람의 불행에 대한 혐오이다. 마찬가지로 분노, 즉 미움에 수반되는 욕망은 미워하는 사람의 불행에 대한 욕구이며 그의 행복에 대한 혐오이다.[3] 따라서 다른 사람의 행복에 대한 욕구와 다른 사람의 불행에 대한 혐오는 자비와 유사하다. 그리고 다른 사람의 불행에 대한 욕구와 그의 행복에 대한 혐오는 분노에 대응한다. 그런데 연민은 타인의 행복을 욕구하고 그의 불행을 혐오하는 것이며, 심술은 그와 반대의 욕망이다.[4] 따라서 연민은 자비와 관련되어 있고, 심술은 분노와 관련되어 있다. 그리고 이미 살펴보았듯이, 자비는 정신의 자연적이고 근원적인 성질을 통해 사랑과 결합하며, 분노는 미움과 결합한다.[5] 이런 연쇄작용을 통해 연민과 심술의 정념이 사랑 및 미움과 결합된다.

이 가설은 충분한 경험을 토대로 하고 있다. 어떤 동기에서 어떤 행동을 실행하기로 결심한 사람은 자연히 그 결심을 강화한다. 말하자면 그 결심이 정신에 권위와 영향을 줄 수 있도록 하는 다른 모든 시각이나 동기를 가지게 될 것이다. 어떤 계획을 뒷받침하려면, 우리는 이익과 명예 및 의무 따위에서 발생하는 동기를 찾는다. 그런데 연민과 자비, 심술과 분노는 서로 다른 윤리들에서 발생하는 동일한 욕구이다. 그렇다면 그들이 함께 뒤섞여 구별될 수 없다는 것은 얼마나 이상한 일인가? 자비와 사랑, 그리고 분노와 미움 따위의 이 결합은 근원적이고 1차적이다. 그러므로 여기에는 아무런 어려움도 없다.

우리는 여기에 다음과 같은 또 하나의 실험을 덧붙일 수 있을 것이다. 즉 우리의 행복이나 불행이 다른 사람의 행복이나 불행에 따라 좌우될 때, 결과적으로 자비와 분노 및 사랑과 미움은 그 밖의 관계가 없어도 발생한다. 내 생각에 이 실험은 매우 독특하게 여겨진다. 따라서 우리가 그것을 고찰하기 위해 잠시 멈춰서도 좋으리라 생각한다.

같은 직업을 가진 두 사람이 한 마을에서 일거리를 찾는데, 그 마을에서는 두 사람 모두에게 일자리를 줄 수는 없다고 가정해 보자. 누구나가 알 수 있듯 두 사람이 모두 성공하기란 전혀 불가능하다. 말하자면 어느 한 사람에게 이익이 되는 것은 분명히 그 경쟁자의 이익과 상반되고, 입장이 바뀌어도 마찬가지이다. 그리고 서로 다른 지역에 사는 두 상인이 동업을 시작했다고 가정해 보자. 한 상인의 손익은 그 동업자의 손익이 된다. 따라서 두 사람은 필연적으로 같은 운명이다. 이제 첫 번째 경우에 미움은 언제나 이익이 상반되는 데에서 유래되며, 두 번째 경우에는 상인들의 합일에서 사랑이 발생한다는 것이 명백해졌다. 그렇다면 어떤 원리에서 이 정념들이 기인하는 것으로 생각할 수 있는지 살펴보기로 하자.

우리가 현재의 감각만 고려한다면, 이 정념들은 인상과 관념의 이중 관계에서 발생하지 않는다는 점은 누구나 알 수 있다. 그 이유는 다음과 같다. 우선 경쟁 관계의 첫 사례를 살펴보자. 경쟁자의 쾌락과 이익은 필연적으로 나의 고통과 손실을 일으킨다. 그렇지만 그것은 그의 고통과 손해가 나의 쾌락과 이익을 일으킨다는 것과 평형을 이룬다. 그리고 그가 성공하지 못했다면, 바로 이런 사실 때문에 나는 그에게서 더욱 만족을 얻을 수 있다. 마찬가지로 동업자의 성공은 나를 기쁘게 하지만, 그의 역경 때문에 나도 그와 똑같은 괴로움을 겪는다. 그리고 쉽게 상상할 수 있듯이, 대개의 경우에는 나의 소감이 더욱 우위를 점한다. 그러나 경쟁자나 동업자의 운이 좋든 나쁘든 간에 나는 언제나 경쟁자를 미워하고 동업자를 사랑한다.

또한 동업자에 대한 이런 사랑은 형제나 동포를 사랑하는 것과 같은 그런 관계나 결합에서 발생하는 것은 아니다. 일반적으로 경쟁자는 동업자와 마찬가지로 나와 긴밀한 관계를 갖는다. 동업자의 쾌락은 나의 쾌락을 일으키고 그의 고통은 나의 고통을 일으키듯이, 경쟁자의 쾌락은 나의 고통을 일으키고 그의 고통은 나의 쾌락을 일으키기 때문이다. 그렇다면 원인과 결과의 연관은 어느 경우에나 동일하다. 그리고 동업자의 경우 원인과 결과가 유사(類似)라는 새로운 관계를 갖는다면, 경쟁자의 경우에는 상반관계를 갖는다. 그리고 이 상반관계 또한 유사의 일종이다.[6] 따라서 문제는 거의 동일한 채로 남아 있다.

이런 현상에 대해 부여할 수 있는 유일한 설명은 앞에서 서술한 동방향의 원리에서만 얻을 수 있다.[7] 우리 자신의 이해에 대한 우려 때문에 우리는 동업자의 쾌락에서 우리 자신의 쾌락을 느끼고, 동업자의 고통에서 우리 자신의 고통을 느낀다. 마찬가지로 우리는 공감 때문에 지금 우리와 함께 있는 사람이 느끼는 감각에 대응하는 감각을 느낀다. 반면에 우리의 이익에 대한 바로 그 우려 때문에 우리는 경쟁자의 쾌락에서 우리 자신의 고통을 느끼고, 경쟁자의 고통에서 우리 자신의 쾌락을 느낀다. 간단히 말해서 우리가 자신을 다른 사람과 비교하고 심술을 부리는 데에서 소감들의 상반성이 발생한다. 그러므로 이익에서 일어나는 감정의 동방향은 자비나 분노를 자아낼 수 있으므로, 공감과 비교에서 유래된 바로 이 동방향이 동일한 결과를 가져야 한다는 것은 조금도 이상하지 않다.

일반적으로 다음과 같이 말할 수 있을 것이다. 즉 어떤 동기에서든 다른 사람에 대해 친절이나 호의를 느끼지 못하면 우리는 그에게 선한 행동을 할 수 없다. 마찬가지로 우리가 어떤 사람에게 모욕을 줄 때, 그 모욕은 당하는 사람에게 미움을 일으킬 뿐만 아니라 우리 자신에게도 미움을 일으킨다. 사실대로 말하자면 우리는 이런 현상을 다른 원리를 통해 부분적으로나마 설명할 수 있을 것이다.[8]

그러나 여기서 심각한 반론이 제기된다. 우리는 논의를 더 진행하기에 앞서 이 반론을 검토할 필요가 있다. 내가 지금까지 증명하고자 노력했듯이,[9] 권력과 재산 또는 가난과 비천은 근원적 쾌락이나 언짢음을 산출하지 않고도 사랑이나 미움을 불러일으킨다. 그리고 부와 권력 또는 빈곤과 비천 따위는 그것을 소유한 사람에게 고통이나 만족을 산출한다. 그리고 이 고통이나 만족을 공감함으로써 유래된 2차 감각을 통해 빈곤이나 부는 우리에게 작용하게 되는 것이다. 부를 소유한 사람의 쾌락을 공감함으로써 사랑이 발생하고, 빈곤한 사람의 언짢음을 공감함으로써 미움이 발생한다. 그러나 이것은 내가 지금 막 확정한 것이며, 연민과 심술이라는 현상을 해명하는 데 절대적으로 필요한 근본원칙이다. '어떤 정념의 특성을 결정하는 것은 현재의 감각 또는 순간적 쾌락이 아니다. 정념이 발생하여 사라질 때까지의 일반적 운동 추세나 성향이 결정한다.' 이 근본원칙 때문에 고통을 공감하는 것 즉 연민은 사랑을 산출한다. 그리고 이것은 연민이나 공감이 우리에게 다른 사람의 운명과 선악에 흥미를 갖도록 한다. 왜냐하면 이 공감은 1차적 감각에 대응하는 2차적 감각을 낳기 때문이다. 그리고 이 2차적 감각에서 연민이나 공감은 사랑 및 자비와 동일한 영향력을 갖는다. 그런데 이 규칙이 어떤 경우에만 유효할 뿐 전반적으로 유효하지 못한 까닭은 무엇인가? 다시 말해 언짢음을 공감하는 것이 항상 호의와 친절 이외의 어떤 정념을 산출하는 까닭은 무엇인가? 애당초 철학자가 자신이 설명할 개별적 현상에 따라서 자신의 추론 방법을 바꾸고, 하나의 원리에서 이와 상반되는 원리로 넘어가는 것은 철학자에게 어울리는 것일까?

나는 지금까지 정념들 사이의 전이가 발생할 수 있는 서로 다른 두 원인을 언급했다. 이 두 원인은 인상과 관념의 이중 관계 및 이 관계와 유사한 것, 즉 서로 다른 원리에서 발생하는 두 가지 욕구의 성향과 방향의 합치이다. 지금 내가 주장하는 바는 언짢음에 대한 공감이 약할 때 이 공감은 인상과 관념의 이중 관계라는 원인 때문에 미움이나 경멸을 산출하며, 그 공감이 강하면 이 합치 때문에 사랑과 상냥함을 산출한다. 그리고 이것이 매우 긴박하게 여겨지는 앞의 어려운 질문에 대한 해답이다. 이것은 아주 명백한 논변에 근거를 둔 원리이다. 따라서 이 원리가 어떤 현상을 해명하는 데 필요 없다고 할지라도 우리는 이 원리를 확립해야 한다.

공감이 늘 현재의 순간에 제한되지 않는다는 점은 틀림없다. 그러나 우리는 현존하는 것이 아니라 상상력의 힘을 통해 예감할 뿐인 고통과 쾌락도 교감전달을 통해 자주 느낀다. 예를 들어 내가 전혀 모르는 사람이 벌판에 잠들어 있을 때 그는 말발굽에 짓밟힐 위기에 처해 있는 것을 바로 내가 본다고 가정해보자. 나는 곧 그를 구하기 위해 달려갈 것이다. 이때 나는 공감의 원리 때문에 낯선 사람이 직면한 불행에 관심을 가지고 그를 구하기 위해 행동할 수밖에 없다. 이렇게 말하는 것만으로도 충분하다. 공감은 인상(印象)으로 전환된 생생한 관념일 뿐이다. 그러므로 어떤 사람의 앞날에 가능하거나 개연적인 미래의 처지[10]를 생각할 때 우리는 그 처지에 몰입해 그것을 마치 우리 자신의 관심사인 양 생생하게 표상함으로써 그 처지에 동감할 것이 분명하다. 따라서 우리는 우리 자신의 것도 아니고 당장은 실재하지도 않는 고통과 쾌락을 감지할 수 있다.

그러나 우리가 어떤 사람과 공감할 때 어느 정도 앞날을 내다볼 수 있다고 하더라도, 우리의 공감은 대개 그 사람의 처지를 우리가 감관과 지각에 의존해 느낌으로써 확대된다. 본래 다른 사람의 현재 소감에 대한 관념을 마치 바로 그 소감을 실제로 느끼듯이 생생하게 형성하는 것은 상상력의 엄청난 노력의 대가이다. 그러므로 생생하게 우리를 자극하는 현재의 어떤 사정에 의해서가 아니라면, 우리는 이 공감을 미래로 확대할 수 없을 것이다. 지금 다른 사람이 겪는 불행은 우리에게도 강한 영향을 끼친다. 그때 그 표상의 생동성은 단지 그 표상의 직접적 대상에 국한되지 않는다. 생동성의 영향력은 그것과 관련된 모든 관념으로 확산되고, 그의 여건이 과거·현재·미래, 어디에 속해 있든 간에, 또는 가능적이든 개연적이든 절대적으로 확실하든 간에 그의 모든 여건에 대해 내가 생생한 관념을 갖도록 한다. 이 생생한 관념을 통해 나는 그의 모든 여건에 관심을 가지고 참여한다. 그리고 내가 그의 여건들에서 상상할 수 있는 모든 것과 상응하는 공감이 솟아오름을 내 가슴으로 느낀다. 만약 내가 처음 표상한 것의 생동성을 줄이면 관련된 관념의 생동성도 줄어든다. 수로를 따라 흐르는 물이 샘에서 솟는 물보다 많지 않은 것과 마찬가지이다. 이처럼 생동성이 줄어들면 나는 다른 사람의 운명에 대해 전적으로 관심을 갖는 데 필요한 미래에 대한 예측을 줄인다. 이때 나는 현재의 인상을 느낄 수는 있다. 그러나 나의 공감을 그 이상으로 옮기지는 못한다. 말하자면 최초 표상이 갖는 힘을 그 표상과 관련된 대상들에 대한 나의 관념으로 전환할 수 없다. 다른 사람의 불행이 희미한 방식으로 현전할 때 나는 교감전달을 통해 그것을 받아들이며, 그 불행과 관련된 모든 정념을 느낀다. 그러나 나는 현재의 그의 불행처럼 미래의 그의 행운에도 흥미를 느낀다기보다는 관심만 있을 뿐이다. 그러므로 폭넓은 공감을 결코 느낄 수 없을뿐더러 이 공감과 관련된 어떤 정념도 느낄 수 없다.

그런데 이처럼 서로 다른 종류의 공감과 관련된 정념이 무엇인지 알기 위해 우리는 다음과 같은 것을 생각해야만 한다. 우선 자비는 사랑하는 사람의 쾌락에서 발생한 근원적 쾌락이며, 고통은 사랑하는 사람의 고통에서 유래된 근원적 고통이다. 이런 인상들의 호응 결과로 사랑하는 사람의 쾌락을 원하고, 사랑하는 사람의 고통을 혐오하게 된다. 그런데 이런 욕구와 혐오 따위의 정념을 자비와 일치시키려면, 우리는 우리가 생각하는 사람이 가진 이중 인상과 호응하는 이중 인상을 느낄 필요가 있다. 이 경우 이 두 이중 인상 가운데 어느 하나만으로는 이런 목적을 이루기에 결코 충분하지 않다. 우리가 한 가지 인상, 특히 고통스러운 인상만 다른 사람과 공감한다면, 이 공감은 자신이 우리에게 전달하는 언짢음 때문에 분노나 미움과 관련될 뿐이다. 그런데 공감의 폭이 넓어지거나 좁아지는 것은 최초 공감의 힘에 좌우된다. 따라서 사랑이나 미움 따위의 정념도 바로 이 원리에 좌우된다.[11] 우리에게 전달된 다른 사람의 강한 인상은 사랑과 미움의 정념이 갖는 이중 경향을 낳는다. 최초 인상이 아무리 고통스럽다고 할지라도 이 이중 경향은 방향의 유사성에 의해 자비 및 사랑과 관련된다. 반면 약하고 고통스러운 인상은 감각의 유사성에 의해 분노 및 미움과 관련된다. 그러므로 자비는 큰 불행에서 발생하거나, 우리가 불행을 강하게 공감하는 데에서 발생한다. 또한 미움이나 경멸은 작은 불행에서 발생하거나, 우리가 불행을 약하게 공감함에 따라 발생한다. 이것이 내가 증명하고 설명하고자 했던 원리이다.

이상의 원리에는 신뢰할 이유뿐만 아니라 경험도 있다. 예를 들어 어느 정도의 가난은 경멸을 낳지만, 그 정도를 넘어선 가난은 동정과 호의를 유발한다. 우리는 혹시 농부나 하인을 얕볼지도 모른다. 그러나 거지의 불행이 아주 큰 일로 여겨지거나 너무 생생하게 묘사되면 그의 고생에 공감하고 가슴속에서 연민과 자비를 뚜렷하게 느낀다. 이처럼 동일한 대상이라도 정도의 차이에 따라 상반된 정념을 일으킨다. 그러므로 나의 가설에 따르면, 정념은 일정한 정도로 작용하는 각종 원리에 좌우될 수밖에 없다. 이때 공감의 증가는 불행의 증가와 동일한 결과를 갖는다는 것은 명백하다.

황량한 국토는 언제나 을씨년스럽고 거북하며, 대체로 거기 사는 사람에 대한 경멸을 마음속에 불어넣는다. 그렇지만 이 못마땅함은 이미 살펴보았듯이 보통 거기 사는 사람과의 공감을 통해 발생한다. 그러나 이 공감은 약한 것일 뿐이며, 직접적 감각을 넘어서지도 못한다. 따라서 이 감각은 거북하다. 그러나 퇴락한 도시의 모습은 자비로운 소감을 전한다. 우리는 거기 사는 불행한 사람들의 역경을 느낄 뿐 아니라, 그들의 번영을 바랄 정도로 그 사람들의 관심사에 깊이 몰입하기 때문이다.

그런데 우리에게 전달된 타인의 불행에 대한 인식의 힘은 대체로 연민과 자비를 산출한다. 그렇지만 그 힘이 너무 지나치게 고조되면 이런 효과는 중단되는 것도 확실하다. 이 사실은 주목할 만한 가치가 있는 것이다. 우선 그 언짢음 자체가 경미하거나 우리와 동떨어져 있다면, 그것은 상상력의 범주에 들어오지도 않을 것이다. 따라서 우리가 공감하는 다른 사람의 미래의 우연적 행운에 대해 그 사람의 현재의 실제적 악에 대해서처럼 대등하게 우리의 관심을 전달할 수도 없다. 그 언짢음이 더욱 큰 힘을 얻는다면, 우리는 그 사람의 좋고 나쁜 운명 모두에 대해 감지할 수 있게 되고 그 사람에게 관심을 기울이게 된다. 그리고 이와 같은 완전한 공감을 통해 연민과 자비가 발생한다. 그러나 쉽게 상상할 수 있듯이 현재의 악이 평소보다 더욱 큰 힘으로 자극하는 경우 그 악은 우리의 관심을 완전히 장악하여 앞에서 언급한 이중 공감을 방해할 수도 있을 것이다. 모두가 알다시피 모든 사람들, 특히 여성들은 형장으로 가는 범죄자에게 쉽게 호의를 나타내며, 범죄자가 매우 멋있고 잘생겼다고 상상하기 쉽다. 그러나 그 잔혹한 형벌에 처해진 사람은 그런 상냥한 정서를 전혀 느끼지 못하며, 두려움에 압도되어서 무언가 그 두려움과 상반되는 공감을 통해 이 언짢은 감각을 중화시킬 여유가 없다.

그러나 나의 가설에 가장 명확하게 들어맞는 사례는 우리가 대상을 변화시킴으로써 중간 정도의 정념에서조차도 이중 공감을 분리하는 경우이다. 이 경우에 우리는 연민이 일상적인 사랑과 상냥함을 산출하는 대신 이와 반대의 감정을 항상 불러일으킨다는 것을 알 수 있다. 예를 들어 우리는 역경에 처한 사람을 발견했을 때 연민과 사랑에 마음이 움직인다. 반면 이 불행을 유발시킨 사람은 우리가 가장 미워하는 대상이 되며, 연민의 정도에 비례하여 그를 더욱 혐오한다. 그러면 연민이라는 동일한 정념이 불행을 겪는 사람에 대한 사랑을 산출하는 동시에 불행을 유발시킨 사람에 대한 미움을 산출하는 이유는 도대체 무엇인가? 불행을 유발시킨 사람의 경우에 그 사람은 오직 불행에 대해서만 관계를 갖는다. 이에 반해 불행을 겪는 사람을 생각할 때는 모든 면에 관심을 기울이면서 불행을 겪는 사람의 괴로움을 감지하는 동시에 그의 행복을 바라기 때문이다.

이 주제를 벗어나기 전에 반드시 주목할 것은 다음과 같다. 즉 사랑을 유발시키는 이중 공감의 경향과, 이러한 현상이 우리가 자연히 우리 혈족이나 친지에 대해 갖는 친절을 산출하는 데에 기여할 수도 있다는 점이다. 습관과 혈연관계 때문에[12] 우리는 다른 사람의 소감에 깊이 몰입한다. 우리가 그 사람에게 어떤 운명이 수반되었다고 상정하든 간에, 그의 운명은 상상력 때문에 마치 근본적으로 우리 자신의 운명인 양 우리에게 작용한다. 우리는 단지 공감의 힘 때문에 그들의 쾌락을 기뻐하고 그들의 비탄을 슬퍼한다. 그들에 대한 관심은 우리 자신과 무관하지 않다. 소감의 호응은 사랑에 자연적으로 수반되는 것이다. 따라서 소감의 대응은 사랑이라는 이 감정을 산출한다.

〈주〉

1 '정념이 발생되어 목적을 향하는 전체적 추세와 성향'이 정념의 성격을 결정한다는 원리는 계속해서 서술되며 두 정념의 인상이 '충격이나 방향이 비슷하거나 일치할 때' 두 정념은 관계를 얻는다는 '동방향의 원리'를 이끌어 낸다. 이는 흄의 정념론에서 중요한 원리가 된다.

2 긍지나 소심이 '순수 감각'이고 '행동을 향한 방향이나 성향이 전혀 없다'는 것은 제2편 제2부 제6절에서 설명된다. 제2편 제2부 제6절 주석 3 참조.

3 여기에 '자비(benevolence)' 및 '분노(anger)'의 명확한 정의가 있다. 제2편 제2부 제6절 주석 4 참조.

4 연민에 대해서는 제2편 제2부 제7절, 심술에 대해서는 제2편 제2부 제8절 참조.

5 자비와 사랑이 '자연적이고 근원적인 성질을 통해' 결합되어 있고, 분노와 미움이 결합되어 있는 점은 제2편 제2부 제6절 참조.

6 반대 관계가 '유사의 일종'이라는 점은 제1편 제1부 제5절 참조.

7 '동방향의 원리'에 대해서는 앞의 주석 1 참조.

8 '다른 원리'란 제2편 제2부 제4절에서 이야기된 '혈연에 대한 사랑' 등과 같은 것을 말한다. 제2편 제2부 제4절 참조.

9 권력이나 재산이 사랑이나 미움과 갖는 관계에 대해서는 제2편 제2부 제5절 참조.

10 '가능하거나 개연적인(possible or probable)'이란 표현에 대해서는 제2편 제1부 제10절 주석 9 참조.

11 이 부분의 원문은 지나치게 간략하다. 그뿐 아니라 사랑·자비·미움·분노 등의 단어 사용이 조잡하며, 지금까지 부여된 의미의 차이가 무시되어 이해하기 어렵다. 립스도

주석에 많은 부분을 첨가하고 있다. 경멸에 대해서는 다음 절에 자세히 설명되어 있다. 12 습관이 관계를 산출하는 원리는 제2편 제2부 제4절에서 설명되어 있다. 여기서 말하는 '관계'는 혈연 관계와 같은 선천적 자연적 관계를 의미하며, 후천적 습관에 의해서 얻은 관계를 가리키는 것이 아니다.

10 존경과 경멸에 대하여

이제 사랑이나 미움 따위와 혼합된 모든 정념을 이해하기 위해 남은 것은, 연모(戀慕)의 감정과 함께 존경과 경멸 따위를 설명하는 것뿐이다. 우선 존경과 경멸부터 시작해 보자.

다른 사람의 성질이나 여건을 고찰할 때, 우리는 그런 것들을 실제로 그 자체로 존재하는 것으로 보든가, 아니면 그런 것들을 우리 자신의 성질 및 사정 따위와 비교하든가, 아니면 이 두 가지 고찰 방식을 결합할 수 있을 것이다. 다른 사람의 좋은 성질은 첫 번째 관점에서는 사랑을 낳고, 두 번째 관점에서는 미움을 낳고, 세 번째 관점에서는 존경을 낳는다. 즉 존경은 사랑과 소심이라는 두 정념의 혼합물이다. 마찬가지로 다른 사람의 나쁜 성질은 우리가 그 성질을 보는 관점에 따라서 미움이나 긍지 또는 경멸을 불러 일으킨다.

경멸과 존경 따위의 느낌이나 현상 등으로 미루어 볼 때, 경멸에 긍지가 혼합되어 있고, 존경에는 소심이 혼합되어 있다는 것은 너무도 명백해서 특별히 입증할 필요도 없다고 생각한다. 또한 이런 혼합이 경멸당하거나 존경 받는 사람을 우리 자신과 암묵적으로 비교하는 데에서 발생한다는 것은 아주 명백하다. 어떤 사람의 동일한 처지나 재능도, 이 사람을 생각하는 사람이 그 사람과 비교해 열등함부터 대등함과 우월함을 느끼게 됨에 따라 존경이나 사랑, 경멸이 일어난다. 대체로 관점이 변하면 그 대상은 동일하게 남아 있을지라도 우리 자신과 그 대상 사이의 관계의 비율은 완전히 변한다. 이것은 정념이 변하는 원인이다. 따라서 이런 정념은 우리가 관계의 비율을 관찰하는 데에서, 즉 비교에서 발생한다.[1]

정신은 소심보다 긍지에 대한 성향이 훨씬 강하다는 것은 이미 살펴보았다.[2] 또 나는 인간 본성의 원리에 따라 이 현상의 원인을 설정하기 위해 노력했다. 나의 추론이 승인되든 그렇지 않든 간에, 이 현상은 논의의 여지가 없고 여러 가지 사례에서도 나타난다. 그 중에서도 이 현상은 경멸에 긍지가 혼합되는 것보다는 존경에 경멸이 혼합되는 것이 훨씬 많은 이유이다. 다시 말해, 우리가 윗사람의 존재 때문에 굴욕감을 느끼기보다는 아랫사람을 보고 훨씬 더 의기 양양해 하는 이유이다. 대체로 경멸이나 냉소는 긍지의 경향이 너무 강해서 그 밖의 다른 정념을 거의 식별할 수 없다. 반면에 부러움이나 존경에서 사랑은 소심보다 뚜렷하게 큰 구성 요소를 이룬다. 일반적으로 허영심이라는 정념은 매우 쉽게 유발되므로 충격이 거의 없어도 발생한다. 반면에 소심[3]이 나타나려 면 훨씬 강한 충격이 필요하다.

그러나 여기서 왜 이런 혼합이 모든 경우에 발생하지 않고 어떤 경우에만 발 생하는가 하고 묻는 사람이 있을지도 모른다. 다른 사람에게 있으면 사랑을 유 발하는 대상 모두는, 우리 자신에게로 옮겨지면 긍지의 원인이 된다. 따라서 이 런 대상이 다른 사람의 것이면서 우리 자신이 소유한 대상과 비교되는 동안, 그 대상은 사랑의 원인이자 곧 소심의 원인이어야 한다. 마찬가지로 직접적으 로 고찰되어 미움을 산출하는 모든 성질은 비교를 통해 언제나 긍지를 불러일 으켜야 하고, 이 미움과 긍지라는 정념의 혼합을 통해 경멸이나 냉소를 불러일 으켜야 한다. 그런데 어려운 문제는 어떤 대상이 왜 순수한 사랑이나 순수한 미움은 불러일으키면서, 존경과 경멸 따위의 혼합된 정념을 언제나 반드시 산 출하지는 않는가이다.

나는 줄곧 사랑, 긍지 따위의 정념과 소심, 미움 따위의 정념은 그 감각이 비 슷하며, 사랑과 긍지는 항상 호의적이지만 소심과 미움은 고통스럽다고 가정 해 왔다. 그러나 이것이 보편적인 진리라고 하더라도, 고통스러운 두 정념은 물 론 호의적인 두 정념도 차이가 있으며 심지어 상반되기도 한다. 그리고 이런 차이와 상반성이 그 정념들을 구별한다. 긍지와 허영만큼 정신에 힘을 불어넣 고 정신을 고무시키는 것은 없다. 반면에 동시에 사랑이나 상냥함이 오히려 정 신을 약화시켜 무력하게 만든다는 것을 알 수 있다. 바로 이런 차이는 언짢은 정념들 사이에서도 관찰할 수 있다. 분노와 미움은 우리의 모든 사유와 행동에 새로운 힘을 부여한다. 반면에 소심과 수줍음 때문에 우리는 의기소침한다. 정 념의 이런 성질에 대해서 명료한 관념을 형성해야 할 필요가 있다. 즉 긍지와 미움은 영혼의 힘을 북돋우지만, 사랑과 소심은 영혼을 무력하게 한다는 점을 기억해 두자.

이런 사실에서 다음과 같은 결론을 내릴 수 있다. 즉 사랑과 긍지[4] 따위의 감각이 호의적일 때 이 정념들의 합치 때문에 사랑과 긍지가 항상 동일한 대상에서 유발될 수 있다고 하더라도, 이 정념들의 다른 상반성이 원인이 되어 그 정념들은 서로 다른 정도로 유발된다.[5] 예를 들어 천부적 재능과 학식 따위는 유쾌하고 장엄한 대상이다. 유쾌함과 장엄함이라는 이 두 속성(circumstances) 때문에 긍지와 허영에 적응한다. 그러나 사랑은 쾌락을 통해서만 관계를 갖는다. 무지와 단순함은 못마땅하고 비천하다. 따라서 마찬가지로 이 거북함과 비천함도 역시 무지와 단순함이 소심과 이중 연관을 갖도록 하며, 미움과는 단일 연관을 갖도록 한다. 따라서 우리는 다음과 같은 점을 확신할 수 있을 것이다. 즉 동일한 대상은 서로 다른 상황에 따라서 언제나 사랑과 긍지 그리고 소심과 미움을 산출한다. 그럼에도 불구하고 그 대상이 사랑과 미움이라는 두 정념 또는 소심과 미움이라는 두 정념을 같은 비율로 산출하는 경우는 거의 없다.

여기서 우리는 앞에서 언급한 어려운 문제, 즉 어떤 대상은 항상 순수한 사랑이나 순수한 미움을 불러 일으키지만 언제나 소심이나 긍지와 혼합된다 해도 항상 존경이나 경멸을 산출하지만은 않는 이유에 대한 해답을 찾아 보아야 한다. 다른 사람의 성질이 모두 우리 자신에게 있을 때 긍지를 산출할 수 없는 한, 그 성질은 결코 비교를 통해 소심을 산출할 수 없다. 이와 반대로 직접적으로 조망할 때 소심을 낳을 수 없는 대상은 비교를 통해서 결코 긍지를 유발시킬 수 없다. 대상은 항상 비교를 통해 자신의 근원적 감각과 정반대되는 감각을 산출한다. 따라서 사랑을 산출하기에는 특히 적절하지만, 긍지를 낳기에는 불완전하고 적절하지 않은 대상이 우리 앞에 있다고 가정해 보자. 이 대상이 다른 사람의 소유일 때에는 매우 큰 정도의 사랑을 직접 유발한다. 그러나 비교를 통해서는 작은 정도의 소심을 유발하는 데 그친다. 따라서 결과적으로 소심이라는 정념은 혼합된 것으로는 거의 느껴지지 않는다. 말하자면 결코 사랑을 존경으로 전환할 수도 없다는 것이다. 이것은 좋은 심정, 뛰어난 해학, 태평스러움, 관대함, 아름다움 그리고 그 밖의 여러 가지 성질의 경우와도 마찬가지이다. 이것들은 다른 사람에게 사랑을 산출하는 특이한 소질을 가지고 있다. 그러나 우리 자신에게 긍지를 불러일으킬 만큼 그 성향이 크지는 않다. 이런 이유로 인해 다른 사람이 가지고 있는 이런 성질을 볼 때, 이 성질들에 대한 지각은 소심과 존경 따위의 아주 경미한 혼합과 함께 순수한 사랑을 산출한다. 마찬가지로 이런 추론은 이와 상반되는 정념들에도 쉽게 적용할 수 있을 것이다.

이 주제를 마치기에 앞서 다음과 같은 매우 진기한 현상을 해명하는 것도 나쁘지는 않을 것 같다. 일상적으로 우리는 왜 우리가 경멸하는 사람과 거리를 두려고 하며, 우리보다 열등한 사람이 공간적으로 또 지위상으로 우리와 너무 가까워지는 것을 꺼리는가?[6] 이미 살펴보았듯이 모든 종류의 관념은 거의 어떤 정서를 수반한다. 수와 연장 따위의 관념조차 정서를 수반하는데, 하물며 인생에서 중요하게 평가되어 우리의 관심을 고정하는 대상의 관념은 말할 나위도 없다. 우리는 부자와 가난한 사람을 완벽히 무차별적으로 바라볼 수 없다. 다시 말해 적어도 부자에 대한 존경, 가난한 사람에 대한 경멸을 희미하게라도 느낄 수밖에 없다. 이 두 정념은 서로 상반된다. 그러나 이 상반성을 느끼려면, 이 대상들은 어느 정도 관계가 있어야 한다. 이 대상들 사이에 관계가 없다면 그 감정들은 완전히 분리되어 별개로 취급될 것이고 결코 서로 마주칠 수 없다. 이 관계는 그 사람들이 서로 인접하게 되는 모든 경우에 발생한다. 이것이 부자와 가난한 사람 및 귀족과 하인처럼 우리가 불균형을 이룬 대상들을 보면 언짢은 일반적 이유이다.

그런데 이런 대상을 보는 모든 사람에게 언짢음은 공통적으로 발생하며, 이 언짢음은 우월한 사람에게 더욱 현저하게 나타날 수밖에 없다. 왜냐하면 열등한 사람이 우월한 사람에게 가까이 다가가는 것은 일종의 무례한 짓으로 간주되어, 열등한 사람이 그 불균형을 알아차리지 못하고 또 마음에 두지도 않는다는 것을 보여 주기 때문이다. 대체로 다른 사람의 우월감은 그 밖의 모든 사람이 그에 대해 일정한 거리를 유지하려는 성향을 낳는다. 그리고 모든 사람들이 그 사람과 어쩔 수 없이 가까워질 때, 그 우월감은 다른 사람들로 하여금 그에 대한 존경과 순종의 표시를 두 배로 나타내도록 한다. 다른 사람들이 이런 태도를 지키지 않는다면, 이것은 사람들이 그의 우월성을 느끼지 않는다는 증거이다. 여기서도 역시 성질의 정도의 현격한 차이를 일상적 비유로는 거리라고 일컫는 현상을 산출한다. 그것이 아무리 사소하게 여겨지더라도, 상상력의 자연적 원리에 근거를 두고 있다. 확실히 현격한 차이는 우리에게 거리감을 낳는 경향이 있다. 그러므로 거리와 차이라는 관념은 함께 결합되어 있다. 그런데 결합된 관념들은 서로 쉽게 혼동된다. 그리고 이것이 대개 은유의 원천이다. 이점은 우리가 다음에 살펴볼 기회가 있을 것이다.

〈주〉

1 비교의 원리 기능 중 하나가 여기에 있다. 제2편 제2부 제8절 주석 1 참조.
2 정신이 소심보다 긍지의 성향이 훨씬 강한 점은 제2편 제2부 제4절 참조.
3 옥스퍼드판에서는 '소심'의 부분이 'humanity'로 되어 있다.
4 제1판에서는 '미움(hartred)'으로 표기되어 있으나, 이는 명확한 오류이다. 오웬(D.W.D. Owen)의 《흄 연구 1(*Hume Studies* 1, 1975, 76~77)》에서는 '긍지'로 표기되어 있으며, 립스 역시 주석을 달지 않고 'Stolz'라고 번역하고 있다.
5 거의 모든 관념이 어떤 정서를 수반하는 것에 대해서는 제2편 제2부 제8절 참조.
6 거리가 정념에 미치는 영향에 대해서는 제2편 제3부 제7절 참조.

11 연모의 정 또는 이성 간의 사랑에 대하여

사랑과 미움이 다른 감정과 섞여 발생하는 모든 복합 정념 가운데에서도 이성 간의 사랑만큼 우리의 주의를 끄는 것은 없다. 그것은 그 힘과 강함뿐만 아니라 호기심을 불러 일으키는 철학적 원리들에 반박할 수 없는 증거를 제공하기 때문이다. 누구나 알다시피 가장 자연스러운 상태의 이 감정은 다음과 같은 세 가지의 서로 다른 인상이나 정념과 결부되어 나타난다. 즉 그 인상이나 정념은 아름다움에서 발생한 유쾌한 감각, 생식을 위한 육체적 욕망 그리고 관대한 친절이나 호의 등이다. 앞서 추론했던 바를 통해 친절의 기원을 아름다움이라고 설명할 수 있을 것이다.[1] 문제는 아름다움이 어떻게 육체적 욕망을 낳는가이다.

생식욕은 어느 정도 절제될 때 유쾌한 종류라는 것은 명백하다. 또 모든 호의적 정서와 강한 연관을 갖는다. 음악과 춤과 포도주 그리고 여흥, 이 모든 것은 기쁨·환희·허영 그리고 친절 따위와 마찬가지로 모두 이 욕구를 자극하는 것이다. 반면에 슬픔·우울·가난·소심 등은 이 욕구를 저해한다. 이런 성질들로부터 우리는 그 욕구가 미의식과 연관되는 이유를 쉽게 파악할 수 있다.

그러나 같은 결과에 기여하는 또 다른 원리가 있다. 내가 살펴보았듯이[2] 욕구들의 동방향은 진실한 관계이며, 그 감각의 유사성에 못지않게 욕구들 사이의 연관을 산출한다. 그런데 이런 관계의 작용 범위를 충분히 파악하려면, 반드시 다음과 같은 점을 고려해야 한다.

즉 어떤 주된 욕구가 자신과 연관된 부수적 욕구를 수반할 수 있으며 다른 욕구가 부수적 욕구와 같은 방향일 수 있다면, 이 동일한 성질로 인해 이 다른 욕구들은 주된 욕구와 관계될 수 있다. 예를 들어 우리는 번번이 허기를 영혼의 1차적 의향으로 간주하고, 음식에 접근하려는 욕구를 2차적 의향으로 간주할 수도 있다. 1차적 욕망을 만족시키려면 음식에 다가가려는 욕구가 절대적으로 필요하기 때문이다. 그러므로 어떤 대상이 독자적 성질 때문에 우리로 하여금 음식에 접근할 마음을 부여한다면, 그 대상은 자연히 우리의 욕망을 증대시킨다. 반면에 우리에게 음식을 멀리 하도록 하는 것은 모두 허기와 모순되며 음식에 대한 우리의 욕망을 감소시킨다. 이제 누구나 알 수 있듯이 아름다움은 첫 번째 효과를 가지며, 흉은 두 번째 효과를 갖는다. 그리고 이런 사실은 전자가 우리에게 음식에 대한 더욱 강한 욕망을 주고, 후자는 조리법에 따라 만든 가장 맛있는 음식을 우리가 싫어하게 만드는 원인이 된다. 이 모든 것이 생식을 위한 욕망에 쉽게 적용될 수 있다.

유사 및 동방향의 욕구라는 이 두 관계로부터 미의식과 육체적 욕망과 자비 사이에는 어떤 의미에서는 분리될 수 없는 연관이 발생한다. 그리고 우리가 경험적으로 알 수 있듯이, 이 감정들은 처음 나타났을 때와 전혀 차이가 없다. 왜냐하면 이 감정들 가운데 이떤 것은 자신과 관련된 감정을 수반하는 것이 거의 확실하기 때문이다. 예를 들어 성욕으로 들끓는 사람은 그 대상을 향하여 적어도 순간적인 친절을 느끼며, 동시에 성욕의 대상인 여성을 평상시보다 훨씬 아름답다고 상상한다. 마찬가지로 많은 사람들은 어떤 인물의 재치와 공적 등에 대한 부러움과 친절에서 시작하여 다른 정념으로 나아간다. 그러나 가장 일상적인 종류의 사랑은 처음에는 아름다움에서 발생하여, 다음에는 친절로 확산되고 육체적 욕망으로 확산되는 것이다. 친절이나 존중 따위와 생식욕은 너무 거리가 멀어 쉽게 합일될 수 없다. 친절이나 부러움은 아마 영혼의 가장 세련된 정념일 것이고, 생식욕은 가장 거칠고 비속한 정념일 것이다. 이 두 정념의 한가운데에 아름다움에 대한 사랑이 자리잡고 있으면서 두 정념의 본성을 공유한다. 이런 사실에서 아름다움에 대한 사랑은 그 두 정념을 모두 산출하고 있으므로 전부 독특하다는 결론이 나온다.

사랑[3]을 이렇게 해명하는 것은 나의 체계의 특이점은 아니다. 어떤 가설을 따르더라도 불가피하다. 사랑이라는 정념을 구성하는 세 감정은 분명히 독립적이며, 각각 별개의 대상을 갖는다. 따라서 이 감정들이 오직 자신들의 관계에 따라 서로를 산출한다는 것은 확실하다. 그러나 정념들 사이의 관계만으로는 불충분하다. 관념들 사이의 관계도 역시 필요하다. 우리는 어떤 사람의 아름다움 때문에 다른 사람에 대한 사랑에 빠지지 않는다. 그렇다면 이것은 인상과 관념의 이중 관계에 대한 명백한 증거이다. 이처럼 아주 명백한 사례로부터 그 밖의 것을 판단할 수 있을 것이다.

이러한 내용은 관점을 바꿨을 때 긍지와 소심 그리고 사랑과 미움 따위의 기원에 관해 주장했던 바를 예증하는 데 도움이 될 수도 있을 것이다. 내가 지금까지 살펴보았듯이 자아는 최초의 긍지와 소심이라는 정념의 대상이다. 다른 어떤 인격이 사랑과 미움이라는 정념의 대상이라고 하더라도 이 대상들만으로는 이런 정념들의 원인이 될 수 없다. 이 대상들은 처음부터 자아에게도 다른 인격에게도 서로 부정적일 수밖에 없는 상반된 두 감정과 관계하기 때문이다.[4] 따라서 내가 이미 기술했다시피 정신의 상황은 다음과 같다. 즉 정신에는 정념을 유발하기에 자연적으로 적합한 일종의 기관이 있다.[5] 산출된 정념은 자연히 그 대상으로 관심을 돌린다. 그러나 이런 기관이 있다는 사실만으로는 정념을 낳기에 불충분하므로 다른 어떤 정서가 필요하게 된다. 이 정서가 인상과 관념의 이중 관계[6]를 통해 이 원리들[7]을 작용시킨다. 말하자면 이 원리들에 최초의 충동을 부여하는 것이다. 이런 상황은 생식욕의 측면에서 더욱 현저하다. 이성은 성욕의 대상일 뿐만 아니라 그 원인이기도 하다. 우리는 성욕이 동하면 이성에 관심을 돌리게 되는 것만이 아니다. 이성을 생각하는 것만으로도 성욕을 불러일으키기에 충분하다. 그러나 이 원인은 너무 빈번하여 그 힘을 상실하게 된다. 따라서 그 원인은 새로운 충동으로 고무될 필요가 있다. 그리고 우리는 이 충동이 그 인물의 아름다움, 즉 인상과 관념의 이중 관계에서 발생한다는 사실을 발견한다. 한 감정이 별도의 대상과 원인을 모두 가지는 경우에 이 이중 관계는 필수적이다. 그렇다면 그 감정이 일정한 원인도 없이 별도의 대상만 가지는 경우에는 이 이중 관계가 얼마나 더 필요하겠는가?

〈주〉

1 아름다움이 유쾌한 감각에서 발생한다는 것은 제2편 제1부 제8절에서 설명되었다. 또한 다른 사람으로부터 받은 유쾌한 감각이 다른 사람에 대한 사랑이 발생한다는 것은 제2편 제2부 제1절에 상세히 기술되어 있다. 제2편 제1부 제8절 및 제2편 제2부 제1절 참조.

2 동방향의 원리에 대해서는 제2편 제2부 제9절 주석 1 참조.

3 여기에서의 '사랑'은 특히 이성 간의 사랑을 의미하고 있다.

4 긍지와 소심, 사랑과 미움, 이들 각각의 대상을 동일하게 하는 것만으로는 서로를 소멸시키는 정념이 유발되지 않는다. 이 점에 대해서는 제2편 제1부 제2절 및 제2편 제2부 제1절 참조.

5 정신의 자연적인 정념에 긍지나 사랑이 존재한다는 점에 대해서는 제2편 제1부 제5절 및 제2편 제2부 제1절 참조. 또 '산출된 정념은 자연히 그 대상으로 관심을 돌린다'는 표현에 대해서는 제2편 제1부 제2절 주석 3 참조.

6 인상과 관념의 이중 관계는 제2편 제1부 제5절 본문 및 주석 4 참조.

7 정신의 기관을 뜻한다.

12 동물의 사랑과 미움에 대하여[1]

그러나 사람에게 나타나는 사랑과 미움 따위의 정념 및 그 혼합물이나 구성으로부터 야수에게 보이는 동일한 감정으로 넘어가면 알 수 있듯이, 사랑과 미움은 감성적인 모든 피조물에게 공통적인 것으로 보인다. 그 원인 또한 앞에서 설명했듯이 극히 단순한 성질이기 때문에, 우리는 그 원인이 오직 동물에게만 적용될 것이라고 가정하기 쉽다. 이 사랑이나 미움에는 반성이나 통찰의 힘은 전혀 필요없다. 만물은 인간이나 특정 종류의 동물들 특유의 것이 아닌 원인이나 원리에 이끌린다. 이런 사실에서 내린 결론은 분명히 앞의 체계에 힘을 실어 준다.

동물의 사랑은 자기 종족만을 대상으로 삼는 것이 아니라 종족을 넘어서며, 감성적이고 사유하는 거의 모든 존재를 포함한다. 개는 자연히 자신의 종족 이상으로 인간을 사랑한다. 그리고 거의 대부분이 인간으로부터 애정이 되돌아옴을 경험한다.

그러나 동물은 상상력의 쾌락이나 고통을 거의 느낄 수 없다. 따라서 자신의 대상이 나타내는 감각적 선·악만으로 그 대상을 판단할 수 있을 뿐이다. 그러므로 우리는 이런 선·악에 따라서 그 대상에 대한 자신의 애정을 제어해야 한다. 우리는 동물을 애호하거나 학대함으로써 동물의 사랑이나 미움을 산출한다. 예를 들어 어떤 동물에게 먹이를 주거나 쓰다듬으로써 곧 그 동물의 애정을 얻을 수 있다는 것을 안다. 이와 마찬가지로 동물을 때리거나 구박하면, 우리는 그 동물에게 적의나 악의를 살 수밖에 없다.

야수의 사랑은 인류의 사랑만큼 혈연 관계를 통해 발생하지 않는다. 동물의 사고력은 극히 명백한 사례를 제외하고는 혈연 관계를 추적할 만큼 왕성하지 못하기 때문이다. 그러나 어떤 기회를 통해서 관계가 동물의 사고에 상당한 영향력을 미친다는 점은 쉽게 알 수 있다. 따라서 혈연 관계와 같은 효과를 내는 친숙함[2]은 항상 인간에 대한 또는 동물들 상호 간에 대한 사랑을 동물에게 산출한다. 바로 이런 이유 때문에 동물들 사이의 유사성은 애정의 원천이 된다. 예를 들어 여러 마리의 말과 함께 공원에 갇힌 황소는 이렇게 말해도 좋을지 모르겠지만 자연히 말의 집단에 끼어들 것이다. 그러나 황소가 말의 집단과 자기 종족의 집단 중 하나를 선택해야 한다면, 자기 종족과 어울리기 위해 언제든지 말의 집단을 떠날 것이다.

새끼에 대한 어미의 애정은 인류와 마찬가지로 동물 특유의 본능에서 나온다.[3]

공감 즉 정념들의 교감전달[4]은 인간 못지않게 동물들 사이에서도 발생한다. 동물들 사이에도 두려움·분노·용기 및 그 밖의 다른 감정을 교류하는 경우는 흔하지만 그들의 근원적 정념을 산출하는 원인에 대해서는 알 수 없다. 비탄 또한 공감을 통해 받아들여지며, 인류와 동일한 결과를 낳는다. 바꿔 말해 같은 정서를 불러 일으키는 것이다. 예를 들어 개의 울부짖음과 신음은 자기 동료의 뚜렷한 관심을 끈다. 그리고 거의 모든 동물이 싸울 때처럼 놀이할 때에도 동일한 신체 기관을 써서 거의 같은 행동을 한다. 즉 사자, 호랑이, 고양이는 앞발을 사용하고, 황소는 뿔, 개는 이빨, 말은 뒷발을 사용한다. 그러나 동물은 자기 동료의 분노를 전혀 두려워하지 않음에도 불구하고, 동료에게 상처를 주지 않으려고 매우 조심한다. 이것은 야수들이 서로 쾌락과 고통을 감지한다는 것에 대한 명백한 증거이다.

누구나 관찰할 수 있듯이, 개는 따로 떨어져서 사냥감을 쫓을 때보다는 함께 무리 지어 사냥할 때 훨씬 힘이 넘친다. 이런 사실은 분명히 공감 외에는 어디에서도 비롯될 수 없다. 서로 낯선 두 무리가 함께할 때 이런 효과의 정도는 더욱 크고, 때로는 정도를 넘어설 수도 있다. 이러한 사실은 사냥꾼들 사이에서는 잘 알려져 있다. 만약 우리 자신에게서 이와 비슷한 현상을 경험하지 못했다면, 이런 현상을 설명하기가 당혹스러울 것이다.

질투와 심술 따위는 동물에게 아주 두드러진 정념이다. 이런 정념은 사유나 상상력의 노력이 거의 필요 없으므로, 아마 연민보다 더 흔할 것이다.

〈주〉
1 동물의 정념과 인간의 그것과의 비교심리학적 고찰에 대해서는 제2편 제1부 제12절 주석 1 참조.
2 '친숙함'에 대해서는 제2편 제2부 제4절 참조.
3 자식에 대한 어미의 애정이 본능이라는 점에 대해서는 제2편 제2부 제4절 주석 5 참조.
4 공감에 대해서는 제2편 제1부 제11절 주석 1 참조.

3부
의지와 직접 정념

1 자유와 필연에 대하여[1]

우리는 이제 직접 정념, 즉 선(善)이나 악(惡) 그리고 고통이나 쾌락 등에서 즉각 발생하는 인상을 설명하기에 이르렀다. 이런 종류의 정념은 욕구와 혐오, 비탄과 기쁨, 희망과 두려움 등이다.

고통과 쾌락 따위의 모든 직접적 결과 가운데 의지만큼 눈에 띄는 것도 없다. 엄밀히 말해서 의지가 정념에 포함되는 것은 아니다. 그러나 의지의 본성과 속성을 빠짐없이 이해하는 것은 정념을 설명하는 데 필수적이다. 그러므로 우리는 여기서 의지를 탐구의 주제로 삼을 것이다. 내가 의미하는 의지는 우리가 의도적으로 우리 신체의 새로운 동작을 유발하거나 정신의 지각을 창출할 때, 우리가 느끼고 의식하는 내부 인상일 뿐[2]이라는 점을 이야기하고 싶다. 앞서 언급했던 긍지와 소심 그리고 사랑과 미움 따위의 인상처럼, 이 인상은 정의할 수 없고 더 이상 설명할 필요도 없다.[3] 지금까지의 예에 비추어 보면, 철학자들은 이 문제를 해결하기보다는 오히려 곧잘 논란거리로 만들어 왔다. 그러므로 우리는 이제까지의 정의나 구별을 제쳐 놓고[4] 맨 처음부터 주제로 들어가 자유와 필연에 대한 문제를[5] 먼저 검토하겠다. 이 문제는 의지를 다룰 때 아주 자연스럽게 발생한다.

보편적으로 인정되듯이[6] 외부 물체의 작용은 필연적이다. 그리고 외부 물체들 사이의 운동 전달과 인력 그리고 상호 응집력 따위에서 상반되는 가능성의 무차별성[7]이나 자유는 약간의 흔적도 없다. 절대 운명은 모든 대상의 운동량과 운동 방향을 결정하였다. 그리고 모든 대상은 자신이 천사나 정령 또는 그보다 우월한 어떤 실체로 변할 수 없듯이 자신이 운동하는 정밀한 운명의 굴레로부터 벗어날 수 없다. 그러므로 물질의 모든 운동은 필연적 운동의 사례로 간주해야 한다. 이런 측면에서 보았을 때 물질과 동일한 상황에 있는 것은 모두 필연적인 것으로 인정되어야 한다. 따라서 이것이 정신 활동의 경우에도 해당되는지 알려면, 먼저 우리는 물질을 검토해야 한다. 그리고 물질의 작용에서 필연성의 관념이 무엇에 토대를 두고 있는지 살펴보고, 어떤 물체나 행동이 다른 물체나 행동의 불가피한 원인이라고 결론 내리는 이유를 고찰하도록 하자.

우리가 이미 살펴보았듯이,[8] 단 한 가지 사례에 머무르는 한 감관이나 이성을 통해 어떤 대상의 궁극적 연관을 발견하기란 불가능하다. 우리는 절대 물체의 상호 영향이 의존하는 원리를 알아낼 만큼 깊게 물체의 본질이나 구성을 통찰할 수 없다. 우리가 숙지하는 것은 물체의 항상적 합일이 유일하다. 그리고 필연성의 관념은 물체의 항상적 합일에서 발생한다. 만약 대상이 한결같이 또 규칙적으로 서로 결부되지 않는다면, 우리는 결코 원인과 결과 따위에 대한 어떤 관념에도 도착할 수 없다. 무엇보다도 원인과 결과의 관념에 들어오는 필연성은 정신의 한정일 뿐이다. 이 한정에 따라서 정신은 한 대상에서 그 대상의 일상적 수반물로 넘어가고, 한 대상의 존재에서 다른 대상의 존재를 추정한다. 그런데 여기에는 우리가 필연성에 본질적인 것으로 간주해야 하는 두 가지 요소가 있다. 즉 항상적 합일과 정신의 추정이다.[9] 우리는 이 두 요소를 발견할 수 있는 모든 경우에는 필연성을 인정할 수밖에 없다. 다시 말해서 물질의 활동은 이런 여건에서 유래된 것 이외에는 조금도 필연성이 없다. 또 물체의 본질에 대한 통찰에 따라 우리가 물체의 연관을 파악하는 것은 아니다. 그러므로 이 합일과 추정이 그대로 남아 있는 한 어떤 경우든 간에 물체의 본질에 대한 통찰이 없다고 해서 필연성은 결코 제거되지 않는다. 그런 추정을 산출하는 것은 물체의 합일에 대한 관찰이다. 따라서 우리가 정신 활동의 필연성과 함께 이 추정을 확정하기 위해 정신 활동의 항상적 합일을 증명한다면 그것으로 충분하다고 생각할 수 있을 것이다. 그러나 나는 나의 추론을 더욱 강화하기 위해 이 항목들을 따로 검토할 것이다. 즉 항상적 합일로부터 나온 추정을 고찰하기에 앞서 나의 행동이 나의 정신 활동의 동기와 기분 그리고 여건 등과 항상 합일된다는 것을 경험을 토대로 증명하려 한다.

이런 목적을 위해서라면 인간사의 일상적 과정을 아주 가볍게 일반적으로 살펴보는 것만으로도 충분할 것이다. 인간사를 어떤 관점에서 받아들이든지 간에, 우리는 이 항상적 합일의 원리를 확인할 수 있다. 우리가 성별·나이·정체 (政體, governments) 그리고 생활 여건, 교육 방법 등의 차이에 따라서 인간을 고찰하더라도, 바로 자연적 원리의 제일성과 규칙적인 작용은 식별될 수 있다. 자연의 원소와 힘 등의 상호 작용의 경우와 마찬가지로 같은 원인이 같은 결과를 산출한다.

나무가 다르면 각각 다른 맛의 열매를 규칙적으로 맺는다. 그리고 이 규칙성은 외부 물체의 필연성과 원인에 대한 사례로 인정할 수 있을 것이다. 그러나 귀엔산 포도주와 샹파뉴산 포도주[10] 사이에는, 한쪽은 그 강렬함과 숙성을 특색으로 하고 다른 한쪽은 섬세함과 부드러움을 특색으로 하는 남녀 사이의 소감과 행동 그리고 정념 따위보다 더 규칙적인 차이가 있을까?

유년기에서 노년기까지에 걸친 우리의 신체 변화는 우리 정신과 태도의 변화보다 더 규칙적이고 확실할까? 네 살배기 꼬마가 300파운드의 짐을 들 것으로 기대하는 사람은 그런 꼬마에게서 철학적 추론이나 신중하고 치밀한 행동을 기대하는 사람보다 더 우습게 느껴질까?

우리가 물질의 각 부분을 설명하는 데 어떤 어려움이 있더라도 그 부분들의 응집력은 자연적이고 필연적인 원리에서 발생한다는 점을 인정해야 한다. 그리고 인간 사회도 같은 원리에 기초를 두고 있다는 점을 인정해야 한다. 물질계보다는 인간 사회의 경우에 우리의 논거가 더 좋다는 것 또한 같은 이유에서 인정할 수밖에 없다. 우리는 인간이 언제나 사회를 탐구한다는 것[11]을 관찰할 수 있을 뿐만 아니라, 이 보편적 성향이 근거가 되어 원리를 설명할 수도 있기 때문이다. 젊은 두 미개인 남녀가 성관계를 맺을 것이라는 점보다 넓적한 대리석 두 조각이 함께 밀착될 것이라는 점이 더 확실할까? 또 이 성관계에서 아이가 생기는 것은 부모가 아이를 보호하고 돌보는 것보다 더 일반적일까? 아이들이 부모의 보살핌을 통해 분별 있는 나이에 이르러 마침내 부모의 품을 떠났을 때 이 이별에 수반되는 불편함은 자신들이 예견하고 긴밀한 화합과 연대를 통해 피하려고 애썼던 것보다 더욱 확실할까?

날품팔이꾼의 피부·털구멍·근육·신경 등은 지체 높은 사람의 그것과 다르다. 그의 소감과 행동 및 예절 또한 마찬가지이다. 서로 다른 사회적 신분은 생활 구조 전체에 안팎으로 영향을 미친다. 그리고 무엇보다 먼저 일어나기 때문에 인간 본성의 필연적이고 제일적인 원리에서 자연스럽게 발생한다. 인간은 사회를 떠나서 살 수 없고, 정부 없이는 유대 관계를 가질 수도 없다. 그런데 정부는 소유를 차별화하고 사람의 계급을 확정한다. 이것이 산업·교역·공업·소송·전쟁·연맹·연합·항해·여행·도시·함대·항만 그리고 그 밖의 모든 활동과 대상 따위를 산출한다. 그리고 이 모든 것은 사회적 차별성을 유발함과 동시에 인간의 삶에서 엄청난 제일성을 지탱한다.[12]

여행자가 먼 나라에서 돌아와서 북위 50도 지역의 기후에서는 과일철이 영국과 완전히 뒤바뀌어 있어 겨울에 모든 과일이 결실을 맺어 완전히 익고 여름에는 시들어 버린다고 이야기해 준다. 그는 아마 자신의 말을 믿을 정도로 경솔한 사람이 거의 없다는 것을 깨달을 것이다. 내 생각이지만, 인간의 성격에 대해 한편으로는 플라톤의 《국가》에 그려진 인물과 똑같은 이상적인 사람이거나 한편으로는 홉스의 《리바이어던》에 그려진 인물과 똑같은 추상적인 사람이 있다는 것을 알려 주는 여행자가 있다면, 그는 앞서 이야기했던 여행자처럼 거의 신뢰를 얻지 못했을 것이다.[13] 태양의 운행과 기후 변화 따위와 같이 인간의 행동에도 자연의 일반적 과정이 있다. 인류에게는 공통적인 성격뿐만 아니라 서로 다른 민족과 특정한 개인에게 고유한 성격들이 있다. 그리고 성격에서 나오는 행동에서 보이는 제일성에 대한 관찰을 근거로 한다. 그런데 이 제일성이야말로 필연성의 본질을 형성한다.

내가 이 증명을 피하기 위해 상상할 수 있는 유일한 길은 이 증명의 토대인 인간 활동의 제일성을 부정하는 것이다. 행동이 행위자의 정신적 상황 및 그 기분과 항상적 합일 및 연관을 갖는 한, 우리가 말로는 아무리 그 필연성을 인정하지 않을 수 있을지라도, 실제로는 그 사실을 인정한다. 그런데 어떤 사람은 경우에 따라 이 규칙적인 합일과 연관을 부정할 핑계를 발견했을지도 모른다. 인간의 행동보다 변덕스러운 것은 무엇인가? 인간의 욕구보다 항상적인 것은 무엇인가? 도대체 어떤 피조물이 올바른 이성뿐만 아니라, 자기 고유의 성격과 성향에서 그처럼 멀리 일탈할 수 있는가? 사람이 한 극단에서 다른 극단으로 변화하는 데에는, 그리고 극심한 고통과 노력을 대가로 치르며 마련한 것을 번복하는 데에는 한 시간만 있으면, 아니 한 순간만으로도 충분하다. 대체로 필연성은 규칙적이고 확실하다. 인간의 행동은 불규칙적이고 불확실하다. 그러므로 필연성은 인간의 행동에서 기인하지 않는다.

여기에 대해 나는 다음과 같이 대답한다. 인간의 행동을 판단할 때에는 우리가 외부 대상에 관해 추리할 때와 같은 근본 원칙에서 출발해야만 한다. 어떤 현상이 언제나 변함없이 함께 결합되어 있으면 그 현상은 상상력 안에서 연관을 획득한다. 상상력은 이 연관을 통해 의심하거나 주저하지 않고 한 현상에서 다른 현상으로 옮겨 간다. 그러나 이 정도 이하에 정도가 낮은 명증성과 개연성이 많다. 말하자면 실험의 단 한 가지 상반성만으로는 모든 추론을 결코 완벽히 파괴할 수 없다. 정신은 상반된 실험들을 차감한다. 그리고 우세한 실험에서 열세인 실험을 뺌으로써 남아 있는 정도의 신빙성이나 확증성을 사용해서 나아간다. 심지어 상반된 실험들이 논리적으로 완전히 대등할 때조차 원인과 필연성 등의 관념을 제거하지 않는다. 우리는 은폐되어 있는 상반된 원인의 작용에서 발생하는 일상적 상반성을 가정한다. 그리고 우연이나 무차별성은 사물들 자체에 있는 것이 아니라 우리의 불완전한 지식에 기반을 둔 우리의 판단력에만 있다고 결론 내린다. 이 사물들은 겉보기에 항상성이나 확실성을 갖지 않더라도, 모든 경우에 똑같이 필연적이라고 판단한다.[14] 어떤 동기와 성격 등과 행동의 합일보다 항상적이고 확실한 것은 결코 없다. 그리고 동기와 성격 등의 경우에 합일이 불확실하다면, 그것은 물체의 작용에서 발생하는 불확실함 이상의 것이 아니다. 우리는 동기와 성격 따위에서 대등하게 귀결되지 않을 것을 행동의 불규칙성에서 결론으로 이끌어 낼 수 없다.

일반적으로 미치광이에게는 자유가 없다고 인정한다. 그러나 우리가 미치광이의 행동을 판단해보면, 그 행동은 현자의 행동보다 규칙성과 항상성이 덜하다. 결과적으로 필연성과도 거리가 멀어진다. 따라서 바로 이런 점에서 우리의 사고 방식은 아주 모순적이다. 그러나 이 모순적인 사고 방식에서는 혼돈된 관념 및 모호한 술어 따위가 자연스럽게 귀결되고 있다. 우리는 추론할 때, 특히 이 주제에 관해서 이런 관념과 술어를 매우 일상적으로 사용한다.

이제 우리가 반드시 설명해야 할 것은 다음과 같다. 즉 동기와 행동 사이의 합일이 자연적 작용에서와 같은 항상성을 지닌다는 것, 또한 오성에 대한 합일의 영향력도 마찬가지로 우리가 하나의 존재로부터 다른 존재를 추정하도록 정신을 한정한다는 것 등이다. 만약 이것이 타당하게 여겨진다면, 물질의 운동을 연관짓고 산출하는 데 관여하지만 정신의 작용에서는 발견되지 않는 어떤 여건도 알 수 없다. 결과적으로 우리가 물질의 운동에서는 필연성을 인정하고, 정신의 작용에서는 필연성을 부인하는 것이 된다. 이것은 명백하게 불합리하다.

어떤 철학자라도 자유라는 환상적 체계에 자신의 판단력을 빼앗겨, 도덕적 명증성[15]의 위력을 승인하지 않고 합리적 토대를 두지 않은 사색과 실천을 행하지 않는 이는 아무도 없다. 그런데 도덕적 명증성은 인간의 동기와 기질 그리고 정신적 상황 따위를 고찰함으로써 도출된 인간 행동에 대한 결론일 뿐이다. 예를 들어 문서 위에 기록된 문자나 숫자를 보면, 그것을 기록한 사람이 카이사르의 죽음과 아우구스투스의 계승 및 네로의 잔혹성[16] 따위와 같은 사실을 긍정하리라고 추정한다. 그리고 우리는 그런 기록과 일치하는 다른 여러 증거를 생각해냄으로써, 그런 사실이 옛날에 실제로 존재했으며, 수많은 사람이 아무 이득도 없이 우리를 속일 음모를 결코 꾸미지 않는다고 결론 내린다. 우리를 속이려고 하는 사람들은 특히 이 사실들이 최근에 널리 알려졌다고 주장할 때, 같은 시대의 모든 사람에게 조롱당할 것을 스스로 감수해야 하기 때문이다. 바로 이런 종류의 추론은 정치·전쟁·상업·경제 따위에 적용되며, 이런 종류의 추론에 의지하지 않고는 단 한순간도 행동하거나 존재할 수 없을 정도로 인간 생활에 뒤섞여 있다. 예를 들어 신민에게 세금을 부과하는 제후는 신민의 순종을 기대한다. 군대를 지휘하는 장군은 어느 정도의 용기를 당연시한다. 상인은 자신과 거래하는 중매상 및 화물 관리인에게서 성실함과 능숙함을 기대한다. 점심 식사를 주문하는 사람은 자신의 하인이 그 주문에 복종하리라는 것을 의심하지 않는다. 간단히 말해서 우리 자신의 행동이나 다른 사람의 행동보다 더 밀접한 관심사는 없으므로 우리가 추론하는 것은 거의 대부분 이런 관심사를 판단하는 데 쓰인다는 것이다. 이제 내가 주장하는 바는 이런 방식으로 추리하는 사람은 누구든지, 사실상 의지의 작용이 필연성에서 발생하는 것으로 믿으며, 그것을 부정할 때 그 의미를 알지 못한다는 것이다.

우리가 하나의 대상을 원인이라고 부르고 다른 대상을 결과라고 부를 때, 그 자체로 고려하면 그 모든 대상들은 자연에서의 어떤 두 대상과 마찬가지로 독립적으로 분리되어 있다. 그리고 우리가 그 대상들을 아무리 엄밀하게 조사하더라도 결코 한 대상의 존재에서 다른 대상의 존재를 순수하게 이성적으로 추정할 수 없다. 우리는 오직 그 대상들을 경험하고 관찰할 뿐이다. 그리고 무엇보다도 그러한 추정은 상상력에 작용한 습관의 결과에 불과하다.[17] 우리는 이 경우 항상 합일된 대상들에서 원인과 결과 따위의 관념이 발생한다고 말하는 것으로 만족해서는 안 된다. 원인과 결과 따위의 관념은 이 대상들의 관념과 동일하므로, 필연적 연관은 오성의 결론을 통해 발견되는 것이 아니라 정신의 지각일 뿐이라고 단언할 수 있다. 따라서 우리가 항상적 합일을 관찰하는 모든 경우에, 그리고 그 합일이 신념과 의견에 동일한 방식으로 작용하는 모든 경우에, 우리는 원인과 필연성 따위의 관념을 가진다. 아마 우리는 이렇게 표현하지 않을 수도 있을 것이다. 우리가 관찰한 과거의 사례에서 어떤 물체의 운동은 다른 물체 운동에 따른 충격에 수반된다. 정신은 이 사실을 더 이상 꿰뚫어 볼 수 없다. 그리고 정신은 이 항상적 합일로부터 원인과 결과 따위의 관념을 형성하며, 이 동일한 영향력 때문에 필연성을 느낀다. 그런데 우리가 도덕적 명증성이라고 일컫는 것에 바로 이런 동일한 항상성과 영향력이 있다. 그러므로 나로서는 더 이상 문제 삼을 것이 없다. 남은 것이라고는 단순한 언어적 논란뿐일 것이다.

그리고 실제로 우리가 도덕적 명증성과 자연적 명증성을 적절히 연계시켜서 두 명증성 사이에 단 하나의 연쇄적 논변을 형성하는 방법을 고찰한다면, 우리는 이 두 명증성이 동일한 성질이며 동일한 원리에서 도출된다는 점을 인정할 것이다. 예를 들어, 돈도 방책도 없는 죄수는 자신을 에워싼 담장과 창살은 물론 간수의 완강함에서 탈옥할 수 없다는 것을 발견한다. 그리고 자유를 얻기 위해 자신이 시도할 수 있는 모든 것 가운데 간수의 완고한 본성을 설득하기보다는 오히려 담장의 돌과 쇠창살을 뚫는 쪽을 선택할 것이다. 그리고 같은 죄수가 형장으로 끌려갈 때 도끼나 형구 따위의 작용으로, 또 호송인의 단호함이나 성실함을 통해서도 자신의 죽음을 절대적으로 확실하게 예견할 것이다. 그의 탈주를 허용할 수도 있는 병사들이 그를 돕는 것을 거부하고, 집행인이 사형을 집행하면, 머리와 몸이 분리되어 피가 흐르고 발작적인 경련을 일으킨 다음에 죽음에 이른다. 그 죄수의 정신은 관념의 사슬을 따라간다. 여기에 자연적 원인과 의도적 행동의 연쇄적인 연관고리가 있다. 그러나 정신이 하나의 연관고리에서 다른 연관고리로 이동할 때, 자연적 원인과 의도적 행동 사이의 차이를 전혀 느끼지 못한다. 우리가 물리적 필연성[18]이라고 부르고자 하는 것을 통해 연계된 연쇄적 원인들을 통해 기억과 감관 따위의 현재 인상과 미래의 사건이 연관되면, 미래의 사건은 거의 확실하지 않을 수 없다. 일반적으로 경험을 통해 알려진 동일한 합일은 정신에 동일한 영향을 미친다. 그 대상이 동기와 의욕 및 행동이든, 또는 형태와 운동이든 그 영향과는 상관없다. 우리가 사물들의 이름은 바꿀 수 있다. 그러나 사물들의 본성 및 사물이 우리 오성에 미치는 작용은 결코 변하지 않는다.

감히 단언하건대, 내가 정의한 원인, 결과, 필연성, 자유, 우연 따위에 다른 의미를 부여하지 않고는 어느 누구도 이 추론을 반박하려고 애쓰지 않을 것이다. 나의 정의에 따르면, 필연성은 인과의 본질적 부분을 이룬다. 결과적으로 자유는 필연성을 제거함으로써 원인도 제거하고, 우연도 마찬가지이다. 그런데 우리는 대체로 우연이 모순을 내포한다고 생각한다. 적어도 우연은 경험과 직접적으로 상반되므로, 자유 또는 자유 의지에 상반되는 논변이 언제나 존재한다. 누구든 이 정의를 변경시킨다면, 그가 이 술어들에 부여한 의미를 내가 알 때까지 그와 논쟁을 벌일 수 없을 것이다.

〈주〉

1 이 절 및 다음 절에서 논구되는 '자유와 필연(liberty and necessity)'의 문제가 《정념소고》에서는 생략되어 있다. 흄은 《인간이란 무엇인가》의 각 편을 수정하면서, 이 문제를 인과적 필연성의 일반적 문제와 연관시켜 《인간오성연구》에 삽입했다. Cf. An Enquiry concerning Human Understanding, Section VIII.

2 여기에서 흄이 의지를 정의하는데, 이는 이른바 심리학적 정의이다. 이처럼 의지라는 심리학적 현상을 그것으로서 파악하고, 그 이상의 신학적, 형이상학적인 연구를 굳이 지향하지 않는 점은 흄의 의지론의 큰 특징이다.

3 긍지나 소심을 정의할 수 없는 점에 대해서는 제2편 제1부 제2절 참조. 사랑 및 증오 역시 마찬가지라는 점에 대해서는 제2편 제2부 제1절 참조.

4 지금까지의 철학자들이 행해 온 의지에 대한 '정의나 구별'에 대한 예를 들어 보자. 홉스에 따르면 '심사숙고함에서 행위 또는 그 회피에 직접적으로 접속하는 최후의 욕구 또는 혐오는, 우리가 의지라고 부르는 것이다.' 또 데카르트에 따르면 의지는 '정신의 능동'

으로 '정신 그 자체의 내부에서 종결하는' 종류와 '신체에서 종결하는' 종류가 있다.

5 의지의 '자유와 필연'에 대한 논의는 서양 논리학사에서 가장 큰 문제 가운데 하나이다. 중세에는 신과 인간의 관계에서 인간의 의지가 얼마나 의미가 있는지, 또 얼마만큼 자유로운지가 문제시되었다. 그러나 근대에 들어와서는 지금까지의 신학적 관심에 더해진 근대 자연과학의 부흥에 따라 자연과의 대립에 있어서 물리학적 필연과 인간의 자유 등이 새로이 문제시되었다.

6 물리적 세계의 필연성은 근대 자연과학 및 그것을 배경으로 한 근대철학에서 용인되고 주장되어, 상식화되었다. 흄은 한편으로는 물리적 필연성의 보편적인 승인을 전제하였고, 다른 한편으로는 물리적 필연성에 대한 독자적인 고찰을 토대로 특색 있는 결정론을 주장했다. 그것은 결정론을 유물론자나 무신론자의 설이라고 간주하던 당시의 신학자나 도덕학자들을 자극하는 것이었다.

7 '무차별'의 원어는 'indifference'이다. '무차별적인 자유(liberty of indifference)'에 대해서는 제2편 제3부 제2절 주석 2 참조.

8 '감관이나 이성을 통해 어떤 대상의 궁극적 연관을 발견하기란 불가능하다'는 점에 대해서는 제1편 제3부 제6절 또는 제1편 제3부 제14절 등을 참조.

9 필연성의 본질이 사물의 '항상적 합일과 정신의 추정'이라는 점에 대해서는 제1편 제3부 제14절 참조.

10 '귀엔(Guienne)'은 서남 프랑스의 옛 지방 이름. 보르도(Bordeaux)는 그 지방의 중심지로 그 이름을 딴 포도주는 전세계적으로 유명하다. '샹파뉴(Champagne)'는 파리 분지 동북부의 명칭으로, 이곳 역시 포도주 산지로 유명하다.

11 여기에서 '인간이 언제나 사회를 탐구한다'는 것이 확실히 주장되고 있다. 이는 흄의 윤리학, 사회철학, 정치철학을 아는 데에 매우 중요하다. 제2편 제2부 제5절 주석 9 참조.

12 여기에서 흄의 사회철학이 요약적으로 서술되고 있다. 흄의 사회철학은 시민사회의 민주주의와 자본주의의 사유재산제를 확립해 온 18세기의 영국 사회에서 태어난 것이다. 흄의 사회 철학적 사고는 제3편 제2부에서 상세히 전개된다.

13 '플라톤의 《국가》에 그려진 인물'이란 말할 것도 없이 고대 그리스 대철학자 플라톤(Platon, BC 427 또는 428~347)의 대화편 《국가(Politeia)》에 묘사된 철학왕을 가리킨다. '홉스의 《리바이어던》에 그려진 인물'은 영국의 철학자 홉스(Hobbes)가 그의 작품 《리바이어던(Leviathan)》(1651)에서 인간의 본래 모습으로서 그려 낸 '만인을 적대시하는' 이기적이고 투쟁적인 인간을 가리킨다. 홉스에 대해서는 제1편 제3부 제3절 주석 3 참조. 또한 흄이 홉스가 그려 낸 인간상을 비현실적인 추상이라고 간주하는 점에 주의하라. 흄의 철학에서 인간은 이기적인 심성과 사회적인 심정을 겸비하며 살아간다.

14 절대적 확실성에 도달하지 않는 개연적인 지식에 대해서는 제1편 제3부 제12절 참조.

15 '도덕적 명증성'의 원어는 'moral evidence'이다.

16 '카이사르의 죽음'은 제1편 제3부 제4절에서도 예시로 사용되었다. 제1편 제3부 제4절 본문 및 주석 2 참조. 그리고 '아우구스티누스'는 로마 제정의 창시자인 Augustus Caesar(BC 63~AD 14)를 가리킨다. 또한 '네로'는 누구나 폭군으로 알고 있는 Nero

Claudius Caesar Augustus Germanicus(27~68)를 가리킨다.

17 대상 그 자신과는 별개로, 원인과 결과의 관념은 대상의 항상적 합일의 경험적 관찰을 기반으로 한 습관적 추정에서 얻은 것에 불과하다라는 점은 제1편 제3부 제14절 참조.

18 '물리적 필연성(physical necessity)'에 대해서는 제1편 제3부 제14절 주석 24 참조.

2 이어지는 같은 주제

자유론은 어떤 의미에서 아주 불합리하고, 또 다른 의미로는 이해할 수 없다. 그럼에도 불구하고 이 이론이 우세한 이유는 다음 세 가지로 설명할 수 있을 것이다.[1] 첫째, 우리가 어떤 행동을 수행한 다음 특정한 견해나 동기에 영향을 받았다고 자인하더라도, 우리가 필연성의 지배를 받아 다른 방식으로 행동하는 것이 전혀 불가능함을 확신하기는 어렵다. 우리가 필연성의 관념을 우리가 감지할 수 없는 힘과 방해 및 구속력 따위를 포함하는 것으로 보기 때문이다. 자유에 있어서도 강단에서 일컫는 자발성의 자유와 무차별의 자유[2]를 구별할 수 있는 사람은 거의 없다. 바꿔 말해 폭력에 대립하는 자유와 필연성과 원인의 부정을 의미하는 자유 따위를 구별할 수 있는 사람도 거의 없다. 첫 번째 자유는 가장 일반적인 뜻이다. 그리고 이것은 우리가 보존해야 할 유일한 자유이기도 하다. 우리의 사유는 주로 이런 종류의 자유에 몰두한다. 그리고 이런 종류의 자유를 두 번째 종류와 혼동하는 것이 거의 일반적이다.

둘째, 무차별의 자유에 관해서조차 거짓 감각 또는 거짓 경험이 있다. 이 사실은 무차별의 자유가 실재한다는 것에 대한 증명으로 간주된다. 정신적 행동이건 신체적 행동이건 관계없이, 모든 행동의 필연성은 정확히 말하자면 행위자의 고유 속성이 아니라 그 행동을 고려할 수도 있는 사유하는 존재 또는 지성적 존재의 속성이다. 바꿔 말해[3] 어떤 선행 대상으로부터 그 행동을 추정하도록 그의 사유를 한정하는 데 있다. 반면에 자유 또는 우연은 바로 이런 한정의 부재 및 산만함일 뿐이다. 우리가 한 대상의 관념에서 다른 대상의 관념으로 옮겨 가거나 옮겨 가지 않을 때 느껴지는 방종이다. 그런데 우리가 주목할 수 있듯이, 우리가 인간의 행동을 되새겨 볼 때 그런 방종이나 무차별성은 거의 느낄 수 없다. 그럼에도 불구하고 어떤 행동 자체를 수행함에 있어서 우리는 그 무차별성이나 무관성 따위와 비슷한 어떤 것을 감지할 수 있다. 그리고 서로 관련되거나 유사한 대상들은 모두 쉽게 혼동된다.[4] 따라서 이런 사실은 인간의 자유에 대한 논증적 증거뿐만 아니라 직관적 증거로도 활용되고 있다. 우리는 자신의 행동이 대개 의지를 따른다고 느낀다. 또 의지 자체는 어떤 것에도 예속되지 않는다고 상상한다. 왜냐하면 의지의 자유를 부정함으로써 우리가 의지를 시험할 마음이 내킬 때, 우리는 의지가 어떤 방향으로든 쉽게 움직이고, 의지가 작용하지 않는 측면에도 의지 자체의 영상을 산출한다고 느끼기 때문이다. 그리고 우리는 의지의 이 심상 또는 희미한 운동이 의지 자체가 될 수 있다고 확신한다. 왜냐하면 이것을 부정하면 두 번째 시험을 통해 의지의 자유는 실제로 가능하다는 것을 발견하기 때문이다.

그러나 이런 노력은 완전히 헛된 것이다. 그리고 우리가 변덕스럽고 불규칙적인 모든 행동을 실행할 수도 있다지만, 우리의 자유를 명시하려는 욕구야말로 우리 행동의 유일한 동기이다. 따라서 우리는 필연성의 굴레를 결코 벗어날 수 없다. 우리는 자기 내면에서 자유를 느낀다고 상상할 수도 있다. 그러나 관찰자는 외부에서 우리의 동기나 성격을 통해 우리의 행동을 추정할 수 있다. 그리고 실제로 그렇게 추정할 수 없을 때에도 자신이 우리의 처지와 기분 그리고 우리의 표정과 성향의 가장 은밀한 원천을 완전히 알 수만 있다면, 우리의 행동을 추정할 수 있으리라고 추론하는 것이 일반적이다. 위의 학설에 따르면, 이것이 필연성의 실제 본질이다.

사람들이 자유론을 그 반대론보다 더 잘 수용하는 세 번째 이유는 종교에서 발생한다. 그리고 지금까지 종교는 전혀 불필요한 이런 물음에 관심을 기울여 왔다. 종교와 도덕성 따위에 대한 어떤 가설의 위험한 귀결을 핑계 삼아 철학적 토론에서 그 가설을 반박하려고 애쓰는 것은 가장 일상적인 방식은 아니지만 가장 비난받을 추론 방식도 아니다. 어떤 의견 때문에 우리가 불합리해질 때 그 의견은 틀림없이 거짓이다. 그러나 어떤 의견의 귀결이 위험하다고 해서 그 의견이 절대적으로 거짓이라는 것은 불확실하다. 따라서 그런 토론 태도는 진리를 발견하는 데 전혀 도움이 되지 않고 상대방을 비방하는 데나 어울리므로, 우리는 그런 태도를 완전히 금지해야 한다. 나는 이 원칙에서 나에게 유리한 점을 구하지 않더라도 대체로 이 원칙을 지킨다. 나는 솔직히 이런 종류의 검토에 복종한다. 그리고 감히 단언하건대 필연성에 관해 내가 해명한 학설을 따르는 한 종교나 도덕성 따위에 대해 무죄일 뿐 아니라 유리하기도 하다.[5]

원인에 대한 두 가지 정의[6]에 적합하도록 나는 우선 원인의 본질적 요소인 필연성을 두 가지 방식으로 정의한다. 나는 필연성이 같은 대상들의 항상적 합일과 결부되어 있거나, 또는 정신이 한 대상에서 다른 대상을 추론할 때 이 추론에 있다고 본다. 그런데 이 두 가지 의미 모두에서 필연성은 강단과 종교계 그리고 일상 생활에서 인간의 의지에 속하는 것으로 암묵적이지만 보편적으로 인정되어 오고 있다. 말하자면 우리가 인간의 행동에 관해 추정할 수 있다는 것과, 이 추정이 같은 행동이 같은 동기 및 여건 따위와 합일되어 있다는 것을 경험한 데 기초를 두고 있다는 것 등을 감히 부정할 사람은 아무도 없다. 만약 이것에 대해 사람들과 나 사이에 있을 수 있는 유일한 차이점은 단지 사람들이 이런 사실을 필연성이라고 부르기를 거부한다는 점이다. 그러나 나는 필연성이라는 말의 의미를 제대로 이해하는 한, 이 말은 조금도 훼손되지 않으리라고 믿는다. 또는 사람들과 나 사이에 있을 수 있는 차이점은 그 외에도 물질의 작용에는 무언가가 있다고 주장한다는 점이다. 이 주장이 자연철학에서 중요한 의미를 가진다고 하더라도, 종교에서는 조금도 중요하지 않다. 내가 물체의 운동에서 그 밖의 어떤 연관에 대한 관념을 결코 가질 수 없다고 주장할 때, 내가 틀렸을지도 모른다. 그러니 기꺼이 이 항목에 대한 가르침을 받고자 한다. 그러나 확신하건대, 우리가 기꺼이 인정해야 할 것을 제외하면 정신 활동에 속한다고 생각할 것은 아무것도 없다. 그러므로 인간 행동의 필연성을 주장하고, 인간의 행동이 감각 없는 물질의 작용과 동등하다고 단순히 말한 것 때문에 내 말을 오해하는 사람이 없었으면 한다. 나는 물질에 있는 것으로 가정되는 이해할 수 없는 필연성이 의지에도 존재한다고 생각하지 않는다. 그러나 나는 그 이해할 수 있는 성질을 필연성이라고 부르든 말든 간에 그 성질이 물질에 귀속된다고 생각한다. 가장 엄격한 정통파는 이 성질이 의지에 속한다고 인정해야 한다. 따라서 의지에 대한 한, 나는 통상적 체계를 아무것도 변경하지 않을 것이다. 오직 물질적 대상에 관해서만 변경할 뿐이다.

　물론 나는 좀더 앞선 주장을 하고자 한다. 이런 종류의 필연성은 종교 및 도덕에 있어 극히 본질적이어서 이 필연성이 없다면 곧 종교와 도덕이 완전히 전복되어야 할 정도이다. 말하자면 그 밖의 모든 가정 또한 신의 법칙과 인간의 법칙을 완전히 파괴해버리는 것이다. 실제로 인간의 법칙은 모두 보상과 징벌에 기초를 두고 있다. 따라서 보상과 징벌이라는 이 두 동기는 정신에 영향을 미치고, 선한 행동을 낳고 악한 행동을 방지하는 기초적 원리로 가정되는 것이다. 우리는 이 영향력에 대해 우리가 원하는 대로 이름을 부여할 수 있을 것이다. 그러나 이 영향력은 일상적으로 행위와 결합된다. 상식은 이 영향력을 원인으로 간주하며 내가 확립하려고 하는 필연성의 사례로 보아야 한다고 요구한다.

신을 입법자라고 생각하고 신이 인간을 그 법에 복종시키기 위해 징벌을 가하고 보상해 준다고 가정되는 한, 이 추론은 신의 법칙에 적용해도 역시 견고하다. 그러나 나의 주장은 신이 주재적인 능력으로 활동하는 것이 아니라 범죄의 가증스러움과 흉함 때문에 범죄를 응징하는 자로 간주될 때조차, 인간의 행동에 필연적 연관이 없다면 정의와 도덕적 형평에 맞게 징벌을 가할 수 없을 뿐만 아니라, 애초에 징벌을 가하는 것이 이성적 존재라고 생각할 수도 없다는 것이다.[7] 미움 또는 분노 따위의 항상적이고 보편적인 대상은 인간 또는 사유나 의식을 타고난 피조물이다. 그리고 무언가 범죄적이거나 불법적인 행동이 미움이나 분노 따위의 정념을 불러일으킨다면, 그것은 오직 그 사람에 대한 그 행동의 관계 또는 연관 때문이다. 그러나 인간 의지에 대한 자유론 또는 우연론에 따르면 이 연관은 없어져 버린다. 말하자면 어느 누구도 아주 무의식적이고 우발적인 행동과 마찬가지로 의도적이고 계획적인 행동에 대해서도 책임질수 없다. 행동은 바로 그 본성 때문에 순간적이며 또한 곧 소멸하는 것이다. 따라서 행동이 그 행동을 수행하는 사람의 성격과 성향 따위에 있는 몇 가지 원인에서 유래되지 않는 경우에, 그 행동은 그 사람에게 고정되지 않는다. 그러므로 그 행동이 선하다고 해서 그에게 명예가 될 수 없고, 그 행동이 악하다고 해서 그에게 불명예가 될 수 없다.[8] 행동 자체는 비난받을 수도 있다. 즉 행동이 도덕성과 종교 따위의 온갖 규칙과 상반될 수도 있을 것이다. 그러나 사람은 그 행동에 대해 책임질 수 없다. 행동은 인물에게 지속적이거나 항상적인 무언가를 낳지 않으며, 또한 그런 성질의 것을 전혀 남겨 두지 않는다. 따라서 사람이 자신의 행위 때문에 징벌과 보복의 대상이 될 수는 없다. 그러므로 자유의 가설에 따르면, 사람은 최악의 범죄를 저지른 다음에도 마치 갓 태어난 순간처럼 순진무구하며, 사람의 성격은 자신의 행동과 전혀 무관하다. 사람의 행동은 자신의 성격에서 유래된 것이 아니므로 행동의 사악함도 성격의 타락에 대한 증거로 활용될 수는 없기 때문이다. 일반적 의견은 이와 상반될 수 있다고 하더라도, 사람은 오직 필연성의 원리에 입각하여 자신의 행동에 따라 상벌을 받는다.

그러나 인간은 완벽히 정합적(整合的)인 존재가 아니다. 언행이 거의 일치되지 않는 사람들은 흔히 필연성이 궁극적으로 인류 및 그보다 우수한 능력자에 대한 우리 행동의 모든 공과를 완전히 무효로 만들 수도 있다고 주장한다. 그럼에도 불구하고 그런 사람은 이 문제에 관해 자신들이 판단하는 모든 경우에 여전히 바로 이 필연성의 원리에 따라서 추리한다. 예를 들어 사람이 저도 모르게 우발적으로 악을 저질렀을 때, 그 결과가 어떻든 간에 비난을 받지 않는다. 어째서일까? 그 이유는 단 한 가지, 모르고 한 행동의 원인은 순간적이며, 그냥 그 행동만으로 끝나기 때문이다. 또한 사람이 경솔하게 굴다가 실수로 악한 행동을 했을 때, 심사숙고하여 악을 저질렀을 때보다는 가벼운 비난을 받는다. 그 이유는 무엇일까? 경솔한 기질이 정신에 있는 것이 항상적인 원인이라고 하더라도, 그 기질이 이따금 작용하는 것만으로는 전체적인 성격을 손상시키지는 않기 때문이다. 특히 생활이나 행동거지 따위의 명백한 개선을 수반할 때 그러하다. 이런 사실을 어떻게 설명할 수 있을까? 그저 어떤 행동이 인간 정신에 있는 범죄적 정념 또는 범죄적 요소의 증거인 한, 그런 행동은 인간을 범죄자로 만든다고 주장할 수밖에 없다. 그리고 이런 심리적 원리가 변경됨으로써 그 행동이 더 이상 정당한 증거가 아닐 때, 그 행동 또한 더 이상 유죄가 되지 않는다. 그러나 자유론 또는 우연론에 따르면 그런 행동은 결코 정당한 증거가 아니며, 결과적으로 범죄가 되지도 않는다.

그러므로 여기서 나는 내 이론에 반대하는 사람들에게 해 두고 싶은 말이 있다. 타인을 공격하기 전에 우선 자신의 이론이 이 불쾌한 결론에 도달하는 것을 면하길 바란다. 혹은 그가 이 문제를 대중 앞에 떠벌림으로써 결정하기보다는 철학자들 앞에서 공정한 논의를 통해 결정하기 바란다면, 자유와 우연이 동의어라는 점을 증명하기 위해 내가 앞에서 제시했던 것과, 도덕적 증명성 및 인간 행동의 규칙성 따위에 관해 내가 말한 것 따위를 돌이켜보길 바란다. 이 추론을 되돌아보면, 나의 완전한 승리를 의심할 수 없다. 이렇게 해서 의지의 모든 활동이 각각 특정한 원인에서 비롯된다는 것이 증명되었다. 이어서 나는 이 원인들이 무엇이며, 그 원인들이 작용하는 방식은 어떤 것인지 설명하겠다.

〈주〉

1 예를 들어 제1편에서 나온 진공 관념에서, 우리는 이 관념을 가지고서 착각하는 자연적 심성을 소유하는 것이 설명되었다(제1편 제2부 제5절 참조). 이처럼 불합리한 허위의 관념도 심리적으로는 자연적 근거를 가진 것으로써, 흄은 그 자연적 근거를 즐겨 탐구했다. 지금 자유에 대해서도 동일한 고찰이 시도되고 있다.

2 '무차별의 자유(liberty of indifference)'는 긍정·부정의 능력이 있고, 대립하는 동일한 동기의 사이에서 선택할 수 있는 자유이다. 또한 '자발성의 자유(liberty of spontaneity)'는 자기 결정의 자유이다. 무차별의 자유는 몰리나(Molina, 1535~1606)가 주장하여, 1607년 로마 교회의 공인을 받았다. 자발성의 자유가 스콜라 철학에서 말하는 무차별의 자유와 구별되는 것은 두갈드 스튜어트도 말하고 있다. Cf. Dugald Stewart, Works, Vol. VI, p.360.

3 필연성이 정신적 한정에 존재하는 점에 대해서는 제1편 제3부 제14절 참조.

4 '관련되거나 유사한 대상들은 모두 쉽게 혼동된다'는 점에 대해서는 제1편 제2부 제5절 및 제2편 제2부 제1절 주석 5 참조. 이 원리에 따라 진공을 시작으로 하여 여러 가지 허상이 산출되는 심리적 과정이 설명되어 있는데, 여기서도 의지를 자유롭다고 착각하는 감정이 해설되고 있다.

5 종교에 대한 예민한 관심과 신중한 태도는 흄 철학의 특징이다. 그것은 그의 개인적 생활 환경에서 연유된 것이기도 하고, 18세기 전반 영국 사상계의 분위기이기도 했다. 제1편에서도 종교에 대한 신경질적인 배려가 엿보인다. 제1편 제4부 제5절 참조.

6 '원인에 대한 두 가지 정의'에 대해서는 제1편 제3부 제14절 참조.

7 클라크 역시 영원한 신앙이나 내세의 징벌이라는 종교적인 지지가 없다면 도덕적 의무는 유효하지 않다고 한다. Cf. W.R. Sorley, A History of English Philosophy, p.157.

8 개개의 행동만으로는 도덕적 평가의 대상이 되지 않는다는 점에 대해서는 제3편에서도 설명된다. 제3편 제3부 제1절 참조.

3 의지의 유력한 동기에 대하여[1]

정념과 이성의 투쟁을 이야기하며 이성을 택하고, 사람은 이성의 명령에 따르는 만큼 유덕할 뿐이라고 주장하는 경우는 철학은 물론 심지어 일상 생활에서조차 매우 흔히 볼 수 있다.[2] 이러한 주장을 들어보면, 모든 이성적 존재는 이성을 통해 자신의 행동을 통제해야만 한다. 그리고 만일 다른 동기나 원리가 그의 행위를 규정하려고 하는 경우에는 그 동기나 원리에 반항해서 철저히 진압하거나 적어도 상위 원리와 합치되도록 해야 한다. 근대 및 고대의 도덕철학은 대부분 이런 사고 방식에 토대를 둔 것으로 생각된다.[3] 또한 이 형이상학적 논변은 물론 통속적인 이야기에서도 이성을 정념보다 우위에 두는 가정이 가장 일반적이다. 지금까지 이성의 영원성·불변성 및 그 신적 기원은 최고의 장점으로 드러났다. 반면에 정념의 맹목성 및 불안정성과 기만성 따위는 지금까지 상세히 설명되어 있다. 이런 철학 전체의 허위를 명시하기 위해 내가 증명하려고 노력할 것은 다음과 같다. 첫째, 오직 이성만으로는 어떤 의지 활동의 동기도 될 수 없다. 둘째, 이성은 의지의 방향을 결정할 때 결코 정념과 상반될 수 없다.

오성은 다음과 같은 두 가지 방식으로 발동한다. 즉 오성은 논증이나 개연성을 통해 판단하고, 우리 관념의 추상적 관계를 주목하거나 경험을 통해서만 알게 되는 대상의 관계를 주목하는 방식으로 발동한다.[4] 그런데 내가 믿기로는 첫 번째 종류의 추론만으로는 어떤 행동의 원인이 된다고 주장하기는 어려울 것 같다. 이 추론의 고유 영역은 관념들의 세계이다. 그러나 의지의 문제는 우리를 언제나 실재의 세계에 존재하게 한다. 따라서 논증과 의욕 사이는 서로 아주 거리가 먼 것처럼 여겨진다. 사실 수학(=기하학)[5]은 모든 역학 계산에서 유용하며, 산술은 거의 모든 기술과 전문직에서 유용하다. 그러나 수학이나 산술 그 자체가 단독으로 이런 영향력을 발휘하는 것은 결코 아니다. 역학은 물체의 운동을 어떤 계획된 목적 또는 목표에 따라 조절하는 기술이다. 또한 우리가 수적 비율을 확정할 때 산술을 사용하는 이유는 운동의 실제 영향력과 작용의 비율을 발견할 수가 있기 때문이다. 상인은 어떤 사람과 거래한 전체 내용을 알고 싶어한다. 그 이유는 그가 지불할 부채와 자신이 시장에서 상품을 구매한 금액의 총계가 개별 항목을 취합한 것과 같은 결과를 내는지 알고 싶기 때문이다. 따라서 추상적이거나 논증적인 추론은 오직 원인과 결과 따위에 대한 우리의 판단을 지배할 뿐, 행동에는 영향을 미칠 수 없다. 이런 사실 때문에 우리는 오성의 두 번째 활동에 관심을 갖게 된다.

우리가 어떤 대상으로부터 고통이나 쾌락을 예측할 때, 그 결과로써 우리는 이에 걸맞는 혐오나 집착 따위의 정서를 느낀다. 또 우리에게 이런 불만이나 만족을 줄 수 있는 것을 피하거나 받아들이게 되는 것은 분명하다. 이런 정서는 여기서 그치는 것이 아니라, 정신이 시선을 사방에 던져 그 정서의 근원적 대상과 원인과 결과의 관계를 통해 연관된 것을 모두 포괄하도록 하는 것은 명백하다. 그런데 여기서 이런 관계를 밝히기 위해 추론이 발생한다. 그리고 이러한 추론의 모양이 변함에 따라 우리 행동의 모양도 변한다. 그러나 이 경우에 충동은 이성에서 발생하는 것이 아니라, 이성의 지배를 받을 뿐이라는 것은 명백하다. 쾌락과 고통을 예측함으로써 어떤 대상에 대한 혐오나 집착이 발생한다. 그리고 이 정서는 이성과 경험이 지시하는 대로 그 대상의 원인과 결과로 확산된다. 만약 원인과 결과가 모두 우리에게 정서를 불러일으키지 않는다면 어떤 대상이 원인이고 어떤 대상이 결과라는 것 따위를 아는 것은 우리의 관심이 될 수 없다. 대상 자체가 우리의 감정을 유발시키지 못한다면 그 대상들의 연관도 우리의 의지에 미칠 영향력을 대상에게 부여할 수 없다. 그리고 누구나 알다시피 이성(추리)[6]은 이런 인과관계의 발견일 뿐이다. 그러므로 이성을 통해서 그 대상들이 우리에게 감정을 유발할 수 있다는 것은 결코 아니다.

이성만으로는 어떤 행동도 유발할 수 없고 어떤 의욕도 불러일으킬 수 없다. 그러므로 추정컨대, 바로 이 이성이라는 직능은 의욕을 막거나 어떤 정념 또는 정서를 선택하려고 논의하는 것도 불가능할 것이다. 이 귀결은 필연적이다. 이성은 우리의 정념에 상반된 방향의 충동을 주는 것 이외에는 의욕을 방지할 영향력이 없다. 그리고 이 충동이 단독적으로 작용하기만 하면, 바로 의욕을 낳을 수 있을 것이다. 일반적으로 정념과 이 충동이 대립하거나 또는 그것을 방해할 수 있는 것은 상반된 충동뿐이다. 그런데 만약 이 상반된 충동이 이성에서 발생한다면, 이성이라는 직능은 의지에 대한 근원적인 영향력을 내포해야 한다. 그러나 이성은 근원적 영향력이 없으므로, 그와 같은 효력을 갖거나 잠시라도 정신을 긴장시킬 수 있는 어떤 원리에도 저항할 수 없다. 여기서 보이듯이 우리의 정념과 상반되는 원리는 이성과 같은 것일 수 없고, 이것을 이성이라고 부른다면 부적절한 의미에서만이라고 생각된다. 그러므로 우리가 이 정념과 이성의 싸움을 말할 때, 우리는 엄밀하고 철학적으로 이야기하는 것이 아니다. 이성은 정념의 노예이고 또 노예여야만 한다.[7] 바꿔 말해 이성은 정념에게 봉사하고 복종하는 것 외에 결코 어떤 직무도 감히 탐낼 수 없다. 이런 의견은 다소 이상하게 보일 것이다. 그러므로 몇 가지 다른 고찰을 통해 이 의견을 확인하는 것도 적절하리라 본다.

정념은 근원적 존재이다. 사람들이 원한다면 근원적 존재의 변용이라고도 말할 수 있다. 이 정념은 자신을 다른 어떤 존재나 변용 따위의 모사로 나타내는 표상적 성질을 전혀 포함하지 않는다. 예를 들어 내가 분노를 느낄 때 나는 실제로 그 정념을 가지고 있으며, 그 정념 속에는 다른 사물과의 투쟁이란 조금도 존재하지 않는다. 내가 목마르거나 아플 때 또는 내 키가 5피트(152.4cm) 이상일 때에도 마찬가지로 조금도 변함이 없다. 따라서 그 정서를 통해 생각되거나 재현되는 것도 없다. 따라서 이 정념은 진리 및 이성과 대립할 수 없으며 모순될 수도 없다. 이런 모순은 관념과 대상의 불일치 때문이다. 이때 관념은 자신이 재현하는 대상들의 모사로 간주된다.

이 항목의 첫머리에 나타날 수 있는 것은 다음과 같다. 즉 진리나 이성에 관계되는 것을 제외하면 진리나 이성과 상반될 수 있는 것은 없다. 우리 오성의 판단만이 이런 관계를 가질 수 있다. 따라서 반드시 정념은 어떤 판단이나 의견을 동반하는 경우에 한해서만 이성과 상반될 수 있다. 아주 명백하고 자연스러운 이 원리에 따르면, 오직 다음과 같은 두 가지 의미에서만 우리는 어떤 감정을 이성에 반한다고 말할 수 있다. 첫째, 희망이나 두려움, 비탄이나 기쁨, 절망이나 안심 따위와 같은 정념이 실제로는 존재하지 않는 대상의 존재를 가정하는 것에 기초를 두고 있는 경우이다. 둘째, 어떤 정념이 작용할 때 우리가 의도한 목적을 충족시킬 수 없는 수단을 선택하여, 원인과 결과에 대한 판단에서 스스로를 기만하는 경우이다. 이처럼 정념의 기초가 존재에 대한 거짓 가정이 아니고 또 정념이 목적을 충족시킬 수 없는 수단을 선택하지도 않는 경우에, 오성은 그 목적을 정당화할 수도 없고 비난할 수도 없다. 예를 들어 내 손가락의 생채기보다 전세계의 파멸을 선택했다 해도 이성과 상충되지 않는다. 내가 인디언이나 전혀 모르는 사람의 불쾌함을 방지하기 위해 나 자신의 파멸을 선택했다 해도 이성과 상충되지 않는다. 설령 내가 나 자신의 큰 선보다는 정평이 나 있는 작은 선을 선호하고 또 큰 선보다 정평 난 작은 선을 열렬히 애호하더라도, 이성과 거의 모순되지 않는다. 하찮은 선도 상황에 따라서는 가장 크고 값진 즐거움에서 발생하는 것보다 강한 욕구를 낳을지도 모른다. 역학에서 1파운드(≒0.45kg)의 무게가 유리한 위치 때문에 100파운드의 무게를 들어

올리는 것을 볼 수 있듯, 이런 사실을 두고 놀랄 것은 없다. 간단히 말해서 어떤 정념이 이성에 반하는 것이 되려면 허위 판단을 동반해야 한다. 그렇다고 하더라도 엄밀히 말해서 불합리한 것은 정념이 아니라 판단이다.

여기에 대한 결론은 명백하다. 어떤 정념이 거짓 가정에 기초를 두거나 의도적 목적에 불충분한 수단을 선택했을 때를 제외하고, 어떤 의미에서든 결코 정념을 불합리하다고 할 수 없다. 따라서 이성과 정념은 결코 상반될 수 없으며 의지와 행위를 지배하기 위해 싸울 수도 없다. 우리가 가정의 거짓 또는 수단의 부족함 따위를 간파하는 순간, 우리의 정념은 어떤 대립도 없이 이성을 따른다.[8] 예를 들어 탁월한 향기 때문에 어떤 과일을 원할 수도 있다. 그러나 나에게 나의 실수 즉 그 과일은 향기가 없다는 것을 확인시켜 주면, 나의 갈망도 그친다. 나는 바라던 선을 얻는 수단으로 어떤 행동을 수행할 수도 있을 것이다. 그러나 내가 자발적으로 이런 행동을 하는 것은 2차적일 뿐이며, 이 행동으로써 의도된 결과를 가져오는 원인이라는 가정에 기초를 두고 있다. 따라서 이 가정이 거것임을 발견하면 이 행동은 곧 내 관심에서 멀어질 수밖에 없다.

엄격한 철학적 안목으로 대상을 검토하지 않는 사람은, 정신 활동이 어떤 서로 다른 감각도 산출하지 않고 느낌이나 지각으로는 직접 구별될 수도 없을 때 이런 정신 활동들은 전적으로 동일하다고 자연스럽게 상상한다.[9] 예를 들면 이성은 눈에 띄는 정서를 산출하지 않고도 발동한다. 그리고 철학의 비교적 삼엄한 논고나 강단의 말도 안 되는 섬세함 따위를 제외하면, 이성은 어떤 쾌락이나 언짢음도 거의 전해주지 않는다. 따라서 최초의 시각과 겉모습에 따라 사물을 판단하는 사람들은 모두 조용하고 침착하게 작용하는 모든 정신 활동을 이성과 혼동한다. 그런데 확실히 욕구나 성향 속에는 차분한 것이 있다. 그것들은 실제로는 정념이지만 정신에 정서를 거의 유발하지 않는다. 또한 직접적 느낌이나 감각을 통해서보다는 그 결과를 통해 더 잘 알려진다. 이런 욕구에는 두 종류가 있다. 하나는 인간 본성에 뿌리내리고 있는 직감으로 자비와 적개심[10] 및 생명애 그리고 어린이에 대한 친절[11] 따위이다. 다른 하나는 선 자체에 대한 일반적 욕구와 악 자체에 대한 혐오 따위라고 생각할 수 있다. 이런 정념 가운데 어떤 것이 차분하고 영혼에 무질서를 전혀 초래하지 않을 때, 우리는 극히 자연스럽게 이 정념을 이성의 결정으로 받아들이고, 바로 참과 거짓을 판단하는 이성이라는 직능에서 유래된 것이라고 가정한다. 이 정념들의 본성과 원리 따위에 대한 감각은 분명히 구별되지 않는다. 그 때문에 사람들은 지금까지 이 정념들의 본성이나 원리도 동일한 것으로 가정해 왔다.

의지를 결정하는 경우가 잦은 이 차분한 정념들 외에도 같은 종류의 격렬한 정서가 있다. 이 정서 역시 이성이라는 직능에 큰 영향을 미친다. 예를 들어 어떤 사람에게서 상처를 입었을 때, 나는 흔히 적개심이라는 격렬한 정념을 느낀다. 나는 이 적개심 때문에 나 자신의 쾌락이나 이익을 전혀 고려하지 않고 그에 대한 악행과 처벌을 원한다. 내가 혹독한 곤경으로 직접적인 위협을 받는다면, 나의 두려움과 걱정, 혐오 따위는 최고조에 달하고, 눈에 띄는 정서를 산출한다.

형이상학자들의 공통적인 오류는 의지의 방향이 이런 원리들 가운데 어떤 것[12]에 전적으로 귀속된다고 여기면서 그 밖의 원리는 전혀 영향력을 갖지 못한 것으로 상정한 데 있다.[13] 사람들은 알면서도 자신의 이익과는 거리가 먼 행동을 하는 경우가 종종 있다. 이런 이유 때문에 가능한 최고 선에 대한 희망이 사람들에게 항상 영향을 끼치는 것은 아니다. 또한 사람은 때때로 자신의 격렬한 정념과는 반대로 이익이나 계획을 좇을 때가 있다. 따라서 현재의 언짢음만으로 자신들의 이익이나 의도를 결정하는 것은 아니다. 일반적으로 우리가 말할 수 있는 것은 다음과 같다. 즉 이 두 원리는 모두 의지에 작용한다. 그리고 이 두 원리가 상반될 때에는 사람의 일반적 성격이나 현재의 성향에 따라서 두 원리 중 한쪽이 우세해진다. 우리가 정신의 힘이라고 부르는 것에는 차분한 정념이 격렬한 정념을 지배한다는 의미가 들어 있다. 그러나 우리가 쉽게 관찰할 수 있듯이 어떤 경우에도 정념과 욕구에 굴복하지 않을 정도로 이런 덕을 한결같이 갖춘 사람은 전혀 없다. 이런 기분의 변이에서 동기와 정념이 상반되는 경우에는 인간의 행동과 결심 따위를 결정하기가 매우 어렵다.

〈주〉

1 표제의 원문은 'Of the influencing motives of the will'이다.
2 '이성의 명령에 따르는 만큼 유덕할 뿐'이라고 주장하는 윤리학적 이성론은 근대 초기

영국 논리학의 유력한 학파였으며, 성직자나 사회의 대다수가 통속적 도덕관에서 정념 없는 정서를 배척한 것은 어느 세대에서나 마찬가지이다. 다음 주석 참조.

3 고대의 윤리학적 이성론의 예로는 스토아 학파를 들 수 있다. 또 여기서 말하는 '고대' 란 우리의 구별에 따르면 중세를 포함하지만, 이 시기에서는 토마스 아퀴나스를 예로 들 수 있다. 근대에는 영국만으로 한정시켜도 커드워스나 모어의 케임브리지 플라톤 학파, 클라크 및 울러스턴 등 수많은 이성론자가 있어서 논리학계에서 거대한 세력을 이루고 있다. 특히 울러스턴의 학설은 제3편에서 흄이 논평하고 있다. 제2편 제1부 제7절 및 제3편 제1부 제1절 참조. 또한 흄이 생각하는 '고대'의 의미에 대해서는 제1편 제4부 제3절 주석 1 참조.

4 지식에는 두 가지 종류가 있다는 것, 관계에도 두 가지 종류가 있다는 것에 대해서는 제1편 제3부 제1절 참조.

5 '수학(mathematics)'이 기하학을 의미하는 것은 제1편과 동일하다. 제1편 제2부 제4절 주석 3 참조.

6 '이성'의 원어는 'reason'이다. 이 단어는 지금까지 '추리(reasoning)'와 동의어로 사용되었다. 이러한 단어 사용법은 로크에게서도 발견된다. 제1편 제4부 제4절 참조.

7 '이성은 정념의 노예이고'라는 선언은 신학자나 도덕학자들을 놀라게 했을 것이다. 이러한 자극적인 표현은 흄의 특기였다. 그러나 그 진정한 의미는 이성이 어떠한 상황에서도 정념에 대해 무력하다는 뜻이 아니다. 정념이 이성에 의해 '규정(direct)'된 것은 바로 앞에서 서술한 대로이고, 그 한계에 대해서는 앞으로 서술하듯 '정념은 이성에 복종한다'이다. 다음 주석 참조.

8 '정념은 이성에 복종한다'는 내용이 여기서 이야기된다. 앞 주석 참조. 또한 행위의 동기로서 이성이 무력한 점에 대해서는 제3편 제1부 제1절에서 다시 한 번 반복된다. 제3편 제1부 제1절 참조.

9 '구별될 수도 없을 때 이런 정신 활동들은 전적으로 동일하다고 자연스럽게 상상한다'의 원리에 대해서는 제2편 제3부 제2절 주석 4 참조.

10 '자비(benevolence)'는 제2편 제2부 제9절에서 '분노(anger)'와 함께 정의되었다. 여기서의 '적개심(resentment)'은 '분노'와 동의어이다. 제2편 제2부 제9절 참조.

11 '어린이에 대한 친절'에 대해서는 제2편 제2부 제4절 주석 5 참조.

12 여기서 '원리'는 '정념', 특히 '격렬한 정념'을 뜻한다.

13 인간 정신의 복잡성을 그대로 용인하고 무리하게 추상적 원리를 고집하지 않는 데에서 흄의 철학적 태도가 드러난다. 제2편 제3부 제1절 주석 13 참조.

4 격렬한 정념의 원인에 대하여

철학의 주제들 중에서도 차분한 정념과 격렬한 정념 따위의 서로 다른 원인과 결과라는 이번 절의 주제만큼 세밀한 사변적 주제는 없다. 정념이 자신의 기분에 유발시킨 격렬함이나 흥분에 비례하여 의지에 영향을 미치지 않는다는 것은 분명하다. 반대로 어떤 정념이 행위의 원리로 한 번 고정되어 영혼의 우세한 의향이 되면, 대체로 그 정념은 더 이상 조금이라도 눈에 띄는 동요를 일으키지 않는 것이 보통이다. 일반적으로 거듭된 습관과 정념 자체의 힘은 만물을 그 정념에 따르도록 한다. 그러므로 그 정념은 인간의 행동을 규정하고 지도하는데, 이때에는 정념을 순간적으로 표출할 때마다 아주 자연스럽게 수반되는 대립이나 정서[1]가 없다. 따라서 우리는 차분한 정념과 약한 정념을 구별해야 하고, 격렬한 정념과 강한 정념을 구별해야 한다.[2] 그러나 이런 점에도 불구하고 우리가 어떤 사람을 지배하며 그가 어떤 행동을 하도록 하려면, 대체로 차분한 정념보다 격렬한 정념을 자극하는 것이 상책이고, 흔히 그의 이성이라고 일컫는 것보다는 그의 의향으로 그를 사로잡는 것이 상책임이 확실하다. 따라서 우리는 그 사람의 정념이 더욱 강렬해질 수 있도록 적절한 상황을 안배해야 할 것이다. 왜냐하면 모든 것은 그 사람의 상황에 달려 있으며, 이러한 상황의 변이는 차분한 정념과 격렬한 정념이 서로 변화하도록 할 수 있기 때문이다.[3] 정념은 차분한 것이든 격렬한 것이든 모두 선을 추구하며 악을 기피한다. 그리고 이 정념은 모두 선·악의 증감에 따라 증감된다. 그러나 이런 종류의 정념 사이에도 차이는 있다. 즉 동일한 선이라 해도 가까이에서는 격렬한 정념을 낳을 것이고, 멀리서는 차분한 정념을 산출하는 데 멈출 것이다. 이런 사실은 자유 의지에 대한 현재의 물음에 아주 적절하게 속해 있다. 따라서 우리는 여기서 이런 사실을 근본적으로 검토해 보고, 정념을 차분하게 하거나 격렬하게 하는 대상들에 대해 고찰할 것이다.

　그 본성이 근본적으로 다른 정념과 정서는 심지어 서로 상반될 때도 있지만, 어떤 정념을 수반하는 정서는 쉽게 정념으로 전환될 수 있다.[4] 이것이 인간 본성의 현저한 특성이다. 사실 정념들 사이의 완전한 합일을 이루기 위해서는 인상과 관념의 이중 관계가 항상 필요하지만, 단 한 가지 관계만으로는 이런 합일을 결코 충족시킬 수 없다.[5] 그러나 이런 사실은 의심할 나위 없는 경험을 통해서 증명되겠지만, 우리는 이런 사실을 적절한 한계를 통해 이해해야 한다. 즉 이중관계는 한 정념이 다른 정념을 낳도록 하는 데에만 필요하다는 것을 반드시 간파해야 한다. 각각의 원인을 통해 두 정념이 이미 산출되어 정신에 나란히 현전할 때, 그 정념 사이에 오직 한 가지 관계만 있거나 때로는 아무 관계도 없을 수 있다. 그러나 이 두 정념은 쉽게 뒤섞여 합일된다.[6] 지배적인 정념은 열세인 정념을 흡수하고, 한번 고조된 기운은 그 방향의 변화를 쉽게 받아들인다. 그리고 이 변화가 우세한 정념에서 유래되었다고 자연스레 상상하게 된다. 일반적으로 두 정념 사이의 연관은 어떤 정념과 무관심 사이의 연관보다 여러 측면에서 긴밀하다.

예를 들어 사람이 사랑에 깊게 빠지면 연인의 조그만 결점과

정념에 사로잡힘 흄은 우리의 행동이 정서 욕구와 정념 등에 따라 결정된다고 생각했다. 정념의 노예인 이성은 욕구를 채우기 위해 이용될 뿐이라는 것. 장 오노레 프라고나르의 《빗장》(1777).

망상이 일상적 교제에서 매우 자주 질시를 받거나 시빗거리가 될 수 있는 분노와 미움 따위와 관련될 수 있다고 하더라도, 그 결점과 망상은 지배적인 정념에 힘을 더한다는 것을 알 수 있다. 또한 정치가들이 어떤 사람에게 주지시키고자 하는 어떤 사실 문제를 통해 그 사람을 매우 감동시키기 위해 사용하는 계책은 먼저 그 사람의 호기심을 불러일으키는 것이다. 그리고 호기심의 충족을 가능한 한 지연시킴으로써 그가 사안을 제대로 파악하기 전 불안과 조바심을 극도로 고조시킨다. 정치가들은 그 호기심이 그를 자신들이 계획적으로 유발하려는 정념에 빠뜨리고, 그 사안이 정신에 미치는 영향력을 보강한다는 사실을 알고 있다. 전장에 간 병사는 친구와 전우를 생각하면 자연히 용솟음치는 용기와 사기를 맛보지만, 적을 생각하면 엄습하는 두려움과 전율에 떤다. 따라서 전자의 경우에서 유래된 어떤 새로운 정서는 자연히 용기를 증가시키지만, 후자의 경우에서 유래된 새로운 정서는 두려움을 증대시킨다. 이것은 관념들 사이의 관계에 따라 열세인 정서가 우세한 정서로 전환되기 때문이다. 따라서 전투에서 제복의 동일성과 아름다움 그리고 대열과 행진의 질서정연함 따위는

전쟁의 모든 화려함 및 그 위용과 더불어 우리 자신과 연합군의 용기를 북돋운다. 반면에 적에게 있는 이런 요소는 그 자체로는 아름답고 유쾌하겠지만 아군을 두렵게 만들지 않을 수 없다.

정념들이 동시에 현전할 때 그 정념들은 각각 독립적이더라도 자연스럽게 서로 혼입된다. 따라서 선이나 악이 욕구나 혐오 따위의 직접 정념뿐만 아니라 그 밖의 어떤 특정 정서를 유발할 상황에 있다면, 욕구나 혐오는 새로운 힘과 격렬함을 획득할 수밖에 없다.

이런 일은 여러 가지 경우에 발생하지만, 그 중에서도 특히 어떤 대상이 상반된 정념들을 유발하는 경우 언제나 발생한다. 그 이유는 다음과 같다. 대체로 정념들 사이의 대립은 기운에 새로운 정서를 유발하는 것이 보통이다. 말하자면 대등한 힘이라도 두 감정이 협력할 때보다 정신에 더 큰 혼란을 초래하는 것이 보통이다. 그리고 이 새로운 정서는 쉽게 지배적인 정념으로 전환되며 더욱 격렬해지고, 그 정서가 대립하지 않았을 때 도달할 수 있는 정점을 넘어선 곳까지 도달하게 한다. 따라서 우리는 자연히 금지된 것을 원하며 행동으로 수행하는 데에서 쾌락을 얻는데, 이것은 그런 행동이 불법적이기 때문이다. 의무 개념이 정념과 대립될 때, 그 개념이 정념을 정복하는 일은 거의 없다. 또 그 개념이 이런 결과를 얻지 못하면 우리의 동기와 원리(principles) 사이에 대립을 불러일으킴으로써 오히려 정념을 증대시키기 쉽다.

이 대립은 내적 동기에서 발생하든 외적 장애에서 발생하든 관계없이 동일한 결과를 수반한다. 그리고 어떤 경우에도 정념은 공통적으로 새로운 힘과 격렬함을 얻는 것이 보통이다. 그런 장애를 극복하려는 정신의 노력은 기운을 북돋아 정념에 생기를 불어넣는다.

불확실성[7]도 대립과 같은 영향력을 갖는다. 사유의 동요, 즉 사유가 한 관점에서 다른 관점으로 빠르게 바뀌는 것, 서로 다른 관점에 따라 연달아 계기하는 정념들의 다양성 따위의 모든 것이 정신에 동요를 낳는다. 그리고 그들 모두는 그때 지배적 정념으로 흡수된다.

불확실성은 이처럼 정념을 증가시키고, 안심은 이 불확실성을 제거한다. 생각건대, 이 이유 외에 안심이 정념들을 감소시키는 자연적 원인은 없다. 정신은 단독으로 방치해 두면 곧 시들해진다. 정신이 자신의 열정을 유지하려면 매순간마다 새로운 정념의 흐름으로 정신을 지탱해야 한다. 바로 이런 이유 때문에 절망은 안심과 상반되지만 결국 안심과 같은 영향력을 갖는다.

어떤 감정에 활력을 준다는 점에서 가장 강력한 것은 그 대상의 일부를 가려서 숨기는 것이라고 확신한다. 그 대상의 가려진 부분은 우리의 관심을 끌기에 충분한 것으로 여겨지겠지만, 상상력이 작용할 다소의 여지도 남겨 두고 있다. 가려진 부분은 늘 일종의 불확실성을 수반한다. 그 밖에도 공상이 관념을 완성하려는 노력은 기운을 북돋아 정념에 부가적인 힘을 부여한다.

절망과 안심은 서로 상반되지만, 같은 결과를 낳는다. 따라서 절망과 안심이 결여된 것이 이와 상반되는 결과를 가지는 것을 관찰할 수 있다. 즉 서로 다른 여건에 따라 우리의 감정을 증감시킨다는 것이다. 라 로슈푸코 공작[8]은 이 점에 대해서 아주 절묘하게 설명하고 있다. 바람이 촛불은 끄지만 큰 불을 일으키듯이 절망과 안심의 결여는 약한 정념을 파괴하나 강한 정념은 증대시키는 법이다. 오랫동안 절망과 안심이 결여된 것은 자연히 관념을 약화시키고 정념을 감소시킨다. 그러나 관념이 스스로를 지탱할 정도로 생생한 경우, 무(無)에서 발생한 불안은 정념을 증대시키고 새로운 힘과 격렬함을 부여한다.

〈주〉

1 '정서(emotion)'는 여기에서 하나의 정념을 구성하는 인자로서의 의미를 수반하고 있다. 이러한 단어 사용법은 이번 절에서 가끔 발견된다. 제2편 제2부 제8절 주석 2 참조.

2 정념의 '차분함(calm)'과 '격렬함(violent)'이란 정념 그 자신의 본성에서 오는 구별이고, '강함(strong)'과 '약함(weak)'이란 구체적인 현재 상태에서 복잡한 관계의 영향 아래에서 나타나는 구별이다. 그러나 전자도 궁극적으로는 현상적인 구별에 지나지 않는다. 이 점에 대해서는 이미 살펴본 대로이며, 또한 흄 스스로도 계속해서 설명하고 있다. 제2편 제1부 제1절 및 다음 주석 참조.

3 차분한 정념과 격렬한 정념이 '사물의 상황'에 의해 현재 상태와 상반되는 것으로마저 변할 수 있다는 점은 여기서 지적되고 있다. 앞의 주석 참조.

4 어떤 정념을 수반하는 정서는 '쉽게 정념으로 전환될 수 있다'는 현상은 후에 중요한 원리가 된다. 제2편 제3부 제5절 주석 4 혹은 제2편 제6절 주석 1 참조.

5 '정념들 사이의 완전한 합일을 이루기 위해서 인상과 관념의 이중 관계가 항상 필요하다'는 점은 말할 것도 없이 흄 정념론의 기본원리이다. 제2편 제1부 제5절 참조.

6 인상과 관념의 이중 관계는 정서가 발생되는 근본원리이다. 그러나 인간의 정념은 복잡하고 세밀하여 단순히 일반적인 원리만으로는 해명될 수 없고, 상황에 따라 제한적이거

나 부가적인 원리를 필요로 한다. 제2편 제1부 제6절 본문 및 제2편 제2부 제4절 주석 3 참조.

7 '불확실(uncertainly)'은 나중에 희망과 두려움을 설명할 때 중요한 원리가 된다. 제2편 제3부 제9절 참조.

8 '라 로슈푸코 공작(Duc de la Rochefoucault, 1613~1680)'은 프랑스의 인생비평가이다. 명문가 출신으로 프롱드 당원으로서 프롱드의 난 때 활약했다. 저서에 《Réflexions ou sentence et maximes morales》(1665)가 있다. 그에 따르면 덕은 의식적으로나 무의식적으로나 위선에 지나지 않는다.

5 습관의 영향력에 대하여

그런데 우리의 정념을 증감시키고 쾌락을 고통으로 전환한다는 점에서 습관과 반복만큼 중대한 영향력을 갖는 것은 없다. 습관은 정신에 두 가지 근원적 영향을 미친다. 첫 번째는 어떤 행동을 수행하거나 어떤 대상을 표상할 때 수월함을 제공하는 것이다.[1] 두 번째는 그 행동이나 대상을 향한 경향이나 의향을 정신에게 부여하는 것이다.[2] 이들 습관의 영향력이 아무리 특이하더라도, 이런 사실들에서 습관이 갖는 그 밖의 영향력을 모두 설명할 수 있을 것이다.

영혼이 익숙하지 않은 행동을 수행하거나 대상을 파악하는 데 몰두할 때, 그 정신적 직능에는 어떤 완강함이 있다. 말하자면 기운이 새로운 방향으로 움직이는 데에도 어려움이 있는 것이다.[3] 그런데 이 어려움은 기운을 북돋우므로 경탄과 놀라움의 원천이며, 새로움에서 발생하는 모든 정서의 원천이다. 또 이들 어려움은 그 자체적으로는 정신에 온건한 정도의 생기를 불어넣는 모든 것과 마찬가지로 매우 호의적이다. 그러나 앞의 원리[4]에 따르면 놀라움이 그 자체로서는 호의적이라고 하더라도, 그 기운[5]을 동요시키기 때문에 우리의 호의적인 감정을 증대시킬 뿐만 아니라 고통스러운 감정도 증대시킨다. 이것은 어떤 정념보다 선행하거나 그 정념을 수반하는 정념은 모두 자신이 선행하거나 수반하는 정념으로 쉽게 전환된다는 앞의 원리에 따른 것이다. 따라서 새로운 것은 모두 우리를 몹시 감동시킨다. 엄밀히 말해서 자신에게 본래 속하는 것보다 큰 고통이나 쾌락을 주는 것이다. 그러나 그러한 것도 자주 나타나면, 그 새로움은 감퇴되고 정념은 가라앉으며, 기운의 격동도 사라진다. 그리고 우리는 대상을 더욱 차분히 둘러보게 된다.

반복[6]은 점차적으로 수월함을 낳는다. 이것은 인간 정신의 매우 강력한 또 하나의 원리이다. 즉 수월함이 일정한 정도를 넘어서지 않을 때 틀림없이 쾌락의 원천이 된다. 그러나 여기서 주목해야 할 점은 적절한 정도의 수월함에서 발생한 쾌락은 새로움에서 발생한 쾌락과 동일한 경향을 갖지 않는다는 것이다. 즉 호의적인 감정이나 고통스러운 감정을 증대하는 경향이 없다. 대상의 반복 출현에서 발생하는 수월함의 쾌락은 기운을 격발시키는 데 있는 것이 아니라, 기운의 질서정연한 운동에 존재한다. 이 운동은 이따금 지극히 강력해서 고통을 쾌락으로 변화시키기도 하고, 처음에는 아주 거슬리고 거북하게 느끼던 것이 시간의 흐름에 따라 풍미를 느끼게도 한다.

그런데 또 이 수월함은 고통을 쾌락으로 전환하듯이 때로는 쾌락을 고통으로 전환하기도 한다. 그것은 지나치게 수월해서 더 이상 정신의 흥미를 유발시키고 지탱할 수 없을 정도로 정신 활동을 어렴풋하고 무기력하게 만드는 경우이다. 그리고 오직 이런 대상만이 습관 때문에 거북하게 느껴진다. 이 정서나 감정은 그 대상의 빈번한 반복 때문에 소멸되면서 자연스레 수반되는 것이다. 예를 들어 구름·하늘·나무·돌 따위를 빈번하게 반복해 생각하더라도 우리는 전혀 혐오감을 느끼지 않는다. 그러나 아름다운 이성이나 음악 또는 여흥 및 자연히 호의적일 수밖에 없는 것들이 대수롭지 않게 될 때에는, 쉽게 반대의 감정을 낳게 된다.

그러나 습관은 그 행동을 수행하는 데 수월함만을 부여하는 것에 그치지 않는다. 어떤 행동이 완전히 거북하지 않다면 그 행동에 대한 의향이나 경향을 부여한다. 그러나 습관이 결코 의향의 대상일 수는 없다. 그리고 최근 유명한 철학자[7]의 관찰에 따르면 여기에 습관이 능동적 버릇을 증대시키지만 수동적 버릇을 감소시키는 이유가 있다. 수월함은 기운의 운동을 희미하고 쇠잔하게 함으로써 수동적 버릇의 힘을 빼앗는다. 그러나 능동적 버릇의 경우 기운은 충분히 자립한다. 따라서 정신의 경향은 그 기운에 새로운 힘을 불어넣고 그 기운을 더욱 강하게 행동에 쏟아붓도록 만든다.

〈주〉
1 '어떤 행동을 수행하거나 어떤 대상을 표상할 때 수월함을 제공하는 것'이라는 습관의 영향은, 오성의 경우 원인과 결과의 추리에서 현저히 나타난다. 제1편 제3부 제8절 주석

4 참조.

2 '그 행동이나 대상을 향한 경향이나 의향을 정신에게 부여하는 것'이라는 습관의 효과
는 일반 규칙의 효과로서 알려져 있다. 제1편 제3부 제13절 참조.

3 흄이 뉴턴 물리학의 영향을 많이 받았다는 점을 감안해서 물리학적인 용어로 표현하자
면, 여기서의 '완강함'이나 '어려움'은 일종의 '관성'이라고 할 수 있다.

4 어떤 정념을 수반하는 정서가 '쉽게 정념으로 수반될 수 있다'는 점에 대해서는 제2편
제3부 제4절 주석 4 참조.

5 여기서 '기운(spirit)'은 정신의 기조를 뜻한다.

6 이때 '반복'은 대상의 반복적 출현을 가리킨다.

7 '최근 유명한 철학자'의 원문은 'a late eminent philosopher'이다. 그리고 이는 버틀러(Butler)
를 가리킨다. 흄이 여기서 거론하는 고찰은 'Analogy of Religion, Natural and Revealed.' Pt.
I. Ch. 5.에서 보인다. 그런데 버틀러는 1752년에 사망했다. 그렇다면 원문의 'late'는 '사망'
이라는 현대적 의미가 아닌, 레어드가 주목하는 것처럼 당시에 통용되던 '최근의'라는
의미이다. 그린 그로스판의 편집자는 이 의미를 잊고 각주에 흄이 버틀러를 고인으로
취급하는 것은 잘못된 것이라고 첨가했다. 립스도 이런 오류를 그대로 이어받아 'ein
verstorbener, bedeutender Philosoph'라고 번역하고, 같은 내용의 잘못된 주석을 첨가하고
있다.

6 상상력이 정념에 미치는 영향력에 대하여

상상력과 감정이 함께 긴밀하게 합일되며, 상상력에 영향을 미치는 것이 감
정과 완전히 무관할 수도 없다는 점은 주목할 만하다. 예를 들어 선이나 악 따
위의 관념이 새로운 생동성을 얻게 되면 그 정념은 더욱 격렬해진다. 그리고 정
념은 생동성이 어떻게 변하더라도 상상력과 보조를 맞춘다. 앞서 언급한 부대
정서는 쉽게 지배 정서로 전환된다는 원리[1]에서 이런 사실이 유래되는지의 여
부를 나는 확정하지 않을 것이다. 정념에 미치는 상상력의 이런 영향력을 확인
할 수 있는 사례가 많다는 것만으로도 나의 지금 목적에는 충분하다.

일반적으로 우리 자신에게는 우세하지만 그 본성을 전혀 모르는 쾌락보다
는 우리와 친숙한 쾌락[2]이 우리에게 더 큰 영향력을 미친다. 우리는 우리와 친
숙한 쾌락에 대해서는 특수하고 확정적인 관념을 형성할 수 있다. 그러나 우리
가 그 본성을 전혀 모르는 쾌락에 대해서는 쾌락의 일반 관념으로 표상한다.
그리고 확실히 우리의 관념이 일반적이고 보편적일수록 그 관념이 상상력에 미
치는 영향력은 적어진다. 일반 관념은 일정한 관점에서 고려된 개별 관념일 뿐

이라고 하더라도 대체로 개별 관념보다 훨씬 애매하다. 그러므로 우리는 개별 관념을 통해 일반 관념을 표상하지만, 어떤 개별 관념도 고정되거나 결정적일 수 없으며 오히려 다른 개별 관념으로 쉽게 변화될 수 있다. 이 다른 개별 관념도 표상 작용에 있어서는 원래의 개별 관념과 대등한 역할을 할 것이기 때문이다.

고대 그리스 역사의 유명한 사건이 우리의 이런 목적에 도움이 될 수 있을 것이다. 테미스토클레스는 아테네인들에게 다음과 같이 말했다. 자신은 대중들에게 아주 유용한 계획을 세웠지만 그 성공 여부는 비밀리에 수행되는 점에 달려 있으므로 실행을 포기하지 않는 한 그 계획을 대중들에게 알려 줄 수는 없다고. 그래서 아테네인들은 테미스토클레스에게 그가 적절하다고 생각한 대로 행동할 수 있는 전권을 주는 대신 그의 계획을 아리스티데스에게 전해 주도록 명령했다. 아테네인들은 아리스티데스의 신중함을 전적으로 신뢰하여 그의 의견에는 맹목적으로 따르기로 결정했던 것이다. 테미스토클레스의 계획은 이웃 항구에 집결해 있는 그리스 연합군의 함대에 몰래 불을 지르는 것이었다. 이 함대가 일단 멸망하면 아테네인들은 경쟁자 없이 해상의 패권을 차지할 수 있을 것이다. 아리스티데스는 회의장으로 돌아와서 아테네인들에게 테미스토클레스의 계획보다 유리한 것은 있을 수 없지만, 동시에 그보다 부당한 것도 있을 수 없다고 이야기했다. 아테네인들은 그 안건을 만장 일치로 기각했다.[3]

고인이 된[4] 유명한 역사가[5]는 고대사의 이 사건을 어디서나 접할 수 있는 가장 특이한 사건 가운데 하나라고 찬미했다. 그의 말을 들어 보자. 여기에 있는 그들은 철학자가 아니다. 철학자라면 학원에서 도덕성에 관해 아주 정교한 공리와 아주 삼엄한 규칙을 쉽게 수립하고, 사사로운 이익이 정의를 결코 압도할 수 없다고 결정했을 것이다. 모든 사람은 자신들에게 제안된 것에 관심을 가지며 공공선을 위해 그 제안을 중요하게 생각한다. 그럼에도 불구하고 정의에 위배된다는 이유만으로 그 제안을 만장일치로 주저 없이 기각한다. 내가 볼 때 아테네인들의 이런 의사 진행은 그렇게 이상할 것도 없다. 철학자들이 이 삼엄한 공리를 매우 쉽게 수립할 수 있도록 해 주는 바로 그런 이유와 같은 이유 때문에 아테네인들의 그와 같은 행동 지침의 가치가 어느 정도 감소되는 경향이 있다. 철학자들은 결코 이익과 정직을 저울질하지 않는다. 철학자들의 결정은 일반적이며, 그들의 정념이나 상상력은 그 대상에 전혀 흥미가 없기 때문이다. 그리고 이 경우에 아테네인들은 즉각 이익을 보겠지만, 그들은 그러한 이익을 개별 관념을 통해서 표상하지 않고 이익에 대한 일반 관념 아래서만 알게 된다. 따라서 이런 경우는 아테네인들이 그런 이익의 모든 여건을 숙지하고 있을 때에 비해 그런 이익이 그들의 상상력에 미치는 영향이 덜하고 매력도 덜하다. 그렇지 않다면 일상적으로 그 제안이 불공정하고 난폭하긴 하지만, 모든 사람이 그처럼 만장일치로 정의를 고수하며 현저한 이익을 거부했을 것으로 생각하기는 어렵다.

그 흔적도 엷어져서 기억에서 거의 말살된 만족보다는 우리가 최근에 누렸고 기억도 생생한 새로운 만족이 훨씬 격렬하게 의지에 영향을 미친다.[6] 두 번째 사례에서 기억이 공상을 도와 공상의 표상에 추가적인 힘과 활기를 부여하지 않는다면, 이런 사실은 어디서 유래할까? 과거 쾌락의 심상은 강하고 격렬하다. 따라서 유사 관계를 통해 과거 쾌락과 연관된 미래 쾌락의 관념에 그 성질을 부여한다.

또한 우리의 생활 방식에 적당한 쾌락은 생활 방식과 거리가 먼 다른 쾌락에 비해 우리의 욕구와 욕망을 불러 일으킨다. 이와 동일한 원리를 통해 우리가 이런 현상을 설명할 수도 있겠다.

무엇보다도 웅변만큼 그 대상을 가장 강하고 생생하게 재현하는 것은 없다. 이 웅변은 대상을 정신에 가장 강하고 생생하게 표상할 수 있다. 물론 우리 스스로도 인정할 수 있듯이, 그런 대상 가운데 어떤 것은 가치 있지만, 다른 어떤 것은 경멸스럽다. 그러나 웅변가가 상상력을 자극하여 그 관념에 힘을 불어넣을 때까지 그 대상들이 의지나 감정에 미치는 영향력은 미약할 뿐이다.

그러나 웅변이 늘 반드시 필요한 것도 아니다. 다른 사람의 단순한 의견이라도 특히 정념을 통해 강화될 때 우리에게 영향력을 가질 수 있는 선이나 악 따위의 관념을 유발하겠지만, 그렇지 않다면 완전히 무시당했을 것이다. 이런 사실은 공감 또는 교감전달의 원리에서 비롯된다. 내가 이미 살펴보았듯이[7] 공감은 상상력의 힘을 통해 관념을 인상으로 전환하는 것일 뿐이다.

또한 주목해야 할 것은 생생한 정념이 보통 생생한 상상력을 수반한다는 점이다. 다른 측면에서도 마찬가지이겠지만, 이런 측면에서 정념의 힘은 그 대상의 본성이나 상황과 마찬가지로 사람의 기분에 상당히 의존한다.

내가 이미 살펴보았듯이, 신념은 현전하는 인상과 관련된 생생한 관념일 뿐이다.[8] 이 생동성은 격렬한 정념은 물론 차분한 정념에 이르기까지 모든 정념을 불러일으키는 데 필요한 여건이다. 단지 상상력의 허구만으로는 어떤 정념에도 현저한 영향력을 미칠 수 없다.[9] 상상력의 단순한 허구는 정신을 붙잡아 두거나 정서를 수반하기에는 너무 약하다.

〈주〉

1 '부대 정서는 쉽게 지배 정서로 전환된다'는 원리에 대해서는 제2편 제3부 제4절 주석 4 및 제2편 제3부 제5절 주석 4 참조. 단 이 세 곳에서의 표현 및 내용이 다른 것에 주의해야 한다. 특히 제5절에서는 '동화된 정서는 어떤 정념에 선행하는 정서이다'라고 말하고 있으며, 여기서는 '우세한 정념'에 동화한다는 점을 주의해야 한다.

2 우리가 쾌락의 대상을 알고 있는 경우의 쾌락을 가리킨다.

3 이 이야기는 플루타르코스의 《플루타르크 영웅전(Plutarchi Vitae Pallalae)》에 수록되어 있다. 테미스토클레스(Themistokles, BC 527~459)는 살라미스 해전으로 유명한 고대 그리스의 장군이자 정치가이다. 아리스티데스(Aristides, BC 530~467)는 청렴하고 정직하다고 알려진 정치가이다.

4 '고인이 된 유명한 역사가'의 원문은 'a late celebrated historian'으로, 립스는 여기서도 'en verstorbener berühmter Historiker'라고 번역하고 있다. 앞 절 주석 7 및 다음 주석 참조.

5 고대사 및 로마사에 대한 저술을 남긴 프랑스의 역사가 롤랭(Charles Rollin, 1661~1741)을 가리킴.〔원주〕

6 최근에 누렸고 기억도 생생한 새로운 만족이 훨씬 격렬하게 의지에 영향을 미치는 것과 유사한 현상은 오성에서도 보인다. 제1편 제3부 제13절 참조.

7 '공감'에 대해서는 제2편 제1부 제11절 참조.

8 신념이 '현전하는 인상과 관련된 생생한 관념일 뿐'이라는 점은 제1편 제3부 제7절 참조.

9 정념에 미치는 신념의 영향력에 대해서는 제1편 제3부 제10절 참조.

7 공간과 시간 등에서의 인접과 거리

공간적으로나 시간적으로 우리에게 인접한 만물은 특히 강하고 생생하게 표상되며, 그 밖의 대상보다 상상력에 탁월한 영향력을 미친다. 그 이유는 간단하다. 우리 자아는 우리에게 직접적으로 현전한다.[1] 따라서 자아와 관련된 것은 무엇이나 이런 성질을 받아들여야 한다. 그렇지만 어떤 대상이 이런 관계의 장점을 잃을 정도로 멀리 떨어진 경우에, 그 거리가 멀수록 그 대상의 관념도 더욱 희미하고 애매해진다. 이런 이유에 대해서는 아마 더 상세한 검토가 필요할 것 같다.

상상력은 우리가 존재하는 공간 및 시간상의 위치를 결코 완전히 잊게 만들지는 못한다. 왜냐하면 정념과 감관 따위를 통해 자신에게 빈번하게 나타나는 공간 및 시간상의 위치를 수용하기 때문이다. 그러므로 아무리 낯설고 멀리 떨어진 대상에 주의를 돌릴 수 있다고 하더라도 매 순간마다 현재를 되새겨 볼 수밖에 없을 정도로 강제당한다는 것은 분명하다. 또한 우리는 실존하는 것으로 간주하는 대상들을 표상할 때, 그 대상들 고유의 순서와 위치 속에서 그 대상들을 파악한다. 말하자면 한 대상에서 그것과 거리가 먼 다른 대상으로 결코 건너뛰지는 않는다는 사실은 주목할 만하다. 만약 이처럼 건너뛸 때에는 이 두 대상 사이에 개입된 모든 대상을 대충이나마 훑어 본다. 따라서 우리 자신과 거리가 먼 대상을 성찰할 때, 우리는 우리 자신과 그 대상 사이의 공간을 모두 통과해서 처음으로 그 대상에 도달할 수밖에 없다. 그뿐 아니라 우리 자신과 그 현재의 위치를 생각해내기 위해 매순간마다 바꾸어 나아갈 수밖에 없다. 쉽게 생각할 수 있듯이 이런 중단은 우리가 좀더 가까운 대상을 성찰하듯이 강하고 지속적인 표상 작용을 방해하고 정신 활동을 흐트러뜨려서 그 관념을 약화시킨다. 우리가 대상에 도달하기 위한 단계가 적을수록, 그리고 그 과정이 매끄러울수록 이런 생동성의 감소는 덜 현저하게 느껴진다. 그러나 여전히 거리와 어려움의 정도에 비례하여 생동감의 감소는 더하거나 덜하게 관찰된다.

그런데 여기서 우리는 두 종류의 대상 즉 인접한 대상과 먼 대상 따위를 고찰해야 한다. 인접한 대상은 우리 자신에 대한 관계 때문에 힘과 생동성에서 인상에 버금간다. 먼 대상은 우리가 그 대상을 생각하는 방식의 단속 때문에 더욱 약하고 불완전한 모습으로 현상한다.[2] 이것은 두 종류의 대상이 상상력에 미치는 영향력[3]이다. 나의 추론이 정확하다면, 그 대상은 의지와 정념에 이와 상응하는 영향력을 갖는다. 즉 인접한 대상은 멀고 어렴풋한 대상보다 우세한 영향력을 가져야 한다. 따라서 우리가 일상 생활에서 발견할 수 있듯이, 사람은 주로 시공간적으로 그리 멀리 떨어져 있지 않은 대상에 관심을 가지며 현실을 향유하고, 멀리 떨어진 것은 우연과 운명이 관장하도록 맡긴다. 예를 들어 어떤 사람에게 30년 후 그의 처지를 이야기하면 그는 관심을 보이지 않을 것이다. 그러나 그에게 내일 일어날 일을 이야기하면, 그는 관심을 기울일 것이다. 우리는 수백 리그(1 league≒4.8km)나 떨어진 다른 나라의 집이 불타는 것을 걱정하기보다는, 집에 있는 거울이 깨지는 것에 더 관심을 쏟는다.

그렇지만 좀더 생각을 진행시켜 보자. 공간 및 시간상의 거리가 상상력에 상당한 영향력을 미치고, 그것을 통해 의지와 정념에도 영향을 미친다. 그러나 공간적으로 단절된 결과는 시간적으로 단절된 결과보다 훨씬 약하다. 예를 들어 20년이란 시간은 역사가 제시하는 것에 비해서, 아니 인간의 기억에 제시된 것에 비교해 보아도 확실히 극히 짧은 시간적 거리이다. 그러나 1천 리그 아니, 지구상에서 공간적으로 가장 먼 거리라고 할지라도 관념을 시간적으로 먼 거리와 같이 뚜렷이 약화시키고 정념을 감소시킬지 의심스럽다. 예를 들어 서인도 상인은 자메이카[4]에서 일어난 일에 관심이 있을 것이다. 그러나 아주 막연한 우연적 사건을 두려워할 정도로 미래 사건에 시선을 던지는 사람은 거의 없다.

이런 현상의 원인은 분명히 시간과 공간의 특성의 차이에 있을 수밖에 없다. 형이상학에 호소하지 않고도 누구나 쉽게 관찰할 수 있겠지만, 공간 또는 연장은 일정한 순서로 배열되어 시각이나 의식이나 촉각에 현전할 수 있는 약간의 공존적 부분으로 이루어져 있다. 반면에 시간 또는 계기 역시 동일한 부분으로 이루어진 것은 마찬가지지만 한 번에 하나 이상 현전할 수는 없다. 즉 시간이나 계기는 두 부분이 결코 동시에 존재할 수 없다.[5] 대상의 이런 성질들은 상상력과 그 성질에 적당한 영향력을 미친다. 즉 연장의 각 부분은 감관에 나타날 때 합일될 수 있다. 따라서 공상에서도 합일된다. 그러므로 한 부분이 나타난다고 해서 다른 부분이 나타나지 않는 것은 아니다. 그러므로 인접한 부분으로 사유가 전이하는 것 또는 이행하는 것은 인접한 부분들 때문에 더욱 원활하고 쉽게 된다. 반면에 시간의 각 부분들은 실제로 양립하여 존재할 수 없으므로 상상력에서 분리된다. 따라서 상상력은 사건들의 긴 계기나 계열을 추적하기가 더욱 어려워진다. 각 부분은 하나씩 단독으로 현상해야 하며, 바로 앞의 것으로 상정되는 부분이 밀려나지 않으면 공상이 규칙적으로 포착할 수 있는 것은 전혀 없다. 이 때문에 시간상의 일정 거리는 전부 공간상의 같은 거리보다 훨씬 큰 사유의 단속을 유발한다. 그뿐 아니라 결과적으로는 관념을 현저히 약화시키고 나아가서 정념을 더욱 현저히 약화시킨다. 나의 체계에 따르면 정념은 대개 상상력에 의존한다.

이와 유사한 종류의 현상이 또 한 가지 있다. 즉 시간상으로 동일한 거리가 과거보다는 미래에 미치는 영향력이 우세하다는 현상이다. 이런 차이는 의지에 대한 한 쉽게 해명된다. 우리의 어떤 행동도 과거를 변경시킬 수 없다. 따라서 과거가 결코 의지를 결정할 수 없다는 것도 이상하지 않다. 그렇지만 정념이라는 측면에서 봤을 때, 이 문제는 그대로 남겨두고 검토할 가치가 충분하다.

우리의 사유 방법은 공간 및 시간 따위들을 단계적으로 거쳐가는 성향과 아울러 또 하나의 특징을 갖는다. 이 특징은 이런 현상을 낳는 데 협력한다. 우리는 관념을 배열할 때 늘 시간의 계기를 따른다. 따라서 어떤 대상에서 그 대상 바로 뒤에 나타났던 대상으로 생각을 옮겨 가는 것이 그 대상 앞에 나타났던 대상으로 생각을 옮겨 가는 것보다 더 쉽다. 무엇보다도 역사적 서술에서 늘 관찰되는 시간 순서를 통해 이런 사실을 배울 수 있을 것이다. 오직 절대적 필연성만이 역사가가 시간적 순서를 파괴하도록 하여 실재로는 나중에 일어난 사건이 앞서도록 할 수 있다.[6]

우리가 이미 관찰한 것을 성찰해 보면, 이런 사실은 당면한 물음에 쉽게 적용될 것이다. 즉 이 대상이 과거의 대상인 경우에 현재 대상에서 그 대상으로 옮겨 가는 사유의 진행은 시간적 계기의 자연적 진행과 상반된다. 특정 시점에서 선행 시점으로 나아가고, 또 이 선행 시점에서 다시 이보다 더 선행 시점으로 나아가는 것은 계기의 자연적 흐름과 상반되기 때문이다. 반면에 우리의 사유를 미래 대상으로 전환시키면, 우리의 공상은 시간의 줄기를 따라 흐르며 일정한 순서에 따라 그 대상에 도달한다. 따라서 이 순서는 늘 특정 시점에서 그 다음 시점으로 옮겨 가므로 매우 자연스럽게 여겨진다. 이처럼 관념들의 수월한 진행은 상상력의 편이다. 말하자면 우리가 자신의 사유 과정과 연속적으로 대립하며 공상의 자연적 성향에서 발생한 난점을 극복해야 할 때보다 상상력의 호감을 산다. 그리고 상상력이 그 대상을 더욱 강하고 완전하게 표상하도록 한다. 따라서 표상 작용을 단속시키고 약화시키는 데에 있어서, 과거의 짧은 시간적 거리도 미래의 긴 시간적 거리에 비해 훨씬 큰 영향력을 갖는다. 그리고 거리가 상상력에 미친 이런 결과에서, 과거의 거리가 의지와 정념에 미치는 영향력이 유래된다.

또한 같은 영향력을 갖는 다른 원인이 있다. 그리고 이 원인은 우리가 관념들의 유사한 계기에 따라 시간의 계기를 추적하도록 결정한 공상의 특성에서 발생한다. 정신이 현재의 순간에서 대등한 거리에 있는 과거와 미래 두 시점을 고찰해 보자. 추상적으로 고려하면 현재에 대한 두 시점의 관계는 분명히 서로 비슷하다. 미래가 언젠가는 현재가 되듯이 과거도 한때 현재였기 때문이다. 따라서 우리가 상상력의 이런 특성을 제거할 수 있다면, 과거와 미래의 대등한 거리는 아마 닮은 영향력을 가질 것이다. 이러한 것은 공상이 현재에 고정된 채로 현재 순간으로부터 과거와 미래를 조망할 때만 사실인 것은 아니다. 공상이 자신의 위치를 바꾸고 이 때문에 우리가 서로 다른 시기에 위치하게 되는 경우에도 이것은 사실이다. 한편으로 현재 이 순간과 미래의 대상 사이에 개입된 시점에 우리가 존재하는 것으로 상정하면, 우리는 미래의 대상이 우리에게 다가오고 과거의 대상은 우리와 점점 더 멀어진다는 것을 발견할 수 있다. 반면에 우리가 과거와 현재의 중간 시점에 우리 자신이 존재하는 것으로 가정하면 과거는 우리에게 다가오고 미래는 우리와 멀어진다. 그렇지만 앞에서 언급한 공상의 특성을 통해 우리는 오히려 현재와 과거 사이의 시점이 아니라 현재와 미래 사이의 시점에 우리의 사유를 고정하는 쪽을 선택할 수 있다. 우리는 자신의 존재를 후퇴시키기보다는 오히려 전진시킨다. 말하자면 우리는 시간의 자연적 계기라고 여겨지는 것에 따라서 과거에서 현재로 그리고 현재에서 미래로 나아간다. 이와 같이 우리는 미래를 매순간이 우리에게 더욱 가까이 밀려오는 것으로 표상하며, 과거는 매순간이 우리에게서 멀어지는 것으로 표상한다. 그러므로 과거와 미래의 시간 거리가 서로 비슷하다고 해서 상상력에 같은 영향을 미치는 것은 아니다. 그 이유는 우리가 과거의 거리는 지속적으로 증대되며, 미래의 거리는 지속적으로 감소되는 것으로 생각하기 때문이다. 공상은 사물의 경과를 내다본다. 그리고 그 대상의 현재 상태로 간주되는 것과 아울러 그 대상이 향하는 미래의 상태 안에서 그 대상을 조망한다.

〈주〉
1 자아의 직접 의식에 대해서는 제2편 제1부 제11절 및 제2편 제2부 제2절 참조.

2 따라서 거리가 먼 대상은 상상력에 약하게 영향을 미친다.

3 근접한 대상과 먼 대상의 '영향력'은 정반대이다. 이 점을 잊으면 다음의 논구에서 이해하기 어려운 부분이 생긴다.

4 '자메이카(Jamaica)'는 서인도 제도의 대(大)앤틸리스 제도에 속한 영국령으로, 가장 중요하게 취급되는 섬이다. 또 '서인도 상인(a West-India merchant)'이란 '인도 서부지방의 상인'의 의미일 것이다. 공간적으로 떨어진 곳에서 일어나는 사건을 예로 들었기 때문이다.

5 공간의 특성이 부분에 공존할 수 있고, 시간의 특성은 두 부분이 결코 동시에 존재할 수 없다는 점에 대해서는 제1편 제2부 제3절 참조.

6 역사가가 시간적 순서에 따라 사건을 서술하는 것은, 앞에서도 기억에 관련되어 논해졌다. 제1편 제1부 제3절 참조.

8 이어지는 같은 주제

지금까지 우리는 매우 주목할 만한 다음의 세 가지 현상을 해명했다. 즉 어째서 거리가 표상 작용과 정념을 약화시키는가? 어째서 시간 거리가 공간 거리보다 영향력이 큰가? 그리고 어째서 과거 시간 거리가 미래 시간 거리보다 영향력이 큰가? 이제 우리는 이와 어느 정도 상반되는 것으로 보이는 다음 세 가지 현상을 고찰해야 한다. 어째서 아주 큰 거리가 대상에 대한 우리의 부러움과 감탄을 증대시키는가? 어째서 아주 큰 시간 거리가 같은 공간 거리보다 부러움과 감탄을 증대시키는가? 어째서 과거 시간 거리가 미래 시간 거리보다 부러움과 감탄을 자아내는가? 이러한 주제는 호기심을 자아내므로 잠시 내가 이 주제를 깊이 있게 논의하는 것을 양해하기 바란다.

우선 첫 현상부터 시작하자. 어째서 큰 거리가 어떤 대상에 대한 우리의 부러움과 감탄을 증대시키는가? 크다는 것이 계기적이든 연장적이든 간에 그것을 단순히 바라보고 관조하는 것만으로도 영혼을 확대시켜 뚜렷한 즐거움과 쾌락을 제공한다.[1] 넓은 평원, 대양, 영원, 수세대에 걸친 계기 등 모든 것이 즐거운 대상이다. 그리고 아름답지만 알맞은 크기 때문에 아름다움을 수반하지 못하는 모든 대상을 능가한다. 그런데 아주 아득한 대상이 상상력에 나타났을 때, 우리는 자연히 우리와 그 대상 사이에 개입된 거리를 되새겨 봄으로써 크고 장엄한 어떤 것을 생각하면서 일상적 만족[2]을 얻는다. 그러나 공상은 한 관념에서 여기에 관련된 관념으로 쉽게 옮겨 가고, 1차 정념에서 유발된 모든 감정은 2차 정념으로 옮겨 간다. 따라서 거리에 대한 감탄은 자연히 모두 아득한 대상에 스며든다. 그러므로 우리가 알게 되듯이 어떤 대상이 감탄을 자아내기 위해 실제로 우리와 멀리 떨어져 있어야 할 필요는 없다. 단지 그 대상이 관념의 자연적 연합을 통해 우리의 시선을 상당한 거리로 돌리는 것으로 충분하다. 예를 들어 위대한 여행가는 우리와 같은 방에 있더라도 매우 비범한 인물로 간주될 것이다. 마찬가지로 고대 그리스의 메달은 지금 캐비닛 안에 있더라도 늘 고귀한 보물로 평가된다. 여기서 이 대상은 자연적 전이를 통해 우리의 관심을 그 시간 거리로 돌리고, 시간 거리에서 발생하는 감탄은 또 하나의 자연적 전이를 통해 그 대상으로 되돌아간다.

그러나 매우 큰 거리가 아득한 대상에 대한 감탄을 자아낸다고 할지라도, 시간 거리는 공간 거리보다 더 현저한 영향력을 갖는다. 고대 그리스 로마 시대의 흉상과 비문은 일본제 탁자보다 더 가치가 있다. 또 우리는 그리스인·로마인은 말할 것도 없고 고대 칼데아인과 이집트인을[3] 근대 중국인과 페르시아인보다 존경한다. 그리고 전자의 역사와 연대기를 밝히기 위해 소용 없는 고통을 감수한다. 이 고통은 여행을 통해 후자의 특색과 학문 및 정체를 확실히 알기 위해 치러야 할 고통보다 크다. 이런 현상을 설명하기 위해선 옆길로 빠지는 수밖에 없다.

사람을 완전히 좌절시키거나 위협하지 않는 적대 관계는 오히려 그 반대의 효과를 낳아 일상적 위엄이나 도량보다 더 우리를 고무시킨다. 이것은 인간 본성에서 자주 관찰할 수 있는 성질이다.[4] 적대 관계를 극복하기 위해 우리가 힘을 모을 때, 우리는 영혼을 북돋워서 그런 상황이 아니면 결코 겪지 못했을 숭고함을 영혼에 불어넣는다. 굴복은 우리의 정신을 쓸모없게 만들어 우리의 정신을 감지할 수 없게 한다. 그러나 적대 관계는 우리의 정신을 일깨워 활용한다.

이것은 역으로도 타당하다. 적대 관계는 영혼을 확대하는 것만이 아니다. 영혼이 용기와 도량으로 가득 차면 이른바 대립을 추구한다.

그대의 기원이 받아들여져 겁쟁이들 사이에서, 흉포한 멧돼지가 나타나고 금빛 사자도 산에서 내려오기를 바랐다.[5]

정념을 지탱하며 충족시키는 것은 무엇이든 우리에게 호의적이다. 이와 반대로 정념을 약화시켜 힘을 빼앗는 것은 우리에게 언짢다. 적대 관계는 첫째 효과를 낳을 뿐만 아니라 둘째 효과도 쉽게 낳는다. 따라서 일정한 성향의 정신이 전자를 욕구하고 후자를 혐오하는 것은 당연하다.

이런 원리는 정념 및 상상력에 영향을 미친다. 우리가 이런 사실을 납득하려면 높음과 낮음이 공상에 미치는 영향력을 생각해 보기만 하면 된다. 위치의 현저한 상승은 상상력에 일종의 긍지 또는 숭고함을 낳고, 그 아래에 있는 것들을 능가하는 가상적 우월성을 제공한다. 반대로 숭고하고 강한 상상력은 고양감과 상승 따위의 관념을 전한다. 따라서 우리는 일정한 방식으로 모든 선한 것의 관념을 높음의 관념과 연합시키고, 모든 악한 것의 관념을 낮음의 관념과 연합시키게 된다. 예를 들어 천당은 높고, 지옥은 낮은 것으로 상정한다. 우리는 고귀한 천성을 높고 숭고한 천성이라고 한다. "힘차게 날아 오른다. 축축한 대지에는 눈길도 주지 않고."[6] 반면에 통속적이고 하찮은 생각은 낮고 천박한 생각에 지나지 않는다. 우리는 번영을 향상이라고 부르고, 곤경을 몰락이라고 일컫는다. 우리는 왕과 제후를 인간 세상의 정상에 있는 것으로 상정하고, 농군이나 날품팔이 따위는 최하의 신분이라고 생각한다. 우리 자신에 대한 이런 사고 방식과 표현은 첫눈에 보기에도 사소한 것은 아니다.

높고 낮음에는 자연적 차이도 없고 본질적 차이도 없다. 이런 차이는 단지 높은 곳에서 낮은 곳으로의 운동에서 발생하는 물질의 중력에서만 일어날 뿐이다. 이런 사실은 철학뿐만 아니라 상식으로도 명백하다. 예를 들어 지구상의 한편에서 향상이라고 일컫는 바로 그 방향을 두고 우리의 반대편에서는 몰락이라는 이름을 붙인다. 그리고 이런 사실은 오직 물체의 상반된 경향에서 유래된다. 확실히 물체의 경향은 우리 감관에 지속적으로 작용한다. 따라서 습관을 통해 공상에 유사한 경향을 낳을 수밖에 없다. 말하자면 우리가 상승하고 있는 대상을 생각하면, 그 대상이 갖는 비중의 관념은 정신에 그 대상이 있는 위치에서 바로 아래 위치로 그 대상을 옮기도록 하는 성향을 부여한다. 그리고 이런 성향을 통해 정신은 우리 상상력과 물체가 똑같이 멈추는 바닥에 이르게 될 때까지 계속된다. 이와 같은 이유 때문에 우리는 마치 관념이 그 대상에서 일종의 중력을 얻듯이 올라갈 때 어려움을 느끼며, 아래에 있는 것에서 그보다 위에 있는 것으로 저항 없이 옮겨 가지 않는다. 그 증거로 음악과 시가에서 아주 많이 연구되는 긴장 완화를 화성과 결미 낙하 또는 낙조라고 하지 않는가. 일반적으로 몰락이 긴장 완화를 낳듯 마찬가지로 긴장 완화의 관념은 몰락의 관념을 정신에 전달한다.

따라서 낮은 것에서 높은 것으로 나아가는 상상력은 자신의 내적 성질과 원리에서 대립을 발견한다. 또 기쁨과 용기로 고조된 영혼은 대립을 추구하며, 사유나 행동의 장에 열정적으로 뛰어든다. 그리고 이 장에서 영혼은 자신의 용기를 북돋우고 발휘할 수 있는 소재와 마주친다. 그러므로 영혼을 북돋워 생기를 불어넣는 것은 정념을 자극하는 것이든 상상력을 자극하는 것이든, 모두 자연스럽게 이런 상승의 의향을 공상에 전달한다. 또한 영혼이 자신의 사유와 표상 작용의 자연적 흐름을 거스르도록 결정한다. 상상력의 상승적 진행은 정신의 현재 성향과 일치한다. 말하자면 어려움은 정신의 활기와 열정을 소진시키는 대신 그것을 유지하고 증대시키는 반대의 결과를 낳는다. 이런 이유 때문에 빈곤·예속·어리석음 따위가 몰락이나 비천함 따위와 연결되듯이, 덕·천성·능력·부(富) 따위는 높음이나 숭고함 따위와 연합된다. 우리의 처지가 밀턴이 묘사한 천사와 같다면,[7] 즉 몰락과 상반되며 노동과 강제 없이 하강할 수 없는 천사와 같다면 사물의 이런 순서는 고스란히 역전될 것이다. 따라서 여기서 분명해지듯이 상승과 몰락의 실제 본성은 어려움과 성향에서 비롯된다.[8] 결과적으로 그 모든 결과도 이런 원천에서 발생한다.

아득한 대상에 대해 상당한 시간 거리가 같은 공간 거리보다 더 높은 가치 평가를 낳는 이유는 무엇일까? 이 물음에 대해 모든 것은 쉽게 적용된다. 상상력이 시간의 한 부분에서 다른 부분으로 옮겨 가는 것은 공간의 부분들을 옮기는 것보다 어렵다. 공간이나 연장은 우리 감관에 합일되어 나타나는 반면에, 시간 또는 계기는 늘 단절되어 나뉘기 때문이다. 이런 어려움이 짧은 거리와 연결되면 공상을 단절시켜 약화시킨다. 그러나 거리가 아주 멀 때는 상반된 결과를 낳는다. 대상의 거대함 때문에 고조된 정신은 표상 작용의 어려움 때문에 더욱 고조된다. 그리고 정신은 시간의 한 부분에서 다른 부분으로 전이하면서 매순간마다 새롭게 노력할 수밖에 없다. 그러므로 관념이 흐르는 공간의 부분들을 쉽고 수월하게 전이할 때보다 훨씬 격렬하고 숭고한 성향을 느낀다. 이런 성향에서 여느 때처럼 거리에 대한 고찰로부터 아득한 대상을 포착하게 되는 상상력 때문에 그 대상에 걸맞은 존경심이 생겨난다. 고대 유물이 우리 눈에 그토록 값지게 보이고, 심지어 이 세상 끝에서 얻은 것보다 더 가치 있게 여겨지는 이유가 바로 여기에 있다.

지금까지 언급한 세 번째 현상은 다음과 같은 사실을 충분히 확증할 것이다. 존경과 부러움을 산출하는 영향력을 갖는 것이 전부 시간적으로 멀어진 것은 아니다. 예를 들어 우리로서는 후손이 우리를 능가하거나 선조와 대등하리라고 상상하지 않는다. 이런 현상은 어떤 미래의 거리도 대등한 과거 거리만큼 우리 관념을 약화시키지 않기 때문에 더욱 두드러진다. 과거로 아주 현저하게 멀어지면, 이 거리는 같은 미래의 거리 이상으로 우리 정념을 증대시킬 것이다. 그러나 짧은 과거의 거리는 오히려 우리 정념을 감소시키는 영향력이 더 크다.

일상적 사고 방식에서 우리는 과거와 미래 사이에 있는 일종의 중간 지점에 머물러 있다. 우리 상상력은 과거 시간을 따라갈 때 일종의 어려움을 발견하고, 미래의 흐름을 따를 때 수월함을 발견한다. 그리고 그 어려움은 상승의 관념을 전하고, 수월함은 상반된 관념을 전한다. 따라서 우리는, 선조들은 말하자면 우리 위에 있는 존재이고, 후손들은 우리 아래에 있는 존재라고 상상한다. 우리는 노력 없이는 선조의 관념에 이를 수 없지만, 후손의 관념에는 쉽게 도달한다. 시간 거리가 짧은 경우 이 노력은 표상 작용을 약화시키지만, 짧은 거리는 적절한 대상을 수반할 때 상상력을 확장하고 고무시킨다. 반면에 짧은 거리에서는 수월함이 공상을 돕겠지만, 현저한 거리를 생각하면 수월함은 공상의 힘을 빼앗는다.

의지라는 이 주제를 마치기에 앞서 주제 전체를 보다 분명히 독자들의 눈앞에 제시하기 위해 지금까지 언급한 것을 몇 마디 말로 간추려 보는 것이 적절하지 않을지도 모른다. 우리가 일상적으로 이해하는 정념이란 선이나 악이 현존하거나 어떤 대상이 우리 직능의 근원적 형식을 통해 우리의 욕망을 유발시키기에 적합할 때, 정신에서 일어나는 격렬하고 감지할 수 있는 정서이다.[9] 다음으로 우리가 뜻하는 이성은 전자와 같은 종류의 감정들이지만, 더욱 차분히 작용하며 기분에 어떤 혼란도 유발시키지 않는다. 그런데 이 침착성 때문에 우리는 이런 감정을 오해하게 되고, 오직 우리 지성적 직능의 순수한 논리적 직능으로 간주한다. 이 격렬한 정념과 차분한 정념 따위의 원인과 그 결과는 매우 다양하며, 대개 각 개인 고유의 기분과 성향에 의존한다.

일반적으로 말해서 차분한 정념들이 반성하고 협동하며 결심의 도움을 받을 때 자신들의 가장 격렬한 운동에서도 스스로를 제어하는 것을 우리는 자주 발견한다. 그러나 격렬한 정념은 의지에 훨씬 강력한 영향력을 미친다. 이런 사태 전체를 더욱 불확실하게 만드는 것은 차분한 정념이 여러 가지 이유로 강력한 정념으로 쉽게 변화될 수 있다는 것이다. 즉 부대 정념으로부터 힘을 얻거나 상상력을 고무시킴으로써 기분의 변화 또는 대상의 여건과 상황 따위의 변화를 통해 쉽게 격렬한 정념으로 변할 수도 있다.[10] 간단히 말해서 이른바 정념과 이성의 투쟁은 대체로 인간의 삶을 다채롭게 하고, 사람들을 서로 다르게 할 뿐만 아니라 시대에 따라 사람 자체도 다르게 만든다. 철학은 정념과 이성의 전쟁에서 몇 가지 아주 중요하고 두드러진 사건을 해명할 수 있을 뿐이고,[11] 아주 사소하고 미묘한 변혁은 그대로 남겨 두어야 한다. 그러한 변혁은 철학이 이해하기에는 너무 섬세하고 엄밀한 원리에 의존하기 때문이다.

〈주〉

1 큰 것이 '영혼을 확대시키는' 것에 대해서는 제2편 제2부 제8절 참조.

2 문맥으로 보아서 '크기에 걸맞은 만족'으로 이해하는 것이 옳다.

3 칼데아인(Chaldeans)은 셈족의 일파로, 기원전 10세기 무렵부터 중부 및 남부 바빌로니아에 정착하여 기원전 625년 신바빌로니아 왕조를 수립했다. 네부카드네자르 2세 때 최고의 전성기를 누렸고, 기원전 538년 페르시아에 의해 멸망했다. 점성술로 유명하다. '이집트인(Egyptians)'은 기원전 3500년 무렵 제1왕조를 수립했고, 그 후의 왕조들은 한 왕조를 30년으로 계산해 기원전 332년 알렉산더 대왕에 의해 제30왕조가 멸망할 때까지 고대 이집트 문화를 꽃피웠다.

4 대립의 영향력에 대해서는 앞에서도 논해졌다. 제2편 제3부 제4절 참조.

5 인용구의 출전은 Vergilius, Aeneis, IV. 158~159. 베르길리우스(BC 70~19)는 로마 최고의 서사시인 중 한 명이다. 《아이네이스》는 아우구스투스 황제의 권고로 집필을 시작한 최후의 작품이다. 이 원고를 거의 완성하고 퇴고를 위해 여행하던 중 병에 걸린 베르길리우스는 이 원고를 소각하라고 유언했다. 그러나 황제가 이를 아깝게 여겨 공개시켰다.

6 인용구의 출전은 Horatius, Carmina, III. 2, 23~24. 원문은 'et udam spernit hummun fugiente penna'이지만, 흄은 'Atque udam⋯⋯'이라고 인용하고 있다. 호라티우스(BC 65~8)는 고대 로마 최고의 시인 중 한 사람이다. 인용된 작품은 BC 23~13년 사이에 발표된

네 권의 시집이다.

7 '밀턴'은 영국의 대시인이자 청교도였던 John Milton(1608~1674)을 가리킨다. 인용구는 원
전 그대로는 아니지만, 'Paradise Lost' BK. II. 76~81에서 발견된다.

8 립스는 이 문장을 다음과 같이 해석하고 있다. '상승과 몰락 따위의 관념의 실제 본성은
상승의 어려움과 몰락의 쉬움에 있다.'(D. Hume, *Ein Traktat über die menschliche Natur*,
übersetzt, mit Anmerkung und Register versehen von Theodor Lipps, II, Hamburg, 1989, p. 174)

9 정념이 '강렬하고 감지할 수 있는 정서'라는 점은 제2편 제1부 제1절 참조.

10 차분한 정념을 강렬한 정념으로 변화시키는 모든 조건에 대한 고찰은 제2편 제3부 제4
절 이하의 주제이다.

11 철학이 인성의 모든 현상을 남김없이 해명하는 것은 아니라는 겸손한 고백은, 지금까
지도 있어 왔다. 예를 들어 제2편 제2부 제1절 및 주석 7 참조. 《정념소고》도 그 끝부분
을 같은 고백으로 맺고 있다.

9 직접 정념에 대하여

쉽게 관찰할 수 있듯이 정념은 직접적이든 간접적이든 간에 고통과 쾌락에
기초를 두고 있다. 다시 말해 어떤 종류의 감정을 산출하는 데 필수적인 것은
어떤 선이나 악이 제시되는 것 뿐이다. 고통과 쾌락이 제거되면 곧 이어서 사랑
과 미움, 긍지와 소심 그리고 반성적이거나 2차적인 인상들 따위도 대개 제거
된다.

선과 악에서 거의 준비 없이 가장 자연스럽게 발생하는 인상은 의욕과 함께
욕구·혐오·비탄·기쁨·희망·두려움 따위의 직접 정념이다.[1] 선·악이 단순히 관
념으로만 표상되고 미래에 존재하는 것으로 생각하는 것만으로도, 근원적 본
능 때문에 정신은 선과 합일하고 악을 회피하는 경향이 있다.

그런데 고통이나 쾌락 따위의 직접 인상이 있고, 이 인상이 우리 자신이나
다른 사람 등과 관련된 대상에서 발생한다고 가정해 보자. 그때 그에 따른 정
서와 함께 이 인상은 그 대상을 향한 호의적 성향이나 혐오를 막을 수 없다. 그
러나 반대로 인간 정신의 어떤 잠재적 원리와 협력해서 긍지나 소심, 사랑이나
미움 따위의 새 인상을 불러일으킨다. 이 성향 때문에 우리는 그 대상과 합일
되거나 분리된다. 그러나 이 성향은 인상과 관념의 이중 관계에서 발생하는 간
접 정념과 결부되는 한 계속 작용한다.

이 간접 정념은 늘 호의적이거나 언짢은 상태이다. 따라서 이번에는 간접 정

념이 직접 정념에 힘을 더해 그 대상에 대한 우리의 욕구와 혐오를 증가시킨다. 따라서 좋은 옷 한 벌이 그 아름다움에서 쾌락을 산출한다. 그리고 이 쾌락은 직접 인상을, 즉 의욕과 욕구 따위의 인상을 낳는다. 또 이 옷이 우리 자아에 속하는 것으로 간주되면, 이중 관계는 간접 정념인 긍지라는 소감을 우리에게 전한다. 이 정념을 수반하는 쾌락은 직접 감정으로 되돌아가며, 우리의 욕구나 의욕 또는 기쁨이나 희망에 새 힘을 준다.

선은 확실하거나 개연적일 때 기쁨을 산출한다. 악이 그와 같은 상황이라면 비탄이나 슬픔이 발생한다.

선이나 악이 불확실할 때, 그 불확실성의 정도에 따라 선의 측면에서는 두려움이 생기고 악의 측면에서는 희망이 발생한다.

욕구는 오직 선으로 간주되는 것에서 발생하며, 혐오는 오직 악으로 간주되는 것에서 유래된다. 정신이나 신체 따위의 활동을 통해 선에 이르거나 악을 잃는 것이 가능할 때 의지가 발현된다.

직접 정념은 선과 악, 바꾸어 말하자면 고통과 쾌락 이외의 완전히 설명할 수 없는 자연적 충동 또는 직감에서도 자주 발생한다. 적을 처벌하려는 욕구나 친구의 행복을 원하는 욕구뿐만 아니라, 배고픔과 성욕 그 밖의 몇 가지 신체적 욕망도 이런 종류이다. 엄밀히 말해서 이런 정념은 선과 악을 낳는다. 그러나 다른 감정과 마찬가지로 선이나 악에서 비롯되지는 않는다.

희망과 두려움을 제외하면 어떤 직접 감정에 대해서도 우리가 각별한 관심을 기울여야 할 것 같지는 않다. 따라서 우리는 여기서 희망과 두려움에 대해 해명하기 위해 진력할 것이다.[2] 어떤 사건이 그 확실성 때문에 비탄이나 기쁨을 산출할 수 있다면, 마찬가지로 바로 이런 사건이 개연적일 뿐 확실하지 않더라도 늘 두려움이나 희망을 낳는다는 것은 명백하다. 따라서 이런 여건이 그처럼 현저한 차이점을 낳는 이유를 이해하려면, 개연성의 본성에 관해 제1편에서 내가 이미 제시했던 것을 성찰해 보아야 한다.[3]

개연성은 상반된 우연들 또는 상반된 원인들의 대립에서 발생한다. 이 대립 때문에 정신은 상반된 우연들이나 상반된 원인들의 어느 한 측면에 고정될 수 없다. 오히려 끊임없이 이리저리 동요하며, 한순간에는 이 대상이 존재하는 것으로 생각했다가 다른 순간에는 반대의 대상이 존재하는 것으로 생각하도록

한정되어 있다. 상상력 또는 오성은—원하는 대로 이름 붙여도 좋다—상반
된 현상 사이에서 동요한다. 그것은 빈번하게 한 측면으로 기울 수도 있겠지만,
그 원인들이나 우연들의 대립 때문에 어느 한쪽에만 머물 수는 없다. 문제에
대한 찬·반은 번갈아 가며 우세하다. 정신은 상반된 원리에 따라 대상을 둘러
본다. 따라서 정신은 확실성과 확립된 의견을 완전히 파괴할 정도의 상반성을
발견한다.

그런데 그 실재성이 의심스러운 대상이 욕구나 혐오의 대상이라고 가정해
보자. 정신이 어느 한 측면으로 향함에 따라 기쁨이나 슬픔의 순간적 인상을
느끼는 것은 틀림없다. 우리가 어떤 대상이 존재하기 바라고, 그 대상을 산출
하는 원인을 되새겨 보면, 그 대상은 만족을 준다. 그러나 같은 이유 때문에 그
것과 상반된 생각을 할 때에 그 대상은 비탄이나 언짢음을 불러일으킨다. 따라
서 개연성이 있는 모든 물음에서 오성이 상반된 관점 사이에서 분열되는 것과
마찬가지로 감정도 대립적인 정서[4] 사이에서 같은 방식으로 분열함이 틀림없다.

그런데 우리가 인간 정신을 고찰해 보면 알 수 있듯이, 정념의 측면에서 정신
이 관악기의 본성을 갖는 것은 아니다.[5] 관악기는 모든 음표를 연주하다가 호
흡이 중단되면 곧 소리도 내지 않는다. 정신은 오히려 현악기를 닮았다. 현악기
에서는 매번 현을 퉁긴 뒤에도 그 진동이 어느 정도 여운을 남긴다. 그 소리는
점차적으로 감지할 수 없게 잦아드는데, 이것과 유사하다. 상상력은 극단적으
로 빠르고 민첩하지만 정념은 느리고 정체적이다. 이런 이유 때문에 어떤 대상
이 현전하면 상상력에는 다양한 관점을 제공하고, 정념에는 다양한 정서를 제
공한다. 비록 공상이 아주 신속하게 자신의 관점을 바꾸더라도, 퉁길 때마다
정념의 명료하고 독립적인 음표를 낳는 것이 아니라, 한 정념이 언제나 다른 정
념과 뒤섞여 분간되지 않을 것이다. 개연성이 선이나 악으로 기울어짐에 따라
서, 서로 다른 정념들이 혼합된 정념에서는 기쁨이나 슬픔의 정념이 우세해진
다. 개연성의 본성은 우세한 시각이나 우연 즉 훨씬 자주 발생하는 정념을 한
쪽으로 몰아붙이는 것, 또는 흩어진 정념들이 한 가지 정념 즉 우세한 정도의
정념으로 모이는 것이기 때문이다. 말하자면 상상력의 상반된 시각에 따라 서
로 뒤섞인 비탄과 기쁨은 그 정념들이 합일됨으로써 희망과 두려움이라는 정
념을 산출한다.[6]

이 항목에서 정념들의 상반성에 대한 아주 흥미로운 물음이 제기된다. 이것이 우리가 당면한 주제이다. 우리가 관찰할 수 있듯이, 상반된 정념들의 대상들이 동시에 현전하는 경우에 우세한 정념의 증대(이것은 이미 설명되었는데,[7] 일상적으로 서로 다른 정념들의 최초 충돌이나 조우에서 발생한다) 이외에도, 때로는 상반된 두 정념이 짧은 간격을 두고 계기적으로 존재하는 경우도 나타난다. 또한 때로는 이 정념들이 서로를 파괴하며 두 정념이 모두 나타나지 않거나, 때로는 두 정념이 합일된 채로 정신에 남아 있기도 한다. 따라서 여기서 다음과 같은 물음이 발생할 수 있을 것이다. 우리가 어떤 이론으로 이런 변이를 설명할 수 있으며, 이 변이를 어떤 일반 원리로 귀착할 수 있는가?

서로 전혀 다른 대상들에서 상반된 정념들이 발생할 때, 이 정념들은 번갈아 가며 발생한다. 관념들 사이의 관계가 결여됨에 따라 인상들이 서로 분리되어 그 대립을 방지하는 것이다. 예를 들어 어떤 사람이 송사에 져서 괴롭지만 아들의 출생 때문에 즐거워한다고 가정해 보자. 정신은 호의적 대상에서 참담한 대상으로 전이하는데, 그 과정이 아무리 빨리 이루어진다 하더라도 좋은 감정을 괴로운 감정으로 압축시키기는 어렵다. 그저 중화되어 무감정한 상태로 이 두 감정 사이에 남게 될 뿐이다. 한 사건의 본성이 복합적이고, 또 그 여건에 따라 불리한 것과 유리한 것을 포함할 때, 정신은 더욱 쉽게 평온한 상황에 이를 수 있다. 이런 경우에 관계를 통해 뒤섞인 두 정념은 서로를 파괴하게 되며 정신을 완전히 진정된 상태로 남겨 둔다.

그러나 제3의 경우에 그 대상을 선 또는 악 따위의 혼합체가 아니라, 개연성 또는 비개연성이 있는 것으로 생각해 보자. 나의 주장은 이 경우에 상반된 정념들은 영혼에 동시에 현전한다는 것이다. 두 정념은 서로를 파괴하고 위축시키는 대신 함께 지속되며, 이 상반된 정념들의 합일을 통해 제3의 인상이나 감정이 산출된다. 상반된 정념들은 자신들의 상반된 운동과 정확히 조우하고, 그 정념이 산출한 감각뿐만 아니라 운동 방향이 반대인 경우가 아니라면, 서로를 파괴하지 않는다. 이 정확한 조우는 그 정념들이 유래된 관념들 사이의 관계에 의존하며, 그 관계의 정도에 따라 완전도에 다소 차이를 보인다. 개연성의 경우에 상반된 우연들은 그 대상의 존재와 비존재를 결정할 정도로 서로 관련되어 있다. 그러나 이 관계는 완전과는 거리가 멀다. 일부 우연은 존재의 측면에 있지만, 다른 우연들은 비존재의 측면에 있기 때문이다. 그리고 이 두 종류의 우연은 전혀 양립할 수 없는 대상들이다. 부동적인 하나의 시각을 통해 상반된 우연들을 둘러볼 수 없고, 사건들은 상반된 우연들에 의존하기 때문이다. 그렇지만 상상력은 번갈아 한 종류의 우연에서 다른 종류의 우연으로 옮겨야 할 필요가 있다. 그리고 상상력은 그 대상을 바라보는 시각마다 고유의 정념을 산출한다. 그런데 이 정념은 점차적으로 쇠퇴한다. 말하자면 현악기의 현을 퉁긴 후 감지할 수 있는 진동을 수반한다.[8] 이렇게 표현해도 될는지 모르겠으나, 시각의 양립 불가능성은 이 정념들을 일직선으로 충돌시키지 않는다. 그러나 정념들 사이의 관계는 자신들의 희미한 정서들을 뒤섞기에 충분하다. 이런 방식에 따라 희망과 두려움은 비탄과 기쁨 따위의 상반된 정념들이 혼합된 것에서 발생한다. 말하자면 이 정념들의 불완전한 합일과 결부에서 발생하는 것이다.

요약하자면 상반된 정념들이 서로 다른 대상에서 발생하면, 대체로 이 정념들은 서로 잇따라 일어난다. 이 정념들은 동일한 대상의 서로 다른 부분들에서 발생할 때 서로를 파괴한다. 그리고 어떤 하나의 대상이 의존하는 상반되고 양립할 수 없는 우연이나 가능성에서 이런 정념이 발생하면, 이 정념들은 모두 존속하며 서로 뒤섞인다. 관념들 사이의 관계가 갖는 영향력은 이런 사태 전체에서 명백하게 드러난다. 즉 상반된 정념들의 대상이 전적으로 다르면, 그 정념들은 서로 다른 병에 담긴 대립적인 두 가지 액체와 같다. 이런 용액은 서로 조금도 영향을 끼치지 않는다. 그 대상들이 밀접하게 연관되면 그 정념들은 알칼리와 산 등과 같다. 알칼리와 산이 뒤섞이면 서로를 파괴한다. 관념들의 관계가 비교적 불완전하여 동일한 대상에 대한 상반된 시각들을 이루면, 그 정념은 기름이나 식초 등과 같다. 기름과 식초는 아무리 뒤섞어도 결코 완전히 합일되어 일원화되지 않는다.[9]

두려움과 희망 따위에 대한 가설은 그 자체로서 명증성을 수반하므로, 우리는 우리의 입증을 더욱 간단명료하게 할 수 있을 것이다. 유력한 논증 몇 가지가 다수의 취약한 논증보다 더 낫다.

우연들이 두려움과 희망 등의 양 측면에서 대등할 때, 말하자면 어느 측면이 다른 측면보다 우세하다는 점이 전혀 드러나지 않을 때, 두려움과 희망 따위의 정념이 발생할 수도 있다. 정신이 기댈 바탕이 거의 없어서 아주 심한 불확실성 때문에 혼란스러울 때보다는 오히려 이런 상황에서 그런 정념들이 훨씬 강력하다. 그런데 이런 경우 고도의 개연성을 비탄의 측면에 부여해 보자. 그러면 당신은 그 정념이 혼합된 정념 전체에 퍼져서 그 혼합된 정념을 두려움으로 물들이는 것을 즉각 알 수 있다. 이 개연성이 증대되고 그에 따라서 비탄이 증대되면, 두려움은 점점 더 확산된다. 그리고 기쁨은 지속적으로 감소되고, 마침내 알아채지 못하는 새에 순수 비탄으로 바뀌게 된다. 즉 기쁨이 연속적으로 증대함에 따라 비탄을 감소시키면, 두려움의 정념은 점점 감소된다. 이번에는 비탄을 증가시킬 때와 마찬가지로 비탄을 감소시켜 보자. 즉 비탄의 개연성을 감소시키면 이 정념을 감소시키게 된다. 그러면 이 정념이 한순간에 제거되어 눈치채지 못하는 사이에 희망으로 바뀌는 것을 알 수 있을 것이다. 이 희망은 또 마찬가지로 다시 당신이 그 개연성을 증대시킴으로써 그 혼합된 정념의 구성에서 기쁨의 부분을 증대시킴에 따라 서서히 기쁨으로 변할 것이다. 이런 사실은 두려움과 희망 따위의 정념이 비탄과 기쁨 따위의 혼합이라는 데 대한 명백한 증거이다. 예를 들어 어떤 태양 가시광선의 혼합 요소 중에서 어느 한 광선을 증감시킬 때 그 광선이 증감 비율에 따라 그 혼합 광선에서 효과를 나타내는 것을 발견했다고 하자. 그러면 광학에서 이것은 프리즘을 통과한 어떤 태양 가시광선이 다른 두 가시광선의 혼합물이라는 데 대한 증거가 된다. 이것과 마찬가지이다. 내가 확신하건대, 자연철학이나 도덕철학에서 이보다 강력한 증거는 있을 수 없다.[10]

개연성은 두 종류이다. 그 한 가지는 그 대상이 본래 실제로 불확실하며 우연에 의해 그 존재 여부가 결정되는 경우이고, 다른 한 가지는 그 대상은 이미 확실하더라도 그에 대한 우리의 판단이 불확실한 경우이다.[11] 판단이 불확실한 경우는 우리가 문제의 양 측면에 대한, 즉 상반된 두 결과에 대한 증거를 조금씩 발견하기 때문이다. 개연성의 이런 종류는 모두 두려움과 희망을 불러 일으킨다. 그러나 그것은 두 종류의 개연성이 일치하는 특성에서만 유래될 수 있다. 즉 두 종류의 개연성은 상반된 의견을 통해 어느 의견에 대해서나 공통적인 상상력에 불확실성과 동요를 낳는다.

희망이나 두려움은 대체로 개연적 선이나 개연적 악을 산출한다. 개연성은 대상을 관찰하는 방법이 동적이고 가변적이다. 그러므로 자연히 방법의 동요와 가변성에 상응하는 정념의 혼합과 불확실성을 초래한다. 그러나 우리가 살펴볼 수도 있겠지만, 어떤 경우든 다른 원인에서 이런 혼합이 발생할 수 있다면, 설령 개연성이 전혀 없더라도 두려움과 희망 따위의 정념이 발생한다. 이런 사실은 이 가설에 대한 설득력 있는 증거로 받아들여져야 한다.

악은 단순히 가능적[12]이라고 생각되는 것만으로도 때때로 두려움을 산출한다. 특히 그 악이 크면 클수록 더욱 그러하다. 예를 들어 어떤 사람에게 극심한 고통과 고문을 겪을 위험이 조금이라도 있으면, 그는 전율하지 않을 수 없다. 개연성의 크기가 작더라도 악의 크기에 의해 보완된다. 그리고 그 느낌은 이 악의 개연성이 그보다 클 때처럼 생생하다. 일반적으로 작은 개연성을 생각하거나 얼핏 떠올리는 것도 몇 가지 큰 악과 동일한 효과가 있다.

그러나 오직 가능적 악만 두려움을 유발시키는 것은 아니다. 심지어 우리가 불가능하다고 인정하는 악조차 두려움을 일으킨다. 예를 들어 우리가 벼랑 끝에 서 있을 때 우리 자신이 완전히 안전하며 한걸음 더 내딛는 것은 우리의 선택이라는 것을 알고 있음에도 불구하고, 우리는 전율을 느낀다. 이런 현상은 악이 눈앞에 있다는 데에서 유래된다. 이처럼 악이 눈앞에 있는 것도 악이 확실할 때와 같은 방식으로 상상력에 영향을 미친다. 그러나 이런 악도 우리가 안전함을 생각하는 것과 마주치면 곧 물러나며, 마치 우연의 상반성에서 상반된 정념이 발생할 때와 동일한 종류의 정념을 일으킨다.

확실한 악은 가능적이든 불가능적이든 간에 두려움을 낳는 데 때때로 동일한 영향력을 발휘한다. 예를 들어 탈출 가능성이 거의 없을 정도로 경계가 삼엄한 감옥에 수감된 사람은 자신이 선고받은 고문을 생각하는 것만으로도 전율한다. 그러나 이 현상은 악이 혹독하고 절망적일 때에만 일어난다. 이런 경우에 정신은 두려움에 싸여 그 악을 끊임없이 거부하면서도, 언제나 그 악을 생각하지 않을 수 없다. 정신에서 그 악은 고정되어 확립되어 있다. 그러나 정신은 그 악에 고정되어 있는 것을 견딜 수 없다. 이런 동요와 불확실성에서 두려움과 거의 흡사한 정념이 발생한다.

그러나 선·악의 존재뿐만 아니라 그 종류가 불확실할 때에도 두려움이나 희망이 발생한다. 예를 들어 어떤 사람이 자신의 진실성을 결코 철썩같이 믿는 이에게 그의 아들 중 한 명이 갑자기 죽었다고 말했다고 하자. 그는 여윈 자기 아들에 대한 확실한 정보를 얻을 때까지는 순수한 비탄에 빠지지 않을 것이 분명하다. 이 경우 악이 있는 것은 확실하지만 그 종류는 불확실하다. 결과적으로 이 경우에 우리가 느끼는 두려움은 기쁨과 조금도 섞이지 않았으며, 공상이 그 대상들 사이에서 동요하는 데에서 발생한다. 그리고 그 대상이 실재하는지에 대한 물음에 대해 있을 수 있는 대답들이 각각 여기서 동일한 정념을 산출한다. 그렇다고는 해도 이 정념은 정착될 수 있는 것이 아니라, 전율적이고 불안정한 운동을 상상력으로부터 받아들인다. 즉 이 운동은 비탄과 기분 따위의 혼합과 대립에 따른 느낌뿐만 아니라 그 원인에서도 유사하다.

이런 원리에 입각해서 다음과 같은 현상을 설명할 수 있을 것이다. 이 현상은 얼핏 보기에 매우 기이하게 여겨진다. 즉 이때의 놀라움은 두려움으로 바뀌기 쉽고, 예기치 못한 것들 모두가 우리를 위협한다. 이런 사실로부터 내릴 수 있는 가장 분명한 결론은 인간 본성이 대체로 소심하다는 것이다. 어떤 대상이 갑자기 출현하면, 우리는 처음부터 겁에 질려 그 대상이 선한지 악한지 그 본성을 검토할 수 있을 때까지 기다려 보지도 않고, 곧장 두려움에 질려 행동하기 때문이다. 내가 지금 이야기한 것은 가장 명백한 결론이다. 그러나 좀더 검토해 보면, 우리는 이런 현상을 달리 설명할 수도 있음을 알 수 있을 것이다. 어떤 현상의 갑작스러움과 기이함은 우리가 예상하지 못했고 또 익숙하지도 못한 모든 것과 마찬가지로, 자연히 정신의 동요를 낳는다. 이런 동요는 또 자연스럽게 호기심이나 탐구욕[13]을 유발시킨다. 이런 호기심이나 탐구욕은 대상의 강하고 갑작스러운 충격 때문에 매우 격렬해진다. 따라서 언짢아지게 되는데, 그 동요와 불확실성이라는 측면에서는 비탄과 기쁨이 혼합된 정념 또는 두려움의 감각과 유사하다. 두려움의 이런 심상은 자연히 사물 자체로 전환되며, 우리로 하여금 악을 진실로 걱정하도록 한다. 정신은 언제나 자기 대상의 본성보다는 현재의 성향을 근거로 판단하기 때문이다.[14]

따라서 불확실성은 두려움과 강한 연관을 가진다. 설령 모든 종류의 불확실성이 우리에게 나타내는 정반대의 관점과 고찰을 통해 정념들의 대립을 유발시키지 않는다고 하더라도 그러하다. 예를 들어 어떤 사람에게 앓고 있는 친구를 도울 능력은 물론 병을 진단할 능력조차 없다고 하더라도, 그런 친구를 두고 떠난 사람은 그 친구가 눈앞에 있을 때보다 더 걱정할 것이다. 이 경우에 정념의 주요 대상, 즉 그 친구의 생사는 그 친구가 눈앞에 있을 때나 없을 때나 마찬가지로 불확실하다. 그렇지만 그 친구의 상황과 처지에는 여러 가지 사정이 있고, 이런 여건을 아는 것은 그 사람의 관념을 고정시키며, 동요와 불확실성이 두려움과 아주 밀접하게 되는 것을 방지한다. 사실 어떤 측면에서 불확실성은 두려움뿐만 아니라 희망과도 밀접한 관계가 있다. 왜냐하면 불확실성은 희망이라는 정념이 혼합된 것의 본질적 요소이기 때문이다. 그러나 불확실성이 희망으로 기울지 않는 이유는 불확실성만으로는 언짢다는 것과, 또 불확실성이 언짢은 정념과 인상들의 관계를 갖기 때문이다.

따라서 그 친구와 관련된 아주 사소한 여건에 대한 우리의 불확실성은 그의 죽음이나 불행에 대한 불안을 증대시킨다. 호라티우스는 이런 현상에 대해 다음과 같이 말했다.

> 새끼를 기르는 어미새가
> 그곳에 있었다 한들 도울 수 없었을 것을
> 깃털을 채 갖추지도 못한 새끼들이
> 기어드는 뱀에게 잡아먹혀
> 남겨진 잔뼈를 보았을 때
> 한결 더 아파하며 두려워하여라[15]

그러나 나는 두려움과 불확실성 사이의 결합이라는 이 원리를 더욱 확장해서 다음과 같은 점을 살펴보겠다. 대부분의 의심은 어떤 측면에서든 오직 선하고 바람직한 것만을 제시하는 경우조차 두려움의 정념을 산출한다. 예를 들어 결혼 첫날밤을 맞은 새색시는 최고의 쾌락과 오랫동안 염원했던 것을 기대하면서도, 두려움과 걱정으로 가득한 채 잠자리에 든다. 이 사건의 새로움과 중대함, 염원과 기쁨의 혼동은 정신을 아주 곤혹스럽게 만든다. 그 때문에 정신은 어떤 정념에 머물러야 할지 알지 못한다. 여기서 기운의 동요 또는 불안정이 나타난다. 그리고 이 동요와 불안정은 어느 정도 언짢으므로, 아주 자연스럽게 두려움으로 변한다.

따라서 우리가 언제나 발견하게 되는 사실은 이러하다. 어떤 동요 또는 정념들의 혼합을 어느 정도 언짢게 유발할 수 있는 것은 모두 언제나 두려움을 낳든가, 아니면 적어도 두려움과 거의 구별될 수 없을 정도로 흡사한 정념을 낳는다는 것이다.

지금까지 나는 여기서 희망과 두려움의 검토를 가장 단순하고 자연스러운 상황에 국한했으며, 서로 다른 관점들과 반성이 혼합됨으로써 있을 수 있는 일체의 변형에 대해서는 전혀 고려하지 않았다. 전율·소스라침·경악·근심 그리고 이런 종류의 다른 정념들은 두려움과는 서로 다른 종류이며 정도의 차이가 있을 뿐이다. 그러나 대상의 서로 다른 상황 또는 사유의 서로 다른 방향이 어떻게 정념의 감각마저 변화시킬 수 있는가 하는 점에 대해서는 쉽게 상상할 수 있다. 그리고 이런 사실은 두려움은 물론 그 밖의 감정에서 세분된 것도 모두 설명할 수 있을 것이다. 예를 들어 사랑은 친절·우정·친밀·존경·호의 등의 형태로 나타나고, 그 밖의 여러 가지 상태로도 나타난다. 이런 것은 비록 조금 변형되었을지라도 기본적으로 동일한 감정이며 동일한 원인에서 발생한다. 그리고 이런 변형에 대해서는 자세히 설명할 필요가 없다. 이런 이유 때문에 나는 지금까지 줄곧 주요 정념에 국한해 왔다.

장광설을 피하려는 동일한 바람에서, 나는 동물에게서도 나타나는 의지와 직접 정념 따위에 대한 검토를 중지했다. 의지와 직접 정념이 동물에게서도 나타나는 까닭은 인간의 그것과 동일한 성질을 가지고 또 인간 존재와 같은 원인에 의해 동물에게도 의지와 직접 정념이 발생하기 때문이다.[16] 나는 이런 사실을 독자 자신의 관찰에 맡긴다. 동시에 이런 사실이 현재의 체계에 제공하는 추가적인 힘을 독자들이 헤아려 주기 바란다.

〈주〉

1 직접 정념의 주요한 종류는 제2편 제1부 제1절 및 제2편 제3부 제1절 참조.
2 직접 정념은 발생 조건이 단순하기 때문에 많은 고찰을 할 필요가 없다. 단지 발생 조건으로는 비교적 복잡한 것이 고찰된다. 또 전 단락의 '충동'은 '충격'으로 번역해도 좋다.
3 개연성의 본성에 대해서는 제1편 제3부 제12절 참조.
4 여기의 '정서'의 의미에 대해서는 제2편 제3부 제4절 주석 1 참조.
5 여기서 관악기와 현악기의 차이로 비유되는 인상과 관념의 특성 및 차이는 앞에서도 고찰되었다. 제2편 제2부 제6절 주석 1 참조.

6 오성의 경우 우세한 개연성과 열등한 개연성은 뒤섞이는 일 없이 서로 대립하여 각각에 수반된 활기가 상쇄된다. 그 결과 우세한 개연성의 활기에서 열등한 개연성의 활기를 제거하여 남은 것에서는 약한 신념만이 생겨난다. 그러나 정념의 경우는 이와 달리 대립하는 두 정념을 함께 두면 하나의 정념으로 구성된다. 오성에서 개연적 신념이 발생하는 과정에 대해서는 제1편 제3부 제11절 참조. 두 정념이 상쇄되는 경우는 제2편 제1부 제1절 참조.

7 우세한 정념이 동반 정념을 흡수하는 것에 대해서는 제2편 제3부 제6절 주석 1 참조.

8 문맥으로 보아 한 정념이 단계적으로 쇠퇴하면서 그 밖의 정념과 뒤섞이는 것을 현악기의 각 음들이 서로 공명하는 현상에 비유한 것으로 추측된다.

9 '아무리 뒤섞어도 결코 완전히 합일되어 일원화되지 않는다(however mingled, never perfectly unite and incorporate)'라는 표현에 대해서는 '결코 완전히'라는 부분에 중점을 두어야만 한다. 왜냐하면 두려움과 희망은 상반되는 두 정념이 합일을 통해 발생하는 것을 전제로 하기 때문이다. 이렇게 설정하는 한 두 정념은 합일하게 된다. 그러나 그것은 흄에 따르면 두 정념의 혼합이지 화합은 아니다. '결코 완전히 합일되어 일원화되지 않는다'는 것이다.

10 자연철학의 연구 방법을 정신철학에 적용하는 것은 앞에서도 몇 번 보였다. 이러한 태도는 흄의 정신철학의 방법론적 성격을 이야기한다. 예를 들어 제1편 제3부 제8절 주석 3 참조. 또한 뉴턴의 《광학(Optics)》은 초판이 1704년에, 개정된 제4판은 1730년에 출판되었다.

11 개연성 또는 불확실성에 두 종류가 있다는 점을 최초로 여기서 인정했다.

12 '가능적(possible)'은 작은 정도의 개연성을 의미한다. 제1편 제3부 제12절 주석 3 및 제2편 제1부 제10절 주석 9 참조.

13 '호기심(curiosity)'은 다음 절의 주제이다.

14 정신은 '자기 대상의 본성보다는 현재의 성향을 근거로 판단한다'는 원리는 '비교'의 원리 등과 마찬가지로 정념적 판단에서 주관적 인자의 기능을 나타내는 원리이다.

15 인용구의 출전은 Horatius, Epodi, Ⅰ. 19~22.이다. 《정념소고》에서도 인용된다. 호라티우스에 대해서는 제2편 제3부 제8절 주석 5 참조.

16 의지 및 직접 정념에 대해서도 인간과 동물의 비교 연구가 가능하다. 단지 너무 명백하기 때문에 이 내용에 독립적인 절을 할애하지 않았던 것이다. 제2편 제1부 제12절 주석 1 참조.

10 호기심 또는 진리에 대한 사랑에 대하여

지금까지 우리는 인간 정신의 아주 다양한 여러 부분을 개괄해 왔다. 그러나 단 한 번도 모든 탐구의 제1원천인 진리에 대한 사랑을 고찰한 적은 없다. 이 점은 나로서도 매우 부주의했다고 생각된다. 그러므로 우리가 이 주제를 마무리하기 전에 진리에 대한 사랑이라는 이 정념에 대해 조금 살펴보고, 인간 본성에서 그 기원을 밝히는 것이 적절할 것이다. 이 사랑은 아주 특수한 종류의 감정이므로, 우리가 지금까지 검토했던 어떤 항목에서도 모호성과 혼동의 우려 없이는 진리에 대한 사랑을 다룰 수 없을 것이다.

진리의 종류는 두 가지이다.[1] 한 가지는 관념들 자체의 비율을 발견하는 데 있고, 다른 것은 대상에 대한 관념이 그 대상의 실체와 합치하는 데 있다. 앞의 진리가 단지 진리이기 때문에 욕구되는 것은 아니다. 또 그 결론의 정확성만으로는 쾌락을 주지도 않는 것은 틀림없다. 예를 들어 우리가 수학적 논증을 통해 두 물체의 대등성을 알 때, 컴퍼스를 이용해 그 대등성을 발견할 때나 이 두 결론은 똑같이 정확하다. 수학적 논증의 증거는 논증적이고, 컴퍼스를 이용한 증거는 경험적이다. 그러나 정신은 똑같은 확신으로 두 증거를 묵묵히 받아들인다. 가장 심오한 대수학의 문제와 진리와 확신의 본성이 동일한 산술적 계산에서도 쾌락은 아주 경미하거나 오히려 고통으로 전락한다. 이런 사실은 우리가 이따금 진리를 발견함으로써 얻는 만족이 단지 진리의 발견 자체뿐만 아니라, 진리의 발견이 수반하는 어떤 성질에서만 나온다는 데 대한 명백한 증거라고 하겠다.

진리를 호의적이도록 하는 데 필요한, 첫 번째로 가장 중요한 여건은 진리를 고안하고 발견하는 데 활용된 타고난 재능과 역량이다. 쉽고 분명한 것은 전혀 가치가 없다. 설령 그 자체로서는 어려운 것이더라도, 우리가 그것에 대한 지식을 얻는 데 어려움이 없고, 사유나 판단력 따위의 긴장이 없다면, 그런 것은 거의 관심을 끌지 못한다. 예를 들어 우리는 수학자들이 논증을 추적하는 것을 사랑한다. 그러나 어떤 사람이 우리에게 선분과 각의 비율을 사실대로 가르쳐 주고, 우리가 그 사람의 판단력과 진실성 때문에 그 비율을 아주 신뢰하게 되더라도, 우리는 그 사람에게 약간의 관심을 보일 뿐이다. 이런 경우에는 진리를 배울 수 있는 귀만 있으면 충분하다. 우리는 결코 마지못해 관심을 집중하거나 재능을 발휘하지는 않는다. 타고난 재능은 우리 정신 작용의 발휘 가운데 가장 즐겁고 호의적이다.

그러나 재능의 발휘가 우리가 학문을 통해 얻는 만족의 주요 원천이라 하더라도, 내가 보기에 재능을 발휘하는 것만으로 충분한 즐거움을 느낄 수 있을

지는 의심스럽다. 우리가 발견한 진리 역시 어느 정도 중요할 수밖에 없다. 예를 들어 대수학 문제를 무한히 늘리는 것은 쉽지만, 원뿔 절단면들의 비율을 발견하는 것은 불가능하다. 극소수의 수학자들은 이런 연구에서 쾌락을 약간 얻겠지만, 그들의 사고도 좀더 유용하고 중요한 것으로 전환된다.[2] 그렇다면 문제는 이 유용성과 중요함이 우리에게 영향을 미치는 방식이다. 그런데 이 문제의 어려움은 다음과 같은 데서 발생한다. 즉 많은 철학자들[3](또는 학자들)은 자신들이 세상에 중요하고 유용하다고 평가한 진리를 탐구하느라고 시간을 허비하고 건강을 해치며 재산도 방치했다. 그렇지만 그런 철학자들의 전반적인 생활 태도와 행동에서 볼 때 그 철학자들은 공공심(公共心)도 전혀 공유하지 않고, 인류의 이익에도 전혀 관심이 없다. 그 철학자들이 자신들의 발견이 대수롭지 않다는 것을 인정한다면, 연구할 맛을 완전히 잃어버렸을 것이다. 그리고 그 연구 결과가 철학자들과 전혀 관계 없을 때조차 마찬가지일 것이다. 이것은 모순으로 여겨진다.

이런 모순을 해결하기 위해 우리가 반드시 고려해야 할 것은 결코 상상력을 벗어날 수 없는 어떤 욕구와 의향이 있다는 점이다. 이런 욕구나 의향은 실제적인 감정이 아니라 오히려 정념들의 희미한 그림자 또는 그 심상일 뿐이다. 예를 들어 어떤 사람이 어느 도시의 요새들을 둘러보며, 그 요새들의 견고함과 장점—이 성질들이 자연적이든 인위적이든 관계 없다—을 살펴보고, 방어 거점의 배치와 전략, 장애물, 갱도, 그 밖의 군사적 시설을 관찰한다고 가정해 보자. 분명히 그 사람은 이런 것들이 모두 그 목적에 적합한 데 비례해서 이에 걸맞은 쾌락과 만족을 느낄 것이다. 그런데 그 쾌락은 대상들의 형태가 아니라 그 유용성에서 발생한다. 그러므로 자신의 안전을 위해 이 모든 기술을 활용하려는 도시의 주민들과 공감할 수밖에 없다. 그 사람이 이방인 또는 적으로서 마음속에 그들에 대한 친절이 없을 수도 있고, 주민들에 대해 미움을 품을 수도 있겠지만 말이다.

그처럼 막연한 공감은 어떤 정념의 아주 약한 기초로, 아주 하찮은 원천에서는 우리가 철학자들에게서 흔히 발견하는 근면과 노력이 결코 유래될 수 없다는 것 따위가 실제로 반박될 수도 있을 것이다. 그러나 나는 여기서 내가 이미 언급했던 것으로 되돌아가겠다. 즉 연구의 쾌락은 어떤 진리를 발견하거나 이해하는 데 정신이 작용하고 재능 및 오성이 발휘되는 것에 있다. 만약 완전한 쾌락을 위해 진리의 중요성이 필요하다면, 그것은 그 중요성 자체가 우리의 즐거움을 현저히 증대시키기 때문이 아니다. 우리의 주의력을 고정시키는 데 그 중요성이 어느 정도 필요하기 때문일 뿐이다. 우리가 조심성 없고 태만하다면, 오성의 그런 활동도 우리에게 전혀 영향을 미칠 수 없다. 바꿔 말하면, 우리가 다른 성향을 가질 때 그 활동은 자신에게서 발생하는 만족을 우리에게 조금도 전달할 수 없다.

그러나 그 쾌락의 주요 기초인 정신 활동 외에도, 목적을 달성하거나 우리가 조사하는 진리를 발견하는 데에는 어느 정도의 성공 역시 필요하다. 이 기회에 나는 정신이 정념을 가지고 어떤 목적을 추구하는 경우에 유용한 일반적 견해를 밝히겠다. 이때 정념은 근본적으로 그 목적에서 유래되는 것이 아니라 단지, 그 활동과 노력에서 나올 뿐이다. 그러나 감정의 자연적 흐름에 따라 우리는 목적 자체에 관심을 기울이게 되고, 우리가 그 목적을 추구하면서 실망했을 때는 언짢아 한다. 이런 사실은 앞에서 언급한 정념들 사이의 관계 및 같은 방향에서 발생한다.

지금까지 서술해 온 모든 것과 유사한 사례를 통해 예증하기 위해 나는 다음과 같은 사실을 주목할 것이다. 즉 모든 정념 가운데 사냥과 철학함에 있는 두 정념이 서로 가장 유사하다. 물론 이 두 정념도 얼핏 보기에는 서로 전혀 어울리지 않게 여겨질 수도 있다. 사냥의 쾌락은 분명히 정신 및 신체의 활동, 즉 운동·주의력·난관·불확실성 따위에 있다. 마찬가지로 이런 활동이 우리에게 영향을 미치려면 유용성의 관념을 수반해야 한다는 것은 분명하다. 예를 들어 가장 부자이면서도 탐욕이 거의 없는 사람도 반시(半翅, 꿩과의 새)나 꿩을 쫓아 사냥할 때는 쾌락을 얻더라도 까마귀나 까치를 쏠 때에는 전혀 만족을 느끼지 못한다. 반시나 꿩은 식탁에 어울리지만, 까마귀나 까치는 전혀 쓸모없다고 생각하기 때문이다. 여기서 유용성이나 중요성 등은 그 자체에서 실제적 정념을 일으키는 것이 아니라 단지, 상상력을 뒷받침하는 데 필요할 뿐이라는 사실이 확실해진다. 그리고 바로 그 사람이 다른 대상에서 10배의 큰 이익을 얻을 수 있다는 사실을 간과하면서, 멧도요나 물새 떼를 쫓아 사냥하고 여러 시간을 보낸 뒤에 기뻐하며 사냥감을 가지고 집에 돌아간다. 사냥과 철학 사이의 유사성을 더욱 완벽하게 비교하기 위해, 우리는 다음과 같은 점을 주목할 수도 있을 것이다. 철학과 사냥에서 우리 활동의 목적 그 자체는 경시될 수 있더라도, 우리는 그 활동의 열기에서 이 목적에 대한 가치 평가에 매우 주의를 기울인다. 따라서 우리는 실망하면 아주 언짢고, 사냥감을 놓치거나 추론에서 오류를 범하면 비통하다.

이런 감정을 다시 대비해 보려면 경기할 때의 정념을 생각해 볼 수 있을 것이다. 경기하는 것도 사냥 및 철학과 같은 원리에서 쾌락을 낳는다. 지금까지 언급되었듯이 경기할 때의 쾌락은 오직 흥미에서만 발생하지는 않는다. 많은 사람들이 이런 쾌락을 즐기느라고 확실한 이득에 무관심하기 때문이다. 경기할 때의 쾌락은 경기 자체에서도 유래되지 않는다. 그 사람들은 아무것도 걸지 않고 경기할 때에는 전혀 만족하지 못하기 때문이다. 그러나 이 두 원인은 분리되어서는 어떤 결과도 가지지 못하지만, 합일되면 쾌락을 낳는다. 이것은 화학 결합에서 맑고 투명한 두 액체를 혼합하면 불투명하고 색깔 있는 제3의 액체가 나타나는 것과 같다.

어떤 경기에서 우리가 갖는 흥미는 우리의 주의를 끈다. 이 흥미가 없으면 우리는 경기에서 어떤 활동을 하든 즐거움을 누릴 수 없다. 우리가 한번 주의를 기울이면, 그 어려움과 다양성 그리고 운세의 갑작스러운 반전 따위가 우리의 흥미를 더하고, 이런 관심거리에서 우리의 만족이 발생한다. 인생이란 아주 지루한 연극이며, 사람은 대체로 나태한 성향이 있다. 따라서 사람을 기쁘게 하는 것이 설령 고통과 뒤섞인 정념 때문이라고 하더라도 이런 것은 무엇이든 주로 사람에게 현저한 쾌락을 부여한다. 그런데 경기는 그 대상을 감지할 수 있고 범위도 좁다. 따라서 경기는 수월하게 상상력에 들어와 동조한다. 그리고 그 대상의 본성에서 앞에서 서술했던 쾌락이 증대된다.

수학과 대수학에서 진리에 대한 사랑을 설명하는 바로 이 이론은 도덕, 정치학, 자연철학 및 그 밖의 다른 연구에까지 확장할 수 있다. 이런 것들을 연구할 때 우리는 관념들 간의 추상적 관계를 고찰하는 것이 아니라, 그 대상들의 실제 연관과 존재 등을 고찰한다. 그러나 이런 학문에 드러나는 삶에 대한 사랑은 제쳐두더라도, 인간 본성에는 호기심이 뿌리내리고 있다. 이 호기심은 전혀 다른 원리에서 유래되는 정념이다. 예를 들어 어떤 사람은 관심사가 이웃 사람과 전혀 무관한데도 그 이웃의 행동과 여건을 알려고 하는 끝없는 욕구를 가지고 있다. 그런 사람은 자기 이웃에 대한 정보 수집을 다른 사람에게 전적으로 의존할 수밖에 없다. 이런 경우에는 연구하거나 노력할 여지도 없다. 이 현상의 근거에 대해 살펴보자.

신념의 영향력이 상상력의 관념에 생기를 불어넣으면서 동시에 관념을 상상력에 끼워 넣고 그 관념에 대한 동요와 불확실성을 모두 막는 것이라는 점은 이미 충분히 증명되었다.[4] 신념의 영향력이 갖는 이 두 여건은 모두 이 현상을 설명하는 데 유리하다. 즉 관념의 생동성을 통해 우리는 공상의 흥미를 유발하며, 비록 정도는 약하지만 온건한 정념에서 발생하는 것과 동일한 쾌락을 산출한다. 또한 관념의 생동성이 쾌락을 제공하므로, 관념의 확실성은 정신에 특정 관념을 고정시키고, 그 대상을 선택함에 있어서 동요를 억제함으로써 불안을 막는다. 인간의 본성은 대부분의 경우 정신과 신체 양쪽에 공통적으로 뚜렷이 나타난다. 그러나 너무 갑작스럽고 격렬한 변화는 우리에게 쾌락이 아니다. 또 그 대상들 자체에는 하찮은 것이라도 대상의 변화는 불안을 준다. 그런데 사고에 변이를 일으켜 한 관념에서 다른 관념으로 갑자기 옮겨 가도록 하는 것이 의심의 본성이다. 결과적으로 의심은 고통을 유발하는 요인임에 틀림없다. 그런 데다가 어떤 사건에 대한 흥미, 다른 사건에 대한 그 사건의 관계 또는 그 사건의 중요성과 새로움 따위가 우리에게 그 사건에 대한 관심을 유발시키는 경우에 이런 고통이 주로 발생한다. 알려진 사실에 대해서 우리는 결코 호기심을 갖지 않는다. 그런 사실만으로는 우리는 알려고 하는 흥미조차 갖지 못하는 것이다. 사실에 대한 관념이 그 불안정성과 가변성에 담긴 불안을 우리에게 줄 정도의 힘으로 우리를 자극하고, 또 그 정도로 우리와 밀접하게 관련되면 우리의 흥미를 유발하기에 충분하다.

예를 들어 낯선 사람이 어떤 도시에 처음 도착했다면 아마 주민들의 역사와 모험담을 아는 데 무관심할 것이다. 그러나 그가 주민들과 좀더 친숙해지고 상당한 시간 동안 그들과 함께 산다면 토박이들과 같은 호기심을 갖게 된다. 또한 우리가 한 국가의 역사를 읽는 데 열중할 때에는, 그 역사에 담긴 의심이나 난제를 해결하려는 욕구가 강하게 일어날 것이다. 그러나 역사적 사건에 대한 관념이 정신에서 대부분 지워지면 우리는 그 연구에도 소홀하게 된다.

1 진리에 두 종류가 있다는 것에 대해서는 제1편에서 상세히 서술했고, 제2편에서도 제3부 제3절에서 설명하고 있다. 제1편 제3부 제1절 및 제2편 제3부 제3절 참조.

2 진리에 있어서 유용성과 중요성을 생각하는 부분에서 실용주의를 엿볼 수 있다. 이것은 앵글로 색슨 철학의 전통이기도 하다.

3 '철학자(philosopher)'는 우리가 이해하는 좁고 엄밀한 의미의 '철학자'만을 가리키는 것이 아니다.

4 '신념의 영향력'에 대해서는 제1편 제3부 제10절 참조.

제3편

도덕

제1부
일반적인 덕과 부덕[1]

1 도덕적 구별의 원천은 이성이 아니다

　모든 난해한 추론에는 다음과 같은 폐단이 따른다. 즉 난해한 추론은 반대자를 납득시키지 않고 침묵만을 지키도록 만들 뿐이며, 그 추론의 위력을 감지하게 하려면 처음 그 추론을 낼 때와 한가지로 강도 높은 연구를 필요로 한다는 점이다. 우리가 서재에서 나와 일상의 세계로 돌아오면, 그 난해한 추론의 결론은 마치 요괴가 새벽녘 밝아오는 빛을 만나 홀연히 자취를 감추는 것처럼 우리는 어렵게 얻은 이 확신마저 유지하기 어렵다. 이런 점은 기나긴 연쇄적 추론에서 더욱 두드러진다. 이런 추론에서 우리는 처음 명제의 명증성을 끝까지 유지해야 하지만, 철학의 근본원칙이나 일상생활에서 널리 인정되는 모든 공리조차 간과할 때가 흔하다. 그렇다 하더라도 현재의 철학체계가 진보하는 만큼 새로운 힘을 얻을 것이고, 다시 말해 도덕에 대한 우리의 추론은 이제까지 오성(悟性, 지성)과 정념(情念, 정서·사유)에 관해[2] 말한 것을 모두 확인하리라는 희망을 아직 나는 버리지 않았다. 이에 따라 도덕성은 다른 어떤 것보다도 우리의 관심을 끄는 주제이다. 우리는 사회의 평화가 도덕성에 대한 모든 결정에 달려 있다고 생각한다. 우리가 우리와는 두드러지게 무관한 주제보다는 바로 이런 관심에 대해 더 실제적이며 거짓 없이 사색할 수밖에 없음은 명백하다. 우리는 우리를 감동시키는 것이 결코 허상일 수 없으리라 추정하는 것이다. 정념은 우리를 감동시키는 것으로 기울거나 아니면 허상으로 기울기 때문에, 우리는 자연스럽게 이 문제가 인간의 이해 범주 안에 있음을 생각한다. 이와 본성은 같지만 다른 문제인 경우에 이것이 인간의 이해 범주 안에 있는지 우리는 의심을 품고는 한다. 도덕성 연구에 이런 이점이 없었더라면 나는 구태여 이 난해한 철학의 제3편을 곤경을 무릅쓰고 집필하지 않았을 것이다. 더욱이 대부분의 사람들이 한결같이 책 읽기를 오락으로 여기고, 이해하는 데 골치아픈 많은 주의력이 필요한 것이면 모조리 내팽개쳐 버리는 시대가 아닌가.[3]

이미 살펴보았듯이[4] 정신이 지각하는 것 말고는 어떤 것도 정신에 나타날 수 없다. 따라서 '지각'이라는 것은 보고, 듣고, 판단하고, 사랑하고, 미워하고, 생각하는 이 모든 작용을 말한다. 이것은 이미 1편에서 다룬 바 있다. 따라서 정신은 우리가 지각이라는 명칭에 포함시킬 수 없는 어떤 활동도 결코 일으키지 못한다. 때문에 우리가 도덕적 선악을 구별하는 판단에도 다른 모든 정신 작용과 마찬가지로 이 명칭을 적용할 수 있다. 어떤 성격을 칭찬하고, 다른 성격을 비난하는 것은 각기 다른 지각 작용들일 뿐이다.

그런데 지각은 인상과 관념의 두 종류로 나뉜다.[5] 이 구별은 다음과 같은 의문[6]을 낳는데, 도덕에 대한 탐구는 이 의문에서 시작된다. 즉 우리가 덕과 부덕을 구별하고 어떤 행동을 칭찬할 가치가 있다거나 비난받아 마땅하다고 선언할 때, 이 근거는 인상인가 아니면 관념인가 하는 문제이다. 이 물음 때문에 우리는 종잡을 수 없는 모든 담화와 논구를 즉각 떨쳐 버리고 이 주제에 딱 들어맞는 사실들에 귀착하게 될 것이다.

일부 철학자들의 단언에 따르면,[7] 덕은 이성(理性)과 부합되는 것이며, 사실에는 영원한 적합성과 부적합성이 있는데 이 적합성과 부적합은 그 사실을 고찰하는 모든 이성적 존재자에게 동일하고, 옳고 그름에 대한 변하지 않은 척도는 사람뿐만 아니라 신에게도 책임[8]을 부과한다고 주장한다. 이런 주장은 사람들이 흔히 긍정하는 학문 체계들이며, 논증적인 진리[9] 인식의 문제와 마찬가지로 도덕성의 문제도 관념들에 의해서만 식별되며 더 자세히 말하자면 관념들의 나열과 비교를 통해서만 식별된다는 의견에는 이 모든 체계들이 동시에 나타난다. 따라서 이런 주장에 대해 판단하려면 우리는 오직 다음과 같은 것을 고찰하기만 하면 된다. 즉 오직 이성만으로 도덕적 선과 악을 구별할 수 있는가? 그렇지 않으면 도덕적 선과 악을 구별하는 데는 그 밖의 다른 원리도 있어야 하는가?

만약 도덕성이 자연적으로 인간의 정념과 행동에 어떤 영향도 미칠 수 없다면, 엄청난 노력을 들여 도덕성을 가르치는 것은 헛일일 것이고, 따라서 모든 도덕론자들에게 차고 넘치는 수많은 규칙과 교훈은 아무짝에도 쓸모없을 것이다. 철학은 보통 사변 철학과 실천 철학으로 나뉜다. 그리고 도덕성은 언제나 실천 철학에 포함되므로, 우리는 도덕성이 우리 정념과 행동에 영향을 미치며 오성의 차분하고 냉정한 판단을 넘어서는 것으로 가정한다. 이것은 일상 경험을 통해서도 뒷받침된다. 우리가 일상 경험을 통해 인지하기로는, 인간은 흔히 의무의 지배를 받으며, 불의라는 생각 때문에 어떤 행동을 단념하고, 책임이라는 생각 때문에 어쩔 수 없이 다른 행동을 취하게 되는 것이다.

A
TREATISE
Concerning the
PRINCIPLES
OF
Human Knowlege.

PART I.

Wherein the chief Caufes of Error and Dif-
ficulty in the *Sciences*, with the Grounds
of *Scepticifm*, *Atheifm*, and *Irreligion*, are
inquir'd into.

By *George Berkeley*, M.A. Fellow of
Trinity-College, Dublin.

DUBLIN:
Printed by AARON RHAMES, for JEREMY
PEPYAT, Bookfeller in *Skinner-Row*, 1710.

버클리의 《인지원리론》(1710)
버클리는 정신적 실체를 인정하면서 물질적 원인, 추상적 일반 관념, 물질적 실체 등을 부정하였다.

이처럼 도덕은 행동과 정념에 영향을 미치므로, 결과적으로 도덕은 이성에서 유래될 수 없다. 앞에서 이미 입증했듯이[10] 이성만으로는 그와 같은 영향력을 전혀 가질 수 없기 때문이다. 도덕은 정서를 환기하여 어떤 행동을 일으키거나 억누른다. 바로 이런 점에서 이성 자체는 전혀 힘이 없다. 따라서 도덕성의 여러 규칙들은 결코 이성의 결론이 아니다.[11]

나는 위와 같은 추론의 정당성을 부정할 사람은 아무도 없으며, 실제로 이렇게 추정하는 기초인 경험적 원리를 부정하지 않고는 결코 이런 추론을 피할 도리가 없다고 생각한다. 다만 이성이 우리 행동과 정념에 전혀 영향을 미칠 수 없다는 점을 용인하는 한, 도덕성이 오직 이성의 연역을 통해서만 발견된다고 우기는 것은 헛된 일이다. 활동적 원리는 결코 비활동적 원리에 기초를 둘 수 없다.[12] 따라서 이성 자체가 비활동적이라면, 이성이 자연적 주제[13]에서 발현되거나 도덕적 주제에서 발현되건, 또는 외부 대상의 힘을 고찰하거나 이성적 존재자들의 행동을 고찰하건 간에 이성은 자신의 모든 기색에서 비능동적인 채로 있어야 한다.

이성은 전적으로 무력하고 어떤 행동이나 감정도 억제하거나 산출할 수 없다는 것은 이미 앞에서 증명한 바 있는데[14] 이것을 모두 되풀이하는 것은 아마 지루할 것이다. 이 주제에 관하여 지금까지 언급한 것을 떠올리기는 쉬울 것이다. 나는 이 기회에 그 증명 가운데 한 가지만을 상기하겠다. 그리고 이 논변을 더욱 확정적이고 이 주제에 더욱 부합하도록 다듬기 위해 노력하겠다.

이성[15]은 참이나 거짓의 발견이다. 그런데 참이나 거짓은 관념들의 실제 관계 또는 실제 존재와 사실과의 일치와 불일치에 달려 있다. 때문에 이와 같은 일치와 불일치의 여지가 없는 것은 모두 참이거나 거짓일 수 없고, 그러므로 결코 우리 이성의 대상일 수도 없다. 그런데 명백하게 우리의 정념과 의욕 그리고 행동은 이와 같은 일치와 불일치를 조금도 허용하지 않는다. 이런 것들은 근원적 사실 내지는 실재이며, 그것 자체로서 완전하고, 그 밖의 다른 정념과 의욕 그리고 행동과의 어떤 연관성도 전혀 포함하지 않기 때문이다.[16] 따라서 정념과 의욕 그리고 행동은 참 또는 거짓이라고 선언할 수 없으며, 그러므로 이성과 상반되거나 부합될 수도 없다.

이 증명은 현재 우리의 목적에 이중의 이점이 있다. 즉 이 논변이 단적으로 증명하는 바는, 행동의 가치는 이성과 부합되는 점에서 유래하지 않으며, 비난을 당하는 이유도 이성과 상반되는 점에서 유래하지 않는다는 것이다. 또 이 논변은 다음과 같은 점을 보여 줌으로써 바로 이 진리를 더 간접적으로 입증한다. 즉 이성은 어떤 행동에 대해 이의를 제기하거나 시인함으로써 직접 그 행동을 막거나 유발할 수 없으며, 따라서 그 행동을 중단시키거나 유발하는 영향력을 가진 것으로 밝혀진 도덕적 선악을 구별하는 원천일 수 없다. 일반적으로 행동은 칭찬이나 비난을 받을 것이다. 그러나 그 행동이 합리적이거나 비합리적일 수는 없다. 따라서 칭찬받거나 비난받는 것이 합리적이거나 비합리적인 것과 동일한 것은 아니다. 행동의 잘잘못은 흔히 우리의 자연적 성향과 어긋나며, 그럴 때는 가치 있고 합리적인 것이 무가치하고 비합리적인 것을 억누를 때도 있다. 그러나 이성은 이런 영향력을 전혀 갖고 있지 않다. 그러므로 도덕적 구별은 이성의 산물이 아니다. 이성은 본래 전적으로 비능동적이다. 따라서 결코 양심이나 도덕감[17]과 같은 능동적 원리의 원천일 수 없다.

그렇지만 우리는 사안에 따라 이렇게 말을 할 수도 있다. 즉 의지나 행동은 이성과 직접 모순될 수 없다고 하더라도 행동에 따르는 어떤 것에서, 말하자면 그 행동의 원인이나 결과에서 이성과의 모순을 발견할 수도 있을 것이다. 행동은 판단을 일으킬 수 있다. 또는 판단이 정념과 일치할 때, 그 판단 때문에 우회적으로 즉 간접적으로 발생할 수도 있을 것이다. 이럴 때 철학은 욕설적인 말투를 거의 용납하지 않겠지만, 바로 이런 말투 때문에 우리는 그 행동에 이성과 상반되는 점이 있는 것으로 여길 수도 있을 것이다. 이와 같은 참과 거짓이 어느 정도 도덕의 원천일 수 있는지 여기서 고찰하는 것은 적절하리라고 본다.

지금까지 살펴보았듯이[18] 엄밀하고 철학적인 의미에서 이성은 오직 두 가지 방식으로만 우리 행동에 영향을 미칠 수 있다. 즉 이성은 어떤 정념에 어울리는 대상의 존재를 우리에게 일깨워 줌으로써 해당 정념을 유발하는 때이다. 두 번째로 이성은 어떤 정념을 일으키는 수단을 우리에게 제공할 정도로 원인과 결과의 연관을 드러낼 때이다. 우리 행동에 수반될 수 있거나 또는 어떤 방식으로 우리 행동을 유발한다고 말할 수 있는 판단의 종류는 이 두 가지뿐이다. 그리고 이런 판단이 때때로 착오이거나 틀릴 수도 있다는 점은 반드시 인정되어야 한다. 어떤 대상이 고통이나 쾌락[19] 따위의 감각을 산출하는 경향이 전혀 없거나 또는 상상한 것과 상반되는 감각을 산출할 때라도, 사람은 그 대상에 고통이나 쾌락이 담겨 있다고 상정함으로써 정념에 휩싸일 수도 있을 것이다. 또 어떤 사람은 자신의 목적을 달성하는 데 적절하지 못한 수단을 택할 수도 있고, 이 어리석은 행동 때문에 계획의 실행을 앞당기는 것이 아니라 지연시킬 수도 있을 것이다. 우리는 이런 잘못된 판단이 이 판단과 결합된 정념과 행동에 영향을 미치는 것으로 생각할 수도 있을 것이다. 따라서 비유적이고 부적절한 말투로 이런 정념이나 행동을 비합리적으로 만든다고 할 수도 있을 것이다. 그러나 우리는 이런 사실을 인정하더라도 다음과 같은 사실을 쉽게 관찰할 수 있는 것처럼, 이런 실수는 모든 부도덕성의 원천과는 너무나 멀리 떨어져 있을 뿐만 아니라 대개는 매우 순진무구하다. 다시 말해 불운하게도 그런 실수를 저지른 사람에게 결코 죄를 물을 수는 없는 것이다. 이런 착오는 사실에 대한 오해일 뿐이다. 일반적으로 도덕론자들은 지금까지 이런 오해는 범죄적인 것으로 상정하지 않았다. 그 까닭은 사실에 대한 오해가 전적으로 자발적이지 않기 때문이다. 가령 내가 고통이나 쾌락을 낳는 대상의 영향력을 잘못 파악하거나 나의 욕구를 충족시킬 적절한 수단을 모른다면, 다른 사람은 나를 비난하기보다는 안타깝게 여겨야 한다. 그와 같은 실수를 나의 도덕적 성격의 결함으로는 도저히 여길 수 없다.

예를 들어 내가 멀리서 과일을 보며, 실제로는 맛이 없는 과일을 맛있고 향긋한 것으로 상상했다고 하자. 여기에다가 또 한 가지 실수가 있었다. 나는 이 과일에 도달하기 위한 목적에 걸맞지 않은 수단을 선택했다. 이것이 두 번째 실수이다. 그 이상 행동에 대한 우리의 추론에 끼어들 수 있을 법한 세 번째 실수는 결코 없다. 따라서 내가 묻고 싶은 것은 이러하다. 어떤 사람이 위와 같은 처지에 있고 또 이 두 가지 실수를 범했다고 한다면 그 실수가 아무리 불가피한 것이었다 해도, 그는 부덕하고 죄지은 것으로 간주되어야 할까? 다시 말해 그와 같은 실수를 모든 부도덕성의 원천으로 볼 수 있을까? 결코 그렇지 않을 것이다.

여기서 다음과 같은 점을 살펴보는 것이 적절할 것이다. 즉 위와 같은 판단의 참이나 거짓을 통해 도덕적 구별이 이루어진다면, 우리가 이런 판단을 할 때마다 도덕적 구별도 발생해야 한다. 바꿔 말하면, 문제가 사과에 대한 것이든 왕국(王國)에 대한 것이든, 또는 실수를 피할 수 있었든 없었든 간에 전혀 차이가 없을 것이다. 도덕성의 참된 본질은 이성에 대한 일치와 불일치에 있다고 가정되어 있다. 따라서 다른 여건은 전적으로 임의적이며, 그것 이외의 어떤 행동에 유덕하거나 부덕한 성격을 부여하거나 박탈할 수는 결코 없다. 덧붙이건대 이성에 대한 일치나 불일치는 정도의 차이가 전혀 용인되지 않으므로, 모든 덕과 부덕은 물론 대등할 것이다.

이때, 사실에 대한 오해는 범죄라고 할 수 없더라도 옳음[20]에 대한 오해는 종종 범죄이며 이것이 반도덕성의 원천이 되기도 한다고 주장하는 사람이 있다면, 나는 다음과 같이 대답하겠다. 즉 옳음에 대한 오해는 진정한 옳고 그름을 상정하므로, 다시 말하자면 이런 판단과는 별도로 도덕에서의 실질적인 구별을 상정하므로, 그런 오해를 부도덕성의 근원적 원천이라고는 결코 말할 수 없다. 따라서 옳음에 대한 오해는 일종의 부도덕성이 될 수는 있을지 모르지만 그 오해는 2차적인 것이며, 그보다 앞서는 다른 어떤 부도덕성에 기초를 둔다.

이런 판단은 우리 행동의 결과이고, 또 이런 판단은 잘못된 경우에 그 행동이 진리 내지 이성에 상반된다고 단언할 수 있는 빌미를 준다. 이런 판단에 대해 우리는 이렇게 말할 수 있다. 즉 우리 자신의 판단이 참되든 그릇되든 간에 행위의 당사자인 우리에게 어떤 판단을 일으키는 일은 결코 없다.[21] 이러한 판단을 낳는 영향력은 오직 다른 사람에 대해서만 미칠 뿐이다. 분명 행동은 종종 다른 사람에게 잘못된 추론과 판단을 낳게도 한다.

예를 들어 내가 이웃 부인과 음란한 행동을 하는 것을 창 너머로 지켜본 사람은 단순하게, 그녀가 틀림없이 내 아내라고 생각할 것이다. 이런 측면에서 나의 행동은 다소 허구 또는 거짓에 가깝고, 차이점이라고는 내가 다른 사람에게 잘못된 판단을 야기할 의도가 없이 오직 나의 성욕과 정념을 충족하기 위해 그 행동을 수행했다는 것뿐인데 그것은 매우 중대한 차이점이다. 그렇지만 나의 행동은 우연적으로 오해와 잘못된 판단을 불러일으켰다. 그리고 약간 뜻밖의 비유적 말투 때문에 우리는 그 행동의 결과인 거짓이 그 행동 자체에 속한다고 생각할 수도 있을 것이다. 그렇지만 나는 이런 실수를 유발하는 경향이 모든 부도덕성의 첫 번째 원인 또는 근원적 원천이라고 주장할 만한 이성의 핑곗거리를 전혀 찾을 수 없다.[22]

요컨대 이성으로 도덕적 선악을 구별하기란 거의 불가능하다. 이 구별은 우리 행동에 영향을 미치지만, 이성만으로는 이런 영향력을 가질 수 없기 때문이다. 사실 이성과 판단은 정념을 고무하거나 방향을 규정함으로써 어떤 행동을 유발하는 간접 원인이 될 수는 있다. 그러나 이런 종류의 판단이 참이든 거짓이든 간에, 덕이나 악덕에 항상 수반한다고 할 수는 없다. 나아가 우리 판단에 의해 야기된 판단에 대하여 논할 때, 이 판단은 그 원인이 되는 행동에 도덕적 성질을 부여할 수는 더더욱 없다.

건전한 철학이 사물의 영원한 불변적 적합성과 부적합성을 옹호할 수 없다는 점을 더욱 구체화하고 또 설명하기 위해, 우리는 다음과 같은 점을 살펴볼 수도 있을 것이다.

사유나 오성이 옳고 그름의 경계를 단독으로 확정할 역량이 있다면, 유덕한 성격과 부덕한 성격은 대상들 사이의 어떤 관계에 있거나 또는 우리 추론을 통해 밝혀지는 사실이어야 한다. 이 귀결은 명백하다. 단 인간 오성의 작용은 관념들의 비교와 사실에 관한 추론의 두 종류로 구별되므로,[23] 만일 덕이 오성을 통해 발견될 수 있는 것이라고 한다면 덕은 이런 오성의 작용들 가운데 하나의 대상이어야 하고, 이 덕을 밝힐 수 있는 오성의 제3의 작용 같은 것은 있을 수 없다. 그런데 일련의 철학자들이 매우 열성적으로 유포하는 의견[24]이 있다. 그것은 곧 도덕성은 논증의 여지가 있고, 도덕성에 대한 논증에서 지금까지 단 한 걸음이라도 나아갈 수 있었던 사람은 아무도 없었지만, 도덕성에 대한 학문은 기하학이나 대수학과 마찬가지로 절대적 확실성에 이를 수도 있다는 의견이다. 이 점은 애초부터 전제되어 있었다. 이 가정에 따르면 덕과 부덕은 모종의 관계에 있어야만 한다. 누구나 인정하듯이 사실 문제는 결코 이성만을 통해 논증될 수는 없기 때문이다. 그렇다면 이 가설을 검토하여, 할 수만 있다면 우리가 그토록 오랫동안 아무 소득 없이 탐구했던 도덕적 성질을 이 가설을 근거로 확정하도록 노력해 보자. 도덕성이나 의무를 구성하는 관계들이 명백하게 적시된다면 우리는 도덕성이나 의무의 여러 구성 관계를 알 수 있을 것이고 또 도덕성이나 의무를 판단해야 하는 방식을 알 수 있을 것이다. 이런 모든 관계들을 명백하게 지적해 주길 바란다.

확실하고 논증될 수 있는 관계에 덕과 부덕이 존립한다고 주장한다면, 당신은 오직 관계 자체만으로도 이와 같은 정도의 명증성이 인정될 수 있는 관계는 4가지밖에 없으므로 그 관계에 국한해야만 한다. 그리고 이 경우에 당신은 자신이 결코 헤어날 수 없는 모순에 빠지게 된다. 그 이유는 다음과 같다. 당신은 도덕성의 실제 본질을 관계에 두었다. 그런데 이런 관계들은 한결같이 이성적이지 않을 뿐 아니라 생명 없는 대상에도 적용될 수 있으므로, 이와 같은 대상들조차도 도덕적 가치나 허물의 여지가 있어야 한다. 유사·반대·성질의 정도·양이나 수 따위의 비율 등과 같은 관계는 모두 우리의 행동과 정념 그리고 의욕에서와 마찬가지로 물질에서도 본래적으로 볼 수 있다. 그러므로 도덕성이 이런 관계에 있는 것도 아니고, 또 도덕성의 감각이 이런 관계를 발견하는 데 있는 것도 아니라는 것 등은 의심할 여지가 없다.[25]

위에서 언급한 관계와는 무관한 어떤 관계를 발견하는 데에 도덕성의 감각이 있다고 주장하고, 또 논증적으로 인식할 수 있는 관계를 이 4가지 일반적 항목에 포함할 때, 자기들이 한 일이 완전무결하지 않았다고 주장하는 사람이 있다면, 그가 이 새로운 관계를 나에게 제시할 때까지 그의 주장에 대해 나는 어떤 대답을 해야 할지 모르겠다. 여태껏 한 번도 풀어서 밝혀진 적이 없는 체계를 반박할 수는 없기 때문이다. 암흑 속에서 싸우는 그런 방법으로는 적도 없는 허공에 헛되이 주먹을 휘두를 뿐이다.

그러므로 이런 경우에 나는 문제의 체계를 밝히려는 자에게 다음과 같은 두 가지 조건을 요구하는 것으로 만족해야 한다. 첫째, 도덕적 선악은 오직 정신 작용에 속할 뿐이며, 나아가 외적 사물에 대한 우리의 상황에서 유래하므로, 이런 도덕적 구별이 발생하는 관계는 정신의 내부 작용과 외부 대상 사이에만 있어야 한다. 바꿔 말하면, 이 관계를 다음과 같은 상황에 적용해선 안 된다. 즉 내적 활동끼리 비교했을 때의 내적 활동에, 또는 다른 외적 사물과 대립할 때의 외적 사물에 적용해선 안 된다는 것이다. 왜냐하면 도덕성은 특정 관계에 수반하는 것으로 상정(想定)되므로, 만약 이런 관계가 외부 대상과는 별도로 고려된 정신의 내부 작용에 속한다면, 아마 결과적으로 우리는 우리의 처지와 무관한 삼라만상에 대한 죄를 스스로 책임질 수도 있을 것이다. 마찬가지로 이런 도덕적 관계가 외부 대상에만 적용될 수 있다고 한다면, 심지어 생명이 없는 존재조차 도덕적 아름다움과 흉을 가질 수 있다는 결론이 나올 것이다. 그런데 관계가 어떠하건 그것이 우리 정념과 의욕 그리고 행동에 속하지 않거나 또는 그것들끼리 서로 비교되는 외부 대상들에게 속하지 않을 수도 있다고 할 때, 외부 대상들과 비교되는 우리 정념과 의욕 그리고 행동 사이에서 우리는 어떤 관계도 발견할 수 없다고 보기는 어려울 것 같다.

그러나 그 체계를 정당화하는 데 필수적인 두 번째 조건은 충족시키기가 더욱 어렵다. 도덕적 선악 및 사물의 자연적 정당성과 부당성 사이의 추상적인 합리적 차이를 주장하는 사람의 원리에 따르면, 앞에서 말한 관계들은 영원히 변하지 않으므로 모든 이성적 존재자들이 생각하기에 동일하다고 상정될 뿐만 아니라, 관계의 효과도 필연적으로 동일하다고 상정할 수 있다. 따라서 이 관계들이 신의 의지를 규정한다는 점에 있어서 그것은 우리 인류의 합리적이고 유덕한 의지를 지배하는 데 미치는 영향력에 버금갈 뿐만 아니라 오히려 더 크다는 결론을 내리게 된다. 그러나 덕을 아는 것과 의지가 덕에 적합하게 하는 이 두 요소는 뚜렷하게 구별된다. 따라서 옳고 그름의 척도가 모든 이성적 정신에게 책무를 부과하는 영원한 법칙이라는 것을 입증하려면, 그 법칙들의 기초인 관계를 명시하는 것만으로는 충분하지 않다. 관계와 의지 사이의 연관도 지적하지 않으면 안 된다. 그리고 우리는 이 연관이 정상적 정신을 가진 모든 사람에게 나타나며 그들에게 영향력을 가질 정도로 지극히 필연적이라는 것을 입증해야 한다. 물론 달리 보면 이런 정신을 소유한 사람들 사이의 차이는 무궁무진할 수도 있겠지만 말이다. 그런데 나는 어떤 관계도 인간 정신 그 자체만으로는 어떤 행동도 낳을 수 없다는 것을 이미 증명했다.[26] 그러나 이 밖에도 내가 덧붙이고자 하는 것은 원인과 결과의 어떤 연관도 여기서 가정되는 것처럼 경험 이외의 방식으로 발견될 수 있고, 감히 그 대상들을 단순히 고찰하기만 해도 그 존재에 대해 확신할 수 있다. 그러나 이미 오성을 다룰 때 명시한 것처럼[27] 경험에 의하지 않고 이성으로만 발견 가능한 원인과 결과의 결합은 없다. 우주의 만물은 그 자체로 보면 전적으로 산만하고 서로 무관한 것처럼 보인다. 우리는 오직 경험을 통해 모든 존재자들 간의 영향력과 연관을 배울 따름이다. 더구나 우리는 이 영향력을 경험 이상으로 확장해서는 결코 안 된다.

따라서 옳고 그름에 대해 영원하고 이성적인 척도의 체계에 필요한 첫 번째 조건을 충족하기란 불가능하다. 도덕적 구별의 기초가 될 만한 관계를 찾아내기란 불가능하기 때문이다. 두 번째 조건 역시 충족할 수 없다. 왜냐하면 도덕적 구별의 기초가 될 수 있을 법한 관계들은 비록 실제로 존재하고 지각되더라도, 보편적인 강제성을 갖고 의무를 부과한다는 것을 우리가 선천적으로 증명할 수 없기 때문이다.

그렇지만 이 일반적인 고찰을 더욱 명료하게 하고 승복하지 않을 수 없게 하기 위해, 도덕적 선악이라는 특성이 매우 보편적으로 승인되어 있는 몇 가지 특수한 사례를 통해 그와 같은 고찰을 예증하고자 한다. 인류가 저지를 수 있는 모든 죄악 가운데 가장 잔혹하고 몰인정한 것으로 배은망덕을 꼽는다. 특히 부모에게 저지른, 즉 부모에게 상해를 입히거나 살해하는 극악무도한 사례에서 보이는 배은망덕이 가장 크다. 일반인은 물론 철학자들까지 모든 인류가 이런 사실을 인정한다. 다만 철학자들 사이에서나 생겨나는 물음은 다음과 같다. 즉 이런 행동의 죄 또는 도덕적 흄은 이성의 논증적 추론에 의해 발견되는가, 아니면 그와 같은 행동에 대한 반성으로 자연스럽게 생겨나는 어떤 소감이나 내부 감각기관을 통해 느끼게 되는가 하는 것이다. 우리가 인간 이외의 다른 대상에서도 동일한 관계를 찾아내고 나아가 이 관계에 더불어 생기는 죄나 부정의 개념은 전혀 없다는 것을 보여 줄 수 있다면, 이 물음에는 첫 번째 물음과는 상반되는 결론이 내려질 것이다. 추리나 학문은 관념들을 비교하여 관념들의 관계를 발견하는 것이다. 때문에 동일한 관계가 서로 다른 성격을 갖는다면 이성만으로는 이런 성격을 발견할 수 없다.

그러므로 이 사실을 위와 같은 관점에서 심사하기 위해 오크나무나 느릅나무처럼 생명이 없는 대상[28]을 선택해서 다음과 같이 가정해 보자. 즉 이 나무는 자신의 씨앗을 떨어뜨려 자신의 곁에서 묘목이 움트게 하는데, 이 묘목이 점점 자라서 마침내 어미나무를 시들게 했다고 가정하자. 그러면 묻겠다. 존속 살인이나 배은망덕 따위에서 발견되는 관계가 이 사례에는 없는 것일까? 어미나무는 새 묘목이 존재하게 된 원인이며, 자식이 부모를 살해했을 때와 마찬가지로 묘목은 어미나무의 파멸의 원인이 아닌가? 이 경우 선택의 자유나 의지가 없다고 결론을 내리는 것은 충분한 대답이 아니다. 왜냐하면 존속 살인의 경우에 의지는 다른 관계[29]를 유발시키지 않고 단지 존속 살인이라는 행동이 유래된 원인일 뿐이다. 따라서 이 경우의 의지는 오크나무나 느릅나무에 다른 원리로부터 발생하는 것과 같은 관계를 낳는다. 사람으로 하여금 자신의 부모를 죽이도록 결정하는 것은 의지 내지는 선택이다. 느릅나무의 경우에 묘목으로 하여금 자기를 낳은 어미나무를 시들게 하도록 한정한 것은 물질 및 운동의 법칙이다. 그런데 여기서는 관계는 같지만 원인은 다르다. 그리고 이 두 경우 모두 이 관계들을 발견한다고 해서 부도덕성의 관념이 나타나지는 않으므로, 결과적으로 부도덕성의 관념은 이와 같은 관계를 발견하는 데서 발생하지 않는다.

더욱 유사한 사례를 들어 보자. 나는 사람들에게 한 가지 묻고 싶다. 왜 인류의 근친상간은 범죄이며, 동물의 이런 행동과 관계는 왜 난잡하거나 죄로 여겨지지 않는가? 그것은 동물은 이런 행동이 난잡하다는 것을 알기 위한 충분한 이성이 없으므로 이런 행동이 동물에게는 도덕적으로 문제되지 않지만, 인간은 이성이라는 기능을 부여받았고 나아가 이성은 그 의무에 따라야 하므로 근친상간이라는 행동은 인간에게는 바로 죄가 된다. 내 물음에 대해 이와 같이 대답한다면, 나는 이 대답은 분명한 순환논증이라고 응수할 것이다. 이성이 이런 부도덕성을 지각할 수 있기 전에, 부도덕성이 존재해야만 하며 따라서 그 추잡함은 우리 이성의 결정과 무관하고, 이성이 결정한 결과라기보다는 이성이 결정할 대상이라는 것이 더욱 적절하기 때문이다. 이 체계에 따르면 모든 동물은 저마다 감각기관과 욕망 그리고 의지를 갖추고 있다. 다시 말하면 우리는 덕과 부덕 때문에 인간 존재에게 칭찬과 비난을 쏟게 되는데, 바로 이런 덕과 부덕이 모든 동물에게 있어야 한다. 인류의 우월한 이성이 이런 덕과 부덕을 발견하는 데 기여할 수도 있고, 덕과 부덕을 발견함으로써 비난과 칭찬을 증대시킬 수도 있다는 것만이 동물과 인간 사이의 차이점이다.

그렇지만 이와 같은 발견은 여전히 이런 도덕적 구별을 규정하는 별도의 능력을 상정하며, 이 능력은 오직 의지와 욕망에 의존할 따름이고, 이성은 그것을 사유에 의해 식별할 수 있으며, 또한 그 실재도 식별할 수 있다는 것을 가정할 수 있다. 동물들도 서로에 대해 인류가 지니는 관계와 동일한 관계를 가질 수 있으며, 따라서 도덕성의 본질이 바로 이런 관계에 있다고 한다면 동물도 인류와 동일한 도덕성을 가질 수 있을 것이다. 동물은 이런 관계를 발견할 정도의 이성이 부족하므로 동물이 도덕성의 의무와 책임을 지각하지 못할 수도 있겠지만, 동물에게 이런 의무가 존재한다는 것은 결코 부정할 수 없다. 이런 의무가 지각되기 위해서는 지각되기에 앞서 존재해야 하기 때문이다. 이성은 그와 같은 의무와 책임을 발견해야 하지만, 결코 산출할 수는 없다. 내 생각으로는, 이 논변은 의심할 여지가 전혀 없으므로 당연히 중시되어야 한다.

이제까지의 추론이 학문의 대상인 관념들의 관계에는 도덕성이 없다는 점을 입증하는 데 그치는 것은 결코 아니다. 이 추론을 검토해 보면 이 추론은 오성을 통해 발견될 수 있는 어떤 사실에도 도덕성이 없다는 점 역시 확실하게 증명할 것이다. 사실에도 도덕성이 없다는 점을 밝히는 것이 우리 논변의 두 번째 부분[30]이다. 만약 이런 사실이 분명해지면 우리는, 도덕성은 이성의 대상이 아니라는 결론을 내려도 좋을 것이다. 그렇지만 우리는 이성[31]을 통해 사실의 존재를 추정하게 된다. 이때 덕과 부덕은 이와 같은 사실이 아니라는 점을 입증하는 데 어떤 어려움이 있을 수 있는가? 부덕하다고 인정된 행동, 이를테면 고의적인 살인을 사례로 들어보자. 그 행동을 모든 측면에서 검토하여, 당신이 부덕이라고 일컫는 사실이나 실제 존재를 발견할 수 있는지 살펴보자. 당신이 그 행동을 어떤 방식으로 생각하든 간에, 당신이 발견할 수 있는 것은 오직 특정한 정서와 동기 그리고 의욕과 사유뿐이다. 이 경우에 그 밖의 어떤 사실도 없다. 당신은 그 대상을 생각하는 동안, 부덕을 전혀 포착하지 못한다. 당신이 자신의 가슴으로 이 행동을 되새기며 이 행동에 대해 당신에게 발생하는 거부의 소감을 발견할 때까지, 당신은 결코 이 부덕을 발견할 수 없다. 여기에 바로

갈릴레이의 《천문대화》(1632)
갈릴레이는 제1성질과 제2성질을 구분했다.

부덕의 사실이 있지만, 이 사실은 느낌의 대상이지 이성의 대상은 아니다.[32] 그리고 이런 사실은 당신 자신에게 있는 것이지 대상에 있는 것이 아니다. 따라서 당신이 어떤[33] 행동이나 성격을 부덕하다고 주장할 때, 당신은 그 행동이나 성격을 보는 데에서 당신 본성의 기초 구조에 따라 비난의 느낌이나 소감을 갖는다는 것을 뜻할 뿐이다. 그러므로 덕과 부덕은 소리·색·열기·한기[34] 따위와 비교될 수 있을 법한데, 근대 철학에 따르면 이런 것은 대상의 성질이 아니라 정신의 지각이다.[35] 그리고 도덕에서 이런 발견은 물리학에서 소리 따위에 대한 발견처럼 사변적 학문의 상당한 진보로 받아들여진다. 물론 그와 같은 발견은 물리학에서의 발견과 아주 흡사하게 실생활에 미치는 영향이 거의 없거나 전혀 없긴 하지만 말이다. 우리에게 가장 실제적이고 관심을 끄는 것은 쾌락과 거북함이라는 우리 자신의 소감이다. 그리고 이와 같은 소감들이 덕에 맞고 부덕에 어긋난다면, 우리의 생활 태도와 행동을 조절하는 데 더 이상 필요한 것은 없을 것이다.

　마지막으로 내가 이와 같은 추론에 꼭 덧붙이고 싶은 관찰이 있다. 아마 우리는 이 관찰에 대해 어느 정도 중요하게 느낄 것이다. 내가 문득 지금까지 접한 모든 도덕 체계들에서 늘 주목했던 것은 명제의 일반적 계사(繫辭 : 명제의 주사와 빈사를 연결하여 긍정이나 부정을 나타내는 말. 연사)인 '이다'와 '아니다' 대신에 '해

야 한다'나 '해서는 안 된다'로 연결되지 않은 명제를 전혀 보지 못했다는 점을 발견하고 놀랐을 때, 그 체계의 저자가 한동안은 일상적 추론 방식으로 진행하고, 신의 존재를 확정하며, 인간사를 관찰한다는 점이다. 이와 같은 계사의 교체는 모르는 사이에 이루어지지만 매우 중요하다.[36] '해야 한다'나 '해서는 안 된다'는 새로운 관계나 단언으로 표현되므로 반드시 관찰하고 설명할 필요가 있기 때문이다. 동시에 이 새로운 관계가 자신과는 전혀 무관한 다른 관계들에서 연역될 수 있는 방식을 우리가 거의 의식하지 못하는 데에 대한 근거도 제시되어야 하기 때문이다. 그러나 그 체계의 저자들이 대개 이런 점에 주의하지 않았으므로, 나는 독자들이 이런 점을 주의하기 바라며, 이 조그만 주의가 도덕성에 대한 모든 통속적 체계를 전복시키리라고 확신한다. 다시 말해 덕과 부덕 등을 구별하는 기초가 단지 대상들의 관계에만 있는 것이 아니며, 이성으로도 역시 그 구별을 지각하지 못한다는 점을 우리에게 알려 줄 것이다.

〈주〉

1 '일반적인 덕과 부덕(virtue and vice)'을 립스는 'Tugend und Laster'라고 보통 번역하지만, 주석에서 흄의 의미하는 바는 한층 넓게 도덕적으로 기리어 칭찬하거나 비난받아야 할 모든 것을 포괄한다고 충고한다.

2 오성에 대한 이제까지의 추론은 제1편이고, 정념에 대한 추론은 제2편이다.

3 '대부분의 사람들이 거의 한결같이 책 읽기를 오락으로 전도'하고 난해한 것은 '모조리 내팽개치는 시대'란, 단순한 수사적 의미를 뛰어넘어 바야흐로 시작되려고 하는 1740년대 이후를 암시하고 있다. 그때까지 이신론(理神論) 논쟁의 격렬함 등에서 볼 수 있는 고조된 신학적·형이상학적 관심은 이 무렵부터 급격히 쇠퇴하여, 학문적 흥미도 역사나 경제의 실증적 방면을 향했다. 자연과학은 뉴턴과도 관련되는 자연철학적인 잔재를 남김없이 쓸어 버리려고 한다. 시대 감각이 예민한 흄은 《영국사》와 같은 대작이나 애덤 스미스에게 영향을 끼친 경제학적 논고 등, 새로운 조류에도 선구자적인 업적을 남겼다.

4 '정신이 지각하는 것 이외에 어떤 것도 정신에 현전할 수 없다.' 이것은 흄 철학의 근본 사상이다. '미워한다, 사랑한다, 생각한다, 만진다, 본다'와 같은 것들이 바로 지각이다. 제1편 제2부 제6절 참조.

5 '지각은 인상과 관념의 두 종류로 나뉜다.' 이것 또한 알려진 사실처럼 흄 철학의 근본사상이다. 제1편 제1부 제1절 참조.

6 덕과 부덕의 도덕적 구별이 관념에 의하여 이루어지느냐 인상에 의하여 이루어지느냐 하는 것처럼, 제1편에서 고찰한 바를 기초로 하여 일관적으로 문제를 설정하는 데에 《인간이란 무엇인가》의 특징이 있다. 이러한 일관성은 말년의 《도덕원리연구(An Enquiry

Concerning the Principles of Morals)》에서는 볼 수 없다.

7 덕이 '이성과 부합(conformity to reason)'된다고 주장하는 자는 이른바 윤리학적 이성론의 사람들이며, 근세 초기의 영국 윤리학에 커다란 세력을 이루었던 것은 이미 아는 바와 같다.

8 '책임'의 원어는 'obligation'이다. '의무(duty)'와 동의어이지만, 'obligation'은 'duty'에 비하여 몰가치적으로 쓰일 때가 있다. 즉, 도덕적 가치와 관계없이 정신이 어느 일정한 상태나 방향으로 강제되는 것을 널리 의미한다.

9 여기서 말하는 '진리(truth)'는 경험적으로 진실한 '개연적 지식(probability)'이 아니라 이지적이고 논증적인 '절대적 지식(knowledge)'이다. 이러한 진리는 '관념들의 나열과 비교를 통해서만' 얻을 수 있다.

10 이성이 행동에 영향력을 갖지 않는 점은 제2편 제3부 제3절 참조.

11 '도덕성의 규칙은 결코 이성의 결론이 아니다.' 흄은, 앞의 주석에서 지적한 것처럼 제2편의 추론을 이용하여 비교적 간단히 이 결론을 이끌어 낸다. 그리고 도덕의 기초가 무엇에 있는가의 문제에 적극적으로 답하는 것은 다음 절로 미루고, 이 절에서는 윤리학적 이성의 반박에 힘쓴다. 이 학파의 힘은 당시는 한층 강하여 도덕감설(道德感說)과의 논쟁이 왕성했기 때문이다.

12 '활동적 원리는 결코 비활동적 원리에 기초를 둘 수 없다.' 이것은 버클리의 비물질론의 기초 원리였다. Cf. Berkeley, A Treatise Concerning the Principles of Human Knowledge, Section, 25.

13 '도덕적 주제'의 원어는 'moral subjects'이다. 'moral'은 이제까지 거의 모두 '정신적'이라고 넓은 의미로 번역했으나, 여기서는 '도덕적'이라고 좁은 의미로 풀이할 수 있다. 'moral' 을 '도덕적'으로 풀이해야 하는 경우는 본편의 주제에서 말할 때, 이 뒤에도 이따금씩 나온다. 사실 립스는 여기서는 'ob sie sich mit materiellen oder mit geistigen Dingen beschäftigt'라고 넓은 의미로 풀이하고 있다.

14 제2편 제3부 제3절 참조.〔원주〕

15 여기의 '이성(reason)'은 《인간이란 무엇인가》에서의 이 말의 용법 가운데 가장 엄밀하고 좁은 의미인 것은 아니다. 그러한 의미의 이성은 관념들 사이의 관계에만 연관되지만, 여기에서는 사실적 지식에도 연관되기 때문이다. 오히려 '오성(understanding)'이라는 것이 훨씬 흄답다.

16 인상과 관념을 구분함에 있어서 정념과 의욕 그리고 행동 따위는 인상이지 관념이 아니라는 뜻이다.

17 'a sense of morals'를 도덕감(道德感)이라고 번역하는 것이 상례이다. 그리고 이 책에서 a sense of morals의 sense는 대체로 느낌 또는 감각을 가리키지만, sense를 감각 기관의 의미로도 사용하고 있다. 그리고 립스는 a sense of morals를 '도덕의식(Sittlichkeitsbewßtsein)' 이라고 옮기고 있다. D. Hume,(Ein Traktat über, die menschiliche Natur) übersetzt, mit Anmerkung und Register versehen von Theodor Lipps, II, Humburg, 1978, p. 199.

18 이성이 행위에 영향을 미친다고 정당하게 말할 수 있는 두 가지의 경우에 대해서는 제

2편 제3부 제3절 참조.

19 흄은 '쾌락(pleasure)'과 '만족(satisfaction)'을 같은 의미로 사용하고 있다.

20 'right'는 문맥에 따라 '옳음'과 '권리'로 옮겼다.

21 '행위의 당사자인 우리에게 어떤 판단을 일으키는 일은 결코 없다.' 흄의 이 주의는 진실이 아니라고 생각한다. 우리는 자기의 행동에 대하여 판단하기 때문이다. 여기서의 흄은 자기의 행동을 객관화하여 바라보는 자기 성찰과 같은 고도의 판단을 생각하지 않고, 당면한 논지에 필요한 만큼만 소박하게 이론한 것이다. 또한 그러한 자기 성찰적인 판단이 오로지 그것만으로 도덕적 구별의 기초가 된다고는, 흄의 입장에서 말할 수 없는 것 또한 당연하다.

22 최근의 한 저술가(즉 울러스턴(Wollaston))는 다소 명성을 얻는 행운을 잡았는데, 만일 그 사람이 이와 같은 거짓이 모든 도덕적 죄와 추악함의 토대라는 것을 진지하게 단언하지 않았더라면, 아마 이런 사실을 입증하는 것이 전혀 쓸모없다고 생각할 사람도 있을 것이다. 우리가 그의 가설의 오류를 발견하려면 다음과 같은 점을 고려해 보기만 하면 된다. 즉 상반된 원인들에서 발생하는 자연적 원리의 모호성은 어떤 원인의 작용을 은밀하게 중단시키고 두 대상 사이의 연관을 불확실하고 유동적이도록 하는데, 오직 이 자연적 원리의 모호성 때문에 어떤 행동에서 거짓 결론이 도출된다. 그런데 심지어 자연적 대상(natural objects)에 있어서조차 원인들의 이런 불확실성과 다양성이 발생해서 우리 판단에도 이와 유사한 실수를 낳는다. 따라서 실수를 유발하는 이 경향이 부덕과 부도덕성의 실제 본질이라면 무생명체조차 부덕하고 부도덕할 수도 있을 것이다.

무생명체는 자유와 선택의 여지없이 행동한다고 주장하는 것은 헛수고이다. 어떤 행동이 우리를 잘못된 결론에 이르도록 하는 데에 자유와 선택이 필요한 것은 아니므로, 결코 자유와 선택이 도덕성에 본질적일 수 없다. 이 체계가 자유와 선택을 도대체 어떻게 도덕성의 측면으로 고려하게 되었는지 나로서는 알 수 없다. 실수를 유발하는 경향이 부도덕성의 기원이라면, 어떤 경우든 이 경향과 부도덕성은 분리될 수 없을 것이다.

덧붙여서, (위의 예처럼) 내가 이웃 부인과 자유에 탐닉하는 동안 창문을 닫는 등 조심했더라면, 나는 전혀 부도덕성의 죄를 범하지 않았을 것이다. 완전히 은폐된 나의 행동은 잘못된 판단을 낳을 경향이 전혀 없기 때문이다.

바로 이런 이유 때문에 사다리를 타고 창문으로 침입해서 전혀 소란을 피우지 않을 정도로 최선의 주의를 기울인 도둑은 결코 죄인이 아니다. 그 도둑은 결코 들키지 않을 것이고 들키더라도 전혀 실수를 유발할 수 없을 것이기 때문에 이런 여건에서 그를 그의 실제 모습과 달리 생각할 사람은 아무도 없을 것이다.

익히 알고 있듯이 사팔뜨기는 아주 쉽게 다른 사람에게 오해를 산다. 우리는 사팔뜨기가 어떤 사람에게 인사하거나 이야기하는 것으로 상상하지만. 사팔뜨기는 실제로 다른 사람에게 말을 건다. 그렇다면 사팔뜨기는 이런 이유로 부도덕한가?

이밖에도 우리가 쉽게 관찰할 수 있듯이 이 모든 논변에는 명백한 순환 논증이 담겨 있다. 다른 사람의 소유물을 빼앗아서 자신의 것인 양 쓰는 사람은 거의 그 물건이 자신의 것이라고 떠든다. 그리고 이 거짓이 불의라는 부도덕성의 원천이다. 그러나 도덕성이 선행하지 않더라도 소유나 권리 또는 책임 따위를 이해할 수 있을까?

은인에게 감사할 줄 모르는 사람은 자신은 그 은인에게서 은혜를 입은 적이 전혀 없다고 일정한 방식으로 단언하지만, 도대체 어떤 방식으로? 은혜를 입었다면 감사하는 것이 그의 의무이기 때문인가? 그렇지만 이런 사실은 선행하는 어떤 의무 규칙과 도덕이 있다는 것을 상정한다. 그러나 인간 본성은 감사하는 것이 일반적이며, 다른 사람에게 해를 끼치는 사람은 자신이 해를 끼친 사람에게서 어떤 호의도 입은 적이 없었다는 결론을 내리게 되기 때문인가? 그러나 인간 본성은 이와 같은 결론을 정당화할 만큼 감사하는 것이 일반적이 아니다. 또 만약 이와 같은 결론이 정당하다면, 모든 경우에 일반 규칙에 대한 예외가 죄라는 것은 오직 그 규칙이 예외이기 때문인가?

그러나 진리가 유덕하고 거짓이 부덕하다는 등의 이유를 제시할 때 우리가 다른 사람의 행동의 가치와 비열함을 평가할 때와 동일한 어려움에 처한다는 점은 이 별난 체계를 완전히 파괴하기에 충분할 것이다. 당신이 원한다면 모든 부도덕성은 행동에 담긴 이 가상적 거짓에서 유래된다는 점을 내가 인정할 것이다. 다만 당신이 그와 같은 거짓이 부도덕하다는 점에 대해 그럴듯한 이유를 제시할 수 있다면 말이다. 당신이 문제를 제대로만 고찰하면 자신이 처음과 똑같은 어려움에 처해 있음을 깨달을 것이다.

이 마지막 논변은 참으로 결정적이다. 이런 종류의 참이나 거짓에 동반되는 뚜렷한 가치나 비열함이 없다면 그 참이나 거짓이 우리 행동에 전혀 영향력을 미칠 수 없기 때문이다. 어느 누가 어떤 행동에서 다른 사람이 거짓 결론을 끌어낼 수도 있다는 이유로 다시는 그 행동을 하지 않기로 생각하겠는가? 또는 어느 누가 참된 결론을 유발할 수도 있는 행동을 수행했던가?(원주)

23 오성의 작용이 '관념들의 비교와 사실에 관한 추론'으로 구분된 것은 흄의 근본적인 사상이다. 제1편 제3부 제1절 참조.

24 로크도 '도덕성을 논증할 수 있다'고 주장했다.《인간오성론》제4권 3장 18절 참조.

25 이런 주제에 대한 우리의 사고 방식이 대체로 모호하다는 점에 대한 증거로 우리는 다음과 같은 점을 들 수 있을 것이다. 즉 도덕성이 논증될 수 있다고 주장하는 사람은 도덕성이 관계에 있다고 말하지도 않고, 이성이 이 관계들을 구별할 수 있다고 말하는 것도 아니다. 이런 사람이 말하는 바는 이와 같은 관계들에서 이성은 어떤 행동이 유덕하고 또 어떤 행동은 부덕하다는 것을 발견할 수 있다는 것일 뿐이다. 이런 사람은 관계라는 말을 명제로 나타낼 수 있으면 그것으로 만족할 뿐이고 그 말이 그 취지에 적합한지 여부에는 관심도 없는 것 같다. 그러나 내 생각에는 여기에 간명한 논증이 있다. 이성은 오직 관계만 발견할 뿐이다. 그런데 이 가설에 따르면 논증적 이성은 덕과 부덕도 발견한다. 그러므로 이 도덕적 성질은 반드시 관계와 연결된다. 우리가 특정 상황에서 어떤 행동을 나무랄 때, 행동과 상황이 얽힌 이 대상 전체는 부덕의 본질이 담긴 특정 관계를 반드시 형성한다. 이 가설을 달리 이해할 수는 없다. 이성이 어떤 행동을 부덕하다고 단언할 때, 이성은 무엇을 발견하는가? 이성은 관계를 발견하는가 또는

사실을 발견하는가? 이 물음은 단호하며 누구도 이 물음을 회피해서는 안 된다.〔원주〕

26 '어떤 관계도 그 자체만으로는 어떤 행동도 산출할 수 없다'는 것은 이성이 그 자체만으로 행동을 산출할 수 없다는 형태로 이미 위에서 말했다.

27 원인과 결과의 연관은 경험에 의하여 비로소 얻을 수 있는 것이며, 이성만으로 발견할 수 없는 것이라는 것은 말할 것도 없이 흄 철학의 핵심적인 주장이다.

28 흄에게 있어 '오크나무나 느릅나무' 같은 식물은 '생명이 없는 대상(inanimate object)'이다. 동물은 생명을 가질 뿐만 아니라 어느 정도까지 오성이나 이성을 가지고 있어, 인류와의 비교연구가 가능하다.

29 부모와 자식의 관계가 아닌 어떤 관계를 가리킨다.

30 '우리 논변'의 첫 번째 부분은, 이성적 관계가 도덕적 구별을 부여하지 않는다는 지금까지 말해 온 추론이다.

31 여기서의 '이성'은 특히 분명하게, 관념의 비교에만 관여하는 좁은 의미의 이성이 아니다. 사실적 인식에 대한 정신적 기능이기 때문이다. 립스도 한층 엄밀하게는 'Verstand'라고 충고하고 있다.

32 덕이나 악덕은 '느낌의 대상'이다. 이것이 흄의 주장이며 다음 절에서 상세하게 논한다.

33 '어떤 행동이나 성격을'부터 '물리학에서의 발견과 흡사하게'까지는 1740년 3월 16일 날짜로 프랜시스 허치슨 앞으로 보낸 편지에서 볼 수 있다. 흄은 이들 결론이 신학자에게 강한 충격을 줄 것을 염려하여 허치슨의 소견을 구하고 있다.

34 소리나 색 등 이른바 제2성질을 정신의 지각으로 하는 근대 철학에 대해서는 제1편 제4부 제4절 참조.

35 고대에는 데모크리토스, 근대에는 갈릴레이가 각각 제1성질과 제2성질을 구별했다.

36 보통 윤리학설에서 볼 수 있는 도덕적 사실과 도덕적 당위와의 혼동을 지적한 것은 흄의 예리함을 보여 주는 것이다. 그리고 흄은 자기의 윤리학에서는 그 철학의 일반적 성격에 따라 그 당위를 가르치지 않고, 도덕적 사실의 천명에 힘쓴다. 그것은 도덕의 자연학이다.

2 도덕감¹에서 유래된 도덕적 구별

우리는 지금까지의 논의 과정을 통해 다음 같은 결론을 얻게 된다. 부덕과 덕은 이성만으로는 발견될 수 없고 관념의 비교만으로도 발견될 수 없으므로, 덕과 부덕이 유발하는 인상이나 소감을 통해서만 우리는 덕과 부덕의 차이를 확정할 수 있다. 도덕적 청렴과 타락에 대한 우리의 결정은 분명히 지각이다. 그리고 모든 지각은 인상이거나 관념이므로, 그 결정이 둘 중 하나가 아니라는 점은 그 결정이 그 밖의 것이라는 데 대해 납득할 만한 논변이다. 그러므로 도덕성은 판단된다기보다는 느껴진다는 것이 더욱 적절하다. 비록 서로 아주 유사한 것을 모두 같은 것이라고 말하는 우리의 일상적 습관에 따라, 우리가 느낌이나 소감을 관념과 혼동하기 쉬울 정도로 이 느낌이나 소감은 대체로 아주 부드럽고 온건하겠지만 말이다.

　이제 다음과 같은 물음이 있다. 즉 이런 인상의 본성은 무엇이며, 우리에게 어떤 방식으로 작용하는가? 우리는 여기서 오랫동안 머뭇거릴 수 없지만, 덕에서 발생하는 인상이 호의적이며 부덕에서 발생하는 인상은 거북하다는 점은 공언해야 한다. 우리는 매순간의 경험으로 틀림없이 이런 사실을 확신한다. 고귀하고 관대한 행동만큼 흐뭇하고 아름다운 모습은 없으며, 우리가 가장 혐오하는 것은 잔인하고 배반적인 행동이다. 우리가 사랑하고 존중하는 사람과의 교류를 통해 우리가 누리는 만족에 버금갈 만한 것은 전혀 없으며, 모든 형벌 가운데 가장 큰 형벌은 우리가 미워하고 경멸하는 사람과 어쩔 수 없이 함께 살아가는 것이다. 덕이 우리에게 쾌락을 전달하며 고통은 부덕에서 발생한다는 점에 대한 사례로 실제 연극이나 소설을 들 수 있을 것이다.

　인상들을 구별함으로써 우리는 도덕적 선악을 알게 되는데, 인상들을 구별하는 것은 특정한 고통과 쾌락일 뿐이다. 따라서 도덕적 구별에 대해 탐구하는 모든 경우에 우리가 어떤 성격을 보고 만족이나 거북함을 느끼게 되는 원리를 설명하는 것으로 충분하다. 그 원리에 대한 설명을 통해 우리는 그 성격이 칭찬할 만하거나 비난할 만한 이유를 납득하기 때문이다. 어떤 행동이나 소감 또는 성격이 유덕하거나 부덕하다면 그 이유는 무엇인가? 바로 그 행동이나 소감 또는 성격을 지각하는 것이 특정한 종류의 쾌락이나 거북함의 원인이기 때문이다. 덕의 감각을 갖는 것은 어떤 성격을 응시하는 데에서 특정한 종류의 만족을 느낀다는 것일 뿐이다. 그러므로 바로 이 느낌이 우리의 칭찬과 찬미를 구성한다. 우리는 만족의 원인을 더 이상 논의할 수 없고 탐구할 수도 없다. 우리는 어떤 성격이 우리에게 유쾌하다고 해서 그 성격을 유덕하다고 추정하지 않는다. 그 성격이 바로 그와 같은 특정한 방식에 따라 우리에게 유쾌하다는 그 느낌에서 우리는 결과적으로 그 성격을 유덕하다고 느끼는 것이다. 모든 종류의 아름다움과 취향 그리고 감각 따위에 대한 우리의 모든 판단도 이와 마찬가지이다. 우리가 인정하는 것은 이런 것들이 우리에게 전달하는 직접적인 쾌락에 담겨 있다.

옳고 그름에 대한 영원한 이성적 척도를 확립한 체계에 대해 나는 지금까지 반대해 왔다. 합리적인 존재의 행동에서 외부 대상들에서 발견되지 않는 관계를 보여 주는 것이 불가능하다. 따라서 도덕성이 늘 이런 관계에 수반된다면 생명이 없는 물질도 유덕하거나 부덕할 수 있을 것이다. 덕과 부덕이 쾌락과 고통에 따라 결정된다면 덕과 부덕이라는 성질도 어떤 경우에서든 고통과 쾌락이라는 감각에서 발생해야 하며, 결과적으로 대상은 영혼이 있는 것이든 없는 것이든 간에 또 합리적이든 비합리적이든 간에 만족이나 거북함을 유발할 수만 있다면 도덕적으로 선하거나 악할 수 있을 것이라는 것 또한 이 체계를 위와 같은 방식으로 반박할 수 있을 것이다. 그러나 이런 반박이 앞의 반박과 완전히 동일한 것처럼 여겨지더라도, 결코 그 영향력마저 동일할 수는 없다. 그 이유는 다음과 같다.

첫째, 우리는 아주 서로 다른 감각들을 쾌락이라는 명사에 포함시킨다. 이 감각들은 쾌락이라는 추상명사로 표현되므로 필수적인 근소한 유사성만을 가질 뿐이다. 좋은 음악 작품과 좋은 포도주는 똑같이 쾌락을 산출한다. 더욱이 이 음악 작품과 포도주의 좋음은 오직 쾌락이 결정할 뿐이다. 그러나 좋음을 쾌락이 결정한다고 해서 포도주가 가락이 좋고 음악 작품이 풍미가 좋다고 말할 수 있을까? 마찬가지로 생명이 없는 대상과 사람의 성격이나 소감이 모두 이와 같은 방식으로 만족을 준다. 그러나 이 만족이 서로 다르므로, 이 사실 때문에 우리는 그 대상과 사람의 성격이나 소감을 혼동하지 않으며, 사람의 성격이나 소감에 덕이 속하는 것으로 생각하고 대상에는 덕이 속하는 것으로 생각하지 않는다. 또한 사람의 성격과 행동에서 발생하는 쾌락이나 고통에 대한 소감이 모두 우리가 칭찬하거나 비난하게 되는 특별한 종류는 아니다. 적의 좋은 성질은 우리에게 해로운데도 우리의 부러움과 존경을 촉발할 수도 있다. 어떤 성격을 우리 자신의 개별적 이익과 무관하게 일반적으로 고려할 때[3]에만 그 성격은 도덕적으로 선하거나 악하다고 이름 붙일 수 있는 느낌이나 소감을 유발한다. 사실 이익과 도덕에서 발생하는 소감들은 혼동되기 쉽고, 자연스럽게 서로 뒤섞인다. 우리가 적을 부덕하지 않다고 생각하기는 어렵고, 우리와 적의 이익이 상반된다는 것과 적의 실제적 악행이나 비열함 사이를 구별하는 거의 불가능하다. 그러나 이런 사실은 이 소감들이 그 자체로는 구별된다는 점을 막지 못하며, 정신을 단련한 판단력 있는 사람은 이런 착각을 피할 수 있을 것이다. 마찬가지로 음악적 목소리는 특정한 종류의 쾌락을 자연스럽게 제공한다는 점은 확실하지만, 사람이 적의 목소리를 호의적이라고 감지하거나 음악적이라고 인정하기는 어렵다. 단 자제력이 있고 귀가 열린 사람은 이런 느낌을 분리할 수 있으며, 칭찬할 만한 것을 칭찬한다.

둘째, 고통과 쾌락 사이의 더욱더 현저한 차이를 언급하기 위해 정념을 다룬 앞의 체계를 회상해 볼 수도 있을 것이다. 긍지와 소심, 사랑과 미움 따위는 바로 그 정념의 대상과 관계를 가짐과 동시에 정념의 감각과 관련된 별도의 감각을 산출하는 어떤 대상이 우리 앞에 현전할 때 유발된다.[4] 그런데 덕과 부덕은 이런 여건을 수반한다.[5] 덕과 부덕은 필연적으로 우리 자신에게나 다른 사람에게 틀림없이 쾌락이나 거북함을 유발할 것이므로, 이 네 가지 정념을 불러일으킬 수밖에 없다. 또 우리와 전혀 무관할 때가 흔한 무생명체에서 발생하는 고통 및 쾌락과 이 네 가지 정념을 분명히 구별한다. 아마 고통 및 쾌락과 이 네 가지 정념을 구별하는 것은 덕과 부덕이 인간 정신에 대해 미치는 가장 중요한 영향력이다.

그런데 도덕적 선악과 구별되는 이 고통이나 쾌락에 대해서 일반적 의문이 생길 수도 있다. 즉 이 고통이나 쾌락이 어떠한 원리에서 유래되며, 어디서부터 인간 정신에 발생하는가? 이 의문에 대해 나는 다음과 같이 대답한다.

첫째, 모든 사례에서 이와 같이 근원적 성질과 1차적 구조에서 발생한다고 상상하는 것은 터무니없다. 우리 의무의 수는 어떤 의미에서 무한하므로, 우리의 근원적 직감이 그 의무 각각에까지 미칠 수는 없고 가장 완전한 윤리학의 체계에 담긴 숱한 교훈을 모두 태어났을 때부터 인간 정신에 새겨 넣을 수도 없다. 그와 같은 진행 방식은 자연을 지배하는 근본 원칙에 적합하지 않다. 자연에서는 우리가 우주에서 보는 모든 변이를 단 몇 가지 원리가 산출하며 만사는 가장 수월하고 단순한 방식으로 진행된다. 그러므로 이런 1차적 충동들을 간추려서, 보다 일반적인 원리를 몇 가지 발견할 필요가 있으며, 이 일반적 원리에 모든 도덕 개념이 기초를 두고 있다.

그러나 두 번째로 다음과 같은 의문도 들 수 있다. 우리는 이 원리를 자연에서 찾아내어야 하는가, 아니면 자연 이외의 다른 기원에서 찾아야 하는가? 아마 나는 이 물음에 대한 우리의 대답은 '자연'이라는 단어의 정의에 달려 있다고 대답할 것이다. 자연이라는 단어는 가장 애매모호하고 다의적이다.[6] 자연이 기적[7]과 반대된다면, 덕과 부덕 사이의 구별은 자연적일 뿐만 아니라 우리 종교의 기초를 이루는 기적을 예외로 하고, 세상에 일어나는 모든 사건도 자연적이다. 그런데 덕과 부덕 따위의 소감이 이런 의미에서 자연적이라고 한다면 우리는 그다지 특이한 발견은 할 수 없다.

그러나 자연은 희귀하고 비일상적인 것과 반대될 수도 있다. 이와 같은 자연의 일상적 의미에서, 무엇이 자연적인 것이고 무엇이 비자연적인 것인지에 대한 논쟁이 흔히 일어난다. 대체로 사람들은 이 논쟁을 판결할 수 있는 엄밀한 기준이 없다고 단언할 것이다. 흔한 것과 희귀한 것은 우리가 지금까지 관찰한 사례의 수에 달려 있다. 그리고 이 수는 점차적으로 늘어나든가 줄어들 수 있으므로 흔한 것과 희귀한 것 사이의 경계를 정확하게 확정하기란 불가능할 것이다. 우리는 이런 점에 대해 그저 다음과 같이 단언할 수밖에 없을 것이다. 즉 우리가 일상적인 의미로 자연적이라고 일컬을 수 있는 것이 무언가 있다면, 도덕성에 대한 소감도 분명 자연적이라고 할 수 있을 것이다. 도덕성에 대한 소감이 전혀 없고 인간의 행동 양식에 대한 찬동이나 혐오를 조금도 드러내지 않는 국가와 개인은 세상에 결코 없기 때문이다. 도덕적 소감은 우리의 정신적 구조와 기분에 뿌리내리고 있어서, 질병이나 정신 착란 때문에 인간 정신이 완전히 혼란스러워지지 않는 한, 도덕적 소감을 뿌리 뽑거나 파괴할 수 없다.

그러나 자연은 희귀하고 비일상적인 것에 대립되듯이 인위적인 것에도 대립될 수 있다. 이런 의미에서는 덕의 개념이 자연적인지 아닌지 그 여부가 논쟁거리가 되기도 한다. 인간의 의도와 계획 그리고 전망 등이 그 작용에서 뜨거움과 차가움 그리고 축축함과 메마름 따위와 마찬가지로 필연적 원리이지만, 우리는 이런 점을 쉽게 잊어버린다.[8] 우리는 인간의 의도와 계획 그리고 전망 따위를 자유로운 것으로, 또 전적으로 우리 자신의 것으로 간주함으로써, 이것들을 그 밖의 자연원리와 반대되는 것으로 생각하는 것이 일상적이다. 따라서 덕의 의미가 자연적인지 인위적인지 묻는다면, 나는 이 물음에 대해 지금 당장 정확하게 대답할 수 없을 것 같다. 아마 다음에 일부 덕의 의미는 인위적[9]이며 그 밖의 덕의 의미는 자연적[10]이라는 점이 밝혀질 것이다. 우리가 개별적인 덕

과 부덕을 하나하나 정확히 세부적으로 살펴 볼 때, 이 물음을 논의하는 것이 더 적절할 것이다.[11]

제논(BC 335~263) 스토아 철학의 창시자.

잠시 자연적이라는 것과 비자연적이라는 두 말에 대한 다양한 정의[12]를 통해 다음과 같은 점을 살펴보는 것도 별문제 없을 것이다. 즉 가장 비철학적인 체계는 덕이 곧 자연적인 것이고 부덕은 비자연적인 것이라고 주장하는 것[13]이다. '자연'이라는 단어의 첫 번째 의미는 기적과 반대된다는 것인데, 바로 이 의미에서 부덕과 덕은 모두 똑같이 자연적이기 때문이다. 그리고 자연이라는 단어의 두 번째 의미는 비일상적인 것과 반대된다는 것이다. 이 두 번째 의미에서 아마 덕이 가장 비자연적이라는 점이 밝혀질 것이다. 영웅적인 덕은 비일상적이므로 아주 짐승 같은 만행과 마찬가지로 거의 자연적이지 않다는 점은 인정해야 한다. 자연적이라는 단어의 세 번째 의미에 대해 부덕과 덕 모두 인위적이며 자연과 무관하다는 점은 확실하다. 어떤 행동의 가치와 허물의 개념을 두고 자연적인지 인위적인지 논란을 벌일 수는 있겠지만, 행동 그 자체는 분명히 인위적이며 일정한 의도와 계획에 따라 수행되기 때문이다. 그렇지 않다면 그 행동은 가치와 허물 따위의 이름으로 평가될 수 없다. 따라서 어떤 의미로든 부덕과 덕의 경계를 뚜렷이 나타낼 수는 없다.

어떤 행동과 소감 또는 성격을 그냥 보고 심사숙고함으로써 우리에게 주어지는 쾌락과 고통을 통해 덕과 부덕이 구별된다는 처음 입장으로 우리는 되돌아왔다. 이런 결정은 아주 편리하다. 이를 통해 우리는 자연계는 물론 우리의 상상력에조차 있을 수 없고 이해할 수 없는 관계와 성질을 탐색하지 않고 명석판명한 사유를 통해 어떤 행동이나 소감의 도덕적 청렴과 타락의 기원을 설명하기 위해, 다음과 같이 단순한 물음만 살펴보기만 하면 되기 때문이다. 즉 어떤 행동이나 소감을 우리가 일반적으로 관찰하거나 풀어 볼 때 그 행동이나 성격이 일정한 종류의 만족이나 거북함을 주는 이유는 무엇인가 하는 것이다. 나로서는 전혀 애매모호하지 않은 이 물음의 형세를 통해 지금 내 계획을 대부분 실행했다고 자부한다.

〈주〉

1 '도덕감(moral sense)'은 도덕적 선악의 구별에 따르는 내적인 느낌 또는 이러한 느낌을 낳는 정신적 기능이다. 이러한 도덕감의 존재를 주장하고 도덕의 여러 문제를 해명하려고 하는 것이 도덕감설(moral sense theory)이며, 17~18세기 영국 윤리학에서 이성론과 대립하는 학파를 이루었다. 샤프츠버리 및 허치슨이 특히 잘 알려져 있다. 1740년 3월 16일 날짜로 허치슨 앞으로 보낸 편지에서 흄은, 그와 같은 의견이라고 말한다. 그러나 흄의 사상은 이하의 추론에서 알 수 있듯이 허치슨과 완전히 같지는 않다.

2 도덕적 선악을 알게 하는 인상은 '특정한 고통과 쾌락'이다. 그리고 그 특정성은 우리가 직접 경험하는 것에 있다. 그것은 신념(belief)이 어떤 특정한 느낌인 것과 비슷하다.

3 도덕적 선악의 느낌은 행위나 성격을 '우리 자신의 개별적 이익과 무관하게 일반적으로 고려할 때' 느껴지는 특수한 쾌락이나 고통이다. 여기에서 공감(sympathy)을 중심에 둔 흄 윤리학의 특징적인 성격을 볼 수 있다. 제3편 제3부 제1절 주석 22 참조. 또한 이 사상은 애덤 스미스의 '공명정대한 관찰자'(impartial spectator)를 이끌었으며, 흄 자신도 'spectator'라는 표현을 사용했다. 제3편 제3부 제1절 주석 12 참조.

4 긍지와 사랑을 산출하는 사물이 갖는 조건에 대해서는 제2편 제2부 제1, 2절 참조.

5 덕 또는 부덕이 긍지 또는 소심, 사랑 또는 미움을 산출하는 점에 대해서는 제2편 제2부 제2절 참조.

6 자연이라는 단어는 '가장 애매모호하고 다의적이다.' 분명, 흄에게 '자연' 또는 '자연적'은 여러 가지 뜻을 갖고 있다. 흄은 1739년 9월 17일 날짜로 허치슨에게 보낸 편지에서 이 문제를 이야기했다.

7 '기적(miracle)'에 대해서는 《인간지성 연구》로 이름 높은 논문이 있다. 흄에 의하면 기적은 자연의 여러 법칙에 대한 위배이다.

8 '인간의 의도와 계획 그리고 전망'이 필연적인데 대해서는 제2편 제3부 제1절 참조.

9 '인위적인' 덕의 대표적인 것은 정의이다. 이것이 제3편 제2부의 주제이다.

10 '자연적인' 덕은 제3편 제3부에서 고찰된다.

11 이어지는 논의에서 자연적(natural)은 사회적(civil)과 상반되는 경우도 있고. 도덕적(moral)과 상반되는 경우도 있다. 그러나 이러한 상반성은 언제나 자연적이라는 말이 사용되는 의미를 밝혀 줄 것이다.〔원주〕

12 앞에서 말한 '다양한 정의' 외에 '자연적'은 '인생의 자연에 기초한 천성적 내지 본성적'이라는 의미로 종종 쓰인다.

13 덕은 자연적이고 부덕은 비자연적이라고 주장하는 대표적인 체계는 스토아 학파이다.

제2부
정의와 불의

1 정의는 자연적 덕인가 인위적 덕인가

내가 이미 암시했듯이 모든 종류의 덕에 대한 우리 감각은 자연적인 것이 아니며, 인류의 여건과 필요에 따라 생겨난 책략이나 제도적 장치를 통해 쾌락과 찬동을 낳는 덕도 있다. 내가 주장하는 바는 정의도 이와 같이 인위적인 종류의 덕이라는 것이다. 그리고 나는 정의라는 덕의 의미가 유래된 책략의 본성을 검토하기에 앞서, 내 바람처럼 간단하지만 납득할 만한 논변을 통해 이 의견을 옹호하기 위해 애쓰려 한다.

우리가 어떤 행동을 칭찬할 때 우리는 그 행동을 낳은 동기만 존중하며, 그 행동을 정신과 기분에 담긴 어떤 원리의 기호 또는 표식(表式)으로 간주한다. 겉으로 수행하는 것은 가치가 없다. 우리는 내면을 들여다봄으로써 도덕적 성질을 발견한다. 그러나 우리가 직접 내면을 들여다볼 수는 없으므로 내면적인 것의 외부적 기호인 행동에 주의를 기울여야 한다. 그런데도 이런 행동은 기호로 간주되고, 우리 칭찬과 찬동의 궁극적 대상은 그 행동을 낳은 동기이다.

마찬가지로 우리가 어떤 행동을 요구하거나, 어떤 사람이 그 행동을 수행하지 않았다고 해서 비난할 때, 우리가 바로 위와 같은 방식에 따라 늘 가정하는 것은 그 행동의 본래 동기가 이런 상황에 있는 사람에게 영향력을 미쳐야 하며, 이 동기를 도외시하는 사람에게는 바로 그 점이 부덕하다고 평가한다. 우리가 모르는 여건 때문에 유덕(有德, 덕망 있음)한 동기가 실행되지 않더라도 그의 가슴을 사로잡고 있다는 사실을 탐구를 통해 알 수 있다면, 우리는 그에 대한 비난을 거두고 우리가 그에게 요구한 행동을 실제로 그가 수행한 것처럼 존중한다.

그러므로 모든 유덕한 행동은 오직 유덕한 동기로부터 도덕적 가치를 획득하며, 유덕한 행동은 유덕한 동기의 징표로만 간주된다. 이 원리에서 나는 이러한 결론을 내린다. 즉 어떤 행동에 도덕적·가치를 부여하는 최초의 유덕한 동기는 결코 그 행동의 덕에 대한 존중일 수 없고,[1] 그 밖의 어떤 자연적 동기나 원리이어야 한다. 그 행동의 덕을 단순히 존중하는 것이 그 행동을 산출해서 유덕하도록 만든 최초의 동기일 것이라는 가정은 순환적 추리이다. 우리가 어떤 행동을 유덕하다고 존중하기 이전에 그 행동은 실제로 유덕해야 하기 때문이다. 그리고 이 덕은 반드시 유덕한 동기에서 유래해야 한다. 따라서 유덕한 동기는 반드시 그 행동의 유덕함을 존중하는 것과 달라야 한다. 다시 말해 유덕한 동기는 어떤 행동을 유덕하도록 하는 데 반드시 필요하다. 우리가 어떤 행동의 덕을 존중할 수 있기에 앞서, 그 행동은 반드시 유덕해야 한다. 따라서 어떤 유덕한 동기는 우리가 그 동기를 존중하는 것보다 먼저 존재해야 한다.

우리가 이런 생각을 철학적 명사로 나타낼 수는 없겠지만, 이런 생각은 형이상학적 소론에 그치지 않고, 일상생활의 모든 추론에도 스며 있다. 예를 들면, 우리는 자기 아이를 방치한 아버지를 비난한다. 왜? 아버지가 자기 아이를 방치한 것은 모든 부모의 의무인 자연적 애정[2]이 결여되어 있다는 것을 보여 주기 때문이다. 자연적 애정이 의무가 아니라면, 자식을 돌보는 것이 의무일 수 없을 것이고, 또 우리가 우리 자식에게 쏟는 관심 안에서 이 의무를 염두에 둘 수도 없을 것이다. 따라서 이런 경우에 모든 사람은 부모가 자기 아이를 돌보는 것과 같은 행동에 어떤 동기가 있는 것으로 가정하는데, 이 동기는 의무감과 구별된다.

자비로운 행동을 많이 하는 사람이 있다. 이 사람은 가난한 사람을 구제하고 고뇌하는 사람을 위로하며, 전혀 모르는 남에게조차 인색하지 않다. 이보다 마음이 곱고 유덕한 성격은 있을 수 없다. 우리는 이런 행동을 가장 위대한 인간애[3]의 증거로 여긴다. 이 인간애는 행동에 도덕적 가치를 부여한다. 따라서 이 가치에 대한 존중은 2차적인 고찰이고, 무엇보다 값지고 장한 인간애라는 선행 원리에서 유래된다.

간단히 말해서 어떤 행동의 도덕성에 대한 감각과는 별도로 그 행동을 산출하는 어떤 동기가 인간 본성에 없는 한, 어떤 행동도 유덕하거나 도덕적으로 선할 수 없다는 것을 의심의 여지가 없는 근본원칙으로 확립해도 좋을 것이다.

그러나 도덕성에 대한 감각이나 의무감은 그 밖의 동기가 없으면 행동을 일으키지 못하는 것일까? 나는 일으킬 수 있다고 본다. 그러나 이것이 지금 설명하고 있는 학설에 대한 반박은 결코 아니다. 만약 어떤 유덕한 동기나 원리가 인간 본성에 공통적이라면, 자신의 마음에 이 동기가 전혀 없다고 느끼는 사람은 그 때문에 자신을 미워할 수도 있고 훈련을 통해 자신이 그 유덕한 원리를 얻기 위해 또는 적어도 자신이 그 원리를 갖추지 못하고 있다는 점을 되도록 숨기기 위해 어떤 의무감만으로 동기 없이 행동을 수행할 수도 있다. 예를 들어 자신의 기분에서 실제로는 감사를 전혀 느끼지 않는 사람도 감사하는 행동을 수행하는 것으로 만족하며, 그와 같은 행동을 수행함으로써 자신의 의무를 이행하고 있다고 생각한다. 행동은 처음에는 그저 동기의 징표로 간주될 뿐이다. 그러나 그 밖의 경우도 모두 마찬가지겠지만, 이 경우 우리는 그 징표에만 관심을 쏟고, 그 징표가 나타내는 사실은 어느 정도 무시하기 마련이다. 그러나 경우에 따라서는 사람이 오직 어떤 행동의 도덕적 책임을 고려함으로써만 그 행동을 수행할 수도 있겠지만, 그런데도 이런 사실이 가정하는 바는 역시 그와 같은 행동을 수행할 역량을 가진 독립적 원리가 인간 본성에 있으며 또 원리의 도덕적 아름다움이 그 행동을 값지도록 한다는 것이다.

그러면 이런 사실을 다음과 같은 경우에 적용해 보자. 즉 내가 어떤 사람에게 며칠 뒤에 갚는다는 조건으로 돈을 얼마 빌렸고, 약속한 기간이 경과된 다음에 그가 그 금액을 갚으라고 요구한다고 가정해 보자. 나는 내가 그 돈을 갚아야 할 이유나 동기가 무엇인지 묻는다. 내가 눈곱만큼이라도 정직하거나 의무감과 책임감을 눈곱만큼이라도 지녔다면, 내가 정의를 존중하고 나쁜 행동과 속임수를 싫어한다는 것이 내가 돈을 갚아야 할 이유로 충분하다고 할 것이다. 일정한 규율과 교육을 통해 수련받은 계몽된 상태의 사람에게는 이 대답이 분명히 옳고 충분하다. 그러나 거칠고 더욱 자연스러운 상태[4]—이 상태를 자연적이라고 해도 무방하다—의 사람은 이 대답은 전혀 이해할 수 없고 궤변적이라고 받아들이지 않을 것이다. 이런 상황에 처한 사람은 즉각 당신에게 다음과 같은 물음을 던질 것이다. 당신이 다른 사람의 재산[5]을 넘보지 않고 빚을 갚는 태도에서 발견되는 이 정직이나 정의는 어디에 있는가? 외부적인 행동에 있지 않다는 것은 틀림없다. 따라서 정직과 정의는 외부적인 행동이 유래되는 동기에 있을 수밖에 없다. 그런데 이 동기는 결코 그 행동의 정직에 대한 존중일 수 없다. 유덕한 동기가 어떤 행동을 정직하도록 하는데 필수적이며 동시에 정직에 대한 존중이 그 행동의 동기라는 것은 분명한 오류이다. 어떤 행동이 먼저 유덕하지 않는 한, 우리는 결코 그 행동의 덕을 존중할 수 없다. 어떤 행동이 유덕한 동기에서 기인하지 않는 한, 그 행동은 결코 유덕할 수 없다. 따라서 유덕한 동기는 덕에 대한 존중보다 앞서야 한다. 또한 유덕한 동기와 덕에 대한 존중은 동일한 것일 수 없다.

그렇다면 정직에 대한 우리의 존중과는 별도로 정의롭고 정직한 행동의 동기를 찾아볼 필요가 있는데, 여기에는 큰 어려움이 있다. 우리가 우리의 사적인 이해나 평판 따위에 대한 관심은 모든 정직한 행동에 대한 진정한 동기라고 한다면, 아마 이 관심이 사라지는 모든 경우에 정직도 더 이상 존립의 여지가 없다는 결론이 나올 것[6]이다. 그러나 분명히 자기애[7]는 우리를 정직한 행동에 관심을 두도록 하지 않고 오히려 자유롭게 작용하면 모든 불의와 불법의 원천이 된다. 자기애라는 욕망의 자연적 운동을 바로잡고 억제하지 않는다면 어느 누구도 불의와 불법 따위의 부덕을 결코 바로잡을 수 없다.

그러나 정직한 행동의 이유 또는 동기가 공공의 이익에 대한 존중이며 공공의 이해와 가장 상반되는 것은 불의와 부정직의 갖가지 사례라고 단언해야 한다면, 나는 우리가 주의를 기울일 만한 다음의 세 가지 고찰을 제안하고 싶다.

첫째, 정의의 규칙을 준수하는 것과 공공의 이익을 결부시키는 것은 자연스럽지 않으며, 이제부터 자세히 설명하겠지만 정의의 규칙을 제정하기 위한 인위적인 묵계에 따라 공공의 이익은 정의와 연관될 뿐이다.

둘째, 빚이 은밀하고, 채무 관계가 소멸되는 경우에 그 사람의 이익을 위해서, 예를 들어 빌려 주는 사람이 자신의 부를 은폐하려고 하는 경우와 마찬가지로 은밀한 방식으로 돈을 갚을 필요가 있다. 가정한다면 대중은 채무자의 행동에 이제 흥미를 갖지 않는다. 비록 나는 이 경우에도 그 의무와 책임이 중단되었다고 단언할 도덕론자는 아무도 없다고 생각하지만 말이다.

셋째, 경험이 충분히 입증하듯이 일상적 생활 태도에서 사람들은 자신의 채권자에게 돈을 주고 자신의 약속을 이행하며 도난과 약탈 및 모든 종류의 불의를 삼갈 때, 공공의 이익을 그다지 염두에 두지 않는다. 공공의 이익은 인간의 일반성에 영향을 미치기에는 너무 거리가 멀고 숭고한 동기이다. 다시 말해 정의와 통상적 정직을 갖춘 행동은 빈번히 사적 이익과 상반되지만, 공공의 이해는 그러한 사적 이해와 상반된 행동에 어떤 힘을 가지고 작용하지는 않는다.

대체로 단언할 수 있는 것은 개인적인 신분이나 직무 그리고 우리 자신과의 관계 따위와 무관한 인류애와 같은 정념이 인간 정신에 전혀 없다는 점이다. 사실, 우리 근처에 다가와 생생하게 표상되는 인간 존재나 감정을 지닌 존재는 그 행복이나 불행이 우리 감정에 어느 정도 영향을 미칠 수밖에 없다. 그러나 이런 사실은 공감에서 유래될 뿐이고, 결코 인류에 대한 보편적 감정(인류애)을 증명하는 것은 아니다. 이런 관심은 인류에 국한되지 않기 때문이다. 이성(異性) 간의 애정은 인간 본성에 분명히 뿌리내리고 있는 정념이지만, 이 정념은 그것 특유의 징후에서 나타날 뿐만 아니라 그 밖의 모든 감정 원리가 달아오를 때 나타난다. 즉 아름다움과 재치 및 친절 따위로부터 사랑이 발생할 때에도 나타나는데, 이때의 사랑은 이것들에서 파생될 수 있는 어떤 경우보다도 강하다. 모든 인류 사이에 보편적인 사랑이 있다면, 그 사랑은 이와 같은 방식으로 나타날 것이다. 바꿔 말하면 어떤 정도의 좋은 성질은 같은 정도의 나쁜 성질이 유발할 수 있는 미움보다 훨씬 강한 감정(사랑)을 유발할 것이다. 그런데 경험을 통해 우리가 깨닫는 것은 이와 상반된다. 사람의 기분은 본래 서로 차이가 있고, 어떤 사람은 온건한 감정의 성향을 갖지만 다른 사람은 거친 감정의 성향을 갖는다.

그러나 대체로 우리가 단언할 수 있을 법한 것은 인간 일반 또는 인간 본성은 사랑과 미움의 대상일 뿐이며, 사랑과 미움의 발생에는 인간 이외의 다른 어떤 원인도 필요한데, 이 원인은 인상과 관념의 이중 관계를 통해[8] 사랑과 미움이라는 정념을 유발시킬 수도 있다는 점이다. 우리가 이 가설을 벗어나려고 애쓴다 해도 소용없다. 어떤 현상이든 인간에 대해 인간의 가치 및 그 밖의 모든 여건 따위와 무관한 종류의 감정을 적시하는 현상은 있을 수 없다. 우리는 대체로 동류를 사랑하지만, 우리가 동류를 사랑하는 것은 그 밖에 즐거움을 주는 것을 사랑하는 것과 같다. 이탈리아에서 만난 영국 사람은 친구이고, 중국에서 만난 유럽 사람도 친구이다. 우리가 달에서 어떤 사람을 마주친다면,

그 사람도 아마 인간이라는 이유만으로 사랑받을 것이다. 그러나 이런 일은 우리 자신과의 관계에서만 발생한다. 이런 경우에 우리 자신과의 관계는 소수의 사람에게 국한됨으로써 강화된다.

그러므로 공적인 자비 또는 인류의 이해에 대한 존중이 정의의 근원적 동기일 수 없다면, 사적인 자비 또는 관계 집단의 이익에 대한 존중 따위가 정의의 근원적 동기이기는 더욱 어렵다. 만일 어떤 사람이 나의 적이고 내가 그를 미워할 만한 원인이 주어져 있다면 어떨까? 만일 그가 부덕한 사람이고 또 온 인류의 미움을 받을 만하다면 어떨까? 그가 만일 구두쇠여서 내가 그에게서 빼앗은 것을 전혀 쓸 수 없다고 하면 어떨까? 그가 방탕한 난봉꾼이어서 막대한 재산으로 인해 그가 얻는 득보다 실이 많다고 하면 어떨까? 내가 궁핍해서 내 가족을 위해 무엇을 조달할 긴박한 동기가 있다고 하면 어떨까? 이 모든 경우에 정의에 대한 근원적 동기는 없어질 것이고, 따라서 정의 자체도 사라지고, 정의와 함께 모든 소유권과 권리 및 책임도 사라질 것이다.

부자는 자신의 잉여 재산을 궁핍한 사람에게 나누어 줄 도덕적 책임이 있다. 사적인 자비가 정의의 근원적 동기라면, 사람 즉 부자는 자신이 다른 사람에게 의무적으로 주어야 할 것보다 많은 소유물을 다른 사람에게 넘겨 주지는 않을 것이다. 이 차이는 아주 근소할 것이다. 사람들이란 대체로 자신들이 이제껏 누리지 못했던 것보다는 자신들이 현재 소유한 것에 더 애착을 갖는다. 바로 이런 이유 때문에 사람에게 무엇을 주지 않는 것보다는 무엇을 빼앗는 것이 더욱 잔혹할 것이다. 그러나 누가 이것이 정의의 유일한 토대라고 주장할 것인가?

게다가 우리는 사람이 자신의 소유물에 그토록 집착하는 주된 이유를 반드시 살펴보아야 한다. 그 이유는 사람이 자신의 소유물을 자신의 소유권⁹으로 간주하며 또 그 소유권을 누구도 침해할 수 없도록 사회의 법률을 통해 보장받는 것으로 간주한다는 점이다. 그러나 이것은 이차적인 고찰이며, 정의와 소유권 따위의 선행 개념에 의존한다.

마지막으로 어떤 경우에도 사람의 소유권은 소멸되지 않도록 보호되어야 하는 것으로 가정된다. 그러나 소유권자에 대한 사적 자비는 일부의 사람에 대해서는 그 밖의 사람들보다 약하고 또 약해야 한다. 많은 사람에게서, 아니 사실 대부분의 사람에게서 소유권자에 대한 사적 자비는 절대로 나타나지 않는다. 따라서 사적 자비는 정의의 근원적 동기가 아니다.

이제까지 말한 모든 것으로부터 다음과 같은 결론을 내리게 된다. 즉 법률 준수의 공정성[10]과 그 가치가 없다면, 우리가 공정성의 법칙을 준수할 실질적이고 보편적인 동기를 전혀 갖지 않는다. 독자적인 어떤 동기에서 행동이 발생할 수 없는 경우에는 어떤 행동도 정의롭지 않고 가치도 없으므로, 여기에 명백한 궤변과 순환 논증이 있다. 따라서 자연이 이 궤변을 만들어 필수 불가결하도록 했다는 점을 우리가 인정하지 않는 한, 정의와 불의에 대한 감각은 자연에서 유래된 것이 아니라 인위적으로 발생하는 것이며, 비록 이 감각이 필연적이라고 하더라도 교육 및 사람들의 묵계 따위에서 발생한다.

나는 이런 추론에 대해 다음과 같은 고찰을 덧붙이겠다. 즉 도덕감과는 별개인 동기나 또는 행동을 추진하는 정념들이 없으면 어떤 행동도 칭찬받거나 비난받을 수 없으므로, 이 별개의 정념들은 도덕적으로 중대한 영향력을 미친다. 인간 본성에 담긴 이 정념들의 일반적 힘에 따라 우리는 비난하고 칭찬한다. 동물 신체의 아름다움에 대해 판단할 때 우리는 늘 동물의 종속 각각의 유기적 조직에 눈길을 돌린다. 그리고 팔다리와 체형 따위가 그 종류의 보편적인 비율인 경우에 우리는 그것들이 아름답다고 말한다. 마찬가지로 우리는 덕과 부덕에 관해 결정할 때, 언제나 정념들의 자연적이고 일상적인 힘을 생각한다. 그리고 그 정념들이 보편적인 기준에서 어느 한 편으로 너무 멀어지면, 우리는 언제나 그 정념들을 부덕하다고 거부한다.[11] 예를 들면 사람은 같은 값이면 자신의 조카보다 자기 자식을, 그리고 사촌형제보다는 자신의 조카를, 또 전혀 알지도 못하는 남보다는 사촌형제를 더 사랑하는 것이 인지상정이다. 후자보다는 전자를 선호하는 데에서 의무에 대한 공통적 기준이 생겨난다. 우리의 의무감은 언제나 우리 정념의 일상적이고 자연적인 흐름을 따른다.[12]

마지막으로 독자들이 화내지 않도록 나는 다음과 같은 점을 밝히지 않을 수 없다. 즉 내가 정의를 자연적 덕이 아니라고 부정할 때, 나는 자연적이라는 말을 오직 인위적이라는 말과 반대되는 의미로 쓴다. 자연적이라는 말의 또 다른 의미[13]에서 보자면, 덕의 감각보다 자연스러운 인간 정신의 원리는 없듯이, 정의만큼 자연스러운 덕은 없다.[14] 원래 인간은 사물을 발명하는 종속(種屬)이다.

그리고 발명이 명백하고 절대적으로 필요한 경우에, 사유나 반성의 개입 없이 근원적 원리에서 직접적으로 유래된 것과 마찬가지로 발명도 자연적이라고 말하는 것은 적절할 것 같다. 정의의 규칙들은 인위적이기는 하지만 자의적이지는 않다. 우리가 어떤 종속에게 보편적인 것을 자연적이라고 이해한다면, 또는 우리가 자연적이라는 말을 그 종속에서 분리될 수 없는 것을 의미하는데 국한하더라도, 인위적이라는 표현은 정의의 규칙을 자연법[15]이라고 일컫는 데에는 결코 부적절하지 않다.

〈주〉

1 1739년 9월 17일자로 허치슨에게 보낸 편지 속에서, 허치슨의 반대에 대하여, 덕에 대한 존중이 행동의 최초의 유덕한 동기가 아니라는 주장을 되풀이하고 있다. 또한 흄은 이 주장을 키케로에게서 배웠다. 대체로 키케로의 영향을 여러 곳에서 볼 수 있다.

2 자식에 대한 부모의 '자연적 애정(natural affection)'은 심리적으로는 본능이며, 도덕적으로는 자연적인 덕이다. 전자에 대해서는 제2편 제2부 제4절 및 같은 절 주석 5 참조. 후자에 대해서는 제3편 제3부 제1절 참조.

3 '인간애(humanity)' 역시 자연적인 덕이다. 제3편 제3부 제1절 참조.

4 '더욱 자연스러운 상태(more natural condition)' 즉, '자연 상태(state of nature)'를 논하는 것은 홉스에 이르러 유명해지고, 로크 또한 이것을 실시했다.

5 '재산'은 'property'를 번역한 것이다. 'property'는 '소유' 또는 '소유권'이라는 의미에서 제2부에서 가장 중요한 개념인데, 때로는 '소유권' 내지 '재산'의 뜻으로 쓰이는 경우도 있다.

6 사적인 이해에 대한 존중은 정의의 기원 가운데 하나이다. 그러나 유일한 원인은 아니며, 거기에 대해서는 다음 절에 자세히 설명되어 있다.

7 '자기애(self-love)'는 정념으로서 그 존재가 의문시되었으며, 적어도 적절한 표현은 아닌 것으로 간주되었다. 도덕론에 있어서도, 이 책에서는 홉스나 허치슨과 같이 중요한 역할이 주어지지 않았다. 그러나 《도덕원리연구》에서는 자기애에 대하여 많은 추론이 이루어진다. 제1편 제2부 제1절 주석 4 참조.

8 정념을 유발하는 데는 '인상과 관념의 이중 관계'가 필요하다는 것, 이것은 흄의 정념론의 근본원리이다. 제2편 제1부 제5절 참조.

9 '소유물(possession)'과 '소유권(property)'은 다르다. 'possession'은 법학에서는 보통 '점유물'로 번역한다. 따라서 그런 의미로 번역한 경우도 많다.

10 흄은 '정의(justice)'와 '공정(equity)'이라는 말을 같은 의미로 혼용하고 있다. 자연적 정념의 결과인 '편파성(partiality)'을 극복하기 위해 인위적으로 발명된 것이 '정의'이므로 '공정'과 '정의'는 같은 의미로 볼 수 있다. 립스는 이 두 개념이 완전히 동일한 의미라는 역주를 붙이기도 했다. Lipps, p. 226 주석 참조.

11 정념들이 강약 어느 한쪽으로 너무 멀어질 때 부덕하다고 하는 것은, 자부심이 지나친 경우에 명료해진다. 제3편 제3부 제1절 참조.

12 '정념의 일상적이고 자연적인 흐름에 따르는' 의무감은, 자식에 대한 부모의 사랑과 같은 자연적인 덕에서 볼 수 있다. 정의는 이것과 다르다.

13 '자연적'이라는 말의 다양한 의미에 대해서는 제3편 제1부 제2절 참조.

14 1739년 9월 17일 날짜로 된 편지 속에서 흄은 허치슨의 비난에 답하여 정의를 인위적인 덕이라고 주장하지만, '반자연적(unnatural)'이라고 주장한 적은 없다고 쓰여 있다.

15 정의는 인위적인 덕이다. 또한 인간의 사회성은 정의의 규칙을 자연적이고 보편적이게 한다. 그러므로 정의의 규칙은 '자연법'이다. 인위적이면서 자연적이라는 역설적인 성격이 정의에 주어진다. 제3편 제3부 제6절 참조.

2 정의와 소유권[1]의 기원

우리는 이제 사람들의 책략을 통해 정의의 규칙들이 확립되는 방식에 대한 물음과, 우리가 도덕적 아름다움과 허물을 이 규칙을 준수하거나 무시하는 데 속하는 것으로 결정하는 이유에 대한 물음 등 두 가지 물음에 대한 검토에 착수한다. 우리는 뒤에 이 물음들이 별개라는 것을 알게 될 것이다. 먼저 앞의 물음부터 살펴보자.

언뜻 보기에, 자연은 이 땅에 살아가는 모든 동물 가운데 인간에 대해 가장 가혹한 것 같다. 자연은 인간에게 숱한 욕망과 필요를 떠맡겼으며, 이런 필요에서 빠져 나오도록 자연이 인간에게 준 수단은 매우 빈약하다. 인간 이외의 생물들에서는 대체로 필요와 그것을 충족시킬 수단이라는 두 요소들이 서로 상쇄된다. 예를 들어, 사자가 음식 욕심이 많은 육식 동물이라는 것을 생각할 때, 우리는 사자가 필요에 쫓기는 동물이라는 것을 쉽게 깨닫게 된다. 그러나 우리가 사자의 체격·기질·민첩함·용기·무기·힘 따위로 눈길을 돌리면, 우리는 사자의 장점이 그 욕망과 균형을 유지한다는 것을 깨닫게 된다. 양과 소에게는 이런 장점이 전혀 없지만, 대신 그들의 욕망은 적당하고 먹이를 구하기도 쉽다. 유독 인간에게서만 허약함과 필요의 부자연스러운 연관만 완전히 드러나는 것 같다. 인간이 생명을 이어가는 데 필요한 음식은 인간을 피해 달아나 버리며, 인간은 적어도 노동을 하여 먹을 것을 생산해 내야 한다. 그뿐만 아니라 인간은 비바람을 피하고 자신의 몸을 보호하기 위해 옷가지와 집이 있어야 한다.

인간 자체만 두고 보면, 인간은 태어날 때 많은 필요에 비해 어느 정도 대응할 수 있는 무기도 없고 힘도 없으며, 그 밖의 어떤 자연적 기량도 없다.[2]

오직 사회를 통해서만이, 인간은 자신의 결함을 보완할 수 있고, 다른 생물과 대등해질 수 있으며, 심지어 그 어느 생물보다 우월해질 수 있다. 사회를 통해 인간의 모든 허약함이 보상된다. 즉 사회라는 상황에서 인간의 다양한 욕망은 시시각각 증가하지만 인간의 기량 역시 모든 측면에서, 인간이 야만적이고 고독한 상황에서 이를 수 있는 것보다 더 증대하여 인간을 행복과 만족으로 이끈다. 모든 개인이 저마다 혼자서 오직 자신을 위해 노동한다면, 중대한 일을 수행하기에는 인간의 힘은 너무 약하다. 개인의 노동이 그의 여러 가지 필요를 모두 채워주기 위해 사용되면, 개인은 어느 특정 기술에서 결코 완전함을 얻을 수 없다. 개인의 힘과 결과가 늘 일치하는 것은 아니므로, 특정한 기술 가운데 어느 하나에서의 아주 조그만 실패도 반드시 파멸과 불행을 수반한다. 사회는 이런 세 가지 폐단에 대한 해결 방안을 제공한다. 즉, 첫 번째로는 개인의 힘을 결합하여 우리의 능력을 증대시킨다. 두 번째로는 직업의 분화[3]를 통해 우리의 기량은 향상된다. 세 번째로 상호 부조를 통해 우리는 운명과 우발적 사고에 거의 노출되지 않는다. 이처럼 추가된 힘과 기량 그리고 안전성을 통해 사회는 유익해진다.

그러나 사회를 형성하기 위해 필요한 것은 사회가 유익하다는 것만이 아니다. 인간이 사회의 유익함을 감지할 수 있어야 한다.[4] 야성적이고 교양 없는 인간 상태에서 인간이 단지 연구와 반성만으로 사회가 유익하다는 지식을 얻을 수는 없다. 아주 다행스럽게도 그 해결 방안 중에는 아득하고 모호한 것들도 있지만 그 밖에 그것들과 결합된 또 하나의 필요가 있는데, 이 필요는 직접적이고 더욱 분명한 해결 방안을 가지므로 인간 사회의 첫째이자 근원적인 원리로 간주해도 아무 무리가 없다. 이 필요는 다름 아닌 이성 간의 자연적 욕망이다. 이성 간의 자연적 욕망은 남녀 양성을 합일시키고, 함께 낳은 아이에 대한 양성의 배려에서 새로운 유대가 발생할 때까지 양성 간의 합일을 유지한다. 이 새로운 배려 역시 부모와 자식 사이의 합일원리가 되어 더욱 큰 사회를 형성한다. 이 사회에서 부모는 자신들의 우월한 힘과 지혜로 다스리며, 또 자식들에 대한 자연적 애정 때문에 권위 행사는 억제된다. 자식들의 여린 정신에 작용하는 습관과 버릇은 머지않아 자식들에게 자신이 사회를 통해 얻는 장점을 일깨워 준다. 그뿐만 아니라 유대를 저해하는 거친 구석과 괴팍한 감정을 떨쳐 냄으로써 자식들이 점점 사회에 적응하도록 만든다.

그 이유는 다음과 같다. 즉 인간 본성의 여건이 아무리 (사회적) 합일을 필연적인 것이 되도록 하더라도, 또 성욕과 (자식에 대한 부모의) 자연적 애정의 합일을 불가피하게 만드는 것처럼 여겨지더라도, 우리의 자연적 기질과 외부적 여건 따위에는 그 밖의 특수한 것이 있는데, 이것은 아주 옹색하며 심지어 필수적인 결부와 상반되기도 한다. 우리가 성욕과 자연적 감정 같은 정념 가운데 자기중심성을 가장 중대한 것으로 평가하는 것이 타당할 것이다. 내가 느끼기로는, 일반적으로 인간의 이런 성질에 대한 묘사는 지나치게 과장되었고, 어떤 철학자들[5]이 바로 이런 점에 대해 즐겨 기술한 것은 우리가 전설이나 소설에서 마주치는 괴물에 대한 이야기만큼이나 인간의 본성과 거리가 멀다. 나는, 사람은 자신 말고는 어떤 것에 대해서도 결코 애정을 갖지 않는다고는 생각하지 않는다. 오히려 내 의견은 다음과 같다. 즉 어떤 한 사람을 자기 자신보다 더 사랑하는 사람을 만나기는 어렵지만, 또한 모든 종류가 합쳐진 애정이 자기중심적 애정 전체보다 크지 않은 사람을 만나기도 어렵다. 일상 경험에 비춰 보라. 예를 들면 가족 전체의 소비는 일반적으로 가장의 관리 아래 있지만, 자기 개인의 씀씀이와 사교비를 위해 최소한의 재산만 남겨 두고 아내의 쾌락과 아이들의 교육을 위해 자기 재산의 대부분을 내놓지 않는 사람도 거의 없다. 이것은 우리가 가족 관계와 같은 애정의 유대를 갖는 사람에서 살펴볼 수 있는 것이고, 또 그 밖의 사람이 유사한 상황에 처해 있다면 이 또한 마찬가지라고 추정해도 좋을 것이다.

그러나 우리는 이 관대함을 인간 본성의 자랑거리로 인정해야겠지만, 동시에 다음과 같은 점도 인정해야 할 것이다. 즉 그토록 고귀한 감정이 사람을 거대한 사회에 적응하도록 하는 대신에 가장 속 좁은 자기중심성만큼이나 그 사회와 거의 상반된다는 점이다. 왜냐하면 사람은 저마다 자기 이외의 어떤 사람보다 자신을 더 사랑하며, 다른 사람을 사랑할 때에는 자신의 혈연과 친지에 대해 가장 커다란 애정을 품기 때문이다. 반면에 이런 사실은 필연적으로 자신의 집단에 속하는 사람과 그 밖의 사람들에 대한 정념들 간의 대립을 산출할 수밖에 없고, 결과적으로 행동들의 대립을 유발할 수밖에 없다. 그리고 이런 대립은 새롭게 설정된 사회적 합일에 위험을 끼치게 된다.

그렇지만 정념들의 이런 상반성이 발현될 기회를 가져오는 우리 외부 여건의 특성과 정념들의 상반성이 동시에 나타나지 않는다면, 정념들의 상반성도 단지 아주 보잘것없는 위험만 수반할 것이라는 점은 주목할 만하다. 우리는 서로 다른 종류의 세 가지 자산을 가지고 있다. 이런 자산은 곧 우리 정신의 내부적 만족과 우리 신체의 외부적 장점 그리고 우리가 근면과 행운으로 얻은 소유물의 향유 따위이다. 정신의 내부적 만족을 향유함에 있어서 우리는 전적으로 안전하다. 신체의 외부적 장점을 빼앗기는 일도 있지만, 우리에게서 그 장점을 빼앗은 사람에게 그것이 이익이 될 수는 없다. 단, 근면과 행운을 통해 얻은 소유물의 향유만이 다른 사람에게 뺏길 수 있고, 고스란히 양도될 수도 있다. 그렇지만 동시에 모든 사람의 욕구와 필요를 채워줄 만큼 소유물의 양이 넉넉한 것은 아니다. 그러므로 이와 같은 자산의 증진은 사회의 주요 장점이지만, 자산 소유의 불안정성은 자산의 희소성과 함께 사회 형성의 주요 걸림돌이다.

허황되게도 우리는 인간의 무교양적 자연 상태에서 이런 폐단을 해결할 방안을 찾아내리라고 기대했으며, 편파적인 애정을 제어하고 우리 여건에서 발생하는 유혹을 물리칠 수 있을 법한 인간 정신의 비인위적 원리를 확신했다. 정의의 관념은 이런 목적에 결코 이바지할 수 없으며, 인간에게 상호 간의 공정한 행동 양식을 고취시킬 역량이 있는 자연적 원리로 간주될 수도 없다. 바꿔 말하면 무례하고 야만적인 사람들 사이에서는 지금 우리가 이해하고 있는 바와 같은 덕은 꿈조차 꿀 수 없다. 위해 행위와 불의 따위의 개념은 다른 사람에게 범한 부도덕성이나 부덕도 뜻하기 때문이다. 그리고 모든 부도덕성은 저마다 정념의 결함이나 불건전성에서 유래하며, 또 이런 결함은 대개 정신 구조에 담긴 자연의 일상적 과정에 따라 판단되므로, 우리는 다른 사람을 향하는 몇 가지 애정의 자연적이면서 일상적인 힘을 살펴봄으로써 우리가 다른 사람에 대해 부도덕한 죄를 범하는지 여부를 쉽게 알 것이다. 그런데 분명, 우리 정신의 근원적 틀에서 우리는 자신에게 가장 강한 관심을 쏟고 다음으로 우리는 우리의 혈연과 친지에게도 관심을 기울인다. 그리고 낯선 사람이나 관계 없는 사람에게 가장 약한 관심을 쏟는다. 그런데 이 편파성과 불공정한 애정은, 우

직업의 분화
직업의 분화는 개인의 기량을 향상시킨다. 숙련된 시계 기술자가 기계식 대형시계를 제작하고 있는 장면. 1600년 (덴마크).

리가 그 애정을 지나치게 확대하거나 축소함으로써 편파성의 정도를 현저하게 침해하는 것을 부덕하거나 부도덕하게 여기도록 할 정도로, 반드시 사회에서 우리의 행동과 행동 양식에 영향력을 미칠 뿐 아니라 심지어 덕과 부덕 따위에 대한 우리의 관념에까지도 영향을 미친다. 다음과 같은 경우에 우리는 행동에 대한 우리의 보편적인 판단에서 이런 사실을 살펴볼 수도 있다. 즉 우리는 가족에게 자신의 온 애정을 쏟지 않는 사람을 비난하거나, 이익과는 상반되게 가족보다 낯선 사람이나 그저 우연히 아는 사람을 더 좋아하는 사람을 비난한다. 이 모든 사실로부터 우리는 도덕성에 대한 자연적이고 무교양적인 우리의 관념은 우리 애정의 편파성에 대한 해결 방안을 제공하는 것이 아니라 오히려 그 편파성에 순응하며, 그 편파성에 힘과 영향력을 추가한다는 결론을 내린다.

그렇다면 그 해결 방안은 자연에서 유래되는 것이 아니라, 책략에서 유래된다. 또는 좀더 정확히 말해서 자연은 그 애정들에 담긴 불규칙적이고 옹색한 것에 대한 해결 방안을 판단력과 오성에 부여했다. 인간이 사회에서의 유년기 교육을 통해 사회에서 발생되는 무한한 장점을 깨닫고, 나아가 교제와 대화 따위에 대한 새로운 애정을 얻는다. 또 사람들은, 주요 사회 병폐가 이른바 외부적 자산에서 발생하고 또 외부적 자산이 유동적이어서 사람끼리 외부적 자산을 쉽게 이전할 수 있다는 점 따위에서 발생한다는 것을 주목한다면, 인간은 반드시 이런 사회 병폐에 대한 해결 방안을 추구할 것이며, 이 해결 방안은 될 수 있는 대로 외부적 자산을 정신과 신체 따위의 확고하고 안정된 장점과 대등하게 볼 것이다. 사회의 모든 구성원이 참여하는 묵계[6]를 통해 외부적 자산의 소유에 안정성을 부여하고 모든 구성원이 자신의 행운이나 근면을 통해 손에 넣을 수 있을 법한 것을 평화적으로 누리도록 하는 것, 이것은 인간이 사회 병폐에 대한 해결 방안을 마련할 수 있는 유일한 방식이다.

이런 방식으로 모든 사회 구성원은 각자 자신이 안전하게 소유할 수 있는 것을 알고, 정념들의 편파적이고 모순된 운동은 억제된다. 이와 같은 억제는 이런 정념들의 본성과 결코 상충되지 않는다. 만약 상충된다면 이와 같은 억제는 결코 그 정념들의 운동에 개입될 수 없고, 유지될 수도 없기 때문이다. 다만 이와 같은 억제는 정념들의 무모하고 충동적인 운동과 상반될 뿐이다. 즉 우리가 다른 사람들의 소유물을 거들떠보지 않을 때 우리 자신의 이익이나 가장 친한 친구의 이익이 손해를 보지 않는 것이 아니라 오직 앞에서 말한 묵계를 통해서, 우리는 자신의 이익이나 가장 친한 친구의 이익은 물론 낯선 사람의 이익까지도 모두 잘 지킬 수 있다. 바로 이 묵계라는 수단으로, 비로소 우리는 자신의 안녕과 생존뿐만 아니라 다른 사람의 안녕과 생존에 필요한 사회를 지탱할 수 있기 때문이다.

이런 묵계는 약속의 성격을 띠지 않는다. 다음에 살펴보겠지만 약속 그 자체조차 인간의 묵계에서 생겨나기 때문이다.[7] 묵계는 단순히 공통 이해라는 일반적 감각일 뿐이다. 사회 구성원은 모두 이 일반적 감각을 서로 분명하게 밝히고, 이 일반적 감각을 통해 저마다 일정한 규칙에 따라 행동한다. 내가 주목하는 점은 만일 다른 누군가가 나와 같은 방식으로 행동한다면 그가 자신의 자산을 갖도록 허용하는 것이 나의 이해일 것이라는 점이다. 또한 그는 자신의 이와 같은 행동 양식에서 비슷한 이해를 느낄 수 있다. 이해에 대한 이 공통감각이 서로 간에 표명되어 나와 그에게 알려지면, 이해에 대한 공통 감각은 알맞은 결심과 행동을 불러 일으킬 것이다. 그리고 비록 이해에 대한 공통 감각이 약속이라는 과정을 거치지 않더라도 이 감각을 우리 사이의 묵계 또는 합의[8]라고 일컬어도 전혀 문제없을 것이다. 우리 각자의 행동은 다른 사람의 행동과 관계가 있고, 또 어떤 행동은 다른 사람의 입장에서 수행된 것이라는 가정에 따라 행해지기 때문이다.

예를 들면 조각배를 모는 뱃사공 두 사람은 서로 아무 약속도 하지 않았지만 서로 합의나 묵계에 따라 노를 젓는다. 소유의 안정성에 대한 규칙도 인간의 묵계에서 유래되기는 마찬가지이다. 이 규칙은 점진적으로 생겨났으며 점진적인 진보를 통해 힘을 얻고 또 소유의 안정성을 저해했을 때의 폐단을 거듭 겪음으로써 힘을 얻는다. 반면에 이런 경험을 통해 우리가 더욱 확신할 수 있는 것은 이런 이익의 감각이 모든 인간에게 공통적이 되었다는 점이며 인간 행동 방식의 미래의 규칙성에 대한 신뢰도 부여한다는 점이다. 우리의 절제와 금욕의 유일한 기초는 바로 이것에 대한 기대이다. 언어도 이와 같이, 약속이 전혀 없더라도 인간의 묵계를 통해 점차적으로 확립된다. 또, 금과 은 따위가 경제 현상에서 교환의 공통 척도가 되며, 제값보다 수백 배의 가치를 지닌 것에 대해 충분한 보상 가치로 평가되는 것과 마찬가지이다.

이 묵계가 다른 사람의 소유물에 대한 절제에 개입하고 모든 사람은 저마다 자기 소유물의 안정성을 획득하면 곧 소유권과 권리 그리고 책임의 관념이 발생하듯이 정의와 불의의 관념도 발생한다.

정의와 불의를 먼저 이해하지 않고는 권리와 책임 따위를 전혀 이해할 수 없다. 우리의 소유(또는 자산)란 사회의 법률, 즉 정의의 법칙들이 정한 바에 따라 우리가 늘 소유하는 자산에 불과하다.[9] 따라서 정의의 기원을 설명하기 앞서 소유나 권리 또는 책임 등의 단어를 쓰는 사람이나, 또는 심지어 정의의 기원에 대한 설명의 범위 안에서 이러한 단어를 쓰는 사람은 아주 크나큰 논리적인 오류를 범하는 것이고, 결코 단단한 토대 위에서 추리할 수 없다. 인간의 소유(또는 자산)는 자신과 관계가 있는 대상이다. 이 관계는 자연적인 것이 아니라 도덕적인 것이며 정의에 기초를 둔다. 따라서 우리가 정의의 본성을 충분히 이해하지 않고, 바꿔 말해 인간의 책략과 제도적 장치 안에서 정의의 기원을 설명하지 않고, 소유의 관념을 가질 수 있다고 상상하는 것은 터무니없는 일이다. 정의의 기원은 소유의 기원을 설명한다. 동일한 책략이 정의와 소유의 원천이다. 도덕에 대한 처음이자 가장 자연스러운 소감은 정념의 본성에 기초를 두고 있으며,[10] 바로 이 소감 때문에 우리는 낯선 사람보다 우리 자신이나 친구를 선택한다. 따라서 인간의 (정의나 소유에) 상반된 정념들은 인간을 상반된 방향으로 몰아붙이고 묵계나 합의를 통해 제한되지 않는 한, 확정된 권리나 소유권 따위는 결코 자연적으로 있을 수 없다.

소유권의 구별 및 소유의 안정성 따위에 대한 묵계는 인간 사회의 정립에 필요한 모든 여건 가운데 가장 필수적인 것이라는 점과, 이 규칙을 정하고 지키는 데 합의하면 사회의 완전한 조화와 화합을 정착시키기 위해 할 일은 거의 없든가 전혀 없다는 점은 누구도 의심하지 않는다. 이해에 대한 정념 이외의 모든 정념은 쉽게 억제되든가 또는 이해에 대한 정념에 둘러싸였을 때만큼 해로운 결과를 갖지 않는다. 허영심은 오히려 사회적 정념이자 사람들을 하나로 뭉치게 하는 유대감으로 평가해야 한다. 우리는 연민과 사랑도 이와 같은 측면에서 생각해야 한다. 질투와 원한은 위태로운 결과를 가질 수 있지만, 때때로 느닷없이 작용할 뿐이며 우리가 자신보다 우월하다고 생각하거나 적으로 여기는 특정한 사람을 향한다. 우리 자신 및 가장 가까운 친구를 위해 자산과 소유물을 획득하고 싶다는 탐욕만이 그칠 줄 모르며, 영속적이고 보편적으로 사회를 직접 파괴한다. 이 탐욕에 따라 행동하지 않는 사람은 드물며, 또 이 탐욕이 전혀 거리낌 없이 작용하고 탐욕 최초의 가장 자연적인 추세를 따를 때 이 탐욕을 두려워하지 않을 사람은 아무도 없다. 따라서 우리는 이 정념을 다스리고 삼갈 때 마주치게 되는 난점의 크기에 따라 사회 수립의 난점을 크거나 작게 평가해야 한다.

그런데 분명, 인간 정신의 어떤 감정도 소유에 대한 애착을 진정시키는 데 충분한 힘과 적절한 방향을 갖지 못한다. 바꿔 말하면 사람이 다른 사람의 소유물에 대해 욕심을 내지 않도록 하여 사회 구성원 자질을 갖추도록 하는 데 충분한 힘과 적절한 성향도 갖지 못한다. 낯선 사람에 대한 자비는 이런 목적에 너무 약하다. 그리고 우리의 소유물이 많으면 많을수록 우리의 모든 욕망을 충족시킬 역량도 점점 커진다는 점을 염두에 두면, 그 밖의 정념들도 오히려 이익에 대한 갈망을 부추길 뿐이다. 따라서 타산적인 감정 자체가 자신의 방향을 바꾸지 않는 한, 어떤 정념도 타산적인 감정을 다스릴 역량을 갖지 못한다. 그런데 소유에 대한 이 정념은 방치되는 것보다는 절제를 통해 더욱 만족되는 것이 명백하며, 또 폭력과 보편적인 방종의 필연적 귀결인 의지할 데 없이 쓸쓸한 처지에 빠지는 것보다는 사회를 유지하는 편이 우리가 더 많이 소유하게 되는 것은 명백하므로, 조금만 반성해도 타산적인 감정의 방향을 필연적으로 변경하게 된다. 따라서 인간 본성의 사악함이나 선량함에 대한 물음은 사회의 기원이라는 다른 물음과 전혀 무관하다. 오직 인간의 명민함이나 그 어리석음의 정도만이 관심사일 뿐이다. 우리가 자기 이익에 대한 정념을 부덕하게 평가하든 유덕하게 평가하든 전혀 문제될 것이 없다. 그 정념 자체는 스스로를 억제하기 때문이다. 따라서 그 정념이 유덕하다면 인간은 자신의 덕을 통해 사회적이게 될 것이고, 그 정념이 부덕하다면 인간의 부덕도 마찬가지 효과를 가질 것이다.

소유의 안정성에 대한 규칙을 확립함으로써 자기중심적인 정념은 억제된다. 따라서 그 규칙이 아주 난해하고 고안하기도 어렵다면 사회는 이른바 오랜 세월에 걸친 우연적 결과로 평가할 수밖에 없다. 그러나 이 규칙보다 간단하고 명료한 것은 있을 수 없다는 것이 밝혀진다면, 모든 부모는 자기 자식들이 화목하게 지내도록 하기 위해 이 규칙을 마련해야 하며, 정의의 맹아도 사회가 확대됨에 따라서 나날이 증진된다는 것이 밝혀진다면, 이 모든 것이 명백하게 드러난다면, 우리는 다음과 같은 결론을 내릴 수 있다. 즉 인간이 꽤 오랜 시간을 사회화 이전의 야만적 상태로 있었다는 것은 도저히 불가능하며, 인간의 최초 상태와 상황을 사회적이었다고 평가하는 것이 옳을 것이다. 그러나 이런 사실은 철학자들이 원한다면, 그 철학자들이 가상적 자연 상태는 결코 실재하지 않았고 실재할 수도 없었을 단순한 철학적 허구에 지나지 않는다는 것을 인정하기만 하면, 자신들의 추론을 가상적인 자연 상태[11]까지 확장하는 것을 막을 수는 없다. 인간의 본성은 감정과 오성이라는 두 가지 주요 부분으로 이루어져 있으며,[12] 이 두 부분은 이 인간 본성이 작용하는 모든 경우에 필수적이다. 따라서 오성의 지도를 받지 않는 감정의 맹목적인 운동이 인간에게서 사회적 자격을 박탈한다는 것은 확실하다. 그리고 우리는 아마 정신의 이 두 구성 부분이 각각 작용한 결과를 따로따로 고찰해도 좋을 것이다. 자연철학자들에도 적용된 이 자유는 도덕 철학자들에게 허용되어도 좋다. 그리고 아주 흔한 일이지만 자연철학자들은 운동을 서로 분리된 두 부분이 혼합되어 이루어진 것으로 간주한다. 그러나 한편으로는, 자연철학자들은 운동이 그 자체에서는 혼합되지도 않았고 분리될 수도 없다는 것을 인정하기도 한다.

따라서 이 자연 상태는 시인들이 고안했던 황금 시대와 다를 바 없는 단순한 허구로 간주되어야 한다. 다만 철학자의 자연 상태는 전쟁과 폭력과 불의로 가득하며, 반면에 시인들의 황금 시대는 상상할 수 있는 한 가장 매혹적이고 평화로운 모습으로 그려져 있다는 점이 단 하나의 차이점이다. 우리가 시인들을 믿어도 좋다면, 황금 시대 최초의 자연은 계절이 온화해서 인간은 몹시 거센 더위와 추위를 막기 위해 옷과 집을 마련할 필요가 없었다. 강에는 포도주와 젖이 흘러 넘쳤고, 오크나무에는 꿀이 맺혀 있었으며, 자연은 제 스스로 최상의 진미를 산출했다. 이런 것이 결코 그 행복의 시대가 갖는 주요 장점은 아니다. 폭풍우와 악천후가 자연에서 사라졌을 뿐만 아니라, 오늘날 인간 사회에 엄청난 소용돌이를 일으키며 혼란을 가져오는 더욱 가공스러운 마음의 악천후를 당시 인간의 가슴은 알지 못했다. 인간은 탐욕과 야망 그리고 잔혹과 자기중심성 따위를 들은 바 없었다. 즉 따뜻한 애정과 동정 그리고 공감만이 당시 인간이 알고 있던 마음의 움직임의 전부였다. 이 행복한 인류에게는 심지어 내 것과 네 것의 구별조차 사라졌고, 소유권과 책임 그리고 정의와 불의에 대한 개념조차 사라졌다.

　이것은 분명히 말도 안 되는 허구로 간주되어야 한다. 그런데도 우리가 관심을 기울이는 까닭은 이것이 우리가 지금 탐구하고 있는 주제인 덕의 기원을 가장 뚜렷하게 드러낼 수 있기 때문이다. 내가 이미 살펴보았듯이, 정의는 인간의 묵계에서 생겨나고, 이런 묵계는 인간 정신의 어떤 성질들과 외부 대상들의 상황이 서로 엮여 일어나는 어떤 폐단을 해소하는 해결 방안으로 의도된 것이다. 인간 정신의 이런 성질이란 자기중심성과 한정된 관용[13]이다. 또 외부 대상들의 상황이란 그 대상들의 소유자가 쉽게 변한다는 것이며 인간의 필요와 욕구에 비해 대상들이 매우 적다는 것이다. 그렇지만 철학자들은 지금까지 이런 점들에 휩쓸려 왔다고 하더라도, 시인들은 일종의 취향이나 일반적 직감을 통해 훨씬 정확하게 인도되어 왔다. 이 취향이나 일반적인 직감은 대부분의 추론에서 우리가 지금까지 이미 충분히 익혀 온 기술이나 철학보다 앞서 나아간다. 시인들이 쉽게 지각했듯이, 모든 사람이 저마다 상냥한 마음으로 다른 사람을 배려하거나 자연이 우리의 모든 필요와 욕구를 넉넉히 채워 준다면, 정의가 가정한 이해의 질서는 더는 존재할 수 없을 것이며, 현재 인류에게 통용되는 소유권과 소유물 따위를 구별하고 한계지을 요인도 전혀 없을 것이다. 인간 상호 간의 자비나 자연의 선물이 충분한 정도로 증대되면 정의는 더는 쓸모가 없어진다. 더욱 고귀한 덕과 더욱 가치 있는 자연의 축복이 정의의 자리를 차지하기 때문이다. 인간의 자기중심성은 우리가 가진 얼마 안 되는 소유물 때문에 우리의 필요에 비례하여 고취된다. 그리고 자기중심성을 억누르기 위해, 인간은 어쩔 수 없이 소유의 공동체[14]를 벗어나 자신의 자산과 다른 사람의 자산을 구별한다.

우리는 이런 사실을 알기 위해 시인들의 허구를 들추어 낼 필요는 없다. 그 사실에 대한 추리는 제쳐 놓더라도, 우리는 일상적 경험과 관찰로써 바로 그와 같은 진리를 알 수도 있다. 쉽게 알 수 있듯이, 따뜻한 애정은 친구들이 만물을 공유하도록 하고, 특히 혼인 관계에 있는 사람은 서로 소유권을 잃는다. 바꿔 말하면 내 것과 네 것이라는 구별은 인간 사회에 아주 필수적이면서도 엄청난 혼란의 원인이다. 소유권을 버리고 네 것과 내 것이라는 구별을 모르는 결과는 인류의 외적 여건이 변하는 데에서 발생한다. 예를 들자면 인간의 모든 욕구가 충족될 정도로 재화가 넉넉할 때 이런 결과가 발생하는데, 이런 경우 소유에 대한 구별은 고스란히 사라지고 만물은 공유가 된다. 우리는 모든 외부 대상 가운데 가장 가치있는 공기와 물에서 이런 사실을 알 수 있을 것이다. 따라서 우리는 쉽게 결론 내릴 수 있는데, 만약 인간이 모든 것을 공기와 물처럼 풍요롭게 공급받을 수 있거나 모두가 자기 자신에 대해서와 똑같은 애정을 가지고 다른 사람들을 따뜻하게 배려한다면, 인류는 정의나 불의를 모두 알지 못했을 것이다.

여기에 내가 확실하다고 간주하는 다음과 같은 명제가 있다. 즉 오직, 인간의 욕구에 비해 부족한 자연 자원과 아울러 인간의 자기중심성과 한정된 관용에 정의의 기원이 있다. 돌이켜보면 알게 되지만, 이 명제는 우리가 지금까지 이 주제에 관해 관찰한 것 중 몇 가지에 대해 추가적인 힘을 부여한다.

첫째, 이 명제에서 우리는 다음과 같은 결론을 내릴 수 있다. 즉, 공공의 이해에 대한 존중이나 강력한 포괄적 관용[15]은 정의의 규칙을 우리가 준수하는 일차적이고 근원적인 동기는 아니다. 만일 인간이 그와 같은 관용을 타고 났다면 정의의 규칙들은 꿈조차 꾸지 못할 것이기 때문이다.

둘째, 우리는 같은 원리에서 다음과 같은 결론을 내릴 수도 있다. 즉 정의감의 토대는 이성이 아니다. 바꿔 말하면 영원불변적이고 보편적인 책임을 부과하는 관념들 사이의 어떤 연관과 그 관계를 발견하는 것이 아니다. 위에서 언급했듯이 인류의 기질과 여건상의 변화는 우리의 의무와 책임을 고스란히 바꾸어놓을 수 있다는 점은 확실하므로, 덕의 감각이 이성에서 유래된다는 일상 체계에 따르면 인류의 기질과 여건상의 변화가 반드시 산출해야 하는 그 관계와 관념 따위의 변화를 우리에게 입증할 필요가 있다. 그러나 인간의 포괄적인 관용 및 충분한 만물이 정의의 실제 이념을 파괴할 수도 있는 유일한 원인은 그런 것들이 정의의 실제 이념을 쓸모없이 만들기 때문이다. 반면에 인간의 한정된 관용과 궁색한 처지는 정의라는 덕이 공공의 이익과 모든 개인의 이익에 필요하도록 만듦으로써 이 덕을 유발한다는 것도 분명하다. 따라서 우리 자신의 이익에 대한 관심과 공공의 이익에 대한 관심 때문에 우리는 정의의 법칙들을 제정하게 되었다. 우리에게 이런 관심을 유발하는 것은 관념들의 관계가 아니라 우리의 인상과 소감이며, 이 인상과 소감이 없다면 우리는 자연 만물에 전혀 관심을 갖지 않고, 전혀 영향을 받지도 않는다는 점은 더할 나위 없이 확실하다. 따라서 정의감의 기초는 우리의 관념이 아니라 인상이다.

셋째, 우리는 위의 명제에서 다음과 같은 점도 확인할 수 있다. 즉, 이런 정의감을 유발하는 인상은 인간 정신이 타고난 것이 아니라 책략에서, 바꿔 말하면 인간의 묵계에서 발생한다. 우리의 기질과 여건 따위의 중대한 변화는 정의와 불의를 똑같이 파괴한다. 그리고 그러한 변화는 오직 우리 자신의 이해와 공공의 이해 따위를 변환시킴으로써 영향력을 갖는다. 따라서 정의의 규칙을 맨 처음 세우는 것은 근원적으로 우리 자신의 이해와 공공의 이해라는 서로 다른 이해들에 의존한다. 그러나 인간이 자연적으로 또 마음에서 우러나는 애정으로 공공의 이해를 추구했다면, 사람들은 이 규칙으로 서로를 규제할 생각은 꿈에도 하지 않았을 것이다. 그리고 사람이 전혀 조심성 없이 자신의 이해를 추구한다면, 사람은 온갖 종류의 불의와 폭력에 맞닥뜨릴 것이다. 따라서 이 규칙들은 인위적이며, 우회적이고 간접적인 방식으로 그 목적을 추구한다. 바꿔 말하면 정의의 규칙을 유발하는 이해는 결코 사람들의 자연적이고 비인위적인 정서를 통해 추구되는 것이 아니다.

이것을 좀더 명확히 하기 위해 다음과 같은 점을 고찰해 보자. 정의의 규칙이 오직 이해를 통해서만 수립된다고 하더라도, 그 규칙들과 이해의 연관은 다소 독특하며 그 밖의 경우에서 관찰되는 것과는 다르다. 정의에 상응하는 개별 행동이 공공의 이익과 상반되는 경우는 흔하며, 그 밖의 행동들이 이어지지 않고 정의에 상응하는 행동만 따로 떨어져 존립하는 경우에 그 행동 자체는 사회에 매우 해로울 수 있다. 덕망 있고 자비로운 사람이 수전노나 선동적인 고집쟁이에게 많은 재산을 돌려준다면, 그는 정당하고 칭찬받을 행동을 했지만 대중이야말로 반환된 재산 때문에 실제로 고통을 겪게 된다. 반면에 정의에 상응하는 어떤 개별 행동도, 따로따로 살펴보면 공공의 이익과 마찬가지로 개인적 이익에 이바지하지 않는다.[16] 그리고 성실성에 대한 한 가지 훌륭한 사례를 통해 어떻게 한 인간이 스스로 빈곤해질 수 있는지, 그리고 그가 어떻게 이 한 가지 행동을 두고 정의의 법칙이 우주에서 잠시 중지되었다고 생각하고 싶어하는 까닭을 갖게 되는지를 우리는 쉽게 생각할 수 있다. 그러나 정의에 상응하는 개별 행동들은 공공의 이해나 개인적 이해와 상반된다고 하더라도, 전체적인 계획이나 틀은 사회 유지와 모든 개인의 복지에 크게 기여하며 반드시 필요하다는 것은 확실하다. 대체로 선과 악을 분리하는 것은 불가능하다. 소유권은 안정적이어야 하며 일반 규칙을 통해 확립되어야만 한다. 어떤 한 가지 사례에서 사람들이 고통을 겪는다고 하더라도, 이 순간적인 악은 규칙을 안정적으로 집행함으로써 충분히 보상되며, 또 규칙이 사회에 확립하는 평화와 질서를 통해 충분히 보상된다. 그리고 모든 개인은 손익을 따져 보면 자신이 이익이라는 것을 반드시 깨달을 것이다. 정의가 없다면 사회는 바로 해체되고 모든 개인은 야만적이고 고독한 처지에 빠지기 때문인데, 이 야만적이고 고독한 처지는 사회에서 상정할 수 있는 가장 나쁜 처지보다 훨씬 나쁘다.

한 개인에 의해 수행되는 정의로운 개별 행동은 어떤 결과를 초래하든, 사회 전체가 협력하는 행동들의 모든 체계는 사회 전체에 있어서도 한없이 유익하며 각 부분들에 대해서도 한없이 유익하다. 사람이 이런 점을 깨닫기에 충분한 경험을 하면 얼마 지나지 않아 정의와 소유권이 생겨난다. 사회의 모든 구성원은 저마다 이 이익을 감지하고 있다. 사람들은 누구나 다른 사람도 마찬가지일 것이라는 조건 아래에서 자신의 동료에게, 이 감각에 자신의 행동을 부합시키기로 한 결심과 아울러 이 감각을 표현한다. 이런 기회를 처음으로 얻은 사람이 정의로운 행동을 수행하도록 하는 데 이 이상 필요한 것도 없다. 이 것은 그 밖의 사람들에게 구체적인 사례가 된다. 따라서 정의는 일종의 묵계나 합의를 통해 스스로 확립된다. 다시 말하자면 모든 사람에게 공통적이라고 상정되는 이익에 대한 감각을 통해 정의가 확립된다. 그리고 이 경우에 모든 개별적 행동은 다른 사람들도 똑같이 행동하리라는 기대 속에 수행된다. 그와 같은 묵계가 없다면 어느 누구도 정의라는 덕이 있다고 꿈조차 꿀 수 없었을 것이고, 그 덕에 부합되는 행동을 하는 사람도 없었을 것이다. 다시 말해 어떤 개별 행동을 취하면 나의 정의가 모든 측면에서 해로울 수도 있을 것이다. 단지 다른 사람도 나의 사례를 모방하리라고 가정한 경우에만 나는 정의라는 이 덕을 받아들일 마음이 내킬 수 있다. 오직 이런 결합만이 정의를 유용하게 만들 수 있다. 바꿔 말해 정의의 규칙에 따르도록 하는 동기를 스스로에게 제공할 수 있는 것이다.

우리는 이제 우리가 제기했던, 우리는 왜 덕의 관념을 정의에 결부시키고 부덕의 관념을 불의에 결부시키는가라는 두 번째 물음에 다다랐다.[17] 이미 정의의 기원에 관해 몇 가지 원리를 확립하고 난 지금, 이 물음이 우리를 길게 붙잡는 일은 없을 것이다. 우리가 이 물음에 대해 당장 말할 수 있는 것은 모두 간단한 몇 마디 말로 처리될 수 있다. 또 독자들은 더욱 만족하려면 이 편의 제3부에 이를 때까지 기다려야 한다. 정의에 대한 자연적 책임(바꿔 말하면 사람들이 정의를 지키도록 자연스럽게 만드는 것), 즉 이해는 이제까지 충분히 설명되었다. 그러나 도덕적 책임 즉 옳음과 그름 따위의 소감에 대해 우리가 충분히 만족스러운 설명을 할 수 있으려면 그에 앞선 자연적 덕들을 검토할 필요가 있다(이것이 바로 제3부의 주제이다).[18]

사람은 마음대로 작용하는 자신의 자기중심성과 한정된 관용 때문에 자신의 사회적 자격이 완전히 박탈당한다는 사실을 경험으로 깨닫는다. 동시에 이 정념들을 만족시키기에 사회가 필수적이라는 것도 깨닫는다. 여기서 사람들은 자신들의 교제를 더욱 안전하고 편리하도록 해 줄 수 있는 이 규칙들의 규제 아래 머물 마음이 자연스럽게 든다. 사람들이 일반적 사례 및 모든 개별적 사례에서 이 규칙들을 부과하고 준수하기 위해 애초에 이 규칙들은 오직 이해에 대한 고려를 통해 제안된다. 그리고 사회를 맨 처음 구성할 때 이 동기는 충분히 강력한 힘을 지닌다. 그러나 사회가 수적으로 팽창되어 부족이나 국가로까지 확대된다면, 이 이해는 더욱 거리가 멀어진다. 또 더욱 좁고 작은 사회에서와 마찬가지로 이 규칙들을 어긴 모든 경우에도 혼동과 무질서가 나타난다는 점을 사람들이 쉽게 알아차리는 것은 아니다. 그러나 우리가 질서를 지켜나갈 때 얻는 이익을 우리 자신이 행동할 때에는 고려하지 못하고 보다 작은 눈앞의 이익을 따르는 경우가 흔하다고 하더라도, 우리는 다른 사람의 불의로부터 직접적으로나 간접적으로 받는 불이익을 결코 외면하지 못한다. 우리는 이 경우에 정념에 현혹되지 않고, 상반된 유혹에 흔들리지도 않는다. 오히려 불의가 우리 이익을 전혀 침해할 수 없을 정도로 멀리 떨어져 있더라도, 그 불의가 우리에게 불만스럽기는 마찬가지이다. 우리는 불의를 인간 사회에 해로운 것으로 여기며, 불의를 범한 사람과 가까운 모든 사람에게 그 불의가 파멸을 가져온다고 생각하기 때문이다. 우리는 공감을 통해 그들의 거북함을 공유한다. 그런데 일반적으로 보면, 인간의 행동을 거북하게 만드는 것은 모두 부덕이라고 일컬어지며, 마찬가지로 만족을 낳는 것은 무엇이든 '덕'이라고 부른다.[19] 공감을 통해 타인의 거북함을 느끼는 것은 도덕적으로 선과 악의 감각이 정의와 불의에서 유래되는 까닭이다. 그리고 이 선악의 감각은 다른 사람의 행동을 바라보는 데에서만 유래되지만, 그런데도 우리는 이 감각을 우리 자신의 행동에까지 망설임 없이 확장한다. 이 일반 규칙[20]은 이 규칙이 발생한 사례들을 넘어서지만, 동시에 우리는 다른 사람이 우리에 대해 품은 소감 안에서 자연스럽게 그들과 공감한다. 따라서 자기 이익은 정의를 확립하는 근원적 동기이지만, 공공 이해에 대한 공감은 정의의 덕에 따르는 도덕적 찬동의 원천이다.

소감이 이렇게 진행되는 것은 자연스럽고 심지어 필연적이라고 하더라도, 그 소감의 진행이 정치인들의 책략에 의해 촉진된다는 것도 확실하다. 정치인들은 사람들을 보다 쉽게 통치하여 사회의 평화를 유지하기 위해 사람들이 정의에 대한 존중과 불의에 대한 혐오를 나타내도록 애쓴다. 정치인들의 책략이 효력을 가진다는 점은 의심할 나위 없지만, 인류에게서 덕의 감각을 일소하기 위해 진력을 기울여 온 듯 보이는 도덕론의 필자들[21]은 이 점을 지나치게 강조했다. 정치인들의 책략은 자연이 우리에게 암시하는 이 소감들을 산출하도록 자연을 도울 수도 있고, 심지어 어떤 경우에는 그 책략만으로도 특정 행동에 대한 부러움과 찬동을 이끌어낼 수도 있을 것이다. 그러나 그 책략이 우리가 부덕과 덕을 구별하는 단 하나의 원인이 되지는 않는다. 자연의 도움이 없다면, 정치인들이 명예롭다거나 불명예롭다고 말하는 것이나 칭찬받을 만하다거나 비난받을 만하다고 말하는 것이 쓸데없을 것이기 때문이다. 이 가치 평가적인 말들은 전혀 이해될 수 없고, 우리가 전혀 모르는 소리에 지나지 않는 것과 마찬가지로 그 말들이 가리키는 사실에 대한 어떤 관념도 수반하지 않는다. 정치인들이 할 수 있는 최대한의 행동은 자연적 소감들을 그 소감들 본래의 한계 너머로 확장하는 것이다. 그런데도 자연은 반드시 그 소감의 재료를 제공하며 도덕적 구별에 대한 개념을 우리에게 제공해야 한다.

공적인 칭찬과 비난은 정의에 대한 우리의 존경을 증대시키며 사적인 교육과 지도 역시 정의에 대한 우리의 존경을 증대시키는 데 이바지한다. 부모들이 쉽게 관찰할 수 있듯이, 사람은 자신이 갖춘 정직과 명예가 크면 클수록 그 자신과 다른 사람에게 더욱 유익하고, 습관과 교육이 이익과 반성을 보조할 때 앞서 말한 원리들은 더욱 힘을 얻는다. 이런 이유 때문에 부모들은 자기 아이들이 아주 어릴 때부터 정직의 원리를 가르칠 마음이 내키며, 아이들에게 사회를 유지하는 규칙 준수를 값지고 명예로운 것으로 간주하도록 가르치고, 그 규칙 침해를 야비하고 불명예로운 것으로 간주하도록 가르친다. 이런 방식으로, 명예에 대한 소감은 아이들의 유연한 정신에 깊이 뿌리내려 확고부동함을 얻을 수 있을 것이고, 우리 본성에 가장 본질적인 것이며, 우리 내부적 구조에 가장 깊이 붙박여 있는 여러 원리에도 조금도 모자람이 없게 될 것이다.

가치나 허물은 정의나 불의에 따른다는 견해가 사람들 사이에 일단 확실하게 확립된 다음부터는 이 원리들의 확고부동함을 증진시키는 데 더욱 기여하는 것은 우리의 평판에 대한 관심이다. 우리와 가장 밀접한 것은 우리의 평판이며,[22] 우리의 평판은 다른 사람의 소유권과 관계되는 우리 행동거지에 주로 의존한다. 이런 까닭으로, 자신의 명망을 중시하거나 인류와 좋은 관계로 살아가고자 하는 사람은 모두 그 자신에 대해 불가침의 법칙을 확정하여, 정직하고 명예로운 사람에게 본질적인 여러 원리를 어떤 유혹에도 침해하지 않도록 할 것이다.

제2절의 주제 설명을 마치기에 앞서 한 마디만 하겠다. 즉 나는 사회에 선행하는 자연 상태 또는 가상적 상태에서는 정의나 불의가 있을 수 없다고 주장하지만, 그렇다고 해서 그와 같은 상태에서 다른 사람의 소유권을 침해하는 일이 허용될 수 있었다고 주장하지는 않는다. 내가 주장하는 바는 단지 그와 같은 상태에서는 소유권 따위가 아예 있을 수 없었으며,[23] 따라서 정의와 불의도 있을 수 없었다는 것이다. 뒤에 약속을 다루게 되면, 약속에 대해서도 유사하게 고찰할 기회가 있을 것이다. 나는 이 고찰이 정당하게 평가되면 정의와 불의에 대한 지금까지의 견해들에 대한 모든 악평을 충분히 없앨 수 있으리라고 생각한다.

〈주〉

1 '정의'의 문제는 흄에게는 '소유 내지 소유권'의 문제이다.

2 인간에게 그 필요에 대응할 수 있는 힘이 없다는 말은 맨더빌도 했다.

3 애덤 스미스에 의하여 매우 유명해진 '직업의 분화(partition of employment)'를 여기서 볼 수 있다.

4 이후부터 전개되는 인간이 사회를 형성하는 과정의 상세한 해명은 홉스나 로크에게서는 볼 수 없다.

5 자기중심성을 강조하는 대표적인 철학자는 물론 홉스이다.

6 '묵계(convention)'라는 말이 여기서 처음으로 술어적인 뜻으로 쓰였다.

7 '약속(promise)'은 '묵계'와 함께 제3편에서 매우 중요한 개념이다. 흄은 이 두 가지 개념을 엄중히 구별한다. '소유'와 '소유권'이 다르듯이 '약속'과 '묵계'도 다르다. 약속은 묵계에서 발생한다. 약속과 묵계를 구별하고 묵계에 기초적인 역할을 부여함으로써 홉스식의 소박한 사회계약설의 추상에서 벗어날 수 있다.

8 '합의'는 'agreement'를 번역한 것이며, '묵계'와도 같은 뜻이다.

9 '소유(또는 자산)란 사회의 법률, 즉 정의의 법칙이 정한 바에 따라 우리가 늘 소유하는 자산에 지나지 않는다.' 여기에 '소유'와 '소유권'의 구별이 명료하게 나타난다.

10 가장 자연스러운 도덕적 소감은 자기중심성 및 자기와 가까운 사람에 대한 애정이다.

11 '자연 상태(state of nature)'를 즐겨 설명하는 철학자는 잘 아는 바와 같이 홉스이다. 로크 또한 그러했으나 흄이 여기서 염두에 둔 것은 홉스이다. 그리고 이어서 말하는 바를 통해 확실히 알 수 있듯이 흄은 자연 상태를 비현실적인 추상이라고 생각했다.

12 인간의 본성은 '감성과 오성이라는' 두 가지 주요 부분으로 구성되어 있다. 여기에 인간 본성의 이분법적인 사상이 뚜렷이 나타나 있다.

13 '한정된 관용(limited generosity)'이란 여기서 처음으로 쓰였으며 앞으로도 종종 쓰이는 표현인데, 자기와 가까운 사람들에 대한 애정을 뜻한다.

14 '소유의 공동체'는 'community'를 번역한 말이다. 립스는 'Gemeinsamkeit(des Besitzes)'라고 번역했다.

15 '강력한 포괄적 관용(strong extensive benevolence)'은 '한정된 관용'과 달리 온 인류에 미치는 보편적인 애정이다.

16 도덕적 선악은 개인적인 이해에서 떨어진 일반적 성찰에 있어 얻을 수 있다는 제3편 제1부 제2절에서 수립된 원칙은 정의의 덕에도 적용된다. 제3편 제1부 제2절 참조.

17 '첫 번째 물음'은 이제까지 추론해 온 '정의의 기원'에 대한 문제이다.

18 '자연적인 덕'은 이 편 제3부 제1절에서 자세히 논해진다. 정의에 따르는 도덕적 평가에 대해서도 그때 논해진다.

19 개인의 입장을 떠난 일반적 성찰에서 도덕이 성립한다는 것은 흄의 기본적인 사상이며, 지금까지도 이것을 말해 왔다. 제3편 제1부 제2절 참조. 또한 제3부 제1절에서 상세히 논해진다.

20 '일반 규칙(general rule)'의 활동에 대해서는 제1편 이후 종종 말해 왔다. 제1편 제3부 제13절 참조.

21 '인류에게서 덕의 감각을 없애기 위해' 진력을 기울여 온 자들이란, 말할 것도 없이 홉스 및 그 무리들이다.

22 '평판(reputation)'은 종종 문제가 되듯이 흄이 가장 관심을 품었던 바이며, 그것에 대한 사랑은 정념론의 중요한 주제 가운데 하나였다. 제2편 제1부 제11절 참조.

23 자연 상태에서 소유나 소유권이 없다는 것은 제3편 제2부 제5절에서 다시 논한다.

3 소유권을 결정하는 모든 규칙에 대하여

소유의 안정성에 대한 규칙이 인간 사회에 유익할 뿐만 아니라 반드시 필요하다고 하더라도, 그 규칙은 그와 같은 일반적인 조항으로 남아 있는 한 결코 어떤 목적에도 기여할 수 없다. 특정 재화는 특정한 개인에게 배당되어야 하며 그 밖의 사람들은 그 개인의 소유와 향유로부터 배제되어야 한다. 우리는 이것을 구별할 수 있을 법한 방법을 밝혀야 한다. 따라서 우리가 해야 할 일은 이 일반 규칙을 변경하여 일반적인 용도와 관습에 적합하도록 하는 이유를 밝히는 것이다.

그런데 특정인이나 공공이 특정 재화를 향유하는 데에서 거둘 수 있는 유용성이나 이익이 다른 사람이 특정 재화를 소유함으로써 발생할 수 있는 유용성이나 이익보다 크다는 데서는 이런 이유를 도출할 수 없다.[1] 만인이 각자 자신에게 가장 알맞고 자신이 쓰기에 가장 적절한 것을 가지는 것이 더 낫다는 것은 의심할 나위가 없다. 그러나 적합성이라는 관계는 몇몇 사람이 동시에 공유할 수도 있을 뿐만 아니라, 이 관계는 아주 많은 논쟁에 맞닥뜨리게 되고, 인간은 이런 논쟁을 판정하기에는 아주 편파적이고 격정적이므로, 이처럼 엉성하고 확실하지 못한 규칙은 인간 사회의 평화와 절대로 양립할 수 없을 것이다. 불화와 싸움이 일어날지 모를 모든 기회를 없애기 위해 우리는 소유의 안정성에 대한 묵계에 참여한다. 그리고 이 규칙을 적용함에 있어서 드러날 수도 있는 각각의 특정한 유용성에 따라 이 규칙을 매사에 다르게 적용하도록 버려 둔다면, 소유의 안정성이라는 이 목적은 결코 달성될 수 없을 것이다. 정의의 판결에 있어서, 정의는 특정인에 대한 대상들의 적합성 여부를 결코 고려하지 않고, 더욱 포괄적인 관점을 따른다. 어떤 사람이 관대하건 수전노이건 관계없이 정의는 그를 대등하게 인정하며, 그 사람은 설령 자신에게 전혀 쓸모 없는 것일지라도 자신에게 유리한 결정을 똑같이 수월하게 획득한다.

그러므로 소유가 안정되어야 한다는 일반 규칙을 특정 판단들을 통해 적용하는 것이 아니라 다른 일반 규칙을 통해 적용하는데, 이 다른 일반 규칙들은 반드시 사회 전체까지 확장되어야 하며 득실로 인하여 변하는 것은 아니어야 한다. 이런 결론을 증명하기 위해 나는 다음 사례를 든다. 나는 먼저 야만적이고 외로운 처지의 사람들을 생각하며 다음과 같이 가정한다. 즉 그런 상태의 불행을 감지하고 사회에서 발생될 수 있는 장점을 예견하므로, 그들은 서로 교제를 원하고 상호간의 보호와 부조를 제의한다. 또 하나의 가정은 다음과 같은 것이다. 즉 그런 사람들은 사회 및 협력을 도모하는 데 가장 큰 걸림돌이 자신들의 자연적 기질에 담긴 탐욕과 자기중심성에 있다는 사실을 직접적으로 지각할 정도로 예지를 갖추고 있어, 이 걸림돌을 없애기 위해 소유의 안정성과 상호 억제 및 상호 금지에 대한 묵계에 참여한다. 내가 느끼기에는 이런 추이가 전적으로 자연적인 것은 아니다. 사실 우리도 모르게 점진적으로 일어나는 이런 반성들은 한때 형성되는 것으로 내가 여기서 가정했을 뿐이며, 내가 말하고 싶은 것은 또 이런저런 우발적 사건들 때문에 자신들이 과거에 속해 있던 사회로부터 소외된 몇몇 사람은 어쩔 수 없이 자신들끼리 새로운 사회를 형성할 수도 있다는 것이다. 이때 이런 사람들은 바로 위에서 언급한 상황에 있다.

그렇다면, 이런 처지의 사람들이 사회의 확립과 소유의 불변성을 일반적으로 묵계한 뒤에 처음 겪는 어려움은 분명, 그들의 소유를 나누어 각 개인이 미래를 위해 한결같이 향유해야 할 특정한 몫을 각 개인에게 배당하는 방법이다. 이런 어려움이 그들에게 오래도록 걸림돌이 되지는 않을 것이다. 모든 사람은 자신이 지금 보유하고 있는 것을 계속 누리며 소유권 또는 항상적 소유[2]가 직접적 소유와 결합되는 것이 가장 자연적인 방편임을 즉각 알아차릴 것이다. 습관의 효력은 우리를 우리가 오랫동안 누렸던 것과 친화시킬[3] 뿐만 아니라, 그런 것에 애착을 갖도록 하며, 우리가 잘 모르는 더 값진 것보다는 오랫동안 누렸던 것을 더 선호하도록 만드는 것 따위이다. 우리는 오랫동안 우리 눈에 익었고 우리가 자주 유익하게 썼던 것에서 손을 떼기가 가장 어려운 것이 상례이지만, 우리가 이제껏 누려 본 적이 없고 우리와 익숙하지도 않은 것은 소유하지 않아도 쉽게 살 수 있다. 따라서 사람들은, 모든 사람이 각자 자신이 지금 소유하고 있는 것을 계속 누리려고 한다는 방편을 쉽사리 납득할 것이고, 이것이 지금 사람들이 소유하고 있는 것을 선택하는 데 아주 자연스럽게 동의하게 되는 까닭이라는 점은 명백하다.[4]

이처럼 소유권을 현재의 소유자에게 배당한다는 규칙이 자연스럽고 또 유용하더라도, 그 규칙의 유용성은 사회가 맨 처음 성립된 때의 단계를 넘어서지 않는다. 바꿔 말하면 그 규칙을 불변적으로 준수하는 것보다 위험한 일도 없을 것이다. 그 규칙을 불변적으로 준수하면 그 소유권을 본래의 소유권자에게 돌려주는 것은 배제되고, 모든 불의가 공인되고 보답받게 될 것이다. 그러므로 우리는 사회가 일단 수립된 다음에 소유권을 유발할 수 있는 다른 여건을 찾아야 한다. 나는 이런 종류의 여건 중 아주 중요한 네 가지, 즉 점유 취득, 시효, 증식 그리고 상속을 발견했다. 이 여건들을 점유 취득부터 하나씩 간단히 검토해 보자.

모든 외부적 자산에 대한 소유는 가변적이며 불확실하다. 이 사실은 사회를 확립하는 데 가장 큰 걸림돌이며, 또한 명시적이거나 묵시적인 보편적 합의를 통해 오늘날 정의와 공정의 규칙이라 일컫는 바에 따라서 사람들이 자제하는 이유이다. 이와 같은 절제 이전 상태의 불행은 우리가 될 수 있는 대로 빨리 절제라는 해결 방안에 순종하게 하는 원인이다. 이것은 우리가 최초의 소유 또는 점유 취득에 소유권의 관념을 덧붙이는 무난한 이유를 제공한다. 사람들은 잠시라도 소유권을 정하지 않은 상태로 내버려 두기를 원치 않으며, 바꿔 말하면 소유권에 대한 폭력과 무질서의 여지를 두려고 하지 않는다. 여기에 덧붙여서 말하자면 최초의 소유가 가장 관심을 끈다는 점이다. 단 우리가 최초의 소유를 무시한다면, 그 뒤에 이어지는 소유에 소유권을 배정할 근거는 전혀 없어질 것이다.[5]

이제 소유의 의미를 정확히 결정하는 일만 남았을 뿐이지만, 그 의미를 결정하는 일은 단번에 상상할 수 있을 만큼 쉬운 것은 아니다. 우리는 어떤 것을 직접 손에 쥐고 있을 때뿐만 아니라 능력껏 그것을 쓸 수 있는 상태일 때, 다시 말해 우리의 현재의 만족이나 이익에 따라 그것의 위치와 모양을 바꾸거나 파괴할 수 있을 때에도 그것을 소유하고 있다고 말

수확 사람은 저마다 자신의 노동 안에서 소유권을 얻는다. 서로 도와 추수하는 모습을 그린 16세기 농촌 풍경.

한다. 그렇다면 이 관계는 일종의 원인과 결과이며, 소유권은 정의의 규칙 또는 인간의 묵계에서 유래된 안정된 소유일 뿐이므로 소유와 동일한 종류의 관계로 간주해야 한다. 그렇지만 우리가 여기서 주목할 것은 우리가 부닥치는 방해의 개연성이 증감됨에 따라 그 대상을 쓰는 능력의 확실성도 증감된다.[6] 그리고 이 개연성은 우리가 느끼지 못하는 사이에 점차적으로 증대될 수도 있으므로, 소유가 시작되고 멈추는 때를 결정할 수 없는 경우가 많으며, 우리가 그와 같은 논란을 판정할 수 있는 확실한 기준도 없다. 예를 들어, 덫에 걸린 맷돼지가 달아나는 것이 불가능하다면 그 맷돼지는 우리 소유로 여겨진다. 그러나 불가능하다는 것은 어떤 의미인가? 우리는 이 불가능성을 비개연성과 어떻게 분리할 것인가? 게다가 우리는 어떻게 비개연성을 개연성과 정확히 구별할 수 있는가? 비개연성과 개연성의 엄밀한 한계를 정하고 이 주제에서 발생할 수 있을 법한, 그리고 경험을 통해 우리가 발견하듯이, 이 주제에서 자주 발생하는 모

든 논쟁을 판결할 수 있을 법한 기준을 보여 주기 바란다.[7]

그러나 이런 논쟁은 소유권과 소유 따위의 실제 존재 여부뿐만 아니라 그 범위에 관해서도 발생할 수 있다. 그리고 이런 논쟁은 종종 상상력 이외의 어떤 능력으로도 판결될 수 없다. 예를 들면 사람이 살지 않고 개척되지 않은 조그만 섬의 해변에 상륙한 사람은 첫 순간부터 그 섬의 소유자로 생각되며, 섬 전체에 대한 소유권을 얻는다. 그 대상은 공상에서 한정되고 구획되며, 동시에 새로운 소유자에게 배당되었기 때문이다. 그러나 같은 사람이 대브리튼[8]만 한 크기의 무인도에 상륙했다고 한다면 그 사람은 자신의 소유권을 직접 소유 이상으로 확장하지 못한다. 게다가 수가 많은 식민단이라면 상륙한 바로 그 순간부터 그 섬 전체에 대한 소유권자로 평가되겠지만 말이다.

그러나 흔히 있는 일이지만 최초 소유라는 권리는 시간이 지남에 따라 모호해지며, 따라서 그 권리를 두고 발생할지 모를 숱한 논쟁을 결정하는 것은 불가능하다. 이런 경우에 장기적인 소유 또는 시효가 자연적으로 발생하며, 인간에게 자신이 누리는 것에 대한 소유권을 부여한다. 인간 사회의 본성은 이런 문제에 대한 판단에 있어서 커다란 명확성을 허용하지 않으며, 우리가 사물들의 현재 상태를 판결하기 위해 언제나 그 기원으로 되돌아갈 수 있는 것도 아니다. 상당한 시간적 간격은 어떤 측면에서 대상들이 그 실재성을 잃어버린 듯이 보이게 하여 마치 그 대상들이 지금까지 존재하지 않았던 것처럼, 정신에 거의 영향을 미치지 못할 정도로 그 대상들에 대해 거리감을 두게 한다. 예를 들어, 지금 어떤 사람의 명료하고 확실한 권리는 설령 그 권리를 지지하는 사실들이 아주 분명하게 입증되더라도, 앞으로 50년 뒤에는 모호하고 불확실하게 여겨질 것이다. 동일한 사실도 매우 긴 시간이 지난 뒤에는 동일한 영향력을 갖지 않는다. 그리고 이것을 소유권과 정의에 대한 앞의 우리 학설을 옹호하는 논증으로 받아들일 수도 있다. 오랜 시간에 걸친 소유는 그 대상에 대한 권리를 부여한다.[9] 그러나 만물이 시간 속에서 산출된다고 하더라도 시간을 통해 산출된 것 중 실재하는 것은 아무것도 없다. 따라서 시간을 통해 산출된 소유권은 그 대상들에 실재하는 것이 아니라, 오직 시간만이 영향력을 갖는 것으로 밝혀진 소감의 산물이다.[10]

우리는, 대상들이 우리가 이미 소유권을 가진 대상들과 밀접하게 연관되어 있고 동시에 우리가 소유권을 가지고 있는 대상들보다 열등할 때, 그것을 증식하여 그 대상들의 소유권을 얻는다. 예를 들어 정원의 과일, 갓 태어난 송아지, 노예의 노동 따위는 우리가 소유하기 이전이라도 우리의 소유권으로 간주된다. 대상들이 상상력 안에서 함께 연관된 경우에, 그 대상들은 동일한 입장에 놓이기 쉽고 또 통상적으로 같은 성질들을 가진 것으로 상정된다. 우리는 별 어려움 없이 한 대상에서 다른 대상으로 옮겨 가며, 특히 후자가 전자보다 열등한 경우라면 이 대상들에 대한 우리 판단에 차이를 전혀 두지 않는다.[11]

상속권은 부모나 가까운 혈연의 막연한 추정적인 동의와 인류의 일반적 이해에서 비롯되는 아주 자연스러운 권리이다. 인류의 일반적 이해는, 인간이 더욱 부지런하고 검소하도록 만들기 위해 인간의 소유가 자신이 가장 아끼는 사람에게 옮겨질 것을 요구한다. 또한 이 원인들은 관계의 영향력 또는 관념들의 연합을 통해 지지될 것이다. 우리는 부모가 사망한 뒤에는 이 관념들의 연합 때문에 자연적으로 그 자식에게로 생각을 돌려, 그 아버지의 소유에 대한 권리가 자식에게 귀속되는 것으로 생각한다. 이 자산은 어떤 사람에게 소유될 수밖에 없지만, 그 자산이 누구의 것인지가 문제이다. 여기서 그 사람의 자식들이 자연히 떠오른다는 점은 명백하다. 그리고 자식들은 사망한 부모를 통해 그 소유물들과 연관되어 있으므로, 우리는 소유권이라는 관계를 통해 그들을 더욱 밀접하게 연관짓는 경향이 있다. 여기에 대한 비슷한 사례는 많다.[12]

〈주〉

1 도덕에 있어 개인적 이해는 고려 대상이 아니라는 것은 이미 몇 번인가 설명했다.

2 '소유권 또는 항상적 소유(property or constant possession)'라는 표현에서 '소유권'과 '소유'의 구별은 분명하다.

3 '친화시킨다'의 원어는 'reconcile'이다. 우리에게 '익숙해지게 하고, 친숙해지게 하며, 납득시키는 것'이다. 립스는 'aussöhnen'이라고 번역한다.

4 철학에서 가장 어려운 문제는 동일한 현상에 숱한 원인이 나타났을 때 지배적이고 주요한 원인을 결정하는 것이다. 우리의 선택을 결정할 정확한 논증은 거의 없고, 사람들은 유비 추리와 유사한 사례들을 비교함으로써 발생하는 일종의 취향이나 공상을 따르는 것에 만족해야 한다. 예를 들어 소유권을 결정하는 대부분의 규칙에 대한 동기가 공공의 이해라는 점은 현재의 경우에는 의심할 나위 없지만, 그래도 내가 의혹을 갖는 것은 이런 규칙을 확정하는 것이 주로 상상력이거나 우리 사유와 표상 작용의 하찮은 특성

들이라는 점이다. 나는 계속해서 이런 원인들에 대해 설명할 것이고, 독자들이 공공의 유용성에서 유래된 동기를 선호하든 또는 상상력에서 유래된 동기를 선호하든 그것은 독자의 선택에 맡겨 두겠다. 우선, 우리는 현재 소유자의 권리부터 시작할 것이다.

내가 이미 제1편 제4부 제5절에서 인간 본성을 두고 살펴보았던 성질은, 두 대상들이 서로 밀접한 관계를 가지고 있는 것으로 나타날 때 정신은 그 대상들의 결합을 완성하기 위해 그 대상들에게 추가적 관계가 속하는 것으로 생각하는 성향을 갖는다는 것이다. 이런 성향은 아주 강해서 우리를 자주 사유와 물질을 결부시키는 것과 같은 오류에 빠뜨린다. 이런 오류가 완전한 합일이라는 목적에 기여할 수 있다는 것을 우리가 깨닫는다고 하더라도 말이다. 우리 인상은 대개 장소나 공간적 위상을 가질 수 없다. 그렇지만 우리는 그런 인상들이 시각과 촉각 따위의 인상과 공간적으로 결부된 것으로 상정한다. 그 까닭은 단지 그런 인상들이 인과성에 의해 결합되고 또 이미 상상력 안에서 결합되어 있기 때문이다. 결합을 완성하기 위해서 우리는 새로운 관계를 꾸며 낼 수 있고 심지어 불합리한 관계까지 꾸며 낼 수 있으므로, 우리가 쉽게 상상할 수 있듯이 정신에 의존하는 어떤 관계가 있다면 이 관계를 선행 관계에 거리낌 없이 결부시키고, 새로운 유대를 통해 공상 안에서 이미 결합된 대상들을 결합시킨다. 예를 들어 물체를 배열할 때, 우리는 유사한 대상들을 서로 인접하게 두거나 적어도 대응하는 관점 아래 배치하지 않을 수 없다. 우리는 인접 관계를 유사 관계에 연결시키는 데에서 또는 상황의 유사성을 성질들의 유사성에 연결시키는 데에서 만족을 느끼기 때문이다. 우리는 이 현상을 인간 본성의 알려진 특징으로부터 쉽게 설명한다. 어떤 대상들과 정신이 연결되도록 제한되었지만 특정 대상들을 정신이 선택하는 것은 제한되지 않았을 때, 자연적으로 정신은 함께 관계된 대상들로 눈을 돌린다. 그 대상들은 이미 정신 안에서 결합되어 있다. 즉 그 대상들은 표상 작용에 동시에 출현한다. 그리고 그 대상들의 결부에 대해 새로운 이유가 필요한 것이 아니라, 오히려 이 자연적 친화성을 우리가 간과하는 데에 아주 강력한 이유가 필요할 것이다. 우리는 다음에 아름다움을 다룰 때 이 문제를 더욱 충분히 설명할 기회가 있을 것이다. 그동안 다음과 같은 점을 주목하는 것으로 만족하자. 즉 순서와 가지런함 따위에 대한 취향이 서재에 책을 배열하고 응접실에 의자를 배열하는 데 순서와 가지런함 따위에 대한 이 취향은 소유의 안정성에 대한 일반 규칙을 특정화함으로써 사회의 형성과 인류의 안녕 등에 기여한다. 소유권이 인간과 대상 사이의 관계를 형성하므로, 선행하는 어떤 관계에서 소유권이 발견되는 것이 당연하다. 그리고 소유권은 사회의 법률을 통해 보장된 항상적인 소유에 지나지 않으므로, 소유권을 그와 유사한 관계인 현재의 소유에 덧붙이는 것은 당연하다. 이 유사성 또한 영향력을 갖기 때문이다. 모든 종류의 관계를 결부시키는 것이 당연하다면, 서로 유사하고 함께 관련된 관계를 결부시키는 것은 더욱 자연스럽다.〔원주〕

5 어떤 철학자들은 예를 들어 점유 취득의 권리를 다음과 같이 설명한다. 사람은 저마다 자신의 노동 안에서 소유권을 얻는다. 그리고 사람이 자신의 노동을 대상에 결합할 때, 그 노동은 그 사람에게 그 대상 전체에 대한 소유권을 부여한다.

그러나 첫째, 우리가 목초지에서 소가 풀을 뜯게 함으로써 그 목초지를 손에 넣을 때처럼, 우리가 획득할 대상에 우리 노동을 결합할 수 없는 여러 종류의 점유 취득이 있다. 둘째, 이것은 증식을 통해 소유 문제를 설명하는 것이며 이런 설명은 쓸데없이 말을 돌리는 것이다. 셋째, 우리는 비유적인 의미에서만 어떤 대상에 우리 노동을 결합시킨다고 말할 수 없다. 정확히 말해서 우리는 그 대상을 우리 노동을 통해 변경시킬 뿐이다. 이를 통해 우리와 그 대상 사이에 관계가 형성되며, 위의 원리들에 따라 여기에서 소유권이 발생한다.〔원주〕

6 능력과 그 행사 관계에 대해서는 제2편 1부 10절 참조.

7 우리가 이성과 공공의 이해 안에서 이런 난점들의 해법을 모색한다면, 우리는 결코 만족하지 못할 것이다. 그리고 우리가 상상력 안에서 그 해법을 찾는다 해도, 상상력이라는 직능에 작용하는 성질들은 우리도 모르는 사이에 점차적으로 서로에게 이입되어 그 성질들의 정확한 경계나 한계를 나타내는 것은 불가능하다. 게다가 우리의 판단은 대상에 따라 현저히 변화하며, 어떤 대상에 대한 똑같은 능력과 가까움이 어떤 경우에는 소유로 생각되지만, 다른 경우에는 소유로 간주되지 않는다는 것 등을 우리가 고려하면, 여기서의 난점은 증대된다. 예를 들어 어떤 사람이 토끼사냥에서 토끼를 막다른 곳으로 몰아넣었다고 하자. 그때 다른 사람이 튀어나와 사냥감을 붙잡았다면 이것은 부당하다고 할 것이다. 그러나 같은 사람이 자기 손이 닿는 곳에 달린 사과를 따려고 할 때, 다른 사람이 재빨리 앞질러 가 그 사과를 소유하더라도 불평할 까닭은 전혀 없다. 토끼사냥의 경우에 토끼는 가지고 있지 않지만 사냥꾼의 노력의 산물은 가지고 있는 부동성이 사과 채취의 경우에는 없는 사냥꾼과 토끼 사이의 강력한 관계를 형성한다는 점을 제외하면, 이 두 경우 사이의 차이점의 근거는 무엇인가?

그러나 여기서 어떤 대상에 대한 확실하고 틀림없는 향유 능력도, 그 대상에 대해 직접 만지는 등의 감지할 수 있는 관계가 없다면, 소유권을 산출하지 않는 경우가 흔하다는 점은 명백하다. 그리고 내가 주목하는 점은 지금 대상을 향유할 능력이 없더라도, 대상에 대해 감지할 수 있는 관계는 그 대상에 대한 권리를 부여하기에 충분하다는 것이다. 대상을 보는 것은 중대한 관계라고 하기 어렵고, 그 대상이 숨겨져 있거나 아주 모호할 때에만 중대한 관계로 간주될 뿐이다. 이런 경우에 우리는 본다는 것만으로도 소유권을 얻는다. 이 공리에 따라서 대륙 전체도 그것을 처음 발견한 국가에게 귀속된다. 그렇지만 발견과 소유 두 경우에 있어서 최초 발견자와 소유자는 그 관계에 스스로 소유권 취득자가 되려는 의향을 결합시켜야 한다. 그렇지 않다면 그 관계는 어떤 효력도 갖지 않을 것이다. 우리 공상에서 소유권과 관계 사이의 연관은 그다지 중요하지 않고, 우리 의향의 도움이 필수적이기 때문이다.

이 모든 여건들로 미루어 점유를 통한 소유권 취득을 두고 얼마나 많은 문제들이 일어날지 쉽게 알 수 있다. 그리고 우리는 조금만 생각해도 정당한 결정의 여지가 없는 수많은 사례들을 발견할 수 있을 것이다. 우리가 가상적 사례보다 실제 사례를 선택한다면, 자연법을 다루는 거의 모든 저술가들에게서 마주치는 다음 사례를 생각해 볼 수도 있을 것이다.

새로운 정착지를 찾아서 모국을 떠난 그리스의 두 식민단은 부근의 한 도시를 원주민들이 버리고 떠났다는 사실을 알게 되었다. 이 보고의 진실 여부를 알기 위해 그들은 각 식민단에서 한 명씩, 두 사람의 사자를 바로 파견한다. 사자들은 가까이 가서 그들의 정보가 참이라는 것을 발견하고는 각자 자기 조국 사람들을 위해 그 도시를 소유할 의도로 함께 경주하기 시작한다. 이 사자들 중 자신이 상대편을 당해낼 수 없다는 사실을 깨달은 사람은 그 도시의 성문을 향해 자기 창을 던졌고, 창은 다행스럽게도 다른 사자가 도착하기 직전에 성문에 꽂혔다. 이 때문에 두 식민단 사이에는 누가 사람이 살지 않는 도시의 소유권 취득자인지에 대한 논쟁이 일어났다. 그리고 이 논쟁은 지금도 철학자들 사이에서 계속되고 있다. 내 입장에서 볼 때, 이 논쟁은 해결될 수 없다고 생각한다. 이 문제의 결정은 전체적으로 공상에 좌우되며, 이 경우에 공상은 이 문제에 대해 평결할 수 있는 정확하거나 결정적인 기준을 전혀 가지고 있지 않기 때문이다.

이런 사실을 분명히 하기 위해 다음과 같은 점을 살펴보자. 이 두 사람이 식민단의 구성원일 뿐, 사자나 대표자가 아니라면, 이들의 행동은 어떠한 중대성도 갖지 않을 것이다. 이럴 때 식민단과 그들의 관계는 미약하고 불완전할 뿐이기 때문이다. 게다가 그들이 점유를 통한 소유권 취득을 위해 그 도시의 담벼락이나 그 밖의 다른 부분이 아니라 오직 문으로 달려가도록 한정하는 것은, 흔히 성문에서 자신들의 심상과 은유를 이끌어 내는 시인들을 통해 우리가 알 수 있듯이 성문이 가장 눈에 띄는 부분이며, 그렇기 때문에 공상이 그 문을 도시 전체로 여기도록 하는 데 만족스럽다. 이외에도 우리가 고려할 수 있는 것은 창을 성문에 꽂는 것과 마찬가지로 한 사자가 성문에 접촉하거나 도착하는 것이 소유라고는 할 수 없다. 단지 하나의 관계를 형성할 뿐이다. 그뿐 아니라 우리는 그 밖의 경우에도, 이와 대등한 힘을 갖지는 않겠지만 이처럼 명백한 관계가 있다는 점을 고려할 수 있을 것이다. 이 관계들 가운데 어떤 것이 권리나 소유권을 나타내는지 그리고 이 관계들 가운데 어떤 것이 권리와 소유권이라는 결과를 내기에 충분한지에 대해서는 나보다 현명한 사람들의 판결에 맡겨 두겠다.〔원주〕

8 '대브리튼(Great Britain)'은 이른바 영국 본국으로, 잉글랜드와 스코틀랜드 그리고 웨일스로 이루어진다.

9 오랜 시간의 경과가 처음의 권리를 모호하게 한다는 부정적인 사정이, 최초의 권리 여하에 관계없이 오랜 소유에 소유권을 부여하는 적극적인 근거가 된다.

10 현재의 소유는 누구에게나 분명히 인간과 대상 사이의 관계이다. 그렇지만 현재의 소유는 오랫동안 부단하게 지속되어야 비로소 최초의 소유 관계와 충분한 균형을 이룬다. 이런 경우에 한 인간과 대상 간의 관계는 시간의 폭 때문에 현재 소유의 측면에서 증대되고, 시간적 거리 때문에 최초의 소유 측면에서 감소된다. 관계에서의 힘의 이러한 변화는 소유권에도 상응하는 변화를 산출한다.〔원주〕

11 소유권의 이런 원천은 오직 상상력을 통해서만 설명될 수 있다. 그리고 어떤 사람은 그 원인들이 이 경우에는 혼합되어 있지 않다고 단언할 수 있을 것이다. 우리는 나아가서 이 원인들을 더욱 상세히 설명하고, 일상생활이나 경험을 통한 사례로 증명할 것이다.

이미 살펴보았듯이 정신은 상호 관계들, 특히 유사한 관계들을 결합하려는 자연적 성향을 가지고 있으며, 그와 같은 결합에서 일종의 적합성과 제일성을 발견한다. 이런 성향에서 다음과 같은 자연법이 도출된다. 즉 사회를 처음으로 형성할 때, 소유권은 언제나 현재 소유를 따르며, 이어서 소유권은 최초의 소유 또는 오랜 소유에서 발생한다는 자연법이다. 그런데 쉽게 살펴볼 수 있겠지만, 그 관계는 한 단계에 국한되지 않는다. 우리는 사유가 너무 긴 진행 때문에 연결고리를 상실할 때까지, 우리 자신과 관련된 대상으로부터 그 대상과 관계된 모든 대상에 대한 관계를 획득한다. 이 관계는 나에게서 때마다 약화될 수는 있겠지만, 즉각 소멸되지는 않고 두 대상 모두에게 관계된 매개적 대상을 통해 두 대상을 연관짓는 경우가 흔하다. 그리고 이 원리야말로 증식의 권리를 유발하는 힘을 가진 원리이고, 우리가 직접 소유한 대상뿐만 아니라 그 대상과 밀접하게 연관된 대상에 대한 소유권까지 획득하게 되는 원인이다.

예를 들어 탁자에 라인 백포도주와 부르고뉴 포도주 그리고 포르투갈 포도주 등 포도주 세 병이 놓인 방에 독일인과 프랑스인 그리고 에스파냐인이 들어온다고 가정해 보자. 이 경우 그들은 포도주 분배 때문에 입씨름을 시작할 것이고, 판결을 위해 선임된 사람은 자신의 공평함을 보여 주기 위해 자연히 각자에게 자기 조국의 산물을 주려고 할 것이다. 이런 일이 발생하는 원리는 어떤 측면에서 자연법의 원천이며, 자연법은 점유 취득과 시효 그리고 증식 따위에 소유권을 귀속시킨다.

이 모든 경우, 특히 증식의 경우에는 먼저 인격의 관념과 대상의 관념 사이에 자연적 결합이 있으며, 그 다음에 우리가 그 인격에 속하는 것으로 생각하는 권리 또는 소유권에 의해 새로운 도덕적 결합이 있다. 그런데 여기서 우리의 관심을 끌 만한 난점이 발생하는데, 이 난점은 지금까지 이 주제에 대해 사용되었던 독특한 추론 방식을 우리가 시험할 기회를 제공할 것이다. 이미 살펴보았듯이, 상상력은 큰 것에서 작은 것으로 옮겨 가기보다는 작은 것에서 큰 것으로 옮겨 가는 것이 더 수월하며, 관념의 전이는 작은 것에서 큰 것으로 전이하는 것이 큰 것에서 작은 것으로 전이하는 것보다 더 수월하고 매끄럽다. 그런데 증식의 권리는 관련된 대상들을 함께 연관짓는 관념 전이 때문에 발생하므로, 관념의 전이가 수월하게 이행되는 데 비례해서 증식의 권리도 반드시 강화된다고 상상하는 것은 자연스럽다. 따라서 우리는 다음과 같이 생각할 수도 있을 것이다. 즉 우리가 지금까지 어떤 조그만 대상에 대해 소유권을 획득하고 있을 때, 우리는 쉽게 그 조그만 대상과 관련된 큰 대상을 조그만 대상의 증식으로 간주하고, 조그만 대상의 소유권자에게 속하는 것으로 여길 것이다. 이 경우에 조그만 대상에서 큰 대상으로의 전이는 아주 쉬워 대상들을 가장 밀접한 방식으로 연관지을 것이다. 그러나 사실은 언제나 다르게 나타난다. 대브리튼 제국은 자국뿐만 아니라 오크니 제도(Orkneys)와 헤브리디스 열도, 맨 섬 그리고 와이트 섬 등에 대한 영유권도 가지고 있는 것으로 여겨진다. 그러나 이 작은 섬들을 지배하는 것이 대브리튼에 대한 권리까지 포함하지 않는 것은 당연하다. 요컨대 작은 대상은 자연히 큰 대상의 증식에 의해 큰 대상에 포함된다. 그러나 큰 대상이 그것과 관련된 작은 대상의 소유권자에게 그 소유권과 관계만으로 속하는 것으로는 결코 가정되지 않는다. 그런데도 전자의 경우에서 소유권자로부터 큰 대상으로, 또 큰 대상에서 작은 대상으로 옮겨 가는 관념의 전이보다,

후자의 경우에서 소유권자로부터 그가 소유권을 갖는 작은 대상으로 또 작은 대상에서 큰 대상으로 옮겨 가는 관념의 전이는 더욱 매끄럽다. 따라서 이런 현상은 다음과 같은 가설에 대한 반론으로 생각될 수도 있을 것이다. 바꿔 말해 증식을 근거로 소유권을 승인하는 것은 관념의 관계와 상상력의 매끄러운 전이의 결과일 뿐이다.

상상력은 그 대상을 끊임없이 다른 시각으로 보는데, 상상력의 이런 기민성(agility)과 불안정성을 생각해 본다면, 이런 반박은 쉽게 해결될 것이다. 혹은 우리가 한 사람에게 두 대상의 소유권을 귀속할 때, 우리는 늘 그 사람으로부터 한 대상으로 옮겨 가며 또 그 대상으로부터 그것과 관련된 다른 대상으로 옮겨 간다고만 할 수 없다. 이 경우 그 대상들은 그 사람의 소유로 간주되므로, 우리는 그 대상들을 함께 묶어서 동일한 시각으로 보기 쉽다. 따라서 큰 대상과 작은 대상이 함께 관련되어 있다고 가정했을 때, 한 사람이 큰 대상과 강력한 관계를 가진다면, 함께 고려되는 두 대상들에 대해서도 역시 강력한 관계를 가질 것이다. 왜냐하면 가장 두드러진 부분과 관계를 가지고 있기 때문이다. 반면에 그 사람이 작은 대상과 관계를 가질 뿐이라면, 함께 고려되는 두 대상 모두에 대해 강력한 관계를 가질 수는 없을 것이다. 그 사람은 아주 사소한 부분과 관계할 뿐이고, 이 사소한 부분은 우리가 전체를 고려할 때 우리에게 큰 영향을 미치기 어렵기 때문이다. 그리고 이것은 작은 대상이 큰 대상의 증식이 되지 큰 대상이 작은 대상의 증식이 되지 않는 까닭이다.

철학자나 법학자들의 일반적 의견은 다음과 같다. 즉 바다는 특정 국가의 소유가 될 수 없다. 바다를 소유하는 것이 불가능하거나, 바다에 대해 소유권의 토대가 될 수 있는 뚜렷한 관계를 형성하는 것이 불가능하기 때문이다. 이런 이유가 사라지면 바로 소유권이 발생한다. 따라서 바다의 자유를 가장 열렬하게 옹호하는 사람들이 널리 인정하는 바는 증식으로서의 내포(內浦, 바다가 육지 안으로 휘어 들어간 부분)와 만(灣)이 주변 대륙의 소유권자들에게 자연히 속한다는 점이다. 내포와 만은 태평양이 그러하듯이 육지와 결합되거나 유대를 가질 수 없다는 것이 옳다. 그러나 내포와 만은 공상 안에서 육지와 결합되며 동시에 육지보다 작기 때문에 당연히 육지의 증식으로 간주된다.

대부분의 국가 법률이나 우리 사유의 자연적 성향에 따르면, 강의 소유권은 하안의 소유권자에게 귀속된다. 다만 라인 강이나 다뉴브 강처럼 큰 강은 상상력이 증식을 통해 인근 들판의 소유권에 따르도록 하기에는 너무 크기 때문에 예외이다. 그렇지만 이런 강조차 강이 흐르는 육지의 영유권을 가진 국민의 소유로 여겨진다. 국민의 관념은 그 강들에 상응하는 크기를 가지므로, 공상 안에서 그 강에 대해 소유의 관계를 유지한다.

법학자들이 말하듯이, 이른바 범람을 통해, 즉 모르는 사이에 강 연안의 육지가 증식된다면 그 증식된 것은 해당 육지의 것이다. 증식은 상상력의 결부 작용을 강력하게 돕는 조건이다. 적잖은 토지가 한쪽 강기슭에서 한꺼번에 떨어져 나와 다른 강기슭에 붙었을 때 그 토지가 다른 강기슭의 육지와 합일될 때까지 그리고 나무나 식물이 그 토지와 육지에 뿌리를 퍼뜨릴 때까지는 그 토지는 떠내려간 곳의 육지를 소유한 자에게 속하지 않는다.

이런 증식과 다소 유사하지만 기본적으로는 매우 달라 우리의 관심을 살 만한 다른 경우도 있다. 서로 다른 사람들의 소유권이 분리의 여지가 없는 방식으로 결부되는 경우이다. 이때 합일된 집단이 누구에게 속하는지, 이것이 문제이다.

우선 이런 결부의 본성이 구분의 여지는 있지만 분리의 여지는 없는 경우에, 판결은 쉽고도 자연스럽다. 그 집단 전체는 각 부분들의 소유권자들이 공유해야 하는 것으로 상정되며, 다음에 이 부분들의 비율에 따라 구분되어야 한다. 그러나 나는 여기서 로마법이 융화와 혼합을 구별함에 있어서 매우 세밀하다는 점을 주목하지 않을 수 없다. 융화는 서로 다른 두 액체와 같은 두 물체가 합쳐진 것이며, 이 경우에 각 요소들은 전혀 구별할 수 없게 된다. 혼합은 두 물체를 곡식 두 부셸(1 bushel=30L)처럼 섞은 것이고, 이 경우에 각 요소들은 분명히 눈에 보이게 분리된 채로 있다. 후자의 경우에 상상력은 전자의 경우만큼 완전한 합일을 발견하지 않지만, 각 물체의 소유권에 대한 별개의 관념을 추적하여 보존할 수 있다. 이것은 다음과 같은 사실의 근거이다. 즉 로마 시민법은 융화의 경우에는 완벽한 공유와 이에 따른 비례적 분배를 결정하지만 혼합의 경우에는 소유자들이 결국 필요에 따라 할 수 없이 같은 비례적 분배를 따른다고는 해도 소유자들은 저마다 별개의 권리를 유지한다고 상정한다.

만일 갑이라는 사람의 곡식을 을의 곡식에 혼합하였다고 한다면, 그리고 갑과 을의 의사에 따라 그렇게 하였다면, 그 곡식은 공동 소유이다. 왜냐하면 각자의 물체, 곧 각자의 사유였던 곡식을 서로의 합의에 의해 혼합하였기 때문이다. 그런데 만일 이들 곡식이 우연히 혼합되었거나, 한쪽이 다른 쪽의 동의 없이 그것을 혼합했을 때는 공동 소유라고 보지 않는다. 그 이유는 각자의 물체가 그 원형을 보존하고 있는 까닭이다. 따라서 이와 같은 경우에는 갑과 을의 가축이 섞였을 때와 마찬가지로 곡식은 공동 소유가 되지 않는다. 그러니 갑과 을 가운데 어느 하나가 혼합된 곡식 전부가 자기 것이라고 주장할라치면, 곡식이 어떻게 해서 각 사람의 것이 되는지 소송이 행해진다. 그러면 어느 곡식이 누구의 것이 되는지 판단하도록 재판관의 평결에 맡기게 된다. 유스티니아누스 법전, 법학제요 제2편 1부 28절.

또, 어떤 사람이 다른 사람의 땅에 집을 지을 때처럼 두 사람의 소유권이 구분이나 분리의 여지가 전혀 없는 방식으로 합일되어 있는 경우에, 그 전체는 두 소유권자들 중 한 사람에게 속해야 한다. 이때 내가 주장하는 바는 가장 중요한 부분의 소유권자에게 전체가 속하는 것이 자연스럽다는 것이다. 복합적인 대상이 서로 다른 두 사람과 관계를 가질 수도 있고 우리가 그 두 사람을 동시에 고려할 수 있다고 하더라도, 주로 가장 중요한 부분이 우리의 관심을 끌며 엄격한 접합 관계에 의해 가장 중요한 부분이 그보다 덜 중요한 부분을 흡수하기 때문이다. 이런 까닭으로 전체는 가장 중요한 부분의 소유권자와 관계를 유지하며 그의 소유로 간주된다. 다만 무엇을 가장 중요한 부분이라고 하면 우리가 만족할지 그리고 상상력의 관심을 가장 끄는 것이 무엇인지가 난점이다.

이 성질은 서로 거의 연관이 없는 서로 다른 여러 여건에 의존한다. 복합 대상의 한 부분은 다른 부분보다 더 불변적이고 지속적이기 때문에 또는 가치가 크거나 더 명백하고 현저하기 때문에 또는 그 범위가 더 넓거나 그 존재가 더욱 독특하고 독립적이기 때문에, 다른 한 부분보다 더 중요해질 수 있다. 그러나, 상상할 수 있는 서로 다른 모든 정도와 서로 다른 모든 방식으로 이런 여건들이 결부되거나 대립될 수 있으므로, 우리가 어떤 만족스러운 판정도 내릴 수 없을 정도로 두 측면에 대한 근거가 대등하게 균형을 이루는 많은 경우가 초래될 것이라는 점을 우리는 쉽게 생각할 것이다. 그렇다면 여기서 국내법 고유의 과제란 결정되지 않은 채로 방치된 인간 본성의 원리를 확정하는 것이다.

로마 시민법에 따르면, 지상권은 토지에 속하고. 저작 활동은 저작물에 속하며 캔버스는 그림에 속한다. 이런 판정들이 늘 일치하는 것은 아니며 그 판정들이 도출된 원리들이 서로 대립하는 데 대한 증거이다.

그러나 이런 종류의 물음 가운데 가장 특이한 물음이 여러 세대에 걸쳐 프로클루스와 사비누스의 문하생들을 구분하였던 것이다. 어떤 사람이 다른 사람의 금속으로 잔을 만들거나 다른 사람의 나무로 배를 만든다고 가정하고, 또 금속이나 나무의 소유권자가 자신의 재산권을 요구한다고 가정하면, 그 소유권자가 그 잔이나 배에 대한 권리를 획득하는지 여부가 문제이다. 사비누스는 이 물음에 긍정적이며, 실질이나 질료는 모든 성질들의 토대라고 주장한다. 실질이나 질료는 썩지 않고 없어지지 않으므로 우연적이고 의존적인 형태보다 우위이다. 반면에 프로클루스는 형태가 가장 명시적이고 주목할 만한 부분이며 이 형태로부터 물체는 이런저런 종류로 명명된다고 한다. 여기에 덧붙여서 그는 실질이나 질료는 대부분 아주 유동적이고 불확실하며 그것의 온갖 변화를 추적하는 것은 완전히 불가능하다고 말할 수 있었을 것이다. 나 자신은 그와 같은 논쟁을 확실하게 판결할 수 있는 원리를 모른다. 따라서 나는 아주 슬기롭게 여겨지는 트레보니아누스의 판결을 언급하는 것으로 만족하겠는데, 그의 판결은 다음과 같다. 즉 그 잔은 원래 형태로 되돌아갈 수 있기 때문에 금속의 소유권자에게 귀속되지만, 배는 그와 반대인 이유 때문에 그 형태의 제작자에게 귀속된다. 그러나 이 추리는 아무리 슬기롭게 여겨진다 하더라도 공상에 의존하고 있으며, 이와 같은 환원 가능성을 통해 공상은, 실체가 보다 안정되고 불변적인 경우에, 나무의 소유권자와 배 사이에서보다는 금속 소유권자와 잔 사이에서 더욱 밀접한 연관 관계를 발견한다.〔원주〕

12 나중에(제3편 제2부 10절에서) 정치조직의 권위에 대한 다양한 권리를 검토하면서, 우리는 상속권이 대개 상상력에 좌우된다는 것을 확신할 수 있는 많은 근거들을 접하게 될 것이다. 나는 잠시 이 주제에 속하는 한 가지 사례를 살펴보는 것으로 만족하겠다. 어떤 사람이 자식 없이 죽어서, 그의 유산을 두고 혈족들 사이에서 말다툼이 발생했다고 가정하자. 이때 만일 죽은 사람의 재산 중 일부는 그 아버지로부터 물려받은 것이고, 일부는 어머니에게서 물려받은 것이라면, 그와 같은 말다툼을 해결하는 가장 자연스러운 방식은 그 재산을 나누어 그가 상속받았던 부계와 모계 혈족들에게 배당하는 것이다. 이 점은 명백하다. 그런데 그 사람이 자신의 재산에 대한 완전한 소유권자라면 다음과 같은 문제가 있다. 상상력이 아니면 우리는 무엇을 통해 이와 같은 분배의 공정성

과 그 자연적 근거를 발견할 수 있을까? 가족들에 대한 그의 애정은 그의 재산에 좌우되지 않는다. 따라서 그와 같은 분배에 대한 그의 동의는 결코 정확히 추정될 수 없다. 그리고 어느 혈족에서도 공공의 이익은 전혀 고려되지 않고 있는 것으로 보인다.(원주)

4 동의에 따른 소유권 양도에 대하여

소유의 안정성은 인간 사회에서 아무리 유용하고 심지어 반드시 필요하다고 하더라도 매우 큰 폐단이 따른다. 인류의 소유물을 분배할 때, 그 소유물이 어떤 사람에게 적합하거나 알맞다는 따위의 관계는 결코 고려되어선 안 되지만, 우리는 더 일반적으로 적용되면서도 의심과 회의의 여지가 훨씬 적은 규칙에 따라 처신해야 한다. 사회가 처음 수립되었을 때는 현재의 소유가 바로 이런 종류의 규칙이며, 그 후에는 점유 취득, 시효, 증식 그리고 상속 따위가 이런 종류의 규칙이다. 이런 규칙들은 아주 우연적이므로 인간의 필요 및 욕구 모두에 상반되는 경우는 허다하고, 사람과 소유물이 전혀 어울리지 않는 경우도 흔할 수밖에 없다. 이것은 큰 폐단이며, 이에 대한 해결 방안이 필요하다. 어떤 해결 방안을 직접 적용하고 모든 사람이 저마다 자신에게 적합하다고 판단하는 것을 폭력을 통해 손에 넣도록 허용하면, 이것은 결국 사회를 파괴하고 말 것이다.

따라서 정의의 규칙은 엄격한 안정성과 (폭력에 의한) 가변적이고 불확실한 조정 사이의 어떤 중도(中道) 원리를 추구한다. 그렇지만 소유권자가 다른 사람에게 자신의 소유물과 소유권을 양도하는 데 동의하는 경우를 제외하고는 소유물과 소유권은 언제나 안정적이어야 한다는 것이 가장 명백한 중도 원리이다. 이 규칙은 전쟁과 알력을 일으키는 나쁜 결과를 결코 초래하지 않는다. 당사자인 소유권자의 동의와 함께 양도가 이루어지기 때문이다. 그리고 사람들에게 소유권을 조정함에 있어서 이 규칙은 여러 가지 좋은 목적에 기여한다. 지구상의 서로 다른 지역들은 서로 다른 물자를 산출한다. 그뿐만 아니라 사람들은 각자 태어날 때부터 각 직업에 맞는 능력을 타고나고, 특정 직업에 열중하면 그 직업에서 더욱 완전하게[1] 된다. 이것은 모두 상호 교환과 거래를 요구한다. 따라서 동의 없는 소유권의 안정성과 마찬가지로 동의에 따른 소유권 변경도 모두 자연법을 기초로 한다.

위에서 말한 것들은 모두 명백한 유용성과 이해에 의해 결정된다. 그렇지만 더욱 일상적 근거들에 따르면 소유권의 이전 또는 대상의 가시적인 양도는 일 반적으로 국내법에 의해 규정되고, 또한 대부분의 저술가들에 따르면 소유권 변경에 꼭 필요한 여건인 자연법에 의해 규정된다. 어떤 사물에 대한 소유권이 도덕성이나 정신의 소감과는 전혀 상관없이 실재하는 것으로 간주된다면, 이 런 소유권은 우리가 전혀 감지할 수 없고 또 생각할 수조차 없는 성질이다. 바 꿔 말하면 결코 소유권의 변경이나 안정성에 관해 관념을 뚜렷하게 형성할 수 없다. 우리 관념의 이러한 불완전성은 소유권의 안정성이라는 측면에서 거의 감지할 수 없다. 이 관념은 거의 우리의 관심을 끌지 않고, 정신은 그 관념을 꼼꼼히 살피지 않고 흘려버리기 때문이다. 그렇지만 어떤 사람에게서 다른 사 람에게로 소유권이 바뀌는 것은 비교적 주목할 만한 사건이므로, 우리 관념의 결함은 이 경우에 더욱 뚜렷해지며, 우리는 이 결함 때문에 어쩔 수 없이 우리 관념의 결함에 대한 해결 방안을 찾느라고 모든 측면을 둘러보게 된다. 그런데 어떤 관념에 생기를 불어넣는 데에는 현재의 인상 및 현재의 인상과 그 관념 사이의 관계보다 나은 것이 없다. 따라서 우리는 자연히 이 영역에서, 즉 소유 권 변경의 문제에서 가상의 묘안을 찾는다.

상상력이 소유권 변경을 표상하는 것을 도우려면, 우리는 감지할 수 있는 대 상을 선택하여 우리가 소유권을 부여하려는 사람에게 실제로 그 대상에 대한 소유를 양도한다. 그 행동들의 가상적 유사성[2] 및 이 감지할 수 있는 이전의 현 존 따위는 정신을 기만하여 공상에 빠지도록 함으로써 정신이 소유권의 신비 적 이전을 구체적으로 드러나도록 한다.[3] 그리고 문제를 이렇게 해명하는 것이 정당하다는 점은, 실제로 이전을 실행할 수 없는 인간은 이런 공상을 만족시키 기 위해 상징적 이전을 고안했다는 점으로 확실해진다. 예를 들어 곳간 열쇠를 주는 것은 그 안의 곡식을 옮기는 것으로 이해된다. 또한 돌과 흙을 주는 것은 소유지의 이전을 나타낸다. 이것은 시민법과 자연법 따위에서 일종의 미신적 관행이며, 종교에서 로마 가톨릭교의 미신[4]과 흡사하다. 로마 가톨릭 교도는 그리스도교의 이해할 수 없는 신비를 구체적으로 나타내며, 이 신비와 유사한 것으로 상정되는 양초와 제의(祭衣) 및 근엄한 표정 따위를 통해 그 신비를 정 신에 더욱 현실적으로 만든다. 마찬가지로, 법률가와 도덕론자는 지금까지 바로 이런 이유에서 유사한 상징을 발명하는 데에 몰두했고, 바꿔 말하면 발명된 것을 통해 동의에 따른 소유권 양도에 관해 이해하기 위해 노력했다.

〈주〉

1 여기에서도 '직업의 분화'를 생각하고 있다.

2 그 대상을 가시적으로 양도하는 행동과 소유권을 양도하는 행동 사이의 유사성을 가리킨다.

3 양도라는 일상적 현상이 인상의 생기나 관계의 효과라는 근본원리에서 일관적으로 설명되어 있는 점에 주목해야 한다.

4 로마 가톨릭교를 미신이라고 부르는 것에 대해서는 제1편 제3부 제8절 참조.

5 약속의 책임에 대하여

지금 나는 두 명제를 증명하여, 약속 수행을 명령하는 도덕 규칙이 자연적이지 않다는 사실을 분명히 밝히려 한다. 그 명제란 첫째, 묵계가 약속을 확립하기 전에는 그 약속을 이해할 수 없을 것이다. 둘째, 그 약속을 이해할 수 있다고 하더라도 그 약속은 어떤 도덕적 책임도 수반하지는 않을 것이다.

내가 말하는 바는 첫째, 약속은 자연적으로 이해할 수 있는 것이 아니며 인간의 묵계에 앞서서는 이해할 수 없다. 즉 사람들이 직관적으로 서로의 생각을 지각할 수 있다고 하더라도 사회와 친숙하지 않은 사람은 다른 사람과 결코 계약을 맺을 수 없다는 점이다. 만일 약속이 자연적이고 이해될 수 있다면, '나는 약속한다'는 말에 따르는 정신 작용도 있어야 한다. 그리고 책임은 이 정신 작용에 좌우될 수밖에 없다. 그러면 영혼의 모든 직능을 개괄해 보고, 그 중 약속에 영향을 미치는 직능이 무엇인지 살펴보자.

약속을 통해 표현되는 정신 작용은 어떤 것을 수행하겠다는 결심이 아니다. 결심으로는 어떤 책임도 부과하지 않기 때문이다. 또한 그런 수행의 욕구도 아니다. 우리는 그와 같은 욕구 없이도, 심지어 공공연하고 명백한 혐오로도 약속에 속박되기 때문이다. 게다가 정신 작용은 우리가 수행하기로 약속한 행동에 대한 의욕도 아니다. 약속은 늘 미래를 염두에 두며, 의지는 현재 행동에만 영향을 주기 때문이다. 따라서 결과적으로 약속에 개입하여 약속에 대한 책임을 끄집어 내는 정신 작용은 특정한 수행을 결심하거나 욕구하거나 의욕하는 것이 아니므로, 필연적으로 약속에서 발생하는 책임에 대한 의욕임에 분명하다. 이것[1]은 결코 철학적인 결론에 머무는 것이 아니라, 우리가 생각하고 표현하는 일상적 방식에도 안성맞춤이다. 우리는, 우리가 자신의 동의에 따라 맹세하고 책임은 우리의 순수한 의지와 쾌락에서 생겨난다고 말할 때 이런 사실을 깨닫는다. 그렇다면 문제는 오직 다음과 같은 것이다. 정신의 이런 작용을 상정하는 데에는 명백한 불합리가 있지는 않은가? 또 선입견과 언어 오용 따위로 자신의 관념이 혼동된 사람이 아니면 어느 누구도 빠지지 않을 불합리가 있지는 않은가?

모든 도덕성은 우리 마음에 좌우된다. 다시 말해 정신의 작용이나 성질이 일정한 방식으로 우리에게 쾌락을 줄 때, 우리는 그 작용이나 성질을 유덕하다고 말한다.[2] 그리고 그 성질이나 작용을 방치하거나 수행하지 않아서 우리에게 그와 같은 방식으로 불쾌감을 줄 때, 우리는 우리에게 그것을 수행할 책임이 있다[3]고 말한다. 책임의 변화는 마음의 변화를 상정한다. 그리고 새로운 책임의 발생은 새로운 마음의 발생을 상정한다. 그렇지만 우리가 천체의 운동을 변화시킬 수 없듯이, 당연히 우리 자신의 소감도 변화시킬 수 없다. 또 의지의 작용이 없다면 어떤 행동이 반대의 인상들을 내놓았거나 서로 다른 성질들을 지녔을 경우에, 의지의 오직 한 가지 작용, 즉 약속을 통해 우리가 그 행동을 호의적이거나 언짢게 만들 수는 없고, 도덕적이거나 부도덕하게 만들 수도 없다. 따라서 새로운 책임을 의욕하는 것, 즉 고통이나 쾌락 등 새로운 소감을 의욕하는 것은 불합리할 것이다. 또 인간이 자연히 그 엄청난 불합리에 빠질 가능성도 전혀 없다. 따라서 약속은 자연적으로는 전혀 이해될 수 없는 것이고, 약속에 속하는 정신의 작용도 없다.[4]

둘째, 그러나 약속에 속하는 정신 작용이 있다고 하더라도, 약속은 어떤 책임도 자연적으로 산출할 수 없다. 이것은 앞의 추론에서 명백하게 드러난다. 약속은 새로운 책임을 만든다. 새로운 책임은 새로운 마음이 생기는 것을 상정한다. 그런데 의지는 새로운 마음을 만들 수 없다. 따라서 설령 정신이 그 책임을 의욕하는 불합리에 빠질 수 있다고 상정하더라도, 어떤 책임도 약속에서 자연적으로 발생하지는 않는다.

바로 이 진리는 일반적인 정의가 인위적 덕이라는 점을 증명하는 추론을 통해 더욱 명백하게 증명될 수 있을 것이다. 어떤 행동을 이끌어 낼 역량이 있는 기동적 정념이나 동기가 인간 본성에 뿌리내리지 않았다면, 그 행동은 우리에게 의무로 요구될 수 없을 것이다. 그런데 이 동기는 의무감일 수 없다. 의무감은 이것에 앞선 책임을 상정한다. 따라서 자연적 정념이 어떤 행동을 요구하지 않는다면, 자연적 책임도 결코 그 행동을 요구하지 못한다. 정신과 기질 따위의 결함이나 불완전함이 밝혀지지 않더라도, 결과적으로 부덕과 전혀 무관하게, 그 행동이 없을 수 있기 때문이다. 그러나 분명, 의무감 이외에 약속을 수행하도록 우리를 이끌 도덕적 동기는 없다. 우리가 약속은 도덕적으로 책임을 지지 않는다고 생각한다면, 우리는 약속을 지킬 어떤 의향도 느낄 수 없다. 이런 것이 자연적 덕에는 없다. 불행한 사람을 구할 책임이 없더라도, 우리의 인류애는 우리를 이 책임으로 이끈다. 우리가 이 의무를 이행하지 않는다면, 인류애라는 자연적 소감을 갖추지 못했다는 증거라는 점에서 이행하지 않은 데 대한 부도덕성이 발생한다. 아버지는 자식들을 돌보는 것이 자신의 의무임을 알고 있다. 그런데 아버지는 그 의무에 대한 자연적 의향도 가지고 있다. 만약 인류가 이런 의향을 가지고 있지 않다면, 어느 누구에게도 그런 책임이 없을 것이다. 그러나 약속에 대한 책임의 감각 이외에 약속을 지켜야 한다는 의향은 자연적으로는 존재하지 않는다. 따라서 약속을 지키는 성실은 자연적 덕이 아니며, 앞서 인간의 묵계가 없다면 약속은 아무런 힘도 가지지 못한다.

여기에 동의하지 않는 사람은 다음 두 명제에 대해 철저한 증거를 내보여야 한다. 즉 약속에 수반되는 특이한 정신 고유의 작용이 있다. 그리고 약속을 수행하려는 의향은 의무감과는 별도로 정신의 이런 작용의 결과로 발생한다. 내 추정으로는, 이 두 명제 모두 증명할 수 없다. 그러므로 감히 나는 약속이 인간이 발명해 낸 것이며, 사회의 필요와 이해에 기초를 두고 있다고 결론을 내린다.

우리는 앞서 사회의 법을 유발하는 인간 본성의 성질들을 살펴보았거니와, 사회의 필요와 이해를 찾기 위해서는 바로 이 성질들을 숙고해야 한다. 인간은 자연적으로 자기중심적이거나 혹은 단순히 한정된 관용만 타고났을 뿐이다. 그러므로, 오직 낯선 사람의 이익을 위해 어떤 행동을 수행함으로써만 기대할 수 있는 반대급부를 염두에 두지 않고는, 낯선 사람의 이익을 위해 행동할 마음이 쉽게 내키지 않는다. 그런데 서로를 위한 행동 수행이 동시에 끝날 수 없는 경우가 흔히 있으므로, 필연적으로 한쪽은 불확실한 상태로 머물며 자신의 친절에 대한 보답으로 감사를 기대하는 것으로 만족해야 한다. 그렇지만 인간 사이의 엄청난 부패 때문에 대체로 이 기대는 믿을 만한 보장을 주지 못한다. 그리고 은혜를 베푸는 사람은 자기 이익을 염두에 두며 호의를 제공한다고 상정되므로, 이것은 한편으로는 도덕적 책임과 분리되는 것이며 동시에 배은망덕의 참된 모태인 자기중심성의 구체적인 예도 된다. 그러므로 우리가 자신의 정서와 의향의 자연적 흐름을 따르게 되면, 사심 없는 관점에서 다른 사람의 이득을 위해 수행할 행동은 거의 없을 것이다. 자연적으로 우리의 친절과 애정은 아주 제한되어 있기 때문이다. 또 우리는 자신의 이해를 고려하여 다른 사람을 위해 행동하는 경우가 드물다. 우리는 다른 사람의 감사를 신뢰할 수 없기 때문이다. 그러면 여기서 부조의 상호 교류는 인류 사이에서 대부분 사라져 버리고, 사람들은 저마다 자신의 복지와 생존을 위해 자신의 기술과 근면에 집착한다. 소유의 안정성에 대해 자연법을 고안한 것은 이미 인간이 서로에 대해 배려하도록 했다. 소유권과 소유를 동의에 의해 양도하는 것에 대한 법은 사람들에게 서로 이득이 되는 출발점이었다.

그렇지만 우리가 아무리 이 법을 엄격하게 지키더라도, 인간이 자연적으로 상호 이익을 채울 수 있게 서로 돕도록 하기에는 이 법이 충분하지 않다. 소유가 안정되어 있다 하더라도, 사람이 특정 종류의 재화를 필요 이상으로 많이 소유하는 동시에, 다른 재화가 부족하여 고통을 겪는다면, 그동안 이 사람은 소유한 재화에서 사소한 이득밖에 거두지 못하는 경우도 종종 있을 것이다. 소유권의 양도가 이런 폐단에 대한 적절한 해결 방안이지만, 그마저도 그 폐단을 온전히 구제할 수는 없다. 소유권의 양도는 오직 현존하는 개별적 대상에 대해서만 발생할 수 있는 것이며, 현존하지 않는 일반적 대상에 대해서는 발생하지 않는다. 우리는 20리그(1 league≒4.8㎞)나 멀리 있는 특정 주택의 소유권을 양도할 수 없다. 이 경우 동의가 양도에 필수적 여건인 이전을 수반할 수 없기 때문이다. 그저 의사 표현과 동의만을 통해 곡식 10부셸(1 bushel=약 2말 또는 30L)이나 포도주 5통을 양도할 수는 없다. 이것들은 일반 명사일 뿐이고, 특정 곡물 더미나 포도주 통과 직접적인 관계가 없기 때문이다. 게다가 인간의 거래

는 물물의 교환에 국한되는 것이
아니라, 우리가 우리의 상호 이익
과 이득을 위해 교환할 수 있는
여러 봉사나 행동에까지 확장될
수 있다. 오늘 당신의 곡식이 익
고, 내 곡식은 내일 익을 것이다.
그러므로 오늘 내가 당신을 위해
일하고, 내일은 당신이 나를 돕는
것은 두 사람 모두에게 유리하다.
그런데 나는 당신에 대한 호의가
없으며, 당신도 나에 대한 호의가
거의 없다는 것을 알고 있다. 따
라서 나는 당신의 이익을 위해 힘
을 들이지 않을 것이고, 보답을

서로 돕는 미풍 오늘 내가 당신을 위해 일하고, 내일
은 당신이 나를 돕는 것은 우리 모두에게 유리하다. 랭
부르 형제의 《기도서》(1416) 부분.

기대하며 나 자신을 위해 당신과 함께 노동한다고 하더라도 나는 실망할 것을
알며 실없이 당신의 감사를 기대했다는 것을 안다. 그러므로 이 경우에 나는
당신을 혼자 일하도록 버려두며, 당신 또한 나와 같을 것이다. 계절이 바뀌고,
우리는 둘 다 서로에 대한 신임과 보장이 부족한 까닭으로 수확기를 놓친다.

이 모든 것은 인간 본성의 자연적이고 고유한 원리와 정서 따위의 결과이다.
그리고 이 정서나 원리들은 불변적이므로, 이 정서와 원리들에게 의존하는 우
리의 행동 역시 반드시 불변적일 것이며, 도덕론자나 정치가가 공공의 이해를
고려하여 우리에게 참견하거나 우리 행동의 자연적 진로를 바꾸려고 해도 허
사일 것이다. 그리고 실로 도덕론자나 정치가들의 계획의 성공 여부가 인간의
자기중심성과 배은망덕함을 바로잡을 수 있는지에 달려 있다면, 인간 정신을
새롭게 다듬어 그 근본적인 성격을 바꿀 수 있는 전능한 힘의 도움을 받지 않
는 한, 도덕론자나 정치가들은 결코 그와 같은 계획을 이룰 수 없을 것이다. 그
들이 자부할 수 있는 것은 기껏해야 앞서 말한 자연적 정념에 새로운 방향을
제시하고, 우리 욕망이 무모하고 충동적인 활동보다는 우회적이고 인위적인 방
식[5]에서 더 잘 충족된다는 것을 가르쳐 주는 것이다. 따라서 나는 다른 사람

에게 실제로 어떤 호의도 없지만 그를 위해 품 들이는 것을 배운다. 나는, 나의 품에 상응하는 다른 사람의 품갚음을 기대하고 또 다른 사람과의 상호 부조를 유지하기 위해 그가 나의 품을 갚을 것을 예견하기 때문이다. 따라서 내가 그에게 품들인 뒤에 그는 나의 행동에서 발생한 이점을 소유하며, 자신이 (품갚음을) 거부했을 때의 결과를 예견함으로써 자신의 몫을 수행할 마음이 생긴다.

그러나 인간 사이에서 자기 이익 위주의 거래가 발생해서 사회의 주류를 이루기 시작하더라도 우정과 부조라는 더욱 관대하고 고귀한 교제를 고스란히 소멸시키지 않는다. 나는 내가 사랑하며 각별히 친숙한 사람에게, 나의 이득을 전혀 예상하지 않더라도 품들일 수도 있을 것이다. 그리고 그 사람들은 과거의 내 품에 대한 빚을 갚는다는 생각 없이도 나에게 갚을 수 있을 것이다. 따라서 거래의 서로 다른 두 종류, 타산적인 거래와 비타산적인 거래를 구별하기 위해서 고안된 일정한 언어 형식이 있는데, 이 언어 형식을 통해 우리는 어떤 행동 수행을 맹세한다. 이 언어 형식이야말로 이른바 약속을 만들어 내며, 이 약속은 인류의 타산적 거래에 대한 허가이다. 어떤 사람이 무엇을 약속한다고 말할 때, 실제로 그는 그 행동을 수행하겠다는 결심을 표현한다. 아울러 그는 이 언어 형식을 씀으로써 약속을 지키지 못했을 경우에 다시는 신뢰받지 못하는 형벌을 받는다. 결심은 약속이 표현하는 정신의 자연적 작용이다. 그러나 이 경우에 단지 결심만 있다면, 약속은 이전의 동기만 밝힐 뿐이며 새로운 동기나 책임을 창출하지는 않을 것이다. 약속은 인간의 묵계이며, 일정한 상징이나 기호를 제정하여 이에 따라 어떤 특정 사건에서 우리 행동 양식의 안전성을 서로에게 제공할 수도 있으며, 이런 상징이나 기호가 있다면 인간사는 서로에게 훨씬 이익이 되도록 처리될 수 있다는 것을 경험을 통해 우리가 깨닫게 될 때, 이 묵계는 새로운 동기를 만든다. 이러한 기호가 제정된 다음부터는 이 기호를 쓰는 사람은 누구나 자신의 이해 때문에 자신의 책무를 반드시 실행해야 하며, 그가 만일 자신이 약속한 바의 수행을 거부한다면 그는 더 이상 신뢰받기를 기대해서는 안 된다.

인간 본성이 아무리 야만적이고 미개하다고 하더라도, 제도와 약속 준수에서 얻는 이익을 인류가 깨닫도록 하는 데 필수적인 지식은 결코 인간 본성의 역량보다 우월하게 평가될 수 없다. 우리는 세계를 아주 조금만 경험하더라도 제도와 약속 준수 따위의 중요성과 장점을 지각할 수 있다. 사회에 대한 매우 짧은 경험도 모든 유한한 인간(mortal)에게 이것을 일깨워 줄 것이다. 그리고 각 개인이 자신의 동료에게서 이익에 대한 동일한 감각을 지각할 때, 개인은 계약[6]에서 자기 동료들도 자신들의 역할을 모자람 없이 수행할 것이라는 점을 확신하게 됨으로써 자신의 역할을 바로 수행한다. 그 동료들은 모두 힘을 합쳐 공통의 이익에 적합한 행동 체계에 참가하고, 자신의 말에 충실할 것에 합의한다. 이와 같이 힘을 합하고 묵계를 구성하는 데 필요한 것은 오직 각자가 책무를 충실히 이행하는 데에서 이해에 대한 감각을 느끼며, 이 감각을 사회의 다른 구성원들에게 표현하는 것뿐이다. 이런 사실은 이해가 그 성원들에게 영향을 주게 되는 직접적 원인이다. 그리고 이해야말로 약속 수행에 대한 첫 번째 책임[7]이다.

나중에 도덕적 마음이 이해와 공조하여, 인류에 대한 새로운 책임이 된다. 약속을 수행하면서의 이 도덕성의 소감은 다른 사람의 소유권을 탐내지 않는 경우의 원리와 동일한 원리에서 발생한다. 공공의 이해와 교육 그리고 정치가들의 책략은 어느 경우에든 동일한 결과를 갖는다. 약속에 도덕적 책임이 따르는 것으로 상정함에 있어서 우리가 겪는 난점들을 우리는 극복하든가 회피한다. 예를 들자면, 결심의 표현은 의무적이라고 상정되지 않는 것이 보통이다. 바꿔 말해 우리는 일정한 언어 형식을 쓰는 것이 어떻게 실질적 차이를 유발할 수 있는지 쉽게 생각할 수 없다. 그러므로 우리는 여기서 정신의 새로운 작용을 가상적으로 그려 보는데, 우리는 이 작용을 책임을 의욕함[8]이라고 한다. 그리고 우리는 바로 이 작용에 도덕성이 의존하는 것으로 상정한다. 그렇지만 우리가 이미 증명했듯이, 그와 같은 정신 작용은 없으며, 따라서 약속은 자연적 책임을 전혀 부과하지 않는다.

이런 사실을 확인하기 위해, 약속에 개입하여 약속에 대한 책임을 유발하는 것으로 상정되는 의지에 대해 우리는 좀더 살펴볼 수 있을 것이다. 우선 분명히 의지가 홀로 그 책임을 유발하는 것으로 상정되는 것은 결코 아니며, 의지가 어떤 사람에게 구속력을 부과하기 위해서는 반드시 언어나 기호로 표현되어야 한다. 이 표현은 의지를 지지하는 것으로 일괄 제시되면 곧 약속의 주요 부분이 되어 어떤 사람이 은밀하게 자신의 의도에 다른 방향을 나타내고 책임에 대한 의지 작용과 결심을 억누르더라도, 자신의 말에 얽매이지 않을 수 없다. 그러나 표현은 대부분의 경우에 약속 전체를 이루지만 늘 그렇지는 않다. 그리고 어떤 표현을 의미도 모르고 지킬 의도도 없이 쓰는 사람이 그 표현에 얽매이지는 않을 것이다. 그뿐만 아니라 그가 그 의미를 알더라도 자신이 지킬 진지한 의도가 없다는 것을 명백히 보여 주는 기호와 함께 장난삼아 쓰면, 그는 수행의 책임을 지지 않을 것이다. 그렇지만 그 표현과 상반되는 기호가 없다면, 그 말은 필연적으로 의지의 완전한 표현이다. 오성의 순발력을 통해 우리가 어떤 기호로부터 어떤 사람이 우리를 속일 의도를 가진 것으로 추측하는 경우에, 우리가 그의 표현이나 구두 약속을 받아들였을지라도, 그것으로 인해 이 사람이 속박당하지는 않을 거라고 상상해서는 안 된다. 우리는 이런 결론을 그 기호들이 기만의 기호와 전혀 다른 종류인 경우로 한정해야 한다. 약속의 책임이 사회의 편의를 위한 인간의 발명품일 뿐이라면 이 모순들은 모두 쉽게 해명되지만, 만일 그 책임이 정신이나 신체 따위의 작용에서 발생한 실제적이고 자연적인 것이라면 결코 해명될 수 없다.

새로운 약속은 모두, 약속하는 사람에게 새로운 도덕적 책임을 부과한다. 또 이 새로운 책임은 약속하는 사람의 의지에서 발생하므로, 이것은 우리가 상상할 수 있는 한 가장 신비적이고 이해할 수 없는 작용 가운데 하나일 것이다. 실체 전환이나 서품성사(敍品聖事, holy orders)[9]에 비견될 수 있는 것인데, 이 경우에 어떤 의도와 아울러 일정한 언어 형식은 외부 대상의 본성을 고스란히 변화시키며, 심지어 인간의 본성까지 변화시킨다. 다만 약속의 책무가 지닌 신비와 실체 변화나 서품이 지닌 신비는 이런 점에서는 흡사하다고 하더라도 그밖의 측면에서는 큰 차이가 있다. 이 차이는 이 신비들의 기원이 다르다는 데에 대한 강력한 증거로 간주될 수 있다. 약속의 책임은 사회의 이해를 위해 고안된 것이다. 따라서 그 책임은 사회의 이해가 요구하는 만큼 다양한 형식으로 변형되며, 그 목표를 잃기보다는 오히려 직접적인 모순에 빠지기도 한다.

그러나 그 밖의 황당한 교의들은 그저 성직자들의 발명품일 뿐이고 공공의 이익을 전혀 고려하지 않기[10] 때문에, 전파되는 과정에서 새로운 장애 때문에 교란되는 일은 거의 없다. 바꿔 말하면 이 교의들은 처음에는 황당하지만 그 다음부터는 이성과 상식의 흐름을 더욱 직접적으로 따른다는 점을 우리는 인정해야만 하는 것이다. 언어의 외부적 형식은 소리에 지나지 않으므로, 말이 효력을 갖도록 할 의도를 요구한다. 그리고 이 의도가 공표되었건 은폐되었건 간에, 또 진실된 것이든 기만적인 것이든 간에, 일단 필수적 여건으로 간주되는 이상, 이 의도가 없으면 반드시 그 실행도 없다. 신학자들은 이런 점을 분명하게 지각하고 있다. 따라서 지금까지 신학자들의 공통적인 결론은 성직자의 의도가 성사를 만들고, 성직자는 은밀하게 자신의 의도를 철회할 때 개인적으로는 큰 죄를 짓지만 세례성사나 영성체 또는 서품성사를 무효로 만든다는 것이다. 이 교의의 가공스런 귀결은 그 교의의 발생을 막을 수 없었지만, 약속의 측면에서 볼 때 이와 유사한 교의의 폐단 때문에 지금까지 교의가 안정되지 못했다. 언제나 인간은 미래보다 현재의 삶에 더 관심을 갖는다. 그리고 인간은 미래의 것으로 여겨지는 가장 큰 악보다는 현재의 것으로 여겨지는 가장 작은 악을 더 중요하게 생각하기 쉽다.

우리는 모든 약속의 기원에 대한 바로 이런 결론을 힘에서 도출할 수도 있다. 이 힘은 모든 계약을 무효로 만들고 우리가 그 계약에 대한 책임을 면하도록 하는 것으로 상정된다. 이 원리는 약속이 자연적 책임을 전혀 갖지 않으며, 사회의 편의와 이득을 위한 인위적 발명품일 뿐이라는 것에 대한 증거이다. 이 사실을 올바르게 고찰한다면, 힘도 우리에게 말을 하도록 부추겨 책임지도록 하는 희망과 두려움 따위의 동기와 본질적으로 차이가 없다. 치명적인 상처를 입고 자신을 치료하는 의사에게 많은 돈을 지불하기로 약속한 사람은 틀림없이 그 약속을 수행해야 한다. 그런데 도덕성에 대한 우리 소감들이 전적으로 공공의 이익과 편의에 기초를 둔 것이 아니라면, 어떤 사람이 강도에게 일정액을 지불하기로 약속했다고 할 때와 의사에게 치료비 지불을 약속한 경우가 다를 바 없으므로 도덕성에 대한 우리 소감에서도 아주 큰 차이가 나타나지 않는다.

<주>
1 '결과적으로 약속에 개입하여 약속에 대한 책임을 산출하는 정신 작용은 특정한 수행을 결심하고 욕구하며 의욕하는 것이 아니므로, 필연적으로 이와 같은 정신 작용은 약속에서 발생하는 책임에 대한 의욕임에 틀림없다'를 가리킨다.
2 도덕적 선악이 작용이나 성질이 부여하는 특수한 쾌락이나 불쾌함에 있다는 것은 제3편 제1부 제2절에서 자세히 설명했다.

3 어떤 작용을 '방치하거나 수행하지 않은' 것이 어떤 특수한 방식으로 불쾌함을 줄 때, 그 작용을 '수행할 책임이 있다.' 여기에 도덕적 책임의 심리학적 해명이 있다.

4 도덕성이 마음을 통해서는 발견될 수 없고 이성을 통해 발견될 수 있다면, 약속은 도덕성에 어떤 변화도 일으킬 수 없음은 더욱 명백할 것이다. 도덕성은 관계에 있는 것으로 상정된다. 따라서 새롭게 부과되는 도덕성은 모두 대상들 사이의 새로운 관계에서 발생하는 것이 틀림없다. 따라서 의지는 도덕에 대해 어떤 변화도 직접적으로 산출할 수 없으며, 오직 그 대상에 변화를 산출함으로써만 결과를 산출할 수 있다. 그러나 약속의 도덕적 책임은 우주의 어떤 부분에도 아주 작은 변화조차 주지 않는 의지의 순수한 결과이므로, 약속은 전혀 자연적 책임을 갖지 않는다.

　누군가 의지의 이런 작용은 사실상 새로운 대상이므로 새로운 관계와 새로운 의무를 산출한다고 말한다면, 나는 다음과 같이 대답하겠다. 이것은 대단한 정확성과 엄밀성을 통해 밝혀야 할 순수한 궤변이다. 새로운 책임을 의지하는 것은 대상들의 새로운 관계를 의지하는 것이다. 따라서 대상들의 이 새로운 관계가 의욕 자체를 통해 형성된다면, 우리는 실제로 그 의욕을 의지하려 할 것이다. 이것은 누구나 알듯이 불합리하고 불가능하다. 이 경우 의지는 자신이 향할 수 있을 대상을 전혀 갖지 못한 채 무한히 자기 자신에게로 되돌아간다. 새로운 책임은 새로운 관계에 달려 있다. 새로운 관계는 새로운 의욕에 달려 있다. 이렇게 새로운 의욕은 대상에 대한 새로운 책임을 가지며, 결과적으로 새로운 관계를 가지고, 마침내 새로운 의욕을 갖는다. 그러나 이 의욕은 끝도 없이 다시금 새로운 책임과 관계와 의욕을 고려한다. 따라서 우리는 결코 새로운 책임을 의욕할 수 없고, 결과적으로 의지는 결코 약속에 수반되거나 도덕성에 대한 새로운 책임을 산출할 수도 없다.(원주)

5 약속의 책임이 '우회적이고 인위적인 방식에서(in an oblique and artifical manner)' 발생하는 심리적 과정은 여기에서 자세히 그려진다. 원문은 간결하지만 번역문에는 보충을 했다.

6 '계약(contract)'이라는 표현은 흄으로서는 드문 표현이다.

7 이 문구는 직역된 것이지만 의미가 모호하다. 립스는 '약속 수행에 대한 첫 번째 책임'을 '약속 수행에 대한 책임의 제1근거'로 번역하고 있다. Lipps, p. 270.

8 '책임을 의욕'하는 '정신의 새로운 작용을 가상적으로 그려본다'는 것은 외적인 연속 존재나 외적인 실체 등을 가상적으로 그려 보는 정신적 과정과 비슷한 원리에 기초한다.

9 내가 말하는 것은 서품성사가 지워질 수 없는 성격을 산출하는 것으로 상정되는 한해서이며, 그 밖의 측면에서 서품성사는 단지 합법적인 자격 부여일 뿐이다.(원주)

10 실체 변화나 서품을 '그저 성직자들이 발명'한 '황당한 교의'라고 하는 데서 흄의 반종교적인 태도를 엿볼 수 있다.

6 정의와 불의에 대한 몇 가지 성찰

　우리는 지금까지 소유의 안정성에 대한 법, 동의에 따른 소유의 양도에 대한 법, 약속 수행에 대한 법 등 기초적인 자연법 세 가지를 검토해 보았다. 인간 사회의 평화와 안전은 전적으로 이 세 가지 자연법을 철저히 따르는 데 달려 있다. 이 세 가지 자연법이 무시된다면 결코 사람들 사이에 화합을 이끌어낼 수 없다. 사회는 인간의 안녕을 위해 절대적으로 필요하며, 그리고 이 자연법들은 사회를 지탱하는 데 반드시 있어야 한다. 이 자연법들이 인간에게 어떠한 제재를 가하든, 이 자연법들은 인간 정서의 실질적 소산이며 정서를 만족시키는 더욱 기술적이고 세련된 방식이다. 우리 정서만큼이나 늘 깨어 있고 강렬한 것도 없다. 그리고 이 규칙들을 철저히 지킨다는 묵계만큼 명백한 것도 없다. 따라서 자연은 지금까지 인간의 행동 양식에 이 일을 전적으로 맡겼다. 그리고 우리의 기분과 생리적 구조 따위에 대한 다른 원리들은 우리를 하나의 행동 체계로 인도하기에 충분하지만, 하나의 행동 체계에 우리가 따르도록 결정하는 고유의 근원적 원리를 자연히 정신에 부여하지는 않았다. 이 진리를 더욱 충분히 확신하기 위해, 우리는 여기서 잠시 멈추고 앞의 추론들을 되새겨 봄으로써, 이 자연법들은 필연적이라고 하더라도 전적으로 인위적이며 인간의 묵계라는 점과 그리고 정의는 인위적 덕이지 자연적 덕이 아니라는 점 따위를 증명하기 위해 새로운 논변을 몇 가지 이끌어 내자.

1. 내가 실시할 첫째 논변은 정의(正義)에 대한 통속적 정의(定義)에서 시작된다. 정의(正義)는 대체로 모든 사람을 각각 정당하게 대우하는 불변적이고 영속적인 의지[1]라고 정의(定義)된다. 이 정의(定義)에서 가정된 것은 정의(正義)와 무관하게 정의에 앞서는 권리와 소유권 따위가 있다는 것과, 인간이 정의의 덕의 실천을 꿈조차 꾸지 못했더라도 그와 같은 것은 존속했다는 것 따위이다. 나는 이미 대강이나마 (제3편 제2부 2절에서) 이 의견의 오류를 살펴보았으며, 여기서 계속해서 이 주제에 대한 나의 소감을 좀더 분명하게 밝히고자 한다.

이른바 소유권이라는 성질은 페리파토스 학파 철학의 가상적 성질[2] 중 많은 것과 비슷하며, 우리의 도덕적 소감들과 별도로 생각하여 좀더 철저히 숙고하면 이 성질은 사라진다는 것 따위를 주목함으로써 나는 이 논의를 시작하겠다. 분명 소유권은 대상의 감지할 수 있는 성질 가운데 어떤 것에도 있지 않다. 대상들의 감지할 수 있는 성질은 불변적으로 동일하게 지속될 수도 있겠지만 소유권은 변하기 때문이다. 따라서 소유권은 대상의 어떤 관계에 있어야 한다. 그렇지만 소유권은 그 밖의 생명이 없는 외부 대상과는 관계를 갖지 않는다. 이 대상들은 불변적으로 동일한 관계를 이어나갈 수도 있지만, 소유권은 변하기 때문이다. 따라서 소유권이라는 성질은 예지적이고 지성적인 존재에 대한 대상들의 관계에 있다. 그렇지만 소유권의 본질을 형성하는 것은 외부적인 유형(有形)의 관계는 아니다. 외부적인 유형의 관계는 생명이 없는 대상들 사이에서도 동일할 수 있을 것이고, 야수들에 대해서도 동일할 수 있으나, 이러한 경우에는 소유권을 형성하지 않기 때문이다. 따라서 소유권은 내적인 관계에 있다. 즉 소유권은 대상의 외부적 관계가 인간의 정신과 행동에 미치는 어떤 영향력에 있다. 우리가 점유 취득 또는 최초의 소유라고 일컫는 외부적 관계는 대상에 대한 소유권으로 상상되는 것이 아니라, 오직 그 대상에 대한 소유권의 원인으로 상상될 뿐이다. 그런데 분명, 외부 대상에는 이 외부적 관계가 원인인 것이 하나도 없다. 단지 외부적 관계는 정신에 영향을 미칠 뿐이다. 왜냐하면 외부 대상을 우리가 탐내지 않고 최초의 소유자에게 되돌려 주는 데에서 외부적 관계는 의무감을 우리에게 제공하기 때문이다. 이런 행동이야말로 곧 우리가 정의(正義)라고 일컫는 것이다. 따라서 소유권의 본성은 바로 이 정의라는 덕에 의존하는 것이지, 이 덕이 소유권에 의존하는 것은 아니다.

따라서 정의는 자연적 덕이고 불의는 자연적 부덕이라고 주장하려는 사람이 있다면, 그 사람은 소유의 개념과 권리 그리고 책임의 개념으로부터 추상된 어떤 행동 양식과 일련의 행동은 대상들에 대한 외부적 관계 안에서 자연적으로 도덕적 아름다움과 추함을 가지며 또 근원적 쾌락과 거북함의 원인이 된다고 주장해야 한다. 예를 들어 어떤 사람의 재화를 그 사람에게 되돌려 주는 것은 유덕한 것으로 간주되지만, 그것은 자연이 다른 사람의 소유권과 관련된 행동 양식에 쾌락이라는 소감을 동반시켰기 때문이 아니다. 오히려 그것은 다른 사람이 최초로 소유했거나 오래도록 소유한 외부 대상 또는 최초로 소유했거나 오래도록 소유한 사람의 동의를 통해 다른 사람이 취득한 외부 대상과 관련된 행동 양식에 자연이 쾌락이라는 소감을 동반시켰기 때문이다. 자연이 우리에게 그와 같은 소감을 부여하지 않았다면, 소유권 따위는 자연적으로 즉, 인간의 묵계에 앞서 존재하지도 않는다. 이제 이 주제에 대한 무미건조하고 날카로운 고찰을 통해 그와 같은 행동 양식에 자연이 쾌락 또는 찬동의 소감을 동반시키지 않았다는 것은 충분히 명백해졌다고 하더라도, 나는 될 수 있는 대로 의심의 여지를 없애기 위해 나의 의견을 확인하기 위한 몇 가지 논변을 덧붙일 것이다.

첫째, 위에서 말한 쾌락을 우리에게 자연스럽게 주었다면, 이 쾌락은 그 밖의 모든 경우와 마찬가지로 명백하게 식별될 수 있을 것이다. 다시 말해 일정한 상황에서 일정한 행동을 생각하는 것이 일정한 쾌락과 찬동의 소감을 제공한다는 것을 우리는 전혀 어려움 없이 알 수 있을 것이다. 따라서 우리는 정의의 개념을 정의하면서 소유권의 개념에 호소해서는 안 되며, 동시에 소유권에 대해 정의하면서 정의의 개념을 써서도 안 된다. 이 추론의 기만적 논구 방법은, 이 주제에 몇 가지 모호함과 난점이 담겨 있으며, 우리는 이 모호함과 난점을 헤어날 수 없고 이제까지 말해 온 순환 논증의 책략을 통해 모면하려 한다는 데 대한 명백한 증거이다.

둘째, 소유권이나 권리 및 책임을 결정하는 규칙들은 그 자신에게는 자연적 기원 특징은 전혀 없지만 오히려 책략과 제도적 장치라는 특징이 많다. 이 규칙들은 자연에서 유래되었다고 하기에는 너무 많고, 인간의 법률에 의해 변화될 수 있다. 게다가 이 규칙들은 모두 공공복리와 사회[3] 유지 따위를 향한 직접적이고도 명백한 경향을 갖는다. 공공복리와 사회 유지라는 여건은 두 가지 측면에서 주목할 만하다. 첫째, 공공복리가 이 법률들의 자연적 경향인 것처럼 이 법률들을 정립하는 원인은 공공복리에 대한 고려였다고 하더라도, 이 법률들은 의도적으로 어떤 목적을 위해 입안되고 그 목적을 향하기 때문에 인위적일 것이다. 둘째, 인간이 본래부터 공공복리를 강하게 고려한다면, 인간은 결코 이 법에 의해 자제하지 않을 것이다. 따라서 정의의 법칙은 자연의 원리에서 더욱 우회적이고 인위적인 방식으로 발생한다. 자기애는 이 법칙들의 실질적 기원[4]이다. 그리고 한 사람의 자기애는 다른 사람의 자기애와 자연히 상반되므로, 타산적인 여러 정념들은 행동 양식과 생활 태도 따위에 대한 체계에 협력하는 방식에 따라 반드시 조정되어야 한다. 또한 그러므로 각 개인의 이해를 포괄하는 이 체계가 공공복리에 유리한 것은 당연하다. 비록 발명자가 이 체계를 공공복리라는 목적으로 의도한 것이 아니더라도 말이다.

2. 두 번째로, 모든 종류의 덕과 부덕이 감지하지 못하는 사이에 뒤섞여, 선악의 경계를 결정할 수 없는 것은 아니지만 결정하기 어려울 정도로 점차적으로 엇비슷해지는 경우를 우리가 살펴볼 수 있을 것이다. 그리고 이런 사실을 주목함으로써 우리는 앞의 원리를 옹호하는 논증을 이끌어 낼 수 있을 것이다. 모든 종류의 덕과 부덕에 대한 어떤 경우든, 권리와 책임 그리고 소유권 따위는 그와 같이 감지할 수 없는 점차적 변화를 허용하지 않는다. 인간은 충분하고 완전한 소유권을 갖든가 아니면 전혀 갖지 못하든가 하며, 어떤 행동을 반드시 수행해야 하거나 전혀 책임이 없는 상태에 있다. 국내법이 완전한 영유권과 불완전한 영유권을 언급하더라도, 이성에 기초를 두지도 않았고 결코 자연적인 정의와 공정에 대한 개념에 포함될 수도 없는 허구에서 이러한 영유권이 발생했다는 것을 관찰하는 것은 쉽다. 예를 들어, 하루 동안 말을 임대한 사람은 겨우 하루이긴 하지만 그 시간만큼은 말의 소유자가 다른 날 말을 사용하는 것과 똑같이 말을 사용할 충분한 권리를 갖는다. 바꿔 말하면 말을 사용하는 시간과 정도의 제약은 있을 수 있다고 하더라도 그 권리 자체는 점차적인 단계가 있을 수 없고 그 권리가 미치는 범위 안에서는 절대적이고 완전하다. 따라서 우리가 관찰할 수 있듯이, 다른 성질이나 관계 따위에서는 두드러지고 감지할 수 없는 점차적인 단계 없이, 이 권리는 한순간에 발생하고 소멸하며, 사람은 점유 취득이나 소유자의 동의를 통해 대상에 대한 소유권을 완전히 획득하며, 자신의 동의를 통해 그 소유권을 상실한다. 소유권과 권리 그리고 책임이 이상과 같은 한, 나는 이것이 정의와 불의 따위에 관해서는 어떠한지를 묻는다. 당신은 이 물음에 어떤 방식으로 대답하든 간에 입장을 밝히기 힘든 어려움에 빠진다. 만약 당신이 정의와 불의는 정도의 차이를 허용하며 감지하지 못하는 사이에 뒤섞인다고 대답하면, 책임과 소유권은 점차적인 변화가 없다고 한 앞의 입장과는 분명하게 모순이 된다. 책임과 소유권은 전적으로 정의와 불의에 달려 있고, 그것들의 변이는 모두 정의와 불의에 따른다. 즉, 정의가 완전한 경우라면 소유권도 완전하다. 정의가 불완전하다면 소유권 역시 불완전해야 한다. 이와 반대로 소유권이 그런 변이를 전혀 허용하지 않는다면, 그 변이 역시 정의와 상반되어야 한다. 따라서 당신이 만약 바로 이 명제에 동의하고 정의와 불의에는 정도의 차이가 있을 수 없다고 주장한다면, 이것은 정의와 불

의가 자연적으로 유덕하거나 부덕한 것이 아니라고 주장하는 것이다. 자연적인 덕과 부덕, 즉 도덕적 선과 악, 모든 자연적 성질들이 감지하지 못하는 사이에 뒤섞여, 대부분의 경우에 구별할 수 없기 때문이다.

그리고 비록 철학과 법률의 일반 공리와 추상적 추론은 소유권과 권리 그리고 책임이 그 정도를 허용하지 않는다는 입장을 확립하고는 있지만, 일상적인 나태한 사유 방식에서 우리는 이런 의견을 받아들이기에 큰 어려움을 발견하며 심지어 이와 상반된 원리를 은밀하게 신봉하기도 하는데, 이런 점을 여기서 잠시 주목하는 것도 값질 것이다. 대개의 사물은 반드시 이 사람 아니면 저 사람의 소유이며 행동은 반드시 수행되든가 수행되지 않는다. 여기서 우리는 필연적으로 양자택일해야 하며, 또 둘 사이의 올바른 절충점을 찾기가 불가능한 경우도 흔하다. 그 결과 우리는 이 사실을 되새겨 볼 때 모든 소유권과 책임이 완전하다는 것을 인정할 수밖에 없다. 반면에 소유권과 책임의 기원을 고찰하여 그것들이 공공의 유용성에 의존하며, 경우에 따라서는 상상력의 성향에 의존하지만 어느 측면에서도 좀처럼 완전하지 않다는 것을 우리가 알게 되면, 우리는 이 도덕적 관계들에는 감지할 수 없는 점차적 변화가 있다고 자연스럽게 상상하는 경향이 있다. 따라서 분쟁 당사자들의 동의를 통해 사안의 완전한 결정권을 중재인에게 일임하는 중재의 경우에, 대체로 중재인은 분쟁 당사자들이 절충점을 찾아 그들 사이의 분쟁 대상을 나누도록 설득할 정도로 양측에 대한 공정과 정의를 발견한다. 민사 재판관은 이런 자유를 갖지 않으며 어느 한편에게 유리한 확정적인 판결을 내릴 수밖에 없다. 그 때문에 재판관은 종종 어떻게 결정해야 할지 당혹스러워하며 세상에서 가장 하찮은 이유를 근거로 판결할 수밖에 없다. 일상생활에서는 그토록 자연스럽게 여겨지는 반쪽의 권리와 책임은 재판관의 법정에서는 완전히 불합리한 것이며, 이런 이유로 재판관은 어느 쪽으로든 그 사안을 종결시키기 위해 반쪽의 논변을 전체적인 논변으로 생각할 수밖에 없는 경우가 자주 있다.

3. 내가 사용할 이러한 종류의 세 번째 논변은 다음과 같이 설명할 수 있다. 우리가 인간 행동의 일상적 과정을 고찰해 보면 알 수 있듯이, 정신은 일반적이고 보편적인 규칙을 통해 억제되는 것이 아니라, 대부분의 경우에 자신의 당면

한 동기와 성향이 결정하는 대로 작용한다. 행동은 저마다 특정한 개별적 사건이므로, 각각의 행동은 반드시 특정한 원리들로부터 발생해야 한다. 다시 말해 우리 내면의 직접적인 상황이나 우리 이외의 우주와 우리의 관계에 있어 지금 우리의 직접적인 상황에 기초하여 발생해야 한다. 어떤 경우에 우리가 동기를 유발시켜 우리 행동 양식을 위한 일반 규칙과 같은 것을 형성한 실제 여건 너머로 그 동기를 확대하면 쉽게 알 수 있듯이, 이 규칙은 완전히 불변적인 것이 아니며 많은 예외를 허용한다. 그러므로 인간 행동의 일상적인 과정이 이와 같다고 하면, 우리는 보편적이고 완전히 불변적인 정의의 법칙은 결코 자연으로부터 도출될 수 없고 절대로 어떤 자연적 동기나 성향의 직접적 소산일 수도 없다고 결론 내릴 수 있을 것이다. 우리가 어떤 행동을 실행하거나 삼가도록 강요하는 자연적 동기나 정념이 없다면, 어떤 행동도 도덕적으로 선하거나 악할 수 없다. 또한 분명 도덕성에도 그 정념에 자연적인 모든 변이가 반드시 허용되어야 한다. 예를 들어, 여기에 토지 때문에 다투는 두 사람이 있다고 하자. 한 사람은 부자이고 어리석으며 독신이고, 다른 사람은 가난하고 총명하며 가족이 많다. 그리고 부유한 사람은 나와 앙숙이고 가난한 사람은 나의 친구이다. 이때 공공의 이익을 고려하여 행동하든 사적인 이익을 고려하여 행동하든 간에, 우정 때문에 행동하든 적개심 때문에 행동하든 간에, 나는 내 친구에게 그 토지가 돌아가도록 최선을 다할 것이 틀림없다. 내가 만일 다른 사람과 전혀 단결하거나 묵계하지 않고 오직 자연적 동기에 따라 행동하면, 이 두 사람의 권리와 소유권에 대한 어떤 고려도 나를 억제할 수 없을 것이다. 소유권은 모두 도덕성에 좌우되며, 또 도덕성은 모두 우리 정념과 행동의 일상적 과정에 의존하기 때문이다. 그리고 우리 정념과 행동의 방향은 또 특정 동기에 의해 결정될 뿐이므로, 그와 같이 편파적인 행동 양식은 가장 엄격한 도덕성에 알맞을 수밖에 없고 소유권 침해는 있을 수조차 없음이 명백하다. 인간이 다른 모든 경우에도 그렇듯 사회의 법률에 따라 자유롭게 행동할 수 있다면 대부분의 경우에 특정 판결에 따라 행동할 것이고, 문제의 일반적 본성과 아울러 관계자의 성격과 여건을 고려할 것이다. 그렇지만 흔히 볼 수 있듯이 이것은 인간 사회에 무한한 혼란을 초래할 것이며, 인간의 탐욕과 편파성은 일반적이고 불변적인 원리의 제재를 받지 않는다면 세상에 무질서를 초래할 것이다. 그러기에 이런 폐단을 감안하여 인간은 일반적이고 불변적 원리를 수립했고, 악의나 호의 그리고 사적 이해나 공공 이해의 특정 관점에 따라서 변하지 않는 일반 규칙에 따라 자제하기로 합의했다. 그런데 이런 규칙은 일정한 목적을 위해 인위적으로 발명되었고, 인간 본성의 일상적 원리들과 상반되며, 인간 본성의 일상적 원리들은 여건에 순응하고 또 공인된 불변적 실행 방식도 전혀 없다.

나는 이 문제에서 쉽게 잘못을 범할 수 있는 이유를 결코 알지 못한다. 내가 분명히 알고 있듯이, 어떤 사람이 다른 사람에 대한 자기 행동 양식의 보편적이고 불변적인 일반 규칙을 자신에게 부과할 때, 그는 어떤 대상을 다른 사람의 소유로 생각하며, 그 소유를 신성불가침하다고 가정한다. 그런데 가장 명백한 명제는 정의와 불의를 먼저 상정하지 않고는 소유권을 전혀 알 수 없다는 것과, 우리에게 도덕성과 무관한 동기가 있고, 우리가 정의로운 행동을 하고 불의의 행동을 삼가도록 하는 동기가 없다면 정의와 불의라는 도덕적 성질도 알수 없다는 것 등이다. 따라서 이 동기들을 그대로 둔다면, 그 행동들은 반드시 여건에 순응하고, 끊임없이 변하는 인간사에 있을 수 있는 모든 변이를 반드시 허용한다. 결과적으로 이것들은 자연법[5]과 같은 완강한 불변적 규칙에 대해 아주 부적절한 근거이다. 그러므로 인간이 자연적이고 가변적인 자신들의 원리를 따른 결과로 발생하는 무질서를 알아차렸을 때, 이 자연법들이 인간의 묵계에서 유래될 수 있을 뿐임은 명백하다.

그런데 대체로 우리는 정의와 불의 사이의 구별은 서로 다른 두 토대를 갖는다는 점을 숙고해야 한다.[6] 사람들이 일정한 규칙에 따라 억제하지 않고는 사회생활을 할 수 없다는 점을 주목하는 경우에 그 토대는 자기 이해이다. 사람들이 일단 자기 이해에 주목하여 사회의 평화를 지향하는 것과 같은 행동을 보고 쾌감을 느끼며 이와 상반되는 행동을 보고 거북함을 느끼는 경우의 그 토대는 도덕성이다. 인간의 자발적인 묵계와 책략이 첫 번째 이익을 발생시킨다. 따라서 그런 한도 안에서 정의의 법칙도 인위적인 것으로 여겨진다. 그리고 이 이익이 일단 확정되어 인정되면 이들 규칙을 준수하는 데에서 자연적으로, 저절로 도덕성의 감각이 나타난다. 비록 도덕성의 감각은 새로운 책략을 통해 증대되며, 다른 사람들의 소유권과 관련해서 자신의 행동을 철저히 규제하는 경우의 명예감과 의무감을 우리에게 주입하는 데에는 정치가들의 공교육과 부모의 사교육이 기여한다는 것도 확실하다.

〈주〉

1 여기에서 든 정의의 '통속적 정의'는 Ulpianus, Dig., I, 10 및 Inst. I, 1 Pref.에서 볼 수 있다.

2 '페리파토스 학파의 가상적 성질'에 대해서는 제1편 제4부 제3절 참조.

3 소유권이나 정의 그리고 공공복리를 생각할 수 있는 사회는 바로 시민사회이다. 홉스 이후 이러한 문제가 추론된다는 것은 시민 사회화된 당시의 영국 사회 여건의 반영이다.

4 '자기애'는 여기에서는 정의의 법칙의 '실질적 기원'으로 간주된다. '자기 이익'과 같은 뜻의 말로 쓰였기 때문이다.

5 '자연법'의 원문은 옥스포드판에서는 'laws of (justice?)'이다. 그린판에서는 'laws of nature'이며, 립스는 'Gesetze des Naturrechts'로 번역했다.

6 정의 및 소유에 대한 흄의 생각은 여기서부터 간결하게 요약된다. 이 문제의 직접적인 고찰은 이것으로 끝나고 다음 절부터는 마지막 절을 빼고, 국가철학 내지 정치철학 문제를 다룬다.

7 정부[1]의 기원에 대하여

사람은 대개 이익의 지배를 받으므로 자신의 관심을 자신 너머로 확장하더라도 멀리 확장할 수 없다.[2] 다시 말해 일상 생활에서는 대체로 가장 가까운 친구와 친지만 생각한다는 것이 거의 확실하다. 정의의 규칙을 보편적이고 불변적으로 준수하는 것보다 효과적인 방식으로 사람들이 자신들의 이익을 고려할 수 없다는 것 역시 그에 못지않게 확실하다.[3] 오직 정의의 규칙만이 인간이 사회를 유지할 수 있도록 하며 대체로 자연 상태로 묘사되는 비참한 야만적 처지로 전락하는 것을 막을 수 있다. 이렇게 모든 인간이 사회를 유지하고 정의의 규칙을 준수하는 가운데 얻는 이익은 매우 크며, 동시에 아주 원시적인 미개한 종족도 알 만큼 명백하다. 다시 말해 사회를 경험한 사람이라면 이 이익의 문제에서는 실수를 할 수가 없다. 따라서 인간은 자신의 이익에 아주 진지하게 집착하며, 인간의 이익은 인간이 정의의 규칙을 준수하는 것과 깊은 관계가 있고, 또 이 이익은 확실하며 공공연하다.

그러므로 우리는 다음과 같은 의문을 가질 수도 있다. 어떻게 인간 사회에는 무질서가 일어날 수 있을까. 또 이익에 대한 집착이라는 강한 정념을 압도할 정도로 강력하거나, 정의의 규칙을 준수하는 것과 같은 분명한 지식을 흐리게 할 정도로 강렬한 인간 본성의 원리는 무엇인가?

이런 정념을 다루면서 서술한 것처럼,[4] 인간은 상상력의 지배를 강하게 받으며, 그 때문에 인간의 정념은 대상의 실재적인 가치보다는 인간에게 드러나는 형색에 비례한다. 강하고 생생한 관념으로 인간을 자극하는 것은 대개 그보다 흐릿한 형색으로 있는 것을 압도하며, 이러한 정의 규칙 준수의 이익을 보상할 수 있으려면 가치가 매우 월등해야 한다. 공간적으로나 시간적으로 우리가 접하는 것은 모두 강하고 생생한 관념으로 우리를 자극한다. 그러므로 의지와 정념에 대해 그 강함과 생생함에 비례하는 영향력을 가지며, 그보다 더 거리가 멀고 흐릿한 형색의 대상보다 강한 힘으로 우리에게 작용하는 것이 보통이다. 거리가 멀고 흐릿한 형색의 대상이 강하고 생생한 관념으로 우리를 자극하는 대상보다 더 가치 있다는 것을 우리가 충분히 납득하더라도, 우리는 이 판단에 따라 행동을 규제하지 못하고 늘 가깝고 인접한 것의 편을 드는 정념의 유혹에 굴복한다.

이것이 인간이 자신이 잘 알고 있는 이익과 자주 모순되게 행동하는 이유이며 정의의 규칙 준수에 크게 좌우되는 사회의 질서를 유지하기보다는 눈앞의 사소한 이득을 선택하는 이유이다. 공정성을 위반한 사람들은 그로 인해 일어나는 모든 결과가 자신과 아주 거리가 먼 것처럼 여기며, 자신이 그 규칙을 위반함으로써 얻을 수 있는 눈앞의 사소한 이득에 비견될 수 없다고 여긴다. 그렇지만 그 결과는 거리가 멀다고 해서 실재하지 않는 것은 아니다. 또한 모든 인간에게는 어느 정도 이와 같은 약점이 있으므로 사회에서 공정성을 위반하는 일이 매우 잦을 수밖에 없고, 이로 인해 사람들의 교제는 필연적으로 매우 위험하고 불확실해진다. 우리는 먼 것보다 가까운 것을 선호하는 성향을 가지고 있다. 그래서 우리는 자연히 불의의 행동을 범하게 된다. 다른 사람의 사례를 나도 흉내내어 행동하게 되며, 이런 사례들은 다른 사람들의 방탕함 가운데에서 나만 스스로 엄격하게 절제하면 바보 취급을 받는다는 것을 보여 줌으로써 공정성을 위반할 새로운 빌미를 제공한다.

그러므로 인간 본성의 이런 성질은 사회에 매우 위험할 뿐만 아니라, 얼핏 보기에는 구제할 가능성도 없어 보인다. 이 구제 방안은 오직 사회 생활에 관한 인간의 동의에서만 나올 수 있다. 그리고 사람들이 가까이 있는 것보다 먼 것을 선택할 수 없다면, 자신들과 거리가 먼 것을 선택하도록 강요하는 자신들의 자연적 원리와 성향에 뚜렷하게 모순되는 것에는 결코 동의하지 않을 것이다. 이런 수단을 선택한 사람은 모두 그 목적도 선택한 사람이다. 그러므로 우리가 우리와 거리가 먼 것을 선택할 수 없다면, 그런 방식으로 행동하도록 강요하는 필연성 또한 따를 수 없다.

그렇지만 여기서 말할 수 있는 것은 인간 본성의 이런 허약함이 그 자체에 대한 구제책이 된다는 것이다. 다시 말해 우리는 거리가 먼 것에 대해 자연적으로 게을러지기 때문에 이런 게으름을 예방하는 것이다. 거리 먼 대상들을 생각할 때, 그 대상들의 사소한 구별들은 모두 사라지므로 우리는 그 대상의 상황이나 여건을 고려하지 않고 그 대상 자체에서 가치가 있는 것만 선택하게 된다. 이런 일은 이른바 부적절한 의미의 이성[5]을 유발하는데, 이 이성은 대상과 가까워질 때 우리 마음에 나타나는 성향들과 자주 상충되는 원리이다. 예를 들어 내가 지금부터 1년 뒤에 행할 행동을 생각해 보면, 1년 뒤에 나와 거리가 멀든 가깝든 간에 나는 늘 비교적 큰 선과 복을 선택하기로 결심할 것이다. 이 점에서는 지금 현재 나의 의도나 결심과 차이가 없다. 최종 결정과 나의 거리는 그 모든 미세한 차이를 없앤다. 다시 말해 나는 선악과 같이 일반적이고 식별할 수 있는 성질들 외에 어떤 것에도 영향을 받지 않는다. 그러나 좀더 접근하면 처음에 내가 간과했던 여건들이 드러나기 시작하여, 나의 행동과 감정에 영향을 미친다. 현재의 선에 대한 새로운 심적 성향이 솟아나서 최초의 목적과 결심을 고수하기 어렵게 만든다. 나는 이 자연적 허약함을 대단히 유감스럽게 생각하며 가능한 모든 수단을 통해 이 허약함에서 벗어나기 위해 노력할 것이다. 자기 연구와 자기 반성에 매달릴 수도 있고, 친구의 조언을 구할 수도 있으며, 잦은 명상과 거듭된 결심에 매달릴 수도 있을 것이다. 하지만 이 모든 것들이 아무 효과도 없다는 것을 경험했을 때, 나는 스스로 절제하여 이 허약함을 방어할 그 밖의 방책을 기분좋게 받아들일 것이다.

그러므로 유일한 어려움은 인간의 자연적 허약함을 치료하는 방법, 즉 가까운 것을 먼 것보다 선호하는 인간의 강렬한 성향에도 불구하고 정의와 공정의 법칙을 지키게 하는 방법을 찾는 것이다. 그런데 이 불법적 성향을 바로잡지 않고는 그와 같은 해결 방안도 결코 효과가 없다. 또한 우리 본성의 실질적인 무언가를 변화시키고 바로잡기는 불가능하다. 따라서 우리가 할 수 있는 최선은 우리 주변의 여건과 상황을 변화시켜, 정의의 법칙을 준수하는 것이 우리와 가장 가까운 이익이 되도록 하는 동시에, 정의의 법칙을 위배하는 것이 우리와 가장 거리가 먼 이익이 되도록 하는 것이다. 그러나 이것을 모든 인류에 대하여 실행하는 것은 불가능하므로, 정의의 실천이 직접적인 이익이 되는 소수의 인간에게만 일어날 수 있는 일이다. 이 소수의 사람들은 이른바 행정관[6] 및 왕과 그의 각료, 통치자나 지배자 등인데, 이 사람들은 대부분의 국사에 대해 중립적이므로 불의의 행동에서 전혀 이익을 얻지 못하든가 이익과 거리가 멀다. 그리고 이런 사람들은 현재 자신들의 사회적 조건과 직분에 만족하므로 사회를 유지하는 데 필수적인 정의가 실행되면 직접적인 이익을 얻는다. 그렇다면 시민 정부와 사회의 기원은 여기에 있다. 인간은 멀리 떨어진 것보다 눈앞의 것을 선택하는 영혼의 옹색함을 근본적으로 치료할 수 없다. 인간은 자신의 본성을 변화시킬 수 없기 때문이다. 인간이 할 수 있는 것이라고는, 자신들의 상황을 변화시켜 정의의 준수가 특정 인물의 직접적 이익이 되도록 함과 동시에, 정의를 위반하면 이익과 거리가 멀어지도록 하는 것뿐이다. 그러면 이 특정 인물들은 자신들의 행동 방식에 정의의 규칙을 지키고자 하는 마음이 생길 뿐만 아니라, 다른 사람들도 이와 같은 규칙을 따르도록 하여 사회 전반에 공정의 명령을 강요하게 된다. 그리고 필요하다면 정의의 실행이 다른 사람들의 비교적 직접적인 이익이 되도록 할 수도 있다. 다시 말해 자신들이 행하는 통치를 도울 공무원으로 임용할 수 있는 것이다.

정의의 실행이 정부의 주요 장점이기는 하지만 유일한 장점은 아니다. 격렬한 정념은 인간이 다른 사람들에 대해 공정하게 행동함으로써 얻는 이익을 뚜렷이 볼 수 없게 만들며, 마찬가지로 공정함 자체도 볼 수 없게 만들어 인간이 자기 자신을 편애하게 만든다. 하지만 이런 폐단도 위에서 언급한 것과 동일한 방식으로 교정된다. 즉 정의의 법칙을 실행하는 사람들은 정의에 대한 모든 논쟁도 해결할 것이다. 이들은 사회 대부분에 대해 중립적이므로, 각자가 자신의 일을 해결하는 것보다 훨씬 공정하게 해결할 것이다.

정의의 실행과 판결, 이 두 가지 이익을 통해 인간은 자기 자신의 약점인 정념에 대해서만 아니라 서로 간의 정념적 약점에 대한 보증을 얻어, 통치자의 보호 아래에서 사회 및 상호 조력을 편안히 누리기 시작한다. 그러나 정부의 복지적 영향력은 더욱 확대된다. 즉 정부는 인간이 상호 이익을 위해 묵계를 만들었을 때 인간을 보호하는 데 만족하지 않고 종종 인간이 그와 같은 묵계를 만들도록 강요한다. 다시 말해 공통적인 목표나 목적을 위해 협력함으로써 그들 자신의 이득을 추구하도록 강요하는 것이다. 인간 본성의 성질 가운데 우리 행동 양식에 가장 결정적인 실수를 일으키는 원인이 되는 것은, 우리가 모든 거리가 멀고 막연한 것보다 눈앞의 것을 선택하도록 유인하는 성질, 즉 대상의 내재적 가치보다 대상의 상황에 따라 욕구하도록 만드는 성질이다. 예를 들어 두 이웃은 자신들의 공동 소유인 목초지의 물을 빼내는 데 합의할 것이다. 두 사람이 서로의 마음을 잘 알고, 각자 자기 몫의 일을 하지 못했을 때의 결과는 그 계획 전체를 포기하는 것임을 틀림없이 지각하기 때문이다. 그러나 1,000명의 사람이 그와 같은 행동에 합의하기는 사실상 불가능하다. 각자는 자신이 직접 일을 하지 않고 비용도 부담하지 않기 위한 구실을 찾아서, 그 부담을 몽땅 다른 사람에게 지우려 들 것이다. 그렇게 되면 1,000명이나 되는 사람이 아주 복잡한 계획에 협동하기는 어렵고, 그 일을 실행하기는 더욱 어렵다.

그런데 정치적 사회는 이 두 폐단을 모두 쉽게 해결한다. 행정관들은 그 신민 대부분의 이익 속에서 자신의 직접적 이익을 발견한다. 행정관들은 이 이익을 증진하기 위한 계획을 구상하면서 자신들 이외에 누구의 조언도 구할 필요가 없다. 또한 그 계획을 실행하면서 발생한 부분의 실패는 직접적 연관은 없다고 하더라도 전체의 실패와 연관되므로, 그들은 이 부분의 실패도 방지한다. 직접적이든 간접적이든 그 계획의 실패에서 이익을 찾을 수 없기 때문이다. 따라서 그들은 다리를 세우고, 항구를 개방하고, 성벽을 쌓고, 운하를 건설하고, 함대를 갖추고, 군대를 훈련시킨다. 모두 정부의 배려이다. 모든 인간적인 약점에 얽매인 사람들로 구성되었지만, 최대한 세련되고 정교한 발명품 가운데 하나인 정부에 의해 인간적인 그 모든 약점을 어느 정도 극복한 것이다.

<주>

1 '정부(government)'를 립스는 'Regierung'이라고 번역하고, 'Staatsgewalt' 쪽이 더 적당하다고 주석을 달았다. 흄 자신은 《도덕원리연구》에서 '정치적 사회(political society)'라는 표현을 쓴다. 이 제7절에도 이 표현을 쓰는 부분이 있다. 이러한 국가철학적 또는 정치철학적 문제는 영국이 근대적인 정치 형태의 최종 완성에 노력하고 있던 무렵의 문제이며, 홉스나 로크의 문제를 계승한 것이기도 했다.

2 인간의 본성이 이기적이며, 그 관용은 한정된 것이라는 데 대해서는 제3편 제2부 제2절 참조.

3 정의의 규칙이 인간의 이기심에서 발생하는 점에 대해서는 제3편 제2부 제2절 참조.

4 정념에 미치는 '접근' 효과에 대해서는 제2편 제3부 제7절 참조.

5 '이성(reason)'은 대상 내지 관념을 경험적 관계나 여러 여건에서 떼어 놓고 그 자신의 입장에서 고찰한다. 그런 면에서 '거리가 먼 대상'을 그 자신의 가치에서 선호하는 정신 작용은 이성과 비슷하다. 이러한 이른바 '이성'은 종종 정념과 충돌한다. 이성과 정념의 투쟁에 대해서는 제2편 제3부 제3절 참조.

6 행정관의 원어는 'civil magistrates'이다. 여기서 'civil'은 주로 '교회 조직적(ecclesiastical)'과 대립하는데, 동시에 그러한 '행정관'은 근대 시민 사회에 적합한 '시민적 정치가'이다. 여기서 전개되는 통치 조직의 기원 및 성격에 대한 흄의 생각은 제3편의 이제까지의 고찰은 물론이고, 제1편이나 제2편에서 살펴본 인간 본성의 여러 원리를 토대로 하여 일관적으로 도출되었다. 이러한 체계성은 특히 《인간이란 무엇인가》의 특징이다.

8 충성의 기원에 대하여

정부는 인류에게 아주 유익한 발명품이고 어떤 면에서는 절대적으로 필요하기까지 하지만, 모든 면에서 필요한 것은 아니다. 다시 말해, 인간은 정부와 같은 발명품에 의존하지 않고도 한동안 사회를 유지할 수 있다. 인간은 언제나 거리가 멀고 막연한 이익보다는 눈앞의 이익을 선택하는 성향이 있다. 바꿔 말하면 멀리 보면 악이라는 것을 염려하더라도, 인간은 자신이 직접 누릴 수 있는 이익의 유혹을, 뿌리치는 것이 쉽지 않다. 그러나 이 약점은 초기 사회에서 늘 그런 것처럼, 소유물과 삶의 쾌락이 드물고 가치가 거의 없는 경우에는 그다지 드러나지 않는다. 예를 들면, 인디언은 다른 사람의 오두막을 빼앗거나 활을 훔칠 생각을 거의 하지 않는다. 같은 것을 이미 가지고 있기 때문이다. 또, 사냥이나 고기잡이에서는 어떤 사람이 다른 사람보다 더 운이 좋을 수도 있는데, 이런 일은 임시적이고 일시적일 뿐이므로 사회를 혼란시키는 경향도 거의 없다. 그러므로 나는 인간에게는 무정부 사회를 만들 역량이 전혀 없다고 주장하는 철학자에 동조하지 않는다.[1] 나는 동일한 사회 속 사람들 간의 불화가 아니라 서로 다른 사회의 사람들 간의 불화에서 정부의 최초 원형이 발생한다고 생각한다. 부의 수준이 낮은 경우는, 동일한 사회의 사람들 간의 불화를 낳기보다는, 서로 다른 사회의 사람들 간의 불화를 낳는 결과가 되기에 충분할 것이다. 인간은 공식적인 전쟁과 폭력에서 그들이 직면하는 저항 이외에는 아무것도 두려울 게 없다. 인간은 이 저항을 공유하기 때문에 덜 두려워한다. 또 그런 저항은 낯선 사람에게서 유래하는 것이기 때문에, 사람은 교류하는 것이 자신에게 이득이 되는 사람이나 함께 사회를 형성해야만 존립할 수 있는 사람들과 적대관계가 된 경우에 비하여, 낯선 사람에게서 유래하는 저항은 그다지 해가 되지 않는다고 여긴다. 그런데 외국과의 전쟁은 무정부 사회에 필연적으로 내전을 일으킨다. 사람들 사이에 귀중한 재화를 던져 주었을 때, 사람들은 곧 투쟁을 시작하며, 그 결과를 고려하지 않은 채 자신에게 만족스러운 것을 얻기 위해 애쓰기 때문이다. 외국과의 전쟁에서는 가장 소중한 재물인 생명과 신체가 걸려 있기 때문에, 사람들은 저마다 위험한 행동을 삼가고 가장 좋은 무기를 손에 넣어 아주 작은 부상이라도 피할 구실을 찾는다. 따라서 사람들이 평온한 때는 잘 지키는 법률도 파란이 일어나면 더 이상 효력을 가질 수 없다.

우리는 아메리카 원주민 부족들에게서 위와 같은 사실을 확인할 수 있다. 족장이 권위를 누리는 전시를 제외하면 사람들은 확립된 정부 없이도 사이좋게 살아가며 자기 동료들 중 누구에게도 복종하지 않는다. 사람들이 전장에서 복귀하고 이웃 부족과의 평화가 정착된 다음에는 족장도 그 권위를 잃는다. 그렇지만 전리품이나 거래 또는 우연적인 발명 때문에 평화와 정의를 지켜나가면서 얻는 이익을 망각할 정도로 사람들의 부와 소유물이 많아지면, 이 권위는 그 사람들에게 정부의 이점을 일깨워 주고 정부에 의존할 것을 가르쳐 준다. 또한 왜 정부가 처음에는 어떤 정치 제도의 혼합이나 변형이 없는 군주제였으며, 공화제는 오직 이런 군주제의 오용과 전제적 권력 등에서만 발생했는가에 대해서 그럴듯한 이유를 제시할 수 있을 것이다. 병영은 도시 국가의 참된 모태이다. 그리고 전쟁은 긴급 사태의 돌발성 때문에 단 한 사람의 권위 없이는 치를 수 없으므로, 이와 같은 종류의 권위는 군대를 계승하는 시민 정부에서 자연히 발생한다. 사실 가족 내에서 발생하여 가족 구성원들이 단 한 사람의 통치에 익숙해지게 하는 가부장의 권위로부터 군주제를 추리하는 것보다는, 전쟁과 같은 긴급 사태의 돌발성에서 군주제의 발생을 추리하는 것이 더 자연스럽다고 생각한다. 무정부 사회 상태는 인간의 가장 자연적인 상태 가운데 하나이며, 많은 가족들이 연접하더라도 존속할 것이다. 바꿔 말하면, 최초의 사회가 생성되더라도 오랫동안 존속할 것이다. 부와 소유물의 증가로

족장의 권위 족장의 권위는 전시에 효력을 갖는다. 전투가 끝나고 이웃 부족과의 평화가 정착되면 족장도 그 권위를 잃는다.

인간은 무정부 사회 상태를 단념할 수밖에 없었을 것이다. 더구나 모든 사회는 처음 형성될 때 매우 야만적이고 미개하므로, 평화와 화합을 향유하는 사람들을 혼란에 빠뜨릴 정도로 부와 소유물이 증가하려면 숱한 시간이 지나야 한다.

  인간이 정부 없는 조그만 자연적 사회를 유지할 수는 있지만, 정의 없이 소유의 안정성과 동의에 의한 소유의 이전 그리고 약속의 수행 등과 같은 세 가지 기초법을 준수하지 않고는 어떤 사회도 유지될 수 없다. 따라서 세 가지 기초법은 정부에 앞서며, 시민 행정관에 대한 충성의 의무를 고려하기에 앞서 정부에 대해 준수의 책임을 부과하는 것으로 상정된다. 나는 나아가서 다음과 같이 주장하겠다. 정부가 처음 수립되었을 때 정부의 책임이 자연법들에서, 특히 약속 수행의 법에서 나오는 것으로 상정되는 것은 자연스럽다. 평화를 유지하고 정의를 실행하기 위해 정부의 필요성을 일단 지각했다면, 인간은 자연히 함께 모여 행정관을 선출하고 그 행정관의 권한을 결정하며, 행정관에게 복종을 약속할 것이다. 그런데 약속은 이미 기반이나 보증으로 쓰이고 있으므로 도덕적 책임이 따르는 것이라고 상정된다. 그러므로 약속을 정부의 근원적 허가

이자 복종에 대한 최초 책임의 원천으로 간주해야 한다. 이 추론은 아주 자연스러워 보이므로, 정치학에 대한 현대 체계의 기초가 되었으며, 자기 사상의 자유와 자기 철학의 건전함을 자랑하는 우리의 사람에게는 이른바 신조[2]이다.

그런 사람들에 따르면, 모든 인간은 자유롭고 평등하게 태어났으며 정부와 상위 계급은 동의를 통해 확정된다. 정부를 수립할 때의 사람들의 동의는 자연법으로는 알 수 없는 새로운 책임을 인간에게 부과한다. 그러므로 인간은 복종을 약속했기 때문에 행정관에게 복종해야 하는 것이다. 만약 인간이 명시적으로든 묵시적으로든 간에 충성을 다짐하는 말을 하지 않았다면, 충성은 결코 도덕적 의무의 일부가 되지 않았을 것이다. 그렇지만 이런 결론이 모든 시대와 상황의 정부를 포괄하기에 이른다면 이것은 완전히 잘못이다. 그리고 내가 주장하는 바는 다음과 같다. 즉 충성의 의무는 처음에는 약속에 대한 책임과 융합되어 일정 기간 약속에 대한 책임 때문에 유지되지만, 곧 뿌리를 내려 모든 계약에서 독립적인 고유의 책임과 권위를 갖는다. 이것은 중요한 원리이므로,[3] 논의를 더 진행하기 전에 이 원리를 주의 깊게 살펴보자.

정의는 자연적 덕이며 인간의 묵계에 앞선다고 주장하는 철학자들이 모든 시민적 충성을 약속에 대한 책임으로 몰아세우고, 우리 자신의 동의에 의해 우리가 행정 관료들에게 복종할 수밖에 없다고 주장하는 것은 당연하다. 모든 정부는 인간의 발명품이며, 우리는 역사를 통해 정부의 대체적인 기원을 알 수 있다. 따라서 우리의 정치적 책임이 도덕성의 자연적 책임을 갖는다고 주장하려면, 정치적 책임의 기원을 알기 위해 좀더 역사를 거슬러 올라가야 한다. 그러므로 이 철학자들은 곧 사회가 인류만큼이나 오랜 역사를 가지며, 앞서 말한 자연의 세 가지 기본법도 사회만큼이나 오랜 역사를 갖는다는 사실에 주목한다. 따라서 이 철학자들은 세 가지 기본적 자연법의 오랜 역사와 모호한 기원을 이용하여 먼저 이 세 가지 자연법이 인간의 인위적이고 자발적인 발명품이라는 점을 부정한 다음, 인위적임이 더욱 분명한 그 밖의 의무들을 이들 기본적 자연법에 접목하고자[4] 한다. 그렇지만 이런 점에 속지 않고 시민적 정의뿐만 아니라 자연적 정의도 그 기원이 인간의 묵계라는 점을 발견하면, 곧 다음과 같은 사실을 지각하게 된다.

즉 한편에서는 자연법 속에서 정치적 의무에 대한 이익과 인간의 묵계보다 강한 기초를 찾으면서, 다른 한편에서는 자연법 그 자체를 이익과 묵계라는 완전히 같은 기반 위에 구축하는 것이 얼마나 부질없는지를 곧바로 깨달을 것이다. 우리는 이 주제를 어떤 측면에서 살펴보더라도 이 두 종류의 의무가 정확히 같은 입장에 서 있으며, 그 의무의 최초 발명과 도덕적 책임도 같은 기원을 갖는다는 점을 발견할 것이다. 이 두 종류의 의무는 유사한 폐단들을 치유하기 위해 발명되었으며, 이 폐단을 치료하기 때문에 도덕적 허가를 얻는다. 우리는 이 두 논점을 가능한 한 분명히 증명하기 위해 노력할 것이다.

이미 밝혔듯이, 인간은 서로의 생존을 위해 사회가 필요하다는 것을 깨달았을 때, 바꿔 말하면 자신들의 자연적 취향을 어느 정도 절제하지 않고는 서로 화합할 수 없다는 것을 알았을 때 세 가지 자연법을 발명한 것이다.[5] 따라서 인간이 다른 사람에게 아주 옹색하도록 만드는 자기애가 새롭고 편리한 방향을 택함으로써 정의의 규칙을 낳으므로, 자기애야말로 정의의 규칙을 준수하는 제1 동기가 된다. 그런데 인간은 정의의 규칙이 사회를 유지하기에 충분하지만 거대하고 개화된 사회에서 인간이 스스로 나서서 이 규칙을 지키지는 못한다는 것을 깨닫는다. 그때 인간은 목적 달성을 위한 새로운 발명품으로서 정부를 수립하고, 정의를 더욱 엄격히 실행함으로써 원래의 이득을 지키고 새로운 이득을 얻는다. 그러므로 인간의 시민적 의무는 자연적 의무와 결부되어 있으며, 시민적 의무는 주로 자연적 의무를 위해 발명된 것이다. 다시 말해 정부의 주요 목표는 자연법들을 준수하도록 인간을 구속하는 것이다. 그렇지만 이런 관점에서 약속 수행에 대한 자연법은 그 밖의 자연법들과 함께 나열되어 있을 뿐이다. 즉 약속 수행이라는 자연법을 정확히 준수하는 것은 정부 제도의 결과이지, 정부에 대한 복종이 약속에 대한 책임의 결과라고 생각해서는 안 된다. 시민적 의무의 목표는 자연적 의무를 강화하는 것이지만, 시민적 의무와 자연적 의무를 발명하고 수행하는 제1 동기[6]는 자기 이익일 뿐이다. 그러나 정부에 대한 복종에는 약속을 수행하는 데에서 얻는 이익과는 다른 별개의 이익이 있으므로, 우리는 약속 수행의 책임과는 다른 별개의 책임이 있음을 인정해야 한다. 시민 행정관에 대한 복종은 사회의 질서와 화합을 유지하는 데 꼭 필요하다. 또한 약속을 수행하는 것은 일상 생활에서 서로에 대한 신뢰와 신용을 낳는 데 필수적이다. 그렇게 보면 목적과 수단도 완전히 별개이다. 따라서 정부의 목적은 시민적 의무의 목적에 결코 종속되지 않는다.

이런 사실을 더욱 명확히 하기 위하여 다음과 같은 점을 살펴보자. 종종 인간은 약속과는 무관하게 수행하는 것이 자신에게 이익이 될 법한 것을 약속을 통해 수행하도록 자신을 속박한다. 예를 들면, 인간 자신들이 이미 가지고 있던 책임에 다른 사람의 이익에 대한 새로운 책임을 더함으로써 다른 사람에게 더욱 충분한 보장을 제공하는 경우이다. 약속 수행의 도덕적 책임은 제쳐 두고라도, 약속을 수행함으로써 얻는 이익은 일반적이고, 공공연하며, 삶에서 극히 중요하다. 이것에 비해 그 밖의 이익은 더욱 특수하고 의심스럽다. 그래서 우리는 인간의 기질과 정념이 이런 이익과 상반되는 행동을 하게 하는 것이 아닐까 하는 의심을 강하게 품는 경향이 있다. 따라서 약속은 여기서 자연스럽게 작용하게 된다. 다시 말해 더욱 충분한 만족과 보장을 위해 약속이 필요한 경우가 많다. 그러나 약속 수행에서 얻는 이익 이외의 이익이 약속 수행에서 얻는 이익과 마찬가지로 일반적이고 공공연한 것이라면, 이런 이익도 약속 수행에서 얻는 이익과 동일한 것으로 간주될 것이고, 사람들은 이런 이익도 약속 수행에서 얻는 이익과 똑같이 신뢰하기 시작할 것이다. 이것이야말로 시민적 의무, 즉 행정관에 대한 복종의 경우이다. 이런 의무가 없다면 정부는 결코 존립할 수 없다. 바꿔 말하면 한쪽에는 엄청난 소유물이 있고 다른 쪽에는 실질적이든 가상적이든 간에 엄청난 부족함이 있는 거대 사회에서 평화와 질서는 결코 유지될 수 없다. 따라서 우리의 시민적 의무는 곧 우리의 약속과 분리되어 별도의 힘과 영향력을 지녀야 한다. 시민적 의무와 약속의 책임, 양쪽 다 그 이익은 완전히 동일한 종류이며, 일반적이고 공공연한 것이며 동서고금을 막론한다. 그렇다면 시민적 의무의 근거를 약속의 책임에 둘 근거는 전혀 없고, 각자 고유의 근거가 있다.

시민적 의무의 근거를 약속에 둘 수 있다면, 충성의 책임과 마찬가지로 다른 사람의 소유물을 탐하지 말아야 하는 책임도 약속의 책임으로 돌릴 수 있을 것이다. 한 쪽의 이익이 다른 한 쪽에 비해 뚜렷한 것도 아니다. 복종이 시민 사회나 정부에 필수적인 만큼 소유권에 대한 존중도 자연적 사회에서 필수적이다. 시민 사회가 인간의 복지와 행복에 필수적인 만큼 자연적 사회도 인류의 존재에 필수적이다. 요컨대 약속 수행이 이득이라면, 정부에 대한 복종도 이득이다. 약속 수행의 이익이 일반적이라면, 정부에 대한 복종의 이익도 일반적이다. 약속 수행의 이익이 명백하고 공공연한 것이라면, 정부에 대한 복종의 이익도 그와 마찬가지이다. 이 두 규칙은 이익에 대해서 유사한 책임을 바탕으로 한다. 따라서 이 규칙들은 서로 독립된 고유의 권위를 가져야 한다.

그러나 약속과 충성에서 이익들에 대한 자연적 책임들만이 구별되는 것이 아니라, 명예와 양심에 대한 도덕적 책임들도 구별된다. 다시 말해 이익에 대한 자연적 책임들의 가치는 명예와 양심에 대한 도덕적 책임의 가치에 전혀 의존하지 않는다. 그리고 실제로 자연적 책임과 도덕적 책임 사이의 밀접한 연관을 생각하면, 이와 같은 결론을 피할 수 없음을 알 수 있다. 행정관에 대한 복종은 언제나 우리에게 이익을 보장해준다. 그리고 사회의 평화와 질서를 유지함으로써 얻는 막연한 이익을 간과하고 우리가 모반하도록 부추길 수 있는 것은 오직 눈앞의 큰 이익뿐이다. 그렇지만 눈앞의 이익 때문에 우리가 자신의 행동에 대해 생각하지 못할지라도, 다른 사람의 행동에 대해 생각지 못하는 것은 아니다. 바꿔 말하면 눈앞의 이익 때문에 다른 사람들의 행동들이 공공의 이익, 특히 우리 자신의 이익에 아주 불리한 진면목을 드러내지 못하는 것은 아니다. 이런 사실 때문에 우리는 선동적이고 불충한 행동에 대해 자연히 불쾌함을 느끼고, 그런 행동에다 부덕과 도덕적 흄 따위의 관념을 붙인다. 바로 이 원리 때문에 우리는 모든 종류의 사적인 정의, 특히 약속 위반에 대해 거부한다. 우리는 인간 교제의 자유와 범위가 전적으로 약속과 관련된 성실성에 의존한다고 생각하므로 모든 배반과 배신을 비난한다. 마찬가지로 소유의 안정성, 동의에 의한 소유 이전 그리고 약속 수행 따위에서, 우리는 정부에 대해 복종하지 않고는 정의가 실행될 수 없다는 점을 지각하므로 행정관에 대한 모든 불충을 비난한다. 여기에 서로 전혀 다른 두 가지 이익이 있으므로, 이 두 가지 이익은 각각 별개이며 독립된 두 가지의 도덕적 책임을 낳아야 한다. 만일 세상에 약속과 같은 것이 없다고 하더라도, 거대한 문명 사회에는 역시 정부가 필요했을 것이다. 그리고 약속이 고유의 책임을 갖는다고 하더라도 정부가 별도로 약속을 허가하지 않는다면, 이와 같은 사회에서 약속의 효력은 거의 없었을 것이다. 이것은 공적인 의무와 사적인 의무의 경계를 긋고, 공적인 의무가 사적인 의무에 의존하는 것보다 사적인 의무가 공적인 의무에 의존할 때가 많음을 보여 준다. 충성에 도덕성을 더하고 모든 모반에 더욱 큰 죄책감과 불명예의 낙인을 찍는 데에는 교육과 정치가의 책략이 공조한다.[7] 특히 정치가들의 이익과 관련이 있을 때, 정치가들이 이런 사상을 주입하려고 열성을 다하는 것은 당연하다.

나는 이 논변들이 명확히 판단이 되도록 권위에 의지하겠다. 바꿔 말하면 인류의 보편적 동의를 통해 정부에 대한 복종의 책임이 시민들의 약속에서 유래되지 않는다는 점을 증명할 것이다. 의심할 여지 없이 나는 지금까지 계속 순수 이성을 기초로 나의 학문 체계를 정립하려고 노력했고 어떤 항목에서도 철학자나 역사가의 판단조차 인용한 적이 없었는데, 이제 통속적 권위에 호소하며 대중의 소감을 철학적 추론에 대비시켜야 하겠다. 왜냐하면 이러한 경우에는 사람들의 의견이 특이한 권위를 가지고 있어 매우 정확하기 때문이다. 대개 도덕적 선악을 구별하는 기초는 쾌락과 고통에 있으며 이 쾌락과 고통은 심기와 성격을 조망한 결과이다. 쾌락과 고통을 느끼는 사람은 그 고통과 쾌락을 모를 수 없으므로, 성격 속에는 만인이 인정한 만큼의 악덕과 덕이 있으며, 바로 이런 점 때문에 우리는 결코 실수할 수 없다.[8]

그리고 악덕과 덕의 기원에 대한 우리 판단이 악덕과 덕의 정도에 대한 판단만큼 확실하지도 않거니와, 이 경우의 문제는 책임의 철학적 기원에 대한 것이 아니라 명백한 사실에 대한 것이므로 우리가 이 문제에서 실수를 저지를 수 있는지는 쉽게 알 수 없다. 예를 들어 자신이 다른 사람에게 일정 금액을 갚아야 할 부담을 지고 있다는 점을 인정하는 사람은 그 부담이 자신의 채무증서에 기인하는 것인지 자기 아버지의 채무증서에 기인하는 것인지, 아니면 단지 다른 사람의 호의 때문인지 자신이 빌린 돈 때문인지, 어떤 조건에 얽매어 있으며 무엇 때문에 얽매여 있는 것인지 따위를 확실하게 알고 있다. 마찬가지로 모든 사람이 정부에 복종할 도덕적 책임이 있다고 생각하는 한 그러한 책임은 분명히 존재하는 것이다. 그리고 어떤 철학 체계에 지나치게 집착함으로써 자신의 판단이 흐려졌던 일이 없는 사람은 이 책임의 기원이 약속이라고 결코 생각하지 않았다. 그렇다면 그 책임이 약속에서 발생하지 않는다는 것도 마찬가지로 확실하다. 지금까지 행정관이나 신민들 가운데 어느 누구도 시민 의무에 대하여 이런 관념을 형성했던 사람은 없었다.

알다시피, 행정관들은 자신들의 권위 및 신민들의 복종의 책임 따위를 약속이나 근원적 계약에서 획득하기는커녕, 자신들의 인민, 특히 교양을 갖추지 못한 사람들에게 자신들의 권위 및 신민들의 복종의 책임 따위의 기원이 약속이나 근원적 계약⁹에 있다는 점을 될 수 있는 대로 은폐한다. 이것이 만일 정부 허가의 기원이라고 하면, 우리의 통치자는 결코 그와 같은 기원을 묵시적으로 받아들이지 않았을 것이다. 그런데 묵시적으로 받아들이는 것이 지금의 경우에 할 수 있는 최선이다. 묵시적이고 눈에 띄지 않게 주어진 것은 결코 명시적이고 개방적으로 수행된 것만큼 인류에게 영향을 미칠 수 없기 때문이다.[10] 묵시적인 약속은 의지가 언어라는 기호보다 더 모호한 기호로 표현되는 경우 존재한다. 그렇지만 여기서도 의지는 무언의 약속 안에 틀림없이 존립하고, 그 약속이 제아무리 묵시적이라고 하더라도 의지가 생긴 사람의 눈길을 벗어날 수 없다. 그러나 당신이 만일 대부분의 국민에게 통치자의 권위에 동의한 적이 있는지 또는 자신들 통치자에게 복종하기로 약속한 적이 있는지 묻는다면, 그들은 당신을 아주 이상한 사람이라고 생각할 것이다. 그들은 국사(國事)란 동의에 의존하는 것이 아니며, 자신들은 태어날 때부터 복종하기로 되어 있었다고 대답할 것이다. 이런 의견의 귀결에서 우리가 흔히 볼 수 있듯이, 비록 사람들이 결코 그와 같은 복종의 약속을 거의 할 수 없었던 아득한 시대였겠지만, 그런 시대의 사람들은 아무리 어리석은 사람이라도 자발적으로 선출하지 않았을, 그리고 당시에는 어떤 힘과 권위도 없는 사람을 자신들의 자연적 통치자라고 상상한다. 이것은 오직 그들이 이전 통치자의 혈통이고 세습되는 관계가 있기 때문이다. 그렇다면 그 시대 사람들은 정부에 결코 동의하지 않았으므로, 또 그와 같이 통치자를 자유롭게 선출하려는 시도를 월권과 경건하지 못한 것으로 간주했다는 이유로, 그 정부는 그 사람들에 대한 권위가 없는 것인가? 내 경험에 의하면, 정부는 모반과 반역이라는 죄명으로 사람들을 마음대로 처벌하는데, 이 체계에 따르면 그와 같은 정부는 일반적인 불의에 빠질 것이다.

만일 그 사람들은 정부의 영토에 거주하므로 수립된 정부에 사실상 동의한 것이라고 말한다면, 나는 다음과 같이 대꾸하겠다. 즉 이런 일은 국민들이 정부에 대한 복종이 자신들의 선택에 달려 있다고 생각하는 경우에만 있을 수 있는데, 일부 철학자들을 제외하면 그렇게 상상했던 사람은 거의 없거나 아예 없다. 모반자가 분별 있는 나이가 된 다음에 처음으로 한 행동이 국가의 주권자에 대한 반란이며, 따라서 모반자가 유년기 동안 자신의 동의에 의해 의무를 질 수 없었고 성년이 되어서는 자신이 한 첫 행동을 통해 자신에게 복종의 책임을 부과할 의도가 전혀 없었음을 분명히 보여 주었다는 것 따위가 결코 그를 위한 변명거리가 되지 않는다. 반대로 우리가 알다시피, 국내법은 범죄자의 동의 없이 당사자가 처벌받을 수 있는 나이, 즉 이성을 충분히 사용하게 된 시점의 나이에 이 범죄를 처벌한다. 그런데 일부 철학자들에 의하면, 국내법은 이 범죄에 대해 적어도 묵시적인 동의를 추측할 수 있는 겨를을 당연히 허용해야 한다. 우리는 여기에다 절대 정부 아래 살아가는 사람은 정부에 대한 충성의 의무가 없다는 사실을 덧붙이고 싶은데, 그것은 절대적 정부의 본성상 그런 정부는 동의에 의존하지 않기 때문이다.[11] 그러나 절대 정부도 여느 정부와 마찬가지로 자연적이고 일반적인 정부이므로 반드시 모종의 책임을 유발시켜야 한다. 그리고 경험으로 미루어 보건대 절대 정부의 지배를 받는 사람은 언제나 정부가 모종의 책임을 유발시킨다고 생각하는 것이 분명하다. 이런 사실은 우리가 정부에 대한 충성을 동의와 약속에서 유래된 것으로 보지 않는다는 데 대한 명백한 증거이다. 그리고 또 다른 증거가 있다.

우리가 어떤 이유로 명시적으로 약속한 경우에, 우리는 늘 두 가지 책임, 즉 정부가 유발한 공적 책임과 약속 수행에 대한 사적 책임을 정확히 구별하며, 정부가 유발한 책임은 동일한 사적 약속을 단순히 반복할 때보다 큰 힘을 사적 약속에 가한다고 믿는다. 또한 아무 약속도 하지 않은 경우에는 어떤 사람이 정부에 대한 반역을 했다고 해서 사적인 문제에서도 자신의 신의가 무너졌다고 생각하지는 않는다. 명예와 충성의 두 의무는 완전히 별개로 분리되어 있다. 일부 철학자들은 이 두 의무를 합일하는 것이 아주 정교한 제도를 발명하는 것이라고 생각했는데, 이것은 그와 같은 합일이 참된 제도 발명이 아니라는 데 대한 설득력 있는 증거이다. 어떤 인간도 자신이 모르는 약속은 할 수 없고, 또 그런 약속의 허가나 책임에 구속되지도 않기 때문이다.

〈주〉
1 '무정부 사회'의 존재는 로크도 인정한다. Cf. *Two Treatises*, II, ⅹⅴ4.

2 정부나 그것에 대한 복종의 기원을 약속에서, 다시 말해 계약에서 찾는 점에서는 홉스나 로크도 마찬가지이다. 그러나 흄은, 한편으로는 '묵계'와 '약속'을 구별하여 '계약'의 의미를 정밀하게 하고, 다른 편으로는 정부에 대한 복종의 시작만을 약속에서 찾아 자세히 고찰한다.

3 흄은 정부에 대한 충성에 관한 그의 이론이 자연법적인 계약설과 다르다는 것을 자각하고 이것을 중대시했다. 사실 그의 이론의 특징은 여기에 있다.

4 '그 밖의 의무들을 이들 기본적 자연법에 접목하고자 한다'의 원문은 옥스포드판에서는 'ingraft on them those other duties'이다. 그러나 그린판에서는 'ingraft them on those other duties'라고 되어 있어 의미가 반대이다. 그러나 이것이 실수임은 문맥상 명료하다. 립스의 번역은 그린판을 기초로 하지만 이 부분에 대해서는 의미상 반대가 되어야 한다고 주장하여 옥스포드판처럼 번역한다.

5 사회의 생성은 제3편 제2부 제2절에서, 세 가지 자연법의 발명은 제2절에서 제5절에 걸쳐 다루었다.

6 시간적으로 제1 동기이지, 존엄성과 힘에 있어서 제1 동기는 아니다.〔원주〕

7 '교육과 정치가의 책략'이란 정의의 사적 의무의 경우에도 이것을 조장하는 역할을 맡았다. 제3편 제2부 제2절 참조.

8 단지 소감을 통해 결정되는 성질에 관해서는 이 명제가 참이라는 것이 엄격히 고수되어야 한다. 우리는 어떤 의미에서 도덕이나 수사법 또는 아름다움 등이 옳은 취향 또는 그른 취향이라고 말할 수 있는지 다음에 살펴볼 것이다. 그리고 우선 인류의 일반적 소감에는 이와 같은 물음을 하찮게 만들 정도의 제일성이 있다는 점을 살펴보도록 하자.〔원주〕

9 '근원적 계약(original contract)'에 대해서는 《논상집(Essays)》 안에 같은 이름의 개별적인 글이 있다. 《논상집》의 정치학적 논문 중에서 양적으로나 질적으로나 가장 뛰어난 글이다.

10 '묵시적이고 눈에 띄지 않게 주어진 것'은 '명시적이고 개방적으로 수행된 것'보다 영향력이 적다. 이 점에 대해서는 제1편 제3부 제13절 참조.

11 홉스에 따르면 통치자의 절대권은 신민의 계약에 의하여 성립한다. 흄은 절대성의 논리적 의미에서 이것을 부정한다.

9 충성의 척도에 대하여

정부에 대한 충성의 기원을 약속이나 근원적 계약에서 찾았던 정치학자들은 전적으로 옳고 합리적인 하나의 원리 확립을 의도했다. 그렇지만 이 정치학자들이 그 원리를 확립하기 위해 힘썼을 때 기초로 삼은 추론은 잘못됐으며 궤변적이다. 그들이 증명하고자 한 바는 정부에 대한 복종에도 예외가 허용되어, 통치자가 혹독한 폭정을 행할 때 신민들은 충성의 모든 굴레에서 벗어나고도 남음[1]이 있다는 점이다. 그 정치학자들의 말에 따르면, 사람은 자신의 자유롭고 자발적인 동의에 따라 사회의 구성원이 되며 정부에 복종한다. 따라서 사람은 반드시 가시적인 이득을 거두어야 하는데, 그래서 사람은 사회에서 이 이득을 거두려고 하고 이 이득 때문에 자신의 천부적 자유를 순순히 포기한다. 그러므로 행정관도 사람들에게 보호와 보장 따위를 약속한다. 행정관은 이런 이득에 대한 희망을 줌으로써 사람들이 자신에게 복종하도록 설득할 수 있다. 그러나 사람들이 보호와 안전 대신 폭정과 억압에 직면하면, 모든 조건부 계약에서 발생하는 것처럼 사람들은 약속에서 해방되어 정부 제도 이전의 자유 상태로 복귀한다. 자기 자신의 처지에 대한 개선은 전혀 고려하지 않은 채 다른 사람에게만 이득이 되는 약속을 할 정도로 어리석은 사람은 없다. 우리의 복종에서 어떤 소득을 꾀할 의도가 있는 사람은 명시적으로든 묵시적으로든 자신의 권위로부터도 우리가 이득을 얻도록 하겠다고 약속해야 한다. 또한 그런 사람은 자신의 역할을 수행하지 않고도 우리가 계속 복종하리라고 기대해서는 안 된다.

거듭 말하지만, 이 결론은 그 원리가 틀렸다고 할지라도 정당하다.[2] 나는 이 결론을 보다 더 합리적인 원리 위에 정립할 생각이다. 나는 우리의 정치적 의무를 확정함에 있어서 다음과 같은 주장을 하지는 않겠다. 즉, 인간은 정부 제도의 장점을 지각하고 있고, 이런 장점의 측면을 고려하여 인간은 정부를 수립하며, 이 제도는 복종의 약속을 요구하고 이 약속은 어느 정도 도덕적 책임을 부과하지만 그 책임은 조건적 책임이므로 계약 상대가 자신이 약속한 역할을 수행하지 않을 때에는 언제든지 구속력이 사라진다는 따위의 주장은 하지 않겠다. 내가 알기로는 약속 자체는 전적으로 인간의 묵계에서 발생하며, 그것은 어떤 이익을 고려하여 발명된 것이다. 그러므로 나는 정부와 직접적으로 결부된 이익에 대해 탐구한다. 이 이익은 곧 정부 설립의 근원적 동기이자 우리가 정부에 복종하는 원천일 것이다. 나는 이 이익이 안전과 보호에 있는 것을 발견한다. 우리는 이런 이익을 정치적 사회에서 누릴 수 있으며, 우리가 완전히 자유롭고 독립적일 때에는 결코 이런 이익을 획득할 수 없다. 그런데 이익은 정부에 대한 직접적인 재가이므로, 이익이 없는 곳에는 정부도 있을 수 없다. 바꿔 말하면 행정관이 그 권위를 견딜 수 없을 정도로 우리 피지배자를 압제하면, 우리는 더 이상 그러한 권위에 복종할 의무가 없다. 원인이 사라지면 그 결과 또한 사라져야 하는 것이다.

충성에 대한 우리의 자연적 책임에 대한 결론은 단적이고 직접적이다. 도덕적 책임의 경우, 원인이 사라지면 결과 또한 사라져야 한다는 공리는 거짓일 것이다.[3] 왜냐하면 우리가 지금까지 자주 주목했던 인간 본성의 원리가 있기 때문이다. 즉 인간은 일반 규칙에 강력하게 집착하는데, 흔히 우리는 처음에 우리가 공리를 정립하게 되었던 근거들 너머로 그 공리를 확장한다는 것이다. 두가지의 사례가 많은 여건에서 유사한 경우에, 우리는 그 두 가지가 가장 중대한 여건에서 차이가 있고, 그 사례들의 유사성도 실질적이라기보다는 피상적이라는 점을 고려하지 않은 채 그 두 가지를 같은 것으로 보는 경향이 있다. 그러므로 우리는 다음과 같이 생각할 수 있을 것이다. 즉, 충성의 경우에 충성의 원인인 이익에 대한 자연적 책임이 사라지더라도 우리의 도덕적 책임은 사라지지 않을 것이다. 바꿔 말하면 인간은 양심으로 인해, 자신과 공공의 이익에 반하더라도 폭압적 정부에 복종할 수밖에 없을 것이다. 솔직히 일반 규칙들이 대체로 자신들의 기초가 되는 원리들 너머로까지 확장된다는 것이 인정되는 한, 다시 말해 일반 규칙의 예외들이 일반 규칙의 성질을 갖지 않고 많은 일반적 사례에 기초를 두지 않으면 우리가 일반 규칙에 예외를 두는 경우가 드물다는 사실이 인정되는 한, 나는 이 논증의 위력에 굴복한다. 그런데 나는 지금이 바로 그 경우라고 주장한다. 인간이 다른 사람의 권위에 복종하는 것은 자신의 무법적 정념들과 눈앞의 이익 때문에 사회의 모든 법을 위반하기에 이르는 인간의 약점과 불의에 대한 안전을 확보하기 위해서이다.

그런데 내가 알기로 이 불완전함은 인간의 본성이므로 어떤 상태와 처지에 있는 인간에게도 반드시 수반되며, 우리가 통치자로 선택한 사람도 자신의 우월한 권력과 권위에 따라 즉각 다른 인간보다 그 본성이 우월해지지는 않는다.[4] 우리가 통치자에게서 기대하는 것은 통치자의 본성이 변하는 것이 아니라 그들의 지위 변화이다. 지위가 변함으로써 통치자는 질서의 유지와 정의의 수행에서 더욱 직접적인 이익을 얻는다. 그런데 이 이익은 신민들 사이에 정의가 실현될 때에만 직접적이다. 하지만 이런 점 외에도 인간 본성의 불규칙성에서 우리가 흔히 예측할 수 있듯이, 통치자들은 이 직접적 이익조차 무시하고 자신들의 정념 때문에 온갖 잔혹한 행동과 야심에 탐닉한다. 인간 본성에 대한 우

필립(펠리페) 2세(1527~1598)
에스파냐 국왕(재위 1556~1598). 가톨릭 신봉자로 국내 이슬람 교도의 반란을 탄압하였다. 무적함대로 영국을 공격하였으나 실패하였다.

리의 일반적 지식과, 인류의 과거 역사에 대한 고찰 및 현시대에 대한 경험을 통해 우리는 반드시 예외를 허용하게 된다. 다시 말해 우리는 어떤 죄나 불의를 저지르지 않더라도 지엄한 권력의 폭력적인 결과에 저항할 수도 있다는 결론에 이를 수 있다.

따라서 이것은 인류의 일반적인 관습이자 원리라고 할 수 있다. 다시 말해 폭정에 대한 구제책을 발견할 수 있었던 국민은 폭군의 잔인한 만행을 결코 참지 않았을 것이고, 폭군에게 저항했다는 것 때문에 비난받지도 않았을 것이다. 디오니시우스나 네로 또는 필립 2세[5]에 대한 역사를 읽는 독자들은 그들에 대항하여 무기를 든 사람들의 편에 선다.[6] 우리의 상식이 왜곡되어 있지 않는 한 그 반항자들을 힐난할 수는 없다. 그러므로 우리의 도덕 개념은 분명히 수동적 복종[7]의 개념처럼 불합리한 개념을 담고 있지 않다. 우리는 전제 정치와 압제에 대한 더욱 악명 높은 사례에서 저항을 허용하고 있다. 인류의 일반적 의견은 모든 경우에 어떤 권위를 갖지만, 도덕의 경우에 이 의견은 전적으로 틀림이 없다. 그리고 우리가 그 의견의 기초가 되는 원리들을 뚜렷이 설명할 수 없으므로 그 의견은 역시 틀림이 없다.

다음과 같은 추론 과정을 따라갈 수 있는 사람은 거의 없다. 즉, '정부는 인간이 사회의 이익을 위해 발명한 것일 뿐이다. 통치자의 압제 때문에 이 이익이 없어지면 통치자에 대해 신민이 복종할 자연적 책임도 없어진다. 도덕적 책임은 자연적 책임에 기초를 두고 있으므로, 자연적 책임이 없어지면 반드시 도덕적 책임도 없어진다. 특히 우리에게 자연적 책임이 없어질 수 있는 아주 많은 경우를 예견하도록 하며, 그와 같은 사건이 발생했을 때 우리의 행동 양식을 규제할 수 있는 일반 규칙을 마련하도록 하는 것 따위가 사안인 경우에 도덕적 책임은 없어질 수밖에 없다.' 이 추론 과정은 대중들에게는 매우 난해하지만, 모든 사람이 암암리에 이런 생각을 가지고 있다. 그리고 사람들은 오직 공공의 이익 때문에 정부에 복종하여, 이 제도를 쉽게 전복하고 지배자를 폭군 또는 공공의 적으로 변화시킬 만큼 인간 본성이 약하여 정념에 휘둘린다는 것을 알고 있다. 이익의 감각이 정부에 대한 복종의 근원적 동기가 아니라면, 나는 다음과 같은 점을 묻지 않을 수 없다. 즉, 인간 본성에서 이익 이외의 어떤 원리가 인간의 자연적 야망을 진압하고 인간을 정부에 복종시킬 수 있는가? 모방과 습관은 충분치 못하다. 여기서 다음과 같은 물음으로 돌아가기 때문이다. 우리가 모방하는 복종의 사례와 습관을 산출하는 일련의 행동을 처음으로 산출하는 동기는 무엇인가? 여기에 이익 이외의 다른 어떤 원리도 없다는 것은 명백하다. 그리고 이익이 처음으로 정부에 대한 복종을 산출한다면, 많은 사례에서 이익이 현저히 사라질 때마다 복종의 책임도 반드시 사라져야 한다.

〈주〉

1 '혹독한 폭정'을 행할 때 '신민들은 충성의 모든 굴레를 벗어난다'는 말은 로크도 했다. Cf. Two Treatises, II. xviii. 199seq. 홉스가 그와 반대라는 것은 이미 알고 있는 바와 같다.

2 폭정에 있어서 충성의 의무가 없어지는지 여부는 두 번의 혁명을 경험하고 얼마 지나지 않아, 스튜어트 왕조를 그리워하는 사람들이 아주 없지는 않았던 당시 영국 국민에게는 매우 절실한 문제였다. 흄은 다음 절에서 이 문제를 직접적으로 다룬다.

3 자연적 책임은 이익이며, 이것을 통하여 인간은 자연에서 소유의 안정을 도모하며, 약속을 지키고, 정부에 복종한다. 도덕적 책임은 도덕적인 옳고 그름에 대한 감각으로, 이익에서 발생하여 이익을 뛰어넘는다.

4 통치자는 자기의 지위로 인하여 정의의 실행을 자기의 이익으로 삼는 자라는 것. 이 점에 대해서는 제3편 제2부 제7절 참조.

5 '디오니시우스(Dionysius)'는 시라쿠사의 참주로 1세 및 2세인 부자(父子)가 연이어 폭정으로 이름 높았다. 2세는 플라톤을 초청한 것으로 유명하다. 네로(Nero)는 유명한 로마의 폭군(재위 54~68)이다. '필립 2세(Philip the second)'는 독일 황제 카를 5세의 아들로 에스파냐 왕인 Felipe 2세(1527~1598)를 말한다. 네덜란드 외에 이탈리아에 영지를 갖고 있었으며, 프랑스 및 터키를 무찌르고 포르투갈 왕을 겸했다. 구교에 의한 국가 통일을 도모하여 국내에서는 전제정치를 펴고 국외에서는 영국, 프랑스, 독일의 구교도를 원조했다. 영국 여왕 메리의 남편으로서 여왕의 구교 회복책을 돕고, 스코틀랜드의 전 여왕 메리 스튜어트를 엘리자베스의 경쟁자로 추대하여 무적함대로써 엘리자베스를 위협했다.

10 충성의 대상에 대하여

경우에 따라 지고의 권력에 맞서는 것이 건전한 정치와 도덕 양쪽 모두에서 정당화될 수 있다고 하더라도, 일상적 인간사에서 이보다 파괴적이고 범죄적인 것이 없다는 것은 확실하다. 그리고 혁명에 언제나 따르는 격동은 물론, 그와 같은 행동은 정부를 직접적으로 전복시켜 인류 사이에 보편적 무질서와 혼동을 초래하기에 이른다. 수많은 문명 사회는 정부 없이 존속할 수 없지만, 마찬가지로 철저한 복종이 없다면 정부도 전혀 쓸모없다. 우리는 언제나 권위에서 거두는 이득을 손실과 비교해서 검토해야 한다. 그렇게 함으로써 우리는 저항 이론을 실천에 옮길 때 더욱 신중해질 것이다. 보통 규칙은 복종을 요구하며, 오직 혹독한 전제 정치와 압제의 경우에만 예외가 있을 수 있다.

이처럼 맹목적인 복종은 보통 정치에 그 원인이 있으므로, 이제 다음 물음을 살펴보아야 한다. 맹목적인 복종이 누구에게서 기인하며, 우리는 누구를 우리의 적법한 행정관으로 볼 것인가? 이 물음에 답하기 위해 우리가 지금까지 정부와 정치 사회의 기원에 대해 확정한 것을 되돌아보자.[1] 만인이 각자 눈앞에 닥친 이익이나 쾌락에 따라 사회의 법률을 위반하거나 준수하는 경우에, 인간은 사회의 안정된 질서 유지가 불가능하다는 것을 일단 경험하면, 자연적으로 정부를 발명하게 되고, 사회의 법률을 위반하는 것을 자신들의 능력 아래에서 될 수 있는 한 제거한다. 따라서 정부는 인간의 자발적 묵계에서 발생한다. 그리고 정부를 수립하는 이 묵계가 통치하게 될 인물들까지 결정할 것이고, 바로 이런 점에서 의심과 모호성을 모두 제거할 것이라는 점은 분명하다. 이때 인간의 자발적인 동의는 그 밖의 모든 계약과 약속에서보다 다음과 같은 점에서 반드시 더욱 커다란 효력을 갖는다. 왜냐하면, 행정관의 권위는 처음에 신민들의 약속을 토대로 존립하며 신민들은 이 약속 때문에 스스로 복종 의무를 지기 때문이다. 그런데 신민들에게 복종 의무를 과하는 이 약속 때문에 신민들은 특정 인물에게 속박되고, 그 인물을 자신들이 충성할 대상으로 만든다.

그러나 정부가 오랜 시간 동안 이런 토대 위에 수립되어 있을 때, 그리고 우리가 정부에 복종하는 데에서 얻는 별도의 이익이 도덕성에 대한 별도의 소감을 산출할 때 사태는 완전히 변하며 약속은 더 이상 특정한 행정관을 결정할 수 없다. 약속은 더 이상 정부의 토대로 간주되지 않기 때문이다. 자연적으로 우리는 자신이 복종하도록 태어난 것으로 상정하며, 우리에게 복종의 의무가 있는 것으로 생각하듯이 행정관들은 명령할 권리를 가진 것으로 상상한다. 권리와 책임의 개념은 오직 정부로부터 거두는 이득에서 유래되며, 이 이득 때문에 우리는 자신이 정부에 맞서는 데 대해 반감을 가지며 다른 사람이 정부에 맞서는 경우도 못마땅하게 여긴다. 그러나 여기서 주목해야 하는 것은 사태가 약속에 기초를 두고 있을 때에는 정부의 근원적 재가(裁可)[2]가 우리가 복종할 사람을 결정했지만, 이 새로운 사태에서 정부의 근원적 재가는 이익이기는 해도 이 재가는 우리가 복종할 사람을 결정할 수 없다. 약속은 아주 확실하게 우리가 복종할 사람을 확정한다. 그러나 만일 이런 점에서 인간이 공공의 이익이든 사적 이익이든, 특정 이익을 고려하여 자신의 행동 방식을 조절하려 들면, 인간은 분명 끝없는 혼돈에 빠져 모든 정부를 매우 무력하게 만들 것이다. 사적 이익은 사람마다 다르고 공공의 이익이야말로 본질적으로 언제나 동일하지만, 공공의 이익에 대한 특정 인물들의 서로 다른 의견들 때문에 공공의 이익은 그 의견들이 서로 다른 만큼 불일치의 원천이 된다. 따라서 우리가 관료에게 복종하는 원인인 바로 이 이익 때문에 우리는 행정관을 선출할 때 이익 자체를 단념하며, 어떤 점에서든 가장 완전한 것을 갈망할 수도 없이 일정 형식의 정부와 특정 인물에게 얽매인다. 여기서 이것은 곧 소유의 안정성에 대한 자연법과 같은 경우이다.[3]

소유가 안정되어야 한다는 것은 사회에 아주 유익하고 반드시 필요하기 때문에 우리는 그와 같은 규칙을 세우게 된다. 그렇지만 우리가 알고 있듯이, 우리가 특정 소유물을 특정 인물에게 배당함에 있어서 소유의 안정성에서 얻는 것과 같은 이득을 추구하려고 하면, 우리의 목적은 좌절되고 이 규칙을 통해 방지하려는 혼동은 영원히 계속될 수밖에 없다. 따라서 우리는 소유의 안정성에 대한 자연법을 변경하려면 일반 규칙을 따라야 하며, 일반적 이익에 따라 규제해야 한다. 이 일반적 이익을 통해 소유의 안정성에 대한 자연법이 결정되는데, 이 이익이 하찮게 여겨진다는 점 때문에 우리가 결코 이 자연법에 대한 애착심이 줄어드는 것을 두려워할 필요는 없다. 정신의 충동은 아주 강한 이익에서 유래되며, 좀더 작은 그 밖의 이익들은 정신의 운동에 무엇을 더하거나빼지 않고 그 방향을 지시하는 데에만 기여할 뿐이다. 이것은 정부에 있어서도마찬가지이다. 정부는 사회에서 가장 유익한 발명품이다. 따라서 이 이익은 우리가 정부와 같은 발명품을 열정적으로 망설임 없이 받아들이도록 하기에 충분하다. 비록 그 다음부터는 중요성이 다른 여러 가지 고려를 통해 우리는 정부에 대한 헌신을 조절하고 그 방향을 지시해야만 하고, 또 행정관 선출에 따른 특정 이득을 고려하지 않고 우리의 행정관을 선출할 수밖에 없지만 말이다.

내가 살펴볼 이 원리들 중 첫 번째 것은 관료가 가진 권리의 초석이다. 이 원리는 거의 모든 기존의 정부에 예외없이 권위를 부여한다. 이렇게 내가 말하는뜻은 정부의 일정한 형태와 왕들의 계승[4] 따위에서 보여 온 오랜 소유이다. 우리가 여러 국가의 최초 기원으로 거슬러 올라가 보면, 그 처음 명분은 석연치않을지라도, 왕위 찬탈이나 반역에 일차적 기초를 두지 않는 왕족과 국가 형태는 거의 없다는 것은 확실하다. 오직 시간만이 그들의 권리를 굳게 다지며, 시간만이 인간의 정신에 조금씩 작용함으로써 그 정신을 권위에 조화시켜 그 권위가 정당하고 합리적으로 여겨지도록 한다. 우리에게 생각을 일으켜 우리의상상력을 어떤 대상으로 향하게 하는 가장 큰 원인은 습관이다. 우리가 한 무리의 인간들에게 오랜 기간 복종하여 익숙해졌을 때, 우리가 충성에 따르는 도덕적 책임이라고 상정해야 하는 일반적 직감이나 경향은 쉽게 이런 방향으로나아가며 한 무리의 사람들을 그 충성의 대상으로 선택한다. 일반적 직감을제공하는 것은 이익이지만, 거기에 특정한 방향을 제공하는 것은 습관인 것이다.

그리고 여기서 정신에 미치는 시간의 서로 다른 영향력에 따라 동일한 시간이 도덕에 대한 우리의 소감에 서로 다른 영향력을 미친다는 사실을 주목할수 있다. 우리는 자연적으로 만물을 비교하여 판정한다. 그런데 왕국과 공화국의 운명을 고찰할 때 우리는 광범위한 시간을 취하므로 이 경우에 짧은 지속기간은 우리가 그 밖의 어떤 대상을 고찰할 때와 동일한 영향력을 우리의 소감에 미치지 못한다. 예를 들어 말 한 마리나 옷 한 벌에 대한 권리는 매우 짧은 시간에 얻을 수 있다고 생각한다. 그렇지만 새 정부를 수립하거나 새 정부에 대한 신민들의 의구심을 없애는 데에는 한 세기도 충분하지 않다. 덧붙여서 군주가 권력을 억지로 빼앗았을 경우, 제후가 자신의 권리를 확정하기에 필요한 것보다 짧은 시간도 제후가 모반할 수 있는 부가적 힘의 명분을 그에게 제공하기에 충분할 것이다. 프랑스의 왕은 2대 이상 절대 권력을 소유한 적이 없다. 그렇지만 프랑스인들에게 자신들의 자유에 관해 이야기하는 것보다 엉뚱하게 여겨질 것도 없을 것이다.[5] 우리가 지금까지 증

루이 14세(1638~1715)

식(增殖)[6]에 대하여 이야기한 것을 숙고해 보면, 이런 현상에 관해 쉽게 설명할 수 있을 것이다.

어떠한 형태의 정부도 오랜 소유 때문에 확립되지 않을 때, 현재의 소유[7]는 정부 형태를 대신하기에 충분하다. 따라서 우리는 현재의 소유를 모든 공적 권위의 두 번째 원천으로 간주할 수도 있다. 권위에 대한 권리는 권위에 대한 항상적 소유일 뿐이며, 이것은 사회의 법률과 인류의 이익에 의해 유지된다. 그리고 앞서 언급한 원리들에 따르면, 이 항상적 소유를 현재의 소유와 결합하는 것이 가장 자연스럽다. 바로 이 원리들이 사적 개인들의 소유권의 측면에서 발생하지 않는다면, 이와 같은 방식으로는 모든 사적 개인들의 소유권 반환이 차단되며 모든 폭력이 권위를 갖게 되고 보호되리라는 것을 우리가 관찰했을 때,[8] 그 원리들이 이익에 대한 강한 고려와 대립하기 때문이다. 그리고 공적인 권위의 측면에서도 이 동기들이 힘을 갖는 것으로 생각될지 모르지만, 이 동기들은 평화를 유지하고 모든 변화를 막는 데 있는 다른 이익과 대립된다. 변화는 사적인 일들에서 쉽게 발생될 수도 있지만, 대중의 이해와 관여된 경우에는 불가피하게 유혈 참사와 혼돈을 수반한다.

현재 소유자의 권리를 기존 윤리학 체계를 통해 해명할 수 없다는 것을 인정하고 그 권리를 절대적으로 부정하며 도덕적 정당성을 인정받지 못한다고 주장하려는 사람은 아주 터무니없는 역설을 주장하여 인류의 상식과 판단력에 충격을 준다고 생각하는 것이 맞을 것이다. 신중함과 도덕에 가장 안성맞춤인 근본원칙은 우리가 우연히 살고 있는 나라에서 발견한 기성 정부에 대해, 그 기원 즉, 최초의 수립을 지나친 호기심을 갖고 탐구하지 않고 조용히 복종하는 것이다. 아주 엄격하게 검증될 수 있는 정부는 거의 없다. 지금 세상에는 수많은 왕국이 있으며, 우리는 역사를 통해 이보다 더 많은 왕국이 있다는 것을 알지만, 그 왕국들의 통치자는 자신의 권위에 대해 현재의 소유보다 나은 근거를 갖지 못했다. 로마와 그리스 제국[9]만으로 국한해도, 로마가 자유를 잃은 때부터 투르크족이 로마 제국을 마지막으로 멸망시킬 때까지 황제들의 오랜 계승 방식이 그 제국에 대한 명분을 다르게 주장할 수 없었음은 분명하지 않는가? 원로원의 황제 선출은 단지 형식일 뿐이며 늘 군대의 선택을 따랐다. 그리고 이 군대는 거의 언제나 서로 다른 속주(屬州)로 분할되었으며 오직 무력만이 속주들 간의 차이를 해소할 수 있었다. 따라서 모든 황제는 무력을 통해 자신의 권리를 획득하고 지켰다.[10] 그러므로 우리는 이미 알고 있는 세계는 오랜 시대에 걸쳐 정부도 없었고 어느 누구에게도 충성의 의무가 없었다고 말해야 하든가 아니면 공공 업무에서 더 강한 자의 권리는 그 밖의 청구권과 대립되지 않을 때 적법한 것으로 받아들여지고 도덕적으로 정당화된다는 것을 인정해야 한다고 말해야 한다.

　정복의 권리는 주권자가 권리를 요구하는 세 번째 원천으로 간주할 수 있다. 이 권리는 현재 소유의 권리와 아주 비슷하다. 그러나 찬탈자에게 늘 따라오는 증오와 혐오 대신에, 정복의 권리는 우리가 정복자에게 속하는 것으로 생각하는 영광과 명예라는 개념의 후원을 받으므로 오히려 우월한 힘을 갖는다.[11] 인간은 자연히 자신이 애정을 갖는 것들을 선호한다. 따라서 인간은 신민이 자신의 주권자에 대해 반역에 성공한 경우보다는 두 주권자들 사이에서 성공한 폭력에 정복의 권리가 속하는 것으로 생각하기 쉽다.[12]

　군주제에 근거를 둔 최초의 주권자가 죽었을 때처럼, 오랜 소유나 현재의 소유 또는 정복 따위가 전혀 발생하지 않았을 때는, 그 대신 계승의 권리가 자연히 힘을 갖는다. 사람들은 대체로 죽은 군주의 아들을 왕좌에 앉히기로 마음 먹으며, 그 아들이 아버지의 권위를 상속받는 것으로 상정한다. 막연히 추정된 부왕의 동의, 사가(私家) 상속의 모방, 가장 유능하고 가장 많은 추종자를 거느린 인물을 선정하는 데에서 국가가 얻는 이익 따위는 모두 사람들이 죽은 군주의 아들을 그 밖의 어떤 인물보다 선호하는 까닭이다.[13]

이 근거들은 상당한 비중이 있다. 그러나 내가 알기로는, 사실을 공평하게 숙고하는 사람은 상상력의 원리가 정의 및 이익 따위에 대한 고려와 공조한다고 여길 것이다.[14] 왕이 죽은 뒤에는 말할 것도 없지만, 심지어 왕이 살아 있는 동안이라 하더라도 왕의 권위는 사유의 자연적 전이를 통해 어린 왕자와 연관된다고 여겨진다. 따라서 새로운 관계를 통해, 또 어린 왕자에게 매우 자연스럽게 속하는 것으로 여겨지는 것을 그가 실제로 소유하도록 함으로써 이 결합을 완성하는 것만큼 자연스러운 것은 없다.

이런 사실을 확인하기 위해 다음과 같은 아주 특이한 현상을 살펴보도록 하자. 선립 군주국에서 왕위 계승의 권리는 법률이나 정착된 관습에 따라 정해지지 않는다. 그렇지만 계승의 권리가 갖는 영향력은 아주 자연스러워서 상상력에서 그 권리를 전적으로 제외할 수 없고, 또 죽은 군주의 아들에 대한 신민들의 관심을 강제도 돌릴 수도 없다. 따라서 이런 종류의 정부 중 일부에서는 통상적으로 왕족 중에서 한 사람을 선정한다. 그리고 어떤 정부에서는 왕족은 모두 배제되기도 한다. 이처럼 상반된 현상들도 동일한 원리에서 유래된다. 왕족이 모두 제외되는 경우는 세련된 정치에서 기인한다. 세련된 정치를 통해 인민들은 왕족 중에서 주권자를 선정하려는 자신들의 성향을 감지하며, 자신들의 자유를 엄격히 경계한다. 즉, 인민들은 새로운 군주가 이런 성향의 힘을 이용해 자기 가족을 세습적 왕족으로 확립하고 미래에 자신들이 왕을 선출할 자유를 빼앗지나 않을까 경계한다.

아르타크세르크세스와 그 동생 키루스의 이야기[15]를 통해 우리는 바로 이런 목적에 대해 생각할 수 있다. 즉 키루스는 자신의 아버지가 왕좌에 오른 다음에 태어났으므로 자기가 형보다 왕위에 대해 더 큰 권리를 가졌다고 주장했다. 나는 감히 이 추리가 타당했다고는 주장하지 않는다. 나는 이 추리에서 다음과 같은 것을 추정할 뿐이다. 즉 우리가 이미 합일된 것으로 발견한 모든 대상을 새로운 관계를 통해 하나로 합치는 자연스러운 성향을 갖게 되는 것은 앞서 언급한 상상력의 성질 때문이다. 상상력의 이런 성질이 없었더라면, 키루스는 그와 같은 핑계를 결코 댈 수 없었을 것이다. 아르타크세르크세스는 맏아들이며, 왕위 계승에서도 1순위였으므로 아우보다 유리했다. 그러나 키루스는 그 아버지가 왕권을 얻은 다음에 태어났기 때문에 왕권과 더욱 밀접한 관계가 있었다.

여기서 감히 다음과 같이 주장할 수 있을까? 즉 편의성에 대한 고려가 완전한 왕위 계승 권리에 대한 원천이 될 수도 있고, 사람들은 자신들이 왕을 완전히 새로 선출하는 데 따르는 무정부 상태와 혼란을 막고 죽은 주권자의 후계자를 확정할 수 있는 규칙의 장점을 흔쾌히 받아들인다. 나는 이런 주장에 다음과 같이 대답할 것이다. 이런 동기가 그 결과에 어느 정도 기여하겠지만 다른 원리가 없다면 이 동기는 발생할 수 없다. 한 국가의 이익에 필요한 것은 왕권 계승이 어떤 방식으로 확정되는 것이지만, 어떠한 방식으로 왕권 계승이 확정되든 그 국가의 이익에 대해서는 다를 바 없다. 따라서 혈연 관계가 공공의 이익과 관계 없는 결과를 갖지 않는다면, 우리는 실정법이 없다면 그 관계를 결코 고려하지 않을 것이다. 그리고 서로 다른 국가들의 수많은 실정법들이 같은 시각과 의도에서 정확히 일치할 수는 없었을 것이다.

이런 사실 때문에 권위의 다섯 번째 원천 즉 실정법을 살펴보게 된다. 이 실정법에서 입법자는 정부와 왕위 계승에 대한 일정한 형태를 확립한다. 얼핏 보기에 이런 원천은 권위에 대한 앞서 말한 청구권들 가운데 어떤 하나로 변형되어야 한다고 생각될 수도 있다. 실정법은 입법 능력에서 유래되는데, 이 입법 능력은 근원적 계약이나 오랜 소유 혹은 현재 소유, 또는 정복이나 계승 가운데 어떤 것에 의해 확립되어야 한다. 따라서 실정법은 반드시 이 원리들 가운데 어떤 것에서 그 힘을 갖는다. 그렇지만 실정법이 이 원리들 가운데서 그 힘을 이끌어 낼 뿐이라고 하더라도, 자연스럽게 상상할 수 있듯이 실정법은 자신이 유래된 원리에서 힘을 얻는 것이 아니라, 그 힘의 전이 과정에서 상당한 힘을 잃는데, 여기서 이 점을 주목할 만하다.

예컨대 정부는 수 세기에 걸쳐 일정한 법체계와 형태 및 왕위 계승 방법 위에 확립된다. 이 오랜 왕위 계승을 통해 확립된 입법 능력은 별안간 정부의 전체계를 모두 싹 바꾸고 그 자리에 새로운 체제를 끌어들인다. 이 변경이 공공복리에 대한 뚜렷한 경향을 갖지 않는 한, 그 변경에 따를 의무가 있다고 생각할 신민은 거의 없을 것이라고 나는 믿고 있다. 오히려 신민들은 자신들이 여전히 자유롭게 옛 정부로 되돌아갈 것이라고 생각할 것이다. 따라서 헌법 개념은 주권자의 의지에 따라 바뀔 수 없는 것으로 상정된다. 이런 성질을 갖는 살리카 법[16]이 프랑스에 있다고 알고 있다. 헌법이 미치는 범위는 정부가 결정하지 않으며, 정부가 결정해서도 안 된다. 입법 능력의 범위를 정하지 못할 정도로, 또 그 입법 능력이 정부의 원리들을 얼마나 혁신할 수 있을지 결정하지 못할 정도로, 가장 중요한 법률로부터 가장 사소한 법률에 이르기까지 그리고 가장 오래된 법률에서 가장 근대적인 법률에 이르는 감지하지 못할 정도의 점차적 변화가 있다. 이것은 이성의 산물이 아니며 상상력과 정념의 산물이다.[17]

여러 국가의 혁명과 정복, 팽창과 축소, 각 국가들의 특정 정부가 수립되는 양식, 그리고 한 인물에서 다른 인물로 이어지는 계승의 권리 등 세계 여러 국가의 역사를 고찰한 사람은 누구든지 곧 왕자들의 권리에 대한 논쟁을 아주 손쉽게 처리할 줄 알게 된다. 또 그런 사람이 확신할 수 있듯이, 일반 규칙을 엄격히 지키는 것과, 일부 사람들이 아주 높게 평가한 특정 인물과 가족에 대한 한결같은 충성은 이성에서 유래된 덕이라기보다는 오히려 편향된 믿음과 미신적 관습에서 유래된 덕이라고 할 수 있다. 바로 이런 점에서 역사 연구는 참된 철학[18]의 추론들을 확인한다. 우리는 참된 철학을 통해 인간 본성의 근원적 성질들을 밝히고, 이 참된 철학의 가르침을 통해 우리는 정치적인 논란이 대부분의 경우에 판결될 수 없고 전적으로 평화와 자유 따위의 이익 문제에만 속하는 것으로 간주한다. 공공복리가 변화를 요구하는지 확실하지 않은 경우에, 근원적 계약과 오랜 소유 그리고 현재의 소유 및 상속과 실정법 등의 청구권들이 함께 어울려 주권에 대한 가장 강력한 청구권을 형성하며, 신성불가침의 권리로 간주되는 것은 당연하다. 그런데 이 청구권들이 서로 다른 정도로 뒤섞여 대립되는 경우에는 종종 분쟁을 일으키며, 그리고 이 청구권들은 법학자와 철학자 등의 논변으로 해결된다기보다는 군대의 무력에 의해 해결된다.

예를 들어, 티베리우스는 죽었지만 게르마니쿠스와 드루수스는 모두 살아 있고, 티베리우스가 죽으면서 후계자로 이 두 사람 중 하나를 지명하지 않았다고 하자. 이때 두 사람 가운데 누가 티베리우스의 왕위를 계승해야 할지 이야기할 사람이 있는가?[19] 입양의 권리가 여염집의 혈연 관계와 동일한 효력을 가졌고, 또 국가와 여염집 등 두 사례에서 입양의 권리가 이미 공식적으로 발생한 경우에,[20] 그런 국가에서 입양의 권리는 혈연의 권리와 대등하게 인정해야 할까? 게르마니쿠스는 드루수스보다 먼저 태어났으므로 맏아들로 보아야 하는가? 아니면 그는 드루수스가 출생한 다음에 입양되었으므로 아우로 보아야 하는가? 맏아들이 여염집에서 상속의 이점을 전혀 갖지 못하는 국가의 경우에 연장자의 권리가 고려되어야 하는가?[21] 당시의 로마 제국은 두 가지 사례 때문에 세습제로 평가되어야 하는가?[22] 또는 그처럼 이른 시기에도 로마 제국의 통치권은 최근의 권력 찬탈에 기초를 둔[23] 것으로서 강력한 소유자나 현재의 소유자에게 속하는 것으로 간주되어야 하는가? 어떤 원리에 따라 이 물음이나 이와 유사한 물음에 답하든 간에, 나는 우리가 정치적 논쟁 어떤 편도 들지 않는, 오직 건전한 이성과 철학적으로만 만족하는 공평한 탐구자의 물음을 결코 만족시키지 못할 것이다.

그러나 여기서 영국의 독자는 우리 국가조직[24]에 다행스런 영향력을 미쳐 그토록 위대한 결과를 유명한 혁명[25]에 관해 탐구하려 할 것이다. 우리가 이미 언급했듯이, 극악한 폭정과 압제의 경우에 지고의 권력에 맞서 무력 봉기하는 것이 합법적이며, 정부는 인간이 상호의 이득과 안전을 위해 발명한 것일 뿐이므로 정부의 이런 경향이 한 번 사라진다면 더 이상 신민에게 자연적 책임이나 도덕적 책임을 부과하지 못한다. 그런데 일반 원리가 모든 세대의 상식과 관행(practice)을 통해 정당성을 인정받더라도, 저항이 합법적인 경우를 우리가 알 수 있을 법한 특정 규칙, 또 이 주제에서 일어날 수 있을 법한 모든 논쟁을 판결하는 특정 규칙을 법률이나 철학이 수립하지 못하는 것은 분명하다. 이런 일은 지고의 권력에 관련되어 발생할 수 있을 뿐만 아니라, 입법적 권위가 한 인물에게 맡겨지지 않은 기본적인 국가 조직에서조차도 행정관은 바로 이런 문제에서 법률이 침묵하도록 강요할 정도로 지위가 높고 강력할 수도 있다. 이 침묵은 법률의 존중[26]과 신중함의 결과이기도 하다. 모든 정부에서 다양하게 생겨나는 여건 속에서 행정관의 권력이 아주 큰 경우에 그 권력의 실행이 어떤 때에는 공공에게 유익할 수도 있지만 또 어떤 경우에는 파괴적이고 압제적일 것임이 분명하기 때문이다.

그러나 입헌 군주제[27]에서는 이러한 법률의 침묵에도 불구하고, 그 인민들이 저항의 권리를 여전히 보유하고 있다. 가장 전제적인 정부에서조차 인민들에게서 저항의 권리를 빼앗을 수는 없기 때문이다. 자기 보존의 필요성과 공공복리라는 동기가 인민들에게, 가장 전제적인 정부와 마찬가지로 입헌 군주제의 경우에도 바로 이 저항의 자유를 부여한다. 그리고 전제 정부보다는 이처럼 혼합된 정부에서 저항이 정당한 경우가 더 자주 나타날 수밖에 없고, 또 인민이 무력을 통해 스스로를 지켜낼 특권이 더욱 클 수밖에 없다는 점을 우리가 좀 더 살펴보아야 한다. 관료의 우두머리가 본질적으로 공중에게 아주 파괴적인 정책을 강구하는 경우뿐만 아니라, 그 우두머리가 국가 조직의 다른 부처를 침해하여 자신의 권력을 법의 한계를 넘어 뻗어갈 때도 인민들은 정당하게 그에게 대항하고 그를 몰아낼 수 있다. 비록 이 저항과 불경이 법률의 일반적 대의에서는 불법적이고 반란적인 것으로 여겨진다 해도 그러하다. 공중의 이익에 가장 본질적인 것은 공중의 자유를 지키는 것이기 때문이다. 하지만 이것을 제쳐두고라도 혼합 정부가 수립된 것으로 일단 상정되면, 기본적인 국가 조직의 각 부처와 구성원은 반드시 자기 방어의 권리를 가지며, 기존의 자기 영역을 그밖의 모든 권위가 침해하는 데에 맞서 유지할 권리를 갖는다. 물질이 저항 능력을 뺏기면, 물질은 무의미하게 창조되었을 것이다. 저항 능력이 없다면 물질은 단 한 부분도 독립적 존재를 유지할 수 없을 것이고, 물질 전체는 단 하나의 점으로 응축될 것이기 때문이다. 그러므로 권리 침해를 견제할 구제책 없이 어떤 정부에 권리를 상정하거나, 인민이 자기 역할을 모든 침해자로부터 방어하는 것이 정당하다는 것을 인정하지 않으면서도 지고의 권력을 인민들이 공유한다는 점을 인정하는 것 따위는 그야말로 터무니없다. 그러므로 우리의 자유 정부를 존중하는 듯 보이면서 저항의 권리를 부정하는 사람은 상식 있는 사람이라고 불리기를 포기했으며, 진지하게 대답할 가치도 없다.

최근의 혁명에 이 일반 원리들을 적용할 수 있음을 보여 주는 것이 지금 나의 목적은 아니다. 그리고 자유로운 국민에게 신성시되어야 할 모든 권리와 특권이 혁명 당시에 극심한 위험에 마주쳐 있었음을 보여 주는 것도 지금 나의 목적이 아니다.[28] 이 주제가 논란의 여지가 있다면, 나는 이 주제들을 버리고 혁명이라는 중요한 사건에서 자연적으로 발생하는 몇 가지 철학적 반성에 기꺼이 몰두하겠다.

첫째, 우리가 주목할 수 있듯이, 우리 국가의 기본적 국가 조직의 상원과 하원이 공공의 이익을 전혀 염두에 두지 않고 왕을 폐하거나 왕이 죽은 뒤에 법률과 정착된 관습에 따라 왕위를 계승해야 할 왕자를 추방한다면, 상원과 하원의 절차가 적법하다고 평가할 사람은 없을 것이고, 상원과 하원에 동조하는 사람도 없을 것이다. 그러나 왕이 부정한 행위와 포악하고 전제적인 권력을 도모함으로써 자신의 적법성을 상실한 것이 확실하다면, 그 왕을 폐위하는 것은 도덕적으로 정당해지고 정치 사회의 본성에 부합된다. 그뿐만 아니라 우리는 국가 조직의 나머지 성원들이 왕의 다음 상속자를 추방하고 자신들이 바라는 사람을 왕위 계승자로 선택할 권리를 얻는 것으로 생각하는 경향이 있다. 이런 사실은 우리의 사유와 상상력의 아주 특이한 성질을 기초로 한다. 상속자가 왕의 폭정에 연루되어 스스로 권위를 잃은 경우가 아니라면, 왕이 권위를 잃었을 때 자연히 그 상속자는 왕이 죽어서 양위될 경우와 같은 상황에 처할 수밖에 없다. 그러나 이것이 합리적이라고 여겨지더라도 우리는 쉽게 반대 의견을 따른다. 우리 정부와 같은 경우에 확연하듯이 왕의 폐위는 모든 일상적 권위를 넘어서는 행동이며, 공공복리를 위해 불법적으로 휘두르는 힘이다. 이 힘은 통상적 통치 과정에서는 국가 기관의 어떤 성원에게도 속하지 않는다. 다만 공공복리가 그런 행동도 정당화할 정도로 중대하고 명백하다면, 의회가 이 자유를 훌륭히 사용하는 것 때문에 자연적으로 우리는 의회가 더 이상의 자유를 사용할 권리를 갖는다고 생각한다.

그리고 일단 법률의 기존 영역이 찬동에 의해 침범되면, 우리는 법률의 제약을 정확하게 지킬 정도로 엄격하기가 쉽지 않다. 자연적으로 정신은 자신이 시작한 일련의 행동을 계속 진행하며, 일련의 행동에서 처음으로 의무를 위배한 다음에는 우리는 대체로 우리의 의무를 두고 주저하는 일이 결코 없다. 따라서 혁명의 경우에 왕의 폐위를 정당하다고 생각하는 사람은 어느 누구도 자신들이 왕위 계승에 왕의 어린 아들[29]만을 고려해야 한다고 생각하지 않았다. 그러나 만일 불행한 군주가 당시에 무고하게 죽었고 그 아들은 우연히 해외에 나

윌리엄 3세와 메리 2세 제 관식 윌리엄 3세(재위 1689~1702)는 오렌지 공으로 네덜란드 총독을 지냈다. 명예혁명으로 메리 2세(재위 1689~1694)와 함께 영국의 공통 통치자가 되었다.

가 있었다고 한다면, 어린 아들이 성년이 되어 통치권을 회복할 수 있을 때까지 섭정이 단행되리라는 것은 의심의 여지가 없다. 상상력의 가장 사소한 속성도 사람의 판단력에 영향을 끼치므로, 그와 같은 속성을 이용하여 왕가의 안이나 밖에서 행정관들을 선정하더라도, 민중이 가장 자연스럽게 그 행정관들에게 권위와 권리가 있다고 생각할 것인지에 따르는 것이 법률과 의회의 지혜를 보여 주는 것이다.

둘째, 오렌지 공[30]이 왕위에 오르는 것은 처음에는 많은 논란을 유발할 수도 있고 그의 청구권에 대해 항의가 제기되기도 했지만, 그가 똑같은 청구권에 따라 왕위를 계승한 세 왕자[31]로부터 충분한 권위를 획득했음은 이제 의심의 여지가 없다. 얼핏 보기에 이런 사고 방식보다 불합리한 것은 없을 것 같지만 이런 사고 방식이 가장 유용하다. 왕자들은 자신들의 선조로부터 권리를 획득할 뿐만 아니라, 종종 후계자들로부터 권리를 획득하는 것으로 보인다. 즉 살아 있는 동안 찬탈자로 간주되는 것이 정당할 법한 왕도 후대 사람들로부터 적법한 왕자로 간주될 수 있을 것이다. 그는 다행스럽게도 자신의 가족을 왕위에 앉히고 정부의 낡은 형식을 고스란히 바꾸었기 때문이다. 율리우스 카이사르[32]

는 로마의 제1대 황제로 간주된다. 반면에 술라와 마리우스[33]의 청구권은 실제로 카이사르와 같지만 그들은 참주와 왕위 찬탈자로 간주된다. 시간과 관습은 모든 형태의 정부와 왕자들의 모든 왕위 계승에 권위를 부여한다. 처음에는 오직 불의와 폭력에 기초를 두었던 권력이라도 시간이 지나면 합법적으로 되고 책임을 갖게 된다. 정신 또한 여기서 머무는 것이 아니다. 후손들에게 속한다고 여기는 것이 자연스러운 그 권리를 정신은 걸음을 되돌려 전임자와 선조들에게 전이시킨다. 전임자와 선조는 후손과 함께 관련되어 상상력 안에서 결합되기 때문이다.[34] 프랑스의 현재 왕 때문에 휴 카페[35]는 크롬웰보다 더 적법한 제후가 된다. 마찬가지로 네덜란드인의 기존 자유는 필립 2세[36]에 대한 그들의 완강한 저항을 적잖이 정당화한다.

〈주〉

1 정부의 기원에 대해서는 제3편 제2부 제7절 참조.

2 '근원적 재가'의 원어는 'original sanction'이다.

3 소유의 안정성에 대한 자연법'의 경우 개개인의 이익에 얽매이지 않는 일반적 규칙을 수립해야만 한다. 이 과정에 대해서는 제3편 제2부 제3절 참조.

4 '왕들의 계승'의 원어는 'succession of princess'이다. 여기서는 오랫동안 계속되는 계승에 의하여 동일한 형식의 정부가 유지되는 점을 말하는 것이며, 어느 한 사람의 왕위계승자가 선왕으로부터 왕위를 계승하는 단 한 차례의 계승을 말하는 것이 아니다. 'succession of princess'와 '왕들'이 복수가 되어 있는 점에 주의해야 하며, 또한 단 한 차례의 계승도 나중에는 하나의 원리가 된다. 그리고 흄 스스로 두 가지 계승의 차이에 주의를 촉구하고 있다.

5 프랑스의 절대주의적 국가 체제는 루이 14세(재위 1643~1715)때에 완성되어 루이 15세(재위 1715~1774)에게 전해졌다. 그러나 이 사업은 앙리 4세(재위 1589~1610)에 시작되어 루이 13세(재위 1610~1643)를 거쳤다.

6 '증식(accession)'의 원리에 대해서는 제3편 제2부 제3절 참조.

7 '현재의 소유(present possession)'는 개인의 소유권의 입장에서는 그 기초 원리이지만, 소유권을 구체적으로 결정하는 원리는 아니었다. 그 이유 및 사적 소유와 공적 권위의 차이에 대해서는 바로 이어서 설명되어 있는 것과 같다. 다음 주석 참조.

8 사적 소유에 있어 개인의 이익에 맡길 때 정의의 법칙이 확립되지 않는 까닭에 대해서는 제3편 제2부 제3절 참조.

9 로마 제국은 이미 알고 있듯이 395년 동서 두 개의 제국으로 분열되었다. 서로마 제국은 476년 멸망하여 '로마의 자유'를 잃었고 동로마 제국은 1453년 멸망했다.

10 로마 황제의 계승에 있어 군대의 힘이 특히 강했던 것은 192년 콤모두스(Commodus)황
   제가 암살된 때부터 285년 디오클레티아누스(Diocletianus)가 제위에 오르기까지의 약
   90년 동안으로, 그 사이 80명의 황제가 교체되었으며, 특히 235년 이후 황제 26명 가운
   데 천수를 누린 사람은 겨우 한 사람뿐이었다.

11 로크는 정복의 권리를 인정하지 않고 찬탈 및 압제와 함께 충성의 의무가 없다고 했다.
   Cf. Two Treatise, II, c. ⅹⅴ1.

12 여기서 주장하는 바가 현재의 소유나 정복은 오랜 소유와 실증적 법률과 상반되는 청
   구권을 부여하기에 충분하다는 것은 아니다. 다만 현재의 소유나 정복이 약간의 힘을
   가지며 사정이 다르면 이 청구권들이 대등할 수도 있는 경우에 균형을 유지할 수 있고,
   때로는 미약한 청구권을 정당화하기에 충분할 수도 있다는 것이다. 이 청구권들이 어
   느 정도의 힘을 갖는지 결정하는 것은 어렵다. 그러나 온건한 사람은 모두 다음 사실
   을 인정할 것이라고 나는 믿는다. 즉 이 청구권들은 제후들의 권리에 대한 모든 논쟁에
   서 큰 힘을 갖는다.[원주]

13 오해를 방지하기 위해 나는 다음을 언급해야겠다. 즉 이 경우의 계승은 세습 군주제의
   경우와 다르다. 세습 군주제의 경우에 관습이 계승의 권리를 정했고, 세습 군주제의
   왕위 계승권은 위에서 설명한 오랜 소유의 원리에 의존한다.[원주]

14 상상은 어떤 관계에 의하여 결합되어 있는 대상에 새로운 관계를 더해, 결합을 강화시
   켜 완성하는 자연적인 경향을 갖는다. 이것은 제1편 이후 종종 나타나는 원리로 제3편
   에서도 이미 나왔다. 제3편 제2부 제3절 참조.

15 '아르타크세르크세스(Artaxerxes)'는 페르시아의 아케메네스 왕조의 왕으로 기원전 401
   년 동생인 키루스가 그리스 용병 1만 명을 모아 쳐들어 온 것을 쿠낙사에서 무찔렀다.
   Xenophon의 'Anabasis'는 이 원정을 기록한 것이다.

16 살리카 법(Salic law)은 중세 프랑크 법 가운데의 한 가지로 프랑크 민족의 주체를 이루
   는 Salian Frank의 오래된 법이며, 여자들의 상속을 인정하지 않는다.

17 주권의 소재와 같은 정부의 근본 문제조차 그 결정은 '이성의 산물이라기보다 상상이
   나 정념의 산물'이다. 흄의 인성학의 성격이 뚜렷하게 관철되어 있다. 그리고 또한 영국
   의 전통적인 입헌 군주제의 흄 나름의 해명이기도 하다.

18 '참된 철학(true philosophy)'은 말할 것도 없이 '인간 본성의 근원적 성질을 밝히는' 흄의
   인성학이다.

19 '게르마니쿠스(Germanicus)'는 로마 황제 티베리우스의 조카로 양자이다. 인망이 높았기
   에 기원전 19년 안티오키아에서 죽었을 때, 당시 사람들은 티베리우스를 의심하여 비
   난했다.

20 양자의 '권리가 두 사례에서 발생한 경우'란, 카이사르의 조카이자 양자인 아우구스투
   스와 아우구스투스의 아내의 전 남편의 자식으로 양자가 된 티베리우스가 잇달아 로
   마 원수의 지위를 계승한 것을 가리킨다. 이때 흄은 로마 제국이 율리우스 카이사르에
   서 시작된다고 생각하고 있다.

21 로마법에서는 법정 상속은 가벼이 여기고, 유언 상속을 중히 여겼다.

22 세습의 두 가지 구체적인 사례란 카이사르의 양자 아우구스투스와 아우구스투스의 양자 티베리우스가 저마다 양부의 대를 이은 것을 가리킨다.

23 '최근의 권력 찬탈'이란 율리우스 카이사르가 폼페이우스와 싸워 임페라토르가 되고 아우구스투스가 안토니우스와 싸워 이 칭호를 얻은 것을 가리킨다. 또한 로마 황제의 지위는 찬탈에 의한 것이 많았던 사실이 두드러지는데, 그것은 '이른 시기에도'라고 말하는 것처럼 처음에도 평화롭지 않았다.

24 '우리 국가 조직'의 원어는 'our constitution'이다. 물론 '헌법'이라고 번역해도 무리는 없으나, 영국에는 오늘날에 이르기까지 성문 헌법이 없다는 것을 주의해야 한다.

25 '유명한 혁명(that famous revolution)'이란, 1688년의 이른바 명예혁명을 가리킨다.

26 '법률의 존중'의 원어는 'their respect'이다. '법을 존경하고 중히 여기는 것'으로서, 적용하는데 의구심을 낳을 우려가 있는 법을 제정하지 않는 것이 법을 존경하는 까닭이다.

27 '입헌 군주제(the limited monarchy)'는 로크가 주장한 것이다. Cf. Two Treatises, II. x1. 134seq.

28 흄은 만년에 《영국사(History of England)》를 집필했다. 명예혁명에 대한 부분은 1756년에 공개되었다.

29 '폐위된 왕의 어린 아들'은 1688년 6월 제임스 2세의 두 번째 왕비가 낳았다. 이 왕자가 태어남으로써 후사가 생긴 것이 명예혁명의 동기가 되었다. 왕자는 나중에 프랑스 왕실의 비호를 받아 제임스 3세라고 칭했다. 1715년 토리당이 이것을 옹호하여 반란을 계획했으나 진압당했다.

30 '오렌지 공(Prince of Orange)'은 제임스 2세의 장녀 메리의 남편인 네덜란드의 윌리엄(William, 1650~1702)을 말한다. 1688년 12월, 영국 의회의 초청에 응하여 해협을 건너고, 이듬해 2월에 메리와 함께 왕위에 올랐다.

31 오렌지 공에 이어서 왕위를 계승한 세 왕자(王者)는 앤 여왕(재위 1702~1714), 조지 1세(재위 1714~1727) 및 조지 2세(재위 1727~1760)를 말한다.

32 흄은 '율리우스 카이사르(Julius Caesar)'를 '초대 로마 황제'로 간주한다. 앞서 게르마니쿠스와 드루수스의 계승권에 대한 가정적인 논의에 있어서도 같은 사고 방식을 전제로 한 부분을 볼 수 있다.

33 '술라와 마리우스'란 공화제 로마에 있어 서로 대립했던 두 사람의 독재자인 Lucius Cornelius Sulla(BC 138~78)와 Gaius Marius(BC 156~86)를 말한다. 마리우스는 그 생애 동안 7차례 콘술(Consul)로 뽑혔고, 술라는 기원전 82~79년까지 딕타토르(Dictator)였다.

34 상상이 '선조와 후손'을 결합시키는 점은 제2편 제1부 제9절 참조.

35 '휴 카페(Hugh Capet)'는 카페 왕조의 시조 위그 카페(Hugues Capet, 재위 987~996)를 말한다. 부르봉 왕가는 그 계열에 해당한다.

36 '필립 2세'의 네덜란드에 대한 종교적 정치적 탄압은 종교의 자유와 도시의 자치권을 빼앗아 격렬한 반항을 불러일으켜, 오렌지 공 윌리엄을 받드는 북부 9개 주는 1581년 독립을 선언하기에 이르렀다.

11 국제법[1]에 대하여

대부분의 인류가 시민정부를 수립하고 또 서로 다른 사회들이 인접해서 형성된 경우, 이웃 국가들 사이에는 상호간의 지속적 교류에 적합한 새로운 의무가 발생한다. 정치학자들의 말에 따르면, 국가 간의 모든 교류에서는 국가라는 정치체는 하나의 인격으로 간주되고,[2] 서로 다른 국가가 사적 인격과 마찬가지로 서로 도울 필요가 있으며, 동시에 국가들의 자기중심성과 야망이 전쟁과 불화의 영원한 원천인 한, 실제로 이 주장은 정당하다. 그러나 국가가 개인과 닮았다고 하더라도 다른 측면에서는 전혀 다르므로, 국가들은 서로 다른 근본원칙에 따라 규제되고 이른바 국제법이라는 새로운 규칙을 유발하는 것이 당연하다. 대사라는 직급의 면책권, 전쟁 선포,[3] 독을 첨가한 무기 사용 금지, 그 외에도 서로 다른 사회들 사이의 특별한 교류에 주안점을 둔 의무 등이 이 규칙들에 속한다고 할 수 있다.

이 규칙들은 모두 자연법에 부가되더라도 자연법을 완전히 파괴하지는 않는다. 바꿔 말해 소유의 안정성, 동의에 의한 소유의 양도, 약속 수행 등 정의의 세 가지 기초 규칙은 신민들뿐만 아니라 제후들의 의무라고 해도 틀리지는 않을 것이다. 똑같은 이익은 신민과 제후 모두에게 동일한 결과를 초래한다. 소유가 안정되지 못하면 끊임없이 전쟁이 발발하고, 소유권이 동의에 의해 양도되지 않는 경우에는 교류가 절대 불가능하다. 약속이 준수되지 않는 경우에는 동맹이나 제휴도 결코 있을 수 없다. 평화와 교류 및 상호 구원 따위의 장점 때문에 우리는 개인들 사이에 발생한 것과 동일한 정의의 개념을 각양각색의 왕국에까지 확장한다.

군주의 의무에 대해 하나의 근본원칙이 세계적으로 주류를 이루고 있다. 기꺼이 인정할 정치인은 드물겠지만, 모든 시대의 관습을 통해 권위를 인정받은 근본원칙이다. 즉, 제후들에게는 적합한 도덕 체계가 있으며, 이것은 사적 인격을 다스려야 하는 도덕 체계보다 훨씬 자유롭다. 분명 우리는 이 체계를 공공의 의무나 책임보다 범위가 좁은 것으로 이해하지 않는다. 가장 신성한 조약도 제후와 제후의 관계에서는 아무런 쓸모가 없다고 주장하는 사람만큼 별난 사람도 없을 것이다. 실제로 제후들은 그 자신들 사이에서 조약을 체결했으므로 그 조약을 실행함으로써 어떤 이득을 도모했음에 틀림없다. 그들은 그와 같은 미래의 이득을 예상함으로써 조약상의 자기 역할을 수행하게 되고, 그 예상을 통해 반드시 자연법이 확립된 것이다. 정치적 근본원칙상 제후들의 도덕성은 사적 인격의 도덕성과 범위가 동일하지만, 동일한 힘까지 갖는 것은 아니며, 사적 인격의 경우보다 더 사소한 동기 때문에 합법적으로 침해될 수 있다. 이런 주장이 일부 철학자에게는 상당히 충격적으로 받아들여지더라도 정의와 공정의 기원에 대해 우리가 지금까지 설명한 원리에 입각하여 이 주장을 옹호하는 것은 쉬울 것이다.

우리가 지금까지 경험을 통해 발견했듯이, 인간은 사회 없이 존립할 수 없고, 또 인간의 욕망이 방종하는 한 사회를 유지할 수도 없다. 아주 절박한 이익은 인간의 행동을 즉각 억제하고, 이른바 정의의 법칙이라는 규칙들을 준수할 의무를 인간의 행동에 부과한다. 우리가 사회의 평화를 지향하는 행동에 찬동하고 사회 평화의 파괴를 지향하는 행동을 비난할 때, 이익에 대한 이 책임은 여기서 멈추는 것이 아니라, 정념과 소감의 필연적 흐름을 통해 의무에 대한 도덕적 책임을 불러일으킨다. 이익에 대한 이런 자연적 책임은 독립적인 왕국들 사이에서 발생하며, 이것은 동일한 도덕성을 유발한다. 제멋대로 서약을 깨거나 조약을 어긴 제후에게는 아무리 도덕이 타락한 자라 해도 찬동하지 않을 것이다.

여기서 우리가 주목할 것은 국가 간의 교류는 이득이 되고 경우에 따라 필수적이라고 하더라도, 개인 간의 교류만큼 필수적이지 않고 유리하지도 않다는 사실이다. 개인 간의 교류가 없다면 인간 본성의 영원한 존속이 불가능하기 때문이다. 이처럼 서로 다른 국가들 사이에서는, 정의에 대한 자연적 책임은 개인들 사이에서만큼 강하지 않으므로, 자연적 책임에서 발생한 도덕적 책임도 자연적 책임의 약함을 공유해야 한다. 바꿔 말해 우리는 자신의 명예를 걸고 한 서약을 어기는 사적인 신사보다, 다른 제후나 각료를 기만하는 제후나 각료에게 필연적으로 더 관대할 수밖에 없다.

이 두 종류의 도덕성이 서로 어떤 비율로 관계하는가라는 물음이 제기된다면, 나는 이 물음에 아래와 같이 답하고자 한다. 물론 우리는 이 물음에 결코 정확히 대답할 수 없다. 다시 말해 우리가 정해야 할 두 가지 도덕성 사이의 비율을 숫자로 나타낼 수도 없다. 우리가 다른 여러 경우에서 관찰할 수 있듯이,

이 비율은 인간의 특별한 기술이나 연구가 없더라도 저절로 드러난다고 할 수 있다. 우리 의무의 정도를 일깨워 줌에 있어서, 지금껏 개발된 가장 정교한 철학보다 세상의 풍습이 앞선다. 그리고 모든 인간은 자연적 정의와 시민적(내지 사회적) 정의에 대한 도덕적 규칙의 기초를 은연중에 알고 있다는 것과, 우리가 평화와 질서를 유지하는 데에서 얻는 이익과 인간의 묵계에서 이 정의가 발생할 뿐임을 감지할 수 있다는 것 따위에 대한 신뢰할 만한 증거로 이런 사실이 활용될 수 있을 것이다. 만약 그렇지 않다면 이익의 감소 때문에 도덕성의 이완이 발생하는 일은 결코 없을 것이고, 또 이익의 감소 때문에 신민들 사이의 사적인 거래에서보다는, 제후와 공화국들 사이에서 발생하는 정의의 규칙 위반을 더욱 쉽게 납득하지는 않을 것이다.

〈주〉
1 '국제법(laws of nations)'은 이미 아는 바와 같이 그로티우스(Grotius)를 대표자로 하여 근세 국가의 분립에 따라 연구되었다. 흄은 그로티우스를 공부했다.
2 홉스도 국가라는 '하나의 정치체(a body politic)'를 하나의 인물로 생각했다.
3 외교 사절의 불가침성이나 선전 포고는 고대부터 이미 습관적으로 존재했으나, 중세 말기부터 국가의 분립과 함께 다시 실행되고 논의되었다.

12 순결과 정숙에 대하여[1]

정의에 대한 자연법과 국제법에 대하여 이제까지 설명한 체계에 난점이 있다면 그것은 보편적 찬동이나 비난에 대한 것일 터이다. 이 보편적 찬동과 비난은 자연법과 국제법 따위의 준수 여부에서 발생하는데, 어떤 사람은 이 보편적 찬동과 비난이 사회의 일반적 이익을 통해서 충분히 설명될 수 없다고 생각할지도 모른다. 따라서 이런 종류의 걸림돌을 될 수 있는 대로 제거하기 위해 나는 또 하나의 의무 영역을 살펴보겠는데, 그것은 곧 이성에 속한 여성의 순결과 정숙이다. 그리고 나는 이 덕들이 내가 지금까지 주장한 원리들에 대한 더욱 분명한 사례로 밝혀지리라는 데 대해 결코 의심하지 않는다.

일부 철학자들은 여성의 말투와 의복 및 행태 따위에서 우리가 요구하는 외면상의 모든 정숙에 대하여 자연적 근거가 전혀 없다는 것을 입증할 수 있을 때 여성의 덕을 맹렬히 공격하며, 통속적 오류를 밝히는 데 여성들의 덕이 매우 효과 있다는 공상에 잠긴다. 나는 아주 명백한 사실을 굳이 주장하느라고 번잡을 떨 필요도 없고 달리 준비할 것도 없이, 그런 개념이 교육과 인간의 자발적 묵계 및 사회의 이익 따위에서 발생하는 방식이라는 것에 대하여 검토해 갈 수 있으리라고 믿는다.

남성과 여성 양성이 부모로서 자기 자식에 대해 쏟는 자연적 관심과 아울러 유년기 인간의 키와 유약함을 생각하는 사람은 누구나 쉽게 깨닫게 되듯이, 아이의 교육을 위해서는 반드시 남성과 여성의 협력이 있어야 하고, 이 협력은 상당 기간 지속되어야 한다. 그러나 인간이 이처럼 자제하며 교육상의 모든 노고와 희생을 기꺼이 받아들이게 되려면, 그 아이들이 진짜 자기 자식이라는 것과, 사랑과 친절을 베풀 때에는 자신들의 자연적 직감이 향하는 대상이 틀리지 않았다는 것, 즉 다름 아닌 자기 아이라는 것을 믿어야 한다. 우리가 인간 신체의 구조를 살펴보면 알게 되듯이, 남성 쪽에서 자신의 아이라는 사실을 보장받기는 매우 어렵고, 또 성교할 때 생식의 원리는 남성에게서 여성으로 옮겨가므로, 여성 쪽에서는 실수가 있을 리 만무하더라도, 남성 쪽에서는 그런 실수가 쉽게 발생할 수 있을 것이다. 이 명백하고도 해부학적인 관찰을 통해 남성과 여성의 교육 및 의무 사이의 큰 차이를 도출할 수 있다.

우선 철학자가 이 문제를 선험적으로 검토한다면, 그는 다음과 같은 방식으로 추리할 것이다. 남자는 아이들이 실제로 자기 자식이라는 사실을 확신함으로써 그 아이들을 부양하고 교육하기 위해 노동할 마음이 생긴다. 그러므로 남자들에게 이런 점을 보장해 주는 것이 합리적이고 또 필수적이기까지 하다. 아내가 부부 간의 정조를 지키지 못했다는 것을 엄중히 처벌한다고 해서 남성에게 자신의 아이라는 보장이 완전히 주어지는 것은 아니다. 이런 사안에서는 법률적 증거를 찾기가 어려운데, 법률적 증거도 없이 공적인 처벌을 가할 수는 없기 때문이다. 그렇다면 부정(不貞)에 대한 여성들의 강한 유혹을 상쇄하려면 우리는 여성들에게 어떤 제약을 가해야 할까? 나쁜 소문이나 평판으로 처벌하는 것 이외에 어떤 제약도 없는 것 같다.[2] 이런 처벌은 인간의 정신에 강한 영향을 미치며, 동시에 법정에서는 결코 채택되지 않을 증거와 의혹 및 추측에 입각하여 세상이 부과하는 벌이다. 그러므로 여성에게 합당한 제약을 부과하기 위해서는, 우리는 여성의 부정에 대해 그 부정이 오직 불의에서 발생하는 것 이상의 일정한 치욕을 안겨 주어야 하고, 여성들의 순결에 대해 합당하게 찬양해야 한다.

이것은 정조에 대한 아주 강한 동기이지만, 철학자들은 이것만으로는 여성들이 정조를 유지하도록 하는 데에 충분하지 못할 것이라는 점을 곧 발견할 것이다. 모든 인간은, 특히 여성은, 눈앞의 유혹 때문에 멀리 있는 동기를 간과하기 쉽다. 더구나 남녀관계라는 이 유혹은 상상할 수 있는 한 가장 강력한 유혹이다. 이 유혹은 모르는 사이에 다가와서 여성을 매혹시킨다. 여성은 자기 쾌락의 파멸적인 귀결을 방지하고 자신에 대한 평판을 보장하는 수단을 쉽게 찾거나 찾을 것이라고 자신한다. 그러므로 그와 같은 방종에 따르는 불명예는 제쳐 두고, 미리 그 쾌락의 파멸적 귀결을 삼가거나 두려워하게 만드는 장치가 반드시 있어야 한다. 미리 그런 유혹을 삼가거나 두려워함으로써 파멸적인 귀결이 다가오는 것을 막고, 그런 향락과 직접 관계가 있는 말투와 몸가짐, 그리고 방종에 대한 강한 반감을 심어 주는 것이 필요하다.

이것이 우리의 사변적 철학자의 추론이다. 그렇지만 나는 확신컨대, 그 철학자가 인간 본성에 대하여 완전한 지식을 가지고 있지 않았다면 이 추론을 허황된 추론이라고 간주하기 쉬울 것이다. 바꿔 말해 부정에 수반되는 불명예와 그런 불명예가 다가오는 모든 것에 대해 삼가는 것 따위를 이 세상에서 가망이 있는 원리라기보다는 그저 기원하는 원리[3]라고 생각할 것이다. 부부간의 의무를 위반한 것은 그 유혹이 가장 크다는 점 때문에 다른 불의보다 더 쉽게 용서될 수 있는 것이 명백할 경우에, 정조 의무를 위반한 것이 그 밖의 어떤 불의보다 더 불명예스럽다는 점을 인류에게 납득시킬 방법이 무엇인지 그 철학자가 말할 수 있을까? 종족보존을 위해 결국 성적 유혹이라는 성향을 따르는 것은 절대적으로 필요하지만, 그러나 자연이 그토록 강한 성향을 심어 놓은 쾌락이 다가오는 것을 여성들이 삼가도록 하는 것이 과연 가능할까?

철학자들에게 엄청난 고통을 준 사변적 추론들도 세상에서는 반성 없이 자연적으로 형성되는 경우가 흔하다.[4] 이론상으로는 해결될 수 없다고 여겨지는 난제들도 실천적으로는 쉽게 해결된다. 여성의 정조관념에서 이익을 챙기는 사람은 자연히 여성의 부정과 부정에 다가가는 것을 모두 거부한다. 여성의 정조에서 전혀 이익을 얻지 못하는 사람도 이 추세를 따른다. 교육[5]은 여성들의 유

교육 덕에서 교육은 언제나 중요한 역할을 담당한다. 얀 스테인의 풍자화 《학교》(1670).

순한 마음을 어릴 적부터 장악한다. 이와 같은 종류의 일반규칙이 일단 확정되면, 사람들은 이 규칙을 처음으로 성립시킨 원리들 너머로 확장하는 경향이 있다. 아무리 방탕한 독신 남성도 여성의 음란함과 나쁜 행실의 사례 앞에서는 충격을 받지 않을 수 없다. 이 근본원칙들은 모두 누구나 알 수 있듯이 생식과 관계있지만, 이미 아이를 출산한 여성도 젊고 아름다운 청춘기의 여성과 마찬가지로 이런 점에서는 면책권이 없다. 사람들은 정숙과 품위에 대한 모든 관념들이 생식을 고려하고 있다는 것을 은연중에 알고 있는 것이 분명하다. 그와 같은 생식의 문제가 발생하지 않는 남성에게는 여성과 똑같은 법률을 똑같은 강도로 부과하지 않기 때문이다. 남성과 여성 사이의 이런 차별은 명백하고 포괄적이며, 남성과 여성 사이의 현저한 차이를 기초로 하는데, 이 차이가 남성과 여성의 관념을 뚜렷하게 분류하여 분리한다. 여성의 나이 차이에 대한 경우는 이와 같지 않으므로, 사람들은 이 개념들이 공공의 이익에 기초를 두고 있다는 것을 알더라도 일반 규칙을 통해 근본적 원리를 넘어서며, 정숙의 개념을 가장 어린 유아기의 여성부터 가장 늙은 여성과 병약자에 이르기까지 여성 전체로 확장한다.

앞으로 살펴보겠지만, 남자들 사이에서 용기는 비록 자연적 기초도 어느 정도 있으나, 여자의 순결과 마찬가지로 대개 책략으로부터 그 가치를 도출한다.

순결과 아울러 남성이 떠맡은 책임에 대해 우리는 다음과 같은 점을 주목할 수 있을 것이다. 즉, 세상의 일반적 견해에 따르면 국제법상의 책임이 자연법상의 책임과 거의 비례하는 것처럼, 남성의 책임도 여성의 순결과 거의 비례한다. 남성이 성적 쾌락에서 자신들의 욕망을 완전히 자유롭게 충족시키겠다는 것은 시민사회의 이익과 상반된다. 다만, 이 이익은 여성의 경우보다 약하므로, 이 이익에서 발생하는 도덕적 책임도 비례적으로 약할 수밖에 없다. 이런 사실을 증명하기 위해 우리는 모든 국가와 시대의 관행과 소감에 호소하는 것으로 충분하다.

〈주〉

1 '순결(chastity)'이나 '정숙(modesty)' 등 여성의 덕은 인위적이며 그것이 인위적인 한, 정의의 덕과 공통되는 부분이 있다. 그런 관점에서 흄은 여성의 덕을 다루었다.

2 인간이 오명과 혐오를 싫어하고 명성을 좋아하는 것에 대해서는 제2편 제1부 제11절 참조.

3 '가망이 있는 원리…… 기원하는 원리'의 원문은 'principles that were rather to be wished than hoped for'이다.

4 철학자들이 고심하는 사변적 추론도 '세상에서는 자연적으로 반성 없이 자연적으로 형성되는 경우가 흔하다.' 흄 철학의 자연성과 일상성의 극히 작은 한 부분이 보인다.

5 '교육(education)'은 인위적인 덕에서는 언제나 중요한 역할을 담당한다. 제3편 제2부 제2절 참조.

제3부
그 밖의 덕과 부덕

1 자연적 덕과 부덕, 그 기원에 대하여

이제 우리는 전적으로 자연적이며 인간의 인위적인 학문이나 기술에 크게 의존하지 않는 덕과 부덕을 검토할 단계이다.[1] 이런 덕과 부덕에 대한 검토를 통해 이 책의 도덕 체계를 완결하도록 하자.

인간 정신의 주요 원천[2] 또는 인간의 마음을 들끓게 하는 주요 원인은 쾌락과 고통이다. 이런 감각적인 감정이 우리의 사유나 감정에서 사라지면 우리는 대개 정서도 느낄 수 없고 행동할 수도 없으며, 욕구나 의욕 역시 보나마나 불가능해질 것이다. 쾌락과 고통의 가장 직접적인 결과는 정신의 운동을 전진시키거나 퇴보시킨다.[3] 쾌락과 고통이 정신의 상황을 변화시킴에 따라서, 즉 쾌락과 고통이 개연적이거나 비개연적이 되고, 확실하거나 불확실하게 되며, 또 당장은 우리의 능력 밖의 일이라고 간주됨에 따라서, 앞서 말한 정신의 전진과 퇴보 운동은 의욕, 욕구와 혐오, 비탄과 기쁨, 희망과 두려움 따위로 다양화된다.[4] 그러나 이와 함께 쾌락과 고통의 원인이 되는 대상이 우리 자신이나 타인과의 관계를 획득하더라도, 여전히 그 운동들은 계속해서 욕망과 혐오, 비애와 희열을 환기시키지만, 그러나 동시에 자부심이나 자기비하 또는 애정이나 증오 등 간접적 정서를 불러온다. 이 경우에 간접적 정서들은 고통이나 쾌락에 대해 인상 및 관념 사이의 이중 관계를 갖는다.[5]

이미 살펴보았듯이, 도덕적 구별은 고통이나 쾌락이라는 특정 감정에 전적으로 의존한다. 다시 말해 우리 자신이나 타인의 어떤 성질이든 목격 또는 반성을 통해 우리를 만족시키는 것은 두말할 나위 없이 유덕하다. 또, 그러한 성질이 우리에게 불쾌함을 주는 사물은 모두 부덕하다. 그런데 쾌락을 주는 우리 자신이나 다른 사람의 모든 성질은 저마다 항상 자부심이나 애정의 원인이지만, 불쾌함을 낳는 모든 성질은 저마다 자기비하나 증오를 유발한다. 따라서 이 두 특성, 즉 덕과 애정 또는 자부심을 불러일으키는 능력과 부덕과 자기비하와 증오를 불러일으키는 능력은 제각기 우리 심적 성질에서 똑같은 가치로 간주해야 한다. 따라서 우리는 어느 경우든 이 능력을 통해 그 성질을 판단해야 하며, 애정이나 자부심의 원인인 정신의 성질을 유덕하다고 단언하고, 증오와 자기비하의 원인인 정신의 성질을 부덕하다고 단언해야 한다.

어떤 행동이 유덕하거나 부덕하다면, 그 행동은 단지 어떤 성질이나 성격의 징표로서만 그러하다. 그 행동이 선하거나 악하다는 것은 정신의 지속적 원리에 의존할 수밖에 없으며, 이 지속적 원리는 전체적인 행동 방식으로 확장되어 저마다의 개인적 성격에 스며든다. 행동 자체는 항시적 원리에서 발생하지 않기에, 애정이나 증오 또는 자부심이나 자기비하에 전혀 영향력을 미치지 않는다. 따라서 도의에서 고찰되는 경우는 절대로 없다.

이런 성찰은 자명하며, 이 주제에서 아주 중요한 만큼 당연히 주의해야 한다. 우리가 도덕의 기원[6]에 관해 탐구할 때 단지 행동만 고찰하는 것은 결코 아니며, 그 행동이 유래된 성질이나 성격을 고찰해야만 한다. 오직 성질이나 성격만이 그 인물에 대한 우리의 소감에 영향을 끼치기에 충분할 정도로 지속적이다. 실제로 행동은 성격의 지표로서 말, 바람, 소감보다 뛰어나다. 그렇지만 행동에 애정이나 증오 또는 칭찬이나 비난이 따르는 것은 행동이 이러한 지표일 때뿐이다.

정신의 성질에서 발생하는 도덕의 참된 기원과 애정이나 증오의 참된 기원을 발견하기 위해,[7] 우리는 이 문제를 아주 깊이 있게 파고들어 이미 검토되었거나 설명된 몇 가지 원리와 비교해 보아야 한다.

먼저 공감의 본성[8]과 그 위력을 새롭게 살펴보도록 하자. 모든 사람의 정신은 그 감정이나 작용에서 유사하다. 다시 말해 누구든 다른 사람이 어느 정도 느낄 수 없는 정념으로 인해 감정이 솟구치는 것은 불가능하다. 두 개의 현(絃)이 똑같이 울릴 때 한 현의 운동이 다른 현에게 전달되는 것처럼, 모든 정념은 한 사람에게서 다른 사람으로 쉽게 옮겨 가서 모든 인간 존재 각각에게 각 감정에 걸맞은 운동을 유발한다. 내가 한 사람의 목소리와 몸짓에서 정념의 결과를 지각할 때, 나의 정신은 곧장 이 결과에서 그 원인으로 옮겨 가 정서의 활력이 가득한 관념을 만들고 관념은 곧바로 정서로 전환된다. 마찬가지로 내가 어떤 정감의 원인을 지각할 때, 정신은 그 결과로 옮겨져서 그 결과 때문에 움직이게 된다. 만일 내가 아주 무시무시한 외과수술에 참여한다면, 수술 시작 전에 수술 도구를 준비하고, 붕대를 정돈하며, 수술 도구를 열로 소독하는 것, 환자 및 그 보호자의 불안과 염려에 대한 모든 징표와 함께 나의 정신에 중대한 영향력을 미치는 연민과 공포에 대한 가장 강한 소감을 유발할 것이다. 그 밖의 어떤 정서도 정신에 직접적으로는 드러나지 않는다. 우리는 그저 타인 정서의 원인이나 결과만 감지할 뿐이다. 우리는 이 원인이나 결과로부터 정서를 추론하여 이 원인이나 결과가 우리의 공감을 유발한다.

우리의 미감은 공감의 원리에 크게 의존한다. 어떤 대상이 그 소유자에게 쾌락을 제공하는 경향이 있는 경우에, 그 대상은 늘 아름답다고 간주된다. 또한 고통을 제공하는 경향을 갖는 대상은 모두 언짢고 흉하다. 이를테면 주택의 편의성, 토지의 비옥함, 말의 강인함, 배의 적재량과 안전성 및 신속한 항해 따위가 이 대상들의 주요 아름다움을 형성한다. 여기서 아름답다고 불리는 대상은 오직 일정한 결과를 도출하는 그 대상의 경향 때문에 쾌락을 제공한다. 이때의 결과는 어떤 타인의 쾌락이나 이득이다. 우리가 우정을 쌓지 못한 낯선 사람의 쾌락은 오직 공감을 통해서만 우리를 만족시킨다. 우리가 유용한 모든 것에서 발견하는 아름다움은 이 원리에 의한 것이다. 이것이 아름다움의 상당 부분을 차지한다는 것은 성찰을 통해 쉽게 드러난다. 대상이 그 소유자에게 쾌락을 제공하는 경향을 갖는 경우에, 바꾸어 말해서 그 대상이 쾌락의 적절한 원인인 경우에, 그 대상은 관람자인 소유자와의 미묘한 공감을 통해 쾌락을 느끼는 것이 틀림없다. 대부분의 예술 작품은 아름답다고 평가되는데, 이 평가는 인간의 용도에 대한 그 작품의 적합성에 비례하며, 심지어 자연의 산물들 가운데 많은 것이 바로 이 적합성이라는 원천으로부터 아름다움을 얻는다. 대부분의 경우에 단정함과 아름다움은 절대적 성질이 아니라 상대적 성질이며, 오직 적절한 결말을 낳는 경향만으로도 우리에게 쾌감을 안겨준다.[9]

여러 사례에서 바로 이 원리가 아름다움뿐만 아니라 도덕에 대한 우리의 소감을 산출한다. 우리는 어떤 덕도 정의 이상으로 높이 평가하지 않고, 어떤 부덕도 불의 이상으로 혐오하지 않는다. 바꿔 말하면 이들 정의나 불의만큼 어떤 성격을 사랑해야 할 것 또는 미워해야 할 것으로 확정하는 성질은 없다. 정의는 인류의 선과 복리를 추구하는 경향이 있다는 이유만으로 도덕적 덕이며, 사실 정의는 바로 이 목적을 위한 인위적인 창안에 불과하다. 충성과 국제법 및 겸손과 예절에 관해서도 똑같이 정의를 이야기할 수 있을 것이다. 이 모든 것은 단순히 사회의 이익을 위해 인간이 배우고 익힌 장치들일 뿐이다. 이런 장치들에 모든 국가

히에로니무스 보슈의 《세속적 쾌락의 정원》(1450) 부분

와 시대를 통하여 수반되는 도덕에 대한 아주 강한 소감이 존재하므로, 성격과 심적 성질들에 대한 반성 작용이 우리에게 칭찬이나 비난의 소감을 주기에 충분하다는 것을 인정해야 한다. 어떤 목적이 호의적이면 그 목적에 대한 수단은 호의적일 수밖에 없다. 또한 우리 자신 또는 친구의 이해(利害)와 관련이 없는 사회의 선과 복리는 오직 공감을 통해서만 쾌감을 주므로, 공감이야말로 우리가 모든 인위적 덕에 대해 주의를 기울여야 할 원천적 도리이다.[10]

따라서 다음과 같은 사실이 분명해진다. 즉, 공감은 인간 본성의 가장 강력한 원리이고, 또 아름다움에 대한 우리의 취향에 지대한 영향을 미치며, 모든 인위적 덕에 우리의 도덕적 소감을 제공한다는 것이다. 이런 사실 때문에 공감이 그 밖의 많은 덕을 유발한다 하겠다. 바꾸어 말해 인간의 여러 성질은 인류

의 선과 복리를 위한 경향 때문에 도덕적 칭찬을 얻는다고 우리는 추정할 수 있다. 즉, 우리가 자연적으로 칭찬하는 성질들 대부분은 실제로 그런 경향을 가지며 인간을 사회에 알맞은 구성원이 되도록 한다는 것을 우리가 깨닫는 경우에, 이 추정은 반드시 확실해진다. 반면에 우리가 자연적으로 거부하는 성질들은 이와 반대의 경향을 가지며, 그 성질을 지닌 사람과의 교류를 위험하거나 언짢게 만든다. 그와 같은 경향은 도덕에 대해 가장 강력한 소감을 산출하기에 충분한 힘을 가지고 있다는 것이 밝혀졌으므로, 이런 경우에 칭찬이나 비난에 대한 다른 원인을 찾으려는 것은 결코 합리적이라 할 수 없다. 특정 원인이 그 결과에 충분한 이유가 될 때 우리는 이것에 만족해야 하고, 쓸데없이 원인들을 중복하려고 해서는 안 된다는 것이 철학의 거역할 수 없는 근본원리이기 때문이다. 다행스럽게도 우리는 지금까지 인위적 덕을 통해 많은 실험적 경험을 체득했다. 즉 인위적 덕에서, 사회의 선과 복리를 향한 여러 성질의 경향이 우리의 유일무이한 칭찬의 원천이며 다른 원리의 협력을 추호도 의심치 않았다. 여기서 우리는 이 원리의 위력을 깨닫는다. 이 원리가 존재하는 곳, 다시 말해 우리가 칭찬하는 성질이 실제로 사회에 진실된 복리를 불러오는 경우에, 참된 철학자는 이와 같은 인간의 성질에 대한 가장 강력한 칭찬과 존경을 설명하는 데 결코 그 밖의 원리를 필요로 하지 않을 것이다.

여러 가지 자연적 덕이 사회의 선과 복리에 대해 이런 성향을 갖는다는 사실에 의혹을 가지는 사람은 아무도 없다. 온화함과 자비, 자선, 관용, 인자함, 절제, 공정 따위는 도덕적 성질 가운데서 가장 뚜렷이 드러나며, 사회의 선과 복리에 대한 이 성질들의 경향을 나타내기 위한 사회적 덕이라고 말한다. 이런 사실의 효과는 대단해서, 노련한 정치가들이 명예와 수치심 따위의 개념을 통해 인간의 거친 정서를 억제하여 그 정념들이 공공의 선과 복리에 작용하도록 노력할 때, 이것을 본 일부 철학자들[11]이 모든 도덕적 구별은 인위와 교육의 결과라고 말했을 정도이다. 그렇지만 이 체계는 경험과 부합되지 않는다. 그 이유는 다음과 같다.

첫째, 공공의 손익에 관해 이런 경향을 갖는 것 이외의 덕과 부덕도 있다. 둘째, 인간이 칭찬과 비난에 대한 자연적 소감을 갖지 않았다면, 정치가들도 결코 그 소감을 불러일으킬 수 없다. 다시 말해 기특하다거나 칭찬할 만하다거나,

또 비난받아야 한다거나 밉살스럽다는 말은, 우리가 전혀 모르는 말이었을 때와 마찬가지로, 결코 이해될 수 없을 것이다. 이 체계가 틀렸다고 하더라도, 아마 우리는 이 체계를 통해 다음과 같은 사실을 깨달을 수 있을 것이다. 즉, 도덕적 구별은 대개 사회적 이해(利害)에 대한 성질과 성격 따위의 경향에서 발생하며, 이 이해에 대한 배려만이 우리의 성질이나 성격을 칭찬하거나 비난한다. 우리는 공감하지 않고 사회에 대하여 그처럼 포괄적으로 배려하지 못한다. 공감이라는 원리는 우리를 자기 자신의 외부로 멀리 데려가서, 마치 다른 사람의 성격이 우리 자신의 손익을 가져오는 경향을 갖는다고 했을 때와 같은 쾌락이나 불쾌함을 그들 다른 사람의 성격 안에 느끼게 한다.

자연적 덕과 정의 사이의 유일한 차이점은 다음과 같다. 즉, 자연적 덕에서 유래된 결과인 선과 복리는 모든 개별 작용마다 발생하며, 어떤 자연적 정서의 대상이다. 반면에 정의의 단독 작용을 본질적으로 고려해 보면 그 작용은 흔히 공공의 선과 상반되어, 행동의 일반적 틀이나 체계에 대해 인류가 협력할 때 비로소 이득이 된다. 내가 어려움에 처한 사람을 돕는 경우에는 나의 자연적 박애가 나의 동기이다. 내 능력이 닿는 한, 그만큼 나는 내 이웃의 행복을 증진시켜 왔다. 그러나 우리가 정의의 법정에 서게 된 물음들을 모두 검토해 보면 깨닫게 되듯이, 그 물음들의 각 사례를 따로따로 살펴보면, 박애의 여러 사례는 정의의 법칙에 부합되도록 판결되는 경우만큼 반대되는 판결이 나는 경우도 흔할 것이다.

재판관은 부자에게 줄 것을 가난한 사람에게서 빼앗고, 근면한 사람의 노동 대가를 방탕한 사람에게 주며, 부덕한 사람의 손에 자기 자신은 물론 다른 사람까지 해칠 수 있는 수단을 쥐어 준다. 그러나 법과 정의의 전반적 체계는 사회에 이득이다. 인간은 이 이득을 감안하여 자신들의 자발적 묵계를 통해 사회를 확립했다. 이런 묵계를 통해 사회가 일단 확립되면, 사회는 자연적으로 도덕에 대한 강한 소감을 수반한다. 이 소감은 오직 우리가 사회의 이해를 공감하는 데에서만 유래된다. 우리는 공공의 선에 대한 경향을 갖는 자연적 덕에 수반되는 가치 평가를 달리 해명할 필요가 없다.

이 가설이 인위적 덕보다는 자연적 덕의 측면에서 더 높은 개연성을 갖도록 하는 여러 가지 여건이 있다는 사실도 나는 덧붙이려 한다. 분명, 상상력은 일반적인 것보다는 특수한 것의 영향을 더 많이 받으며, 대상이 어느 정도 흐릿하고 불확실한 경우에는 언제나 그 대상에 대한 소감도 활동하기 어렵다. 정의의 개별적 작용이 모두 사회에 복리를 가져다 주진 않는다. 복리를 불러오는 것은 오직 전체적인 틀이나 체계이다. 우리가 관심을 갖는 것은 개인에 대한 정의의 혜택이 아니라 사회 전체가 똑같이 혜택을 받는 것이다. 반대로 근면하고 가난한 사람에 대한 모든 개별적 관용이나 구휼로 복리가 돌아가며, 그런 것을 받을 만한 특정인에게 복리를 안겨준다. 그러므로 자연적 덕의 경향이 우리의 소감을 감동시켜 우리의 칭찬을 재촉할 때 정의의 덕에 대해 보다 자연스레 생각할 수 있다. 그리고 이것을 통해 정의의 덕에 관한 칭찬이 선과 복리에 대한 경향에서 발생한다는 것을 알고 있는 한 자연적 덕의 칭찬과 같은 원인으로 회귀한다. 유사한 수많은 결과 중에서 하나의 결과에 대한 원인을 발견할 수 있었다면, 우리는 그 원인을 통해 해명될 수 있는 그 밖의 모든 결과로 그 원인을 확장해야 한다. 하물며 그 밖의 결과들이 이 원인의 작용을 촉진하는 특유의 여건을 수반한다면 더욱 그러하다.

논의를 더 진행하기에 앞서, 나는 이 사안에서 나의 학문 체계에 대한 반박으로 여겨질 법한 중요한 여건 두 가지를 말해야겠다. 그 첫째 여건은 다음과 같이 설명할 수 있을 것이다. 어떤 성질이나 성격이 인류의 선과 복리를 향한 경향을 갖는다면, 우리는 그 성질이나 성격에 쾌감을 느끼고 칭찬한다. 그 이유는 그와 같은 성질이나 성격이 우리에게 쾌락에 대한 생생한 관념을 주기 때문이다. 이 관념은 공감을 통해 우리를 움직이는데, 그 관념 자체가 일종의 쾌락이다. 이 공감은 매우 가변적이므로 도덕에 대한 우리의 소감들도 이 모든 변이들을 허용한다고 생각할 것이다. 우리는 우리와 멀리 떨어진 인물보다는 가까운 인물에, 낯선 사람보다는 잘 아는 사람과 또 외국인보다는 자국민에게 좀더 쉽게 공감한다. 우리 공감의 이런 변이에도 불구하고 우리는 영국과 중국의 똑같은 도덕적 성질에 똑같이 칭찬한다. 이 도덕적 성질들은 분별 있는 관찰자의 존중하는 마음에서는 대등하게 유덕하다고 여겨진다. 공감은 변동할망정 존중하는 마음은 변하지 않는다. 공감이 존중하는 마음의 절대 근원은 아니다.

나는 여기에 대해 다음과 같이 대답한다. 도덕적 성질에 대한 칭찬은 확실히 이성이나 관념들의 비교에서 도출되는 것이 아니라 도덕적 취향에서 유래되며, 특정 성질이나 성격을 숙고하여 바라보는 데에서 발생하는 쾌락이나 역겨움 따위의 소감에서 유래된다. 분명한 것은 이 소감들은 나타날 때마다 그 대상들의 멀고 가까움에 따라 반드시 변이한다는 점이다. 이를테면 2000년 전에 그리스에 살았던 인물의 덕에서 느낀 쾌락과, 친한 친구나 친지의 덕에서 느끼는 쾌락, 이 두 개의 상황에서 똑같이 생생한 기운을 결코 느낄 수 없다. 그렇지만 내가 그리스인의 덕보다 친한 친구나 친지의 덕을 존중한다는 이야기는 아니다. 따라서 존중의 변이가 없는 소감의 변이가 하나의 반박일 수 있다면, 소감의 이런 변이는 공감의 체계뿐만 아니라 그 밖의 모든 체계에 반대하는 대등한 위력을 갖는 것이 틀림없다. 문제를 올바르게 고찰하면 소감의 변이는 전혀 위력이 없고, 이것을 해명하는 것은 세상에서 가장 쉬운 사실이다. 인간과 사물 어느 측면에서든 우리의 상황은 끊임없이 유동적이다. 그러므로 지금은 우리와 멀리 있는 사람도 조금 지나면 가까운 친구가 될 수 있다. 모든 개인은 저마다 타인과의 관계 속에서 특유의 위상을 갖는다. 만일 우리가 각각의 성격들과 인물들을 오직 자기 고유의 관점에서 보이는 대로 생각한다면, 우리는 결코 적절한 조건 아래 교유할 수 없다. 따라서 이 끊임없는 모순을 예방하고 사물들에 대해 좀더 안정적인 판단을 내리기 위해 우리는 확고하고 일반적인 관점들을 고수하며, 우리의 현재 상황이 어떻든 간에 우리는 자신이 그와 같은 관점에 있다고 간주한다.[12] 대체로 외부적 아름다움을 결정하는 것은 오직 쾌감뿐이다. 그러나 아름다운 용모도 스무 걸음 떨어져서 볼 때에는 더 가까이에서 볼 때만큼 쾌감을 제공하지 않는다. 그렇다고 그 용모가 우리에게 덜 아름다워 보인다는 것은 아니다. 우리는 그 용모가 가까운 위치에서 어떻게 보일지 잘 알고 있으며, 반성을 통해 그 순간적 현상을 수정하기 때문이다.

일반적으로 현재의 심리 성향에 따라서, 그리고 비난받거나 칭찬받는 사람과 가깝거나 먼 우리 자신의 상황에 따라서 비난이나 칭찬의 소감은 모두 변이한다. 우리는 일반적으로 판결할 때 이 변이를 고려하는 것이 아니라, 마치 우리가 하나의 관점을 유지하는 것처럼 우리의 좋고 싫음을 표현하는 명사를 적용한다. 우리의 소감이 더욱 완강하고 불변적일 경우에, 우리는 곧 경험을 통해 우리의 소감을 교정하거나 적어도 우리의 언어를 교정하는 이 방법을 깨달는다. 우리의 하인이 근면하고 충직하다면, 아마 그 하인은 우리의 마음에 사랑과 친절의 소감을, 역사 속에 묘사된 마르쿠스 브루투스[13]보다 더 강하게 떠올릴 것이다. 그렇지만 우리는 이런 사실 때문에 하인의 성격이 브루투스의 성격보다 훌륭하다고는 말하지 않는다. 우리가 알고 있듯이, 저 유명한 애국자에게 우리가 거의 가까이 다가간다면, 그는 우리의 마음에 훨씬 높은 정도의 애정과 찬탄을 자아낼 것이다. 이런 수정은 모든 감관과 공통적으로 관련되어 있다. 실제로 우리가 사물들의 순간적 겉모습을 수정하여 우리의 현재 상황을 간과하지 않는다면, 우리는 결코 언어를 쓸 수 없거나 우리의 소감을 다른 사람에게 전할 수 없다.

우리가 어떤 사람을 비난하거나 칭찬하는 것은 그 사람과 교류하는 사람들에게 미치는 그의 성격과 성질의 영향력에서 유래된다. 우리는 그 성질의 영향을 받는 사람들이 우리의 친구인지 낯선 사람인지, 자국민인지 외국인인지 따위를 고려하지 않는다. 오히려 우리는 그와 같은 일반적 판단에서 우리 자신의 이해를 간과하며, 특히 어떤 사람의 고유한 이해득실만이 관심사일 경우에 우리 요구 중 일부와 반대된다고 해서 그 사람을 비난하지는 않는다. 우리는 누구나 가진 어느 정도의 이기심을 용인한다. 이기심이 인성과 분리될 수 없으며 우리의 기질과 생리적 구조 속에 내재한다는 점을 알고 있기 때문일 것이다. 이익의 대립에서 아주 자연스럽게 발생하는 비난의 소감들을 우리는 이런 반성을 통해 수정한다.

그러나 비난이나 칭찬의 일반적인 원리가 그 밖의 원리에 의해 수정될 수 있다고 하더라도, 그 밖의 원리들이 모두 전적으로 효력 있는 것은 아니며, 우리의 정서가 이 이론과 전적으로 대응하지 않는 경우가 잦다. 인간이 자신과 거리 먼 것이나 자신들의 특정 이익에 전혀 도움이 되지 않는 것에 진심으로 애착을 갖는 경우는 거의 없다. 마찬가지로 자신의 이익과 대립적인 사람들이 있는 경우에, 도덕성의 일반 규칙에 따라 아무리 정당화된다 하더라도, 자신의 이익과 대립하는 자들을 용서하는 사람을 만나기란 힘들다. 여기서 우리는 다음과 같은 주의주장에 만족한다. 즉 이성[14]은 그처럼 공평한 행동 방식을 요구하지만 우리 스스로 이런 요구에 따를 마음은 좀처럼 들지 않으며, 우리들의 정서는 자기 판단력의 결정을 쉽게 따르지 않는 것이다.

앞서 우리가 이성에 관해 언급할 때, 이성은 우리의 정서와 대립될 수 있고, 또 이성은 어느 정도 거리를 두고 바라보거나 반성하는 데에 기초를 둔 정념들의 일반적이고 차분한 결정이라는 점을 우리는 깨달았는데, 우리가 이런 점을 숙고한다면 이 말은 쉽게 이해될 것이다. 우리 자신의 이익이나 우리 친구들의 이익에 대한 사람들 성격의 경향만을 근거로 우리가 그 사람들에 대해 판단을 형성한다면, 우리는 사회생활과 교제에서 우리 소감들의 많은 모순을 발견하게 된다. 다시 말해 그토록 엄청난 변이가 있을 수 없는 가치와 허물의 기준을 새로 찾아보아야 할 정도로 우리 상황의 끊임없는 변화에서 비롯된 불확실성도 발견한다. 우리가 처음의 입장에서 벗어나면, 그 다음부터 우리는 우리가 염두에 둔 인물과 교류하는 사람과 공감하는 방식으로 가장 편리하게 우리 자신의 새로운 입장을 결정한다. 이러한 공감은 우리 자신의 이익이나 우리 친구의 이익이 관심사일 때만큼 생생하지 않고, 우리의 사랑이나 증오에도 그다지 영향을 미치지 않는다. 그렇지만 이 공감도 대등하게 차분하고 일반적인 원리에 적합하므로 우리의 이성에 대해 대등한 권위를 가지며, 우리의 판단력과 의견을 지배한다. 우리는 역사에서 읽은 나쁜 행동을, 바로 며칠 전 이웃의 그런 행동과 똑같이 비난한다. 반성을 통해[15] 우리가 알듯이, 이 말의 의미는 역사에서 읽은 나쁜 행동이 이웃의 행동과 똑같은 위치에 있었더라면 이웃의 행동과 마찬가지로 강한 거부의 소감을 유발했으리라는 것이다.

이제 주목할 만한 두 번째 여건에 대해 살펴보자. 어떤 사람이 가지고 있는 성격의 자연적 성향이 사회에 복리를 불러올 경우에 우리는 그 사람을 덕이 있다고 말하며, 그 사람의 태도를 바라보는 것만으로도 즐거워진다. 특수한 우연적 사건 때문에 그 성격의 작용이 방해받고, 또 그가 자신의 친구들이나 조국에 봉사할 수 없게 되었더라도 마찬가지이다. 누더기 속에 있어도 덕은 덕이다. 황무지나 지하 감옥은, 덕이 더 이상 행동으로 실행될 수 없고 온 세상에서 사라진 것이나 다름없는 곳이지만, 그와 같은 황무지나 지하 감옥에서까지도 덕이 유발한 사랑은 인간에게 존재한다. 이것은 현 체계에 대한 반박으로 간주될 수도 있을 것이다. 공감 때문에 우리는 인류의 선과 복리에 관심을 품게 한다. 만일 공감이 우리가 덕을 존중하는 마음의 원천이라면, 덕이 현실적으로 그 목적을 달성하고 인류에게 복리를 안겨줄 경우에 한해서만 칭찬이라는 소감이 발생할 것이다. 덕이 그 목적을 달성하지 못한 경우라면, 덕은 불완전한 수단일 뿐이다. 그러므로 덕은 그 목적에서 결코 어떤 가치도 획득할 수 없다. 완전하고 현실적으로 그 목적을 산출하는 수단에만 목적의 선함이 가치를 부여할 수 있다.

여기에 대해 다음과 같이 반박해도 좋을 것이다. 어떤 대상의 모든 부분이 호의적인 목적을 달성하기에 적절하게 되어 있다면, 그 대상은 자연히 우리에게 쾌락을 제공하며 아름답게 평가된다. 그 대상이 그 목적을 이룩하는 데 완전하게 효과를 갖도록 하기 위해 외부적 여건들이 필요하다고 하더라도 마찬가지이다. 모든 것이 그 대상 자체에 완비되어 있다면 그것으로 충분하다. 생활의 모든 편의성을 위한 판단력을 통해 설계된 주택은, 이 주택에서 아무도 거주하지 않으리라는 사실을 아는 경우에도, 바로 이 편의성 때문에 우리를 만족시킨다. 비옥한 토지와 온난한 기후는, 비록 그 지역이 황무지이고 아무도 살지 않는다고 하더라도, 거주민들에게 행복을 제공하려는 성찰을 통하여[16] 우리를 즐겁게 한다. 팔다리와 체격에 힘과 활동성이 넘치는 사람이 가령 무기형을 선고받았다고 할지라도 풍채가 좋다는 평가를 받는다. 상상력은 자신에게 속하는 정서들을 가지며, 아름다움에 대한 우리의 소감은 이 정념들에게 크게 의존한다. 이 정서들은 관념이 갖는 생생함과 힘의 정도에 따라 운동하는데, 이 생생함과 힘은 신념보다 열등하며 그 대상의 실제 존재와 무관하다. 어떤 성격이 모든 측면에서 사회에 복리를 불러오기 적합한 경우 상상력은 그 원인으로부터 결과로 쉽게 옮겨 가며, 원인을 완전하게 하는 데 필요한 요건이 있다는 점을 고려하지 않는다. 일반 규칙은 개연적인 지식을 창조한다. 이 개연성은 이따금 판단력에 영향을 미치고 상상력에 대해서는 늘 영향을 미친다.

실제로 원인이 완전무결할 때, 훌륭한 성향이 사회에 참된 복리를 불러와 행운을 수반할 때, 그 성향은 관찰자에게 더욱 강한 쾌감을 제공하며 더욱 생생한 공감을 수반한다. 우리는 이런 원인의 성향을 더 많이 받는다. 그럼에도 불구하고 우리는 그 성향을 유덕하다거나 우리가 그 성향을 더 존중한다고 말하지 않는다. 우리가 알고 있듯이 운명의 변화 때문에 자애로운 성향이 완전히 무기력해질 수도 있다. 그러므로 우리는 가능한 한 운명을 성향과 분리한다. 이것은 덕이 우리 자신과 거리를 두고 있으므로 생기는 덕에 대한 소감들을 우리가 수정하는 경우와 다를 바 없다. 정서는 언제나 우리의 수정을 따르지는 않는다. 그러나 이 수정은 우리의 추상적 의견들을 규제하는 데 충분히 기여하며, 우리가 덕과 부덕의 정도에 관하여 일반적으로 단언할 때에는 이 수정만 고려된다.

비평가들이 말하듯이, 발음이 어려운 단어나 문장들은 귀에 거슬린다. 사람이 발음하는 단어나 문장을 듣든 아니면 조용히 눈으로 읽든 간에 전혀 차이가 없다. 내가 어떤 책을 눈으로 훑어 볼 때, 나는 내가 그것을 모두 듣는다고 상상한다. 상상력의 힘을 빌려 그 단어나 문장을 소리내어 말했을 때, 나는 듣는 사람에게 주는 거북함을 스스로 느낀다. 그러나 이 거북함은 실재하지 않는다. 단어들의 이런 구성은 거북함을 낳는 자연적 경향을 가지고 있으므로, 이것은 정신에게 고통스러운 소감을 주기에 충분하고 담론을 거슬리고 언짢게 만든다. 이것은 실재적 성질이 우연적 여건 때문에 무력해지며, 사회에 대한 그것의 자연적 영향력을 잃게 되는 경우와 비슷하다.

이 원리들에 따라서 우리는 포괄적 공감[17]과 제한된 관용 사이에 존재할지도 모르는 모순을 쉽게 제거할 수 있다. 포괄적 공감은 덕에 대한 우리의 소감에 의존하며, 내가 지금까지 자주 인간의 본질이라고 진술했던 제한된 관용은, 앞에서 추론한 정의와 소유권이 가정하는 것이다. 이 두 개의 모순은 다음에서 언급된 사항들을 깨친다면 쉽게 제거된다. 누군가에게 거북함을 유발하는 경향을 가진 대상이 현존할 때, 그에 대한 나의 공감은 나에게 고통과 거부 따위의 소감을 유발할 것이다. 그렇다고 해도 나는 그 사람의 만족을 위해 나 자신의 이해를 조금도 희생하려 하지 않고, 나의 정서를 거스르지도 않을 것이다. 소유주의 편의성을 생각하지 않는 집을 나는 불쾌하게 여길 수도 있지만, 나는 그 집의 재건축을 위해 돈 한푼 내는 것도 꺼릴 것이다. 소감이 우리의 정서를 다스리도록 하려면 그 소감이 마음을 사로잡아야 한다. 그러나 단지 소감이 우리의 취향에 영향을 주는 것뿐이라면, 그 소감이 상상력을 넘어설 필요는 없다. 어떤 건물이 꼴사납고 위태로워 보이면, 건축물의 탄탄함을 충분히 확인해도 그 건물은 보기 싫고 언짢다. 거부하는 소감의 원인이 되는 것은 두려움의 일종이지만, 이 정서는 우리가 실제로 위태롭고 불안하게 여기는 벽 아래 어쩔 수 없이 서 있을 때 느끼는 정서와 같지 않다. 대상들이 갖는 외견상의 경향은 마음을 움직인다. 그리고 그 경향이 유발하는 정서는 대상들 진실의 귀결에서 유래되는 정서와 서로 비슷한 종류이지만, 그 느낌은 다르다. 적의 수중에 있는 도시의 요새는, 우리는 그 요새가 깡그리 파괴되기를 바랄 수 있음에도 불구하고, 그 요새가 지닌 힘 때문에 아름답게 느껴진다. 이처럼 이 정서들은 서로 부정하지 않으면서도 자주 상반될 정도로 그 느낌이 다르다. 상상력은 사물에 대한 일반적 견해를 고수하며, 그 견해들이 산출한 느낌과 우리의 개별적이고 순간적인 상황에서 발생한 느낌을 구별한다.

대체로 위인들을 칭송하는 찬사를 검토해 보면 깨닫게 되듯이, 그들 위인이 가진 것으로 생각하는 성질은 대부분 두 종류이다. 그 하나는 위인들이 자신의 사회적 역할을 수행하도록 하는 성질이고, 다른 하나는 그들이 자신을 위해 계획하여 자신의 이익을 증진시킬 수 있도록 하는 성질이다. 위인들의 신중함, 절제, 절약, 근면, 노력, 진취, 숙련[18] 따위는 그들의 관용과 박애와 마찬가지로 칭송받는다. 만일 우리가 인간이 삶에서 두각을 나타낼 수 없도록 만드는 성질을 탓하지 않는다면 이는 게으름이라는 성질을 용인하는 것이다. 이 성질은 인간에게서 그의 재능과 역량을 앗아가지 않고 다만 그 재능과 역량의 실행을 단지 정지한다고 여길 뿐이다. 그렇게 유보한다고 해도 당사자에게는 불편함이 없는데, 그 까닭은 어느 정도 자신의 선택에 따른 것이기 때문이다. 그럼에도 불구하고 게으름은 언제나 허물로 인정되며, 그 정도가 지나치면 엄청난 허물이 된다. 어떤 사람이 이런 게으름에 빠져 있을 때, 게으름보다 더 중대한 점에서 그의 성격을 구하기 위해서가 아니라면 그것을 인정할 친구는 아무도 없다. 친구들의 말에 따르면, 그가 자신의 건전한 지성과 민첩한 판단과 좋은 기억력 따위를 기꺼이 활용한다면 두각을 나타내겠지만, 일을 싫어하고 자신의 운명에도 무관심하다는 것이다. 바로 이런 점을 허물이라고 인정하면서도 오히려 자랑거리로 삼으려는 자가 있을지도 모른다. 그는 무능하다는 것이 철학적 정신, 고상한 취미, 빼어난 기지, 쾌락과 사회를 위한 날카로운 풍자나 해학 등 훨씬 더 고귀한 성질을 포함한다고 생각할 수도 있기 때문이다.

그러나 다른 사례를 보라. 달리 좋은 성질을 암시하지도 않고 사람을 언제나 무능하게 만들며, 그의 이익에 해로운 성질들, 갈피를 못 잡은 오성과 인생의 여러 가지 일에 대한 그릇된 판단, 변덕과 우유부단, 인간과 일에 대한 관리 능력 부족 따위를 생각해 보라. 이런 것들이 모두 성격상의 불완전함이라는 점은 인정된다. 그리고 많은 사람은 자신이 이러한 불완전함을 가지고 있다고 의심받기보다는 오히려 더없이 큰 죄라 해도 인정하려 들 것이다.

우리의 철학적 탐구에서 여건들의 다양화를 통해 여러 모습으로 분화(分化)하는 것을 발견한다면, 다양한 여건들 사이에서 공통적인 것을 밝혀 냄으로써 어떤 현상을 설명하기 위해 쓴 가설의 진리에 신빙성이 더해진다면, 우리는 매우 행복할 것이다. 오직 사회에 복리를 불러오는 것만이 덕으로 평가될 수 있다면, 확신컨대 도덕감에 대해 앞에서 설명한 것은 여전히 인정되어야 하고, 또한 이 설명은 충분한 명증성에 기초하고 있다. 우리가 이 가설에서 예외적인 어떤 설명도 있을 수 없는 다른 종류의 덕을 발견할 경우, 우리 가설의 명증성은 반드시 더 커진다.

여기에 사회적 성질에 현저한 결함이 없는 사람이 있다. 그러나 그가 주로 호감을 사는 것은 빈틈없는 업무 능력 때문이다. 그는 이 업무 능력 때문에 어떤 어려움도 헤쳐 왔고, 뛰어난 화술과 신중함으로 가장 민감한 사안들을 처리해 왔다. 나는 그에 대한 존경심이 가슴 깊은 곳에서 즉각 발생하는 것을 발견한다. 그와의 교제는 나에게 만족스럽다. 나는 그와 더 친숙하기 전이라도, 업무 능력에 결함이 있다는 것 말고는 그 밖의 모든 측면에서 그와 대등한 성격의 다른 사람보다 그에게 더 헌신할 것이다. 이때 나를 만족시킨 성질들은 그 사람에게 유용하고, 그의 이익과 만족을 증진시키는 경향을 갖는 것으로 여겨지는 것이 전부이다. 그 성질들은 어떤 목적을 위한 수단으로 간주되며, 그 목적에 대한 성질들의 적합성에 비례하여 나를 만족시킨다. 그러므로 그 목적은 틀림없이 나에게도 호의적이다. 그런데 이 목적을 호의적이도록 하는 것은 무엇인가? 그 사람은 낯선 사람이고, 나는 그에게 전혀 흥미를 느끼지 못하며, 그 사람에 대해 어떤 책임도 없다. 그 사람의 행복은 모든 인간의 행복과 모든 유정적(有情的) 존재의 행복과 마찬가지로 나와 특별한 관계가 있는 것은 아니다. 그 행복은 오직 공감을 통해서만 나의 마음을 사로잡는다. 내가 이 원리로부터 그의 행복 또는 선과 복리를 그 원인이나 결과에서 발견할 때마다, 그것이 나에게 현저한 만족을 줄 정도로 나는 그것을 깊이 공감한다. 그 정서를 촉진하는 경향을 가진 성질들의 출현은 상상력에 호의적인 영향력을 미치고, 나의 애정과 존경을 자아낸다.

이 이론은 모든 경우 똑같은 성질들이 자부심과 애정, 자기비하와 증오를 모두 산출하는 까닭을 설명하는 데 기여할 수 있다는 점을 뒷받침한다. 자신에 대해 언제나 유덕하거나 부덕하고, 품위 있거나 멸시받아 마땅한 사람은 다른 사람에게도 그러한지, 그 이유를 설명하는 데에도 도움이 될 것이다. 우리가 어떤 사람에게서 그 자신에게 근본적으로 해로울 뿐인 성격이나 버릇을 발견했을 때, 그는 단지 그 점 때문에 우리를 언제나 언짢게 한다. 반면에 다른 사람에게 위태롭고 언짢을 뿐인 성격의 소유자는, 스스로 이 단점을 감지하는 한 결코 자신에게 만족하지 못한다. 이것은 그저 성격과 행동거지의 측면에 대해서만이 아니라, 아주 사소한 여건 인정의 요인이 된다. 다른 사람의 심한 기침은, 그 자체가 우리에게 조금도 영향을 미치지 못함에도 불구하고 우리를 거북하게 만든다. 어떤 사람에게 그의 입냄새가 지독하다고 말하면 그는 전혀 괴로울 것이 없어도 의기소침해질 것이다. 우리의 공상은 쉽게 자신의 상황을 변화시킨다. 우리 자신을 다른 사람에게 그대로 드러내 보임으로써, 그들이 느끼는 바를 감지함으로써 우리가 젖어 드는 감회는 우리 스스로 전혀 갖고 있지 않지만 공감에 의해서 가지지 않을 수 없는 관심이다. 단지 우리에게 편리한 어떤 성질이 다른 사람을 불쾌하게 하고 다른 사람의 눈에 언짢게 보인다는 이유만으로, 우리는 이 성질을 불쾌하게 여길 정도로 공감을 확장한다. 설령 우리가 다른 사람에게 호의적으로 된다고 해서 얻을 이익이 전혀 없다고 하더라도 그렇다.

지금까지 모든 시대의 철학자들이 개진한 도덕성에는 많은 이론 체계가 있었다. 그렇지만 엄밀히 검토해 보면 이 이론 체계들은 두 가지로 환원되며, 오직 이 두 이론 체계만이 우리의 관심을 끌 만하다. 도덕적 선악은 이성을 통해 구별되는 것이 아니라, 우리의 소감을 통해 구별되는 것은 확실하다. 그런데 이 소감은 우리의 성격과 정서의 단순한 종류나 현상[19] 따위에서 발생할 수도 있고, 아니면 인류 및 개개인의 행복에 대해 갖는 그 성격과 정서의 경향을 우리가 성찰하는 데에서 발생할 수도 있을 것이다.

내 의견인데,[20] 도덕에 대한 우리의 판단에는 이 두 가지 원인이 모두 섞여 있으며, 우리가 거의 모든 종류의 외부적 아름다움에 관해 판단할 때에도 역시 이 두 가지 원인이 모두 섞여 있다. 행동의 성향에 대한 반성은 단연 가장 중대한 영향력을 가지며, 우리 의무의 큰 갈래를 모두 결정한다는 것 역시 나의 소견이다. 그렇지만 그다지 중요하지 않은 경우에는 직접적인 소감이나 취향이 우리의 칭찬을 낳는 사례도 있다. 재치와 안락, 자유분방한 행태 따위는 다른 사람에게 직접적으로 호의적인 성질들이며, 다른 사람들의 애정과 존중을 자아낸다. 이 성질들 중 일부는 인간 본성의 특수한 근원적 원리들에 의해 다른 사람들을 만족시키는데, 이 원리들은 해명이 불가능하다. 그 밖의 성질들은 더욱 일반적 원리로 되돌릴 수 있을 것이다. 자세히 탐구하면 이런 사실은 철저히 밝혀질 것이다.

이처럼 다른 사람들에게 직접적으로 호의적이므로 공공의 이해에 대한 경향이 없더라도 가치를 갖는 성질들이 있듯이, 어떤 성질은 그것을 갖는 사람 자신에게 직접적으로 호의적이므로 유덕하다고 말한다. 정서와 심리적 작용은 각각 특정한 느낌을 갖는데, 이 느낌은 호의적이든가 언짢든가 둘 중 하나다. 호의적인 느낌을 갖는 것은 유덕하고, 언짢은 느낌을 갖는 것은 부덕하다. 바로 이 느낌이 해당 정서의 실제 본성을 구성하기 때문에 이 느낌은 설명할 필요가 없는 것이다.

부덕과 덕에 대한 직접적인 구별은, 특정 성질이 우리 자신이나 다른 사람에게 유발하는, 직접적 쾌감이나 불쾌감에서 직접적으로 유래되는 것처럼 여겨질 수도 있을 것이다. 아무리 그렇더라도 이 구별 역시 지금까지 매우 자주 주장되었던 공감의 원리에 상당히 의존하고 있음을 알아차리기는 어렵지 않다. 어떤 사람이 자신과 교류하는 사람에게 직접적으로 호의적인 성질을 가지고 있다고 할 때, 비록 우리 자신은 아마 그 성질에서 결코 어떤 쾌락도 거두지 못했을지라도 우리는 그 사람을 칭찬한다. 자기 자신에게 직접적으로 호의적인 성질을 가진 사람이 있을 경우에, 비록 그 성질이 세상에서 아무짝에도 쓸모없을지라도 우리는 그 사람을 칭찬한다. 이런 사실을 설명하기 위해 우리는 위에서 언급한 원리들에 매달릴 수밖에 없다.

그러면 이 가설[21]을 개괄하여 다시 살펴보자. 그냥 보는 것만으로도 쾌락을 주는 심적 성질을 모두 유덕하다고 말하며, 고통을 낳는 성질을 모두 부덕하다고 말한다. 이런 쾌락과 고통은 서로 다른 네 가지 원천에서 발생할 수 있다. 다른 사람이나 자기 자신에게 유용하기에 자연적으로 알맞은 성격, 또는 다른 사람이나 자기 자신에게 호의적인 성격은 우리가 보는 것만으로 쾌락을 얻는다. 이 모든 이해와 쾌감이 우리의 마음에 아주 밀접하게 자리하고 있어, 우리 자신의 이해와 쾌감을 잊어야 한다면 어떤 사람은 놀랄지도 모른다.

다음과 같은 점을 고려해 보면 우리는 이렇게 놀라는 점을 쉽게 확인할 것이다. 쾌감과 이해는 개인차가 있으므로, 사람들이 자신들의 대상을 조망하고 공통의 관점을 통해 그 대상이 모든 사람에게 똑같이 나타나도록 하지 않는 한 소감과 판단은 결코 일치할 수 없다. 성격을 판단하는 경우, 모든 관찰자에게 똑같이 나타나는 이해나 쾌감은 그 성격을 시험받는 사람 자신의 것이거나 또는 그 사람과 연관된 사람의 것이다. 그와 같은 이해와 쾌감의 영향력이 비록 우리 자신의 것보다 더 희미할망정 우리 자신의 이해와 쾌감보다 더 불변적이고 보편적이므로, 현실에서도 우리 자신의 이해나 쾌감과 맞대응을 펼치고, 사색에서 덕과 도덕성의 유일한 기준으로 인정된다. 그와 같은 이해와 쾌감만이 특정한 느낌이나 소감을 발생시키는데, 도덕적 구별은 이 느낌이나 소감에 의존한다.

덕이나 부덕에 해당하는 복리나 역경은 쾌감이나 불쾌함 같은 소감의 명백한 귀결이다. 이 소감은 사랑이나 증오를 낳고, 사랑이나 증오는 인간 정념의 근원적 구조에 의해 자비나 분노를 수반한다. 다시 말하자면, 사랑이나 증오는 우리가 사랑하는 사람을 행복하게 하려는 욕구를 수반하고, 우리가 증오하는 사람을 불행하게 만들려는 욕구를 수반한다. 이 점은 다른 부분[22]에서 충분히 다루었다.

〈주〉

1 흄은 제2편에서 정서를 다루면서도 자부심이나 애정과 같은 복잡하고 어떤 의미에서 사회적인 정서를 먼저 그리고 주로 고찰했다. 지금 또 다시 도덕론에 있어서 인위적이고도 사회적인 덕에 주력하며 자연적인 덕을 뒤로 미룬다. 그러나 제2편과 달리 제3편 제3부의 추론은 중요하며, 인위적인 덕의 덕성의 근거도 명백히 밝혔다.

2 '인간 정신의 주요 원천'이 쾌락이나 고통이라는 점에 대해서는 제2편 제3부 제3절 참조.

3 '정신의 운동을 전진하거나 퇴보하는 것'의 원어는 'the propense and averse motions of mind'이다.

4 쾌락과 고통이 욕망 등의 직접적인 정서를 산출하는 과정은 제2편 제3부 제9절 참조.

5 자부심이나 자기비하, 애정이나 증오의 간접적 정서가 쾌락이나 고통과 인상 및 관념 사이의 이중 관계를 갖는 것은 제2편의 가장 중요한 원리이다.

6 립스는 '도덕의 기원(the origin of morals)'이라는 표현을 부정확하다고 하며 'dem Grund [oder dem eigentlichen Gegenstand] der sittlichen Beurteilung'이라고 보충하여 번역하였다.

7 도덕적 평가나 판단은 타인의 행동이나 성격에 대하여 이루어진다. 타인의 행동이나 성격이 우리에게 쾌락을 줄 때, 우리는 사랑을 느낀다. 그리고 이러한 타인의 행동이나 성격은 덕이 있다고 평가한다. 또한 그러한 행동이나 성격은 타인 자신에게도 쾌락으로, 타인의 내면에서 자부심을 낳는다. 그러는 한에 있어 타인의 자부심은 덕이다. 우리 자신의 자부심으로 말하자면, 이 자부심 즉 쾌감을 유발하는 행동이나 성격을 이른바 객관화하고 대상화하여 우리 자신의 행동과 성격에 사랑을 느낄 때, 그러한 행동이나 성격은 덕이 있다고 할 수 있다. 그런 뜻에서 도덕적 평가는 항상 타인에 대하여 이루어지며, 평가자 자신의 감정을 조금이라도 섞는 것은 금해야 한다. '도덕의 참된 기원'을 물을 때 '사랑 또는 증오'만을 문제삼기 때문이다. 원문은 간단하여 뜻을 충분히 나타내지 못했다. 도덕적 평가에 있어서 평가자 자신의 주관적 감정을 섞지 말아야 하는 이유는 뒤에 명료하게 설명된다.

8 '공감(sympathy)'은 제2편 제1부 제11절에서 분명하게 해명된다. 흄의 도덕론에 있어서, 특히 《인간이란 무엇인가》의 도덕론에 있어서 매우 중요한 원리이다. 《도덕원리연구》에서는 이것이 가벼이 여겨지고 있다.

9 옆구리가 탄탄한 말은 멋있다. 그런데 빠르기도 하다. 훈련을 통해 근육을 단련하여 경기에 참석한 사람은 보기에 아름답고, 경기에도 비교적 적합하다. 사실 아름다움과 효용성은 결코 분리될 수 없다. 그러나 이것을 인식하는 것은 웬만한 판단력만 있으면 가능하다. 퀸틸리아누스(Quintilianus, 35~95) 《웅변교수론(Institutio oratoria)》 8권. 바꿔 말하면 이들 정의나 불의만큼 어떤 성격을 사랑해야 할 것 또는 미워해야 할 것으로 확정하는 성질은 없다.〔원주〕

10 정의 그 밖의 인위적 덕에 수반하는 도덕적 평가의 인성학적 해명이 여기서 비로소 이루어졌다.

11 도덕적 구별을 인위와 교육의 결과로 보며 자연적 덕을 인정하지 않는 자는 홉스나 맨드빌이고, 덕은 모든 공공복리와 관련이 있다고 주장하는 자는 허치슨이다. Cf. Mandeville, *Fable of the Bees*, I, 51 ; Hutcheson *Inquiry*, II, p. 194.

12 도덕적 평가가 개인의 이해나 지위 여하에 관계없는 보편성을 가져야 한다는 것은 이제까지 누차 말해 왔다. 그러나 이 보편성의 근거나 이유는 지금 여기서 처음으로 공감의 작용에 수반하는 어려움과 관계하여 인성학적으로 설명된다. 이때 주의해야할 것으로는, 이 해명에 있어서 공감 작용을 정정하고 수정하는 심적 작용이 도입되고, 흄이 의미하는 상상적 지성의 작용이 개입한다는 것이다. 이러한 경과는 제1편에서 기하학

적인 대등함의 기준에 대한 고찰에 있어서도 볼 수 있었다.

13 '마르쿠스 브루투스'는 누구나 아는 카이사르의 친구이자 그를 찌른 비극적인 애국자 Marcus Junius Brutus(BC 85~42)를 말한다.

14 여기에서 도의의 일반적 판단을 행하는 것은 '이성'이라고 분명하게 말하고 있다. 그러나 여기서 말하는 이성은 엄밀한 의미에서의 이성이 아니다. 그 점은 이어서 말하는 바와 같다.

15 여기서 분명하듯이 '성찰(reflexion)'은 상상에 의한 감관이나 정서의 직접적인 영향을 이탈한 심상(心想) 구성이며, 흄이 말하는 이성 내지 오성의 작용이다.

16 이러한 두 번째 반대론도 첫 번째 반대론과 마찬가지로 상상의 일반적이고 이성적인 성찰에 의하여 극복된다.

17 '포괄적 공감(extensive sympathy)'이란, 개인이 현재 위치나 이해에 얽매이지 않는 일반적인 시점에 섰을 때의 공감으로, 이제까지 명백하게 드러냈고 지금도 그러하듯 '덕에 대한 우리의 소감이 의존하는 것'이다.

18 이들 신중함에서 숙련까지의 여러 덕은, 이것을 가진 사람 자신의 이익이 되는 덕으로 간주된다.

19 '종류나 현상'은 'species or appearance'를 번역한 것이다. 립스의 번역은 'die Weise, wie sich Charaktere und Affekte unserer unmittelbaren Betrachtung dastellen'이다.

20 '도덕에 대한 우리의 판단에는 이 두 가지 원인이 모두 섞여 있다.' 이 점은 이성적 성찰에 의한 공감의 직접 작용의 수정으로 앞에서 상세히 다루었는데, 이러한 이론적인 결벽을 헛되이 좇지 않는 태도가 흄의 '적절한 회의론'이다.

21 '이 가설' 즉 흄의 도덕론은 여기서부터 아래 몇 줄로 끝난다. 그러나 그 표현이 반드시 완전한 것은 아니다.

22 사랑이나 증오에 자비나 분노가 수반되는 것에 대해서는 제2편 제2부 제6절 참조.

2 마음의 위대함에 대하여

이제 도덕에 대한 일반적 체계를 덕과 부덕의 개별적 사례들에 적용함으로써, 각 사례들의 가치와 허물이 이 책에서 설명한 네 가지 원천에서 발생하는 모습을 분명하게 드러냄으로써 이 일반적 체계를 예증하는 것이 적절할 것이다. 우리는 먼저 자부심과 자기비하 따위의 정서를 검토하여, 이 정서들이 지나치거나 알맞은 비율일 때의 부덕이나 덕을 살펴보자. 우리 자신에 대한 지나친 자부심 또는 자만심은 언제나 부덕하다고 평가받으며, 보편적으로 남의 증오를 불러일으킨다. 겸손이나 자신의 나약함을 제대로 느끼는 것은 유덕하다고 평가되며, 만인의 선의를 불러온다.[1] 도덕적 구별의 네 가지 원천 가운데 이것은 세 번째, 즉 다른 사람에 대한 성질의 직접적인 호의 또는 언짢음에 속하며,

이 성질의 경향에 대해서는 조금도 성찰하지 않는다.

이 사실을 증명하기 위해 인간 본성의 아주 특징적인 두 원리에 매달려야 한다. 그 첫 번째 원리는 공감, 다시 말해 소감과 정서의 전달이다. 인간 정신의 대응은 아주 긴밀하고 밀접해서, 어떤 사람이 나에게 다가와 자신의 모든 생각을 내 마음속에 가득 채워 크던 작던 나의 판단에 영향을 끼친다. 좀더 많은 영향은 받아도 내가 그와 공감한 것은 나의 소감과 사고 방식을 고스란히 바꿀 정도는 아니다. 그렇다고 나의 평탄한 사고 흐름을 교란시키지 못할 만큼, 바꾸어 말해, 그의 동의와 시인(是認)을 통해 나의 호감을 사게 된 그 의견에 권위를 제공하지 못할 정도로 약하지 않다. 공감이 그와 내가 몰두한 사유 대상에 좌우되는 것도 결코 아니다. 우리가 우리와 아무 관계도 없는 인물에 대해 판단하든 아니면 나 자신의 성격에 대해 판단하든, 나의 공감은 그의 결정에 대해 대등한 힘을 부여한다. 그리고 심지어 그 자신의 가치에 대한 그의 소감 때문에 나는 그가 그 자신을 생각하는 것과 똑같은 입장에서 그를 고려한다.

이 공감 원리는 대부분의 우리 소감이나 정서에 관여하고 때로는 공감과 상반된 원리 아래에서도 일어날 정도로 강력하고, 영합적인 성질을 가졌다. 어떤 일에 내 마음이 강하게 이끌리는 순간, 모순 때문에 나의 정서를 부추기며 나와 대립하는 사람이 있을 때, 나는 언제나 어느 정도 그에게서 공감을 얻는다. 그리고 나의 심적 파란이 공감 이외의 다른 기원에서 발생하지 않는다는 점은 주목할 만하다. 아마 우리의 마음에는 서로 대립하는 원리와 정서들이 명백하게 상충되어 마주치는 것을 볼 수 있을 것이다. 한편으로는 나에게 자연스러운 정서나 소감이 있다. 그리고 이 정서가 강하면 강할수록 심적 파란도 거세다고 할 수 있다. 다른 한편으로는 역시 반드시 어떤 정서나 소감이 없어서는 안 되며, 이 정념은 오직 공감에서만 유래된다. 다른 사람의 소감은 어느 정도 우리 자신의 소감이 되어야만, 비로소 우리의 마음을 움직일 수 있다. 이 경우에 다른 사람의 소감들은 마치 우리 자신의 기분과 성향에서 근원적으로 유래된 것과 전적으로 똑같은 방식으로, 우리의 정념과 대립하거나 또 우리 정념을 증대시키면서 우리에게 작용한다. 다른 사람의 소감이 다른 사람의 마음에 숨겨져 있는 동안은 그 소감들은 우리에게 전혀 영향을 주지 못한다. 설령 다른 사람의 소감들이 우리에게 알려진 경우라고 하더라도, 그 소감들이 상상력이나 표상 작용에 지나지 않는다면, 상상력이나 표상 작용이라는 직능은 모든 종류의 대상과 친숙하므로, 어떤 관념이 우리의 소감과 의향에 상반된다고 하더라도, 단지 이 관념만으로는 우리에게 결코 영향을 줄 수 없을 것이다.

내가 주목하려는 두 번째 원리는 비교 원리 또는 대상들에 대한 우리 판단들의 변이이다. 이 변이는 우리 판단이 우리가 비교하는 대상들과 갖는 관계에 비례한다. 우리는 대상을 그 내재적 중요성이나 가치보다는 비교를 통해 판단하는 경우가 많고, 따라서 어떤 대상이 같은 종류의 우월한 대상들과 상반되는 경우에 그 대상을 하찮게 여긴다. 그렇지만 우리 자신과 비교하는 것이 가장 명백하다. 우리 자신과 비교하는 것은 모든 경우에 생기며, 대부분의 우리 정서와 혼합된다. 우리가 연민과 사심을 다루면서 이미 살펴보았듯이,[2] 이런 종류의 비교는 그 실행에서 공감과 직접적으로 상반된다. 모든 종류의 비교에서 한 대상은 자신이 비교되는 다른 대상으로부터 언제나 하나의 감각을 받아들이도록 만든다. 이 감각은 우리가 그 대상을 직접적이고 즉각적으로 조망했을 때 그 대상 자체에서 발생하는 감각과는 상반된다. 다른 사람의 쾌락을 직접적으로 바라보는 것은 자연히 우리에게 쾌락을 준다. 그러나 그 쾌락이 우리 자신의 쾌락과 비교될 때 우리는 고통을 느낀다. 다른 사람의 고통은 그 자체로 두고 보면 고통스럽지만, 우리 자신의 행복에 대한 관념을 증대시킴으로써 우리에게 쾌락을 준다.

그런데 공감 원리와 다른 사람과 우리 자신의 비교 원리는 직접적으로 상반되므로, 당사자의 개별적 기분을 제쳐 두고, 두 원리 중 지배적인 원리에 대하여 어떤 일반 규칙이 형성될 수 있는지 살펴보는 것도 가치 있을 것이다. 내가 지금 땅 위에 안전하게 있으며 다음과 같은 생각에서 의도적으로 어떤 쾌락을 얻고자 한다고 가정하자. 나는 행복을 또렷이 감지하기 위해, 세찬 비바람이 몰아치는 바다에 있는 사람의 불행한 처지를 생각하며, 이런 관념을 될 수 있는 대로 강하고 생생하도록 하기 위해 노력할 것이 틀림없다. 그러나 아무리 애쓴다 한들, 이러한 관념들을 비교하는 것은 내가 실제로 바닷가에 있으면서, 폭풍우에 휩쓸려 암초와 모래톱에 당장이라도 부서질 것 같은 위험한 배를 얼마간 거리를 두고 멀리 바라보는 경우[3]와 똑같은 효력을 발휘할 수 없을 것이다. 이런 관념이 더욱더 생생하게 되었다고 가정하자. 이 배가 내 가까이로 밀려와서, 내가 선원과 승객의 얼굴에서 공포를 뚜렷이 읽을 수 있고, 또 그들의 비탄에 잠긴 울음소리를 들을 수 있으며, 그리고 마지막 작별을 고하거나 죽기로 결의하고 서로 얼싸안은 가장 친한 친구들을 볼 수 있다고 가정하자. 이런 광경에 쾌락을 느끼고, 다정한 연민과 동정의 심적 동요가 꿈틀거리는 것을 억누를 만큼 잔혹한 마음을 가진 사람은 아무도 없다. 따라서 이런 경우에는 분명히 절충점[4]이 있다. 이 관념도 너무 희미하면 영향력이 약하기 마련이다. 반면에 이런 관념이 지나치게 강하면, 이 관념은 비교와 상반되는 공감을 통해 우리에게 온전하게 작용한다. 공감은 관념을 인상으로 전환하므로, 관념의 힘과 생동성을 비교에 필요한 것보다 더 요구한다.

이런 사실은 모두 이 주제에 쉽게 적용된다. 우리는 위대한 사람이나 자신보다 탁월한 재능을 가진 사람이 현존할 때, 스스로가 매우 하찮게 느껴진다. 그리고 우리가 앞서 존경이라는 정념에 관해 추론한 바에 따르면,[5] 이 자기비하는 우리보다 우월한 자에게 존경을 갖게 되는 주요한 요인이다. 때로는 질투와 증오도 우월한 대상과 열등한 대상의 비교에서 발생하지만,[6] 대부분의 사람에게 있어서 존경과 선망에서 그친다. 공감은 인간의 마음에 아주 강력한 영향력을 미치므로, 가치와 거의 같은 효력을 갖는 긍지를 낳는 원인이고, 자부심을 가진 사람이 스스로 품은 고양된 소감에 우리가 젖어들도록 함으로써 우리가 심한 굴욕감을 느끼는 언짢을 정도의 비교를 하도록 한다. 어떤 사람이 과대망상으로 스스로 만족할 때, 우리의 판단력은 과대망상에 빠진 그 사람에게 고스란히 동반되지 않는다. 그럼에도 불구하고 우리의 판단력은 과대망상이 나타내는 관념을 수용하여 상상력의 표상 작용을 능가하는 영향력을 그 사람의 과대망상에 불어넣을 정도로 흔들린다. 기질이 게으른 사람이 자신보다 가치가 매우 뛰어난 인물에 대한 관념을 형성한다 해도, 그 사람은 그 허상 때문에 의기소침하지 않는다. 그러나 우리보다 가치가 떨어진다고 확신하는 사람이 우리 앞에 있을 때, 만일 우리가 그에게서 비범할 만큼의 자부심 또는 고만함을 간파하면, 그가 자신의 가치에 대해 가진 확신은 우리의 상상력을 장악하고 우리가 우리 자신을 왜소하게 보도록 한다. 마치 그가 자신이 가진 훌륭한 성질이라고 마음대로 생각하는 그 성질들을 실제로 가지고 있는 것처럼. 여기서 우리의 관념은 정확히 중간적인 것이며, 이 중간적인 것은 비교를 통해 상상력이 우리에게 작용하도록 만드는 데 꼭 필요한 것이다. 상상력이 신념에 동반된다면, 그리고 그 인물이 자신이 가졌다고 사칭하는 가치를 실제로 가졌다고 여겨지면, 상상력은 상반된 결과를 가질 것이며, 공감을 통해 우리 마음에서 작용할 것이다. 그렇다면 공감이라는 원리의 영향력은 비교의 원리보다 우월할 것이고, 그 인물의 가치가 그가 자임하는 것에 못 미치는 것으로 여겨지는 경우에 발생하는 것과 상반될 것이다.

이 원리들의 필연적 귀결은 우리 자신에 대한 지나친 자만은 부덕하다는 것이다. 이런 자부심은 모든 사람의 기분을 거스르고, 사람들에게 매순간마다 언짢은 비교를 제시하기 때문이다. 철학과 심지어 일상 생활 및 대화에서 아주 진부하게 관찰되는데 우리 스스로가 자부하면 다른 사람들의 자부심은 우리를 심히 불쾌하게 만든다. 다시 말해 우리가 자만에 빠져 있는 한 타인의 자기 과시를 견디지 못한다는 말이다. 명랑한 기질을 가진 사람은 자연히 명랑한 기질을 가진 사람과 어울리고, 호색한은 호색한과 어울린다.

그러나 자부심을 가진 사람은 또다른 자부심을 가진 사람을 결코 받아들일 수 없고, 오히려 반대의 성향을 가진 사람과 어울리려고 한다. 우리는 모두 어느 정도 자부심을 가지고 있으므로, 전 인류는 보편적으로 자부심을 가진 사람을 비난하거나 책망한다. 어쩌면 자부심은 비교를 통해 다른 사람의 기분을 거스르는 원인의 자연적 성향을 갖기 때문일 것이다. 자신에 대해 근거가 부실한 자부심을 가진 사람은 언제나 이런 비교를 하며, 자신의 자만심을 지지하는 비교 이외의 다른 어떤 방법도 갖지 못했다는 사실에서 더욱 자연스럽게 이런 결과가 유래될 수밖에 없다. 분별력과 가치를 갖춘 사람은 다른 사람이 자신을 어떻게 생각하든 간에 그의 생각과는 무관하게 스스로에게 만족한다. 그렇지만 어리석은 사람은 자신의 신체적 역량과 지성에 대해 만족하고 자랑하기 위해 늘 자기보다 더 어리석은 사람을 찾아야 한다.

그러나 우리 자신의 가치에 대한 지나친 자만이 부덕하고 언짢다고 하더라도, 우리가 값진 성질을 실제로 가졌을 경우에 우리 자신을 아끼는 것은 무엇보다 칭찬받을 만한 일이다. 우리 자신에 대한 어떤 성질의 유용성과 장점은 다른 사람에 대해 호의적일 뿐만 아니라 덕의 원천이다. 그리고 삶의 태도에서 우리에게 가장 유용한 것이 합당한 정도의 자부심이 확실한데,[7] 이런 자부심 때문에 우리는 자신의 가치를 느낄 수 있고, 우리의 모든 기획과 모험을 확신하고 안심한다. 어떤 사람이 타고난 역량이 무엇이든 간에, 그 사람이 그 역량과 친숙하지 않고 그 역량에 알맞은 계획을 수립하지 않는다면, 어떠한 역량도 그 사람에게는 득이 되지 않는다. 어떤 경우든 간에 반드시 우리 자신의 힘을 알아야 한다. 그리고 어느 측면에서든 실수할 수밖에 없다면, 우리 가치의 관념을 정당한 기준에 못 미치게 형성하는 것보다는 우리 가치를 과대평가하는 것이 더욱 유리할 것이다. 운명은 대체로 대담하고 진취적인 자에게 호의적이다. 그리고 우리 자신에 대한 좋은 생각만큼이나 우리를 대담하게 만드는 것도 없다.[8]

덧붙여서, 비록 자부심과 자화자찬이 이따금 다른 사람의 기분을 상하게 한다고 하더라도 우리 자신에게는 늘 호의적이다. 반면에 겸손은 그것을 주목하는 만인에게 쾌락을 준다고 하더라도, 겸손을 간직한 사람 자신에게는 거북함을 낳을 때가 흔하다.[9] 그런데 이미 살펴보았듯이, 우리 자신의 감각은 어떤 성질의 부덕과 덕을 결정할 뿐만 아니라, 그 성질이 다른 사람에게 유발할 수 있을 감각도 결정한다.

이처럼 자기만족과 자기과시는 인정될 수 있을 뿐만 아니라 성격에 있어 꼭 필요한 것이다. 그렇지만 훌륭한 교양과 품위를 갖추려면, 우리가 자기만족과 허영심 따위의 정서를 직접적으로 드러내는 듯한 기색과 어투를 삼가야 한다는 것은 분명하다. 우리는 모두 자기 자신에 대해 놀랄 만큼 편애한다. 따라서 우리가 언제나 바로 이런 점에서 우리 소감을 자유롭게 드러낸다면, 우리는 서로에 대해 더없이 격렬한 분노를 일으킬 것이다. 이 경우에 우리는 서로에 대해 아주 언짢은 비교의 주체로서 직접적으로 나타날 뿐만 아니라, 우리의 판단은 서로 상반되기 때문이다. 그러므로 우리가 사회에서 소유권을 보장하고, 자기 이익에 대립하는 것을 막기 위해 자연법을 정립하는 것과 마찬가지로, 인간의 자부심에 대립하는 것을 막고 서로에게 호의적이고 거슬리지 않는 대화를 위해 우리는 훌륭한 교양의 규칙을 정립한다. 사람이 자기 자신에 대해 지나친 자만심을 갖는 것보다 불쾌한 것도 없다. 사람들은 대부분 이런 부덕의 성향을 강하게 가지고 있으며, 자기 자신 안에서 이런 부덕과 덕을 능히 알아챌 수 있는 사람은 아무도 없다. 다시 말해 자신의 가치에 대한 자신의 평가가 충분한 근거를 갖는다고 확신할 수 있는 사람도 전혀 없다. 이런 까닭으로 자부심의 정서를 직접 표현하는 것은 모두 질책받는다. 우리는 이 규칙에서 분별력이 있고 가치 있는 사람을 위한 어떤 예외도 두지 않는다. 그런 사람도 다른 사람과 마찬가지로 자신의 진가를 말로 드러내는 것은 용인되지 않는 것이다. 그리고 그런 사람은 자기 평가를 삼가고 자발적으로 자기 진가에 대한 의문을 나타내는 것만으로도 더욱더 찬사를 받을 것이다. 자신을 과대평가하는 사람들이 보편적으로 주제넘은 성향을 가지기 때문에, 우리는 우리가 자화자찬을 접하는 경우에는 언제든지 일반 규칙을 통해 그것을 책망하기 쉬운 선입견을 갖게 되었다. 설령, 분별 있는 사람이 아무리 은밀하게 자신에 대한 과대평가를 생각하는 경우라고 할지라도 우리는 어렵사리 그런 사람에게 특권을 부여한다. 적어도 이런 점에서 어느 정도 숨기는 것이 절대적으로 필요하다는 것은 인정해야 한다. 그리고 만일 우리가 가슴에 자부심을 품고 있다면 당당히 드러내야 하고, 모든 행동 양식과 행태에서 겸손과 상호 존중 따위의 기색을 꾸며야 한다는 점도 인정되어야 한다.[10] 어떤 경우든 우리는 우리 자신보다 다른 사람을 선호할 준비가 되어 있어야 한다. 그리고 다른 사람들이 우리와 대등하다고 하더라도, 우리는 그들을 하나의 존중하는 마음으로 대하도록 노력해야 한다. 그리고 우리는 다른 사람들보다 아주 뛰어나지 않은 경우라면, 언제나 그 무리 가운데서 가장 보잘것없는 존재로 여겨지도록 신경써야 한다. 우리가 행동 양식에서 이러한 규칙을 준수한다면, 우리가 은밀한 자부심의 소감을 우회적으로 밝히는 경우에 사람들은 더욱 관대할 것이다.

나는, 세상사를 체험하여 사람들 내면의 소감을 꿰뚫어 볼 수 있는 사람이라면, 우리가 훌륭한 교양과 품위를 갖추기 위해 필요한 겸손이 외면을 능가한다고 주장하거나 또는 이런 점에서 철저히 성실한 것이 우리 의무의 참된 요소라고 주장할 사람은 아무도 없다고 믿는다. 이와 반대로 우리가 주목할 수 있듯이, 참되고 진실한 긍지, 즉 자부심 또는 자기존중은 우리가 그것을 잘 숨기고 충분한 근거가 있다면 고결한 인간의 성격에는 본질적이며, 인류의 존중과 찬사를 얻는 데 가장 필요한 인간의 성질이다. 습관은 인간의 서로 다른 계급에 따라 서로에게 요구하는 일정한 존중과 상호 복종을 요구한다. 그리고 이런 점에서 도가 지나친 사람은, 만약 이익 때문에 도가 지나쳤다고 하면, 비열하다고 비난받는다. 그리고 몰랐기 때문에 도가 지나쳤다면 무식하다고 비난받는다. 그러므로 출생이나 운명 또는 직업이나 재능 또는 평판 중 어떤 것에 의해 우리의 계급과 입장이 확정되든 간에, 우리는 그 세계에서 우리의 계급과 입장을 알아야 한다. 그리고 그 계급에 맞게 자부심의 정서 또는 소감을 느끼고, 그에 따라서 우리의 행동을 규제할 필요가 있다. 참된 자부심이 없더라도 신중함이 있다면 바로 이런 점에서 우리의 행동을 조절하기에 충분하다고 말할지도 모르지만, 나는 다음과 같은 점을 주목할 것이다. 우선 여기서 신중함의 대상은 우리의 행동을 일반 관례 및 습관과 부합시키는 것이다. 또 사람들이 일반적으로 자부심을 느끼고, 그리고 정서의 근거가 충실한 경우에 일반적으로 칭찬을 받는데, 만일 그렇지 않다면 우월성에 대한 묵시적인 분위기는 습관을 통해 정립되지 않고 권위를 부여받지도 못한다.

만일 우리가 일상 생활과 대화에서 역사로 옮겨 가면, 지금까지 인류의 찬탄 대상이 되어 온 위대한 행동과 소감은 모두 자부심과 자기존중에 기초를 둔 것임을 주목하여, 이 추론은 새로운 힘을 얻을 것이다. 알렉산더 대왕[11]은 병사들이 자신을 따라 인도까지 가기를 거부했을 때, 병사들에게 말하기를 "돌아가서 조국의 사람들에게 우리는 알렉산더가 세계 정복을 완수하도록 내버려 두었다고 말하라"라고 했다. 생테브르몽[12]에서 우리가 배웠듯이, 이 구절은 늘 콩데 공[13]의 각별한 찬탄을 받았다. 콩데 공은 다음과 같이 말하였다. "아직까지 완전히 복종하지 않은 미개인들 사이에서 병사들에게 버림받은 알렉산더는 군주대권[14]의 위엄과 권리를 스스로 충분히 느끼고 있었으므로, 적어도 복종을 거부할 수 있는 자가 있으리라고는 믿을 수 없었던 것이다. 유럽에 있든지 아시아에 있든지 그리스인 사이에 있든지 페르시아인들 사이에 있든지, 모두 알렉산더에게는 아무 상관이 없었다. 그는 사람을 찾기만 하면 신하를 찾았다고 생각했던 것이다."

일반적으로 우리는 다음과 같이 말할 수 있다. 우리가 영웅적 덕이라고 일컬으며 위대하고 숭고한 정신의 특징이라고 찬미하는 것은 대개 안정적이고 충분히 확정된 자부심과 자기존중일 뿐이거나 또는 이와 같은 정서에 관여하는 것이다. 용기, 용맹, 야심, 영예에 대한 사랑, 도량, 그 밖에 이와 같은 종류의 눈부신 모든 덕은 분명히 그 덕들 사이에 자부심을 강하게 뒤섞고, 그 가치의 대부분을 자부심이라는 이 기원에서 이끌어 낸다. 따라서 우리가 알듯이, 종교계의 많은 변론가들은 이런 덕을 완전히 이교도적이고 미개하다고 공공연히 힐난하며 그리스도교의 탁월성을 우리에게 설명하고,[15] 자기비하를 덕의 반열에 넣어, 세상 사람들의 판단을 수정할 뿐만 아니라, 심지어 자부심과 야심의 온갖 노력을 아주 일반적으로 찬탄하는 철학자들의 판단까지 수정한다. 지금까지 자기비하라는 이 덕이 제대로 이해되었는지 여부는 내가 감히 결정하지 않을 것이다. 나로서는 다음과 같이 말하는 것으로 충분하다. 즉 세상 사람들은 훌륭히 조절된 자부심을 자연적으로 부러워한다. 이런 자부심은 다른 사람의 자만심을 상하게 할 수도 있을 정도로 자신의 자만심을 갑자기 천박하게 드러내지 않고도 우리의 행동 양식에 활력을 불어넣는다.

자부심이나 자기존중의 이러한 가치는 우리 자신에게 유용하고 호의적이라는 두 여건에서 유래된다. 이 여건들을 통해 자부심이나 자기존중은 우리에게 업무를 유능하게 수행할 수 있도록 하는 동시에 직접적 만족도 부여한다. 자부심이나 자기존중이 그 정당한 한계를 넘어서면, 처음의 유용을 상실하고 심지어 해롭게 된다. 이것은 아무리 훌륭한 교양과 공손함을 갖춘 예법을 통해 조절된다고 하더라도, 지나친 자부심이나 야심을 책망하는 까닭이다. 그러나 이와 같은 정서는 그럼에도 불구하고 이 정서의 자극을 받아 행동하는 인물에게 호의적이며, 또 고양된 숭고한 기분을 전한다. 따라서 이 만족에 대한 공감은 그 인물의 행동 양식과 행태에 미치는 치명적인 영향력에 자연적으로 따르는 비난을 상당히 줄어들게 한다. 따라서 우리가 주목할 수 있듯이, 지나친 용기와 도량은 험난한 운명 아래 드러나면, 대개 영웅의 성격을 낳는 원인이 되고 그 인물을 후세의 찬미 대상이 되도록 할 것이지만, 동시에 그 때문에 그 인물은 자신의 일을 파멸시키고, 만일 과도한 용기나 도량을 갖지 않았더라면 결코 맞닥뜨리지 않았을 위험과 곤경에 처한다.

영웅적 행위나 군인의 영예는 인류로부터 큰 찬사를 받는다. 대부분의 인류는 영웅적 행동이나 군인의 영예를 가장 숭고한 종류의 가치로 간주한다. 냉정하게 성찰하는 사람들은 영웅적 행동이나 군인의 영예를 맹목적으로 칭찬하지 않는다. 영웅적 행동이나 군인의 영예가 세상에 불러온 끝없는 혼돈과 무질서는, 냉정하게 반성하는 사람들이 보기에는 그 가치가 현저히 줄어들기 때문이다. 이런 점에서 그 사람들이 대중의 의견에 반대하려고 할 때, 그들은 이 가상적 덕이 인간 사회에 산출한 악을, 예를 들어 제국의 붕괴, 지방의 황폐화 그리고 도시 약탈 따위와 같은 악을 언제나 지적한다. 이러한 사례들이 우리 앞에 현존하는 한, 우리는 그 영웅의 야심을 찬미하기보다는 증오하는 경향이 있다. 그러

알렉산더 대왕과 다리우스 3세와의 대접전(부분) 브뤼겔 작품.

나 우리가 이 모든 해악의 창시자인 인물 자체에 우리의 시선을 집중하면 그의 성격에는 몹시 현혹적인 것이 담겨 있고, 그저 바라보기만 해도 찬탄할 수밖에 없을 만큼 우리 정신을 고조시킨다. 사회에 상처를 입히는 그 현혹적인 것의 경향으로부터 우리가 받는 고통은 더욱 강하고 직접적인 공감에 의해 압도된다.

따라서 자부심이나 자기존중 따위의 정도에 따라오는 가치나 허물에 대한 우리의 설명은 앞의 가설을 옹호하는 강력한 논변으로 활용할 수도 있을 것이다. 이 설명은 긍지나 자부심이라는 정서에 대한 우리 판단의 모든 변이 안에서 앞서 설명한 이 원리들이 갖는 결과를 보여 주기 때문이다. 부덕과 덕을 구

별하는 것은 당사자의 이득 원리와 다른 사람의 이득 원리, 그리고 당사자의 쾌락 원리와 다른 사람의 쾌락 원리 등 네 가지 원리에서 발생한다. 이 추론이 이런 구별을 보여 주는 것만으로는 우리에게 아무런 이득이 없다. 그렇지만 이 추론은 우리에게 이 가설의 몇 가지 부차적 지위에 대한 강력한 증거를 제공할 수 있을 것이다.

이 문제를 충분하게 숙고한 사람이라면, 어느 누구도 주저 없이 다음과 같은 점을 인정할 것이다. 즉, 무례함이나 자부심이나 오만의 표현은 아주 사소한 것이라도 우리에게 못마땅한데, 그 까닭은 단지 그런 것이 우리 자신의 자부심에 충격을 주고 또 공감을 통해서 우리가 그런 것을 자신과 비교하게 되기 때문이다. 이때 비교는 자기비하라는 기분 나쁜 정서를 낳는 원인이다. 그런데 이런 종류의 오만은 우리 자신에 대해 언제나 예의바른 사람의 경우라도 비난받으며, 특히 역사를 통해 우리에게 이름이 알려진 사람의 경우는 더욱 그러하다. 따라서 우리의 거부는 다른 사람들에 대한 공감과 성찰 따위에서 비롯되고, 이런 성격은 그 성격을 가진 사람과 대화하거나 교류하는 모든 사람에게 아주 못마땅하고 밉살스럽다. 우리는 그들의 불쾌함에 공감한다. 그리고 그들의 거북함은 자신들에게 무례한 사람에 대한 공감에서 부분적으로 유래하므로, 우리는 여기서 공감의 이중적 반동을 주목하게 된다. 그리고 공감의 이중적 반동은 우리가 다른 기회에[16] 이미 살펴보았던 것과 아주 흡사한 원리이다.

〈주〉

1 자부심은 쾌락이므로 본래는 유덕이다. 그러나 '지나칠' 때는 부덕이 된다. 마찬가지로 부덕인 자기비하도 '겸손 즉 우리의 약함을 제대로 느끼는 것'이 되면 유덕이 된다. 이 복잡한 관계를 이미 알고 있는 여러 원리에 기초하여 해명하는 것이 이 절에서 할 일이다.

2 제2편 제2부 제8절 참조.(원주)

3 먼 바다에 사납게 몰아치는 풍랑을 뭍에서 바라다보듯이, 남의 고생을 구경하기는 즐겁다. 남이 고생하는 것이 재미있어서가 아니라 그대에게는 그 재앙이 없다는 깨달음이 달콤하기 때문이어라. 루크레티우스(Lucretius), 《사물의 본성에 대하여(De Rerum Natura)》 제2권.(원주)

4 '절충점'의 원어는 'medium'이며 그 의미는 이어서 말하는 바와 같다.

5 제2편 제2부 제10절 참조.(원주)

6 존경에 섞이는 자기비하는 '자기의 약함에 대해 제대로 느끼는 것' 즉 겸손이다. 그러나 질투나 증오는 거북함이며 부덕이다. 질투나 증오에 대해서는 제2편 제2부 제8절 참조.

7 자부심이 덕인 까닭은 그것이 우리에게 유용하기 때문이다. 그렇다면 덕이라는 감정이 유래하는 네 가지 원천 가운데 두 번째 원천, 즉 자기 자신에 대한 유용성의 성찰이 여기에 해당한다. 여기에 더해서 네 번째 원천, 즉 자기 자신에게 부여하는 직접적인 쾌감도 관계하는 것은 곧이어 지적되는 바와 같다. 이들 두 가지 원천에 대해서는 뒤에 명확하게 말한다.

8 자부심은 지나칠 때마저 본인에게는 유리하며 따라서 덕이 된다. 반대로 자기비하는 겸손한 경우마저, 이어서 말하는 바와 같이 언짢으며 따라서 부덕이라고 할 수도 있다. 이러한 견해가 도덕학자와 같은 성직자들을 놀라게 하리라는 것은 흄이 충분히 예견한 바이다.

9 자부심은 일반적으로 쾌락이며 자기비하는 일반적으로 거북함이다. 이것은 흄에게 있어 근원적인 사실이다. 제2편 제1부 제5절 참조.

10 이처럼 겸손의 덕성은 직접적인 쾌락이 아니라 사회적 유용성의 성찰에 의한 것이다. 따라서 네 가지 원천 가운데 첫 번째가 여기에 해당하게 된다.

11 '알렉산더 대왕(Alexander the Great)'은 누구나 알듯이 첫 번째 세계 제국을 건설한 인물이다. 이 일화는 플루타르코스《대비열전》에 있다.

12 '생테브르몽'은 프랑스에서 태어나서 영국에서 죽은 문인이자 비평가 Charles de Marguetel de Saint-Denis, Seigneur de St. Evremond(1613~1703)을 말한다. 젊은 나이에 군대에 들어가 용감함과 기지로 콩데 공의 인정을 받았다. 저서로는 'Conversation avec le Père Canaye'나 'Reflexions sur les divers Génies du peuple Romain' 등이 있다.

13 '콩데 공(Prince of Conde)'은 프랑스 명문 무장의 이름으로, 여기에서 말하는 것은 대(大)콩데 공(公)이라고 불리는 Louis Ⅱ de Bourbon(1621~1686)을 말한다.

14 '군주대권'의 원어는 'empire'이다.

15 자부심을 덕으로 하고 자기비하를 부덕으로 하는 흄의 견해가 그리스도교의 도덕과 일치하지 않는 것을 흄은 충분히 알고 있었고, 제2편에서도 이것을 언급했다. 제2편 제1부 제7절 참조.

16 제2편 제2부 제5절 참조.〔원주〕

3 선과 자비에 대하여

이리하여 인간의 감정에서 위대하다고 일컫는 모든 것에 따르는 칭찬과 찬동의 기원을 지금까지 설명했으므로, 이번에는 더 나아가 정념에서 선이라 불리는 것을 해명하고 그 가치가 유래되는 기원에 대해 밝혀보자.

지금까지 경험을 통해 인간사에 관해 충분한 지식을 얻었고 또 인간사가 우리의 정서와 얼마만큼 관계를 갖는지 우리가 경험을 통해 깨우쳤다면, 우리는 인간의 관용이 매우 한정되어 있고, 친구나 가족을 넘어서는 경우가 드물며, 어떤 경우에도 자신의 조국을 넘어설 수 없다는 점을 지각한다. 이처럼 우리는 인간의 본성을 숙지했으므로, 인간에게서 불가능한 것을 기대하지 않으며, 인간이 자신의 도덕적 성격에 대한 판단을 형성하기 위해 추론하는 좁은 범위에 시선을 한정한다. 즉 인간 정서의 자연적 경향 때문에 인간이 자신의 영역 안에서 쓸모 있고 유용하게 될 때, 우리는 그 사람과 각별한 연관을 갖는 사람들과의 공감을 통하여 그의 소감에 찬동하고, 그에게 애정을 품는다. 우리는 이런 종류의 판단에서 우리 자신의 이해를 곧 잊을 수밖에 없는데, 그 까닭은 우리 자신과 똑같은 처지에 있는 것도 아니고 또 똑같은 이익을 갖는 것도 아닌 사람들과 교제하며 대화하는 가운데에서 마주치는 영속적인 모순 때문이다.

우리의 소감이 다른 사람의 소감과 일치하는 단 하나의 관점은, 어떤 정념이 그것을 소유한 인물과 직접 연관되거나 교류하는 사람의 이득이 되는 경향인지 해악이 되는 경향인지를 우리가 고려하는 경우이다. 이런 이득이나 해악은 흔히 우리 자신과 멀리 떨어져 있지만, 그래도 때로는 우리와 아주 가깝고, 공감을 통해 우리의 관심을 강하게 끈다. 우리는 이 관심을 쉽사리 유사한 다른 경우들로 확장한다. 그리고 이 유사한 경우들이 우리와 아주 거리가 멀면 우리의 공감은 거기에 비례하여 약해지고, 우리의 칭찬이나 비난은 희미해지며 더욱 모호해진다. 여기서 이 경우는 외부 대상에 대한 우리의 판단과 똑같다. 이 경우 모든 대상은 거리에 따라 축소되어 보인다. 그러나 우리 감관에 대상이 현상하는 것이 우리가 그 대상을 판단하는 근본적 기준이라고 하더라도, 우리는 그 대상이 실제로 거리에 따라 축소된다고 말하는 것이 아니라, 반성을 통해 그 현상을 수정함으로써 그 대상에 대한 더욱 불변적이고 확정적인 판단에 이른다. 마찬가지로 공감은 우리 자신에 대한 우리의 배려보다 훨씬 희미하며, 또한 우리와 거리가 먼 사람과의 공감은 우리와 가까이 있는 사람과의 공감보다 훨씬 희미하겠지만, 우리는 사람들의 성격에 대해 차분하게 판단할 때 이 모든 차이점을 무시한다. 우리 자신도 이 점에서 우리의 입장을 자주 바꾼다는 점은 제쳐놓더라도, 우리는 우리 자신과 입장이 다르고 우리와 적절한 언어로 결코 대화를 나눌 수 없는 사람과 매일 만난다. 따라서 만일 우리가 자신에게 고유한 입장 내지 관점을 그대로 유지하려 한다면, 합리적인 조건 아래 대화하는 것은 결코 불가능할 것이다. 그러므로 우리는 사람들과 교제하거나 대화를 나누면서 소감들의 교류를 통해 일반적으로 바뀌지 않는 기준을 즉, 인격과 태도를 찬동하거나 거부할 수 있는 기준을 형성하게 된다. 그리고 마음이 언제나 이 일반적 견해의 편을 드는 것은 아니더라도, 다시 말해 이 일반적 견해에 따라서 자신의 사랑과 증오를 조절하지는 않더라도, 이 일반적 견해는 담화하기에 충분하며, 또 모임과 강단 및 극장과 학교 따위에서 우리의 모든 목적에 기여한다.

대체로 관용, 박애, 연민, 감사, 우정, 성실, 열성, 청렴, 공평무사 등 선과 자비의 성격을 형성하는 모든 성질에 속하는 가치에 대해 우리는 이 원리들을 근거로 쉽게 해명할 수 있을 것이다. 상냥한 정념들을 향한 성향 때문에 인간은 삶의 모든 부분에 대해 호의적이고 유익해진다. 그리고 이 성향은 인간의 다른 모든 성질들에 대해 정당한 방향을 제시하는데,[1] 그렇지 않았더라면 이 성질들은 사회에 해악이 될 수도 있을 것이다. 자비를 통해 조절되지 않는 용기나 야망은 폭군, 즉 공공의 적이 되는 데 알맞을 뿐이다. 판단력이나 재능 및 이와 같은 종류의 다른 성질들도 마찬가지이다. 이런 성질들은 그 자체로는 사회의 이해와 관계가 없고, 위에서 말한 그 밖의 정념들이 규정하는 데에 따라서 인류의 복리나 곤경을 향한 경향을 갖는다.

사랑이라는 정념을 바탕으로 행동하는 사람에게 사랑은 직접적으로 호의적이며, 증오는 직접적으로 언짢은 것이다. 그리고 이것은 우리가 사랑의 기색이 있는 모든 정념을 칭찬하면서 동시에 증오를 상당 부분 갖는 정념을 비난하는 중요한 이유이다. 우리가 고귀한 소감과 마찬가지로 상냥한 소감에 끝없이 감동한다는 것은 틀림없다. 상냥한 마음을 떠올릴 때 우리 눈에는 자연스럽게 눈물이 솟기 시작하며, 상냥함을 발현하는 사람을 향해 똑같은 상냥함이 솟는 것을 우리는 억누를 수 없다. 내 생각에는 이 모든 것이, 우리가 이런 경우에 찬동하는 것은 우리 자신이나 다른 사람에 대해 이득이나 유용성을 내다보는 것과는 다른 기원을 갖는다는 데 대한 증거로 보인다. 여기에 다음과 같이 덧붙일 수 있을 듯하다. 즉 인간은 자기 자신과 가장 흡사한 성격에 대해 깊게 생각해 보지도 않고 자연스레 찬동한다. 가장 완전한 덕의 개념을 형성하는 데 있어서 부드러운 성향과 상냥한 감정의 소유자는 용기와 모험심의 소유자보다 덕의 개념에 자비와 박애를 더 많이 혼합하며, 용기와 모험심을 가진 자는 자연히 정신의 고양을 가장 완성된 성격으로 간주한다. 이런 사실도 분명히 직접적 공감에서 유래되는 것이 틀림없는데, 인간은 자신과 비슷한 성격과 직접적 공감을 갖는다. 인간은 이와 같은 소감에 더욱 격렬하게 빠지며, 그 소감들에서 생겨난 쾌락을 더욱 뚜렷하게 느낀다.

사랑이나 우정의 매우 미묘한 사례보다 더 소심한 사람의 마음을 움직이는 것도 없는데, 이런 경우에 사람은 친구의 아주 조그만 관심사에도 마음을 쓰며, 자신의 가장 중대한 이해조차 친구의 관심사를 위해 기꺼이 희생한다. 이러한 미묘함은 사회에 거의 영향을 미치지 못한다. 이 미묘함 때문에 우리는 가장 사소한 것에 주의를 쏟게 되기 때문이다. 그러나 이 미묘함이 관심을 끌수록 관심사는 더욱 사소해지며, 이러한 미묘한 애정이나 우정을 가질 수 있는 사람에게는 미묘함이 최고의 가치에 대한 증거이다. 정념들은 아주 전파되기 쉬워서 한 사람에게서 다른 사람으로 매우 쉽게 옮겨 가며, 모든 인간의 가슴에 서로 대응하는 충동을 낳는다. 우정이 아주 두드러진 사례들에 나타난 경우에 내 마음은 똑같은 정념에 휘감기며, 내 앞에 드러나는 따뜻한 소감들을 통해 함께 따뜻해진다. 이와 같이 호의적인 충동 때문에 반드시 나는 그 충동을 유발한 사람에 대해 애정을 느끼게 된다. 이것은 사람에게 호의적인 모든 것에 대해서도 마찬가지이다. 쾌락으로부터 사랑으로 전이하는 것은 쉽지만, 지금의 경우 전이는 더욱 쉬울 수밖에 없다. 공감을 통해 유발된 호의적 정념은 사랑 자체이고 또 그 대상을 바꾸는 것 이외에 아무것도 요구하지 않기 때문이다.

여기서 자비 고유의 가치가 각양각색으로 드러난다. 이렇듯 자비의 허약함조차 유덕하고 호감을 준다. 예를 들면 친구를 잃고 지나치게 슬퍼하는 사람은 바로 그 점 때문에 존경받을 것이다. 그의 상냥함은 그 울적함에 쾌락을 주는 것과 마찬가지로 도덕적 가치도 제공할 것이다.

그렇지만 우리는 울분의 정념들이 설령 거슬린다고 하더라도 모두 부덕하다고 상상하지 않는다. 인간 본성에는 이런 측면에 어느 정도 탐닉하는 성향이 있다. 분노와 증오는 우리의 실제 기분과 생리적 구조에 내재하는 정념이다. 어떤 경우에는 이런 정념이 결여된 것이, 허약하고 마음이 약하다는 증거이다. 그리고 이런 정념이 낮은 정도로만 나타나는 경우는, 그 정념들이 자연스러우므로 우리는 이런 정념을 너그럽게 봐 줄 뿐만 아니라, 그 정념들이 인류 대부분에 나타나는 것보다 약하기 때문에 심지어 칭찬하기도 한다.[2]

이 울분의 정념들이 잔인하기까지 하면 가장 혐오스러운 부덕을 형성한다. 이런 부덕 때문에 고통을 겪는 불행한 사람에게 우리가 느끼는 연민과 염려는 그 부덕을 저지른 사람에 맞서서, 우리가 그 밖의 경우에 느낄 수 있는 것보다 훨씬 강한 증오를 낳는다.

비인도적인 행위의 부덕이 이처럼 극단적인 정도에 이르지 않는 경우라고 하더라도, 그 부덕의 결과인 해악을 우리가 되새겨 보는 것은 이 부덕에 대한 우리의 소감에 아주 큰 영향을 미친다. 우리는 보통 이렇게 말할 수 있다. 즉 어떤 인물에게서 자신과 함께 살며 대화하는 사람들에게 불편을 끼치도록 하는 성질을 발견할 수 있다면, 우리는 더 깊게 따져 보지도 않고 언제나 그 성질이 허물이거나 결점이란 것을 인정한다. 반면에 우리가 어떤 사람의 훌륭한 성질을 열거할 때 늘 언급하는 그 성격의 요소들은 그 사람을 믿을 만한 동료, 편안한 친구, 점잖은 주인, 자상한 남편 또는 관대한 아버지 따위로 만드는 것들이다. 우리는 그 사람을 모든 사회적 관계와 함께 고려하며, 그 사람이 자신과 직접 교류하는 사람을 사랑하는지 여부에 따라 그를 사랑하거나 미워한다. 그때 가장 확실한 규칙은 다음과 같은 것이다. 즉 내가 특정한 사람과 유지하기를 원하지 않는 관계가 전혀 없다면, 그 사람의 성격은 그만큼 완전한 것으로 인정되어야 한다. 또 그 사람이 다른 사람에 대해서와 마찬가지로 자기 자신에 대해서도 거의 부족한 것이 없다면, 그 사람의 성격은 전적으로 완전하다. 이것이야말로 가치와 덕에 대한 궁극적인 기준[3]이다.

〈주〉
1 사회적 유용성 즉 이른바 네 가지 원천의 첫 번째는 자비로운 성질을 가진 덕성의 한 가지 원천이다.
2 약한 울분이 '칭찬까지 받는' 것은 비교의 원리에 기초한다.
3 '덕에 대한 궁극적 기준'은 네 가지 원천을 모두 만족시키는 것이다.

4 자연적 역량에 대하여

모든 도덕 체계에서 가장 일상적인 구별을 꼽으라면, 자연적 역량과 도덕적 덕 사이의 구별을 들 수 있다. 이 경우에 자연적 역량은 타고난 신체적 재능과 똑같은 지반 위에 있고, 가치나 도덕적 값어치는 전혀 더해지지 않는 것으로 상정된다. 그렇지만 이 문제를 정확히 고찰하는 사람은 누구나 알게 되듯이, 이 항목에 대한 논쟁은 단순히 언어적 논쟁일 뿐이고, 또 이 성질들은 종류가 같지는 않지만 대부분의 실질적 여건에서는 일치한다[1]는 점이다. 가치나 도덕적 가치는 둘 다 똑같이 정신적 성질이다. 또한 이 두 가치 모두 대등하게 쾌락을 산출하며 인류의 사랑과 존중을 초래하는 경향을 가지고 있음은 물론이다. 명예나 용기와 마찬가지로 분별력과 지식에 마음쓰지 않는 사람은 거의 없으며, 절제와 침착함에 대해서는 더욱더 그러하다. 심지어 인간은 어딘지 모자라는 사람으로 취급될까 봐서, 본성이 순한 사람으로 보이는 것까지 두려워한다. 그리고 종종 사람들은 정열적이고 기백 있어 보이기 위해 실제보다 더욱 방탕하게 살아온 것처럼 떠벌린다. 요컨대, 세상에 두각을 드러낸다거나, 동료들에게 인정받는다거나, 친구들로부터 존중받는다거나 하는 이 모든 장점들은 대체로 인간의 양식과 판단력은 물론 그 밖에 그 성격을 구성하는 요소들에 좌우된다. 어떤 사람이 세상에서 가장 선한 의도를 갖고, 또 모든 불의와 폭력에서 가장 멀리 있다고 해도, 재능과 오성(의 자연적 역량)을 충분히 갖추지 않았다면 결코 크게 존경받을 수 없을 것이다. 이처럼 자연적 역량들은, 비록 열등하더라도 그 원인과 결과 모두에 대해 이른바 도덕적 덕이라는 성질과 똑같은 지반을 갖는다. 그렇다면 우리가 이 둘을 구별해야 하는 까닭이 있을까?

우리는 자연적 역량에 덕이라는 칭호를 허용하지 않더라도, 다음 같은 것을 인정할 수밖에 없다. 자연적 역량이 인류의 사랑과 존중을 초래한다는 점과, 그 밖의 덕에 새로운 광채를 더한다는 점과 또 그 역량을 가진 사람은 그 역량을 전혀 갖지 못한 사람보다 우리의 호의와 봉사를 더 많이 받을 자격이 있다는 점이다. 사실을 말하자면 자연적 역량이 산출하는 찬동의 소감은 그 밖의 덕에 수반되는 찬동의 소감에 비해 열등할 뿐 아니라 다소 다르다는 점을 주장하는 사람도 있을 듯하다.[2] 그러나 내 의견으로는, 이런 주장은 덕의 목록에서 자연적 역량을 배제할 이유로는 충분하지 못하다. 각각의 덕은 자비, 정의, 감사, 성실 따위와 같은 덕조차 관찰자에게 서로 다른 소감 또는 느낌을 유발한다. 살루스티우스가 묘사한 카이사르와 카토의 성격[3]은 가장 엄밀한 문자적 의미에서 모두 유덕하지만 그 방식은 다르다. 이 두 성격에서 발생한 소감들 가운데 전적으로 똑같은 것은 아무것도 없다. 한쪽은 사랑을 산출하고 다른 쪽은 존중을 산출한다. 한쪽은 친근하지만 다른 쪽은 두렵다. 우리는 친구에게서 한쪽의 성격을 만나고 싶어할 수도 있고, 우리 자신에게서는 다른 쪽의 성격을 열망할 수 있을 법하다. 마찬가지로 자연적 역량에 수반되는 찬동은 그 밖의 덕에서 발생하는 찬동과, 서로 다른 종류를 형성하지는 않더라도, 그 소감과 느낌에 어느 정도 차이가 있을 수 있다. 그리고 실제로 우리가 주목할 수 있을 듯한 것처럼, 자연적 역량도 그 밖의 덕보다 나을 것 없이 둘 다 똑같은 종류의 찬동을 산출하지 않는다. 건전한 분별력과 타고난 재능은 존중을 낳지만, 재치와 해학은 사랑을 낳는다.[4]

자연적 역량과 도덕적 덕 사이의 구별을 아주 중대하다고 주장하는 사람들은 다음과 같이 말할지도 모른다. 즉, 자연적 덕은 전적으로 비자발적이며, 따라서 자유와 자유 의지에 의존하지 않기 때문에, 수반되는 도덕적 가치는 아무것도 없다. 그러나 나는 이런 주장에 대해 다음과 같이 대답하겠다. 첫째, 모든 도덕론자들, 특히 고대의 도덕론자들[5]이 도덕적 덕이라는 명칭하에 포함시키는 성질들 중 많은 것들은 판단력과 상상력 따위의 모든 성질들과 마찬가지로 비자발적이며 필연적이다. 지조와 불굴의 정신 그리고 도량 등, 간단히 말해서 위대한 인간을 형성하는 성질들이 이런 본성을 가졌다. 나는 다른 성질들에 관해서도 어느 정도 같은 이야기를 할 수 있을 것 같다. 그 성질들을 정신이 자연적으로 지니고 있을 경우에, 정신은 자신의 성격을 상당 부분 변화시키거나, 격정적이거나 화를 잘 내는 기질을 스스로 치유하는 것이 거의 불가능하기 때문이다. 비난받을 만한 성질들의 정도가 심할수록 그 성질들은 더욱 부덕하게 되며, 더욱더 자발적이지 않게 된다. 둘째, 덕과 부덕이 아름다움과 마찬가지로 비자발적이어선 안 되는 까닭을 누군가 나에게 제시하기를 바란다. 이런 덕과 부덕의 도덕적 구별은 고통과 쾌락에 대한 자연적 구별에서 비롯된다. 우리가 어떤 성질이나 성격을 일반적으로 고려함으로써 고통이나 쾌락 등의 느낌을 받았을 때, 우리는 그 느낌을 부덕하다거나 유덕하다고 규정한다. 어떤 성질의 경우, 그 성질을 가지고 있는 사람에게 전적으로 자발적이어야 비로소 그 성질을 고려하는 사람에게 고통이나 쾌락을 산출할 수 있다고 주장할 사람은 아무도 없다고 나는 믿는다. 셋째, 자유 의지에 대해서 우리가 지금까지 밝혔듯이,[6] 자유 의지는 인간의 성질과 마찬가지로 행동과 관련될 여지가 없다. 자발적인 것이 자유롭다는 것은 정당한 결론이 아니다. 행동은 판단보다 더욱 자발적이지만, 그렇다고 해서 우리가 판단보다 행동에서 더 자유를 누리는 것은 아니다.

자발적인 것과 비자발적인 것을 이렇게 구별하는 것은 자연적 역량과 도덕적 덕을 구별하는 것을 정당화하기에 충분하지 않다. 그렇지만 전자의 구별은 도덕론자들이 후자의 구별을 발명한 데 대한 그럴듯한 까닭을 우리에게 제공할 것이다. 우선 사람들은 자연적 역량과 도덕적 성질은 주로 대등한 지반을 갖는다고 하더라도, 그 둘 사이에는 다음과 같은 차이가 있다고 생각한다. 즉, 자연적 역량은 어떤 기술이나 근면에 의해서도 거의 변할 수 없지만, 도덕적 성질은, 적어도 도덕적 성질에서 비롯된 행동은 포상과 형벌 및 칭찬과 비난 따위의 동기에 의해 변화될 수도 있다고 생각한다. 따라서 지금까지 입법가나 성직자, 그리고 도덕론자들은 이 자발적 행동들을 조절하는 데 주로 전념하며, 바로 이런 점에서 유덕해지도록 추가적인 동기를 산출하는 데 노력해 왔다. 그들이 알고 있었듯이, 인간을 바보라고 처벌하거나, 신중하고 총명하라고 훈계하는 것은 거의 효과가 없을 것이다. 물론 그와 같은 처벌과 훈계는 정의와 불의의 측면에서는 상당한 영향력을 가질 수도 있겠지만 말이다. 그러나 일상 생활과 대화에서 사람들은 이런 목적을 고려하지 않고, 그들에게 만족스럽거나 못마땅한 것은 무엇이든 자연적으로 칭찬하거나 비난한다. 사람들은 이런 구별을 그다지 중요하게 생각하지 않지만, 자비와 마찬가지로 신중함도 덕의 성격으로 이해하고, 정의와 마찬가지로 통찰력도 덕의 성격으로 이해한다. 그뿐 아니라 우리가 깨닫듯이, 한 가지 체계를 엄격하게 고수함으로써 판단력이 왜곡되지 않은 이상, 도덕론자들은 모두 똑같은 사고방식에 젖어들고, 특히 고대의 도덕론자들은 신중함을 주요한 덕의 정상에 올려놓는 데 조금도 주저하지 않았다. 어떤 정신의 직능은 그 직능의 완전한 상태와 조건 안에서 어느 정도 존중과 찬동을 유발할 수 있다. 이런 소감을 해명하는 것이 철학자들의 소임이다. 어떤 성질들이 덕이라는 이름을 가질 만한지 검토하는 일은 문법학자들의 몫이다. 시비를 가리면서 그들은 자신들이 얼핏 보고 상상할 만큼 이 일이 쉽지 않다는 것을 깨달을 것이다.

자연적 역량이 존중을 받는 주된 이유는 그것이 소유한 인물에게 유용한 경향을 띠기 때문이다.[7] 어떤 구상이 신중하고 분별 있게 처리되지 않는 경우에 그 구상은 성공적으로 실행될 수 없다. 우리 의도가 단순히 선하다는 것만으로는 우리의 모험적 시도에 따른 행복한 결과를 우리에게 초래하기에는 충분하지 않을 것이다. 인간은 주로 이성의 우월성 때문에 짐승보다 우월하다. 인간 사이에 무한한 차이를 결정하는 것은 이성이라는 직능의 서로 다른 정도들이다. 기술의 모든 이점은 인간의 이성에서 기인한다. 운명이 아주 변덕스럽지 않은 경우, 이 이점들의 가장 중요한 부분은 신중하고 분별 있는 자의 몫이 틀림없다.

다음과 같이 물을 수 있다. 빠른 통찰력과 느린 통찰력 중 어느 것이 가장 가치 있는 것인가? 한눈에 대상을 통찰하지만 연구를 통해서는 아무것도 수행할 수 없는 사람과, 반대 성격의 소유자, 즉 열성의 힘으로 모든 것을 성취해야 하는 사람 중 누가 더 가치 있는가? 또 명석한 두뇌와 풍부한 창의력 중 어느 것이 더 가치 있는가? 박식과 확실한 판단력 중 어느 것이 더 가치 있는가? 어떤 성격이나 특이한 지성 중 어느 것이 다른 것보다 탁월한가? 우리는 이 성질들 중 어떤 것이 사람을 그 세계에서 가장 훌륭하도록 하는 자격이 있는지, 또 그의 일을 가장 잘 진척시킬 자격이 있는지 따져 보지 않고는, 이 물음들 중 어떤 것에도 대답할 수 없다.

그 밖에도 정신의 성질들은 많다. 이 성질들의 도덕적 가치도 똑같은 기원에서 유래된다. 근면, 인내, 끈기, 활동성, 조심성, 열성, 지조 따위는 생각해 낼 수 있는 같은 종류의 다른 덕과 함께 값진 것으로 평가받는다. 그 근거는 우리가 삶을 영위하는 데 이득이 된다는 것뿐이다. 절제, 검약, 효율적 사용, 단호함 등도 이와 다를 바 없다. 반면에 낭비, 사치, 우유부단, 변덕스러움 등은 부덕에 속하는데, 단지 이런 성질들이 우리를 파멸로 이끌며 우리가 일하거나 행동하지 못하도록 하기 때문이다.

지혜와 상식이 값진 까닭은 그것을 소유한 사람들에게 이 성질이 유용하기 때문이다. 마찬가지로 재치와 능란한 말주변 등이 값진 까닭은 다른 사람들에게 이 성질들이 직접적으로 호의적이기 때문이다. 반면에 유쾌한 정취가 사랑받고 값지게 평가되는 까닭은 그 성질이 당사자 자신에게 직접적으로 호의적이기 때문이다. 즐겁고 유쾌한 정취를 가진 동료가 자신의 명랑함에 대한 공감을 통해 자신의 모든 동료들이 즐거움에 젖도록 하는 것과 같이, 재치있는 사람과 대화하는 것은 아주 만족스러운 일이다. 그러므로 이런 성질들은 호의적이기 때문에 자연적으로 사랑과 존중을 유발하며 덕의 모든 성격에 부합된다.

어떤 사람의 대화를 아주 호의적이고 재미있도록 하면서, 다른 사람의 대화를 매우 지루하고 싫증나도록 하는 것이 무엇인지 말하기 어려운 경우가 많다. 대화는 책과 마찬가지로 정신을 옮겨 적은 것이므로, 대화를 값지도록 하는 바로 이 성질은 틀림없이 우리로 하여금 책을 존중하도록 만든다. 우리는 다음에 성질에 대해 살펴볼 것이다.[8] 우선 우리는 다음과 같은 점을 일반적으로 딱 잘라 말할 수 있다. 즉, 사람이 자신의 대화(아주 중요한 대화라는 것은 의심의 여지가 없다)에서 이끌어 내는 가치는 참석한 사람들에게 그 대화가 전달하는 쾌락에서만 발생한다.

이런 측면에서 깔끔함도 덕으로 간주된다. 깔끔함은 자연히 우리가 다른 사람에게 호의적이 되도록 하고 사랑과 애정의 아주 중요한 원천이기 때문이다. 이런 점을 등한시하는 것이 허물이라는 점을 부정할 사람은 아무도 없을 것이다. 이 허물은 비교적 작은 부덕일 뿐이다. 이 허물의 기원은 다름 아닌 거북한 감각, 즉 그 허물이 다른 사람에게 유발한 거북한 감각이다. 아주 사소한 듯이 여겨지는 이런 사례를 통해, 우리는 다른 사례들에서 부덕과 덕을 도덕적으로 구별하는 기원을 명료하게 발견할 수 있다.

어떤 인물을 사랑스럽거나 가치 있게 만드는 이 모든 성질들 외에, 사랑스럽고 가치 있는 결과를 낳는 데 협력하는 호의적이고 단정한 성질들 가운데 무엇이라고 말할 수 없는 것도 있다. 재치와 좋은 말주변 따위의 경우와 같이 이런 경우에도 우리는 어떤 감관에 호소해야 하는데, 이 감관은 반성 없이 작용하고 성질이나 성격 따위의 경향은 고려하지 않는다. 일부 도덕론자들은 덕의 모든 소감을 이 감관을 통해 해명한다. 이 도덕론자들의 가설은 아주 그럴듯하다.[9] 오직 상세한 탐구에 의해서만 그 밖의 모든 가설을 선택할 수 있다. 즉, 거의 모든 덕이 그와 같은 쾌락을 낳거나 이득을 주는 경향을 갖는다는 점과, 이

**위대한 철학자 플라톤과 제자
아리스토텔레스의 대화**
이 도기의 그림은 대화하는
장면을 묘사한 것이다.

경향은 단지 강한 찬동의 소감을 유발하기에 충분하다는 점 등을 깨달았다면,
그 다음부터 우리가 의심할 수 없는 것은 이 성질들이 그것들에게서 유래된
결과인 이득에 비례하여 찬동을 받는다는 점이다.

어떤 성질을 소유한 사람의 나이나 성격 또는 사회적 신분 등에 관련하여,
그 성질의 예의바름이나 무례함은 그 성질에 대한 칭찬과 비난에도 기여할 것
이다. 이런 예의바름은 대개 경험에 의존한다. 나이가 들수록 경거망동이 줄어
드는 사람을 흔히 볼 수 있다. 그러므로 연륜과 중후함의 정도는 우리의 생각
안에서 결합되어 있다. 우리가 어떤 사람의 성격에서 연륜과 중후함이 별개라
는 점을 관찰하면, 이런 사실은 우리 상상력에 일종의 폭력을 가하여, 우리로
서는 매우 언짢다.

모든 영혼의 직능들 중에서도 특히 기억이라는 직능은 성격에 거의 영향력
을 못 미치고, 심한 정도의 차이가 허용되는 동시에, 그 정도가 서로 다른 어떤
경우에도 덕이나 부덕과는 무관하다. 기억은 우리를 놀라게 할 정도로 뛰어나
거나 판단력에 어느 정도 영향을 미칠 정도로 부족하지 않는 한, 대체로 우리
는 기억이라는 직능의 변이들에 대해 전혀 주목하지 않으며, 어떤 사람을 칭찬
하거나 비난하느라고 기억력을 들먹거리지도 않는다. 좋은 기억력을 보유하는
것이 덕스러운 것은 아니기 때문에, 사람들은 대체로 기억력이 나쁜 척하기도

한다. 사람들은 자신이 말하는 것이 전적으로 자신의 창작이라는 점을 세상 사람들에게 납득시키기 위해 노력하면서 자신의 재능과 판단력에 대한 칭찬을 노리고 기억력을 희생한다. 이 사실을 추상적으로 고찰하면 과거의 관념들을 사실대로 명료하게 회상하는 직능이, 참된 명제나 의견을 형성하는 것처럼 조리 있게 우리의 현재 관념들을 배열하는 직능(판단력)과, 대등한 가치를 갖지 못하는 이유를 제시하기 어렵다. 이런 차이의 근거는 분명 기억력이 쾌락이나 고통에 대한 감각 없이도 발현되고, 기억력의 중간 정도들은 모두 직무나 관심사에 거의 대등하게 쓰인다는 점이다.[10] 그러나 판단력의 아주 사소한 차이라도 그 결과에서는 현저한 차이로 느껴지며, 동시에 판단력이라는 직능이 우수한 정도로 발현하면 대단한 즐거움과 만족이 따른다. 이 유용성과 쾌락에 대한 공감이 오성(또는 판단력)에 가치를 부여한다. 공감이 없다는 것 때문에 우리는 기억력을 비난이나 칭찬과 아주 거리가 먼 직능으로 간주하게 된다.

마지막으로 자연적 역량이라는 이 주제를 마무리하기에 앞서, 자연적 역량에 수반되는 존중과 애정의 한 가지 원천은 아마도 자연적 역량이 그 역량을 소유한 사람에게 부여하는 중요성과 비중에서 유래된다는 점을 살펴보아야 한다. 자연적 역량을 소유한 사람은 인생에서 더욱 큰 영향력을 갖게 된다. 그 사람의 결단과 행동은 아주 많은 동포들에게 영향을 미친다. 그의 우정이나 적개심도 모두 중요하다. 그리고 쉽게 볼 수 있듯이, 이런 방식으로 다른 모든 사람들보다 고양된 사람은 누구나 우리에게 존중과 찬동의 소감을 반드시 유발한다. 중요한 것은 무엇이든지 우리의 주의를 끌며, 우리의 사유를 고정하고 만족스럽게 응시된다. 왕국의 역사는 가정의 이야기보다 훨씬 재미있다. 큰 제국의 역사는 조그만 도시나 공국(公國)의 역사보다 더욱 재미있다. 전쟁과 혁명의 역사는 평화와 질서의 역사보다 훨씬 재미있다. 우리는 수난을 겪는 사람들이 운명에 의해 느끼는 다양한 모든 소감들에 공감한다. 대상들의 군집 또한 정신에 나타나는 강한 정념 따위가 정신을 점유한다. 정신을 이렇게 점유하는 것과 동요시키는 것은 대체로 호의적이고 재미있다. 바로 이 이론은 비범한 자질과 역량을 가진 사람에게 우리가 나타내는 존경도 해명한다. 군중의 복리와 고난은 대부분 그들의 행동과 연관되어 있다. 그들이 계획하는 것은 무엇이든 중요하며, 우리의 주의를 환기시킨다. 그들과 관련된 것은 간과되거나 멸시될 것이 아무것도 없다. 어떤 사람이 이런 소감을 자아내는 경우에, 그의 성격에서 다른 여건들이 그를 밉살스럽고 언짢은 사람으로 만들지 않는 한, 그는 곧 우리의 부러움을 산다.

〈주〉

1 '자연적 역량(natural ability)'에 대해 도덕적 가치를 인정하지 않는 철학자는, 예를 들면 허치슨이 있다. 1739년 9월 17일 날짜로 허치슨에게 보낸 편지에서 흄은 이 문제를 언급하며, 여기서와 마찬가지로 '언어적 논쟁일 뿐이다'라고 썼다.

2 '자연적 역량이 산출하는 찬동의 소감'은 도덕적 찬동과 '다소 다르다'고 주장하는 사람은 허치슨이다. Cf. Hutcheson, Inquiry, II, 186.

3 살루스티우스(Sallust)는 타키투스와 견줄 만한 로마의 역사가로 'Catilina'나 'Jugurtha'를 쓴 Gaius Sallustius Crispus(BC 86~43)를 말한다. 카이사르는 말할 것도 없이 Julius Caesar이며, 카토는 대(大)카토(Cato Maior)라고 불리며, 도덕적 부패를 규명하여 명문 스키피오 가문마저 탄핵하여 세상 사람들에게 경외심을 불러일으킨 Marcus Porcius Cato(BC 234~147)를 말한다.

4 사랑과 존경은 바탕이 같은 정념으로, 유사한 원인들에서 발생한다. 사랑과 존경을 낳는 성질들은 모두 호의적이며 쾌락을 준다. 그러나 이 쾌락이 격심하고 중대한 경우 또는 이 쾌락의 대상이 크고 강한 인상을 주는 경우 또는 그것이 어느 정도 소심과 경외를 낳을 때, 이 모든 경우에 쾌락에서 발생한 정념은 사랑이라기보다는 부러움으로 불리는 것이 더 적절하다. 자비는 사랑과 부러움이 모두 따르지만 사랑과 더욱 현저하게 연관된다.〔원주〕

5 '고대의 도덕론자들'이란 예를 들면 키케로를 말한다.

6 '자유 의지(free will)'는 제2편 제3부 제1절 및 제2절에서 상세하게 다루었다.

7 자연적 역량의 덕성은 '그것을 소유하는 인물에게 유용한 경향'에서 유래한다. 따라서 네 가지 원천의 두 번째에서 유래하게 된다.

8 '다음에 살펴볼 것이다'라고 했지만, 이 책에서 정확하게 거기에 해당하는 부분은 찾기 어렵다.

9 '덕의 모든 소감'을 '어떤 감관'을 통해 모두 설명하는 자는 이른바 도덕론자들이며, 넓은 의미에서는 흄도 여기에 속한다. 그러므로 이 '가설은 가장 그럴듯하다.' 그러나 흄은 '무엇이라고 말할 수 없는' 느낌에만 의존하지 않고, 도덕이 유래하는 네 가지 원천을 탐색하여 단순한 도덕감설(道德感說)을 벗어난다. 제3편 제1부 제2절 참조.

10 기억의 도덕적 가치에 대한 잘못된 생각마저, 흄은 무리하게 도덕적 구별의 일반적 원리에서 해명한다.

5 자연적 덕에 대한 몇 가지 반성을 덧붙이며

앞서(제2편에서) 정념을 다루며 살펴보았듯이 긍지와 소심, 사랑과 증오 따위는 정신이나 신체 또는 재산의 장단점 때문에 발생하고, 이 장단점이 그와 같은 결과를 초래하는 것은 고통과 쾌락이라는 별도의 인상을 산출하기 때문이다. 정신의 어떤 작용이나 성질을 일반적으로 보거나 검토하는 데에서 발생하는 고통이나 쾌락은 그 작용이나 성질의 부덕과 덕을 구성하며, 우리의 찬동이나 비난을 유발한다. 이 찬동이나 비난은 더욱 희미하거나 지각하기 힘든 사랑이나 증오일 뿐이다. 우리는 이 고통과 쾌락의 네 가지 서로 다른 원천을 설정해 놓았다. 그러므로 덕과 부덕에 대한 이 가설을 더욱 철저히 정당화하기 위해 신체와 재산의 장단점은 완전히 똑같은 원리들로부터 고통이나 쾌락을 산출하는 것을 관찰하는 것이 적절한 것 같다. 즉, 어떤 대상을 소유한 사람이나 다른 사람에 대해 그 대상이 갖는 유용한 경향 또는 그 사람이나 다른 사람에 대해 그 대상이 쾌락을 전하는 경향 등, 이 모든 여건은 그 대상을 고려하는 사람에게 간접적인 쾌락을 전하며, 그 사람의 사랑과 찬동을 자아낸다.

먼저 신체의 장점부터 살펴보자. 그러면 우리는 하나의 현상을 관찰할 수 있을 것이다. 만약 매우 중요한 결론을 강화하는 것이 사소할 수 있고, 철학적 추론에 사용되는 것이 우스운 것일 수 있다면, 그 현상은 다소 사소하거나 우습게 보일지도 모른다. 일반적 견해로, 우리가 호색한이라고 부르는 남자들은 그들의 엽색 행각을 통해 유명해지거나, 그와 같은 유형의 탁월한 활기를 보장하는 신체적 특성을 가지며, 이 남자들은 여자들의 환심을 사고, 또 될 수 있는 대로 자신들의 재능을 활용함으로써, 그런 기도를 뿌리칠 만한 덕을 지닌 여자들마저도 그들에게 자연히 애정을 보인다. 향락을 제공하는 그와 같은 인물의 역량은 여성들 사이에서 그가 받는 사랑과 부러움의 실제 원천이라는 점과, 동시에 그를 사랑하고 존중하는 여자들은 스스로 그 향락을 향유하리라고 결코 예상하지 않고, 그와 사랑을 나누는 사람과 공감함으로써 감응할 뿐이라는 점은 명백하다. 이 사례는 독특하며, 우리 주의를 끌 만하다.

우리가 신체적 장점을 고려함으로써 받아들이는 쾌락의 또 다른 원천은 신체적 장점을 소유한 인물 자체에 대한 그 장점의 유용성이다. 인간의 아름다움의 주요 요소는 다른 동물들과 마찬가지로, 우리가 경험적으로 깨닫는 것처럼

그리스 신화를 주제로 한 《목욕 후에 쉬는 디아나》(1742) 부셰 작품.

힘과 민첩성에 따라 인간이 행동하고 실천할 수 있는 역량을 부여하는, 신체 요소들의 구조적 적합성에 있음은 확실하다. 인류에게 있어 넓은 어깨, 군살 없는 배, 튼튼한 관절, 늘씬한 다리 따위는 모두 아름답다. 이런 요소들은 모두 자연적으로 우리가 장점이라고 공감하는 힘과 활력의 징표이고, 그리고 이런 요소들은 바로 이 요소들이 그 소유자에게 제공하는 만족을 바라보는 사람에 게도 전달하기 때문이다.

신체적 성질에 따를 수 있는 유용성에 대해서는 이상과 같다. 직접적 쾌락에 대해 말하자면, 힘·민첩성 등과 아울러 건강해 보이는 외관은 아름다움의 중요 요소를 이루고, 다른 사람의 병약한 외관은 그것이 우리에게 전하는 고통과 거북함의 관념 때문에 언제나 언짢다. 반면에 우리는 자신의 용모가 조화를 이루고 있다는 점으로 만족한다. 비록 자신의 조화된 용모가 자신이나 다른 사람에게 전혀 유용할 것 없지만 말이다. 우리가 자신의 용모가 조화를 이루고 있다는 점에서 만족을 얻으려면, 자기 자신과 일정한 거리를 유지할 필요가 있다.¹ 우리는 대체로 자기 자신을 다른 사람의 눈에 비친 대로 생각하고, 다른 사람들이 자기에 대해 품고 있는 유리한 소감에 공감한다.

재산의 장점들이 바로 이 원리에서 얼마나 많은 부러움과 찬동을 자아내는 지에 대해서, 우리는 이 주제를 두고 앞에서(제2편 제2부 제5절에서) 추론한 바를 되새겨 봄으로써 만족할 수 있을 것이다. 우리가 그때 살펴보았듯이,² 재산의 장점을 소유하는 사람에게 우리가 찬동하는 것은 세 가지 서로 다른 원인 때문이다. 첫째, 부자가 자신이 소유한 아름다운 옷·마차·정원이나 집 등의 외관을 통해 우리에게 주는 직접적 쾌락이다. 둘째, 부자의 관용과 넉넉함을 통해 우리가 그에게서 얻을 수 있으리라고 생각하는 희망적인 이득이다. 셋째, 부자가 자신의 소유물에서 거두며, 또 우리의 호의적인 공감을 산출하는 쾌락과 이득이다. 우리가 부유하고 지체 높은 사람을 부러워하는 것이 이 원인들 중 한 가지 때문이든, 아니면 세 가지 모두 때문이든 간에, 우리는 부덕과 덕의 감각을 불러일으키는 원리들의 궤적을 명료하게 볼 수 있을 것이다. 내가 믿기로는, 사람들 대부분은 얼핏 보기에 부자에 대한 우리의 부러움이 자기 이익 및 이득에 대한 전망 따위 때문이라고 생각하는 경향을 가질 것이다. 우리의 부러움이나 경의(敬意)는 우리 자신에 대한 이득의 예상을 넘어선다. 따라서 우리가 부러워하고 존경하는 인물에게 의존하는 사람들, 또 그 인물과 직접적인 연관이 있는 사람들과의 공감에서 이런 소감이 유래될 수밖에 없다는 것은 명백하다. 우리는 그 인물이 자기 동포들의 행복이나 향락에 기여할 역량이 있는 사람으로 간주하며, 그 동포들이 그에 대해 품은 소감을 자연스럽게 받아들인다.

이런 고찰은 나의 가설이 다른 두 원리보다 세 번째 원리를 선호하고, 바꿔 말해 부자에 대한 우리의 부러움은 부자들 스스로 자신들의 소유물에서 누리는 쾌락과 이득에 대한 우리의 공감 때문이라고 생각하는 것을 정당화하는 데 도움이 될 것이다. 심지어 그 밖의 두 원리들조차 직접 또는 간접적인 종류의 공감에 호소하지 않고는 정당한 범위까지 작용할 수 없거나, 이런 현상을 모두 설명할 수 없다. 거리가 멀고 간접적인 공감보다는 밀접하고도 직접적인 공감을 선택하는 것이 더욱 자연스럽다. 여기에 우리는 다음과 같은 점을 덧붙일 수 있을 것이다. 즉, 부나 권력이 아주 거대해서 그 소유자를 그 세계에서 유력하고 중요하게 만드는 경우에, 부와 권력에 수반되는 부러움은 부분적으로는 앞서 말한 세 가지 원천과 다른 원천 때문이라고 생각할 수 있다. 이 원천은 부와 권력 따위에서 오는 결과의 중요성을 예상하여 부와 권력에 대한 정신적 흥미를 끄는 것이다. 이 원리의 작용을 설명하려면, 이 절에서 살펴보았듯이 우리는 역시 공감에 호소해야 한다.

소감은 그것들이 연결된 대상들로부터 아주 쉽게 받아들이는 몇 가지 변화가 있는데, 여기서 우리 소감의 유연성과 몇 가지 변화를 언급하는 것도 잘못은 아닐 듯하다. 특정 종류의 대상에 수반되는 찬동의 소감들은 서로 다른 원천들에서 유래되었다 하더라도 모두가 어슷비슷하다. 반면에 이 소감들이 서로 다른 대상들을 향하게 되면, 똑같은 원천에서 유래된 소감들이라도 그 느낌이 다르다. 예를 들면, 볼 수 있는 대상들의 아름다움이 일으키는 쾌락은 이따금 그 대상들의 순수한 형식과 겉모습에서 유래될 때도 있고, 때로는 공감이나 대상들의 유용성에 대한 관념에서 유래될 때도 있지만, 그 아름다움은 모두 거의 똑같은 쾌락을 일으키는 원인이다. 마찬가지로 우리가 특별한 이해관계 없는 사람들의 행동과 성격을 바라볼 때마다 근소한 차이는 있겠지만, 그처럼 바라보는 것에서 발생하는 쾌락이나 고통은 대개 똑같은 종류이다. 비록 그 쾌락이나 고통이 유래된 원인에는 큰 차이가 있겠지만 말이다. 반면에, 설령 우리가 찬동하는 원천이 동일하며 공감과 그 대상들의 유용성에서 유래된다고 하더라도, 편리한 집과 유덕한 성격은 똑같은 찬동의 느낌을 일으키지 않는다. 우리의 느낌에서 오는 이런 변이에는 설명하기 어려운 부분이 있지만, 이것은 우리가 우리의 모든 정념과 소감에 대해 경험하는 것이다.

〈주〉

1 우리 자신이 도덕적 평가를 할 때 우리 자신과 '일정한 거리를 유지할 필요가 있다'는 것이 여기서 명확하게 설명된다.

2 '재산'에 대한 부러움에 대해서는 제2편 제2부 제5절 참조. 여기에서의 고찰은 거의 그 반복이다.

6 이 책의 결론[1]

나는 이 책이 윤리학 체계를 정확하게 증명하는 데 부족함이 없기를 바란다. 분명히 말하지만, 공감은 아주 강력한 인간 본성의 원리이다. 우리가 확신하는 바에 따르면, 공감은 우리가 도덕에 관해 판단할 때와 마찬가지로 외부 대상을 주시할 때에도 우리의 심미안에 커다란 영향력을 미친다. 정의, 충성, 순결 그리고 예절의 경우처럼, 공감은 다른 어떠한 원리의 도움도 받지 않고 홀로 작용하는 경우에도 우리에게 가장 강력한 찬동의 소감을 낳기에 충분한 힘을 가지고 있다는 것을 우리는 깨닫는다. 공감의 작용에 필요한 모든 여건은 대부분의 덕에서 발견된다. 덕은 대개 사회의 복리를 향한 경향을 띠거나, 덕을 소유한 인물의 복리를 향한 경향을 띤다. 만일 우리가 이 모든 여건을 비교하면, 우리는 공감이야말로 도덕적 구별의 주요 원천임을 의심하지 않을 것이다.[2] 특히 모든 경우로 확장되지 않을 반박은, 결코 한 가지 경우에도 이 가설에 대한 반박으로 제기될 수 없다는 점을 되새겨 보면, 우리는 그런 의심을 할 수 없다. 정의는 오직 그것이 공공의 복리를 향한 경향을 띤다는 사실 때문에 찬동의 대상이 되는 것이 확실하다. 공감이 공공의 복리에 대한 흥미를 우리에게 유발하지 않는 한 공공의 복리는 우리와 무관하다. 우리는 공공의 복리와 비슷한 경향을 띠는 그 밖의 모든 덕에 대해서도 비슷한 추정을 할 수 있을 것이다. 그 덕들의 가치는 모두 덕으로부터 어떤 이익을 얻는 자에 대한 공감으로부터 오는 것이 틀림없다. 또한 마찬가지로 덕이 이것을 소유하는 인물의 복리를 가져오는 경향을 띨 때, 이 덕의 가치는 그 인물에 대한 공감에서 온다.

거의 대부분의 사람들은 정신의 유용한 성질이 그 유용성 때문에 유덕하다는 점을 쉽게 인정할 것이다. 이런 사고 방식은 그것을 인정하는 데 주저할 사람이 거의 없을 정도로 아주 자연스럽고 아주 많은 경우에 발생한다. 이런 사고 방식이 일단 용인되면, 공감의 힘도 필연적으로 인정되어야 한다. 대개 덕은 목적을 위한 수단으로 간주된다. 목적을 위한 수단은 목적이 가치가 있는 한에서만 존중될 뿐이다. 그러나 낯선 사람의 행복은 오직 공감을 통해서만 우리의 마음을 움직인다. 사회나 소유 당사자에게 유용한 모든 덕을 바라봄으로써 발생하는 찬동의 소감을 우리는 공감이라는 원리에 속하는 것으로 생각해야 한다. 이런 것이 도덕성의 주요 부분을 형성한다.

만일 이와 같은 주제에서 독자들의 동의를 억지로 끌어내거나[3] 탄탄한 논변 이외의 것을 쓰는 것이 적절하다면, 우리는 여기서 독자들의 환심을 살 만한 이야깃거리를 풍부하게 제공할 것이다. 우리는 실천적으로는 타락해 있을지라도 사변적으로는 모두 덕의 애호자들이다. 덕의 애호가들은 모두 도덕적 구별이 유래하는 원천이 매우 고귀한 것이며, 인간 본성이 관용과 역량에 대한 올바른 개념을 두 가지 모두 부여한다는 것을 안다면 분명 기뻐할 것이 틀림없다. 도덕감은 정신의 고유한 원리이며, 인간본성이라는 구성체의 일부가 되는 가장 강력한 원리 가운데 하나라는 점을 알아차리는 데에는 인간사에 대한 지식이 거의 필요 없다. 그러나 이 도덕감이 스스로 반성함으로써 자신이 유래된 원리들에 찬동하고, 또 자신의 발생과 기원에서 오직 위대하고 선한 것만 발견할 때, 새로운 힘을 얻는다는 것은 확실하다. 도덕감을 인간 정신의 근원적 직감으로 환원하는 사람들은 충분한 권위를 가지고 덕의 원인을 옹호할지 모르지만, 인류의 폭넓은 공감을 통해 도덕감을 해명하는 사람들이 가진 장점을 놓칠 것이다.[4] 도덕감을 폭넓은 공감을 통해 해명하는 사람들의 체계에 따르면, 덕이 반드시 찬동받아야 할 뿐만 아니라, 덕에 대한 감각도 찬동받아야 한다. 덕에 대한 감각뿐만 아니라 그 감각이 유래되는 원리도 찬동받아야 한다. 따라서 어느 측면에서든 모두 칭찬할 만하고 선한 것만 제시될 뿐이다.

이런 관찰 결과는 정의와, 그와 같은 종류의 다른 덕에까지 확장될 수 있을 것이다. 정의는 인위적이지만, 정의의 도덕성에 대한 느낌은 자연적이다. 행동 방식에 대한 하나의 체계 안에서, 연합된 인간의 정의로운 행동이 사회를 이롭게 만든다. 정의의 행동이 일단 이런 성향을 갖는다면, 우리는 자연적으로 그 연합에 찬동한다. 우리가 만일 그 연합에 찬동하지 않는다면, 어떤 연합이나 묵계도 결코 정의에 수반되는 도덕성에 대한 소감을 산출할 수 없을 것이다.

인간이 발명한 제도들은 대부분 변화를 따른다. 그와 같은 제도들은 인간의 정취와 변덕에 좌우된다. 그 제도들은 일시적으로 유행하다가 망각 속으로 사라진다. 우리가 정의를 인간이 발명한 제도라고 인정한다면, 우리는 정의 역시 동일한 지반에 두어야 한다고 걱정할지 모른다. 그러나 이 경우들에는 큰 차이가 있다. 정의의 기초인 이해관계는 상상할 수 있는 한 최대한의 것이고, 모든 시대와 지역에 미친다. 그러므로 그 밖의 어떤 발명도 이해관계에 도움이 될 수 없다. 정의의 이해관계는 명백하며, 사회를 최초로 구성할 때 드러난다. 적어도 인간의 본성이 불변적인 것처럼, 이 모든 원인들은 정의의 규칙을 확고부동하고 불변적으로 만든다. 만일 정의의 규칙들이 근원적 직감에 기초를 두고 있다 하더라도, 이 규칙들은 이보다 더 안정성을 가질 수는 없을 것이다.

이와 같은 체계는, 덕의 위엄에 대해서뿐만 아니라 덕의 행복[5]에 대해서도 올바른 개념을 형성하도록 도와, 인간 본성의 온갖 원리가 덕이라는 고귀한 성질을 품고, 육성하는 데 관심을 갖도록 할 것이다. 사실, 온갖 종류의 지식이나 재능을 얻는 것은 그 자체로 직접적으로 이익이 있는 일이기도 하지만, 그 밖에도 그 지식이나 재능은 이것을 얻은 사람을 인류의 눈에 이제까지보다 더욱 눈부신 사람으로 보이게 하며, 따라서 그러한 지식이나 재능에 보편적으로 존중과 찬동이 수반된다고 생각한다면, 사람들은 누구나 지식이나 재능의 추구에 더 한층 박차를 가하는 정신을 느낄 것이다. 다른 사람과의 관계에서 자신의 성격(의 선악)뿐만 아니라 자신의 평화와 내면적 만족도, 자신이 사회적 덕을 엄격히 준수하는 데에 좌우된다는 점을 염두에 두는 사람이라면, 그리고 인류와 사회에 대해 지금까지 그 역할이 결여되어 있던 정신의 자기 성찰을 결코 정신이 떠맡을 수 없다는 점을 염두에 두는 사람이라면, 누가 재산상의 이득이 사회적 덕을 거의 이행한 데 대한 충분한 보상이라고 생각할 수 있겠는가?

그러나 나는 이 주제를 더는 다루지 않겠다. 그와 같은 고찰은 이 책과는 전혀 다른 특성을 가진 별도의 책에서 다루어야 한다. 해부학자는 결코 화가와 경쟁해서는 안 된다.[6] 해부학자는 인체의 보다 작은 요소들을 분석하고 묘사하면서, 자신이 그려 낸 것에 대해 우아하고 매력적인 태도나 표현을 더했다고 주제넘게 우쭐거려서는 안 된다. 해부학자가 제출한 사물에 대한 견해에는 매우 불쾌하거나 아주 사소한 것도 있다. 눈과 상상력에 각인되도록 하기 위해서는 그 대상들을 일정한 거리 밖에 두고 어느 정도 보이지 않도록 가릴 필요가 있다. 그렇지만 해부학자는 화가에게 조언을 하기에 매우 적격이다. 해부학자의 도움이 없다면 화가의 기법이 탁월해지는 것은 사실 불가능하다. 우리는 우아하고 정확하게 구상하기에 앞서, 인체 각 부분들에 대해 그 상황 및 연관을 반드시 정확히 알아야 한다. 마찬가지로 인간 본성에 대한 가장 추상적인 사변 역시, 아무리 차갑고 무미건조하더라도 실천적 도덕성에 기여하게 된다. 또 실천적 도덕성에 대한 학문을 실천 법칙의 측면에 더욱더 알맞도록 하며, 그 충고가 더욱 설득력을 갖도록 한다.

<주>

1 1740년 3월 4일 날짜로 허치슨에게 보내는 편지에 의하면, 흄은 신학자나 도덕론자와 융화하기 위하여 결론을 다시 썼다.

2 공감을 '도덕적 구별의 주요 원천'이라고 하는 것은 《인간이란 무엇인가》《인성론》의 특징으로, 《도덕원리연구》와 구별되는 중요한 점이다.

3 '독자들의 동의를 매수한다'의 원문은 'bribe the readers assent'이다. 그린판은 'bribe the reader's assent'라고 되어 있다. '매수한다'란 곧 이어서 나오듯이 '학술적인 추론에 의하지 않고 독자들의 승낙을 비학술적인 수단으로 얻는 것이다.'

4 단순한 도덕감설(道德感說)과 흄 자신의 이론의 차이가 여기에 자각적으로 설명되어 있다.

5 '덕의 행복'은 고대 그리스에서 중시되었는데, 근세에 들어와 부활하여 특히 18세기 영국 윤리사상의 기조를 이루었다. 흄이 여기에서 '덕의 행복'을 말하는 것은 이 기조와 일치한다. 《도덕원리연구》에서는 이 경향이 한층 더 강하다.

6 1739년 9월 17일 날짜로 허치슨에게 보낸 편지에도 이와 같은 취지에서, 덕의 해부학자다운 포부를 적었다. 덕의 해부학자 즉 도덕의 자연학자가 흄의 근본태도이다.

흄의 생애와 사상

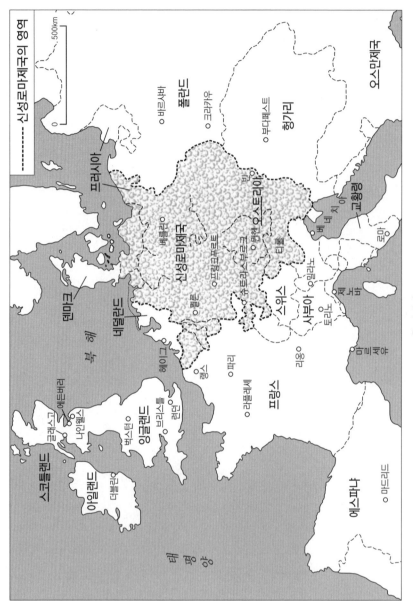

흄 관계지도

신성로마제국의 영역

오스만제국

교황령

로마

베네치아

헝가리

부다페스트

폴란드

바르샤바

크라쿠프

브라우

신성로마제국

베를린

프로이센

덴마크

북 해

네덜란드

헤이그

쾰른

프랑크푸르트

스트라스부르크

빈

오스트리아

티롤

스위스

사부아

제 노 바

토리노

밀라노

리옹

프랑스

파리

랭스

몽펠리에

마르세유

스코틀랜드

글래스고

에드버러

나인웰스

아일랜드

더블린

잉글랜드

박스턴

브리스틀

런던

태 평 양

에스파냐

마드리드

500km

신성로마제국의 영역

I. 흄의 시대와 생애

흄의 시대

계몽주의 시대

포프(A. Pope)는 《인간론》에서 다음과 같이 말했다.

'먼저 하늘의 신과 지상의 인간에 대해 우리가 알고 있는 것부터 판단하는 것 외에 우리는 무엇을 판단할 수 있을까. 인간에 대해 우리가 판단하고 비교하는 모습은 이 지상의 그를 빼면 무엇이 있으리오.'

'따라서 그대 자신에 대해 알도록 하라. 신의 수수께끼를 풀겠다고 날뛰지 마라. 인간이 연구해야 할 대상은 인간이다.'

포프의 이러한 발언은 18세기 계몽주의의 일반적 감정을 간결하고도 적절하게 표현하고 있다.

계몽주의자라 불리는 사람들은 전통적인 권위와 편견에 사로잡히지 않고, 인간의 상태를 응시하고 인간 그 자체를 연구하는 것을 과제로 삼았다.

계몽주의는 사상사(思想史) 위에서 17, 18세기에 걸쳐서, 좀더 구체적으로 말하면 영국의 명예혁명부터 프랑스혁명에 걸쳐서 약 100년 동안, 유럽을 지배한 반봉건·반교회적인 사상과 운동이다. 원래 계몽이라는 말은 독일어로 aufklären(개이다, 쾌청해지다)는 말에서 유래하여 인간의 무지를 비추는 지식의 빛을 의미한다.

계몽주의는 영국에서 최초로 나타나, 뒤이어 프랑스에서 개화하고 마지막에 독일로 전파되었다. 물론 같은 계몽주의라 해도 그 내용은 매우 다채롭다. 영국에서는 17세기에 청교도혁명(Puritan Revolution)과 명예혁명에 의해 시민 사회의 기초가 세워지는데, 그 과정 속에 계몽주의 사상이 발전한 것이다. 로크(J.

Locke)는 생득관념(生得觀念 ; innate ideas. 태어나면서부터 인간정신에 내재해 있다고 하는 관념)을 부정함으로써 이신론(理神論 : 신을 세상의 창조자로써 인정하지만 창조된 후에는 세상은 자연법칙에 따라 운동하고 신의 보살핌을 필요로 하지 않는다는 사상)의 철학적 기초를 제공하는 동시에 경험론과 자유주의에 입각한 시민 사회론을 전개하여 계몽주의에 커다란 영향을 끼쳤다. 또한 뉴턴(Sir I. Newton)은 자연법칙의 발견과 자연 현상을 해명하는 방법을 제시함으로써, 새로운 시대로 이끄는 별이 되었다. 흄은《영국사》에서 뉴턴을 '인류의 영예와 교화를 위해 일찍이 출현했던 가장 위대하고 귀한 천재'라고 칭송했다.

프랑스 계몽주의는 영국의 계몽사상을 수입하여 그것을 무기로 삼았지만 영국의 그것보다 급진적으로 볼테르(Voltaire), 몽테뉴(M.E. de Montaigne), 디드로(D. Diderot), 루소(J.J. Rousseau)에 의해서 찬란하게 전개되었다.

독일 계몽주의는 영국·프랑스의 계몽사상의 영향 속에 전개되었다. 그것은 당시 시민사상을 대변하고 있지만, 반체제적 세력으로서 자립하지 않고 거꾸로 프로이센 절대주의에 흡수되고 말았다. 칸트의 계몽에 대한 정의는 유명하다. '계몽이란 인간이 자신의 미성년 상태에서 벗어나는 것이다. ……여기서 미성년이란, 타인의 지도가 없으면 자신의 오성(悟性)을 사용할 수 없는 상태를 말한다. ……인간이 이러한 상태에 머물러 있는 것은 오성이 없어서가 아니라 스스로 자신의 오성을 사용하려는 결의와 용기가 없기 때문이다. 그러므로 칸트는 "과감하게 현명해져라!", "자기 자신의 오성을 사용하는 용기를 가져라"라고 역설하였는데, 이것이야말로 계몽의 표어이다'라고 주장했다. 칸트의 이와 같은 견해는 계몽주의의 정신을 잘 나타내고 있지만, 다른 면에서는 개인의 정신적 자립만 역설하는 데 그쳐 정치적 실천에 이르지 못한 독일 계몽주의의 한계를 시사하고 있다고도 할 수 있다.

계몽주의는 전체적으로는 권위와 편견에 사로잡히지 않고, 인간 그 자체를 연구함으로써 정신의 진보와 사회의 개선에 공헌하여 사람들에게 좋은 미래 사회를 형성하는 능력을 갖도록 하는 자신감을 주었다. 흄이 생애를 보냈던 시기는 바로 이 계몽주의 시대였다. 다만 이 시대에는 계몽주의가 모든 곳에서 다 통용되지는 않았다.

'신경회복'

게이(P. Gay)는 《자유의 과학》—유럽 계몽사상 사회사—에서 18세기 유럽 각지에 나타난 상태를 '신경(神經)회복'이라고 불렀다. 게이에 의하면, 계몽 세기(世紀)에 유럽 지식인은 새로운 생명에 눈을 뜨고, 그들이 자연과 그들 자신을 지배하고 있다는 기분을 맛보고 있었다. 전염병, 기근, 위험에 가득 찬 생활과 요절(夭折 : 젊은 나이에 죽음), 전쟁과 평화의 가차 없는 반복이 지성의 작용 등에 의해 무너지기 시작한 것처럼 생각되었다. 철학자, 자연과학자, 상인 등은 자신의 능력에 대해 신뢰를 갖게 되었다. 철

포프(1688~1744)
영국의 신고전주의 시인·풍자가. 《우인열전》(1728), 《인간론》(1733~1734) 등이 있다.

학자들은 이같은 분위기를 조성하는 역할을 해내는 동시에 자유를 옹호하기 위해 여러 가지 제도를 만들어 내려고 노력했다. 한편, 옛날부터의 재해는 전처럼 심각하지는 않았지만 여전히 계속되고 있었다.

'전쟁, 질병, 기아, 불안정, 부정이 인간 생활을 어둡게 만들며, 희망을 억눌러 왔다. 진보조차 새로운 희생자를 만들어 냈다. 많은 사람들의 생활의 무거운 짐을 덜어 준 개혁이, 또다른 사람들의 고통을 증가시켰다. 대부분의 사람들에게 18세기는 기쁜 일은 거의 없었고, 참고 견디어 내야 하는 일만 가득한 시대였다. 사상의 새로운 양식은, 훌륭한 가문의 주인으로 태어난 사람 자신을 표현할 줄 아는 사람 또는 운 좋은 사람을 위한 것으로, 농촌·도시의 일반대중은 이 새로운 질서 아래서는 거의 혜택을 입지 못했다. 사상과 마찬가지로 생활양식에 있어서도 서유럽 사회에서는 몇 세기가 동시에 공존하고 있었다.'

이와 같이 18세기에 이루어진 여러 가지의 진보는 산업, 농업, 교육행정 어떤 영역에 관한 것이든 꺼림칙한 혜택이었다. 그것은 진보가 자주 새로운 희생자를 만들어 냈기 때문이다. 그렇지만, 그 진보가 이익을 주는 유리한 입장에 놓인 사람들은 전에 없이 미래에 대한 밝은 전망으로 인해 활기를 더해 갔다. 18세기에 볼 수 있었던 이러한 정신적 분위기는 광범위하게 번져 갔던 새로운 경

험이며, 로마 제국 초기에나 볼 수 있었던 인간의 무기력과 합리성의 고갈을 머리(G. Murray)가 '신경쇠약'이라고 부른 반면에, 게이는 '신경회복'이라고 하였다.

'이 세기는 신비주의의 쇠퇴, 삶에 대한 희망의 증대, 노력에 대한 신뢰의 회복, 탐구와 비판에 대한 적극적 참여, 사회개혁에 대한 관심, 세속주의(世俗主義)의 증대, 과감하게 위험과 맞서려는 의지의 증대를 특징으로 하는 세기였다. 다시 되풀이하지만, 이것은 새로운 사태였다.'《자유의 과학 I》

비교적 평온한 시대

영국의 사상사 연구의 권위자인 윌리(B. Willy)는 18세기 영국의 모습을 다음과 같이 그리고 있다.

'18세기는 실질적으로 17세기 후반의 수십 년에 시작되었다. 이 수십 년에 발을 들여놓으면 사방팔방으로 눈에 익숙한 18세기의 경계표가 이 시대에 익숙한 조명에 비춰지고 있는 것을 볼 수가 있다. ……광란의 세계에 지금 내리쬐고 있는 일상의 태양은 산문적일지도 모르지만, 적어도 안정되고 온화한 것이었고 아직까지는 과도한 빛으로 인해 어두워지지는 않았다. 모든 곳에서 안도감과 해방감을 만난다.'

1714년 앤 여왕이 급사한 뒤, 제임스 1세의 증손인 조지 1세가 즉위하여 하노버 왕조가 성립되었다. 54세에 영국 왕이 된 조지 1세는 독일에서 왔기 때문에 영어를 할 줄 모르고, 영국 실정에 대해서도 거의 관심이 없었다. 1721년 월폴(R. Walpole)이 수상으로 등장했다. 그는 휘그당의 대지주층과 대상인층을 세력 기반으로 뛰어난 행정 능력과 왕의 신뢰, 탁월한 의회 조종술에 의해 그 뒤 20년 동안 안정적인 장기 정권을 수립하여 '월폴의 평화'라 불리는 시대를 실현시켰다.

1727년에 즉위한 조지 2세도 특별한 경우를 제외하고 아버지의 예를 본받았기 때문에, 이 시대에는 왕권이 실질적으로 축소되고 수상과 대신의 권력이 신장하게 되었다. 국왕이 참석하는 어전회의는 각료회의(閣僚會議 : 내각을 구성하는 각부 장관들로 이루어진 회의)가 되고, 내각은 국왕이 아니라 의회에 의하여 책임을 지게 되어 책임내각제의 길이 열렸다.

1739년, 에스파냐와 해상권 쟁탈전이 시작됨으로써 평화 정책은 종지부를 찍고, 1742년 월폴은 사임했다. 1745년에는 재커바이트(Jacobite : 명예혁명 이후 망명한 스튜 어트가(家)를 정통 영국 군주로서 지지한 영국의 정 치 세력)가 하노버 왕조에 도전하여 스코틀 랜드에 상륙하고 그 군대가 더비(Derby : 영 국 중부 버밍엄 북동쪽에 있는 도시)까지 진군하 는 사건이 일어났다.

월폴(1676~1745)
영국의 정치가. 초대 총리(재임 1721~1742)
로서 오랜 기간 의회를 장악하였다.

1756년, 유럽에 7년 전쟁이 일어나고, 영 국에서는 피트(W. Pitt)가 의회의 신임을 획 득하여 사실상의 수상으로써 전시 정권을 담당했다. 그는 웅변가로서도 또한 의회와 국민의 지도자로서도 뛰어났을 뿐만 아니 라, 육·해군을 지휘하는 능력도 탁월했다. 또한 그는 프랑스에 대한 식민지 전 쟁을 세계적 규모로 전개하여 승리를 거머쥐었다.

1760년, 조지 3세가 즉위했다. 이듬해 피트의 사임으로 인해 휘그당 시대가 끝나자, 국왕은 토리당의 어용(御用) 내각을 통해 국정을 지휘하여 의회정치를 무시하게 되었다. 조지 3세의 이러한 전제정치를 1763년에 하원의원인 윌크스 (J. Wilkes)가 비판했다. 이것을 계기로 의회 개혁 운동이 확대하기에 이르렀다. 1776년 1월에는 페인(T. Paine)이 《커먼센스 Common Sense》를 출간하고, 2월에는 프라이스(R. Price)가 《시민적 자유의 본질》을 출간하여 아메리카 식민지의 독립 을 지지함과 동시에 국왕측을 공격했다. 같은 해 7월 4일 아메리카의 독립선언 이 발표되었다. 흄이 타계한 것은 그 50일 뒤인 1776년 8월 25일이었다.

흄이 생애를 보낸 18세기 영국은, 격동의 시대라고 했던 홉스(T. Hobbes)나 로 크의 시대와는 달리 시민혁명과 산업혁명이라는 2대 변혁 사이에 끼었던 비교 적 평온한 시대였다. 이 시대 영국의 정치사상은 어떤 정치학자에 의하면 '혁명 으로 수립된 체제에 약간의 주석을 가한 것'이라고도 한다.

18세기의 스코틀랜드

흄은 1711년 스코틀랜드의 에든버러(Edinburgh)에서 태어났다. 오늘날 에든버

**잉글랜드와 스코틀랜드의
통합**(1707)
앤 여왕이 통합 법안을
재가하였다.

러는 유럽에서 가장 아름다운 도시의 하나로 손꼽히는 곳으로, 여름이 되면
수많은 관광객이 방문한다.

스코틀랜드가 잉글랜드와 합병한 것은, 흄이 출생하기 4년 전인 1707년의 일
이었다. 양국은 옛날부터 언어·풍속·습관·종교가 달랐기 때문에 오랜 세월 적
대 관계에 있었다. 그러나 명예혁명에 의해 윌리엄 3세와 메리가 왕위에 오르
자, 스코틀랜드에서도 이를 지지하며 명예혁명 체제를 취하기 시작했다. 귀족
들 사이에서는 여전히 제임스파의 세력이 강하게 스튜어트 왕조 지배의 부활
을 꾀하는 반란이 있었지만, 양국 사이에는 통합을 원하는 기운이 높아져 갔
다. 1702년 앤 여왕의 즉위와 함께 양국 의회에서 위원이 임명되어 토의를 거
듭한 결과, 1707년 잉글랜드와 스코틀랜드의 통합이 실현되어 마침내 거대한
브리튼 연합 왕국이 성립되었다.

통합 이전의 스코틀랜드는 잉글랜드에 비해 2세기 정도 뒤떨어진 상태였다
고 한다. 사람들은 봉건적인 사회제도 속에서 살고 있었다. 농업 방법도 중세적
이어서 배수 공사가 되어 있지 않았기 때문에 비옥한 토지가 물에 잠긴 채 방
치되고, 한편으로는 메마른 토지가 산허리까지 경작되는 형편이었다.

농민이 사는 가옥은 이탄이나 돌로 지은 작은 오두막으로 창문이나 굴뚝이
거의 없고, 출입문이 채광과 환기 역할을 하고 있었다. 또한 상공업도 아주 소
규모였고 글래스고(Glasgow : 영국 북부 스코틀랜드 최대의 도시)의 해운업도 아직 발
달하기 전이었다. 따라서 농민이나 상인은 가난했지만, 잉글랜드의 유복한 농
민이나 상인에 비해, 성서의 지식과 신학상의 논쟁에는 매우 정통하고 진취적
성향이 풍부했다.

1707년, 양국의 통합은 장기적으로 보면 스코틀랜드의 농업과 상공업의 발전에 커다란 기여를 했다. 왜냐하면 통합은 스코틀랜드의 농업과 상공업에 잉글랜드 및 식민지 시장을 열게 함으로써 스코틀랜드의 경제 발전에 결정적인 영향을 끼쳤기 때문이다.

양국이 통합된 뒤 100년 동안 스코틀랜드는 근대적 농업의 보급, 상공업의 융성, 아메리카와의 무역 등에 의해 눈부신 발전을 이룩하는 동시에 흄, 애덤 스미스(A. Smith), 제임스 와트(J. Watt) 등과 같은 인물을 배출하여 영국의 번영에 공헌했다.

흄의 생애

목가적인 자연 속에서

1776년 4월, 65세를 맞이하던 흄은 죽음이 다가온 것을 느끼고 〈나의 생애〉를 썼다. 그 속에서 그는 자신의 출생과 가문에 대해 다음과 같이 쓰고 있다.

'나는 1711년 4월 26일 에든버러에서 태어났다. 나의 부모님은 두 분 다 좋은 가문 출신이었다.'

데이비드 흄은 에든버러의 저택에서 아버지 조지프와 어머니 캐서린 사이의 둘째 아들로 태어났다. 흄의 집안은 16세기 이후 버릭셔(Berwickshire)의 나인웰스(Ninewells)를 영지로 소유하고 있었다. 당시 아버지는 영지를 지배하는 한편, 에든버러에서 변호사로 일하고 있었다. 어머니는 고등법원 장관의 딸이었다. 데이비드에게는 형 존과 누나인 캐서린이 있었다.

흄은 자서전에서 좋은 가문 출신인 것을 강조하고 있지만, 그 뒤에 '우리 집은 부자는 아니었다'고 서술하고 있다. 그의 집은 토지를 소유하고 있었던 중간 규모의 농지였기 때문에 부자는 아니었겠지만 꽤 유복했던 것 같다. 흄의 유년 시절과 소년 시절에 대해서는 알려진 것이 거의 없다.

아버지 조지프는 유능한 인물이었던 것 같지만, 1713년에 33세의 젊은 나이로 사망했다. 젊고 아름다운 어머니는 남편을 먼저 보낸 슬픔을 견디며 재혼권유를 거절하면서 에든버러와 나인웰스에서 세 아이 양육에 전념한 듯하다. 데

에든버러 대학교 입학자 명부에 흄의 이름이 올려져 있다.(1723)

이비드는 나인웰스에서는 목가적인 자연 속에서 다정한 어머니와 형과 누나, 하인들에 둘러싸여 즐거운 나날을 보냈으리라 생각된다.

지독한 바보

데이비드는 만 12세가 막 되려던 때, 당시의 풍습에 따라 형 존과 함께 에든버러 대학교에 입학했다. 대학교의 입학자 명부에는 1723년 2월 27일자로 그의 이름이 기재되어 있다.

당시 에든버러 대학교는 잉글랜드의 대학에 비해 새로운 시대의 기운이 반영되어 활기가 있었다. 그 학교에서는 전통적인 고전교육과 함께 과학·철학·문학의 새로운 사상을 가르치고 있었다. 로크와 뉴턴 등의 새로운 학문도 소개되었다.

학생 시절의 흄은 키가 크고 몸이 마른 데다가 신경질적인 청년이었다고 알려져 있다. 그는 겉으로는 평범한 학생이었지만 문학, 형이상학, 논리학을 배우고, 정신적으로도 성장해 새로운 학문의 움직임을 민감하게 흡수한 듯하다. 또 흄이 종교에 대한 신앙을 잃은 것은 대학 시절이나 아니면 졸업하고 얼마 되지 않은 시기였던 것으로 추정된다.

흄은 1725~1726년에 대학교를 떠나 나인웰스로 돌아가서 대학 시절부터 키워왔던 문학을 향한 정열을 바탕으로 시와 문학과 철학 등의 저서를 읽으면서 사색을 거듭하게 된다.

아버지가 죽은 뒤, 당시의 관습에 따라 형 존이 집안과 나인웰스의 영지를 상속받았다. 흄은 차남이었기 때문에 약간의 유산밖에 받지 못했다. 그래서 자신의 생계를 이을 수 있는 방법을 생각하지 않으면 안 되었다. 가족은 흄이 법률가가 되기를 바랐다. 그 자신도 처음에는 법률가가 되려고 법률 공부에 전념했다. 그러나 법률에 대한 열의가 전혀 일어나지 않자, 그는 곧 법률가가 되는 것을 단념했다.

그즈음 흄은 법학자의 저서보다는 키케로(Cicero, BC 106~43, 로마의 정치가·웅변가·철학자)와 베르길리우스(Vergilius, BC 70~19, 로마 제일의 시인, 《아이네이스》) 등의 저서를 애독하고 그들의 사상에 매료되어 있었다. 그리고 그리스도교 도덕에 대신하여 스토아 학파의 윤리사상이 그의 도덕 규범이 되었다.

유난히 자식 걱정이 많았던 어머니는, 법률 공부를 그만두고 문학이나 철학책만 읽고 있는 흄에게 '데이비드는 착하기는 하지만, 지독한 바보로구나.'라고 했다는 에피소드가 전해지고 있다.

뉴턴(1642~1727)
흄이 대학에 입학했을 때 뉴턴의 새로운 과학교육이 시작되고 있었다.

'의사에게 보내는 편지'와 신경증

흄은 법률가가 되는 것을 단념하고, 생애에 있어 마음의 독립을 추구하며 계속 방법을 모색했다. 그 무렵 그의 내면적 갈등을 극명하게 보여 주는 것이 1734년에 쓴 것으로 추정되는 '의사에게 보내는 편지'이다.

이 편지는 의사이면서 《존 불의 역사 *The History of John Bull*》의 저자인 아버스넛(J. Arbuthnot)에게 쓴 것이지만, 실제로 발송되었는지 안 되었는지는 알 수 없다. 그 내용은 흄이 에든버러 대학교를 졸업하고 1734년에 브리스틀(Bristol)에 갈 때까지의 그의 심경을 토로한 것이다. 이 편지에서 흄은 철학자와 문학비평가의 저서를 읽는 동안 이 학문에는 아직 결정적인 학설이 없고 가장 기본적인 문제에 대해서도 논쟁을 되풀이하고 있다고 서술하고 이어서 다음과 같이 쓰고 있다.

'이러한 것을 조사하고 나서 나에게 어떤 대담한 기분이 들었소. 그것은 이러한 문제에 대해 어떤 권위에 따르는 것이 아니라 그것에 의해서 진리가 확립되어야 하는 새로운 방법을 탐구해 보려는 것이었소. 이 점에 대해 많이 배우고 반성한 뒤, 드디어 18세 때 사상의 어떤 새로운 정경이 내 앞에 펼쳐지는 것처럼 생각되었소. 나는 뛸 듯이 기뻤다오. 그래서 나는 청년의 정열을 가지고 그것에 전념하기 위해 다른 모든 쾌락과 일을 던져 버렸소!'

흄은 이 편지에서 명백하게 나타내고 있는 것처럼 '사상의 어떤 새로운 정경'을 체험함으로써 법률가가 되는 것을 단념하고 학자나 철학자가 되기를 간절히 갈망하게 된다. 수개월 동안 흄은 매우 충실한 나날을 보냈다.

그런데 1729년 9월경 흄은 돌연 모든 정열을 잃어버리고 말았다. 그것은 건강 악화로 인한 것이 아니라 나태한 마음에서 일어난 것으로, 그는 더 많이 공부하는 것으로 극복되었다고 생각했었다. 이 상태로 9개월이 지났다. 그리고 그는 그 원인이 다른 사정에 있음을 깨닫게 되었다. 그것은 흄이 키케로나 세네카(Seneca, BC 5~AD 65, 로마의 시인, 철학자, 《마음의 평정에 대하여》) 등의 저서를 읽고 감명을 받아 그의 기질을 무리하게 개선하려고 했던 것에 있었다.

흄은 죽음이나 빈곤, 고통 등의 인생의 고난이나 불행에 대해서 반성에 의해 자기의 정신을 강인하게 하려고 노력하였다. 이같은 시도는 활동적인 생활로 연결되어 있는 경우에는 유효할지도 모르겠지만, 고독할 때에는 정신적인 힘을 허비해 버려 의기소침을 불러오기 때문이다. 흄이 이 일을 깨달았을 때, 그의 신체와 정신은 이미 극심한 신경증 상태에 있었다.

이 상태를 벗어나기 위해서 흄은 일부러 게으름을 피우거나, 식사 또는 생활을 규칙적으로 하거나, 산책하거나 여러 가지 일을 시도했다. 이와 같이 요양하면서 노력한 결과, 20세 때 다소 일을 계속할 수 있을 만큼 회복했다. 1731년 5월경부터 그는 돌연 식욕이 왕성해져서 살이 붙기 시작했고, 혈색도 좋아지게 되어 쾌활한 풍모로 바뀌었다.

그러나 흄의 신경증은 쉽사리 완치되지는 않았다. 그 때문에 어느 문제를 고찰하려 해도 반복적으로 중단되었기 때문에 맥락 있는 사상을 추구하는 것이 불가능했다. 거기에서 흄은 심기일전하여 지금까지보다 더 활동적인 생활을 하고자 결심한다. 그는 이것저것 생각했던 끝에 상인의 생활에 파고들기로 하였다.

어떤 새로운 정경

흄은 '의사에게 보내는 편지'에서 18세 때 사상의 어떤 새로운 정경(情景)에 도달했다고 서술하고 있지만, '어떤 새로운 정경'이란 무엇일까. 그것은 철학상의 중대한 원리의 발견, 결국 인과율(因果律, 원인과 결과의 법칙) 비판이라는 것으로 흄 연구자의 견해는 일치하고 있다. 인과율은 자연철학이나 도덕철학을 본받지 않고 논리학과 수학을 제외한 여러 학문의 기초가 되는 것이다. 흄이 인과 관계에 대한 전통적 이론에 대해서 의문을 가진 계기가 된 것은 신에게의 의문이었다. 당시 신의 존재는 때때로 인과율의 적용에 의해서 증명되고 있었다. 흄은 신의 신앙에 대해서 의문을 가지는 동시에 인과율에 논리적 필요성을 찾는 것에 의문을 가지게 된 것이다.

버클리(1685~1753)
영국의 철학자·주교·과학자. 경험론 철학으로 유명하다.

존 로크는 인과 관념을 소재로 인정하고 있었고 생애를 통해서 신에게의 신앙을 잃지 않았다. 그러나 로크의 경험론, 즉 그의 내관적(內觀的 : 자기 의식 현상을 의도적으로 관찰함) 방법은 흄을 인과율 비판으로 이끄는 것이라고 생각된다. 클라크(S. Clarke)는 뉴턴의 자연학의 계승자로 신의 존재나 영혼의 불멸 등을 논리적으로 증명하려고 했지만, 클라크의 증명이 역으로 흄에게 신의 존재를 의심케 한다고 말한다.

흄은 '의사에게 보내는 편지'에서 '어떤 대담한 기분'이 들었다고 서술하고 있다. 그 기분은 옛 사람이나 저명한 철학자의 저서를 믿지 않고, 그들의 말을 권위로서 인정하지 않는 것이다. 흄을 이같은 기분으로 이끈 것은 에든버러 대학교에 재학 중에 알게 된 뉴턴의 자연학과 로크의 철학이라고 추측된다.

흄의 인과율 비판은 그의 첫 저작인 《인간이란 무엇인가(인성론)》에 의해 주요한 과제가 되었다. 인과율 비판은 이미 버클리 등의 철학자에 의해 시도되고 있었지만, 이 비판을 철저하게 추진시킨 것이 흄이었다. 그의 인과율 비판은 알려진 것처럼 칸트를 독단의 선잠에서 눈뜨게 하는 것에 의해, 철학사에 길이 남을 흄의 이름을 드높인 것이다.

어느 흄 연구자에 의하면 사상의 '어떤 새로운 정경'의 전개는 '의사에게 보내는 편지'에 의하면 두 가지의 시기로 구별된다. 제1기는 18세 때 사상의 '어떤 새로운 정경'이 펼쳐져 수개월 행복을 맛보았던 시기로, 그때 인과율에 대한 새로운 해석이 생겨난 것이라고 생각된다. 제2기는 1729년 가을 이후의 시기로, 신경증이라는 중병으로 고통을 받으면서도 자기반성과 연구를 통해서 인간 본성을 전혀 새로운 시점에서 잡고 그의 새로운 철학 체계의 구축을 향한 시기이다. 이처럼 두 가지의 시기로 나누는 것은 흄의 사상의 이해에 도움이 되지만, 그의 내면에서는 연속되고 있는 것을 잊어서는 안 된다.

흄이 이성(理性)에 관해 의문을 가지기 시작한 것은 그가 신경증에서 회복되는 과정에 있어서였던 것 같다. 스토아 철학의 저서를 읽어 감명받은 흄은 스토아적 자기단련에 의해서 자신을 변화시키려는 시도이다. 그것은 이성에 의해 자신의 기질을 개선하고 반성에 의해서 인생의 역경이나 고난을 견디게 하는 것이었다. 흄은 스토아적 자기단련의 한계를 깨달았을 때, 이성의 배후에 있는 '정념(情念)'의 중요성을 이해하고 인간 본성을 전혀 새로운 관점에서 짚어 낼 수 있었다.

문필가로서의 결의와 프랑스행

23세를 맞이하게 된 흄은, 고향에 이별을 고하고 런던에서 '의사에게 보내는 편지'를 쓴 후에 경제적 독립을 구하고자 남서 잉글랜드의 브리스틀로 향한다. 당시 브리스틀은 서인도 제도와의 무역으로 번영하고 있는 주요 항구 도시였다.

흄은 여기에서 크게 설탕장사를 하고 있던 상회를 권유받은 것 같다. 그러나 수개월 장사를 하고 나서 자신은 이 일에 적성이 맞지 않는다는 것을 알았다. 이것들에 대한 경위에 대해서는 〈나의 생애〉에서 다음과 같이 서술하고 있다.

'1734년에 어떤 잘 알려진 상인으로부터 몇 장의 추천장을 받아 브리스틀로 향했다. 그런데 2, 3개월 지나서야 이 무대가 나에게 전혀 어울리지 않는다는 것을 알았다. 어딘가의 시골구석에 틀어박혀서 자신의 연구를 수행하려고 생각한 나는 프랑스로 건너갔다.'

흄은 자신에게 장사가 어울리지 않는 일임을 깨닫고, 문필로 일어서겠다고 결심하고 그 뜻을 이루기 위한 지역으로 프랑스의 랭스(Reims)를 택했다. 아마도 당시 프랑스 쪽이 물가가 쌌던 점이나 이국으로의 동경 등 때문에 랭스로 결정했을 것이다.

1734년 여름, 드디어 흄은 브리스틀을 떠나 프랑스로 향했고, 파리에서 잠시 체류한 뒤에 랭스에 도착했다. 다음 날 라플레셰(La Fleche)로 옮겨서 《인간이란 무엇인가》의 집필에 전념했다. 라플레셰는 조용했기 때문에 '기적에 대하여'가 집필되었다.

프랑스 체류 중 3년간, 흄은 《인간이란 무엇인가》의 집필에 몰두하여 제1편과 제2편이 거의 완성되었다. 1737년 가을, 이 원고를 가지고 런던으로 돌아와 이것을 출판하기 위하여 분주하게 뛰어다녔다. 그러나 무명인 신인의 원고를 받아 줄 출판사는 좀처럼 발견되지 않았다. 흄은 출판사를 찾는 사이에도 이 원고를 손에 들고, 어느 친구의 충고에 따라 '기적'에 관한 문장이 종교가들을 분노하게 만드는 것을 두려워한 나머지 삭제하기도 했다.

1738년 가을, 드디어 동분서주한 보람이 있어 '존눈 서점'과 계약이 성립되었다. 그 계약의 내용은 1천 부에 대한 권리를 출판사에 양도하고, 흄은 50파운드의 원고료와 12부의 책을 받는다는 것이었다. 당시 무명 신인의 계약으로서는 꽤 괜찮은 것이었다.

《인간이란 무엇인가-오성 정념 도덕》의 간행과 흄의 기대

1739년 1월 말, 흄의 첫 저작인 《인간이란 무엇인가》(제1, 2편)는 당시의 관례에 따라서 익명으로 출판되었다. 흄은 이 저서에서는 독창적인 원리가 포함되어 있다고 확신했기 때문에 커다란 반향이 일어날 것을 기대하고 있었다. 그러나 《인간이란 무엇인가》의 출판 직후 어느 친구에게 보낸 편지에서 흄의 미묘한 흔들리는 기분이 전해지고 있다.

'나의 저서가 간행되고나서 딱 2주일이 되었소. ……하지만 이 책이 성공할지 어떨지는 의문이라오. 이 책이 긴 세월이 지나도 팔리지 않고 남아 있지나 않을까 걱정이오. 그때처럼 추상적인 문제를 생각하는 것에 익숙해져 있는 사람들은 보통 편견에 가득 차 있겠고, 다른 편견이 없는 사람의 의견과 현저하게 다를 것이오. 그러므로 나의 모든 원리가 인정받게 된다면 그것은 아마도 철학에 있어서 전체적인 변혁이 생기는 것이 되겠지요. 하지만, 당신도 알고 있는 것처럼 이러한 뿌리의 변혁은 좀처럼 기대하기 힘든 것이오.'

이 편지는 한편으로는 《인간이란 무엇인가》에서 설명하고 있는 모든 원리가 사람들에게 이해받지 못하는 것은 아닐까 하는 불안이 배어 나오고 있고, 다른 한편으로는 폭발적인 반향이 일어날 것을 기대하고 있는 모습이 나타나 있어서 흥미롭다. 그렇지만 흄의 기대는 완전히 어긋났다. 철학자들로부터도 신학자들로부터도 눈에 띄는 움직임은 보이지 않았다. 이에 대해서 그는 〈나의 생애〉에서 다음과 같이 말하고 있다.

'어떠한 저술의 기획에서도 나의 《인간이란 무엇인가》만큼 불운한 것은 없었다. 그것은 '인쇄기로부터 죽어서 태어난' 것이었다. 광신도 사이에 속삭임조차 일으킬 평판도 얻지 못했다.'

이 문장은, 《인간이란 무엇인가》가 읽히는 것도, 주목받는 일도 없었다는 것을 의미한다고 하면 사실에 반하는 것이겠지만, 이 글에 주목했던 사람이 아무도 이 글의 혁신적인 취지에 대해서 이해를 표하지 않았다는 것을 의미한다고 하면 타당하다고 할 수 있다. 기대에 가슴을 부풀리고 있었던 흄에게 있어서는 너무나도 비참한 결과였다.

하지만 흄은 아직 포기하지 않았다. 1740년 3월에는 이 글을 소개한 《인성론 적요》를 익명으로 간행하고 마지막 부분에 다음과 같이 《인간이란 무엇인가》를 칭찬했다.

'이 책의 전체를 통해서 철학에 의한 새로운 발견이라고 주장할 만한 자격이 충분히 있다. 그러나 만약 고안자라는 광영 있는 이름을 저자에게 전할 수 있다면, 그것은 저자의 철학의 대부분에 있어서 이용당하고 있는 관념적 연합의 원리인 까닭이다. 우리들의 상상력은 관념에 대하여 절대적 권위를 가지고 있다. ……이것들의 원리가 인간 본성의 학문으로 인해, 얼마나 막대한 성과를 가져온다는 것을 이해하는 것은 어려운 일이 아니다.'

그렇지만 흄의 노력에도 불구하고 《인간이란 무엇인가》의 평가에는 아무런 변화도 보이지 않았다. 드디어 흄은 이 저서를 버려두게 되었다.

허치슨과의 만남

흄은 《인간이란 무엇인가》가 기대했던 반향을 불러일으키지 못했음에도 불구하고 타고난 낙천적 기질로 인해 이 타격으로부터 일어서서 연구를 계속했다. 이즈음 그는 글래스고 대학교의 도덕철학 교수였던 허치슨(F. Hutcheson)과 알게 된 듯하다. 1739년 9월 허치슨에게 보낸 서찰에 흄이 이미 《인간이란 무엇인가》의 '도덕편'의 초고를 보내 비평을 청한 것을 나타내고 있다.

'당신의 비평에서 나를 더욱 놀라게 한 것은 덕을 위해서 어떤 따뜻함이 빠져 있다고 서술하는 것입니다. 정신을 연구하려면 신체를 연구하는 것과 마찬가지로 여러 가지 방법이 있습니다. 그것은 해부학자의 방법인지 화가의 방법인지 둘 중 어느 한쪽입니다. 해부학자의 방법은 그 숨겨진 원천이나 원리를 발견하려하는 것이고, 화가의 방법은 그 움직임의 우아함과 미를 묘사하려고 하는 것입니다. 나는 이 두 가지 입장을 결합하는 것은 무리라고 생각합니다. ……그렇지만 해부학자는 화가나 조각가에게 대단히 좋은 충고를 줄 수 있습니다. 마찬가지로 형이상학자는 모럴리스트〔人間學者〕에게 대단히 유용할 수 있다고 나는 믿고 있습니다.'

흄은 이 서찰에서 도덕론의 화가인 허치슨에 대하여 《인간이란 무엇인가》(제3편)에서는 도덕론의 해부학자다운 것을 강조하고 있다. 《인간이란 무엇인가》(제2편)는 1740년 11월 런던의 롱맨(Longman) 서점에서 출판되었지만, 이 책역시 반향을 불러일으킬 수는 없었다.

거기에서 흄은 종래의 저술 방침을 개선하여서 사람들이 관심을 가지는 주제를 채택해 그것을 경쾌하고 재미있는 필체로 쓰기로 했다. 그리고 《인간이란 무엇인가》의 속편을 위해서 쓴 초고를 바탕으로 정치·경제·사회에 관한 논문을 써서 그것을 합치고, 1741년 6월 《도덕정치론집》으로 에든버러의 킨케이드(Kincaid) 서점에서 출판했다. 이 저작은 호평을 받아 다음 해에는 제2판이 나오고 그 후에도 판을 거듭했다.

흄은 《도덕정치론집》이 호평을 얻은 것에서 《인간이란 무엇인가》가 성공할 수 없었던 이유는 그 내용보다도 오히려 양식 때문이라고 판단해서 《인간이란 무엇인가》를 통속적인 형태로 다시 쓰기로 결심했다. 그리고 《인간이란 무엇인가》의 제목을 고쳐 써서 1748년에 제2편을 《인간 지성에 대한 철학적 시론》으로 출판했다.

이 책은 1758년에 《인간지성 연구》라고 다시 고쳤다.

대학교수가 되지 못하다

《도덕정치론집》의 성공으로 인하여 흄은 《인간이란 무엇인가》에서 받은 타격으로부터 일어설 수가 있었고 문필에 관련된, 확실한 수입 있는 일을 하고 싶다고 생각하면서 나인웰스에서 연구를 계속했다.

1744년 여름, 흄에게 에든버러 대학교의 논리학 또는 정신학 교수가 되지 않겠냐는 생각지도 않은 제의가 들어 왔다. 흄은 기쁘게 그 제의에 응하고 후임교수의 후보자가 되었다.

처음 이야기가 순조롭게 되어 유망시되었기 때문에 흄 자신도 자기가 임명되리라고 낙관적으로 생각하고 있었다.

그러나 '흄은 이단자이면서 회의론자(懷疑論者)이고 무신론자이다'라는 비판이 임용 관계자들 사이에서 왕래하게 되었다. 흄의 친구들 사이에서조차 '흄은 이 강좌에 적합하지 않다'고 반대하는 자가 있었다. 허치슨도 반대했다고 알려져 있다. 1745년 4월 허치슨이 후임교수로 임명되었고 결국 6월에는 그레곤이 정식 후임으로 임명되었다.

에든버러 교수 이야기가 진행되고 있을 때쯤, 애넌데일(Annandale) 후작으로부터 그의 가정교사로 와 주지 않겠냐는 편지를 받았다. 후작은 핸섬하고 문학 취미가 있는 청년으로, 흄의 《도덕정치론집》을 읽고 마음에 들어, 그를 가정교사로서 초대할 마음이 생겼던 듯하다. 당시 후작에게는 정신이상 증세가 보여 주변 사람들은 정신적 간호를 기대하고 흄을 불렀다고도 알려져 있다.

에든버러 대학교의 교수자리도 물건너가자, 취직자리를 찾게 된 흄은 보수가 높기도 해서 이 제의를 승낙하고 1745년 4월, 런던의 북서 20마일에 있는 후작의 저택으로 들어갔다. 처음에는 유쾌하게 지낸 듯하지만, 곧이어 생활비를 둘러싸고 가사를 척척 해내던 후견인과의 사이에 불화가 생겼다. 흄은 12개월을 체류한 후 이 저택을 떠났다. 그가 애넌데일 후작의 저택에 체류 중에 그의 어머니 캐서린이 죽었다.

1746년 5월, 흄이 애넌데일 후작의 저택을 떠나서 런던에 체류하고 있을 때, 먼 친척뻘인 세인트 클레어(Saint Claire) 중장으로부터 프랑스령인 캐나다로의 원정을 수행하지 않겠냐는 솔깃한 제의를 받았다. 흄은 기뻐서 그 제의에 응하고 오스트리아 계승전쟁에 의한 원정의 하나로 참가하게 되었다. 그러나 원정군의 출발이 늦어져 우물쭈물하고 있는 사이에 계획이 변경되어 프랑스 연안(브르타뉴 지방)의 방비가 허술한 지점에 공격을 가하는 것만으로 끝나 버렸다.

1748년 1월, 클레어 중장으로부터 빈·토리노에 군사사절단 부관을 수행하도록 요청받은 흄은 그 사절단에 참가하게 되었다. 사절단 일행은 2월 16일 영국을 출발해 네덜란드에, 드디어 쾰른·프랑크푸르트 등을 경유해서 4월 7일 빈에 도착, 여기에서 2주간 정도 체류하였다. 그러고 나서 티롤을 통과하여 이탈리아에 들어가 5월 11일 토리노에 도착했다.

또다시 대학교수가 되지 못하고

1749년 여름, 흄은 스코틀랜드로 돌아와 그 이후의 약 2년간, 나인웰스의 정적함 속에서 집필에 힘썼다. 이때 그의 사상이 원숙해지기 시작해 집필 활동이 더없이 왕성했다. 이 시기에 《자연종교를 둘러싼 대화》나 《도덕원리연구》 등이 쓰였다.

1751년 3월, 형 존의 결혼을 계기로 '문필하는 사람에게 있어서 진실한 무대'인 에든버러로 옮겨와 누나 캐서린과 함께 새로운 생활을 시작했다. 같은 해 말, 흄에게 다시 한번 교수로 취임하지 않겠냐는 이야기가 전해졌다. 그것은 글래스고 대학교의 논리학 교수에 대한 것이었다. 흄보다 12살 연하의 애덤 스미스가 이 강좌를 담당하고 있었지만, 도덕철학의 강좌가 공석이 되어 스미스가 그쪽으로 옮기기 위해 공석이 된 것이었다.

흄의 친구들이 중심이 되어 추천하고 운동도 벌였지만, 그에게는 종교상의 입장 때문에 적이 많았다. 이번에도 에든버러 대학교 때와 마찬가지로 무신론자라던가 회의론자라던가 하는 비난에 의해 대학교수가 되려는 흄의 희망은 다시금 실현되지 않았다. 특히 보수파인 성직자들로부터의 반대 의견이 강했다. 이 때 애덤 스미스는 아직 흄과 친밀한 관계는 아니었는데도 불구하고 흄이야말로 적임자라고 생각했지만, 여러 주위 사람들의 의견이 자신의 의견과 달랐기 때문에 그 의견에 따랐다고 한다.

당시 '무신론자'라던가 '회의론자'라는 말은, 오늘날의 우리들에게는 상상할 수 없을 만큼 격한 비난을 품고 있었다. 다음의 일화는 무신론자라고 불리던 흄의 인품을 잘 나타내고 있어서 흥미롭다.

흄의 친구이자 건축가인 로버트 애덤(Robert Adam)이 가족과 함께 에든버러에서 살고 있을 때 그의 어머니는 다음과 같이 말했다.

'너의 친구라면 누구라도 기쁘게 저녁 초대를 하자꾸나. 하지만 그 무신론자인 흄만은 여기에 데리고 오지 말아다오.'

거기에서 로버트는 계책을 궁리해 내어 흄을 다른 친구와 함께 저녁에 초대했고 다른 이름으로 소개했다. 손님이 돌아간 후 어머니는 로버트에게 다음과 같이 말했다. '무척이나 느낌 좋은 사람들이네. 특히 네 옆에 앉았던, 키 크고 해맑은 분이 제일 멋지더구나.' 로버트는 '어머니, 그 사람이 너무나도 싫어하시던 무신론자 (흄) 랍니다.'라고 고했다.

'그래? 그 사람이라면 언제라도 데리고 오너라. 지금까지 만난 사람 중에서 제일 천진하고 느낌 좋은 유쾌한 사람이니까.' 이 일화는, '무신론자'가 일반 사람들에게 지독하게 두려운 존재인 것을 나타냄과 동시에, 흄의 훌륭한 인품이 그 악평을 깨뜨렸다는 것을 말해 주고 있다.

애덤 스미스와의 교우

흄과 애덤 스미스가 만년에 더없이 친한 친구 관계가 된 것은 후세에 잘 알려져 있다. 두 사람은 언제 알게 되어 교우 관계를 깊이 맺은 것일까. 예전 흄 연구가들 사이에서는 《인성론 적요》의 저자는 애덤 스미스라고 가정하였다. 이 근거의 하나는 1740년 3월, 흄이 허치슨에게 보낸 편지에서 다음과 같이 서술하고 있는 것에 바탕을 두고 있다.

'나는 서점에서 스미스에게 내 책을 한 권 보냈소. 스미스는 당신의 편지와 함께 그것을 받았을 거라고 생각되오. 스미스가 그 《인성론 적요》를 어떻다고 했는지는 나는 아직 듣지 못했소. 아마도 당신은 잘 알고 있을 것이오.'

또한 허치슨은 신간서의 개요(槪要)를 자주 학생에게 쓰도록 하는 습관이 있었다. 소수의 흄 연구자들은 이 두 가지의 사실로부터 《인성론 적요》의 저자

는 당시 허치슨 교수의 지도를 받
고 있던 애덤 스미스라고 가정했
었다. 그러나 1930년에 저명한 경
제학자인 케인스가 원본을 고증
한 결과, 이 스미스는 허치슨과
친밀한 관계였다는 출판업자 존
스미스라는 것이 판명되었다.

18세기 중엽의 에든버러

흄이 애덤 스미스와 개인적으로 알게 된 것은, 1749년부터 1년에 걸친 에든
버러에서의 회합(會合)으로 인해서였다고 추정된다.

당시 스미스는 3회에 걸쳐 문학, 문예비평, 법학에 관한 공개강의를 행하고
있었다. 다른 한편 흄은 나인웰스에 귀향해서 가끔씩 에든버러로 나와 귀족·
성직자·대학교수 등과 교제하고 있었다. 흄은 당시의 에든버러의 문화운동의
지도자였던 홈(H. Home)이나 스미스와 친했던 오즈월드(J. Oswald)를 통해서 스
미스와 알게 되었다고 생각된다.

흄이 애덤 스미스 앞으로 보낸 편지 중 현존하고 있던 최초의 것은 1752년 9
월 24일자의 것이다. 이 편지에서는 아직 친한 관계라고는 생각되지 않지만 스
미스를 연구상의 상담 상대로서 다음과 같이 서술하고 있다.

'나도 예전에는 당신의 의견처럼, 영국사는 헨리 7세(재위 1485~1509, 튜더 왕
조 최초의 왕) 시대부터 시작하는 것이 제일 낫다고 생각하고 있었소. 그러나 당
시 사회에 일어난 변화에는 거의 봐야만 하는 것이 아니라, 그 영향도 수년에
걸쳐 끼쳤다는 것이 없소. 이 점에 대해서는 당신도 고려해 주기를 바라오. ……
나는 지금 《도덕정치론집》의 신판을 위해 개정하고 있다오. 추가하든가, 삭제
하든가 하는 편이 낫다고 생각되는 부분이 있다면 가르쳐 주면 기쁘겠소.……'

이것 이후 흄과 애덤 스미스와의 교우는 매년 친밀감을 더해서, 두 사람은
좋은 이해자, 훌륭한 상담 상대로서 우정을 두텁게 하는 상태로 발전하였던
것이다.

《영국사》의 집필

글래스고 대학교의 교수로 취임한다는 이야기가 다시금 무신론자라는 비난

에 의해서 깃뭉개진 1752년 초, 흄에게 새로운 자리가 제의되었다. 그것은 에
든버러 변호사협회의 도서관장을 맡지 않겠냐는 것이었다. 이번에는 친구들의
열렬한 추천과 지지가 있어서, 같은 해 2월, 흄은 변호사협회의 도서관장으로
취임하였다. 봉급은 연 40파운드로 적었지만, 소장하고 있는 장서가 약 3만 권
이나 되어 그것을 이용할 수 있다는 이점이 작용했다. 흄은 이 취직에 대해서
〈나의 생애〉에서 다음과 같이 말하고 있다.

'1752년에, 에든버러의 변호사협회에서 나를 그 도서관장으로 뽑았다. 이 직
책에 대한 보수는 만족할 만한 것이 못되었다. 하지만 나는 방대한 도서를 자
유로이 읽을 수 있다. 거기에서 나는 영국의 역사를 쓸 계획을 세웠다. 그러나
1700년간에 걸친 서술을 계속해 나간다는 생각에 두려움이 생겨서 나는 스튜
어트가의 즉위부터 펜을 들었다.'

흄은 여기에서 변호사협회의 도서관장이 되고부터 '영국사를 쓸 계획을 세
웠다'고 서술하고 있지만, 이 말은 다른 자료와 어긋나서 신용할 수가 없다. 흄
의 전기 연구의 권위자인 마우트너(F. Mauthner)는 《인간이란 무엇인가》의 1편의
'머리말'에서 미래도덕론, 정치론, 문예비평을 집필한다고 말하고 있는 것에 주
목하여, 《인간이란 무엇인가》의 출판 때부터 역사론을 쓴다는 의지가 표명되
어 있다고 해석하고 있다. 그에 의하면 최초의 집필 시도는 애넌데일 후작 곁에
체류하고 있던 때에 이루어지고, 제2회 집필 시도는 1749년 토리노로부터 돌아
온 후에 이루어졌다. 따라서 도서관장에 취임한 것은 종래의 계획을 촉진하는
역할을 해냈다고 마우트너는 주장하고 있다.

흄은 마우트너의 해석처럼 《인간이란 무엇인가》를 출간했을 때에 흄의 인간
학의 체계에 역사론을 포함하고 있었다고 할 수 있다.

또 그는 빈·토리노로 수행하기 직전인 1748년 1월에 어떤 친구 앞으로 보낸
편지에서 '나는 원숙한 연령이 되면, 어떤 역사를 쓰겠다는 의지를 오랫동안 품
고 있었소'라고 쓰고 여러 해에 걸쳐서 연구 기획을 해 왔다는 것을 덧붙이고
있다. 따라서 흄은 《인간이란 무엇인가》를 출판했을 때에, 역사론을 쓸 의지가
있었던 것이라고 해석하는 편이 적절할 것이다. 그는 1748년에 출판되어 1758년
에 《인간지성 연구》라고 개재된 저서에서 역사의 효용에 대하여 다음과 같이
말하고 있다.

'역사의 주요한 효용은, 온갖 다양한 사태와 상황 속에 있는 인간을 제시함으로써 우리들이 고찰을 진행시켜서, 인간의 행동과 품행의 정상적인 원천(源泉)으로 정통하기 위한 자료를 제공해 준다. 그에 의하여 인간 본성의 항상적이고 보편적인 여러 원리를 찾아낼 수밖에 없다. 전쟁과 음모, 당파싸움, 혁명에 대한 기록은 정치가와 도덕철학자가 그것에 의해 그 과학의 온갖 원리를 확정하는 기초가 되는 매우 많은, 경험했던 일의 수집이다.'

흄은 이처럼 역사의 효용을 인간 본성의 보편적인 여러 원리의 발견으로 파악하고 있다. 이러한 파악이야말로 그의 영국사를 철학적 역사로 특색지을 수 있는 것일 것이다.

《영국사》의 간행

흄은 에든버러 변호사협회의 도서관장에 취임하고, 그 장서를 활용하여 '영국사'의 집필에 전념했다. 1754년 가을, 《그레이트 브리튼사(史) 제1권—제임스 1세와 찰스 1세의 치세》가 출판되었다. 흄은 이 저서의 성공에 자신을 가지고 있었다. 하지만 이번에도 그 기대는 어긋나, 다양한 당파의 사람들로부터 비난과 질책이 퍼부어졌다. 그는 〈나의 생애〉에서 그때의 상황을 다음과 같이 말하고 있다.

'탁 털어놓고 말하자면, 나는 자신을 가지고 이 저작에 대한 성공을 기대하고 있었다. 현대의 권력·관심·권위를, 더 나아가 민중의 편견으로부터 오는 외침을, 모두 무시한 유일한 역사가라고 나는 혼자서 생각했다. 또한 주제가 누구에게도 받아들여질 수 있는 것이기 때문에 그에 어울리는 칭찬을 나는 기대하고 있었던 것이다. 그러나 안타깝게도 내 기대는 빗나가고 말았다. 비난, 질책, 그뿐만 아니라 더욱이 증오조차 담긴 목소리로 일제히 나를 몰아세웠다. 잉글랜드·스코틀랜드·아일랜드인도, 휘그·토리·국교도(國敎徒)·분리파·자유사상가·광신가·애국파·궁정파도, 모든 이들이 한꺼번에 찰스 1세와 스트라포드 백작(Thomas Wentworth, 1st Earl of Strafford)의 운명에 감히 대담하게도 아량 있는 눈물을 아끼지 않았던 한 인간을 향하여 격분한 것이다. 그렇게 해서 소란이 가라앉은 후에, 더욱더 억울한 것은 책이 세상으로부터 잊혀져 버린 것처럼 여겨졌다는 것이다.'

더욱이 흄은 미러로부터 런던에서는 12개월 사이에 불과 45부밖에 팔리지 않았다는 사실을 보고받고 분개하고 있었다. 이처럼 《그레이트 브리튼사 제1권》은 출판 직후 어디에서나 평판이 그리 좋지 않았다. 흄은 그 평판에 실망하여 프랑스의 어딘가로 은둔하려고 생각했지만, 당시 영국과 프랑스와는 적대 관계였기 때문에 그 계획을 실행할 수는 없었다.

하지만 역설적으로 이 저서가 출판 당초에 많은 비난이나 공격을 당했다는 것은, 꽤 많은 사람이 이 책을 읽었다는 것을 의미한다. 실제로 이 저작은 처음에 잉글랜드에서는 매출이 극히 적었던 것 같지만, 에든버러에서는 매출이 좋았던 모양으로 1754년 12월 편지에서, '이 지역에서는 상당히 잘 팔리고 있는데 5주간에 450부 정도 팔렸다'고 흄 자신이 쓸 정도였다.

1756년 《그레이트 브리튼사 제2권—커먼웰스(Commonwealth) 및 찰스 2세와 제임스 2세의 치세》가 출판되었다. 이 저서는 비교적 평판이 좋았으며, 그 덕분에 제1권도 팔리기 시작했다. 1759년에는 《영국사 제3권》과 《영국사 제4권》이 출판되었다. '그레이트 브리튼'이라는 이름이 표제로 쓰인 것은 처음의 2권뿐이고, 전6권을 갖췄을 때는 '그레이트 브리튼'이란 이름은 사라지고 '영국사'로 통일되었다.

《영국사》는 여러 가지의 비난을 받으면서도 잘 읽히게 되어 출판 시작으로부터 거의 4분의 3세기 동안, 대중적 인기를 계속 유지하였다. 그리고 표준적인 역사서로서 보급되어 판을 거듭했다.

더없이 터무니없는 영예

1759년에 흄이 《영국사》의 제3, 4권을 출판했을 때, 제1권을 출판했던 때와 마찬가지로 소란이 야기되었다. 그러나 이번에는 흄은 그 소란에 연연하지 않고 에든버러에서 《영국사》를 그보다 이전의 초기 부분을 정리하는 일에 더욱더 전념했다.

그런데 1763년 6월, 하트포드 경으로부터 자신이 대사로 파리에 가는 데 비서로서 수행하지 않겠냐는 제의를 받았다. 흄은 이 제의를 일단은 정중하게 거절했지만, 다시 요청받았을 때 결국은 받아들이기로 하였다. 같은 해 8월 그는 나인웰스를 떠나 런던에 몇 주간 체류한 후에 프랑스 주재 영국 대사인 하트포드 경 일행과 함께 파리로 향했다. 이 일을 받아들인 경위에 대해서 흄은, 〈나의 생애〉에서 다음과 같이 말하고 있다.

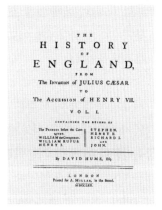

'나는 두 번 다시 밖으로 발을 내디디지 않겠다고 마음을 정하고 스코틀랜드의 고향에 틀어박혔다. 그래서 어떠한 명사에게도 아무런 간청도 하지 않았고, 다시 몇 사람의 우정에게도 빌붙으려고 하지 않았다는 것을 스스로 만족스럽게 여겼다. 이미 50고개에 접어든 나는 이러한 철학자풍의 태도로 나의 여생을 보내겠다고 생각했다. 그때가 1763년의 일이지만, 나와는 조금도 아는 사이가 아니었던 하트포드 경으로부터, 프랑스 대사로 파리에 부임하는 데 비서로 수행하지 않겠냐는 요청을 받았다.'

흄이 처음에 제의를 사양했던 것은, 높은 신분의 사람과 교제하는 것이 싫었기 때문이었고, 파리의 사교계가 그에게는 견딜 수 없을 것이라고 생각했기 때문이다. 그러나 속내로는 심한 갈등을 겪고 있던 차에 다시 초청을 받자, 젊었을 때부터 동경하던 파리행을 받아들이게 되었다.

1763년 10월 하트포드 경 일행은 파리에 도착했다. 당시 흄의 이름은 《정치경제론집》이나 《영국사》 등에 의해서 대륙에서도 알려져 있는 상태였다. 그것만으로도 흄은 파리에 도착하자마자 파리의 사교계에서 대단한 환영을 받았다. 그의 문학적 명성은 예상했던 것 이상으로 높아서 궁정에서도 살롱에서도 문단에서도 사람들이 모두 빠짐없이 일제히 찬사를 보내는 실정이었다. 흄은 터무니없는 환영에 놀라면서, 그 때의 심경을 10월 28일자 애덤 스미스 앞으로 보내는 편지에서 다음과 같이 말하고 있다.

'나는 파리에서 3일, 퐁텐블로에서 2일간을 보냈소. 도처에서 터무니없는 허영심이 기대할 수 있을 것 같은 영예를 받았다오. 프랑스의 공작과 원수, 외국인 대사의 찬사도 지금의 나에게는 도움이 되지 않소. 왜냐하면 내가 고귀한 부인들로부터 받는 추종 이외의 것에는 흥미가 없기 때문이라오. 퐁파

두르 후작부인에게 처음 소개받았을 때, 주변에 있던 궁정의 사람들은 모두, 부인이 다른 사람에게 이토록 정중한 태도의 말을 건넨 적이 없었다고 내게 보증해 주었다오.'

사교계에 대한 이와 같은 환영은 수개월에 걸쳐서 계속되어 그의 감격도 가라앉지 않았다. 흄은 사교계에서 많은 사람들의 추종을 받고 파리 사교계의 중심인물이 된 듯한 기분이었다. 유쾌하고 즐거운 나날이었다. 초대에 거듭 초대를 받아 저명한 인물이나 고귀한 부인과의 교제를 거듭했다. 이 시기에 흄은 달랑베르, 튀르고, 엘베시우스, 디드로 등과도 만나 이야기를 나누었다.

부플레 백작부인에 대한 연모

1764년 흄은 파리의 생활에는 적응했지만 아직 대사 비서관으로서 정식으로 임명되지 않아서, 초조함을 느끼고 있었다. 이 시기에 지인으로서 교제를 계속하고 있던 부플레 백작부인에 대한 마음이 내면화하여 그는 부인에게 열렬한 연애 감정을 품게 되었다.

흄과 부플레 백작부인의 교제는 처음에는 편지 왕래에서 시작되었다. 1761년 봄, 영국 숭배열에 사로잡혀 있던 백작부인은 《영국사》를 읽고 감명받아 흄의 재능과 인품에 대해 찬사를 적은 편지를 보냈다. 이것을 계기로 약 2년 반 동안 드문드문 편지 왕래가 있었다. 그리고 1763년 두 사람은 파리에서 처음으로 만났다. 그때 흄은 52세, 부플레 백작부인은 38세였다.

부인은 우아하고 가냘픈 타입의 이목구비가 단정한 검은머리의 여성이었다. 38세임에도 피부색은 20살 아가씨의 젊음을 유지하고 있었다고 한다. 그 용모가 참으로 품위가 있고 매력적인 데다, 학문과 예술에도 조예가 깊어 파리 사교계의 명사 중의 한 사람이었다. 한편, 흄은 비만에다 촌스러운 50대 남자였다.

처음에는 두 사람의 관계가 어땠는지에 대해서는 잘 모르겠지만 단순히 지인으로의 교제였던 것 같다. 그러나 이듬해 여름이 되면서 부인에 대한 흄의 마음은 뜨거운 사랑으로 변해 있었다. 흄은 1764년 7월, 부플레 백작부인에게 보낸 편지에서 자신의 절절한 사모의 정을 호소하고 있다.

'우리는 콩피에뉴에서 은둔 생활을 하는 것처럼 적적하게 지내고 있습니다. 적어도 나는 그렇습니다. 궁정에서 알게 된 지인은 몇 사람 되지 않고, 또 많은 사람을 사귀고 싶은 마음도 생기지 않아서, 나는 거의 완전히 틀어박혀서 연구에 몰두하고 있습니다. ……어째서 나는 당신 옆에 가까이 있지 않는 것일까, 만약 가까이 있다면 하루 중 반 시간이라도 만날 수 있을 것이고 이런 화제에 대해서 이야기를 나눌 수 있을 텐데. 너무나도 안타깝습니다.……'

부플레 백작부인(왼쪽)

이렇게 하여 흄은 부플레 백작부인을 연모하게 되었다. 그러나 백작부인 쪽에서는 그를 영국의 저명인사 정도로밖에 생각하지 않은 것 같아서 흄의 뜨거운 편지에 대해 성의를 가지고 대답할 마음은 털끝만큼도 없었다. 그 무렵 흄의 친구 한 사람이 파리에 와서 그가 백작부인에게 완전히 마음을 뺏긴 것을 알고 귀국 도중에 편지를 써서 흄에게 경고했다. 그러나 사랑에 눈이 먼 그는 격렬하게 항의하는 답장을 보냈다.

그런데 1764년 10월, 부플레 백작이 죽자 사태는 급변했다. 백작부인은 남편의 죽음을 슬퍼하기는커녕 미망인이 되자마자, 예전의 연인인 콘티 공과 결혼하는 것을 진지하게 생각하게 되었다. 그리고 이전에 사랑을 고백하는 듯한 편지를 썼던 상대인 흄에게 콘티 공과의 사이에 중매 역할을 부탁한 것이다. 흄은 놀람과 동시에 자신의 사랑이 짝사랑이었음을 깨닫고 그녀의 매력으로부터 벗어날 수 있었다. 그 뒤 다시 그녀의 매력에 포로가 되지 않기 위해 그녀를 가까이 하지 않도록 노력했던 것 같다. 또한 백작부인도 콘티 공과는 결혼하지 못했다.

루소와의 만남
흄과 프랑스의 위대한 사상가 장자크 루소의 교류도 편지 왕래에서 시작되

흄, 루소를 만나다

었다. 1762년 여름, 흄은 부플레 백작부인으로부터 루소가 체포를 피해서 영국으로 가고 있는 것 같으니, 그의 친구가 되어 도피처를 찾는 것을 도와달라는 편지를 받았다. 그때 에든버러에 머물고 있었던 흄은 루소의 위급한 처지를 매우 동정하여 런던의 친구에게 모든 수단을 다 써서 루소를 도와달라는 연락을 취했다. 그리고 1762년 7월 2일, 런던에 꼭 마중 나가고 싶다는 뜻을 적은 편지를 루소 앞으로 보냈다.

그러나 이 때 루소는 프러시아령의 뉴샤텔에 있었던 관계로 그 편지는 오랫동안 그에게 전달되지 못했다. 루소가 흄에게 답장을 보낸 것은 이듬해 2월이었다. 이 편지는 런던에서 맞이하고 싶다는 흄의 호의에 대해 정중하게 인사를 한 것이다.

이 편지가 오간 뒤, 흄과 루소 사이에는 아무 일도 없이 2년 이상의 세월이 흘렀다. 1765년 7월, 흄은 정식으로 비서관이 되었으며, 하트포드 경이 아일랜드 총독으로 임명되어 파리를 떠난 뒤, 신임 대사가 10월에 파리에 도착할 때까지 대리 대사로서 활약했다.

이때 루소를 영국에서 보호하는 계획을 흄에게 다시 권한 것은 벨두랑 부인이었다. 그녀는 그해 여름 모티에-트라베르에 있는 루소를 방문하여 그가 주위 사람들로부터 고립되어 있다는 것을 알고, 흄의 원조 아래 영국으로 이주하도록 권했다. 루소는 이 제안을 거절했지만 벨두랑 부인은 파리로 돌아가서 멋대로 흄에게 연락을 취했다. 흄은 그 자리에서 이 이야기를 승낙하고 런던에서 살 집을 찾아보라고 친구에게 부탁하는 동시에 루소에게 편지를 써서 런던으로 오라는 제의를 받아들여 빨리 출발하도록 요청했다. 루소는 이 편지를 슈트라스부르크에서 읽고 5, 6일 사이에 그곳을 출발하여 흄에게 몸을 맡기겠다는 답장을 보냈다.

1765년 12월 16일, 루소는 파리에 도착해 콘티 공의 보호 아래로 들어갔다. 흄과 루소는 여기서 처음으로 회견했다. 그때 흄이 54세, 루소가 53세였다. 흄은 만나자마자 루소의 매력에 사로잡혀 그 포로가 되어 그를 자신의 애제자라 부르며 마음으로부터 신뢰하게 되었다.

흄의 친구 중에는 루소를 '스위스의 사기꾼'이라고 부르며 경계하는 사람도 있었다. 예를 들면 흄이 루소를 데리고 영국으로 가기 전에 돌바트 남작의 집에 인사하러 가서 루소를 칭찬했을 때, 남작은 흄이 루소라는 사람에 대해 잘 모르고 있다는 것을 지적하고 '품 속에 살모사를 품고 있는 사람'이라고 경고했다. 그러나 흄은 그러한 경고는 도저히 믿을 수가 없었다.

폭풍 전야

1766년 1월 4일, 흄은 루소와 그 친구와 함께 2대의 마차로 파리를 출발했다. 도중의 어느 숙박소에서 루소는 흄이 꿈을 꾸면서 '나는 장자크를 잡았다'고 외치는 소리를 들었다. 그 말은 나중에 루소에 의해 '배신자 흄'의 의도를 보여 주는 예로 거론된다.

1월 13일, 일행이 런던에 도착하여 흄이 늘 묵는 숙소로 갔을 때, 전적으로 우연이었지만 루소가 자신의 적대자로 간주하고 있는 유명한 의사의 아들이 거기에 숙박하고 있었다. 루소는 피해망상의 기질에서 그것을 자신을 모욕하려고 꾸며 낸 연극이라는 생각에 빠져 숙소의 여주인과 언쟁을 하고 말았다. 흄은 숙소를 버킹엄가(街)로 옮기는 것으로 이 소동을 진정시켰다.

런던에 도착한 루소는 큰 환영을 받았다. 흄은 파리 사교계에서는 매우 인기가 높았지만 런던에서는 그냥 데이비드 흄에 지나지 않았다. 영국의 저명인사들이 속속 루소를 만나러 찾아왔다. 또 신문은 루소의 일상생활을 보도하며 그 인기를 부채질하고 있었다. 루소의 개가 보이지 않으면 다음 날 아침 신문에 그 소식이 실리고 흄이, 그 개를 찾으면 그것이 또 신문에 보도되는 형편이었다. 흄과 루소의 교류는 머지않아 시작되는 그들의 처참한 충돌의 원인이 싹트고는 있었지만 아직은 선의와 신뢰가 넘치고 있었다.

흄은 루소가 도시생활을 싫어했기 때문에 시골에서 집을 구한 결과, 북스태퍼드셔주의 우튼에서 집을 구할 수 있었다. 1766년 3월, 루소는 나중에 뒤쫓아 찾아온 사실상의 아내 테레즈와 함께 우튼으로 향하게 되었다. 이 때 흄의 친구가 루소의 여행경비를 줄이려고 자신이 마차를 1대 빌리고 루소에게 선의의 거짓말을 했다. 루소는 이 거짓말을 알아채고 흄에게 의혹과 불만을 얘기했다. 그러자 흄은 그 일에 대해서는 아무것도 모르지만 원한다면 친구에게 물어 보겠다고 대답했다. 루소는 그럴 필요 없다고 말하고 기분이 언짢아져서 입을 다물고 말았다. 흄이 달래도 루소의 대답은 쌀쌀맞고도 냉랭했다.

두 사람 사이에 껄끄러운 분위기가 감돌았다. 거의 1시간 동안 이 상태가 계속된 뒤, 루소는 갑자기 일어나 흄의 무릎에 몸을 던졌다. 두 팔로 그의 목을 감고 열렬하게 키스한 뒤 눈물을 흘리면서 외치는 것이었다. "그런 어리석은 말을 해서 미안하오. 나는 당신을 사랑하고 존경하고 있어요." 루소의 이와 같은 태도에 흄도 감격해서 루소에게 키스를 하면서 스무 번도 넘게 포옹을 되풀이했다고 한다. 54세의 흄과 53세의 루소가 키스를 나누면서 눈물을 흘리며 끌어안고 있는 모습은, 참으로 그로테스크한 정경이라고밖에 할 수가 없다. 이 정경 속에서 시기심이 많고 열광적으로 감정을 폭발시키는 루소와, 그의 기괴한 행동을 곧 선의로 해석하고 감격해 버리는 흄의 기질의 차이를 읽을 수 있다.

루소는 테레즈와 함께 자연미가 풍부한 우튼에 도착했다. 처음에는 모든 것이 신기했고, 특히 바위와 시냇물, 숲이 두 사람을 기쁘게 했다. 1766년 3월, 루소는 이 집을 구해 준 흄에게 감사에 넘치는 편지를 보냈다.

프리드리히의 가짜 편지

그런데 갑자기 두 사람의 관계를 갈라놓는 계기가 되는 사건이 일어났다. 1766년 4월, 〈세인트 제임스 크로니클(St. James Chronicle)〉지에 루소를 비방하는 '프리드리히의 가짜 편지'가 실렸다. 그것은 당장 런던의 2개 신문에도 전문이 실렸다. 이 편지는 흄의 친구였던 호레이스 월폴이 작성하고 엘베시우스 등이 붙어 문장의 오역을 정정한 것이었다. 곧이어 흄은, 이 편지의 진짜 작성자가 월폴이라는 것을 알고 부플레 백작부인에게 보내는 편지에서 월폴에 대해 조금 화가 났다고 말했지만, 이것은 사건이 아니라고 판단하고 있었다.

그러나 루소는 이 편지를 읽고 볼테르가 작성한 것이고 흄도 거기에 가담했다고 확신하기에 이르렀다. 그래서 곧 〈세인트 제임스 크로니클〉지에 반박문을 냈고 그대로 게재되었다. 그는 이 반박문에서 그 편지가 사기꾼에 의해 파리에서 위조된 것이고, 그 사기꾼의 동료가 영국에도 있다는 것을 시사했다.

흄은 이 기사를 읽고 크게 놀랐지만 '영국에도 있는 사기꾼'이 자신일 거라고는 상상조차 하지 못했다. 이 반박문이 커다란 반향을 불러일으켰기 때문에 〈세인트 제임스 크로니클〉지는, 계속해서 이 문제를 들추어 내며 부채질했다. 그 사이에 루소를 변호한 글도 실렸으나, 거의 대부분의 게재문은 루소를 놀리고 조롱거리로 삼은 것들이었다.

루소는 이러한 사태의 진전에 안달이 나 흥분한 상태였다. 또 테레즈도 생활상의 자질구레한 불만을 늘어놓으며 영국에서의 생활에 대해 혐오감을 나타내고 있었다. 루소는 원래부터 피해망상의 경향이 있어서 주위의 모든 사람들이 자신을 함정에 몰아넣으려는 음모를 꾸미고 있다고 생각하고, 이 음모의 우두머리가 누구인지 추측하기 시작했다. 그리고 겉으로는 가장 선량하고 친절한 흄이 바로 그 우두머리라는 결론을 내렸다.

한편, 흄은 루소의 언동을 이해할 수 없다는 것을 느꼈지만 설마 그의 분노가 자신에게 집중되어 있을 줄은 꿈에도 모르고 1766년 5월 17일, 6월 19일, 6월 21일에 루소에게 편지를 써서 국왕에게서 연금을 받는 건이나 월폴이 쓴 '프리드리히의 가짜 편지'에 대해 답장을 구했다. 그러나 답장은 오지 않았다. 이 일 때문에 흄은 루소가 무언가 오해하고 있지 않을까 하고 느끼기 시작했다. 이 예감은 적중했다.

'배신자'와 '야만인'

1766년 6월 23일, 흄이 기다리고 있던 루소의 편지가 도착했다. 그러나 그 편지는 흄으로서는 전혀 상상도 하지 못한 내용이었다.

'친애하는 흄 선생, 당신의 가슴에 손을 얹고 생각한다면, 나의 침묵이 무엇인지 분명히 아실 거라고 생각합니다. 그러나 굳이 모르겠다는 식으로 말하시니 제 쪽에서 말하도록 하지요. 당신은 정체를 감추고 있었던 겁니다. 나는 당신의 정체를 알고 있었습니다. ……당신은 나를 영국에 데려와 주었습니다. 겉으로는 나에게 피신처를 주선해 주기 위해서, 그러나 사실은 나에게 불명예스러운 꼴을 당하게 하기 위해서…… 나는 넘치는 눈물로 당신을 포옹하면서 말했습니다. 당신은 가장 선량한 사람이다. 그렇지 않다면 당신은 가장 속이 검은 사람이다라고. 당신의 은밀한 행동을 반성한다면, 당신이 가장 선량한 사람이 아니라는 것은, 당신 자신에게도 고백하지 않을 수 없을 것입니다. ……당신이 가면을 쓰고 이 일에 대해 거짓으로 꾸며 낸 주선의 수고에 대해서는 감사 인사를 드립니다. 그리고 앞으로는 일체 연락을 끊어 주시기를 부탁드립니다. ……영원히 안녕히 계십시오. 저는 당신의 진실한 행복을 빌겠습니다. 그러나 우리는 더 이상, 서로에게 할 말이 없기 때문에 이것이 당신과 나의 마지막 편지가 될 것입니다.'

이 편지는 루소의 선전포고였다. 흄은 이 편지를 읽고 천지가 뒤집히는 듯한 충격을 받았다. 그와 동시에 루소의 일방적인 처사에 격심한 분노를 느꼈다. 흄은 어떤 친구에게 보낸 편지에서 루소에 대해 '터무니없는 배은망덕, 광포, 광란'이라 말하고 있다. 그러나 흄은 같은 해 6월 26일에 이 선전포고에 대한 답장을 보냈다.

'당신에 대해 나는 지금까지 가장 우애로 가득한 역할을 해냈고 넘치는 친절로 가장 생생한 성의를 표했다고 생각하기 때문에, 당신의 편지를 읽고 내가 얼마나 놀랐는지 당신도 잘 아실 거라고 생각합니다. ……내가 당신에 대해 불성실했다는 것을 나 자신이 잘 알고 있을 거라고 당신은 말했습니다. 하지만 나는 분명히 말합니다. 아니 온 세상에 대고 말하겠습니다. 내가 알고 있는 사실과 정반대라고. ……당신에 대한 나의 우애의 정은 한없고 끊임없는 것이었음을 나 자신은 인정한다고. ……무엇이 당신을 화나게 했는지, 말해 주시오. 왜 내가 비난을 듣지 않으면 안 되는지 말해 주시오. 누가 나에게 없는 말을 꾸며대는 것인지 말해 주시오. ……'

흄은 화를 억누르고 이와 같이 비교적 냉정한 말투로 답장을 썼다. 그리고 자신의 결백함을 표명하고, 흑백을 가리려는 결연한 의지를 보였다. 더구나 루소와 주고받은 편지를 하나의 팸플릿에 정리해서 모든 과정을 밝히려 했다. 애덤 스미스와 돌박 등은 흄을 위로함과 동시에 편지의 공개를 만류했다.
한편 루소는 흄의 이런 의도가 적힌 편지를 받았다. 그리고 그를 '배신자'라고 간주하는 근거를 구체적으로 열거한 장문의 편지를 1766년 7월 10일에 우튼에서 보냈다. 루소는 그 편지에서 그들이 파리를 출발하던 첫 밤 숙소에서 흄이 잠결에 '장자크를 잡았다'고 외친 것, '프리드리히의 가짜 편지'를 공개한 것이 흄의 친구인 월폴이

야만인 루소

었다는 것, 런던의 숙소에 갔을 때 적대자의 아들이 묵고 있던 것 등을 배신행위의 근거로 들었다.

흄은 이 편지를 읽고 '완전히 미친 짓'으로 간주하고 루소의 거짓말에는 '야만인' 같은 구석이 있다고 생각했다. 일이 이쯤 되자, 그는 루소와 편지를 주고받은 경위를 그의 친구들에게 알렸다. 그리고 두 사람 사이의 분쟁의 기록을 모아서 같은 해 10월 '흄과 루소의 사이에 일어난 분쟁에 관한 간단한 보고'를 공개했다. 이것은 한 달 뒤에 영어로 번역되었다.

1767년 5월 1일, 루소는 테레즈를 데리고 느닷없이 우튼을 떠나 5월 말에 프랑스로 돌아갔다. 이 일을 계기로 흄과 루소의 분쟁은 서로가 너무 지나쳤다는 후회와 함께 차츰 안정되어 갔다. 위대한 두 철학자가 어째서 이러한 볼썽사나운 분쟁을 하고 서로에게 '야만인'이라느니, '배신자'라느니 하는 험담을 퍼붓고 헤어져야만 했을까. 이 불행한 사건은 흄의 입장에서 본다면, 루소의 피해망상이 부른 결과라고 할 수 있다. 그러나 흄이 〈나의 생애〉에서 이 사건에 대해 전혀 언급하지 않은 것을 보건대 대단히 불쾌한 사건이었음이 분명하다.

국무차관 취임과 에든버러에서의 은거 생활

1766년 8월 말, 루소의 절교 선언을 듣고 두 달을 무거운 마음으로 지낸 흄은, 독서와 집필 활동에 전념할 목적으로 에든버러로 돌아왔다. 그런데 몇 달 뒤 하트포드 경으로부터 자신의 동생인 콘웨이 장군이 북부 담당 국무대신이 되었으니, 국무차관으로 취임해 달라는 요청을 받았다. 흄은 에든버러에서 책을 읽거나 가까운 친구와의 교제를 바랐지만, 하트포드 경의 요청은 거절할 수

가 없어서 이듬해 2월, 런던으로 돌아가 국무차관으로 일했다.

당시 국무대신은 2명, 한 사람은 프랑스·이탈리아·아메리카 등의 남부를 담당하고, 다른 한 사람은 오스트리아·독일·러시아·스코틀랜드 등의 북부를 담당하고 있었다. 흄은 콘웨이 장군 밑에서 북부를 담당했다. 그는 오전에는 관청에서 외교 문제 등의 일을 처리했지만 그리 바쁘지는 않았는지 편안하게 지냈다. 1768년 1월, 콘웨이 장군의 퇴직과 동시에 그도 국무차관 직을 사임했다. 그 후 1년 반 가량 런던에 머물렀다. 이때 부플레 백작부인은 그에게 파리로 와서 여생을 보내라고 권유했지만 이를 거절하고 1769년 8월 에든버러로 돌아왔다.

흄은 금전적 여유도 생기고 건강도 아주 좋아져 에든버러에서 여유롭고 쾌적한 나날을 보낼 수 있었다. 또 새로 개발된 신시가지에 집을 새로 지어 1771년 여름에 이사했다. 그곳은 새로운 친구들과의 사교 장소가 되었다. 새 집은 세인트 앤드류즈 스퀘어(St. Andrew's Square)의 남서쪽 모서리에 위치하고 있었다. 그 장소는 '세인트 데이비드 거리(St. David's Street)'라고 불리게 되었는데, 그것의 유래에는 다음과 같은 이야기가 있다.

젊고 유머 감각이 있는 한 부인이 흄의 새 집의 벽에 분필로 '세인트 데이비드 거리'라고 낙서했다. 집사에게서 보고를 듣고 문 밖에서 그것을 바라보던 흄은 낙서를 지우려고 하는 집사를 제지하고 다음과 같이 말했다.

"내버려두게. 예로부터 대부분의 훌륭한 사람들은 이렇게 해서 성인(聖人)이 되었을 테니까."

이 낙서 사건이 사람들의 입에 오르내리면서 '세인트 데이비드 거리'라 불리게 되었다.

흄은 에든버러의 새 집에서 독서와 교우 관계로 새로운 나날을 보낼 수 있었다. 그는 이 시기의 심경을 1772년 1월, 부플레 백작부인 앞으로 보낸 편지에 다음과 같이 썼다.

'저는 세상에 모습을 드러내지 않겠다는 결심을 두 차례나 하고 세상으로부터 완전히 동떨어져서 지내고 있습니다. 불만이어서가 아니라 만족하고 있다는 뜻입니다. 요즘 저는 "앉아서 생각하고 그리고 편안하게 죽는다"는 생각뿐입니다. 나이가 이쯤 되었는데 더 이상 어떤 생각을 할 수 있을까요.'

그러나 만년의 흄에게 에든버러에서의
평온한 삶을 가로막는 사건이 일어났다. 그
것은 1770년에 제임스 비티(1735~1803, 스코
틀랜드의 철학자, 시인. 상식철학의 입장에서 흄
의 회의론에 반대했다)가 《진리의 본성과 불
변에 관한 논문》을 출판하여 호평을 받았
다. 비티는 이 책에서 흄을 신앙의 파괴자
로 증오심을 품고 세찬 공격을 퍼부었다.
흄은 이 공격으로 크나큰 상처를 받았지만,
늘 그래왔듯이 입을 다물고 대답하지 않았

데이비드 흄(1711~1776)

다. 비티의 이 저서는 잉글랜드에서 대단한 호평을 받아 1776년까지 5판을 찍
었다. 이처럼 흄은 만년에도 '신앙의 파괴자'요, '무신론자'라는 비난으로 고통받
아야 했다.

죽음에 직면하여

1772년경부터 흄은 몸이 쇠약해지고 있는 것을 느꼈지만, 1775년이 되자 고
열, 심한 설사, 출혈 등의 증상이 나타났다. 그는 그 병이 어머니의 증상과 같다
는 것을 깨닫고 불치병임을 알았다. 그의 병은 대장암이었다. 그러나 흄은 조
금도 당황하지 않고 스토아적 평정함으로 시시각각 다가오는 죽음을 직시했다.
그는 〈나의 생애〉에 이 시기의 심경을 다음과 같이 쓰고 있다.

'1775년 봄에 나는 내장 질환에 걸렸음을 알았다. 처음에는 조금도 놀라지
않았지만, 이후 그것은 나을 수 없는 치명적인 병으로 생각하고 있다. 현재의
나는 어서 빨리 죽기를 기다리고 있다. 병이 내게 주는 고통은 지극히 하찮은
것이다. 게다가 신기하게도 몸은 매우 쇠약해지고 있음에도 불구하고 정신은
한순간도 흐려진 적이 없다는 것이다. 내게 '다시 살아 보고 싶은 생애의 시기
를 말하라'고 한다면 나는 지금 이 순간, 이 만년의 시기를 들고 싶을 정도이다.'

흄은 이처럼 만년을 가장 좋은 시기라고 생각하고 다가오는 죽음을 담담하
게 맞이하려는 태도를 보이고 있다. 1776년 1월, 그는 죽음의 순간이 다가왔음
을 의식하고 유언장을 썼다. 유언장에는 유산의 주된 부분은 형에게, 일부는

누나에게 남기며, 아울러 달랑베르, 퍼거슨(A. Ferguson), 애덤 스미스에게 각각 200파운드를 남긴다고 썼다. 또한 스미스에게는 유고 전체를 맡겨 《자연종교를 둘러싼 대화》의 출판을 당부했다. 그러나 스미스는 이 저서의 출판을 원하지 않았다. 그래서 흄은 8월 7일에 《자연종교를 둘러싼 대화》가 자신의 사후 2년 이내에 출간되지 않을 경우에는, 그 소유권은 조카인 데이비드에게 있다고 추가로 유언함으로써 그것의 출간을 조카에게 맡겼다.

1776년 4월, 죽음이 가까이 왔음을 느낀 흄은 〈나의 생애〉라는 제목의 자서전을 썼다. 이 무렵, 기다리던 두 권의 저서가 출판되었다. 기번(E. Gibbon)의 《로마 제국 쇠망사》와 애덤 스미스의 《국부론》이었다. 흄은 기번의 저서에 높은 평가를 내리는 동시에, 스미스의 저서 출판을 진심으로 축하하는 편지를 보냈다. 또 같은 해 7월 4일, 제퍼슨(T. Jefferson)이 기초한 미국 독립선언문이 필라델피아에서 발표되었다.

같은 해 8월 25일 오후 4시경, 흄은 편안한 죽음을 맞이했다. 향년 65세였다. 애덤 스미스는 친구인 흄에 대하여 1776년 1월 스트라한(J. Strahan)에게 보낸 편지에서 다음과 같이 말하고 있다.

'이렇게 해서 나의 가장 훌륭한, 결코 잊을 수 없는 친구는 세상을 떠났습니다. 그의 철학적 견해에 대해서는 사람들은 다양하게 판단하겠지요. 사람들은 제각각 자신의 견해와의 일치 여부에 따라 흄의 견해에 동조하거나 비판할 것입니다. 그러나 그의 인품과 행동에 대한 견해의 차이는 아마 없을 것입니다. 그의 기질은, 만약 내 표현이 타당하다면 내가 알고 있는 다른 어떤 사람보다도 완벽한 균형을 이루고 있다고 생각합니다. ……나는 흄을 그의 일생에 대해서나 사후에 대해서도 항상 인간으로서의 나약함을 차지하고, 매우 현명하고 본받을 점이 많은 인물이라고 생각합니다.'

II. 흄의 사상

　흄은 모든 학문이 많든 적든 인간의 본성과 관계 있다고 해서 이 인간 본성을 경험과 관찰에 근거하여 해명하고, 이 인간 본성의 학문(인간학 혹은 인간 과학이라고도 부른다)을 기초학으로 하여 모든 학문의 완전한 체계를 구축하려고 했다. 그러니만큼 흄의 사상은, 그 범위가 대단히 넓고 철학, 도덕론, 종교론, 정치론, 역사론뿐만 아니라 경제 사상, 사회 사상 등에 이르고 있다.

　흄의 사상은, 첫 저작이자 철학상의 주요 저서인 《인간이란 무엇인가(인성론)》에서 그 기본적 입장과 모든 학문의 체계에 대한 구상이 서술되어 있다. 흄의 《인간이란 무엇인가》는 제목 그 자체가 홉스의 작은 분량의 저작물 '인간 본성'으로부터 시사받은 것으로 생각된다. 그런고로 흄은, 《인간이란 무엇인가》에서 홉스가 제기한 근대 사회 사상의 근본문제, 즉, '개인의 자기 보존활동의 총체가 평화로운 사회질서가 되는 것이 어떻게 해서 가능할까 하는 문제'에 답하려고 했었다. 그러나 이 문제에 대해서 《인간이란 무엇인가》에서는 개별적으로 언급하는 것에 그치고, 체계적으로는 전개하지 않았다. 그것이 철학적으로는 영국 경험론을 그 논리적 귀결로까지 추진시킨 급진적 회의론자, 정치적으로는 '토리적 보수주의' 등과 같은 다양한 해석을 가능하게 했을 것이다.

　따라서 이러한 흄에 대한 해석의 혼란을 뛰어넘기 위해서는 원점에서의 《인간이란 무엇인가》로 돌아가서 이 저작이 여러 학문 간의 완전한 체계의 논리적 근거를 부여하기 위해 쓰였다는 것을 확인할 필요가 있다.

　흄은 《인간이란 무엇인가》에서 여러 학문 간의 완전한 체계를 겨냥하고 그 기초로서 인간 본성의 해명을 시도한 것이다. 그래서 그가 짊어진 과제는 인간 본성론을 전제로 해서, 그 위에 사회과학의 체계를 수립하는 일이었다. 흄의 사회과학의 체계는 도덕론, 정치론, 경제론, 역사론 등을 그 구성 부분으로 한

하나의 시민사회론이다.

흄의 시민사회론은 다음과 같이 3개의 단계를 거쳐서 전개되었다고 볼 수 있다. 제1단계는 《인간이란 무엇인가》를 중심으로 1740년까지의 시기이다. 제2단계는 1741년부터 1742년에 걸쳐서 출판된다. 《도덕정치론집》을 중심으로 1752년에 《정치경제론집》이 나오기까지의 시기이다. 제3단계는 《정치경제론집》을 시점으로 1762년에 《영국사》가 완료될 때까지의 시기이다. 이 단계에 의해 흄의 시민사회론은 정치·경제 분석과 역사 분석이 결합되어 확립되기에 이르렀다고 생각할 수 있다.

앞의 생애편에서 서술한 바와 같이 제1, 2편을 포함한 《인간이란 무엇인가》는 1739년 1월에 익명으로 출판되었고, 제3편은 다음 해 11월에 출판되었다. 그러나 기대했던 것과 같은 반향은 일어나지 않았다. 그후 흄의 노력에도 불구하고 《인간이란 무엇인가》의 평가는 좋아지지가 않았다. 그 때문에 후년에는 흄 자신이 《인간이란 무엇인가》 자체를 없애려고까지 고민하기에 이르렀다.

그러나 오늘날에는 《인간이란 무엇인가》가 흄의 가장 중요한 저서인 것에 의문을 품는 연구자는 없다. 이는 흄의 사상을 알려면 맨 처음에 《인간이란 무엇인가》를 읽지 않으면 안 된다는 까닭이다.

나는 본서에서 《인간이란 무엇인가》의 내용을 소개하는 데에 역점을 두고, 그 뒤에 흄의 종교론을 다루었다. 그러나 흄의 종교론은 난해하기 때문에 주된 저서의 내용의 소개에 멈추지 않을 수가 없었다. 흄의 정치 사상과 경제 사상은 나의 전문 외의 영역에 속하지만, 탁월한 흄 연구자의 업적을 근거로 해서 정리했다.

한편 흄은 대영도서관의 카탈로그에 역사가로 기재되어 있다. 당시 그의 《영국사》가 철학서보다 대중적 인기를 얻었기 때문일 것이다. 처음에는 흄의 역사 사상에 대해서도 다룰 예정이었지만, 제대로 정리되지 못하여 넣을 수가 없었다.

오성을 주제로 하여

《인간이란 무엇인가−오성 정념 도덕》의 의도

흄의 주된 저서인 《인간이란 무엇인가》를 고찰하려면 먼저 이 책에서 흄이 무엇을 의도했는지 그리고 그 의도를 어떠한 방법에 의하여 실현하려고 했는지를 알 필요가 있다.

흄에 의하면, 철학에서나 다른 학문에서 새로운 무언가를 발견했다는 사람들은, 종래의 모든 체계를 깎아 내림으로써 자기 자신의 체계를 우회적으로 칭찬한다. 그러나 이미 절대적인 신용을 얻어 엄밀하고 심오한 연구라는 체계까지도 옳은 판단력을 가진 상식 있는 사람이라면, 그 기초의 취약성을 꿰뚫어 보는 것은 쉬운 일이다. 이와 같은 여러 학문의 현상은 우려할 만한 상태에 있다.

거기서는 아무리 작은 문제도 논쟁의 씨앗이 되지만, 제아무리 중요한 문제에도 확실한 해답이 주어지지 않고 있다. 토론은 모두가 불확실함에도 불구하고 모두가 확실한 것처럼 전개된다. 따라서 승리를 획득하는 것은 이성이 아니고 웅변이다. 이러한 사정에서 모든 종류의 형이상학(形而上學)에 대한 편견이 일반 사람들뿐만 아니라 학자라고 자칭하는 사람들 사이에서 생겨나는 것이다. 여기에서 말하는 형이상학적 논구란, 어떤 특정 부문에 대하여 논구하는 것이 아니라 어쨌든 난해하고 이해하기 어려운 의론 전부를 말한다.

흄은 종래의 여러 학문에서 볼 수 있는 혼란을 이와 같이 지적하고 비판하고 나서, 모든 학문이 인간 본성과 관계가 있다는 것을 분명히 하여 여러 학문 간의 기초적인 학문을 '인간학'이라 부른 것이다.

'모든 학문은 많든 적든 인간 본성과 관계되어 있다는 것, 비록 학문 속에는 인간 본성으로부터 아무리 멀리 떨어진 것처럼 보이는 것이 있다 해도, 결국은 그 어떤 과정을 더듬어 인간 본성으로 되돌아오는 것, 이것은 명백한 일이다. 수학, 자연학, 자연종교라고 해도 다소는 인간학(the science of Man)에 의존하고 있는 것이다.'

흄에 의하면, 우리가 인간의 지성이 미칠 수 있는 범위와 힘을 알고 추리를 할 때 사용하는 관념의 본성과 그때 작동시키는 작용의 본성을 해명할 수 있다면 이들 학문은 비약적으로 진보할 것이다. 수학, 자연학, 자연종교가 인간에 대한 지식에 이토록 의존하는 것이면, 인간 본성과 더욱 밀접하게 결부된 논리학, 도덕학, 문예비평, 정치학에서는 한층 더 진보를 기대할 수 있다.

그렇다면 철학적 탐구에서 성공을 기대할 수 있는 유일한 방책은 이 모든 학문 간의 수도(首都)인 '인간 본성, 그 자체에 다가서는 일'이다. 이 인간 본성이라는 수도를 손안에 넣는다면 다른 그 어떤 곳에서도 승리를 기대할 수 있을 것이다. 이것을 확신하는 흄은, 그의 목적을 다음과 같이 선언한다.

'중요한 문제에서 인간학 속에 그 해결책이 포함되어 있지 않은 것 같은 것은 하나도 없고, 우리가 이 학문을 아직 잘 모르고 있는 상태에서 확실하게 해결될 수 있는 것들은 없다. 그래서 우리는 인간 본성(human nature)의 원리를 확실하게 하려고 시도함으로써, 사실은 여러 학문의 완전한 체계를 지향하고 있는 것이다.'

흄은 여기에서 '인간 본성의 학문을 명백하게 하자'는 인간학을 확립하고 여러 학문의 완전한 체계를 지향하는 장대한 포부를 말하고 있다. 그 이후 대목에서 지성과의 관련을 중시하여 인간학을 '인간 본성의 학문'이라 부르고 있다. 이 '인간 본성의 학문'의 확립이야말로 흄이 의도한 것이었다.

실험적 방법

흄에 의하면 인간 본성의 학문은 인간 본성의 여러 원리를 해명하는 것이고, 여러 학문을 통합하는 체계가 설 수 있는 유일한 기초이다. 그렇다면 인간 본성의 학문은 어떠한 방법에 의해 확립될 수 있을까. 흄의 방법을 단적으로 보여 주고 있는 것이 《인간이란 무엇인가》의 '정신상의 문제에 실험적 추론 방법을 도입하기 위한 시도'라는 부제이다. 인간 본성의 학문은 실험적 방법에 의해서 확립되는 것이다. 여기에서 '실험적(experiental)'이라는 것은 오늘날 우리가 사용하고 있는 '실험'을 의미하는 것이 아니라 '경험'을 의미한다. 흄이 실험적 방법을 채용한 것은 청년 시대에 배운 뉴턴의 영향으로 인한 것으로 여겨진다.

흄은 인간 본성의 학문에 '줄 수 있는 유일하고도 확고한 기초는 경험(experience)과 관찰(observation)에 두지 않으면 안 된다'고 말하고, 실험적 방법이 바로 '경험적 관찰 방법'이라는 것을 분명히 하고 있다. 《인간이란 무엇인가》의 부제는, 흄의 연구방법을 나타낼 뿐만 아니라 그 대상도 명시하고 있다. 부제에서 말하는 '정신상의 문제(moral subjects)'가 그것이다. 여기에서 '정신상'이라는 말은, '도덕적'을 의미하기보다는 좀더 폭넓게 '정신적'을 의미한다. 즉 정신을 가진 인간의 다양한 행위를 말하는 것이다.

흄에 의하면 실험적 방법을 사용하는 철학이 자연계의 문제에 적용되고부터, 1세기 이상이나 늦게 정신상의 문제에 적용되게 되었지만, 이것은 조금도 놀랄 일이 아니다. 이들 두 종류의 학문의 기원을 생각해 보아도 그 사이에는 거의 같은 거리가 있었기 때문이다. 결국 탈레스에서 소크라테스까지의 기간은, 베이컨으로

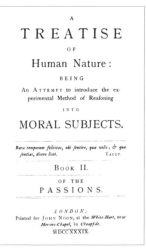

흄의 《인간이란 무엇인가-오성 정념 도덕》

부터 인간학을 새로운 토대 위에 자리잡게 한 영국의 철학자들까지의 거리와 거의 같기 때문이다. 여기에서 흄이 영국의 철학자들로서 로크(J. Locke), 샤프츠버리(Shaftesbury), 맨더빌(B. Mandeville) 등을 들고 있는 것은 주목할 만하다. 이들 철학자의 활약에 의해, 인간 본성의 학문의 진보가 '자유와 관용의 나라'인 영국에 의해서 이루어졌기 때문이다.

이와 같이 인간 본성의 학문은 외적 자연을 고찰의 대상으로 하는 자연학에 대하여 인간의 내적 자연, 즉 인간 본성을 연구 대상으로 하는 것이다. 그런데 정신에 관한 학문에는 자연학에서는 발견하지 못하는 특수한 불리함이 있다. 그것은 관찰 실험을 모으는 데 있어, 자연학에서의 물체의 실험처럼 미리 계획을 세워서 납득할 만한 방법으로 실험을 할 수 없다는 것이다. 흄은 정신에 관한 학문에는 이러한 불리함이 항상 따라다니는 것을 인정하면서, 경험적 관찰 방법을 구사하여 인간 본성의 학문을 확립할 수 있다는 것을 '머리말'의 마지막에서, 다음과 같이 말하고 있다.

'정신에 관한 학문에서는, 실험을 인간생활의 주의 깊은 관찰로부터 주워 모으지 않으면 안 된다. 그리고 그때 교제, 업무, 오락에서의 사람들의 행동을 통해서 세상 속에서 일어나는 그대로를 파악하지 않으면 안 된다. 이런 종류의

실험이 신중하게 수집되어 비교된다면, 이 결과를 바탕으로 해서 하나의 학문을 세울 수 있다고 기대해도 좋을 것이다. 그리고 이 학문은 확실성에 있어서는 인간의 이해력이 미치는 다른 어떤 학문에도 뒤지지 않고, 유용함에 있어서는 다른 학문보다 훨씬 뛰어난 것이 될 것이다.'

인상과 관념

흄은 처음에 관념의 기원에 대하여 연구한다. 우리는 다양한 관념을 갖고 있는데, 그것은 어디에서 오는 것일까라는 문제이다. 로크는 생득관념의 존재를 부정하고 관념이 경험에 유래한다는 것을 분명히 하고 난 후에 관념의 기원으로서 '감각(sensation)'과 '내성(內省, reflection)'을 들었지만, 흄은 관념의 기원으로서 단 한 가지 '인상(印象, impression)'을 든다.

흄에 의하면, 인간의 마음에 나타난 의식 또는 사고(思考)의 모든 것이 지각(知覺)이다. 이 지각에는 두 종류가 있다. 즉, 인상과 관념(idea)이다. 인상이란 '마음에 처음으로 나타날 때의 감각·정념(情念)·감동의 모든 것'이고, 관념이란 '사고와 추리에 있어서의 세력이 없는 심상(心象)'을 말한다.

인상과 관념의 차이는 '그것이 마음에 작용하여 사고 혹은 의식이 될 때의 기운(force)과 생기(liveliness) 정도의 차이'이다. 우리는 보통 이 두 가지를 손쉽게 구별할 수 있지만, 특수한 경우에는 인상과 관념이 극도로 근접하는 경우도 있을 수 있다. 가령 잠들어 있을 때와 고열에 시달릴 때 혹은 정신이 격렬한 감정에 사로잡힐 때 등이다.

또 흄은, 로크의 입장을 계승해서 지각에는 또 하나의 구분이 있다는 것을 주장한다. 그것은 '단순(simple)'과 '복잡(complex)'으로 나누는 구분이다. 단순 인상과 단순 관념은 부분적으로 구별하거나 분해할 수 없다. 한편, 복잡한 지각은 부분적으로 구별할 수가 있다. 사과를 예로 들면, 사과의 색깔, 맛, 향은 이 사과의 성질로서 결부되어 있지만, 이러한 성질은 같은 것이 아니어서 구별할 수가 있다. 따라서 사과는 그것들이 결합된 복잡한 지각이다. 이처럼 복잡 관념은 단순한 것에서부터의 합성에 의해서 형성된다.

그런데 인상과 관념은 기운와 활기의 정도를 제외하면 두드러지게 유사하기 때문에 한쪽은 다른 한쪽의 영상인 것처럼 여겨진다. 예를 들어 내가 눈을 감고 거실에 대해 생각한다고 해 보자. 내가 형성하는 관념은 이전에 보았던 인상을 정확하게 재현하고 있다. 어떠한 일도 한쪽에만 있고 다른 한쪽에서는 찾아볼 수 없는 경우는 없다. 이와 같이 단순한 지각의 경우, 인상과 관념은 서로에게 대응하고 있다.

그러나 복잡한 지각의 경우에는 이것은 반드시 타당한 것은 아니다. 복잡한 관념 속에는 그것과 대응하는 인상을 한 번도 가진 적이 없는 것이 많이 있고, 복잡한 인상 속에는 결코 정확히 형상화되지 않은 것이 많이 있다. 전자의 예로는 황금 포장도로와 루비의 성벽을 가진 신 예루살렘과 같은 도시를 마음속에서 상상하는 경우이다. 우리는 현실에서는 이같은 도시를 본 적이 없다. 후자의 예로는 파리를 관광한 적이 있는 경우를 들 수 있다. 누구라도 파리의 거리와 집 풍경을 하나도 남김없이 재현하고 파리의 관념을 만들어 내는 것은 불가능하다. 따라서 복잡한 인상과 관념의 사이에는 일반적으로 상당히 유사성이 있지만, 한쪽이 다른 한쪽의 정확한 형상화라고 보편적으로 주장할 수 없는 것이다.

인상이 관념의 원인

흄은 단순 인상과 관념이 모두 유사하다는 것을 주장한 뒤에 인상과 관념은 어느 쪽이 원인이고, 어느 쪽이 결과인지를 문제로 삼는다. 그에 의하면 모든 단순 관념은 그것에 대응하여 그것이 정확하게 재현하는 단순 인상에서 유래한다. 우리의 경험은 단순 인상이 그것에 대응하는 관념보다 선행되고, 관념이 이 인상의 사본이라는 것을 보여 주고 있다. 가령 어린아이에게 진홍색과 오렌지색의 관념이나 단맛, 쓴맛의 관념을 가르칠 때에는, 처음에 실물을 보여주거나 맛보게 해서 인상을 알려 준다. 누구도 처음부터 관념을 불러일으킨 후에 인상을 생기게 하려고 힘쓰지 않는다. 이와 같이 인상이 선행한다는 것은, '인상이 관념의 원인이지 관념이 인상의 원인은 아니라는' 것을 나타내는 증거이다.

이것을 뒷받침하기 위해서 흄은 또 하나의 명백하고 납득할 수 있는 현상을 고찰한다. 그것은 어떤 인상을 생기게 할 기능이, 태어나자마자 시력을 잃는다든가 귀가 들리지 않는 사람의 경우처럼 우연히 장해 때문에 작용할 수 없을 때에는, 그 기능이 일으키는 인상이 결여된 것이 아니고, 그것에 대응하는 관념을 가지지 않는다는 사실이다. 이것은 감각 기능이 장해를 가질 때만이 아니라, 어떤 종류의 인상을 생기게 하도록 기능을 작용하게 한 적이 한 번도 없었던 경우도 마찬가지이다. 예를 들어, 파인애플은 맛보지 않으면 그 맛에 대한 바른 관념을 만들어 내는 일이 불가능하다.

흄은 지각의 두 종류의 구분에 더해서 인상에도 두 종류가 있다고 하여 '감각'의 인상과 '내성'의 인상으로 구분한다. 감각의 인상은 미지(未知)의 원인으로부터 직접 마음에 생겨난다. 내성의 인상은 대체로 관념에서 유래하는 것으로 다음과 같은 순서로 생긴다.

'우선, 인상이 감각 기능을 자극해서 우리에게 뜨거움과 차가움, 목마름과 굶주림, 어떤 종류의 즐거움이나 괴로움을 느끼게 한다. 이 인상이 마음에 의하여 복사되고, 이 복사는 인상이 사라진 후에도 남는다. 이것을 관념이라 부른다. 그런데 이 즐거움이나 괴로움의 관념이 다시 마음에 나타나면 욕망과 혐오, 희망과 두려움이라는 새로운 인상을 낳는다. 이 인상은 내성에서 유래하는 것이기 때문에 당연히 내성의 인상이라 불러도 좋을 것이다. 이러한 인상이 기억과 상상에 의해 다시 복사되어 관념이 되고, 이번에는 이 관념이 아마도 더한 다른 인상과 관념을 일으킬 것이다.'

이같은 감각과 내성이라는 구분을 흄은 로크와 버클리로부터 계승했지만, 그 자리매김은 상당히 다르다. 로크와 버클리에게 내성이란 지성이 자기의 내부를 돌아보는 것으로, 거기에서 얻어지는 내성의 관념은 외적 감각의 관념과 대등한 자격으로 인식의 원천을 이루는 것이었다. 그러나 흄에게 있어서 내성의 인상은, 감각의 인상이 남긴 관념에서부터 생겨난 것으로 감각이 내성에 비해서 우위를 차지하고 있다.

관념 연합

흄에 의하면 어떤 인상도 한번 마음에 나타나면, 나중에 관념으로서 다시 마음에 나타나게 되는데 그 나타나는 방법에는 두 가지가 있다. 새롭게 나타날 때 처음의 활기를 어느 정도 가지고 있어서 인상과 관념의 중간이라고 할 수 있는 경우와, 처음의 활기를 완전히 잃고 완전한 관념이 되어 있는 경우이다.

전자의 기능은 '기억'이라 불리고 후자의 기능은 '상상'이라 불린다.

기억과 상상의 차이는, 기억의 관념 쪽이 상상의 관념보다도 훨씬 생기가 풍부하고 강하다는 것, 기억에서는 원래의 인상과 같은 형태와 같은 순서로 나타나지만, 상상에서는 반드시 원래의 인상과 같은 형태와 같은 순서에 속박되지 않고 변형하는 힘을 가지고 있다는 점이다. 그것은 시와 전기 소설(傳奇小說)에서의 가공의 이야기를 읽으면 알 수 있듯이 거기에서는 날개 가진 말, 불 뿜는 용, 괴물 거인 등이 나온다.

모든 단순 관념은 상상에 의해서 분리 혹은 결합된다. 만약, 상상이 작동하

장 라우 〈거울을 보는 여성〉(1720)
사람은 자기를 돌이켜 살펴볼 때, 사고나 감정 등 자신이 경험한 것에 대해 생각하지만, 이런 '경험하는 자아'와 실제로 대면하는 일은 결코 없다. 따라서 흄은, 경험하고 있는 자아가 존재한다고 말할 수 없다고 주장했다.

는 경우에 몇 개의 보편적인 원리가 없다면 상상 기능의 작용만큼 설명하기 힘든 것이 없고, 관념은 우연에 의해서만 결합되어 있을 것이다. 같은 단순 관념이 규칙적으로 복잡 관념이 되기 위해서는 단순 관념 사이에 일종의 결합의 고리, 즉 '하나의 관념이 자연히 다른 관념을 끌어당기는 어떤 연합하는 성질'이 없으면 안 된다.

단, 우리는 이 원리가 없으면 마음이 두 가지 관념을 연결할 수 없다고 생각해도 안 된다. 왜냐하면, 상상 기능만큼 자유로운 것이 없기 때문이다. 흄은 이 원리를 '온건한 힘'이라고 생각해야 한다고 말한 뒤에, 이런 종류의 연합의 원리로서 '유사(類似)', '접근(接近)', '원인과 결과'의 세 가지를 들고 있다.

이것들의 성질은 단순 관념 사이에서의 결합 혹은 응집의 원리이다. 여기에는 일종의 '인력(引力)'이 작용하고 있다. 흄은 뉴턴 역학의 영향을 바탕으로 이 원리를 심적 세계의 일종의 인력이라고 간주하고 있다.

이 인력은 자연계의 경우와 마찬가지로 다수의 신기한 결과를 초래하고 다수의 다양한 형태로 나타난다. 이 인력의 결과는, 어디에서도 인정되지만 그 원

인에 대해서는 거의 알려지지 않았다. 그것은 인간 본성 그 자체에 본래 갖추어져 있는 성질이라고 간주하지 않으면 안 된다.

추상 관념에 대하여

흄은 제1편, 제1부의 제7절에서 추상 관념을 비판적으로 검토하고 있다. 개체에 대한 '보편(普遍, 모든 사물에 대하여 공통한 성질)'은 오늘날 추상 관념이라는 이름으로 불리지만, '보편은 실재할까, 하지 않을까' 하는 문제는 중세 철학에 있어서는 큰 논쟁을 일으켜 '보편 논쟁'으로 알려져 있다. 거기에서는 '보편은 개체에 앞서서 실재한다'는 실념론(實念論)이나 '참으로 실재하는 것은 개체뿐이고, 보편 관념은 개체 뒤에 생긴 명사에 불과하다'는 유명론(唯名論) 등이 대립하고 있었다. 이 보편 논쟁은 개체를 중시하는 영국 경험론에 대해서도 항상 대결을 강요하는 문제였다.

흄에 의하면 추상적 관념 혹은 일반 관념에 대한 중대한 문제는, '추상 관념이 마음에 오를 때, 그것은 일반적인가, 아니면 개별적인가'하는 점이다. 이 문제에 대하여 버클리는 일반으로 인정된 의견에 반대하여, '일반 관념은 실제로는 모두 개별 관념이고 거기에 일정한 명사를 붙인 것에 지나지 않는다'고 주장했다. 흄은 버클리의 이 견해를 최근 학계에 있어서 가장 가치 있는 발견의 하나라고 칭찬하고, 이것을 뒷받침하는 일에 자기의 사명을 찾고 있다

우리가 일반 관념을 만들어 낼 때 대부분의 경우 양과 질의 특정 부분을 제거한다. 그런데 사물은 그 연장이나 계속, 그 밖의 성질이 조금 변경되었다고 해서 그것에 의해 특정한 종류에 속하게 되는 것은 아니다. 여기에 명백한 딜레마(어느 쪽을 선택해도 곤란한 궁지)가 있다.

예를 들면 인간이라는 추상 관념은 온갖 크기, 온갖 성질의 인간을 표현하고 있지만, 그러기 위해서는 (1) 이 추상 관념이 모든 가능한 크기, 모든 가능한 성질을 한꺼번에 표현하든가 그렇지 않으면, (2) 그 어떠한 크기도 성질도 전혀 표현하지 않든가의 어느 한쪽이 아니면 안 된다.

그런데 첫 번째의 딜레마의 뿔은 마음에 무한한 능력이 있다는 것을 포함하고 있기 때문에 옹호할 수 없이 불합리하다고 간주되었고, 두 번째의 뿔, 즉 추상 관념은 양질 어느 쪽에 있어서도 특정한 정도를 표현하지 않는다는 것에 동

의하는 형태로 추리가 되어 왔다. 그러나 이 추리는 잘못된 것이다. 흄은 이것을 분명하게 하기 위해서 첫째, 어떠한 양과 질을 마음에 품는다 해도 그 정도를 정확히 알지 않으면 그것은 불가능하다는 것을 증명한다. 두 번째에는 마음의 능력은 무한하지 않고 불완전하다 해도, 내성과 대화라는 목적에 도움이 될 수 있도록 양질의 모든 가능한 정도를 한 번에 생각해 낼 수 있다는 것을 제시한다.

흄에 의하면, 제1의 명제는 다음과 같은 논의에 의해 증명된다. 서로 다른 대상끼리는 구별할 수 있고 그리고 구별할 수 있는 대상끼리는 상상과 사고에 의해 분리할 수 있다. 또한 이의 반대도 진실이다. 그러므로 추상이 분리를 포함하고 있는가의 여부를 알려면, 일반 관념을 만들 때에 제거된 모든 사항이 일반 관념의 본질적 부분으로서 남겨진 사항과 구별이 가능하여, 서로 다른가의 여부를 알면 되는 것이다.

흄은 제1의 명제를 상세하게 증명해서 '추상 관념은 그 표현 작용으로는 일반적이 될 수 있다고 해도, 그것 자체로서는 개별적'이라는 것을 명백하게 하여 제2의 명제를 적극적으로 제시한다.

흄에 의하면, 우리는 몇 개의 대상 사이에 유사한 점이 있다는 것을 인정한다면 양과 질의 정도에 아무리 차이가 인정된다 해도, 또 그 밖에 어떤 차이가 인정되어도 그것들에게 같은 이름을 붙인다. 이런 종류의 습관이 몸에 붙어 버리면, 그 이름을 들으면 이들 대상 속에 하나의 관념이 되살아나서 상상은 온갖 특유한 사정과 비율을 구비해서 이 관념을 마음에 품는 것이다.

흄은 이와 같이 해서 개별 관념이 일반적이 되는 것은, 그것이 습관적 연결에 의해 다른 개별 관념과 관계를 가지는 한편, 상상에 의해서 이들 관념을 즉석에서 발견할 수 있는 어떤 명사에 결합하는 것에 의한 것임을 분명히 하는 것이다.

지식과 철학적 관계

흄은 제1편의 제3부에서 지식 개념을 검토하고, 지식을 절대적 지식 (knowledge)과 개연적 지식(probability)으로 분류해서 각각이 가진 명확한 성질을 해명한다. 절대적 지식이란 비교되는 관념에 전적으로 의존하는 것으로, 절대로 확실하고 보편타당적인 지식을 말한다. 개연적 지식이란, 경험에 의존하는 지식으로 다시 입증적 지식(proof)과 좁은 의미에서의 개연적 지식으로 구분된다. 입증적 지식이란 원인·결과의 관계로부터 이끌어 낸 확실한 것이고, 좁은 의미의 개연적 지식이란 불확실성을 수반하는 것이다.

흄에 의하면 모든 종류의 추론은 관념의 비교이고 대상 간의 관계 바로 그것이다. 이 대상 간의 관계는 무한히 다양하지만, 자연적 관계와 철학적 관계로 구별된다. 자연적 관계란 '두 가지 관념을 상상에 의해서 결합시켜서 하나의 관념이 자연히 다른 관념을 이끌어 내도록 하는 성질'을 말하고, 철학적 관계란 '상상에서 두 가지의 관념을 임의로 결합시킨다 해도 역시 관념을 비교하는 단서로서 적당하다고 생각할 수 있는 특수한 사정'을 말한다.

그런데 철학적 관계의 수는 무한하다 할 수 있지만 그것은 7가지의 총괄적인 항목으로 정리할 수 있다. 즉, 유사, 동일, 시간 및 장소의 관계, 양 또는 수의 비율, 질의 정도, 반대, 인과성이다. 이 7가지의 항목은 흄의 카테고리표라고 간주할 수가 있다. 카테고리란 철학에서 아리스토텔레스에 의해 술어화된 것으로, 가장 근본적인 기본 개념을 의미한다. 이 7가지의 항목 중에서 가장 기본적인 것은 '유사'이다. 이 관계가 없으면 어떠한 철학적 관계도 있을 수 없다. 왜냐하면, 어떠한 대상도 어느 정도 유사하지 않으면 비교할 수 없기 때문이다. 또 7가지 관계는 비교되는 관념에 전적으로 의존하는 것과 관념에 어떤 변화가 없어도 변화할 수 있는 것의 두 개의 조합으로 나눌 수 있다. 예를 들어 우리는 삼각형의 관념에서 '세 각의 합은 2직각과 같다'라는 관계를 발견하지만, 이 관계는 관념이 동일한 한 변하는 일이 없다. 이에 대하여, 두 개의 대상 간의 접근 혹은 거리라는 관계는 대상의 장소가 변하는 것만으로 변화할 수 있다. 이것은 동일한 인과성에 대해서도 해당된다.

따라서 7가지 철학적 관계 속에서 관념에게만 의존하고 절대적 지식의 대상이 되는 것은 유사, 반대, 질의 정도, 양 혹은 수의 비율이다. 처음 세 가지의 관계는 한눈에 발견할 수 있는 것으로, 논증의 영역보다는 직관의 영역에 들어가는 것이다. 그러나 양 혹은 수의 비율을 확정할 때에는 그 양과 수가 극히 한정되어 있는 경우를 제외하면 직관적으로 파악하는 것이 곤란하고 그 어떤 인위적인 방법을 취하지 않으면 안 된다.

인과성의 관념

흄의 인과성(因果性, 사물의 생성 변화에서 원인과 결과의 관계)의 분석은 칸트의 독단의 선잠을 깨고 현대에까지 그 영향을 끼치고 있다.

칸트에 의하면, 형이상학(形而上學, 초감각적 세계를 참된 실재로 간주하고 이것을 순수한 사색에 의해 인식하려는 학문)의 성립 이래 흄이 형이상학에 가했던 공격만큼 결정적인 것은 없었다.

칸트는 《프롤레고메나 *Prolegomena*》(1783)에서 다음과 같이 말하고 있다.

'솔직히 고백하지만 데이비드 흄의 경고야말로 수년 전에 처음으로 나의 독단의 선잠을 깨고 사변적(思辨的, 경험에 의하지 않고 순수하게 이론적인) 철학 분야에서의 나의 연구에, 완전히 다른 방향을 제시한 것이었다. 나는 흄의 추론에 대해서 결코 귀를 기울이지 않았다. 흄의 추론이 생겨난 것은, 다만 그가 자신의 과제를 전체에 놓고 생각하지 않고, 전체를 고찰하지 않으면 아무것도 가르쳐 줄 수 없는 일부분만을 생각해 냈기 때문이다.'

흄은 처음에 학문의 밑바탕이 되는 네 가지 철학적 관계 즉 유사, 반대, 질의 정도, 양과 수의 비율을 말한 뒤에 관념에 의존하지 않고, 관념이 같더라도 모습을 나타내거나 사라지거나 하는 세 가지의 관계 즉 동일, 시간적·장소적 상태, 인과성을 들었다.

흄에 의하면, 추론이란 비교하는 것, 결국 둘 또는 그 이상의 대상이 서로 가진 항상적(恒常的) 혹은 항상적이지 않은 관계를 찾아내는 것이다. 그런데 이 비교에는 두 개의 대상이 다같이 감각 기능에 나타나 있는 경우, 어느 쪽도 나타나 있지 않는 경우, 한쪽만 나타나는 경우가 있다. 이 중에 두 대상이 함께 감각 기능에 나타나고 있을 때, 이것은 추론이라 불리기보다는 지각이라 불린다. 왜냐하면 이때 사고는 작용하지 않고 마음의 능동적 작용도 없기 때문이다. 이런 사고방식에 의하면 동일, 시간과 장소의 관계에 대한 고찰은 추론이라고 볼 수가 없다.

따라서 관념에 의존하지 않는 세 가지 관계 속에서 '감각 기능을 넘어서 더 들어 갈 수 있고, 보지도 않고 느끼지도 않는 존재와 사상(事象)에 대하여 알리는 유일한 관계가 인과성'이다. 그렇다면 인과성의 관념은 어떠한 기원에서 유래한 것일까. 바꾸어 말하면, 인과성의 관념을 낳은 인상이 있는 것일까.

그래서 원인과 결과라고 불리는 두 가지 대상을 알아보자면, 한눈으로 이 관념을 낳은 인상과 대상의 특수한 성질에서 구해서는 안 된다는 것을 알 수 있다. 이는 어떤 성질을 골라 내어도, 그 성질을 지니고 있지 않은데 원인 내지 는 결과라 부를 수 있을 만한 대상이 발견되기 때문이다. 그렇다면 인과성의 관념은, 대상 사이의 어떤 관계에서 유래하는 것임에 틀림없다. 그래서 이 관계 를 찾기 위해 조사해 보았더니 원인 내지 결과로서 생각되고 있는 모든 대상이 '접근'해 있다는 것을 알 수 있다. 이렇게 해서 흄은 인과적으로 관련된 대상 간 의 본질적 관계로서 '접근'을 든다.

다음에 제2의 본질적 관계로서, 원인이 결과보다도 시간적으로 선행한다는 '계기(繼起)' 관계를 들 수 있다. 이 '접근'과 '계기'라는 두 가지 관계에서 인과성 의 완전한 관념이 부여될 수 있을까. 결코 부여될 수 없다. 왜냐하면 하나의 사 상이 다른 사상에 접근하고, 또 시간적으로 선행하고 있어도 그 원인이라고는 생각할 수 없는 경우가 있기 때문이다.

우리가 인과성에 대하여 말할 때, '필연적 결합(necessary connection)'을 고려하 지 않으면 안 된다. 이 관계야말로 '접근'이나 '계기'의 관계보다도 훨씬 중요한 것이다. 왜냐하면 필연적 결합이야말로 원인 없는 결과의 한쪽에서 다른 쪽으 로의 추론을 정당화하는 것이라고 생각되어 왔기 때문이다.

필연적 관계의 결합

접근과 계기는 대상 간의 관계로서 지각되는 것이어서 잘 이해되지만, 필연 적 결합이라는 관계의 본성은 어떠한 것인가. 또, 이 관념이 유래하게 된 인상 이란 어떠한 것인가. 원인과 결과의 관계는 대상의 성질에 의존하지 않고, 대상 간의 관계를 생각해 보면 접근과 계기의 관계 이외에는 아무것도 찾을 수가 없 다. 흄은 필연적 결합의 인상을 발견할 수가 없다는 곤란에 직면하고 별도로 두 가지의 문제를 세워서 거기에서부터 원인과 결과의 추리가 경험과 관찰에 서 유래한다는 것을 재확인하고, 더 나아가 인과 관계에서의 새로운 특성으로 서 '항상적 연접(連接, 이어 맞닿음)'을 찾아내는 것이다.

흄에 의하면, 원인과 결과의 관계를 더듬어 갈 때 개개의 대상을 조사하는 것만으로는 원인에서부터 결과로의 추리를 이끌어 낼 수가 없다. 하나의 대상

원인과 결과 인과 관계에 있는 사건은 각각 서로 독립되어 일어난다고 흄은 주장했다. 그는 당구공과 당구공이 부딪칠 때를 예로 들어서 이 인과 관계를 설명했다. 위의 그림은 영국 풍자화가 제임스 길레이(1757~1815)의 작품으로, 18세기에 인기를 끌었던 당구를 풍자하고 있다.

의 존재로부터 다른 존재를 추리할 수 있는 것은 '경험'에 의해서뿐이다. 인과의 추리에서 이행을 가르치는 이 경험의 본질이란 다음과 같은 성질이 있다. 우리는 어떤 종류의 대상이 과거에 존재했던 실례를 이전에 여러 차례 만났던 것을 기억한다. 또다른 종류의 대상에 속하는 개체가 항상 그것들에 수반하여, 이들에 대하여 규칙적으로 접근과 계기의 순서로 존재하고 있던 것을 상기한다. 가령, '불꽃'이 존재했던 많은 실례를 본 일, 다른 종류의 대상인 '뜨거움'의 감각을 느꼈던 것을 상기하고, 과거의 모든 실례로 양자의 사이에 '항상적 연접' (constant conjunction)이 있던 것을 생각해 낸다. 그때 우리는 불꽃을 원인이라 부르고 뜨거움이라 불러, 불꽃의 존재로부터 뜨거움의 존재를 추리하는 것이다.

이와 같이 기억 혹은 감각 기능에 나타난 인상으로부터 원인 또는 결과라고 불리는 대상의 관념을 갖는다는 것은 과거의 경험, 예를 들면 불꽃과 뜨거움은 항상 접근하며, 더욱이 불꽃은 시간적으로 뜨거움에 선행되고 있다는 것,

즉 양자의 '항상적 연접'을 생각해 내는 것에도 근거를 두고 있다. 따라서 다음에 생기는 의문은 경험이 원인 내지는 결과의 관념을 낳는 것은 지성에 의한 것인가, 상상에 의한 것인가, 바꾸어 말하면 이행을 하도록 마음을 규정하는 것은 이성인가 그렇지 않으면 지각의 어떤 연합, 즉 자연적 관계인가 하는 것이다.

그런데 이성이 규정한다고 한다면 '우리가 경험한 적 없는 사례는, 경험한 적 있는 사례와 유사하지 않으면 안 된다'라는 원리를 전제로 하지 않으면 안 된다. 그러나 이 원리를 증명할 그 어떤 논증도 있을 수 없다. 왜냐하면 자연의 추이(推移, 일·형편이 시간이 지남에 따라 변하여 감) 속에 과거와 다른 일이 일어날 수 있다는 것을 생각한다는 것은 불가능하지 않기 때문이다. 여기에서 흄은 인과성의 관념이 생기는 것은 상상에 의한 것이라고 하고, 다음과 같이 말한다.

'마음이 하나의 대상의 관념 또는 인상으로부터 다른 대상의 관념 또는 신념으로 이동할 때에, 마음은 이성(理性)에 의해서 규정되는 것이 아니라 상상(想像)에 의해서 이들 대상의 관념을 연합하고 결합시키는 어떤 원리에 의해 규정되는 것이다.'

그러나 흄에 의하면, 이러한 연결이 존재하는 이유를 구명할 수가 없다. 다만 일 그 자체를 관찰해서 항상적 연접을 위해 대상이 상상으로 인하여 결합되는 것을 볼 수 있을 뿐이다. 여기에서 흄은 제3의 계기로서 항상적 연접을 지적하지만, 이것에 의해서도 필연적 결합이라는 관계의 본성을 밝히는 것은 불가능하다. 그러나 인과성의 문제의 해명에서 불가결한 역할을 하는 것이 자연적 관계로서의 유사, 접근, 인과성의 세 연합원리인 것을 깨닫고 새삼 이 시점에서부터 필연적 결합의 해명을 시도하고 있는 것이다.

신념이란

흄은 제1편 제3부의 제7절부터 제10절까지를, 인과성의 문제와 병행해서 신념(信念, belief)의 문제에 할애하고 있다. 신념의 문제는 이제까지 철학자들에 의해서 중요시된 적이 없고 그 설명의 곤란함도 깨달은 적이 없었다. 우리는 인과적 관계를 근거로 추리할 때, '반드시 일어난다'고 믿는 관념, 즉 '신념'을 품는 것이다.

흄에 의하면 어떤 대상의 관념은, 그 대상에 대한 신념의 본질적 부분이지만 신념의 모든 것은 아니다. 이는 우리는 믿지 않는 것을 상기하는 일이 많기 때문이다. 그렇다면 신념이란 어떠한 것이고, 어떻게 해서 생기는 것일까. 또 대상의 관념과 그 대상의 존재에 대한 신념과는 어떠한 관계에 있는 것일까.

그런데 존재의 관념은 그 어떤 대상의 관념과 다른 것이 아니다. 바꾸어 말하면 처음에 어떤 대상을 생각하고 그 후에 같은 대상이 존재한다고 생각할 때, 우리는 처음의 관념에 아무것도 부가하지 않고 있고 또 그 관념을 조금도 변화시키지 않고 있다. 더 나아가 존재에 대한 신념은, 그 대상의 관념을 구성하고 있는 몇 개의 관념에 새로운 관념을 부가하는 것도 아니다. 가령 신에 대해서 생각할 때, 존재하는 것으로서의 신을 생각하는 경우와 신이 존재한다고 믿는 경우는, 내가 갖는 신의 관념에는 아무런 증감(增減)도 없는 것이다.

그렇지만 대상의 존재를 그저 생각만 하고 있는 것과 그 대상의 존재를 믿는 것과는 커다란 차이가 있다. 이 차이는 생각하는 관념의 부분과 구성 속에 있는 것이 아니라 우리가 그 관념을 생각하는 방법에 있다. 따라서 신념은 어떤 대상을 생각하는 방법을 바꾸는 것에 지나지 않고 관념에 대하여 힘과 활기를 부가하는 것일 뿐이다. 거기에서 가장 엄밀하게는 '현재의 인상과 관계를 가진, 즉 연합하는 생생한 관념'이라고 정의된다.

그런데 이 관념에 대한 생각을 품는 방법의 차이를 설명하려 해도 적절한 단어를 찾지 못하고 각자의 느낌(feeling)에 호소할 수밖에 없다. '동의를 받은 관념'은, '공상에 의해서 나타나는 허구의 관념'과는 다르게 느껴지는 것이다. 예를 들면, 어떤 사람이 1권의 책을 전기 소설(傳奇小說)로서 읽고 다른 사람이 같은 책을 사실담(史實談)으로 읽었다고 하자. 두 사람은 같은 관념을 같은 순서로 받지만, 한 사람은 믿지 않고 다른 한 사람은 믿는다. 그렇기 때문에 그 저자의 말은 두 사람에게 같은 관념을 생기게 했지만, 같은 영향을 끼치는 것이 아니다. 후자는, 사건 일체에 대해서 전기 소설로서 읽은 사람보다도 생생한 개념을 갖는 것이다.

신념의 원인

다음에 문제가 된 것은 신념은 어떠한 원리에서 유래하는 것인가, 무엇이 관념에 활기를 주는 것인가 하는 것이다. 흄은 이것을 밝히기 위해서 인간 본성에 관한 일반적인 기본원칙을 세우고, 이 원칙이 경험에 의해서 확인되는 것을 지적한다. 그 기본원칙이란 '그 어떤 인상이 마음에 나타나면, 그것은 마음을 그 인상과 관계를 가진 관념으로 운반할 뿐만 아니라 그 관념에 그 인상이 가진 기운과 활기를 전달한다'는 것이다. 또 관념에 활기를 주는 것은, 상상에서 관념을 결부시키는 세 가지 관계, 즉 유사, 접근, 인과성이다. 이 기본원칙을 입증하는 것으로서 흄은 다음과 같은 사례를 들고 있다.

예를 들면 지금 여기에 없는 친구의 화상(畵像)을 보면, 우리는 유사 관계에 의해 그 친구에 대한 관념을 생생하게 기억해 낸다. 만약 화상이 조금도 친구를 닮지 않은 경우에는, 그 화상은 친구에 대한 관념에 생기를 불어넣지 않을 뿐만이 아니라 친구를 생각해 내는 것조차 하지 않을 것이다.

다음으로 유사의 효과와 나란히 접근의 효과가 지적된다. 거리는 분명히 모든 관념의 기운을 감소시키는 것으로, 어떤 대상으로의 접근은 그 대상이 아직 보이지 않아도 대상이 마음에 작용해서 직접적인 인상과 비슷한 영향을 주는 것이다. 예를 들어, 고향에서 2, 3마일(1마일은 약 1.6㎞) 먼 곳에 있을 때는 200리그(1리그는 약 3마일) 떨어진 곳에 있을 때보다도 집과 친구에 관한 일이 훨씬 친근하게 느껴진다. 또 인과성도 유사와 접근의 관계와 같은 영향력을 가지고 있다. 예를 들면 미신에 대한 믿음이 깊은 사람들은 성인(聖人)의 유물을 좋아하고 그것에 의해 신앙에 생기를 불어넣는 등이다. 이 현상은, 인과성의 관계를 가진 현재의 인상이 그 어떠한 관념에도 생기를 불어넣는다는 것을 증명하고 있다. 이 현상은, 인과성의 관계를 가진 현재의 인상이 어떠한 관념에도 생기를 불어넣는 것을 증명하고 있다.

이러한 일로부터 분명한 것처럼, 관념 및 그것에 수반되는 신념의 진정한 원인이라고 생각되는 것은 현재의 인상이다. 그래서 흄은 이와 같이 놀라운 결과를 낳게 한 인상의 특수한 성질을, 다음과 같은 두 가지 점에서 고찰한다.

첫째로 현재의 인상이 그 자체 고유의 힘에 의해, 바꾸어 말하면 현재의 인상을 그저 하나의 지각으로서 현재의 순간에만 한정해서 고찰하는 경우에는 신념을 일으키는 효과를 가지지 않는다. 두 번째, 현재의 인상에 따라, 또 다수의 과거의 인상 및 그것들의 연접에 의해 생기는 신념은, 이성 내지는 상상의 작용도 없이 직접 생기는 것이다. 흄은 현재의 인상에 따르는 신념이 습관에서 유래하는 것을 경험을 근거로 하여 다음과 같이 말하고 있다.

'새로운 추론 내지는 단정도 없이 과거의 반복으로부터 생기는 모든 것을, 우리는 습관(custom)이라 부른다. 그래서 어떤 현재의 인상에 따라 일어나는 신념은, 오로지 이 습관이라는 기원에 유래한다는 것을 확실한 진리로 정해도 좋을 것이다. 두 가지 대상이 연접하는 것이 눈에 익으면 그 한쪽이 나타남 혹은 관념에 의해 우리는 다른 한쪽의 관념으로 운반되는 것이다.'

흄은 이와 같이 해서 신념이 '습관'에 유래하는 것을 밝히고 있지만, 더 나아가 신념을 생기게 하는 것에 습관적 이행 외에 다른 무언가가 필요한가의 여부를 검토하기 위해서 처음 인상을 관념으로 바꾸어 놓는다. 그렇게 하면 이것과 관련되는 관념으로의 습관적 이행이 여전히 남지만, 신념도 확신도 거기에는 없다는 것을 알 수 있다. 그래서 현재의 인상이 이 일련의 작용에 있어서 절대적으로 필요한 것이 된다. 따라서 신념이란 현재의 인상으로부터 생기는, 보다 활기에 넘치고, 보다 강렬한 관념 바로 그것이다. 흄은 이렇게 해서 신념이 현재의 인상과 습관적 이행, 이 두 가지에서 생긴다는 것을 밝히고 있는 것이다.

'마음속에 존재하는' 필연성

흄은 신념이 형성되는 구조를 해명한 뒤에, 처음에 제기해 놓고 도중에 유보해 왔던 중심 과제, 즉 두 대상이 필연적으로 결합한다고 할 때 그 필연성의 관념은 무엇인가라는 문제, 바꾸어 말하면 원인과 결과의 필연적 결합이라는 관계가 어떻게 해서 형성되는가 하는 문제를 검토한다.

흄에 의하면 인상에서 유래하지 않는 관념은 없기 때문에 만약 필연성의 관념이 있다고 한다면, 이 관념을 생기게 하는 어떤 인상이 발견되지 않으면 안 된다. 필연성은 항상 원인과 결과로 귀착되므로, 그러한 인과 관계에 있는 두 가지 대상을 조사해 보자. 곧바로 알 수 있는 것은 두 가지의 대상이 시간적, 장소적으로 접근해 있는 것 또 원인이라 불리는 대상이 결과라 불리는 대상보다 선행한다는 것이다. 그러나 하나의 실례만으로는 더 이상 앞으로 나갈 수가 없다.

그래서 시야를 넓혀서 몇 개의 실례를 조사해 보면, 서로 비슷한 대상이 언제나 비슷한 접근과 계기(繼起)의 관계에 있다는 것이 발견된다. 이것은 언뜻 보기에는 현재의 목적에 거의 도움이 되지 않는 것처럼 보이지만, 좀더 들어가서 살펴보면 반복이 새로운 인상을 낳는다는 것을 알 수 있다.

'이 반복은 모든 점에서 같다는 것이 아니라 새로운 인상을 낳고, 다시 그것에 의해 지금 검토하고 있는 관념을 생기게 하는 것이다. 왜냐하면 자주 반복하다 보면, 대상의 하나가 나타날 때 마음은 습관에 의해 규정되어, 그것에 언제나 수반되어 있는 것을 생각하는 것처럼, 처음의 대상과의 관계 때문에 훨씬 강하게 비춰 생각하게 되기 때문이다. 그렇게 하면, 필연성의 관념을 주는 것은 이 인상, 즉 이 규정인 것이다.'

우리는 이와 같이 두 가지 대상의 항상적 연접을 관찰하면 대상의 한 가지가 나타나면 이 연접에 의해 만들어진 '습관'에 의해서, 아무 이유도 없이 마음을 다른 대상에게 이행시켜, 그 추론을 개연적인 것으로 간주한다. 따라서 흄에 의하면 필연성이란 '마음속에 존재하는 그 어떤 것이지, 대상 속에 있는 것은 아니다.'

흄이 필연성의 관념을 어떠한 대상 속에서도 찾지 않고 추론자의 마음속에서 찾은 것은, 인과성 문제에 있어서의 코페르니쿠스적 전환이라고 간주할 수 있다. 인과성에 대한 이러한 해석은, 그때까지의 철학자와 일반 사람들이 믿어 온 것과 충돌하는 것이었다.

이제까지 해석에 대한 비판

흄은 필연적 결합 관념의 원천에 대하여 그의 견해를 서술한 뒤, 종래의 대표적인 해석을 들어 반박한다. 고금의 철학자들 사이에서 가장 논의를 일으킨 문제 가운데 하나는 원인의 효력에 관한 문제, 즉 원인이 그 결과를 수반하는 성질은 무엇인가 하는 문제였다.

이 문제에 관한 가장 일반적이고 통속적인 설명은 로크의 학설이었다. 그것은 물질에는 물체의 운동과 변동같은 새로운 생성이 있는 것이 경험에 의해 알려져 있다는 사실에서, 이러한 운동과 변동을 낳는 힘이 어딘가에 있어야 한다고 단정하고, 여기에서 추리에 의해 힘 또는 효력의 관념에 도달한다는 것이다.

흄에 의하면, 이 해석을 물리치려면 두 가지의 명백한 원리를 재고하는 것으로 충분하다. 첫 번째 원리는, 이성만으로는 어떠한 근원적 관념도 생기게 하지 않는다는 것이고, 두 번째 원리는 경험에서 구별된 이성은, 원인이 모든 존재의 시작에 절대적으로 필요하다는 단정을 결코 주지 않는다는 것이다. 이 두 가지 원리에서, 이성은 효력의 관념을 결코 성립시키지 않기 때문에 효력의 관념은 경험에서 유래해야 한다는 것이 된다. 거기서 원인의 작용과 효력을 명백하게 이해할 수 있는 실례를 찾아내야 한다.

로크(1632~1704)
영국의 철학자. 저서로 《인간오성론》이 있다.

흄은 이것에 대한 철학자들의 학설이 놀랄 만큼 다양한 것은, 그것들이 견고(堅固)하지 않다는 것을 나타낸다고 지적한 뒤, 말브랑슈(N. de Malebranche)의 학설에 따라 그것들의 해석을 비판한다. 철학자들은 이 원인의 힘을 확정하려고 시도했지만, 별로 잘 되지 않았기 때문에 자연의 궁극의 힘과 효력은, 우리로서는 알 수 없는 것이라고 단정하지 않을 수 없었다. 대부분의 철학자들은 이 의견에 동의하지만, 이 의견에서 추리를 이끌어 낼 때 의견의 차이가 나타난다.

데카르트파 사람들은, 물질은 그것 자체로는 비활동적이고 운동을 발생시키거나 지속시키고, 전달하는 힘을 상실하고 있지만, 이러한 결과는 감각 기능에 명시되어 있기 때문에 이러한 결과를 일으키는 힘이 어딘가에 있어야 한다고 주장했다. 그리고 그것은 온갖 탁월성과 완전함을 가진 '신'에게 있어야 한다고 주장했다. 그들에 의하면 신이야말로 우주의 첫 번째 원인이다. 신은 처음에 물질을 창조하여 다른 것의 운동의 원인이 되었을 뿐만 아니라, 또 전능한 힘을 움직여서 물질의 존재를 유지하고 물질에 갖춰진 운동과 형태와 여러 성질의 모든 것을 끊임없이 주고 있는 것이다.

그렇지만 흄에 의하면 관념은 인상에서 생기는 것이기 때문에, 힘과 효력의 관념을 가지기 위해서는, 이 힘이 작용하고 있는 것이 지각되는 사례가 제출되어야 한다. 그런데 그러한 사례는 어디에도 없다. 그래서 데카르트파 사람들은 생득관념의 원리에 의해 논의를 진행시켜, 신을 물질에서 볼 수 있는 온갖 변화의 직접적인 원인으로 간주해 왔다. 그러나 생득관념의 원리가 허위인 이상, 신을 가정한다 해도 어떤 도움도 되지 않는다. 모든 관념이 인상에서 유래한다면, 신의 관념도 같은 기원에서 생기는 것이 된다. 그런데 어떠한 인상도 힘과 효력의 인상을 지시하지 않기 때문에 신에게서 그러한 활동의 원리를 찾아내는 것은 불가능하다.

흄은 이렇게 해서 종래의 철학자들의 대표적인 해석을 논박하고, 필연성이 대상 속이 아니라 마음속에 있다는 획기적인 학설을 제창하는 것이다.

흄의 인과론의 의의

흄에게 있어서 원인과 결과를 결합시키는 필연성이란 힘이 아니라 인과의 한쪽에서 다른 쪽으로 향하는 마음의 규정이고, 원인이 작용하는 장소는 원인의 속이나 신의 속이 아니라, 인간의 마음속에 존재하는 것이었다. 흄은 제14절에서 지금까지의 고찰을 바탕으로 인과 관계에 대한 정의를 내리고 있다.

흄에 의하면, 인과 관계에 대해서는 두 가지 정의를 내릴 수 있다. 이 두 가지의 정의의 차이는 인과 관계를 '철학적 관계로서 고찰할 것인가, 자연적 관계로서 고찰할 것인가'에 있다. 결국, '인과 관계를 두 가지 관념의 비교로서 고찰할 것인가, 두 가지 관념 사이의 연합으로서 고찰할 것인가'에 따라 다르다.

먼저 철학적 관계에서의 원인이란, '어떤 대상에 선행하는 한편 접근하는 대상이고, 그 때 후자와 유사한 어떤 대상도 전부 전자와 유사한 대상과 선행 및 접근이 닮은 관계에 놓인다'고 정의된다. 이에 비해 자연적 관계에서의 원인이란 '어떤 대상에 선행하는 한편 접근하는 대상이고, 더욱이 전자와 깊이 결합되어 있기 때문에 한쪽의 대상의 관념이 다른쪽의 대상의 관념을—그리고 한쪽의 대상이 다른쪽의 대상보다 생생한 관념을—형성하도록 마음을 규정하는 것이다.'

이와 같이 인과 관계를 접근, 계기, 항상적 연접처럼 사건의 규칙적이고 한결같은 공재관계(共在關係)에 의해 정의되고, 게다가 개별적인 원인과 결과의 결합보다 그것들을 사례로 삼은 보편적 규칙성을 중시하며, 거기서 인과적 필연성의 근거를 찾아내는 흄의 입장은 오늘날 '인과의 규칙설'이라 불리고 있다.

흄의 이러한 인과론이 가진 의의에 대하여 흄 연구자는 다음과 같이 서술하고 있다.

'흄의 인과론이 전통적으로 확실성을 의심받는 일 없이, 특히 이성론자로부터 무조건적인 신뢰를 얻고 있던 인과의 객관적 필연성을 뿌리부터 뒤흔든 것은 부정할 수 없다. 잘 알려진 바와 같이 칸트의 독단적인 선잠에서 각성(覺醒)시킨 것도 그의 인과 비판이었지만, 그것이 이중의 의미로 비판적이고 때로는 파괴적인 효과를 미친 것도 널리 알려져 있다.

하나는 인과율이 신의 존재 증명에서의 전제로서 요청되어 온 배경에서, 그것은 신학적 종교 전통에 대한 비판의 형태를 취하고, ……경험적으로 확증되는 인과에만 의미를 인정하는 견지는, 계시종교(啓示宗敎)에 대한 생애에 걸친 흄의 회의의 불가결한 거점의 하나였다고 할 수 있다.

다른 하나는 신학과 종교의 전통과는 대조적으로, 오히려 그것과는 대립해서 근세에 급속하게 대두한 자연과학 지식의 근저에 예상되고, 자연의 통일성의 근거가 되는 개념에 대해서도 흄의 비판은 양날의 칼로서 부정적 영향을 끼쳤다는 점이다. 이것은 흄이 그것을 이상으로서 계승하였을 뉴턴 역학의 구상과 아이러니컬하게도 저촉되어, 그것을 뒤집는 것처럼 보이는 효과이다.'

자아의 정의

흄은, 제1편 제4부의 제6절에서 인격동일성 문제를 해명한다. 여기서도 명기(銘記)해야 할 점으로서 흄이 문제로 삼고 있는 것은, 자아의 관념이고 자아 그 자체가 아니라는 점이다. 최초로 어떤 철학자들의 자아의 관념이 비판된다.

철학자 중에는 '우리는 언제나 '자아(self)'라 불리는 것을 가까이 의식하고 있고, 자아의 존재 및 그 존재의 계속을 논증에 의한 확증성 이상으로 확언하고 있다'고 생각하는 자가 있다. 흄이 여기에서 염두에 둔 것은 데카르트 또는 로크의 견해일 것이다.

그러나 흄에 의하면 이러한 견해는 경험에 반하고 있어, 우리는 여기서 설명된 자아의 관념을 가지고 있지 않다. 그렇다면, 자아의 관념은 어떠한 인상에서 유래하는 것일까. 우리가 자아에 대하여 명석하고 이해할 수 있는 관념을 가지고 있다면, 이 질문에 대답하지 않으면 안 된다. 그러나 이 질문은 모순과 불합리에 빠지지 않는 이상 대답할 수 없다고, 흄은 생각한다.

애초에 어떤 관념을 낳는 것은 하나의 인상이 아니면 안 된다. 그런데 자아는 몇 개의 인상과 관념이 관련성을 가진다고 가정되어 있다. 또 만약 어떤 인상이 자아의 관념을 낳는다면, 그 인상은 인간의 생애를 통해서 변함없이 같은 모습이 아니면 안 된다. 이는 철학자들이 생각한 자아란 그런 방법으로 존재한다고 가정되었기 때문이다. 그러나 이러한 항상적이고 변하지 않는 인상은 어디에도 없다. 따라서 항상적이고 변하지 않는 자아의 관념은 존재하지 않는 것이다.

흄은 이렇게 해서 철학자들의 견해를 반박한 뒤, 지각과 자아의 관계를 고찰한다. 흄에 의하면, 우리는 자아라고 부르는 것에 가장 가깝게 들어갈 때 뜨거움과 차가움, 사랑과 미움, 쾌락과 고통 같은, 어떤 특수한 지각을 만나는 것이다. 어떤 때에도 지각 없이 자기 자신을 파악할 수 없고, 또 지각 이외의 어떠한 것도 깨닫는 것은 있을 수 없다. 그러므로 지각이 없을 때는 자아는 존재하지 않는다고 해도 무방할 것이다. 그 뒤에 흄은 유명한 자아의 정의를 다음과 같이 서술한다.

'인간이란 생각지도 못한 속도로 계속해서 계기하고, 끊임없이 변화하며, 계속 움직이는 다양한 지각의 다발 또는 집합 바로 그것'이다. 그러면 이렇게 계기하는 지각에 동일성을 귀속시켜서, 자기 자신이 생애를 통해 변하지 않는 존재를 가진다고 가정하게 하는 것은 무엇일까. 이렇게 해서 흄은 인격동일성의 본성을 해명하는 데 착수한다.

인격동일성의 해명

흄에 의하면 인격동일성에 대한 논쟁은 단순한 언어의 문제에 머물지 않는다. 이는 변화하고 중단하는 대상에게 동일성을 부당하게 귀착시킬 때, 과실은 표현에 한정되지 않고 이 과실에 어떤 허구가 수반되기 때문이다. 결국 변동이 없고 중단하지 않는 것, 또는 신비롭고 해명하기 어려운 것이라는 허구가 수반되기 때문이다. 어떻게 해서 이러한 허구가 만들어지는 것일까. 동일성 관념의 부당한 적용에 대한 가설은, 일상 경험과 흄의 관찰에서 증명되는 것이다.

흄의 관찰은 물질 덩어리에 대해 이루어진다. 우리는 어떠한 경우에 물질 덩어리가 동일성을 가지고 있다고 간주할 수 있을까. 먼저 전체가 없고 어떤 부분에 운동과 장소의 변화가 인정된다 해도, 모든 부분이 중단되지도 않고 변화되지도 않는다면, 우리는 이 덩어리에 완전한 동일성을 귀속시킨다.

다음에 어떤 극히 작은 부분이 부가되지 않고 삭제되었다 해도, 이것이 전체의 동일성을 완전하게 파괴하는 경우에도, 우리는 이 물질 덩어리는 같다고 명언할 것이다. 더욱이 물체의 커다란 부분에 변화가 보일 때, 그것은 그 물질의 동일성을 파괴하는 것이지만, 변화를 깨닫지 못할 만큼 서서히 진행되는 경우에는, 빨리 변화하는 경우와 같은 결과를 물체에 돌리지는 않는다.

그러나 변화가 눈에 띈다면, 우리는 매우 다른 대상에서 동일성을 구하는 것을 망설이는 것은 확실하다. 그렇기는 하지만 어떤 공통 목적이 있는 경우에는 동일성을 구할 수 있다. 가령 배의 대부분을 수리하여 모양이 변해 버렸다 해도, 그 배는 여전히 같은 배라고 생각할 수 있다.

그런데 각 부분의 변화에도 불구하고 동일성을 구하는 경향은, 부분의 공통목적 위에 부분 상호의 공감을 부가할 때 한층 더 뚜렷해진다. 예를 들면, 동물과 식물의 경우이다. 동물과 식물은, 각 부분이 전체의 목표에 관계할 뿐 아니라, 서로 의존하고 결합하고 있다. 그것들은 몇 년 동안에 완전히 변화하지만, 우리는 그것들에게 동일성을 귀속시키는 것이다.

흄은 지금까지의 고찰을 자아에 적용함으로써, 인격동일성을 해명해 나갔다. 흄에 의하면 우리가 인간의 마음에 돌리는 동일성은 허구에 의한 것으로, 동물과 식물의 신체에 돌려지는 동일성과 같은 종류의 것이다.

마음의 구성 요소인 지각은 어떤 것이든 각각 다른 존재이고, 다른 지각과 달리 구별되고 분리된다. 이러한 구별과 분리에도 불구하고, 우리는 지각의 전체가 동일성에 의해 결합되어 있다고 상상한다. 거기서 동일성이라는 관계에 대하여 다음과 같은 문제가 발생한다. 이 동일성의 관계가 지각을 실제로 결합하는 것일까. 아니면 단순히 상상에 의해서 그러한 지각을 연합하고 있는 것뿐일까. 바꾸어 말하면, 어떤 사람의 동일성에 대하여 말할 때 지각 사이에 실재하는 연결고리를 관찰하고 있는 것일까. 아니면 그러한 연결고리가 느껴질 뿐인 것일까. 흄의 답은 후자이다.

인격동일성을 낳는 인과 관계

흄에 의하면, 지성은 대상 사이에 어떠한 결합도 관찰하지 않고, 인과의 결합조차도 관념의 습관적 연합에 불과한 것이다. 이 점에서 인격동일성은, 마음에 나타나는 다양한 지각에 속하고 그것을 하나로 결합시키는 것이 아니라, 우리가 지각을 돌이켜볼 때 상상에 있어서 지각의 관념이 결착하는 점에서부터 지각으로 되돌리려는 어떤 성질에 지나지 않는 것이다.

그런데 상상에 의해서 관념을 결착시키는 것을 가능하게 하는 성질로는, 유사, 접근, 인과성 이 세 가지와 관계가 있다. 따라서 동일성은 세 가지의 관계 중 어느 것이 의존하고 있는 것이 된다. 거기에서 문제는, 우리들이 인격의 계속적 존재를 생각할 때에 어떠한 관계에 의해 이러한 중단 없는 사고의 진행을 낳게 할 수 있을까 하는 점이다. 여기에서 접근은 이 문제에 전혀 영향이 없기 때문에, 유사와 인과성을 고찰하면 된다.

먼저 유사에 관해서 말하자면, 상상은 유사의 존재에 의해 동일성을 낳기 쉽게 된다. 이 때 기억이 중요한 기능을 한다. 지식 계기(繼起, 어떤 현상이 잇따라 일어남)의 온갖 변동 속에 있고, 이 계기에 관계를 부여하는 것이 기억이다. 기억이란 과거의 지각의 심상을 불러일으키는 기능일 수밖에 없다.

다음으로 인과성이 문제가 된다. 흄은 인과성에 의해서 마음의 동일성을 설명할 때 혼(soul)을 공화국에 빗대어, 다음과 같이 서술한다.

'이 공화국에서는 개개인의 성원은 지배와 복종이라는 상호적인 연결고리로 결합되어 있어 부분이 끊임없이 변화하는 중이고, 이같은 공화국을 알려가는 다른 사람들을 낳고 있다. 같은 하나의 공화국은, 이 성원을 변화시키는 것만이 아니라 그 법률과 조직도 변화시킬 수가 있지만, 그것과 비슷한 방법으로 같은 사람이 그 동일성을 잃어버리지 않고 인상과 관념만이 아닌 성격과 기질을 변화시킬 수 있다.'

이 마음의 정의에 의하면 흄이 '마음이란, 지각의 묶음 혹은 집합일 수밖에 없다'고 할 때 그것은 다양한 지각을 불러 모으는 것 같은 집합이 아니고, 지배와 복종이라는 연결고리로 결착된 하나의 조직 아닌 세력을 의미하고 있다는 것을 알 수 있다. 결국 마음이라는 관념은, 인과 관계에 의하여 이어 맞춰진, 상호에게 서로 영향을 끼치는 다양한 지각 즉 존재의 체계인 것이다.

흄에 의하면, 인과성의 경우에도 기억이 중요한 기능을 한다. 혹시 기억을 갖고 있지 않다면 우리는 인과성을 생각할 수 없고, 자아를 구성하고 있는 원인과 결과의 연쇄에도 생각이 못 미칠 것이다. 그러므로 기억은 인격동일성의 원천이지만, 실제로 인격동일성을 낳는 것은 인과 관계인 것이다. 때문에 우리는 인과성에 대한 생각을 기억에 의해 획득한 후에, 인과의 연쇄를 기억이 없는 곳까지 미치게 하여 인격동일성을 확장할 수 있기 때문이다.

이와 같이 흄에 의하여, 자아 관념은 지각이라는 심적인 것으로 집합한다고 간주되고 있지만, 자아 그 자체는 단순하게 심적인 것이 아니다. 흄은 제2편에서는 '우리의 마음과 신체의 여러 성질이 자아이다'라고 서술해, 자아를 신체와 마음의 복합체라고 가르치고 있다.

정념을 주제로 하여

정념의 분류

흄은 제1편에서 오성(understanding)을 주제로 우리 마음을 관찰하여 지성의 다양한 행위를 탐구하였다. 제2편에서는 정념(passion)을 주제로 하고, 정념의 종류에 따른 원인 탐구를 주요 과제로 하고 있다.

흄은 정념을 탐구하면서, 그 정념을 품은 사람들의 존재를 당연한 것으로 시인하고, 그 사람들이 생활하고 있는 사회나 자연세계도 인정한다. 이는 자연주의의 입장이다. 그는 자연주의자로서 그러한 사회와 세계 속에 사는 사람들을 외부 관찰에 의해 탐구한다.

정념에 관하여서 옛날에는 스토아 학파 철학자들이 논했으며, 근대 철학자 대부분은 스토아 학파 철학자들에게서 배우면서 각자의 정념론을 전개했다. 흄은 말브랑슈, 맨더빌, 허치슨 등의 영향 아래 정념에 대한 고찰을 깊게 했다고 생각된다.

흄은 먼저 정념의 기술적 분류에서 시작한다. 모든 지각이 인상과 관념으로 나뉘는 것처럼, 인상은 원초적과 이차적으로 나눌 수 있다. 원초적 인상 또는 감각 인상은 선행하는 지각이 없어도 신체 조직이나 외부 기관에 사물이 닿음으로서 마음에 일어나는 것이다. 이차적 인상 또는 반성적 인상은 원초적 인상의 어떤 것에서 직접 생기거나, 그 관념이 끼어들어 생기는 것이다.

원초적 인상이란, 감각 기능의 모든 인상과 모든 신체적 즐거움과 고통이다. 이차적 인상은, 정념과 그것에 유사한 다른 감동이다. 원초적 인상은 자연적·물리적 원인에 의존하는 것으로, 그 검토는 해부학과 자연학의 영역에 속한다. 그러므로 흄은 여기서는 이차적 인상에만 한하여 논의를 이어간다.

반성적 인상은 다시금 두 종류로, 즉 조용한 것과 격렬한 것으로 나눌 수 있다. 첫 번째는 행위나 구성이나 외적 인상에 나타나는 아름다움과 추함을 받아들이는 것이고, 두 번째는 사랑과 미움, 슬픔과 기쁨, 긍지와 소심 등의 정념이다. 다만 이 구분은 정확하지 않다. 예를 들어 시나 음악에 취한 황홀한 기쁨은 종종 더없이 높은 곳까지 오르지만, 한편으로는 정념이라고 불리는 인상이 시들어서 매우 차분한 감동이 되어 어느 정도까지 지각하지 못하게 될 수도 있다.

그런데 정념을 자세히 살펴보면 직접적인 것과 간접적인 것으로 나눌 수 있다. 이 구분은 정념의 발생 과정이 다른 데에 기인한다. 직접적 정념이란 선 또는 악, 기쁨 또는 고통에서 직접적으로 일어나는 것이다. 간접적 정념은 같은 원리에서가 아니라, 다른 성질과 서로 이어져서 생기는 것이다.

흄에 의하면, 직접적 정념의 근본에는 욕망·혐오·슬픔·기쁨·희망·공포·실망·안심 등이 포함된다. 간접적 정념의 근본에는 긍지·소심·야망·거만·사랑·미움·선망·연민·악의·관대함 및 이에 수반되는 여러 정념이 포함된다.

흄의 정념론의 특색

흄은 정념론에서 제일 먼저 긍지(pride)와 소심(humility)을 고찰한다. 이는 데카르트나 홉스에게서도 찾아볼 수 없는 점으로, 흄의 정념론의 특색을 나타낸다. 긍지와 소심의 정념은 지극히 단순한 인상이므로, 아무리 많은 말을 이용하더라도 올바른 정의를 내릴 수 없다. 그러나 긍지와 소심이라는 말은 널리 이용되고 있으며, 게다가 일상 경험으로 알고 있으므로 누구나가 이러한 정념에 대한 올바른 관념을 갖고 있다.

긍지와 소심은 정반대이기는 하지만 대상은 같다. 그 대상이란 자아, 즉 우리가 가장 익숙하게 기억하고 의식하고 있는, 서로 관계된 관념이나 인상이 잇달아 일어나는 것이다. 우리는 긍지와 소심의 정념에 의해 움직이는 경우, 언제나 시점은 자아에서 떨어지지 않는다. 그리고 자기 자신에 대한 관념이 더 강한지 아닌지에 따라 둘 중 어느 한 정념을 느낀다. 긍지의 경우에는 의기가 올라가고, 소심의 경우에는 의기소침해지는 것이다. 자아가 고려되지 않으면 긍지나 소심의 정념은 생기지 않는다.

자아는 긍지와 소심 정념의 대상이지만, 이러한 정념의 원인일 수는 없다. 왜냐하면 긍지와 소심은 정반대인 데다가 같은 대상을 지니므로, 만약 그 대상이 원인이라면 어느 한쪽의 정념만을 불러일으키기는 불가능하므로 동시에 다른 쪽의 정념도 동일한 만큼 불러일으키게 되고, 결국 양쪽이 서로 상쇄되어 어느 쪽의 정념도 불러일으키지 않게 되기 때문이다. 한 인간이 긍지와 소심을 동시에 갖기란 불가능하다.

따라서 긍지와 소심 정념의 원인과 대상을, 다시 말해 '정념을 불러일으키는 관념과 정념이 일 때 시선이 향하는 관념'을 구별해야 한다. 그러면 긍지와 소심의 원인은 무엇인가. 그것은 상상·판단력·기억·기질 등의 가치 있는 성질(예를 들면 기지·분별·박식·용기·정의 등)이다. 이것과 대립되는 것이 소심의 원인이다.

긍지와 소심이라는 정념의 원인을 살펴보면, 작용하는 성질과 이 성질이 귀속되는 주체 두 가지로 구별된다. 예를 들어 어떤 사람이 자신이 소유한 아름다운 집을 자랑한다고 하자. 이 때 정념의 대상은 그 자신이지만, 원인은 아름다운 집이다. 이 원인은 또다시 두 부분, 즉 정념에 작용하는 성질과 그 성질이 귀속되는 주체로 구별된다. 이 경우 성질은 아름다움이며, 주체는 그의 소유물(집)이다. 이 두 부분은 양쪽 모두 원인에 있어 본질적이며 구별도 무익한 것이 아니다.

다만 아름다움이 단순히 아름다움으로 여겨질 뿐, 우리와 관계된 것이 아니라면 미는 결코 자만과 소심을 일으키지 않는다. 한편 우리와 아무리 단단한 관계에 있어도, 미가 결여되어 있거나 그것을 대신할 것이 없으면, 그것만으로는 정념에 영향을 거의 미치지 않는다.

긍지와 소심의 원인

다음으로 긍지와 소심의 정념에 이러한 대상, 성질, 주체를 할당시키는 것은 무엇인가라는 문제를 고찰해 보도록 한다. 이 고찰에 의해 긍지와 소심의 성립 과정이 해명된다.

첫째, 긍지와 소심의 정념이 자아를 대상으로 갖도록 규정되는 것은 자연적 특성은 물론 원초적 특성(an original property)에도 의한 것이다. 이 특성이 자연적 이라는 점은 그 작용이 항상적이고 일정하다는 점에서 명백하다. 또한 이 특성 이 원초적 성질에서 생긴다는 점도, 긍지와 소심 정념을 다른 정념과 구별하는 특징이라는 것을 생각하면 역시 명백할 것이다. 흄은 여기서 '자연적'과 '원초 적'을 구별하여 사용하고 있다. 원초적인 것은 모두 자연적이지만, 자연적인 것 이 언제나 원초적인 것은 아니다.

만약 마음에 얼마간의 원초적 성질이 부여되어 있지 않으면 마음에는 어떠 한 이차적 성질도 있을 수 없을 것이다. 왜냐하면 원초적 성질이 부여되지 않 는 경우에는 마음이 활동의 근거를 갖지 못하고, 작용하지도 못하기 때문이다. 그리고 이 원초적 성질은 정신에서 분리하기가 가장 어려우며, 동시에 다른 성 질로 환원될 수 없다. 긍지와 소심의 대상을 규정하는 것은, 바로 그러한 성질 이다.

다음으로 긍지와 소심 정념을 일으키는 원인을 살펴보면, 그 원인은 분명 자 연적이지만 원초적이지는 않음을 알 수 있다. 이러한 원인은 자연의 특별한 배 려에 의해 긍지나 소심의 정념에 적합하게 되어 있는 것이 아니다. 원인의 수는 놀랄 만큼 다양하고 대부분 사람 손이 더해진 결과이며, 사람들의 노동에서, 사람들의 착상에서 또는 행운에서 생긴다. 예를 들어 노동은 집과 생활용품과 옷을 생산하고, 착상은 그것들의 종류나 성질을 결정한다. 또한 행운은 물체의 혼합과 조합에서 생기는 효과를 발견하여, 이 모든 일에 공헌하는 것이다.

흄은 이렇게 두 개의 진리, 즉 '이러한 다양한 원인이 긍지나 소심을 불러일 으키는 것은 자연적 원리에서라는 점 그리고 다른 원인이 그 정념에 적합한 것 은 각각 다른 원리에 의해서가 아니라는 점'을 확립한다.

인상 연합

그러면 이러한 원리를 더욱 적은 원리로 줄일 수 있는지의 여부를 연구해 보도록 한다. 그러기 위해서는 지성과 정념 쌍방에 걸쳐 그 온갖 작용에 강한 영향을 미치고 있는 인간 본성의 몇 가지 특성에 대하여 생각해 보아야 한다.

첫 번째 특성은 '관념 연합'이다. 마음은 오랜 시간 동안 한 가지 관념 위에 고정될 수 없다. 우리의 사상은 변화하기 쉽지만, 그 변화는 무질서하게 이루어지는 것이 아니다. 그리고 이 사상을 진행시키는 규칙이 유사, 접근, 인과성이다.

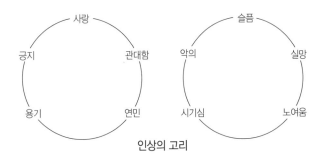

인상의 고리

두 번째 특성은 '인상 연합'이다. 모든 유사한 인상은 서로 연결되어 있으며, 하나의 인상이 일어나면 나머지 인상도 곧바로 이어서 일어난다. 예컨대 슬픔이나 실망은 노여움을 일으키게 하고, 노여움은 시기심을, 시기심은 악의를, 악의는 다시 슬픔이 생기게 하여 정념의 전체 고리를 완성한다.

또한 기쁨으로 고양된 기분은 마찬가지로 자연스럽게 사랑·관대함·연민·용기·긍지, 그 외의 비슷한 감동으로 옮겨 간다. 이처럼 마음은 어떠한 정념이 강해지면 그 정념에만 갇히기는 불가능하다. 그러므로 인상 사이에도 관념의 경우와 마찬가지로 인력(引力) 또는 연합이 있다. 관념은 유사, 접근, 인과성에 의해 연합되는데, 인상은 유사에 의해서만 연합된다.

세 번째 특성은, 첫 번째와 두 번째의 결합이다. 즉 관념 연합과 인상 연합이 같은 대상에 일어나는 경우이다. 이 때 양쪽이 서로 크게 도와 이행은 더욱 쉽게 이루어진다. 예를 들어 남에게서 상처를 입어 기분이 혼란스럽고 신경이 곤두선 사람은 자칫 불안·초조·공포, 기타 불쾌한 일과 마주치기 쉽다.

이러한 원인은 의문의 여지없는 경험에 근거하여 확립되었으므로, 긍지와 소심의 온갖 원인을 조사하여 이러한 원인을 어떻게 적용하면 좋을지 고찰해 보자.

먼저 원인이 되는 특성들을 살펴보면, 그 대부분은 긍지와 소심 정념과는 독립적이고, 즐거움과 고통의 마음을 일으키는 점에서 공통된다. 예를 들어 외모의 아름다움은 긍지와 더불어 즐거움을 야기하고, 외모의 추함은 소심과 함께 고통을 초래한다. 또한 호화로운 연회는 우리를 즐겁게 하고, 빈약한 연회는 불쾌하게 한다.

이러한 성질이 속하는 주체를 살펴보면, 이러한 주체는 우리 자신의 부분이거나 또는 우리와 가까운 관계에 있는 무엇이다. 예를 들면, 우리의 외모·집·가구·일상용품 등의 아름다움과 추함은 우리에게 긍지 또는 소심을 일으킨다. 그런데 같은 성질이라도 우리와 아무런 관계 없는 주체로 옮겨 가면 이러한 감정에 조금도 영향받지 않는다.

지금까지 살펴본 바를 정리해 보면, 긍지와 소심의 정념에 관하여 다음 내용이 명백해진다.

'우리 자신과 관계된 모든 즐거움의 대상은 관념 연합과 인상 연합에 의하여 긍지를 일으키고, 불쾌한 대상은 소심을 일으킨다.'

사랑과 미움의 해명

흄은 긍지와 소심에 대하여 살펴본 다음에, 간접적 정념 가운데 기본적인 것인 사랑(love)과 미움(hatred)을 채택하여 해명을 시도한다.

흄에 의하면, 사랑과 미움의 정념에 대하여 어떠한 정의를 내리는 것은 완전히 불가능하다. 왜냐하면 이러한 정념은 단순 인상을 일으킬 뿐이지 혼합이나 구성이 조금도 없기 때문이다. 그러나 이러한 정념은 일상생활과 경험을 통해 충분히 알려져 있는 것이므로, 직접 해명을 시도해도 나쁠 것은 없다.

먼저 사랑과 미움의 대상은, 긍지와 소심의 대상이 자아인 것과 마찬가지로 '어떤 다른 사람'이다. 우리의 사랑과 미움은 언제나 우리에게 있어 외적 감수성을 지닌 존재를 향한다. 그러므로 우리가 자기애(self-love)에 대하여 말할 때 그것은 본래의 의미에 대해서가 아니다. 자기애가 야기하는 마음에는 친구나 연인에 의해 일어나는 다정한 감동과 공통된 것이 전혀 없다.

그런데 사랑과 미움의 원인을 살펴보면, 그 원인이 매우 다종다양하여 공통된 것을 그다지 지니지 못함을 알 수 있다. 예를 들어 어떤 사람의 덕·지식·기지·분별·선한 마음씨는 사랑과 존경을 일으키고, 이와 반대의 성질은 미움과 경멸을 일으킨다. 또한 아름다움·힘·신속함·요령 좋음 등의 신체적인 세련에서도 사랑과 존경이 생기고, 반대의 것에서는 미움과 경멸이 생긴다. 가족·재산·의복·국민·국토 등의 우월 또는 열등에서도 같은 정념이 생긴다.

사랑과 미움의 원인을 더욱 자세하게 살펴보면, 원인 중에 작용하는 성질과 그 성질이 속하는 주체를 구별할 수 있다. 예를 들면 호화로운 왕궁을 가진 지배자는 그로 인해 존경을 받는다. 그것은 첫째, 왕궁의 아름다움에 의해, 둘째, 왕궁과 지배자를 연결하는 소유 관계에 의해서이다. 둘 중 하나만 제거해도 그 정념은 소멸해 버린다. 이는 원인이 복합적인 것임을 분명히 나타내고 있다.

이것으로 사랑과 미움의 대상은 명백히 '어떤 사고하는 사람'이라는 점, 사랑의 정념은 언제나 즐겁고, 미움의 정념은 언제나 불쾌하다는 점을 지적할 수 있다. 사랑과 미움의 원인이 이러한 정념을 일으키기 위해서는 어떤 사고하는 존재와 관계를 맺어야 한다는 점은 논의할 여지가 없다. 예컨대 추상적으로 생각된 경우의 덕이나 부덕, 생명이 없는 사물에 나타나는 아름다움과 추함, 제3자의 빈곤과 풍요 등은 그것과 전혀 관계 없는 사람들에게는 조금의 사랑과 미움도, 존경이나 경멸도 불러일으키지 않는다.

또한 사랑과 미움의 정념에 인상 관계가 필요하다는 점은, 언뜻 보면 그렇게 명백하지 않다. 그 이유는, 추리에 있어 한쪽의 인상이 다른 쪽의 인상과 지나치게 혼합되어 버려서 구별할 수 없을 정도가 되어 있기 때문이다.

이처럼 긍지나 소심을 일으키는 것과 같은 성질이 사랑과 미움을 불러일으키므로 전자의 정념의 원인이, 즉 정념은 독립적으로 즐거움 또는 고통을 불러일으킨다는 것을 증명하기 위해, 사용된 논의 전체는 후자의 정념의 원인에 대해서도 똑같은 명증성으로 적용될 수 있을 것이다.

마지막으로, 긍지와 소심, 사랑과 미움이라는 정념의 본성과 그 사이의 위치를 생각해 보면 이러한 정념은 이른바 사각형 모양으로, 즉 동일한 간격으로 동일한 결합을 맺고 있음을 알 수 있다. 그 관계를 그림으로 나타내면 다음과 같다.

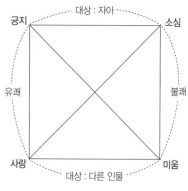

긍지와 소심, 사랑과 미움과의 관계

의지의 자유

흄은 제2편 제3부에서 의지와 직접적인 정념 관계를 고찰한다. 직접적인 정념은 관념의 매개 없이 선과 악, 즐거움과 고통에서 직접 생기는 인상을 말한다. 그 종류로 욕망·혐오·슬픔·기쁨·희망·공포를 들 수 있다.

흄에 의하면, 즐거움과 고통이 야기하는 직접적인 결과 중에서 '의지'만큼 주목받는 것은 없다. 의지는 본래 정념 속에 포함되지 않지만, 의지의 본성과 그것이 지닌 여러 특성을 이해하는 일은 정념의 해명에 불가결한 것이다.

흄이 말하는 의지는, '우리가 무언가 새로운 몸의 운동 또는 마음의 지각을 알게 될 때 우리가 느끼고 의식하는 내적인 인상에 다름없다'는 뜻이다. 이 인상은 사랑과 미움의 인상과 마찬가지로 정의할 수 없고 더 이상 설명할 수도 없는 것이다.

그런데 '의지의 자유'라는 문제는 예부터 철학자나 그리스도교 신학자에 의해 거듭 논의되어 왔다. 이 문제가 사람들의 관심을 모아온 것은, 그것이 자유와 책임의 문제에 관계되기 때문이다. 우리는 일반적으로 자유롭게 행동할 수 있을 때 책임이 있다고 생각한다. 그러나 결정론(필연성 학설)에 의하면 인간의 행동, 욕구, 사상 등 모든 것은 인과 법칙에 의해 결정되고 있다. 그러므로 결정론이 참이라면 인간은 자유롭게 행동할 수 없다.

한편, 만약 결정론이 거짓이라면 몇몇 사건은 인과 법칙에 의해 결정되는 것이 아니라 우연히 생기는 일이 된다. 그러나 우연에 의해 생기는 것은 인간의 통제력을 넘어선다. 그러므로 인간은 이 경우도 자유롭게 행동하지 못하게 된다. 의지의 자유에 관한 문제는 이러한 딜레마에 빠지기 쉽고, 간단히 해결되지 않는 어려운 문제로 여겨지고 있다.

또한 근대에 와서 의지의 자유 문제가 다시 주목받게 된 것은, 인간의 행위에 대해서도 자연 현상과 마찬가지로 인과 법칙을 적용하려는 시도와, 인간은 의지의 자유를 갖는다는 자연 감정의 충돌이 계기였다.

자유와 필연

외적 물체의 작용은 필연적이며, 물체끼리의 운동의 전달·인력·상호 응집에는 자유의 미미한 흔적조차 없음은 일반적으로 널리 인정된 바이다. 이것이 마음의 활동에도 적용되는지를 알아보려면, 먼저 물질을 자세히 살펴보고 그 작용에 대한 필연성 관념이 무엇에 근거하는지를 고찰해 보도록 한다.

제1편에서 이미 살펴본 바와 같이, 우리는 하나의 사례에 머무는 한 감각 기능에 의해서건 이성에 의해서건 어떠한 사물의 궁극적 통합도 발견할 수 없다. 또한 우리는 물질의 본질이나 구조까지 꿰뚫어 보고, 물체끼리의 영향이 어떤 원리에 의존하고 있는지를 지각하는 것도 절대 불가능하다. 우리가 알고 있는 것은 물체가 언제나 연접해 있다는 것뿐이다. 그리고 이 항상적 연접에서 필연성이 생긴다.

만약 물체 사이에 규칙적 연접이 없다면, 우리는 원인과 결과의 관념을 결코 가질 수 없을 것이다. 따라서 필연성의 본질이라고 생각되는 두 가지 사항이 있다. 바로 물체 상호간의 항상적 연접과 마음의 추리이다. 우리는 이 두 가지가 도출되는 경우에는 반드시 필연성을 승인해야 한다. 이러한 추리를 낳는 것은 연접의 관찰이다. 그러므로 만약 마음의 활동에도 항상적 연접이 있음을 증명하면, 마음의 활동의 필연성을 확립하는 것이 될 것이다.

먼저 우리의 행위가 동기, 기질, 환경과 언제나 변함없이 연접해 있음을 경험에 근거하여 증명해 보자. 이를 위해서는 인간의 보편적인 상태를 아주 살짝 훑어 보는 것으로 충분할 것이다. 그러한 내용은 어떤 관점에서 포착하든 이 원리를 뒷받침한다. 인류를 성·연령·신분·교육 방법 등의 차이에 따라 살펴보면 자연계의 원리와 같은 규칙적인 작용이 있음을 알 수 있다.

자연계의 요소나 힘이 서로 작용하는 경우와 마찬가지로, 서로 비슷한 원인은 비슷한 결과를 낳는다. 예를 들면 일용노동자의 피부·모공·근육·신경은 신분 높은 사람의 그것과 다르고, 쌍방의 마음이나 행동 등도 다르다. 생활 계층의 차이는 인간의 심신 구조 전체에 영향을 끼치기 때문이다.

또한 우리는 종이에 적힌 일정한 문자나 숫자를 보고, 그것을 쓴 사람이 카이사르의 죽음, 아우구스투스의 성공, 네로의 흉포함 같은 사실을 긍정하고자 했음을 추리한다. 그것과 일치하는 많은 증거를 떠올리고, 그러한 사실이 일찍이 실제로 있었다고 단정한다. 이러한 방식으로 추리하는 사람은 사실상 의지의 작용이 필연성에서 일어난다고 믿고 있는 것이다.

자유의지론에의 반박

흄에 따르면, 자유 의지를 주장하는 학설은 어떤 의미로는 불합리하고 다른 의미로는 이해하기 힘들다. 그럼에도 불구하고 이 학설이 널리 받아들여지고 있는 것은 다음의 세 가지 이유에 기인한다.

첫째, 우리는 어떤 행위를 한 다음에 특정한 의도나 동기에 영향받았음을 인정하더라도, 필연성에 지배받아 다른 행위를 할 수 없었노라고 자신에게 변명하기는 어렵다. 필연성 관념에는 어떤 힘이나 구속 같은 것이 포함되어 있는 것처럼 생각되는데, 우리는 그것을 알아차리지 못한다. 자발성의 자유와 무차별의 자유를, 즉 억지로 대립하는 것과 필연성이나 원인의 부정을 의미하는 것을 구별할 수 있는 사람은 거의 없다. 전자의 자유야말로 이 단어의 가장 일반적인 의미이다. 이 종류의 자유가 바로 우리가 유지하고자 바라는 것이다.

둘째, 무차별의 자유에도 거짓 경험이 있는데, 이것이 무차별의 자유가 존재하는 논거로 간주된다. 물질이든 마음이든 모든 활동의 필연성은 본래 활동하는 사람의 성질이 아니라 그 활동을 고찰하는 사람에게 속한 성질이다.

또한 우리는 대부분의 경우 행위가 의지에 따르고 있다고 느끼며, 게다가 의지 자체는 아무것도 따르지 않는다고 상상하고 있다. 왜냐하면 이것을 부정하고 의지를 구속하는 것이 있는지를 시험해 보고자 하면, 우리는 의지가 어떤 방향으로든 쉽게 움직이고, 실제로는 의지가 정착하지 않은 쪽에도 의지 자체의 영상을 만드는 것처럼 느끼기 때문이다. 그리고 이 영상이 완성되어 실제

의지가 될 수 있다고 믿는다.

만약 이것을 부정하더라도 시도해 보면 그렇게 될 수 있음을 알 수 있다는 것이다. 그러나 그러한 노력은 전부 부질 없는 것이다. 아무리 변덕스럽고 제멋대로 행동하든지 자유를 나타내고 싶다는 욕구가 그 행위의 유일한 동기이므로 우리는 필연성의 속박에서 결코 해방되지 못한다.

우리는 자기 자신 속에서 자유를 느낀다고 상상할지도 모른다. 그러나 외부에서 보는 사람은 우리의 행동을 동기나 성격에서 추리할 수 있다. 이처럼 행위를 동기나 성격에서 추리하는 것이 곧 필연성의 본질 자체이다.

셋째, 의지의 자유를 주장하는 학설이 필연성 학설(결정론)보다 세상 사람들에게 널리 받아들여진 것은 종교 때문이다. 종교가는 이제껏 이 문제에 이상할 정도로 관심을 기울여 왔다. 철학상의 논쟁에서 어떤 가설을 종교나 도덕에 위험을 야기한다는 구실로 논박하는 것은 매우 흔한 논구 방법인데, 이것만큼 비난받아 마땅한 것은 없다.

게다가 필연성 학설은 종교나 도덕에 위험한 것이 아니라 오히려 적합한 것이다. 만약 이러한 필연성이 없으면 종교도 도덕도 완전히 뒤엎어지고 말 것이다. 또한 모든 인간의 법은 상벌을 근거로 한다. 그러므로 이러한 동기가 마음에 영향을 미쳐 좋은 행위를 낳고, 나쁜 행위를 방해하는 것이 근본적 원칙으로 상정되어 있는 것이다.

또한 신이 죄의 사위스러움으로 인해 죄에 보복하는 자로 여겨질 때도, 인간의 행위에 원인과 결과의 필연적 결합이 없으면 벌을 정의나 도덕적 공정성에 들어맞도록 부과할 수 없게 될 것이다. 따라서 우리가 그 행위에서 상벌을 받는 것은—비록 일반 의견이 반대 학설로 기운다 해도—필연성 원리에 입각한 것이다.

유연한 결정론에 가까운 입장

흄은 《인간지성 연구》 제8장에서도 자유와 필연에 대하여 말하고 있는데, 여기서 주목할 점은 말의 혼란을 해소하면 자유와 필연성 사이에는 진정한 대립이 존재하지 않는다는 주장이다.

흄에 의하면, 의지의 자유를 둘러싼 문제가 오랫동안 논의되면서도 여전히 미해결로 남아 있는 것은, 논쟁할 때 사용되는 말의 모호함 때문이다. 필연성 학설에 있어서나 자유 학설에 있어서도 모든 사람들의 의견은 일치한다. 어떤 임의의 행위에 대하여 '자유'라는 말이 사용될 경우, 이 자유라는 말은 무엇을 의미하는가? 그 때의 자유는 '의지의 결정에 따라 행동을 하거나 하지 않는 능력'을 뜻한다. 다시 말해 우리가 움직이지 않겠다고 생각하면 움직이지 않고, 움직이려고 생각하면 움직일 수 있다는 말이다. 이 가정된 자유는 감옥에서 사슬로 묶여 있는 사람을 제외한 누구나 갖고 있다고 일반적으로 인정된다.

흄이 여기서 주장하는 것은, 외적 속박(예를 들어 사슬이나 감옥 등) 아래 있지 않은 사람은 모두 자유라는 점 또한 사람은 자유인 동시에 인과적으로 결정되어 있다는 점이다.

이상의 고찰로 명백하듯, 흄은 인간 행위의 영역에는 인과성 원리를 적용할 수 없는 부분이 있으므로 자유 의지를 주장한다는 입장에 반대하고, 필연성 학설을 옹호한다. 결정론(필연성 학설)에는 '완고한 결정론'과 '유연한 결정론'이 있다.

완고한 결정론은, 모든 사건은 인과적으로 결정되어 있으므로 인간에게는 선택과 행동의 자유가 없다고 주장하는 입장이다. 유연한 결정론은, 모든 사건이 인과적으로 결정되어 있음을 인정하면서 타인의 강제나 외적 장해가 없고 행위의 결정 요인이 행위자의 의지에 있으면, 그 행위를 자유라고 주장하는 입장이다.

흄은 유연한 결정론에 가까운 입장을 취하고 있다. 이 점은 흄의 회의적 성격을 해석할 때 유념해야 할 중대 문제이다.

이성과 정념

흄의 윤리학의 특색 가운데 하나로 윤리적 이성주의의 비판을 들 수 있다. 흄은 제3편 논의에 앞서 제2편의 제3부 제3절에서 윤리적 이성주의를 비판하고, 이성과 정념의 각각의 역할과 성격 그리고 양쪽의 관계 방식을 논했다.

흄은 철학에서든 일상생활에서든 정념과 이성의 싸움에 대하여 말하면서 정념보다 이성을 우선시켜, 이성의 명령에 따르는 한 덕이 있다고 주장하는 것만큼 흔해 빠진 것은 없다고 했다. 그러한 주장에 의하면 인간은 자기 행위를 이성으로 규제해야 하며, 만약 어떤 다른 동기나 원칙이 행위를 이끌려고 하면 끝까지 그것에 저항하고 진압해야 한다.

고대나 근대에서도 대부분의 도덕철학은 이러한 사고방식에 근거하고 있다고 생각된다. 흄은 고대에서는 스토아 학파를, 근대 영국에서는 랄프 커드워스나 헨리 모어 등의 케임브리지 플라톤파, 그리고 울러스턴이나 클라크 같은 이성론자의 견해를 상정하고 있었을 것이다.

이처럼 상정된 정념에 대한 이성의 우위보다 형이상학적인 논의나 일반 연설에 있어서 여유로운 싸움은 없다. 이성의 영원성, 불변성, 신적 기원이 더할 나위 없이 드러내어졌으며, 한편으로는 정념의 맹목성, 부정성(不定性), 기만성이 강하게 주장되어 왔다.

그러나 흄은 이러한 윤리적 이성주의의 사고방식이 잘못되었다고 하고, 그 오류를 밝히기 위해 다음 두 가지 명제를 증명하고자 했다.

1. 이성만으로는 어떠한 의지의 작용에도 절대 동기가 될 수 없다.
2. 의지를 이끌 때, 이성이 정념과 대립하는 일은 결코 있을 수 없다.

먼저, 첫 번째 명제에 대하여 생각해 보면, 오성은 두 가지 다른 방식으로 기능을 발휘한다. 논증에 입각하여 판단하든가, 개연성에 입각하여 판단하든가, 즉 개념 사이의 추상적 관계를 고찰하든가, 아니면 경험만이 알려 주는 대상의 관계를 고찰하든가이다.

앞의 것만으로 어떠한 행위의 원인이 된다고 주장하는 사람은 아마 없을 것이다. 이 종류의 추론의 본래 영역은 관념의 세계이기 때문이다. 한편 의지는 우리를 언제나 실재의 세계에 둔다. 그러므로 논증과 의지 작용은 완전히 동떨어져 있는 것처럼 생각된다.

기계학은 물체의 운동을 어떤 계획된 목적에 맞도록 조정하는 기술이다. 또한 우리가 수의 비율을 확정할 때 산술을 이용하는 이유는 행위에 대하여 수가 미치는 영향과 작용의 비율을 발견하기 위함이다. 이처럼 논증적 추론이 우리 행위에 영향을 주는 것은, 원인과 결과에 대한 판단을 올바르게 할 경우뿐이다.

이어서 오성의 제2작용에 대하여 고찰해 본다. 어떤 대상으로부터 즐거움 또는 고통을 예상할 때, 우리는 그 결과로서 혐오 또는 애착의 감동이 일어나는 것을 느끼고, 이 불쾌감 또는 만족을 준다고 생각되는 것을 회피하거나 차지하려는 마음에 사로잡힌다. 확실히 이러한 감동은 그것에만 그치지 않고 모든 면에 시선을 돌리게 하여, 그 본래의 대상과 인과 관계로 결합되어 있는 모든 것을 포함시킨다. 그러므로 여기서 이 원인과 결과의 관계를 도출하기 위한 추론이 생긴다. 그리고 추론이 바뀌는 것에 따라 우리의 행위도 달라진다.

그러나 이 때 행위의 충동은 이성에서 일어나는 것이 아니라 단지 이성에 의해 인도될 뿐이다. 어떤 대상에 애착 또는 혐오가 생기는 것은 즐거움이나 고통을 예상하기 때문이다. 이러한 감동은 이성과 경험의 지시에 의해 그 대상의 원인과 결과로 퍼져 가는 것이다. 그러나 만약 원인이나 결과가 우리에게 아무래도 상관없는 것이라면, 어떤 대상이 원인이고, 어떤 대상이 결과인지에 대해 아는 것은 관심을 끌지 못할 것이다. 따라서 이성은 대상의 인과적 결합을 발견할 뿐이므로, 대상이 우리 마음을 움직일 수 있는 것은 이성에 의해서가 아니다.

'이성은 정념의 노예'

흄은 이렇게 이성만으로는 어떠한 행위의 동기도 될 수 없음을 증명한 뒤에, 두 번째 명제, 곧 의지를 인도할 때 이성과 정념의 대립은 있을 수 없다는 점을 설명한다. 흄에 의하면 이성만으로는 어떠한 행위를 발생시키지 못하므로, 즉 의지 작용을 일으키지 못하므로, 같은 이성이라는 기능이 의지 작용을 방해하거나 정념과 우위를 다툴 수 없다. 이어서 흄은 유명하고 자극적인 말을 기술하고 있다.

'우리가 정념과 이성의 싸움에 대하여 말할 때는, 엄밀히 말해 철학적으로 이야기하는 것이 아니다. 이성은 정념의 노예이며 또한 그 정도에 불과해야 하고, 이성은 정념을 받들고 복종하는 것 이외에 결코 어떠한 역할을 감히 바랄 수 없다.'

여기서 사용된 '이성은 정념의 노예이다'라는 문장은 때때로 흄의 윤리적 이성주의 비판의 슬로건처럼 해석되기도 하나, 전체적 연관을 고려하지 않는 해석은 흄의 참뜻을 곡해할 우려가 있다. 이 부분을 제대로 해석하면, 이성은 행위의 직접적 동기가 될 수 없으며, 그런 의미에서 이성은 정념에 복종한다고 표현한 것이다. 따라서 이 문장을, 이성은 어떠한 경우에도 정념에 대하여 무력하다고 해석해서는 안 된다. 흄의 문장에는 이처럼 자극적인 표현이 종종 나타나는데, 이러한 과장된 표현은 상대를 논박하는 수단으로서 유용했을 것이다.

또한 흄은 정념이 이성에 양보하는 경우도 있을 수 있다고 지적한다. 그에 따르면 이성과 정념이 서로 대립하거나, 의지나 행위의 지배를 놓고 싸우는 일은 결코 있을 수 없다. 우리가 상정의 오류 또는 수단의 불충분을 깨달으면 정념은 이성에 양보한다. 예를 들어 내가 어떤 과일이 뛰어나게 맛있을 것이라고 생각하고 원하는 경우가 있다. 그러나 내가 틀렸다는 것을 납득하면 욕망은 사라질 것이다.

흄은 이성과 정념의 구별을 더욱 명확하게 하기 위하여, 정념의 독특한 상태를 강조하여 다음과 같이 말했다.

'정념은 원초적 존재이다. 또는 그렇게 부르고 싶다면 존재의 원초적 변용이다. 즉 정념은, 이것을 무언가 다른 존재 또는 변용을 복사하는 것 같은 재현적 성질을 조금도 포함하지 않는다. 예를 들어 내가 화내고 있을 때 나는 현실에 정념을 갖고 있는 것이며, 그 감동은 다른 현상과 아무런 관계도 없다. ……따라서 이 정념이 진리나 이성과 대립한다든가 모순된다는 것은 불가능하다.'

이처럼 정념은 인상의 부류에 속하며, 그러므로 원초적 존재이다. 또한 독특한 존재이자 존재의 원초적 변용으로, 다른 정념이나 행위와의 관계를 포함하지 않는다. 따라서 정념은 관념의 관계에 일치하거나 다른 실재를 복사할 수 없으므로, 이성과 대립하거나 싸우기란 불가능하다.

도덕을 주제로 하여

도덕에 대하여

흄은 제1편의 '오성에 대하여'와 제2편 '정념에 대하여'에서 좁은 뜻에 있어서의 인간 본성 그 자체의 분석적 탐구를 시도하여, 오성과 정념이 인간 본성의 배움의 기초가 되는 것을 분명하게 했다. 제3편의 '도덕에 대하여'에서는, 제1, 2편의 고찰에 의해 발견한 인간 본성의 여러 원리를 도덕(moral)이라고 하는 한층 구체적인 인간의 일들에 적용하여, 거기에서 행동의 여러 원칙을 파악하려고 시도하고 있다.

흄에 의하면, 도덕은 다른 그 어떤 것보다도 우리의 흥미를 끄는 문제이다. 사회의 평화가 도덕에 대한 여러 가지 결정에 의존하고 있기 때문이다. 여기서 '도덕'이라고 불리는 것은 좁은 뜻으로서의 도덕이나 윤리를 포함하고 있으나, 그것에 한정되지 않고 사회철학, 정치학 등의 영역도 포함하고 있다.

흄의 도덕론에 있어서 근본문제는 덕이다. 덕에 대해서는 두 개의 과제, 즉 덕의 종류의 유래, 그리고 덕에 따르는 도덕성의 근거가 있다. 덕은 크게 나누면 자연적 덕과 인위적 덕으로 구별된다. 흄은 《인간이란 무엇인가》에서 최초의 인위적 덕을 고찰하고, 그 후에 자연적 덕을 고찰하고 있다. 그 이유는 인위적 덕의 경우가 그 성립 과정에 고찰해야 할 많은 것을 갖고 있기 때문일 것이다.

흄에 의하면, 인간의 마음에 나타나는 것은 지각(知覺)밖에 없다. 그런 까닭으로 마음은 지각이라고 하는 명사에 포괄되지 않은 그 어떤 기능으로서 작용을 나타내는 일은 결코 없다. 이 명사는 도덕적 선악을 구별하는 판단에도 다른 모든 마음에 작용하는 경우와 마찬가지로 적용된다.

여기서 지각은 인상과 관념으로 구별된다. 이러한 구별이 도덕에 대하여 한 가지 문제를 제기한다.

'우리가 덕(virtue)과 부덕(不德, vice)을 구별하여 어떤 행위에 대하여 비난당해 마땅하거나, 혹은 칭찬할 가치가 있다고 선고하는 것은 관념에 의한 것인가, 아니면 인상에 의한 것인가라는 문제이다.'

덕과 부덕은 우리 행위나 정념에 관계되는 것이며, 아울러 단순한 관념 그 자체는 행위나 정념에 영향을 미치는 것이 불가능한 것이다. 그런 까닭으로 덕과 부덕은 관념에 의하여 구별할 수 없다. 이는 이성의 역할이 진위를 발견하는 것에서 명확해지는 것이다.

진위는 관념의 사이에 실제 관계와 일치하는가 또는 일치하지 않는가. 아니면 실제 존재나 사실과 일치하는가 또는 일치하지 않는가 둘 중 하나이다. 이런 일치, 불일치가 들어갈 여지가 없는 것은 모두 '진(眞)' 또는 '위(僞)'이지 못하고 이성의 대상이 될 수 없다. 그렇기 때문에 정념, 의지 작용, 행위에는 이런 일치, 불일치가 들어갈 여지가 없다. 그러므로 덕과 부덕을 구별할 수 있는 것은 인상에 의한 것이어야 한다.

이성에 유래하지 않는 도덕적 구별

흄에 의하면, 철학은 보통 사색적인 것과 실천적인 것으로 구별된다. 도덕은 후자에 속하며 우리의 행위와 정념에 영향을 끼친다.

그러나 철학자 중에서는 '덕은 이성과의 합치, 바로 그것이다'라고 하거나, '사물을 헤아리는 모든 이성적 존재에 공통적인 사물 본래의 목적에의 적합성, 부적합성이 있다', '올바른 것과 올바르지 못한 것의 불변의 기준은, 인간뿐만이 아니라 신에게도 책임이 있다'고 주장하는 사람이 있다.

이들의 견해는 도덕이 진리와 같이 그저 관념에 의해 바꾸어 말하면 관념의 병치나 비교에 의해 나누어질 수 있다고 생각하는 점에서 일치한다. 이런 견해가 옳은가 아닌가를 판정하기 위해서는 이성만으로 도덕적 선악이 구별할 수 있는가 없는가를 고찰해야 한다.

만약 도덕이 인간의 행위나 정념에 어떤 영향도 끼치지 않는다고 한다면, 고생해서 도덕을 철저히 가르쳐도 아무런 쓸모가 없는 일이다. 또한 모든 도덕가가 말하는 많은 규율과 교훈만큼 무의미한 것도 없을 것이다.

여기서 도덕은 우리의 행위와 정념에 영향을 미치며, 지성의 냉정함으로 마음을 움직이지 않는 판단의 범위를 넘어서는 것으로 상정된다. 이는 일상의 경험에 의해서도 뒷받침된다. 사람들은 종종 의무의 지배를 받아 부정한 행위를 단념하고, 책임감에 의해 다른 행위를 할 수 있기 때문이다. 이렇듯 도덕은 행위와 정념에 영향을 끼치기 때문에, 도덕적 구별이 이성에 유래하지 않는 것은 자명하다.

'도덕은 정념을 불러일으키고 행위를 생기게 하거나 방해하거나 한다. 이성 그 자체는 이런 점에 대하여 완전히 무력하다. 그러므로 도덕 규칙은 이성의 결정이 아니다.'

이와 같이 이성이 행위와 정념에 영향을 끼치지 않는다고 인정하는 한, 도덕적 구별이 이성에 의해서만 발견될 수 있다고 주장할 수 없다. 능동적 원리가 능동적이지 못한 원리를 기반으로 할 수는 없다. 이성 그 자체가 능동적이지 못하다면, 이성은 모든 형태에 있어 능동적이지 못한 채로 머물러 있어야 한다. 따라서 이성은 결코 양심 또는 도덕심과 같은 능동적 원리의 원천이 될 수 없다.

'~이다'와 '~해야 한다'

흄에 의하면, 어떤 철학자는 도덕을 논증할 수 있다는 견해를 열심히 주장했다. 그러나 이런 논증을 한 걸음이라도 진전시킬 수는 없었다. 이에 관계없이 철학자들은 도덕학을 기하학과 같은 확실성으로까지 초래하는 것이 가능하다고 처음부터 전제하였다. 이런 가정에 바탕을 두고, 덕과 부덕은 어떠한 관계에 있어야 하게 된 것이다.

이들 철학자는 덕과 부덕이 어떠한 관계에 있다고 주장하였으나, 도덕성의 관계와 그 관계가 이성에 의해 식별 가능하다고는 말할 수 없었다. 그들의 주장은 이성은 이러이러한 관계에 있고 이러이러한 행위가 덕망 있는 행동이며, 다른 이러이러한 관계에 있는 이러이러한 행위는 부덕이라는 것을 발견할 수 있다는 것이었다.

만약 덕과 부덕이 논증할 수 있는 관계라면, 그 관계는 제1편 제3부 제1절에서 말한 것과 같이 유사, 반대, 어떤 성질의 정도, 양이나 수의 비율이라는 네 가지가 있을 뿐이다. 그러나 이런 경우에는 모순에 빠지게 되어, 그 모순에서 탈출하는 것이 불가능하게 된다. 이런 관계는 비이성적인 것을 비롯하여 생명이 없는 것에도 적용할 수 있기 때문에 생명이 없는 것조차도 도덕적으로 가치가 있다는 불합리가 생기기 때문이다. 그러므로 도덕의 본질은 그 어떤 것과도 관계가 없다는 것에 의문의 여지가 없게 된다.

흄은 제3편 제1부 제1절의 마지막 부분에서 '~이다'와 '~해야 한다'와의 관계에 대하여 다음과 같이 기술한다.

"나는 어떤 도덕 체계에 대해서도 항상 깨닫고 있었지만, 그 저자는 잠시 동안 일반적인 방법으로 사물의 이치를 깊이 따져 논하는 것을 진행시키고, 그런 후에 신의 존재를 입증하고, 인간사에 대한 소견을 말했다. 그러나 뜻밖에 마주친 어떠한 명제도 '이다, 아니다'와 같은 평범한 말로 명제를 연결하는 대신에 '~해야 한다' 혹은 '~하지 말아야 한다'라는 식으로 연결하는 것을 깨닫고 나는 놀라고 말았다. 이러한 변화는 눈에 잘 띄지 않으나 대단히 중요하다. 왜냐하면 이런 '~해야 한다, 하지 말아야 한다'라는 것은, 어떤 새로운 관계나 단언으로 표현하고 있기 때문이다."

이 단락은 흄이 가장 처음으로 '이다'와 '해야 한다'의 구분을 확실한 형태로 문제삼은 것으로 알려져 있다. 이 단락을 선행하는 문맥으로부터 분리해서 '이다'에서부터 '해야 한다'를 바꾸어 말하면, 사실로부터 당위를 논리적으로 이끄는 것이 불가능하다고 해석할 수 있다. 현대 영미 윤리학에서는 G.E. 무어의 '선은 정의할 수 없다'라고 하는 생각과 결합하여 사실명제와 당위명제가 엄격하게 구별됨과 동시에, 이 단락의 해석을 둘러싼 논쟁이 활발하게 반복되어 왔다.

그런데 선행하는 문맥과 이 단락을 결합하여 해석한다면, 흄은 당시의 신학적으로 사변적인 도덕론이 '이다'와 '해야 한다'를 혼동하여 그 정당성을 강조하고 있는 것에 대하여, 도덕을 관찰과 경험에 근거하여 탐구하는 입장에서 비판한 것으로 해석할 수 있다.

도덕 감각에 유래하는 도덕적 구별

흄은 도덕적 구별이 이성에 유래하지 않는다는 것을 분명히 한 뒤에 도덕적 구별이 덕과 부덕을 일으키는 인상, 즉 도덕 감각에 유래한다는 것을 설명한다.

덕과 부덕은 이성에 의해서는 발견할 수 없기 때문에 덕과 부덕의 차이를 정할 수 있는 것은, 양자가 일으키는 인상 또는 감정에 의한 것이어야만 한다. 그러므로 '도덕은 판단된다고 말하기보다는 더욱 적절하게 느껴진다'는 것이다. 이런 느낌은 평소에는 극히 조용한 한편 온화하기 때문에 자칫하면 이성적인 관념과 혼동되기 십상이다.

그렇다면 이러한 인상은 어떠한 성질이며 우리에게 어떻게 작용하는 것일까. 흄은 이 의문에 대하여 '덕으로부터 일어나는 인상은 유쾌함이며, 부덕으로부터 일어나는 인상은 불쾌함이다'라고 선언하며, 모든 경험이 이를 확실하게 인정하고 있다고 말한다. 예를 들면 고귀하고 관대한 행위만큼 아름다운 행동은 없으며, 잔인하고 배신적인 행위만큼 혐오감을 주는 것은 없다는 것이다.

이와 같이 도덕적 선악을 알리는 인상은 어떤 특수한 쾌고(快苦, 유쾌함과 불쾌함), 바로 그것이다. 그러므로 도덕적 구별에 대한 연구에 있어, 왜 어떤 성격이 칭찬받거나 비난을 받는지를 납득하기 위해서는 성격을 보았을 때의 만족 또는 불쾌감을 느끼게 하는 원리를 분명하게 드러내 보이는 것으로 충분하다. 예를 들면 어떤 행위나 성격은 덕망이 있으며, 어떤 성격은 부덕하다. 그 이유는 무엇인가. 우리가 그것을 보면, 어떤 특수한 종류의 유쾌함 또는 불쾌함이 일어나기 때문이다.

'대체적으로 덕의 감각을 갖는다는 것은, 어떤 성격을 주시하는 것에 의해 특수한 종류의 만족을 느끼게 해 주기 때문에 그 성격은 덕이 있다고 추론하는 것이 아니다. 그 성격이 어떤 특수한 방법으로 만족하게 해 준다고 느끼는 것으로 그 성격이 덕이 있다고 실제로 느끼는 것이다.'

이렇듯 만약 덕과 부덕이 쾌고에 의해 결정된다면, 쾌고라고 하는 성질은 어떤 경우라도 감각으로부터 일어나기 때문에 생명이 없는 사물도 덕이 있거나 혹은 덕을 갖게 되는 것이다. 흄은 이런 반론이 되리라는 것을 예상하고, 이런 종류의 쾌고의 느낌은 다음의 3가지의 조건을 동반한다고 주장한다.

첫 번째로 '쾌'라고 하는 말은 질적으로 다른 여러 가지 감정을 포괄하고 있다. 예를 들면 좋은 음악도 좋은 술도 다같이 '쾌'를 만들어 내지만 양자의 쾌를 혼동하여 술이 화음같다고 하거나, 음악이 좋은 향을 낸다고 말하면 안 된다. 이와 마찬가지로 생명이 없는 사물과 인물의 성격이나 감정이 주는 만족을 혼동해서는 안 된다.

두 번째로 성격이나 행위로부터 발생하는 쾌고의 감정 전부가 우리에 의해서 칭찬 또는 비난받는 특수한 쾌고가 아니다. 도덕적으로 선악이라고 불릴 수 있는 쾌고의 감정은, 특수한 이익 및 손실과 관련되지 않고 일반적으로 고찰하는 것으로부터 발생한다.

세 번째로 덕과 부덕은 우리 자신의 안에 놓이거나 혹은 타인 안에 놓여야 하며, 유쾌함 혹은 불쾌함 그 어느 것이라도 일으켜야 한다. 그러므로 긍지·겸손·사랑·미워하는 정념의 하나가 생겨야 한다. 이 점에 있어 덕과 부덕에 대한 쾌고는 생명이 없는 사물로부터 발생하는 쾌고와 명백하게 다르다.

홉스에서 맨더빌

흄은 《인간이란 무엇인가》의 제3편 제3권 제1부에서 덕과 부덕을 고찰한 후에 제2부에서 인위적 덕으로서의 정의론을 전개한다. 흄의 정의론과 이것을 관련하여 언급된 시민사회론은 그의 이상 중에서도 가장 독창적인 것으로 평가된다. 인위적인 덕으로서 정의론을 고찰하기 전에, 흄이 당시의 도덕철학의 두 가지 조류에 대하여 어떻게 비판했는지 고찰해 보자.

17세기 중엽에서부터 18세기에 걸친 기간 동안, 영국의 도덕철학에는 두 가지 주요한 조류를 볼 수 있다. 여기서 말하는 도덕철학이라는 것은 오늘날의 논리학만을 의미하는 것이 아니라, 보다 넓은 인간과 사회에 관한 인식—오늘날의 철학 혹은 사회과학—을 의미한다. 당시의 도덕철학에는 홉스에서 맨더빌에 이르는 흐름과 샤프츠버리에서 허치슨에 이르는 흐름이 있었다. 전자의 입장은 '이기설'이라고 불리며, 후자의 입장은 '이타설' 혹은 '도덕 감각설'이라고 불린다.

홉스(1588~1679)는 《리바이어던》(1651)에서 이기적 인간이 국가를 설립한 이유를 다음과 같이 말한다. 인간은 자연 상태에 있어서는 심신양면에서 평등하며, 자기보존을 위해서는 어떠한 수단을 써도 좋다는 자연권이 주어졌다. 그리고 이런 자연권의 행사에 의하여 '만인의 만인에 대한 투쟁'이라고 하는 전쟁 상태가 발생한다. 이것으로 각자의 생명 그 자체가 위험에 노출되어 버린다. 여기서 인간은 자기보호를 위한 평화를 추구하려는 자연법(이성의 목소리)에 따라 자연권을 포기하여 서로 계약을 맺고 각자의 대표자인 주권자를 선택하여 국가를 설립한 것이다.

홉스에 따르면, 인간은 기본적으로 탐욕스러운 이기주의자이며, 인간에게 있어 가장 중요한 것은 자신의 생명보호=자기보존이라고 하는 것이다.

맨더빌(1670~1733)은 네덜란드 로테르담에서 태어나 레이덴 대학교의 의학부를 졸업한 뒤 영국으로 건너갔다가 그곳 관습이 마음에 들어 런던에 정착하였다. 1714년에 《꿀벌의 우화—개인의 악덕·사회의 이익》을 간행하였다. 이 책은 각자가 악행에 빠지면서 전체를 부유하고 강력한 꿀벌에 비유하여, 각자의 사치·탐욕·질투 등의 부덕이 오히려 사회의 번영으로 이어진다고 역설하고 있다. '개인의 부덕·사회의 이익'이라고 하는 부제는 이 저서의 악명을 높이기도

홉스 영국의 철학자

하였으나, 그것은 인간 본성 안에 존재하는 부덕을, 낡은 그리스도교 논리와 같이 단순히 부덕으로서 감정적으로 부정하지 않고, 어떤 종류의 개인적인 부덕이 사회의 원동력이 되는 것을 인정하고 그것을 평가한 것이다.

맨더빌은 홉스로부터 이기적 인간관을 계승하여, 모든 인간의 행위는 이기적 동기에 의거하고 있다는 전통적 도덕의 허위와 위선의 폭로에 전력을 기울였다. 그리하여 공공 이익에 반하는 이기심을 억제하는 힘을 법으로 구하고, 이러한 법에 의거하여 노련한 정치가의 교묘한 관리에 의하여 개인적 부덕은 공공 이익에 일치할 수 있다고 생각했다.

홉스, 맨더빌설의 주요한 특징은 첫 번째로 이기적 인간관을 들 수 있다. 두 번째로는 이기심을 억제하는 강대한 힘을 개인의 외부에 요구하고 있는 것을 들 수 있다.

샤프츠버리에서 허치슨

샤프츠버리(1671~1713)는 영국 명문가에서 태어나, 가정교사였던 J. 로크의 지도하에 영재교육을 받았다. 단기간이었지만 국회의원이 되어 휘그당원으로서 정계에서 개인의 권리와 자유의 옹호를 위해 활약하였다.

샤프츠버리는 무엇보다도 뛰어난 문화인이었으며, 계몽주의 시대의 전형적인 윤리학자였다. 그의 저서 《인간·풍습·의견·시대의 특징 *Characteristics of Men, Manners, Opinions, Times*》은 1711년에 간행되었으며, 신학자나 철학자, 윤리학자뿐만 아니라 시인과 소설가에 이르기까지 널리 읽혔다. 그의 저서는 프랑스어와 독일어로 번역되어 이를 읽은 볼테르, 디드로, 몽테스키외로부터 극찬받았다. 그리하여 샤프츠버리는 18세기 전반의 유럽에서 엄청난 인기를 얻어, 프랑스나 독일의 근대사상에 중대한 영향을 끼치게 된다. 또한 흄과 애덤 스미스의 사상 형성에도 적지 않은 영향을 주었다.

샤프츠버리는 홉스의 이기적 인간관과 청교도주의의 인간 불신에 반대하여, 인간 본성이 도덕적으로 선하며 우정이나 동포애라고 하는 이타적 감정이야말로 인간이 갖는 자연 감정이라고 생각했다. 샤프츠버리에 의하면 인간의 감정은 다음의 세 가지로 구분된다.

첫 번째 감정은 공익을 향한 사회적 감정이다. 이것은 사랑·친절·우정·연민 등으로 타인에게 이익을 주며, 이것을 도우려고 하는 이타적 감정이다.

두 번째 감정은 이익만을 추구하는 감정이다. 이것은 자신의 욕구와 이익만을 추구하는 이기적 감정이며, 타인과 공공복지를 망가뜨리는 경우에는 유해하지만 절도 있는 경우에는 무해하다.

세 번째 감정은 공익과 이익의 어느 쪽에도 속하지 않으며 반대 되는 개념으로, '반자연적인 감정'이라고 불린다. 여기에는 잔인함, 이유 없는 미움과 질투, 인간 혐오, 배신과 은혜를 잊는 것 등이 포함된다. 여기서 이타적 감정만이 자연 감정이라고 불리고, 이기적 감정은 자연 감정으로부터 제외되었다.

샤프츠버리는 도덕 감각이라고 하는 선악 시비를 판정하는 감정이 있다고 생각했다. 도덕 감각은 '내면의 눈'이라고 불리며 대상이 나타나자마자 미추선악을 꿰뚫어 보는 힘이다. 이런 감각은 자연에 의하여 만인에게 동등하게 주어져, 태어날 때부터 가지고 있는 능력이다.

허치슨(1694~1752)은 북아일랜드의 장로파 목사의 차남으로 태어났다. 1711년 글래스고 대학교에 진학하여 6년간 수학하였다. 1719년 더블린에서 장로파 학교 개설에 종사하여, 개설 후 수업을 담당하였다. 1729년에 글래스고 대학교의 도덕철학 교수로 선임되었다.

허치슨은 1725년에 간행된 《아름다움과 덕의 관념의 기원》에서 샤프츠버리의 사상에 의거하면서, 청교도주의의 극단적인 일면성에 반대하여 인간과 세계와의 조화의 회복을 시도함과 동시에, 이기적 인간관에 반대하여 이타심에서 유래하는 인간에 대한 덕의 존엄 확립을 설명하였다.

허치슨은 행위의 선악을 판단하는 능력을, 샤프츠버리를 모방하여 도덕 감각이라고 부르며 인애의 개념과 함께 그의 도덕철학의 핵심에 두었다. 그것은 도덕적 선악의 감각이라고도 부를 수 있겠지만 샤프츠버리의 도덕 감각이 일종의 직관 능력처럼 보이는 것과는 달리, 흔히 말하는 다섯 가지 감각 기관(눈·

귀·코·혀·피부)과 같은 감각 능력이라고 생각하였다.

허치슨에 의하면, 인간은 이기적인 사랑뿐만 아니라 다양한 정도의 타인에 대한 인애의 감정을 갖고 있으며, 이 감정은 자신의 행복을 조금이라도 고려하지 않고, 타인의 행복을 궁극적인 목적으로 하기를 바란다. 예를 들면 자식의 따뜻한 사랑, 은인에 대한 감사, 타인의 불행에 대한 연민 등이 우리에게 있어 대단히 자연스러운 감정이라는 것을 알 수 있다. 또한 인애는 인류적 감정이며 가족, 이웃 등의 주변을 넘어 멀리 떨어진 시대나 나라에까지 다다른다.

허치슨의 도덕철학은 샤프츠버리의 철학과 비교하였을 때 형이상학적 색채가 희미해져, 보다 경험주의적이고 보다 체계적이 되었다고 평가할 수 있다.

마지막으로 샤프츠버리와 허치슨설의 주요한 특징을 정리하자면, 첫 번째는 행위의 직접 동기를 이루는 감정으로서, 인애의 효과를 들 수 있다. 인애가 타인의 행복을 바라고, 자신을 타인과 우호적으로 결합하는 이타적 감정으로서 강조되고 있다.

두 번째로는 도덕 감각의 사상을 들 수 있다. 이것은 샤프츠버리, 허치슨설에서 가장 주목해야 할 개념이다.

이기심과 한정된 관대함

흄이 당시의 도덕철학의 두 가지 조류에 대하여 어떠한 견해를 가지고 있었는가를 명확하게 하기 위해서는, 우선 가장 먼저 흄이 인간 본성을 어떤 것으로 파악하고 있었는가를 고찰하는 것이 필요하다. 흄은 인간 본성의 중심에 이기심이 있다는 것을 다음과 같이 말하고 있다.

'인간은 태어날 때부터 이기적인 것인가, 아니면 단순히 한정된 관대함(generosity)을 부여받은 것에 지나지 않는가. 그러므로 알지 못하는 사람의 이익을 위해서 무언가 행동을 일으키지 않으면 보상이 되는 이익을 팔 전망이 없는 경우를 제외하고는 쉽게 그러한 행동을 일으킬 기분이 되지 않는 것이다.'

'만약 우리가 자신의 정서나 경향의 자연 경과에 따라야 하는 것이라고 했을 때, 사욕을 멀리한 관점에서 타인의 이익을 도모하는 행동을 하는 것은 극히 적을 것이다.'

흄에 의하면, 이기심은 인간 본성의 고유한 원리나 정서의 결과로 결코 변경되지 않는다. 흄이 인간 본성의 중심을 이기심이라고 파악한 것은, 홉스와 맨더빌설을 그대로 계승했다는 것을 의미하는 것인가. 흄이 인간 본성의 중심을 이기심으로 파악하고 이것을 기점으로 하여 그의 시민 사회를 구성한 것에는, 홉스의 영향이 현저하게 발견된다.

그러나 흄은 홉스와 맨더빌설을 그대로 계승한 것이 아니다. 이 설에 대해서는 장난에 이기심을 너무 강조하는 점을 다음과 같이 비판하고 있다.

'일반적으로 말해서, 이런 성질(이기심)은 지금까지 너무 극단적으로 설명되어 왔다. 어떤 철학자가 인간의 이런 점에 대해 흥미를 갖고 쓴 기록은 옛날 이야기나 괴담 소설에 나타나는 괴물의 설명과 같이, 본래의 모습에서 동떨어진 것처럼 생각된다. 인간이 자신 이외의 것에 대하여 따뜻한 사랑을 전혀 갖지 않는다고는 생각할 수 없다.'

흄은 인간 본성의 중심이 이기심에 있다는 것을 인정하면서도, 인간에게는 이런 이기심을 내면으로부터 억제하는 '공감원리'가 있다고 하였으며, 이를 다음과 같이 설명했다.

'대체로 인간 본성의 성질 안에서나 그 자신에 있어서도 또한 그 결과에 있어서도 가장 현저한 것은, 타인에 공감하지 않을 수 없는 성향 즉 타인의 경향이나 감정이 우리의 그것과 어느 정도 차이가 나거나 반대된다 하더라도, 그들 타인의 경향이나 감정을 의사소통에 의해 받아들이지 않을 수 없는 성향, 이것보다 뛰어난 것은 없다.'

흄에 의하면, 인간은 이기적이면서도 공감 능력에 의해 그 개인성을 뛰어넘어 사회적 존재가 되는 존재인 것이다.

또한 흄은 이기심 파악의 특색으로서 인간의 이기심을 추상적 수준에서 생각한 것이 아니라, 사적 소유의 문제와 밀접하게 관련된 것으로 생각하였다. 그러므로 이기심이 그 본래의 기능을 발휘하는 것은 재물의 획득을 둘러싼 대립 항쟁이다.

'인류애 그 자체라고 하는 정념은 존재하지 않는다.'

흄은, 한편으로는 이기심을 기점으로 하여 그의 시민사회론을 전개한 점에서는 홉스를 모델로 하였으나, 다른 한편으로는 샤프츠버리나 허치슨설의 도덕 감각론을 비판적으로 계승하여 그의 사상을 형성하였다.

후대의 흄 연구자는 허치슨이 흄에게 끼친 영향에 대하여 다음과 같이 여러 가지 견해를 말하고 있다.

'흄에게 《인간이란 무엇인가(인성론)》 집필 계기가 된 것은 허치슨의 〈도덕 감각 풀이〉였다', '흄의 도덕철학의 안에서 허치슨으로 거슬러 올라갈 수 없는 것은 거의 없다', '흄에게 철학에의 최초의 자극을 제공한 것은, 허치슨의 이론과 윤리적 합리주의에 대한 공격이었다.'

허치슨은, 그의 처녀작 《아름다움과 덕의 관념의 기원》에서 맨더빌의 샤프츠버리 비판에 대하여 반대되는 비판을 전개하여 도덕 감각설의 구축을 시도하였다. 허치슨에 의하면, 도덕적 선악의 구별은 도덕 감각에 의하여 이루어지며, 도덕 감각은 쾌고의 감정을 동반하며, 미적 감각과 같이 인간에게 있어 자연스러운 내적 감각인 것이다.

흄은 샤프츠버리, 허치슨설에 있어서 이타심의 강조에 대하여 인애의 동기를 배제하여, 인간 본성의 '이기심이라고 한정된 관대함'을 전제로 한 것에 더하여, 개인 상호간의 매개 원리로서 공감의 원리를 제시하는 것으로, 샤프츠버리, 허치슨설의 한계를 뛰어넘으려고 하였다. 인류애나 인애를 강조한 것에 반대하여 다음과 같이 말하고 있다.

'일반적으로 개인적 자질과 직무와 우리 자신과의 관계로부터 독립의, 인류애 그 자체라고 하는 정서는, 인간의 마음속에는 존재하지 않는다.'

흄에 의하면 인간의 행복과 불행이라고 하는 것은, 그것이 풍부한 활력으로 우리 가까이에서 일어난다면, 우리의 마음을 움직이는 일은 일어나지 않는다고 말한다. 그러나 이런 것은 공감으로부터 만들어져 보편적 인애가 존재한다는 증거는 아니다. 우리가 이탈리아에 있다면 이탈리아에 사는 영국인은 친구이며, 중국에 있다면 중국에 사는 유럽 인 또한 친구이다. 혹은 달에서 한 사람을 우연히 만난다면, 우리는 그 사람에게 애정을 느낄 것이다. 그렇지만 이런 일들은 우리 자신과의 관계로부터만 나오는 것이며, 이런 상황은 사람이 적은 상황에 한해서만 힘을 확장하는 것이다.

흄은 인간 본성의 중심인 이기심을 샤프츠버리, 허치슨설과 같이 인애라고 하는 이타심을 강조하는 것으로 극복하려고 하여도, 문제는 해결이 될 수 없다는 것을 간파하고 있었다. 거기서 이기적 개인이 그대로 어떻게 사회를 형성하고, 이 사회에 있어서 자신의 사적 이익을 유지하는가라고 하는 관점에서 사회 인식을 깊게 하였고, 거기에 기초를 두어 정의론을 전개한 것이다.

자연적인 동기와 의무감

흄에 의하면, 모든 종류의 덕의 감각이 자연적이라고는 할 수 없다. 몇 가지 덕은 인류가 놓인 여러 가지 일과 필요로부터 발생한 인위 혹은 고안에 의한 쾌감이나 시인(是認)을 낳는 것이다. 그리고 정의가 이런 종류의 덕인 것이다.

이와 같이 흄의 정의론의 가장 흥미로운 부분은, 정의로운 덕을 자연스러운 덕이 아니라 인위적인 덕(artificial virtue)이라고 규정했다는 점이다. 흄은 다음의 덕망 있는 행위는 그 가치를 덕망 있는 동기에서만 얻는 것이며, 그 행위 자체에 대한 고려(의무감)에 기초를 두어서는 안 된다는 것을 분명히 하였다.

우리는 어떤 행위를 칭찬할 때, 그 행위를 발생하게 한 동기만을 고려하여 행위를 마음이나 기질의 안에 있는 원리의 표시라고 생각한다. 도덕적인 성질을 발견하려면 마음속을 보아야 한다. 그러므로 우리의 칭찬과 시인(是認)의 연구 대상이 되는 것은 행위를 발생하게 하는 동기인 것이다.

그러므로 모든 덕망 있는 행위는 그 가치를 덕망 있는 동기에서만 얻는 것이며, 덕망 있는 동기의 상징으로서 생각할 수 있는 것이다. 흄은 이 원칙으로부터 다음과 같이 딱 잘라 말한다.

'어떤 행위의 가치를 주는 최초의 덕망 있는 동기는 그 행위의 덕의 고려에서는 결코 있을 수 없고, 다른 어떤 자연적인 동기 없이 원리이어야만 한다.'

여기서 행위의 덕의 단순한 고려가 그 행위를 발생시킨 덕망 있는 최초의 동기라고 상정될지도 모른다. 하지만 그것은 순환론이다. 행위의 덕을 고려하기 전에 행위가 실제로 덕망이 있어야 하며, 아울러 이 행위의 덕이 덕망 있는 동기에 유래해야 하기 때문이다.

그리하여 덕망 있는 동기는 행위의 덕의 고려와 다르게 되어야 한다. 예를 들면 아버지가 아이를 방치하고 있을 경우에, 우리는 그 아버지를 비난한다. 그 이유는 부모의 의무인 자연스럽고 따뜻한 사랑이 없다는 것을 나타내기 때문이다. 만약 자연스러운 따뜻함이 의무가 아니라고 한다면 아이를 기르는 것도 의무가 아닐 것이다. 이런 경우 모든 사람은 의무감과는 별개의 행위 동기를 상정하고 있다. 흄은 의심할 수 없는 기본원칙으로서 다음과 같이 결론을 내리고 있다.

'어떤 행위든 그 행위를 만들어 낸 어떤 동기 행위의 도덕성에 대한 감각과는 별개의 인간 본성의 안에 있는 것이 아니라고 한다면, 도덕적으로 선할 수 없다.'

흄은 이렇게 자연적인 동기가 인간 본성에 존재한다는 것을 분명히 한 다음 정의로운 덕을 고찰하여, 정의의 단독 행위로는 자연적인 동기가 존재하지 않는다고 지적한다. 지금까지 말한 것을 정의의 경우에 적용시켜 보자.

정의는 인위적인 덕

일단 먼저 사적인 이해나 평판에 대한 관심이 모든 정직한 행위의 정당한 동기라고 주장할 수 있을지도 모른다. 만약 그 말대로라면 그러한 관심이 없어지면 정직은 이미 있을 수 없게 될 것이다. 그렇지 않고 자기애가 제멋대로 행동하는 경우에는, 정직한 행위가 되기는커녕, 그것은 모든 부정과 정직하지 못한 것의 근원이 되는 것이다.

다음으로 정직한 행위의 동기는 공공 이익을 향한 고찰이었고, 부정과 정직하지 못한 구체적인 예만큼 이것에 반대되는 것이 없다고 주장할 수 있을지도 모른다. 흄은 이런 의견에 대해서도 다음과 같이 반론한다. 공공 이익은 정의의 모든 규칙 준수에 자연스럽게 따라가는 것이 아니고, 정의의 모든 규칙이 확립된 후에 이것에 엮인 것일 뿐이다.

또한 사람이 일상생활에서 채권자에 지불 약속을 이행하여, 절도나 강도 같은 정의롭지 못한 모든 일을 단념할 때, 그만큼 공공 이익을 깊게 고찰하고 있는 것은 아니다. 공공 이익은 사람들을 감동시키기에는, 너무 동떨어진 숭고한 동기이다. 그러므로 공공 이익의 고찰이 정의의 근원적인 동기라고 생각할 수 없다. 흄은 이렇게 하여 정의의 단독적인 행위에는 자연적인 동기가 존재하지 않는다는 것을 분명히 했으나, 정의의 규칙에 대해서는 모든 인간이 정의를 항상 수행하는 경우에는 사정이 다르다는 것을 다음과 같이 말하였다.

'정의의 단독적인 행위는, 공공 이익 또는 사적 이익에 반대될지도 모르겠으나, 정의의 방식 내지 방책의 전부는, 사회의 유지와 각 개인의 행복에 대단히 이바지할뿐더러 반드시 필요하다.'

지금까지 말한 것으로 미루어 보면, 우리가 공평의 법을 준수하는 동기로서는 공평 그 자체와 준수가 가치가 있다는 것 이외에는 진실로 보편적인 동기는 없다는 것이 된다. 여기서 흄은 정의와 정의롭지 못한 감각은 교육과 인간의 묵약으로부터 발생한다고 다음과 같이 말하였다.

'정의와 정의롭지 못한 것은 자연으로부터 오는 것이 아니라, 인위적인 교육과 인간의 묵약(默約, 묵계 또는 편의적 약속 convention)으로부터 필연적으로 발생한다.'

사회의 기원

흄은 정의가 인위적인 덕이라는 것을 나타내 보인 후, 정의의 규칙이 인위에 의하여 얼마나 확립되어 왔는가라는 문제를 고찰하였다.

흄에 의하면 인간 본성의 중심이 이기심이라는 것은 변경할 수 없지만, 이런 이기심의 발동을 억제하여 공공 이익의 실현을 가능하게 하고, 개인의 이기심의 충족을 가져오는 제도, 즉 사회를 만들 수 있다. 이런 이기심의 방향 전환을 나타내는 것이 묵약이라고 하는 개념의 도입인 것이다.

'묵약은 단순한 공통 이익의 일반적인 감각이 아니다. 사회의 모든 구성원은 이런 감각을 서로 표시해 가며 이 감각에 이끌리고, 각자의 행위를 몇 개의 규칙에 의해 규제하는 것이다.'

이렇듯 묵약이라는 것은 이기심을 억제하는 목적으로 사회의 구성원이 맺는 '편의적 약속'인 것이다. 묵약은 개인에 의한 이기심의 자기규제의 결과로서 성립하지만, 이 자기규제의 최후 목적은 공공 이익의 실현이 아니라, 개인의 사적 이익의 확보인 것이다.

흄에게 있어 인간 본성이 선이냐 악이냐는 문제는, 사회의 기원과는 별개의 문제였다. 사회는 인간이 그 유리함을 자각하기 때문에 형성되어 존속하는 것이다. 흄은 사회의 기원을 다음과 같이 설명하였다.

이 지구상에 번식하고 있는 모든 동물 중에서, 언뜻 보았을 때 인간만큼 자연으로부터 잔인한 취급을 받는다고 생각되는 것은 없다. 인간은 셀 수 없을 만큼 많은 욕구를 갖고 있으면서, 그것을 채우기 위해 주어진 수단이 몹시 빈약하기 때문이다.

다른 동물은 요구와 그것을 채울 수단이 서로 상쇄한다. 예를 들면 사자는 탐욕스러운 육식동물이지만 이것은 극히 당연한 것이다. 사자의 체격과 타고난 성질, 그 민첩함과 용기 등을 유심히 보면 그 이점(利點)과 요구가 조화를 이루기 때문이다.

또한 양이나 소는 사자가 갖고 있는 것과 같은 이점은 없지만, 그 식욕에 적당한 식물을 손쉽게 손에 넣을 수가 있다. 그러나 인간만은 욕구와 허약함이 부자연스럽게 서로 맞닿아 있는 것이다.

인간이 이와 같은 결함을 보충하여 다른 동물과 동등하게 혹은 그 이상이 가능한 이유는 사회의 덕분이다. 인간의 모든 허약함은 사회에 의하여 보상된다. 개인이 고립되어 자기 자신을 위해서 노력할 때, 인간의 힘은 너무나도 작아서 대단한 일을 수행할 수가 없다. 개인의 노력이 자신의 모든 여러 가지 욕구를 충족시키기 위하여 이용되기 때문에, 개개의 기술이 완전하게 되지 않는다. 그리고 이용된 힘과 그 성과와는 항상 동일하다고는 할 수는 없다. 그러므로 무언가 한 가지만 실패하여도 불가피하게 불행과 파멸을 동반하는 것이다. 사회는 이런 결함을 각자의 힘을 결합하여 생산력의 증대, 분업에 의한 기술 향상, 상호 원조에 의한 안전 확보로 보충하는 것이다.

사회 형성을 저해하는 요인

사회를 형성하기 위해서는 실제로 사회가 유리할 뿐만 아니라, 사람들이 그 유리함을 깨달아야 한다. 인간이 야만적인 상태에 있을 때는, 이런 지식에 도달할 수 없다.

인간 사회 최초의 근원적인 원리로 간주할 수 있는 것은 남녀 사이의 자연적인 사랑이다. 이 사랑에 의해 남녀가 결합하고 아이가 태어나고 가족이 성립된다. 부모는 뛰어난 체력과 지혜로 지배하지만, 자식에 대한 사랑에 의해 권위의 행사가 억제당한다. 얼마 동안 시간이 흐른 뒤 습관이나 습성이 아이들의 유연한 마음에 작용하여, 사회로부터 얻을 수 있는 이익을 깨닫게 하는 것이다.

이렇게 남녀 사이의 성욕과 자식에 대한 부모의 자연적인 사랑은, 사회적 결합을 필요로 하게 하지만, 우리가 선천적으로 타고난 기질과 외적인 사정 속에는 사회 형성을 저해하는 요인이 있다. 전자의 경우 가장 명백한 것은 이기심(selfishness)이다.

이기심은 지금까지 철학자들이 강조해 온 것 만큼 끔찍한 것은 아니다. 인간은 자신 이외의 존재에 대해서는 전혀 사랑을 갖고 있지 않다고는 생각할 수 없다. 하지만 사람은 타인보다 자기 자신을 사랑하고 또한 타인을 사랑하는 때는 자신과 가까운 것이나 관계가 있는 것에 사랑을 품는 존재이다. 여기서 정념 사이에 대립이 생기고, 이 대립은 다음과 같이 특이한 외적 사정이 더해지면 위험이 한층 더 커진다.

흄에 의하면, 인간이 가질 수 있는 선한 것(보물)에는 세 가지 종류가 있다. 즉 마음의 내적 만족, 신체의 외적 우위, 근면과 행운에 의해 얻게 된 재산의 혜택 등이다. 첫 번째 혜택은 마음속에 있는 것으로 타인이 빼앗을 수 없기 때문에 완벽하게 보장되어 있다. 두 번째는 빼앗을 수는 있으나, 빼앗은 자의 이익이 될 수는 없다. 세 번째만이 타인의 강탈 위험에 노출되어 타인의 소유물로 바뀔 수 있다. 그런데 재산의 양은 모든 사람의 욕망과 필요를 채울 정도로 충분하지는 않다. 그러므로 재산을 소지하는 데 따르는 불안정과 그 희소성이 사회 형성을 저해하는 요인이다.

이런 불편함을 구제하는 대책을 어디서 구해야 할 것인가. 흄에 따르면, 그 구제책을 인간의 계몽되지 않은 본성에서 찾아내려고 하여도 헛수고일 뿐이다. 이 구제책은 '자연으로부터 오지 않고 인위적인 것으로부터 오는' 것이고, 사람이 판단과 지성에 의해 사회를 형성하는 것으로부터 초래되기 때문이다.

'사회의 모든 구성원이 맺은 묵약에 의해 재산 소지(所持, 지니고 있음)에 안정성을 부여하고, 각자가 행운과 근면을 통해 획득한 것을 평화롭게 누리게 하는 것이 그 길이다.'

정의와 소유의 기원

흄은 각자의 소유의 안정이 묵약에 의해 찾아오는 것을 분명히 한 뒤, 정의의 관념과 소유 관념의 관계를 고찰했다.

흄에 따르면, 묵약은 약속(promise)과는 그 본성이 다르다. 약속 그 자체가 인간의 묵약에 의해 성립하는 것이기 때문이다. 묵약이라는 것은 공통 이익의 일반적인 감각이다. 예를 들어 만약 타인이 내가 타인에게 하는 것과 똑같이 나를 대한다면, 나에게 있어 타인의 재산을 타인이 소지(所持)하게 두는 것이 나의 이익이 될 것이다. 또한 타인도 자신의 행위를 규제하는 것과 비슷한 이익을 느낄 것이다. 그리고 공통 이익의 감각이 서로에게 표시되면 거기에 묵약이 발생하는 것이다.

그렇다면 묵약은 어떤 과정을 거쳐 발생하는 것일까. 흄에 따르면, 보트를 젓는 두 사람은 노를 저을 때 절대로 약속을 주고받지 않지만 묵약 내지 합의에 의해 노를 젓는다. 이와 같이 소지의 안정에 대한 규칙도 인간의 묵약에서 유래하는 것이다.

묵약은 점차로 일어나는 규칙 위반의 불편함을 반복해서 경험함으로써 획득되는 것이다. 그것은 언어나 교환의 공통 척도인 금·은의 확립과 같이 서서히 확립된다. 흄은 다른 대목에서는 '미개하고 고독한 상태에 있는 사람들'을 상정하고, 그들이 그 상태의 불행을 깨닫고 사회 형성에서 얻을 수 있는 이익을 예견하여, 소지의 안정을 위해 묵약이 맺어진다고 말했다. 다만 여기서도 '이런 반성은, 실제로는 모르는 사이에 점차 일어난다'는 것을 명기하고 있다.

이렇게 하여 타인의 소지에 대한 욕망을 억제하는 묵약이 맺어지고, 각자가 자신이 소지한 것의 안정을 획득해 버리면, 즉시 정의와 불의에 대한 관념이 생기고 또 소유·권리·책무의 관념이 일어난다. 소유라는 것은 정의에 의해 항상 소지가 확립되어 있는 재산을 가리킨다. 그러므로 정의의 기원을 구명하기에 앞서 소유·권리·책무라는 말을 사용하는 사람은, 중대한 잘못을 저지르고 있는 것이다. 정의의 기원이 인위와 고안에 있는 것을 이해하지 않고서는 소유에 대한 어떠한 관념도 가질 수 없다.

소유의 구별과 소지의 안정에 대한 묵약은 사회의 확립에 가장 필요한 사정이며, 이 규칙을 확정하고 준수히는 합의를 얻은 뒤에는, 사회의 평화를 위하여 해야 할 일은 거의 남지 않는다. 이 규칙의 확립에 의해 인간의 이기심이 억제된다. 흄은 정의의 기원에 대해 다음과 같이 요약했다.

'정의는 인간의 묵약으로부터 만들어진다. 이 묵약은 인간의 마음의 일정한 성질과 외적 사물의 상황의 협력에서 발생하는 몇 가지의 불편함을 구제하는 대책으로서 의도된 것이다. 이 마음의 성질이라는 것은, 이기심과 한정된 관대함이다. 또한 외적 사물의 상황이라는 것은, 사물이 소유자를 쉽게 바꾸는 것이며, 사람들의 요구와 욕망과 비교할 때 사물이 부족한 것이다.'

정의의 덕 기원

흄은 정의의 규칙 기원을 해명한 뒤에, 정의의 덕 기원에 대한 문제, 즉 우리는 왜 정의에 덕의 관념을, 불의에 덕의 관념을 결부시키는가에 대한 문제를 고찰했다.

인간은 각자의 이기심과 한정된 관대함이 제멋대로 작용하면 사회를 유지할 수 없다는 것을 알게 되며, 자신을 정의의 규칙으로 억제하여 타인과의 교제가 더욱 안전하고 편리해지도록 도모하게 된다. 정의의 규칙을 준수하도록 사람들을 가장 먼저 이끄는 것은 단지 이익에 대한 고려이지만, 사회가 확대됨에 따라 이런 이익을 놓치고 눈앞의 이익만 쫓아 정의에 등을 돌리게 된다.

그럼에도 우리는 부정으로부터 받는 손해를 절대로 간과하지 않는다. 부정이 매우 멀리서 일어나 우리의 이익에 영향을 주지 않을 때라도, 그것은 우리를 불쾌하게 만든다. 부정은 그것을 저지르는 사람을 접하는 모든 사람에게 유해하며, 우리는 부정을 저지른 사람을 접할 때의 불쾌감을 '공감'에 의해 알기 때문이다.

이 공감(sympathy)이야말로 정의와 불의에 도덕적 선악의 감각을 가져다 주는 것이다. 여기서 일반적으로 인간의 행위에 있어 불쾌감을 주는 것은 '부덕'이라 불리고, 쾌락을 낳는 것은 '덕'이라고 불리는 것이다. 이런 공감의 원리야말로 정의에 덕의 관념을, 불의에 부덕의 관념을 결부시킨 것이다. 흄에 따르면 '이기심은 정의를 확립하는 근원적 동기이지만, 공공의 이익에 대한 공감이 정의의 덕에 수반되는 도덕적 시인(是認)의 원천이다.'

이렇게 정의의 규칙(법적 개념으로서의 정의)이 묵약에 의해 확립된 뒤에, 그것을 전제로 공감에 의해 정의를 준수해야만 한다는 도덕 감각이 자연스럽게 발생한다. 흄은 이것을 다음과 같이 요약했다.

'정의와 불의의 도덕적 구별은, 두 개의 다른 기초를 가진다고 생각해야 한다. 즉 사람들이 일정한 규칙에 의해 스스로 억제하지 않으면 사회 속에서 생활할 수 없다고 관찰했을 때의 이익이라고 하는 기초와 사람들이 그 이익을 한번 관찰하여, 사회의 평화에 유용한 행위에서 쾌락을 얻고 또 그것에 반하는 행위에서 불쾌감을 느낄 때의 도덕성이라고 하는 기초이다. 첫 번째 이익을 창출하는 것은 사람들의 자발적인 묵약 내지 인위이다. 그러므로 이런 정의의 법은 그런 한에서 인위적으로 간주되어야 한다. 이런 이익이 한번 확립되어 승인된 뒤에는 규칙을 준수하는 것의 도덕 감각이 자연스럽게, 게다가 저절로 거기에 계속해서 일어나는 것이다.'

자연적인 덕과 공감

흄은 정의의 덕이 교육과 인간의 묵약으로부터 발생하는 '인위적인 덕'이라는 것을 밝힌 뒤에, 인위적이지 않은 자연적인 덕을 고찰했다. 그리고 이 주제 아래 도덕적 평가의 조건을 문제로 내세워, 자연적 책임과 다른 도덕적 책임의 근거를 구명했다.

흄에 따르면 인간 본성의 성질가운데 가장 뚜렷한 것은 이기심과 타인에 공감하지 않을 수 없는 성향이다. 인간은 이기적이면서도 공감의 작용에 의해 사회에 참여하는 존재이다. 공감은 인간 본성의 안에 있는 '매우 강력한 원리'이며, 개인성을 뛰어넘는 계기를 각자에게 줄 뿐만 아니라, 도덕적 구별의 중요한 원천이다. 그러므로 덕과 부덕의 문제를 해명하려면 공감의 본성과 힘을 고찰하는 것이 필요하다.

흄은 공감의 중요성을 강조하며, 그 정의를 나타내 보이지 않고 두 가지 비유를 사용하여 설명하고 있다. 첫 번째 비유는 인간의 마음은 서로 거울이고, 공감에 의해 타인의 정념과 심정이라는 광선을 반사하면서 차츰 눈치채지 못할 정도로 약해져 간다고 하는 것이다. 두 번째 비유는 두 개의 현을 같은 강도로 튕기면, 한 개의 현의 진동이 공명에 의해 남은 현에 전달되는 것이다. 흄은 공감의 성립 과정을 다음과 같이 설명하고 있다.

'내가 어떤 사람의 목소리나 몸짓 가운데 정념의 결과를 알아차리면, 내 마음은 바로 이런 결과에서 그 원인으로 옮겨가, 정념에 대한 생생한 관념을 형성한다. 이 관념은 즉시 정념 그 자체로 변한다. 또한 마찬가지로 내가 어떤 감동의 원인을 지각하면, 내 마음은 결과로 옮겨져, 상통하는 감동으로 움직여진다. 타인의 어떤 정념도 직접적으로는 내 마음에 나타나지 않는다. 다만 그 원인 또는 결과를 눈치챌 뿐이다. 우리는 이러한 원인 또는 결과에서 정념을 추론하고, 그 결과로서 이런 것들이 우리의 공감을 불러일으키는 것이다.'

이 공감원리는 미의 감정뿐만 아니라, 많은 경우에 도덕적 감정을 낳는다. 예를 들면 정의의 덕이 그렇다. 정의는 인류의 선을 향하는 경향을 갖기 때문에 도덕적인 덕이다. 정의는 이 목적을 위해 인위적으로 고안된 것일 뿐이다. 그래서 사회의 선은 자기 자신의 이익 또는 친구의 이익과 관련이 없을 때에는 공감을 통해서만 쾌감을 주기 때문에, 공감이야말로 모든 인위적인 덕에 대해 지불되는 존경의 근원이다.

그런데 자연적인 덕에 대해서도, 그 대부분이 사회의 선을 향하는 경향을 가지는 것은 누구도 의심할 수 없다. 온순·자애·배려·관대·절제·공정함 등을 사회의 선을 향하는 경향을 갖는 것에서 '사회적인 덕'으로 불리고 있다. 이렇게 자연적인 덕은 거의 모두 사회의 이익과 관계가 있으며, 이 점에서는 인위적 덕인 정의와 같다.

자연적인 덕과 정의의 차이는 다음과 같이 발견할 수 있다. '자연적인 덕으로부터 발생하는 선은 하나하나의 단독적인 행위에서 일어나며, 어떤 자연적인 정념의 대상이다. 한편 정의의 행위는, 그 자체로서 생각하면 자주 공공의 선에 반하는 일이 있으나, 행위의 전체적 조직으로서 작용할 때 비로소 공공의 선에 공헌하게 된다'는 것이다.

덕망 있는 정념의 네 가지 분류

공감은 도덕적 평가에 결정적인 영향을 주지만, 심리적 원리인 이상 변하기 쉽다는 결함을 갖고 있다고 생각된다. 예를 들면 관계가 먼 사람보다 가까운 사람을 우선시키는 것은 아닌가 하는 의문이다. 이 의문에 대하여 흄은 '어떤 일반적인 불변의 기준'을 강조했다. 우리는 어떤 상황에 처해서도 이 일반적 관점에 자기를 둠으로써 객관적으로 공평하게 판단할 수 있다.

예를 들면 아무리 아름다운 얼굴도 스무 걸음 떨어져서 보면 눈앞에서 보는 것만큼 아름답지 않다. 그렇다고 해서 그 얼굴이 정말로 아름답지 않다고 말하지는 않는다. 또한 가까이 있는 근면하고 충실한 하인이 브루투스보다 우리의 마음에 사랑과 친절의 감정을 불러 일으킬 것이다. 그러나 우리는 전자의 성격이 후자의 그것보다 칭찬할 가치가 있다고 말하지는 않는다.

도덕 감정은 이 일반적인 관점에 의해 공평한 평가를 내릴 수 있게 되지만, 그 밖에도 보편적인 원리가 있다. 그것이 덕망 있는 정념의 네 가지 원천이다. 흄은 도덕 감정의 원천이 두 가지로 분리된다는 것을 다음과 같이 말했다.

'어떤 시대에도 철학자들에 의해 도덕에 관한 많은 체계가 제시되어 왔다. 그러나 이러한 체계를 엄밀하게 검토하면, 두 개의 체계로 정리할 수 있다. 도덕적인 선악이 이성에 의해 구별되지 않고 감정에 의해 구별되는 것은 절대로 확실하지만, 이러한 감정은 성격과 정념의 단순한 종별 내지 나타나는 방법(species of appearance)에서 발생하는가, 그렇지 않으면 인류 및 특정한 사람의 행복을 향한 성격에서 정념의 경향을 성찰하는 것에서 발생하는가 둘 중 하나일 것이다. 나는 이 두 가지 원인이 우리의 도덕적 판단에 섞여 있다고 생각한다. 하기는 나는 행위의 경향에 대한 성찰이 훨씬 큰 영향력을 끼쳐 우리의 의무의 근본을 규정한다고 생각한다.'

여기서는 도덕적 감정의 원천으로서 '행복을 향하는 경향'과 '단순한 종별 내지 나타나는 방법'이 거론되고 있는데 게다가 이 둘은, 각각 타인과 관계 있는 성질과 본인인 자신과 관계 있는 성질로 나뉘어, 다음과 같이 네 가지로 분류된다.

첫 번째 원천은 '타인에게 유용한 성질'로, 인애나 정의의 덕을 들 수 있다. 두 번째 원천은 '본인에게 유용한 성질'로 사려·절제·손재주 등을 들 수 있다. 세 번째 원천은 '타인에게 직접적으로 기분 좋은 성질'로 기지·정중함·겸양 등이 있다. 네 번째 원천은 '본인에게 직접적으로 기분 좋은 성질'로 사랑·쾌활함 등을 들 수 있다.

흄은 여기서도 쾌감보다 유용성에 대한 경향을 훨씬 중요시하는 동시에 샤프츠버리, 허치슨설이 강조한 이타적 성질과 홉스, 맨더빌설이 주장한 이기적 성질을 '타인에게 유용한 성질'과 '본인에게 유용한 성질'로 환원하여 생각하였다. 이 네 가지 원천에 대해서는 《도덕원리연구》에 자세히 설명되어 있다. 거기서는 공리(功利)가 가진 의의가 더욱 강조되어 다음과 같이 찬미되어 있다.

'공리(utility)의 사정이 모든 주제에 있어 찬미와 칭찬의 원천인 것, 그것이 행위의 공적과 죄과에 대한 도덕적 결정을 내리는 모든 경우에 항상 근거가 되는 것, 그것이 정의·충실·명예·충성·배려에 주어지는 높은 존경의 유일한 원천인 것…… 한마디로 말해 그것은 도덕 안에서 인류 및 동포와 관계를 가진 주요 부분의 기초인 것, 이러한 것은 틀림없는 사실이라고 생각된다.'

흄은 이렇듯 덕망 있는 네 가지 원천을 지적하고, 공리의 사정이 모든 칭찬과 비난의 원천이라고 주장하였다. 후대의 흄 연구자 중에는, 이런 견해를 바탕으로 흄을 공리주의의 창시자라고 주장하는 자가 있다. 예를 들면 레슬리 스티븐은 '공리주의의 핵심적 학설은 흄에 의해 당시의 다른 어떤 저술가에게도 볼 수 없는 명석함과 일관성을 가지고 기술되어 있다'(《18세기 영국사상가》)고 평가하고 있다. 또한 벤담은 《통치론》에서 《인간이란 무엇인가》 제3편을 읽었을 때, 눈에서 비늘이 떨어지는 듯한 느낌이었다'고 술회하고 있다. 이런 지적에서 볼 때 분명히 흄의 사상에는 공리주의의 경향이 짙게 보이는 것은 사실이다.

그렇지만 흄의 사상에는 공리주의라고 하는 명칭으로 부를 수 없는 핵심적 학설이 보이는 것도 부정할 수 없다. 흄은 공리주의자가 최대다수의 최대행복을 찬양하고 그것에 공헌하는 행위를 의무로 간주하는 것에 대하여, 쾌락과 선을 동일시하지 않고 목적에 대한 수단으로서의 행위에 가치를 인정하지 않았다. 그것은 흄이 '어떤 행위를 칭찬할 때, 우리는 그러한 행위를 유발한 동기만 고려하여, 그 행위를 마음이나 기질의 안에 있는 원리의 상징, 표시로 생각한다'(제3편 제2부 제1절)고 말한 것에서도 미루어 알 수 있다.

흄의 윤리사상에 있는 특색의 하나는, 도덕적 평가에 있어, 어떤 도덕 감정이나 공감의 계기를 불가결한 요인으로 간주하고 행위의 동기, 덕, 행위자의 성격을 중시한 것이다. 그러므로 흄의 입장은 행위의 평가에 있어 외면성을 중시하는 입장과는 대조적이라고 할 수 있다. 또 '타인에게 있어서의 유용한 성질' 즉 사회에 있어서의 유용성은, 흄에게 있어서 덕망있는 네 가지 원천의 하나에 지나지 않는다는 것도 유의해야 한다.

종교사상

평가가 엇갈리는 흄의 종교사상

흄의 종교사상은 생애의 곳곳에서 말했듯이, 그의 생애를 통해 성직자와 신학자의 거센 비난의 대상이 되어 두 번이나 대학교수의 길을 막았고, 죽음에 임박해서도 그 저서의 출판을 걱정하게 만들었다.

흄이 18세에 발견한 철학상의 중대한 원리인 인과율 비판은, 종교 문제를 계기로 하여 형성된 것으로 해석되고 있다. 그리고 이 인과율 비판이 《인간이란 (인성론)》에서의 중심 문제 중 하나가 된 것을 고려한다면, 흄에게 있어서는 종교 비판이 모든 비판의 전제가 되었다고 할 수 있다.

흄은 모든 문제 안에서, 그 무렵에 가장 심오한 종교 문제에 대하여, 조금도 두려워하지 않고 고찰하여, 그 결과를 편견 없이 발표하려고 했다. 레슬리 스티븐은 이 점에 대해 다음과 같이 말하고 있다.

"흄의 논리 흐름은, 마치 그가 인간의 정열과는 전혀 관계 없는 형이상학적인 퍼즐을 풀고 있거나, 무엇인가 의심스러운 전설의 진위를 역사적으로 검토하고 있는 것으로 생각될 만큼 냉정하고 투철함 그 자체였다. 이런 불가사의한 냉정함이야말로, 이 인물과 그 시대를 특징짓는 것이었다. 그것은, 신학이 아직 민중들 사이에서는 살아 있었지만 사상가에게 버림받고, 대학 안으로 옮겨지고 있던 시대의 탁월한 논리가로서 처음으로 가능한 태도였다. 우리는 그의 저작에서, 18세기의 가장 예리한 회의주의의 궁극적 표현과 중심적 쟁점에 대한 하나의 철학적 비판의 매우 논리정연한 영국적 표명에 접한 것이다.

이렇듯 18세기에는 경건한 그리스도 교도가 좋아하든 싫어하든 관계없이, 지식인 사이에서는 종교가 가진 신비가 사라지기 시작하여 기적에 의한 성스러운 힘이라고 하는 신앙도 과학적 우주론에 의해 압도당하고 있었다.

흄은 이러한 시대를 배경으로 하면서, 신의 존재를 정당화하려는 몇 개의 논증을 비판적으로 검토하는 동시에, 종교의 기원을 고찰하였다. 그의 종교사상에서는, 18세기에는 비정상적이라고밖에 생각할 수 없을 만큼 냉정한 고찰과 예리한 분석을 볼 수 있다. 반면에 종교적 박해를 받을 것을 두려워하여, 신중하게 논지를 전개시켰기 때문에 흄의 진의를 파악하기 어렵다는 난점도 있다.

흄의 종교사상은 오늘날도 연구자들 사이에서 그 평가가 엇갈리고 있다. 그 무렵의 성직자들의 비난과 《인간이란 무엇인가》에 있어서의 입장에서, 어떤 연구자는 '무신론자'로 평가하고, 다른 연구자는 '불가지론자'라고 평가한다. 또 어떤 연구자는 흄은 그리스도교를 믿지 않았지만, 독특한 신앙 즉 우주의 불변하는 질서에 대한 신앙을 가지고 있었던 것으로 보고 있다. 이렇게 흄의 종교사상은 여러 가지로 평가되고 있다.

흄은 장로교의 집에서 태어났기 때문에, 그리스도 교도로서 자라났다. 그러나 청년 시절에 이 종교에 의문을 가지게 되어 대학 시절 또는 대학 졸업 직후에 종교로부터 거리를 두게 된 것 같다. 만년에는 로크와 클라크의 저서를 읽고 나서 종교에 대한 마음을 잃었다고 말하고 있다. 흄이 장로파 교회에서 멀어진 것을 이유로, 그의 종교사상이 어린 시절을 암울하게 만든 신학과 종교교육에 대한 반발 표현에 지나지 않는다고 간주할 수는 없다. 왜냐하면 그는 종교 현상이라고 하는 것을 평생 시인했기 때문이다.

그렇다면 흄에게 있어서 종교라는 것은 어떤 것이었을까. 이 의문에 대답하는 것은 어려운 일이지만, 다음에 대해서만은 지적할 수 있다. 종교는 흄의 마음에 거의 감동을 주지 않는 외면적인 현상이었다는 것이다. 그렇기 때문에 흄은 종교는 왜 필요한가, 사람은 왜 종교를 믿어야만 하는가 같은 문제를 주제로 하지 않고 종교 현상을 시인한데다, 신학자들에 의한 신의 존재증명이나 종교의 기원 등을 주제로 하여 방관자적 입장에서 냉정하게 논증을 진행시킬 수 있었다.

흄의 종교적 저작으로서는, 2권의 단편, 즉 〈자연의 종교사〉(1757)와 〈자연종교를 둘러싼 대화〉(1779)가 있고, 또 〈기적에 대하여〉《인간지성 연구》 등의 논문이 있다. 〈자연의 종교사〉는 〈자연종교를 둘러싼 대화〉보다 먼저 발간되었지만 집필 시기는 더 늦어서, 종교에 대한 그의 최종적인 견해를 보여 주고 있다.

유명한 〈기적에 대하여〉

〈기적에 대하여〉라는 논문은, 그의 종교적 저작 중에서 자주 다뤄지며 되풀이하여 논란이 되어 온 것이다. 이 논문은 원래 《인간이란 무엇인가》의 일부로 집필된 것이지만, 열광적인 종교가들의 격분을 불러일으킬 것을 두려워하여 삭제된 것이다. 《인간지성 연구》의 제10항으로서 1758년에 발간되었다.

　이 논문은 출판 당시에는 묵살되었으나, 이윽고 열성적인 신학자들에 의해 논란이 되어 흄의 논증에 대해 끊임없이 반박이 시도되었다. 그의 논증이 지금까지 많은 반론을 받아 왔다는 사실이 흄의 논증이 극히 탁월하며, 종교계에 있어서 그 기반을 뿌리부터 뒤흔드는 내용이 들어 있다는 것을 의미한다.

　흄에 따르면 기적은 간단하게 말하면 '자연법칙의 침해'이며, 엄밀하게는 '신의 특별한 의지 또는 무언가 눈에 보이지 않는 발동자의 개재에 의한 자연법칙의 배반'으로 정의된다. 불이 나무를 태우거나, 물이 불을 끄거나, 겉으로는 멀쩡한 사람이 갑자기 죽는 것은 자연의 법칙에 합당하며 기적이라고 볼 수 없다. 그러나 죽은 자가 생명을 다시 얻는 것은 기적이다. 기적은 그것을 목격한 사람의 증언에 의해 전해진다. 그러면 기적은 증언이나 증거를 바탕으로 증명되는 것인가.

　흄은 완전한 명증성을 바탕으로 수립된 기적은 지금까지 존재하지 않았다고 하며, 다음과 같이 네 가지 이유를 들고 있다.

　첫 번째로는 역사 전체를 통틀어 어떠한 기적도 양식과 학식을 충분히 갖춘 수많은 사람들에 의해 확언된 바가 없기 때문이다.

　두 번째로는 보통 우리가 추론에 대해 적용하는 원칙은, 경험하지 않은 대상이 우리가 경험한 대상에 유사하며, 논증이 대립할 경우에는 과거의 경우보다 더 많은 관찰에 적합한 것을 선택하는 것이다. 이 원칙에 따르면 우리는 비일상적이고 믿기 어려운 어떠한 사실도 쉽게 부인할 수 있다.

　세 번째로는 모든 초자연적이고 기적적인 보고는 주로 무지하고 야만적인 사람들 사이에서 많이 볼 수 있다. 이것이 그러한 보고에 반대하는 강력한 추정이 될 수 있다.

　네 번째로는 아무리 괴이한 현상에서도 수많은 증인이 반대로 말하지 않는 증언은 없다. 그러므로 기적은 증언의 신용을 파괴할 뿐만 아니라 증언 자체가 스스로 무너진다.

　흄에 따르면 일반적으로 어떠한 종류의 기적에 대한 증언도 개연성까지 도달한 적은 없고, 하물며 증명된 적은 더더욱 없다. 또한 증언이 증명되었다 해도, 그것은 항상 다른 증명에 의해 반박되어 왔다. 따라서 어떠한 사람들의 증언도 기적을 증명하고, 기적을 가지고 종교 조직의 올바른 기초로 할 힘을 갖는 것은 불가능하다.

마지막으로, 흄은 그리스도교도 이성이 아니라 믿음(faith)에 의지하고 있다고 하며, 다음과 같이 결론을 내리고 있다.

'그리스도교는 처음에는 기적을 수반하고 있을 뿐만 아니라, 오늘에 이르러서조차 기적이 없이는 어떠한 이성적인 인간에게서도 신앙심을 얻을 수 없다고 결론을 내려도 좋을 것이다. 단순한 이성은 기적의 신빙성에 대해 우리에게 확신을 주기에는 충분하지 않다. 그리고 신앙에 의해 움직여져 기적에 동의하는 자는 모두 그 사람 자신 속에서 일종의 계속적인 기적을 의식하는 것이다. 그러한 것은 그 사람의 지성의 모든 원리를 뒤집고, 관습과 경험에 가장 상반되는 것을 믿는다는 결의를 그에게 주는 것이다.'

신의 존재를 증명할 수 있는가

《자연종교를 둘러싼 대화》는 흄의 생전에는 발간되지 않았지만 그 내용은 독창성이 풍부하여, 그의 종교사상이 가장 잘 표명된 것으로 높게 평가되고 있다. 이 저서는 회의주의자인 피론이 정통파 신학자인 데메아와 이신론자(理神論者)인 클레안테스와의 중간 역할을 하면서, 자연종교의 중심 문제를 논의해 간다는 형식을 취하였다. 어떤 연구자에 따르면, 전체 논의의 67%를 피론이, 21%를 클레안테스가, 12%를 데메아가 담당했다. 이 비율이 보여 주듯 세 인물의 역할은 양적으로 달랐다.

그런데 자연종교에 대해서는 여러 가지 견해가 있는데, 18세기의 유럽에서 신을 이 세상의 창조자로서는 인정하지만, 이 세계를 지배하는 인격적 존재라고는 생각하지 않고, 계시나 기적을 거부하고 이성에 의해서 종교에 기초를 부여할 수 있다고 하는 합리적인 종교를 말한다. 자연종교는 계시종교에 맞서는 것으로 '이신론(理神論)'이라고도 말한다. 이 저서는 대화라고 하는 형식상, 요약하기가 매우 어렵다. 그래서 몇 가지 주제를 채택하여 세 명의 등장 인물의 견해를 고찰하여, 흄의 종교론을 소개하려고 한다.

이 저서에서는, 첫째로 세계 질서의 근원으로서의 신의 존재를 증명할 수 있는가 없는가 하는 문제가 논의되었다. 먼저 정통적 신학자인 데메아에 의하면 상식이 있는 사람에게는 신의 존재는 확실하고 자명한 진리로, 의심할 수 없는 것이다. 인간이 신의 본성이나 속성을 알려고 하는 것이 애당초 무모한 일인 것이다. 하물며 신과 인간과의 사이에 유사점을 인정하거나 양자를 비교하려는 것은 허용되지 못한다.

그런데 이신론자인 클레안테스는, 자연종교의 중심 과제가 신의 논증에 있다고 보는 입장에서 데메아에게 '의도로부터의 논증(the argument from design)'을 제시한다. 이 논증에 따르면 세계는 무수한 보다 작은 기계로 이루어진 하나의 위대한 기계이며, 작은 기계나 미세한 부분은 질서와 목적을 갖고 만들어졌으며, 서로 적합하게 만들어졌다. 집이나 배나 가구가 인간에 의해 설계되어 만들어지는 것처럼, 세계는 자연의 창조자인 신에 의해 설계되어 만들어진 것이다. 더 나아가 클레안테스는, 자연에서 볼 수 있는 수단의 목적에의 교묘한 적합성이 인간의 의도나 지성에 성과와 유사하다는 점 때문에 원인과 유사하다고 추론한다. 그리고 자연의 창작자인 신이 인간의 정신에 어느 정도 유사하다고 결론을 내린다. 그리하여 신의 존재라고 하는 것은 경험 가능한 것과의 비교에 의해 설명할 수 있다고 주장하는 것이다.

피론은 클레안테스가 신의 존재를 기계론적으로 증명하려고 한 것에 반대한다. 피론에 따르면, 클레안테스는 세계는 기계이며 신의 의도에서 발생하였다고 주장하고 있다. 그러나 비교에 의거한 논증은 잘못과 애매함에 빠지기 쉽다. 예를 들면 집·배·가구·기계를 우주에 빗대어 어느 상황에 있어서의 그러한 유사성으로부터, 이들 여러 원인에 있어서의 유사성을 추론하여 우주의 제작자인 신의 존재를 추리하여, 그것을 믿으려고 하는 일은 지지할 수 없다.

또 피론은 클레안테스가 부분으로부터 전체를 추론하는 것을 비판한다. 클레안테스가 말하는 유사성이라고 하는 말도 애매하지만 비교 방법도 이상하다. 보통은 어떤 대상과 다른 대상을 비교하는 것이지만, 클레안테스는 우주 전체와 그 일부분을 비교하고 있다. 부분은 부분에 관련되는 것으로, 그것이 바로 전체에 관련되는 일은 없고, 무한히 전능한 신을 유한한 힘밖에 가지지 못한 인간으로부터 인과의 연쇄에 의해 추론할 수 없는 것이다. 피론은 이 점에 대하여 다음과 같이 말하고 있다.

'부분으로부터 전체로 어떤 결론이 어떠한 적확함을 가지고 영향을 끼치게 되는 것이 가능할까. 커다란 불균형이 모든 비교와 추론을 말살하는 것은 아닐까. 한 가닥 머리카락의 성장을 관찰하는 것으로 우리는 한 사람의 인간의 발생에 관하여 무엇을 배울 수가 있는가. 한 장의 나뭇잎이 바람에 날리는 방식은, 비록 그것이 완전하게 알려진 경우에도, 한 그루의 나무의 성장에 관하여 우리에게 그 어떤 지식을 주는 것이 가능한 것인가.'

왜 악이나 불행이 존재하는가

제10부에서부터는 전지전능한 신이 창조한 세계에, 왜 악이나 불행이 존재하는가 하는 문제가 논해지고 있다.

데메아에 따르면, 지구 전체가 저주로 더럽혀져 있다. 끊이지 않는 전쟁이 모든 생물 사이에서 반복되고 있다. 욕망과 굶주림과 결핍이 강자를 몰아세우고, 불안과 공포가 약자나 병자를 동요시킨다. 혼란한 정신은 신체의 경우만큼 눈에 띄지는 않지만, 음참(陰慘)과 심통(心痛)의 정도는 강하다. 모두가 회한·격노·실의·절망을 체험하고 있다. 이러한 인간의 비참함, 어리석음의 자각으로부터, 인간은 종교의 진리를 터득해 온 것이다. 또한 인간은 결합하여 사회를 만드는 것으로 동물을 지배해 온 것을 시사한다.

피론은 데메아와 마찬가지로, 모든 생물이 약육강식의 세계에서 비참한 생활을 살고 있다는 것을 인정한다. 그러나 인간이 결합하여 사회를 형성, 모든 현실적인 적에게 이겨 왔다고는 생각하지 않는다. 오히려 자연의 적에 이겨야 할 사회 그 자체가 새로운 적을 만들어 내어, 인간은 압박·폭력·중상모략·배신 등으로 서로를 괴롭히고 있다.

피론은 인간이 결합하여 사회를 형성하였으나 '인간은 인간의 최대의 적이다'라는 상황을 가져왔을 뿐, 인간의 비참함을 줄일 수는 없다고 생각했다. 그리고 클레안테스에 대하여, 이러한 사실에도 불구하고 신의 정의·인애·자비가 인간에 있어서 미덕과 같은 성질이라는 것을 주장할 수 있는가라고 묻는다.

클레안테스는 피론의 의문에 대하여, 낙관적인 입장에서 신이 존재한다는 것을 증명할 수 있다고 주장한다. 그에 따르면, 신의 정의나 인애를 지지하는 유일한 방법은 인간의 비참함과 사악함을 절대적으로 부정하는 일이다. 데메아와 피론의 견해는, 지나치게 과장되어 사실과 경험에 위배되고 있기 때문에 인정할 수가 없다. 사회에는 폭력·배신·상심이라고 하는 것이 분명히 존재하고 있지만, 사람들은 훨씬 많은 향락을 손에 넣고 있는 것이다. 따라서 악이나 불행이라고 하는 것은 데메아와 피론이 주장한 정도로 많지도 않고, 크지도 않은 것이다. 왜냐하면 건강은 병보다도 일반적이며, 쾌락은 고통보다도, 행복은 곤궁보다도 일반적이기 때문이다.

피론은 클레안테스의 이런 견해에 대하여, 인간이 전능한 신으로부터 기대할 수 있는 것이 고통을 뛰어넘는 쾌락의 약간 초과, 곤궁을 뛰어넘는 행복의 몇 안 되는 초과일 리가 없다고 하고, 다음과 같이 반론하고 있다.

'애당초 왜 비참 같은 것이 이 세상에 존재했는가. 우연에 의한 것일 리는 없다. 그렇다면 대체 그 원인은 무엇인가. 그것은 신의 의지 때문인가. 하지만 신은 완전하게 인애적이다. 비참은 신의 의지에 위배되는 것이 아닌가. 그러나 신은 전능하다. 이토록 간결하고, 명료하고, 결정적인 논고의 견고함을 그 무엇도 흔들 수는 없다.'

정념에 기초를 두는 종교

제11부에서 클레안테스는 피론에 대하여 모든 인간적 비교를 포기한 경우에 데메아와 같은 절대적 신앙을 별도로 한다면, 어떻게 하여 종교에 기초 부여할 수 있는가라고 묻는다. 이에 대하여 피론은, 이 세계에 있어서의 악의 대부분은 다음의 네 가지 사정에 의하여 발생한다고 주장한다.

첫 번째 사정은 인간의 심신이 쾌락과 고통에 의해 행동하도록 되어 있다는 것이다. 인간이 아무리 열심히 쾌락을 추구해도, 수중에 넣은 쾌락은 시간의 경과와 함께 감소해 간다. 이렇듯 인간은 고통이라고 하는 악을 전제로 하여 행동하도록 만들어졌다는 것이다.

두 번째 사정은 신에 의한 이 세상의 운행이 일반법칙에 의해 움직이고 있다는 것이다, 즉 자연의 과정에는 우연성이 들어갈 수 있다는 것이다. 그러므로 많은 사건이 불확실하며 예측할 수가 없다. 이런 우연성이 인간생활에 있어 악의 근원인 것이다.

세 번째 사정은 인간은 이성이나 현명함에 있어서는 다른 동물보다 뛰어나지만, 신체적 이점은 거의 주어지지 않았다는 것이다. 그로 인하여 여러 가지

재해가 발생하게 되는 것이다.

네 번째 사정은 자연이라고 하는 위대한 기구의 일체의 원천과 원리가 불완전하다는 것이다. 자연의 여러 부분이나 원리는 기회만 있으면 극단으로 치닫기 십상이다. 이 사정은 다른 사정과 관련하여 악을 만들어 낸다.

클레안테스는 피론의 지적에도 불구하고 여전히 신의 존재를 '의도로부터의 논증'에 의해 정당화될 수 있다고 하며, 종교의 본래 임무를 '사람들의 심정을 규제하고, 그들의 행위를 인도화(人道化)하여 절제, 질서 혹은 복종의 정신을 주입하는 일'이라고 하며, 신에 의한 보답이나 처벌이라고 하는 가르침이 사람들에게 큰 영향력을 갖기 때문에, 종교가 아무리 타락했다고 해도 무종교보다는 낫다고 주장한다.

이에 대하여 피론은 미신이 사회에 있어서 그토록 유효하다면 모든 역사가 미신의 유해한 결과의 기술로 가득 차 있는 것은 왜냐고 반론하고 당파·박해·압제 등은 미신에 의해 생긴 불행한 결과라고 생각한다. 그리고 종교의 기초를 인간성의 연약함 속에서 찾고 있다.

피론에 따르면 일반적으로 인간은 비탄에 타격을 받고, 병으로 의기소침해져 있을수록 쉽게 신앙심에 도움을 바란다. 그러므로 종교는 이성에 기초를 두는 것이 아니라, 인간의 정념 즉 공포와 희망에 기초를 두고 있는 것이다.

'확실히 종교에는 공포와 희망, 두 가지가 들어온다. 그 이유는 이 두 가지 정념은 때를 달리하여 인간의 마음을 격동시키고, 그 모두가 나름대로 적합한 일종의 신을 형성하기 때문이다. 그러나 어떤 사람이 밝고 쾌활한 기분일 때 그는 어떤 종류의 일이라도, 모임이라도 혹은 놀이에도 적합하다. 그리고 그는 자연스럽게 이것에 종사하여, 종교와 같은 것은 생각하지 않는다. 우울하고 낙담해 있을 경우, 그는 오직 눈에 보이지 않는 세계의 공포에 대하여 생각하거나 한층 더 깊고 비통한 기분에 빠져들거나 한다.

흄의 진의

〈자연종교를 둘러싼 대화〉는 대화 형식이기 때문에, 흄 자신의 종교론이 누구에 의해서 대변되고 있는가 하는 의문이 생긴다. 대화편 전체의 기록자인 팜필로스는 대화의 종료에 임해서, 다음과 같이 결론을 내리고 있다.

'정직하게 고백하건대, 전체를 진지하게 검토한 결과 피론의 원리 쪽이 데메아의 주장보다도 개연성을 갖는다는 것, 하지만 클레안테스의 원리가 한층 더 진리에 근접해 있다고 생각하지 않을 수 없다.'

흄의 연구자 중 몇몇은 이 사례를 단서로 하여, 흄의 견해는 클레안테스와 피론에 의해 전개되었으며, 주로 대변하고 있는 것은 클레안테스라고 해석하였다.

그러나 클레안테스가 흄의 입장을 주로 대변했다고 해석하면 '의도로부터의 논증'을 흄의 입장이라고 보지 않을 수가 없다. 그러나 이것은 흄의 견해와 모순된다. 흄은 《인간지성 연구》의 제11절에서 '원인이 그 결과에 의해서만 알려지는 것이 가능할지 어떨지 나는 크게 의심스럽다'고 말하고 있기 때문이다.

흄이 '의도로부터의 논증'에 비판적이었다고 한다면, 흄의 입장을 주로 대변한 것은 피론이었다는 것이 된다. 피론을 흄과 동일시하려는 것은 비교적 쉽다. 왜냐하면 피론의 회의적 원리, 논증의 방법, 지옥의 공포에 대한 무관심 등이 흄의 철학적 입장과 흡사하기 때문이다. 그렇지만 흄은 그의 견해를 항상 피론에게 대변시킨 것은 아니다. 아마도 피론과 클레안테스의 견해가 충돌했을 경우, 주로 피론에게 자신의 입장을 대변시켰을 것이다. 피론을 흄의 대변자라고 간주할 때, 먼저 말한 팜필로스의 말은 흄이 팜필로스의 입장에서 발언한 것으로 해석할 수 있다.

한편 피론의 회의주의가 흄의 그것과 동일한 것인가 하는 문제가 되면 간단하게 대답하기는 어렵다. 그 이유는 흄의 회의주의가 생애를 통해 일관적으로 바뀌지 않았다고 주장할 수가 없기 때문이다.

마지막으로, 흄은 신의 존재를 믿는 유신론자였는가, 신이 존재하는가 아닌가 하는 것을 알 수 없다고 하는 불가지론자였는가, 그도 아니면 신의 존재 등 모든 것을 부정하는 무신론자였는가라는 문제에 언급해 두고자 한다.

이 문제도 어려운 문제로 명확한 해답을 줄 수는 없다. 왜냐하면 피론은 신의 존재를 증명할 수 있다는 입장을 거부하고 있지만, 세계 그 자체를 동물로 간주하고, 신이 그 세계의 혼이라고 하는 견해를 표명하고 있었기 때문이다. 또 흄은 스스로 무신론자라는 것을 공언하지는 않았다. 더욱이 〈종교의 자연사〉에서 그의 견해 등을 고려한다면, 흄을 불가지론자라고 해석하는 것이 적절하다고 생각된다. 이 저서는 흄의 진의가 어디에 있는가라고 하는 것에 대해 확정적인 결론을 곤란하게 만드는 요인을 안고 있다.

종교의 기원

〈종교의 자연사〉는 1757년에 간행되었지만, 집필연대로 미루어 종교론에 대한 흄의 최후의 견해를 나타내는 것이다. 그는 이 저서에서 종교의 발전과정, 다신교와 일신교의 대비라고 하는 두 가지 주제를 역사적, 비교적 방법에 의해 고찰하고 있다.

흄에 따르면, 다신교 내지 우상숭배야말로 인류 최초의 그리고 최고로 오래된 종교였다. 역사적 문헌으로 보는 한, 인류는 고대에 다신교였고 또 현대에는 아메리카, 아프리카 혹은 아시아의 미개부족도 모두 우상숭배자이다. 그렇다면 이 다신교는 어떻게 출현한 것일까.

흄은 사람들이 자연의 소산을 정관(靜觀)하여 우주 조직의 통일과 조화 가운데 신을 발견했다면, 그것은 많은 신들이 아니라, 단 하나의 창조자일 것이라고 생각했다. 오히려 사람들이 자연의 소산을 떠나, 눈에 보이지 않는 힘의 족적을 인생의 여러 가지 사건 안에서 더듬어 가면, 필연적으로 다신교에 도달하여 제약된 불완전한 신들을 용인하지 않을 수 없게 될 것이라고 주장한다.

예를 들면 태풍이나 폭풍우는 태양에 의해 길러진 것을 멸하고, 태양은 이슬이나 비 등에 의해 길러진 것을 파괴한다. 병이나 역병은 부유한 한 왕국의 인구를 감소시킬지도 모른다. 이렇듯 인생의 사건은 다양성과 불확실성으로 흘러넘친다. 사람들은 행복을 향한 소망, 먹을 것이나 필수품에 대한 욕망, 미래의 곤궁에 대한 공포, 죽음의 공포 등으로부터 즉, 희망과 공포 및 상상력으로 신들을 믿게 되는 것이다.

'우리는 생과 사, 건강과 역병, 풍부와 결핍의 사이에서 끊임없는 부유(浮遊) 상태에 몸을 두고 있다. 이것들은 인류 사이에서 비밀스러운 알 수 없는 원인에 의해 배분되어 있으며, 그 작용은 때때로 예상 외이며 항상 예측하기는 어렵기 때문이다. 그래서 이러한 미지의 원인은, 우리의 희망과 공포의 끊임없는 대상이 된다. 이러한 여러 정념은 사건에 대한 불안한 예기에 의해 끊임없는 경계 상태로 유지되고 있는 반면, 상상력도 우리가 이 정도로 완전하게 의존하고

있는 이러한 여러 힘에 대해, 관념을 형성하는 것과 마찬가지로 그만큼 바쁘게 일을 하게 된다.'

흄에 따르면, 사람은 마음먹은 대로 되지 않는 인생의 걱정으로부터, 그들 인생의 행복·불행에 관계한다고 상상되는 신들의 힘을 희망하며 두려워하는 것이다. 그리고 다신교도가 되면 자연의 현저한 산물을 각기 진정한 신이라고 생각하는 것이다. 태양·달·별은 물론이고, 원숭이·개·여우 등의 동물도 샘이나 나무와 같은 것도 신이라고 간주하는 것이다.

또한 흄은 종교의 역사를 다신으로부터 일신에, 일신으로부터 다신이라고 하는 두 개의 상반된 변천 과정을 따라 간다고 주장한다. 다신교에 있어서 신들은 은혜로운 신이기 때문에, 그 효능은 한계가 있다. 그러나 사회불안이 높아졌을 때에는 특정 신이 신앙의 중심에 되어, 유일신적인 성격을 갖는 일도 생긴다. 그 예로 종교개혁 이전에 성모 마리아가 전능신과 같은 성격을 가졌던 경우를 들 수 있다.

흄은 제9절부터 다신교와 일신교의 대비를 시도하여, 합리성을 별도로 한다면, 실천적으로는 다신교가 뛰어나다고 결론을 짓고 나서, 이 저서의 마지막 부분에서 다음과 같은 흥미로운 말을 남겼다.

'지고존재의 지식을 획득하여, 자연의 눈에 보이는 작품으로부터 자연의 지고의 창조자라고 할 정도로 숭고한 원리를 추측하는 능력을 갖는다는 것은, 인간 이성의 얼마나 귀중한 특권인가. 그러나 메달의 뒤를 뒤집어 보라. 대부분의 국민과 시대를 조사하라. 세계에서 사실상 우세했던 종교적 여러 원리를 검토하라. 그것들이 환자의 몽상 이외의 그 무엇인지를 여러분은 거의 납득할 수 없을 것이다. 전체가 수수께끼이며, 불가해한 일이며, 풀 수 없는 신비이다. 의심·불확실·비판 중지가 이 주제에 대한 우리의 가장 정밀한 탐사의 유일한 결과라고 여겨진다.'

이렇듯 흄은 〈종교의 자연사〉에서는 다신교를 종교의 원형으로서 파악하고 이것을 고찰하면서, 종교가 인간 본성에 있어서 불가결한 구성 요소가 아니라는 것을 시사하고, 마지막 부분에서 종교 현상은 '전체가 수수께끼인 불가해한 일이며, 풀 수 없는 신비이다'라고 결론을 내리고 있다.

정치사상

흄은 일찍부터 정치에 관심을 갖고 그 연구의 중요성을 인식하고 있었다. 《인간이란 무엇인가》(제1, 2편)의 머리말에서 그는 이 출판의 결과가 좋으면 다음으로 도덕론·정치론·문예비평의 검토를 진행할 생각이라고 말하고 있다. 이 예고대로 도덕론은 《인간이란 무엇인가》 제3편으로서 1740년에 발간되고, 정치론은 1741~1742년에 걸쳐 《도덕정치론집》 전2권으로서 출판되었다. 정치학에 관한 저서는 6년 뒤인 1748년에 〈원시 계약에 대하여〉를 포함한 《도덕정치론 3편》이 발간되었고, 이어서 1752년에는 《정치경제론집》이 발간되었다. 흄의 정치사상 전체는 이들 저작을 통하여 대부분 설명할 수 있다.

정치학의 과제

흄에 따르면 정치학이란 '사회를 만들고, 서로 의존하는 인간을 고찰하는' 것이다. 그것은 인간학의 한 부문이며, 개별적인 사실이 아니라 일반적인 사실을 다루는 과학이다. 흄은 다양한 정치 현상을 관찰과 경험에 기초하여 고찰하고 일반적으로 확실한 원리를 확립하려고 했다.

흄은 〈정치를 과학으로 고양하기 위하여〉라는 논문에서 '한 정체(정치 형태)와 다른 정체 사이에 본질적인 차이가 있는가'라는 문제를 논하면서, 정치에는 일반적인 진리가 있음을 밝히고 있다.

어떤 정체든 비슷비슷하며 그 차이의 원인은 지배자의 성격과 행동에 있다는 것이 만일 승인된다면, 대개의 정치 논쟁은 끝이 나고 보다 좋은 정치 조직을 추구한다는 것도 어리석은 짓이 되어 버릴 것이다. 흄은 정체보다도 지배자의 성격과 행동을 중시하는 입장에 반대하여, 특정 지배자 등에 의하여 좌우되지 않는 정체의 본성을 구명하려고 한다. 그 때문에 정치 현상의 설명에 우연적인 요인을 끌어들이지 않도록 배려하고 정치 형태와 법을 정비하는 것의 중요성을 강조한다.

'입법자는 한 나라의 장래 정체를 전면적으로 우연에 맡길 것이 아니라, 마지막 자손에게 이르기까지 공무 운영에 규칙을 부여하는 법 체계를 준비해야 한다. 결과는 언제나 원인에 따른다. 그러므로 어떤 나라에서든 현명한 법칙이야

말로 후대에 남길 수 있는 가장 현명한 유산인 것이다.'

이처럼 흄에 따르면 정치 형태나 법률이 갖는 작용력은 아주 크며 위정자의 기질이나 성향에 거의 관계가 없다. 따라서 정치학의 과제는 개개의 지배자나 정치가의 기질이나 인품을 문제로 하는 것이 아니라, 그러한 지배자나 정치가를 끌어들이는 정체의 본성을 해명하는 것이다. 정치 형태나 법률 등을 문제로 하는 한, 과학의 경우와 마찬가지로 일반적으로 확실한 원리를 도출해내는 것이 가능해진다. 그러나 정치의 원리들은 귀납법에 의하여 파악되는 것이므로 그 확실성은 결국 개연성에 그칠 수밖에 없다. 이 점에 대하여 흄은 논문 〈시민적 자유에 대하여〉에서 다음과 같이 말한다.

'세계는 아직 너무 젊어서 정치 영역에 있어서 마지막 자손에 이르기까지 진실일 수 있는 많은 일반적 진리를 확정할 수 없을 것이다. 인류는 아직 3천년도 경험을 쌓지 못했으므로 추론의 기술은 다른 모든 과학에서와 마찬가지로, 이 과학에서도 미완성일 뿐만 아니라 추론 능력을 쓸 수 있는 충분한 자료마저 부족하다.'

정치 사회의 성립

흄은 정치 사회의 성립근거를 인간의 본성이나 필요성에서 찾고 있다. 그에 의하면, 나면서부터 가족생활을 영위하고 있는 인간은 필요와 자연의 성향이나 관습상 반드시 사회를 존속시켜야만 한다. 나아가 인간은 정의를 현실로 만들기 위하여 정치 사회를 만들게 된다. 정의가 확립되어있지 않으면 그들 서로 간에 평화도 안전도 존재하지 않기 때문이다.

흄에 따르면, 만약 각자가 공공의 이익을 항상 판별할 수 있을 만큼 현명하고 또한 눈앞의 쾌락의 유혹을 물리칠 수 있을 만큼 강인한 정신력을 갖고 있다면, 정부라든가 정치 사회 따위는 전혀 생기지 않았고 각자는 나면서부터 지닌 자유에 따라 평화와 조화 가운데 살았을 것이다. 그러나 실제로는 인간은 그러한 현명함이나 강인한 정신력을 갖는 일이 적으며 '무절제하고 이익을 좇기 쉽다'는 결함을 지니고 있다. 흄은 〈의회의 독립에 대하여〉라는 논문에서 다음과 같이 말하고 있다.

'정치 기구에서의 권력 억제 장치를 준비할 때, 인간은 모두 무절제하고 이익을 좇기 쉬운 악인(knave)이며, 그 모든 행동에 있어서 사적 이익(private interest) 이외의 목적을 갖지 않는다고 추정해야 한다. 우리는 사적 이익에 의하여 인간을 지배하여야 하며 사적 이익을 통하여 인간을 이끌어 그 만족을 모르는 탐욕과 야심에도 불구하고 공공 이익에 기여하게 해야 한다.'

흄은 '인간은 모두 무절제하고 이익을 좇기 쉬운 악인으로 추정해야 한다'라는 것은 사실상은 오류이지만, 정치상으로는 옳은 원리라고 생각한다. 즉, 일반적으로 말하면 인간은 자기 자신의 이익만을 추구하기 쉽다는 것이다. 이처럼 인간을 이기적이라고 파악하면서, 이 이기심을 통하여 각자가 평화로운 사회질서를 지키도록 인도하는 것이 중요하다고 주장하는 것이다.

흄에 따르면 인간의 본성은 개인 서로 간의 결합없이는 살아갈 수 없게 되어 있다. 그러나 그러한 결합은 평등과 정의에 관한 법률이 존중되지 않는 곳에서는 성립하지 않는다. 각자가 제멋대로 행동한다면 무질서·혼란·만인의 만인에 대한 투쟁을 불러올 것이다. 이것은 매사를 냉정하게 생각하는 사람이라면 누구나 깨달을 수 있는 일이다.

따라서 정치 사회는 각자의 사적 이익을 억제하고 공공 이익을 지키기 위하여 반드시 필요한 것이다.

정치 지배는 처음에는 불완전한 형태로 우연히 시작되었다. 전쟁 상태일 때, 용기와 재능이 있는 한 사람이 다수의 사람들 위에 서서 사람들을 지휘하게 되었다. 전쟁 상태가 장기화되면 사람들은 이 지도자에게 복종하게 된다. 만약이 지도자가 공평의 덕을 갖추고 있다면, 평화시에도 각종 분쟁의 판결자가 되어 강제와 동의에 의해 그의 권위를 확립해 간다. 정치 지배는 이렇게 시작된 것이다.

정부에 대한 복종

인민은 어째서 정부에 복종하는 것일까? 또한 복종의 근거는 무엇일까? 흄에 의하면 인민이 정부에 복종하는 것은 인민 또는 그들의 조상이 복종할 것을 약속했기 때문이 아니라, 정부가 존재하는 것이 그들에게 이익이 되기 때문이다. 즉, 인민이 정부에 대하여 복종의 의무를 다하는 것은 재산의 상호불가침에 의하여 평화와 질서를 누린다는 사회적 이익을 가져오기 때문이다.

흄은 〈원시 계약에 대하여〉라는 논문에서 정부에 복종해야 하는 의무를 묻자 '그렇게 하지 않으면 사회가 존속할 수 없기 때문이다'라고 답하고 있다. 이에 반하여, 정부에 대한 복종의 의무를 성실 또는 약속의 의무를 존중함으로써 기초를 세우거나 각자의 동의라고 상정하는 사고방식이 있다. 그러나 이러한 견해를 취하는 사람들에게 어째서 약속을 지켜야만 하느냐고 묻는다면 답하기 곤란할 것이다. 왜냐하면 성실도 약속도 동의도 동일한 기초 위에 서 있으며 이것들은 '사회의 일반적인 이익과 필요'를 위하여 인류가 지키고 있는 것으로 생각되기 때문이다. 흄이 '사회의 일반적인 이익과 필요'라고 하는 경우, 그 내용은 '인류의 상업 활동이나 교통'을 가리킨다. 이 사회의 일반적인 이익과 필요야말로 정치적인 복종의 가장 큰 기초이다.

그런데 새로운 정부가 수립되는 경우, 인민은 보통 그것에 불만을 품으면서도 공포와 필요 때문에 복종하는 것이다. 그러므로 군주는 경계심을 늦추지 말고 반역의 출현을 막아야만 한다. 시간이 흐름과 함께 다양한 어려움이 제거되어 가면 인민은 최초 권력의 찬탈자로 여기고 있던 지배자를 합법적인 군주 또는 자기 나라의 군주로 여기는 데 익숙해져 간다.

다음으로, 정부의 기초가 되고 있는 것은 무엇일까? 흄에 의하면 사회 현상을 냉정하게 고찰할 수 있는 자에게 있어, 다수자가 소수의 사람에 의하여 쉽사리 지배되고 있는 것만큼 놀라운 일은 없다. 그 원인을 따라가 보면, 실력은 언제나 피지배자 쪽에 있으므로 지배자가 지주(支柱)로 의지하는 것은 여론(opinion)밖에 없다. 따라서 정부의 기초는 여론뿐이라는 것이 된다. 이 원리는 가장 자유로운 인민정부에도, 가장 전제적이고 군사적인 정부에도 들어맞는다.

흄은 〈정부의 제1원리에 대하여〉라는 논문에서 두 종류의 여론, 즉 '이익'에 관한 것과 '권리'에 관한 것을 구별하고 있다. 이익에 관한 여론이란 현재의 정부가 다른 어떤 정부에도 뒤지지 않을 만큼 유익하며 사람들의 이익에 부합한다는 것이다. 이러한 여론이 한 나라의 대부분을 지배할 경우, 그 정부는 크나큰 안정성을 획득할 수 있다.

'권리'에 관한 여론이란, 사람들이 장기간 그들 사이에 존재해 온 권위나 묵약을 지지하는 선입관을 말한다. 이 여론에는 두 종류가 있어서, '권력'에 대한 권리와 '재산'에 대한 권리로 구별된다. 전자는 인민이 자국 정부에 대하여 드러내는 애착을 말하며, 후자는 재산권에 대한 여론을 말한다. 흄에 따르면, 이들 세 가지의 여론 즉 사회적인 이익, 권력에 대한 권리, 재산에 대한 권리, 이들에 관한 여론이 모든 정부의 기초인 것이다.

자기이익(self-interest)·공포·애정 등이 복종의 강력한 동기로 여겨질 수도 있다. 분명, 자기이익과 공포와 애정은 이들 여론의 활동을 규정하거나 변경한다. 그러나 이것들은 그 자체만으로는 아무런 작용력도 가질 수 없을뿐더러 여론의 작용력을 전제로 하는 것이다. 따라서 자기이익과 공포와 애정은 정부의 2차적인 원리이며 1차적인 원리로 간주할 수는 없다.

사회계약설 비판

흄은 〈원시 계약에 대하여〉라는 논문에서 당시의 영국 국민을 둘로 나누고 있었던 두 개의 정당, 즉 토리당과 휘그당의 이론을 문제삼아 비판하고 있다. 이 두 개의 정당은 그 이론에 있어서, 특히 원리에 있어서 대립하고 있다. 흄에게는 시민 사회의 발전을 위하여 이 두 개 정당을 건전한 기초 위에 두려면 어떻게 하면 좋을지가 커다란 문제였다.

왕정복고 뒤, 근대적인 정당인 토리당과 휘그당이 출현했으나, 이 두 개 정당의 원리는 절대 권력과 개인의 불가침의 원리였다. 토리당은 정부의 기원을 찾아 신에게까지 소급해 올라가, 그에 따라 정부를 신성불가침한 것으로 하고 정권신수설에 의거하여 정부에 대한 절대 복종을 주장하고 있었다. 한편 휘그당은 정부의 기초는 인민의 동의에 있다고 하며 일종의 원시 계약이 존재한다고 상정한다. 그러므로 이 계약에 의하여 인민은 군주에 대하여 저항권을 보유하고 있다고 주장하고 있었다.

흄은 당시 계약설에 비하여 영향력을 잃고 있었던 왕권신수설에 대해서는 다음과 같이 매우 간단하게 논박하고 있다. 정부라는 제도는 은혜로운 하느님에 의하여 획책된 것이라고 생각한다. 그러나 하느님은 이 제도를 기적적인 개입에 의해서가 아니라, 인간의 눈에는 보이지 않는 그의 보편적인 힘에 의하여 만들어 낸 것이다. 그러므로 군주가 하느님의 대리자라고 불리는 경우에는 정권신수론자가 상정하는 것과 같은 특별한 의미는 포함되어 있지 않다. 또한 절대 복종의 원리도, 그 모순이 명백하다고 하며 〈절대 복종에 대하여〉라는 논문에서 다음과 같이 말하고 있다.

'네로나 필립 2세(재위 1180~1223)에 대한 무장 봉기 기록을 읽고, 그 계획의 성공을 바라지 않고 또한 그것을 계획한 사람을 칭찬하지 않을 사람이 있을까? 우리 나라의 국왕을 편드는 정당도 그러한 경우에는 다른 사람들과 같이 판단하고, 느끼고, 승인하지 않을 수 없을 것이다.'

다음으로, 계약설에 대하여 흄은 계약설이 역사상의 사실에 어긋난다는 점을 강조한다. 계약론자는 정부가 인민의 동의로부터 발생했다고 주장할 뿐만 아니라, 완전한 성숙기에 도달한 현재 조차도 그것 외의 기초를 갖지 않는다고 주장하고 있다. 그들에 따르면, 인간은 모두 평등하게 태어났으며, 군주나 정부에 대한 충성의 의무도, 사전 약속에 근거하는 의무와 제재에 의하여 구속되는 것이 아니면 부과될 수 없다. 더구나 이 약속은 조건이 있는 것으로서, 군주로부터 정의와 보호를 얻을 수 없으면 충성의 의무는 소멸한다.

이러한 계약론자의 견해에 대하여 흄은 세상을 널리 내다보아도 그들의 생각에 합치하는 것이나, 그들의 이론을 보증할 수 있는 것을 만날 일은 없다고 논박을 시작한다.

정부의 기초가 되는 계약은 원시 계약이라고 한다. 이 원시 계약은 조상의 동의에 의해 자손을 끝 대에 이르기까지 구속한다는 점은 제쳐두고라도, 세계의 어떤 시대나 나라에서도 역사나 경험에 의해서 정당화되지는 않는다. 왜냐하면, 정부의 기원은 권력의 탈취 내지 정복에 근거하기 때문이다.

'현재 존재하거나 또는 역사에 어떠한 기록을 남기고 있는 정부는 거의 대부분이 본래 권력의 탈취나 정복 또는 그 양쪽에 근거한 것이며, 인민의 공정한 동의 내지 자발적인 복종을 구실로 하는 것은 없었다.'

또한 흄은 역사나 경험이 가르치는 바에서는, 새로운 정부가 수립된 때는 국가적 사건에 있어서 인민의 동의가 가장 존중되지 않았던 시대일 거라고 말한다. 또한 동의에 의하여 성립되었다고 하는 명예혁명도 계약설에 합치하는 것이 아니고, '그때 변혁된 것은 왕위 계승뿐이며, 그것도 정체 가운데 오직 왕위에 관계한 부분뿐이었다. 더구나 1천만에 가까운 국민에 대하여 이 변혁을 결정한 것은, 대다수라고 해도 불과 7백 명에 지나지 않았다'라고 말하고 있다.

자유와 권위의 관계

흄은 〈왕위 계승에 대하여〉라는 논문에서 명예혁명 체제를 긍정하고 그 뒤 영국의 번영을 찬미하고 있다. 그에 따르면, 의회제가 시작되고부터 60년 동안 다양한 당쟁이 행해져 왔으나, 군주와 의회 사이에는 조화가 유지되어 왔다. 국내의 평화와 질서 속에서 인민의 자유는 장애도 만나지 않고 인정되어, 상업이나 농업도 번영하여 왔다. 따라서 명예혁명 체제의 성립은 대다수 영국인에게 있어 만족스러운 것이었다.

흄은 명예혁명 이후부터의 정체를 혼합 정체로 파악하여, 그것을 군주제의 요소와 공화제의 요소 또는 권위와 자유의 혼합으로서 분석하고 있다. 영국의 경우 군주제의 요소를 대량으로 포함하고 있는데, 그 정치 지배에 있어서는 공화제의 요소 쪽이 우위를 차지해 왔다. 이처럼 두 개 요소의 상호 억제가 저마다의 장점을 이끌어 내고 그것이 영국의 평화와 번영을 가져온 것이다.

흄은 〈정치 지배의 기원에 대하여〉라는 논문에서 자유와 권위의 관계에 대하여 다음과 같이 말하고 있다.

'모든 정치 지배 속에서, 권위(authority)와 자유(liberty)의 공공연하거나 은밀한, 부단한 내부 투쟁이 존재한다. 더구나 이 항쟁에 있어서 권위와 자유의 어느 쪽도 절대적인 승리를 거두는 것은 불가능하다. 자유야말로 정치 사회의 완성이라고 해야 한다. 하지만 그럼에도 불구하고 권위가 정치 사회의 존속 그 자체에 있어 불가결하다는 것이 승인되어야만 한다.'

흄에 의하면, 이처럼 정치 지배에 있어서는 권위와 자유 사이에 끊임없는 내부 투쟁이 있다. 예를 들어, 이슬람 국가의 군주는 인민의 생명과 재산을 마음대로 할 수 있으나 인민에게 새로운 세금을 부과하는 것은 허락되지 않는다. 프랑스의 국왕은 새로운 세금을 부과하는 것은 마음대로 할 수 있으나 인민의 생명과 재산에 손을 대는 것은 위험을 수반할 것이다. 이처럼 권위와 자유 사이에는 종종 충돌이 발생한다. 권위는 법에 대하여 공격을 취하여 군주의 폭력을 용인시키려고 한다. 자유는 극단적이 되면 어떠한 구속도 받지 않게 되며 사회에는 야만적인 자연 상태가 발생하게 된다.

흄은 시민 사회의 유지와 발전을 위해서는 권위와 자유 양쪽 모두가 필요하다고 생각한다. 권위는 자유를 규제하고 법의 지배를 수행함으로써 자유의 옹

호 그 자체에 있어 불가결한 것이다. 한편, 자유의 획득은 시민 사회의 진보인
데, 자유의 확대가 무조건으로 칭찬을 받는 것은 아니다. 여기서 자유란, 법의
지배의 확립이 가져오는 시민적인 자유이며 정부가 정의의 법을 수행함으로써
실현되는 것이다.

그러나 영국에서는 명예혁명 이후에도 권위와 자유를 둘러싸고 토리와 휘
그라는 2대 정당의 대립이 격화하고 있어, 명예혁명 체제의 중대한 불안정 요
소의 하나로 여겨지고 있었다. 흄은 이 당파적인 대립을 우려하여 〈당파론〉,
〈영국의 당파에 대하여〉 등에서 당파 문제를 고찰하고 있다.

당파에 대하여

흄의 당파론의 특징은 토리당 편도 휘그당 편도 들지 않고, 공평한 태도로
당파를 움직이는 요인이 무엇이었는지를 분석하고 있는 것이다.

영국에서는 청교도혁명의 시기에 다양한 당파가 등장하여, 1670년경 토리당
과 휘그당이라는 2대 정당이 탄생했다. 전자는 토지소유자와 국교회 성직자
등이 지지하는 당이며, 후자는 특권을 갖지 않는 비국교도와 상공업자 등이
지지하는 당이었다. 양 당파는 명예혁명 뒤에 하나의 체제를 유지하기로 합의
하고 있었으나, 국교를 어떻게 운영해갈지에 관해서는 방침이 상반되고 있었다.

흄에 의하면, 최고의 명예가 주어져야 할 인물이란, 법과 제도의 체계를 확
립하여 인민의 평화와 행복과 자유를 확실하게 해 주는 입법자나 국가의 창설
자를 말한다. 한편 혐오해야 할 인물이란, 당파를 만들어 내고 당파적인 대립
을 격화시키는 자이다. 왜냐하면 정치적인 당파는 정치 조직을 전복하고 법을
무력하게 하여 서로 도와야 할, 같은 나라 사람들 사이에 격렬한 적의를 만들
어 내기 때문이다.

당파는 어떠한 나라에서도 일단 생기고 나면 그것을 근절하기란 매우 어렵
다. 그것은 전제적인 정체에 있어서도 발생하지만, 자유로운 정체에 있어서는
더욱 쉽게 발생하고 급속히 확대하는 것이다.

당파에는 인간적인 요인에 입각한 것과 사실적인 요인에 입각한 것이 있다.
전자는 특정 구성원들 간에 공유되는 개인적인 우정 관계로부터 발생하는 것
이며, 후자는 이익 내지 견해의 차이에 근거하는 것으로 이익·원리·애착에 의

하여 발생하는 것이다. 당파는 이들 두 개의 요인에 의하여 발생하는데, 이러한 순수한 형태로 발견되는 것은 거의 없으며, 두 개의 용인이 서로 뒤섞인 형태로 발견된다.

그런데 흄이 모든 당파를 완전히 배격해야 할 것으로 생각했던 것은 아니다. 인간에게는 인간적인 요인에 근거하는 당파를 지향하는 매우 강한 경향이 있어서, 인간은 서로 대립하는 당파의 어느 한 곳에 한번 들어가 버리면 자신과 같은 파에 대해서는 애착을, 반대파에 대해서는 적의를 품는 법이다. 그러나 어떠한 사회에 있어서도 당파의 발생을 피할 수는 없으며, 자유로운 정체에서 당파 간의 의견 차이를 완전히 없애는 것은 바람직하지 않은 일이다. 흄은 당파를 종류별로 구별하고 검토하여 어느 종류의 것은 다른 종류의 것보다 유용함을 시사하고, 이익에 근거하는 당파가 가장 불합리함이 적고 가장 허용 가능성이 크다고 주장하고 있다.

흄은 〈당파의 발자취에 대하여〉라는 논문에서 최근 몇 년 당파적인 차이를 없애자는 기운이 사회에 고양되고 있는 것을 환영하고 있다. 그들에 의하면 위험한 정당이란, 정체의 본질적인 사항이나 왕위계승이나 정체의 구성요소가 되고 있는 비교적 중요한 특권 등에 대하여 서로 대립하는 견해를 품는 경우이다. 이때 대개 타협이나 화해의 여지는 없으며 반대파에 대하여 무력에 호소하는 것마저 정당하다고 여겨진다. 영국의 정당 간에도, 과거 1세기 이상에 걸쳐 이러한 미움을 볼 수 있었다. 그러나 최근 토리당과 휘그당 사이에 타협의 기운이 보인다고 하며 다음과 같이 말하고 있다.

'최근 이러한 정당에 의한 견해 차이를 없애고 싶다는 일반적인 바람의 가장 강력한 표식이 나타나기 시작했다. 정당의 타협을 향하는 이러한 경향은 장래의 행복에 가장 기분 좋은 전망을 부여해 주는 것이며, 따라서 그 나라의 모든 애국자에 의하여 주의 깊고 소중하게 다루어지며 촉진되어야만 한다.'

흄은 이처럼 토리당과 휘그당의 타협의 움직임을 환영함과 동시에, 하나의 정당이 다른 정당에 대하여 근거 없는 우월감을 갖지 않을 것과, 어떠한 논쟁에 있어서도 적절한 중용을 갖춘 입장을 찾아내도록 노력할 것 등의 중요성을 강조하고 있다.

흄의 이상적인 공화국

흄의 정치론의 마지막 문제는 어떠한 정치제도를 이상으로 생각할 수 있느냐는 문제였다. 이 문제는 〈완전한 공화국에 대한 설계안〉에서 고찰되고 있다. 이 논문은 명예혁명 체제를 승인한 뒤의 입헌군주제의 개선에 대해서도 언급하고 있어, 영국의 당시 정치에 대한 비판이기도 하다.

흄은 명예혁명 체제 아래 영국의 정체를 매우 높이 평가하고 있었고, 영국의 입헌군주제가 갖는 결함에 주목하여 그 개선의 필요성을 통감하고 있었다. 그래서 《오세아나 공화국》(1656)을 이제까지 발간되었던 유일하게 가치 있는 공화국의 설계안이라고 하고, 이것을 모델로 이상적인 나라를 구상하고 있다. 제임스 해링턴의 주요 저서 《오세아나 공화국》은 근대 시민혁명기에 '법의 지배'가 관철되는 새로운 정치제도의 구축을 시도한 것이다.

흄의 이상적인 나라는 영국이나 아일랜드 또는 그와 동등한 면적의 영토를 갖고 있고, 100개의 주로 이루어지며, 다시 각 주는 100개의 교구로 이루어져 있는 나라이다. 각 교구에서는 적당한 재산을 가진 모든 사람이 투표권을 갖고, 무기명 투표에 의하여 주대의원을 한 명 선출한다. 각 주의 대의원은 그들 가운데서 무기명 투표에 의하여 주정무관 10명과 원로원 의원 한 사람을 선출한다. 그리고 원로원 의원 전원에게 주정무관의 권한을 부여한다.

따라서 공화국 전체로서는 원로원 의원 100명과 주정무관 1천 100명과 주대의원 1만 명을 갖게 된다. 행정권은 원로원 의원에게, 입법권은 주대의원에게 속한다. 이 공화국의 운영에 관한 상세한 설명이 이루어져 있으나, 여기서는 더이상 언급하지 않기로 한다.

흄이 영국의 정체를 입헌군주제의 완전한 모델로 만들기 위하여 제안하는 주요한 변경 사항은 첫째, 선거를 평등하게 하고 선거권에서의 투표 자격을 제한한다. 둘째, 상원 의원수를 300명~400명까지 증가시키고 의석은 세습이 아니라 종신으로 한다는 것이다. 그러나 이러한 수정들이 이루어졌다고 해도 영국의 입헌군주제에는 왕당파와 인민파의 대립, 국왕의 개인적인 성격이 정체에 커다란 영향력을 갖는 불편함으로 남는다는 것 등이 지적되고 있다.

흄의 이상적 공화국 구상은 마치 조항을 적은 것처럼 무미건조하지만 이 설계안 속에는 흄의 탁월한 정치사상이 포함되어 있다.

첫째, 몽테스키외의 영향으로 공화국이 도시 또는 소지역으로 제한되고 프랑스나 영국처럼 광대한 지역을 갖는 나라에서는, 군주제가 지배한다는 이론이 지배적이었던 당시 유럽에서, 흄이 '교묘한 기술에 의하여 조직된 거대한 국가에서도, 민주주의를 세련된 것으로 만들기에 충분한 여지와 여유가 있다'고 생각하여 공화국 구상을 제기한 것은 획기적인 일이었다. 둘째, 거대한 국가에서 공화제 실현을 하는 데 필요한 교묘한 정치 기술로 간접 선거 방법을 채택하고 있고, 또한 선거 자격에 있어 재산상의 자격이 중시되는 점이다.

흄의 정치 사상의 의의

정치에 관한 흄의 주요한 관심은 인간 본성의 해명에 입각하여 시민 사회에서의 다양한 정치 현상을 고찰하고 '과학으로서의 정치학'을 확립하는 일이었다. 흄의 계약설 비판이나 당파론 등도 과학으로서의 정치학을 확립하는데 불가결한 작업이었다고 생각할 수 있다.

흄이 정치학 분야에서 이룬 첫 번째 공헌으로 사회계약설 비판을 들 수 있다. 그는 《인간이란 무엇인가》에서는 이기심과 구분된 관대함을 인간 본성이라고 하고, 《도덕정치론집》에서는 정치학의 입장에서 '인간은 무절제하고 이익을 좇기 쉬운 악인'으로 파악하고 있다. 흄에게는 이기심이야말로 인간 본성의 가장 중요한 사실이었던 것이다.

그런데 홉스는 흄과 같은 이기적인 인간관을 가지면서도 자연 상태에서 '만인의 만인에 대한 투쟁'을 극복하고, 질서를 창출해 내기 위하여 인간 상호의 계약에 의해 강력하고 뛰어난 국가로 만들어야 한다고 했다. 흄은 마찬가지로 이기적인 인간관을 가지면서도 '인간 본성은 (정치 사회에 있어서) 개인 상호의 결합 없이는 결코 살아갈 수 없도록' 되어 있고, 사람들이 평화로운 사회질서를 지킬 수 있도록 인도하려 한다. 그리고 사람들이 정부에 복종하는 것은 원시 계약이나 구속 때문이 아니라, 정부의 존재가 그들의 이익이 되기 때문이라고 주장했다.

또한 흄은 홉스와 달리 온화한 통치를 바랐다. 그러한 통치는 당시 영국의 정치 체제를 개선함으로써 실현할 수 있다고 생각했다. 그런데 명예혁명 체제 아래서 흄이 가장 큰 불안정 요소로 여겼던 것은 당파의 존재이며, 특히 주권신수설이나 사회계약설에 의하여 이론적으로 무장한 당파의 존재였다. 그러므로 흄의 계약설 비판은 단순한 이론적 비판이 아니라, 궁극적으로는 토리와 휘그 사이의 당파적 대립을 가라앉히는 데 목적이 있었다고 할 수 있다.

흄은 상업 사회의 발전에 대응한 정치 사회 이론을 어떻게 구축할 것인지의 문제를 자신의 과제로 삼은 것이다. 휘그의 정치원리였던 계약설은 볼링브룩에 의하여 월폴 정권을 타도하는 데 역이용되고, 그것은 명예혁명 체제에 있어서 안정기의 정치이론이 될 수 없었기 때문이다. 따라서 흄의 계약설 비판은 현 정권의 휘그를 비판하기 위하여 기획된 것이 아니라, 바로 볼링브룩이 휘그정권 타도를 위하여 이용했던 옛 휘그의 학설에 대한 비판이었던 것이다.

흄이 정치학 분야에서 이룬 두 번째 공헌으로, 공리성을 모든 정치 질서의 유일하고 충분한 기준이라고 주장한 것을 들 수 있다. 흄에 의하면 정치 사회의 성립은 공리성에서 찾을 수 있고 또한 인민이 정부에 대하여 복종의 의무를 다하는 것은 평화와 질서를 누리는 이익이 있기 때문이다. 래스키는 정치사상사에서의 흄의 위치와 공리주의와의 관계에 대하여 다음과 같이 말한다.

'흄은 어떤 체계의 창시자가 아니다. 그가 한 일은 정치적 사실의 일관된 설명이라기보다 오히려 함축이 풍부한 일련의 암시이다. 또한 그가 자신의 선배들에게 많은 빚을 지고 있다는 것도 고려해야만 한다. 그는 분명 로크로부터 많은 영향을 받았다. 그리고 그의 학설과 함께 스코틀랜드의 계몽운동은 눈부신 날을 맞이한 것이다. 흄은 공리주의의 진정한 창시자로 여겨져 마땅하다. 그의 업적은 모든 면에서 근대 정치 사상의 2대 학파의 탄생을 가장 먼저 알리는 것이었다. 그의 공리주의는 급진적 사상이 받아들여지게 되기 위한 참된 통로가 되었다. 그에 의한 역사의 원용(援用, 자기 주장을 위해 어떤 사실을 끌어다 씀)은 버크를 통하여 역사적인 방법에서 생긴 특별한 보수주의의 선도자가 되었다.'

경제 사상

경제학은 보통 흄의 친구였던 애덤 스미스가 창출했다고 말한다. 흄의 경제 사상의 핵심이 되는 논문들이 실려 있는 《정치경제론집》은 1752년 2월에 발간 되었다. 이 시기는 중상주의 해체기에 해당하며 또한 스미스가 《국부론》의 체계를 확립하기 직전의 시기에 해당한다.

흄은 《정치경제론집》에서 좁은 의미에서의 경제 분석을 전개한 것이 아니라 정치·경제·사회의 밀접한 관계 아래, 그것도 국내·국제의 양면에서부터 시민사회론을 전개하고 있다. 따라서 이 저서는 흄의 시민사회론을 이해하려는 사람에게 있어 불가결하고도 획기적인 의의를 갖는 것이다.

흄의 경제 사상과 사회 사상은 우리나라에서는 종래 애덤 스미스 사상과의 관련에서 연구되어 왔다. 그런데 흄의 경제 사상에 대한 통설과 그의 사회 사상에 대한 통설은 두 가지 상반된 흄의 모습을 만들어 왔다. 경제 사상에 대한 통설은 흄을 중상주의적인 사상을 남기면서 스미스 이론을 준비하는 사상가로 여기고, 또 한편으로는 사회 사상에 대한 통설은 그를 중상주의적인 정책을 지지하는 법이론 내지 국가이론을 지닌 사상가로 간주해 왔다. 이 두 가지 해석은 흄을 두 사람의 사상가로 분열시킨다.

흄에 대한 이 상반된 해석들을 둘러싸고 논쟁이 벌어졌으나, 최근에는 흄의 경제 사상은 기본적으로는 경제 활동의 자유를 주장하는 자유주의를 기조로 하고, 그러면서도 중상주의적인 이론과 관념을 극복하지 못하여 남겨두고 있었다는 해석이 유력해지고 있다.

《정치경제론집》의 초판에는 〈상업에 대하여〉, 〈사치에 대하여〉, 〈화폐에 대하여〉, 〈이자에 대하여〉, 〈무역차액에 대하여〉, 〈세력균형에 대하여〉, 〈조세에 대하여〉, 〈국가신용에 대하여〉, 〈주목할 만한 몇 가지 법 관습에 대하여〉, 〈고대 국가들의 인구에 대하여〉, 〈신교도에 의한 왕위계승에 대하여〉, 〈완전한 공화국에 대한 설계안〉 등 12편이 담겨 있다. 내용을 살펴보면 경제를 중심으로 하는 논문이 8편이고, 정치를 중심으로 하는 논문이 4편이다. 또한 1758년에 출판되었을 때는 〈원시 계약에 대하여〉, 〈당파의 발자취에 대하여〉 등 4편이 추가되어 모두 16편이 되었다.

또한 《정치경제론집》에서의 흄의 시민 사회에 관한 기본적인 분석과 태도는 〈상업에 대하여〉와 〈사치에 대하여〉에서 가장 명백하게 드러나 있다.

경제 발전의 원리

흄에게 있어 근본적인 문제 의식 한 가지는 시민 사회의 형성·발전을 해명하는 것이었다. 그러기 위해서는 인간 본성에 있어 불변의 원리를 전제로 하고, 그런 뒤에 사회과학 체계를 수립해 갈 필요가 있었다. 흄은 《정치경제론집》의 첫 번째 논문인 〈상업에 대하여〉 첫머리에서 저마다의 논문이 일반원리의 확립을 목적으로 하고 있다는 것을 다음과 같이 말한다.

'수많은 개별적인 사항 가운데서 모든 사람이 일치하는 공통의 사정이라는 것을 구별하거나 또는 그것을 다른 나머지 사정에서 불순물을 섞지 않고 순수하게 골라내는 것은 대다수 사람들에게는 어려운 일이다. 그러나 아무리 복잡하게 얽혀 보이더라도 일반원리는 그것이 올바르고 확실하다면, 특수한 경우에는 타당하지 않은 일이 있더라도 사물의 일반적인 추세에 있어서는 항상 관철되고 있음이 틀림없으며, 이 일반적인 추세에 주목하는 것이 학자의 주요 작업이다. 또한 그것은 정치가의 주요 작업이라고도 할 수 있을 것이다.'

여기서 흄은 이 저서의 목적이 몇 가지 일반원리의 확립에 있음을 명백히 하고, 나아가 이 원리를 개개 사항의 경우가 아니라 '사물의 일반적인 추세'에서 발견하는 것의 중요성을 지적하고 있다.

흄의 경제론에서 자주 등장하는 용어가 두 가지 있다. 아트(arts)와 인더스트리(industry)라는 용어이다. 아트라는 말은 중상주의 시기에는 여러 가지 의미로 쓰였고, 오늘날에는 기술·기예·산업 등으로 번역되고 있다. 또한 인더스트리라는 말은 흄의 경제론의 근간을 이루는 것으로, '근대적 의미에서의 근로 내지 산업 활동을 나타내고 나아가서는 넓게 근대적 생산력을 가리키며, 인더스트리의 증대는 근대적인 생산 증대의 지표로 여겨지고 있다.

흄의 경제론에서는 아트와 인더스트리(기술과 산업 활동)의 증대가 일관되게 강조되고 있으며, 특히 인더스트리의 증대가 강조되고 있다. 예를 들어, 이자론에서는 이자율 저하의 원인이 인더스트리의 증대에 있는 것이 문제가 되고, 또한 조세론에서는 조세가 어떻게 국민의 인더스트리를 자극하는지가 문제가 되며, 인구론에서는 고대와 근대의 인구를 비교할 때의 가장 중요한 지표를 인더스트리의 크기에서 찾는다.

이처럼 흄에게 있어서 인더스트리의 증대는 국민의 생산성 증대의 척도로 여겨지며, 경제발전의 원리로도 여겨지고 있다.

근대 산업 발전의 구조

흄은 인더스트리 증대의 기본적인 방법을 밝히기 위하여 농공업의 분화가 어떻게 이루어지고 어떻게 발전해 왔는지를 분석한다.

흄에 의하면 인간은 주로 수렵이나 어획에 의하여 생활했던 미개 상태를 떠나자, 농민과 제조업자라는 두 가지 계급으로 나뉘기 시작했다. 전자는 토지 경작에 종사하고, 후자는 농민으로부터 공급되는 원료를 가공하는 일에 종사했다. 분화의 초기에는 대다수 사람들이 농업에 종사하고 있었다. 그러나 농업의 개선으로 토지는 농민과 농업에 필요한 제조품을 만드는 사람들을 부양할 뿐만 아니라 훨씬 많은 사람들을 거든히 부양할 수 있게 되었다. 이리하여 토지는 생산력의 발달에 의하여 농민과 제조업자를 유지하고도 남을 잉여생산물을 만들어 내게 되었다. 이 잉여생산물에 의하여 부양되는 사람들이 잉여인구이다.

흄은 이러한 잉여인구를 사용하는 방법에는 두 가지가 있다고 주장한다. 하나는, 이들 여분의 일손이 사치산업(arts of luxury)이라는 보다 세련된 산업에 종사하는 경우이다. 그때는 향락품이 증가하고 국민의 행복이 증대한다. 다른 하나는, 이들 여분의 일손을 상인이나 제조업자로 하지 않고 군대를 유지하는 데 쓰는 경우이다. 이때 지배자는 그의 영토를 확장하기 위하여 군대를 사용하려고 하고 국민의 사치를 억제하려고 한다. 그러므로 여기서는 지배자의 세력과 국민의 행복 사이에 일종의 대립 관계가 발생한다. 이러한 사례로서, 고대 스파르타나 로마공화국을 들 수 있다. 그러나 스파르타나 로마공화국의 정책은 '사물의 보다 자연스럽고 통상적인 추세'에 어긋나는 것이며 그 재현은 더 이상 불가능하다.

이처럼 흄은 여분의 일손을 사용하는 두 가지 방법, 근대의 정책과 고대의 정책을 지적한 뒤에, 산업 활동과 기술과 상업은 국민의 행복뿐만 아니라 지배자의 힘도 증대시킨다는 것을 다음과 같이 말한다.

'사물의 가장 자연적인 추세에 의하면 산업 활동과 기술과 산업은 국민의 행복뿐만이 아니라 주권자의 힘도 증대시킨다. 그러므로 개인을 가난하게 만듦

으로써 국가를 강대하게 하려는 정책은 터무니없다.'

또한 농업만이 존재하고 거기서부터 상공업이 분화되지 않는 단계에서 잉여생산물이 발생한 경우에 어떻게 될지에 관해서도 흄은 언급하고 있다. 이 경우, 대다수의 사람들은 농업에 종사해야만 한다. 그러나 상공업이 발생하지 않는다면 그 잉여생산물과 교환할 제조품이 없게 되므로 다른 재화와 교환할 수가 없다. 농산물의 풍부함은 안일한 습관을 확대시킬 뿐이다. 그 결과, 농업 그 자체도 충분한 발달을 이룰 수 없게 된다.

상공업의 분리와 인더스트리

흄에 의하면 스파르타나 로마공화국의 정책은 사물의 자연스럽고 통상적인 추세에 어긋나는 것이며 또한 농업만이 존재할 뿐, 거기서부터 상공업이 분화되지 않는 곳에서는 그 사회는 충분한 발전을 이룰 수 없다. 그렇다면 농업에서 공업이 분리되고 이들 두 부문 사이에 사회적인 분업이 성립하는 경우, 그 사회는 어떻게 발전하는 것일까?

공업이 농업으로부터 분화되는 경우, 토지의 잉여생산물은 제조품과 교환할 수 있으므로 그 생산력도 증대한다. 농업은 공업을 매개로 보다 많은 잉여생산물을 만들어 내고 보다 많은 잉여인구를 유지할 수 있게 된다. 이처럼 농업과 공업 사이의 분업과 교환에 근거하는 상호적인 자극 작용에 의하여 사회 전체의 생산력이 증대하는 것이다.

흄은 여기에서는 농업과 공업 사이의 사회적인 분업의 성립이 어떠한 발전을 가져오는지를 보여 주는 데 그치고 있으나, 〈이자에 대하여〉라는 논문에서는 상업을 매개로 하여 상품 교환을 보여 주고 있다.

흄에 의하면 상업은 국가의 한 구성원으로부터 다른 구성원에게 신속하게 근로를 운반함으로써, 그 근로를 창출한다. 또한 상업은 사람들에게 일을 부여하고 이득에 관심을 갖게 함으로써 절약을 증대시키고 노동과 재화라는 형태로 큰 재산을 모을 수 있게 한다. 따라서 만약 상업이 없다면 국가는 주로 낭비 때문에 언제나 빚에 쫓겨야 하는 지주와 그 수요를 충복시킬 돈이 없는 소작인으로 성립되게 될 것이다.

이처럼 농업에서 상공업이 분리하고, 농업과 상공업 사이에 사회적인 분업이 성립했을 때 인더스트리는 점점 증대하는 것이다. 이런 경우 사태가 어떻게 진전할지에 관하여 흄은 다음과 같이 말한다.

'세상의 모든 물품은 노동에 의하여 구매된다. 그리고 노동의 유일한 원인은 우리의 욕망이다. 어느 국민에게 제조업이나 기계적인 기술이 풍부할 경우, 농민뿐만이 아니라 토지소유자도 농업을 하나의 과학으로서 연구하여 그들의 근로와 공로를 배가시킨다. 그들의 노동에서 발생하는 잉여생산물은 결코 잃어버리는 일이 없으며, 제조품과 교환되어 바야흐로 사람들의 사치가 그들에게 갈망케 하는 수많은 재화를 얻게 한다. 이리하여 토지는 경작자의 필요를 충족시키는 것보다도 훨씬 많은 양의 생활필수품을 공급한다. 평화롭고 평온한 시대에는 이러한 잉여생산물은 제조업자나 학예 개선자를 유지하는 데 쓰인다.'

사치란 무엇인가

《정치경제론집》 초판에서 〈상업에 대하여〉 논문 다음에 있는 것이, 〈사치에 대하여〉라는 논문이다. 이 논문은 1760년에 〈기술의 세련에 대하여〉로 제목이 바뀌었다. 이것은 사치라는 단어가 오해를 사기 쉽다는 것을 고려해서라고 생각한다. 흄에게 있어 본질적으로 중요한 사치는 기술상의 세련 즉 기계적인 기술을 중심으로 한 산업의 진보, 여기에 수반하는 소비 생활 수준이었다. 흄은 이 논문 안에서 당시 정치와 경제의 논쟁 대상이었던 사치를 문제삼아, 사치가 근대 사회에서 어떠한 의의를 지니고 있는지를 밝히려 한다.

흄에 의하면 사치(luxury)라는 말은 불확실한 말이며, 좋은 뜻으로도 나쁜 뜻으로도 해석할 수 있다. 일반적으로는 '오관(눈·귀·코·혀·피부)의 만족에 대한 고도의 세련'을 의미한다. 사치의 정도는 시대나 나라에 따라 또 각자의 경우에 따라 다양하며, 이 문제에 있어서 덕과 부덕의 경계를 명확히 규정할 수는 없다. 오관에 대한 만족은 어떠한 감각을 만족시키는 것, 즉 음식이나 의복 등에 마음을 쏟는 것이며, 그것 자체가 부덕이라고 생각하는 것은 일반적인 틀에서 벗어나 있어 보통 인간에게는 결코 이해할 수 없는 일이다.

그런데 사치는 도덕적으로 무해하다고도 또한 유해하다고도 생각할 수 있으므로 여러 가지 견해가 주장되어 왔다. 맨더빌이 대표하는 '방종한 사고방식'

은 가장 부도덕한 사치마저 칭찬하여 그것을 사회에 있어 매우 유익한 것이라고 설명하고 있다. 한편, 볼링부룩이 대표하는 '엄격한 도덕가'의 견해는 도덕적으로 무해한 사치까지도 비난하여 사회에 발생하기 쉬운 타락이나 소란 및 분쟁의 원천이 모두 그것에 기인한다고 설명하고 있다. 흄은 이러한 양쪽의 극론을 검토하고 비판하면서 자기의 입장을 표명한다.

흄은 우선 사치를 도덕적으로 유해한 것과 도덕적으로 무해한 것으로 구별하고, 후자가 근대 사회의 경제학자에게 어떠한 의미를 갖는지를 검토한다. 그에 따르면 사치란 '오관의 만족에 대한 고도의 세련'으로 생각할 수 있으며, 여기에서의 고도의 세련이란 소비재의 종류 문제가 아니라 소비재 가운데 보다 고도의 기술적인 세련이 포함되어 있는지의 여부에 따라 구별된다. 그러므로 무해한 사치는 기술상의 세련과 동일하게 생각되고, 사치의 시대란 보다 세련된 기술을 포함하는 산업이 발달한 시대, 즉 근대를 의미하게 된다.

사치의 시대는 행복한 시대

흄은 처음에 '세련된 시대는 가장 행복하면서 동시에 가장 유덕한 시대이기도 하다는 것'을 설명하기 위하여, 이 세련이 사람들의 공과 사에 걸친 생활 속에서 어떠한 영향을 미치고 있는지를 고찰한다.

'인간의 행복은 세 가지 요소, 즉 활동과 쾌락과 안일로 이루어져 있다. 그리고 이들 요소는 개개인의 성향에 따라 다양한 비율로 섞여 있지만, 어느 한 요소라 해도 그것이 완전히 결여되어 있을 때는 반드시 구성 전체의 개성을 망친다. 산업 활동과 기술들이 번영하는 시대에는 사람들은 끊임없이 일에 종사하여 노동의 열매인 쾌락뿐만 아니라 일 자체를 그 보수로서 누린다. 정신은 새로운 활력을 얻어 그 힘과 능력을 증대시킨다. 그리고 성실하고 정직한 산업 활동에 부지런히 힘씀으로써 자연스러운 욕망을 만족시킬 뿐만 아니라, 흔히 안이함과 태만으로 길러졌을 때에 발생하는 자연스럽지 못한 욕망의 성장도 막는다.'

이처럼 사치의 시대는 첫째, 인간의 행복을 가장 잘 충족시켜 주는 시대이다. 둘째, 산업 활동과 기계적인 기술에 있어서의 세련은 학문상에 있어서도 어떠한 세련을 창출한다. 위대한 학자나 정치가, 유명한 장군이나 시인을 낳는 시대는 동시에 숙련된 직조공이나 조선공을 많이 만들어 낸다. 사람들이 한번 무기력에서 깨어나면 모든 기술과 학문이 개선되고 사람들은 사색하게 되어 신체상의 쾌락뿐만 아니라 정신상의 쾌락도 추구하게 된다. 셋째, 세련된 기술이 진보하면 할수록 사람들은 점점 사교적이 된다. 그리고 학식이 풍부한 대화의 즐거움을 알게 되면 누구나 고립된 생활에 만족하거나 동포와 소원히 지내는 것이 불가능해진다. 넷째, 세련된 기술이 가져오는 이익은 그것에 비례한 불이익을 수반하는 것이 아니다. '사람들이 쾌락이 세련되어질수록 어떤 종류의 쾌락에도 과도하게 빠지는 일은 점점 줄어든다.'

흄은 사치의 시대가 갖는 의의를 이렇게 강조하고 나서, '엄격한 도덕가'의 입장을 다음과 같이 비판한다.

'엄격한 도덕가'는 기술의 세련을 타락·소란·분쟁의 원천으로서 비난하지만, 이 입장은 태만·부정·안일을 옹호하는 것이 되어 인간의 행복에 기여하지 않는다. 예를 들어 스파르타공화국은 그와 같은 숫자의 인구를 갖는 어느 나라보다도 강대했으나, 그것은 사치와 상업이 없는 것에 바탕을 두고 있었다. 그런만큼 사람들은 사교도 없고 향락도 없이 미개한 삶을 강요당하고 있었다. 다음으로 '엄격한 도덕가'가, 고대의 공화국에 있어서 사치야말로 정치적 자유의 파괴자였다고 하는 점을 든다. 흄에 의하면 기술에 있어서의 세련은 고대의 공화국에 존재하지 않았고 정치적 자유와 그것을 뒷받침하는 계급도 존재하지 않았던 것이다.

한편, 흄은 '방종한 사고방식'에 대해서는 엄격한 도덕가에 대한 것보다 관대했으며 그에 대한 비판도 엄격하지 않았다. 맨더빌이 《벌의 우화》에서 도덕적인 명예는 정치가가 공익을 위하여 만들어 낸 것이라고 주장하고 다른 부분에서는 부덕이 사회에 있어 유익하다고 주장하는 것은 매우 모순된 일이다. 흄은 인간 본성으로서의 이기심을 인정하고 개인의 부덕이 그대로 공공의 이익이 된다고는 생각하지 않으므로 정치가의 과제를 다음과 같이 설명하는 것이다.

'그는 모든 부덕을 덕으로 바꾸어 놓았으므로 이것을 교정할 수는 없다. 그는 어떤 부덕을 다른 부덕으로 교정하는 일밖에 할 수 없을 때가 매우 많다. 그리고 그 경우 그는 사회에 있어서 가장 해가 적은 것을 선택해야 한다. 사치는 도가 지나치면 많은 해악의 원천이 되지만, 일반적으로는 부정이나 태만보다는 낮다. 후자는 보통 사치를 대신하여 발생하며 사적 개인과 공인의 어느 쪽에 있어서도 보다 더 유해하다.'

화폐의 기계적 수량설

흄에게서는 두 가지 화폐이론, 즉 기계적인 수량설과 연속적인 영향설을 볼 수 있다. 그는 〈화폐에 대하여〉라는 논문의 첫머리에서 기계적 수량설에 대하여 설명하고 있다. 이 이론에 따르면 화폐란 상업에서의 실체 가운데 하나가 아니라 재화의 교환을 쉽게 하기 위하여 사람들이 인정하는 도구에 불과하다. 화폐는 교역의 차바퀴가 아니라 차바퀴의 움직임을 보다 원활하게 하기 위한 윤활유이다.

이처럼 화폐는 노동이나 상품의 대표물에 불과하며 재화 상호의 교환에 도움이 된다. 그것은 계산의 단위로서 교환의 수단으로 여겨지는 것이다. 화폐량의 증대는 그에 비례하여 물가의 상승을 가져오고, 화폐량의 감소는 그에 비례한 물가의 하락을 불러일으키지만 경제 과정에는 실질적 영향을 주지 않는다.

흄은 이 기계적 수량설을 외국무역 문제와 결부시킴으로써, 〈무역차액에 대하여〉라는 논문에서 화폐의 자동 조절 기능을 다음과 같이 말하고 있다.

'만일 영국의 모든 화폐의 5분의 4가 하룻밤 새에 사라져 국민이 정금(화폐)에 관해서, 헨리 왕들이나 에드워드 왕들 시대와 같은 상태로 돌아갔다고 하면 어떠한 효과가 발생할까? 분명 모든 노동과 재화의 가격은 이에 비례하여 하락하고, 모든 것은 이들의 시대와 마찬가지로 싸게 팔릴 것이다. 따라서 이런 사정은 분명 매우 짧은 기간에 우리 나라가 잃은 화폐를 되찾아, 우리 나라의 노동과 재화의 가격을 이웃 나라 국민들 수준까지 상승시킬 것이다. 우리가 이 점에 도달한 뒤에는 노동과 재화의 염가라는 이점은 곧바로 사라진다. 그리고 그 이상의 화폐의 유입은 우리 나라의 포화 상태에 의해 저지된다.'

이처럼 상품가격의 수준이 서로 다른 외국무역은 국내 화폐량의 증감을 가져온다. 한 나라의 화폐 총량이 급격하게 감소할 경우 국내 물가가 하락하여, 국외 시장에서는 유리해져서 수입은 감소하고 수출이 증가하고, 물가수준이 이웃 나라 국민들과 동등해질 때까지 상승하여 안정을 찾게 된다. 흄은 이러한 성질의 자동조절론에 기초하여 무역차액의 측정은 어렵다는 것을 지적하고, 무역차액의 흑자가 중요하다고 하는 중상주의의 사고방식을 유해무익하다고 비판하며 이를 대신하여 자유무역을 원칙으로 삼아 주장한 것이다.

화폐의 연속적인 영향설

그런데 국내의 화폐유통 문제로 들어가면, 흄은 기계적 수량설이 아니라 연속적인 영향설이라고 불리는 화폐이론을 전개한다. 그에 의하면 한 나라에 있어서 화폐의 다량 유입은 물가 상승을 가져왔을 뿐만 아니라 산업 활동 전개에 크나큰 자극을 준 것이다.

15세기 말에 아메리카가 발견되어 그곳의 귀금속이 유럽 각국으로 유입되자 그 나라들의 산업 활동이 발전했다. 그 이유로써 여러 가지를 생각할 수 있으나, 특히 금은의 증가를 들 수 있다. 여기에 대하여 흄은 다음과 같이 말한다.

'우리는 화폐가 전보다도 다량으로 유입되기 시작한 모든 나라에서는, 모든 물품이 새로운 양상을 보인다는 것을 알고 있다. 즉, 노동과 산업 활동은 생기를 띠고, 상인은 기업에 한층 열심이게 되며, 제조업자는 근면과 숙련을 증가하고, 농민마저 보다 신속하고 주의 깊게 경작을 한다. 이 현상을 설명하기 위해서는 다음을 고찰해야만 한다. 즉, 재화의 높은 가격은 금은 증가의 필연적 결과이기는 하지만, 이 증가에 이어서 곧바로 발생하는 것은 아니며, 화폐가 나라 전체에 널리 유통되고 그 효과가 국민의 모든 계층에 미치기까지는 어느 정도 시간의 경과가 필요하다. 처음에는 어떠한 변화도 보이지 않지만 이윽고 서서히 하나의 재화에서 다른 재화로 가격은 상승해 가서, 결국에는 모든 화폐 가격이 이 나라에 있는 귀금속의 새로운 분량에 정확히 비례하는 지점까지 이른다. 내가 생각하기에 금은의 증가가 산업 활동에 있어서 유익한 것은, 화폐 취득과 물가 상승 사이의 간격 내지 중간 상태에서 뿐이다.'

흄은 여기서는 화폐를 중립적인 것으로서가 아니라 화폐 자체를 경제 과정에 영향력을 갖는 것으로서 다루고 있다. 금의 증가가 어떻게 해서 인더스트리에 자극을 주고 경제 확대를 촉진하는지는 다음과 같이 설명한다.

외국으로부터 들어오는 화폐는 처음에는 특정 상인이나 제조업자의 손에 들어간다. 그들은 이 화폐를 통해 사업을 확장하고 많은 노동자를 고용할 것이다. 나아가 노동자가 부족해지면 제조 산업은 높은 임금으로 그들을 고용하고, 그 대신 노동 시간의 연장 등에 의하여 보다 많은 노동을 추구하게 된다. 이런 식으로 노동자의 임금 총액은 증가한다. 시장에서는 물가가 변화하지 않으므로 가족을 위하여 보다 많은 상품을 살 수 있다. 그 결과 농민은 수요증가에 대응하기 위하여 생산을 늘리게 된다. 그리고 보다 많은 화폐를 손에 넣어 보다 많은 제조품을 구입할 것이다. 이처럼 화폐(금은)의 증가는 그것이 물가 상승에 이르기까지 모든 직업에 종사하는 사람들의 근면을 증대시켜 산업 활동에 자극을 준다.

따라서 위정자의 뛰어난 정책이란, 가능하다면 화폐량이 끊임없이 증대되도록 해두는 것이다. 왜냐하면, 그 방책에 의하여 국민의 근로 의욕을 활발히 유지하고 노동 비축을 증대시킬 수 있기 때문이다. 이처럼 화폐의 연속영향설에서 화폐 증대는 궁극적으로 발생하는 물가 상승까지의 중간 상태에서 인더스트리를 촉진하므로 바람직한 것으로 생각된다. 이 화폐량의 증대는, 국내에 금은 광산이 없을 때에는 무역차액의 흑자에 의지할 수밖에 없다. 그러므로 이 이론에서는 무역차액설의 완전한 비판은 불가능하다.

흄의 경제 사상의 의의

흄은 한편으로는 화폐의 기능적 수량설에 근거하여 무역차액설을 비판하고 자유무역을 주장했으나, 다른 한편으로는 화폐의 연속적인 영향설을 설명하여 무역차액설과 양립시킬 수 있는 견해를 말했다. 이 두 가지 화폐이론은 본디 다른 종류의 이론으로 간단히 종합할 수 없는 것이다. 그렇다면 흄에게 있어 두 개의 상반되는 이론은 어떠한 관계에 있었을까?

흄에 의하면 경제발전의 원리는 인더스트리의 증대이다. 인더스트리의 증대가 있어야 비로소 화폐량의 증대가 발생하는 것이며, 결코 그 반대일 수 없다. 또한 연속적 영향설에서 언급할 때에도 '금은의 증가가 산업 활동에 있어서 유익한 것은 화폐 취득과 물가 상승 사이의 간극 내지 중간 상태에 있어서이다'라고 그 적용 범위를 한정하고 있다.

나아가 1758년에 《정치경제론집》에 새롭게 부가된 논문 〈무역상의 질투에 대하여〉에서 흄은, 자유무역의 필요성을 통감하여 부유한 이웃나라를 위험시하고 모든 무역국을 경쟁 상대로 간주하는 견해에 반대하여, 한 나라에 있어서의 부와 상업의 증대는 그 이웃 나라 국민들의 부와 상업에 해를 끼치는 것이 아니라 오히려 촉진시킨다고 말했다. 이어서 외국무역이 가져오는 상호적인 이익을 다음과 같이 설명한다.

'자연은 서로 다른 천성이나 기후나 토양을 국민 한 사람 한 사람에게 부여함으로써 그들 국민이 모두 근로와 문명을 중시하는 한에 있어, 그들 상호의 교통과 상업을 보장하고 있다. 아니, 어느 나라에 있어서도 기술이 진보하면 할수록 산업이 왕성한 이웃 나라 국민들에 대한 수요는 점점 더 많아지는 법이다. 주민이 부유해지고 숙련을 쌓게 되면 어떤 재화라도 가장 좋은 것을 갖고 싶어한다. 게다가 그러한 주민은 교환에 할당할 수 있는 재화를 풍부하게 갖고 있으므로 외국 어느 나라로부터도 수입을 많이 한다. 이리하여 수입처의 국민들의 산업 활동을 자극시킨다. 한편, 그 주민 자체의 산업 활동 또한 교환에 할당하는 재화의 판매에 의하여 발달하는 것이다.'

이렇게 고찰해 오면, 흄은 화폐의 기계적 수량설을 주요 원리로 하고, 연속적 영향설을 예외적인 경우로 주장했다는 해석이 가능하게 생각된다. 흄의 경제 사상이 갖는 의의는 다음과 같이 말할 수 있다.

흄은 국내 상공업의 발전을 경제 발달로 간주하고, 이 때문에 외국무역의 자유를 설명했다. 그러면서 그는 일단 기계적인 수량설을 기초로 했으나, 한편으로는 애덤 스미스와 거의 같은 국제 분업 사상에도 근거를 두고 있다. 이에 대하여 《국부론》의 스미스가 기계적 수량설에 의거하지 않고, 자본축적론을 기초로 하여 자유무역을 주장한 것은 스미스의 가장 큰 공헌이다. 이런 스미스에 비교하면, 흄의 기계적 수량설에 근거한 보호주의의 비판은 이른바 형식논리적인 비판에 그치는 것이라고도 할 수 있다. 하지만 흄의 경제론의 의의는 흄이 국내 상공업의 발전을 중심으로 한 인더스트리 증대의 기조에서, 무역에 있어서의 보호를 주장하지 않고 오히려 그 자유를 주장한 데서 찾을 수 있을 것이다. 이런 의미에서, 흄은 보호주의로서의 중상주의를 벗어나 스미스 고전파 경제학의 세계로 한 걸음 더 나아갔다고 할 수 있을 것이다.

흄으로부터 배우는 것

흄만큼 살아 있을 때부터 금세기에 이르기까지 소극적인 평가를 받은 철학자는 없을 것이다. 이런 종류의 평가를 받은 것에 대하여 흄 자신에게도 일부 책임이 있었다는 것은 첫머리에서 말한 바와 같다.

그러나 1960년 이후 흄 연구는 철학·종교·정치·경제·역사 등의 분야에 있어서 획기적인 진전을 이루어 수준 높은 연구가 많이 발표되어 왔다. 오늘날의 흄 연구는 외국에서는 매우 왕성하게 이루어지고 있다고 해도 과언이 아니다.

이 책에서는 흄의 주요 저서인 《인간이란 무엇인가》(《인성론》이라고도 한다)를 중심으로 그의 생애와 사상을 소개하는 데 힘썼다. 여기에서 흄의 책을 읽을 때 가장 유의해야 할 점을 지적해 두고 싶다. 그것은 흄은 인간 본성이 불변의 원리를 갖는다는 것을 확신하고 있었다는 사실이다. 이 점에서 흄은 분명 18세기의 계몽주의자였다. 이것을 간과한다면 흄을 철저한 회의론자로 규정하여, 그의 철학을 영국 경험론을 막다른 골목에 몰아넣은 것 또는 칸트를 독단적인 헛된 꿈에서 깨어나게 한 것이라는 해석에 그치고 만다. 흄은 스스로의 회의론을 '온화한 회의론'으로 이해하고 있다. 이것은 흄의 철학이 날카로운 분석을 통해 당시 확실한 것으로 간주되고 있던 것을 철저하게 파괴함과 동시에, 인간 본성의 학문을 기초학문으로 하여 새로운 학문 체계로 향하는 것이었음을 의미한다.

흄은 인간 본성이 시대와 나라를 뛰어넘어 불변하다는 것을 《인간지성 연구》에서 다음과 같이 말하고 있다.

'모든 나라와 모든 시대 사람들의 행동에는 큰 획일성이 있고 또한 인간 본성도 그 원리나 작용에 있어서는 여전히 동일한 그대로이다. 같은 동기는 언제나 같은 행동을 낳고, 같은 사건은 같은 원인에서 발생한다. 인류는 모든 시대와 장소를 통하여 동일하므로 역사는 이 점에 있어서 신기할 것이 없다. 역사의 주요한 효능은 바로 모든 다양한 사태와 상황 안에 있는 인간을 제시함으로써, 우리가 고찰을 진행하고, 인간의 행동이나 거동의 정상적인 원천에 정통하기 위한 자료를 제공해 줌으로써 인간 본성의 변함없고 보편적인 원리들을 발견해 내는 일이다.'

흄은 이처럼 인간 본성이 보편적 원리를 갖는다는 것을 분명히 말하고, 역사 연구는 다양한 상황 속에 있는 인간을 통하여 인간 본성의 보편적인 원리들을 확인해 가는 작업임을 밝히고 있다.

현대의 탁월한 흄 연구자들에 의하면, 흄의 인간학은 좁은 의미에서 쓰이는 경우와 넓은 의미에서 쓰이는 경우가 있다. 그리고 이것은 흄의 연구에서 볼 수 있는 두 가지 과정, 즉 분석과 종합의 과정에 대응하고 있다.

흄은 《인간이란 무엇인가》 제1편과 제2편에서 관찰과 경험에 근거하여 인간 본성의 여러 원리를, 자세히 말하면 인간의 지성과 정념에 관한 성질과 관계를 분석적인 탐구에 의하여 해명한다. 이것이 좁은 의미에서의 인간학이다. 다음으로 《인간이란 무엇인가》 제3편에서는, 제1편과 제2편에서 발견한 인간 본성의 여러 원리를 사회 속 인간의 다양한 경험의 영역들에 적용하고, 거기에서 행동의 여러 가지 법칙을 찾으려 하고 있다. 이것이 넓은 의미에서의 인간학으로, 종합적 탐구에 의하여 해명되는 것이다.

흄은 이처럼 인간을 인간 본성 그 자체와 사회적 존재로서의 인간이라는 두 가지 측면에서 파악해야 한다는 것을 충분히 인식하고 있었다. 따라서 흄에게 있어 철학적 과제와 사회과학적 과제는 밀접하게 결부되어 있는 것이다. 흄의 사상 전체를 통일적으로 파악한다는 것은 바로 이 두 가지 측면을 총체적으로 파악하는 것을 의미한다.

이러한 흄의 넓은 시야는 18세기 계몽주의에 의한 것이지만 현대에서도 결코 그 의의를 잃지는 않는다. 과학의 분화와 전문화가 현저한 오늘날, 철학도 자칫하면 좁은 영역에 틀어박히는 경향이 있다. 그러나 이러한 연구 자세로는, 그것이 아무리 정밀하고 철저한 것이라고 해도 현대 사회에서 인류가 직면하고 있는 다양한 과제의 해결에 공헌하기는 어려울 것이다. 이 점에서 흄의 인간학의 구상과 그 탐구 방법은 좀더 높이 평가되어도 좋을 것으로 생각한다.

흄 연보

1711년   4월 26일, 에든버러의 별저에서 데이비드 흄 태어나다.

1713년(2세)   아버지 조지프 흄 죽다.

1723년(12세)   에든버러 대학교에 입학하다.

1725년(14세)   에든버러 대학교를 떠나다.

1729년(18세)   봄, 사상의 어떤 새로운 정경(情景)을 체험하다. 가을, 모든 열의를
                  잃고 중증의 신경증에 걸리다.

1731년(20세)   5월, 식욕이 왕성해지고 갑자기 살이 쪄서 풍모가 변하다.

1734년(23세)   2월말, 나인웰스를 떠나 런던에서 '의사에게 보내는 편지'를 쓰다.
                  브리스틀의 상회 운영하다. 여름, 브리스틀을 출발하여 프랑스로
                  가다. 파리를 거쳐 랭스에 도착하다.

1735년(24세)   가을, 라플레셰로 옮겨 《인간이란 무엇인가—오성 정념 도덕》을
                  쓰다.

1737년(26세)   영국으로 돌아가 런던에서 《인간이란 무엇인가》 출판으로 분주
                  하다.

1739년(28세)   1월 말, 《인간이란 무엇인가》의 제1, 2편을 간행. 반향이 없음에 실
                  망하고 나인웰스로 돌아가다.

1740년(29세)   3월, 《인성론 적요》를 간행하다. 11월, 《인간이란 무엇인가》 제3편
                  을 간행하다.

1741년(30세)   《도덕정치론집》 제1편을 간행, 호평을 얻다.

1742년(31세)   《도덕정치론집》 제2편을 간행하다.

1744년(33세)   에든버러 대학교 교수후보가 되나, 종교적 관점에서 배제되다.

1745년(34세)   4월, 애넌데일 후작의 가정교사로 들어가다. 어머니 캐서린 죽다.

1746년(35세)   4월, 애넌데일가를 떠나 런던에 체재. 5월, 클레어 중장의 브르타

뉴 원정에 법무관으로서 참가하고, 이듬해 귀국하다.

1747년(36세) 2월, 클레어 중장으로부터 빈과 토리노로 가는 군사사절단 부관으로서 수행을 요청받아 참가하다. 4월, 《인간지성에 대한 철학적 시론》(1759년에 《인간지성 연구》로 제목을 바꿈)을 간행하다. 그해 말, 런던으로 돌아가다.

1751년(40세) 형 존이 결혼을 하자, 누나와 에든버러에 주거를 마련하다. 12월, 《도덕원리연구》를 간행하고, 그해 말 애덤 스미스의 후임으로 글래스고 대학교의 논리학 교수로 추천받았으나 또다시 종교적 관점에서 배제되다.

1752년(41세) 2월, 에든버러 변호사협회의 도서관장이 되다. 《정치경제론집》을 간행하다.

1754년(43세) 가을, 《영국사》 제1권을 간행하다.

1756년(45세) 연말, 《영국사》 제2권을 간행하다.

1757년(46세) 1월, 도서관장을 사임하다. 2월, 〈종교의 자연사〉가 실린 《소논문 4편》 간행하다.

1759년(48세) 3월, 《영국사》 제3권, 제4권 간행하다.

1762년(51세) 11월, 《영국사》 제5권, 제6권 간행하다.

1763년(52세) 6월, 프랑스 대사로 부임하는 하트포드 경으로부터 비서로서 파리에 가지 않겠느냐는 요청을 받다. 10월, 파리에 도착. 사교계에서 크게 환영을 받는다. 달랑베르, 디드로 등과 사귀다.

1764년(53세) 6월, 부플레 백작부인과 친교가 깊어지다.

1765년(54세) 7월, 하트포드 경의 정식 비서관이 되어 대리 대사로 근무하다. 12월, 파리에서 루소와 만나다.

1766년(55세) 1월, 루소와 함께 영국으로 귀국하여 그를 보호하는 데 온 힘을 쏟다. 6월, 루소로부터 절교를 통고받다.

1767년(56세) 2월, 하트포드 경의 동생 콘웨이 장군이 북부 담당의 국무대신이 되고, 흄은 그 차관이 되다. 이듬해 1월에 차관직을 사임하다.

1770년(59세) 가을, 에든버러의 신시가지에 새 집을 짓기 시작하다.

1771년(60세) 봄, 새 집으로 이사하다.

1772년(61세) 몸이 쇠약해지기 시작하다.

1775년(64세) 고열, 설사, 출혈 등의 증상이 나타나 대장암 및 간암이라는 것을 자각하다.

1776년(65세) 1월, 유언장을 작성하다. 4월, 〈나의 생애〉를 쓰다. 8월, 유언장을 보충하여 《자연종교를 둘러싼 대화》의 출판을 조카에게 위탁하다. 8월 25일 오후 4시경, 흄 영원히 잠들다. 8월 29일, 에든버러의 칼튼힐 묘지에 매장되다.

1779년 가을, 《자연종교를 둘러싼 대화》 간행되다.

김성숙

연세대학교 영문학과 졸업.
인간경영철학연구회 간사. 한국생산성본부 편집인.
옮긴책 존 듀이 《민주주의와 교육》《철학의 개조》 제임스 조이스 《율리시스》

세계사상전집063
David Hume
A TREATISE OF HUMAN NATURE

인간이란 무엇인가
오성·정념·도덕

데이비드 흄/김성숙 옮김

동서문화창업60주년특별출판

1판 1쇄 발행/2016. 11. 30
1판 4쇄 발행/2024. 3. 1
발행인 고윤주
발행처 동서문화사
창업 1956. 12. 12. 등록 16-3799
서울 중구 마른내로 144 동서빌딩 3층
☎ 546-0331~2 Fax. 545-0331
www.dongsuhbook.com
잘못된 책은 구입하신 곳에서 바꾸어드립니다.
✻
이 책의 출판권은 동서문화사가 소유합니다.
의장권 제호권 편집권은 저작권법에 의해 보호를 받는 출판물이므로
무단전재와 무단복제를 금합니다.
사업자등록번호 211-87-75330
ISBN 978-89-497-1578-0 04080
ISBN 978-89-497-1514-8 (세트)